Liber Amicorum

TERESA ANCONA LOPEZ

Liber Amicorum
TERESA ANCONA LOPEZ

ESTUDOS SOBRE RESPONSABILIDADE CIVIL

2021

José Fernando Simão
Tiago Pavinatto
Coordenadores

ALMEDINA

LIBER AMICORUM TERESA ANCONA LOPEZ
ESTUDOS SOBRE RESPONSABILIDADE CIVIL

COORDENAÇÃO: Tiago Pavinato e José Fernando Simão

DIRETOR ALMEDINA BRASIL: Rodrigo Mentz
EDITORA JURÍDICA: Manuella Santos de Castro
EDITOR DE DESENVOLVIMENTO: Aurélio Cesar Nogueira
ASSISTENTES EDITORIAIS: Isabela Leite e Larissa Nogueira

DIAGRAMAÇÃO: Almedina
DESIGN DE CAPA: Roberta Bassanetto

ISBN: 9786556272573
Agosto, 2021

Dados Internacionais de Catalogação na Publicação (CIP)
(Câmara Brasileira do Livro, SP, Brasil)

Liber amicorum Teresa Ancona Lopez : estudos sobre responsabilidade civil / coordenação Tiago Pavinato, José Fernando Simão. -- São Paulo : Almedina, 2021.

ISBN 978-65-5627-257-3

1. Direito civil 2. Direito civil - Brasil 3. Lopez, Teresa Ancona 4. Responsabilidade (Direito civil) 5. Responsabilidade civil I. Pavinato, Tiago. II. Simão, José Fernando.

21-69074 CDU-347.51

Índices para catálogo sistemático:
1. Responsabilidade civil : Direito civil 347.51
Maria Alice Ferreira - Bibliotecária - CRB-8/7964

Este livro segue as regras do novo Acordo Ortográfico da Língua Portuguesa (1990).

EDITORA: Almedina Brasil
Rua José Maria Lisboa, 860, Conj.131 e 132, Jardim Paulista | 01423-001 São Paulo | Brasil
editora@almedina.com.br
www.almedina.com.br

AGRADECIMENTO *EX ABUNDANTIA CORDIS*

Ser homenageada em vida é, sem dúvida, um dos mais belos presentes que um professor e profissional pode receber. É o coroamento de uma vida – e que vem com o sabor de "valeu a pena". Foi com grande alegria e profunda emoção que recebi esta belíssima obra que ora se publica, toda ela escrita por queridos e ilustres amigos que eu não canso de admirar. O livro é composto por artigos primorosos que nasceram dessas privilegiadas cabeças e com as quais tenho a sorte de conviver pessoal ou virtualmente e, via de consequência, aprender muito.

Infelizmente, muitos amigos e companheiros do *lufa-lufa* no meio acadêmico já se foram e, neste momento em que me lembro deles, não retenho as lágrimas. A todos que já se foram, minha homenagem, meu amor e muita saudade. Os coordenadores da obra são dois queridos e especiais ex-alunos que se tornaram meus amigos desde os tempos em que eram jovens acadêmicos da graduação na Faculdade de Direito do Largo São Francisco.

O idealizador deste *Liber Amicorum* foi o querido José Fernando Simão, hoje competente jurista e grande professor que construiu uma linda carreira dentro do Direito. Seus livros e artigos são sempre citados em teses e em julgados de nossos tribunais. Tenho muito orgulho desse ex-aluno e amigo.

Ao lado do Professor Simão, como é conhecido, está o também querido Tiago Pavinatto a quem admiro de forma irrestrita não só por seu preparo intelectual, mas também por sua criatividade que pode ser conferida em suas brilhantes teses de Mestrado e Doutorado. Pavinatto foi importante para a realização da obra. Manteve contato diuturno com a Editora Almedina e com os autores, facilitando o fechamento desta empreitada.

Só posso dizer: OBRIGADA, COORDENADORES.

Por fim, meu afeto e minha gratidão transbordam em meu coração por todos que tornaram esta obra uma linda realidade: os inúmeros amigos, os queridíssimos coordenadores e, por fim, a tradicional e respeitada Editora Almedina que, juntamente com a Dra. Manuella Santos de Castro, que não mediu esforços para a materialização deste momento, acreditaram neste projeto.

TERESA ANCONA LOPEZ
São Paulo, outono de 2021, em plena pandemia.

SOBRE A HOMENAGEADA

Uma vida dedicada ao Direito

Assim podemos definir **Teresa Ancona Lopez**: uma professora admirada por seus pares e por gerações de juristas que ajudou e ainda ajuda a formar.

Nascida em 31 de julho de 1941 na capital paulista, a homenageada se graduou em Direito pela Pontifícia Universidade Católica de São Paulo – PUC-SP em 1964.

Em 1967, iniciou seus estudos de pós-graduação na Faculdade de Direito da Universidade de São Paulo – Largo São Francisco – USP. Neste mesmo ano, concluiu sua Especialização em Direito Civil.

Em 1972, iniciou sua carreira acadêmica junto ao professor Silvio Rodrigues, uma das maiores referências do Direito Civil brasileiro.

Em 1979, conclui seu Doutorado em Direito com a inovadora tese "O dano estético à pessoa: sua reparação civil".

Em 2001, apresentou sua tese de Livre-Docência "Nexo causal e produtos potencialmente nocivos: a experiência do tabaco brasileiro".

Em 2008, foi aprovada no concurso para Professora Titular de Direito Civil da Faculdade de Direito da Universidade de São Paulo – Largo São Francisco – USP, com a tese "Princípio da Precaução e Evolução da Responsabilidade Civil".

Advogada, parecerista e árbitra, é autora de obras que se tornaram referência, com destaque para os seguintes títulos:

- *Princípio da precaução e evolução da responsabilidade civil*. São Paulo: Quartier Latin, 2010.
- *Estudos e pareceres sobre livre-arbítrio, responsabilidade e produto de risco inerente*: o paradigma do tabaco. Rio de Janeiro: Renovar, 2009. v. 1.

- *Contratos empresariais:* contratos de consumo e atividade econômica. São Paulo: Saraiva, 2009. v. 1.
- *Nexo causal e produtos potencialmente nocivos*: a experiência brasileira do tabaco. São Paulo: Quartier Latin, 2007. v. 1.
- *O dano estético*: responsabilidade civil. 3. ed. São Paulo: Revista dos Tribunais, 2004.
- *Comentários ao Código Civil*: parte especial (arts. 565 a 652). São Paulo: Saraiva, 2003. v. 7.

É membro das seguintes instituições:

- Academia Paulista de Letras Jurídicas (Cadeira 42 – Patrono: Hildebrando Accioly)
- Conselho Jurídico da Câmara Ítalo-Brasileira de Comércio, Indústria e Agricultura
- Instituto de Direito Privado
- *Association Henri Capitant Des Amis de La Culture Juridique Française*
- Corpo de avaliadores da Revista Jurídica da Presidência da República

A presente obra é o reconhecimento da inestimável contribuição da homenageada às ciências jurídicas.

MANUELLA SANTOS DE CASTRO
Grupo Almedina

TIAGO PAVINATTO
Coordenador

NOTA DA EDITORA

Nos dias de hoje, a palavra de ordem entre as mulheres é "empoderamento", mas a verdade é que as ações atuais de fortalecimento das mulheres e de equidade de gênero só foram possíveis graças a mulheres corajosas que abriram o caminho para as futuras gerações. Algumas dessas mulheres deixaram sua marca na História usando sua voz e suas ideias. Este é justamente o caso da homenageada, que nos idos da década de 1970 conseguiu o que ainda hoje é muito difícil para a maioria das mulheres: foi advogada atuante, professora na mais tradicional faculdade de Direito do País e mãe zelosa.

A homenageada sempre foi uma inspiração para mim. Eu era uma estudante no início da graduação em Direito quando fui trabalhar numa grande editora de livros jurídicos; lá se vão vinte e um anos em que abracei uma carreira duplamente jurídica e editorial. Naquela época, aprendendo a ser editora, eu notava que a ampla maioria dos livros jurídicos eram escritos por homens, o que também ocorria com os originais que eram enviados para análise. Nesse universo tão masculino, as poucas mulheres que se destacavam tornaram-se referência para mim. Uma dessas mulheres era justamente a Professora TERESA ANCONA LOPEZ. Por inúmeras vezes vi seu nome citado em originais que recebia para analisar. Tive a honra de fazer o parecer editorial de muitos de seus ex-orientandos, e a boa qualidade das dissertações e teses guardavam sua marca: a condução firme que somente os bons orientadores são capazes. Os anos se passaram e, por uma dessas boas surpresas da vida, tive a honra de me tornar aluna da Professora TERESA durante os estudos do meu doutoramento.

Mais uma vez estou diante de uma grande honra, certamente uma das maiores da vida de um editor: publicar um *Liber Amicorum*. Oriundo do latim, este termo pode ser traduzido livremente como "Livro de Amigos". Os textos reunidos neste livro foram escritos como oferta dos amigos que a homenageada cultivou no âmbito da sua atividade docente e profissional, e constituem um convite a comprovar a fecundidade da sua obra.

Naturalmente, nem todos que conviveram de perto com a Professora TERESA puderam ser convidados a colaborar neste *Liber Amicorum*. Limitações de espaço impostas por critérios fixados para este tipo de publicação não o permitiram. Estão presentes, no entanto, aqueles que mais estreitas relações acadêmicas com ela mantiveram, no ensino e na coautoria de projetos científicos nas áreas do conhecimento jurídico a que se dedicou.

Com uma atuação reconhecida por seus pares e por gerações de juristas que ajudou e ainda ajuda a formar, a Professora TERESA inscreveu o seu nome na galeria de ouro dos professores memoráveis das Arcadas, onde serve como docente há quase 50 anos. Friso o verbo "servir" porque o propósito da homenageada foi exatamente esse: servir aos alunos com a generosidade que lhe é peculiar. Ali ensinou e foi pioneira na construção de teses no campo da responsabilidade civil, sendo autora de obras que se tornaram referência nessa área do saber jurídico.

Para fechar essa breve nota, gostaria de deixar registrado meu orgulho e minha satisfação pessoal por contar com a amizade da querida homenageada, bem como agradecer aos autores que neste *Liber Amicorum* inscrevem o seu nome. De certo, contribuíram por consideração pessoal para com a homenageada e, com isso, honraram também a editora Almedina, a qual tenho orgulho de representar.

São Paulo, outono de 2021.

MANUELLA SANTOS DE CASTRO
Editora Jurídica e Advogada
Doutoranda em Direito Civil pela USP – Largo São Francisco
Mestre em Direito Civil Comparado pela PUC-SP
Bacharel em Direito pela PUC-SP
Cursa Faculdade de História na USP

NOTA DO COORDENADOR

À querida Professora Teresa Ancona Lopez

A pesquisa acadêmica e o esforço para entender o Direito e a Justiça são as duas coisas que elevam a vida do operador jurídico acima do nível da farsa, conferindo-lhe algo da dignidade da tragédia. Sem eles, da mesma forma que sem a loucura elogiada por Fernando Pessoa, não seria esse operador "mais que a besta sadia, cadáver adiado que procria?"

E, condenado ao esquecimento dos replicadores, procriaria por ofício, sem paixão e amor, talvez até sem sacrifício, sem dar vida nova a partir da sua própria. Serviria de barriga de aluguel, tal qual a mãe do Menino Jesus d'*O Guardador de Rebanhos*, uma mãe que sequer era mulher: seria uma mala, que só carrega, dentro de si, as conclusões de doutrinas que nunca foram suas e os julgados de Tribunais que, para ele, têm idêntica ascendência e semelhante dom de emprenhar malas que a pomba descrita pelo mesmo Alberto Caieiro – que se apossa do mesmíssimo Pessoa – como "uma pomba estúpida, a única pomba feia do mundo, porque não era do mundo nem era pomba."

Consumido pela advocacia, acomodado no conforto dos meus problemas ordinários e a esperar que, inesperadamente, a carreira jurídica me fizesse sentido – sentido que, por algum tempo, aguardei chegasse a galope de Alcácer-Quibir –, eu seria tal cadáver adiado sem transmitir, todavia e a exemplo de Brás Cubas, o legado da minha miséria a nenhuma criatura. Se voltei à Academia e, o que é mais importante, se não abandonei, no meio dos processos, dissertação e tese – sem as quais eu não sonharia (nem ousaria) escrever ao lado dos respeitados juristas autores desta obra –, foi graças aos conselhos, incentivo e apoio emocional da Professora Teresa Ancona Lopez.

Não fui aluno da Professora Teresa na graduação. Quis o destino que um amigo em comum nos reunisse, certa feita, para um jantar no Itaim Bibi. É claro que eu já tinha visto, sempre rodeada de alunos entusiasmados, a Professora mais elegante das Arcadas, uma mulher que, inegavelmente (e invejavelmente), sempre foi a mais bela em cada uma das fases de sua vida, mas nunca tive a oportunidade de conhecê-la até aquela noite de sexta-feira. Ao respeito em virtude da autoridade intelectual que a precede, além das notáveis elegância e beleza, somou-se, instantaneamente, a amizade. Que privilégio constatar que, desde então, a Professora Teresa, além de exemplo, foi (e ainda é) minha confidente: das complexidades do trabalho aos rumos da pós-graduação, das minhas paixões mal resolvidas aos roteiros de viagem, ela sempre me presenteou (e presenteia) com seus conselhos, além de franquear a convivência com seus familiares e amigos, que se tornaram fraternos amigos meus.

Agradeço à Editora Almedina e ao querido amigo e Professor José Fernando Simão pela oportunidade da coordenação conjunta deste *Liber Amicorum*, permitindo-me, assim, homenagear a Professora Teresa Ancona Lopez (a quem toda homenagem não é suficiente para exaurir o preceito *suum cuique tribuere*), materna amiga e mentora, exemplo de coragem, força e sabedoria (além de elegância e beleza *lato sensu*), que não se curva, jamais, às limitações da jurisprudência, pois pode ditar (como o fez em inúmeros episódios, tornando-se insuperável paradigma do melhor entendimento jurídico) os rumos dela.

Sua sabedoria e firmeza de caráter não trouxeram significativa evolução apenas para a matéria do direito civil, mas também para a emancipação das mulheres... Mal começava a década de 1980 e uma mulher já fazia sombra em homens num ambiente, à época, tão severo e sexista como a Faculdade de Direito do Largo São Francisco – e sem nunca perder o encanto de sua feminilidade.

Essa é a Professora Teresa, mulher sempre a frente de seu tempo em todos os seus papéis sociais: da amiga, que acolheu e incentivou este rapaz latino americano sem dinheiro no banco, sem parentes importantes e vindo do interior, à surpreendente jurista, que, dentre tantos outros temas polêmicos percorridos com pioneirismo, desbravou, entre nós, o dano estético, pôs termo definitivo à polêmica do consumo do tabaco e trouxe à ordem do dia dos civilistas brasileiros o princípio da precaução. Cada autor desta obra, tenho a mais absoluta certeza, é grato por suas lições e pelo privilégio do seu sorriso.

Viva a Professora Teresa Ancona Lopez!

São Paulo, outono de 2021.

TIAGO PAVINATTO

NOTA DO COORDENADOR

Uma justíssima homenagem

Conheci a Professora Teresa Ancona Lopez, no ano de 1992, quando do meu ingresso nas Arcadas (tinha eu 18 anos). Naquele conjunto de estrelas, ícones do direito por suas obras e teses, em que nomes de catedráticos (Alexandre Augusto de Castro Correia) desfilavam ao lado de nomes de Professores titulares (Dalmo de Abreu Dallari, Fabio Nusdeu), surge, em minha primeira aula de direito civil (Lei de Introdução, Pessoas e Bens) uma professora que fez a sala paralisar. Extremamente bonita, elegante no seu estilo clássico, com uma forma carinhosa de se dirigir aos jovens calouros, Teresa se apresentou ao Diurno Par (minha sala), na sala João Mendes Júnior como nossa professora de direito civil e, após uma breve digressão sobre o que era o direito civil, quais eram os temas estudados e sua divisão pela grade, disse que se "desse tudo certo" estaríamos com ela em como o corregente Fabio-de-Mattia pelos próximos 4 anos.

Naquele mês de março, surgia uma amizade e uma cumplicidade entre nossa turma e aquela que seria homenageada, 5 anos depois, quando de nossa formatura. A Professora Teresa (então Doutora, pois só defendeu sua livre-docência em 2001) dava suas aulas, sempre em pé, tinha uma didática inigualável, clareza lógica e precisão teórica que faziam com que, de longe, fosse considerada a melhor docente quando das conversas com meus colegas de turma. Há um ponto na docência de Teresa (talvez dois) do qual me apropriei para a minha formação docente: a aula era muito rica em exemplos. Nenhum instituto passava incólume aos casos práticos. Lembro-me como se fosse hoje, ao explicar o que era sanção para o Direito, a Professora narrar que foi a seu cabelereiro e ao chegar, todos os móveis estavam sobre a calçada. Fora ele despejado (sanção) por não cumprir o contrato (pagar o aluguel).

O segundo ponto que me inspirou e forjou minha docência foi o uso de exemplos com pessoas da família. Se reais ou inventados (nunca perguntei isso a ela), Teresa criava uma intimidade com a classe que a fazia imbatível. Era o que, depois, vim a chamar de empatia, conexão, vínculo afetivo com a classe. Faço isso, e muito, com todas minhas turmas. Teresa brilhava nos detalhes dentro e fora da ala de aula. Cuidados com a turma, preocupação em perceber se tínhamos entendido a matéria, não se cansava de repetir quando solicitada. Fora da Sala de Aula, na terceira sexta-feira de outubro, dia da famosa e icônica Peruada, a professora chegou, cedo, 7:25, para dar suas aulas. Pedimos gentilmente que nos liberasse para a festa ou farra. (sim, nos anos 1990 não se suspendiam aulas por causa da Peruada). Com seu característico sorriso, Teresa nos liberou com um aviso maternal: "não vão beber demais porque é perigoso", não sem antes tomar um pequeno gole da Jamel, a caninha do bacharel e completar: "isso é forte mesmo".

A paixão entre as turmas e Teresa era tão avassaladora que ela foi tema de música e de poemas compostos por meu colega, hoje docente da Faculdade de Direito, José Maria Arruda de Andrade. A música, utilizando-se a melodia de Sonho por Sonho (Leandro e Leonardo) era uma ode aos civilistas e tinha por refrão: "Silvio Rodrigues, drigues, drigues, Limongi França, França, França. Maria Helena Diniz, Orlando Gomes". A música terminava assim: Direito civil, vil, vil. More uxório, orio, orio. Usucapião do coração, Tetê por Tetê". Era esse o apelido de nossa mestra. Em certa estrofe do poema (Camões é a base) temos:

"Porém amar a Tetê é pura dor como estudar IED
Pois onde esperança falta lá Kelsen se esconde
Com um livro que é mal, que mata e não se vê.
Que dias há que na alma me tem posto
Um dever ser, que não sei se é ou deve ser
Que vem não sei como e dói porque"

Nossa revista criada em 1992, que não passou do primeiro número, Keremos Kremar Kelsen, teve por entrevistada a Professora Teresa, sua vida e sua carreira. Foi nesse momento, como entrevistador, que me aproximei da Professora Teresa. Já no segundo ano (1993) ajudei a copiar esquemas de lousa da Teoria Geral das Obrigações, para distribuir aos meus colegas.

O trabalho seguinte foi minha participação na atualização de sua já consagrada obra "Dano estético" cuja primeira edição, já esgotada, tinha mais de 10 anos. Longas pesquisas de julgados, conversas na casa da mestra, e de repente a edição ficou pronta. Aprendi, então, a pesquisar no sentido científico da palavra. Dessa experiência nasce o propósito de fazer mestrado na Faculdade. O Projeto nasce de minha aula de 5º ano em que Teresa diferenciava "erro, vício redibitório e inadimplemento contratual". Dessa aula nasce meu projeto que viria a ser a tese por ela orientada e posteriormente lançada como o livro "Vícios do Produto no novo Código de Civil e no Código de Defesa do Consumidor". As orientações eram seguras. Ela me ensinou a fazer um sumário provisório, mostrou como se constrói um trabalho científico, e deu muitas indicações bibliográficas. Teresa fazia leitura de cada capítulo, com longas observações à margem do texto e muitos questionamentos para as reflexões.

Ajudei minha professora nas pesquisas de sua tese de livre-docência. Pude trocar ideias e aprender muito a respeito da responsabilidade civil por produtos potencialmente nocivos, a experiência do tabaco no Brasil. Iniciei o Doutorado na sequência e, novamente, com firme orientação (depois a tese foi publicada como livro sob o título "Responsabilidade civil do incapaz"). Dos elogios recebidos pela banca, muitos, decorrem dos conselhos, críticas e sugestões da minha orientadora Teresa Ancona Lopez.

Teresa depositou em mim uma confiança acadêmica que, anos depois seria repetida por Giselda Hironaka (sou filho de duas mães e dois pais acadêmicos). Em poucos pontos do programa, era eu que ministrava os seminários junto aos alunos da Faculdade de Direito do Largo de São Francisco. Assim se iniciava minha trajetória acadêmica. Teresa sempre manifestava suas preocupações acadêmicas e pessoais. Acadêmicas ao sugerir que eu assistisse às aulas de graduação dela (sim, fiz três vezes o curso de civil: uma como aluno de graduação, a segunda já aluno de mestrado e a terceira já aluno de doutorado). Pessoais ao ser enfática (quando era preciso) para devolver seu jovem e entusiasmado pupilo ao bom caminho.

Essas notas sobre a Professora Teresa Ancona Lopez, com um tom mais pessoal, com a narrativa de nossa amizade e de meu respeito não bastam para concluir essa homenagem. É necessário frisar que Teresa Ancona Lopez é a precursora do estudo do dano estético no Brasil (sua tese de doutorado na Faculdade de Direito). Essa categoria, até então desconhecida do direito pátrio, nasce e toma corpo com solidíssimas bases teóricas a partir das reflexões incrivelmente vanguardistas e proféticas de Teresa no ano de 1980, quando sua obra é publicada pela RT.

Teresa, em sua Titularidade, defende tese sobre tema também inédito e nunca estudado de maneira sistemática: o princípio da precaução. É preciso lembrar que Teresa Ancona Lopez foi a causa da paixão de inúmeros alunos de graduação pelo Direito Civil. Indicando a obra de Silvio Rodrigues (de quem fora assistente nas Arcadas) como leitura básica, seu entusiasmo fazia com que todos os alunos fossem alvejados pela flecha do cúpido no tocante ao Direito Civil. É imperioso esclarecer que, em termos de bases teóricas, a responsabilidade civil não seria o que é, no Brasil, sem os estudos de Teresa Ancona Lopez.

Por fim, o menino de 18 anos que ingressou na Faculdade de Direito da USP, conquistou seu espaço neste vasto e competitivo mundo jurídico, conseguiu bens materiais e imateriais exclusivamente em decorrência de seu "vício" que se chama Direito Civil. É por causa da minha amiga Teresa que sou o que sou, que tenho o que tenho e essa singela homenagem não consegue, de maneira alguma retribuir o carinho e amizade que tive nesses anos de convívio. Oxalá um dia atinja eu o grau de excelência didática e o volume de conhecimentos jurídicos que tem Teresa Ancona Lopez. Nesse dia poderei dizer que honrei os ensinamentos desta fantástica jurista e dessa querida, queridíssima amiga.

São Paulo, agosto de 2020.

José Fernando Simão

SOBRE OS COORDENADORES

José Fernando Simão
Professor Associado do departamento de Direito Civil da Faculdade de Direito da USP – Largo São Francisco. Livre-docente, Doutor e Mestre em Direito Civil pela Faculdade de Direito da USP – Largo São Francisco. Professor convidado em cursos de pós-graduação *stricto sensu* e de Escolas da Magistratura.

Membro do Instituto dos Advogados de São Paulo. Membro do IDCLB – Instituto de Direito Comparado Luso-brasileiro, do BRASILCON – Instituto Brasileiro de Política e Defesa do Consumidor e do Conselho Editorial do jornal Carta Forense, do IDP – Instituto de Direito Privado. Membro do IBDFAM – Instituto Brasileiro de Direito de Família, Diretor Nacional do Conselho Consultivo (2014/2021) e Vice-presidente do IBDFAM/SP (2020/2021). Segundo Secretário do IBDCONT. Presidente do Conselho Consultivo do Ibradim. Palestrante em cursos realizados na Faculdade de Direito da Universidade de Lisboa. Advogado.

Tiago Pavinatto
Doutor e Mestre em Direito Civil pela Faculdade de Direito da USP – Largo São Francisco. Ex-Coordenador e pesquisador do Laboratório de Política, Comportamento e Mídia da Fundação São Paulo (Labô/PUCSP). Advogado.

SOBRE OS AUTORES

Adriana Caldas do Rego Freitas Dabus Maluf
Doutora e Mestre em Direito Civil pela Faculdade de Direito da USP – Largo São Francisco. Membro do Instituto dos Advogados – IASP. Membro da Comissão de Bioética do HCor. Advogada. Nutricionista.

Álvaro Villaça Azevedo
Professor Titular de Direito Civil da Faculdade de Direito da USP – Largo São Francisco. Professor da Universidade Presbiteriana Mackenzie e da Fundação Armando Álvares Penteado.

Bruno Miragem
Professor da Universidade Federal do Rio Grande do Sul. Advogado.

Carlos Alberto Dabus Maluf
Professor Titular de Direito Civil da Faculdade de Direito da USP – Largo São Francisco. Conselheiro do Instituto dos Advogados de São Paulo – IASP. Advogado.

Caroline Venturoli Ferreira e Silva
Mestra em Direito Civil pela USP.

Celso Lafer
Professor Emérito da Faculdade de Direito da USP – Largo São Francisco

Cíntia Rosa Pereira de Lima
Pós Doutora em Direito Civil na *Università degli Studi di Camerino* (Itália) com fomento FAPESP e CAPES.

Doutora em Direito Civil pela Faculdade de Direito da USP com estágio na Ottawa University (Canadá) com bolsa CAPES – PDEE. Doutorado Sanduíche e Livre-docente em Direito Civil pela Faculdade de Direito da USP de Ribeirão Preto – FDRP. Professora de Direito Civil da Faculdade de Direito da USP Ribeirão Preto – FDRP. Líder e Coordenadora dos Grupos de Pesquisa "Tutela Jurídica dos Dados Pessoais dos Usuários da Internet" e "Observatório do Marco Civil da Internet" (CNPq) e do Grupo de Pesquisa "Tech Law" do Instituto de Estudos Avançados (IEA/USP). Presidente do Instituto Avançado de Proteção de Dados – IAPD. Advogada.

Christian Larroumet
Professeur Emérite de l'Université Panthéon Assas.

Claudio Luiz Bueno de Godoy
Professor da Faculdade de Direito da USP – Largo São Francisco.

Cristiano de Sousa Zanetti
Livre-docente, Doutor e Mestre em Direito Civil pela Faculdade de Direito da USP. Mestre em Sistema Jurídico Romanístico, Unificação do Direito e Direito da Integração pela *Università degli Studi di Roma "Tor Vergata"*. Professor Associado de Direito Civil da Faculdade de Direito da USP – Largo São Francisco.

Daisy Gogliano
Professora Associada da Faculdade de Direito da USP – Largo São Francisco.

Daniel Amaral Carnaúba
Doutor em Direito Civil pela USP. Mestre em Direito Privado pela *Université Panthéon-Sorbonne* (Paris 1). Professor da Universidade Federal de Juiz de Fora.

Daniel Levy
Doutor em Direito Privado pela *Université Panthéon-Assas* (Paris II). Mestre em Direito Civil pela USP. Advogado.

Diogo Naves Mendonça
Mestre e Bacharel em Direito pela USP. Juiz Federal.

Eduardo Tomasevicius Filho
Livre-docente e Doutor em Direito Civil pela USP. Bacharel em Direito pela USP. Professor Associado do Departamento de Direito Civil da Faculdade de Direito da USP – Largo São Francisco.

Elza Antonia Pereira Cunha Boiteux
Livre docente em Filosofia do Direito pela USP. Doutora em Filosofia do Direito pela USP. Mestre em Direito do Estado pela UFSC. Professora da Faculdade de Direito da USP – Largo São Francisco.

Ernesto Tzirulnik
Doutor em Direito Econômico pela USP. Presidente do IBDS – Instituto Brasileiro de Direito do Seguro. Coordenador da comissão de técnicos e juristas elaboradora dos Anteprojetos de Lei de Contrato de Seguro (PL 3.555/2004 a PLC 29/2017). Advogado.

Fábio Rocha Pinto e Silva
Doutor em Direito Civil pela USP e pela Université Panthéon-Assas (Paris 2), em dupla titulação. Mestre em Direito Civil pela USP. Advogado.

Fernando Campos Scaff
Professor Titular da Faculdade de Direito da USP – Largo São Francisco.

Flávio Luiz Yarshell
Professor Titular do Departamento de Direito Processual da Faculdade de Direito da USP – Largo São Francisco. Advogado e árbitro.

Francisco Paulo De Crescenzo Marino
Livre Docente, Doutor e Mestre em Direito Civil pela USP. Professor da Faculdade de Direito da USP. Vice-presidente do Instituto de Direito Privado.

Francisco Satiro
Doutor em Direito Empresarial pela USP. Professor de Direito Comercial da Faculdade de Direito da USP – Largo São Francisco. Advogado.

Gabriel Nogueira Dias
Doutor e Mestre pela Universidade de Bonn – Alemanha. Advogado.

Gilberto Bergstein
Doutor em Direito Civil pela USP. Especialista em Responsabilidade Civil pela Fundação Getúlio Vargas. Professor convidado da Faculdade de Medicina Albert Einstein e da Pós-Graduação da Faculdade de Medicina da UNIFESP. Advogado.

Gilda Figueiredo Ferraz de Andrade
Conselheira da OAB-SP, do Conjur e Cort da FIESP e da AAT-SP. Advogada.

Gilmar Ferreira Mendes
Doutor e Mestre em Direito pela Universidade de Münster. Professor do Instituto Brasiliense de Direito Público (IDP). Ministro do Supremo Tribunal Federal.

Giselda Maria Fernandes Novaes Hironaka
Livre-docente e Doutora em Direito Civil pela USP. Professora Titular de Direito Civil da Faculdade de Direito da USP. Ex-Procuradora Federal. Advogada.

Guilherme Henrique Lima Reinig
Doutor e Mestre em Direito Civil pela USP. Professor Adjunto da Universidade Federal de Santa Catarina. Advogado.

Gustavo Ferraz de Campos Monaco
Professor Titular de Direito Internacional Privado da Faculdade de Direito da USP – Largo São Francisco. Professor Doutor da Faculdade de Direito da Universidade Presbiteriana Mackenzie. Coordenador do Curso de Direito da Universidade Anhembi Morumbi. Consultor.

Heleno Taveira Torres
Professor Titular de Direito Financeiro da Faculdade de Direito da USP – Largo São Francisco. Livre-Docente em Direito Tributário pela Faculdade de Direito da USP. Advogado.

Ivette Senise Ferreira
Professora Titular Sênior da Faculdade de Direito da USP.

Janaina Conceição Paschoal
Professora Livre Docente de Direito Penal na USP, licenciada para exercício de mandato parlamentar. Advogada, afastada para exercício de mandato parlamentar. Deputada Estadual por São Paulo na legislatura 2019/2022.

João Ricardo Brandão Aguirre
Pós-doutor e Doutor em Direito Civil pela Faculdade de Direito da USP. Mestre em Direito Civil pela Faculdade de Direito da PUC-SP. Presidente da Comissão de Ensino Jurídico do IBDFAM. Professor da Faculdade de Direito da Universidade Presbiteriana Mackenzie. Advogado.

José Rogério Cruz e Tucci
Professor Titular Sênior da Faculdade de Direito da USP – Largo São Francisco. Ex-Presidente da AASP. Membro da Academia Brasileira de Letras Jurídicas. Advogado.

Lucia Ancona Lopez de Magalhães Dias
Doutora em Direito pela USP. Advogada.

Luiz de J. Tropardi Filho
Mestre em Direito Civil pela USP.

Luiz Edson Fachin
Doutor e Mestre em Direito pela PUC-SP. Professor do UNICEUB. Ministro do Supremo Tribunal Federal.

Manuella Santos de Castro
Doutoranda em Direito Civil pela USP – Largo São Francisco. Mestre em Direito Civil Comparado pela PUC-SP. Bacharel em Direito pela PUC-SP. Cursa Faculdade de História na USP. Editora Jurídica e Advogada.

Marco Fábio Morsello
Doutor em Direito Civil pela USP. Professor Doutor da Faculdade de Direito da USP – Largo São Francisco. Juiz de Direito Substituto em Segundo Grau no Tribunal de Justiça do Estado de São Paulo.

Maria Cristina De Cicco
Doutora em Direito Civil pela Università di Camerino – Itália. Professora Associada em Direito Privado na Università di Camerino – Itália, onde coordena a *Cattedra Italo-brasiliana di Diritto delle Persone.*

Maria Helena Diniz
Titular de Direito Civil da PUC-SP. Livre-docente, Doutora e Mestre em Teoria Geral do Direito e Filosofia do Direito pela PUC-SP. Professora de Direito Civil no curso de graduação da PUCSP. Professora de Filosofia do Direito, de Teoria Geral do Direito e de Direito Civil Comparado nos cursos de pós-graduação (mestrado e doutorado) em Direito da PUC-SP. Coordenadora do Núcleo de Pesquisa em Direito Civil Comparado nos Cursos de pós-graduação em Direito da PUCSP. Membro da Academia Paulista de Direito (cadeira 62 – patrono Oswaldo Aranha Bandeira de Mello), da Academia Notarial Brasileira (cadeira 16 – patrono Francisco Cavalcanti Pontes de Miranda), do Instituto dos Advogados de São Paulo e do Instituto de Direito Comparado Luso-brasileiro. Presidente do Instituto Internacional de Direito.

Mário Luiz Delgado
Doutor em Direito Civil pela USP. Mestre em Direito Civil Comparado pela PUC-SP. Professor Titular do programa de mestrado e doutorado da FADISP. Advogado.

Maurício Bunazar
Doutor e Mestre em Direito Civil pela Faculdade de Direito da USP – Largo de São Francisco. Professor de Direito Civil do Damásio Educacional e do IBMEC-SP.

Nelcina C. de O. Tropardi
Doutora em Direito Civil pela USP.

Nelson Nery Junior
Livre-Docente, Doutor e Mestre em Direito pela PUC-SP. Doutor em Direito Processual Civil pela Friedrich-Alexander Universität Erlangen-Nürnberg (Alemanha). Professor Titular da Faculdade de Direito da PUC-SP. Advogado.

Nestor Duarte
Professor Titular da Faculdade de Direito da USP – Largo São Francisco.

Newton De Lucca
Doutor e Mestre em Direito pela USP. Professor Titular de Direito Comercial na Faculdade de Direito da USP – Largo São Francisco. Professor do Programa de Mestrado em Direito da Universidade Nove de Julho. Desembargador do TRF da 3ª Região.

Patrícia Iglecias
Livre-Docente, Doutora e Mestre em Direito pela USP. Professora Associada da Faculdade de Direito da USP – Largo São Francisco. Foi Secretária do Meio Ambiente do Estado de São Paulo e Superintendente de Gestão Ambiental da USP. Presidente da CETESB – Companhia Ambiental do Estado de São Paulo.

Paula A. Forgioni
Professora Titular e Chefe do Departamento de Direito Comercial da Faculdade de Direito da USP – Largo São Francisco.

Regis Fernandes de Oliveira
Professor Titular Aposentado da Faculdade de Direito da USP – Largo São Francisco.

Renata Mota Maciel
Doutora em Direito pela USP. Professora do Programa de Mestrado em Direito da Universidade Nove de Julho. Juíza de Direito no Estado de São Paulo.

Roberta Zumblick Martins da Silva
Mestre em Direito pela Universidade de Brasília – UnB. Especialista em Direito Processual e Bacharel em Direito pela CESUSC.

Rodolfo de Camargo Mancuso
Professor Associado Aposentado da Faculdade de Direito da USP – Largo São Francisco. Procurador aposentado do Município de São Paulo. Advogado

Rogério Donnini
Livre-docente, Doutor e Mestre em Direito Civil pela PUC-SP. Professor Livre-docente da Faculdade de Direito da PUC-SP, da *Facoltà di Giurisprudenza della Università degli Studi della Campania "Luigi Vanvitelli"* – Itália e da Escola Paulista da Magistratura. Titular da Cadeira n. 73 da Academia Paulista de Direito, da qual foi presidente. Advogado.

Rosa Maria Barreto Borriello de Andrade Nery
Professora Associada de Direito Civil da Faculdade de Direito da PUC-SP.

Rui Geraldo Camargo Viana
Doutor em Direito Civil pela USP. Mestre em Direito Civil pela PUC-SP. Desembargador aposentado do TJ-SP. Professor Titular de Direito Civil da Faculdade de Direito da USP – Largo São Francisco. Advogado.

Rui Gustavo Camargo Viana
Doutorando em Direito Civil pela USP. Tabelião de Notas e Protesto.

Tom Alexandre Brandão
Doutor e Mestre em Direito Civil pela Faculdade de Direito da USP – Largo São Francisco. Professor nos cursos de pós-graduação da Escola Paulista da Magistratura. Juiz de Direito no Estado de São Paulo.

Wanderley Fernandes
Doutor pela Faculdade de Direito da USP – Largo São Francisco. Professor da FGV Direito-SP, LLM *University of Law School of Law* – Programa de desenvolvimento executivo da *Harvard Business School* (PMD 76). Advogado e árbitro em matéria empresarial.

SUMÁRIO

1. CLASSIFICAÇÃO DA RESPONSABILIDADE CIVIL 33
Álvaro Villaça Azevedo

2. CAUSAS DE JUSTIFICAÇÃO DO COMPORTAMENTO CAUSADOR DO DANO NA RESPONSABILIDADE CIVIL 43
Bruno Miragem

3. CORONAVÍRUS: A RELAÇÃO MÉDICO-PACIENTE E OS ELEMENTOS DE RESPONSABILIDADE CIVIL 53
Carlos Alberto Dabus Maluf
Adriana Caldas do Rego Freitas Dabus Maluf

4. OS DEVERES CONJUGAIS E A RESPONSABILIDADE CIVIL ENTRE CÔNJUGES 69
Caroline Venturoli Ferreira e Silva

5. RESPONSABILIDADE E DESENVOLVIMENTO SUSTENTÁVEL: APROXIMAÇÕES E VARIAÇÕES 81
Celso Lafer

6. A RESPONSABILIDADE CIVIL DOS PROVEDORES DE APLICAÇÃO EM DEBATE NOS TRIBUNAIS: (IN) CONSTITUCIONALIDADE DO ART. 19 DO MARCO CIVIL DA INTERNET) 93
Cíntia Rosa Pereira de Lima

7. LA RESPONSABILITE DU DEBITEUR CONTRACTUEL ENVERS LES TIERS ET L'AVANT PROJET DE LOI DE REFORME DE LA RESPONSABILITE CIVILE EN FRANCE 115
Christian Larroumet

8. RESPONSABILIDADE INDENIZATÓRIA POR VÍCIOS DA COISA: OS DANOS DIRETA OU INDIRETAMENTE DELES DECORRENTES E O PRAZO PARA RECLAMAR INDENIZAÇÃO 123
Claudio Luiz Bueno de Godoy

9. A MITIGAÇÃO DO DANO E A ALOCAÇÃO DA RESPONSABILIDADE 131
Cristiano de Sousa Zanetti

10. CONSENTIMENTO ESCLARECIDO: ILUSÃO DE EXCLUSÃO DE RESPONSABILIDADE 141
Daisy Gogliano

11. A APLICAÇÃO DO REGIME DE RESPONSABILIDADE CIVIL PELO DEFEITO DO SERVIÇO AOS HOSPITAIS E CLÍNICAS: UMA ANÁLISE DA JURISPRUDÊNCIA DO STJ 153
Daniel Amaral Carnaúba

12. A PRECAUÇÃO E A PANDEMIA 167
Daniel Levy

13. RESPONSABILIZAR: UM EXERCÍCIO DE RETROSPECÇÃO 181
Diogo Naves Mendonça

14. RESPONSABILIDADE CIVIL NA LEI ANTICORRUPÇÃO 193
Eduardo Tomasevicius Filho

15. A LEI COMO METÁFORA 205
Elza Antonia Pereira Cunha Boiteux

16. PREVENÇÃO, PRECAUÇÃO E SALVAMENTO NO SEGURO DE DANOS 217
Ernesto Tzirulnik

17. EFEITOS DO INADIMPLEMENTO CONTRATUAL: INTERFACE COM A TEORIA GERAL DAS OBRIGAÇÕES 235
Fábio Rocha Pinto e Silva

18. A RESPONSABILIZAÇÃO CIVIL E A BIOTECNOLOGIA 247
Fernando Campos Scaff

19. O DEVIDO PROCESSO LEGAL NA EXCUSSÃO DE BEM ALIENADO FIDUCIARIAMENTE 257
Flávio Luiz Yarshell

20. PARSONS, REALE E AS ESTRUTURAS SOCIAIS – O CONCEITO DE ATIVIDADE GERADORA DE RISCO NA CLÁUSULA GERAL DE RESPONSABILIDADE OBJETIVA DO CÓDIGO CIVIL 275
Francisco Paulo De Crescenzo Marino

21. "AGRO É POP": A QUESTÃO DA RECUPERAÇÃO JUDICIAL DO PRODUTOR RURAL INDIVIDUAL E SEUS EFEITOS SOBRE AS OBRIGAÇÕES DO DEVEDOR 289
Francisco Satiro

22. TELEMEDICINA: RESPONSABILIDADE QUE SE ASSUME À DISTÂNCIA 309
Gilberto Bergstein

23. A CONSTRUÇÃO DA TERCEIRIZAÇÃO À BRASILEIRA 323
Gilda Figueiredo Ferraz de Andrade

24. ESPÉCIES DE RESPONSABILIDADE CIVIL E O PAPEL DO SUPREMO TRIBUNAL FEDERAL: A RESPONSABILIDADE DO EMPREGADOR EM ACIDENTES DE TRABALHO 327
Gilmar Ferreira Mendes

25. REVISITANDO O TEMA DO ENSINO DA RESPONSABILIDADE CIVIL NA GRADUAÇÃO EM DIREITO 337
Giselda Maria Fernandes Novaes Hironaka

26. A RESPONSABILIDADE CIVIL DO ESTADO POR CRIME PRATICADO POR FUGITIVO NA JURISPRUDÊNCIA DO SUPREMO TRIBUNAL FEDERAL (STF): ANÁLISE DO PROBLEMA DA CAUSALIDADE 347
Guilherme Henrique Lima Reinig

27. LEI APLICÁVEL À RESPONSABILIDADE CIVIL: QUAL ESPAÇO PARA A *LEX LOCI DELICTI COMISSI*? 359
Gustavo Ferraz de Campos Monaco

28. ACESSO UNIVERSAL À SAÚDE PÚBLICA E OS USUÁRIOS DE PLANO DE SAÚDE 373
Heleno Taveira Torres

29. MULHER E RESPONSABILIDADE PENAL 389
Ivette Senise Ferreira

30. *FAKE NEWS*: A NARRATIVA CRIADA PARA ENCOBRIR O FRACASSO DOS GOVERNOS DE ESQUERDA 399
Janaina Conceição Paschoal

31. A QUEBRA DA PROMESSA DE CASAMENTO: ENTRE O EXERCÍCIO REGULAR DE UM DIREITO RECONHECIDO E O ABUSO DE DIREITO 411
João Ricardo Brandão Aguirre

32. RESPONSABILIDADE CIVIL DA PESSOA COM DEFICIÊNCIA: O ESTATUTO DO RETROCESSO EM TERMOS CIVIS 421
José Fernando Simão

33. RESPONSABILIDADE PELA SUCUMBÊNCIA NO INCIDENTE DE DESCONSIDERAÇÃO DA PERSONALIDADE JURÍDICA 439
José Rogério Cruz e Tucci

34. A REVISÃO CONTRATUAL POR ONEROSIDADE EXCESSIVA 447
Lucia Ancona Lopez de Magalhães Dias
Gabriel Nogueira Dias

35. DIREITO, INTELIGÊNCIA ARTIFICIAL E DEVERES: REFLEXÕES E IMPACTOS 481
Luiz Edson Fachin
Roberta Zumblick Martins da Silva

36. RESPONSABILIDADE CIVIL DOS PROVEDORES DE INTERNET 491
Manuella Santos de Castro

37. A RESPONSABILIDADE CIVIL DO FABRICANTE-CONSTRUTOR DA AERONAVE E O *FORUM SHOPPING* – NOVOS DESAFIOS E CONSIDERAÇÕES PROPOSITIVAS 513
Marco Fábio Morsello

38. RESPONSABILIDADE PARENTAL E DEVER DE EDUCAR NA EXPERIÊNCIA ITALIANA 527
Maria Cristina De Cicco

39. REINTERPRETAÇÃO DAS FUNÇÕES DA RESPONSABILIDADE CIVIL NA REPARAÇÃO DO DANO MORAL 541
Maria Helena Diniz

40. RESPONSABILIDADE CIVIL POR VIOLAÇÃO DO DIREITO FUNDAMENTAL À BUSCA DA FELICIDADE: REFLEXÕES SOBRE UM NOVO DANO 563
Mário Luiz Delgado

41. TAXONOMIA DA SANÇÃO CIVIL: PARA UMA CARACTERIZAÇÃO DO OBJETO DA RESPONSABILIDADE CIVIL 577
Maurício Bunazar

42. A SOCIEDADE DA INFORMAÇÃO E OS NOVOS CONTORNOS DA RESPONSABILIDADE CIVIL DO ANUNCIANTE POR INADEQUAÇÃO DO VEÍCULO 585
Nelcina C. de O. Tropardi
Luiz de J. Tropardi Filho

43. REGIME DE COMUNHÃO PARCIAL DE BENS, PATRIMÔNIO RESERVADO (CC 1659, VI) E IMPUTAÇÃO DE RESPONSABILIDADE CIVIL AOS CÔNJUGES 597
Nelson Nery Junior
Rosa Maria Barreto Borriello de Andrade Nery

44. PRESCRIÇÃO NA RESPONSABILIDADE CIVIL 613
Nestor Duarte

45. A LEI N. 13.709, DE 14 DE AGOSTO DE 2018: A DISCIPLINA NORMATIVA QUE FALTAVA 621
Newton De Lucca
Renata Mota Maciel

46. A RESPONSABILIDADE PÓS-CONSUMO NO CONTEXTO DA PANDEMIA DA COVID-19: CONTRIBUIÇÕES PARA A GESTÃO DE RESÍDUOS SÓLIDOS 645
Patrícia Iglecias

47. INCENTIVOS, DESINCENTIVOS E EXTENSÃO DO PRAZO DE PATENTES 661
Paula A. Forgioni

48. RESPONSABILIDADE EXTRACONJUGAL DO VULNERÁVEL 677
Regis Fernandes de Oliveira

49. RESPONSABILIDADE POR LITIGÂNCIA DE MÁ-FÉ 693
Rodolfo de Camargo Mancuso

50. DANO MORAL: CRITÉRIOS FACILITADORES PARA O SEU ARBITRAMENTO 703
Rogério Donnini

51. A RESPONSABILIDADE CIVIL DE NOTÁRIOS E REGISTRADORES 715
Rui Geraldo Camargo Viana
Rui Gustavo Camargo Viana

52. DA REDENÇÃO À RENDIÇÃO: A RESPONSABILIDADE CIVIL DAS ENTIDADES RELIGIOSAS 723
Tiago Pavinatto

53. O FENÔMENO DAS *FAKE NEWS*, A DEGRADAÇÃO DO DEBATE PÚBLICO E O PERIGOSO CAMINHO DA CENSURA PRIVADA 743
Tom Alexandre Brandão

54. A CLÁUSULA DE LIMITAÇÃO DE RESPONSABILIDADE NO INADIMPLEMENTO DA OBRIGAÇÃO PRINCIPAL 763
Wanderley Fernandes

1
CLASSIFICAÇÃO DA RESPONSABILIDADE CIVIL

Álvaro Villaça Azevedo

1. DIFERENÇA ENTRE OBRIGAÇÃO E RESPONSABILIDADE

No título IX, o Código Civil trata da Responsabilidade, entretanto refere-se à Obrigação de indenizar.Melhor que se corrija, desde logo, a expressão obrigação de indenizar, pois a obrigação é relação jurídica de caráter originário.

Como já demonstrei os termos obrigação e responsabilidade não são sinônimos, pois a obrigação é relação jurídica originária, nasce da vontade das pessoas ou da lei e deve ser cumprida no meio social, espontaneamente. Quando a obrigação não se cumpre pela forma espontânea é que surge a responsabilidade.

Escudado em vários autores alemães, Pontes de Miranda[1] afirma que "a obrigação resulta do dever; quem é obrigado só o é porque deve". Embora alguns juristas tratem dos termos *obrigação* e *responsabilidade* como sinônimos, devem ser diferenciados. Eles exprimem situações diversas. A relação jurídica obrigacional nasce da vontade das pessoas ou da lei e deve ser cumprida no meio social, espontaneamente.

Afirma, mais, que "a distinção entre a dívida, com a sua relação jurídica, e a execução por infração, a despeito da falta da investigação científica, vem de tempos anteriores ao direito romano". Afirma, finalmente, que não devem ser confundidas "a obrigação e a executabilidade do patrimônio".

[1] Tratado de Direito Privado, Ed. Borsoi, Rio de Janeiro, 2ª ed., 1958, tomo 22, p. 24.

É, ainda, Arnoldo Wald[2] que, após mencionar que a distinção entre débito (*Schuld*) e responsabilidade (*Haftung*) surgiu na Alemanha, feita por Brinz, nos mostra que os autores alemães, que se entregaram ao estudo dessa questão, admitem a possibilidade, malgrado a correlação entre a obrigação e a responsabilidade, da existência de uma sem a outra.

Como exemplo de obrigação sem responsabilidade, cita esse professor o caso de dívidas de jogo e dos débitos prescritos.Os direitos prescrevem após o decurso de um determinado prazo fixado por lei. Depois de escoado esse prazo, perdura a obrigação, sem, contudo, perdurar a responsabilidade. O devedor continua a ser devedor, mas não pode ser compelido a prestar no mundo jurídico. Entretanto, pode ele cumprir sua obrigação após o escoamento desse prazo prescricional, espontaneamente, realizando o cumprimento de sua obrigação sem ter responsabilidade.

Como exemplo de responsabilidade sem obrigação, menciona o caso do fiador, que é responsável, mas não é obrigado. Realmente, suponhamos que alguém se proponha a ser fiador num contrato de locação. O proprietário do prédio aluga-o ao inquilino, exigindo que este apresente um fiador. A obrigação de pagar aluguel é do inquilino e não do fiador, sendo este responsável a qualquer pagamento, se o inquilino não cumprir a sua obrigação de pagar o que deve em razão desse contrato.

2. CLASSIFICAÇÃO DA RESPONSABILIDADE CIVIL

2.1. CONTRATUAL E EXTRACONTRATUAL

Modernamente, a responsabilidade civil contratual e extracontratual apresenta-se com quatro grandes espécies: a primeira situa-se na inexecução obrigacional de contrato, chamada *responsabilidade contratual*; a segunda no âmbito do inadimplemento obrigacional normativo, cognominada *responsabilidade extracontratual*; a terceira, responsabilidade sem danos, conhecida como *responsabilidade preventiva*; e a quarta, responsabilidade do Estado, que engloba a responsabilidade social.

Assim, temos a responsabilidade contratual, quando duas pessoas realizam um contrato qualquer, regulamentando seus interesses particulares, por elas mesmas criados, fazendo entre elas verdadeira "lei particular" (*lex privata*), descumprindo essas regras contratuais. Esse inadimplemento

[2] WALD, Arnoldo. *Curso de direito civil brasileiro, obrigações e contratos*, rev., atual. e ampl. com a colaboração de Semy Glanz, Revista dos Tribunais, São Paulo, 14. ed., 2000, p. 29 e 30.

fundamenta-se na culpa, no art.186 do Código Civil, que cuida do ato ilícito doloso ou culposo, violando ou causando dano a outrem, e responsabilizando-se pela reparação dos prejuízos. É de lembrar-se, nesse passo, da lição de Alvino Lima[3] que, após admitir que "a teoria da culpa vem consagrada, como princípio fundamental, em todas as legislações vigentes", adverte, com base em vários autores, entre os quais Josserand, que

> estava, todavia, reservada à teoria clássica da culpa o mais intenso dos ataques doutrinários que talvez se tenha registrado na evolução de um instituto jurídico. As necessidades prementes da vida, o surgir dos casos concretos, cuja solução não era prevista em lei, ou não era satisfatoriamente amparada, levaram a jurisprudência a ampliar o conceito da culpa e acolher, embora excepcionalmente, as conclusões das novas tendências doutrinárias,

Referindo-se o autor à implantação a pouco e pouco, da responsabilidade objetiva, pela teoria do risco. Tanto os institutos jurídicos da culpa como o do risco devem coexistir, para que se fortaleça a ideia de que a responsabilidade civil extracontratual, com ou sem culpa, deve ser a cidadela de ataque a todos os prejuízos que se causam na sociedade.

Como, em síntese, aponta Louis Josserand[4], "a responsabilidade moderna comporta dois polos, o polo objetivo, onde reina o risco criado, o polo subjetivo, onde triunfa a culpa, e é em torno desses dois polos que gira a vasta teoria da responsabilidade". Entretanto, a crescente tecnicização da vida moderna vai levando o homem a uma vivência quase maquinal, de onde promana, em grau cada vez maior, a brutalidade, que estorva a subjetividade, mesmo nos condicionamentos jurídicos.

Com razão, pontifica Antônio Chaves[5] que "não há, a rigor, contrato, atividade, ato, até mesmo abstenção, que não contenha o germe de uma responsabilidade criminal ou civil". Por isso que, continua, "numa ocasião em que se contam às centenas de milhares as vítimas de acidentes de trânsito e das negligências ou imperícias profissionais, apresentam-se não sob o manto de conveniência, mas de uma necessidade imperiosa lançar mão dos dois recursos técnicos possíveis: a teoria do risco e o seguro obrigatório".

[3] Culpa e risco, Ed. Revista dos Tribunais, São Paulo, 1963, pp. 42 e 43.

[4] JOSSERAND, Louis, L'évolution de la responsabilité, *in Évolutions et actualités*. Ed. Paris, 1936, p. 49.

[5] CHAVES, Antonio, *Responsabilidade civil*. São Paulo, Edusp, 1972, p. 17 e 36.

Destaque-se, nessa oportunidade, entretanto, que, mesmo nos casos de aplicação da teoria do risco, previstos no CC, ensejavam indenização por culpa de outrem, por aquele que não teve culpa ou cuja culpa fosse presumida na lei. Atualmente, também, além dos casos taxativos de responsabilidade objetiva, na lei, admite-se ainda obrigação de reparar o dano, quando a atividade normalmente desenvolvida pelo autor do dano implicar, por sua natureza, risco para os direitos de outrem (parágrafo único do art. 927, *in fine*). Assim, quando o empregador, ainda que sem culpa, é levado a indenizar, por culpa de seu empregado, sem condições de fazê-lo, em tese, quem está pagando é o empregado, pois o empregador pode voltar-se contra o patrimônio dele, para reembolsar-se do que pagou (direito de regresso). Todavia, na responsabilidade pelo risco da atividade, no mais das vezes, não haverá contra quem regressar.

2.2. MINHA PROPOSTA DE SUBCLASSIFICAÇÃO DE RESPONSABILIDADE CIVIL EXTRACONTRATUAL OBJETIVA EM PURA E IMPURA

Por isso, costumo[6] dizer que há duas categorias de responsabilidade com fundamento na *teoria do risco: pura* e *impura*. A *impura* tem, sempre, como substrato, a *culpa* de terceiro, que está vinculado à atividade do indenizador. A *pura* implica ressarcimento, ainda que inexista culpa de qualquer dos envolvidos no evento danoso. Nesse caso, indeniza-se por ato lícito ou por mero fato jurídico, porque a lei assim o determina. Nessa hipótese, portanto, não existe direito de regresso, arcando o indenizador, exclusivamente, com o pagamento do dano.

Assim, por exemplo, se, por um fato jurídico (tufão), um recipiente de ácido (instalado com toda segurança) é arrastado a um rio, causando danos ecológicos, a obrigação de indenizar existe, como também por ato lícito, de uma empresa poluente, que está autorizada à sua atividade, dentro de certos parâmetros, controlados por órgãos públicos. Por exemplo, empresa poluidora, fiscalizada pela Companhia Estadual de Tecnologia de Saneamento Básico e de Defesa do Meio Ambiente – CETESB.

A indenização existe, portanto, tão somente, por causa da atividade de risco, conforme definido no § 1º do art. 14 da Lei n. 6.938, de 31 de

[6] AZEVEDO, Álvaro Villaça, Proposta de classificação da responsabilidade objetiva: pura e impura. *Revista dos Tribunais*, São Paulo, v. 698, de 1993, p. 7 a 11, especialmente p. 10 e 11.

agosto de 1981, regulamentada pelo Dec. n. 99.274, de 6 de junho de 1990 (*verbis*: "Sem obstar a aplicação das penalidades previstas nesse artigo, é o poluidor obrigado, independentemente da existência de culpa", seja por ato lícito ou por fato jurídico, "a indenizar ou reparar os danos causados ao meio ambiente e a terceiros, afetados por sua atividade. O Ministério Público da União e dos Estados terá legitimidade para propor ação de responsabilidade civil e criminal, por danos causados ao meio ambiente").

A par dessa responsabilidade objetiva, só por danos diretos e imediatos, no aludido dispositivo legal, o mencionado Regulamento, no parágrafo único de seu art. 14, completa: "As normas e padrões dos Estados, do Distrito Federal e dos Municípios poderão fixar parâmetros de emissão, ejeção e emanação de agentes poluidores, observada a legislação federal." O mesmo acontece relativamente aos danos causados por atividades nucleares, como se assenta no art. 4º da Lei n. 6.453, de 17 de outubro de 1977: "Será exclusiva do operador da instalação nuclear, nos termos desta Lei, independentemente da existência de culpa, a responsabilidade civil pela reparação de dano nuclear causado por acidente nuclear", nas situações previstas nos incisos desse mesmo dispositivo legal. O Código de Defesa do Consumidor (CDC), ao seu turno, fundiu as espécies de responsabilidade civil, com conceitos próprios.

2.3. RESPONSABILIDADE PREVENTIVA

O *caput* do art. 927 do CC reedita o sentido da indenização por ato ilícito e por abuso de direito, constante dos arts. 186 e 187. Desse modo, quem, por ato ilícito, causar dano a outrem, fica obrigado a repará-lo.

Nesse artigo, cogita-se, portanto, da responsabilidade de indenizar com culpa do agente (*caput*), considerando-se a responsabilidade de indenizar, independentemente de culpa, no seu parágrafo único. Nesse ponto, o atual CC inova em duas situações: a responsabilidade objetiva pura, conforme o que estiver especificado em lei, e a responsabilidade objetiva pura em razão do risco criado pela atividade do agente, por sua "atividade normalmente desenvolvida", que "implicar, por sua natureza, risco para os direitos de outrem".

Sempre entendi que a responsabilidade objetiva pura, sem culpa do agente, deveria constar expressamente de lei e, agora, consta. Todavia, o atual CC cria uma abertura muito grande, deixando aos operadores do Direito, principalmente aos Juízes, a interpretação do que venha a ser "atividade normalmente desenvolvida pelo autor do dano", que implique "por sua natureza risco para os direitos de outrem". Sim, porque, em toda atividade, ainda que normalmente desenvolvida, existe risco. Por isso, há que existir muita parcimônia, muito cuidado, na caracterização desse tipo de responsabilidade. Prefiro entender que o CC, nesse passo, refere-se às atividades perigosas.

Lembre-se, nessa oportunidade, de que o CC português assenta, em seu art. 483, n. 2, que qualquer caso de responsabilidade objetiva deverá constar especificadamente em lei.

Entretanto, em seu art. 493, n.2, assenta que "Quem causar danos a outrem no exercício de uma atividade perigosa por sua própria natureza ou pela natureza dos meios utilizados, é obrigado a repará-los, exceto se mostrar que empregam todas as providências exigidas pelas circunstâncias com o fim de os prevenir". Esse artigo teve como fundamento o art. 2050 do Código Civil italiano, adiante estudado.

Quanto ao nosso parágrafo único do art. 927, entende Anderson Schreiber[7], discorrendo sobre a cláusula geral de responsabilidade por atividades de risco, que a codificação brasileira de 2002, foi além das referências estrangeiras, optando pela responsabilidade objetiva e não em um sistema intermediário, de presunção de culpa, como fizeram os legisladores português e italiano.

Concluindo que o legislador pretendeu, obviamente, referir-se às "atividades que tragam risco elevado, risco provável, verdadeiro perigo de dano". Lembre-se, nesse ponto, que o Código Civil italiano menciona, em seu art. 2050, a responsabilidade por exercício de atividade perigosa; *verbis*: "Quem causar dano a outrem no exercício de uma atividade perigosa, por sua natureza ou por natureza dos meios utilizados, é levado ao ressarcimento, se não prova ter adotado todos os meios idôneos para evitar o dano".

Assim, desde sua edição (1942), essa responsabilidade é considerada. Salienta Catherine Thibierge[8] que, no final do século vinte, existe evolução no regime da responsabilidade levando à consideração de uma responsabilidade sem prejuízo, preventiva, tendendo a que se evitem novos danos,

[7] Novos Paradigmas da Responsabilidade Civil, Da erosão dos filtros da Reparação à Diluição dos Danos, Ed. Atlas, São Paulo, 2013, 5ª edição, pp. 21 a 23.

[8] Libre Propos sur L'Évolution du Droit de la Responsabilité vers un élargissement de la fonction de la Responsabilité, *in* Revue Trimestrielle de Droit Civil, Paris, nº3 jul/set., 1999, p. 561.

graves e irreversíveis. Comentando essa obra, Bruno Leonardo Câmara Carrá[9], destaca que essa jurista, partindo do sentido da palavra responsabilidade, que ela se encontra "voltada para a reparação dos danos causados no passado e, por isso mesmo, bastante restrita, parte para a tentativa de alargamento do termo, realizando, para tanto, uma análise etimológica, polissêmica e filosófica do mesmo, uma vez que a dimensão da responsabilidade nesses campos é mais abrangente e voltada igualmente para o futuro".

Fazendo a diferença entre a *cautio damni infecti* do Direito Romano e as atuais medidas puramente preventivas ou ainda de uma ação preventiva de responsabilidade civil, e com fundamento em Biondo Biondi, conclui que o *damnum infecti,* é o que ainda não se verificou, que era protegido, no Direito Romano, por ação específica para impedir a ocorrência do dano, mostrando que "a prevenção resultante da *cautio damni infecti* decorria tão somente da prestação de uma *cautio*" (caução) "em dinheiro para acautelar o ressarcimento do dano"[10].

Contudo, foi essa medida romana uma medida preventiva. Teresa Ancona Lopez[11] mostra que, pelo princípio da precaução bipartiu-se a responsabilidade civil em compensatória (com a reparação integral do dano) e preventiva, englobando esta a precaução e a prevenção, denominando-se, esta, responsabilidade sem dano, bastando para tanto a "ameaça de dano...”). Daí, a ideia de *mise en danger* (colocar em perigo), que expõe as pessoas a determinado risco, perigo, devendo haver uma busca responsável para danos ressarcíveis, desenvolvida por Geneviève Schamps[12].

Geneviève Schamps[13] entende que *mise en danger* é conceito fundador de um princípio geral de responsabilidade, não sendo seu interesse essencial o de criar uma nova responsabilidade sem culpa, mas a determinação de um conceito de*mise en danger* como fundamento de um sistema, objetivando a diminuição do dano. Segundo, ainda, Geneviève Schamps[14] a *mise en danger* fundamentou-se em dois polos: o risco caracterizado (de poten-

[9] Responsabilidade sem dano: uma análise crítica, Tese de Doutorado, apresentada, sob minha orientação, na Faculdade de Direito da Universidade de São Paulo, São Paulo, 2014, p. 75.

[10] Biondo Biondi, Istituizioni di Diritto Romano, Ed. Giuffré, Milano, 1965.

[11] Princípio da Precaução e Evolução da Responsabilidade Civil, Ed. Quartier Latin, São Paulo, 2010, pp. 240 e 241.

[12] La Mise en danger: un concept fondateus d'un principe general de responsabilité, Bruxelas: Bruylant e Paris LGBJ, 1998, pp. 999 e 1000.

[13] O.c., item 17, p. 1011.

[14] O.c., itens 5 a 7 e pp. 1001 e 1002.

cialidade de causar dano de grande intensidade) e a atividade especificamente perigosa. Ante a necessidade da construção de um critério geral de designação objetiva do responsável, conclui Giselda Maria Fernandes Novaes Hironaka[15] "Não resta dúvida, mesmo, de que há uma extraordinária urgência em se construir, na ambiência do direito positivo da responsabilidade civil, uma regra tal que seja suficientemente geral e abrangente, capaz de recepcionar as hipóteses já conhecidas de danos injustos que devam ser reparados ou indenizados, assim como que seja capaz de recepcionar, também, as hipóteses de outras ocorrências danosas, relacionadas a um porvir prejudicial".

Comenta Flávio Tartuce[16] que "o estudioso do Direito deve estar preparado para encarar questões de difícil solução. Uma dessas questões que pode surgir é justamente o questionamento acerca do preenchimento do conceito de responsabilidade pressuposta. Como resposta viável, pode-se dizer que pela responsabilidade pressuposta surgirá o dever de indenizar toda a vez que o agente, por sua atividade, expuser outras pessoas a uma situação de risco ou de perigo. Trata-se de uma otimização da regra constante do art. 927, parágrafo único, do Código Civil...".

Realmente, o art. 927 do Código Civil brasileiro é quase perfeito, pois faltou em seu parágrafo único esclarecer o *standard* jurídico "atividade normalmente desenvolvida, que implicar, por sua natureza, risco para os direitos de outrem". Quis aí, o legislador referir, nas entrelinhas, às atividades perigosas, como sempre admiti, e que, sendo perigosa, venham causar dano injusto, significativo, com potencialidade de dano de grande intensidade.

Enfim, o legislador, como atividade preventiva ou pressuposta, refere-se à possibilidade de causação de dano futuro por atividade com alto grau de periculosidade, colocando em risco direito alheio (*mise en danger*). Sim, porque em face de um mero aborrecimento ou mau negócio não há que falar-se em indenização.

2.4. RESPONSABILIDADE DO ESTADO

Na concepção publicista, entende-se que é preciso defender sempre os súditos contra o funcionamento defeituoso do Estado, por seus funcio-

[15] Responsabilidade Pressuposta, Tese de Livre-Docência defendida na Faculdade de Direito da Universidade de São Paulo, Ed. Del Rey, Belo Horizonte, 2005, pp. 353 e 354.

[16] Direito Civil, Direito das Obrigações e Responsabilidade Civil, Ed. Gen e Forense, 15ª edição, 2020, p. 345.

nários. É a aplicação da responsabilidade objetiva do Estado por toda e qualquer atuação. Nosso CC, em sua Parte Geral, no art. 43, declara a responsabilidade civil das pessoas jurídicas de Direito Público interno "por atos dos seus agentes, que nessa qualidade causem danos a terceiros, ressalvado o direito regressivo contra os causadores do dano, se houver, por parte destes, culpa ou dolo".

Esse preceito decreta a responsabilidade objetiva pura e impura das mesmas pessoas jurídicas, que, também retratada em Constituições anteriores, se reafirma, com redação melhor, no § 6º do art. 37 da atual Constituição da República Federativa do Brasil, de 5 de outubro de 1988: "As pessoas jurídicas de direito público e as de direito privado prestadoras de serviços públicos responderão pelos danos que seus agentes, nessa qualidade, causarem a terceiros, assegurando o direito de regresso contra o responsável no caso de dolo ou culpa."

Não deixa dúvidas nossa Constituição, como também o CC, de que os danos, assim causados, devem ser ressarcidos pelo Estado (genericamente falando), que corre o risco do desempenho das funções públicas, só tendo direito de cobrar-se dos prejuízos, junto a agentes, seus causadores, se, por parte destes, se constatar culpa ou dolo. Dessa forma, a título de ilustração, é o Poder Público responsável por danos que se causem aos particulares, por má ou nenhuma conservação dos esgotos ou das redes pluviais, pelo atropelamento de alguém causado por carro dirigido por motorista oficial, pela depredação causada por multidão, em face da inoperância policial, incumbida da manutenção da segurança e da ordem, como por ferimento ocasionado a qualquer pessoa, por disparo de um policial em perseguição de um criminoso[17].

Tenha-se presente, em face desse texto constitucional e do CC, que, mesmo não havendo culpa ou dolo, dos agentes públicos, responde o Estado pelos prejuízos por eles causados, não tendo, como visto, nessa hipótese, direito de regresso. Basta, nesse caso, a existência do nexo de causalidade. No primeiro caso, ante a culpa do agente do Estado, cuida-se de responsabilidade objetiva impura, com direito de regresso; no segundo, não havendo culpa desse agente, a responsabilidade do Estado será objetiva pura, sem direito de regresso.

[17] Recomendamos, nesse passo, a leitura da monografia de Yussef Said Cahali, *Responsabilidade civil do Estado*. Revista dos Tribunais, São Paulo, 1982.

Enquadra-se, nessa responsabilidade do Estado, a responsabilidade social, como visto, pois o Estado tem o dever de zelar pela sua coletividade, inclusive pelos riscos que ela corre em razão de caso fortuito ou de força maior, como revolução, guerra, pandemia, que podem torná-la vulneráveis a sofrer, pela fome, pelo frio ou pela falta de vestimentas e habitação. O Estado deve cuidar de seu povo como se fossem seus filhos.

CONCLUSÕES

Pelo exposto, percebe-se que o Sistema de Responsabilidade Civil brasileiro, apresenta, em si (art. 927 e parágrafo único), o princípio geral da responsabilidade com dano ou sem dano (pelo risco da atividade perigosa, com culpa ou sem culpa, subjetivo e objetiva.

O que resta, finalmente, é a interpretação pelo operador do direito em face do standard jurídico (atividade perigosa). Ele, certamente, refere-se à atividade perigosa, que potencialmente causa ou pode causar dano à pessoa, põe em risco, em perigo considerável, os direitos de outrem (*mise en danger*). Tudo é aplicado pela teoria do risco.

2
CAUSAS DE JUSTIFICAÇÃO DO COMPORTAMENTO CAUSADOR DO DANO NA RESPONSABILIDADE CIVIL

BRUNO MIRAGEM

INTRODUÇÃO[1]

Dentre os temas de maior dificuldade na responsabilidade civil está o relativo às causas de justificação do comportamento que, a par de violar direito e causar dano, realiza-se sob condições específicas do agente de modo a justificá-lo, afastando sua qualificação como ilícito e, consequentemente, a imputação do dever de indenizar.[2] Trata-se de evento que admite a causação de um dano, porém sem imputar ao seu agente o dever de repará-lo, em caráter excepcional, a partir da valoração deste comportamento em vista das circunstâncias nas quais se realiza. Conforme ensina a doutrina, trata-se das "circunstâncias que tornam lícita (ou justa) a omissão do comportamento que, não existindo elas, seria devido".[3] Denominam-se tais situações de causas de justificação, uma vez que eliminam a exigência de determinado comportamento devido, expressando certo modelo de distribuição de riscos e custos sociais – o que como assinala a melhor doutrina,[4] é dimensão econômica inseparável da responsabilidade civil.

[1] Estudo em homenagem à Professora Teresa Ancona Lopez, eminente civilista, Titular da Universidade de São Paulo. O autor registra o reconhecimento não apenas pela envergadura acadêmica e intelectual da homenageada, mas de sua dimensão humana e solidária, motivo de justa admiração.

[2] MIRAGEM, Bruno. *Direito civil: responsabilidade civil*. São Paulo: Saraiva, 2015, p. 143.

[3] PESSOA JORGE, Fernando. *Ensaio sobre os pressupostos da responsabilidade civil*. Coimbra: Almedina, 1999, p. 153.

[4] LOPEZ, Teresa Ancona. *Princípio da precaução e evolução da responsabilidade civil*. São Paulo: Quartier Latin, 2010, p. 62.

A rigor, as causas de justificação fundamentam-se nos diferentes sistemas jurídicos, pela exclusão da lesão ao ordenamento jurídico, de modo que não há fundamento para a proibição da conduta daquele que causa o dano.[5] Estas causas de justificação são examinadas tanto no âmbito da responsabilidade civil, de modo a delimitar as hipóteses em que se afasta o dever de indenizar, quanto no direito penal, para afastar a definição da conduta típica penal. Seu desenvolvimento histórico, conforme assinala Menezes Cordeiro, se dá em vista da "necessidade dos tempos", já que não se encaixam, necessariamente, em um sistema coerente, e, ademais, quando presentes, podem se traduzir em uma permissão para causar danos.[6]

No sistema brasileiro, nem todas as causas de justificação resultam do Código Civil, sendo, por isso, necessário cuidado no exame das consequências de sua presença. O art. 188 do Código Civil estabelece: "Art. 188. Não constituem atos ilícitos: I – os praticados em legítima defesa ou no exercício regular de um direito reconhecido; II – a deterioração ou destruição da coisa alheia, ou a lesão a pessoa, a fim de remover perigo iminente. Parágrafo único. No caso do inciso II, o ato será legítimo somente quando as circunstâncias o tornarem absolutamente necessário, não excedendo os limites do indispensável para a remoção do perigo". A exclusão de ilicitude, nesse caso, resulta também, de forma absoluta, no caso de legítima defesa e do exercício regular de um direito, na exclusão do dever de indenizar.

Nesse sentido, diz-se que poderá haver dano, porém, não será dano injusto, indenizável, uma vez que a ação daquele que causa o dano está preordenada pela ordem jurídica, seja para defesa de direito próprio contra violação antijurídica (legítima defesa), seja para realização de ato expressamente admitido (exercício regular de um direito). Já no caso da remoção de perigo iminente (estado de necessidade), a lei legitima a ação, eximindo o agente do dever de indenizar o dano causado em decorrência dela, desde

[5] Distinguem-se as causas de justificação que se concentram no comportamento do agente que causa o dano, uma vez que exerça atividade pré-ordenada admitida pelo sistema, e as situações em que o comportamento do lesado contribui com o dano, hipótese que não se examina a partir de sua atuação permitida ou legitimada, mas da contribuição causal, integral ou parcial, com a realização do resultado danoso. Será o caso da culpa da vítima, exclusiva ou concorrente, previstas na legislação, assim como do consentimento do lesado ou da assunção de risco, reconhecidos expressamente em outros sistemas jurídicos e cuja situação, no direito brasileiro, é objeto de variado entendimento.

[6] Menezes Cordeiro, António. *Tratado de direito civil português*, v. II, t. III. Coimbra: Almedina, 2010, p. 484.

que não tenha sido ele próprio quem tenha dado causa ao perigo. A imputação do dever de indenizar, neste caso, desloca-se para aquele que deu causa à situação de perigo.

Refira-se que, em relação ao estado de necessidade, cuja previsão tem fundamento no art. 188, II, do Código Civil,[7] será também o objeto da disciplina na legislação penal. O art. 23, I, do Código Penal refere não há crime, quando o agente pratica o fato em estado de necessidade.

Examinam-se, no presente estudo, inicialmente, os aspectos conceituais mais relevantes das causas de justificação com previsão legal expressa no Código Civil brasileiro – legítima defesa, exercício regular de direito e estado de necessidade. Em seguida, concentramos a análise de outras figuras – o consentimento do lesado e a assunção de risco – cuja ausência de previsão legal situa debate sobre seu enquadramento dogmático no direito brasileiro entre causas de justificação e hipóteses de rompimento ou atenuação do nexo de causalidade entre a conduta do agente e o dano da vítima.

1. LEGÍTIMA DEFESA

O art. 188, I, primeira parte, do Código Civil, prevê a legítima defesa como causa de exclusão de ilicitude. O mesmo ocorre com o art. 23, II, do Código Penal, que afasta a caracterização do crime, quando o agente atua em legítima defesa. Da mesma forma, o art. 25 do Código Penal define legítima defesa nos seguintes termos: "Entende-se em legítima defesa quem, usando moderadamente dos meios necessários, repele injusta agressão, atual ou iminente, a direito seu ou de outrem". Nesses mesmos termos, é considerado punível o excesso doloso ou culposo no exercício da defesa (art. 23, parágrafo único, do Código Penal).

Tal definição é, sem dúvida, útil para a interpretação da causa de justificação sob a órbita do direito civil. Note-se que do que aqui se trata como causa que afasta, no plano da responsabilidade civil, o dever de indenizar do causador do dano é a defesa legítima. Essa legitimidade se apre-

[7] A rigor, o fato jurídico estado de necessidade no direito civil não será exclusivo domínio da responsabilidade civil, reconhecendo elementos dogmáticos semelhantes de seu enquadramento como excludente de ilicitude (art. 188, II, do Código Civil) e também como fonte de direitos e obrigações (em especial de prestação alimentar e o depósito necessário), e para invalidação de negócios jurídicos quando delimite a configuração dos defeitos de estado de perigo e lesão. Veja-se, neste sentido, o recente estudo de: Pereira, Rodrigo Serra. *Estado de necessidade no direito civil brasileiro*. Belo Horizonte: Letramento, 2018.

senta de acordo com as seguintes condições, amplamente sustentadas pela doutrina[8]:

a) *Agressão ilegítima ou injusta*: que a defesa daquele que atua causando o dano refira-se a uma agressão ilegítima ou injusta que esteja sofrendo ele próprio ou terceiro;
b) *Ausência de provocação do próprio agredido*: não se admite a legítima defesa da legítima defesa, de modo a reconhecer ao agredido defender-se da agressão que se dá em defesa de uma provocação que ele próprio deu causa;
c) *Atualidade da defesa*: a defesa deve referir-se a uma agressão atual, em curso, de modo que o agredido se defenda com o propósito de impedir que se consume o dano ou para que cesse a lesão, mitigando seus efeitos. Não se admite, com isso, que a lesão já esteja consumada tendo cessado a agressão, hipótese na qual em qualquer ação direta o agredido deixa de configurar defesa legítima para traduzir-se em exercício arbitrário das próprias razões, o que não é admitido pelo direito;
d) *Necessidade e proporcionalidade da defesa*: a legitimidade da defesa daquele que, sobre a agressão, submete-se a juízo de utilidade, de modo a investigar-se se sua atuação se deu nos limites do estritamente necessário para impedir ou fazer cessar a lesão. Ou seja, os critérios de necessidade e proporcionalidade da defesa não permitem que se considere legítima a atuação do defensor que cause dano mais gravoso do que seria necessário para impedir a agressão.[9] Não se perde de vista que nem sempre o agente, ao se defender, tem consciência plena da proporcionalidade de sua ação em relação ao agravo que está a sofrer.[10] A avaliação do atendimento dessas condições se dá em vista da situação concreta em que se encontra o defensor e suas condições pessoais de conhecer e mensurar o risco.[11]

[8] Já no direito anterior: Beviláqua, Clóvis. *Código Civil dos Estados Unidos do Brasil*. Rio de Janeiro: Ed. Rio, 1977, p. 428-429; Carvalho Santos, J. M. *Código Civil interpretado*, v. III. Rio de Janeiro: Freitas Bastos, 1960, p. 332-333; no direito vigente: Tepedino, Gustavo; Moraes, Maria Celina Bodin; Barbosa, Heloísa; *Código Civil interpretado conforme a Constituição da República*, v. I. Rio de Janeiro: Renovar, 2004, p. 344.

[9] TJRS, Apelação Cível, 70081895351, 10ª Câmara Cível, Rel. Eduardo Kraemer, j. 06/02/2020.

[10] Wagner, Heinz. *Individualistische oder über individualistische Notwehr Begründung*. Berlin: Duncker e Humblot, 1984, p. 30-32.

[11] O apelo à situação concreta, em vista das reais condições do agente em compreender o risco é compartilhado no direito civil e no direito penal, conforme se percebe em: SCHMIDHÄUSER,

Nessa mesma linha, lembre-se de que no direito penal é prevista também a legítima defesa putativa, como espécie que permite a descaracterização de crime diante do erro do agente quanto à ocorrência da agressão (art. 20, § 1º, do Código Penal). Ocorre quando alguém, equivocadamente, acredita estar diante de uma agressão atual e injusta, sendo assim legalmente autorizado à reação, que realiza acreditando defender-se.[12] Todavia, não é relevante no plano da responsabilidade civil, em que, diante do erro, e inexistente situação de legítima defesa, deverá se perquirir da existência de culpa, imputando-se ao agente, se for o caso, o dever de indenizar, nos termos do art. 186 do Código Civil.

2. EXERCÍCIO REGULAR DE UM DIREITO

O exercício regular de um direito constitui causa de justificação tradicional, que exclui a ilicitude da conduta e afasta o dever de indenizar. Trata-se de preceito coerente com a própria autoridade do ordenamento jurídico, uma vez que não se pode prever determinado direito e seu exercício regular para, em situações quaisquer, considerá-lo ilícito e passível de sanção (*qui iure suo utitur nemini facit iniuriam*). Há de se destacar, naturalmente, que se está a tratar de exercício regular, ou seja, exige-se que a conduta do titular do direito se coloque em parâmetros admissíveis, exercício normal. Quem exerce regularmente direito de que é titular não incorre em responsabilidade, não sendo passível de imputação do dever de indenizar.

Não por acaso, na vigência do Código Civil de 1916, era pela interpretação *a contrario sensu* da regra do seu revogado art. 160, I, que a doutrina identificava a previsão normativa do abuso do direito no sistema brasileiro.[13] Exercício irregular caracteriza-se como exercício abusivo, atraindo – no direito vigente – a incidência do art. 187 do Código Civil.

Eberhard. *Strafrecht. Allgemeiner Teil. Studienbuch*. 2. Auf. Tübingen: J. C. B. Mohr, 1984. p. 148-150.

[12] Hungria, Nélson. *Comentários ao Código Penal*. 5. ed. Rio de Janeiro: Forense, 1982, v. 6, p. 292.

[13] Miragem, Bruno. *Abuso do direito*. 2ª ed. São Paulo: RT, 2013, p. 98. Assinalando, igualmente, a autonomia dogmática do abuso do direito: Lopez, Teresa Ancona. Exercício do direito e suas limitações: abuso do direito. *Revista dos Tribunais*, v. 885. São Paulo: RT, jul./2009, p. 49-68. No mesmo sentido: Lopez, Teresa Ancona. Principais linhas da responsabilidade civil no direito brasileiro contemporâneo. *Revista da Faculdade de Direito da USP*, v. 101. São Paulo, jan.-dez./2006, p. 111-152.

Como expressão da autonomia privada e da liberdade individual, os parâmetros que informam o exercício de direitos é, tradicionalmente, definido a *contrario sensu*, identificando o exercício irregular quando o titular do direito aja: a) com o propósito deliberado de causar dano a outrem; ou b) sem ter o propósito de obter qualquer vantagem senão exclusivamente para causar dano (atos emulativos); c) contrariar os fins econômicos ou sociais para o qual é instituído; d) violar os limites estabelecidos pela boa-fé e pelos bons costumes. Como parâmetros para delimitação do abuso do direito, os parâmetros em questão revelam duas concepções distintas. Os dois primeiros parâmetros (a) e (b) informam a concepção subjetiva, exigindo o dolo ou má-fé para caracterizar o exercício irregular; os dois segundos (c) e (d) definem a concepção objetiva, consagrada no art. 187 do Código Civil.[14] Assim, temos, por exemplo, quem exerce direito de crédito de modo a obter do credor ou pessoa a ele vinculada atitude que não se relaciona aos interesses patrimoniais do titular do direito,[15] ou quem protesta título após conceder prazo ao inadimplente.

Por outro lado, o exercício regular de direito guarda relação com figuras próximas, embora de tratamento dogmático diverso, como é o caso do exercício do poder nas relações de direito público. Ao tempo em que os atos praticados em abuso ou excesso de poder dão causa à responsabilização pelos danos a que derem causa, seu exercício regular, nos limites da competência conferida por lei e vinculados à finalidade para o qual foi previsto, pré-excluem a responsabilidade do agente, embora possam,

[14] MIRAGEM, Bruno. *Abuso do direito*. 2ª ed. São Paulo: RT, 2013, p. 42-43. Há, contudo, o entendimento que não reconhece o abuso do direito como categoria autônoma, mas como parâmetro de exame do exercício de direitos, conforme sustenta: ASCENÇÃO, José de Oliveira. A desconstrução do abuso do direito. In: DELGADO, Mário Luiz; ALVES, Jones Figueiredo. *Novo Código Civil. Questões controvertidas no direito das obrigações e dos contratos*. São Paulo: Método, 2005, v. 4. p. 33-54.

[15] Não se exclua, nesse caso, igualmente, a atuação de terceiro que, em geral, sem direito especificamente reconhecido, atua no sentido de lesar o direito de crédito havido pelo titular em relação jurídica regularmente constituída, como ocorre, por exemplo, nas situações que se caracterizam como concorrência desleal. Para tanto, distingue-se a exigibilidade do crédito – havido como eficácia própria da relação jurídica existente entre credor e devedor – e sua oponibilidade a terceiros (oponibilidade *in potentia*, a todos os terceiros que não integrem a relação jurídica, e oponibilidade *in actu*, a determinado indivíduo que, tendo conhecimento da existência do direito de crédito, deve respeitar o dever de abstenção que se lhe imponha, de não interferir na relação). Veja-se: SANTOS JÚNIOR, E. *Da responsabilidade civil de terceiro por lesão do direito de crédito*. Coimbra: Almedina, 2003, p. 473 e ss.

segundo determinados pressupostos, ainda assim definir a responsabilidade do Estado por atos lícitos.[16]

Note-se, contudo, que o mero fato de ser titular de um direito não elimina um dever geral de diligência, ademais, porque, se assim não fosse, para defender-se de qualquer imputação por danos causados poderia o agente invocar o exercício de um direito de liberdade. Deste modo, o titular não tem de indenizar quaisquer prejuízos causados em razão de fato que caracterize exercício regular do direito.

3. ESTADO DE NECESSIDADE

O estado de necessidade resulta de causa de justificação para colisão entre interesses, na qual o ordenamento jurídico autoriza a defesa de interesse próprio ou alheio mediante lesão a direito de terceiros. A lesão a terceiro é o único modo de preservar o interesse próprio ou alheio, razão pela qual se pondera em detrimento daquele que sofre a lesão, de modo que se verifique a superioridade e consequente prioridade da manutenção de um deles. O Código Civil prevê a hipótese em seu art. 188, II, ao excluir a ilicitude da conduta de quem deteriora ou destrói coisa alheia, ou causa lesão à pessoa, a fim de remover perigo iminente. Exprime a ideia de defesa de direito próprio ou alheio, que apenas será eficaz mediante a lesão a direitos de terceiro. Concentra-se a permissão para o dano a terceiro na existência de perigo iminente.

Também no direito penal é previsto o estado de necessidade como justificação que afasta a caracterização de crime (art. 23, I, do Código Penal). O art. 24 do Código Penal assim o define, ao estabelecer: "Considera-se em estado de necessidade quem pratica o fato para salvar de perigo atual, que não provocou por sua vontade, nem podia de outro modo evitar, direito próprio ou alheio, cujo sacrifício, nas circunstâncias, não era razoável

[16] "A responsabilidade civil do Estado, responsabilidade objetiva, com base no risco administrativo, que admite pesquisa em torno da culpa do particular, para o fim de abrandar ou mesmo excluir a responsabilidade estatal, ocorre, em síntese, diante dos seguintes requisitos: a) do dano; b) da ação administrativa; c) e desde que haja nexo causal entre o dano e a ação administrativa. A consideração no sentido da licitude da ação administrativa é irrelevante, pois o que interessa, é isto: sofrendo o particular um prejuízo, em razão da atuação estatal, regular ou irregular, no interesse da coletividade, é devida a indenização, que se assenta no princípio da igualdade dos ônus e encargos sociais" (STF, RE 113.587, Rel. Min. Carlos Velloso, 2ª Turma, j. 18/02/1992, *DJ* 3/03/1992). Veja-se: Canotilho, José Joaquim Gomes. *O problema da responsabilidade do Estado por atos lícitos*. Coimbra: Almedina, 1974, p. 333.

exigir-se". Trata-se de provocar dano a bem ou a pessoa, em vista do objetivo de evitar perigo mais grave para o próprio agente ou para terceiro.[17]

Distingue-se entre o estado de necessidade objetivo e o subjetivo.[18] O estado de necessidade objetivo consiste na lesão a interesse alheio como modo razoavelmente perceptível para impedir a ocorrência do perigo maior, caracterizado pela lesão ou sacrifício do interesse superior que o agente tinha o propósito de preservar. Já o estado de necessidade subjetivo é aquele em que o agente acredita que atua para impedir uma lesão a interesse próprio ou de terceiro, e atua movido por esse objetivo, o qual, todavia, não é real. Registre-se, contudo, que apenas o estado de necessidade objetivo, em que se configure de fato perigo iminente ao direito próprio ou de terceiro, há excludente de ilicitude.

O parágrafo único do art. 188 do Código Civil estabelece: "o ato será legítimo somente quando as circunstâncias o tornarem absolutamente necessário, não excedendo os limites do indispensável para a remoção do perigo". Há de existir, portanto, perigo iminente e real. A mera crença sobre a existência do mal, embora possa apresentar efeitos para a interpretação do estado de necessidade no âmbito do direito penal, não é relevante na perspectiva civil, considerando-se que o erro de interpretação sobre a situação de fato que leve a concluir sobre a existência de perigo iminente, contra o que razoavelmente se deve interpretar dos fatos, situa-se no domínio da discussão sobre a culpa do agente.

Exige-se para que se configure o estado de necessidade: a) que haja perigo de lesão ao direito de alguém; b) que tal lesão seja o meio necessário e suficiente para preservar outro interesse; c) que a ação se dê em face de perigo atual, cuja ocorrência não tenha sido provocada pelo titular do direito que se visa preservar; d) em ponderação dos direitos envolvidos, que o direito em causa, em favor do qual é cometida a lesão, prevaleça em relação ao direito lesado (no tradicional exemplo de Beviláqua, destrói-se um prédio para evitar que um incêndio se propague à rua inteira).[19] Pode-se ter em vista a proteção de interesse coletivo, uma vez que o perigo comum ameace em mesmas condições, diversas pessoas ou bens, hipótese em que se admite que qualquer delas tenha legitimidade para salvar a si ou a seus

[17] Brun, Philippe. *Responsabilité civile extracontractuelle.* Paris: Litec, 2005, p. 205.

[18] Pessoa Jorge, Fernando. *Ensaio sobre os pressupostos da responsabilidade civil*, cit., p. 251-252.

[19] Beviláqua, Clóvis. *Código Civil dos Estados Unidos do Brasil.* Rio de Janeiro: Ed. Rio, 1977, p. 429.

próprios bens ou de terceiros.[20] Note-se que, quando se diz meio necessário, entende-se também que seja proporcional ao propósito de preservação do interesse considerado superior. Sendo permitido exemplificar: não é necessário arrombar a porta do imóvel, cujo acesso se possa fazer pela janela que se encontra aberta. Tratando-se de situação excepcional, as que caracterizam causas de justificação, qualquer atuação excessiva descaracteriza seu conteúdo e efeitos. Assim, por exemplo, quem sofre o ataque de um animal feroz de propriedade alheia, mas que tenha meios de se desvencilhar sem provocar o sacrifício do animal, não poderá alegar estado de necessidade se der causa à morte do mesmo. O parâmetro de exame do que se considere perigo iminente não permite que sua consideração em abstrato, mas frente a uma situação concreta.[21]

No direito penal se distinguem as situações em que haja o estado de necessidade e aquelas que se refiram ao estrito cumprimento de dever legal (art. 24, § 1º, do Código Penal). Em muitos sistemas, constitui, mesmo no plano da ilicitude civil, causa justificadora autônoma, de modo a excluir a ilicitude. No direito civil brasileiro, parece-nos que não é o caso de precisar a distinção dos efeitos de um e outro. Isso porque, havendo atuação do agente para remover o dano, não importa se esta ação se dá em vista de um ato de alteridade ou pelo cumprimento do dever. Relevante será o propósito da ação: remover perigo iminente. Sobre as consequências do ato, em relação à possibilidade de indenização ao lesado, incidem as regras dos arts. 929 e 930 do Código Civil.

Registra-se que a exclusão de ilicitude não implica, necessariamente, no afastamento do dever de indenizar. A hipótese do art. 188, II, do Código Civil, nesse sentido, constitui a hipótese de maior destaque em que o dever de indenizar pode resultar de fatos lícitos.

Dispõe o art. 929 do Código Civil: "Se a pessoa lesada, ou o dono da coisa, no caso do inciso II do art. 188, não forem culpados do perigo, assistir-lhes-á direito à indenização do prejuízo que sofreram". Esse direito a indenização corresponde ao dever de indenizar do autor do dano, mesmo que se considere tenha agido licitamente. Por outro lado, o art. 930 do Código Civil estabelece: "No caso do inciso II do art. 188, se o perigo ocorrer por culpa de terceiro, contra este terá o autor do dano ação regressiva para haver a importância que tiver ressarcido ao lesado".

[20] AMARANTE, Aparecida. *Excludentes de ilicitude civil*. Belo Horizonte: Del Rey, 1999, p. 141-142.

[21] Assim já sustentava: CARVALHO SANTOS, J. M. *Código Civil interpretado*, v. III, p. 335.

Como resultado da interpretação dessas normas deve-se concluir que o autor do dano, mesmo agindo licitamente (uma vez excluída a ilicitude), responde pela indenização devida ao lesado, quando este não tiver dado causa ao perigo cuja lesão visou impedir que se consumasse ou teve por propósito fazer cessar. Não tendo aquele que cometeu a lesão sido causador da situação de perigo, terá direito a ação regressiva em relação ao terceiro que a esta deu causa. Na hipótese de dano causado por agente público, cujo dever de agir seja inerente ao cargo ou função pública que desempenhe, poderá resultar na responsabilidade objetiva do Estado, nos termos do art. 37, § 6º, da Constituição da República.[22]

Tome-se o exemplo simples e elucidativo do proprietário de um imóvel que esquece o fogão aceso e sai de casa, dando causa a um princípio de incêndio. Tendo os vizinhos de arrombar a porta para evitar que o fogo se alastre, não poderão ser responsabilizados pelo dano decorrente do arrombamento, em face da incidência do art. 929 do Código Civil, tampouco terá o lesado que deu causa ao perigo, direito à indenização.

CONCLUSÕES

As causas de justificação do comportamento danoso, conforme sua previsão legislativa, servem para preordenar situações nas quais, havendo o autorização do ordenamento jurídico para atuação do agente, visando a defesa ou realização de interesse considerado relevante, admite a realização de dano, deixando de imputar àquele que o causa, o dever de indenizar. Pode ocorrer, tratando-se de dano injusto, que se impute a quem tenha provocado a ação do causador do dano, o dever de repará-lo (hipótese daquele que tenha dado causa ao perigo iminente a ser removido no estado de necessidade).

Não se confundem as causas de justificação do comportamento danoso, concentradas no lesante por razão reconhecida pelo Direito, e outras situações que excluem a imputação de responsabilidade, porém em que o comportamento determinante é do próprio lesado, influindo na relação causal.

Em todas as situações previstas para justificação – da legítima defesa, do exercício regular do direito e do estado de necessidade – elemento comum será o da proporcionalidade da atuação do lesante. De modo que o dano causado tenha sido necessário em vista da situação concreta do agente, apenas na situação suficiente para a proteção do interesse legítimo em causa, que justifique esta ação.

[22] MIRAGEM, Bruno. *Direito civil: responsabilidade civil*. São Paulo: Saraiva, 2015, p. 412.

3
CORONAVÍRUS: A RELAÇÃO MÉDICO-PACIENTE E OS ELEMENTOS DE RESPONSABILIDADE CIVIL

Carlos Alberto Dabus Maluf
Adriana Caldas do Rego Freitas Dabus Maluf

INTRODUÇÃO

No campo da bioética e do biodireito muito se destaca a presença do médico na relação que se estabelece com o paciente e sua família ou representantes legais, desde a primeira consulta, até o desfecho final, lembrando-se que em muitas vezes o atuar do médico e sua equipe de saúde esbarrará em crenças religiosas e valores pessoais.

A pandemia que o mundo enfrenta na atualidade fez-se descortinar um novo campo a ser analisado sob a ótica da relação medico paciente e sua consequente responsabilidade, o trabalho a distância (telemedicina) e o trabalho emergencial – posto que a doença causada pelo SARS-CoV 2 tem se mostrado bastante peculiar, imprevisível e requer do médico e demais profissionais da área da saúde, um enfrentamento dinâmico do desconhecido, mesmo trabalhando num universo de muita tensão, de escolhas difíceis, de falta de equipamentos de segurança, de falta de leitos e muito mais. Assim, é de vital importância o respeito aos princípios bioéticos de autonomia (externado pelo consentimento livre e esclarecido e pelas diretivas antecipadas da vontade), beneficência, não maleficência e justiça, objetivando o melhor cuidado dedicado ao paciente tendo em vista sua intrínseca dignidade.

1. DESENVOLVIMENTO: HISTÓRIA DO CORONAVÍRUS E EVOLUÇÃO PARA O ESTÁGIO DE PANDEMIA

Entre os diversos microorganismos existentes no universo, destacam-se os vírus e as bactérias, que são temidos pelas doenças que causam. Um exemplo histórico disso foi a gripe espanhola ocorrida na segunda metade do século XX, causada pelos vírus influenza, um tipo de vírus de gripe, que culminou na morte de cerca de cinquenta milhões de pessoas no mundo todo. Só no Brasil ocorreram cerca de trinta e cinco mil mortes, segundo fontes da época.[1] O vírus são estruturas extremamente pequenas e simples, medindo em torno de dois décimos de micrometro de diâmetro, de modo que só podem ser observados ao microscópio eletrônico. São constituídos por proteínas e ácidos nucleicos. São ainda, parasitas intracelulares obrigatórios, posto que não apresentam metabolismo próprio. Em muitos casos os vírus modificam o metabolismo das células que parasitam, podendo provocar a sua degeneração ou morte.[2] No que tange ao processo de desenvolvimento de imunidade viral, Playfair e Chain lecionam que "o anticorpo é valioso para a prevenção de entrada e disseminação hematológica de alguns vírus, mas sua ação é frequentemente limitada pela notável habilidade do vírus de modificar seus formatos externos e assim escapar à detecção de um anticorpo previamente existente".[3]

O coronavírus é um vírus de RNA, que causam infecções respiratórias. Seu nome se deve às espículas – estruturas proeminentes que estão presentes na superfície do vírus, o que lhe dá a aparência de uma coroa solar, são conhecidos desde os anos 1960.

Embora outros tipos de coronavírus costumem causar formas comuns e brandas de resfriado, o Sars-CoV-2 não tinha nenhum histórico de convivência com a espécie humana até então, uma vez que migrou para a infestação humana oriundo de outro hospedeiro. Na prática, isso significa que nenhum ser humano contava com defesas naturais específicas contra o referido vírus no momento em que ele começou a infectar pessoas na China, no fim de 2019.

Tendo em vista que a maioria dos casos produz sintomas relativamente leves e recuperação sem complicações, mesmo antes de conseguir produzir

[1] Fonte http://jornaldebrasilia,com.br <acesso em 03.05.2020>.

[2] AMABIS & MARTHO – Fundamentos da biologia moderna, 4. ed., São Paulo: Editora Moderna, 2013, p250 e 251.

[3] PLAYFAIR, JHL; CHAIN, BM – Imunologia básica, 9.ed., São Paulo:Manole, 2013, p. 62 e 63.

anticorpos, o que só acontece alguns dias após o início da doença, o organismo de muitos consegue começar o contra-ataque ao vírus por outros meios. Tal reação é possível porque as células contam com um sistema genérico de reconhecimento dos invasores virais. Assim, conforme os dias de doença vão passando, o organismo enfim produz anticorpos específicos contra o vírus - em geral, dois tipos das chamadas imunoglobulinas, designadas com as siglas IgM e IgG. Quando a infecção é debelada, o "conhecimento" sobre como produzir os anticorpos IgG, os mais duradouros, fica armazenada nas chamadas células B de memória. Ao entrar em contato com o vírus de novo no futuro, essas células podem desencadear a produção de anticorpos, vencendo rapidamente o problema.

Entretanto, "alguns estudos mostraram que entre 20% e 30% dos doentes que se recuperaram não apresentam níveis detectáveis de anticorpos", salientando-se também dúvidas de como o vírus interage com o sistema imunológico. Por ora, o único consenso é que, mesmo nos lugares mais afetados pela pandemia, a população ainda está muito longe de atingir o que se costuma chamar de imunidade de rebanho -cenário no qual a porcentagem de pessoas que já foram infectadas e se curaram é elevada o suficiente para que sirvam de "escudo" das que ainda não tiveram a doença.[4] De qualquer modo, outro ponto acerca do qual os cientistas concordam é que não existe nenhuma fórmula mágica para aumentar a imunidade. "O que fortalece a imunidade é um conjunto de fatores: alimentação equilibrada, sono adequado, exercício físico e evitar o estresse, embora na situação atual o último item seja mais difícil".[5] Os coronavírus pertencem à subfamília taxonômica Orthocoronavirinae da família Coronaviridae, da ordem Nidovirales. Constituem-se em uma família de vírus que causam doenças respiratórias em seres humanos e em animais.

Segundo referências dos pesquisadores, a maioria das pessoas se infecta com os coronavírus comuns ao longo da vida. Eles são uma causa comum de infecções respiratórias brandas a moderadas de curta duração.Alguns coronavirus tem a capacidade de mudar de hospedeiro passando de animais para humanps e quando isso acontece os casos resultantes são investidos

[4] Fonte: http://www.paho.org < acesso em 03.05.2020; http://www.valor.globo.com < acesso em 03.05.2020>.

[5] Fonte: http://www.paho.org < acesso em 03.05.2020>; http://www.valor.globo.com < acesso em 03.05.2020>.

de significativa gravidade. Assim, quanto à taxonomia, os coronavírus da subfamília Orthocoronaviridae se dividem em quatro gêneros: *Alphacoronavirus, Betacoronavirus, Gammacoronavirus* e *Deltacoronavirus*. De todos esses gêneros, há seis espécies que causam infecção em humanos. No gênero *Alphacoronavirus* há os coronavírus humanos das espécies HCoV-229E e HCoV-NL63, que causam infecções leves a moderadas comuns. Neste gênero também se encontra o CCoV, o coronavírus canino, que causa gastroenterite em cães filhotes e pode ser prevenido com vacina. Para a especie felina, o Fcov, causa peritonite infecciosa em gatos e não ha vacina disponivel no momento.

No gênero *Betacoronavirus* há os coronavírus humanos das espécies HCoV-OC43, HCoV-HKU1, SARSr-CoV e MERS-CoV. HCoV-OC43 e HCoV-HKU1 causam infecções leves a moderadas comuns. MERS-CoV causa a doença MERS (Síndrome respiratória do Médio Oriente). A espécie SARSr-CoV se divide nas cepas SARS-CoV, que causa a doença SARS (Síndrome respiratória aguda grave), e SARS-CoV-2, que causa a doença Covid-19 (*COrona VIrus Disease* 2019). O SARS-CoV-2, causador da COVID-19, foi identificado em 2020, tem "parentesco" com o vírus da SARS-CoV. Apresenta diversos sintomas, como febre, tosse e falta de ar, pneumonia.

Nesse sentido, podemos apontar: O HcoV 229 E, descoberto em 1960, divergiu do coronavirus da alpaca antes de 1960; O SARS-CoV, descoberto em 2002.divergiu do coronavirus do morcego em 1986; O Hcov-OC43, descoberto em 2004, divergiu do coronavirus bovino em 1890; O Hcov-NL63, descoberto em 2004, divergiu do corinavirus do morcego há aproximadamente oitocentos anos atras; O HcoV HIKU 1, descoberto em 2005, divergiu do coronavírus do morcego; O MERS CoV, descoberto em 2012, divergiu do coronavirus de morcego antes dos anos 90 e foi transmitido aos humanos pelos camelos; O Sars Cov 2, descoberto em 2019, tem ainda em aberto a sua genese original: se foi originario das cobras, de morcegos e posteriormente transmitido aos humanos por um animal desconhecido ou ainda, seja oriundo de uma versão que parasita pangolins, pois possui material genetico 99 % igual ao do virus encontrado nesse animal.

Em 2002 na provincia de Guandong, na China, o coronavirus oriundo de um pequeno mamifero carnivoro local, chamado Civeta, começou a ser transmitido entre seres humanos, instalando-se a doença denominada SARS, que teve como resultado uma epidemia internacional que atingiu 29 paises e acometeu 8096 pessoas das quais 774 morreram, sendo o nivel de contágio de cada paciete infectado, transmite-se para dois. Em 2012 infecções respiratórias por um novo coronavirus começaram a ser notificadas na Arabia Saudita. Esse virus apresentava uma forma dificil de transmissão entre os humanos, e constatou-se que o vetor preferencial de transmissão estava relacionado ao contato com o leite e a excreção do dromedário. Os casos de MERS foram diagnosticados até 2019 em 27 paises tendo atingido 80% da peninsula arabica. No entanto, pode-se comprovar que o grau de letalidade da MERS era maior do que o da SARS, posto que 2500 individuos foram infectados e 858 morreram.

Em 2019 na provincia de Hubei, China, na cidade de Wuhan, a partir de um mercado de animais vivos e seus produtos começaram a proliferar um outro tipo de coronavirus de altissima velocidade de contaminação (uma pessoa contaminda pode contaminar 3,7, pessoas que com ela tenha contato). Assim, a atual pandemis nasceu de uma zoonose, reflexo direito da intervenção do homem no meio ambiente. Nesse sentido, existem duas hipoteses ao menos para o surgimento da pandemia internacional por coronavirose: o virus foi aos poucos entrando em contato com a especie humana; ou veio pronto tendo o morcego por vetor e assim fez-se a transmissão interespecies de forma acelerada. Existem fortes indicios de que o contato silvestrre tenha sido o principal vetor de transmissão. A partir dai houve uma rapida difusão mundial advinda da globalização dos negócios e dos costumes que acelerou o intercambio entre os povos. Assim, acredita-se que o vírus Sars-CoV-2 possua como hospedeiros determinadas espécies de morcegos e o pangolim, um animal consumido como alimento exótico em algumas regiões da China. Seu período de incubação varia entre 4-14 dias, sendo que o vírus é transmitido por indivíduos sintomáticos ou assintomáticos. Apesar do alto grau de contágio, a doença apresenta um baixo grau de mortalidade. Apresentando letalidade global de 3,4%, aumentando de acordo com a idade da pessoa acometida e com a presença de comorbidades.

A difusão a doença causada pelo SarsCov 2 conheceu uma velocidade incrível alcançando a comunidade internacional. Em janeiro de 2020 a OMS já informara aos países que se preparassem para um surto de uma nova gripe que apresentava sintomas de intensidade variada, e deveriam se preparar para monitorar seus cidadãos e isolar os suspeitos. Em 30 de janeiro a OMS declarou estado de emergência internacional. À partir dai, foram intensificadas as medidas de combate e precaução. No mês de março, iniciaram-se medidas restritivas de quarentena da população. A OMS constituiu o caso como uma pandemia, posto que se alastrou afetando os diversos países da comunidade internacional, contando em julho de 2020 com mais de quatorze milhões de infectados.

2. DOS DIREITOS E DEVERES DO PACIENTE DURANTE A PANDEMIA CAUSADA PELO CORONAVÍRUS SARS COV 2

Inúmeros direitos são atribuídos ao paciente, como o direito à informação acerca de sua moléstia – o diagnóstico, prognóstico, duração, custos e riscos do tratamento, ao sigilo, à alimentação, o direito de consentir ou não que lhe sejam aplicados determinados procedimentos clínicos os cirúrgicos, acesso ao prontuário médico e aos cuidados paliativos, entre outros.[6] Para tanto, os pacientes valem-se de dois instrumentos: O consentimento informado, que constitui direito do paciente de participar de toda e qualquer decisão sobre tratamento que possa afetar sua integridade psicofísica, devendo ser alertado pelo médico dos riscos, benefícios das alternativas envolvidas e possibilidades de cura, sendo manifestação do reconhecimento de que o ser humano é capaz de escolher o melhor si sob o prisma da igualdade de direitos e oportunidades. Como exceções ao dever de obtenção do consentimento informado, temos: a necessidade da prática médica de urgência, privilégio terapêutico e a renuncia ao direito de ser informado. Tal como prevê Engelhard a permissão é o princípio moral crucial para a bioética contemporânea, pois deriva da autoridade moral individual, tendo no seu centro a valorização do individualismo autônomo.[7]

E o Testamento Vital ou diretivas antecipadas de vontade, que é o documento que tem a finalidade de retratar a vontade do paciente em seus momentos finais de existência livrando-o da obstinação terapêutica, oriunda do desenvolvimento da biotecnologia que trouxe para o universo médico‑científico uma gama enorme de fármacos, tratamentos, infraestruturas medico hospitalares capazes de postergar, e muito, a vida humana

[6] O Código de defesa do consumidor assegura o direito à plena informação sobre os produtos e serviços oferecidos ao público pelos fornecedores, que consequentemente passam a ser responsabilizados em caso da dano causado aos consumidores. O Código de Ética Médica veio também reforçar o direito do paciente de decidir livremente sobre o tratamento que lhe será indicado.

[7] Engelhardt Jr.,H Tristam – Fundamentos da bioética cristã ortodoxa, São Paulo:Ed. Loyola, 2003,p.441 a 443.

– inaugurando o questionamento se de fato estaríamos prolongando a vida ou o momento da morte.

Sua base legal encontra-se no primado do direito à autonomia pessoal do paciente, e também dos demais princípios bioéticos; do princípio da dignidade da pessoa humana, previsto no art. 1,inciso III, da Constituição Federal, no art. 15 do Código Civil que prevê que ninguém deve ser submetido a tratamento médico contra a sua vontade ou mediante risco de vida, da Lei n. 13.146/15. Tem ainda respaldo na Resolução 1995/12 do CFM. Em relação aos direitos dos pacientes em face da pandemia, temos que: quanto aos pacientes que se utilizam do Sistema Único de Saúde, o SUS, estes de acordo com os artigos 6 e 196 da Constituição Federal, tem o direito de receber pleno tratamento para o Covid 19, incluindo aí o custeio do teste de detecção, despesas relativas aos cuidados hospitalares; quanto aos pacientes que se utilizam dos planos de saúde, em face à Resolução n. 453 de 12.03.2020, estes devem custear a realização do teste de detecção do Covid 19, estando este incluído no rol dos procedimentos obrigatórios, entretanto, devem os beneficiários consultar a central de seu plano para verificar o local adequado para a realização do exame. Nesse sentido, temos que a contaminação por coronavirus configura uma situação urgente que obriga os planos de saúde a afastar o período de carência permitindo o atendimento de urgência, como prevê a Resolução n. 453/20; desconsiderar a inadimplência; afastar o período de carência; implementar a telemedicina regulamentada pela Resolução 2227/18 do CFM e implementada pelo PL696/20 que visa desafogar hospitais e centros de saúde no período da pandemia.

Assim sendo, uma importante questão surgiu: pode o paciente recusar-se a algum tratamento médico? Teria o paciente o direito de recusar ser entubado para que sejam liberados respiradores ou leitos para outros pacientes que também necessitem? Pensamos que sim, posto que autonomia do paciente, um dos pilares da bioética e do biodireito, deve sempre ser respeitada na medida do possível, e sob a análise da ética do razoável, valendo-se ele para tanto dos instrumentos de exposição da vontade já referidos – o consentimento informado e o testamento vital ou diretivas antecipadas da vontade. Entretanto, a autonomia pessoal do paciente passara a ser mitigada quando ofender ou criar algum risco ao coletivo, como a recusa à informação, a recusa às medidas de isolamento e proteção individual, posto que se trata de moléstia altamente contagiosa.

Poderia o paciente solicitar ao médico a introdução de algum remédio ou tratamento que ele paciente entenda ser eficaz (mesmo que esteja ele em fase experimental)? Da mesma forma, entendemos que sim, pode o paciente solicitar ao médico que o assiste, a administração de algum medicamento ou terapia ainda experimental, sendo por obvio atendido, também na medida da consciência individual do médico e outros profissionais da saúde quando for o caso. As decisões terapêuticas poderão ser adotadas em conjunto quando o caso assim o permitir, de acordo com os princípios bioéticos da beneficência e não maleficência. Outra questão se desdobra no âmbito da pandemia: o afastamento do paciente e seus familiares tendo em vista a contenção do contágio, podendo em alguns casos haver o falecimento do paciente, sem a devida despedida dos seus entes mais queridos. Nesse sentido, foi apresentado o PL 2136/20 que garante a todos o direito à visita virtual, através de vide chamada, de familiares aos pacientes com Covid 19, ou outras doenças infecto contagiosas.

Quanto aos deveres dos pacientes no âmbito da pandemia, está a estrita observância dos ditames estabelecidos por lei para as medidas de contenção, como o respeito às medidas de isolamento social, como dispõe a Portaria 356 de 12.03.2020 que regulamenta a operacionalização do disposto na Lei n. 13.979 de 06.02.2020 que estabelece as medidas para enfrentamento da emergência de saúde pública de importância internacional decorrente do Covid 19; a testagem dos cidadãos (e a consequente separação dos saudáveis, dos demais que estão ou contaminados ou em suspeita de contaminação. Para a realidade brasileira, eis o grande problema: acesso ao teste para toda a população do país, sua densidade demográfica e diversidade cultural e habitacional); o isolamento do paciente contaminado ou sob suspeita de contaminação (que pode ocorrer por meio de prescrição medica ou recomendação de agente sanitário). O isolamento deve ser feito em casa quando o quadro clínico do paciente o permitir, casos graves deverão ser encaminhados ao hospital. Ai a batalha por leitos começa.[8]

Embora a comunidade medico-cientifica tenha afirmado que dos 100% de contaminados, 80% serão assintomáticos ou portadores de uma modalidade leve da doença, 15% desenvolverão uma modalidade intermediária da doença podendo receber tratamento em casa, 5% desenvolverão

[8] Para auxiliar nesse processo entrou em vigor a Lei 13989/20 que dispõe sobre o uso da telemedicina durante a crise causada pelo coronavirus (SARSCov 2).

uma forma grave da doença, o que na realidade brasileira, alcança a margem de onze milhões de pessoas. Tentando conter a propagação do vírus, podem as autoridades aplicar medidas restritivas de: isolamento, quarentena, determinação de realização compulsória de exames médicos, testes laboratoriais, vacinação entre outros, restrição de locomoção, entre outras medidas conforme dispõe o artigo 3º da Lei n. 13.979/20. Os familiares dos infectados também devem permanecer em quarentena nos termos da Portaria n. 356/2020 do Ministério da Saúde. Desta forma, os hospitais podem restringir as visitas aos pacientes com enfermidades gerais e diversas, em observância estrita aos ditames do Plano de Contingência implantado pelo Ministério da Saúde.Há anda um intenso debate social, envolvendo a comunidade cientifica, jurídica, econômica e a sociedade em geral sobre a indicação da duração da quarentena e o consequente fechamento de importantes estabelecimentos comerciais no país.

3. A RESPONSABILIDADE CIVIL NA ÁREA DA SAÚDE

A saúde pode ser entendida como o bem-estar físico e psíquico, relevante para o ser humano individualmente considerado e para a coletividade em geral, tanto que recebe tutela constitucional no art. 196 da Constituição Federal. As atividades profissionais ligadas à área da saúde são suscetíveis de danos morais e materiais ao paciente ou cliente, pois atenta contra os direitos personalíssimos da pessoa humana bem como o seu patrimônio.[9] Como aduz Regina Beatriz Tavares da Silva "a responsabilidade civil na área da saúde exige atenção à distinção entre as obrigações de meio e de resultado e à obrigação do dever-direito de informação sobre os riscos do procedimento a serem utilizados".[10]

O estabelecimento da natureza jurídica da relação dos profissionais da área da saúde com os pacientes, não parece pacificada. Poderia ser definida como uma relação contratual permeada por valores éticos, extraídos do Código de Ética Médica e expostos como metajurídicos – baseados nos princípios da boa fé contratual, da justiça e da autonomia da vontade, onde o aspecto patrimonial submeter-se-ia ao princípio maior da dignidade da pessoa humana. Assim, a relação jurídica que se estabelece entre

[9] Nader,Paulo – Curso de direito civil – responsabilidade civil, p.401.

[10] Silva,Regina Beatriz Tavares da – Responsabilidade civil na odontologia. In. Silva,Regina Beatriz Tavares da – Responsabilidade civil na área da saúde. Série GVlaw, São Paulo:Saraiva/ Fundação Getúlio Vargas, p.4.

os profissionais da área da saúde - paciente mais do que patrimonial é uma relação que objetiva um valor existencial e por isso, tem como objetivo maior o comprometimento para com a saúde, o bem-estar e a dignidade do paciente.[11]

3.1. A RESPONSABILIDADE CIVIL DO MÉDICO

Sob o enfoque da responsabilidade civil, a relação médico-paciente é contratual, e visa não somente a cura do paciente, mas, a prestação de cuidados conscienciosos, atentos à ética profissional e às prescrições deontológicas, no limite do exercício profissional, observados ainda os ditames bioéticos. Embora a natureza do trabalho do médico seja contratual, decorrente das obrigações contratadas, não dominam os princípios da responsabilidade objetiva, porque nem sempre é possível a obtenção do êxito na execução de seu trabalho.[12]

Há ainda o dever de informar, previsto no art.6º ,III do CDC, diretamente ligado ao princípio da transparência e obriga o prestador de serviço a fornecer todos os detalhes - riscos e prognósticos- dos tratamentos a serem empregados, cuja ausência - excluídos os casos especiais de emergência médica - caracterizar um agir culposo do médico no atendimento a um paciente. A responsabilidade civil do médico está tratada no artigo 14, § 4º, do Código de Defesa do Consumidor "a responsabilidade pessoal dos profissionais liberais será apurada mediante a verificação de culpa". Diferenciam-se, entretanto, as obrigações médicas de meio das de resultado.

Nas obrigações de meio, o médico se responsabiliza pelos meios empregados, ou seja, pela correta aplicação da técnica, levando-se em conta o estágio de evolução da ciência. Assume nesse sentido, uma obrigação de ser diligente, prudente e perito, dando o melhor de si. Nas obrigações de meio, a responsabilidade é subjetiva, só existindo quando comprovada a existência da culpa, como prevê o referido o artigo 14, § 4º, do CDC.[13] Assim, "o médico que realiza uma cirurgia para retirada de tumor responsabiliza-se por empregar a melhor técnica médica (perícia), tomando todos os cuidados requeridos neste tipo de intervenção (diligência) e não submetendo o

[11] NAVES,Bruno Torquato de Oliveira;SÁ, Maria de Fátima Freire de -,Da relação jurídica médico-paciente: dignidade da pessoa humana e autonomia privada. In. Biodireito, p.113 a 115.

[12] RIZZARDO, Arnaldo - Responsabilidade civil, Rio de Janeiro: Forense, 2009, 4ºed, p.329.

[13] DINIZ, Maria Helena Diniz - O Estado atual do biodireito, p.548 e 549; GONÇALVES, Carlos Roberto - Direito civil brasileiro - responsabilidade civil, p256 e 257.

paciente a riscos desnecessários (prudência). Contudo, não terá responsabilidade se houver falecimento apesar de todos os seus esforços".[14]

O médico responde não somente por fato próprio como também por fato danoso praticado por terceiros que estejam diretamente sob suas ordens, como enfermeiros e demais profissionais da saúde.[15] Não se tem, entretanto, considerado como culpável o erro profissional que advém da incerteza da arte médica, posto que esta está em constante evolução; do erro de diagnóstico ou da iatrogenia (dano causado pelo ato médico em pessoas sadias ou doentes). A responsabilidade civil do médico decorre de culpa comprovada instituindo uma espécie particular de culpa, sendo comprovada a imprudência, imperícia ou negligência, ou erro grosseiro. Havendo dano decorrente de atividade médica oriunda de obrigação contratual surge o dever de indenizar, se for uma equipe a responsabilidade será solidária, sendo esta responsabilidade extensiva a todos os profissionais da área da saúde.[16] Nas obrigações de resultado, o médico se responsabiliza pelo resultado prometido. Ou seja, sua responsabilidade existirá mesmo que tenha sido diligente, prudente e perito. Daí porque, nas obrigações de resultado, a responsabilidade é objetiva, não dependendo da comprovação do elemento culpa, como ocorre na cirurgia plástica, sendo inoperante a cláusula de não indenizar nos contratos de prestação de serviços médicos para exonerar-se de danos patrimoniais ou morais que vier a causar ao paciente.

Diversas são as práticas médicas que podem ser sujeitas à responsabilização civil. Destaca Teresa Ancona Lopez exemplos de sua ocorrência: negar-se a prestar socorro, o fornecimento de atestados falsos, a falta de vigilância sobre o doente, que pode vir a causar dano a outrem.[17] Assim, em hipóteses extremas, além da natureza "de meio", presume-se também a inexistência de nexo de causalidade. Nesse contexto, muitas vezes o médico é obrigado a adotar a estratégia de fazer escolhas trágicas, tendo em vista a realidade que lhe foi imposta. Assim, sendo, difícil é determinar que tal morte decorreu de ato seu, mas sim, esta terá ocorrido devido

[14] LEVADA, Filipe Antonio Marchi – A responsabilidade civil do médico durante a pandemia. In. http://www.conjur.com.br < acesso em 10.05.2020>.

[15] MALUF, Carlos Alberto Dabus; MALUF, Adriana Caldas do Rego Freitas Dabus.

[16] CARDOSO, Alaércio – Responsabilidade civil e penal dos médicos no caso de transplantes,p.265.

[17] LOPEZ, Teresa Ancona – O Dano estético, 3.ed.,São Paulo:Ed.Revista dos Tribunais,2004, p. 110.

a uma circunstância impositiva que não lhe permitiu uma escolha diversa. Tal como pondera Michael Sandels, o médico teve que agir dessa forma para evitar um mal maior.[18]

Nesse sentido, num momento de exceção, como se impõe sob o manto da pandemia causada pelo coronavirus, entendemos que poderá inexistir nexo de causalidade, por se estar diante dos excludentes de culpabilidade, previstos no art. 393 do CC que trata do caso fortuito e da força maior. Desta forma, caberia ao lesado, e não ao médico a prova cabal de que os excludentes – caso fortuito e força maior não ocorreram. E em face ao exposto, vemos que, também na situação de pandemia, a responsabilidade médica é de meio e não de resultado, tanto porque dele independe as reações orgânicas individuais em face dos tratamentos empregados em relação a um vírus pouco conhecido, quanto excluem-se-lhe o nexo causal tendo em vista a falta de pessoal, falta dos equipamentos necessários, falta de leitos, falta de medicamentos para que exerça as suas funções obrigacionais.

> "Nesse cenário, talvez seja prudente considerar a possibilidade de ressignificação do conceito de culpa no exercício das atividades médicas. O que não significa que a pandemia por si só irá eximir a responsabilidade do médico na sua atuação, mas é possível afirmar, que a pandemia contribuiu para um relaxamento na exigibilidade de determinadas condutas".[19]

Nesse sentido, vemos que a lei n. 13.989/2020 – que dispõe sobre as medidas de enfrentamento da emergência da saúde pública decorrente do coronavirus -, pode ser citada como um medida de flexibilização das exigências em relação ao agir do médico, uma vez que autorizou o exercício da telemedicina durante o período da pandemia, relativizando a necessidade do contato presencial com os pacientes.

4. DOS ELEMENTOS DE RESPONSABILIDADE CIVIL HOSPITALAR

Com a entrada do Brasil no cerne da pandemia internacional decretada pela OMS em março próximo passado, uma batalha pelo atendimento médico-hospitalar travou-se no país. Tendo em vista a falta de leitos existentes no país, analisaremos a incidência da responsabilidade civil por

[18] SANDELS, Michael – Justiça.

[19] WESENDONCK, Tula – A responsabilidade civil na esfera médica em razão da covid-19. In. https://www.migalhas.com.br < acesso em 11;05.2020>.

ausência de leitos hospitalares, vagas na UTI, disponibilidade de respiradores para os pacientes graves que deles necessite. Poderia a família de uma paciente responsabilizar o hospital por ausência de respirador? Na prática, o hospital se vê obrigado em atenção ao direito à vida e a saúde previstos na Constituição federal nos artigos, 5º, 6º e 196, a prestar o primeiro socorro e encaminhar o paciente para outra unidade hospitalar que lhe possa atender. Sabe-se que a falta de vagas em hospitais, em situações normais é enxergada pelos tribunais como falha no serviço, seja ele público ou privado. A questão agora é excepcional: assim, o estado atual de pandemia poderia representar um excludente de culpabilidade aos hospitais e casas de saúde tendo em vista a carência de vagas?

Em matéria de responsabilidade civil, a responsabilidade dos hospitais é objetiva, conforme os serviços prestados, nascendo, pois, a obrigação de reparar quando estão presentes: a conduta comissiva ou omissiva do agente, a culpa ou o dolo do ofensor, o nexo de causalidade e o dano, nascendo assim a obrigação de reparar. No que tange aos atos profissionais e instituições médicas, embora se entenda pela incidência do CDC na sua atuação, a responsabilidade objetiva do hospital ou da operadora dependerá da responsabilidade subjetiva do médico. A responsabilidade civil do hospital surgirá quando o paciente sofrer danos decorrentes da qualidade dos serviços ali prestados, como advindos de defeitos nos aparelhos, nos equipamentos, no fornecimento de alimentação, na assepsia, embora reste preservado ao hospital o direito de regresso contra o agente que responderá por imprudência, negligência ou imperícia.

O que fazer quanto à falta de vagas disponíveis na rede hospitalar para atender a enorme quantidade de pacientes infectados com o Covid 19, tendo em vista que todas as demais doenças, crônicas e agudas continuarão a coexistir nesse período. Nesse sentido, do exame da lei, arts. 392 e 393 do Código Civil, é possível entender-se que tanto a ausência de culpa, como o caso fortuito ou força maior excluem a responsabilidade do inadimplente. No entender de Agostinho Alvim "embora possam ser entendidas como sinônimas as expressões, não basta ao devedor provar sua qualidade de pessoa habitualmente cuidadosa, para eximir o seu dever de indenizar, cumpre-lhe evidenciar que no caso concreto, tomou todos os cuidados, tendo feito tudo para cumprir com a sua obrigação".[20]

[20] ALVIM, Agostinho Neves de Arruda. Da inexecução das obrigações e suas consequências, 5.ed., São Paulo:Saraiva, 1980,p. 330 e ss.

Para Carlos Alberto Dabus Maluf, "o legislador brasileiro incluiu dentro das consequências da inexecução das obrigações, o caso fortuito e a força maior. O Código Civil em seu art. 393, não fez diferença entre as duas expressões, entendendo que há sinonímia entre elas". Assim, são idênticos os efeitos oriundos dos casos que abrangem o caso fortuito e a força maior. São por sua vez acontecimentos invencíveis de uma causa estranha não imputável ao devedor. "Tratando-se da teoria do risco profissional, exige a nossa lei que o próprio fato inevitável, determinante do acidente, seja completamente estranho ao trabalho para que cesse a responsabilidade civil objetiva".[21] Pensando na distinção trazida por Agostinho Alvim, temos: o caso fortuito interno, ligado à pessoa, coisa ou empresa do agente e caso fortuito externo, ligado às forças da natureza. Somente o caso fortuito externo poderia excluir a responsabilidade civil, principalmente se esta se fundar no risco.[22] De qualquer forma, a característica mais marcante da excludente de culpabilidade é a inevitabilidade, ou seja, é a impossibilidade de serem evitadas pelas forças humanas. Quanto ao número de leitos hospitalares que devem estar disponíveis para a população em termos normais, a OMS não estabelece a proporção ideal. A média, é de 3,2 leitos para cada mil habitantes (contando UTIs e instalações normais). No Brasil, o Ministério da Saúde indica 2,5 leitos como sendo adequado.[23]

Como exemplos da proporção de leitos hospitalares no mundo, considerando a margem de mil pessoas: Alemanha - 8 leitos, França - 5,9 leitos, Suíça - 4,53 leitos, Portugal - 3,39 leitos, Itália - 3,0 leitos, Espanha - 2,97 leitos, Inglaterra - 2,54 leitos, Canadá - 2,5 leitos, USA - 2,77 leitos, México - 1,38 leitos, Chile - 2,11 leitos, Nova Zelândia - 2,65 leitos, Israel - 2,99 leitos, Austrália - 3,84 leitos, China - 4,34 leitos, Coreia - 12,27 leitos, Japão - 13,05 leitos. O número de leitos hospitalares no Brasil, diminuiu 12,6% nos últimos dez anos. Caiu de 2,23, em 2010, para 1,95 em 2019.[24]

[21] MALUF, Carlos Alberto Dabus - Do caso fortuito e da força maior - excludentes de culpabilidade no Código Civil de 2002. In. NERY, Rosa Maria de Andrade; DONNINI, Rogerio (Coord) Responsabilidade civil - estudos em homenagem ao professor Rui Geraldo Camargo Viana, P. 96 e ss.

[22] MALUF, Adriana Caldas do Rego Freitas Dabus - Direito Civil - Serie Universitária, Rio de Janeiro/São Paulo: Campus Juridico/Elsevier, 2014,p. 212 e 213.

[23] Fonte: https://portalhospitaisbrasil.com.br < acesso em 08.05.2020>.

[24] Fonte: http://www.google.com + numerodeleitoshospitalaresnobrasil.htm < acesso em 08.05.2020>; https://portalfiocruz.com.br < acesso em 08.05.2020>.

Tendo em vista esse panorama de déficit de leitos hospitalares, entendemos que a pandemia oriunda do coronavirus SARS CoV 2, pode figurar como excludente de responsabilidade do hospital, das casas de saúde e das operadoras de saúde suplementar, nos casos de inadimplemento contratual involuntário ocasionado pela falta de leitos hospitalares necessários para atender à enorme demanda da atualidade. Assim, a pandemia decretada pela OMS em março de 2020, constitui uma circunstância de enorme excepcionalidade, que perfaz uma situação extrema, a qual importa aos hospitais, casas de saúde e operadoras de saúde, excludente de culpabilidade em decorrência do caso fortuito e da força maior, desde que comprovada a impossibilidade (óbvia) de cumprir a obrigação, ou seja, que demonstre que todos os leitos e respiradores pertencentes às suas unidades e/ou redes credenciadas encontrem-se indisponíveis.

Configura-se assim, "verdadeira situação de caos, irresistível e que não guarda relação com o risco da atividade empreendida pelos coadjuvantes do sistema de assistência suplementar à saúde".[25] Assim, como leciona Carbonnier, existem acontecimentos que ultrapassam as forças humanas, e diante deles, as instituições jurídicas, devem ceder; como é o caso dessa pandemia internacional que estamos enfrentando, interceptam-se as vias de atendimento dos pacientes, tolhendo às empresas prestadoras de serviço o cumprimento do seu contrato. Nesse caso surge o fato estranho alheio à vontade das partes, cujos efeitos não se podem evitar ou impedir e que tolhe às partes a obtenção do resultado almejado.[26]

Nesse sentido, os diversos países da comunidade internacional, estão empenhando esforços para tentar minimizar o déficit de leitos, construindo unidades de campanha, embora pudessem estar aproveitando instalações abandonadas de hospitais, além de implementar medidas de controle de infestação viral, para dar um respiro às unidades de saúde, para tentar melhor atender a população. E assim, pensamos, não ser juridicamente aceitável a responsabilização civil do estabelecimento hospitalar tendo em vista a falta de leitos, tanto na esfera pública quanto na esfera privada.

[25] Santos, Jose Carlos Van Cleef de Almeida; Arbach, Henrique Pires; Benite, Felipe Martins – responsabilidade civil por falta de vagas em hospital no período de pandemia. In http://m.migalhas.com.br < acesso em 08.05.2020>.

[26] Carbonnier, J – Revue Critique de Législation et de Jurisprudence, 57/191; Monteiro, Washington de Barros; Maluf, carlos Albeeto Dabus – Curso de direito civil, direito das obrigações 1ª parte, 41. Ed. São Paulo:Saraiva, v.4, 2015, p. 395.

Diante do exposto, concordamos com o entendimento de que "é seguro afirmar que a ausência de vagas em hospital, leitos em UTI ou respiradores, que em situação de normalidade poderiam ser enquadrados no conceito de caso fortuito interno, não enseja o mesmo tratamento diante de eventos ocasionados pela força maior, como ocorrem com aqueles decorrentes da pandemia da covid-19, sob pena de inviabilizar até mesmo a continuidade da prestação de serviço essencial pela falta de verba, que se destinaria ao pagamento de um imensurável numerário a título de eventuais indenizações".[27]

A quem cabe o ônus da prova do caso fortuito ou da força maior? Cabe esta ao devedor, posto que quem deseja liberar-se alegando o caso fortuito como causa de exoneração deve prova-lo. "não basta porem a prova do fato material invocado, mas é preciso demonstrar ter sido ele a causa verdadeira do prejuízo, ou da impossibilidade de executar a prestação prometida".[28]

[27] Santos, Jose Carlos Van Cleef de Almeida; Arbach, Henrique Pires; Benite, Felipe Martins – responsabilidade civil por falta de vagas em hospital no período de pandemia. In http://m.migalhas.com.br <acesso em 08.05.2020>.

[28] Maluf, Carlos Alberto Dabus – Do caso fortuito e da força maior – excludentes de culpabilidade no Código Civil de 2002. In. Nery, Rosa Maria de Andrade; Donnini, Rogerio (Coord) Responsabilidade civil – estudos em homenagem ao professor Rui Geraldo Camargo Viana, São Paulo:Editora Revista dos Tribunais, 2009, p. 98.

4
OS DEVERES CONJUGAIS E A RESPONSABILIDADE CIVIL ENTRE CÔNJUGES[1]

Caroline Venturoli Ferreira e Silva

INTRODUÇÃO

A responsabilidade civil entre cônjuges é tema que alimenta importantes debates acadêmicos. É certo que, no âmbito do casamento, condutas tidas como ilícitas em face do dever geral de não causar dano a outrem são sancionadas pelo ordenamento. A questão é controvertida no que tange à conduta daqueles que não observam os deveres impostos aos cônjuges pelo art. 1.566 do Código Civil. Até a edição da Emenda Constitucional 66/2020, enquanto as primeiras ensejavam a incidência do art. 186 do Código, as segundas autorizavam a decretação da separação judicial e, sendo certa sua ilicitude naquele momento, argumentava-se que poderiam também motivar pedido de reparação de danos[2].

A alteração trazida pela EC 66/2010, ao suprimir do texto constitucional o requisito temporal para obtenção do divórcio, acabou por introduzir no sistema jurídico brasileiro o divórcio independente de fase prévia de separação. Em razão disso, pudemos ver surgir na doutrina[3] e na juris-

[1] Parte do conteúdo deste artigo reproduz trechos da dissertação de mestrado intitulada *Aspectos da Responsabilidade Civil entre Cônjuges após a EC 66/2010*, defendida na FADUSP, em 20 de março de 2018, sob orientação da Professora Teresa Ancona Lopez.

[2] v.: Regina Beatriz Tavares da Silva, *Reparação Civil na Separação e no Divórcio*, São Paulo, Saraiva, 1999, p. 153 ss.

[3] Pela da extinção da separação: José Fernando Simão, *A jurisdição de Família – A separação de corpos – decretação do Divórcio e Capítulos da sentença – As jornadas de Direito Civil*, in C. Lagrasta Neto, J. F. Simão, F. Tartuce, *Direito de Família – Novas Tendências e Julgamentos Emblemáticos*, 2ª

prudência[4] interpretações segundo as quais não mais seria possível a ação de separação judicial por sua incompatibilidade com o texto constitucional agora vigente, a despeito do posicionamento do STJ, ainda favorável à manutenção da ação de separação[5].

De tal entendimento decorrem diferentes indagações acerca do alcance da redação atual da norma prevista no art. 226, parágrafo 6º, da CF. Neste artigo, nos ocuparemos da questão acerca da responsabilidade civil pela violação dos deveres conjugais previstos no art. 1.566 do CCB.

1. A RESPONSABILIDADE CIVIL EM MATÉRIA DE CASAMENTO

Prevalece o entendimento de que, em matéria de casamento, incide o regime da responsabilidade civil aquiliana, com os filtros que lhe são próprios[6]. Assim, é necessário que se façam presentes os requisitos do dano, da culpa, do nexo de causalidade e do ato ilícito. É no último deles que se instala a divergência ora estudada. Questiona-se, afinal, se condutas contrárias aos deveres previstos no art. 1.566 do Código Civil configuram ato ilícito ensejador de responsabilidade civil.

ed, São Paulo, Saraiva, 2012, p. 124; Inacio de Carvalho Neto *Responsabilidade Civil no Direito de Família*, 5ª. ed, Curitiba, Juruá, 2013, p. 190; Paulo Luiz Netto Lôbo, *Direito Civil – Famílias*, 4ª ed., São Paulo, Saraiva, 2011, p. 49; Rogério José Ferraz Donnini, *Dissolução do vínculo conjugal: divórcio e suas modalidade – A proposta de emenda à Constituição para extinção da separação*, in Silmara Juny de Abreu Chinellato, José Fernando Simão, Jorge Shiguemitsu Fujita, Maria Cristina Zucchi (Org.), *Direito de família no novo milênio: estudos em homenagem ao Professor Álvaro Villaça Azevedo*, 1ª ed, São Paulo, Atlas, 2010, p. 323.

[4] Exemplificativamente: TJMG – Apelação Cível Nº 1.0701.10.020579-1/001 – 7ª Câmara Cível, Rel. Des. Peixoto Henriques, v.u., j. 3/3/2013, DJ 8/3/2013; TJPR – Processo n. 1218369-4, Rel. Des. Ivanise Maria Tratz Martins, 12ª Câmara Cível, v. u., j. 28/1/2015, DJ 18/2/2015; TJRS – AC n. 70064470610, Rel. Des. Jorge Luís Dall'Agnol, Sétima Câmara Cível, decisão monocrática, j. 7/5/2015, DJE 13/5/2015.

[5] Em 2017, as terceira e quarta turmas do STJ manifestaram-se pela manutenção da separação judicial no ordenamento: Resp. 1247098/MS (Rel. Min. Maria Isabel Gallotti, Quarta Turma, v.m., j. 14/3/2017, DJe 16/5/2017)] e REsp 1431370/SP, Rel. Min. Ricardo Villas Bôas Cueva, Terceira Turma, v.u., j. 15/8/2017, DJe 22/8/2017. Em 2018, a Corte manifestou-se pela não investigação da culpa no processo de separação para a fixação dos alimentos (AgInt no AREsp 343031, Rel. Min. Lázaro Guimarães, Quarta Turma, v.u., j. 22/03/2018, DJe 02/04/2018.

[6] Inacio de Carvalho Neto, *Responsabilidade Civil no Direito de Família*, cit., p. 303; Valéria Silva Galdino Cardin, *Dano moral no direito de família*, São Paulo, Saraiva, 2012, p. 157; Flávio Tartuce, *Responsabilidade civil nas relações de conjugalidade*, in Giselda Maria Fernandes Novaes Hironaka, Flávio Tartuce, José Fernando Simão (Coord.), *Direito de família e das sucessões: temas atuais*, São Paulo, Método, 200, p. 150.

Pode-se dizer que, no Direito brasileiro, existem duas correntes sobre o tema. A primeira delas entende que os deveres conjugais têm conteúdo eminentemente ético, pois se baseiam em regras morais e em princípios do Direito Natural e não permitem, em regra, execução forçada em caso de inadimplemento. Para seus seguidores, somente o ilícito absoluto, com base nos artigos 186 e 927 do CCB, é capaz de impor o dever de indenizar entre os cônjuges[7].

Já a segunda vertente afirma ser viável impor a sanção da responsabilidade civil pelo descumprimento de um dever conjugal. Alega-se que todas as obrigações civis, sejam elas disciplinadas ou não pelo Direito de Família, têm caráter moral, sendo possível imputar o dever de indenizar tanto nos casos ordinários (do artigo 186 do CCB), como em casos específicos, quando há violação de deveres conjugais. A conduta contrária a tais deveres mantém-se ilícita, mesmo que não se investigue a culpa no processo de separação ou que não se submetam a execução específica[8]. A opção por um ou outro caminho, a nosso ver, não pode deixar de considerar a evolução do casamento, do divórcio e dos deveres conjugais ao longo do tempo.

2. A AMPLIAÇÃO DAS HIPÓTESES AUTORIZADORAS DA SEPARAÇÃO E A GRADUAL EVOLUÇÃO DO DIREITO MATRIMONIAL RUMO À LIBERAÇÃO DO DIVÓRCIO

Sob a égide do CC/1916, apesar de indissolúvel o casamento, podiam os cônjuges pôr fim à sociedade conjugal. Para tanto, havia um rol de hipóteses autorizadoras previstas no artigo 317 do CC/1916, que englobava adultério, tentativa de morte, sevícia, ou injúria grave e abandono voluntário do lar conjugal.

[7] Maria Celina Bodin de Moraes, *Na medida da pessoa humana*, 1. ed., Rio de Janeiro, Renovar, 2010, p. 425; Fábio Siebeneichler de Andrade, *A Reparação de Danos Morais por Dissolução do Vínculo Conjugal e por Violação de Deveres Pessoais entre Cônjuges*, Revista dos Tribunais, São Paulo, v. 802, p. 11-26, 2002, p. 25; Zeno Veloso, *Deveres dos cônjuges – responsabilidade civil*, in Silmara Juny de Abreu Chinellato, José Fernando Simão, Jorge Shiguemitsu Fujita, Maria Cristina Zucchi (Org.), *Direito de família no novo milênio: estudos em homenagem ao Professor Álvaro Villaça Azevedo*, 1ª Ed., São Paulo, Atlas, 2010, p. 182; Bernardo Castelo Branco, *Dano moral no Direito de Família*, São Paulo, Método, 2006, p. 69; Laura Ponzoni, *Dano moral nas relações familiares*, Tese de Doutorado, São Paulo, FDUSP, 2013, 296; entre outros.

[8] Por todos: Regina Beatriz Tavares da Silva, *A emenda constitucional do divórcio*, São Paulo, Saraiva, 2011, p. 58.

A injúria grave consistia em conceito indeterminado. Nesse contexto, apesar do rol supostamente taxativo, a jurisprudência encarregou-se de torná-la a cláusula sob a qual se incluíam as diferentes razões para a impossibilidade de comunhão de vida não expressamente previstas na lei. Julgados da época identificaram como injúria grave: palavras injuriosas, relações equivocadas com terceiros, delitos, diversas questões sexuais, vícios como embriaguez, jogo de azar, toxicofilia e toxicomania, aversão ao trabalho, entre outros fatos tidos por injuriosos[9].

Ao longo do tempo, ampliou-se o conceito de injúria grave para permitir que as pessoas se separassem. Fala-se em um "*favorecimento à concessão do divórcio*", que, apesar de ainda não permitido, já se apresentava como tendência nos ordenamentos jurídicos de tradição semelhante à brasileira[10]. Assim, a dilatação do conceito de injúria grave torna o desquite acessível a maior número de pessoas, passando a ser a hipótese em que se despejam as frustrações mais diversas.

Com a edição da Lei do Divórcio, o casamento passa a ser solúvel e não mais somente a sociedade conjugal, como acontecia sob a vigência do CC/1916. Para permitir a separação a pedido unilateral de um dos cônjuges, o Direito continuava a exigir a ocorrência de uma situação autorizadora: uma conduta desonrosa ou qualquer ato que importasse em grave violação dos deveres do casamento e tornasse insuportável a vida em comum[11]. Contudo, a existência entre as causas autorizadoras de uma "*expressão de manifesta amplitude*"[12] permite dilatado acesso à separação.

O Código Civil de 2002, por sua vez, deixou ainda mais clara a extensão das possibilidades para concessão da separação. Manteve em seu texto o

[9] Exemplos apresentados por Domingos Sávio Brandão Lima, *Sevícia ou injúria grave – A mais ampla causa – síntese de desquite*, São Joaquim da Barra, O.Dip Editores Ltda., 1976, pp. 39-68. Nesse sentido também: Inacio de Carvalho Neto, *Responsabilidade Civil no Direito de Família*, cit., p. 244; Yussef Said Cahali, *Separações Conjugais e Divórcio*, 12ª ed. Rev., atual., e ampl., São Paulo, Revista dos Tribunais, 2011, p. 345.

[10] Álvaro Villaça Azevedo *Dever de Coabitação – Inadimplemento*, 2. ed. São Paulo, Atlas, 2009, pp. 88-89; Rogério José Ferraz Donnini, *Dissolução do vínculo conjugal: divórcio e suas modalidade...*, cit., p. 320.

[11] Nos termos do art. 5º da Lei do Divórcio, com ressalva da hipótese da separação remédio, prevista no parágrafo 2º do mesmo artigo.

[12] Euclides de Oliveira *A dissolução do vínculo conjugal*, in Ivone M. C. Coelho de Souza (org.), *Casamento, uma escuta além do judiciário*, Florianópolis, VoxLegem, 2006, p. 265. Por tal razão, a expressão sofreu diversas críticas pela doutrina (v., Inacio de Carvalho Neto, *Responsabilidade Civil no Direito de Família*, cit., p. 250).

resquício do Decreto n. 181, ao prever, agora em rol exemplificativo, motivos que poderiam caracterizar a impossibilidade da comunhão de vida. Incluiu entre eles também *"outros fatos que tornem evidente a impossibilidade da vida em comum"*, esclarecendo, mais uma vez, a amplitude de situações autorizadoras da separação, deixando de exigir que se revestissem de qualquer antijuridicidade[13]. Para além disso, sob a vigência da Lei do Divórcio, a separação passara a depender, alternativamente[14], da violação de deveres conjugais, o que foi mantido no CCB de 2002.

3. ALARGAMENTO DO CONTEÚDO DOS DEVERES CONJUGAIS

Nesse contexto de favorecimento à separação e ao divórcio, pode-se dizer que, ao longo do século XX e começo do século XXI, lei, doutrina e jurisprudência atuaram no sentido de ampliar a incidência de boa parte dos deveres exigíveis dos cônjuges, conforme tivemos oportunidade de expor em outro trabalho[15].

Nesse sentido, tome-se como exemplo o dever de fidelidade que, em princípio, se resumia à proibição de relações sexuais fora do casamento[16].

[13] De acordo com Euclides de Oliveira, na locução "*outros fatos*", "*podem ser enquadradas diversas condutas que antes escapavam à tipificação legal, possivelmente abrangendo os casos mais sérios de 'incompatibilidade de gênios' e de 'crueldade mental', próprios de casais que efetivamente 'não combinam', desde que o comportamento de um dos cônjuges se revele ofensivo ao recíproco dever de 'respeito e consideração', tornando insuportável a convivência*" (*Ibid.*, p. 265).

[14] Inacio de Carvalho Neto comenta a redação original do Código de 2002, afirmando que, entre os sistemas conhecidos, de causas taxativas (vigente à época na Argentina e na Espanha) e o de causas genéricas (previsto na França, Alemanha, Itália e Portugal), a lei brasileira previu um sistema inédito. Afirma: "*Temos, portanto, no Código de 2002, um sistema absolutamente incongruente: o art. 1.572 arrola causas genéricas; o caput do art. 1.573 traz causas taxativas; já o seu parágrafo único retorna ao sistema de causas genéricas. Este sistema, que podemos chamar de 'causas mistas', torna a lei bastante incompreensível*" (*Responsabilidade Civil no Direito de Família*, cit., p. 245). Nesse sentido também: Yussef Said Cahali, *Separações Conjugais e Divórcio*, cit., p. 321; Fernando Carlos de Andrade Sartori, *A culpa como causa da separação e seus efeitos*, in: Giovanni Ettore Nanni (Org.), *Temas Relevantes do Direito Civil Contemporâneo*, São Paulo, Atlas, 2008, p. 609.

[15] Silva, Caroline Venturoli Ferreira e, Aspectos da Responsabilidade Civil entre cônjuges após a EC 66/2010, Mestrado, Faculdade de Direito, Universidade de São Paulo, São Paulo, 2018.

[16] Sonia Ben Hadj Yahia afirma que o legislador francês, ao inseri-lo no *Code*, não propôs uma delimitação de seu conteúdo por diversas razões. Entre elas, o caráter contingencial do próprio dever que é mutável de acordo com as evoluções dos costumes e da sociedade. Os operadores do Direito, entretanto, contentaram-se em atribuir-lhe a definição herdada do direito canônico. Apesar de laico, o Direito Civil continuava impregnado da moral cristã e emprestou o conteúdo do dever de fidelidade constante do juramento feito na celebração do casamento católico (*La fidélité et le droit*, Paris, L.G.D.J, 2013, p. 618).

Ao longo dos anos, entretanto, doutrina e jurisprudência ampliaram o alcance da norma do inciso I do art. 1.566 de modo a englobar duplo aspecto, material e moral, considerando-se ilícita a conduta não só daquele que mantivesse relações sexuais com terceiro, mas também daquele que fosse desleal no desempenho do papel de cônjuge[17]. Enquanto a primeira correspondia ao adultério, previsto no art. 317, I do Código de 1916, a segunda remetia à injúria grave, prevista no inciso III do mesmo artigo[18].

A doutrina contemporânea conceitua o dever de fidelidade como a "*dedicação amorosa à pessoa com quem se estabeleceu uma relação afetiva*"[19]. Têm-se como infiel o comportamento que demonstre "*invasão à esfera de exclusividade de afeto dos consortes*"[20]. A denotar a dimensão tomada, afirma-se:

> *a gama dos atos que violam o dever de fidelidade matrimonial, sem adultério, ou, mais propriamente, sem o congresso sexual: é o adultério tentado, buscado, ensaiado, preparado, mal provado, são as liberalidades sexuais com terceiro do sexo oposto, é a infi-*

[17] Cf.: Caio Mário da Silva Pereira, *Instituições de Direito Civil, Família, Vol. V*, 21ª ed., Rio de Janeiro, Forense, 2013, p. 185. Quanto à jurisprudência, pode-se vê-lo no voto de Nancy Andrighi, no Resp. 742.137, 3ª Turma, Rel. Min. Nancy Andrighi, v.m., j. 21/8/2007, DJe. 29/10/2007). Sonia Ben Hadj Yahia afirma que a fidelidade é uma noção dual, que tem um aspecto físico e um metafísico (*La fidélité et le droit*, cit., p. 618).

[18] Aborda-se, por exemplo, sob o tema da injúria grave, a questão da infidelidade virtual, em razão das relações afetivas e/ou eróticas com terceiros no universo da internet, discutindo-se acerca da possibilidade de ser considerada quebra ao dever de fidelidade diante da ausência de contato físico das partes. V. Washington de Barros Monteiro, *Curso de Direito Civil: direito de família*, 43ª ed. São Paulo, Saraiva, 2016, p. 227; Pablo Stolze Gagliano e Rodolfo Pamplona Filho, *Novo Curso de Direito Civil – Direito de Família: as famílias em perspectiva constitucional*, vol. 6, 4 ed., São Paulo, Saraiva, 2014, p. 295; Maria Berenice Dias *Manual de direitos das Famílias*, Porto Alegre, Livraria do Advogado, 2013, p. 273; Rolf Madaleno, *Curso de Direito de Família*, 6 ed., Rio de Janeiro, Editora Forense, 2015, p. 191; Flávio Tartuce, *Responsabilidade civil nas relações de conjugalidade*, cit., 2009, p. 169. No mesmo sentido, a inseminação heteróloga sem consentimento do cônjuge, para Yussef Said Cahali, não consiste em violação ao dever de fidelidade material, pois não se trata de ato de satisfação de libido sexual. Ainda assim, trata-se, para o autor, de ato injurioso que autoriza a separação judicial, ainda possível no ordenamento brasileiro em seu entendimento, violando-se a infidelidade material (*Separações Conjugais e Divórcio*, cit., p. 336). Pablo Stolze Gagliano e Rodolfo Pamplona Filho (*Novo Curso de Direito Civil – Direito de Família...*, cit., p. 294) ententem que tal comportamento configura violação ao dever de fidelidade, denominado-a "adultério inocente", "adultério casto" ou "adultério de seringa".

[19] João Ricardo Brandão Aguirre, *O dano moral pela infidelidade*, in Rolf Madaleno, Eduardo Barbosa (org.), *Responsabilidade Civil no Direito de Família*, pp. 235 ss., São Paulo, Atlas, 2015, p. 244.

[20] Pablo Stolze Gagliano e Rodolfo Pamplona Filho, *Novo Curso de Direito Civil – Direito de Família..., cit.*, p. 290.

delidade moral ou espiritual, é a inseminação artificial sem o consentimento do outro cônjuge a formarem a figura do quase-adultério ou do adultério casto[21].

O mesmo ocorreu com o dever de coabitação e de assistência. Este, de suporte nos momentos de infortúnio, se fez presente também nos momentos de alegria e passou até a exigir abstenções de comportamento[22]. Há quem afirme ter havido a *espiritualização* desses deveres, à medida que deixaram de pretender determinar somente comportamentos concretos dos cônjuges. Passaram a visar também a seus sentimentos, alargando-se seu campo de atuação, conquistando novos territórios[23].

Vê-se que, na ânsia de se permitir que os cônjuges se separassem, conferiu-se aos deveres conjugais uma leitura equivocada. Afinal, deveres, como normas limitadoras de direitos, deveriam receber interpretação restritiva[24]. Ainda que se pretendesse solucionar um problema prático, que era viabilizar a separação de casais insatisfeitos com a própria relação, não se pode negar a contradição existente entre a ideia de proliferação de deveres e a facilitação dos cônjuges em liberar-se deles[25].

4. INCLUSÃO DE DEVERES ORDINÁRIOS ENTRE OS DEVERES CONJUGAIS

A inclusão de deveres ordinários – que têm, na realidade, vocação para reger todas as relações interpessoais – entre os efeitos do casamento se deu nesse mesmo contexto. No afã de permitir que a violação de tais deveres, assim como a dos deveres propriamente conjugais, ensejasse a dissolução do casamento, foram previstos como se conjugais fossem.

Os deveres elencados pelo artigo 1.566 são tidos como efeitos decorrentes da constituição do vínculo conjugal. É o que se depreende do texto legal. Entretanto, não nos parece que, feita uma leitura atenta, tal afirmação prevaleça como verdadeira.

A nosso ver, para que seja verdadeiramente conjugal, é necessário que o dever decorra do casamento. Este será a condição suficiente para que tal

[21] Yussef Said Cahali, *Separações Conjugais e Divórcio*, cit., p. 345.

[22] v. Silva, Caroline Venturoli Ferreira e, Aspectos da Responsabilidade Civil entre cônjuges após a EC 66/2010,Caroline Venturoli Ferreira e Silva,2018, 174 f.

[23] Jean Garrigue, *Les devoirs conjugaux – Réflexion sur la consistance du lien matrimonial*, Paris, Éditions Panthéon-Assas, 2012, cit., p. 87.

[24] Maria Celina Bodin de Moraes, *Na medida da pessoa humana*, cit., p. 190.

[25] Jean Garrigue, *Les devoirs conjugaux...*, cit., pp. 83 e 85.

dever surja. Assim, o dever conjugal deve ser inerente à condição de casado e não se aplicar a outras pessoas que não aos cônjuges[26]. Utilizado tal critério de identificação, percebe-se que alguns de tais deveres são ordinários, aplicados genericamente a todas as relações intersubjetivas, ou próprios de outras relações específicas. É o caso do dever de respeito e consideração e do dever de guarda, sustento e educação dos filhos, respectivamente.

Tais deveres, sobre os quais o casamento não tem qualquer efeito hoje, permitem aos cônjuges que conservem parte de sua autonomia, da qual se beneficiavam antes do casamento. De um lado, potencializa-se a autonomia privada e reduzem-se os fatores que tradicionalmente serviram para inibir a imposição da responsabilidade civil entre familiares, permitindo-se maior responsabilização por danos gerados no âmbito dessas relações[27]. De outro, o patrimônio jurídico individual de cada um dos familiares é igualmente assegurado.

5. CRIAÇÃO DE NOVOS DEVERES E IMPACTOS NA RESPONSABILIDADE CIVIL

Parece haver, ainda, na doutrina, uma tendência de criação de novos deveres, à medida que identifica em outros dispositivos ou construções diferentes fontes de deveres conjugais. Pode-se notar tal fenômeno especialmente em duas situações: no recurso à cláusula geral de comunhão de vida plena[28] e boa-fé objetiva nas relações conjugais[29]. Ambos os conceitos são, por vezes, relacionados aos deveres conjugais.

[26] Jean Garrigue, *Les devoirs conjugaux...*, cit., p. 24.

[27] Maria Celina Bodin de Moraes, *Na medida da pessoa humana*, cit., p. 429.

[28] Clóvis do Couto e Silva, *Direito Patrimonial de Família no Projeto do Código Civil Brasileiro e Português*, Revista de Direito e Justiça, Porto Alegre, PUCRS, vol. 1, 1980, p. 145: "[a] comunhão plena de vida' é conceito ético, operativo, com conteúdo não totalmente definido; estabeleceu-se uma 'lacuna interna' a ser preenchida pelas normas resultantes de sua concreção. Essa 'lacuna interna' deverá constituir para o Direito de Família em disposição análoga a de outras 'cláusulas gerais' de natureza ética, como a do p. 242 do BGB, para o Direito das Obrigações". Eduardo Silva *A dignidade da pessoa humana e a comunhão legal de vida: o direito de família entre a Constituição e o Código Civil*, in Judith Martins Costa (Coord.), *A reconstrução do direito privado: reflexos dos princípios, diretrizes e direitos fundamentais constitucionais no direito privado*, São Paulo, RT, 2002, p. 474: "*exaustivo e pouco criativo elencar um grande número de situações em que a cláusula da comunhão plena de vida possa repercutir no direito de família. Bastaria dizer que o grande papel da cláusula geral será o de sintetizar e enriquecer os deveres mútuos dos cônjuges*".

[29] Para Maria Berenice Dias, as condutas do artigo 1.566 seriam indicadores de boa-fé nas relações decorrentes do matrimônio. A violação de um dever seria considerada quebra da

Nesse mesmo contexto de tendência de flexibilização do casamento, com maior acesso à separação e valorização da individualidade dos cônjuges, mas também imbuídos da necessidade de se verificar alguma especificidade à relação matrimonial, os deveres conjugais parecem se multiplicar. A nosso ver, ao se enxergar na comunhão de vida plena e na boa-fé objetiva fontes geradoras de outros deveres conjugais, para além daqueles previstos no artigo 1.566 do CCB, alarga-se artificialmente o rol de deveres entre cônjuges, de forma temerária[30].

Percebe-se que o conteúdo e os limites dos deveres conjugais foram estabelecidos de maneira esgarçada pela doutrina e jurisprudência conforme a necessidade de identificar sua violação para que fosse possível a separação judicial e, consequentemente o divórcio. No contexto posterior à EC 66/2010, superada a questão da investigação da culpa e, consequentemente, da imposição de sanções ao cônjuge que dá causa ao fim do casamento, tais deveres se apresentam desnecessários, dada sua função precípua.

boa-fé objetiva, lesando a legítima confiança que um cônjuge deposita no outro (*Manual de direitos das Famílias...*, cit., p. 271). Nesse sentido também: Flávio Tartuce, *O princípio da boa-fé objetiva no Direito de Família*, Revista Brasileira de Direito de Família, Porto Alegre, Síntese, IBDFAM, ano VIII, 2006, p. 10, que associa parte dos deveres conjugais, em especial a fidelidade, a mútua assistência e o dever de respeito e consideração mútuos à boa-fé objetiva. Sobre o tema, v. também: Cristiano Chaves de Farias, *Variações do abuso de direito nas relações de família: o venire contra factum proprium, a supressio/surrectio, o duty to mitigate the loss e a violação positiva do contrato*, in R. C. Pereira (Coord.), *Família e responsabilidade*, Porto Alegre, Magister/IBDFAM, 2010, pp. 199 ss.

30 Nesse sentido, concordamos com a posição de Jean Garrigue, para quem: "*A liberdade dos esposos tem vocação a permanecer o princípio. Os deveres que regem sua conduta devem, por consequência, ser objeto de uma interpretação restritiva. A obrigação de comunhão de vida (...) se tornaria excessivamente restritiva se ela proibisse todos os comportamentos que ameaçam a harmonia familiar; a paz que reina no seio de um casal é sempre frágil e o sistema jurídico não poderia erradicar todas as atitudes que ameaçam sua perenidade. Existe uma verdadeira contradição entre a evolução da obrigação de comunhão de vida e a aparição de certas exigências com base na jurisprudência. Assim, é no momento em que se suaviza o dever de coabitação, que se impõe aos cônjuges a disponibilidade; quando a vida em casas diferentes passa a ser cada vez mais tolerada, a onipresença de cada um dos esposos no lar passa então a ser exigida. A união conjugal é no mínimo desconcertante. Presa às dúvidas, ela hesita; reflete as aspirações paradoxais do cônjuge contemporâneo, que reivindica sua autonomia enquanto sonha com uma fusão* [com o outro]"(TL) (*Les devoirs conjugaux...*, cit., p. 260). E, posteriormente, complementa: "*os deveres criados pela jurisprudência são destinados a facilitar a decretação do divórcio; longe de os constranger, eles afrouxam o vínculo conjugal. Há qualquer coisa de paradoxal em se apoiar sobre o conceito de dever para garantir o triunfo da independência*" (TL) (*Les devoirs conjugaux...*, cit., p. 267).

Impor a sanção da responsabilidade civil ao cônjuge que não cumpre os deveres conjugais é dar ao texto legal função que jamais possuiu. É nesse sentido que se entende que tais deveres não são enunciados de atos ilícitos geradores da responsabilidade civil entre cônjuges, submetida à regra geral do art. 186 do Código Civil[31].

CONCLUSÕES

Resumidamente, pode-se dizer que o casamento passou por diferentes fases no ordenamento jurídico brasileiro, da total indissolubilidade à completa liberação. O conteúdo, os limites e os efeitos dos deveres conjugais acompanharam tais mudanças. Nessa transição, passou-se por um grande alargamento do conteúdo dos deveres conjugais e, inclusive, pela inclusão entre eles de deveres ordinários, havendo até quem criasse novos deveres. Afirmou-se a liberdade individual do cônjuge e o dever do outro de respeitá-la.

Põe-se em jogo o grau de intervenção estatal na vida privada do casal, questão intimamente ligada à responsabilidade civil entre os consortes. É compreensível que quem se casa espere que a conduta do outro seja respeitosa, que lhe ofereça fidelidade, coabitação, assistência, e que guarde e sustente seus filhos, mas diante do inegável esvaziamento de sentido dos deveres propriamente conjugais, não nos parece possível dizer que o ordenamento jurídico sancione comportamento diverso pela incidência da responsabilidade civil.

Não se pode afirmar, entretanto, que haja impunidade das violações a direitos no âmbito do casamento. A responsabilidade civil entre cônjuges se dá com violação ao dever geral de cautela, que não é particular ao casamento. Compreender de modo diverso é substituir a decretação de culpa da separação pela responsabilidade civil, punindo-se uma conduta porque se quer puni-la e fechando-se os olhos para quase um século de desenvolvimento com sucessivas mudanças no Direito matrimonial. Esse movimento se mostra adequado ao direito civil contemporâneo, em que prevalece a responsabilidade reparatória[32].

[31] O STJ indica posição nesse sentido no julgamento do REsp. 1760943/MG, Rel. Min. Luís Felipe Salomão, Quarta Turma, v.u., j. 19/03/2019, DJe 06/05/2019

[32] Teresa Ancona Lopez, *Principais Linhas da Responsabilidade Civil no Direito Brasileiro Contemporâneo*, in A. J. de Azevedo, H. T. Tôrres, P. Carbone (Org.), *Princípios do Novo Código Civil Brasileiro e outros temas – Homenagem a Tullio Ascarelli*, 2ª ed, São Paulo, Quartier Latin, p. 676.

A preocupação do Direito deixa de ser a preservação do grupo familiar para garantir a proteção do indivíduo, sua prioridade. Para isso, fragilizam-se os deveres conjugais. A responsabilidade civil por danos ocasionados durante o casamento, enfim, tem como objeto um dano injusto, decorrente de prévio ato ilícito, e não o exercício regular de um direto, que é o fim do vínculo conjugal. É nesse espírito que se colocou a EC 66/2010.

REFERÊNCIAS

Aguirre, João Ricardo Brandão, *O dano moral pela infidelidade*, in Rolf Madaleno, Eduardo Barbosa (org.), *Responsabilidade Civil no Direito de Família*, pp. 235 ss., São Paulo, Atlas, 2015.

Andrade, Fábio Siebeneichler de, *A Reparação de Danos Morais por Dissolução do Vínculo Conjugal e por Violação de Deveres Pessoais entre Cônjuges*, Revista dos Tribunais, São Paulo, v. 802, p. 11-26, 2002. p. 24.

Azevedo, Álvaro Villaça, *Dever de Coabitação – Inadimplemento*, 2. ed. São Paulo, Atlas, 2009.

Branco, Bernardo Castelo, *Dano moral no Direito de Família*, São Paulo, Método, 2006.

Cahali, Yussef Said, *Separações Conjugais e Divórcio*, 12ª ed. Rev., atual., e ampl., São Paulo, Revista dos Tribunais, 2011.

Cardin, Valéria Silva Galdino, *Dano moral no direito de família*, São Paulo, Saraiva, 2012.

Carvalho Neto, Inacio de, *Responsabilidade Civil no Direito de Família*, 5ª. ed, Curitiba, Juruá, 2013.

Couto e Silva, Clóvis do, *Direito Patrimonial de Família no Projeto do Código Civil Brasileiro e Português*, Revista de Direito e Justiça, Porto Alegre, PUCRS, vol. 1, 1980.

Dias, Maria Berenice, *Manual de direitos das Famílias*, Porto Alegre, Livraria do Advogado, 2013.

Donnini, Rogério José Ferraz, *Dissolução do vínculo conjugal: divórcio e suas modalidade – A proposta de emenda à Constituição para extinção da separação*, in Silmara Juny de Abreu Chinellato, José Fernando Simão, Jorge Shiguemitsu Fujita, Maria Cristina Zucchi (Org.), *Direito de família no novo milênio: estudos em homenagem ao Professor Álvaro Villaça Azevedo*, 1ª ed, São Paulo, Atlas, 2010.

Farias, Cristiano Chaves de, *Variações do abuso de direito nas relações de família: o venire contra factum proprium, a supressio/surrectio, o duty to mitigate the loss e a violação positiva do contrato*, in Rodrigo da Cunha Pereira (Coord.), *Família e responsabilidade*, pp. 199-221, Porto Alegre, Magister/IBDFAM, 2010.

Garrigue, Jean, *Les devoirs conjugaux – Réflexion sur la consistance du lien matrimonial*, Paris, Éditions Panthéon-Assas, 2012.

Gagliano, Pablo Stolze, Pamplona Filho, Rodolfo, *Novo Curso de Direito Civil – Direito de Família: as famílias em perspectiva constitucional*, vol. 6, 4 ed., São Paulo, Saraiva, 2014.

Lima, Domingos Sávio Brandão, *Sevícia ou injúria grave – A mais ampla causa – síntese de desquite*, São Joaquim da Barra, O.Dip Editores Ltda., 1976.

Lôbo, Paulo Luiz Netto, *Direito Civil – Famílias*, 4ª. ed., São Paulo, Saraiva, 2011.

LOPEZ, Teresa Ancona, *Principais linhas da responsabilidade civil no direito brasileiro contemporâneo*, in Antonio Junqueira de Azevedo, Heleno Taveira Tôrres, Paolo Carbone (org.), Princípios do novo Código Civil brasileiro e outros temas, *Homenagem a Tullio Ascarelli*, pp. 661-705, 2ª ed., São Paulo, Quartier Latin, 2010.

MADALENO, Rolf, *Curso de Direito de Família*, 6 ed., Rio de Janeiro, Editora Forense, 2015.

MONTEIRO, Washington de Barros, *Curso de Direito Civil: direito de família*, 43ª ed. São Paulo, Saraiva, 2016.

MORAES, Maria Celina Bodin de, *Na medida da pessoa humana*, 1. ed., Rio de Janeiro, Renovar, 2010.

OLIVEIRA, Euclides de, *A dissolução do vínculo conjugal*, in Ivone M. C. Coelho de Souza (org.), *Casamento, uma escuta além do judiciário*, Florianópolis, VoxLegem, 2006.

PEREIRA, Caio Mário da Silva, *Instituições de Direito Civil, Família, Vol. V*, 21ª ed., Rio de Janeiro, Forense, 2013.

PONZONI, Laura, Dano moral nas relações familiares, Tese de Doutorado, São Paulo, FDUSP, 2013.

SARTORI, Fernando Carlos de Andrade, *A culpa como causa da separação e seus efeitos*, in: Giovanni Ettore Nanni (Org.), *Temas Relevantes do Direito Civil Contemporâneo*, São Paulo, Atlas, 2008.

SILVA, Caroline Venturoli Ferreira e, Aspectos da Responsabilidade Civil entre cônjuges após a EC 66/2010, Mestrado, Faculdade de Direito, Universidade de São Paulo, São Paulo, 4 de janeiro de 2018.

SILVA, Eduardo. *A dignidade da pessoa humana e a comunhão legal de vida: o direito de família entre a Constituição e o Código Civil*, in Judith Martins Costa (Coord.), *A reconstrução do direito privado: reflexos dos princípios, diretrizes e direitos fundamentais constitucionais no direito privado*, São Paulo, RT, 2002.

SILVA, Regina Beatriz Tavares da, *A emenda constitucional do divórcio*, São Paulo, Saraiva, 2011.

__________, *Reparação Civil na Separação e no Divórcio*, São Paulo, Saraiva, 1999.

SIMÃO, José Fernando, *A Jurisdição de Família – A separação de Corpos – Decretação do Divórcio e Capítulos da Sentença – As jornadas de Direito Civil (2011)*, in Caetano Lagrasta Neto, José Fernando Simão, Flávio Tartuce (Coord.), *Direito de Família – Novas Tendências e Julgamentos Emblemáticos*, 2ª Ed, São Paulo, Saraiva, 2012.

TARTUCE, Flávio, *O princípio da boa-fé objetiva no Direito de Família*, Revista Brasileira de Direito de Família, Porto Alegre, Síntese, IBDFAM, ano VIII, n. 35, 2006.

__________, *Responsabilidade civil nas relações de conjugalidade*, in Giselda Maria Fernandes Novaes Hironaka, Flávio Tartuce, José Fernando Simão (Coord.), *Direito de família e das sucessões: temas atuais*, São Paulo, Método, 2009.

VELOSO, Zeno, *Deveres dos cônjuges – responsabilidade civil*, in Silmara Juny de Abreu Chinellato, José Fernando Simão, Jorge Shiguemitsu Fujita, Maria Cristina Zucchi (Org.), *Direito de família no novo milênio: estudos em homenagem ao Professor Álvaro Villaça Azevedo*, 1ª Ed., São Paulo, Atlas, 2010.

YAHIA, Sonia Ben Hadj, *La fidélité et le droit*, Paris, L.G.D.J, 2013.

5
RESPONSABILIDADE E DESENVOLVIMENTO SUSTENTÁVEL: APROXIMAÇÕES E VARIAÇÕES

Celso Lafer

INTRODUÇÃO

Participo com muita satisfação deste *liber amicorum* dedicado a celebrar a trajetória da Professora Teresa Ancona Lopez. Teresa é professora de destacada qualidade e radiante personalidade como sabem os muitos alunos que se beneficiaram do seu magistério na Faculdade de Direito da USP. É uma jurista que se caracteriza pelo rigor e pela clareza. Vem dando uma significativa contribuição para o patamar da presença acadêmica do Direito Civil nos meios jurídicos, assegurando o papel da nossa Faculdade neste campo. O conhecimento de Teresa da Teoria Geral do Direito dá aos seus estudos e reflexão sobre o Direito Civil uma dimensão de abrangência.

Responsabilidade integra com destaque o léxico do Direito e tem sido um tema recorrente do percurso de Teresa. Dela se ocupou na sua pioneira tese de doutoramento sobre **O Dano Estético** cuja terceira edição revista, ampliada e atualizada com o Código Civil de 2002 e abrangente anexo sobre a *living law* da jurisprudência, data de 2004. Menciono para indicar o papel da Teoria Geral do Direito na análise empreendida por Teresa como a distinção entre obrigações de meio e de resultado e a relevância conferida aos direitos da personalidade contribuíram para dar seu elaborado contorno, à responsabilidade civil em matéria de dano estético.

Na sua tese de Livre-Docência, publicada comercialmente em 2008, Teresa retoma outra complexa e atual dimensão da responsabilidade e dos seus nexos no âmbito da saúde, discutindo a experiência brasileira do tabaco, ao examinar o tema dos produtos potencialmente nocivos. O potencial de nocividade é de certo modo uma antecipação analítica da dedicação subsequente de Teresa aos desafios da responsabilidade em matéria de meio-ambiente.

Princípio da Precaução e Evolução da Responsabilidade Civil é o título da tese de titularidade de 2008 de Teresa publicada comercialmente em 2010. Para tratar deste tema de grande atualidade no qual o direito interno e o direito internacional se interpenetram, Teresa precisou caracterizar a sociedade contemporânea como uma sociedade de risco e como o trato do risco impactou a responsabilidade civil no século XXI. Neste sentido, diria que a análise de Teresa exemplifica o dinâmico inter-relacionamento entre Fato, Valor e Norma tal como concebido pela Teoria Tridimensional do Direito de Miguel Reale. Reale também observou que o Direito não é só experiência, mas só se explica adequadamente levando em conta a experiência. É o que faz Teresa na sua abrangente discussão da experiência jurídica na sociedade de risco ao examinar a aplicação prática do princípio de precaução e do princípio de prevenção. É a Teresa com antenas para a Teoria Geral do Direito que discute como se imbricam os "standards jurídicos" e os princípios jurídicos.

É o que me leva a sublinhar que os organizadores deste *liber amicorum* muito apropriadamente, partindo da obra de Teresa, fizeram do tema da responsabilidade civil o seu elemento unificador.

Teresa é uma amiga querida de toda a vida. Com ela compartilho a sensibilidade comum da nossa geração em relação ao mundo que nos cerca, o que, no nosso caso enseja a convergência dos *affetti* e dos *concetti*. É por conta desta convergência, de especial significado nesta fase da vida, que vou tecer algumas considerações sobre como o tema da responsabilidade inseriu-se, com impacto interno em nosso país, na agenda internacional do desenvolvimento sustentável, valendo-me da Filosofia do Direito e do Direito Internacional. Estes foram os campos do conhecimento a que me dediquei no meu magistério na Faculdade de Direito da USP, na qual fui colega de Teresa.

1. O INEDITISMO DA VULNERABILIDADE DA NATUREZA E AS NOVAS FACETAS DO DIREITO E DA RESPONSABILIDADE

Hannah Arendt é uma das grandes pensadoras do século XX que elaborou na sua obra o tema das rupturas de "um século de extremos" que levou ao hiato entre o passado e o futuro. Daí a inoperância dos tradicionais conceitos e categorias do pensamento para compreender e lidar com a realidade e a consequente necessidade de reelaborá-los. Entre eles, no plano jurídico, o da responsabilidade.

Um dado relevante apontado por Hannah Arendt, além do ineditismo político do totalitarismo, é o ineditismo da transposição de barreiras antes tidas por naturais pela ação do conhecimento. É o que ela destaca no seu grande livro de 1958, **A Condição Humana**, exemplificando o significado da conquista do espaço no evento inaugural do Sputnik e na descoberta da energia atômica. A descoberta da energia atômica desencadeou pela ação humana processos que não são apenas o do aproveitamento do que é **dado** pela natureza, como a água, a biomassa, o carvão e o petróleo. Daí a importância que assume no mundo contemporâneo a direção do conhecimento científico-tecnológico.

Um desdobramento no mundo jurídico desta transposição de barreiras antes tidas como naturais foi o de colocar em questão o clássico paradigma do Direito Natural. Este tinha como base a permanência e a imutabilidade da natureza como critério regulador da avaliação dos mutáveis e distintos direitos positivos. Com efeito, a erosão do paradigma do Direito Natural tem a sua raiz no fato de que no mundo contemporâneo a natureza deixou de ser um **dado** da imutabilidade da ordem cósmica e passou a ter o componente de um construído/destruído pela ação humana. Perdeu assim o seu poder de abrangência. Hoje está muito clara a vulnerabilidade crítica da natureza pela intervenção da ação humana por meio dos instrumentos da técnica e do conhecimento. Foi o que destacou Hans Jonas no seu pioneiro livro, **O Princípio da Responsabilidade, uma ética para a civilização tecnológica**, que data de 1979.

Em síntese, a natureza deixou de ser um horizonte quase infinito, aberto à exploração humana e ao seu conhecimento. Tornou-se um horizonte de vulnerabilidade, cabendo destacar neste âmbito a integridade dos ecossistemas que, no seu conjunto, como uma rede global, sustentam a vida na Terra.

Este horizonte de vulnerabilidade tornou-se um tema da Filosofia do Direito e dos novos horizontes de sua pauta de reflexão. Com efeito, na minha visão a Filosofia do Direito tem como tarefa o parar para pensar o significado dos fatos e situações que não se enquadram apropriadamente nos conceitos e categorias da tradição do pensamento jurídico. É neste âmbito que se colocam a discussão e a análise do desenvolvimento sustentável e as novas dimensões da responsabilidade que adquiriram inequívoca feição jurídica na medida que o Direito Positivo passou a ter entre suas funções lidar com a vulnerabilidade da natureza.

Na lida com os riscos desta crescente vulnerabilidade, conceitos tradicionais como a prudência norteadora do *standard* de uma conduta diligente se revelaram insuficientes. Passaram a exigir as novas técnicas que a ampliação do conhecimento enseja da gestão de riscos. Entre elas as que permitem elementos para avaliação do impacto ambiental da ação humana.

Responsabilidade etimologicamente tem a sua raiz em *respondere*, responder, e foi elaborada juridicamente como respostas do Direito a fatos e situações provenientes de desordens e injustiças causadoras de dano. Neste contexto, como lembra Mireille Delmas-Marty em **Le Relatif et L'Universel** (2004) foram se conjugando diversos tempos: o do passado na responsabilidade subjetiva da culpa; o do presente na reparação do dano e o do futuro que é o da conservação da vida na Terra.

Nesta última vertente Mireille Delmas-Marty retoma a matéria na conclusão do livro do qual foi uma das organizadoras: **Prendre la responsabilité au sérieux** (2015). Pondera que, o assumir da responsabilidade requer tanto a passagem de soberanias solitárias para soberanias solidárias, quanto empresas que incluam no seu objeto obrigações de governança social e ambiental.

A dimensão de responsabilidade voltada para o futuro norteia-se pela realizabilidade dos valores de uma **Ética Ambiental**, voltados para as questões vinculadas à relação homem-natureza e pelos princípios que devem regular estes relacionamentos. Tem, na minha perspectiva, uma dimensão de **Ética Aplicada** e é neste contexto que se insere a elaboração do conceito de **desenvolvimento sustentável**.

Trata-se de um conceito heurístico propiciador da convergência transversal do direito do meio ambiente, da responsabilidade e dos direitos humanos. Neste campo faz-se presente o direito à vida como um direito de titularidade coletiva, positivado, no plano interno, pelo art. 225 da Constituição Federal.

Explicita igualmente o alcance de outros consagrados direitos. Entre eles, o acesso à informação relativa ao meio ambiente como um componente da transparência governamental, o acesso à justiça, na qual se inclui também nesta matéria a legitimação processual, de forma coletiva, de comunidades indígenas (C.F. art. 232). Cabe apontar igualmente que a consagração do conceito de desenvolvimento sustentável não é uma preferência entre outras preferências pois foi adquirindo a força legitimadora da tutela dos direitos.

2. A POROSIDADE DAS FRONTEIRAS E A DIMENSÃO INTERNACIONAL DO MEIO AMBIENTE

O papel do Direito na lida com a responsabilidade proveniente da vulnerabilidade da natureza, que impôs novas tarefas à Filosofia do Direito, teve como ponto de partida a dimensão internacional da sua problemática. Com efeito, a dinâmica das transformações econômicas e intelectuais que se adensaram no século XX, tornaram o mundo finito e interdependente, agudizando a porosidade das fronteiras. Esta porosidade é particularmente relevante pois se a maioria dos ecossistemas se situam em territórios nacionais, o impacto do seu uso e preservação tem efeitos transfronteiras. Basta pensar nas múltiplas dimensões da mudança climática. É o que faz do meio ambiente um tema global, inserido na pauta internacional, com as dificuldades próprias de construção de uma governança por meio de normas de mútua colaboração elaboradas precipuamente pelos estados, na medida que nelas vão identificando interesses comuns e compartilháveis.

Nesta matéria, o desafio na elaboração de normas de mútua colaboração é o hiato entre o progresso na identificação de preocupações compartilháveis, ampliadas pelo conhecimento que a ciência foi gerando, e as dificuldades de encontrar conceitos e meios para operacionalizá-las. Este foi um dos grandes problemas da Conferência de Estocolmo de 1972.

A Conferência do Meio-Ambiente de 1972 da ONU foi a primeira tomada de consciência no plano diplomático mundial da fragilidade dos ecossistemas que integrados sustentam a vida na Terra. As questões suscitadas em Estocolmo foram de interesse geral. Tiveram, no entanto, no seu encaminhamento, as dificuldades inerentes a um mundo configurado pelas tensões das polaridades Leste/Oeste; Norte/Sul. Enfrentaram as concretas inconformidades com os desníveis de desenvolvimento e riqueza no mundo e as diferenças ideológicas que suscitaram. Estocolmo, no entanto, foi a etapa que abriu o caminho para a inovadora inserção do meio-ambiente na agenda internacional.

O Princípio 21 da Declaração de Estocolmo registra que as atividades levadas a efeito no âmbito da plena soberania de uma jurisdição nacional têm, no entanto, limite: o de não prejudicar o meio-ambiente de outros Estados. Consigna assim os nexos de um tema que se tornou global, daí advindo por via de consequência, a relevância da colaboração internacional contemplada no Princípio 21.

O Princípio 18 da Declaração de Estocolmo destaca a utilização "da ciência e da tecnologia para descobrir, evitar e combater os riscos que ameaçam o meio ambiente, para solucionar os problemas ambientais e para o bem da humanidade".

É um dos duradouros legados de Estocolmo, que o Princípio 18 realça, a crescente interface entre ciência e conhecimento no processo decisório das negociações do meio ambiente e seus desdobramentos jurídicos no plano interno e internacional. Com efeito, do ponto de vista da Teoria Geral do Direito no âmbito da criação de normas jurídicas - a nomogênese - ciência e conhecimento se converteram numa "fonte material" de grande magnitude do direito do meio ambiente. Ensejaram, à luz dos fatos e valores, uma "modelagem jurídica", criando, para falar com Miguel Reale, modelos jurídicos não apenas cognoscitivos, mas constitutivos da experiência jurídica desta área do Direito.

Foi o que permitiu, no correr do tempo, ir além da prudência na avaliação dos riscos inerentes à vulnerabilidade da natureza com novos princípios e conceitos como os da prevenção, precaução e avaliação do impacto ambiental. É um aspecto positivo da dimensão política da direção do conhecimento, cuja relevância Hannah Arendt apontou em **A Condição Humana**. Foi esta direção que deu os contornos do ineditismo dos problemas do meio-ambiente no mundo contemporâneo e substanciou a responsabilidade de enfrentá-los. Estocolmo também preparou o caminho para o conceito de desenvolvimento sustentável que foi juridicamente consagrado na Conferência da ONU de 1992, realizada no Rio de Janeiro.

No seu livro **Desenvolvimento Econômico e Desenvolvimento Político**, cuja 2ª edição é de 1969, idealizado na perspectiva do futuro do Brasil, Helio Jaguaribe aponta que a ideia de progresso concebido como um processo histórico continuado é uma secularização elaborada pela Ilustração no século XVIII, da noção de providência divina.

O desenvolvimento, esclarece ele, é uma versão imanentizada da providência divina, ainda mais secularizada do que o conceito de progresso explicitador das virtualidades pré-existentes nos processos histórico-sociais.

Essas virtualidades são os modos de exercício da racionalidade que é tanto processo quanto projeto. Na análise dos processos, Helio Jaguaribe, em **El equilíbrio ecológico mundial y los países subdesenvolvidos**, que é de 1971, em sua discussão sobre o cenário mundial e seus desafios, aponta os riscos da deterioração do ecossistema natural do homem. É por esse motivo que nos modos do exercício da racionalidade, com a ampliação da interface ciência e meio-ambiente, na lida com os processos de desenvolvimento, este passou a incorporar no projeto o enfrentamento da variável crítica da vulnerabilidade da natureza. Com efeito esta, pela ação humana, inequivocamente não é, no mundo contemporâneo, como era percebida no passado, um horizonte sem limites à exploração humana. É este o contexto que deu origem ao conceito do desenvolvimento sustentável que integra, operacionalizando a legítima aspiração ao progresso do desenvolvimento – um tema do Brasil e dos países em desenvolvimento – com a igualmente legítima e necessária preocupação com a preservação do meio ambiente, condicionadora da sustentabilidade da própria vida na Terra.

Vale a pena ponderar, desde já, que o conceito de desenvolvimento sustentável não é linear. É ao mesmo tempo vital e contraditório, como observou com conhecimento de causa Israel Klabin, Presidente da Fundação Brasileira para o Desenvolvimento Sustentável, numa reflexiva entrevista concedida à Cristina Aragão, publicada no livro de 2010 **Sustentabilidade e Geração de Valor – a transição para o século XXI**, organizado por David Zylbersztajn e Clarisse Lins.

3. A CONSAGRAÇÃO DO CONCEITO DE DESENVOLVIMENTO SUSTENTÁVEL

Estocolmo levou no plano institucional à criação do PNUMA (o Programa das Nações Unidas para o Meio-Ambiente) e seu primeiro diretor executivo, o canadense Maurice Strong, lançou em 1973 o termo **ecodesenvolvimento.** Strong foi um destacado ambientalista que veio a ser o Secretário-Geral da Conferência do Rio de 1992. Nela, atuou com o conhecimento das dificuldades de Estocolmo e com uma qualificada competência articuladora.

A percepção crescente da relevância da matéria na agenda internacional, instigou na década de 1980 a Assembleia Geral da ONU a criar uma Comissão Mundial sobre o Meio-Ambiente e Desenvolvimento, presidida pela primeira-ministra da Noruega, Gro Bruntdland, que elaborou um desbravador relatório, divulgado em 1987, intitulado **Nosso Futuro Comum**. O relatório conhecido como **Relatório Brundtland** concebeu e aprofundou a "ideia a realizar" do desenvolvimento sustentável, que foi consagrada na Conferência do Rio de 1992 e adquiriu, subsequentemente, notável irradiação que permeia o direito do meio-ambiente no plano internacional e interno.

O relatório levou à decisão da Assembleia Geral da ONU em 1988 de realizar uma grande conferência intergovernamental sobre temas ambientais. O Brasil candidatou-se a ser a sede do evento e a proposta brasileira foi aceita pela Assembleia Geral. Esta, na resolução 44/228 de 1989, convocou a Conferência das Nações Unidas sobre Meio Ambiente e Desenvolvimento, definindo uma agenda ampla, norteada pela preocupação de conciliar, de maneira concomitante, a necessidade de proteção do meio-ambiente com o desenvolvimento socioeconômico, tendo no conceito de desenvolvimento sustentável o seu ingrediente agregador. A resolução também estabeleceu um Comitê Preparatório que, ao longo de dois anos, em sucessivas reuniões, elaborou grande parte dos documentos que foram subsequentemente apreciados na Rio-92.

A Conferência do Rio foi a primeira das Conferências da ONU sobre temas globais da década de 1990. Beneficiou-se de um espírito de entendimento que resultou da queda do Muro de Berlin e do fim da Guerra-Fria. Por isso, não se viu configurada pela prévia lógica das polaridades definidas Leste/Oeste; Norte/Sul abrindo novo espaço diplomático para a cooperação. Lidou com os temas do diálogo Norte/Sul à luz da cooperação e não do confronto que dificultara o alcance da Conferência de Estocolmo. Também teve a característica de uma "diplomacia aberta" pois foi a menos governamental das conferências governamentais, com abertura para as ONGS e para a opinião pública, com sensibilidade para a generalizada importância no mundo das questões que nela foram discutidas.

O Brasil, ao sediar o maior evento internacional da sua vida diplomática, preparou-se com alto sentido responsável da importância de suas funções. Não só atuou nos trabalhos do Comitê Preparatório da ONU, como organizou com zelo no plano interno o preparo de suas posições para atuar construtivamente no encaminhamento dos temas e cuidou da logística de um evento diplomático de grande envergadura.

Como é usual numa conferência diplomática negociadora da magnitude temática da Rio-92, parte muito substantiva dos documentos nela aprovados tinham sido previamente negociados nos trabalhos do Comitê Preparatório. Ficaram, no entanto, pendentes vários assuntos que exigiam decisões a serem tomadas no Rio. Coube ao Brasil nesta etapa conclusiva encontrar os caminhos do consenso intergovernamental e nesta gestão atuar como um *tertius inter partes* no exercício de um *dédoublement fonctionnel* para valer-se de conhecida formulação do internacionalista Georges Scelle.

Não é o caso de fazer neste texto o relato do processo de articulação dos consensos na Rio-92, sobre o qual já escrevi em outras oportunidades, com o conhecimento e a experiência "de dentro" de quem na ocasião, na condição de ministro das Relações Exteriores do Brasil, teve a responsabilidades de ser *ex-officio* o vice-presidente da Conferência. O que, penso eu, cabe destacar é que a Rio-92 foi um momento kantiano na vida internacional, pois o "espírito do Rio" representou uma abertura ao papel de uma razão abrangente da Humanidade. Ela se espelha nos grandes documentos que foram finalizados e aprovados na ocasião, a saber: a Convenção do Clima, a Convenção da Biodiversidade, a Agenda 21, a Declaração sobre o Manejo, a Conservação e o Desenvolvimento Sustentável de todos os tipos de Florestas e a Declaração do Rio.

Todos estes textos tiveram a sua irradiação prolongada no tempo, tendo a "ideia a realizar" do desenvolvimento sustentável como seu ingrediente aglutinador e catalizador. É por esta razão que vou concluir com uma discussão da Declaração do Rio e os contornos que deu ao desenvolvimento sustentável, pois foi a Declaração do Rio que traçou os grandes caminhos de uma política do Direito, interno e internacional, em matéria dos nexos entre o desenvolvimento das atividades econômicas e o meio-ambiente. Neste sentido, a Declaração do Rio de 1992 comporta uma analogia com a Declaração Universal dos Direitos Humanos de 1948, pois se esta traçou uma política do Direito para o Direito Internacional dos Direitos Humanos, aquela delineou diretrizes para a consolidação e o desenvolvimento progressivo do Direito Internacional do Meio-Ambiente e sua interpenetração nos direitos nacionais. Lembro que entre os princípios que regem as atividades econômicas no Brasil previstas na Constituição Federal no título sobre a ordem econômica e financeira, está a defesa do Meio-Ambiente (art. 170, VI), que mereceu especificação normativa com a Emenda Constitucional n° 42 de 19/12/2003.

CONCLUSÕES

A Declaração do Rio de Janeiro sobre o Meio-Ambiente e Desenvolvimento de 1992 obedece a uma lógica de mútua implicação e complementariedade na dinâmica constitutiva dos seus 27 princípios. Estes configuram a *vis directiva* de uma parceria de alcance geral, voltada para a integridade do sistema global do meio-ambiente e desenvolvimento, tendo no conceito de desenvolvimento sustentável a sua argamassa aglutinadora.

O desenvolvimento sustentável logrou catalisar, por consenso, uma profunda mudança no entendimento e no alcance do inter-relacionamento entre atividades econômicas e meio ambiente explicitando os nexos de racionalidade que unem projetos de desenvolvimento e os seus processos. Explicitou a responsabilidade coletiva, no plano global, nacional e local de fazer avançar e fortalecer os pilares mutuamente interdependentes do desenvolvimento sustentável, ou seja, o econômico, o social e o ambiental.

A Declaração deu realce à obrigação das legislações nacionais de desenvolver o escopo da responsabilidade jurídica por dano ambiental. Instiga igualmente o progressivo aprimoramento das normas do direito internacional da responsabilidade estipuladora de indenização por efeitos advindos de dano ambiental causados fora de uma jurisdição nacional, mas resultantes de atividades ocorridas na sua esfera.

À luz da vulnerabilidade da natureza, a Declaração afirma o papel de uma equidade inter e intra geracional na preservação do meio ambiente, ao asseverar o imperativo do seu reconhecimento, tanto para os nossos contemporâneos no espaço de um mundo comum (as gerações presentes) quanto das gerações futuras na amplitude do tempo (as gerações futuras).

O desenvolvimento sustentável transita pelo valor da solidariedade ao inserir os temas dos custos da sustentabilidade ambiental, que tem efeitos *erga omnes*, internalizando-os nos processos decisórios públicos e privados, locais, nacionais e internacionais. Nesta linha, contrapõe-se a padrões insustentáveis de produção e consumo.

A Declaração está atenta ao valor justiça pois leva em conta no cenário mundial a distribuição equitativa dos custos e benefícios do desenvolvimento sustentável em escala global.

Neste contexto, o enunciado das "responsabilidades comuns, porém diferenciadas" é, para recorrer ao conceito de Tercio Sampaio Ferraz Jr, uma regra de calibração voltada para obter a necessária coesão, que permitiu o consenso legitimador da Declaração do Rio. A Declaração, vivificada pelo consenso, enfatiza a obrigação de cooperação internacional, em espírito de parceria global, para a conservação, proteção e restauração da saúde e integridade do ecossistema terrestre.

A Declaração, na sua elaboração consagrada na Rio-92 reitera a importância do princípio da precaução e da avaliação do impacto ambiental, como grandes institutos do direito ambiental, voltados para lidar com riscos, e, como tal, para a efetividade da tutela do desenvolvimento sustentável.

Renova a importância do aprimoramento do conhecimento científico dos desafios do meio ambiente, afirmando o dever de cooperação intergovernamental para o fortalecimento, pelo intercâmbio dos conhecimentos, da capacitação endógena dos países nesta matéria. Destaca o direito de acesso adequado às informações relativas ao meio-ambiente de que disponham as autoridades públicas. Reconhece o direito ao desenvolvimento – tema recorrente na agenda internacional dos países em desenvolvimento, em função da estratificação internacional, no âmbito do paradigma do desenvolvimento sustentável.

Finalmente, a Declaração ao afirmar a interdependência e a indivisibilidade do desenvolvimento e da proteção ambiental, eleva o seu patamar hierárquico no âmbito do Direito Internacional equiparando esta indivisibilidade ao da paz. Neste sentido aponta que o desenvolvimento sustentável articula não a subjetividade das razões de estado das soberanias, mas o alcance de uma kantiana razão abrangente da Humanidade.

6

A RESPONSABILIDADE CIVIL DOS PROVEDORES DE APLICAÇÃO EM DEBATE NOS TRIBUNAIS: (IN) CONSTITUCIONALIDADE DO ART. 19 DO MARCO CIVIL DA INTERNET)

CÍNTIA ROSA PEREIRA DE LIMA

INTRODUÇÃO

É com imenso prazer que escrevo essa contribuição para a obra em homenagem à professora Teresa Ancona Lopez, querida professora de Direito Civil da Faculdade de Direito da Universidade de São Paulo (FDUSP), com quem tive a honra de aprender com os seus valiosos ensinamentos sobre Direito Civil, notadamente sobre o complexo instituto da responsabilidade civil.

De fato, a ilustre jurista contribuiu grandemente à doutrina brasileira ao analisar de forma vanguardista a evolução da culpa ao risco no atual Código Civil e legislações extravagantes,[1] além do primoroso trabalho em que a professora Teresa Ancona Lopez explica o conteúdo do princípio da prevenção, alertando para os perigos de sua aplicação exacerbada.[2] Importante destacar os brilhantes ensinamentos da professora sobre as categorias dos danos,[3] em uma perspectiva comparatista, inclusive sobre o dano existencial.[4]

[1] LOPEZ, Teresa Ancona. Principais linhas da responsabilidade civil no direito brasileiro contemporâneo. *In: Revista da Faculdade de Direito da Universidade de São Paulo,* vol. 101, pp. 111- 152, janeiro a dezembro de 2006.
[2] LOPEZ, Teresa Ancona. *Princípio da Precaução e Evolução da Responsabilidade Civil.* São Paulo: Quartier Latin, 2010.
[3] ______. *Dano Estético e Responsabilidade Civil.* 2. Ed. São Paulo: Revista dos Tribunais, 2004.
[4] _______. Dano Existencial. *In: Revista de Direito Privado,* vol. 15, n. 57, pp. 287 – 302, jan. – mar. 2014.

Neste sentido, parece-nos oportuno desenvolver nesta obra o tema relacionado à responsabilidade civil dos provedores de aplicação, utilizando como referencial teórico a doutrina construída pela professora Teresa Ancona Lopez sobre o instituto da responsabilidade civil. Preliminarmente, cumpre destacar a complexidade da responsabilidade civil, muito sensível às transformações socioeconômicas, dada a preocupação quanto à distribuição dos riscos do desenvolvimento na atual sociedade de consumo.[5] Os riscos do desenvolvimento, expressão controversa, podem ser considerados como aqueles desconhecidos no momento em que o produto ou serviço é inserido no mercado de consumo, cuja descoberta ocorre posteriormente a partir do avanço dos estudos científicos.[6] Assim, a professora Teresa Ancona Lopez ressalta a distinção que deve ser feita entre a atividade desempenhada pelo agente, que pode não ser perigosa; e o produto oferecido no mercado de consumo, que pode ser como o caso do tabaco.[7] Neste sentido, a atividade desenvolvida pelos provedores de aplicação não é por si só perigosa, portanto, não está disciplinada pela cláusula geral da responsabilidade civil prevista no parágrafo único do art. 927 do CC/02. Isto já foi reconhecido pelo Superior Tribunal de Justiça (STJ)[8]:

1. A exploração comercial da internet sujeita as relações de consumo daí advindas à Lei nº 8.078/90.
2. O fato de o serviço prestado pelo provedor de serviço de internet ser gratuito não desvirtua a relação de consumo, pois o termo "mediante remuneração", contido no art. 3º, § 2º, do CDC, deve ser interpretado de forma ampla, de modo a incluir o ganho indireto do fornecedor. [...]
4. O dano moral decorrente de mensagens com conteúdo ofensivo inseridas no site pelo usuário **não constitui risco inerente à atividade dos provedores de conteúdo, de modo que não se lhes aplica a responsabilidade objetiva prevista no art. 927, parágrafo único, do CC/02.** [...] (grifo nosso)

[5] Le Torneau, Philippe; Cadiet, Loïc. *Droit de la Responsabilitè.* Paris: Dalloz, 1998.
[6] Calixto, Marcelo Junqueira. *A Responsabilidade Civil do Fornecedor de Produtos pelos Riscos do Desenvolvimento.* Rio de Janeiro: Renovar, 2004. pp. 175 – 176.
[7] Lopez, Teresa Ancona. Principais linhas da responsabilidade civil no direito brasileiro contemporâneo. *Op. cit.*, p. 124.
[8] REsp 1186616/MG, Rel. Ministra Nancy Andrighi, TERCEIRA TURMA, julgado em 23/08/2011, DJe 31/08/2011.

No entanto, como este mesmo julgado ressalta, a responsabilidade civil dos provedores está amparada pelo Código de Defesa do Consumidor (CDC), ainda que a remuneração seja indireta, como geralmente o é, pois advém dos anúncios publicitários, comprovada a figura do consumidor (art. 2º, *caput* do CDC) ou as figuras equiparadas a consumidor (artigos 2º, parágrafo único, 17 e 29 do CDC) e o fornecedor (art. 3º), aplica-se a legislação consumerista. Em outras palavras, o requisito da remuneração, previsto no art. § 2º do art. 3º do CDC, pode ser indireto para qualificar os produtos e serviços oferecidos no mercado de consumo.

Quanto à responsabilidade civil do fornecedor, o CDC traz a regra da responsabilidade objetiva pelo fato do produto ou do serviço no art. 12 do CDC. Além disso, o art. 6º, inc. VI do CDC traz o direito à prevenção e à efetiva reparação de danos patrimoniais e morais. Todavia, o Marco Civil da Internet (MCI), Lei n. 12.965, de 22 de abril de 2014, trouxe regras para a responsabilidade civil dos provedores na seção III. O mais polêmico é o art. 19 do MCI ao estabelecer que os provedores de aplicação somente respondem pelos danos decorrentes de conteúdo gerado por terceiros quando ficar omisso após notificação judicial para retirar o conteúdo, filiando-se ao sistema *judicial order and takedown*.

Em 2019, o Recurso Extraordinário nº 1.037.396/SP, interposto pelo *Facebook* (condenado em segunda instância em razão da criação de um perfil falso de uma usuária) trouxe novos questionamentos sobre a necessidade da prévia e específica ordem judicial de exclusão de conteúdo aos provedores de aplicações, discutindo, assim, a constitucionalidade do art. 19 do MCI. O Supremo Tribunal Federal (STF)[9] reconheceu a repercussão geral. A partir deste julgamento, definiu-se o tema n. 987, qual seja: "Discussão sobre a constitucionalidade do art. 19 da Lei n. 12.965/2014 (Marco Civil da Internet) que determina a necessidade de prévia e específica ordem judicial de exclusão de conteúdo para a responsabilização civil de provedor de internet, websites e gestores de aplicativos de redes sociais por danos decorrentes de atos ilícitos praticados por terceiros."

Portanto, esse artigo pretende analisar os fundamentos do art. 19 do MCI, em especial o debate sobre o direito à liberdade de expressão, definindo as figuras dos provedores elencadas no MCI e sistematizando o regime de responsabilidade civil de cada um. Ao final, propõem-se algu-

[9] RE 1037396 RG, Relator(a): Min. Dias Toffoli, julgado em 01/03/2018, PROCESSO ELETRÔNICO DJe-063 DIVULG 03-04-2018 PUBLIC 04-04-2018

mas sugestões para que seja mantida a unidade do Direito, que deve ser interpretado como um sistema, evitando-se assim normas conflituosas e contrárias a outros dispositivos legais.

1. LIBERDADE DE EXPRESSÃO *VERSUS* CONTROLE DE CONTEÚDO EM DEBATE A PARTIR DO QUE DISPÕE O MARCO CIVIL DA INTERNET

Como destacado acima, o fundamento para o regime de responsabilidade civil do art. 19 do MCI é a liberdade de expressão. Isto porque a Internet, como importante meio de comunicação na sociedade informacional, envolve diversos atores e autores. De um lado, os usuários, cujos direitos pretendem ser garantidos pelo MCI. De outro lado, os diversos tipos de provedores, quais sejam: – provedores de acesso, que viabilizam a conexão do terminal com a *web*; – provedores de aplicações de Internet, compreendidas as diversas funcionalidades desenvolvidas cotidianamente desde que conectadas à Internet, desde ferramentas de estudos, pesquisas diversas, de informação, de publicação de conteúdos (de textos e multimídia) e etc.; e – provedores que prestam serviços de hospedagem de sites (*hostings*).

Quanto aos autores, a possibilidade é ainda maior porque muitos indivíduos podem comentar, curtir, compartilhar o conteúdo gerado pelo autor original da mensagem; como podem inserir conteúdo e comentários que digam respeito a outras pessoas. O problema é quando tais comentários são ofensivos lesionando a imagem, a honra, a intimidade e a vida privada de outrem, surgindo para a vítima o direito subjetivo de recompor o dano. É mister salientar que as redes sociais surgiram após a criação da *Web 2.0*, que viabilizou a comunicação interativa entre as pessoas em nível global. A literatura estrangeira define rede social como "*Web 2.0 technology spawned the birth of today's social media plataforms, which include blogs, online directories with opportunities for client reviews and feedback, online community sites, and wikis*".[10]

A ideia inicial das redes sociais era facilitar a divulgação do conhecimento e da informação para todos de maneira interativa e econômica, ou seja, para que todos pudessem colaborar. Em outras palavras, busca-se fomentar o conhecimento *generative,* na expressão de Jonathan Zittrain[11],

[10] Elefant, Carolyn; Black, Nicole. *Social Media for Lawyers:* the next frontier. Chicago (IL): American Bar Association, 2010. p. 04

[11] *The future of the internet and how to stop it.* Virginia: Yale University Press, 2008. p. 20.

que exemplifica o surgimento do *Personal Computer* que é fruto de inovações feitas por outras pessoas que passaram a usar e estudar mecanismo de otimizar o uso do *PC*, e não somente por aquele que o inventou.

Esta é a ideia central de um "*wiki*", como a enciclopédia *online* Wikipédia que foi criada para que todos, cientistas e pessoas de outros setores da sociedade pudessem contribuir para o mais rápido e profícuo meio de interação do conhecimento em grande escala. Há outros exemplos de "comunidades" colaborativas, tais como *MySpace, YouTube, Linux* dentre outros.[12] A nosso ver, o compartilhamento de informação é, hoje, a principal característica da denomina "sociedade digitalizada"[13] ou "sociedade informacional"[14]. Portanto, as "comunidades" colaborativas, inicialmente

[12] Este sistema colaborativo é explicado em TAPSCOTT, Don; WILLIAMS, Anthony. D. *Wikinomics:* how mass collaboration changes everything. New York: Penguin Group, 2006. P. 10 – 11: "Today the tables are turning. The growing accessibility of information technologies puts the tools required to collaborate, create value, and compete at everybody's fingertips. This liberates people to participate in innovation and wealth creation within every sector of the economy. Millions of people already join forces in self-organized collaborations that produce dynamic new goods and services that rival those of the world's largest and best-financed enterprises. This new mode of innovation and value creation is called 'peer production', or peering – which describes what happens when masses of people and firms collaborate openly to drive innovation and growth in their industries."

[13] WILHELM, Anthony G. *Digital Nation: toward an inclusive information society.* Cambridge (MA – USA): the MIT Pres. 2004.

[14] Para um estudo etimológico e dos vários significados da expressão "sociedade da informação" vide MÉNARD, Marcel. Autoroutes de l'information et société de l'information: pour un renversement de perspective. *In:* Aa. Vv. *Les autoroutes de l'information: enjeux et défis.* Actes du colloque tenu dans le cadre des Huitièmes Entretiens Centre Jacques Cartier – Rhône – Alpes 5-8 décembre 1995. Montréal, 1996, p. 103 e ss. Neste artigo, adota-se a expressão "sociedade informacional", conforme Manuel Castells, em uma das obras de sua trilogia, destaca a diferença entre as expressões "sociedade da informação" e "sociedade informacional". Para o autor, a informação sempre esteve relacionada ao desenvolvimento social de alguma forma; no entanto, a sociedade atual é uma "sociedade informacional" porque é caracterizada pela geração, pelo processamento e pela transmissão da informação como fonte da produtividade e de poder, haja vista às novas tecnologias. Cf.: "*To be sure, knowledge and information are critical elements in all modes of development, since the process of production is always based on some level of knowledge and in the processing of information. However, what is specific to the* ***informational mode*** *of development is the action of* ***knowledge upon knowledge itself as the main source of productivity*** *(see chapter 2). Information processing is focused on improving the technology of information processing as a source of productivity, in a virtous circle of interaction between the knowledge sources of technology and the application of technology to improve knowledge generation and information processing: this is why, rejoining popular fashion,* ***I call this new mode of development informational,*** *constituted by*

criadas para ficarem restritas a um determinado setor, foram abertas mundialmente, e em pouco tempo, pessoas localizadas nos mais diferentes países passaram a descobrir a fantástica ferramenta que viabilizavam o conhecimento colaborativo e o relacionamento à distância.

No entanto, este ambiente propício à manifestação de pensamento e compartilhamento de informação pode ser uma ameaça a direitos e garantias fundamentais como a proteção à honra, à privacidade e à imagem (art. 5º, inc. X da CF/88), entre outros. Daí surge o difícil equilíbrio entre a liberdade de expressão (assegurada no art. 5º, incisos IV, VI e IX da CF/88 bem como no art. 2º, *caput* e art. 3º, incisos I, IV e VII do Marco Civil da Internet) e o controle de informação com a finalidade de proteger os direitos e garantias fundamentais tais como a honra, a imagem, os dados pessoais e etc., também garantidos no art. 2º, inciso II e art. 3º, incisos II e III, art. 7º, incisos I, II e III e art. 8º, todos do Marco Civil da Internet.

Uma forma de controle da fonte da informação é a vedação anonimato prevista no inciso IV do art. 5º da CF/88. Hodiernamente, a Internet tem sido utilizada como um eficaz meio de comunicação em massa, porque oferece maior rapidez, facilidade e um suposto anonimato, na medida em que se pode inserir em uma página da Internet qualquer conteúdo sem controle prévio (como os *blogs*) e, muitas vezes, sem que o autor seja identificado, utilizando-se pseudônimos ou outras formas de anonimato[15]. Outro ponto crucial é como efetivar as medidas judiciais (*injunctions*) para impedir o acesso e/ou retirar um conteúdo da rede mundial de computadores e para responsabilizar o causador do dano, uma vez que o anonimato dificulta estas medidas. Estes obstáculos na era da Internet não foram ignorados pela doutrina e legislação norte-americana que se dedicam ao tema.[16]

the emergence of a new technological paradigm based on information technology (see chapter 1)". (grifo nosso) Castells, Manuel. *The Information Age: economy, society and culture.* Vol. I – The rise of the network society. 2. Ed. Massachusetts: Blackwell Publishing, 2006. p. 17.

[15] Recorda-se o aplicativo *Secret,* que possibilitava a postagem de conteúdo sem ser identificado, portanto, tal aplicativo foi proibido no Brasil com o fundamento constitucional de vedação do anonimato. Para posições contrárias e favoráveis à proibição do aplicativo *Secret,* veja-se: http://blogs.estadao.com.br/link/secret-decisao-faz-de-censura-a-regra-e-liberdade-a-excecao/. A petição inicial da ação civil pública promovida pelo Ministério Público do Estado de Espírito Santo está disponível em: https://docs.google.com/file/d/0BzcBZYaOx4TaWTctMW0zR1kyV1E/edit?pli=1, acessado em 20 de julho de 2020.

[16] Franklin, Marc A.; Anderson, David A.; Lidsky, Lyrissa Barnett. *Mass Media Law:* cases and materials. 7. Ed. Nova Iorque: Foundation Press, 2010. (Supplement). p. 11.

Neste ponto, é importante a guarda e manutenção dos registros de acesso porque são fundamentais para a identificação do causador direto do dano. No entanto, o art. 15 da Lei n. 12.965/2014 restringe a 06 (seis) meses o prazo pelo qual os provedores de aplicação de Internet estão obrigados a guardar os registros.[17] Além deste, no art. 13 do MCI, determinou-se a obrigação de manter os registros de conexão por 1 (um) ano. No entanto, como este trabalho refere-se à responsabilidade do provedor de conteúdo, destaca-se o disposto no art. 15 do MCI. Tal prazo representa uma ameaça porque não se adequa ao prazo prescricional de reparação de dano previsto no art. 206, inc. III do Código Civil (de três anos) e no art. 27 do Código de Defesa do Consumidor (05 anos). Contudo, há quem defenda que a guarda dos logs de acesso pode ferir a privacidade e o sigilo das comunicações, sendo uma matéria controvertida.[18] Todavia, em razão da complexidade deste tema, que por si só justifica um estudo à parte, não será aprofundado neste trabalho.

A liberdade de expressão foi utilizada como o fundamento para a sistematização da responsabilidade dos provedores no Marco Civil da Internet[19], daí a necessidade de explorar este e outros conceitos para que se possa atingir a compreensão plena do tema em tela. Assim, a exigência de notificação judicial no art. 19 da Lei n. 12.965/2014 foi imposta para que a liberdade de expressão dos usuários não seja tolhida por outros usuários e pelos próprios provedores. A ideia é que somente o Judiciário pode-

[17] A "Directive 2006/24/EC of the European Parliament and of the Council of 15 March 2006 on the retention of data generated or processed in connection with the provision of publicly available electronic communications services or of public communications networks and amending Directive 2002/58/EC" previa o mesmo prazo de 06 (seis) meses. No entanto, esta diretiva foi invalidada e não está mais em vigor a partir do julgamento do Tribunal de Justiça Europeu, nos casos C-293/12 e C-594/12, que entendeu prevalecer o direito à inviolabilidade das comunicações, permitindo tal armazenamento para finalidades de investigação criminal. Disponível em: < http://curia.europa.eu/juris/document/document.jsf?docid=150642&doclang=EN>, acessado em 20 de julho de 2020. Todavia, este debate divide opiniões que se dividem entre defensores da privacidade e intimidade, contrários ao armazenamento dos logs de acesso; e os defensores da manutenção desta informação para viabilizar a identificação do causador do dano, pelo menos por um lapso temporal (definido à luz do lapso prescricional).

[18] STJ, REsp 1398985, Rel. Ministra Nancy Andrighi, Órgão Julgador: Terceira Turma, julgado em19/11/2013.

[19] Leonardi, Marcel. Internet e regulação: o bom exemplo do Marco Civil da Internet. In: Revista do Advogado, ano XXXII, n. 115, abril de 2012, p. 99 – 113.

ria fazer a análise se o conteúdo é realmente ofensivo. O problema é que a judicialização destes conflitos irá sobrecarregar injustificadamente o Poder Judiciário, sendo que a grande maioria dos casos poderia ser resolvidas extrajudicialmente.

Em suma, na medida em que a Internet trouxe vantagens em relação à rapidez, ao amplo acesso à informação, ao baixo custo e à divulgação mundial de conteúdo, ela apresenta também um risco social, ou seja, o dano à pessoa, vítima da violação de sua intimidade e vida privada por meio desta ferramenta de comunicação, o que não pode ser ignorado pelo Direito.[20] A sociedade enfrenta agora o impasse em se atingir o equilíbrio entre a garantia ao direito à informação, que extrapola o próprio direito à liberdade de expressão, e à proteção à intimidade e à vida privada diante os novos desafios tecnológicos. O que leva a doutrina a revisitar os pressupostos da responsabilidade civil neste contexto.

2. OS PRESSUPOSTOS DA RESPONSABILIDADE CIVIL DOS PROVEDORES DE APLICAÇÕES

De fato, os tradicionais requisitos da responsabilidade civil, quais sejam, dano, agente, omissão ou ação, e nexo de causalidade devem ser repensados à luz desta nova realidade tecnológica. Além destes, exige-se uma definição entre responsabilidade objetiva, fundada no risco (par. único do art. 927 do CC/02) ou em dispositivo legal (*e.g.* art. 12 do CDC), ou subjetiva, fundada na culpa (art. 186 do CC/02).

Em primeiro lugar, o dano passa a tomar proporções antes nunca imaginadas. O sistema jurídico da responsabilidade civil está fundado na ideia de dano local ou dano regional. Mas tendo em vista a comunicação em massa e transfronteiriça das redes sociais, a extensão do dano é muito maior. Quanto ao agente, tem-se outra problemática sobre o responsável pelos danos: o provedor, que mantém a rede social, ou o administrador

[20] PERRITT Jr, Henry H. *Digital Communications Law.* Revised Edition. Boston: Aspen Publishers, 2010. p. 1-4, § 1.02: "Changing information technology also changes dispute resolution. New types of disputes arise, while the effectiveness of traditional methods for detecting illegal conduct and enforcing legal decisions diminishes. At the same time, the new technology makes possible new kinds of dispute resolution institutions and procedures that may have lower costs than traditional institutions and procedures. The law therefore must be responsive to changes in information technology. Legal architects and advocates must understand the changes in technology in order to define and apply legal principles appropriately."

da rede social[21], ou aquele que causou o dano inserindo o conteúdo que gerou a violação de direitos ou até mesmo quem compartilha determinado conteúdo[22].

Sobre isto, de um lado, os provedores de serviços de acesso à Internet por serem meros intermediários não respondem por conteúdo gerado por

[21] Sobre a responsabilidade civil do administrador de grupo de WhatsApp: "Autores vítimas de ofensas graves via *whatsapp*. Prova incontroversa do ocorrido, por meio de ata notarial. Ré que, na qualidade de criadora do grupo, no qual ocorreram as ofensas, poderia ter removido os autores das ofensas, mas não o fez mostrando ainda ter-se divertido com a situação por meio de *emojis* de sorrisos com os fatos. Situação narrada como *bullying*, mas que se resolve simplesmente pelo artigo 186 do Código Civil. Danos morais fixados em valor moderado, no total de R$3.000,00 (R$ 1.000,00 por autor), porque a ré tinha apenas 15 anos por ocasião dos fatos, servindo então a pena como advertência para o futuro e não como punição severa e desproporcional. Apelo provido." TRIBUNAL DE JUSTIÇA DO ESTADO DE SÃO PAULO. 34 Câmara de Direito Privado. Apelação 1004604-31.2016.8.26.0291. Relator Desembargador Soares Levada. J. 21/05/2018.

[22] Sobre a responsabilidade civil pelo compartilhamento de conteúdo: "EMENTA: DANO MORAL – Direito à Intimidade – Vida privada que deve ser resguardada – Participante do programa "Big Brother Brasil – BBB", edição do ano de 2005, que em 2016 teria recusado o convite da Rede Globo, por meio de seu Departamento de Comunicação, para voltar a participar do Programa em sua versão atual e não autorizou qualquer divulgação de sua vida privada – Matéria divulgada relacionada a sua participação no Programa televisivo e sua atual vida pessoal e profissional – Autora que abdicou da vida pública, trabalha atualmente como carteira e se opôs a divulgação de fatos da vida privada, teve fotografias atuais reproduzidas sem autorização, extraídas de seu Facebook, sofrendo ofensa a sua autoestima, uma vez que a matéria não tinha interesse jornalístico atual, e não poderia ser divulgada sem autorização, caracterizando violação ao art. 5º, inciso V e X, da Constituição Federal e arts. 186, 187 e 927 do Código Civil, uma vez que lhe desagrada a repercussão negativa de sua atuação no Reality Show, resultante da frustrada estratégia que engendrou, buscando alcançar a cobiçada premiação – Livre acesso às páginas do Facebook que não autoriza a livre reprodução de fotografias, por resguardo tanto do direito de imagem, quanto do direito autoral – Obrigação de retirar as matérias de seus respectivos sites, mediante o fornecimento pela autora das URLs – O compartilhamento de matérias e fotografias nada mais é do que uma forma de "publicação", qualificando-se apenas pelo fato de que seu conteúdo, no todo ou em parte, é extraído de outra publicação já existente – Quem compartilha também contribui para a disseminação de conteúdos pela rede social, devendo, portanto, responder pelos danos causados – Dano moral caracterizado – Responsabilidade solidária de quem publicou e compartilhou a matéria, com exclusão da provedora de hospedagem, que responde apenas pela obrigação de fazer – Recurso provido em relação à Empresa Bahiana de Jornalismo, RBS – Zero Hora e Globo Comunicações e Participações e provido em parte no tocante à Universo On-line." TRIBUNAL DE JUSTIÇA DO ESTADO DE SÃO PAULO. 2ª CÂMARA DE DIREITO PRIVADO. Apelação Cível. Processo n. 1024293-40.2016.8.26.0007. Relator Desembargador Alcides Leopoldo e Silva Júnior. J. 11/01/2018.

terceiros, e não tem como tornar o conteúdo inacessível porque não são provedores de conteúdo. Consequentemente, tais provedores não respondem pelos danos causados por conteúdo gerado por terceiro nos termos do art. 18 do Marco Civil da Internet.

Porém, os provedores de conteúdo, seja de aplicações de Internet seja de *hosting* respondem subsidiariamente ao causador direto do dano, quando cientes do ilícito civil não tomarem nenhuma atitude para remover o conteúdo ou torná-lo inacessível.

No entanto, a dificuldade está na sistematização desta responsabilidade tendo em vista que a sólida jurisprudência do STJ já tinha consolidado o entendimento que para serem responsabilizados bastava a ciência aos provedores, que poderia ser feita pela própria vítima. Contudo o art. 19 da Lei n. 12.965/14 trouxe um requisito específico para tal ciência, que é a notificação judicial, ou seja, o provedor de conteúdo somente poderia ser responsabilizado se, notificado por ordem judicial, não retirasse o conteúdo de circulação. O debate gira em torno de se estabelecer se os provedores de aplicações respondem mediante a comprovação de culpa (responsabilidade subjetiva) ou com fundamento no risco (já se destacou *supra* que não se aplica aos provedores, pois sua atividade não é considerada perigosa) ou em dispositivo legal (como é o caso do CDC) que determina a responsabilidade objetiva do fornecedor. O CC/02, no seu art. 927, parágrafo único, trouxe grande inovação, pois além de não revogar as leis especiais existentes, permitiu que a jurisprudência considerasse determinadas atividades já existentes ou que vierem a existir como perigosas ou de risco, ensejando a responsabilidade objetiva (cláusula geral).[23]

Para que se possa entender a dinâmica da responsabilidade civil a partir do MCI, deve-se, preliminarmente, destacar as categorias de provedores, cada qual responde de maneira diversa. Em linhas gerais, podem-se distinguir os provedores em duas espécies, quais sejam: 1) provedor de conexão (acesso à Internet); e 2) provedor de conteúdo (aplicações de Internet) segundo o disposto no MCI, que adotou uma classificação mais sucinta para evitar confusões, que são muito comuns nesta distinção de provedores, na medida em que boa parte dos provedores de Internet oferecem simultaneamente diversos serviços.

[23] LOPEZ, Teresa Ancona. Principais linhas da Responsabilidade Civil no Direito Brasileiro Contemporâneo. *Op. cit.*, p. 124.

Tem-se como gênero os denominados "provedores de serviços de Internet", dos quais são espécies: a) provedor de *backbone* ou de infraestrutura, pessoas jurídicas que detêm o controle das estruturas que viabilizam o tráfego de informações (exemplo, Embratel, Rede Nacional de Pesquisa, etc.); b) provedor de acesso ou de conexão, pessoa jurídica que prestam serviços de acesso à Internet (exemplo, Vivo, Net, Oi, Claro, dentre outras); c) provedor de correio eletrônico, ou seja, a pessoa jurídica que oferece serviços de envio e recebimento de mensagens eletrônicas (*e.g.*, Gmail, Outlook); d) provedor de hospedagem que oferece serviços de armazenamento e acesso de conteúdo (exemplo, Locaweb, UOL HOST, Youtube, WordPress, Instagram); e) provedor de conteúdo, isto é, a pessoa natural ou jurídica que cria e disponibiliza informações, são assim considerados desde grandes provedores de conteúdo como O Globo até o cidadão comum que mantém um blog pessoal.[24]

Por fim, o provedor de hospedagem de sites (*hosters)* é aquele que oferece a tecnologia para que o usuário possa criar e desenvolver uma página na rede. Segundo Giovanni Maria Riccio[25]:

> L'*host provider,* infine, è colui che, tecnicamente, offre agli utenti (*rectius:* ai *content providers*) uno spazio del proprio disco rigido attraverso il quale è possibile – come in gergo si dice – "aprire" un sito: in maniera esemplificativa, anche se atecnicamente, potremmo dire che l'attività di questo operatore consiste nell "ospitare" i siti Internet.

No entanto, o MCI menciona apenas duas espécies de provedores, a saber: provedor de conexão e provedor de aplicações. O primeiro, provedor de conexão, como o próprio nome indica, é o que realiza a intermediação técnica que viabiliza a conexão dos usuários na *web,* podendo ser considerados tanto os provedores de *backbones* quanto os provedores de acesso à Internet. O Marco Civil da Internet, no art. 2º, inciso V, traz a definição de conexão à Internet, a saber: "*V – conexão à internet: a habilitação de um terminal para envio e recebimento de pacotes de dados pela internet, mediante a atribuição ou autenticação de um endereço IP*". Assim, o provedor de acesso desenvolve tais atividades que habilitam um terminal (*Personal*

[24] Leonardi, Marcel. *Fundamentos de Direito Digital.* 3ª tiragem. São Paulo: Revista dos Tribunais, 2019. pp. 11 – 13.

[25] *La responsabilità civile degli internet providers.* Torino: G. Giappichelli Editore, 2002. p. 22.

Computer, Tablets, Smartphones, etc.) para o envio e recebimento de pacotes de dados pela rede mundial de computadores atribuindo-lhe um endereço IP (*Internet Protocol*).

O segundo, provedor de conteúdo ou de aplicações de Internet, é o prestador de serviço que viabiliza a difusão de informações, seja em texto seja arquivos multimídia. Portanto, o conceito de provedor de conteúdo é extremamente amplo, podendo ser considerados os mais diversos serviços como hospedagem, de e-mail, e as mais diversas plataformas de intermediação como as redes sociais (*e.g.* Facebook), além das ferramentas de busca e plataformas de *ecommerce.*[26]

Desta forma, as atividades exercidas pelos provedores de aplicações de Internet são ilimitadas na medida em que o Marco Civil da Internet, no art. 5º, inc. VII conceitua *aplicações de internet* como "[...] *o* ***conjunto de funcionalidades*** *que podem ser acessadas por meio de um terminal conectado à internet*" (grifo nosso). Portanto, as atividades são as mais variadas que dizem respeito a tais funcionalidades.

Quanto à prestação de serviços, o provedor de aplicações de Internet e o provedor de *hosting* oferecem espaço seja para a publicação de conteúdo (ex. *blogs, Facebook, etc.)* seja para a criação e manutenção de uma página de Internet. Por isso, quanto aos danos gerados por terceiros eles respondem igualmente como será exposto *infra.*

Por fim, o Marco Civil da Internet coloca em destaque a guarda e manutenção de registros de acesso à Internet e acesso à aplicação, conceituada no art. 5º, inc. VIII como "*registros de acesso a aplicações de internet: o conjunto de informações referentes à data e hora de uso de uma determinada aplicação de internet a partir de um determinado endereço IP.*" Em outras palavras, todos os provedores têm controle das informações de acesso à Internet pelos usuários, bem como de acesso a aplicações de Internet, e devem manejá-las cautelosamente sob pena de responsabilidade nos termos do art. 10 da Lei n. 12.965/2014.

Contudo, em se comprovando a relação jurídica de consumo, inclusive considerando a remuneração indireta por meio da atividade publicitária, como destacado anteriormente, aplica-se a regra da responsabilidade objetiva prevista no art. 12 do CDC, a depender do elemento teleológico

[26] LEONARDI, Marcel. *Op. cit.*, p. 14.

que caracteriza consumidor como o "destinatário final"[27]. Portanto, em sentido amplo, os provedores responderiam independentemente de culpa pelos danos sofridos pelos usuários. Porém tal conclusão acarretaria enormes prejuízos aos usuários, pois os custos destes riscos seriam fatalmente repassados aos usuários que pagariam preços muito mais caros pelos serviços usufruídos.[28] Além de poder inviabilizar a Internet como uma eficaz ferramenta de comunicação e transmissão de informação.

A Seção 4 (*Liability of intermediary service providers*) da Diretiva 2000/31, que regulamenta regras sobre o comércio eletrônico no Direito Comunitário europeu, estabelece o regime de responsabilidade civil dos provedores. O art. 12[29] traz a regra geral de que os Estados-membros devem garantir

[27] Ainda que seja um empresário, o usuário destes serviços pode ser caracterizado como consumidor quando atue fora de sua *expertise* e quando não oferece estes serviços para terceiros (o consumo intermediário) o que tem sido reconhecido pela **Teoria do Finalismo Aprofundado,** consolidada no Superior Tribunal de Justiça: "CONSUMIDOR. DEFINIÇÃO. ALCANCE. TEORIA FINALISTA. REGRA. MITIGAÇÃO. FINALISMO APROFUNDADO. CONSUMIDOR POR EQUIPARAÇÃO. VULNERABILIDADE. [...] 3. A jurisprudência do STJ, tomando por base o conceito de consumidor por equiparação previsto no art. 29 do CDC, tem evoluído para uma aplicação temperada da teoria finalista frente às pessoas jurídicas, num processo que a doutrina vem denominando finalismo aprofundado, consistente em se admitir que, em determinadas hipóteses, a pessoa jurídica adquirente de um produto ou serviço pode ser equiparada à condição de consumidora, por apresentar frente ao fornecedor alguma vulnerabilidade, que constitui o princípio-motor da política nacional das relações de consumo, premissa expressamente fixada no art. 4º, I, do CDC, que legitima toda a proteção conferida ao consumidor. REsp 1195642/RJ, Rel. Ministra NANCY ANDRIGHI, TERCEIRA TURMA, julgado em 13/11/2012, DJe 21/11/2012, *In:* Informativo nº 510 do STJ.

[28] LOPEZ, Teresa Ancona. *Princípio da Prevenção... op. cit.*, p. 17. No mesmo sentido: RICCIO, Giovanni Maria. *Op. cit.*, pp. 38 – 39.

[29] **'Mere conduit'** – 1. Where an information society service is provided that consists of the transmission in a communication network of information provided by a recipient of the service, or the provision of access to a communication network, Member States shall ensure that the service provider is not liable for the information transmitted, on condition that the provider: (a) does not initiate the transmission; (b) does not select the receiver of the transmission; and (c) does not select or modify the information contained in the transmission. 2. The acts of transmission and of provision of access referred to in paragraph 1 include the automatic, intermediate and transient storage of the information transmitted in so far as this takes place for the sole purpose of carrying out the transmission in the communication network, and provided that the information is not stored for any period longer than is reasonably necessary for the transmission. 3. This Article shall not affect the possibility for a court or administrative authority, in accordance with Member States' legal systems, of requiring the service provider to terminate or prevent an infringement.

que os meros intermediários não sejam responsabilizados pelo conteúdo gerado por terceiros.

No entanto, o art. 14 da Dir. 2000/31 estabelece que estes provedores não se responsabilizam pelo conteúdo gerado por terceiros, porém passam a responder se, após cientificado de qualquer maneira não tomarem nenhuma medida (**sistema *notice and takedown***). Assim, o Direito Comunitário Europeu não exige a notificação judicial, *in verbis*:

> 1. Where an information society service is provided that consists of the storage of information provided by a recipient of the service, Member States shall ensure that the service provider is not liable for the information stored at the request of a recipient of the service, on condition that: (a) the provider does not have actual knowledge of illegal activity or information and, as regards claims for damages, is not aware of facts or circumstances from which the illegal activity or information is apparent; or **(b) the provider, upon obtaining such knowledge or awareness, acts expeditiously to remove or to disable access to the information.** (grifo nosso)

Em suma, os provedores de conteúdo não respondem pelos atos de terceiros, mas tão somente pelos danos estritamente ligados com sua atividade (seja de provedor de aplicação de Internet, seja de provedor de *hosting*). Porém, serão corresponsáveis quando cientes do evento danoso não tomarem as medidas adequadas para retirar o conteúdo ou torná-lo inacessível. Desta forma, na verdade, o Superior Tribunal de Justiça tinha já consolidado o entendimento de que notificado sobre a ilicitude do conteúdo postado na rede, sendo omisso o provedor de aplicação de Internet, ele responderia pelo dano. Nesta hipótese, diante da possível alegação de quebra do nexo de causalidade, em que o provedor pudesse alegar as excludentes da responsabilidade civil previstas no § 3º do art. 12 do CDC, o STJ entendia que quando notificado do dano e mantendo-se inerte, o provedor colaborava com o evento danoso em função da *culpa in omittendo.*

Além disso, destaca-se que o provedor não realiza um controle prévio do conteúdo postado e, portanto, não poderia responder pelo conteúdo ofensivo inserido pelos usuários (terceiros). No entanto, uma vez notificado do conteúdo e não tornando inacessível tal informação ofensiva, o provedor responde em razão da culpa *in omitendo.* Por fim, menciona-se que o causador direto do dano pode ser rastreado por meio dos registros de acesso mantidos pelo provedor conforme art. 15 do MCI. Neste sentido, era o entendimento do STJ[30] sobre a responsabilidade do provedor de aplicações por conteúdo gerado por terceiros:

> [...] 8. Ao ser comunicado de que determinada mensagem postada em blog por ele hospedado possui conteúdo potencialmente ilícito ou ofensivo, deve o provedor removê-lo preventivamente no prazo de 24 horas, até que tenha tempo hábil para apreciar a veracidade das alegações do denunciante, de modo a que, confirmando-as, exclua definitivamente o vídeo ou, tendo-as por infundadas, restabeleça o seu livre acesso, **sob pena de responder solidariamente com o autor direto do dano em virtude da omissão praticada.** [...] (grifo nosso)

No entanto, este entendimento do STJ foi frontalmente contrariado pelo que dispõe o art. 19 da Lei 12.965/2014, como acima salientado, razão que motivou a discussão sobre (in)constitucionalidade do art. 19 do MCI, por ter o CDC *status* constitucional.

3. DA APLICAÇÃO DO CÓDIGO DE DEFESA DO CONSUMIDOR ÀS RELAÇÕES ENTRE PROVEDORES DE APLICAÇÕES DE INTERNET E OS USUÁRIOS

O Código de Defesa do Consumidor determina o seu âmbito de aplicação na medida em que estabelece que a relação de consumo é o vínculo jurídico entre um consumidor, entendido como pessoa física e jurídica que utiliza o produto ou serviço como destinatário final (art. 2º do CDC – consumidor *standard*)[31], e um fornecedor (art. 3º do CDC) de produtos e serviços, estes últimos considerados aqueles prestados mediante remuneração, ainda que indireta (parágrafos 1º e 2º do art. 3º do CDC).[32]

[30] SUPERIOR TRIBUNAL DE JUSTIÇA. REsp 1.406.448/RJ. Rel. Min. Nancy Andrighi. Julgado em 15/10/2013 (DJe 21/10/2013).

[31] Há outras figuras equiparadas a consumidor, quais sejam: 1) a coletividade de consumo (par. único do art. 2º do CDC); 2) as vítimas dos acidentes de consumo (art. 17 do CDC); e 3) as pessoas expostas às práticas comerciais (art. 29 do CDC).

[32] Não é o ponto central deste estudo a relação jurídica de consumo. Sobre um estudo aprofundado das relações de consumo, cf. De Lucca, Newton. *Direito do consumidor*: teoria geral da relação jurídica de consumo. 2 ed. São Paulo, Quartier Latin, 2008. Cf. ____. A proteção dos consumidores no âmbito da internet. *In:* LIMA, Cíntia Rosa Pereira de; NUNES, Lydia Neves Bastos Telles (coords.). *Estudos avançados de direito digital*. Rio de Janeiro, Elsevier, 2014. pp. 91-103.

Assim, tendo em vista as espécies de provedores, a saber: – os provedores de conexão, ou seja, aqueles que viabilizam o acesso dos usuários à rede mundial de computadores; – os provedores de aplicações de Internet, aqueles que oferecem as mais diversas funcionalidades na Internet, caracterizam como fornecedores nos termos do CDC. É muito comum que os provedores cobrem uma remuneração direta pelos serviços prestados, notadamente no caso de provedores de conexão e de *hosting*. Quanto aos provedores de aplicações de Internet, a remuneração, em regra, é indireta, porque advém dos lucros que obtêm em virtude das publicidades e do manejo dos dados pessoais dos usuários. Desta forma a remuneração é reconhecida amplamente pela doutrina, caracterizando estes serviços como de consumo. Neste sentido:

> I *providers* sono soggetti che svolgono, in misura professionale ed imprenditoriale, la propria attività; detta attività, ovviamente, è remunerativa, ossia comporta una arricchimento patrimoniale della posizione dell'intermediario a titolo diretto – gli utenti pagano un canone fisso di abbonamento ai servizi offerti o una somma versata *una tantum* e commisurata all'entità delle controprestazioni -, o a titolo indiretto – il servizio è offerto gratuitamente agli utenti, ma il *provider* ottiene un guadagno consentendo ad altre imprese di utilizzare detto servizio per scopi pubbicitari.[33]

Quanto à aplicação do CDC à relação jurídica entre provedores de conteúdo e os usuários de Internet, o STJ[34] é pacífico ao afirmar positivamente, reconhecendo a remuneração indireta suficiente:

> [...] 2. O fato de o serviço prestado pelo provedor de serviço de Internet ser gratuito não desvirtua a relação de consumo, **pois o termo "mediante remuneração", contido no art. 3º, § 2º, do CDC, deve ser interpretado de forma ampla, de modo a incluir o ganho indireto do fornecedor.** [...] (grifo nosso)

Em suma, o Superior Tribunal de Justiça consolidou este entendimento, afirmando que *"a exploração comercial da Internet sujeita as relações de consumo*

[33] Riccio, Giovanni Maria. *Op. cit.*, pp. 36 – 37.

[34] STJ – REsp: 1316921 RJ 2011/0307909-6, Relator: Ministra Nancy Andrighi, Data de Julgamento: 26/06/2012, T3 – TERCEIRA TURMA, Data de Publicação: DJe 29/06/2012.

daí advindas à Lei nº 8.078/90" e que "*o fato de o serviço prestado pelo provedor de serviço de Internet ser gratuito não desvirtua a relação de consumo, pois* ***o termo 'mediante remuneração', contido no art. 3º, § 2º, do CDC, deve ser interpretado de forma ampla, de modo a incluir o ganho indireto do fornecedor***"[35] (grifo nosso). Porém, este entendimento encontra-se ameaçado em razão do que dispõe o Marco Civil da Internet.

4. O REGRAMENTO SOBRE A RESPONSABILIDADE CIVIL DOS PROVEDORES DE APLICAÇÃO DE INTERNET NO MARCO CIVIL DA INTERNET

O Marco Civil da Internet, Lei nº 12.965/14, altera a sistemática de responsabilização dos provedores de conteúdo por fatos gerados por terceiros e contraria o art. 12 do CDC (responsabilidade objetiva) e o entendimento do STJ que exigia tão somente a ciência do conteúdo ilícito por qualquer meio adequado, na medida em que os provedores de conteúdo somente serão responsabilizados após notificação judicial (art. 19).

Em linhas gerais, segundo o MCI, o provedor de conexão não responde por conteúdo gerado por terceiro, pois sua responsabilidade está adstrita aos serviços prestados, ou seja, a velocidade de *upload* e *download* contratado, e etc. nos termos do art. 18 do MCI. Somente nas hipóteses de conteúdo não autorizado que veicule cenas de nudez ou atos sexuais privados, hipótese em que o provedor de conteúdo responde subsidiariamente ao causador do dano se cientificado do ilícito não torná-lo inacessível nos termos do art. 21 da Lei nº 12.965/14.[36] No entanto, a notificação deve conter elementos que especifiquem tecnicamente o material ilícito.

Os que advogam tal entendimento sustentam que o fundamento é a tutela da liberdade de expressão, garantia e direito fundamental, que

[35] REsp 1316921, Rel. Ministra Nancy Andrighi, Terceira Turma, julgado em 26/06/2012.

[36] Art. 21. O provedor de aplicações de internet que disponibilize conteúdo gerado por terceiros será responsabilizado subsidiariamente pela violação da intimidade decorrente da divulgação, sem autorização de seus participantes, de imagens, de vídeos ou de outros materiais contendo cenas de nudez ou de atos sexuais de caráter privado quando, após o recebimento de notificação pelo participante ou seu representante legal, deixar de promover, de forma diligente, no âmbito e nos limites técnicos do seu serviço, a indisponibilização desse conteúdo.
Parágrafo único. A notificação prevista no **caput** deverá conter, sob pena de nulidade, elementos que permitam a identificação específica do material apontado como violador da intimidade do participante e a verificação da legitimidade para apresentação do pedido.

somente poderia ser tolhida mediante decisão judicial. Em outras palavras, o provedor de conteúdo não pode, por si só, analisar o que seria conteúdo ilícito ou não a fim de restringir o acesso a informações, salvo nas hipóteses de nudez, pornografia infantil e cenas privadas de sexo que tal análise pode ser feita imediatamente.[37]

Neste sentido, o STJ[38] entende que os atos praticados antes da entrada em vigor do MCI estão sujeitos ao entendimento da Corte; após a entrada em vigor do MCI, aplica-se a regra do *judicial notice and takedown:*

> [...] 3. A regra a ser utilizada para a resolução de controvérsias deve levar em consideração o momento de ocorrência do ato lesivo ou, em outras palavras, quando foram publicados os conteúdos infringentes: **(i) para fatos ocorridos antes da entrada em vigor do Marco Civil da Internet, deve ser obedecida a jurisprudência desta corte; (ii) após a entrada em vigor da Lei 12.965/2014, o termo inicial da responsabilidade da responsabilidade solidária do provedor de aplicação, por força do art. 19 do Marco Civil da Internet, é o momento da notificação judicial que ordena a retirada de determinado conteúdo da internet.** [...] (grifo nosso)

No entanto, a tendência é pela não prevalência deste dispositivo por ser passível de inconstitucionalidade na medida em que a defesa do consumidor tem *status* constitucional e o art. 19 do Marco Civil da Internet contraria o art. 12 do Código de Defesa do Consumidor. Outro argumento é quanto a interpretação do Direito como um sistema[39]. Essa disposição foi, portanto, contrária ao prévio entendimento jurisprudencial, que permitia ser a notificação feita de forma extrajudicial – o que é distinto do modelo de *notice and takedown*, consubstanciando, em verdade, em um modelo de *judicial notice and takedown*, no sentido de que é preciso uma prévia notificação judicial para a retirada do conteúdo ilícito da *Web*. Destaca-se que

[37] LEONARDI, Marcel. *Op. cit.*, p. 100.

[38] STJ – REsp: 1694405 RJ 2017/0039711-5, Relator: Ministra NANCY ANDRIGHI, Data de Julgamento: 19/06/2018, T3 – TERCEIRA TURMA, Data de Publicação: DJe 29/06/2018.

[39] MARQUES, Cláudia Lima. *Manual de Direito do Consumidor.* 4. ed. São Paulo: Revista dos Tribunais, 2012. pp. 117-120; no mesmo sentido, GODOY, Cláudio Luiz Bueno de. Uma análise crítica da responsabilidade civil dos provedores na Lei n. 12.965/14 (Marco Civil da Internet). *In:* LUCCA, Newton De; SIMÃO FILHO, Adalberto; LIMA, Cíntia Rosa Pereira de Lima. *Direito & Internet III: Marco Civil da Internet – Lei n. 12.965/2014.* 2 Tomos. São Paulo: Quartier Latin, 2015. pp. 307 – 320.

exceções a esse sistema foram previstas pelo MCI para os casos de violação à privacidade qualificada, ou seja, nudez e atos sexuais de caráter privado, publicados sem consentimento. Nesta hipótese, as partes ou seus representantes legais podem notificar os provedores de aplicações extrajudicialmente, os quais deverão, então, remover o conteúdo, sob pena de responsabilização subsidiária, no caso de descumprimento da notificação, conforme dispõe o art. 21.

Anteriormente ao MCI, no caso de nudez e atos sexuais privados publicados sem consentimento, se o provedor de conteúdo não cumprisse a notificação extrajudicial, deveria ser responsabilizado de forma *solidária* ao autor do ilícito, enquanto, com o MCI, no caso do descumprimento da notificação feita pelo participante ou seu representante legal, a responsabilidade é *subsidiária*.

O MCI, também, estabeleceu a necessidade de que o conteúdo apontado como ilícito seja identificado de forma clara e específica, como afirma o §1°, art. 19 e o parágrafo único do art. 21, não dispondo expressamente que seja indispensável a informação do URL do conteúdo reportado como ilícito, como havia sido o entendimento jurisprudencial anteriormente ao Marco Civil da Internet[40]. Porém, a interpretação jurisprudencial atual permanece nesse sentido, ao elucidar o sentido de uma "identificação clara e específica".

5. (IN)CONSTITUCIONALIDADE DO ART. 19 DO MARCO CIVIL DA INTERNET CONFORME O TEMA 987 DO SUPREMO TRIBUNAL FEDERAL

Claus-Wilhelm Canaris[41], em suma, demonstra a influência dos direitos fundamentais no direito privado, e, mais importante, como deve o legislador ordinário (no âmbito civil) manifestar-se no que ele chama de função de imperativo de tutela. Assim, havendo um reconhecimento, de ordem constitucional da proteção de um interesse, surge o imperativo jurídico-constitucional de tutela. Entretanto, como bem explica o autor, este imperativo necessita, em princípio, de complementação pelo direito ordinário,

[40] Idem. *REsp 1.308.830/RS*. Rel. Ministra Nancy Andrighi. Órgão Julgador: Terceira Turma. Julgado em 08/05/2012.

[41] *Direitos fundamentais e direito privado*. Tradução de Ingo Wolfgang Sarlet e Paulo Mota Pinto. Coimbra: Almedina, 2006. p. 15. (Reimpressão da edição de julho de 2003.)

por meio da disponibilidade, pelo legislador infraconstitucional, de instrumentos úteis de proteção.[42]

A responsabilidade civil extracontratual, exemplificando, é uma forma de realização dos imperativos de tutela dos direitos fundamentais, na medida em que representa uma transposição do dever de proteção de direitos fundamentais, para o plano do direito privado como acima foi destacado *supra*. Mas essa proteção a ser implementada, no âmbito do direito infraconstitucional, pode se realizar de forma muito variada. O legislador ordinário, no caso, ao elaborar o Marco Civil da Internet, teve em mente a tutela de vários direitos e garantias fundamentais. Porém, a tutela não parece suficiente.

Neste sentido, a atuação do julgador é de crucial importância para a concretização e efetiva tutela dos direitos fundamentais. Por isso, o STJ firmou o entendimento de que os provedores de conteúdo somente se responsabilizariam por conteúdo gerado por terceiros se após ter conhecimento não agirem de maneira eficiente para tornar tal conteúdo inacessível.[43] Assim, entendia-se suficiente a notificação extrajudicial do ilícito.[44] Em 2019, o Recurso Extraordinário n° 1.037.396/SP, interposto pelo *Facebook* (condenado em segunda instância em razão da criação de um perfil falso de uma usuária) trouxe novos questionamentos sobre a necessidade da prévia e específica ordem judicial de exclusão de conteúdo aos provedores de aplicações[45], discutindo, assim, a constitucionalidade do art. 19 do MCI.

Como defeso pelo *Facebook*, bem como por Nelson Jobim e Ronaldo Lemos, em parecer emitido à empresa[46], admitir a exclusão de conteúdo

[42] CANARIS, Claus Wilhelm. *Direitos fundamentais e direito privado*. Tradução de Ingo Wolfgang Sarlet e Paulo Mota Pinto. Coimbra: Almedina, 2006. p. 15. (Reimpressão da edição de julho de 2003.)

[43] Brasil, STJ, REsp 1.337.990/SP, Rel. Ministro Paulo de Tarso Sanseverino, Órgão julgador: Terceira Turma, julgado em 21/08/2014

[44] *Brasil, STJ, REsp 1.323.754/RJ, Rel. Ministra Nancy Andrighi, Órgão Julgador: Terceira Turma, julgado em 19/06/2012*

[45] O Recurso Extraordinário, que discute a constitucionalidade do art. 19 do MCI, ainda não possui data para o julgamento. O RE está disponível em: <https://portal.stf.jus.br/processos/detalhe.asp?incidente=5160549>. Acesso em: 13 dez. 2019.

[46] *Constitucionalidade do art. 19 da Lei n° 12.965/2014 ("Marco Civil da Internet"), que prevê a responsabilização civil de provedor de aplicação de Internet por danos decorrentes de atos ilícitos praticados por terceiros apenas na hipótese de descumprimento de ordem judicial específica de exclusão de conteúdo.* Parecer. São Paulo, 2019. pp. 36 – 37.

de terceiros sem prévia análise judiciária (no sentido da alteração da regra de *judicial notice and takedown* para *notice and takedown*) permitiria ao setor privado o controle de informações, o que poderia resultar, em verdade, *"em censura massiva de conteúdos veiculados na Internet, contrariando o art. 220, §2°, da CF"*. No entanto, a doutrina diverge quanto a tal posicionamento, com destaque para o que Anderson Schreiber[47] que, para a "salvação" do art. 19 do MCI, deve-se interpretá-lo conforme o art. 5º, inc. X da CF/88 para dispensar a ordem judicial específica, sendo suficiente a mera notificação sempre que o conteúdo for ofensivo a direitos de personalidade. Ademais, sendo clara a relação de consumo, pois a remuneração pode ser direta ou indireta, como já reconhecido pelo STJ[48], aplica-se o CDC que estabelece a responsabilidade objetiva e solidária do fornecedor (art. 12). Portanto, não poderia o MCI contrariar o CDC que tem *status* constitucional, ignorando a harmonia e coordenação entre as normas do ordenamento jurídico.[49]

CONCLUSÕES

A tutela privada dos direitos fundamentais no contexto das novas tecnologias, em especial a Internet, enfrenta muitos desafios. Assim, é comum que o direito à liberdade de expressão colida com outros direitos fundamentais, tais como a honra, imagem, intimidade e privacidade. A solução é a ponderação destes direitos para que no caso concreto se decida de maneira harmoniosa.

Neste contexto, a responsabilização pela violação do direito à honra, à imagem, à intimidade e à privacidade na Internet tem sido objeto de regulação isto porque é possível a participação de diversos atores e autores. Assim, os provedores (de conexão à Internet e de aplicações de Internet) são considerados como intermediários porque viabilizam a conexão de um

[47] Marco Civil da Internet: avanço ou retrocesso? A responsabilidade civil por dano derivado do conteúdo gerado por terceiro. *In:* Lucca, Newton De; Simão Filho, Adalberto; Lima, Cíntia Rosa Pereira de Lima. *Direito & Internet III: Marco Civil da Internet – Lei n. 12.965/2014.* 2 Tomos. São Paulo: Quartier Latin, 2015. pp. 277 – 306. p. 295.

[48] SUPERIOR TRIBUNAL DE JUSTIÇA. REsp. n. 1.316.921. 3ª Turma. Rel. Min. Nancy Andrighi. J. 26.06.2012; no mesmo sentido o REsp n. 1.398.985. 3ª turma. Rel. Min. Nancy Andrighi, j. 19.11.2013.

[49] Godoy, Cláudio Luiz Bueno de. Uma análise crítica da responsabilidade civil dos provedores na Lei n. 12.965/14 (Marco Civil da Internet). *In:* Lucca, Newton De; Simão Filho, Adalberto; Lima, Cíntia Rosa Pereira de Lima. *Direito & Internet III: Marco Civil da Internet – Lei n. 12.965/2014.* 2 Tomos. São Paulo: Quartier Latin, 2015. pp. 307 – 320. p. 319.

terminal (computador, tablet, smartphone e etc.) com a *web* e a utilização de várias funcionalidades da Internet (aplicações) ou criação e manutenção de uma página na Internet *(hosting)* pelos respectivos usuários.

Por sua vez, os usuários têm a liberdade de utilizar este meio de comunicação para divulgar os mais variados conteúdos de texto e arquivos multimídia com o potencial de causar danos a outrem ao expor imagens e textos que comprometam os direitos fundamentais acima mencionados. Muito embora os provedores sejam meros intermediários e não devem controlar o conteúdo preventivamente, eles podem e devem atuar assim que tomarem conhecimento do dano causado pelo conteúdo gerado por terceiro.

Em suma, muito embora o art. 19 do Marco Civil da Internet imponha a responsabilidade dos provedores por conteúdo gerado por terceiros após a notificação judicial para a retirada do conteúdo, entendemos, *s.m.j.*, que este artigo deve ser interpretado de forma sistêmica para garantir a efetiva proteção dos consumidores. Portanto, os provedores devem agir de maneira eficiente para tornar inacessível um conteúdo que cause dano a outrem quando tomarem conhecimento de tal fato, ainda que seja por uma simples comunicação da vítima como já era o entendimento consolidado pelo Superior Tribunal de Justiça.

Neste sentido, o tema 987, em debate no Supremo Tribunal Federal, enfrenta esta questão para definir a (in)constitucionalidade do art. 19 do MCI. Caso o dispositivo seja declarado inconstitucional, é bem provável que o entendimento do Superior Tribunal de Justiça volte a ser aplicado, sendo este um imperativo de equidade e justiça.

7
LA RESPONSABILITE DU DEBITEUR CONTRACTUEL ENVERS LES TIERS ET L'AVANT PROJET DE LOI DE REFORME DE LA RESPONSABILITE CIVILE EN FRANCE

Christian Larroumet

1. La responsabilité d'un débiteur contractuel envers les tiers est, en droit français, une énigme dont la solution n'a jamais été véritablement satisfaisante en droit positif et pourtant beaucoup de choses ont été dites en doctrine et en jurisprudence sans que jamais on eût pu être satisfait. La raison pourrait bien en être qu'on a, le plus souvent, voulu systématiser en recherchant une solution unique, c'est-à-dire applicable à toutes les situations, alors que celles-ci sont différentes pour la raison que les tiers ne sont pas tous les mêmes. Cela commande la nature de la responsabilité du débiteur envers un tiers, laquelle peut être contractuelle ou extracontractuelle, selon que le tiers peut ou non être rattaché au contrat dont l'inexécution ou la mauvaise exécution de l'obligation par le débiteur est source de responsabilité envers le créancier et aussi envers un tiers. Lorsque le tiers a un lien avec le contrat, il n'est pas véritablement un tiers et c'est ce qui explique la nature contractuelle de la responsabilité du débiteur à son égard. Lorsqu'il n'a aucun lien avec le contrat et qu'il apparaît alors comme un *penitus extraneus,* il est évident que, si responsabilité du débiteur envers lui il doit y avoir, ce qui est loin d'être toujours évident, celle-ci ne peut être qu'extracontractuelle.

Si la situation est relativement simple lorsque le tiers peut être considéré comme étant intégré au contrat, il n'en va pas de même lorsqu'il n'apparaît pas clairement qu'il est intégré, ce qui n'empêche pas de considérer que c'est l'inexécution d'un obligation contractuelle qui lui porte préjudice et c'est bien là qu'est la difficulté, car cela pourrait faire illusion dans la mesure où on voudrait y voir un lien entre le tiers et le contrat.

2. La jurisprudence française a varié sur la question. Il y eut, d'abord, des solutions qui excluaient toute responsabilité contractuelle, seule l'extracontractuelle étant envisagée encore que la qualification extracontractuelle du fait dommageable ait pu être souvent admise de façon laxiste. Il y eut, ensuite, une tendance de la Cour suprême favorable à une extension de la responsabilité contractuelle au profit du tiers à la fin des années 1980. L'auteur de ces lignes y a été favorable en envisageant de façon extensive le principe de l'effet relatif des contrats dans le cadre d'un ensemble contractuel et non pas contrat par contrat. Cependant, il s'est ultérieurement démarqué de cette position en raison essentiellement de l'impossibilité de construire un droit cohérent de l'ensemble contractuel parce que la notion pouvait être trop élastique et, par conséquent, très imprécise. Au surplus et, à juste raison, la jurisprudence a abandonné la lecture extensive du principe de l'effet relatif des contrats dans le cadre d'un ensemble pour revenir à l'orthodoxie d'une appréhension contrat par contrat. Enfin, dernier stade de l'évolution de la jurisprudence, si celle-ci a considéré que seule la responsabilité extracontractuelle du débiteur contractuel devait être envisagée envers les tiers, la Cour suprême n'en a pas moins admis en 2006 que toute inexécution contractuelle constituait une source de responsabilité extracontractuelle envers les tiers. Cette jurisprudence a été confirmée par un nouvel arrêt en 2019. Ce faisant, elle a brouillé tous les critères de distinction entre ce qui relève du contractuel et ce qui relève de l'extracontractuel. En donnant l'impression qu'elle respectait le principe de l'effet relatif des contrats en faisant appel à la responsabilité extracontractuelle, elle le violait délibérément par l'assimilation des sources des deux responsabilités, puisque, et elle le disait expressément, ce qui était ahurissant, le dommage résultait « d'un manquement contractuel ». S'il y a manquement contractuel, seul le créancier en vertu du contrat peut l'invoquer pour demander la réparation de son préjudice. Les tiers doivent en être exclus. Ainsi le veut le principe de la relativité aquilienne ou encore relativité des faits générateurs de responsabilité contractuelle qu'ils soient fautifs, si la responsabilité est fondée sur la faute, ou non, si la responsabilité est de plein droit. Ce principe n'est que la conséquence de l'effet relatif des contrats.

3. L'avant projet de loi sur la responsabilité civile (art. 1234 c. civ.) entend aussi condamner le recours à la responsabilité contractuelle au profit des tiers quant au manquement contractuel du débiteur et, par conséquent, rejeter l'idée d'une responsabilité contractuelle dans les ensembles contractuels, pour n'admettre que la responsabilité extracontractuelle. En ce sens, il rejoint la position de la Cour de cassation de 2006 et 2019. Cependant, il s'en sépare en ce qu'il affirme dans le même article que le tiers doit « rapporter la preuve de l'un des faits générateurs visés à la section II du chapitre II », c'est-à-dire les faits générateurs de la responsabilité extracontractuelle (art. 1241 et s.). En d'autres termes, l'avant projet n'entend pas que tout manquement contractuel puisse constituer un fait générateur de responsabilité extracontractuelle, ce qui doit être approuvé. Il en résultera, si l'on applique le texte dans sa lettre et dans son esprit, que le manquement contractuel ne devrait plus pouvoir constituer une source de responsabilité extracontractuelle, ce qui est cohérent avec le respect du principe de l'effet relatif des contrats. Toutefois, comme il devrait résulter aussi de ce retour à la relativité aquilienne une considérable diminution des applications de la responsabilité du débiteur contractuel envers les tiers, il est à craindre que, par des moyens plus ou moins détournés, les juges n'en reviennent pas à l'assimilation du manquement contractuel à un fait générateur de responsabilité extracontractuelle. Le seul cas où il ne devrait pas, en principe, y avoir de difficulté serait le manquement à une obligation contractuelle de sécurité, puisque le projet de loi décide que le manquement relève envers le créancier en vertu du contrat de la seule responsabilité extracontractuelle (art. 1233, al. 2), pour faute ou de plein droit selon les cas. Par conséquent, seuls les faits générateurs des articles 1241 de l'avant projet peuvent permettre la réparation du manquement à une obligation de sécurité, qu'il s'agisse de créancier contractuel ou d'un tiers.

4. Pour autant, l'article 1234 de l'avant projet de réforme ne règle pas totalement la question de la responsabilité du débiteur contractuel envers les tiers. Certes, il veut respecter le principe de la relativité aquilienne et on ne peut que l'en approuver. Toutefois, sans remettre nécessairement en cause l'article 1234, d'autres pistes complémentaires sont à explorer pour permettre à un tiers d'obtenir réparation du préjudice qu'il éprouve en cas d'inexécution de son obligation par le débiteur contractuel. Il y a plusieurs situations en fonction des différentes qualités des tiers. C'est la qualité en laquelle le tiers peut agir contre le débiteur contractuel qui permet d'avoir une vue d'ensemble sur la question ainsi que les solutions qui doivent être apportées.

5. La première catégorie de tiers concerne les victimes par ricochet au premier rang desquelles se trouvent les proches de la victime principale ou immédiate. Le terrain de prédilection de la réparation du préjudice par ricochet concerne les conséquences d'une atteinte corporelle. Il n'est pas douteux que les victimes par ricochet sont des tiers au contrat conclu par la victime principale, encore qu'autrefois la Cour de cassation les avait intégré à ce contrat en vertu d'une stipulation pour autrui présumée pour les faire bénéficier du régime de la responsabilité contractuelle. Cela était un artifice qui était d'autant moins digne de la Cour suprême qu'elle avait admis qu'ils pouvaient renoncer à la stipulation pour autrui pour invoquer la responsabilité extracontractuelle, ce qui était parfaitement contraire au principe du non cumul des responsabilités, lequel est dorénavant inscrit dans l'avant projet de réforme (art. 1233, al.1er). Les victimes par ricochet ne peuvent se placer, en leur qualité de tiers, que sur le terrain extracontractuel. Cette solution est conforme à l'article 1234, encore qu'il faille aussi, pour ce qui est du dommage corporel, tenir compte de l'alinéa second de l'article 1233 selon lequel, la responsabilité relève exclusivement du régime extracontractuel, même pour la victime immédiate. Avant ce projet de réforme, certains textes, notamment relatifs au contrat de transport ou à la responsabilité médicale, sans dire que la responsabilité était toujours contractuelle ou extracontractuelle, avaient unifié le régime de la réparation pour la victime principale et la victime par ricochet (art. 6 de la loi du 5 juillet 1985 pour les accidents de la circulation automobile; conventions internationales relatives au transport maritime et au transport aérien ; responsabilité médicale du Code de la santé publique).

6. Une seconde catégorie de tiers au contrat est constituée par ceux que la jurisprudence considère comme investis d'une action dite directe en responsabilité contre un débiteur contractuel de leur propre débiteur en vertu du contrat. Cette situation est tout à fait différente de celle des victimes par ricochet. En effet, il s'agit d'une situation dans laquelle un débiteur, pour exécuter son obligation contractuelle envers son créancier en vertu du contrat qui le lie à celui-ci, a conclu un contrat avec une autre personne dont il est, par conséquent, le créancier. Les applications en sont multiples et très fréquentes dans les domaines les plus variés. C'est dans cette situation qu'a été envisagée à la fin des années 1980 la responsabilité contractuelle du débiteur originaire envers le créancier extrême sans passer par le créancier-débiteur intermédiaire, d'où le nom d'action directe, ce qui n'est pas approprié car le terme désigne la seule action en paiement d'un créancier contre un débiteur de son débiteur (art. 1341-3 du Code civil), par opposition à l'action oblique ou indirecte (art. 1341-1 du Code civil). Le recours à l'idée d'ensemble contractuel avait été imaginé pour relier les deux contrats et concevoir, dans une appréhension globale du principe de l'effet relatif des contrats, une responsabilité contractuelle dans les relations entre les parties extrêmes. Cependant, l'idée n'a pas fait long feu car elle n'a pas permis de consacrer une notion juridique fiable de l'ensemble contractuel. Certes, on ne peut pas nier qu'il y a une relation économique entre les deux contrats, puisque c'est pour exécuter le second que le créancier-débiteur intermédiaire a conclu le premier, mais cette relation économique n'a pas permis, contrairement à ce qu'on a pu penser à un moment, de construire une relation juridique, en raison justement de l'impossibilité de définir juridiquement l'ensemble contractuel.

Toutefois, si la jurisprudence a fini par refuser que la responsabilité entre parties extrêmes fût contractuelle, elle a maintenu l'affirmation de l'existence d'une responsabilité extracontractuelle du débiteur extrême envers le créancier extrême, en vertu de ce qu'on a nommé une action directe en responsabilité. C'est essentiellement cette action que vise l'article 1234 de l'avant projet de réforme en prohibant le recours à la responsabilité contractuelle. Si la solution est légitime en ce qui concerne les victimes par ricochet et les cas où il n'y a pas de relation économique entre deux contrats dont l'un est nécessaire pour permettre l'exécution de l'autre, elle ne l'est pas lorsqu'existe une telle relation économique. En effet, si le créancier extrême agit par une action extracontractuelle contre le débiteur extrême, il est évident qu'il ne sera pas lié par le régime légal ou contractuellement prévu dans les rapports entre le débiteur extrême et le créancier-débiteur intermédiaire. On élude alors sa responsabilité contractuelle qui, selon les cas, serait plus favorable ou, au contraire, plus défavorable au débiteur extrême. Ainsi, les prévisions contractuelles sont bafouées.

Il faut donc condamner cette action directe en responsabilité extracontractuelle lorsqu'il y a une relation économique entre deux contrats.

On doit regretter que l'article 1234 de l'avant projet de réforme ne le fasse pas. La seule façon d'arriver à une solution satisfaisante est d'interdire au créancier extrême d'agir en responsabilité contre le débiteur extrême. Il ne doit pouvoir agir que contre son propre débiteur, lequel appellera en la cause le débiteur extrême ou intentera un recours en garantie contre lui. C'est la seule solution à la fois logique et équitable. Elle correspond parfaitement à la relativité aquilienne.

7. Il y a une troisième catégorie de tiers qui est plus apparente que réelle, car il ne s'agit pas véritablement de tiers. Il s'agit des ayants cause à titre particulier, c'est à dire ceux auxquels leur auteur a transmis ou constitué *ut singuli* un ou plusieurs droits sur un bien. C'est la question bien connue de savoir si l'ayant cause à titre particulier est lié activement ou passivement par les contrats conclus par son auteur en ce qui concerne le bien transmis. Ces contrats peuvent être translatifs dans la mesure où l'auteur a acquis le bien d'une autre personne avant de le transmettre à l'ayant-cause, mais il peut s'agir de contrats non translatifs, tels les contrats de louage d'ouvrage ou d'entreprise.

La question de la transmission à l'ayant-cause des droits et obligations résultant des contrats conclus par son auteur commande directement la nature de l'action en responsabilité que pourrait avoir l'ayant-cause contre la personne avec laquelle l'auteur a conclu ces contrats. On sait que, sous l'empire du Code civil de 1804, la question de la vocation de l'ayant-cause a fait l'objet de nombreuses controverses en doctrine et en jurisprudence. Il n'y a pas lieu d'y revenir ici. Il suffit simplement de considérer que s'il y a transmission à l'ayant-cause des droits contractuels de son auteur, l'ayant-cause ne peut agir en responsabilité contre le débiteur de son auteur que sur le fondement de la responsabilité contractuelle. La transmission exclut nécessairement la responsabilité extracontractuelle. Par conséquent, l'ayant-cause n'est pas un tiers et il ne saurait relever de l'application de l'article 1234 de l'avant-projet.

Cette solution qui est la seule logique, devrait être affirmée à l'article 1603 du Code civil si l'avant projet de réforme de la responsabilité est adopté en l'état. En effet, ce texte prévoie d'ajouter à l'article 1603 un alinéa selon lequel «les obligations du vendeur peuvent être invoquées par les acquéreurs successifs du bien». Ce texte est beaucoup trop restrictif, car, non seulement, mais c'est une autre question, il ne parle pas de la transmission à l'ayant cause des obligations de l'auteur, mais encore et surtout, du point de vue qui nous intéresse en droit de la responsabilité, il ne concerne que la vente. Or, les obligations envers l'auteur et, par suite, envers l'ayant-cause pourraient résulter de contrats non translatifs. Le texte aurait dû figurer dans la partie relative aux contrats en général par conséquent. Il s'agit aussi d'un texte confus, parce que mal rédigé, en ce qu'il énonce «et ce quel que soit le contrat à l'origine de l'acquisition», formule ambigüe qui peut prêter à controverse. Il eût été tellement plus clair et simple de dire simplement que les droits et les obligations résultant des contrats conclus par l'auteur et relatifs au bien transmis sont transmis à l'ayant-cause à titre particulier, sauf si l'auteur a entendu les conserver ou s'ils sont attachés à sa personne. Par conséquent, s'il ne devait pas y avoir de transmission, on devrait revenir à la relativité aquilienne, c'est-à-dire que l'ayant cause agirait contre son seul auteur, lequel se retournerait contre son cocontractant.

8. Au-delà des trois catégories de tiers que l'on vient d'envisager, il pourrait éventuellement y avoir une quatrième catégorie, qui serait constituée par tous ceux qui souffrent un préjudice trouvant son origine dans un fait qui constitue en même temps une inexécution contractuelle envers le créancier contractuel alors qu'ils ne sont ni des ayants cause, ni des personnes qui sont créancières d'un débiteur contractuel qui a conclu un contrat avec une autre personne, dont il est, par conséquent, le créancier et cela pour lui permettre d'exécuter son obligation envers son propre créancier. Cette quatrième catégorie serait assez marginale, car l'immense majorité de ceux qui souffriraient un préjudice concernerait les trois premières catégories. Toutefois, ceux qui relèveraient de la quatrième catégorie seraient, bien entendu, soumis aux exigences de l'article 1234 de l'avant projet.

9. Ces différentes catégories recouvrent l'ensemble des tiers qui peuvent se plaindre d'un dommage causé par un débiteur contractuel. Les victimes par ricochet relèvent de l'application de l'article 1234 de l'avant projet ainsi que les tiers de la quatrième catégorie. Toutefois, l'article 1234 entend aller bien au-delà. Il entend briser la jurisprudence selon laquelle tout fait générateur de responsabilité contractuelle envers le créancier contractuel est aussi source de responsabilité extracontractuelle envers les tiers. Par là, il vise les tiers auxquels la Cour de cassation accorde une action extracontractuelle dite directe. Cette action est contestable en ce qu'elle ruine les prévisions du législateur ou des parties au contrat, le tiers pouvant s'en affranchir. Si la Cour de cassation en venait à ne consacrer des responsabilités qu'entre créancier et débiteurs immédiats liés par une relation contractuelle avec appels en garantie dans l'instance ou recours ultérieur en garantie, l'application de l'article 1234 devrait être écartée, comme elle l'est en ce qui concerne les ayants cause.

8
RESPONSABILIDADE INDENIZATÓRIA POR VÍCIOS DA COISA: OS DANOS DIRETA OU INDIRETAMENTE DELES DECORRENTES E O PRAZO PARA RECLAMAR INDENIZAÇÃO

CLAUDIO LUIZ BUENO DE GODOY

INTRODUÇÃO

O tema da tema da responsabilidade civil – a que, não apenas, mas muito especialmente se vem dedicando há anos a I. Professora homenageada (e com toda justiça) nesta esta obra coletiva – é sempre mutante e desafia seguidamente doutrina e jurisprudência a encontrarem respostas, no sistema, que deem cabo das ocorrências danosas cada vez mais multifacetárias, resultado do avanço tecnológico e, no campo contratual, das renovadas formas de relacionamento jurídico entre indivíduos e entre corporações.

Tal o que se reflete na realidade dos casos levados aos Tribunais, com respostas nem sempre unívocas, ainda se reconheça na matéria da responsabilidade civil uma forte evolução como produto do trabalho da jurisprudência[1]. E é o que se dá justamente em relação ao problema que se pretende apresentar – nos limites do espaço reservado ao presente estudo –, envolvendo a responsabilidade indenizatória por danos advindos dos defeitos, de qualidade ou de quantidade, do que se adquira a título oneroso e, em especial, o tempo devido a que se postule a indenização.

[1] Caio Mário refere, a respeito, ademais da evolução da própria legislação, e além da doutrina, mas o que chama de *triunfo da jurisprudência* no desenvolvimento do tema da reponsabilidade civil (*Direito civil*: alguns aspectos de sua evolução. Rio de Janeiro: Forense, 2001. p. 117)

1. A PROPOSIÇÃO DO PROBLEMA

Considerando o prazo decadencial menor para postular as medidas redibitórias ou estimatórias em razão de vício, quer de qualidade, quer de quantidade, quando comparado ao prazo prescricional maior para postular indenização de danos em geral, surge sempre a dúvida sobre se possível distinguir as hipóteses em que se reclamam ainda de consequências dos mesmos defeitos da coisa, mas socorrendo-se o interessado da via indenizatória. É dizer que impende então definir se a indenização em razão de vício se sujeita a prazo prescricional autônomo, dissociado portanto daquele decadencial reservado às ações típicas de exercício do direito potestativo de redibir ou de abatimento do preço do bem; ou ainda, quando o defeito é de quantidade, o prazo para reclamar o que seja indenização em razão da diferença, assim fora das medidas típicas da ação *ex-empto* ou também das alternativas redibitória e de abatimento.

Em outros termos, a questão que se põe diz com o tormentoso problema do prazo para postular perdas e danos que se liguem aos vícios constatados, portanto antes que as ações edilícias típicas, seja a redibitória, seja a *quanti minoris*, seja ainda a ação *ex-empto* no vício de quantidade ou, no regime consumerista, a substituição do produto.

E isto tudo ainda conforme se compreenda conter-se ou não a situação descrita no âmbito do inadimplemento, acaso a atrair então prazo comum se se cuida afinal de indenização por este descumprimento. Enfim, a perplexidade – do ponto de vista operativo – parece se ligar à pergunta básica a enfrentar: será viável que a vítima das consequências do defeito tenha prazo maior para postular indenização do que teria para postular redibição ou abatimento?

2. O DESENVOLVIMENTO DO TEMA

Na doutrina pátria, Paulo Jorge Scartezzini Guimarães procede a um rico escorço das posições erigidas sobre o assunto, quer no direito estrangeiro, quer no brasileiro, identificando os partidários da tese de que o prazo para pleitear indenização seja autônomo e, de outro lado, aqueles que defendem submissão ao mesmo prazo reduzido das ações edilícias[2].

Fernando Noronha, por exemplo, sustenta que *"o prazo para exigir indenização relativa aos danos sofridos, que é de prescrição e só começa a correr na data*

[2] *Vícios do produto e do serviço por qualidade, quantidade e segurança*. São Paulo: RT. 2004. p. 404-411

da verificação do dano, é independente do prazo para fazer a reclamação por vícios e outros defeitos, que é de decadência."[3]. Porém, logo antes o autor não deixa de assentar que se pode verificar prazo (menor) de decadência na responsabilidade civil quando, nas suas palavras, "*o direito do credor à indenização só surge se ele previamente tiver de declarar que a prestação realizada está em desconformidade com a que era devida.*"[4]. Por isso inclusive que, a seu ver, "*na obrigação de indenizar, temos um característico prazo de decadência na responsabilidade por vício do produto ou do serviço (Código do Consumidor, art. 26)*".[5]

Outro autor comumente citado na doutrina pátria como defensor da tese da independência dos prazos é Pontes de Miranda. E, de fato, na sua asserção, não se podem confundir os prazos para as ações de redibição ou redução com o da indenização[6]. Mas note-se que o autor está a diferenciar as ações edilícias da ação indenizatória por inadimplemento, inclusive ressalvando que a questão da qualidade da coisa não se envolve com o adimplemento, senão com um dever legal de garantia ao comprador. Daí, em palavras textuais, sustentar que "*o outorgado que não tem a pretensão de inadimplemento pode ter (e por isso se criou o instituto) a pretensão à responsabilidade por vícios do objeto*"[7], justamente as ações de garantia citadas. Neste contexto é que alvitra a indenização com prazo próprio: "*se o outorgado foi vítima de ato ilícito absoluto, tem a ação de indenização se ocorrerem os pressupostos do art. 159 do Código Civil; se não ocorrerem, pode ter a pretensão à redibição ou redução da contraprestação.*"[8]

Destarte, parece mesmo aí contemplada, para fins de pretensão indenizatória, distinção própria entre inadimplemento (em geral) e garantia. Se é certo por vezes defender-se que a indenização atraia prazo comum porque de inadimplemento se trata, vale não olvidar que a garantia pela higidez coisa alienada se insere em regime jurídico próprio dos vícios. E se fundamento deste regime jurídico dos vícios realmente para alguns se reconduz ao bom adimplemento, assim também já se fez com recurso ao erro e, mais recentemente, aos princípios contratuais do equilíbrio con-

[3] *Direito das obrigações.* São Paulo: Saraiva. 2003. v. 1. p. 526

[4] *Direito das obrigações.* cit. p. 525

[5] *Idem, ibidem*

[6] *Tratado de direito privado.* São Paulo: RT, 3ª ed. t. XXXVIII, par. 4.240, p. 306, n. 2

[7] *Tratado de direito privado.* cit. t. XXXVIII, par. 4.240, p. 305, n. 1

[8] *Idem, ibidem*

tratual e da boa-fé, e dentre vários[9]. Seja como for, tem-se fenômeno categorizado de maneira e com disciplina próprias, enquanto *garantia* inerente à transferência onerosa de uma coisa.

Na verdade, bem por isso, ao menos para os danos diretamente vinculados aos vícios de que, em última análise se reclama, o prazo preclusivo não se entende haja de ser diverso, ainda que se o assuma muito reduzido. Na justa advertência de Calvão da Silva, a propósito de igual debate no direito português, o prazo é um só e o mesmo para o que, de qualquer maneira, na sua ótica, traduz sempre uma ação de garantia, em suas palavras "*destinada a exercer ou fazer valer qualquer dos direitos nascentes da garantia legal*", assim incluindo a "*acção de indemnização e a acção de reparação e substituição da coisa, porque e na medida em que através delas se fazem valer pretensões no quadro de garantia e à garantia ligadas; porque e na medida em que através delas se realize ou materialize a mesma garantia por vícios; numa palavra, porque e na medida em que são recursos contratuais por vícios da coisa.*"[10].

Pondera o autor, neste sentido, que "*seria incongruente não sujeitar as referidas acções da garantia aos mesmos prazos, pois, de contrário, permitir-se-ia ao comprador obter resultados (referidos aos vícios da coisa) equivalentes, iludindo os rígidos e abreviados termos de denúncia e caducidade.*"[11]

Dito de outro modo, se são – e desde que o sejam – consequências diretas da desatenção à mesma garantia legal estabelecida em favor do adquirente, em razão de contrato oneroso entabulado com o alienante, então o prazo para reclamação de qualquer das medidas decorrentes do vício deve ser o mesmo, sem possibilidade de se alcançar idêntico efeito por via oblíqua, olvidando o prazo preclusivo especial, inclusive a favorecer situações como, por exemplo, a do prazo da ação de abatimento do preço (*quanti minoris*) que se pretenda contornar sob o color da indenização com prazo

[9] Para um elenco dos diversos, dos inúmeros fundamentos oferecidos à teoria dos vícios, ver por todos: SIMÃO, José Fernando. *Vícios do produto no Novo Código Civil e no Código de Defesa do Consumidor.* São Paulo: Atlas, 2003. p. 81-86. O autor, ademais, no mesmo estudo diferencia o regime próprio dos vícios daquele do inadimplemento, defendendo que, para aqueles, que traduzem real garantia, o fundamento está na boa-fé objeto (*Op. cit.*, p. 188). Já, de outro lado, ligando o vício ao inadimplemento e assim, no regime do Código Civil, admitindo prazos autônomos de reclamo, inclusive remetendo a precedente do Superior Tribunal de Justiça, conferir: SILVA, Jorge Cesa Ferreira da. *A boa-fé e a violação positiva do contrato.* Rio de Janeiro: Renovar. 2002. p. 202-203

[10] *Responsabilidade civil do produtor.* Coimbra: Almedina. 1999. p. 210-211

[11] *Responsabilidade civil do produtor.* Coimbra: Almedina. 1999. p. 210-211

maior para reparação dos mesmos vícios que desvalorizam a coisa, quando justamente se recompõe a menos valia do bem em virtude do defeito, mas ao que estabelecido prazo acaso já vencido, todavia que se tencione superar por caminho transverso.

Na realidade, o que se deve ressalvar, aí sim, é algum efeito danoso que não seja direta decorrência do vício, então sem atrair o regime da garantia legal respectiva e, portanto, autorizando-se autônoma postulação indenizatória (um *ilícito absoluto*, na expressão de Pontes, acima citada; ou não um *recurso contratual por vícios da coisa*, agora da dicção de Calvão da Silva).

Paulo Scartezzini, a propósito, defende devam ser diferenciados, para verificação do prazo para reclamo, o que lembra serem os danos *circa rem* e os danos *extra rem*, assim conforme sejam ou não diretamente ligados ao vício da coisa, neste último caso remetendo, por exemplo, à situação do dano moral e das consequências pessoais advindas do vícios ao adquirente. Recorrendo a Pedro Romano Martinez, salienta que o dano *circa rem*, cujo pleito indenizatório atrai o mesmo prazo reduzido das ações edilícias típicas, incluem os prejuízos "*decorrentes da diminuição ou perda de valor da coisa, os custos contratuais, o valor de eliminação dos defeitos, quando excepcionalmente feita pelo credor, o montante despendido em estudos, pareceres etc, bem como outras despesas derivadas do incumprimento*"[12]. Agora forte na lição de Galgano, no direito italiano, exemplifica ainda o autor: "*quando se pede o ressarcimento dos valores desembolsados para sanar o vício ou a indenização pelos prejuízos decorrentes da não-utilização da coisa (danos emergentes e lucros cessantes), o prazo será igual ao das ações edilícias.*"[13]. Mas, ao revés, haverá prazo comum e autônomo, segundo defende, para pleito indenizatório quando atinente a danos apenas indiretamente decorrentes dos vícios, relegados ao próprio campo da responsabilidade extracontratual ou aquiliana, como, na sua referência, ao dano moral[14].

No âmbito da jurisprudência, reforça-se bem a dúvida que a matéria suscita. Há precedentes, mesmo da Corte Superior[15], defendendo a auto-

[12] *Vícios do produto e do serviço por qualidade, quantidade e segurança*. cit. p 410

[13] *Idem, ibidem.*

[14] *Vícios do produto e do serviço por qualidade, quantidade e segurança*. cit. p. 410-411

[15] STJ, Resp. n. 1.721.694, rel. Min. Nancy Andrighi, j. 03.09.2019. O acórdão reconheceu prazo decadencial para obrigação de realização de reparos na coisa, mas prazo comum de inadimplemento contratual para postular indenização.

nomia dos prazos[16], mas também já se tendo sufragado o entendimento de que o recurso à via indenizatória justamente não pode ser um subterfúgio à incidência dos prazos reduzidos ao reclamo sobre vícios da coisa alienada e dos danos diretos daí derivados, particularmente consistentes no importe de reparação[17].

CONCLUSÕES

A rigor, conforme então o que se vem de expor, à pergunta inicialmente formulada se entende reservada a resposta de que, por danos *diretamente* vinculados ao vício, não se pode conceber prazo menor para o que seja uma mesma exigência afinal de garantia afeta a quem aliene a coisa a título oneroso. Assim, por exemplo, se se quer exigir o valor equivalente da coisa, tornada imprestável, para que outra se compre, ou se se quer indenização do que se diz ser depreciação do bem por diferença de quantidade, mas equivalente bem a esta dimensão menor, então em última análise se reclama montante indenizatório diretamente ligado ao vício, malgrado a nomenclatura variada que se queria utilizar.

Diferente a situação de danos reclamados que *indiretamente* se associem ao vício constatado na coisa. Ainda exemplificativamente, e além do dano moral, já referido, basta pensar nos lucros cessantes que se tencionem ver compensados em razão das consequências experimentadas por conta do vício a tisnar o bem onerosamente adquirido. Tem-se aí dano que não se vincula diretamente, senão de modo reflexo, ao vício, ao que, portanto, acode prazo prescricional comum, e não o tempo menor do prazo decadencial.

O que enfim não se parece admitir é que sob a rubrica do pleito indenizatório se alcance efeito equivalente ou substitutivo pecuniário das medidas típicas de redibição ou estimação, valendo-se de prazo maior do que aquele pela lei estabelecido a estes casos.

[16] TJSP, Ap. civ. 0042586-43.2009.8.26.0000, rel. Des. Antônio Vilenílson, j. 02.10.2012; Ap. civ. 0014581-81.2007.8.26.0161, rel. Des. Rosa Nery, j. 14.02.2011; Ap. civ. n. 9072638-63.2009.8.26.0000, rel. Des. James Siano, j. 16.02.2011

[17] TJSP, Ap. civ. n. 591.782.4/9-00, rel. Des. Francisco Loureiro, j. 18.12.2008; Ap. civ. n. 163.208-4/4-00, rel. Des. Joaquim Garcia, j. 02.09.2009; Ap. civ. n. 0013203-88.2009.8.26.0624, rel. Des. Mílton Carvalho, j. 04.04.2013

REFERÊNCIAS

GUIMARÃES, Paulo Jorge Scartezzini. *Vícios do produto e do serviço por qualidade, quantidade e segurança*. São Paulo: RT. 2004.

MIRANDA, Francisco Cavalcante Pontes de. *Tratado de direito privado*. 3ª ed. São Paulo: RT, t. XXXVIII

NORONHA, Fernando. *Direito das obrigações*. São Paulo: Saraiva. 2003.

PEREIRA, Caio Mário da Silva. *Direito civil*: alguns aspectos de sua evolução. Rio de Janeiro: Forense, 2001

SILVA, João Calvão da. *Responsabilidade civil do produtor*. Coimbra: Almedina. 1999.

SILVA, Jorge Cesa Ferreira da. *A boa-fé e a violação positiva do contrato*. Rio de Janeiro: Renovar. 2002.

SIMÃO, José Fernando. *Vícios do produto no Novo Código Civil e no Código de Defesa do Consumidor*. São Paulo: Atlas, 2003.

9
A MITIGAÇÃO DO DANO E A ALOCAÇÃO DA RESPONSABILIDADE[1]

CRISTIANO DE SOUSA ZANETTI

INTRODUÇÃO

Definir a extensão da responsabilidade é um problema tradicional do direito privado. Para resolvê-lo, tanto a doutrina quanto a jurisprudência se socorrem de diversos mecanismos, entre os quais figura o chamado "dever de mitigar o dano", tema cujo exame me foi confiado pela organização do Congresso[2].

[1] O texto reproduz palestra proferida em 14 de setembro de 2012, no XI Congresso do Comitê Brasileiro de Arbitragem, realizado em Porto Alegre. Para a publicação, foram promovidas pequenas modificações destinadas a conferir maior clareza à exposição e incluídas as notas indispensáveis à fundamentação das posições adotadas durante a palestra. O presente artigo foi publicado anteriormente em duas oportunidades: no ano de 2012, em língua portuguesa (ZANETTI, Cristiano de Sousa. *A mitigação do dano e alocação da responsabilidade.* Revista Brasileira de Arbitragem, 35:28/36, jul./set. 2012) e no ano de 2015, em língua espanhola (ZANETTI, Cristiano de Sousa. *La mitigación del daño y la asignación de la responsabilidad.* In: *Estudios sobre la responsabilidade civil.* César E. Moreno More (Coord.). Lima: Ediciones Legales, 2015. pp. 227-240).

[2] A exposição é essencialmente baseada na seguinte obra: SAN MARTÍN N., Lilian Cecilia. *La carga del perjudicado de evitar o mitigar el daño*: estudio histórico-comparado. Bogotá: Universidad Externado de Colombia, 2012. Praticamente todas as fontes legais, doutrinárias e jurisprudenciais referidas na palestra foram consideradas e discutidas nesse trabalho. Os resultados expostos na palestra seguem de perto o raciocínio desenvolvido na obra, razão pela qual se mostra ocioso citá-la toda vez em que há convergência de posicionamento. Diversamente, revela-se mais produtivo prestar tal esclarecimento e convidar o leitor a examinar o trabalho. No que diz respeito ao direito brasileiro, a pesquisa que subsidiou a elaboração da palestra

Em termos gerais, afirma-se que o prejudicado pela inexecução contratual tem o dever de mitigar o dano, sob pena de não ser integralmente ressarcido pelo prejuízo sofrido. Por outras palavras, entende-se que a parte inadimplente não responde pelos danos que o prejudicado poderia ter reduzido, se tivesse se comportado de maneira diligente. De acordo com a percepção corrente, trata-se de um dever imposto pela boa-fé. Caso o credor venha a observá-lo, poderá exigir, inclusive, o reembolso dos custos incorridos para conter o dano.

Nenhum contrato ilustra melhor o ponto em debate do que o da compra e venda de mercadorias. Se o vendedor descumprir sua obrigação de entrega, afirma-se que o comprador deve recorrer a outros fornecedores, de modo a reduzir os danos sofridos. Caso não tome essa providência, deverá arcar com os prejuízos imputáveis à sua falta de diligência.

O reconhecimento do chamado "dever de mitigar o dano" encontra pronto respaldo na ética que deve presidir o mundo dos negócios. Afinal, a intuição sugere que ninguém deve se aproveitar da própria negligência.O raciocínio jurídico, todavia, reclama maior aprofundamento. Para tanto, convém dividir a exposição em três tópicos, voltados a examinar: (i) o panorama normativo; (ii) os pressupostos necessários à caracterização da figura; e (iii) a principal dificuldade que sua aplicação suscita. Ao final, seguirá uma breve conclusão, composta pela síntese dos principais aspectos discutidos e por um convite à reflexão. Dito isso, passo ao primeiro ponto.

1. PANORAMA NORMATIVO

Seja no âmbito do direito interno, seja no do direito internacional, registra-se amiúde o emprego da fórmula *duty to mitigate the loss.* A expressão remete à experiência do *common law,* na qual, de fato, foi cunhada.

A primeira decisão que a empregou foi proferida pela *House of Lords* inglesa em 1912[3], embora a regra já fosse anteriormente aplicada. No *com-*

levou em consideração especialmente as seguintes contribuições: FRADERA, Vera Maria Jacob de. *Pode o credor ser instado a diminuir o próprio prejuízo?* Revista Trimestral de Direito Civil, 19:109/119, jul./set. 2004 e DIAS, Daniel Pires Novais. *O duty to mitigate the loss no direito civil brasileiro e o encargo de evitar o próprio dano.* Revista de Direito Privado, 45:89/145, jan./mar. 2011. No texto que ora se publica, sempre que possível, as fontes comuns foram citadas a partir da edição original.

[3] *"The fundamental basis is thus compensation for pecuniary loss naturally flowing from the breach; but this principle is qualified by a second, which imposes on a plaintiff the duty of taking all reasonable*

mon law, o *duty to mitigate the loss* é empregado para delimitar a extensão do dano ressarcível. De modo sintético, pode-se afirmar que a conduta do prejudicado interfere de três maneiras na definição do dano indenizável. Cogita-se de *contributory negligence*, *remotness* e, finalmente, de *mitigation*, conforme o comportamento do prejudicado contribua, agrave ou possa minorar os danos decorrentes do inadimplemento contratual[4].

Nem sempre, no entanto, chama-se atenção para o fato de que o "dever de mitigar o dano" é igualmente reconhecido pelos direitos filiados à tradição romanística. Nesse sentido, tanto o § 254 do BGB, de 1900[5], como o art. 1.227 do Código Civil italiano, de 1942[6], privam o prejudicado do direito ao ressarcimento pelos danos que poderia ter contido. Na América Latina, a mesma regra se encontra no art. 348 do Código Civil da Bolívia, de 1976[7], e no art. 1.327 do Código Civil do Peru, de 1984[8].

steps to mitigate the loss consequent on the breach, and debars him from claiming in respect of any part of the damage which is due to his neglect to take such steps." (House of Lords; [1912] AC 673, 688-89. In: BEALE, Hugh et al. *Cases, Materials and Text on Contract Law*. Oxford and Portland: Hart, 2010. p. 1015).

[4] Cf. MCGREGOR, Harvey. *On damages*. 14. ed. London: Sweet & Maxwell Limited, 1980. p. 6 e 60, apud SAN MARTÍN N., Lilian Cecilia. op. cit., p. 234 e nota 126.

[5] "*§ 254 Mitverschulden*

(1) Hat bei der Entstehung des Schadens ein Verschulden des Beschädigten mitgewirkt, so hängt die Verpflichtung zum Ersatz sowie der Umfang des zu leistenden Ersatzes von den Umständen, insbesondere davon ab, inwieweit der Schaden vorwiegend von dem einen oder dem anderen Teil verursacht worden ist.

(2) Dies gilt auch dann, wenn sich das Verschulden des Beschädigten darauf beschränkt, dass er unterlassen hat, den Schuldner auf die Gefahr eines ungewöhnlich hohen Schadens aufmerksam zu machen, die der Schuldner weder kannte noch kennen musste, oder dass er unterlassen hat, den Schaden abzuwenden oder zu mindern. Die Vorschrift des § 278 findet entsprechende Anwendung."

[6] "*Art. 1227 Concorso del fatto colposo del creditore*

Se il fatto colposo del creditore ha concorso a cagionare il danno, il risarcimento è diminuito secondo la gravità della colpa e l'entità delle conseguenze che ne sono derivate.

Il risarcimento non è dovuto per i danni che il creditore avrebbe potuto evitare usando l'ordinaria diligenza (2056 e seguenti)."

[7] "*Art. 348.- (culpa concurrente del acreedor)*

I. Si un hecho culposo del acreedor hubiere concurrido a ocasionar el daño, el resarcimiento se disminuirá en proporción a la gravedad del hecho y a la importancia de las consecuencias derivadas de él.

II. No hay lugar al resarcimiento por el daño que el acreedor hubiera podido evitar empleando la diligencia ordinaria."

[8] "*Art. 1327º.- Liberación del resarcimiento*

El resarcimiento no se debe por los daños que el acreedor habría podido evitar usando la diligencia ordinaria, salvo pacto en contrario."

Dada a compatibilidade entre a disciplina do *common law* e dos países filiados à tradição romanística no particular, não surpreende que a regra também se faça presente no âmbito internacional. Talvez o diploma legal que mais a tenha posto em evidência seja a Convenção de Viena, de 1980, cujo art. 77 consagra o chamado "dever de mitigar o dano"[9]. Regra semelhante se encontra, desde 1994, no art. 7.4.8 dos Princípios Unidroit[10], no art. III. – 3:705 do *Draft Common Frame of Reference*, de 2009[11], e no art. 163 da *Common European Sales Law*, apresentada ao Parlamento Europeu em 2011[12].

Noutros países, chega-se à aplicação da regra por meio de construção doutrinária, referendada pela jurisprudência. Nessa circunstância, encontra-se o direito brasileiro que, a despeito da lacuna legal, tem se valido do chamado "dever de mitigar o dano" para definir a extensão do prejuízo ressarcível. A existência da regra foi, inclusive, referendada pelo Enunciado nº 169, baixado na III Jornada de Direito Civil, realizada em 2004[13] e, posteriormente, aproveitada pelos Tribunais de Justiça do Rio Grande do Sul, Rio de Janeiro e São Paulo, até ser reconhecida pelo Superior Tribunal de Justiça, em julgado proferido em 2010[14].

[9] *"Art. 77. A party who relies on a breach of contract must take such measures as are reasonable in the circumstances to mitigate the loss, including loss of profit, resulting from the breach. If he fails to take such measures, the party in breach may claim a reduction in the damages in the amount by which the loss should have been mitigated."*

[10] *"Art. 7.4.8. (Mitigation of harm)*
(1) The non-performing party is not liable for harm suffered by the aggrieved party to the extent that the harm could have been reduced by the latter party's taking reasonable steps.
(2) The aggrieved party is entitled to recover any expenses reasonably incurred in attempting to reduce the harm."

[11] *"III. – 3:705: Reduction of loss*
(1) The debtor is not liable for loss suffered by the creditor to the extent that the creditor could have reduced the loss by taking reasonable steps.
(2) The creditor is entitled to recover any expenses reasonably incurred in attempting to reduce the loss."

[12] *"Art. 163 Reduction of loss*
1. The debtor is not liable for loss suffered by the creditor to the extent that the creditor could have reduced the loss by taking reasonable steps.
2. The creditor is entitled to recover any expenses reasonably incurred in attempting to reduce the loss."

[13] Trata-se do Enunciado 169, cujo teor é o seguinte: "Art. 422. O princípio da boa-fé objetiva deve levar o credor a evitar o agravamento do próprio prejuízo."

[14] Cf. REsp. 758.518/PR, 3ª T., Rel. Min. Vasco della Giustina, J. 17.06.2010. Disponível em: www.stj.jus.br. Para o exame crítico de diversos julgados proferidos pelos Tribunais citados no texto, cf. DIAS, Daniel Pires Novais. op. cit. Os acórdãos referidos no artigo bastam a evidenciar a crescente frequência com que a figura tem sido invocada entre nós. Não segue

Não há dúvida, assim, a respeito da difusão do chamado "dever de mitigar o dano", o que reforça a conveniência de examinar seus pressupostos, tema próprio ao próximo tópico.

2. PRESSUPOSTOS

Os pressupostos necessários à caracterização do chamado "dever de mitigar o dano" são os seguintes: (i) inexecução contratual; (ii) existência de um dano imputável à parte inadimplente; e (iii) possibilidade de o credor conter a repercussão desse dano, se agir de acordo com diligência ordinária.

Os dois primeiros pressupostos são próprios à responsabilidade contratual. Suas particularidades, portanto, não reclamam exame nessa ocasião. Agora, interessa discutir o terceiro pressuposto, com o escopo de aferir em que medida é exigível que o credor mitigue o dano, sob pena de não ser integralmente ressarcido pelo prejuízo sofrido.

Diante dessa pergunta, duas são as possibilidades de resposta. De um lado, pode-se relacionar um elenco de providências que correm a cargo do credor. De outro, pode-se adotar um padrão de conduta como referência, para que se verifique, no caso concreto, se foi observada a diligência exigida pela situação.

Todos os ordenamentos consultados optam pela segunda alternativa. No *common law*, exige-se que o credor se paute pela *reasonableness*, ou seja, que atue de forma sensata[15]. O direito alemão raciocina com base na pessoa medianamente razoável. O direito italiano remete de modo expresso à *ordinaria diligenza*, o que, conforme orientação referendada pela *Corte di Cassazione* em 2007, deve ser aferido tendo em mente o comportamento próprio ao *bonus pater familias*, ou seja, segundo o padrão do homem sensato[16].

No âmbito internacional, a Convenção de Viena, os Princípios Unidroit, o *Draft Common Frame of Reference* e a *Common European Sales Law* são fortemente influenciados pelo *common law* e se referem ao *reasonable man*. Nesse particular, novamente os ordenamentos examinados convergem, pois todos recorrem a um conceito jurídico indeterminado: a razoabilidade.

daí, no entanto, que o chamado "dever de mitigar o dano" tenha sempre sido aplicado de maneira criteriosa. Debater esse aspecto, no entanto, escapa ao propósito da palestra.

[15] Cf. Beale, Hugh et al. op. cit., p. 1016.

[16] Cf. San Martín N., Lilian Cecilia. op. cit., p. 376 e nota 52, com referência a julgado proferido pela *Corte di Cassazione* em 26.04.2007.

Sempre que o intérprete se depara com um conceito dessa natureza, não tarda a sublinhar a necessidade de examinar o caso concreto. Trata-se, no entanto, de afirmação tão precisa quanto incompleta. Precisa porque o conceito jurídico indeterminado sempre requer a atenta consideração das circunstâncias. Incompleta porque mal disfarça a necessidade de identificar critérios que permitam aferir se o credor se desincumbiu daquilo que dele se podia legitimamente esperar. Nesse ponto, reside a principal dificuldade atinente ao chamado "dever de mitigar o dano". Cumpre aproveitar o último tópico da exposição para enfrentá-la.

3. RAZOABILIDADE

A necessidade de conferir maior precisão ao conceito de razoabilidade sempre foi advertida pela doutrina. É recente, no entanto, a tentativa de definir legalmente o conceito. Tanto o art. I. –1:104 do *Draft Common Frame of Reference*[17], quanto o art. 5 da *Common European Sales Law*[18] se dispuseram a tanto.

Ambos os dispositivos exigem que a razoabilidade seja objetivamente determinada, tendo em vista: (i) a natureza e o propósito do negócio; (ii) as circunstâncias concretas; e (iii) qualquer uso ou prática passível de ser considerada relevante. São indicadores interessantes e que certamente podem ser manejados com proveito. Não parece, no entanto, que a legislação seja a sede mais adequada para oferecer critérios destinados a precisar um conceito jurídico indeterminado. Isso porque pode ser conveniente recorrer a algum elemento estranho à disciplina legal para reger o caso concreto, providência que, no mínimo, resta dificultada se o intérprete não pretender se distanciar do texto legal.

A propósito, a doutrina brasileira já há algumas décadas afirmava que se deve aferir quem teve a melhor e mais eficiente oportunidade de conter o dano[19]. Por outras palavras, no âmbito contratual, é necessário verificar

[17] *"I. – 1:104: Reasonableness*
Reasonableness is to be objectively ascertained, having regard to the nature and purpose of what is being done, to the circumstances of the case and to any relevant usages and practices".

[18] *"Art. 5 Reasonableness*
1. Reasonableness is to be objectively ascertained, having regard to the nature and purpose of the contract, to the circumstances of the case and to the usages and practices of the trades or professions involved.
2. Any reference to what can be expected of or by a person, or in a particular situation, is a reference to what can reasonably be expected".

[19] Cf. AGUIAR DIAS, José de. *Da responsabilidade civil.* 6. ed. Rio de Janeiro: Forense, 1979. v. 2. p. 370.

se a melhor oportunidade tocou à parte que descumpriu o pactuado ou ao prejudicado pelo inadimplemento. Se o credor não tiver aproveitado a chance que lhe foi conferida pelas circunstâncias, não pode responsabilizar o devedor pelos danos sofridos. Trata-se de raciocínio que remete à análise econômica do direito, cujos aportes talvez possam prestar uma contribuição para conferir concretude ao conceito de razoabilidade.

Tradicionalmente, no entanto, a solução de problemas dessa natureza é endereçada com o recurso à análise de julgados. O exame da casuística revela que não raro os tribunais recorrem a critérios distintos daqueles previstos nos conceitos constantes do *Draft Common Frame of Reference* e da *European Common Sales Law*.

Duas decisões austríacas, por exemplo, remeteram à boa-fé para definir o comportamento razoável esperado do credor. Tais acórdãos foram proferidos respectivamente, pelo *Oberster Gerichtshof*, a Suprema Corte, em 1996[20], e pelo *Oberlandesgericht*, de Graz, em 2002[21]. O estudo dos julgados, no entanto, deve ser levado a efeito de maneira crítica, uma vez que as decisões se prestam a resolver certo caso e não a oferecer balizas interpretativas passíveis de aproveitamento em todas as hipóteses em que tenha lugar o emprego do chamado "dever de mitigar o dano".

A necessidade de reflexão crítica se mostra com particular nitidez quando se tem presente a existência de decisões contraditórias.

A título exemplificativo, em 1967, a *Corte di Cassazione* italiana considerou exigível que o comprador adquirisse mercadorias de outro fornecedor para mitigar o dano. Trata-se de decisão conforme a praxe internacional, razão pela qual não era de se esperar que a orientação fosse posta em questionamento. Não obstante, em 1983 o referido Tribunal decidiu de forma diametralmente oposta, ao liberar o credor do ônus de buscar a mercado-

[20] *"However, insofar as the damages for breach of contract, including the loss of profit, could have been mitigated by measures reasonable in the circumstances, compensation cannot be demanded [...]. A possible measure to reduce damages is reasonable, if it could have been expected as bona fides [good faith] conduct from a reasonable person in the position of the claimant under the same circumstances [...]."* (Oberster Gerichtshof, J. 06.02.1996. Disponível em: <http://cisgw3.law.pace.edu/cases/960206a3.html>).

[21] *"[...] it must be noted that art. 77 does not constitute an actual duty against others but a mere obligation for oneself to mitigate damages if relying on a breach of contract. The obligation stated in art. 77 CISG is to be interpreted taking into account the competing interests of the parties, as well as commercial customs and the principle of good faith [...]."* (Oberlandesgericht Graz, J. 24.01.2002. Disponível em: <http://cisgw3.law.pace.edu/cases/020124a3.html>).

ria alhures[22]. Não é difícil criticar a orientação adotada pela *Corte di Cassazione* no segundo aresto. Isso não permite, entretanto, formular afirmações simplistas a propósito, uma vez que a aquisição de mercadorias substitutivas nem sempre é exigível.

Conforme decidido em 1948 pela *Court of Appeal* de Londres, somente se pode pretender que o credor adquira mercadorias que se encontrem à disposição no mercado em que atua. Não se pode chegar ao ponto, todavia, de exigir que ele percorra o mundo todo em busca das mercadorias. No caso concreto, o devedor sustentou que, diante do inadimplemento, o comprador, com sede na Inglaterra, deveria ter se deslocado até a Índia, então sob forte agitação social, para comprar as mercadorias. A alegação foi rechaçada[23]. Como ensina a doutrina alemã, a estratégia mais adequada para conferir concretude a um conceito jurídico indeterminado é a construção de grupos de casos. Seu exame leva à fixação de critérios que tornam cada vez mais segura a aplicação da regra.

Relativamente ao chamado "dever de mitigar o dano", talvez o estudo mais criterioso nesse sentido possa ser encontrado no *common law*. De acordo com a doutrina que se dispôs a examinar os julgados, algumas regras podem ser empregadas para determinar ao menos aquilo que o prejudicado não está vinculado a fazer.

Nesse sentido, afirma-se que o prejudicado: (i) não está obrigado a arriscar demasiadamente seu dinheiro; (ii) não está obrigado a proceder a uma cirurgia excessivamente arriscada; (iii) não necessita tomar um risco de um litígio incerto contra terceiro; (iv) não está obrigado a prejudicar sua reputação comercial; e (v) não deve padecer por sua incapacidade financeira em adotar as medidas necessárias à eliminação ou mitigação do dano[24].

As máximas extraídas do direito inglês podem ser perfeitamente aproveitadas pelo direito continental. Deve-se ter presente, porém, que seu conteúdo não se refere especificamente a condutas que o prejudicado deve ou não executar, mas sim à conveniência de realizá-las. Não se afirma, por exemplo, que o credor não deve arriscar seu dinheiro ou sua pessoa. Defende-se, simplesmente, que não deve fazê-lo nas hipóteses em que isso

[22] Cf. San Martín N., Lilian Cecilia. op. cit., p. 393 e notas 116 e 117, com referência às decisões proferidas pela *Corte di Cassazione* em 12.10.1967 e 06.08.1983.

[23] Cf. Court of Appeal; [1948] 64 TLR 569. In: Beale, Hugh et al. op. cit., p. 1016.

[24] Cf. Mcgregor, Harvey. op. cit., apud San Martín N., Lilian Cecilia. op. cit., p. 394-395 e nota 125.

se revele excessivamente perigoso[25]. Trata-se de orientação que ecoa a lição de um dos mais tradicionais doutrinadores brasileiros, segundo o qual não se pode pretender que o dono de uma casa arrisque a vida para salvá-la, mas dele se pode exigir ao menos que telefone para o corpo de bombeiros[26].

Seguramente, o exame da casuística poderia levar a discussão muito adiante. Chegou a hora, no entanto, de dar por concluída a exposição.

CONCLUSÕES

Tanto os direitos filiados ao *common law*, como aqueles fundados na tradição romanística, coincidem em conferir importância ao comportamento do credor para definir a extensão do dano ressarcível.

Em particular, todos os ordenamentos consultados convergem na afirmação de que o credor não pode ser indenizado pelos prejuízos cuja ocorrência poderia ter contido, se tivesse tomado providências passíveis de se exigir de uma pessoa medianamente diligente. Trata-se de postulado de forte apelo ético e profundamente conforme o espírito que anima o direito privado. Já em Roma, aliás, afirmava-se figurar dentre as regras de direito antigo a máxima de que ninguém pode pleitear o ressarcimento de dano decorrente de sua própria culpa[27].

Muitos séculos mais tarde, a regra foi recuperada para esclarecer o sentido do § 254 do BGB que, como visto, trata do chamado "dever de mitigar o dano". Em 1900, ano em que o texto entrou em vigor, a doutrina logo cuidou de esclarecer que se estava a disciplinar um caso de *Verschulden gegen sich selbst*, ou seja, de culpa contra si mesmo[28], a qual, cumpre insistir, não gera direito ao ressarcimento. Por influência do *common law*, o chamado "dever de mitigar o dano" encontra-se novamente em evidência no século XXI. O desafio, agora, é manejá-lo de maneira criteriosa, o que exigirá, cada vez e sempre, o emprego atento do conceito de razoabilidade ao caso com que se deparará o profissional encarregado de interpretá-lo segundo as regras do direito.

[25] Cf. San Martín N., Lilian Cecilia. op. cit., p. 395.

[26] Cf. Pontes de Miranda, Francisco Cavalcanti. *Tratado de direito privado*. 3. ed. Rio de Janeiro: Borsoi, 1971. t. XXII. p. 198.

[27] Cf. D. 50,17, 203.

[28] Cf. Zitelmann, Ernst. *Das Recht des Bürgerlichen Gestezbuches*: Allgemeiner Teil. Leipzig: Duncker & Humblot,1900. p. 166-170.

REFERÊNCIAS

AGUIAR DIAS, José de. *Da responsabilidade civil.* 6. ed. Rio de Janeiro: Forense, 1979.

BEALE, Hugh et al. *Cases, Materials and Text on Contract Law.* Oxford and Portland: Hart, 2010.

DIAS, Daniel Pires Novais. *O duty to mitigate the loss no direito civil brasileiro e o encargo de evitar o próprio dano.* Revista de Direito Privado, 45:89/145, jan./mar. 2011.

FRADERA, Vera Maria Jacob de. *Pode o credor ser instado a diminuir o próprio prejuízo?* Revista Trimestral de Direito Civil, 19:109/119, jul./set. 2004.

MCGREGOR, Harvey. *On damages.* 14. ed. London: Sweet & Maxwell Limited, 1980.

PONTES DE MIRANDA, Francisco Cavalcanti. *Tratado de direito privado.* 3. ed. Rio de Janeiro: Borsoi, 1971. t. XXII.

SAN MARTÍN N., Lilian Cecilia. *La carga del perjudicado de evitar o mitigar el daño*: estudio histórico-comparado. Bogotá: Universidad Externado de Colombia, 2012.

ZITELMANN, Ernst. *Das Recht des Bürgerlichen Gestezbuches: Allgemeiner Teil.* Leipzig: Duncker & Humblot,1900.

10
CONSENTIMENTO ESCLARECIDO: ILUSÃO DE EXCLUSÃO DE RESPONSABILIDADE[1]

DAISY GOGLIANO

INTRODUÇÃO

O termo bioética foi usado pela primeira vez pelo oncologista da Universidade de Wisconsin Van Rensselaer Potter na sua obra *Bioethics: a bridge to the future*. O significado originário atribuído por Potter ao conceito bioética era o de uma reflexão sobre as possíveis consequências negativas no desenvolvimento científico. Contudo, foi o obstetra de origem holandesa André Hellegers quem usou a mesma palavra de modo institucional, na Universidade de Georgetown, para significar o novo campo de pesquisa da ética biomédica. Esse mesmo significado solidificou-se na forma de uma nova disciplina de grande interesse para a medicina, a ética e o direito.

1. PRINCÍPIOS DA BIOÉTICA

Os princípios da bioética, deduzidos da razão, portanto meramente abstratos, surgem como uma "tábua de valores", mandamentos, comandos que devem ser aplicados por adequação aos casos práticos, para uma tomada de decisão diante de um dilema moral. De origem norte-americana, com vasta literatura sobre o tema, envolta no pragmatismo, de caráter nota-

[1] O presente artigo é versão renovada e atualizada em virtude das mudanças normativas incidentes neste tema que tratei em NERY, Rosa Maria de Andrade; DONINNI, Rogério. *Responsabilidade civil*: estudos em homenagem ao professor Rui Geraldo Camargo Viana. São Paulo: Revista dos Tribunais, 2009. P. 119-156.

damente utilitarista, acabou por se espraiar na resolução de problemas da biomedicina, para uma decisão "racional", no denominado "principialismo", na verdade "principismo".

Tais princípios basilares, mandamentos, "imperativos categóricos", resumem-se no seguinte: autonomia, consentimento informado ou esclarecido; justiça, não maleficência e beneficência. Jean-Pierre Baud, professor de história do direito na Universidade Paris X-Nanterre, em sua obra "*Le Droit de vie et de mort – Archéologie de la bioéthique*"[2] demonstra que a bioética se situa entre a religião, a medicina e o direito. E o jurista do direito civil não intervém na bioética, restando, portanto, marginalizado.

Para o ilustre jurista francês, a deontologia médica nasceu com o filósofo inglês Benthan, concebida como ciência dos deveres no contexto médico e acabou se tornando, também, a ciência dos direitos dos médicos. Em 1845, surge, na França, a primeira obra que trata da deontologia médica, cujo autor foi Max Simon, que buscou oferecer a todos os cidadãos garantias morais na profissão médica. De modo estratégico, a deontologia médica passa a ser consagrada na sua autonomia normativa, com autoridade moral e caráter absolutista. A "declaração de Helsink" (1964-2000), elaborada pela Associação Médica Mundial, veio traçar princípios básicos para a pesquisa clínica, fortalecendo, do mesmo modo, o dogma da vontade e inserindo a proteção à "dignidade do ser humano", tal como exposto: "1. É dever do médico, na pesquisa clínica, proteger a vida, saúde e dignidade do ser humano". Em seu item 13, expõe em detalhes como deve ser obtido.

Tais diretrizes, acolhidas pela própria OMS, estão a revelar, na verdade, a justa advertência de Hipócrates: "pedir à arte o que não é da arte e à natureza o que não é da natureza é ser ignorante, e de uma ignorância que resulta mais da loucura do que da falta de instrução"[3].

[2] BAUD, Jean-Pierre *Le droit de vie et mort*: archéologie de la bioéthique. Paris: Aubier, 2001. p. 303. Referindo-se à obra de Max Simon, "Deontologie médicale: Des devoirs et des droits des médicins dans l'état actuel de la civilisation", Paris, Bailliére, 1845, p. 289, onde está escrito: "C'est Benthan qui le premier employa cette expression, et dans sa pensée, elle ne signifie que la morale, ou la science du devoir. En réfléchissant sur la valeur de ce mot, deon, de dei, il faut, il est nécessaire, il nous a semblé qu'il pouvait signifier également le devoir et le droit, et que nous pouvions d'autant mieux l'employer dans ce sens, que par là se trouvait exprimée la corrélation qui existe entre l'un e l'autre".

[3] HIPPOCRATE. *De L'art Medical.* Trad. Émile Littré. Paris: Librarie Générale Française, 1994. p. 189.

2. LEGISLAÇÃO NACIONAL

O Código de Ética Médica, no que diz respeito à pesquisa em seres humanos, claramente assim dispõe: *"XXIV – Sempre que participar de pesquisas envolvendo seres humanos ou qualquer animal, o médico respeitará as normas éticas nacionais, bem como protegerá a vulnerabilidade dos sujeitos da pesquisa"*. Por sua vez, o artigo XXI tem a seguinte redação:

> No processo de tomada de decisões profissionais, de acordo com seus ditames de consciência e as previsões legais, o médico aceitará as escolhas de seus pacientes relativas aos procedimentos diagnósticos e terapêuticos por eles expressos, desde que adequada ao caso e cientificamente reconhecidas.

O artigo coloca por terra toda propaganda de medicamentos que possam por em risco a saúde e a vida do paciente. No que tange ao Termo Livre e Esclarecido no âmbito da pesquisa em seres humanos, a matéria entre nós, atualmente, está regida pela Resolução 466/2012, que revogou expressamente as resoluções anteriores (196/96, 303/2000 e 404/2008). Ela alerta, já em seu preâmbulo, sobre a necessidade de respeitar a dignidade, a liberdade e a autonomia do ser humano. Em seus termos e definições, sustenta:

> II-2. Assentimento livre e esclarecido – anuência do participante da pesquisa, criança, adolescente ou legalmente incapaz, livre de vícios (simulação, fraude ou erro), dependência, subordinação ou intimidação. Tais participantes devem ser esclarecidos sobre a natureza da pesquisa, seus objetivos, métodos, benefícios previstos, potenciais riscos e o incômodo que esta possa lhes acarretar, na medida de sua compreensão e respeitados em suas singularidades.

Como afirma Karl Jaspers: "a liberdade feita objeto já não é liberdade"[4]. Revela-se, portanto, impraticável a pura autonomia. Como diz Sartre, o homem, "estando condenado a ser livre, carrega nos ombros o peso do mundo inteiro: é responsável pelo mundo e por si mesmo enquanto maneira de ser"[5]. A pura autonomia faz abstrair a vida social. Não existem mais "modos de ser", vivências, temporalidade, movimento, diante da fragmen-

[4] JASPERS, Karl. *O médico na era da técnica*. Trad. João Tiago Proença, Edições 70: Lisboa, 1986. p. 62.

[5] SARTRE, Jean-Paul. *O ser e o nada*: ensaio sobre a ontologia fenomenológica. Trad. Paulo Perdigão. Rio de Janeiro: Vozes, 1997. p. 678.

tação do pensamento. Vivemos na mecanicidade do racionalismo, sem busca de sentido, na simples elaboração de ideias, conceitos, esquemas, teorias pré-elaboradas, onde tudo deve ser justaposto a uma razão universal, vale dizer, padronizada. Não existe mais nuances, tal como na fotografia digital, como assevera Bruno Romano, em que tudo se torna linear, na ausência de coexistência[6].

Não é sem razão que Michel Maffesoli, professor de sociologia da Sorbonne, adverte "que é estando-se por demais emaranhados em conceitos previamente elaborados que se passa ao largo do vivente naquilo que ele tem, ao mesmo tempo, de enraizado e de móvel". E acrescenta: "da mesma forma, é cômodo aplicar mecanicamente, teorias, uma vez que se tenha decretado o que deve ser a sociedade, ou aquilo que é bom para os indivíduos"[7].

3. CAMINHOS INVERSOS

Os caminhos que não se cruzam: A medicina europeia, cujos princípios são fundados na "beneficência", melhor dizendo, na esteira de Hipócrates, *"être utile ou du moins ne pas nuire" (primum non nocere). Utilitas*, no caso, não é a utilidade da filosofia utilitarista, na busca do maior bem-estar ou de satisfação, não importando os meios. *Utilitas* no significado greco-romano, é a justa medida, o justo-meio diante do caso singular, não o melhor, no significado superlativo, mas no âmbito da eficácia, que ignora o *optimum* da matemática.

Em Hipócrates, é a justiça como proporção que fala mais alto. Medicina é medida na sua acepção etimológica. O que se vê em Hipócrates é o ser humano em sua totalidade, na sua relação com o cosmos, com a sua vida, com a sua experiência, com o seu meio. É aqui que entra Aristóteles, quando da fala da *proairesis* (escolha), a qual sucede à deliberação (que não se confunde com a vontade). É o magistério tocante de Pierre Aubenque, ora resumido: o que importa é a escolha dos meios, *"pois se quer os meios (hábeis) porque se quer os fins, sem a qual a escolha perderia toda razão de ser"*[8].

[6] ROMANO, Bruno. *Filosofia del diritto e questione dello spirito.* Torino: Giappichelli Editore, 2007. p. 22.

[7] MAFFESOLI, Michel. Elogio da razão sensível. Trad. Albert Christophe Migueis Stckenbuck. Rio de Janeiro: Vozes, 2005. p. 166-167.

[8] AUBUENQUE, Pierre. *A prudência em Aristóteles.* Trad. Marisa Lopes. São Paulo: Discurso Editorial USP, 2003. p. 193-199.

Aristóteles enfatiza a eficácia, a qualidade dos meios destinados a realizar os fins. Cumpre observar, entretanto, "que esses meios não sejam da ordem do impossível e, mais precisamente, que sejam escolhidos entre as coisas que dependem de nós"[9]. Por outro lado, voltando a Hipócrates, a autonomia, como sustentam os seus mais célebres comentadores, não está no sujeito, no "submetido" ao tratamento. A grandeza de Hipócrates foi livrar a medicina das crenças, da magia, dos oráculos e da vã filosofia. O que deve ser autônoma é a medicina, pois se trata da arte (τέκηέ) que tem sua metodologia e teoria próprias, avessa ao empirismo, notadamente por ser etiológica, tal como nos informa D. Gouverich na sua introdução *De L'art Médical*[10], o que se distancia muito da medicina moderna, que deixou de ser *arte* para mergulhar no tecnicismo, presa nos grilhões dos laboratórios, máquinas, instrumentos de toda sorte, rompendo a relação médico-paciente, não obstante a tecnologia médica seja capaz de aumentar a expectativa de vida dos seres humanos.

Mas, retornando ao consentimento, observa-se que, no sistema norte-americano, as suas bases repousam sobre o princípio da autonomia, diversamente do modelo europeu, notadamente por força do Relatório Belmont, a denominada "vulgata" da Medicina, de 1978. Tal fato tem a sua gênese na filosofia de Locke, derivada de uma leitura transversa e distorcida de sua obra quando trata da "propriedade do homem" sobre o seu próprio corpo, o *jus in se ipsum*, que informou a teoria jusnaturalista dos direitos

[9] Id. Ibid., p. 199.
Nesse passo, chamamos a atenção para a contingência da escolha, daquela que depende de outros fatores, tal como expõe Pierre Aubenque, cuja obra editada em 1963 coloca-o no patamar de um dos maiores especialistas em Aristóteles: lembrando que o bem que se visa não é o bem platônico, que o melhor não é uma ideia e que este melhor "designa um superlativo relativo" e não absoluto, daí o caráter neutro da escolha, que nada tem de moral, porque, nas palavras de Aristóteles, "Não somos o que escolhermos ser de uma vez por todas, mas o que escolhemos fazer", justamente porque toda intenção, toda escolha "é uma atividade comparativa", acrescenta Aubenque: "à tarefa da escolha é determinar por deliberação e eleger por decisão qual a melhor opção, isto é, entendido que se quer sempre o bem, a melhor combinação possível considerados os obstáculos e as circunstâncias, na medida em que podemos conhecê-los ou prevê-los". Em suma, "esse possível para nós", "exclui outros possíveis cuja realização depende evidentemente de Deus, do acaso, ou simplesmente de outros homens". Isto, por si só, põe por terra toda a ilusão de uma autonomia absoluta e de uma liberdade ilimitada. (Ibid., p. 214)

[10] GOUVERICH, D. Introduction. In: HIPPOCRATE. De L'art Medical. Paris: L.G.D.J., 1994. p. 36.

da personalidade[11]. Dominique Folscheid relata muito bem a divergência entre as duas tendências, a medicina como missão, no modelo europeu e a medicina como **contrato**, no modelo norte-americano. No sistema contratualista, a ideia de autonomia está ligada à propriedade de si mesmo (*property in*), que constitui um dever fundado sobre o direito natural e a propriedade sobre as coisas (*property on*), que permite ao homem tornar-se proprietário. Portanto, na medicina, o recurso ao contrato, por intermédio do qual cada um se engaja em relação ao outro, limita o seu poder de gestão que tem sobre si mesmo, submetendo-se à gestão de outro, no caso o médico. Trata-se de uma reivindicação subjetiva do próprio ego[12].

Sophie Monnier, em alentada obra de 2005 com 619 páginas e que recebeu o prêmio "Jean-Marie Auby", constata que todas as aporias levadas a efeito pela institucionalização dos comitês de ética, a ponto de, em face da insuficiência de seus conceitos, da fluidez de seus preceitos, derrogarem direitos fundamentais[13]. O pluralismo dos valores relativiza os direitos fundamentais, que perdem o seu valor intrínseco. Trata-se de uma situação *soft law*, cujo tipo é a norma ética. De nossa parte, visualizando essa obsessão pelo consentimento, dado o seu caráter polissêmico, o seu valor passa a ser paradigmático, de conteúdo transdisciplinar. Trata-se do único modo "legítimo" de decisão, vale dizer, negociar, comprometer-se e decidir dentro de um pluralismo de valores, valores esses tirados da *res cogitans*, aquilo que é *consensus* desemboca fatalmente na ausência de sentido. Não é sem razão que Kant separou a razão sensível da razão inteligível. É a catástrofe niilista.

[11] Gogliano, Daisy. *Direitos privados da personalidade* (Dissertação Mestrado) – Faculdade de Direito, Universidade de São Paulo, São Paulo, 1982.

[12] Folscheid, Dominique. La relation médecin-patient. In: *Philosophie, éthique et droit de la médecine*, Paris: PUF, 1997. p. 247-255. Observa o autor com muita propriedade, ao discorrer sobre o consentimento, no modelo contratualista, que: *Présupposer une extériorité entre le sujet, c'est oublier ou nier que le vouloir du patient n'est pas assimilable à celui d'un volontaire sain, car c'est le vouloir d'un être déjá engagé dans une situation pathologique, à laquelle il donne sens ou non-sens, mais qui se trouve toujours déjá orienté dans une certaine direction.*

[13] Monnier, Sophie. *Lês comitês d'éthique et lê droit*: éléments d'analyse sur le système normatif de la bioéthique. Préface du Professeur Bertrand Mathieu. Paris: L'Harmattan, 2005. p. 262-265.

4. A ÉTICA EM ARISTÓTELES

A palavra *ethos*, tanto na *Ética a Nicômaco* como na *Ética a Eudemo*, de Aristóteles, deve ser vista em seus dois aspectos, escritas de modo diferente, porque a vogal "e" substitui duas vogais gregas, assim, buscando essa diferenciação, os franceses costumam escrever *L'éthos*, com o "e" longo (êta: η) e o e breve, *L'éthos*, como o "e" (épsilon: ε). O *êthos*, com a letra êta significa caráter, o conjunto de disposições adquiridas no curso da existência, aquilo que somos, aquilo que determina"quem somos". Já o *éthos*, com a letra épsilon, significa hábito, costume (*mos, more*, do latim)[14].

O adjetivo *êthikos* (ética, no feminino e *êthikon*, no neutro), relativo ao *êthos* pode ser traduzido, indiferentemente por "ética" ou "moral"[15]. Tal distinção etimológica é muito importante, notadamente em matéria de bioética, porque é voz corrente, impregnada de desvios, que a moral é costume e a ética um valor a ser aplicado ou um juízo de valor.

Maria do Carmo B. de Faria discorre com muita propriedade sobre a articulação dos dois conceitos aristotélicos, articulação essa que não pode ser visualizada como mera justaposição dos dois conceitos: "o caráter dos indivíduos se forma a partir de sua 'exposição' aos costumes, tradições e valores do grupo social. Por isso, uma única ciência, a ética, engloba a formação do caráter e o papel dos costumes"[16]. O *êthos* (com a letra êta) se articula com o *êthos* (com a letra épsilon). Aliás, todas as virtudes em Aristóteles se articulam, com veremos a seguir.

A virtude moral, portanto, está no agir, está na ação. Não é algo que se adiciona, que se calcula, que se mede e muito menos que possa ser idealizado e representado, como algo já dado. A virtude moral é de ordem prática, que precisa ser constantemente retomada, praticada e exercida no mais alto grau. É trabalho duro. Diz Aristóteles: "É praticando as ações justas que nos tornamos justos"[17]. Mas, os vícios, igualmente nascem do hábito. Como vimos, no âmbito do intelecto prático, a prudência (prónesis), portanto, virtude dianoética, nas palavras de Aubenque, tem a finalidade de fornecer à ação moral o seu necessário componente intelectual, a parte

[14] FOLSCHEID, Dominique; MATTEI, Jean-François. La naissance de l'éthique. In: *Philosophie, étique et droit de la medicine*. Paris: PUF, 1997. p. 16-17.

[15] Id. Ibid.

[16] FARIA, Maria do Carmo B. de. *Direito e ética*: aristóteles, Hobbes, Kant. São Paulo: Ed. Paulus, 2007. p. 37.

[17] Id. Ibid., p. 38.

de teoria para determinar-se de modo racional. Tal teoria, no entanto, não é uma teoria científica, mas "uma teoria que se move vizinha à experiência, experiência essa que caracteriza o nosso mundo"[18].

5. A CONTINGÊNCIA DOS MEIOS

Não é sem razão que Georges Canguilhem observa:

> Quer o lamentemos, quer não, o fato é que, hoje, ninguém é obrigado, para exercer a medicina, a ter o menor conhecimento de sua história. É fácil imaginar qual impressão uma doutrina, tal com o hipocratismo, pode produzir no espírito de quem só conhece o nome de Hipócrates pelo famoso juramento, rito final doravante esvaziado de seu sentido[19].

E muito menos interessa a história do paciente, as suas vivências, o seu modo de ser, o seu mundo, o seu ambiente. Karl Jaspers, filósofo e médico, traça com detalhes, "a influência da época da técnica na organização e no exercício da profissão médica", porque não só "mudou" o médico como também "mudou" o paciente, onde o "discurso cultivado" deixou de existir[20].

Por outro lado, a expressão "obrigação de meios", fruto da doutrina francesa, na qual o médico deve propiciar todos os meios, todas as suas habilidades para a cura do paciente, que pode não acontecer, falha por olvidar que a habilidade para Aristóteles sempre é contingente. A expressão "obrigação de meios" converte o meio em um fim, determinado ou determinável, onde basta somente a determinação subjetiva, alheia à situação contingente, que se move no tempo, visto que o ser humano habita no tempo.

Nessa visualização, a obrigação de meios, não deixa de ser a adaptação de meios a um fim, que pode ser obtido ou não, no caso a cura. Buscar a cura é buscar o justo. O que é cura? Nas palavras de Canguilhem, a cura é antes de tudo um acontecimento, aquilo que o "doente espera do médico, mas nem sempre o que o doente obtém dele"[21]. Por meio da etimologia,

[18] Aubenque, Pierre. *A prudência em Aristóteles*. Trad. de Marisa Lopes. São Paulo Discurso Editorial, 2003. p.109.

[19] Canguilhem, Georges. *Escritos sobre a medicina*. Trad. Vera Avellar Ribeiro. Rio de Janeiro: Ed. Forense Universitária, 2005. p. 13-14.

[20] Jaspers, Karl. *O médico na era da técnica*. Trad. João Tiago Proença. Lisboa: Edições 70, 1986. p. 42.

[21] Canguilhem, Georges. op. cit., p. 52-53.

Canguilhem, nos mostra que "curar é proteger, defender, munir, quase militarmente, contra uma agressão ou uma sedição. A imagem do organismo aqui presente é a de uma cidade ameaçada por um inimigo exterior ou interior. Curar é conservar, abrigar. Isso foi pensado muito antes que alguns conceitos da fisiologia contemporânea, como os de agressão, *stress*, defesa, entrassem no domínio da medicina e de suas ideologias".[22]

6. O ESTADO ATUAL DA QUESTÃO

Entre nós, Silvio Rodrigues, com apoio em Savatier, leciona:

> Um problema que tem suscitado alguma controvérsia é o referente ao alcance da obrigação atribuída ao médico de advertir o doente sobre os riscos do tratamento, principalmente da intervenção cirúrgica a que ele vai se submeter. Tal dever, segundo ensina Savatier, é tão mais imperioso, quanto maiores são os riscos do tratamento. Isso decorre de que o cliente é o juiz de seu próprio interesse, e, para decidir se resigna a permanecer em seu estado atual ou se prefere enfrentar os riscos de um tratamento mais ou menos perigoso, deve ser esclarecido pelo profissional que o atende.[23]

Trazemos o magistério, sempre presente de Michel Villey: "O direito civil propriamente dito, segundo Pomponio, deve ter-se constituído inicialmente sem textos escritos: *sine scripto*. É obra dos jurisprudentes, que o teriam tirado dos hábitos e costumes romanos, de um direito não escrito (D. I, 2.2.5 e 12)"[24]. Portanto, aqueles que vêm no consentimento-informado uma possível exclusão de responsabilidade ou limitação a se refletir na reparação do dano, sob o pretexto de o doente assumir os riscos, estão a "barganhar" com a responsabilidade civil. O paciente é aquele que está

[22] Id. Ibid., p. 48-52

[23] RODRIGUES, Silvio. *Direito civil*: responsabilidade civil. 2. ed. rev. e atualizada. São Paulo: Saraiva, 197, v. 4, p. 260; citando Savatier, nesta passagem: "**devoir d'avertir le malade des risques de l'operation ou traitement conseillés.** Ce devoir est, pour le médecin, d'autand plus impérieux que les risques de l'opération ou du traitement sont plus graves, et que l'opération ou l'intervention tentée sont moins impérieusement nécessaires. Si le malade n'a pas été averti des risques du traitement ou de l'opération qui tourne mal, lui même ou les siens sont fondés à réclamer la réparation du préjudice. It l'on ne peut leur objecter que le malade aurait pu, en fait, consentir aux mêmes risques s'il en avait été avertir." (Car la causalité doit s'apprécier toutes choses égales d'ailleus, in Traité de la responsabilité civile, tomo II, n. 782)

[24] VILLEY, Michel. *Filosofia do direito*: definições e fins do direito – os meios do direito. Trad. MárciaValéria Martinez de aguiar. São Paulo: Martins Fontes, 2003. P. 367.

frágil, aquele que se encontra em situação de miserabilidade humana, muitas vezes em situação-limite, que não pode ser banalizada, em nome do consentimento-informado, que se transformará em instrumento de dano e prejuízo, não só material como moral, a ponto de se refletir no seu círculo familiar e social, *par ricochet*.

Por outro lado, a falta de informação ou a sua insuficiência podem acarretar riscos de perda de chance, na possibilidade de um tratamento menos perigoso ou escolha de conferência médica, vedando ao paciente melhores possibilidades na busca da cura. Mas, como foi demonstrado em todo o decorrer do presente estudo, o consentimento-informado não pode ser confundido como exclusão ou limitação de responsabilidade, na deturpação fraudulenta de seu conteúdo e de sua extensão.

7. A NATUREZA JURÍDICA DA RELAÇÃO MÉDICO-PACIENTE

Buscamos o magistério de Werner Flume, o qual citando Larenz, sustenta que o usuário do serviço, na verdade, não declara nada, porque inexiste a declaração formal da vontade na produção de efeitos jurídicos, desejados pelo agente. Larenz, citado por Flume, diz: "a vontade do usuário se encaminha aqui regularmente só ao resultado de fato, não existe uma produção de uma consequência jurídica, e por conseguinte 'atua' (de modo totalmente típico), mas nada declara"[25].

Esse atuar, socialmente típico, retrata o costume reiterado e uniforme. Tal como tomar um taxi ou se utilizar do serviço público de transporte. Na relação médico-paciente, o que busca o usuário é o tratamento de saúde eficaz, limitando-se a ser examinado e a descrever os seus sintomas. Ora, tal atitude, não deixa de ser um "contrato" (um contra-ato), daí o fato de muitos juristas considerarem tais relações como relações contratuais "de fato". Quem utiliza tais serviços, na verdade, não emite uma declaração de vontade "no sentido linguístico do termo", como observa Flume[26]. Como sustenta Antonio Junqueira de Azevedo,

> a vontade não é elemento do negócio jurídico; o negócio é somente a declaração de vontade. Cronologicamente, ele surge, nasce, por ocasião da declara-

[25] FLUME, Werner. *El negocio jurídico*: parte general del derecho civil. 4. ed. Trad. do alemão de José Maria Miguel Gonzales e Esther Gómez Calle. Madrid: Ed. Fundación Cultural del notariado, 1998. tomo 2, p. 131- 133.

[26] Id. Ibid., p. 132.

ção.Sua **existência** começa nesse momento; todo o processo volitivo anterior não faz parte dele; o negócio todo consiste na declaração.[27]

Na relação médico-paciente, as particularidades se fazem notar, porque, tal como vimos, por envolver a vida e a integridade do ser humano, no restabelecimento da saúde, não é um negócio como um negócio qualquer. Ali é o lugar da deliberação e da escolha, não da vontade, dentro da concepção contratualística que tem dominado a bioética. Foi o que visualizamos nesse caminho pleno de percalços, na cisão entre a bioética e o direito. Mas, buscando o alento e a inspiração em Heidegger, que nos toca com os versos de Hölderlin, quando justamente tratou da questão da técnica, que nada tem de "técnico":

> "Ora, onde mora o perigo
> é lá que também cresce
> o que salva".

REFERÊNCIAS

ARAMINI, Michele. *Introduzione alla bioetica.* 2. ed. Milano: Giuffré, 2003.

AZEVEDO, Antonio Junqueira de. *Negócio jurídico*: existência, validade e eficácia. São Paulo: Saraiva, 1974.

AUBENQUE, Pierre. *A prudência em Aristóteles.* Trad. Marisa Lopes. São Paulo: Ed. Discurso Editorial, 2003.

BAUD, Jean-Pierre. *Lê droit de vie et mort*: archéologi de la bioéthique. Paris: aubier, 2001.

BOTROS, Sophie. *Consentement.* In: CANTO-SPERBER, Monique (Dir.). *Dictionnaire d'éthique et de philophie morale.* Paris: PUF, 2001.

CANGUILHEM, Georges. *Escritos sobre a medicina.* Trad. de Vera avellar Ribeiro e prefácio de armand Zaloszye. Rio de Janeiro: Forense Universitária, 2005.

CLOTET, Joaquim. A bioética: uma ética aplicada em destaque. In: CAPONI, Gustavo A.; LEOPARDI, Maria Tereza; CAPONI, Sandra N. (Orgs.). *A saúde como desafio ético.* Anais do I Seminário de Filosofia e Saúde, Florianópolis, 1995.

CORTINA, Adela; MARTINEZ, Emilio. *Ética.* Trad. Silvana Cobucci Leite. São Paulo: Loyola, 2005.

FALQUE, C. La responsabilité du médecin aprés l'arrêt de la Court de Cassation du 20 mai 1936. *Revue Critique de Législation et de Jurisprudence*, Paris, 1937.

FARIA, Maria do Carmo B. de. *Direito e ética.* São Paulo: Ed. Paulus, 2007.

[27] AZEVEDO, Antonio Junqueira de. *Negócio jurídico*: existência, validade e eficácia. São Paulo: Saraiva, 1974. p. 96.

FLUME,Werner. *El negocio jurídico*: parte general del derecho civil. 4. ed. Trad. José María Miguel Gonzales e Esther Gómez Calle. Madrid: Ed. Fundación Culural del Notariado, 1998. t. 2.

FOUCAULT, Michel. *O nascimento da clínica*. Trad. Roberto Machado. 4. ed. Rio de Janeiro: Forense Universitária, 1994.

GIRER, Marion. *Contribution à une analyse rénovée de la relation des soins. Essai de remise en cause du contrat médical*. Bordeaux: Ed. Les ètudes Hospitalières, 2008.

GOUVERICH, D. *Introduction*. In: HIPPOCRATE. *De l'art medical*. Paris: Bibliotheque Classique, 1994.

HEIDEGGER, Martin. *Ensaios e conferências*. Trad. Gilvan Fogel. Petrópolis: Vozes, 2002.

HIPPOCRATE. *De l'art médical*. Trad. Émile Littré. Paris: l.G.D.J., 1994.

JASPERS, Karl. *O médico na era da técnica*. Trad. João Tiago Proença. Lisboa: Ed. 70, 1986.

MAFFESOLLI, Michel. *Elogio da razão sensível*. Trad. Albert Christophe Migueis Stckenbuck. Rio de Janeiro: Vozes, 2005.

SARTRE, Jean-Paul. *O ser e o nada*: ensaio de ontologia fenomenológica. Trad. Paulo Perdigão. São Paulo: Vozes, 1997.

RODRIGUES, Silvio. *Direito civil*: responsabilidade civil. 2. ed. São Paulo: Saraiva, 1977. v. 4.

ROMANO, Bruno. *Filosofia del diritto e questione dello spirito*. Torino: Giappichelli, 2007.

VILLEY, Michel. *A formação do pensamento jurídico moderno*. Texto estabelecido e revisto por Stéphane Rials, tradução Claudia Berliner. São Paulo: Martins Fontes, 2005.

VILLEY, Michel. *Filosofia do direito*: definições e fins do direito – os meios do direito. Trad. Márcia Valéria Martinez de aguiar. São Paulo: Martins Fontes, 2003.

11
A APLICAÇÃO DO REGIME DE RESPONSABILIDADE CIVIL PELO DEFEITO DO SERVIÇO AOS HOSPITAIS E CLÍNICAS: UMA ANÁLISE DA JURISPRUDÊNCIA DO STJ

Daniel Amaral Carnaúba

INTRODUÇÃO

A redação do anteprojeto de Código de Defesa do Consumidor foi um feito admirável de sua comissão elaboradora. À época da concepção do texto – vale lembrar que o anteprojeto foi publicado oficialmente em 1989[1] – o Brasil era um país sem qualquer tradição em matéria de Direito do Consumidor. O tema das relações de consumo era tratado apenas de forma lateral e fragmentada na legislação, por meio de dispositivos isolados em diversas leis e normas de caráter administrativo[2]. Na literatura jurídica, os trabalhos sobre o Direito do Consumidor eram escassos, ou mesmo praticamente inexistentes[3].

Para elaborar o Código do Consumidor, a comissão teve de buscar inspiração em referências estrangeiras, em especial, nas normas sobre as relações de consumo que despontavam na Europa e nos Estados Unidos.

[1] D.O.U., 04 janeiro 1989, Seção I, p. 241-256.

[2] Cf. a célebre coletânea de normas organizada por Luiz Otavio de Oliveira Amaral: *Relações de consumo*. 2. ed. Brasília: Fundação Petronio Portella, 1984.

[3] Comparato, Fabio Konder. A proteção do consumidor: importante capítulo do direito econômico. *Revista de direito mercantil*. n. 15/16, 1974, p. 89-105; Leães, Luiz Gastão Paes de Barros. *A responsabilidade civil do fabricante pelo fato do produto*. São Paulo: Saraiva, 1987; Sidou, José Maria Othon. Proteção do consumidor. Rio de Janeiro: Forense, 1977, p. 75-84; Bulgarelli, Waldírio. Tutela do consumidor na jurisprudência e "de lege ferenda". Revista de direito mercantil, n. 49, 1983, p. 41–55.

Um dos exemplos mais emblemáticos desse "transplante jurídico" é o regime dos acidentes de consumo, previsto nos arts. 12 a 17 do Código de Defesa do Consumidor, e que foi declaradamente influenciado pela Diretiva europeia 85/374[4], relativa à "responsabilidade decorrente dos produtos defeituosos"[5]. Isso não significa, contudo, que o regime instituído pelo Código do Consumidor brasileiro seja uma mera reprodução de seu homólogo europeu. Pelo contrário: em vários aspectos, o legislador nacional optou por se afastar do modelo da Diretiva. É o que ocorreu, por exemplo, com relação à cláusula legal de exoneração da responsabilidade do fornecedor pelos riscos do desenvolvimento[6], prevista na Diretiva europeia, mas inexistente na legislação brasileira[7]. As restrições da Diretiva à reparação dos danos causados aos bens pertencentes à vítima[8] ou a possibilidade de limitação global da indenização a ser paga pelo fornecedor[9] também não foram repetidas no Código do Consumidor.

Mas a grande inovação do legislador brasileiro foi o fato de ter incluído, ao lado do regime de responsabilidade do fornecedor pelos produtos defeituosos, outro, de feições similares, aplicável aos serviços defeituosos. A iniciativa não tem paralelo na legislação comparada e, a bem dizer, chegar a ser elementar: se a ideia é proteger as vítimas de acidentes de consumo, não faz sentido limitar essa proteção apenas aos danos causados por produtos, ignorando que os serviços oferecidos no mercado de consumo também oferecem potencial lesivo.

Nada obstante, fato é que a postura vanguardista do diploma nacional acabou por nos expor ao risco do desconhecido: o regime da responsabilidade pelo defeito, desenhado na Europa especificamente para regular acidentes envolvendo produtos, seria adaptado aos acidentes envolvendo

[4] Grinover, Ada Pellegrini. *In*: Grinover, Ada Pellegrini; Benjamin, Antônio Herman de Vasconcellos e; FINK, Daniel Roberto *et al*. *Código Brasileiro de Defesa do Consumidor*: comentado pelos autores do anteprojeto. 10. ed. Rio de Janeiro: GenForense, 2011. v. 1. p. 8.

[5] Vale notar, todavia, que na versão inicial do anteprojeto, publicada em 1989, a influência da Diretiva 85/374 era menos evidente.

[6] Art. 7, 4, da Diretiva 85/374.

[7] Sobre o tema, cf. Reining, Guilherme Henrique; Carnaúba, Daniel Amaral. Riscos do desenvolvimento no Código de Defesa do Consumidor: a responsabilidade do fornecedor por defeitos não detectáveis pelo estado dos conhecimentos científicos e técnicos. *Revista de direito do consumidor*. v. 124, 2019, p. 343-392.

[8] Art. 9, b, da Diretiva 85/374.

[9] Art. 16, 1, da Diretiva 85/374.

serviços? Ele ofereceria respostas satisfatórias a esse outro tipo de conflito? A questão seria posta à prova na jurisprudência brasileira, em litígios envolvendo a responsabilidade civil das clínicas e hospitais pelos danos causados aos pacientes. Sobre esse tema, é importante ressaltar que, em princípio, a responsabilidade civil dos médicos e demais profissionais da saúde é regulada com base no regime da culpa, e não do defeito do serviço. É o que determina o art. 14, § 4º, do Código do Consumidor, nos termos do qual "a responsabilidade pessoal dos profissionais liberais será apurada mediante a verificação de culpa".

Todavia, uma tese, bastante difundida entre autores nacionais, afirma que essa regra teria aplicação apenas em favor do próprio profissional da saúde. A responsabilidade da pessoa jurídica, à qual este profissional pertence na qualidade de sócio, empregado ou preposto, continuaria abrangida pelo fundamento do defeito do serviço[10]. A simples leitura do dispositivo em questão corrobora o entendimento. Topograficamente, o texto encontra-se entre os parágrafos do art. 14, tratando-se, portanto, de um complemento à norma contida no *caput*; ou, de forma mais precisa, de uma exceção à regra geral de responsabilidade do fornecedor pelo defeito do serviço. Ora, as exceções legais, como é consabido, interpretam-se restritivamente. No mais, a própria redação do § 4º menciona a "responsabilidade *pessoal* dos profissionais liberais", não deixando dúvidas de que estamos diante de um privilégio próprio dos profissionais, não extensível às pessoas jurídicas nas quais atuam[11].

A tese tem um vasto potencial de aplicação no campo dos serviços de saúde. Em razão da crescente especialização da medicina, hoje é muito raro que um médico ou outro profissional da saúde atue de forma isolada. Em geral, seu trabalho se desenvolve em meio a uma clínica ou um hospital. Isso é particularmente verdadeiro com relação às cirurgias, que constituem atos médicos complexos, nas quais o médico depende de uma equipe e de uma estrutura física que lhe deem suporte.

[10] BENJAMIN, Antônio Herman de Vasconcellos e. *In*: OLIVEIRA, Juarez de (org.). *Comentários ao Código de Proteção do Consumidor.* São Paulo: Saraiva, 1991, p. 79-80; MIRAGEM, Bruno. *Curso de direito do consumidor.* 5. ed. São Paulo: Saraiva, 2014, p. 579-581; SANSEVERINO, Paulo de Tarso Vieira. *Responsabilidade civil no Código do Consumidor e a defesa do fornecedor.* 3. ed. São Paulo: Saraiva, 2010, p. 369-370.

[11] BENJAMIN, Antônio Herman de Vasconcellos e, *idem, loc. cit.*, MIRAGEM, Bruno, *idem, loc. cit.*; SANSEVERINO, Paulo de Tarso Vieira, *idem*, p. 369-370.

O tema, contudo, provocou polêmica entre as Turmas de Direito Privado do Superior Tribunal de Justiça, que chegaram a adotar posições distintas sobre o fundamento da responsabilidade dos hospitais e clínicas. Enquanto a Quarta Turma declarava que a responsabilidade dessas instituições, pelos atos terapêuticos de seus funcionários, seria fundada na culpa, a Terceira Turma aplicava o regime do defeito do serviço (1). A divergência teve fim em 2015 (2) – e, ao que nos parece, era muito mais verbal do que concreta (3).

1. A DIVERGÊNCIA ENTRE AS TURMAS DO SUPERIOR TRIBUNAL DE JUSTIÇA

O Superior Tribunal de Justiça não tinha um posicionamento uniforme quanto à aplicação do regime do defeito do serviço à responsabilidade civil das clínicas e hospitais[12]. Pelo contrário: as turmas de Direito Privado, durante algum tempo, enfatizaram seus posicionamentos opostos sobre o tema.

De um lado, a Quarta turma concedia uma interpretação restritiva à responsabilidade objetiva dos hospitais, que diria respeito apenas aos serviços inerentes ao estabelecimento hospitalar, tais como os de hospedagem, alimentação, manutenção dos equipamentos e instalações[13]. Já a responsabilidade do hospital pelos serviços genuinamente terapêuticos – os "atos médicos" praticados pelos profissionais que ali atuam – seria uma hipótese de responsabilidade pelo fato de terceiro[14] estando condicionada à exis-

[12] DIREITO, Carlos Alberto Menezes; CAVALIERI FILHO, Sergio. *Comentários ao novo Código Civil*: da responsabilidade civil, das preferências e privilégios creditórios, arts. 927 a 965. 3. ed. Rio de Janeiro: Forense, 2011. v. 13. p. 508-513; SANSEVERINO, Paulo de Tarso Vieira. *Responsabilidade civil no Código do Consumidor e a defesa do fornecedor. op. cit.*, p. 204-205.

[13] Mesmo antes da promulgação do CDC, parte da doutrina já sustentava que pesaria sobre o hospital uma "obrigação de incolumidade". Nesse sentido: LOPEZ, Teresa Ancona. Responsabilidade civil dos médicos. *In:* CAHALI, Yussef Said (org.). *Responsabilidade civil*: doutrina e jurisprudência. 2. ed. São Paulo: Saraiva, 1988, p. 324. Essa interpretação, em verdade, apenas perpetua uma posição antiga de que a atividade dos hospitais equivaleria à dos hotéis e hospedarias, presumidamente responsáveis pelos danos experimentados por seus hóspedes nos termos do art. 1.521, IV, do Código Civil de 1916 (equivalente ao art. 932, IV, do diploma atual). DIREITO, Carlos Alberto Menezes; CAVALIERI FILHO, Sergio, *idem*, p. 505-506; STOCO, Rui. *Tratado de responsabilidade civil*: doutrina e jurisprudência. 10. ed. São Paulo: RT, 2014, p. 1000.

[14] Na literatura, a tese de que a responsabilidade dos hospitais pelos atos dos profissionais a eles subordinados constituiria uma hipótese de responsabilidade pelo fato de terceiro –

tência de culpa cometida por um de seus profissionais[15]. Essa posição foi bem demarcada no Recurso Especial n° 258.389/SP, no qual a formação assentou que a responsabilidade objetiva do hospital:

> "circunscreve-se apenas aos serviços única e exclusivamente relacionados com o estabelecimento empresarial propriamente dito, ou seja, aqueles que digam respeito à estadia do paciente (internação), instalações, equipamentos, serviços auxiliares (enfermagem, exames, radiologia) etc. e não aos serviços técnicos-profissionais dos médicos que ali atuam, permanecendo estes na relação subjetiva de preposição (culpa)"[16].

Desde então, a Turma teve oportunidade de confirmar sua tese em diversas ocasiões[17], enfatizando seu posicionamento, em particular, no Recurso Especial n° 1.145.728/MG:

> "as obrigações assumidas diretamente pelo complexo hospitalar limitam-se ao fornecimento de recursos materiais e humanos auxiliares adequados à prestação dos serviços médicos e à supervisão do paciente, hipótese em que a responsabilidade objetiva da instituição (por ato próprio) exsurge somente em decorrência de defeito no serviço prestado (art. 14, caput, do CDC); [...] Quanto aos atos técnicos praticados de forma defeituosa pelos profissionais da saúde vinculados de alguma forma ao hospital, respondem solidariamente a instituição hospitalar e o profissional responsável, apurada a sua culpa profissional. Nesse caso, o hospital é responsabilizado indiretamente por ato de terceiro, cuja culpa deve ser comprovada pela vítima de modo a fazer emergir o dever de indenizar da instituição"[18].

fundada, mais especificamente, na responsabilidade do patrão pelos atos de seus empregados – é sustentada por Teresa Ancona LOPEZ (*Responsabilidade civil dos médicos. op. cit.*, p. 318). Cf. também: AGUIAR JUNIOR, Ruy Rosado de Aguiar Júnior. Responsabilidade civil do médico. *Revista dos tribunais*. v. 718, 1995, p. 4; STOCO, Rui. *Tratado de responsabilidade civil. op. cit.*, p. 1000-1005.

[15] STJ, REsp 259.816/RJ, 4ª Turma, 22.08.2000.

[16] STJ, REsp 258.389/SP, 4ª Turma, 16.06.2005. Nesse mesmo sentido, cf. AGUIAR JÚNIOR, Ruy Rosado de. *Responsabilidade civil do médico. op. cit.*, p. 40-44.

[17] STJ, REsp 351.178/SP, 4ª Turma, 24.06.2008; AgRg no AI 721.956/PR, 4ª Turma, 07.09.2008; REsp 605.435/RJ, 4ª Turma, 22.09.2009; AgRg no Ag 1.261.145/SP, 4ª Turma, 13.08.2013.

[18] STJ, REsp 1.145.728/MG, 4ª Turma, 30.06.2011.

Por sua vez, a Terceira Turma tomava o contrapé desse entendimento, ao considerar que todos os serviços prestados pelas clínicas e hospital estavam abrangidos pelo regime do defeito, inclusive aqueles relacionados ao tratamento. A posição, esboçada a partir de 2009[19], ganhou destaque com o julgamento dos Recursos Especiais nº 986.648/PR e nº 1.331.628/DF, nos quais a Turma declarou textualmente que "a exceção prevista no parágrafo 4º do art. 14 do Código do Consumidor, imputando-lhes responsabilidade subjetiva, é restrita aos profissionais liberais" e que, assim, não se estende "aos demais fornecedores, inclusive os hospitais e clínicas médicas, a quem se aplica a regra geral da responsabilidade objetiva"[20].

A controvérsia que dividia os magistrados das duas turmas também atinge, ainda hoje, a doutrina. A despeito da já mencionada corrente majoritária em favor da aplicação do regime do defeito aos hospitais, alguns autores ressaltam que essa interpretação agravaria a responsabilidade das instituições, desnaturando o próprio objeto dos contratos de prestação de serviços de saúde. Com a aplicação do art. 14, *caput*, às clínicas e hospitais, o paciente estaria legitimado a exigir a cura de sua doença junto ao hospital, sob pena de responsabilização[21].

2. O FIM DA DIVERGÊNCIA

A uniformização do entendimento das turmas do Superior Tribunal poderia ocorrido em 2008, com o julgamento do Recurso Especial nº 908.359/SC, afetado à 2ª Seção[22]. Contudo, muito embora a ementa do aresto tenha amparado o entendimento de que o regime do defeito não aplica à atividade-fim dos hospitais, a questão sobre o fundamento da responsabilidade dos hospitais e clínicas não foi realmente enfrentada no precedente: a maioria dos ministros reconheceu que não havia, no caso, vínculo de preposição entre os médicos e o hospital, o que bastou para afastar a res-

[19] STJ, REsp 696.284/RJ, 3ª Turma, 03.12.2009. Cf. também: REsp 1.184.128/MS, 3ª Turma, 08.06.2010; REsp 1.216.424/MT, 3ª Turma, 09.08.2011; REsp 801.691/SP, 3ª Turma, 06.12.2011; AgRg no REsp 1.196.319/DF, 3ª Turma, 13.11.2012; AgRg no Ag em REsp 353.195/RJ, 3ª Turma, 22.10.2013.

[20] STJ, REsp 986.648/PR, 3ª Turma, 10.05.2011; REsp 1.331.628/DF, 3ª Turma, 05.09.2013.

[21] STOCO, Rui. *Tratado de responsabilidade civil. op. cit.*, p. 1002; KFOURI NETO, Miguel. *Responsabilidade civil do* médico. 8. ed. São Paulo: RT, 2013, p. 232-237.

[22] STJ, REsp 908.359/SC, 2ª Seção, 27.08.2008.

ponsabilidade da instituição, independentemente do regime de responsabilidade adotado[23].

No mais, os diversos acórdãos proferidos pela Terceira Turma após o julgamento do Recurso Especial nº 908.359/SC comprovavam que a formação não se ateve à ementa do precedente, mantendo o entendimento de que a responsabilidade das clínicas e hospitais seria inteiramente abarcada pelo regime do defeito do serviço[24].

A uniformização da jurisprudência viria a ocorrer apenas em 2015, quanto a Terceira Turma alterou seu entendimento, passando a acompanhar a posição da Quarta Turma. Essa mudança se deu com o julgamento do Agravo Regimental em Agravo em Recurso Especial nº 647.110/CE, de 26 de maio de 2015, no qual a Turma afirmou textualmente que "a responsabilidade da instituição médica, no que tange à atuação técnico-profissional (erro médico) de seu preposto é subjetiva, dependendo, portanto, da aferição da culpa pelos danos causados"[25]. Posteriormente, a formação confirmou esse entendimento em outros julgados[26].

3. A APRECIAÇÃO DA DIVERGÊNCIA

A polêmica acerca do regime da responsabilidade das clínicas é menos relevante do que indicam as aparências. Primeiramente, as dúvidas se restringiam aos danos decorrentes dos serviços de terapia propriamente ditos, tendo em vista que, quanto aos serviços auxiliares prestados pelos hospitais e clínicas, ambas as correntes os consideravam abarcados pelo mesmo regime do defeito[27]. A controvérsia não incluiu, por exemplo, a importante hipótese das infecções hospitalares que, por estarem ligadas à limpeza e à desinfecção dos locais, foram sempre tratadas como um caso de respon-

[23] Vale notar, ainda, que o acórdão foi marcado pelas opiniões discordantes dos ministros, que decidam o litígio por uma mínima margem de votos – 4 votos a 3.

[24] Cf. julgados citados *supra*, notas 18 e 19.

[25] STJ, AgRg no AREsp 647.110/CE, 3ª Turma, 26.05.2015.

[26] STJ, AgInt no AREsp 1.253.588/DF, 3ª Turma, 21.08.2018; REsp 1.642.999/PR, 3ª Turma, 12.12.2017; REsp 1.526.467/RJ, 3ª Turma, 13.10.2015; AgRg no AREsp 628.634/RJ, 3ª Turma, 01.09.2015.

[27] Contra: STOCO, Rui. *Tratado de responsabilidade civil. op. cit.*, p. 773, para quem "em qualquer hipótese – seja no fornecimento de serviços médicos típicos, seja na atuação como mero hospedeiro – o hospital só responderá por culpa e não objetivamente". Todavia, o autor esboça outra opinião mais à frente em sua obra ("atuação do hospital como hospedeiro", p. 1004).

sabilidade objetiva do hospital[28], de forma bastante pacífica, por ambas as Turmas do Superior Tribunal[29].

No mais, mesmo quando aplicada aos atos estritamente terapêuticos, a incidência do regime do defeito não implica, necessariamente, que os pacientes estarão mais protegidos. Cumpre notar que a responsabilidade prevista no art. 14, *caput*, do Código de Defesa do Consumidor, posto que seja objetiva, não é incondicionada. Ela pressupõe a existência de um defeito do serviço – um requisito que, por vezes, é deixado de lado pelos partidários da aplicação do regime do art. 14, *caput*, aos hospitais, que preferem mencionar apenas que a responsabilidade em questão prescinde de culpa.

Na verdade, a alteração só terá interesse prático para os pacientes se houver uma efetiva ampliação da responsabilidade dos hospitais em decorrência da mudança de fundamento. Apesar de ser colocada como uma obviedade, esse alargamento está longe de ser uma questão evidente. Tudo dependerá de como é apreciado o conceito de "defeito do serviço médico", se mais ou menos abrangente do que o conceito de "culpa médica". E vale lembrar que o art. 14 afirma que "o serviço é defeituoso quando não fornece a segurança que o consumidor dele pode esperar", levando-se em conta "o modo de seu fornecimento", "o resultado e os riscos que razoavelmente dele se esperam", e a "a época em que foi fornecido".

A questão a se resolver, portanto, é a seguinte: qual é a segurança que um consumidor pode esperar legitimamente de um tratamento médico prestado dentro de um hospital? Ela vai além do dever de atuar de forma

[28] Bdine Júnior, Hamid Charaf. Responsabilidade civil em infecção hospitalar e na anestesiologia. *In*: Silva, Regina Beatriz Tavares da (coord.). *Responsabilidade civil*: responsabilidade civil na área da saúde. São Paulo: Saraiva, 2007, p. 133-135; Castro, João Monteiro de. *Responsabilidade civil do médico*. São Paulo: Método, 2005, p. 157-158. Outras vezes, a questão é tratada como uma hipótese de presunção de culpa: Kfouri Neto, Miguel. *Responsabilidade civil do médico. op. cit.*, p. 173-182; STOCO, Rui. *Tratado de responsabilidade civil. op. cit.*, p. 775-778.

[29] Nesse sentido, a 4ª Turma assentou que "o hospital responde objetivamente pela infecção hospitalar, pois esta decorre do fato da internação e não da atividade médica em si", STJ, REsp 629.212/RJ, 4ª Turma, 15.05.2007; Cf. também: AgRg no REsp 1.385.734/RS, 4ª Turma, 26.08.2014; AgRg no AREsp 24.602/RS, 4ª Turma, 15.12.2011; REsp 116.372, 4ª Turma, 11.11.1997. Esse também é o entendimento das outras turmas do STJ: AgRg no AREsp 10.851/RJ, 3ª Turma, 06.10.2011; AgRg no AI 1.038.411/RS, 3ª Turma, 03.11.2008; AgRg no REsp 1.237.646/RR, 2ª Turma, 05.02.2013.

"consciênciosa, diligente e conforme os progressos da ciência médica"[30], imposto de ordinário aos profissionais autônomos sob o fundamento da responsabilidade por culpa? Em outras palavras, seria possível afirmar que, do ponto de vista jurídico, os serviços oferecidos pelos médicos dentro de clínicas ou hospitais devem ser mais eficazes e seguros do que os serviços oferecidos pelos mesmos médicos fora dele?

Ora, nenhum dos defensores do regime do defeito jamais ousou afirmá-lo. Pelo contrário: os autores favoráveis à aplicação do regime do defeito à responsabilidade das clínicas e hospitais sempre mencionam que esse defeito depende, de uma forma ou de outra, da constatação da culpa cometida por algum dos profissionais que atenderam o paciente. Assim, é comum a afirmação de que a responsabilidade do hospital é objetiva quando houver "erro médico"[31], "falha de atendimento"; "atendimento inadequado"[32]; "falha na prestação do serviço"[33], ou, pelo enfoque inverso, que o hospital não é responsável "pelos riscos normais e previsíveis (...) que não podem ser eliminados"[34].

Em todos esses casos, estamos diante de um desvio de conduta praticado no curso do atendimento do paciente. A responsabilidade objetiva dos hospitais fica limitada, assim, às hipóteses em que um de seus funcionários agiu culposamente. Essa tese doutrinária foi consagrada no enunciado nº 191 da III Jornada de Direito Civil – ainda que, no caso, tenha-se partido do modelo de responsabilidade civil pelo ato de terceiro[35].

Mesmo a Terceira Turma terminava por seguir essa mesma posição. Assim, por exemplo, no mencionado Recurso Especial nº 1.331.628/DF[36], em que o Superior Tribunal afirmou a incidência do regime do defeito em

[30] Comparato, Fabio Konder. Obrigações de meios, de resultado e de garantia. *Revista dos tribunais*, v. 386, 1967, p. 26, n. 3.

[31] Lisboa, Roberto Senise. *Responsabilidade civil nas relações de consumo*. 2. ed. São Paulo: RT, 2006, p. 300.

[32] Direito, Carlos Alberto Menezes; Cavalieri Filho, Sergio. *Comentários ao novo Código Civil*. *op. cit.*, p. 512-513.

[33] Melo, Nehemias Domingos de. *Responsabilidade civil por erro médico*: doutrina e jurisprudência. 2. ed. São Paulo: Atlas, p. 143.

[34] Cavalieri Filho, Sergio. *Programa de responsabilidade civil*. 11. ed. São Paulo: Atlas, 2014, p. 458-459.

[35] "Enunciado 191: A instituição hospitalar privada responde, na forma do art. 932, III, do Código Civil, pelos atos culposos praticados por médicos integrantes de seu corpo clínico".

[36] STJ, REsp 1.331.628/DF, 3ª Turma, 05.09.2013.

uma lide envolvendo uma clínica, a corte ressaltou que a infecção generalizada da paciente, que levou à amputação de sua perna, ocorreu depois que o corpo clínico da instituição promovera sua "alta hospitalar indevida" por duas vezes. Já o acórdão do Recurso Especial n° 986.648/PR[37] reconheceu a ocorrência de "sucessivos erros e omissões praticados pelos médicos prepostos da clínica demandada por um período de quase dois meses", que, por diversas vezes, negligenciaram os graves sintomas apresentados pela demandante, diagnosticada com labirintite, quando a doença que a acometia – e que a levou ao óbito – era, na verdade, neurocisticercose.

E os demais precedentes da Terceira Turma que condenaram o hospital com base no *caput* do art. 14 também mencionavam a existência de um desvio de conduta por parte de sua equipe de profissionais[38]. Alguns desses julgados afirmavam até mesmo que é "dispensada demonstração da culpa do hospital relativamente a atos lesivos decorrentes de culpa de médico integrante de seu corpo clínico no atendimento"[39] ou que "a responsabilidade do hospital somente se configura quando comprovada a culpa do médico"[40].

Logo, tanto na doutrina, quanto na jurisprudência, o conceito de "defeito do serviço hospitalar" sempre está ligado a uma ação culposa, que também bastaria para responsabilizar o médico no plano individual[41].

[37] STJ, REsp 986.648/PR, 3ª Turma, 10.05.2011.

[38] Ver, contudo, STJ, REsp 801.691/SP, 3ª Turma, 06.12.2011, no qual a corte negou a denunciação do médico à lide, pretendida pelo hospital, no curso de uma ação reparatória movida por um paciente. No entender do STJ, a denunciação implicaria a ampliação da controvérsia, na medida o pedido do autor estaria calcado na responsabilidade objetiva do hospital, ao passo que a responsabilidade do médico exigiria a apreciação da culpa: "a culpa do médico plantonista não interessa ao paciente (consumidor) porque o hospital tem responsabilidade objetiva pelos danos causados por seu preposto; por isso, é inviável que no mesmo processo se produzam provas para averiguar a responsabilidade subjetiva do médico, o que deve ser feito em eventual ação de regresso proposta pelo hospital".

[39] STJ, REsp 696.284/RJ, 3ª Turma, 03.12.2009; REsp 1.184.128/MS, 3ª Turma, 08.06.2010. Cf. também: AgRg no Ag em REsp 353.195/RJ, 3ª Turma, 22.10.2013.

[40] STJ, REsp 1.216.424/MT, 3ª Turma, 09.08.2011; AgRg no REsp 1.196.319/DF, 3ª Turma, 13.11.2012.

[41] Nesse mesmo sentido, Gustavo Tepedino: "na hipótese em que o ato lesivo não se relaciona com os demais serviços prestados pela clínica, jungindo-se a erro profissional típico, seria difícil vislumbrar qualquer defeito, pressuposto da responsabilidade objetiva nos termos do art. 14, § 3º, diverso da conduta subjetiva do médico – a atividade defeituosa –, não se podendo negar, nesta perspectiva, que somente a demonstração da culpa é que poderá desencadear a responsabilidade do profissional e, em consequência, a do hospital, solidariamente"

Isso nos leva à conclusão de que a responsabilidade objetiva do hospital pelos serviços de tratamento propriamente ditos não é mais ampla do que a responsabilidade subjetiva dos profissionais autônomos. E essa similaridade existe porque, no que toca aos serviços de terapia, é muito difícil afirmar que houve a quebra das legítimas expectativas do paciente, ou seja, defeito do serviço, sem que isso decorra de uma falha de conduta imputável à equipe que o atendeu[42].

De fato, a mudança de um regime fundado na culpa para um regime fundado no defeito tem maior impacto nas situações em que é possível desvincular os atos de produção (a conduta do fornecedor) do resultado final desse processo (o produto, perfeito e acabado). Enquanto a culpa ocupa-se dos primeiros, o defeito foca-se exclusivamente no segundo. Assim, se um televisor explode ou um avião cai, pode-se afirmar que houve um defeito do produto ou serviço, sem que seja necessária qualquer análise sobre a conduta dos fornecedores nessas duas situações.

No caso específico dos serviços médicos, porém, a distinção é inviável, porquanto produto e produção se confundem. Não há uma mercadoria autônoma fornecida pelo hospital: o "produto" oferecido é a própria atividade de seus especialistas da saúde. Logo, é impossível apurar se esse serviço é ou não defeituoso sem analisar como atuaram os profissionais na condução do tratamento. Haverá quebra das expectativas de segurança e eficácia – logo, defeito do serviço – apenas nas situações em que os médicos desrespeitaram as regras éticas ou técnicas de sua profissão; ou, dito de outra forma, quando agirem com culpa.

Isso decorre do próprio conceito legal de defeito, fundado, como visto, nas expectativas dos consumidores quanto à segurança e aos riscos do serviço, e no modo de seu fornecimento. Ora, o paciente que se dirige ao hospital não espera que sairá necessariamente curado em razão de seus serviços. A aferição da inadequação de segurança do serviço de saúde passa inevitavelmente pela apreciação da conduta dos profissionais.

Tudo isso concede um tom de subjetividade à pretendida responsabilidade objetiva dos hospitais e clínicas pelos atos terapêuticos; um fato que mesmo os partidários da incidência ampla do regime do defeito reconhecem. Assim, por exemplo, o ministro Paulo de Tarso Sanseverino – um

A responsabilidade médica na experiência brasileira contemporânea. *In: Temas de direito civil*. São Paulo: Renovar, 2006. t. 2. p. 99.

[42] Contra: MIRAGEM, Bruno. *Curso de direito do consumidor. op. cit.*, p. 579-580 e 584.

dos mais notáveis defensores da aplicação do art. 14, *caput*, do Código de Defesa do Consumidor às clínicas e hospitais – explica que o defeito da prestação dos serviços hospitalares é "caracterizado pelo descumprimento de suas obrigações", ressalvando que nem por isso "a responsabilidade do hospital se torna subjetiva". Mas reconhece que, nesse caso, a diferença entre os regimes objetivo e subjetivo é "sutil"[43].

CONCLUSÕES

É possível concluir que a oposição entre culpa e defeito acaba se tornando muito mais verbal do que real, quando circunscrita ao tema dos serviços médicos. Mesmo se optarmos pela aplicação do regime do defeito do serviço, esse defeito só estará presente se houver uma falha de conduta, ou seja, um ato culposo, imputável ao corpo de profissionais da instituição. E isso demonstra a aproximação entre os diferentes sistemas de responsabilidade, objetivo e subjetivo. Eles se assemelham porque, em verdade, ambos procuram garantir, ainda que por perspectivas distintas, as legítimas expectativas do paciente sobre o tratamento ao qual foi submetido.

Isso não significa que o advento do Código de Defesa do Consumidor não tenha oferecido maior amparo aos pacientes do que a legislação comum. Mas essa proteção decorre, não tanto da mudança quanto ao fundamento da responsabilidade dos hospitais, mas de outros instrumentos protetivos previstos no Código consumerista, a saber, o direito à informação[44] e a facilitação da defesa do consumidor em juízo, com possível inversão do ônus da prova. Ocorre que tanto a relação entre o médico e o paciente, como a relação entre o paciente o e hospital, são hoje consideradas relações de consumo pela jurisprudência. Logo, esses dois instrumentos protetivos – direito à informação e possibilidade de inversão probatória – beneficiam indistintamente todas as vítimas de lesões médicas, pouco importando se elas foram atendidas em um hospital ou por um profissional autônomo[45].

[43] SANSEVERINO, Paulo de Tarso Vieira. *Responsabilidade civil no Código do Consumidor e a defesa do fornecedor. op. cit.*, p. 369-370.

[44] Paulo de Tarso Vieira Sanseverino afirma que a informação é a principal inovação do CDC quanto à responsabilidade dos profissionais (*idem*, p. 203).

[45] Sobre a aplicação do CDC aos médicos, cf. STJ, AgRg no Ag em REsp 337.976/SP, 4ª Turma, 20.08.2013; AgRg no Ag em REsp 25.838/PR, 4ª Turma, 20.11.2012; AgRg no AI 969.015/SC, 4ª Turma, 07.04.2011; REsp 1.145.728/MG, 4ª Turma, 30.06.2011; REsp 696.284/RJ, 3ª Turma, 03.12.2009.

E nem faria sentido que fosse diferente. Que motivos nos levariam a concluir que o indivíduo que se submeteu a uma operação contratando um hospital merece mais proteção do que um indivíduo que realizou essa mesma intervenção contratando diretamente o médico? Se o direito à saúde tem a mesma abrangência em ambos os casos, esse tratamento desigual entre as vítimas de um evento idêntico não teria qualquer justificativa plausível.

12
A PRECAUÇÃO E A PANDEMIA

Daniel Levy

INTRODUÇÃO

Quem diria que no ano em que uma das mais importantes e inovadoras obras da Professora Teresa Ancona Lopez completa 10 anos[1], o princípio da precaução voltaria ao centro do debate sobre a responsabilidade dos governos na pandemia do Covid-19. Há mais de uma década apresentado de forma inédita na doutrina jurídica brasileira pela Professora que aqui homenageamos, hoje a precaução está no centro das discussões sobre quando e como deveriam os governos terem agido para mitigar os efeitos da pandemia que assola o mundo em 2020. Tal já mostra que a Professora Teresa Ancona Lopez não é para nós apenas uma das grandes civilistas brasileiras, mas alguém que vê no aspecto humano e social de cada comunidade um elemento central da responsabilidade civil.

Portanto, nossa singela homenagem nesta obra foi tentar uma releitura do que dissemos sobre prevenção e precaução em 2012 em nossa dissertação de mestrado[2] – orientada pela Professora Teresa Ancona Lopez – à luz da pandemia que enfrentamos em 2020. Embora ainda estejamos vivendo a história, os primeiros inquéritos sobre a conduta e a responsabilidade

[1] Lopez, Teresa Ancona. *Princípio da precaução e evolução da responsabilidade civil.* São Paulo: Quartier Latin, 2010.

[2] Levy, Daniel de Andrade. *Responsabilidade civil:* de um direito dos danos a um direito das condutas lesivas. São Paulo: Atlas, 2012.

dos governos no combate à pandemia já começaram[3], a fim de se apurar se as suas ações foram compatíveis com o nível de conhecimento do vírus e, sobretudo, com os ditames da precaução.

No caso do Reino Unido, por exemplo, há inúmeras alegações de que mesmo no início de março de 2020, o Governo já tinha ciência de que o Covid-19 trazia um risco considerável à saúde humana e, sobretudo, tinha uma capacidade de contaminação muito elevada, inclusive impedindo a curto prazo uma imunidade coletiva. Nada obstante, o Governo apenas agiu de forma categórica com um *lockdown* em 23 de março, semanas após o conhecimento dos primeiros riscos do Covid-19[4], o que, de acordo com algumas projeções estatísticas, aumentou em quase 100% o número de mortes no Reino Unido (segundo tais projeções, um *lockdown* semanas antes teria salvado mais de 20 mil vidas das quase 45 mil perdidas até 21 de julho de 2020[5]).

Embora as informações a respeito do Covid-19 à disposição do Governo britânico não fossem completas em janeiro e fevereiro de 2020, e considerando que até o presente momento ainda há inúmeras dúvidas sobre a doença, teria o Estado violado o princípio da precaução ao não escolher impor uma quarentena forçada à sua população logo diante das primeiras suspeitas sobre a doença? Seria, portanto, possível responsabilizar os governos que, mesmo diante de indícios científicos sobre a pandemia, escolheram não aplicar o princípio da precaução?

São essas perguntas que gostaríamos de tentar explorar nas próximas linhas. Nunca a doutrina que nos foi apresentada no Brasil pela Professor Teresa Ancona Lopez em 2010 foi tão atual para tentar entender como os governos mundiais reagiram – ou deveriam ter reagido – em 2020. Voltemos, portanto, às (a) origens históricas dos princípios da precaução, bem como aos (b) principais casos em que foi aplicado, a fim de tentar entender se o comportamento dos governos em 2020 frente ao Covid-19 poderá no futuro gerar uma culpa da precaução.

[3] Por exemplo, no caso do Governo britânico, vide: https://www.bbc.co.uk/news/health-53238599 (acesso em 21.07.20).

[4] Sobre a crítica, vide: https://www.theguardian.com/world/2020/jun/07/uk-failure-to-lockdown-earlier-cost-many-uk-lives-top-scientist-says (acesso em 21.07.20).

[5] Vide: https://www.theguardian.com/world/2020/jun/11/thursday-briefing-earlier-lockdown-could-have-saved-20000-lives (acesso em 22.07.20).

1. PREVENÇÃO, PRECAUÇÃO E ÉTICA DO FUTURO

Nunca conhecemos tão bem o desconhecido. Somos, hoje, constantemente bombardeados pela ideia de que devemos projetar no presente todas as consequências danosas de uma atividade. Segundo Hans Jonas, esse é inclusive o primeiro dever resultante da ética do futuro[6]. Eis a base filosófica que deve nortear a precaução. Em meio a uma pandemia como a do Covid-19, cuja origem pode ter se dado na exploração humana de animais selvagens, nunca a relação entre o Homem e a natureza terá sido tão colocada em xeque para a garantia de um futuro.

A conscientização progressiva do ser humano acerca de sua impotência face ao desconhecido, somada à desenfreada evolução científica, foram suficientes para que a dúvida se tornasse uma "possibilidade de certeza". É preciso evitar mesmo aquilo que não necessariamente ocorreria, pelo simples fato de que talvez possa ocorrer. Mesmo a ciência de laboratório, nos dizeres de Ulrich Beck, "*não será jamais capaz de suprimir a incerteza do provável que, por definição, não exclui nada, é cega às consequências que acompanham as suas realizações e a colocam em perigo*"[7].

A pandemia faz o homem compreender que tais consequências ameaçam a sua espécie. Pior, percebe que não pode prevê-las; logo, é melhor evitá-las. Percebe as suas limitações científicas e, sobretudo, a falta de preparo dos governos em relação à precaução. Precisamos de um novo imperativo categórico: "*Aja de modo que os efeitos da tua ação sejam compatíveis com a permanência de uma autêntica vida humana sobre Terra*"[8]. Os mistérios e dúvidas que ainda cercam o Covid-19 (bem como outros Coronavirus), mostram

[6] "Sim, lá onde aquela palavra não nos é fornecida gratuitamente, ou seja, pelo medo presente, torna-se um dever buscá-la, porque também ali não podemos dispensar a orientação do medo. Esse é o caso da "ética do futuro" que estamos buscando: o que deve ser temido ainda não foi experimentado e talvez não possua analogias na experiência do passado e do presente. Portanto, o *malum* imaginado deve aqui assumir o papel de *malum* experimentado. Como essa representação não acontece automaticamente, ela deve ser produzida intencionalmente: portanto, obter uma projeção desse futuro torna-se um primeiro dever, por assim dizer introdutório, daquela ética que buscamos" (JONAS, Hans. *O princípio responsabilidade*: ensaio de uma ética para a civilização tecnológica (trad. do alemão de Marijane Lisboa e Luiz Barros Montez). Rio de Janeiro: Contraponto; Ed. PUC-Rio, 2006, p. 72).

[7] BECK, Ulrich. "La politique dans la société du risque". Traduzido por Stéphane Bornhausen e Philippe Chanial. In *Politik in der Risikogesellschaft*: Essays und Analysen. Suhrkamp Verlag, Francfort-sur-le-Main, 1991, p. 391.

[8] JONAS, Hans. Op. cit., p. 47.

que cada vez menos se sabem quais são esses efeitos, e muito menos se são compatíveis com a sobrevivência do ser humano; melhore então prevenir as suas ações. As consequências – sociais e econômicas – devastadoras das quarentenas, por si só, já mostram a importância da prevenção.

Os princípios da precaução e da prevenção decorrem justamente dessa escolha ideológica. Entre as limitações de um presente certo e os possíveis avanços de um futuro desconhecido, prefere-se aquele, sem descartar esse, que é apenas postergado. Os riscos e perigos resultantes de uma conduta passam a fazer parte de uma balança que, até pouco tempo, só pesava os benefícios. Mais importante é que se passou a colocar do lado dos malefícios não apenas aqueles conhecidos, mas também aqueles incertos.

Tanto a prevenção quanto a precaução são princípios que têm como objetivo guiar a conduta do cidadão e do Poder Público no intuito de evitar a ocorrência de um dano resultante, seja de um risco conhecido, seja de um risco apenas latente. Nos dizeres de Teresa Ancona Lopez, "*a precaução diz respeito aos* ***riscos-potenciais****, como, por exemplo, riscos à saúde com o consumo de alimentos geneticamente modificados; a prevenção, a* ***riscos constatados****, como aqueles que vêm das instalações nucleares*"[9].

Ambos têm natureza de princípio jurídico, pois servem de instrumento interpretativo e estabelecem normas gerais cujo objetivo é normatizar condutas; porém, como bem observa a autora supracitada, a própria ideia de prevenção ou de precaução é também um *standard* de comportamento, pelo qual o indivíduo é chamado a verificar quais são os possíveis riscos de danos resultantes de sua conduta, por meio de fontes científicas, políticas, econômicas, sociológicas, éticas, estatísticas, etc.

A função normativa que aqui procuramos consistirá justamente em responsabilizar tanto aquele que não respeitou o *standard* de conduta, mesmo que um dano efetivo ainda não tenha ocorrido, quanto aquele que, tendo provocado o dano, desrespeitou não só o padrão de comportamento, mas o próprio *princípio* da prevenção ou da precaução. No caso da pandemia, será interessante examinar como a demora na implementação de medidas de isolamento poderá ser considerada uma conduta violadora do standard mencionado, por exemplo.

O conceito de precaução, tal como é concebido hoje, isto é, um padrão de conduta destinado a evitar danos decorrentes de riscos ainda potenciais,

[9] LOPEZ, Teresa Ancona. Op. cit., p. 101, grifos no original.

aparece na década de 70, tanto no conceito alemão do *Vorsorgeprinzip* (de *Vorsorge,* que exprime a precaução), como no âmbito de discussões internacionais, tais que a Conferência das Nações Unidas sobre Meio Ambiente Humano, em Estocolmo no ano de 1972. O *Vorsogeprinzip* já aparece no Programa Ambiental Alemão em 1971.

Todavia, é somente no final da década de 80 que o princípio ganha uma aceitação verdadeiramente global e passa a integrar diversos tratados, convenções e acordos internacionais: a Declaração Ministerial da II Conferência sobre o Mar do Norte, de 1987, cuja Seção II afirma literalmente a precaução como necessária à proteção daquele ambiente[10]; a Declaração do Rio, Eco-92, cujo princípio 15[11] afirma expressamente a ideia de precaução; a Convenção-Quadro sobre mudanças climáticas, em 1992, entre outras[12]. Na Comunidade Europeia, a precaução é inserida pelo Tratado de Maastricht[13], em 1992, no âmbito de seu artigo 130-R-2, que enumera os princípios que devem fundar a política comunitária.

Surgido como norma de proteção ambiental, logo o princípio da precaução estende a sua aplicação a um universo científico maior, englobando toda forma de risco decorrente do desenvolvimento tecnológico da sociedade, como a saúde alimentar (por exemplo, no caso da "vaca louca") e o Direito Sanitário (caso do sangue contaminado, na França). Hoje, o Covid-19 sem dúvida ressuscitará esse debate.

Como afirmam Viney e Kourilsky em seu Relatório sobre o Princípio da Precaução, encomendado em 1999 pelo então Primeiro Ministro francês

[10] O dispositivo é examinado por Mathilde Boutonnet e Anne Guégan. "Annexe 1: historique du principe de précaution". In VINEY, Geneviève; KOURILSKY, Philippe. *Le principe de précaution*: rapport au Premier Ministre. Paris: Éditions Odile Jacob e La Documentation Française, 2000, pp. 255-256.

[11] "De modo a proteger o meio ambiente, o princípio da precaução deve ser amplamente observado pelos Estados, de acordo com suas capacidades. Quando houver ameaças de danos sérios e irreversíveis, a ausência absoluta de certeza científica não deve ser utilizada como razão para postergar medidas eficazes e economicamente viáveis para prevenir a degradação ambiental" (Disponível em https://www.scielo.br/pdf/ea/v6n15/v6n15a13.pdf acesso 27.07.20).

[12] Para um histórico detalhado, vide BOUTONNET, Mathile; GUÉGAN, Anne. "Annexe 1: historique du principe de précaution". In VINEY, Geneviève; KOURILSKY, Philippe. *Le principe de précaution*, cit., pp. 257 et seq.

[13] Disponível em https://europa.eu/european-union/sites/europaeu/files/docs/body/treaty_on_european_union_en.pdf, acesso em 27.07.82.

Lionel Jospin, a ideia decorre diretamente de um "*sentimento de dever pelo futuro, resultante de uma tomada de consciência dos efeitos potencialmente irreversíveis das ações das presentes gerações*" [14].

Na doutrina, Teresa Ancona Lopez trouxe à luz do Direito brasileiro o fenômeno da precaução e é da doutrinadora que emprestamos uma síntese do princípio:

> Princípio da precaução é aquele que trata das diretrizes e valores do sistema de antecipação de riscos hipotéticos, coletivos ou individuais, que estão a ameaçar a sociedade ou seus membros com danos graves e irreversíveis e sobre os quais não há certeza científica; esse princípio exige a tomada de medidas drásticas e eficazes com o fito de antecipar o risco suposto e possível, mesmo diante da incerteza[15].

Portanto, é indispensável ir além da prevenção, além do conhecimento técnico-científico, do atual *state of the art*, para abranger também um conhecimento apenas provável. A própria distinção entre prevenção e precaução pressupõe conceber a ideia da impossibilidade humana de previsão de resultados. Nos dizeres de Daphné Tapinos, "*na prevenção a opção 'se realiza / não se realize' é certa. Na precaução, a opção 'se realiza / não se realiza' é duvidosa*"[16]. A precaução nada mais é do que o "*risco do risco*"[17].

Como se vê, o princípio da precaução é fundado na dúvida acerca da *premissa*, e não da *conclusão*. Dessa forma, é necessário cautela, ou seja, é preciso "*haver precaução na aplicação da precaução*"[18]. Uma vez que o fundamento desse princípio é a interpretação do nível de incerteza, torna-se uma faca de dois gumes, devendo a sua aplicação sempre considerar a proporção existente entre os benefícios certos da atividade e os seus riscos desconhecidos. Caso contrário, poderá constituir freio ao desenvolvimento. No estabelecimento desses critérios para julgar o nível da incerteza, será

[14] Op. cit., p. 27. Tradução livre. No original: "(...) le sentiment d'un devoir à l'égard de l'avenir est né d'une prise de conscience des effets potentiellement irréversibles de l'action des générations présentes (...)".

[15] Op. cit., p. 103.

[16] Tapinos, Daphné. *Prevention, précaution e responsabilité civile.* Paris : L'Hamarttan, 2008, p. 59. Tradução livre. No original: "Dans la prévention, l'option 'se réalise / ne se réalise pas' est certaine. Dans la précaution l'option 'se réalise / ne se réalise pas' est douteuse".

[17] A expressão é de Viney, Geneviève; Kourislky, Philippe. Op. cit., p. 17.

[18] Lopez, Teresa Ancona. Op. cit., p. 104.

sempre importante considerar a gravidade do potencial dano, de um lado, e o alcance do benefício, do outro.

Situação que ilustra bem essa dinâmica, e que se aproxima do Covid-19, foi justamente a retratada em decisão de 2010 do Conselho de Estado francês[19], na qual uma associação requereu ao órgão administrativo a suspensão da campanha de vacinação contra o vírus da gripe H1N1 ("Gripe Suína") com fundamento no princípio da precaução. Ainda que a demanda tenha sido rejeitada, com base no fato de que nenhuma das provas apresentadas pela associação suscitava uma séria dúvida sobre os riscos da vacina, fato é que somente um controle minucioso da concretização desse princípio poderá dotá-lo de real eficácia. No caso, o Conselho de Estado ressaltou os benefícios essenciais que a campanha de vacinação traria para a população em face de um risco de dano que sequer havia sido minimamente demonstrado.

São os princípios da prevenção e da precaução que devem constituir os alicerces conceituais de uma função preventiva da Responsabilidade Civil. O olhar para o futuro é o pressuposto da conservação do presente e a análise da conduta do agente deverá basear-se nessa atitude como padrão de conduta a ser mantido antes da ocorrência do dano, ou bem como padrão descumprido, após.

2. A PRECAUÇÃO COMO INSTRUMENTO DE *ANTECIPAÇÃO DO DANO*

Uma das mais inovadoras aplicações do princípio da precaução é permitir que uma parte seja responsabilizada não apenas após a ocorrência de um dano, mas também quando a sua conduta, por si só, tiver sido violadora de um dever de prevenir esse mesmo dano quando houver uma dúvida fundada sobre os potenciais de sua ocorrência. No caso da saúde pública, a atuação de um Estado que, ciente dos potenciais riscos e consequência de determinada doença, decide não tomar quaisquer medidas preventivas, poderia gerar uma responsabilização?

Mesmo diante das dúvidas científicas que existem sobre o Covid-19 – e que ainda existirão por muito tempo – não pode o Governo imiscuir-se de seu dever preventivo; aliás, a precaução serve exatamente nestes casos

[19] Conseil d'État, n. 335359, 18.01.10, sendo requerente Association Coordination de la Recherche et des Informations pour la Vie (CRI-Vie) e Parti Politique de Vie.

em que há dúvida sobre a hipótese, impondo ao agente que tome medidas que, mesmo sem certeza, possam impedir um dano. Isso porque estamos diante de lesões cuja ocorrência é tão grave e irreversível que se impõe ao agente que, diante da sua simples suspeita, tente de todas as formas evitá-lo. Considerando que chegamos hoje a 15 milhões de casos confirmados de Covid-19 e 617 mil mortes[20] em todo o mundo, não parece restar dúvida de que a simples suspeita sobre o potencial nocivo deste coronavírus deveria gerar o dever da precaução.

Teresa Ancona Lopez diz que esses são "*danos em série*"[21], ocorridos em uma sociedade pouco consciente de seu aspecto civilizacional, o que impõe olhar para o futuro, para as próximas gerações. É a ideia de um "patrimônio transgeracional"[22], que os índios iroqueses, que habitaram a região dos Grandes Lagos, no Canadá, tinham traduzido no princípio fundamental de que "*precisamos pensar constantemente no bem-estar das sete gerações seguintes*"[23]. Nem é preciso ir tão longe, pois o art. 225, de nossa Constituição, impõe o dever de preservar o meio ambiente "*para as presentes e* futuras gerações" (grifou-se). São casos de "danos sem dono", irreversíveis, e que o homem deixa como herança a cada geração

Saúde e meio ambiente formam o espaço vital do ser humano, em sua dimensão interna e externa, respectivamente. Aqui, uma função preventiva da Responsabilidade Civil, segundo a doutrina, deverá regular toda conduta que possa resultar em um dano grave o suficiente para colocar em risco aquilo que há de mais vital para a sobrevivência da espécie.

Adicionalmente, a fluidez espaciotemporal desses danos "*gera lesões não mais na dimensão do ter, mas naquela do ser, na medida em que são os processos volutivos da vida, na sua criação e renovação, que são afetados*"[24]. O problema é que, nesses casos, o tempo jurídico está vinculado de forma estreita ao tempo

[20] Dados em 22.07.20, disponível em https://news.google.com/covid19/map?hl=en-GB&mid=/m/07ssc&gl=GB&ceid=GB:en

[21] Op. cit., p. 133.

[22] Lafargue, Régis. "Le préjudice civilisationnel pour atteinte à l'environnement. Droit au cadre naturel et réalités socioculturelles: interdépendances et interdisciplinarité". In *Droit et Société*, n. 74, 2010, p. 154.

[23] Rouland, Norbert. *Aux confins du droit*. Paris: Odile Jacob, 1991, p. 267.

[24] Tapinos, Daphné. Op. cit., p. 464. Tradução livre. No original: "L'atteinte ainsi portée ne relève plus tant du domaine de l'avoir que celui de l'être dans la mesure où ce sont les processus même de vie dans leur création et leur renouvellement qui sont alors affectés".

científico[25]. Sob a ótica espacial, esses danos não têm lugar certo, nem foro, nem jurisdição; sob a lupa temporal, são de hoje, mas, sobretudo, atingem também *"as vítimas ainda virtuais de amanhã"*[26].

Um dos primeiros casos de saúde pública em que a precaução foi invocada foi o caso da "Vaca Louca", em 1996, no qual a Corte Europeia de Justiça afirmou que *"quando subsistem incertezas quanto à existência ou ao alcance dos riscos à saúde das pessoas, as instituições podem tomar medidas sem esperar que a realidade e a gravidade desses riscos sejam plenamente demonstradas"*[27]. Aquele Tribunal, portanto, manteve a decisão administrativa comunitária que suspendia a importação de carne bovina do Reino Unido.

No Brasil, algumas decisões começam a caminhar nesse sentido. Em demanda movida pelo Ministério Público Federal buscando a suspensão das atividades de uma mineradora instalada no Espírito Santo, com fundamento na potencialidade de danos graves e irreversíveis, o TRF-2ª Região[28] aplicou os princípios da prevenção e da precaução. Concluiu o acórdão afirmando que a ausência de absoluta certeza científica sobre o real perigo de lesão não pode ser oposta para postergar a adoção de medidas economicamente viáveis para prevenir a degradação ambiental.

Em outro caso[29], agora na área da saúde, a ANVISA conseguiu suspender a comercialização de medicamento que continha acetato de chumbo

[25] Chemillier-Gendreau, Monique. "Sur quelques rapports du temps juridique aux autres formes de temps". In *L'accélération du temps juridique*. Bruxelles: Facultés Universitaires de Saint-Louis, 2000, p. 295.

[26] Tapinos, Daphné. Op. cit., p. 483. Tradução livre. No original: "(...) victimes encore virtuelles de demain (...)".

[27] Caso C 180/96, j. 05.05.98, par. 99. Tradução livre. No original: "lorsque des incertitudes subsistent quant à l'existence ou à la portée de risques pour la santé des personnes, les institutions peuvent prendre des mesures de protection sans avoir à attendre que la réalité et la gravité de ces risques soient pleinement démontrées".

[28] TRF-2ª Região, 6ª T., AI 200702010150756, rel. Des. Federal Frederico Gueiros, j. 12.11.10: "3- Aplicação do princípio da prevenção ante a impossibilidade de retorno ao statu quo ante, em conjunto com o princípio da precaução que deve ser amplamente observado pelos Estados, de acordo com suas capacidades. Quando houver ameaça de danos sérios ou irreversíveis, a ausência de absoluta certeza científica não deve ser utilizada como razão para postergar medidas eficazes e economicamente viáveis para prevenir a degradação ambiental". No mesmo sentido, em relação à desocupação de uma área de conservação ambiental por mineradora na Amazônia, remeta-se ao julgado do TRF-1ª Região, 5ª T., AI 200801000234365, rel. Juiz Federal Pedro Francisco da Silva, j. 26.06.09.

[29] TRF-1ª Região, 6ª T., AC 200634000094927, rel. Des. Federal Daniel Paes Ribeiro, j. 09.02.09: "2. A divergência entre os órgãos americanos e europeus de proteção da saúde

diante das incertezas científicas quanto à nocividade desse princípio ativo. O composto, muito empregado em produtos cosméticos, vem sendo objeto de vivo debate entre órgãos americanos e europeus quanto à sua potencialidade de dano. Assim, com base no princípio da precaução, o TRF-1ª Região decidiu confirmar a proibição imposta pelo órgão público, diante dos danos hipoteticamente graves e irreversíveis que o metal poderia causar.

Falta agora o emprego do standard da precaução pelos próprios autores dos potenciais danos, como aqueles que decidem construir – e manter – barragens, ou bem aqueles que decidem explorar mercados de animais selvagens ou laboratórios especializados em coronavirus. Sem que se saiba ainda exatamente qual a origem exata do Covid-19, fato é que a tomada de decisões potencialmente nocivas deveria vir acompanhada de uma hesitação prévia, de uma conscientização sobre o risco do risco.

Portanto, é a tomada de consciência acerca da gravidade e da irreversibilidade de potenciais efeitos dessa conduta à vida do ser humano que motivou a aplicação do princípio da precaução nos julgamentos supra. Trata-se de medida verdadeiramente antecipatória do dano. Como bem precisaram Viney e Kourilsky, "*para os danos muito graves e irreversíveis, sobretudo aqueles que podem se produzir em longo prazo e comprometer o bem-estar de gerações futuras, a reparação não tem realmente sentido uma vez que é praticamente irrealizável*", concluindo que, nesses casos, "*importa agir antes, a fim de evitar a realização de tais catástrofes*"[30].

Outro exemplo demonstra, ao contrário, os problemas decorrentes da não aplicação dessa função preventiva da Responsabilidade Civil no momento oportuno, o que pode se estender ao caso do Covid-19 em 2020. Trata-se do conhecido caso do sangue contaminado, que ocorreu na França a partir da década de 80. Com a descoberta do vírus do HIV, em 1983, uma circular do Poder Público francês recomendava a laboratórios e bancos de sangue que sempre checassem a vida pregressa de seus doadores, pois

humana, acerca da nocividade do acetato de chumbo é indicativa da dificuldade na aferição do potencial de lesividade, justificando a suspensão da comercialização de produtos que contenham o metal, com amparo no princípio da precaução, até que estudos conclusivos sejam apresentados no sentido de que seja inofensivo à saúde humana".

[30] Op. cit., p. 179. Tradução livre. No original: "(...) des dommages très graves et irréversibles, surtout ceux qui peuvent se produire à long terme et compromettre le bien-être des générations futures, la réparation n'a pas vraiment de sens car elle est pratiquement irréalisable. Ce qui importe, donc, c'est d'agir en amont pour éviter la réalisation de telles catastrophes".

se *suspeitava* que o vírus fosse transmitido por transfusões. Muitos simplesmente ignoraram a recomendação e continuaram as transfusões sem essa checagem, o que resultou em uma quantidade fenomenal de novos contaminados, sobretudo hemofílicos e outros doentes que precisavam de sangue.

Naquele momento, a dúvida não impediu que se continuasse uma atividade potencialmente arriscada. Como bem delineou Teresa Ancona Lopez, configurou-se a "*culpa da precaução*"[31]. Tanto que o governo francês, reconhecendo a sua parcela de culpa ao não obrigar – mas apenas recomendar – aquela verificação pregressa, criou, em 1991, um fundo público de indenização para as vítimas do HIV em decorrência de transfusões sanguíneas[32].

Uma postura preventiva logo quando descoberto o vírus do HIV teria imposto a responsabilização imediata daqueles que não verificassem o histórico de seus doadores de sangue, independentemente de ainda não haver qualquer comprovação acerca do nexo científico entre a transfusão e a posterior contaminação.

Acreditamos que a mesma postura deveria ter sido imposta aos governos mundiais diante do Covid-19. Na inexistência de maiores certezas científicas sobre o potencial nocivo do vírus, deveria se impor uma atitude conservadora de rapidamente impor a quarentena. O mandato de um Estado em relação a seus cidadãos não é de tomada de riscos econômicos que possam justificar um maior benefício, mas uma postura de prudência na salvaguarda da vida, que impõe medidas rápidas e restritivas[33].

No Direito Ambiental, tal preocupação parece refletida nas recomendações e conclusões da comissão constituída pelo Programa das Nações Unidas para o Meio Ambiente (PNUMA), quando estabelece: "*É necessário um novo regime de responsabilidade civil que estabeleça tanto os danos previsíveis quanto os imprevisíveis, assim como os* danos presentes e futuros"[34].

[31] Op. cit., p. 202.

[32] Sobre o tema, remeta-se a JOUHAD, Y. "L'indemnisation des transfusés et hémophiles victimes de contamination par le virus d'immunodéficience humaine". In *Bulletin d'Information de la Cour de Cassation*, 01.10.92.

[33] Sobre a aplicação específica do princípio da precaução ao Covid-19, vide a seguinte matéria: https://www.theguardian.com/commentisfree/2020/mar/25/uk-coronavirus-policy-scientific-dominic-cummings (Acesso em 27.07.20).

[34] Citado por CARVALHO, Délton Winter de. *Dano ambiental futuro:* a responsabilização civil pelo risco ambiental. Rio de Janeiro: Forense Universitária, 2008, p. 125, grifou-se.

Ousamos afirmar que esse "*novo regime*" é justamente o que doutrina e jurisprudência chamam de uma função preventiva da Responsabilidade Civil. Em todo caso, como bem delineou Carbonnier[35], a função preventiva deverá impedir a realização daqueles danos graves e irreversíveis que aproximam o ser humano de um mero usufrutuário de seu planeta, consumindo como se fosse dono, mas não preservando como se fosse proprietário[36].

3. A APLICAÇÃO DO PRINCÍPIO DA PRECAUÇÃO À PANDEMIA DE COVID-19

Ainda é cedo para dizer quais serão os efeitos de longo prazo da pandemia no mundo, no ser humano e, sobretudo, na postura dos governos em relação à saúde pública. No Reino Unido, por exemplo, a maior preocupação desde março de 2020 não foi apenas o controle do número de casos, mas, acima de tudo, a ampliação do sistema público de saúde. Nada obstante, a demora em agir ou – pior – a conduta voluntariamente nociva de um governo, como aconteceu no Brasil, poderia gerar uma responsabilização? Seria possível, em alguns anos, ver a constituição de fundos indenizatórios para vítimas do Coronavirus? Diante da prova de que a maior parte dos governos, em fevereiro de 2020, já conheciam os riscos potenciais do Covid-19, poderiam ser acusado de não ter agido conforme os ditames da precaução?

Ainda no Reino Unido, há notícia de que algumas primeiras demandas já foram apresentadas ao Ministério da Saúde por particulares que perderam parentes em casas de repouso. Esses autores alegam que a política do Governo de permitir que pacientes hospitalizados com sintomas de Covid-19 fossem liberados para voltar para as suas casas de repouso sem teste teria sido nociva à vida e à saúde dessas pessoas. Resta saber como o Poder Judiciário, consciente do efeito coletivo dessas decisões, agirá diante nesses casos.

Finalmente, qualquer que seja o mundo após o Covid-19, não há como negar que os riscos envolvidos no desrespeito ao princípio da precaução não poderiam ser mais atuais. A pandemia parece ser o sinal de alerta para

[35] Prefácio à tese de CHELHOLD, Joseph. *Le droit dans la société bédouine.* Paris: M. Rivière, 1971, p. II.

[36] A ideia de usufrutuário é explorada por OST, François. *La nature hors la loi* : l'écologie à l'épreuve du droit. Paris: La Découverte, 2003.

a sobrevivência do ser humano na Terra, que de forma insistente, parece desafiar os limites da natureza, de seu espaço vital. Caberá aos governos agirem de forma cada vez mais prematura não apenas para evitar danos decorrentes de incertezas científicas, mas, sobretudo, para evitar a incerteza científica em si. A Responsabilidade Civil precisa definitivamente deixar o seu papel apenas indenizatório para voltar-se para o seu papel preventivo. Nunca precisamos tanto relembrar a obra da Professora Teresa Ancona Lopez.

13
RESPONSABILIZAR: UM EXERCÍCIO DE RETROSPECÇÃO

Diogo Naves Mendonça

INTRODUÇÃO

Quem quer que se depare com um evento danoso, nas mais diversas situações cotidianas, imediatamente vislumbra alguma reação em face daquele que o provocou. O anseio por "justiça" é comum a estudiosos e a não estudiosos do direito. A reação que cada um idealiza não é apenas influenciada por fatores como o interesse afetado, a repercussão do dano e a reprovabilidade da conduta; ela também varia conforme a carga valorativa do idealizador. Enquanto uns são mais tolerantes ao risco, outros se solidarizam com a vítima, outros ainda se identificam com o causador do dano.

Como o aparato estatal, nos mais diversos ramos do direito, não pode ficar à mercê das subjetividades daquele que oferecerá a resposta, delineia-se um sistema capaz de preservar alguma coerência e previsibilidade. Em matéria de responsabilidade civil, a cultura jurídica em que se insere o sistema brasileiro delimitou historicamente três elementos a partir dos quais tal resposta é estruturada: culpa, causalidade e dano. Cada um desses elementos possui peculiaridades que, embora capazes de preencher centenas de livros, voltam-se essencialmente a dois questionamentos. Deve-se indenizar? Se sim, indenizar quanto?

Aos dois questionamentos que sintetizam (sem esgotar) o cerne da responsabilidade civil este artigo propõe um exercício pouco utilizado na prática jurídica, mas que pode se revelar útil. Trata-se de uma visão retrospectiva dos eventos lesivos, ou seja, de uma análise que, embora realizada *ex post* (após o dano), tenta recuperar o cenário *ex ante* (anterior ao dano), tudo com o intuito de alcançar uma resposta mais segura e justa a tais eventos[1].

1. O CARÁTER RECÍPROCO DA RESPONSABILIDADE CIVIL

Quando se pensa em responsabilidade civil emerge naturalmente a ideia de indenização. Embora a disciplina tenha sofrido inúmeras guinadas nas últimas décadas, incorporando elementos que a tornaram tão abrangente (o princípio da precaução[2], por exemplo), seu cerne continua sendo o estudo do dever de indenizar diante de situações danosas.

No ambiente acadêmico ou na prática judiciária o problema é o mesmo: alguém sofreu um dano; como indenizar? Desse questionamento central ramificam-se inúmeras outras indagações. Qual a natureza e a extensão do dano? Que papel cumpre a indenização? Ela deve se pautar estritamente pela extensão do dano? Há algum aspecto que exclua o dever de indenizar? Tais perguntas, que surgem em uma espécie de corolário do problema central (alguém sofreu um dano), acabam por obscurecer o raciocínio incompleto que está por trás do questionamento inicial (como indenizar?).

Atribuir a alguém o dever de indenizar também é causar-lhe um dano. O exemplo mais banal de responsabilidade civil, em que uma pessoa causa um prejuízo patrimonial a outra e acaba condenada a repará-lo, ajuda a compreender o aspecto recíproco da responsabilidade civil. Quando se imputa o dever de indenizar a alguém e esse dever é capaz de retornar integralmente a pessoa lesada ao *statu quo ante*, há verdadeira transferência do dano, da vítima para o sujeito que a indeniza. Em outras palavras, a imputação do dever de indenizar denota em si mesma a causação de um dano, por mais legítimo que ele seja à luz do ordenamento jurídico.

Tal ideia, que depois de verbalizada pode parecer óbvia, realça a complexidade do fenômeno da responsabilidade civil, um fenômeno que passa

[1] O tema foi tratado de forma analítica no livro *Análise econômica da responsabilidade civil: o dano e a sua quantificação* (São Paulo: Atlas, 2012), de minha autoria, fruto de trabalho acadêmico sob orientação da Professora Teresa Ancona Lopez, de quem fui aluno desde o primeiro ano da graduação e por quem tenho imenso carinho e gratidão. O presente artigo retoma e revê algumas das reflexões do livro, acrescenta outras tantas e fornece exemplos concretos que podem ajudar a compreender a ideia central de que a responsabilidade demanda um exercício retrospectivo.

[2] Quanto ao tema, conferir, por todos, LOPEZ, Teresa Ancona. *Princípio da Precaução e Evolução da Responsabilidade Civil*. São Paulo: Quartier Latin, 2010.

por questões que vão muito além do direito (questões morais, econômicas etc.). Responsabilizar é, em última análise, uma escolha do sistema jurídico. É possível imaginar um sistema em que só seria responsabilizado aquele que agisse com intenção deliberada de causar o dano. Diversos danos aos consumidores ou desastres ambientais acabariam não reparados ou compensados. Essa exclusão de situações culposas, embora abominável em termos morais ou de justiça, é teoricamente possível e pode até ser eficiente em termos econômicos.

Ronald Coase, um dos principais economistas que influenciaram o pensamento jurídico no século passado, tentou realçar essa ideia, contrapondo-a ao senso comum de que a eficiência econômica pressupõe a internalização das chamadas externalidades negativas. É comum imaginar que a atividade produtiva (fabricação de aparelhos celulares, por exemplo) deve internalizar os custos gerados a terceiros (eventuais danos causados aos consumidores no uso dos celulares), de modo a fazer com que o preço final (dos celulares, no exemplo) leve-os em consideração. Nessa linha de raciocínio, o mecanismo da responsabilidade civil exerce o papel de internalização dos custos externos, ajustando para cima o preço do produto e, conforme ficará claro adiante, permitindo que a lei da oferta e da procura funcione adequadamente.

Coase afirma que o problema vai além. Segundo ele, a visão recíproca da responsabilidade permite vislumbrar que a imputação do dever de indenizar configura um dano àquele que está sendo responsabilizado. Partindo dessa premissa, é preciso apurar se os ganhos econômicos obtidos com essa responsabilização são ou não maiores do que as perdas decorrentes de se coibir a atividade danosa. O economista sugere que reagir de forma indistinta a todas as ações que causam danos pode ter resultados desastrosos e adverte que talvez "os tribunais devessem entender as consequências econômicas de suas decisões e devessem, na medida em que fosse possível sem a criação de muita incerteza acerca da própria solução emanada da lei, levar em consideração tais consequências quando fossem tomar suas decisões"[3].

As ideias de Coase, embora estejam longe de fornecer uma solução justa e adequada aos diversos eventos danosos do cotidiano, não apenas ressaltam

[3] COASE, Ronald. *The Problem of Social Cost*. In: *The Journal of Law and Economics*, vol. III, 1960, p. 2, 19 e 27.

o caráter recíproco da responsabilidade civil como também retomam um aspecto geralmente ignorado quando se trabalha com essa disciplina. Trata-se da noção de que a imputação do dever de indenizar significa a coibição do ato correspondente. É que, para se livrar desse dever, o agente poderá ter que deixar de praticar o ato pelo qual está sendo responsabilizado.

Alguns exemplos ajudam a compreender a ideia. Há decisões judiciais que fixam o dever de indenizar em desfavor de nubentes que desistem do matrimônio, como uma forma de compensar aquele ou aquela que viu frustradas as expectativas de casamento. Esquecem, porém, que responsabilizar o nubente arrependido equivale a exigir, ainda que em um retorno mental, que ele tivesse se casado. Em direito do consumidor, raciocínio semelhante pode ser aplicado ao controle de entrada em estabelecimentos bancários. As portas giratórias, que detectam metais, acabam gerando situações constrangedoras aos clientes. Responsabilizar indistintamente os bancos, sem apurar condutas de fato abusivas ou vexatórias, equivale a incentivar a supressão do aparato de segurança. É evidente que, nos dois exemplos apresentados, as circunstâncias em que se deram os fatos serão relevantes para a configuração do dever de indenizar. Remanesce, porém, a advertência para que os casos não sejam tomados indistintamente, de modo que não se coíbam condutas socialmente desejáveis (nos exemplos, a livre manifestação da vontade e a criação de mecanismos de segurança).

Todas essas questões exigem um olhar retrospectivo daquele que se depara com uma situação danosa. Como adiantado no item introdutório, ainda que após a ocorrência do dano, deve-se analisar o contexto anterior a ele. A retrospecção pode ser tomada separadamente, ou seja, em relação a cada um dos três elementos clássicos da responsabilidade civil.

2. A CULPA E A CAUSALIDADE

Delimitar os pressupostos do dever de indenizar ficou tão mais difícil quanto mais complexo tornou-se o sistema da responsabilidade civil. A tendência histórica de ampliação dos eventos danosos que merecem tratamento jurídico, atribuindo-se maior proteção à vítima, foi acompanhada da flexibilização de tais pressupostos. Novas situações de fato foram incluídas e, para tanto, os elementos da responsabilidade foram sendo desprezados ou ao menos reinterpretados. Esse processo tornou mais intrincada a demarcação, que em termos semânticos já era naturalmente difícil, entre culpa e causalidade.

Para o leigo, culpado é aquele que causou o dano. Culpa e causalidade atuam como signos diversos, mas com um mesmo referente nebuloso. A construção teórica da responsabilidade busca repartir esses elementos, delimitando cada referente para apreender de modo mais acurado o fenômeno. Espécies de culpa e teorias da causalidade são esforços acadêmicos que tentam cumprir esse papel.

A realidade, porém, não se curva à teoria. Danos podem decorrer de uma omissão, provocados em massa, a partir de uma cadeia indefinida de atos e de agentes, na esfera de risco de uma atividade. Todos esses aspectos retomam a dificuldade semântica inicial e geram um temor de arbitrariedade na imputação do dever de indenizar. Um dos exemplos mais emblemáticos é o da responsabilidade pelo risco.

Nessa seara, o exame retrospectivo da responsabilidade civil exige uma reflexão que remete ao tema da alocação de riscos. Como nota Guido Calabresi, a sociedade nunca esteve disposta a evitar eventos danosos a qualquer preço. O ser humano constrói obras de engenharia que desafiam a natureza, vale-se de meios de transporte mais rápidos e por isso mais arriscados, insiste no contato social mesmo em meio a uma pandemia, porque nunca esteve disposto a proteger a própria vida a qualquer custo. O verdadeiro problema, bem mais complexo, é o de saber até que ponto estamos dispostos a evitar os danos[4].

Tal reflexão passa por uma análise de custo-benefício. Se os danos em alguma medida acabarão ocorrendo, quanto a sociedade está disposta a (gastar para) evitá-los? Inúmeros estudos de Análise Econômica do Direito (*Law and Economics*) voltaram-se para esse questionamento. E muitos deles partem da chamada regra de Hand, uma fórmula concebida pelo juiz norte-americano Learned Hand no caso United States v. Carroll Towing Co..

O caso tratou de um acidente no porto de Nova York. Uma única corda era utilizada para amarrar diversos barcos. A tripulação do rebocador de um dos barcos ajustou mal a corda, o que fez com que outro barco se soltasse, afundando com toda a sua carga. O dono da embarcação perdida invocou a negligência da tripulação do rebocador, cujo proprietário res-

[4] Calabresi, Guido. *The Costs of Accidents: A Legal and Economic Analysis*. New Haven: Yale University Press, 1970, p. 17-18 e 27. O exemplo clássico é o do comprador de um automóvel que opta por menos mecanismos de segurança (*airbag*, freio ABS, barras de proteção lateral etc.) para reduzir o custo, ainda que isso signifique maior risco à vida dele e de sua família.

pondeu argumentando que aquele primeiro também havia sido negligente, já que o barqueiro da nau afundada havia faltado ao expediente, quando regularmente são feitos os ajustes na corda comum.

O juiz Hand, ao decidir a controvérsia, afirmou o seguinte: "já que há ocasiões em que toda embarcação se soltará de suas amarras e já que, se isso acontecer, ela se tornará uma ameaça às que estão ao seu redor, o dever do proprietário, como em outras situações semelhantes, é uma função de três variáveis: 1) a probabilidade de que ela vá se soltar; 2) a gravidade do dano resultante, se ela fizer isso; 3) o ônus de precações adequadas. Possivelmente formular essa noção em termos algébricos sirva para realçá-la: se a probabilidade for chamada de *P*, o dano de *R* e o ônus de *O*, a responsabilidade civil depende de *O* ser menor do que *R* multiplicado por *P*, isto é, de $O < PR$"[5].

A regra de Hand já foi adotada em inúmeras decisões nos tribunais americanos e passou a ser invocada não apenas para definir um *standard* de diligência nas hipóteses de responsabilidade civil subjetiva, mas também para servir de ferramenta à estipulação de uma indenização justa[6]. A ideia que está por trás da regra é a de que, se o gasto tido com a reparação de um prejuízo for menor do que o custo de evitar a ocorrência desse prejuízo, um agente racional optará naturalmente por causar o dano e posteriormente indenizar a vítima. Tal percepção retoma a necessidade, já apontada acima, de se analisar o evento lesivo *ex ante*, ou seja, retomar o cenário anterior à ocorrência do dano.

A perspectiva econômica da culpa, influenciada pela narrativa de incentivos, parte da regra de Hand para sugerir que haverá conduta culposa quando os custos dispendidos para evitar o evento danoso forem inferiores aos gastos decorrentes do dano, multiplicados pela probabilidade de sua ocorrência. Em sentido diverso, o causador do dano não terá agido com culpa quando os recursos que ele dispendeu para evitar o dano forem iguais ou maiores do que os custos do dano, multiplicados pela probabilidade de ele ocorrer.

Esse raciocínio econômico de incentivo, que pode complementar os parâmetros – tão questionados na academia, mas tão utilizados na ativi-

5 COOTER, Robert e ULEN, Thomas. *Direito & Economia*. 5ª ed. Porto Alegre: Bookman, 2010, p. 345.

6 Os temas são tratados com detalhes nas duas partes finais do livro Análise econômica da responsabilidade civil: o dano e a sua quantificação (*op. cit.*).

dade forense – do homem médio ou do *bonus pater familiae*, guarda alguma compatibilidade com a lógica jurídica da responsabilidade subjetiva. Permite-se, afinal, verificar se era possível ao agente causador do dano ter adotado medidas adicionais de cuidado para evitar o evento indesejável ou ao menos reduzir os prejuízos dele decorrentes. Em se tratando de responsabilidade objetiva, o raciocínio também pode ser útil. É que a ideia que rege a fórmula de Hand serve ao exame da própria causalidade, um pressuposto comum à responsabilidade civil. Sempre em um exercício de retrospecção, apura-se se medidas adicionais de cuidado seriam capazes de reduzir a probabilidade do dano.

Em exemplo infelizmente comum pode-se questionar se o furto de um automóvel estacionado em vaga recuada, no terreno de uma agência bancária, deve ser imputado ao banco. Indo além, a solução seria diversa caso o veículo estivesse estacionado no logradouro público? E se se tratasse de um estacionamento fechado, com controle de entrada? O raciocínio até então apresentado sugere que em todas essas situações seja apurado o parâmetro de cuidado exigível da instituição financeira. Assim sendo, não parece aceitável a linha de defesa, comum quando tais casos são levados ao Judiciário, de que em se tratando de mera vaga recuada e não de um estacionamento fechado o furto não estaria incluído no espectro de risco do banco. Acolher tal argumento seria chancelar a omissão do banco na adoção de medidas de segurança, como a instalação de cancelas ou guaritas nas áreas destinadas ao estacionamento, que funciona como um atrativo para o uso dos serviços bancários daquela agência.

Em última análise, a aplicação da regra de Hand à causalidade parte do cenário *ex ante* para comparar (i) a probabilidade do dano caso seja desrespeitado o parâmetro de cuidado e (ii) a probabilidade do mesmo dano caso o parâmetro seja respeitado. Tal ideia é desenvolvida por William Landes e Richard Posner, que citam um caso em que o demandado possuía represas com comportas para escoamento da água em situações de enchente. As comportas estavam emperradas por ocasião de uma enchente, de modo que não houve escoamento do excesso de água, alagando a fazenda vizinha. No entanto, a enchente havia sido tão grande que as comportas não teriam dado conta do excesso de água, mesmo se desobstruídas. Segundo os autores, pode até parecer óbvio que o demandado, embora negligente (culpa), não deva ser condenado, já que sua conduta não deu causa ao prejuízo do vizinho (causalidade). Tal raciocínio, além de realizado em duas etapas, toma a premissa como conclusão. Bastaria considerar que as probabilidades condicionais eram idênticas e que, à luz da teoria de incentivos consagrada na regra de Hand, o benefício decorrente da manutenção das comportas seria zero[7].

Todas essas noções, que são caras à perspectiva econômica da responsabilidade civil, estão longe de dar uma resposta acabada aos desafios que esse ramo do direito apresenta. Não há dúvida, porém, de que elas podem contribuir com a tomada de decisão, amenizando as dificuldades geradas por conceitos complexos, por vezes vagos ou até semanticamente cambiáveis, como culpa e causalidade.

3. O DANO

O exercício de retrospecção talvez seja ainda mais valioso quando se analisa o elemento que vem ocupando os holofotes da responsabilidade civil. Por um giro conceitual, pela flexibilização dos pressupostos da reparação ou pela funcionalização da responsabilidade em favor da vítima, para ficar com três das sentenças comumente invocadas pela doutrina, esse ramo do direito voltou-se nas últimas décadas ao exame analítico do dano. Também esse elemento, mais especificamente a sua mensuração, merece uma análise retrospectiva capaz de recuperar o cenário anterior a ele.

O ponto central do direito positivado no Brasil em matéria de quantificação das indenizações está no *caput* do artigo 944 do Código Civil, segundo o qual "a indenização mede-se pela extensão do dano". O parágrafo único faz uma ressalva restrita aos casos em que há "excessiva desproporção entre a gravidade da culpa e o dano", hipótese em que o juiz pode "reduzir, equitativamente, a indenização".

A leitura pautada nos incentivos, a que se fez alusão mais de uma vez ao longo deste artigo, exige que as indenizações sejam fixadas na exata medida do dano para evitar que uma determinada atividade seja indevidamente desencorajada (quando indenizações são superestimadas) ou indevidamente estimulada (quando indenizações são subestimadas).

Se à luz das regras jurídicas fica caracterizado o dever de indenizar (*an debeatur*), passa-se à etapa seguinte, às vezes mais tortuosa, destinada à

[7] LANDES, William e POSNER, Richard. *Nexo de causalidade e responsabilidade civil: uma abordagem econômica*. In: *Direito e Economia – Textos escolhidos* (coord. SALAMA, Bruno Meyerhof). São Paulo: Saraiva, 2010, p. 116-122.

fixação do montante a ser pago (*quantum debeatur*). Nessa segunda etapa, o recurso à internalização das chamadas externalidades negativas, mencionada no item 1 acima, é inevitável. Afinal, os custos gerados a terceiros, ou seja, os prejuízos provocados aos destinatários da atividade ou mesmo a pessoas que não guardam relação alguma com ela, devem compor o preço final de um produto ou de um serviço. Só assim o produto ou serviço terá o seu preço real, de modo que a lei da oferta e da procura funcione adequadamente.

Caso o agente que pratica uma atividade seja obrigado judicialmente a pagar indenizações excessivas, que superem os efetivos prejuízos causados, o preço final de seu produto acabará indevidamente majorado e ele perderá uma fatia de mercado que em princípio seria dele (há uma dissuasão excessiva da atividade, uma "overdeterrence"). Em sentido contrário, se as indenizações forem inferiores aos prejuízos causados, o preço final do produto ficará indevidamente reduzido, de modo que o agente tomará uma fatia de mercado que não lhe seria devida (aqui as indenizações exercem uma dissuasão insuficiente da atividade, uma "underdeterrence").

Como se nota, a ferramenta da responsabilidade civil atua, ainda que não seja esse o propósito inicial dos tribunais, como um elemento de incentivo ou desestímulo a atividades econômicas. Para além de reparar os danos das vítimas e exatamente porque a responsabilidade tem um caráter recíproco, a sentença que fixa uma indenização pode refletir no preço de um produto, no alcance que uma empresa terá no mercado de consumo ou até na viabilidade de sobrevivência dessa empresa (sobrevivência que, aliás, nem sempre é desejável em termos ambientais, de direito do consumidor e também em termos econômicos). O raciocínio é válido não apenas para aquele caso em que há um dano significativo, a exigir uma imensa indenização. Ele se aplica igualmente aos casos em que há danos em massa, com centenas de milhares de pessoas atingidas, o que poderá ensejar, se não utilizado algum instrumento de atuação coletiva, centenas de milhares de sentenças condenatórias.

Todo esse exercício retrospectivo está em plena consonância com o postulado jurídico do retorno ao *statu quo ante*. O que não se costuma perceber é que em diversos casos o retorno deve-se operar não apenas em favor da pessoa que foi lesada, mas também em face daquela que causou o dano. E para que o lesante retorne ao estado "pré-dano" podem ser necessárias indenizações extraordinárias, comumente chamadas de indenizações punitivas. Tais indenizações, diferentemente do que se poderia imaginar, apenas confirmam o raciocínio de incentivos, segundo o qual os prejuízos causados a terceiros devem ser fielmente internalizados. É que em determinadas situações o lesante "escapa" do dever de indenizar todos os prejuízos por ele provocados, algo comum nos danos causados em massa a consumidores. Quanto menor o prejuízo individual e maior o número de pessoas afetadas, ampliam-se as chances de o agente econômico escapar da completa internalização das externalidades negativas. Daí a estipulação de um patamar indenizatório que exceda o montante exclusivamente compensatório, permitindo que os prejuízos alastrados sejam internalizados de forma integral e evitando uma dissuasão insuficiente[8].

É essa, aliás, a lógica que está por trás do artigo 100 do Código de Defesa do Consumidor. Tratando-se de danos individuais homogêneos, se em fase de execução de uma condenação judicial não houver habilitação de vítimas em número compatível com a gravidade do dano, os legitimados das ações coletivas, entre os quais o Ministério Público, assume a incumbência de promover a liquidação e a execução do montante indenizatório remanescente. Há situações, porém, em que o problema vai além de uma falha na imputação do dever de indenizar. São situações em que o lesante obteve vantagens, deliberadas ou não, com a própria causação do dano. Aqui não se trata apenas de forçar uma compensação *ex post* dos lesados, mas também de fazer com que o lesante volte à situação pré-dano, em uma perspectiva *ex ante*. É importante notar que as duas medidas nem sempre são equivalentes, ou seja, reparar os prejuízos causados a terceiros pode não ser o suficiente para retirar as utilidades obtidas pelo agente com a causação do dano. Haddock, Mcchesney e Spiegel alertam para isso quando afirmam que "retornar a vítima à situação anterior ao dano não é igual a retornar o réu à situação anterior"[9]. Nesse quadro, pode ser necessária uma indenização extraordinária, superior à mera compensação dos lesados. A ferramenta da responsabilidade civil, em uma perspectiva funcional, deve ser capaz de eliminar as vantagens obtidas (intencionalmente ou não) com ações causadoras de danos.

[8] POLINSKY, Mitchell e SHAVELL, Steven. *Punitive damages: an economic analysis*. In: *Harvard Law Review*, vol. 111, 1998, p. 873-874.

[9] HADDOCK, David, MCCHESNEY, Fred e SPIEGEL, Menahem. *Um fundamento econômico ordinário para sanções legais extraordinárias*. In: *Direito e Economia – Textos escolhidos* (coord. SALAMA, Bruno Meyerhof). São Paulo: Saraiva, 2010, p. 146-147.

Os exemplos são muitos. Inscrever de forma indiscriminada nomes de consumidores em cadastros de maus pagadores em vez de promover uma análise cuidadosa (e mais cara) dos débitos, praticar o chamado *overbooking*, disparar mensagens em massa que possam denegrir a imagem de alguém são algumas das tantas situações em que causar o dano pode ser mais vantajoso do que evitá-lo. A credibilidade da responsabilidade civil dependerá da capacidade que tal ferramenta possui de reverter essa equação. Ao dispor que "a indenização mede-se pela extensão do dano" (*caput* do artigo 944 do Código Civil), o legislador pátrio forneceu o subsídio para tanto. Basta que se considere o dano em termos globais, aquilo que os economistas chamam de perda de riqueza total. Nessa linha de raciocínio, o retorno ao *statu quo ante* deve ser de todos, não somente da vítima, mas também do causador do dano.

CONCLUSÕES

Este artigo partiu da premissa de que a responsabilidade civil tem caráter recíproco e o dever de indenizar, na via geralmente ignorada pelos estudiosos, também representa um dano àquele em face de quem está sendo imposto. Exatamente por isso a responsabilidade traduz-se em uma ferramenta capaz de estimular ou desestimular atividades, mais ou menos relevantes, mais ou menos danosas para a sociedade. Uma condenação judicial, por menor que seja a indenização fixada e ainda que pensada apenas do ponto de vista da vítima, inevitavelmente repercutirá na esfera do causador do dano.

Imputar o dever de indenizar é coibir o ato correspondente, incentivar que ele não seja mais praticado. Tal perspectiva permite questionar, por exemplo, se era possível ao agente causador do dano ter adotado medidas adicionais de cuidado para evitar o evento indesejável ou ao menos reduzir os prejuízos dele decorrentes. Permite perceber, ainda, que a credibilidade da responsabilidade civil depende de uma postura que vai além de sua aptidão para retornar a vítima ao estado anterior ao dano. Também o causador do dano deve retornar ao *statu quo ante*, perdendo as vantagens que obteve, de forma intencional ou não, com o evento lesivo.

Essas e outras reflexões aqui apresentadas demandam um exame que, embora realizado *ex post* (após o dano), tenta recuperar o cenário *ex ante* (anterior ao dano), com o intuito de obter uma resposta justa e segura. Em última análise, responsabilizar será sempre um exercício de retrospecção.

REFERÊNCIAS

CALABRESI, Guido. *The Costs of Accidents: A Legal and Economic Analysis*. New Haven: Yale University Press, 1970.

COASE, Ronald. *The Problem of Social Cost*. In: *The Journal of Law and Economics*, vol. III, 1960.

COOTER, Robert e ULEN, Thomas. *Direito & Economia*. 5ª ed. Porto Alegre: Bookman, 2010.

HADDOCK, David, MCCHESNEY, Fred e SPIEGEL, Menahem. *Um fundamento econômico ordinário para sanções legais extraordinárias*. In: *Direito e Economia – Textos escolhidos* (coord. SALAMA, Bruno Meyerhof). São Paulo: Saraiva, 2010.

LANDES, William e POSNER, Richard. *Nexo de causalidade e responsabilidade civil: uma abordagem econômica*. In: *Direito e Economia – Textos escolhidos* (coord. SALAMA, Bruno Meyerhof). São Paulo: Saraiva, 2010.

LOPEZ, Teresa Ancona. *Princípio da Precaução e Evolução da Responsabilidade Civil*. São Paulo: Quartier Latin, 2010.

MENDONCA, Diogo Naves. *Análise econômica da responsabilidade civil: o dano e a sua quantificação*. São Paulo: Atlas, 2012.

POLINSKY, Mitchell e SHAVELL, Steven. *Punitive damages: an economic analysis*. In: *Harvard Law Review*, vol. 111, 1998.

14
RESPONSABILIDADE CIVIL NA LEI ANTICORRUPÇÃO

Eduardo Tomasevicius Filho

INTRODUÇÃO

A corrupção ainda é, infelizmente, uma prática recorrente na sociedade brasileira. Embora se tenha notícia desses atos há séculos, pouca coisa mudou desde então, a despeito de um maior combate por parte das autoridades, razão pela qual as principais notícias veiculadas diariamente pela imprensa são aquelas relacionadas a operações policiais e processos judiciais envolvendo políticos e agentes públicos que lesaram o Estado.[1] Tradicionalmente, os instrumentos legislativos de combate a essas práticas têm sido o Código Penal, que tipifica os denominados crimes contra a administração pública, e as Leis nºs 4.717/1965, 7.347/1985 e 8.429/1992, que regulam, respectivamente, a ação popular, a ação civil pública e a responsabilidade civil por atos de improbidade administrativa. Essas três últimas leis têm por objeto a pretensão ao ressarcimento dos prejuízos causados ao Estado e se voltam à pessoa do agente público corrupto.

Em 2013, duas importantes leis foram promulgadas no Brasil em matéria de combate à corrupção. A primeira delas é a Lei nº 12.850, de 2 de agosto de 2013, que tipificou criminalmente a conduta de organização criminosa e estabeleceu no direito brasileiro a colaboração premiada

[1] Por outro lado, existem condutas de corrupção entre particulares, nas quais o Estado não é vítima. Na maioria das vezes, essas condutas são toleradas ou não censuradas, nem mesmo são punidas na esfera criminal no Brasil.

do acusado, admitindo-se a transação penal em troca de informações e esclarecimentos para as autoridades nas fases de investigação e de processo penal.

A segunda delas é a Lei nº 12.846, de 1º de agosto de 2013, conhecida também como "Lei Anticorrupção", por meio da qual se buscou o aperfeiçoamento do arcabouço institucional então existente ao basear-se na experiência internacional, como a *Foreign Corrupt Practices Act*, dos Estados Unidos, de 1977 (e suas sucessivas atualizações), o *UK Bribery Act*, do Reino Unido, de 2011, assim como por força do mecanismo de acompanhamento do cumprimento da Convenção sobre o Combate da Corrupção de Funcionários Públicos Estrangeiros em Transações Comerciais Internacionais,[2] ratificada pelo Brasil por meio do Decreto nº 3.678/2000,[3] pela qual se impunha o aprimoramento da legislação nacional.[4]

Pelo fato de a "Lei Anticorrupção" visar, agora, aos agentes privados que concorrem nas condutas lesivas ao patrimônio público, e não aos agentes públicos, os profissionais especializados em direito penal[5] - e, desta vez, os profissionais da área do direito empresarial –, voltaram suas atenções para esse diploma legal. Publicaram-se livros e artigos, organizaram-se coletâneas, com o intuito de interpretá-la para a determinação de seus efeitos no cotidiano das pessoas jurídicas e naturais que têm relações com a administração pública, nacional ou estrangeira.

2 Cf. PIMENTEL FILHO, André. "Comentários aos artigos 1º ao 4º da Lei Anticorrupção". In: SOUZA, Jorge Munhoz; QUEIROZ, Ronaldo Pinheiro de (Orgs). *Lei Anticorrupção*. Salvador: JusPodium, 2015. p. 71.

3 O Brasil também ratificou a Convenção da OCDE sobre o Combate da Corrupção de Funcionários Públicos Estrangeiros em Transações Comerciais Internacionais (Decreto nº 3.678/2000), a Convenção Interamericana contra a Corrupção (Decreto nº 4.410/2002) e a Convenção da ONU (Decreto nº 5.687/2006).

4 Essa iniciativa resultou no Projeto de Lei 6.826/2010.

5 No direito penal, é notória a preocupação com a ideia de um modelo preventivo, o qual seria produto da irradiação da lógica econômica em matéria de liberdade e consistiria no compartilhamento da responsabilidade entre o Estado e os indivíduos no combate à criminalidade, assumindo-se condutas autorregulatórias por meio de programas de *compliance*. Isso daria ensejo à imputação de responsabilidade penal à pessoa jurídica e à aplicação da teoria do domínio do fato, de Claus Roxin. Cf. SILVEIRA, Renato de Mello Jorge. SILVEIRA, Renato de Mello Jorge. "1ª Parte. Autorregulação, responsabilidade empresarial e criminal compliance". In: SILVEIRA, Renato de Mello Jorge; SAAD-DINIZ, Eduardo. *Compliance, direito penal e lei anticorrupção*. São Paulo: Saraiva, 2015. p. 26 e 65.

A despeito dos argumentos de que a "Lei Anticorrupção" é, essencialmente, uma lei cuja natureza jurídica seria de direito penal,[6] ou mesmo de direito administrativo, defende-se, neste trabalho, ao contrário, que esta é uma lei de direito civil. Podem-se listar, pelo menos, três tópicos nesse sentido: o conceito de responsabilidade civil objetiva, a medida da extensão do dano, e a aplicação do princípio da boa-fé na relação com a atividade de *compliance*, os quais serão analisados a seguir.

1. RESPONSABILIDADE CIVIL

O primeiro aspecto de direito civil que merece destaque na "Lei Anticorrupção" é aquele relativo ao seu objeto, que consiste na "responsabilização administrativa e civil de pessoas jurídicas pela prática de atos contra a administração pública, nacional ou estrangeira", conforme disposto na ementa e no art. 1º do texto legal. Ao contrário da "Lei de Improbidade Administrativa", em cujo art. 5º se estabelece a responsabilidade subjetiva do agente público ou de terceiro que, "por ação ou omissão, dolosa ou culposa", causa dano ao patrimônio público, a "Lei Anticorrupção" não se volta contra estes, mas sim contra as pessoas jurídicas e pessoas naturais enquanto dirigentes e administradores. Nesta última, estabeleceu-se, para as pessoas jurídicas de direito privado, a responsabilidade objetiva, nos termos do art. 2º, caput, e a responsabilidade subjetiva dos dirigentes e administradores da pessoa jurídica, nos termos do art. 2º, § 2º. Notadamente, buscou-se facilitar a condenação das pessoas jurídicas pela des-

[6] TAMASAUSKAS, Igor Sant'Anna; BOTTINI, Pierpaolo Cruz. "A controversa responsabilidade objetiva na Lei nº 12.846/2013". Revista do Advogado. São Paulo. v.34. n.125. p.125-30. dez. 2014. p. 128: "Esse mesmo esforço deve ser feito em relação à responsabilidade empresarial pelos ilícitos previstos na Lei nº 12.846/2013. A uma porque, a nosso ver, se trata de uma lei penal encoberta. Como já defendemos, a qualidade e a quantidade das sanções, os contornos dos ilícitos e o bem jurídico tutelado revelam que a lei trata – em verdade – de crimes e impõe penas, sendo, portanto, vedado o recurso à responsabilidade objetiva". No mesmo sentido, Paulo Henrique dos Santos Lucon ("Procedimento e sanções na lei anticorrupção (Lei 12.846/2013)". Revista dos Tribunais. São Paulo. v.103. n.947. p.267-79. set. 2014. p. 272): "Ainda que não se considere que referida ação não tenha natureza penal, é certo que ela constitui uma manifestação inequívoca do poder punitivo do Estado, inserindo-se, portanto, no quadro geral do chamado Direito Administrativo Sancionador, o que impõe a observância de uma série de garantias que, embora tradicionalmente ligadas ao direito material e processual penais, compõem um núcleo comum de *status* constitucional, que sempre deve se manifestar diante do *ius puniendi* estatal".

necessidade da prova da culpabilidade – ainda que, pelas circunstâncias, esta possa ser evidente –, sendo suficientes a prova da existência do dano, a realização de uma ação ou omissão e o nexo de causalidade entre a conduta praticada e o dano sofrido pelo Estado.

Curiosamente, existe desconforto com a imputação de responsabilidade civil objetiva da pessoa jurídica na "Lei Anticorrupção", manifestado pela doutrina penal, notadamente influenciada pela controversa responsabilidade penal da pessoa jurídica. Na tramitação do Projeto de Lei, propôs-se a sua exclusão do texto legal, sob a alegação de que se violaria a garantia do devido processo legal obrigar a pessoa jurídica a responder por atos de funcionários, associações e órgãos de classe, além de engessar o progresso econômico, razão pela qual se deveria limitar a responsabilidade somente a atos praticados por seus órgãos estatutários, mas não por terceiros desprovidos de poderes jurídicos para atuar em nome da pessoa jurídica.[7] Esses argumentos não foram aceitos pelo relator[8] e o projeto transformou-se em lei ordinária sem a admissão dessa proposta. Está em curso no Supremo Tribunal Federal a Ação Direta de Inconstitucionalidade nº 5.261, de 2015,[9] proposta pelo Partido Social Liberal – PSL, por meio da qual se alega a inconstitucionalidade da imputação de responsabilidade civil objetiva por esta trazer insegurança jurídica e violar a garantia da ampla defesa e da intranscendência das penas, além de estar em desacordo com a proporcionalidade e a razoabilidade.

Com efeito, tais argumentos não se sustentam, porque não se deve confundir responsabilidade civil objetiva com responsabilidade penal objetiva, tampouco se deve considerar pena criminal e indenização como sinônimos. Ademais, de modo algum, a responsabilidade civil objetiva gera insegurança às pessoas jurídicas. Isso porque esta exige a prova da conduta praticada para que se configure o nexo de causalidade entre conduta e

[7] BRASIL. CÂMARA DOS DEPUTADOS. Projeto de Lei nº 6826/2010. Emenda nº 02/2011. Disponível em: http://www.camara.gov.br/proposicoesWeb/prop_mostrarintegra?codteor=934319&filename=EMC+2/2011+PL682610+%3D%3E+PL+6826/2010. Acesso em: 24.jun.2020

[8] BRASIL. CÂMARA DOS DEPUTADOS. Projeto de Lei nº 6826/2020. Comissão especial destinada a proferir parecer ao Projeto de Lei nº 6826/2010. Disponível em: http://www.camara.gov.br/proposicoesWeb/prop_mostrarintegra?codteor=982072&filename=PES+2+PL682610+%3D%3E+PL+6826/2010. Acesso em: 24.jun.2020

[9] BRASIL. SUPREMO TRIBUNAL FEDERAL. Ação Direta de Inconstitucionalidade nº 5.261/DF. Relator: Ministro Marco Aurélio. Aguardando julgamento.

dano, constituindo esse fato a garantia jurídica da impossibilidade de responsabilidade civil de forma arbitrária a quem não deu causa. Além disso, por analogia, muito dificilmente se conseguiria, nos dias atuais, sustentar um retorno à responsabilidade subjetiva das pessoas jurídicas em matéria relativa a transporte, relações de consumo, meio ambiente ou em qualquer outro caso no qual se desenvolva atividade de risco, sob a alegação de que esse tipo de responsabilidade civil inviabiliza a atividade econômica. Dessa feita, argumentos contrários à responsabilidade civil objetiva das pessoas jurídicas por atos de corrupção são anacrônicos em face do estado da arte do direito civil, porque pretendem uma exceção à regra – aliás, injustificada – de imputação de responsabilidade civil subjetiva para condutas altamente deletérias ao Estado e à sociedade. Aliás, se o próprio Estado, por meio da legislação e da jurisprudência, definiu que a sua responsabilidade civil é objetiva, o mesmo critério deve ser usado em seu favor, quando sofre danos provocados por atos de corrupção.

2. DANOS E PENAS "CIVIS"?

O segundo elemento relativo ao direito civil na "Lei Anticorrupção" é a necessidade de comprovação do dano, porque, na grande maioria dos casos, não existe responsabilidade civil sem sua ocorrência. Aliás, essa lei pouco trata acerca de tal questão. Menciona-se a "reparação integral do dano", expressão repetida nos arts. 4º, §§ 1º e 2º; art. 6º, § 3º; art. 13, caput; art. 16, § 3o, e art. 19, § 4º. Fora desses casos, o art. 21, parágrafo único, limita-se a dispor que "A condenação torna certa a obrigação de reparar, integralmente, o dano causado pelo ilícito, cujo valor será apurado em posterior liquidação, se não constar expressamente da sentença". Por sua vez, o art. 21, caput, estatui o rito previsto na Lei da Ação Civil Pública para fins de propositura da ação de responsabilização judicial e esta última trata, no art. 1º, caput, da possibilidade de indenização por danos morais e patrimoniais e, no art. 3º, que "a ação civil poderá ter por objeto a condenação em dinheiro ou o cumprimento de obrigação de fazer ou não fazer".

Em primeiro lugar, as regras previstas no Código Civil acerca da aferição do dano sofrido pelo Estado são perfeitamente aplicáveis à "Lei Anticorrupção". A primeira delas é a do art. 402, segundo a qual, salvo disposição legal em contrário, as perdas e danos abrangem o dano emergente e o lucro cessante. Assim, a reparação integral do dano importa o pagamento de indenização correspondente aos prejuízos efetivamente sofridos pelo

Estado, como também o que se deixou de ganhar, como nos casos relativos a empresas públicas e sociedades de economia mista.

Além disso, questão importante em matéria de dano seria aquela relativa aos *punitive damages,* os quais consistem na fixação do valor da indenização em valor superior àquele necessário à reparação dos danos causados, como forma de desestímulo aos agentes causadores de danos e estímulo às vítimas para fazer valer os seus direitos em juízo. A relevância desse instituto, dentro da "Lei Anticorrupção", estaria justamente na possibilidade de condenação ao pagamento de indenização em valor superior ao dano sofrido pelo Estado, de modo a promover o desestímulo por parte das pessoas jurídicas, como de seus administradores e dirigentes.

No direito brasileiro, existe limitação aos *punitive damages,* porque um dos princípios fundamentais do direito das obrigações é a vedação do enriquecimento sem causa. A fixação de valores exorbitantes a serem pagos a título de indenização pelos danos causados à vítima estimularia o desejo de ocorrência de atos ilícitos por quem encontrasse no dano um meio de obtenção de lucro. O art. 944 do Código Civil veda os *punitive damages* ao estabelecer que "a indenização mede-se pela extensão do dano".

De qualquer modo, cabem aqui reflexões sobre as sanções administrativas previstas às pessoas jurídicas nos arts. 6º e 7º, além das sanções previstas no art. 19 desta lei, como consequência da denominada responsabilidade judicial. Sendo um dos objetos da "Lei Anticorrupção" a responsabilidade civil decorrente de atos de corrupção, segue-se a lógica do direito civil, que consiste na obrigação de indenizar os prejuízos causados, adotando-se o critério existente no Código Civil para a fixação do *quantum debeatur,* ou reproduzi-la, de modo específico, no texto legal. Porém, a responsabilização judicial, nos moldes previstos na "Lei Anticorrupção", é, de fato, uma sanção, sem qualquer relação com a responsabilidade civil, assim como não são sinônimos os termos "responsabilidade civil" e "responsabilidade judicial", devendo estarem dissociadas as ideias de responsabilidade civil objetiva pela prática de atos de corrupção e a punição prevista no art. 19 pela prática desses atos. O legislador brasileiro poderia ter incorporado de vez, de forma expressa, o conceito de *punitive damages,* ainda que de forma isolada, no direito brasileiro e prever a possibilidade de impor indenizações acima da extensão do dano por meio da responsabilidade civil, com o intuito de proteger o patrimônio do Estado. Como não o fez, trata-se de mais uma evidência de que a responsabilidade civil objetiva prevista na

"Lei Anticorrupção" não tem qualquer relação com punições, posto que estas ocorrem por meio do denominado direito administrativo sancionador, em razão das previsões dos artigos desta lei acima mencionados.

3. BOA-FÉ E *COMPLIANCE*

Destinada à apuração de fatos que ensejam a responsabilidade civil, além de funcionarem como mecanismos de prevenção, detecção e combate à corrupção, ganharam importância os programas de *compliance*,[10] inspirados na experiência norte-americana prevista nas *US Sentencing Guidelines*, as quais estabelecem, desde 1991, com sucessivas alterações, que se leve em conta, na aplicação da condenação criminal, a existência de padrões e procedimentos que visam a obstar e detectar condutas criminosas, bem como promover uma cultura organizacional que incentive condutas éticas e o cumprimento da lei. A Organização para a Cooperação e Desenvolvimento Econômico – OCDE elaborou um manual sobre ética e *compliance* anticorrupção, datado de 2013,[11] em que se detalham os principais aspectos de desenvolvimento e implantação desse tipo de programa, entre os quais, o apoio e o compromisso da alta administração da empresa com o combate à corrupção, a divulgação, clara, visível e acessível, do programa implantado, a orientação para o trato com assuntos potencialmente suscetíveis à corrupção e a implantação de treinamento, comunicação, mecanismos de controle interno e de denúncia de irregularidades. Com esses programas, estimula-se a cooperação dos agentes privados no combate à corrupção.[12]

Nesse sentido, a boa-fé é o princípio do direito civil que impõe a prática de condutas em conformidade com padrões éticos e bem como a realização de condutas corretas entre as partes. Por tratar-se de um vocábulo polissêmico, existem diversas acepções de boa-fé, entre as quais, a boa-fé ética, adotada por uma autorrestrição da pessoa, independentemente de

[10] "*Compliance*", na língua inglesa, significa "conformidade".

[11] OECD. Anti-corruption ethics and compliance handbook for business. Disponível em: http://www.oecd.org/corruption/Anti-CorruptionEthicsComplianceHandbook.pdf. Acesso em: 24.jun.2020

[12] Para Renato de Mello Jorge Silveira (Idem. p. 28), os mecanismos de *compliance* não são adequados dentro da lógica do ordenamento jurídico brasileiro: "[...] o exemplo brasileiro não só parece como realmente se mostra, absolutamente caótico, sob diversos pontos de vista. Isso se dá porque o conceito básico de autorregulação (compliance) parece fazer sentido dentro de uma perspectiva da responsabilidade penal da pessoa jurídica, e não é esse o caminho seguido pelo legislador brasileiro".

imposição de uma norma jurídica, e a boa-fé jurídica, a qual impõe a conduta correta, ainda que o agente, em seu foro íntimo, entenda ser melhor para si a conduta oposta à boa-fé.[13]

Em termos normativos, a boa-fé está prevista em diversas normas específicas do Código Civil, entre as quais, a do art. 113, segundo a qual, na redação atual promovida pela "Lei da Liberdade Econômica" (Lei nº 13.874/2019), "[a] interpretação do negócio jurídico deve lhe atribuir o sentido que: (...) III – corresponder à boa-fé", assim como existe a previsão de duas importantes cláusulas gerais. Outra regra é aquela prevista no art. 187, pela qual "também comete ato ilícito o titular de um direito que, ao exercê-lo, excede manifestamente os limites impostos pelo fim econômico-social, pela boa-fé e pelos bons costumes", e a terceira é a do art. 422, segundo a qual "os contratantes, tanto na celebração, quanto na conclusão do contrato, são obrigados a observar os princípios de probidade e boa-fé". Mediante o princípio da boa-fé, as partes são obrigadas a agir com coerência, ante a qualificação de comportamentos contraditórios como contrários à boa-fé, assim como são obrigadas a dizer a verdade, com transparência, clareza e na medida necessária para a compreensão das pessoas, além de manterem comportamentos cooperativos, por meio da abstenção de condutas que consistem em resistências injustificadas.

Na implantação do programa de integridade, aplica-se o princípio da boa-fé, desde logo, pelos compromissos de comprometimento com o mesmo, porque a adoção de parâmetros de conduta, códigos de ética e políticas configura exemplo de comportamentos coerentes no combate à corrupção. Igualmente, a elaboração de registros contábeis precisos, de relatórios e demonstrações financeiras confiáveis e a divulgação de doações a candidatos e partidos políticos são exemplos de transparência na divulgação de informações. Procedimentos específicos para evitar fraudes e ilícitos em licitações, mediante a execução de contratos administrativos apropriados na contratação e supervisão de fornecedores, prestadores de serviço e intermediários são hipóteses de condutas pautadas pelo art. 422 do Código Civil, que concorrem para o combate à corrupção.

Consequentemente, as denominadas *due dilligences* anticorrupção, auditorias voltadas à detecção de problemas relacionados à corrupção, são pro-

[13] TOMASEVICIUS FILHO, Eduardo. O princípio da boa-fé no direito civil. São Paulo: Almedina, 2020.

cedimentos imprescindíveis na apuração de desvios de conduta de seus administradores e funcionários. Nelas se tem outra aplicação de, ao menos, dois deveres decorrentes da boa-fé: os deveres de informação e de cooperação. No primeiro caso, fornecem-se informações relevantes e verdadeiras sobre os fatos da pessoa jurídica na produção e no registro dos dados e na busca pelos mesmos, conferindo veracidade e exatidão. No segundo caso, o dever de cooperação se manifesta nesse processo, ao gerar a necessária transparência quanto ao acesso a essas informações.

Embora os processos de *compliance* tenham como foco os funcionários da pessoa jurídica, partindo-se do pressuposto de que a alta administração atua corretamente e rejeita a prática de atos de corrupção pelo compromisso que assumem ao implantarem esses mecanismos de controle e dar treinamentos para funcionários, observa-se, entretanto, no Brasil, que as práticas de corrupção não se limitam, na maioria dos casos, àquelas praticadas por funcionários ou gerentes, mas sim pelos controladores das empresas. Devem ser apontadas, ao menos, duas observações lançadas por Luiz Carlos Moro e que estão diretamente relacionadas com a boa-fé. A primeira delas é que "[...] empregados de alta hierarquia das empresas estão sujeitos às mesmas condições jurídicas que os demais empregados e que os poucos traços distintivos existentes na lei encontram óbices jurídicos intransponíveis à sua existência, validade e eficácia".[14] Em outras palavras, é incompatível com o princípio da boa-fé dar tratamentos distintos entre membros de uma pessoa jurídica, concedendo-se, informalmente, uma espécie de "imunidade investigativa", enquanto isso não vale para os demais funcionários.

A segunda delas merece destaque especial:[15]

> Afora efeitos muito nocivos de desprezo às garantias constitucionais, de vulneração de privilégios de comunicações, de infração ao direito contra a autoincriminação, os empregados foram diretamente atingidos pelo corte de garantias contratuais de indenidade, pelo abandono de garantias que foram constituídas pela acumulação, ao longo dos séculos, do substrato do Direito em contraposição à barbárie. Alguns casos revelam a existência de neo-Torquemadas, investigadores privados que se valem de práticas a que nem mesmo

[14] Moro, Luiz Carlos. "Corrupção, compliance e direito do trabalho: velhas práticas, novos riscos para empregados". Revista do Advogado. São Paulo. v.34. n.125. p.59-67. dez. 2014. p. 60.
[15] Moro, Luiz Carlos. Id. p. 67.

> se autorizam os servidores públicos investidos de poder de polícia. Instituições que, mancomunadas com autoridades públicas, elegem as vítimas centrais da acusação para cominar os efeitos da acusação entre si. Inquirições no estrangeiro. Retenção de passaportes. Trancamento de trabalhadores em cubículos, enquanto têm seus locais de trabalho e arquivos devassados. Submissão a ambientes de inquisição ameaçadora, tudo isso e mais se observa de novas condutas induzidas por aquele conjunto de normas, notadamente as ditas "normas internas de compliance", cujo objetivo primaz não é apenas identificar e sancionar os malfeitos, que se convertem em feitores de seus neossubmissos, o "zécutivos" sujeitos a uma lógica que os captura inclusive em sua psique.

Dessa forma, ao mesmo tempo em que a boa-fé veda condutas contrárias à corrupção, impõe limites à atuação no desenvolvimento dos programas de *compliance*, porque estes não podem violar o art. 187 do Código Civil, uma vez que a invasão à privacidade, a humilhação e o excessivo rigor são hipóteses de abuso no exercício de um direito, ou, melhor dizendo, no cumprimento de um dever. Ademais, não se pode permitir que se afastem as garantias constitucionais do contraditório, da ampla defesa, além da proteção da vida privada, honra, imagem, igualmente previstas no capítulo sobre direitos da personalidade, estatuído entre os arts. 11 e 22 do Código Civil. Por conta da "Lei da Liberdade Econômica", requer-se maior cuidado do auditor na interpretação dos negócios jurídicos, uma vez que, pelo art. 1º § 2º desta, "Interpretam-se em favor da liberdade econômica, da boa-fé e do respeito aos contratos, aos investimentos e à propriedade todas as normas de ordenação pública sobre atividades econômicas privadas".

CONCLUSÕES

A "Lei Anticorrupção" tem por objetivo proibir a prática de corrupção por meio de institutos de direito civil. Com a adoção da responsabilidade civil objetiva da pessoa jurídica, o legislador afastou a possibilidade de questionamentos quanto à existência de responsabilidade penal da pessoa jurídica, a qual não é amplamente aceita pela doutrina. Mesmo com as objeções de que a responsabilidade civil, nesse caso, não deveria ser objetiva, esse argumento não encontra apoio no direito civil brasileiro, porque essa hipótese está em consonância com as diversas situações já existentes no direito brasileiro, como nos casos de danos ao meio ambiente e ao consumidor, como também aqueles causados por agentes do Estado, ou em qualquer situação em que se desenvolva atividade de risco.

Ao não dispor sobre a fixação dos danos, o legislador poderia ter criado uma hipótese adequada e justificável de *punitive damages* no direito brasileiro, mas não o fez, mantendo-se à tradição de que responsabilidade tem por primeira finalidade a reparação do dano e não a punição do agente. De qualquer modo, o Código Civil Brasileiro supre a falta de maior regulação em termos de fixação dos danos, pela aplicação das regras existentes relativas ao direito das obrigações. Por fim, a boa-fé é, evidentemente, a essência do combate à corrupção, porque a sua observância implica necessariamente a abstenção dos atos ilícitos e, por meio dos programas de *compliance*, afere-se a ocorrência de fatos que ensejam responsabilidade civil.

REFERÊNCIAS

BRASIL. CAMARA DOS DEPUTADOS. Projeto de Lei nº 6826/2020. Comissão especial destinada a proferir parecer ao Projeto de Lei nº 6826/2010. Disponível em: http://www.camara.gov.br/proposicoesWeb/prop_mostrarintegra?codteor=982072&filename=PES+2+PL682610+%3D%3E+PL+6826/2010. Acesso em: 24.jun.2020

BRASIL. CAMARA DOS DEPUTADOS. Projeto de Lei nº 6826/2010. Emenda nº 2/2011. Disponível em: http://www.camara.gov.br/proposicoesWeb/prop_mostrarintegra?codteor=934319&filename=EMC+2/2011+PL682610+%3D%3E+PL+6826/2010. Acesso em: 24.jun.2020

ESTADOS UNIDOS DA AMÉRICA. United States Setencing Commission. https://www.ussc.gov/guidelines/2015-guidelines-manual/2015-chapter-8#NaN. Acesso em: 21.dez.2017

Lucon, Paulo Henrique dos Santos. "Procedimento e sanções na lei anticorrupção (Lei 12.846/2013)". Revista dos Tribunais. São Paulo. v.103. n.947. p.267-79. set. 2014

Maeda, Bruno Carneiro. "Programas de compliance anticorrupção: importância e elementos essenciais". In: Del Debbio, Alessandra; Maeda, Bruno Carneiro; Ayres, Carlos Henrique da Silva (Orgs.) *Temas de anticorrupção e compliance*. Rio de Janeiro: Elsevier, 2013. p. 167-201.

Moro, Luiz Carlos. "Corrupção, compliance e direito do trabalho: velhas práticas, novos riscos para empregados". Revista do Advogado. São Paulo. v.34. n.125. p.59-67. dez. 2014.

OECD. Anti-corruption ethics and compliance handbook for business. Disponível em: http://www.oecd.org/corruption/Anti-CorruptionEthicsComplianceHandbook.pdf. Acesso em: 24.jun.2020

Pimentel Filho, André. "Comentários aos artigos 1º ao 4º da Lei Anticorrupção". In: Souza, Jorge Munhoz; Queiroz, Ronaldo Pinheiro de (Orgs). *Lei Anticorrupção*. Salvador: JusPodium, 2015. p. 63-86

Silveira, Renato de Mello Jorge. "1ª Parte. Autorregulação, responsabilidade empresarial e criminal compliance". In: Silveira, Renato de Mello Jorge; Saad-Diniz, Eduardo. *Compliance, direito penal e lei anticorrupção*. São Paulo: Saraiva, 2015, p.25-215.

TAMASAUSKAS, Igor Sant'Anna; BOTTINI, Pierpaolo Cruz. "A controversa responsabilidade objetiva na Lei n° 12.846/2013". Revista do Advogado. São Paulo. v.34. n.125. p.125-130. dez. 2014

TOMASEVICIUS FILHO, Eduardo. O princípio da boa-fé no direito civil. São Paulo: Almedina, 2020.

15
A LEI COMO METÁFORA

Elza Antonia Pereira Cunha Boiteux

INTRODUÇÃO

Entre os muitos temas abordados nas obras da Professora Titular da Faculdade de Direito do Largo de São Francisco Teresa Ancona Lopez encontra-se o da responsabilidade civil no direito ambiental[1]. Neste artigo abordamos a questão ambiental sob a perspectiva da linguagem: o uso da lei como metáfora, com a finalidade de encobrir sua falta de conexão com a realidade dos fatos que se propõe regulamentar.

A metáfora enquanto tropo[2] discursivo tem suscitado o interesse de várias áreas do saber; no direito ele aparece nos estudos da filosofia da linguagem, na semiótica, na retórica, na pragmática da linguagem, entre outros[3]. Aristóteles consolidou este conceito na Retórica[4], classificando-a

[1] Lopez, Teresa Ancona. *Princípio da precaução e evolução da responsabilidade civil.* São Paulo: Quartier Latin, 2010.

[2] Garavelli, Bice Mortara. *Manual de retórica.* Madrid: Cátedra, 2015, p.163: "El término griego *trópos,* del que proviene el latín *tropus, significa 'dirección',* alude por ello al cambio de dirección de una expresión que se 'desvía' de su contenido original para albergar otro contenido".

[3] Ferraz Junior, Tércio Sampaio. *Direito, retórica e comunicação:* subsídios para uma pragmática do discurso jurídico. São Paulo: Atlas, 2015; ______. *Argumentação jurídica.* Barueri-SP: Manole, 2014; Ricoeur, Paul, *A metáfora viva.* Trad. Dion Davi Macedo. São Paulo: Loyola, 2000; Garavelli, Bice Mortara. Ob. Cit.; Perelman Chaïm; Olbrechts-Tyteca, Lucie. *Tratado da argumentação.* Trad. Maria Ermantina de Almeida Prado Galvão, São Paulo: Martins Fontes, 2014; Galgano, Francesco. *Le insidie del linguaggio giuridico.* Saggio sulle metafore nel diritto. Bologna, Il Mulino, 2010.

[4] Aristóteles. *Retórica.* 2ª ed., rev. Tradução e notas de Manuel Alexandre Júnior, Paulo Farmhouse Alberto e Abel do Nascimento. Lisboa: Centro de Filosofia da Universidade de Lisboa, Imprensa Nacional – Casa da Moeda, 2005.

entre as figuras de discurso em uma única palavra e definida como *tropo* por semelhança[5]. A metáfora enquanto tropo discursivo tem suscitado o interesse e o estudo de vários especialistas, não só pela fertilidade de leituras como pelas múltiplas abordagens que oferece.

Em outra obra, na qual se dedica ao estudo dos discursos com fins essencialmente poéticos e literários, Aristóteles apresenta uma segunda explicação: "a metáfora consiste no transportar para uma coisa o nome de outra, ou da espécie para o gênero, ou da espécie de uma para a espécie de outra, ou por analogia"[6]. A "Lei" é muito mais do que um texto jurídico, ela é uma das instituições básicas da natureza social do ser humano, ao lado de códigos morais que vigoram nas sociedades modernas[7].

Por esta razão, o chamado princípio do "império da lei", nos Estados modernos, assegura o devido processo legal, a independência judicial e a anterioridade da lei. Isto significa que nenhuma pessoa será julgada sem a previsão legal de uma conduta considerada um delito. Enquanto a culpa é o primeiro fundamento da responsabilidade civil, o risco da atividade determina responsabilidade objetiva[8]. A lei é um ditame da razão prática na qual convergem o juízo do que é conveniente para o bem comum e o comando no sentido da sua realização[9]. Se a competência legislativa pertence aos legisladores e ao poder executivo, a sua legitimidade pertence ao povo. Desta forma, é possível a existência de uma lei formulada por via consuetudinária e, outras, que obedecem ao processo legislativo formal, com sanção, promulgação e publicação do poder executivo. Em síntese, "Lei" é uma manifestação racional dirigida a realização de certos fins[10], sem se esgotar no fato racional, pois é obra da razão e da vontade[11].

5 Ricoeur, Paul. Ob. Cit., p. 9.

6 Aristóteles. *Poética*. Tradução, comentários e índices de Eudoro de Souza. In: Os pensadores, Editor Victor Civita, São Paulo, 1973, capítulo XXI, 1457b,6, p. 462.

7 Lloyd, Dennis. *A ideia de lei.* Trad. Alvaro Cabral. São Paulo: Martins Fontes, 1998, Prefácio, p. IX.

8 Lopez, Teresa Ancona. A culpa, o risco, o nexo causal e sua ruptura no direito brasileiro. Código Civil/2002. Código de Defesa do consumidor. In: *Nexo causal e produtos potencialmente nocivos*: a experiência brasileira do tabaco. São Paulo: Quartier Latin, 2008, p. 69.

9 Chorão, Mario Bigotte. Lei. In: *Temas fundamentais de direito.* Coimbra: Almedina, 1991, p. 177.

10 Código Civil, art. 5º: "Na aplicação da lei, o juiz atenderá aos *fins sociais* a que ela se dirige e às exigências do *bem comum*" (itálicos apostos).

11 Chorão, Mario Bigotte. Ob. Cit., p. 176.

Após a Constituição de 1988, o paradigma da legalidade foi substituído pelo paradigma da constitucionalidade, e neste "novo perfil, o regime da propriedade passa do direito pleno de explorar, respeitado o direito dos vizinhos, para o direito de explorar, só e quando respeitados a *saúde humana* e os processos e funções ecológicas essenciais"[12].

A tutela ambiental requer decisões complexas no plano dos valores e da ética matéria ambiental, pois as externalidades negativas, ou seja, a extensão a terceiros dos custos ambientais, que eram suportadas pela sociedade, devem ser suportadas pelas empresas cujas atividades contaminam o meio ambiente[13]. O texto normativo objeto de nossa análise é a denominada "Lei nº 11.934/2009" sobre poluição ambiental por radiação não-ionizante, em razão da transmissão de energia elétrica. A proteção ambiental impõe a responsabilidade solidária entre Estado e sociedade, para combater todas as formas de poluição e, desta forma, proteger as futuras gerações (art. 225, inciso VI). Defendo a hipótese de que essa "Lei" está sendo usada como metáfora para atribuir a competência de legislar em matéria ambiental a pessoa jurídica não autorizada pela Constituição Federal, induzindo o intérprete a erro.

1. A PROTEÇÃO CONSTITUCIONAL E A DESORDEM NA NATUREZA

A Constituição brasileira reconhece que o meio ambiente é bem público de uso comum[14] e merece proteção especial. Em primeiro lugar, porque a lesão a este bem cria uma desordem na natureza, em segundo lugar, porque a lesão atinge os pressupostos de desenvolvimento da vida, seja em relação aos bens personalíssimos, aos bens culturais ou históricos[15]. Paulo

[12] BENJAMIN, Antônio Herman. Direito constitucional ambiental. In: CANOTILHO, José Joaquim Gomes; LEITE, José Rubens Morato. *Direito constitucional ambiental brasileiro.* São Paulo: Saraiva, 2010, p.19.

[13] LORENZETTI, Ricardo Luis. *Teoria da decisão judicial.* Trad. Bruno Miragem, revisão Claudia Lima Marques, 2009, p. 342-343.

[14] Constituição Federal. "Art. 225. Todos têm direito ao meio ambiente ecologicamente equilibrado, bem de uso comum do povo e essencial à sadia qualidade de vida, impondo-se ao Poder Público e à coletividade o dever de defendê-lo e preservá-lo para as presentes e futuras gerações.

[15] A Lei nº 6.938/81 estabelece no art. 3º, I, que: "meio ambiente é o conjunto de condições, leis, influências e interações de ordem física, química e biológica, que permite, abriga e rege a vida em todas as suas formas". José Afonso da Silva afirma que "*O meio ambiente pode ser*

Bessa Antunes explica a "poluição é uma situação de fato, causada pela ação humana, que altera negativamente uma determinada realidade"[16].

A intervenção do ser humano pode modificar não só a natureza, mas também provocar alterações genéticas em outros seres humanos[17]. Assim a poluição, o uso excessivo dos recursos naturais, a expansão da fronteira agrícola, em detrimento dos *habitats* naturais, e a industrial, prejudicam a biodiversidade[18] e conduzem à extinção de muitas espécies vegetais e animais.

A poluição pode ser causada por substâncias ou por "formas de energia"[19]. Essa realidade, antes reconhecida em convenções internacionais, foi incorporada ao nosso direito positivo brasileiro com a Lei nº 6.938/91, ao prever que a poluição pode decorrer de atividades que "*lancem matérias ou energia em desacordo com os padrões ambientais estabelecidos*" (art. 3º, III, "e"). Durante décadas a energia elétrica foi considerada uma forma de energia absolutamente *limpa* (não poluente) e não se imaginava que ela pudesse causar algum dano, a não ser através do contato direto com o corpo.

No entanto, muitos cientistas que pesquisam o bioeletromagnetismo estão convencidos de que os campos eletromagnéticos[20] artificiais induzem efeitos biológicos possivelmente prejudiciais à saúde. Outros demonstraram que os efeitos da radiação são similares aos mecanismos bioquímicos, reputados como responsáveis por efeitos neurológicos que levam à perda

definido como um complexo de relações entre o mundo natural e os seres vivos que influencia a sua vida e o seu comportamento" (SILVA, José Afonso da. *Curso de direito constitucional positivo*, São Paulo, Malheiros, 2000, p. 265).

16 ANTUNES, Paulo de Bessa, *Dano ambiental*: uma abordagem conceitual. Rio de Janeiro: Lumen Juris, 2000, p. 173.

17 DERANI, Cristine. *Direito ambiental econômico*. 3. ed. São Paulo: Saraiva, 2008. p. 54-55: "Quanto mais a relação com a natureza se dissocia da compreensão de seu movimento intrínseco, quanto mais o homem se relaciona com o seu meio como um sujeito situado num plano apartado de seu objeto, mais a domesticação da natureza se transforma em pura atividade predatória [...]".

18 A Convenção da Diversidade Biológica foi assinada no Rio de Janeiro em 5 de junho de 1992 e aprovada pelo Decreto Legislativo nº 2, de 3 de fevereiro de 1994.

19 Convenção de Genebra de 13 de novembro de 1979, sobre Poluições Atmosféricas Transfronteiriças de Longa Distância, que possui, no nosso direito interno, valor apenas doutrinário.

20 A Resolução Normativa nº 398, de 23 de março de 2010, da ANEEL, art. 2º, incisos I e II, define o que sejam campos elétricos e magnéticos.

da memória recente[21], ou doenças graves como câncer, mal de Alzheimer e mal de Parkinson[22]. Apesar dos inúmeros estudos que comprovam a nocividade dos campos eletromagnéticos de baixa frequência[23], há grande resistência em conceber a energia elétrica como fator de poluição e forma de contaminação.

Os profissionais que precisam se expor aos campos eletromagnéticos necessitam de proteção, como roupas especiais e paredes blindadas, entre outras medidas de segurança que protegem o entorno. Mas as pessoas expostas involuntariamente a esses campos também devem ser protegidas frente aos danos conhecidos. Frente aos danos desconhecidos, cabe às autoridades aplicar o princípio da precaução[24]. A população em geral que se encontra próxima das linhas de transmissão de energia elétrica fica exposta aos campos eletromagnéticos durante longos períodos, pois a distribuição de energia é feita de forma contínua pelo período de 24 horas. Estudos em vários países indicam índices levando em consideração a precaução. Na ausência de lei o juiz deverá aplicar o princípio da precaução e decidir qual será o limite aplicável ao caso concreto[25].

[21] FREY, Allan H.; FELD, Sondra R.; FREY, Barbara Frey. *Neural Function and Behavior:* defining the Relationship. In: Annals of the New York Academy of Sciences. Biologic Effects of Nonionizing Radiation, vol. 247, 1975, p. 433-439.

[22] TEJO, Francisco de Assis F. Impactos sanitários dos campos eletromagnéticos não ionizantes e a necessidade de adotar-se o princípio da precaução. In: *Seminário sobre Radiações Não Ionizantes, a Saúde e o Ambiente.* Ministério Público do Rio Grande do Sul, Universidade Federal do Rio Grande do Sul, Departamento de Engenharia Elétrica, Porto Alegre, 18 e 19 de maio de 2009.

[23] KUNDI, Michel. *Epidemiologic evidence for a relationship between NIR and cancer:* a controversial issue. In: SEMINÁRIO INTERNACIONAL SOBRE RNI, A SAÚDE E O AMBIENTE, Porto Alegre, mai/2009. DODE, Adilza. Mortality by neoplasia and cellular telephone base stations in the Belo Horizonte municipality, Minas Gerais state, Brazil. In: *Science of The Total Environment,* Volume 409, September 2011, Pages 3649–3665. SOLLITO, Ciliane M. *Leucemias e proximidade de residência a linhas de energia elétrica na cidade de São Paulo,* tese de doutorado apresentada na Faculdade de Medicina da Universidade de São Paulo, 2009, p. 88. ORIVE, J. Ignacio, MD PhD Paediatrician, Espanha, *Alta tensión y sus efectos sobre la salud.* Disponível em: <http://club.euronet.be/claude.herion/spain3.htm>. Acesso em 15 de maio 2000.

[24] LOPEZ, Teresa Ancona. Riscos ecológicos ou ao meio ambiente e aplicação dos princípios da precaução e prevenção. In: *Princípio da precaução e evolução da responsabilidade civil,* São Paulo, Quartier Latin, 2010, p. 225-235.

[25] Artigo 5º da Constituição Federal Brasileira e artigo 8º da Primeira Convenção Interamericana sobre Direitos Humanos de São José da Costa Rica, da qual o Brasil é signatário.

Ocorre que em 2009, o legislador brasileiro promulgou um texto normativo denominado "Lei nº 11.934" que visa o estabelecimento de *limites seguros* para à exposição da população submetida aos efeitos da radiação eletromagnética[26].

A intenção do legislador foi a de preencher a lacuna[27] no direito brasileiro para esclarecer a complexidade da matéria[28] e evitar um possível descompasso entre as necessidades sociais, o avanço da ciência, e o direito posto[29]. Mas a promulgação de um texto legal, não significa o imediato preenchimento da lacuna. O direito ao meio ambiente ecologicamente equilibrado é direito de terceira geração, fundado na solidariedade, conforme explica Paulo Bonavides:

"Nessa categoria, tem-se direitos que não se destinam especificamente à proteção dos interesses de um indivíduo, de um grupo ou de um determinado Estado. Têm primeiro por destinatário o gênero humano mesmo, num momento expressivo de sua afirmação como valor supremo em termos de existência concreta".[30]

2. A DESORDEM JURÍDICA: PIRÂMIDE OU REDE?

A teoria que melhor sistematizou o direito foi a *Teoria pura do direito*, de Hans Kelsen, que propõe um modelo estrutural com base na hierarquização das normas de um determinado ordenamento jurídico. A ordem jurídica não é um sistema de normas ordenadas no mesmo plano e a pirâmide representa o Direito, que tem na posição mais alta a norma de maior positividade: a Constituição. Mario Losano explica:

[26] Lei nº 11.934/2009, que dispõe sobre limites à exposição humana a campos elétricos, magnéticos e eletromagnéticos, e dá outras providências. A Lei nº 11.934/2009 foi regulamentada pela Resolução Normativa nº 398, de 23 de março de 2010, com alterações da Resolução Normativa nº 413, de novembro de 2010, ambas da Agência Nacional de Energia Elétrica – ANEEL.

[27] No direito brasileiro as lacunas são supridas pelo juiz, por aplicação do disposto no artigo 4º da Lei de Introdução às Normas do Direito Brasileiro: "Quando a lei for omissa, o juiz decidirá o caso de acordo com a analogia, os costumes e os princípios gerais de direito".

[28] BOBBIO. Norberto. *Teoria do ordenamento jurídico*. São Paulo: Polis; Brasília: Editora da Universidade de Brasília, 1989, p. 144.

[29] FERRAZ JÚNIOR, Tércio Sampaio. *Introdução ao estudo do direito*: técnica, decisão, dominação. São Paulo: Atlas, 2010, p. 275-277.

[30] BONAVIDES, Paulo. *Curso de direito constitucional*. 34ª ed., São Paulo: Malheiros, 2019, p. 523.

> "O sistema deve ser coerente: e a pirâmide contém apenas o que está compreendido entre a base e o vértice. O sistema deve ser completo: e a pirâmide delimita sem lacunas tudo o que está compreendido entre a base e o vértice. O sistema deve concatenar cada elemento que o compõe até o princípio supremo: e a pirâmide tem no seu vértice o ponto para o qual confluem ordenadamente todos os elementos inferiores."[31]

No entanto, o direito contemporâneo apresenta pluralidades das fontes do direito – nacional, supranacional, internacional – e outros elementos complexos que tendem a regular setores da vida pessoal em matérias que ultrapassam os limites nacionais. Conforme explica Losano, hoje:

> "o direito assume o aspecto de uma massa tridimensional, em expansão contínua e irregular; portanto, o rigoroso modelo da pirâmide normativa está se desagregando. O direito moderno acha-se explicado só parcialmente no bem calibrado ordenamento hierárquico da pirâmide. Aquilo que fica fora da pirâmide é exatamente o que há de mais novo. Portanto, as alterações profundas no direito atual obrigam, em seu estudo, uma mudança de paradigmas. O modelo da rede substitui o da pirâmide."[32]

O passar do tempo demonstrou que o modelo da pirâmide convive com o modelo da rede, cada um com método diverso e ao mesmo tempo essencial de aproximar-se do direito. São complementares, pois a pirâmide exprime a estrutura do direito, a rede exprime a função do direito. A promulgação da chamada Lei nº 11.934/2009 se destinaria, em tese, a preencher uma lacuna do sistema jurídico brasileiro, estabelecendo limites considerados seguros para a exposição de seres humanos aos campos eletromagnéticos. Conforme dispõe seu artigo 1º:

> Esta lei estabelece limites à exposição humana a campos elétricos, magnéticos e eletromagnéticos, associados ao funcionamento de estações transmissoras de radiocomunicação, de terminais de usuário e de sistemas de energia elétrica.

[31] Losano, Mário G. "Modelos teóricos, inclusive na prática: da pirâmide à rede – Novos paradigmas nas relações entre direitos nacionais e supraestatais", *Revista do Instituto dos Advogados de São Paulo*, 2005, Vol. 8, nº 16, p. 268.
[32] Losano, Mário G. Ob. Cit., p. 286.

Entretanto, o leitor não encontra neste texto os valores da segurança. O principal artigo estabelece uma *remissão* para outras *"pessoas jurídicas"* que poderão no futuro criar os limites. Citamos:

> "Art. 4º. Para garantir a proteção da saúde e do meio ambiente em todo o território brasileiro, serão *adotados os limites recomendados pela Organização Mundial de Saúde – OMS* para a exposição ocupacional e da população em geral a campos elétricos, magnéticos e eletromagnéticos gerados por estações transmissoras de radiocomunicação, por terminais de usuário e por sistemas de energia elétrica que operam na faixa até 300 GHz". (Itálicos apostos)

Esse artigo diz que o Brasil irá adotar (no futuro) os índices recomendados pela Organização Mundial de Saúde. É importante lembrar, a designação oficial *Lei* deve corresponder ao sentido material e formal prescrito na Constituição Federal. A regra é que a lei *prescreve um* comportamento, enquanto a *recomendação* indica uma opção, que não pode ser exigida por ser facultativa. Em outras palavras, a *regra jurídica* (ordem) vale contra o recalcitrante e o *conselho* é seguido apenas quando aquele a quem se dirige com ele concorda[33].

Desta forma, o texto do artigo 4º é nada mais do que uma promessa para atender a uma recomendação que ainda não existe. Portanto, não produz efeitos no presente. A imprecisão da redação do *caput* do artigo 4º, acima transcrito, foi superada pela redação do *parágrafo único* do mesmo artigo, o qual descreve a *principal intenção* do legislador[34], que é a de adotar para o Brasil os limites impostos pela ICNIRP, entidade privada que representa o setor elétrico global. Vejamos:

> *Parágrafo único.* Enquanto não forem estabelecidas novas recomendações pela Organização Mundial de Saúde, serão adotados os limites da Comissão Internacional de Proteção Contra Radiação Não Ionizante – ICNIRP, recomendados pela Organização Mundial de Saúde.

[33] Bobbio, Norberto. Comandos e Conselhos. In: *Estudos para uma teoria geral do direito.* Trad. Daniela Beccaccia Versiani. Barueri: Manole, 2015, p. 59.

[34] Ferreira Filho, Manoel Gonçalves. *Do processo legislativo.* 7ª ed., São Paulo: Saraiva, 2012, p. 288: "[...] a lei atende muita vez aos interesses de grupos poderosos pelo número, portanto, pelo peso de seus votos. E pode atendê-los integralmente, já que a maioria de votos num breve instante faz a lei, enquanto o reconhecimento da comunidade, a substância da *opinio juris*".

Ora, o legislador, por meio do parágrafo único desse artigo de lei, afirma que a população brasileira deve adotar às recomendações e sugestões da ICNIRP e que a OMS recomenda os índices da ICNIRP[35]. A linguagem tortuosa do *caput* parece desnecessária frente ao parágrafo único. Em outras palavras, o setor eletricitário, por meio da ICNIRP, vai elaborar os limites "seguros" para a saúde da população no exercício da sua própria atividade. Ou seja, as empresas do setor elétrico se auto regulamentam e excluem o Poder Judiciário da apreciação do que seja um limite seguro para a população brasileira[36]. Nos estados democráticos, como afirma Zagrebelsky:

> "La visión de la política que está implícita no es la de la relación de exclusión e imposición por la fuerza (en el sentido del amigo-enemigo hobbesiano y schimittiano) sino la inclusiva de integración a través de la red de valores y procedimientos comunicativos, que es además la única visión no catastrófica de la política posible en nuestro tempo"[37].

Considerando o modelo piramidal, o novo texto normativo é contrário à do artigo 225 porque não protege o interesse comum, ele protege o interesse privado de uma organização que é composta de várias empresas que prestam serviço que objetivam lucro. Segundo o modelo em rede, o texto normativo desconsidera os tratados internacionais de direitos humanos que asseguram o pluralismo de valores de uma sociedade pluralista. Considera o valor imposto por um único setor: o eletricitário. Desta forma, o texto normativo provoca uma desordem jurídica, sem considerar as práticas de outros países e avanços da ciência. O direito ao meio ambiente ecologicamente equilibrado é direito de terceira geração, fundado na "solidariedade". Nessa categoria há direitos que não se destinam especificamente à proteção dos interesses de um indivíduo, de um grupo ou de um determinado Estado. Tem-se primeiro por destinatário o gênero humano mesmo, num momento expressivo de sua afirmação como valor supremo em termos de existência concreta[38].

[35] *Comissão Internacional de Proteção Contra Radiação Não Ionizante – ICNIRP*, entidade privada que *não* integra a Organização Mundial de Saúde e tem interesse privado na prestação de serviços no setor eletricitário.

[36] Boiteux, Elza Antonia Pereira Cunha; Boiteux, Fernando Netto. *Poluição Eletromagnética e Meio Ambiente:* o Princípio da Precaução. Porto Alegre: Sergio Antonio Fabris, 2008.

[37] Zagrebelsly, Gustavo. *El derecho dúctil.* Madrid: Trotta, 2003, p.15.

[38] Bonavides, Paulo. *Curso de direito constitucional.* 34ª ed., São Paulo: Malheiros, 2019, p. 523.

CONCLUSÕES

A desordem jurídica é provocada por definições circulares, ambíguas e obscuras[39], que integram o texto normativo nº 11.934/2009. Esse texto normativo representa uma norma inválida porque sequer possui um mandamento conforme à Constituição. Não é válida porque faz uma recomendação em matéria de competência exclusiva do Poder Judiciário e absolutamente contrária ao artigo 225 da Constituição Federal, a qual afirma que o meio ambiente é bem de uso comum do povo e essencial à sadia qualidade devida. Em matéria ambiental, o constituinte assegurou a inapropriabilidade, inalienabilidade e imprescritibilidade, pois não há direito adquirido à poluição, não há direito contra o direito e muito menos contra a Constituição.

Portanto, o texto normativo de 2009 não é uma lei. É uma metáfora na forma de lei que apresenta apenas conselhos e recomendações para o futuro. Tércio Sampaio Ferraz Júnior, na sua teoria pragmática do discurso jurídico[40], explica que o discurso somente pode admitir como ação linguística a que pode ser entendida pelo outro, mesmo que existam dificuldades na atividade interpretativa:

> "A determinação do sentido normativo do direito, para o efeito de sua aplicação ao caso concreto é uma das tarefas centrais da essência jurídica. Trata-se de uma atividade prática, e nisso ela se distingue de objetivos semelhantes encontrados no ato de compreensão, próprio das demais ciências humanas. Nesses termos, o propósito básico do jurista não é simplesmente compreender o texto de um dispositivo normativo dado, como faria, por exemplo, um historiador, ao estabelecer-lhe o sentido e o movimento no seu contexto, mas também determinar-lhe a força e o alcance, pondo o texto normativo em presença dos dados atuais de um problema. Ou seja, a tarefa do jurista não é simplesmente conhecer, mas fazê-lo, tendo em vista as condições de aplicabilidade do dispositivo a interpretar" [41].

39 WARAT, Luiz Alberto. *A definição jurídica*. Porto Alegre: Atrium, 1977.

40 FERRAZ JUNIOR, Tércio Sampaio. *Teoria da norma jurídica:* ensaio de pragmática da comunicação normativa. Rio de Janeiro: Forense, 1986; ______. *Direito, retórica e comunicação:* subsídios para uma pragmática do discurso jurídico. São Paulo: Atlas, 2015.

41 FERRAZ JUNIOR, Tércio Sampaio. Juízo de valor e cientificidade da hermenêutica jurídica no pensamento de Miguel Reale. In: ZILLES, Urban (coord.). *Miguel Reale:* estudos em homenagem 90 anos. Porto Alegre: EDIPUCRS, 2000, p. 391-392.

Mais do que uma inconstitucionalidade material a chamada "Lei 11.934/2009" é *desprovida de sentido normativo*. De outro lado, a regulamentação casuísta não se confunde com a regulamentação *por princípios* ou por *cláusulas gerais*, pois essa "suposta lei" visa uma única situação, deixando de fora outras situações complexas do mesmo fenômeno. A norma que resulta da regulação casuística limita-se a prever e regular grupos de casos específicos, tipificando os pressupostos a partir das consequências jurídicas[42].

A suposta lei é uma metáfora, considerada formalmente como desvio, apresenta uma diferença no sentido, participando da dupla tensão que a caracteriza: submissão à realidade e invenção de enredo, restituição e sobrelevação. No plano abstrato ela perde-se nos jogos de linguagem[43]. De um lado, as metáforas simplificam o discurso, e de outro o tornam particularmente expressivo. A suposta Lei nº 11.934/2009 é uma metáfora que apresenta como certeza o que não possui correspondência com a realidade e com os fatos. Ela gera o falso convencimento de que essa "Lei" transmite fatos da experiência, enquanto o seu texto promove apenas o interesse privado, por meio da manipulação da linguagem.

[42] MACHADO, J. Baptista. *Introdução ao direito e ao discurso legitimador.* Coimbra: Almedina, 1987, p. 116.

[43] RICOEUR, Paul. *A metáfora viva.* Trad. Dion Davi Macedo. São Paulo: Loyola, 2000, p. 70.

16
PREVENÇÃO, PRECAUÇÃO E SALVAMENTO NO SEGURO DE DANOS

Ernesto Tzirulnik

INTRODUÇÃO

Quando se ingressa no domínio do seguro, a travessia exige a compreensão de cinco conceitos. São eles o risco, o sinistro, a prevenção, a precaução e o salvamento.

Risco é ameaça conhecida ou previsível. É a matéria prima da estatística, da atuária e da experiência. No âmbito do contrato de seguro, é "a possibilidade de ocorrência de um evento predeterminado capaz de lesar o interesse garantido".[1]

Sinistro é a ocorrência do evento predeterminado. "O direito adjetiva os fatos", já dizia Pontes de Miranda.[2] Todo contrato de seguro, sobretudo nas cláusulas relativas a riscos assegurados e riscos excluídos, determina quais fatos interessam àquela relação; ocorrendo esses fatos, a regra do contrato de seguro incide, colorindo-os; o fato, que de outro modo seria estranho ao direito, se *juridiciza*; nasce, assim, o sinistro.

[1] Tzirulnik, Ernesto; Cavalcanti, Flávio Q. de Bezerra; Pimentel, Ayrton. *O contrato de seguro de acordo com o Código Civil Brasileiro*. 3ª ed. São Paulo: Roncarati, 2016. p. 57. A predeterminação significa a indicação dos limites da garantia de seguro e não corresponde à restritividade dessa garantia.

[2] Pontes de Miranda, Francisco Cavalcanti. *Tratado de direito privado:* parte geral. Atualizado por Judith Martins-Costa, Gustavo Haical e Jorge Cesa Ferreira da Silva. São Paulo: Revista dos Tribunais, 2012. t. 1. p. 65.

Prevenção é conduta que objetiva eliminar ou reduzir a possibilidade de ocorrência e o potencial danoso (consequências patrimoniais) do risco.

Precaução é conduta que objetiva evitar ou reduzir as consequências patrimoniais da possibilidade de surgimento de risco.

Finalmente, *salvamento* é a conduta que, iminente ou ocorrido o sinistro, destina-se evitar ou reduzir suas consequências patrimoniais.[3]

Questões afins a risco (como conhecê-lo, avaliá-lo, mitigá-lo, proteger-se dele, etc.), sinistro e dano entrelaçam-se no contrato de seguro e, por essa razão, é oportuno distinguir entre condutas próximas. Enquanto a *prevenção* e a *precaução* são condutas diante do *risco* hipoteticamente considerado, o *salvamento* é conduta acercada à sua ocorrência concreta (isto é, do *sinistro*): "a prevenção da realização do risco, assim como a prevenção do surgimento de risco (precaução), em geral, não serão protegidas por meio de seguro, e nada têm a ver com sinistro ocorrido ou iminente. Por isso é importante deixar claro que o salvamento está no âmbito das ações preventivas de sinistro e de dano."[4]

1. PRUDÊNCIA, PREVENÇÃO E PRECAUÇÃO

Compreender a geografia é mais importante do que desenhar fronteiras no mapa das ideias. Como condutas próximas, há, naturalmente, alguma

[3] Há autores que recusam haver salvamento antes da ocorrência do sinistro, quando ele é ainda iminente, seguindo a literalidade das regras jurídicas sobre o salvamento, já que o artigo 126(1) do regime jurídico do contrato de seguro utiliza-se da forma "em caso de sinistro..." (FERREIRA, Patrícia de Sousa. *O salvamento em direito dos seguros*. Coimbra: Almedina, 2014, p. 61-64). No sentido contrário, admitindo a iminência do sinistro como termo inicial para a caracterização do salvamento, ver, também em Portugal, GOMES, Júlio Manuel Vieira. Do dever ou ônus de salvamento no novo regime jurídico do contrato de seguro (Decreto-Lei n. 72/2008, de 16/4). *Cadernos de Direito Privado*, n. 28, p. 9, out./dez. 2009. Quanto à iminência, alguns entendem que o sinistro deve, além da proximidade temporal, apresentar grau de certeza quanto à sua ocorrência (TCHAKERIAN, Renato Silviano. *O Salvamento e a comunicação do sinistro no direito de seguros*. Rio de |Janeiro: Lumen Juris, 2018, pp. 96-7), enquanto outros, como Humberto Theodoro Júnior, com quem concordamos, analisando o significado de *iminência* no artigo 151 do Código Civil Brasileiro, explica que o *dano iminente* não é o dano atual, nem o dano imediato, mas o dano *razoavelmente próximo* (THEODORO JÚNIOR, Humberto. *Comentários ao novo código civil:* livro III: dos fatos jurídicos: do negócio jurídico: arts. 138 a 184. Coordenador Sálvio de Figueiredo Teixeira. 4. ed. Rio de Janeiro: Forense, 2008. v. 3, t. 1. p. 177)

[4] TZIRULNIK, Ernesto; CAVALCANTI, Flávio Q. de Bezerra; PIMENTEL, Ayrton. *O contrato de seguro de acordo com o Código Civil Brasileiro*. 3ª ed. São Paulo: Roncarati, 2016. p. 139.

sobreposição entre os conteúdos de prudência, precaução e prevenção – comportamentos precavidos e preventivos *são* prudentes. Como bem ressaltado pela Professora Teresa Ancona Lopez: "tanto a precaução quanto a prevenção constituem medidas antecipatórias que tentam evitar o dano; projetam-se para o futuro, diferentemente da reparação, que somente vê o passado depois do acontecimento danoso."[5]

Na linguagem filosófica, prudência designa a virtude da sabedoria prática. A concepção aristotélica de prudência está associada à deliberação – a um juízo de adequação geral entre atos e consequências. É a capacidade para, entre diferentes opções, escolher a conduta mais adequada e efetivamente agir de acordo.[6]

O sentido jurídico de prudência é informado por essa concepção, embora o jurista costume se ocupar mais de sua antítese. A imprudência, afinal, é um dos elementos do suporte fático do ato ilícito culposo, nos termos do artigo 186 do Código Civil. Como explica Humberto Theodoro Jr., na imprudência "a falta é comissiva: o agente atua precipitadamente, sem a necessária reflexão sobre o que poderia resultar, por inteiro, de sua atitude temerária."[7] Assim, prudência designa um padrão de comportamento esperado pela ordem jurídica.[8] Como todo conceito jurídico indeterminado, seu conteúdo e extensão é incerto, cabendo ao intérprete a tarefa de concretizá-lo.[9]

A ênfase da *precaução* não é a escolha entre diferentes opções de conduta, como na prudência aristotélica, e sim a postura diante da incerteza

[5] Lopez, Teresa Ancona. *Princípio da precaução e evolução da responsabilidade civil.* São Paulo: Quartier Latin, 2010. p. 101.

[6] "Le concept aristotélicien de prudence ou *phronesis* désigne une 'disposition, accompagnée de règle vraie, capable d'agir dans la sphère de ce qui est bon et mauvais pour un être humain.'" (TAPINOS, Daphné. *Prévention, précaution et responsabilité civile.* Paris: L'Harmattan, 2008. p. 42); "For Aristotle, phronesis is a family of skills of the practical intellect by which one determines what it would be to act according to virtue, which is to act in a way that is both genuinely beneficial and appropriate overall." (Russell, Daniel. Phronesis and the Virtues. In: Polansky, Ronald (ed.). *The Cambridge Companion to Aristotle's Nicomachean Ethics.* p. 203-220. p. 208).

[7] Theodoro Júnior, Humberto. *Comentários ao novo código civil*: dos atos jurídicos lícitos, dos atos ilícitos, da prescrição e da decadência, da prova: arts. 185 a 232. Coordenador Sálvio de Figueiredo Teixeira. 4. ed. Rio de Janeiro: Forense, 2008. v. 3, t. 2. p. 105.

[8] Tapinos, Daphné. *Prévention, précaution et responsabilité civile.* Paris: L'Harmattan, 2008. p. 42.

[9] Amaral, Francisco. Código Civil e interpretação jurídica. *Revista Brasileira de Direito Comparado*, n. 44/45, jan./jun. 2013, p. 147-167.

científica. Isto é, o objeto da incerteza se desloca: é o que não conhecemos.[10] No núcleo da precaução, mora um problema de epistemologia.

A ênfase da *prevenção*, por sua vez, é eliminar ou atenuar o risco conhecido, mas distante, diminuindo a probabilidade de sua verificação ou as suas consequências patrimoniais, caso ocorra (*e.g.*, instalar sprinklers no imóvel para atenuar o risco de incêndio, instalar alarme no carro para atenuar o risco de furto etc.). Como mencionado acima, medidas preventivas compõem o gerenciamento do risco, mas não têm relação com um sinistro iminente ou já ocorrido.

2. PERCEPÇÃO DO RISCO

Como lembrou o Secretário de Defesa dos EUA Donald Rumsfeld, em uma declaração que se tornou célebre, há *(i)* coisas que nós sabemos que conhecemos (*known knowns*) – *e.g.*, a composição da água, como colocar um satélite em órbita; *(ii)* coisas que nós sabemos que *não* conhecemos (*known unknows*) – *e.g.*, se há um modo de unificar a teoria geral da relatividade e a mecânica quântica, a solução à Hipótese de Riemann, relativa à distribuição dos números primos, quando ocorrerá a próxima pandemia; *(iii)* coisas que nós *nem* sabemos que *não* conhecemos (*unknown unknowns*).

Essa tipologia se relaciona à percepção do risco, tema "que desempenha um importante papel no desenvolvimento dos meios de gestão do risco em geral e da atividade seguradora em particular."[11]

Embora seja comum dizer que o risco do seguro resulta da avaliação de estatísticas e cálculos atuariais, a experiência ocupa lugar de destaque na identificação e na avaliação dos riscos asseguráveis. O risco é, em essência, a percepção que o sujeito tem a respeito das ameaças que recaem sobre seus interesses. Essa percepção não é, necessariamente, resultado do conhecimento científico, nem da experiência concreta. Ela, no entanto, orienta as decisões relacionadas à defesa dos interesses humanos.

Sempre que existe uma *percepção* de risco, o objeto do seguro é possível. Isso, mais do que a pura consideração da boa-fé subjetiva, explica a validade do chamado seguro de risco putativo – aquele que é celebrado, por exemplo, pelo segurado que desconhecia o precedente naufrágio da embarcação da qual emanam os interesses patrimoniais que buscou assegurar.

[10] TAPINOS, Daphné. *Prévention, précaution et responsabilité civile*. Paris: L'Harmattan, 2008. p. 47.

[11] REGO, Margarida Lima. *Contrato de seguro e terceiros:* estudo de direito civil. Coimbra: Coimbra Ed., 2010. p. 81.

A percepção do risco compreende os receios que a vida cumulativamente carrega para as considerações a respeito da responsabilidade civil, como as precauções em casos de experimentos tecnológicos, notadamente de biogenética, energia nuclear e cibersegurança, e aquelas que, a cada dia, tornam mais abrangente o conceito de responsabilidade no campo do Direito Ambiental.

Quando segurado e segurador convergem sobre assegurar "os riscos de erro de projeto e todos os demais riscos de desenvolvimento tecnológico surgidos durante a execução do contrato e empreendimento assegurados", eles estão predeterminando riscos conhecidos (erro de projeto) e riscos possíveis (todos os demais). Essa predeterminação de riscos assegurados vale-se da ciência e, igualmente, da percepção de riscos.

Sucederá idêntico cenário – uso da ciência e da percepção – quando, iminente ou ocorrido um sinistro, o segurado ou a seguradora escolhe as condutas de salvamento. Além de utilizarem, na escolha e modulação dessas medidas, juízo técnico baseado em riscos conhecidos (prevenção), utilizarão suas percepções de risco formadas socialmente, sem que, necessariamente, reflitam riscos conhecidos anteriormente.

Assim como as regras técnicas podem conflitar com as regras da arte, medidas de prevenção podem conflitar com medidas de precaução. Imagine-se o banco que, em 2018, tivesse um cartaz dizendo que "o acesso à agência somente será permitido aos clientes que utilizarem máscaras".

Seja ao garantir-se contra riscos, especialmente nos seguros que têm eficácias próprias ou externas expandidas, como o seguro de responsabilidade civil, seja ao adotar medidas para evitar ou conter danos causados pela ocorrência dos riscos assegurados, além de serem considerados os riscos conhecidos, também é necessário acautelar contra o surgimento de novas ameaças, à luz do estágio de percepção de riscos. Somente assim a sociedade será capaz de proteger-se contínua e amplamente. A própria ideia de socialização de riscos depende desse amplo acautelamento, no momento da dispersão do risco via contratação de seguro e quando são adotadas condutas de salvamento. Tudo isso remete à questão da causa típica do negócio jurídico securitário (causa-função)[12] e da política legislativa de socialização dos riscos.

[12] Na tipologia proposta por Junqueira de Azevedo, a causa pode ser: *(i)* causa-fato jurídico (*causa efficiens*; fonte de obrigações); *(ii)* causa-motivo (causa impulsiva, justa causa); *(iii)* causa

3. SALVAMENTO

Apesar de estar na fronteira do dever, o salvamento é ônus.[13] É esperado do segurado ou beneficiário que, para receberem a indenização ou capital, projetem a legitimidade de sua relação com o bem da vida, ameaçado pelo sinistro iminente ou já verificado, e atuem para que o prejuízo decorrente do sinistro seja evitado ou mitigado.

De modo geral, quem não zela pelo patrimônio sujeito a dano, cuidando de protegê-lo, indica relação de ilegitimidade com o mesmo. A inércia nessas situações pode ser um comportamento desleal. A economia, as forças produtivas e os produtos são limitados. O Direito não tolera o menoscabo patrimonial, exceto quando a preservação dos bens possa causar danos maiores do que a sua mera perda – por exemplo, diante de infortúnios marítimos, nas situações que autorizam o abandono.

Quando a conduta, em situações que demandam preservação dos interesses patrimoniais, evidenciar menoscabo ou prejudicar o outro contratante, pode haver limitação ou perda de direitos. No caso do seguro, pode-se perder o direito à indenização ou ao capital segurado. Não se trata, no entanto, de uma situação restrita aos contratos de seguro. O dever de salvamento securitário é um dos rebentos da boa-fé objetiva, da qual decorre uma figura comum às relações obrigacionais em geral: o ônus de mitigar o dano.[14] Como consta no Enunciado nº 169 da III Jornada de

da juridicidade do negócio (*causa civilis* ou *naturalis*); *(iv)* causa da atribuição patrimonial (*causa credendi*, *causa donandi* e *causa solvendi* etc.); e *(v)* causa típica do negócio jurídico (*causa finalis*), isto é, *causa-função*. (Azevedo, Antonio Junqueira de. *Negócio jurídico e declaração negocial:* noções gerais e formação da declaração negocial. Tese de Titularidade. São Paulo, Universidade de São Paulo, 1986, p. 121-129).

[13] A discussão sobre a natureza jurídica do salvamento, incomum na doutrina brasileira, é aprofundada na doutrina estrangeira. *Vide* Gomes, Júlio Manuel Vieira. Do dever ou ônus de salvamento no novo regime jurídico do contrato de seguro (Decreto-Lei n. 72/2008, de 16/4). *Cadernos de Direito Privado*, n. 28, p. 3-22, out./dez. 2009; e Ferreira, Patrícia de Souza. *O salvamento em direito dos seguros: reflexão sobre o ônus de afastamento e mitigação dos danos ocasionados pelo sinistro.* Coimbra: Almedina, 2014. pp. 41-48. Martins-Costa, escrevendo sobre mitigação do prejuízo em geral, concluiu que a figura tem elementos de ônus e de dever, "estando a meio caminho entre as categorias do ônus jurídico (no sentido tradicional) e a do dever de proteção." (Martins-Costa, Judith. *A Boa-fé no Direito Privado.* 2. ed. São Paulo: Saraiva, 2018. p. 607). A mesma conclusão se aplica, no contrato de seguro, ao salvamento.

[14] Na doutrina brasileira, *v.* Kulesza, Gustavo Santos. *Princípio da mitigação de danos: evolução no direito contratual.* Curitiba: Juruá, 2015; Lopes, Christian Sahb Batista. *A mitigação dos prejuízos no direito contratual.* São Paulo: Saraiva, 2017.

Direito Civil do CJF: "O princípio da boa-fé objetiva deve levar o credor a evitar o agravamento do próprio prejuízo."[15] O que o credor gasta para fazer isso (para "conter o prejuízo" causado pelo inadimplemento) é reembolsável pelo devedor. Os artigos 771 e 779 do Código Civil são regras de especificação da boa-fé objetiva nos contratos de seguro, assim como é o art. 765, que especifica o art. 422.

O ideal seria que, estabelecidas as regras, o sistema jurídico funcionasse sem falhas. Sendo ele um todo, o defeito ou mau funcionamento de uma peça costuma gerar consequências que se espraiam pelo sistema. Mas a infortunística é onipresente e, muitas vezes, sucede de modo a danificar o próprio Direito. Não fosse ela, não haveria seguros, nem exegetas.

Como ensina Weber, "o fato de algumas pessoas agirem de certa forma porque as proposições legais assim prescrevem (Rechtssätze) é, obviamente, um elemento essencial no surgimento e continuação de uma 'ordem jurídica'."[16] O Estado de Direito depende dessa conformidade. Quem realmente quer ter segurança jurídica deve esforçar-se para que isso aconteça. Mas essa é uma utopia romântica, se a redundância for permitida. A norma jurídica não ganha eficácia pela sua racionalidade social ou econômica, pela regulação justa que faz ou pela oficialidade que o sistema lhe atribui. A eficácia com esses predicados é um tipo especial de coincidência. A norma prevalece porque não é rejeitada ou continuadamente contrariada pelos que exercem o poder econômico ou social, eventualmente o político. Se ela coincidiu com o poder que exerce hegemonia sobre a conduta que regula, gozará de prestígio social e contará com eficácia.

Um bom exemplo da falibilidade da regra que não adquire eficácia no mundo dos negócios é o que sucede com a parelha destinada a tracionar o salvamento, os citados artigos 771 e 779 do Código Civil. São duas regras destinadas a, conjuntamente, estabelecer, no campo dos chamados *segu-*

[15] Na síntese de Tunc, o ônus de mitigar reflete a noção de que "a vítima não pode assistir passivamente ao desencadear das diversas consequências do inadimplemento, mas deve reagir com todo vigor contra essas consequências na medida em que elas agravariam o dano." (No original: "L'idée, tout d'abord, selon laquelle la victime ne peut assister passive au éclenchement des diverses conséquences de la faute, mais doit réagir de toute sa vigueur d'homme contre ses conséquences dans la mesure où elles aggraveraient le dommage, nous semble incontestable." (TUNC, André. Les recents developments des droits anglais et americain sur la relation de causalite entre la falte et le dommage dont on doit reparation. *Revue Internationale de Droit Comparé*, Paris, v. 5, n. 1/4, p. 5-54, 1953. p. 29).

[16] WEBER, Max. *O direito na economia e na sociedade*. São Paulo: Ícone, 2011, p. 25.

ros terrestres, o ônus de *salvamento e contenção, à conta da seguradora*, também previsto no art. 721 do Código Comercial para os *seguros marítimos*. Esses artigos têm sido forçosamente derrogados nos mercados de seguro e resseguro. O art. 771, no *caput*, atribui ao segurado o ônus de adotar as providências urgentes para evitar ou atenuar os efeitos do sinistro. Isto é, antes do comparecimento da seguradora para prestar os chamados serviços de regulação[17] e liquidação[18] do sinistro, são esperadas do segurado as medidas de salvamento e contenção.

O mesmo art. 771, no parágrafo único, define que as despesas com essas providências *correm à conta da seguradora*, até o limite porventura fixado para esse fim, entre as partes. Alguns autores ressalvam a proporcionalidade da suportação[19], o que só faz sentido quando o investimento é considerável e há infrasseguro[20], à vista da regra do art. 779.[21] O mencionado art. 779 confirma que "o risco do seguro" - ou seja, a responsabilidade assumida pela seguradora - necessariamente abrange, além de todas as consequências prejudiciais diretas do sinistro, as despesas efetuadas para salvamento ou contenção.[22]

A possibilidade de limitação da responsabilidade da seguradora, mediante acordo expresso das partes, prevista no parágrafo único do art. 771, já era admitida no artigo 1.461 do Código Civil revogado.[23] O legisla-

[17] É a apuração fática necessária para o conhecimento do *an debeatur* securitário: *règlement* na França; *ajustamento* nos países de língua espanhola e anglo-saxões (*adjustment*).

[18] É a apuração do *quantum debeatur* securitário que torna precisos o prejuízo indenizável e a indenização devida, em termos pecuniários ou de reposição em espécie.

[19] Miranda, Pontes de. *Tratado de direito privado – parte especial*, 3ª ed. São Paulo: RT, 1984, vol. 45, p. 340: "Se o seguro é só de parte do valor do bem segurado, à parte do valor é que há de corresponder o que houve de despesas proporcionalmente ao valor do bem."

[20] Quando o valor do seguro é inferior ao valor do interesse segurado, no momento da contratação.

[21] Código Civil, Art. 771: Sob pena de perder o direito à indenização, o segurado participará o sinistro ao segurador, logo que o saiba, e tomará as providências imediatas para minorar-lhe as consequências. Parágrafo único. Correm à conta do segurador, até o limite fixado no contrato, as despesas de salvamento consequente ao sinistro.

[22] Código Civil, Art. 779: O risco do seguro compreenderá todos os prejuízos resultantes ou consequentes, como sejam os estragos ocasionados para evitar o sinistro, minorar o dano, ou salvar a coisa.

[23] Código Civil de 1916: Art. 1.461. Salvo expressa restrição na apólice, o risco do seguro compreenderá todos os prejuízos resultantes ou consequentes, como sejam os estragos ocasionados para evitar o sinistro, minorar o dano, ou salvar a coisa.

dor de 1916 exigiu máxima transparência para a isenção de responsabilidade da seguradora por meio de cláusula estipulada na apólice ("expressa restrição"), sem confundir, de um lado, o objeto da garantia do seguro e, de outro, os "prejuízos resultantes ou consequentes, como sejam os estragos ocasionados para evitar o sinistro, minorar o dano, ou salvar a coisa". Com a superior sensibilidade aos fatos dos maritimista, o legislador de 2002 foi além: afastou a possibilidade de *exclusão* dessa responsabilidade, admitindo apenas a sua *limitação*, por meio de um teto, estipulado no contrato, para despesas de salvamento e contenção (art. 771, parágrafo único).

De fato, o legislador determinou, de forma imperativa, que a seguradora é responsável pelo salvamento e pela contenção. Sua responsabilidade, ressalvado o caso de infrasseguro, "compreenderá todos os prejuízos [...] para evitar o sinistro, minorar o dano, ou salvar a coisa." Não é possível conceber que "o limite fixado no contrato", a que se refere o art. 771, possa constituir uma inutilidade eventual, isto é, possa ser insuficiente para qualquer iniciativa de salvamento ou contenção. Também não faz sentido conceber que o dever da seguradora possa ser suprimido por uma via oblíqua: substituído pelo oferecimento de uma "cobertura adicional de salvamento e contenção", mediante prêmio igualmente adicional, o que esvaziaria a utilidade do art. 779, tornando-o dispensável.

O salvamento e a contenção não compõem a *garantia* de seguro, aquela que corresponde ao dever de indenizar a lesão sofrida pelo interesse assegurado em decorrência da realização de um risco coberto, e cuja contrapartida é o prêmio. Tanto é assim, que os estudiosos advertem que até mesmo terceiro, estranho ao contrato, pode ser credor do reembolso das despesas com medidas de salvamento e de contenção.[24]

Ações de salvamento e contenção visam a evitar um sinistro iminente ou atenuar os efeitos do sinistro já ocorrido, e competem à seguradora. Sem embargo, enquanto o sinistro não é avisado, ou enquanto a própria seguradora não pode, ela mesma, executar as providências, estas devem ser adotadas pelo segurado ou outro interessado (beneficiário), no interesse

[24] Como observou Ferreira, "[...] por igualdade de razão, uma vez observado o ônus de salvamento por terceiro, a obrigação de reembolso caberá sempre ao segurador, mesmo não sendo ele o *dominus* do negócio." (Ferreira, Patrícia de Souza. *O salvamento em direito dos seguros:* reflexão sobre o ônus de afastamento e mitigação dos danos ocasionados pelo sinistro. Coimbra: Almedina, 2014. p. 54).

e a expensas da seguradora, sempre que estes se encontrem em posição favorável para providenciá-las. É como ensina João Luiz Alves:

> COMM. – O Cod. Eliminou a parte do artigo do Pr. Cl. em que este impõe ao segurado, a obrigação de tomar, na ausência do segurador medidas acauteladoras e capazes de diminuir os prejuizos do sinistro. O segurado responderá, porém, de acôrdo com os princípios geraes de direito, pela culpa ou dolo em não procurar evitar ao segurador, até que este providencie, os prejuizos resultantes do sinistro, cujo risco é objecto do seguro.
>
> Logo que chegue ao seu conhecimento, deve o segurado communicar ao segurador a verificação do sinistro, porque o segurador póde tomar providencias que evitem ou attenuem as consequencias do mesmo sinistro. Omittindo essa obrigação, o segurado perde o direito ao seguro. Mas, como a exigencia da communicação só tem por fim permittir que o segurador acautelle os interesses, é necessário que elle prove, para libertar-se da obrigação de pagar o seguro, que, se recebesse em tempo o aviso, poderia adoptar providencias para evitar ou diminuir as consequencias do sinistro.[25]

Bevilaqua, comentando o Código Civil de 1916, esclarece que o propósito da norma do art. 1.461 (que corresponde, com as mencionadas alterações, ao art. 771 no Código de 2002), é adicionar essa responsabilidade ao dever de cobertura dos riscos assegurados, previsto no art. 1.460:

> Observação – O preceito deste artigo completa o do anterior. Ainda que a responsabilidade do segurador se limite aos damnos provenientes do risco assumido, não sómente abrange-os todos, como ainda se estende aos consequentes, como sejam os occasionados pela agua empregada para apagar o incendio, e os determinados pelo salvamento dos objectos.[26]

Leciona Carvalho Santos que o aviso de sinistro serve à promoção do salvamento, constituindo dever de conduta do segurado – ou terceiro interessado no seguro – adotada no lugar da seguradora, e às suas custas. Para uns, espécie de gestão de negócio; para outros, mera convergência de

[25] ALVES, João Luiz. *Código Civil da República dos Estados Unidos do Brasil.* 2ª ed. São Paulo: Saraiva, 1935. p. 491.

[26] BEVILAQUA, Clovis. *Código Civil dos Estados Unidos do Brasil comentado,* ed. histórica. Rio de Janeiro: Rio, 1979, p. 584 e 588.

interesses[27]. A omissão injustificada, desde que prejudicial, conduz à extinção da dívida contratual da seguradora:

> 2 – A omissão injustificada exonera o segurador, se êste provar que, oportunamente avisado, lhe teria sido possível evitar, ou atenuar, as conseqüências do sinistro. O aviso de verificação do sinistro deve ser feito em benefício da Companhia, para que esta possa tomar providências que evitem ou atenuem as conseqüências do mesmo sinistro.
>
> Por isso mesmo, se omite injustificadamente essa obrigação de avisar, o segurado perde o direito ao seguro. Bem entendido: perde o direito ao seguro, se a Companhia provar que, se recebesse em tempo útil o aviso, poderia ter adotado providências que evitassem as conseqüências do sinistro.[28]

Ainda Carvalho Santos, com base em Bevilaqua, confirma tratar-se de dever adicional à obrigação de indenizar quando é caso de realização do risco assegurado, e descreve a amplitude da responsabilidade da seguradora pelo reembolso àquele que, por ela, tiver executado o salvamento:

> Clóvis Beviláqua adverte, muito a propósito, que o preceito deste artigo completa o do anterior. Ainda que a responsabilidade do segurador se limite aos danos provenientes do risco assumido, não sómente abrange-os todos, como ainda se estende aos consequentes, como sejam ocasionados pela água empregada para apagar o incêndio, e os determinados pelo salvamento dos objetos (*Obr. Cit.*, observ. Ao artigo 1.461). Nem sempre, porém, será fácil dizer quando os danos são consequências do risco assumido, mesmo porque consequências há que não são imediatas e necessárias, mas apenas imediatas e indiretas. Parece-nos que sómente as primeiras entram na obrigação do segurador, de indenizar. Assim, por exemplo, no caso de incêndio, a obrigação do segurador abrange a indenização das avarias feitas na coisa segurada, para evitar a propagação do fogo, os estragos causados pela fumaça, pela água, pelas demolições que se fizerem necessárias para evitar o prosseguimento do

[27] Miranda, Pontes de, *op. cit.*, idem, p. 340: "Para se explicar o dever de reembolso por parte do segurador, não se precisa de pensar em gestão de negócios alheios, nem em outorga de poder. O interessado opera no seu próprio interesse e, pois, no do segurador." A divergência ponteana não se justifica quando pensamos no salvamento feito por terceiro estranho ao contrato de seguro, sem interesse ou benefício algum.

[28] Santos, J. M. de Carvalho. *Código Civil brasileiro interpretado.* 10ª ed. Rio de Janeiro: Freitas Bastos, 1981. v. 19. p. 352 e p. 371.

incêndio, as deteriorações resultantes do transporte dos móveis, para salvá-los do fogo, as despesas pagas aos operários empregados para esse fim, as deteriorações resultantes da chuva, à qual ficaram expostos os móveis, imediatamente após o incêndio, até que o segurado pudesse providenciar sua remoção para lugar seguro, desde que sejam efetivamente consequência do sinistro.

Fica fácil, assim, entender que os dois mencionados artigos do Código Civil em vigor (arts. 771 e 779) estabelecem que, se for iminente, ou se já se tiver verificado o sinistro, o segurado, sob pena de perder o direito à indenização, deverá adotar as providências ao seu alcance para evitar ou conter os danos ao interesse segurado, cujas despesas incorridas serão de responsabilidade da seguradora, até o limite que porventura se tenha pactuado validamente. Em obra anterior, explicamos a racionalidade do regime jurídico do salvamento e da contenção:

> Um segurado que deseja proteger seu prédio de R$ 100 contra o fogo não pode contratar seguro por R$ 150, pois o limite admitido pela lei é o valor do interesse segurado. Se ele fizer isso, contratar o seguro por valor maior, "perderá o direito à garantia, além de ficar obrigado ao prêmio vencido" (art. 766 do Código Civil). Na verdade, quem fizer seguro por valor extravagante, fica sujeito a medidas criminais, já que "[n]o seguro de dano a garantia prometida não pode ultrapassar o valor do interesse segurado no momento da conclusão do contrato, sob pena do disposto no art. 766, e sem prejuízo da ação penal que no caso couber" (art. 778 do Código Civil). O contrato de seguro visa garantir o interesse do segurado contra a potencial ocorrência de um risco. Num primeiro momento, essa garantia patrimonial se dá com a mera proteção do seguro, e para isso é que são feitas provisões e reservas capazes de preservar a solvabilidade do segurador, tornando-o apto para garantir o cumprimento das obrigações contraídas e, no caso de se realizar o risco coberto pelo seguro, dispor dos meios financeiros destinados à reparação da lesão sofrida pelo segurado ou beneficiário do seguro. Nesse segundo momento, portanto, após verificado o sinistro, a proteção faz nascer a função de indenização do seguro. Essa indenização depende do adequado estabelecimento de regras e limites, a se integrarem no chamado princípio indenizatório, para que o seguro, à medida do contratado, sempre reposicione o segurado ou beneficiário para o estado ou situação patrimonial em que se encontrava antes do sinistro. O princípio indenizatório não atuaria caso o segurado, vitimado pelo sinistro, ou sendo este iminente, não fosse recuperado das despesas feitas com

o objetivo de evitar sua concretização e, acaso já ocorrido ou iminente, evitar ou atenuar os danos e prejuízos. Tais medidas correspondem a ações preventivas de sinistro e dano. Essas medidas são diferentes da ação preventiva de realização de risco. A prevenção [teórica][29] da realização do risco, assim como a prevenção do surgimento de risco (precaução), em geral não serão protegidas por meio de seguro, e nada têm a ver com sinistro ocorrido ou iminente. Por isso é importante deixar claro que o salvamento está no âmbito das ações preventivas de sinistro e dano. Se o segurado ou beneficiário adotou as medidas ao seu alcance na tentativa de prevenir a concretização ou as dimensões do sinistro iminente, ou dos danos, ele poderá ter sido levado a gastar uma quantia importante e, ainda assim, sofrer a perda total do interesse que havia procurado garantir quando contratou o seguro. Poderá, por exemplo, perder os R$ 100 e mais R$ 100. Ao não se adotarem as ações preventivas de sinistro e dano, surge a possibilidade de perder o direito ao seguro (art. 771 do Código Civil).[30] Então, embora obrigado a lutar pelo salvamento, se o segurado receber apenas R$100, terá persistido completamente o estado de prejuízo que adveio do sinistro, deixando o seguro de cumprir, no mundo real, sua função indenizatória. É por isso que o princípio indenizatório faz coexistirem o dever de salvamento com a obrigação da seguradora de prover os meios necessários para tanto (parágrafo único do art. 771), reembolsando o segurado. Caso o reembolso fosse de R$100 e, portanto, consumisse todo o capital do seguro, o sinistro (os prejuízos do sinistro) jamais teria sido indenizado, ainda que estivesse "coberto".[31]

Essa é também a explicação de Pedro Alvim, com suporte em Vivante:

340 — As providências são tomadas no interesse do segurador que se beneficia com a redução dos prejuízos indenizáveis. Deve, pois, reembolsá-las ao segurado. A lei francesa equipara os gastos aos prejuízos diretos e nosso Código Civil dispõe: "Salvo expressa restrição na apólice, o risco do seguro compreenderá todos os prejuízos resultantes ou consequentes, como sejam os estragos ocasionados para evitar o sinistro, minorar o dano, ou salvar a coisa"

[29] O adjetivo entre colchetes está anotado para a próxima edição.

[30] TZIRULNIK, Ernesto; CAVALCANTI, Flávio Q. de Bezerra; PIMENTEL, Ayrton. *O Contrato de Seguro de acordo com o Código Civil Brasileiro*. 3. ed. São Paulo: Roncarati, 2016. p. 138-9.

[31] TZIRULNIK, Ernesto; CAVALCANTI, Flávio Q. de Bezerra; PIMENTEL, Ayrton. *O Contrato de Seguro de acordo com o Código Civil Brasileiro*. 3. ed. São Paulo: Roncarati, 2016. p. 138-9.

> (art. 1.461). O legislador não estabeleceu critério para limitar os gastos de salvamento. Entende Vivante que podem ultrapassar o valor dos bens salvos, porque, limitando-se o reembolso àquele valor, irá recair sobre o segurado o azar do salvamento, o que poderia servir de pretexto para permanecer inativo no momento do sinistro, quando o socorro deve ser mais rápido e mais decidido. Pode realmente acontecer que, não obstante todos os esforços e os gastos feitos pelo segurado, sejam menores os resultados finais ou que não se tenha mesmo evitado a destruição total dos bens ameaçados pelo sinistro. Ocorre, também, que não há muito tempo para ponderar as medidas de salvamento. O tempo urge, a situação é aflitiva e a exaltação do estado de espírito que os acontecimentos provocam, nem sempre favorece o exame mais detido da melhor maneira de proceder em tais circunstâncias. Estes fatos são levados em consideração pelo segurador, mas não impedem que exclua do reembolso despesas impertinentes ou excessivas, em face das proporções do sinistro ou de suas consequências. O segurador pode alegar — ensina Pontes de Miranda — que foram todas as despesas, ou algumas delas, feitas sem necessidade, ou utilidade. Também são ressarcíveis os danos que, na operação de salvamento, o bem haja causado ao interessado, salvo se as operações foram feitas sem oportunidade, ou sem cabimento, ou acima de seu valor para o salvamento.[32]

As normas civis, como se verifica, harmonizam com a solução do art. 721 do Código Comercial, aplicável ao seguro marítimo, que adiciona à conta da seguradora as despesas com o salvamento:

> Art. 721 – Nos casos de naufrágio ou varação, presa ou arresto de inimigo, o segurado é obrigado a empregar toda a diligência possível para salvar ou reclamar os objetos seguros, sem que para tais atos se faça necessária a procuração do segurador, do qual pode o segurado exigir o adiantamento do dinheiro preciso para a reclamação intentada ou que se possa intentar, sem que o mau sucesso desta prejudique ao embolso do segurado pelas despesas ocorridas.

A única novidade é que o legislador do Código Civil de 2002 autorizou, no art. 771, a pactuação de limite financeiro à obrigação da seguradora – e não sua exclusão – pelo custeio do salvamento e da contenção do sinistro. Ainda que a doutrina, nacional e estrangeira, confirme a justeza da incidência dessas regras de responsabilidade da seguradora pelas medi-

[32] Alvim, Pedro. *O Contrato de Seguro.* Rio: Forense, 3ª ed., 1999, pp. 401 e 402.

das de salvamento e contenção, o mercado tornou-as ineficazes. Aos dois artigos examinados, as seguradoras, qual a autarquia estatal competente para o controle e a fiscalização das suas operações (SUSEP), deram-lhes completamente as costas.

A desconsideração da lei chegou a tal ponto, que as seguradoras vendem, cobrando prêmio adicional, cobertura para as despesas de salvamento ou contenção do sinistro. Noutras palavras, vendem aos segurados uma cobertura para aquilo que a lei estabelece ser responsabilidade delas próprias. Com esse raciocínio, violador da ordem jurídica, as seguradoras também se recusam a reembolsar os segurados das quantias despendidas com o salvamento ou a contenção do sinistro, quando são inferiores à franquia. A SUSEP, embora se encontre legalmente vinculada à proteção dos interesses dos segurados e dos beneficiários[33], não variou a costumeira opção pelos interesses das seguradoras, ao regulamentar a matéria na Circular SUSEP nº 256 de 16.06.2004:[34]

> Art. 31. Correrão, obrigatoriamente, por conta da sociedade seguradora, até o limite máximo da garantia fixado no contrato:
>
> I – as despesas de salvamento comprovadamente efetuadas pelo segurado durante e/ou após a ocorrência de um sinistro;
>
> II – os valores referentes aos danos materiais comprovadamente causados pelo segurado e/ou por terceiros na tentativa de evitar o sinistro, minorar o dano ou salvar a coisa;
>
> § 1º Poderá ser oferecida cobertura específica, desde que solicitado formalmente pelo segurado, exclusivamente para cobrir as despesas de salvamento e os valores referentes aos danos materiais de que trata o inciso II deste artigo.
>
> § 2º Na ausência da cobertura específica, o limite máximo da garantia contratada deverá ser também utilizado, até a sua totalidade, para cobrir as despesas de salvamento e os valores referentes aos danos materiais de que trata o inciso II deste artigo.

[33] Decreto Lei 73/66, artigo 2º: "O controle do Estado se exercerá pelos órgãos instituídos neste Decreto-lei, no interesse dos segurados e beneficiários dos contratos de seguro."

[34] Tzirulnik, Ernesto. *A circular Susep nº 256/2004 e as medidas de salvamento.* Disponível em http://www.ibds.com.br/artigos/TZIRULNIK_Medidas_de_salvamento.pdf. Acesso em 7 de agosto de 2020. A minuta da nova circular sobre seguro de danos, apresentada pela SUSEP na Consulta Pública 16/2020, que revoga a Circular 256/2004, mantêm o *caput* e os incisos do art. 31, com pequenas mudanças de redação, e exclui os parágrafos. A justificativa da SUSEP é que não há "necessidade de detalhamento sobre uma possível cobertura adicional".

No artigo 31, inciso I, a autarquia afasta da responsabilidade das seguradoras as medidas que forem adotadas para evitar o sinistro iminente, restringindo o custeio às despesas "efetuadas pelo segurado *durante* e/ou *após* a ocorrência de um sinistro".

No artigo 31, inciso II, restringe o reembolso aos custos atinentes a "danos materiais", de forma que danos não patrimoniais sejam excluídos da responsabilidade da seguradora, ainda que causados pela execução do salvamento ou contenção do sinistro.

A autarquia também promove a legitimidade da venda de cobertura de seguro para o salvamento: "exclusivamente para cobrir as despesas de salvamento e os valores referentes aos danos materiais" (art. 31, §1º). Finalmente, embute o custeio ou reembolso do salvamento na importância segurada, como se fosse parte da garantia contratual do seguro (art. 31, §2º).

Em resumo, o ato normativo administrativo dispõe contrariamente à ordem jurídica, violando (i) o art. 2º do Decreto Lei nº 73/1966, que limita a intervenção normativa estatal à defesa dos segurados e beneficiários, e (ii) a competência para disciplinar sobre direito civil e seguro, matérias reservadas à regência por norma jurídica em sentido formal, produzida pelo Congresso Nacional (CF, arts. 22, I e 153, V).

O salvamento não é a contraprestação da seguradora. A garantia ao legítimo interesse objeto do contrato de seguro é a contraprestação (art. 757). A Circular SUSEP 256/2004, ao inovar o sistema jurídico, cria paradoxos: (i) a garantia contratual prestada pela seguradora não pode exceder ao valor do interesse segurado (art. 778), o que ocorreria quando, além da quantia segurada, correspondente ao valor do interesse, fosse somada a quantia destinada à suportação do salvamento ou contenção; (ii) caso o custeio das despesas seja considerado indenização securitária, e não reembolso extracontratual, havendo perda total, e tendo o seguro sido feito pelo valor do interesse, a indenização ultrapassará esse valor, o que é vedado pelo art. 781; (iii) finalmente, se o segurado não contrata a "cobertura específica" de salvamento e contenção, a que se refere a Circular, arrisca-se a contratar o seguro do interesse "por menos do que valha", pois parte da importância segurada corresponderá ao limite de salvamento ou contenção do sinistro, e o interesse em risco terá garantia inferior ao seu valor, surgindo a ameaça de descoberto ou, indo ao extremo, de rateio proporcional em caso de sinistro parcial (art. 783). Entre nós, a matéria já foi minuciosamente examinada por Humberto Theodoro Júnior, que concluiu:

> O que se nota no regulamento da Susep sob análise [Circular 256] é uma grande confusão entre duas realidades jurídicas completamente distintas: a garantia de indenização derivada do seguro e a obrigação de reembolso das despesas de salvamento. Ambas recaem sobre o segurador, mas derivam de títulos diversos e cumprem funções próprias e inconfundíveis.[35]

O assunto está, a nosso ver, adequadamente solucionado no Projeto de Lei da Câmara nº 29/2017. O regramento do Projeto de Lei de Contrato de Seguro (PLCS) em discussão no Senado Federal evita danos aos segurados e previne eventuais abusos contra as seguradoras.

Admitindo a possibilidade de limitação da responsabilidade, sempre preservada a garantia do interesse segurado, as regras do PLCS (i) compreendem a proteção no caso de sinistro iminente; (ii) preveem o direito de reembolso ao terceiro que custear o salvamento ou a contenção; (iii) garantem o reembolso de quaisquer quantias até o valor do limite porventura pactuado; (iv) desvinculam o dever de reembolso do sucesso das medidas adotadas; (v) vinculam a seguradora ao reembolso de todas as medidas que determinar sejam adotadas, independentemente do limite eventualmente contratado; (vi) protegem a seguradora contra pleitos fundados em medidas de prevenção ordinária ou manutenção, isto é, medidas adotadas para eliminar ou atenuar o risco hipotético, quando o sinistro não é iminente ou consumado; e (vii) protegem a seguradora quando a reclamação de reembolso é extravagante (manifestamente imprópria ou acima do valor da própria importância que garante o interesse segurado). Eis:

> Art. 72. Nos seguros de dano, as despesas com as medidas de salvamento para evitar o sinistro iminente ou atenuar seus efeitos, mesmo que realizadas por terceiros, correm por conta da seguradora, até o limite pactuado pelas partes, sem reduzir a garantia do seguro.
>
> § 1º A obrigação prevista no caput deste artigo existirá ainda que os prejuízos não superem o valor da franquia contratada.
>
> § 2º A obrigação da seguradora existirá ainda que as medidas tenham sido ineficazes.

[35] THEODORO JÚNIOR, Humberto. Seguro de Danos – Despesas de Salvamento e Despesas de Contenção: Regime Jurídico. *Revista Magister de Direito Civil e Processual Civil*, n. 60, p. 1-23, mai./jun. 2014. p. 12.

> § 3º Não constituem despesas de salvamento as realizadas com prevenção ordinária, incluída qualquer espécie de manutenção.
>
> § 4º A seguradora não estará obrigada ao pagamento de despesas com medidas notoriamente inadequadas, nem de quantias que excedam o limite máximo pelo qual seria responsável, observada a garantia contratada para o tipo de sinistro iminente ou verificado.
>
> § 5º A seguradora suportará a totalidade das despesas efetuadas com a adoção de medidas de salvamento que expressamente recomendar para o caso específico, ainda que excedam o limite previsto no § 4º.

Além desse regime de equilíbrio, consciente de que as condutas operacionais das seguradoras acham-se, ainda que de fato, sujeitas aos comandos das resseguradoras, o legislador incluiu regra estabelecendo que estas garantidoras das seguradoras também serão, obviamente nos limites do resseguro contratado, responsáveis pela recuperação das despesas de salvamento reembolsadas pela seguradora cedente ao credor (segurado, beneficiário ou terceiro):

> Art. 68. O resseguro abrangerá a totalidade do interesse ressegurado, incluído o interesse da seguradora relacionado à recuperação dos efeitos da mora no cumprimento dos contratos de seguro, bem como as despesas de salvamento e as efetuadas em virtude da regulação e liquidação dos sinistros.

Como conclusão, ressalta-se a relevância da compreensão do dever de salvamento enquanto instrumento de apoio aos cometimentos essenciais do seguro: promover o enfrentamento da infortunística e prover indenização aos prejudicados, repondo de forma eficiente as forças produtivas perdidas. Nessa vereda, nada mais importante do que lembrar, com a Professora Teresa Ancona Lopez, que "o fundamento jurídico do princípio da precaução (e também da prevenção) é a obrigação geral de segurança, que veio se acrescentar aos princípios da reparação integral e da solidariedade, com a crescente "socialização de riscos[36]".

[36] LOPEZ, Teresa Ancona. *Princípio da precaução e evolução da responsabilidade civil.* São Paulo: Quartier Latin, 2010. p. 240.

17
EFEITOS DO INADIMPLEMENTO CONTRATUAL: INTERFACE COM A TEORIA GERAL DAS OBRIGAÇÕES

FÁBIO ROCHA PINTO E SILVA

INTRODUÇÃO

A reparação do inadimplemento contratual é objeto de grandes debates quanto à sua natureza. De um lado, afirma-se a equivalência entre a prestação devida e a reparação *in natura*, de modo que esta substituiria imediatamente a prestação inadimplida. Na doutrina francesa, há autores que defendem verdadeira assimilação da reparação *in natura* pelo cumprimento da prestação, representados por Philippe Rémy e Philippe Le Tourneau[1], de modo que mesmo a existência de responsabilidade civil no âmbito contratual seria contestável. A reparação por equivalente, de outro lado, seria uma reparação mediata, o que, para alguns, a tornaria inconfundível com

[*] Gostaria de agradecer aos coordenadores desta obra coletiva a oportunidade de homenagear nossa querida professora Teresa Ancona Lopez, passados dez anos de sua aposentadoria do Largo São Francisco. Tive o privilégio de integrar, na graduação, a última turma de docência da professora Teresa, e a imensa admiração que nutri por ela deu-me o desejo de, na pós graduação, permanecer seu aluno. Tive assim novo privilégio de ser orientado pela professora Teresa no mestrado e, em seguida, no doutorado. Ao longo dos anos, fui testemunha do seu conhecimento, da sua docência solidária e da imensa amizade que desenvolve com seus colegas e alunos. Embora nada seja suficiente para devolver a ela tudo o que recebi, tenho certeza que a obra constitui uma das mais justas formas de homenageá-la, pois honra a dedicação de uma vida e seu legado acadêmico perene, presente nas gerações de alunos e juristas que formou.

[1] Philippe Le Tourneau, *Droit de la Responsabilité et des Contrats*, 8e Éd., Paris, Dalloz, 2010; Philippe Rémy, *La responsabilité contractuelle: histoire d'un faux concept*, in RTD civ., 1997, p. 325. Contra, Geneviève Viney, *Introduction à la responsabilité*, 3eme ed., - J. Ghestin, Traité de Droit Civil, Paris, LGDJ, 2007, pp. 401-421.

a prestação[2], mas tal afirmação somente seria lógica quando o conteúdo da prestação não fosse pecuniário. Nos contratos de mútuo de dinheiro, por exemplo, há longo debate sobre a eventual diferença entre o adimplemento voluntário, o pagamento no curso da execução e a reparação satisfativa por excussão patrimonial.

Esse debate, que se impõe a partir do objeto recebido pelo credor, não nos parece adequado. A efetiva diferença entre a reparação do inadimplemento contratual e o adimplemento voluntário se dá no âmbito estrutural, tendo em vista que toda reparação ocorre sob a égide de uma relação de responsabilidade, distinta da relação dívida-crédito, qualquer que seja o objeto da prestação inadimplida ou, ainda, a forma da reparação, se *in natura* ou por equivalente. Tanto na obtenção forçada do bem da vida objeto da prestação, quanto na compensação pecuniária, existe em comum a sujeição do devedor à sanção da responsabilidade[3].

1. A TEORIA DUALISTA DA OBRIGAÇÃO NA RAIZ DA RESPONSABILIDADE CONTRATUAL

A teoria dualista da obrigação surge a partir do estudo da responsabilidade por Alois Brinz, Karl von Amira e Otto von Gierke, entre fim do século XIX e início do século XX, e levou ao estabelecimento de dois elementos imateriais componentes da obrigação: a *Schuld* (*debitum* ou dever), e a *Haftung* (*obligatio* ou responsabilidade)[4]. Essa teoria penetrou profundamente no Direito brasileiro, encontrando diversos exemplos no Código Civil de 2002, como a nova redação atribuída à fiança, no art. 818, que eliminou a expressão "obriga-se", utilizada pelo art. 1.481 do Código de 1916, ante a inexistência de dever do fiador[5], mas apenas responsabilidade; e a

[2] Philippe Dupichot, *Le pouvoir des volontés individuelles en droit des sûretés* (tese de doutorado), Paris, Univ. Panthéon-Assas, 2003, pp. 328 ss, nºs 388 ss, esp. p. 332, nota nº 484.

[3] Tratamos do tema em duas ocasiões : Fabio R. P. e Silva, *Garantias das Obrigações*, São Paulo, Ed. IASP, 2017, nºs 61-66, e nº 86; *Id.*, *Prévention, indemnisation et réparation en nature*, in Ch. Larroumet (dir.), *La responsabilité civile – Questions actuelles*, Paris, Éd. Panthéon-Assas, 2018, pp. 99-108.

[4] A esse respeito, ver Fábio K. Comparato, *Essai d'analyse dualiste de l'obligation en droit privé*, Paris, Dalloz, 1964; José Fernando Simão, *A teoria dualista do vínculo obrigacional e sua aplicação ao direito civil brasileiro*, Revista Jurídica ESMP-SP, v.3, 2013.

[5] José Fernando Simão, *A teoria dualista do vínculo obrigacional...*, cit., p. 177; Luciano de C. Penteado, *Direito das Coisas*, 3ª ed., São Paulo, RT, 2014, p. 543. Sílvio de S. Venosa, *Lei do Inquilinato Comentada – Doutrina e Prática*, 10ª ed., São Paulo, Atlas, 2010, p. 168.

responsabilidade objetiva por fato de terceiro, presente nos artigos 927, 932 e 933[6].

A associação entre *Haftung* e *obligatio* demonstra que, na concepção inicial desses teóricos, a responsabilidade seria o elemento central da obrigação, visto que a prestação seria algo meramente transitório, uma fase inicial da responsabilidade, ou mesmo um elemento externo à obrigação[7]. Natalino Irti, em análise histórica do tema, define essa concepção do dever como "*um agir livre e incoercível*"[8]. No contexto da obrigação, a responsabilidade seria a sujeição de uma pessoa ou de uma coisa ao poder do credor[9]. A proposta tem origem na raiz romana da obrigação, em que a sujeição era, de fato, o elemento central da *obligatio*[10]. No Direito Romano, entretanto, esse meio de responsabilidade não cumpria uma função satisfativa da pretensão, mas meramente coercitiva[11].

As diferentes facetas da responsabilidade civil foram por diversas vezes analisadas pela professora Teresa Ancona Lopez[12], que identifica a função compensatória, a função dissuasória e a função preventiva em sentido lato – esta última, fonte de deveres. A função dissuasória (que E. Betti definiu no Direito Romano como coercitiva) não guarda, portanto, equivalência com a prestação, o que é evidente na responsabilidade, inicialmente corporal, decorrente das obrigações romanas. Em sentido moderno, o estado de sujeição imposto pela responsabilidade justifica que a pretensão do credor possa ser dirigida ao patrimônio do responsável, sem que este imponha resistência, com função primordialmente compensatória, ou satisfativa.

[6] A esse respeito, v. José Fernando Simão, *Responsabilidade civil do incapaz: busca pela harmonização do sistema*, in Revista Brasileira de Direito das Famílias e Sucessões, v. 10, p. 85-97, 2009.

[7] Fábio K. Comparato, *Essai d'analyse dualiste de l'obligation...*, cit., pp. 10-11.

[8] Natalino Irti, *Un Dialogo tra Betti e Carnelutti (intorno alla teoria dell'obligazione)*, in *Diritto Sostanziale e Processo*, Col. Università di Firenze, Milano, Giuffrè, 2006, p. XII, nº 6.

[9] Emilio Betti, *Il concetto della obbligazione costruito dal punto di vista dell'azione*, republicação integral do original (Pavia, 1920), in Diritto Sostanziale e Processo, Col. Università di Firenze, Milano, Giuffrè, 2006, pp. 81 ss., nº 13

[10] Emilio Betti, *La struttura dell'obbligazione romana e il problema della sua genesi*, Milano, Giuffrè, 1955, p. 39

[11] Betti, *Ibid.*, p. 42, nº 5. "*L'obligatio viene esattamente definita da romani come un vincolo giuridico il quale è base di una coazione al pagamento*".

[12] *Princípio da precaução e evolução da responsabilidade civil*, São Paulo, Quartier Latin, 2010, pp. 72 ss; *Responsabilidade Civil na Sociedade de Risco*, in Teresa Ancona Lopez, Patrícia F. I. Lemos e Otavio L. Rodrigues Jr. (coord.), Sociedade de Risco e Direito Privado, pp. 3-13, São Paulo, Atlas, 2013, pp. 9-10

Atribui-se, assim, o conceito de responsabilidade à situação jurídica do patrimônio sujeito ao poder de agressão do credor, destinado a satisfazer a pretensão[13].

Pretensão e poder de agressão não são sinônimos. A pretensão é o polo ativo do dever, direito material do credor de toda prestação. Conforme explica E. Betti, seria um poder primário, cujo poder secundário é a ação[14]. Somente a ação, que preferimos tratar no conceito mais amplo de poder de agressão, constitui verdadeiro poder jurídico, no sentido potestativo, enquanto a pretensão pertence ainda à categoria dos direitos subjetivos. Essa é diferenciação fundamental entre as categorias jurídicas das *situações de dever* e *situações de necessidade*[15]. Nas primeiras, o sistema jurídico impõe um dever de conduta, sob pena de ilícito face ao titular de um direito subjetivo. No âmbito contratual, trata-se de um dever especial, caracterizado pela prestação, ou dívida.

Ao contrário, as *situações jurídicas de necessidade* são a sujeição e o ônus. A sujeição é o polo passivo de um direito potestativo, como o chamado poder de agressão. Este, em antiga concepção publicística poderia ser tido como sinônimo do direito de ação, eis que a responsabilidade seria uma sujeição ao Estado, e não propriamente ao credor[16]. Mas modernamente entende-se que o poder de agressão é um direito material, sendo a ação um dos seus meios de exercício[17]. Contra o direito potestativo do credor não há dever do obrigado; o credor o exerce unilateralmente[18].

Já o ônus é definido como a ação necessária para a aquisição ou para evitar o perecimento de um direito, a cargo do seu titular. Não se confunde

[13] Andreas Von Tuhr, *Tratado de las Obligaciones*, Trad. W. Roces, Madrid, Reus, 1934, p. 10.

[14] V., Emilio Betti, *Il concetto della obbligazione*..., cit., p 23, nºs 3, 4.

[15] Fábio K. Comparato, *Essai d'analyse dualiste de l'obligation*..., cit., pp. 24-7 e 42-3.

[16] Francesco Carnelutti, *Diritto e processo nella teoria delle obbligazioni*, in Studi di diritto processuale in onore di G. Chiovenda, Padova, 1927, pp. 169-70; adde, *Id.*, *Trattato del Processo Civile – Diritto e Processo*, Napoli, Morano, 1958, pp. 314-5, nº 196; Natalino Irti, *Un Dialogo tra Betti e Carnelutti*..., cit., pp. XIII ss, nº 7.

[17] Nesse sentido, Andreas Von Tuhr, *Tratado de las Obligaciones*..., cit., p. 8) afirma que o direito executivo do credor não constitui pretensão, mas uma faculdade, derivada do crédito, que o autoriza a intervir no patrimônio do credor. Luciano de C. Penteado (Direito das Coisas..., cit., pp. 103-4) estabelece uma distinção opondo, de um lado, pretensão e dever específico; de outro, sujeição e poder. V., ainda, Fredie Didier Junior, Paula S. Braga, *A obrigação como processo e a responsabilidade patrimonial*, in Revista Internacional de Estudios sobre Derecho Procesal y Arbitraje, nº 3, p.1, 2008, p. 14.

[18] José C. Moreira Alves, *A retrovenda*, 2 ed., São Paulo, RT, 1987, pp. 100-1.

com o dever, pois tem por finalidade direito próprio, e não o cumprimento do direito subjetivo de terceiro. A inexecução do ônus tem como consequência a perda do direito; a inexecução do dever tem como consequência a responsabilidade.

Questão controversa surge, entretanto, na possibilidade de que o inadimplemento do dever venha a ser sanado pelo mesmo bem da vida que constituía o objeto mediato da obrigação, a chamada reparação *in natura*. Na responsabilidade contratual, a reparação *in natura*, mediante o suprimento da vontade, é a regra, sendo a reparação por equivalente a exceção, normalmente quando a primeira se torna impossível[19]. É o que se depreende dos arts. 249 e 947 do Código Civil Brasileiro, e também se verifica no direito estrangeiro, a exemplo dos artigos 1.221 e 1.222 do Código Civil Francês, após as reformas ocorridas em 2016 e 2018[20], e do art. 1.915 do Código Civil Federal mexicano[21].

Havendo o cumprimento forçado da prestação, estaríamos diante de verdadeira responsabilidade ou ainda no âmbito da relação jurídica de dever? Ademais, haveria verdadeira responsabilidade civil na função meramente satisfativa? Isso porque a responsabilidade contratual traz precipuamente a função satisfativa, cujo campo de atuação é a força obrigatória do contrato[22]. Ao contrário da esfera aquiliana, em que uma função preventiva pode ser deduzida da responsabilidade civil, os deveres acessórios do contratante decorrem essencialmente da boa-fé e da função social do contrato. E a função dissuasória ficará restrita, muitas vezes, à cláusula penal ou às astreintes.

[19] V., Reinhard Zimmermann, *The law of obligations: roman foundations of the civilian tradition*, 2nd Ed., Juta & Co., Cape Town, 1992, pp. 770 ss.

[20] «Article 1222. Le créancier d'une obligation peut, après mise en demeure, en poursuivre l'exécution en nature sauf si cette exécution est impossible ou s'il existe une disproportion manifeste entre son coût pour le débiteur de bonne foi et son intérêt pour le créancier». «Article 1222. Après mise en demeure, le créancier peut aussi, dans un délai et à un coût raisonnables, faire exécuter lui-même l'obligation ou, sur autorisation préalable du juge, détruire ce qui a été fait en violation de celle-ci. Il peut demander au débiteur le remboursement des sommes engagées à cette fin. (...) Il peut aussi demander en justice que le débiteur avance les sommes nécessaires à cette exécution ou à cette destruction ».

[21] V., Fabio R. P. e Silva, *Prévention, indemnisation et réparation en nature*, cit. pp. 105-6.

[22] Nicolas Bargue, *Essai sur la notion de garantie* (Tese de Doutorado), Paris I, 2008, pp. 56-8, nºs 52-3.

2. A APROXIMAÇÃO ENTRE A REPARAÇÃO *IN NATURA* E A REPARAÇÃO POR EQUIVALENTE NA ESTRUTURA DA RELAÇÃO DE RESPONSABILIDADE

Ante a aparente redução do conceito da responsabilidade contratual, tona-se necessário retomar o seu exame a partir do conceito unitário estabelecido nas raízes romanas[23]. Em abstrato, a *obligatio* é um vínculo jurídico interpessoal, em que um sujeito passivo, titular de um patrimônio, confere ao sujeito ativo uma expectativa de satisfação que, nos dizeres de E. Betti, grava o patrimônio do devedor. O devedor é portador de um risco, qual seja, o risco de perda de bens, quando destinados à satisfação do credor[24]. Há, portanto, a constituição de uma relação *sujeição-poder*[25], em que o responsável não apenas permanece sujeito ao poder de agressão do credor, mas terá, na satisfação da prestação, verdadeiro ônus para a conservação do seu patrimônio.

É por isso que, com o inadimplemento, não resta ao devedor apenas a posição passiva, situação de suportar a execução, mas surge uma conduta ativa necessária, que permite evitar a execução e, consequentemente, a agressão sobre o patrimônio. O ônus imposto ao devedor possui natureza liberatória, tal qual o resgate que cabia ao devedor romano ante a iminência da pena corporal. Solver a obrigação não tem outro sentido além de dissolver o vínculo obrigacional e, *in concreto*, romper a corrente que sujeitava o devedor ao domínio do credor, levando-o à morte ou à escravidão *trans-Tiberim*.

Ainda na lição de E. Betti, a responsabilidade é essencialmente a condição criada para um sujeito pela necessidade jurídica de perder um bem da vida como uma sanção na dependência causal de um evento determinado; no âmbito do Direito Privado, seria situação jurídica de vínculo caracterizada pelo perigo de perder um bem a título de satisfação de outem[26]. Essa definição traz imediata correspondência com o Direito Romano, para o qual o *sponsor* tinha o *ônus* de resgatar a si próprio com uma soma pecuniária (*poena*, entendida como um preço de resgate), que não é necessariamente idêntica ao valor da expectativa do credor com o adimplemento[27].

[23] Emilio Betti, *La struttura dell'obbligazione romana...*, cit., p. 5, nº 2.

[24] Emilio Betti, *Il concetto della obbligazione...*, cit., p. 99, nº 14.

[25] Franceso Carnelutti, *Trattato del Processo Civile...*, cit., pp. 314 ss, nºs 196 ss.

[26] *Il concetto della obbligazione...*, cit., p. 86, nº 13.

[27] *Id.*, *La struttura dell'obbligazione romana...*, cit., pp. 153-4.

A ideia de ônus posteriormente perde importância, ante o aparecimento da função satisfativa da responsabilidade, em que a *necessitas solvendi* caracterizada por coação indireta dá espaço à execução forçada da prestação. Nesse contexto, afirma Carnelutti que a identidade entre o objeto do adimplemento voluntário e aquele da execução forçada comprovaria haver na função satisfativa verdadeiro comportamento obrigatório[28]. Se considerássemos como objeto da obrigação unicamente o bem da vida, a reparação *in natura* teria como resultado a satisfação exata do objeto da obrigação, diferentemente da satisfação por equivalente[29]. Mas equiparar a execução forçada à prestação, já de início, é *"esquecer que a obrigação tem por objeto um ato humano"*[30].

Se é certo que a *solutio* e o adimplemento poderão ter idêntico conteúdo na reparação *in natura*, como meios extintivos da obrigação, não se realizam no mesmo plano, eis que um atua sobre o dever, e a outra sobre a responsabilidade[31]. O adimplemento, portanto, é a destinação econômico-social da obrigação, satisfazendo-se a legítima expectativa do credor. A *solutio*, ao contrário, é benefício do responsável, pois atua no rompimento da sujeição.

Sua relevância se apresenta nas hipóteses em que, enuncia Nicole Catala, a extinção do vínculo obrigacional não resulta na correspondente satisfação do credor[32]. E, desse modo, o resultado da responsabilidade poderá ser não apenas o equivalente monetário do bem da vida, mas algo absolutamente diverso do objeto da prestação. Essa diferença, ainda que estatisticamente possa representar exceção, é ontologicamente regra, tanto quanto dever e responsabilidade não se confundem. Assim, a liberação é essência da *solutio*; a satisfação é essência do adimplemento.

Essa constatação releva a importância do ônus liberatório e, retomando o raciocínio de E. Betti, da função coercitiva da responsabilidade, ainda que sua função principal seja atualmente a substituição da prestação, ou a satisfação do credor[33]. Enfim, embora o pagameto liberatório assuma o duplo caráter de ônus-sanção, volta à prova o conceito de responsabilidade civil, ante a ausência de relevância, nessa estrutura obrigacional,

[28] *Diritto e processo nella teoria...*, cit,. pp. 229 ss.

[29] *Ibid.*, pp. 231-3, nº 11.

[30] Nicole Catala, *La Nature juridique du paiement,* Paris, LGDJ, 1961, cit., pp. 16-7, nº V.

[31] V., E. Betti, *La struttura dell'obbligazione romana...*, cit., p. 32, nº 4.

[32] *Ibid*, pp. 11 ss, nº I, esp. p. 13.

[33] *Ibid.*, p. 45.

do conceito de culpa[34], ou, ao contrário, exigir-se-ia compreender a culpa contratual como algo distinto da culpa aquiliana, próximo à responsabilidade objetiva.

Essa parece ser a proposta de B. Starck, que não admite relevância à culpa na esfera do ressarcimento contratual – ao contrário, a análise da culpa em matéria contratual seria intrínseca à limitação, *a priori*, do campo de extensão da responsabilidade, e não uma condição da responsabilidade aferida apenas *in concreto*. Em outras palavras, a responsabilidade contratual, ao menos na função satisfativa, não emana da culpa do contratante, mas da inocorrência da prestação motivada por um risco previamente assumido pelo sujeito passivo em sua esfera de responsabilidade contratual[35].

B. Starck classifica quatro causas da inexecução contratual: (i) a culpa ou o dolo do devedor; (ii) um fato não culposo do devedor; (iii) uma causa desconhecida; (iv) um caso fortuito ou de força maior[36]. A responsabilidade do devedor da prestação, portanto, poderia variar em intensidade, conforme as causas de inexecução cuja ocorrência manteriam a prestação obrigatória, a exemplo das obrigações de meio e de resultado. A economia contratual permitirá modificar a alocação e a exposição de um contratante ao risco, de modo que a responsabilidade contratual poderá, ainda, ser mais ou menos satisfativa conforme a alocação de riscos convencionada[37]. Em todos os casos há um risco assegurado, ao qual se sujeita o devedor, seja a não consecução do resultado ou a falha em agir conforme legitimamente esperado. Qualquer que seja a extensão da responsabilidade contratual, sua extensão satisfativa decorre da prestação, e não da culpa[38]. A ela acrescem os elementos decorrente de função coercitiva, como a cláusula penal não compensatória e a multa cominatória.

[34] F. Carnelutti, *Diritto e processo nella teoria...*, cit., p. 242.

[35] *Essai d'une théorie générale de la responsabilité civile considérée en sa double fonction de garantie et de peine privée*, Paris, L. Rodstein, 1947, pp. 44 ss.

[36] *Ibid.*, pp. 275 ss.

[37] Nesse sentido, Daniel A. Carnaúba, *Distribuição de Riscos nas Relações de Consumo: uma Análise Econômica*, in Teresa Ancona Lopez, Patrícia F. I. Lemos e Otavio L. Rodrigues Jr. (coord.), Sociedade de Risco e Direito Privado, pp. 28-65, São Paulo, Atlas, 2013, p. 30: "*a responsabilidade civil é assim um mecanismo legal de distribuição dos riscos de uma atividade*".

[38] B. Starck, *Essai d'une théorie générale de la responsabilité...*, cit., p. 293, e pp. 304 ss: «*Il en résulte que la responsabilité contractuelle est indépendante de l'idée de faute dans la même mesure que l'obligation directement assumée par contrat*».

É evidente que o objeto da responsabilidade pode corresponder perfeitamente ao objeto da prestação, especialmente na reparação *in natura*. É com vista a essa hipótese que se afirma, muitas vezes, ilógica a ideia de responsabilidade contratual, em que ao devedor é demandado adimplir, sob pena de perder o mesmo bem da vida esperado com o adimplemento.

Mas, por todo o já exposto, a identidade objetiva é acidental. Seja nas obrigações de fazer, naquelas que não comportam execução específica e nas hipóteses de responsabilidade pré-fixada ou de conteúdo autônomo, o ônus liberatório serve unicamente a evitar a medida coercitiva e não importará plena ou equivalente satisfação do credor, ou, ainda, a reparação integral do interesse ou risco protegido. De outro lado, há consequências que decorrem do inadimplemento contratual para além da função satisfativa: a resolução do contrato, as exceções de contrato não cumprido e *non rite*, a exigência da cláusula penal, a multa cominatória, os juros moratórios. Após a reforma da responsabilidade civil operada em 2016, com posterior modificação em 2018, o art. 1217 do Código Civil francês passou a enumerar, em diferentes incisos, as consequências da inexecução contratual, inclusive a possibilidade de cumulação[39].

Eis por que a responsabilidade contratual não impõe ao sujeito passivo nova obrigação idêntica, ou mesmo equivalente, à anterior. O pagamento que se exige sob pena de penhora, no curso da execução, é mero ônus, ainda que possa satisfazer a expectativa do adimplemento[40]. É essa mesma estrutura que explica a operação da sub-rogação, quando o pagamento extintivo é realizado por terceiro interessado. Extingue-se a obrigação perante o credor original, mas não há liberação do devedor que não solveu seu estado de sujeição decorrente da responsabilidade[41].

[39] «Article 1217. La partie envers laquelle l'engagement n'a pas été exécuté, ou l'a été imparfaitement, peut : – refuser d'exécuter ou suspendre l'exécution de sa propre obligation; – poursuivre l'exécution forcée en nature de l'obligation ; – obtenir une réduction du prix ; – provoquer la résolution du contrat ; – demander réparation des conséquences de l'inexécution. (...) Les sanctions qui ne sont pas incompatibles peuvent être cumulées ; des dommages et intérêts peuvent toujours s'y ajouter».

[40] F. Carnelutti, *Diritto e processo nella teoria...*, cit., p. 301, nº 41.

[41] Comp. Nicole Catala, *La Nature juridique du paiement*, cit., p. 244: «*En effet, lorsqu'elle est le résultat du payement par un tiers, la satisfaction du créancier ne coïncide pas avec la libération du débiteur, car celui-ci demeure tenu* envers *le tiers solvens. Seule l'exécution par le débiteur est un payement authentique car seule elle opère l'extinction de la dette en même temps que l'effacement du droit de créance*».

Em suma, a responsabilidade contratual diferencia-se do adimplemento voluntário, pois é a sujeição do patrimônio ao poder do credor. Ainda que a reparação se dê *in natura*, a execução específica ocorre no âmbito da relação *poder-sujeição*, própria da responsabilidade (*Haftung*) – e estranha à relação *dívida-crédito* (*Schuld*) -, em que se dá o poder de agressão do credor sobre o patrimônio do devedor, no fenômeno da garantia geral das obrigações, imposta no art. 391 do Código Civil Brasileiro[42]. Mesmo que ocorra pagamento no âmbito da execução, trata-se efetivamente de ônus liberatório, *solutio*, que, tal qual a execução patrimonial, ocorre no âmbito da responsabilidade. Como afirma Carnelutti[43], a ideia de *Haftung* permite verificar um gênero comum da responsabilidade que consiste na sujeição. Não há mera questão terminológica, mas uma empreitada sistemática.

CONCLUSÕES

No âmbito da responsabilidade contratual, questões correntes surgem quanto à natureza do pagamento efetuado tardiamente pelo devedor, ou da reparação obtida pelo credor após o inadimplemento. A identidade objetiva entre a prestação inadimplida e a reparação percebida pelo credor colocam em causa a abrangência e, para alguns, mesmo a existência de uma verdadeira responsabilidade contratual, especialmente em sua função satisfativa.

No entanto, a resposta a essa questão pujante não reside na análise do objeto da reparação, e sim na teoria geral das obrigações. É a estrutura da obrigação que permite distinguir duas relações distintas, a partir dos elementos do dever (*Schuld*) e da responsabilidade (*Haftung*). Seu exame esclarece que, a despeito de uma aparente identidade de objeto, cada um dos elementos da obrigação apresenta causas e efeitos absolutamente distintos. É essa constatação que permite reafirmar uma estrutura unitária que define o campo próprio da responsabilidade civil contratual.

REFERÊNCIAS

BARGUE, Nicolas, *Essai sur la notion de garantie*, Tese de Doutorado, Paris I, 2008.

BETTI, Emilio, *La struttura dell'obbligazione romana e il problema della sua genesi*, Milano, Giuffrè, 1955.

[42] V., L. Miguel Pestana de Vasconcelos, *Direito das Garantias*, 2ª. Ed, Coimbra, Almedina, 2013, p. 51.

[43] F. Carnelutti, *Diritto e processo nella teoria...*, cit., p. 297 ss, nºs 40-1.

__________, *Il concetto della obbligazione costruito dal punto di vista dell'azione*, republicação integral do original (Pavia, 1920), in *Diritto Sostanziale e Processo,* Col. Università di Firenze, Milano, Giuffrè, 2006.

CARNAÚBA, Daniel Amaral, *Distribuição de Riscos nas Relações de Consumo: uma Análise Econômica*, in Teresa Ancona Lopez, Patrícia F. I. Lemos e Otavio L. Rodrigues Jr. (coord.), *Sociedade de Risco e Direito Privado,* pp. 28-65, São Paulo, Atlas, 2013.

CARNELUTTI, Francesco, *Trattato del Processo Civile – Diritto e Processo,* Napoli, Morano, 1958.

__________, *Diritto e processo nella teoria delle obbligazioni*, republicação integral do original (in *Studi in onore di Chiovenda*, Padova, 1927), in *Diritto Sostanziale e Processo,* Col. Università di Firenze, Milano, Giuffrè, 2006.

CATALA, Nicole, *La Nature juridique du paiement*, Paris, LGDJ, 1961.

COMPARATO, Fábio Konder, *Essai d'analyse dualiste de l'obligation en droit privé,* Paris, Dalloz, 1964.

DIDIER JUNIOR, Fredie, BRAGA, Paula Sarno, *A obrigação como processo e a responsabilidade patrimonial*, in Revista Internacional de Estudios sobre Derecho Procesal y Arbitraje, nº 3, p.1, 2008.

DUPICHOT, Philippe, *Le pouvoir des volontés individuelles en droit des sûretés* (thèse), Paris, Univ. Panthéon-Assas, 2003.

IRTI, Natalino, *Presentazione – Un Dialogo tra Betti e Carnelutti (intorno alla teoria dell'obligazione)*, in *Diritto Sostanziale e Processo,* Col. Università di Firenze, Milano, Giuffrè, 2006.

__________, *Responsabilidade civil do incapaz: busca pela harmonização do sistema,* in Revista Brasileira de Direito das Famílias e Sucessões, v. 10, p. 85-97, 2009.

LE TOURNEAU, Philippe, *Droit de la responsabilité et des contrats,* 8e. édition, Paris, Dalloz, 2010.

LOPEZ, Teresa Ancona, *Princípio da precaução e evolução da responsabilidade civil,* São Paulo, Quartier Latin, 2010.

__________, *Responsabilidade Civil na Sociedade de Risco,* in Teresa Ancona Lopez, Patrícia F. I. Lemos e Otavio L. Rodrigues Jr. (coord.), *Sociedade de Risco e Direito Privado,* pp. 3-13, São Paulo, Atlas, 2013.

MOREIRA ALVES, José Carlos, *A retrovenda*, 2. ed. rev., atual. e aum, São Paulo: Revista dos Tribunais, 1987.

PENTEADO, Luciano de Camargo, *Direito das Coisas,* 3ª ed., São Paulo, RT, 2014

REMY, Philippe, *La responsabilité contractuelle: histoire d'un faux concept,* in *RTD civ.*, 1997, p. 325.

SILVA, Fábio Rocha Pinto e, *Garantias das Obrigações,* São Paulo, Ed. IASP, 2017;

__________, *Prévention, indemnisation et réparation en nature,* in Ch. Larroumet (dir.), *La responsabilité civile – Questions actuelles,* Paris, Éd. Panthéon-Assas, 2018, pp. 99-108.

SIMÃO, José Fernando, *A teoria dualista do vínculo obrigacional e sua aplicação ao direito civil brasileiro,* Revista Jurídica ESMP-SP, vol.3, 2013, pp. 165-181.

__________, *Responsabilidade civil do incapaz: busca pela harmonização do sistema,* in Revista Brasileira de Direito das Famílias e Sucessões, v. 10, p. 85-97, 2009.

STARCK, Boris, *Essai d'une théorie générale de la responsabilité civile considérée en sa double fonction de garantie et de peine privée,* Paris, L. Rodstein, 1947

VENOSA, Sílvio de Salvo, *Lei do Inquilinato Comentada – Doutrina e Prática*, 10ª ed., São Paulo, Atlas, 2010.

VINEY, Geneviève, Introduction à la responsabilité, 3e. éd., Paris, LGDJ, 2007.

VON TUHR, Andreas, *Tratado de las Obligaciones*, Trad. W. Roces, Madrid, Reus, 1934.

ZIMMERMANN, Reinhard, *The law of obligations: roman foundations of the civilian tradition*, 2nd Ed., Juta & Co., Cape Town, 1992.

18
A RESPONSABILIZAÇÃO CIVIL E A BIOTECNOLOGIA

FERNANDO CAMPOS SCAFF

INTRODUÇÃO

Apresento este artigo para compor obra coletiva em homenagem à querida Professora Titular Teresa Ancona Lopez e para a qual fui gentilmente convidado pelos organizadores.

Para tanto, escolhi um tema relacionado àqueles que também interessam à homenageada e que envolve a responsabilidade civil na sua perspectiva relacionada aos deveres de precaução e de prevenção, em especial no tocante à biotecnologia.

De fato, as questões decorrentes do mau uso dos direitos sobre bens imateriais oriundos da biotecnologia vêm sendo respondidas com a crescente regulação atinente ao exercício de faculdades derivadas da titularidade sobre tais bens, assim como com o agravamento das formas de responsabilização civil decorrentes dos danos causados a partir da sua utilização.

Na verdade, os ordenamentos jurídicos têm trilhado o caminho da construção de regras diferenciadas para a imposição de responsabilidades aos agentes envolvidos na criação, utilização ou comercialização de variedades de plantas ou de animais oriundos do emprego de técnicas de biotecnologia de última geração, o que resulta, inclusive, na formulação de normas de conduta preestabelecidas e que devem ser seguidas pelos empresários sob a égide da boa-fé objetiva, tendência essa que tem se mostrado cada vez mais difundida.

Ao contrário do que ocorre quando os prejuízos reais ou potenciais decorrem do exercício da posse ou da propriedade de bens materiais, o que pode levar a sanções diretas já bem definidas – tais como o embargo de obra, o bloqueio físico ao acesso à propriedade ou às normas de zoneamento municipal ou de licenciamento ambiental para o desenvolvimento de atividade agrária –, no que se refere aos bens imateriais, contudo, há uma maior dificuldade na definição de sanções semelhantes e que sejam oriundas do descumprimento das funções sociais que lhes sejam próprias.

Isso se explica, inicialmente, pelas deficiências que ainda se constatam quanto à compreensão das completas dimensões e das relações oriundas do reconhecimento dos bens imateriais que são criados em velocidade crescente, o que pode ser em parte explicado por uma certa incapacidade dos órgãos responsáveis de exercer uma fiscalização eficiente acerca do modo como tais bens são efetivamente usados e transferidos entre os agentes, bem como pela concomitância da sua utilização, o que justifica a criação de um sistema distinto daquele instituído em relação aos bens materiais, tal como o sistema de registro de imóveis.

1. OS BENS IMATERIAIS

Com efeito, deve ser levado logo em conta que a categoria dos bens imateriais na agricultura, na pecuária e nas indústrias farmacêuticas, além daqueles relacionados à Medicina, abrange um número grande de gêneros e maior ainda de espécies – plantas, animais, algas, fungos e microrganismos – criados a partir de uma atividade humana específica, ou seja, não como resultado exclusivo das forças da Natureza.

Ademais, são várias e marcantes as diferenças que as modalidades de bens imateriais apresentam entre si, o que impede que se estabeleça uma fórmula global de soluções para os problemas e questões surgidas no tratamento que deve ser estabelecido em relação a eles, o que exige, na verdade, não uma, mas várias regulações distintas, muitas vezes com poucos pontos comuns. É o que se observa, por exemplo, quando se comparam marcas com patentes. Ambos são bens de natureza imaterial, o primeiro um sinal distintivo e o outro um privilégio do inventor, surgidos em momentos diferentes e com finalidades e contornos totalmente distintos.

Assim, inúmeras são, por exemplo, as cultivares relativas às variedades de capins para pastagens, cujas finalidades podem ser também diversas, tais como a de se destinarem para a criação de bovinos, ovinos, animais de corte ou de leite. Por outro lado, diferentes cultivares podem coexistir numa mesma propriedade rural e as próprias culturas podem se confundir, o que decorrerá da capacidade de difusão maior ou menor de uma determinada espécie e sua dominância em relação às outras, havendo interações entre elas que podem representar o surgimento de questões relacionadas à propriedade imaterial.

No tocante às atividades relacionadas aos microrganismos, a diferenciação é ainda mais complexa, bem como a utilização para um sem-número de objetivos, desde a invenção de vacinas até a decomposição de vazamentos e petróleo. Reconhecendo essa situação diferenciada é que a concessão de uma cultivar, por exemplo, pressupõe a existência de determinadas exceções que foram estabelecidas em favor daquele que se utiliza da nova espécie de planta protegida na qualidade de agricultor, situação que não encontra equivalência quando pensamos nas garantias outorgadas ao inventor que seja o titular de uma patente de uma máquina utilizada numa fábrica, por exemplo.

Isso ilustra, pois, a dificuldade de regular o exercício de direitos imateriais, tendo como parâmetros fórmulas originalmente criadas e utilizadas para atender à lógica da produção industrial, na qual os métodos de controle são bastante diversos e, de certa forma, mais eficazes.[1] Sendo assim, os caminhos de prevenção ao surgimento ou de reparação dos danos que possam ser causados em razão da presença de bens imateriais que, de alguma forma, estejam vinculados às últimas conquistas da biotecnologia, estão em fase de consolidação e a medida ideal de tais sanções e condutas obrigatórias a serem impostas nesse ambiente ainda estão para ser encontradas.

Aparece aí, ademais, outra preocupação, consistente na necessidade de que sejam equilibrados os valores que compõem a ideia de "função social", aplicável aos bens passíveis de domínio individual e cuja persecução é, inclusive por disposição legal, obrigatoriamente conjunta. É o que se

[1] Essa situação é, para alguns, mais casuística e circunstancial do que à essência propriamente dita das atividades agrárias ou industriais, e decorreria do diverso estágio de desenvolvimento tecnológico no qual se encontra cada setor econômico. Segundo Giuseppe Ragusa Maggiore, citando Ferrara, não haveria na verdade "un criterio *intrinseco* per distinguere l'attività industriale vera e propria da quella agricola" (L'impresa agricola e suoi aspetti di diritto commerciale e falimentare). Segundo pensamos, contudo, a questão do ciclo biológico e as suas características específicas são elementos consistentes o bastante para distinguir tais atividades no cerne de cada uma.

observa, por exemplo, no confronto dos interesses de uma indústria farmacêutica, que investe elevadas quantias no desenvolvimento de uma vacina eficaz para combater uma nova doença infecciosa, e a ânsia das populações que almejam acesso universal e gratuito a esse medicamento fundamental.

Para tanto, devem ser garantidos os meios para que se viabilize a produção efetiva, racional e constante de novos produtos de base biológica, os quais são necessários ou úteis à sobrevivência e à melhoria de vida das pessoas, o que deve ocorrer sem que se descuide da preservação do meio ambiente e do incremento das condições sociais dos agentes envolvidos, bem como no necessário incentivo – sob a perspectiva empresarial – para que tais pesquisas e a consecução dos objetivos ocorram.

Todos esses objetivos são caros à sociedade e não podem ser descartados ou preteridos, mesmo que um em favor do outro. Adotando-se uma medida que se mostre errada na preservação de um desses pilares – o econômico, o ambiental e o social –, o resultado poderá ser a inviabilização dos demais e o fracasso na consecução dos objetivos que devem ser alcançados pela existência da atividade produtiva.

É por isso que, no que se relaciona às ações que tenham como objeto o desenvolvimento de atividades relacionadas à biotecnologia, deve ser ponderada a tendência de se incorporar elementos próprios à ideia da *responsabilidade objetiva*, em especial no tocante ao descumprimento de normas de conduta impostas aos agentes que possam gerar danos ao meio ambiente.

Sobre esse tema, há pelo menos três problemas que devem ser resolvidos: o primeiro seria o de precisar quando realmente ocorre um dano ambiental, decorrente do exercício de atividades relacionadas à biotecnologia e que seja passível de ressarcimento, estabelecendo a sua autoria. O segundo, o de avaliar, do ponto de vista econômico, a dimensão desse dano e os meios possíveis para a sua reparação. Por fim, o terceiro é o de apontar quem teria legitimidade para reclamar esse pretenso ressarcimento.

A conclusão é a de que, a despeito de ser possível que ocorra a predeterminação legal de um comportamento a ser cumprido pelo empresário, sob o manto da boa-fé objetiva, não se deve prescindir da identificação do nexo de causalidade entre a ação produzida pelo agente e o dano causado para que, a partir daí, possa-se pensar nas ideias de responsabilização e de reparação.

A questão é que, em especial no campo da biotecnologia, além da perspectiva da responsabilidade civil derivada do dano, surge também aquela outra que, de modo excepcional e em virtude de algumas características próprias à questão da precaução, admite a possibilidade de responsabilização sem dano que aqui emerge, portanto, de modo mais evidente do que em outras atividades.

Ocorre que, dada justamente a inexistência de prejuízo real, mas apenas possível ou provável, há a necessidade de uma mais clara delimitação das consequências jurídicas aplicáveis, o que ainda não foi alcançado do modo necessário pela lei e pela jurisprudência.

Para tanto, será preciso entender como fundamental considerar o fato de que determinadas espécies de propriedade imaterial estão vinculadas ao uso das técnicas da biotecnologia que, por si só, demandam cuidados que extrapolam aqueles considerados normais, dadas as consequências que as pesquisas e investigações nesse campo podem trazer, não só para o Homem mas também para a Natureza como um todo.

Todavia, essa atividade de pesquisa e desenvolvimento não apenas é lícita, como também se mostra útil e deve ser incentivada social e economicamente, dadas as vantagens que dela podem advir. De toda forma, algumas condutas podem ser sistematizadas para os fins de minimizar a ocorrência de danos, sem deixar, por outro lado, de viabilizar a realização das atividades que, com o uso de novas técnicas, podem significar avanços importantes para a sociedade e mesmo para a preservação ambiental.

2. OS CONTROLES POSSÍVEIS

Nesse sentido, do ponto de vista da administração pública, é possível identificar as seguintes fases e procedimentos para a autorização de um produto resultante de um novo processo biotecnológico[2]. Num primeiro momento, ocorre a fase denominada da **avaliação de risco** (*risk assessment*), na qual, seja por iniciativa pública – a Anvisa, por exemplo – ou privada – como alguma fundação ou associação que se dedique à certificação de produtos –, busca-se determinar, com base em métodos científicos, a probabilidade de ocorrência de determinados danos.

Em seguida, adentra-se na fase da **gestão de risco** (*risk management*), na qual deve haver a decisão acerca das medidas que precisam ser adotadas perante um potencial dano cuja existência e dimensão foram previa-

[2] Conf. Estorninho, Maria João. Segurança alimentar e proteção do consumidor de organismos geneticamente modificados. Coimbra : Almedina, 2008, págs. 10 e seguintes.

mente determinados, mas que, ainda assim, tornam aquela atividade útil e socialmente desejável.

Por fim, há a fase da **comunicação de risco**, na qual são divulgados os resultados do processo e prestadas as devidas informações à comunidade em geral e a certos destinatários em particular acerca da existência daqueles determinados perigos ou situações arriscadas e de como agir diante deles. É o que se observa, por exemplo, quando se trata de questões atinentes à segurança alimentar.

Neste campo, cabe aos órgãos de controle e de fiscalização classificar determinados alimentos para os fins de que a sua introdução em determinado mercado consumidor ocorra sem riscos ou com estes, ao menos, limitados e devidamente informados à população. Por exemplo, os "alimentos exóticos" são assim qualificados no mercado europeu, e têm a sua origem em fenômenos da globalização (econômica e cultural) e da imigração, refletindo a influência naqueles países de outros hábitos alimentares e de outras culturas. Observe-se que, embora muitos desses alimentos sejam antigos e tenham uma longa tradição nos lugares dos quais são originários, a União Europeia os incluiu – verificados determinados requisitos – na categoria dos **"**novos alimentos**"** e os sujeita a um regime jurídico próprio.

Já como "complementos alimentares" são denominados aqueles produtos que são comercializados como alimentos que visam complementar a ingestão de nutrientes na dieta normal e que se apresentam na forma de pílulas, barras, ampolas ou líquidos, podendo conter vitaminas, sais minerais, fibras, ácidos ou extratos de ervas. Os alimentos enriquecidos, por sua vez, são aqueles em que, adicionando nutrientes a determinados produtos, visam compensar a perda natural de elementos ocorrida durante o processo produtivo ou aumentar o nível normal de qualidades nutritivas do produto. É o que se observa com laticínios ou nas bolachas enriquecidas com Ômega 3, cálcio, vitaminas, antioxidantes ou bactérias. Com essa técnica, o que se busca é compensar situações de insuficiente ingestão de alimentos pelas refeições normais, associadas a eventuais razões de natureza dietética, social, cultural ou estética.

A expressão "alimentos funcionais", por outro lado, teria a sua origem no Japão, nos anos 80, para designar alimentos concebidos especificamente para produzir certos efeitos benéficos sobre a saúde. Na maior parte dos casos, trata-se de, numa lógica preventiva, procurar reduzir os fatores de risco associados a determinadas doenças, ao atuar sobre os sistemas imunitário, endócrino, circulatório ou digestivo. Tais alimentos comportam, antes de mais, riscos associados ao fato de induzirem no consumidor falsas sensações de segurança, em relação ao seu comportamento alimentar.

Em suma, as diversas categorias de novos alimentos *(novel foods)* são classificadas em função de critérios diferentes: origem (alimentos exóticos), função (complementos alimentares, alimentos funcionais) ou modo de produção (alimentos geneticamente modificados).

3. OS ALIMENTOS GENETICAMENTE MODIFICADOS

Dentre tais novas modalidades de alimentação deve ser dado o devido destaque para os chamados alimentos produzidos a partir de organismos geneticamente modificados (OGM). Estes são derivados de seres vivos, vegetais ou animais, que sofreram variações genéticas mediante a utilização de técnicas que se utilizam de interpolações ou substituições artificiais dos elementos do DNA a serem modificados.

Os OGM (Organismos Geneticamente Modificados) são seres, portanto, cujo material genético foi alterado de um modo que não ocorre naturalmente.

Pertencem a uma categoria abrangente na qual é possível destacar outra mais restrita, a dos "transgênicos", ou seja, aqueles cujo patrimônio genético é alterado a partir da incorporação de genes provindos de uma espécie distinta.

A despeito dos receios que existem em relação a eles, o fato é que fazem parte da vida atual, havendo justificativas de diversas ordens para o desenvolvimento das técnicas utilizadas para a sua obtenção. De fato, uma das principais vantagens invocadas pelos defensores destas técnicas é, antes de mais nada, a possibilidade de aumento da resistência das culturas a pragas e, assim, a correspondente redução do uso de defensivos agrícolas de origem química.

Outra das vantagens que se pretende obter através das referidas técnicas de manipulação genética é a de aumento dos níveis de nutrientes dos alimentos, bem como para a obtenção de novos remédios e vacinas mais avançadas e eficazes. Também em relação a eles se realiza uma avaliação de risco, observando-se algumas peculiaridades.

De fato, quando se trata de OGMs, existem basicamente dois tipos de procedimentos para avaliar a segurança de um alimento: uma análise histórica, baseada na observação dos resultados alcançados ao longo de um período de consumo do determinado alimento que tenha OGMs em sua composição, bem como a pesquisa baseada na realização de análises e de testes de laboratório e de campo destinados a apurar, dentre outros aspectos, os níveis de toxidade e a possibilidade de facilitação de doenças graves, tais como o câncer.

Devem ser examinados, pois, tanto os riscos associados à utilização de OGMs para a saúde humana e para o ambiente, inclusive aqueles que podem atingir outras espécies vegetais e animais. Do ponto de vista dos riscos para o ambiente, tenha-se em consideração o fenômeno denominado *outcrossing*, ou seja, de transferência de genes de plantas geneticamente modificadas para as culturas tradicionais, através daquilo que, entre nós, denomina-se *polinização cruzada*.

4. GESTÃO DE RISCOS E PARÂMETROS DECISÓRIOS: O PRINCÍPIO DA PRECAUÇÃO

O "princípio da precaução", como mencionado, tem no campo da biotecnologia um papel destacado, devendo orientar a avaliação de riscos que podem estar vinculados ao desenvolvimento de novos OGMs, em especial no tocante à chamada segurança alimentar. Assim, no caso de incerteza científica no tocante à possibilidade do surgimento ou não de riscos relevantes, o princípio da precaução determina que, no que se refere à gestão desse mesmo risco, deva ser feita a opção pelas condutas e atividades que privilegiem a solução mais cautelosa.

Desse modo, a ausência de provas científicas conclusivas quanto à possibilidade de danos potenciais, ainda não concretizados, não pode servir de argumento para que se deixe de adotar medidas adequadas de controle dos riscos identificados, o que deve ser feito, por outro lado, de modo a não inviabilizar economicamente atividade que se mostra socialmente útil.

A definição dessas medidas de precaução e de prevenção deve decorrer, fundamentalmente, de regulação legal e não da atuação discricionária da administração pública ou da visão casuística do ministério público, de modo a garantir a necessária segurança jurídica, bem como o respeito a regras equilibradas de concorrência e respeito à liberdade de iniciativa empresarial.

5. DO "CAMPO À MESA": OS SISTEMAS DE RASTREABILIDADE

Sob o lema "do campo à mesa", os diversos países buscam desenvolver técnicas que permitam o surgimento de sistema eficazes de rastreabilidade que possam identificar a presença de OGMs num determinado produto.

Na Europa, por exemplo, todos os produtos alimentares que apresentem mais de 0,9% de material geneticamente modificado devem expor) a advertência de que são feitos também com material oriundo de OGMs, sendo a rotulagem instrumento fundamental de proteção dos consumidores.

Ou seja, optou-se lá por um sistema de rótulos indicativos de riscos e perigos, ao invés de um sistema de rótulos de qualidade (no qual, ao contrário, a indicação a constar no rótulo seria a de "produto livre de OGM"). Também no Brasil, os produtos que tenham tais componentes oriundos da manipulação genética devem ser identificados claramente, de modo a que a informação seja facilmente transmitida ao consumidor.

No campo oposto, métodos que privilegiam cultivos tradicionais e, mais do que isso, realizados sem o uso de produtos artificiais, têm recebido símbolos que os distinguem dos demais. São aqueles que se caracterizam como "orgânicos" ou obtidos de "modo biológico". Para tanto, é imposto aos produtores o respeito a uma vedação do uso de uma série de substâncias usualmente utilizadas na agricultura moderna, liberando a utilização de produtos indicados em uma lista taxativa.

6. SEGURANÇA ALIMENTAR

A expressão *segurança alimentar*, relacionada aos pontos acima tratados, conduz principalmente a dois conceitos distintos, referidos pela legislação e doutrina de origem anglo-saxã do modo seguinte: *food security* e *food safety*.

O primeiro conceito está vinculado à preocupação voltada à segurança das disponibilidades alimentares, ou seja, de garantia que as populações terão acesso a alimentos em quantidade suficiente. Uma definição é dada pelo parágrafo 1º do *World Food Summit Plan of Action* do modo seguinte: "*food security exists when all people, at all times, have physical and economic Access to sufficient safe and nutritious food to meet their dietary needs and food preferences for an active and healthy life*".

Já pela expressão *food safety* busca-se indicar que os alimentos disponíveis devem, ademais de existirem em dimensão suficiente, devem também ser seguros e possibilitar uma vida saudável. Ambos os aspectos da segurança alimentar são objeto de disciplina no âmbito das normas que regulam o comércio internacional de produtos agrícolas e se relacionam, pois, questões que preveem condutas a serem adotadas pelos fornecedores que prescindem da concretização do dano, devendo ser fixadas de modo antecipado – e, assim, gerador de custos de produção – mas economicamente viável.

CONCLUSÕES

Em conclusão, a biotecnologia é campo preferencial da aplicação da responsabilidade civil não reparatória. Contudo, as dimensões dos custos envolvidos com esses cuidados prévios devem estar regulados de maneira objetiva pela legislação, de modo a estabelecer os limites dos cuidados a serem impostos aos empresários, contrabalanceando-se a segurança do mercado consumidor, a viabilidade da atividade empresarial e a utilidade prática do uso dessas novas técnicas.

19
O DEVIDO PROCESSO LEGAL NA EXCUSSÃO DE BEM ALIENADO FIDUCIARIAMENTE

FLÁVIO LUIZ YARSHELL

INTRODUÇÃO

A tutela executiva é tema que guarda estreita relação com o direito material[1]. Para não falar da *responsabilidade patrimonial*, alvo de verdadeira disputa entre civilistas e processualistas, basta pensar que a sistematização das diferentes espécies de execução, conquanto possa e deva ser pensada com base em critérios processuais, é usualmente feita – inclusive pela lei – com base na natureza da obrigação, cuja prestação o credor almeja (quantia, coisa, fazer). E isso não é injustificado ou metodologicamente incorreto: os meios executivos variam segundo a natureza do bem sobre o qual eles devem recair – o que se afigura de alguma forma válido não apenas para

[1] Desde logo, é essa ligação que norteou a escolha do tema deste despretensioso trabalho, destinado a integrar obra coletiva em homenagem à querida amiga Professora Teresa Ancona Lopes. Tive a honra e a alegria de ser seu aluno no curso de graduação da Faculdade de Direito da USP e nossa convivência acadêmica – que também contou com o privilégio, para mim, da presença de Professores como Antonio Junqueira de Azevedo, Fábio Maria De-Mattia, dentre outros – me marcou profundamente e gerou perpétuo interesse pelo Direito Civil ou, mais amplamente, pelo Direito Privado. "Desviei-me" do percurso por amor ao Direito Processual, mas em minha defesa digo que o fiz para, desde sempre, pautar meus estudos pela visão instrumentalista – que dá grande ênfase aos resultados substanciais e à tutela dos valores situados nesse plano do ordenamento – que aprendi com meu Mestre e Orientador, Professor Cândido Rangel Dinamarco – aliás, a quem fui apresentado justamente pela homenageada... Então, a escolha de tema que me pareceu adequada foi tratar justamente de um objeto que bem poderia ser inserido na perspectiva do Direito processual material.

os mecanismos de sub-rogação, mas também para as técnicas de coerção, ainda que com peculiaridades[2].

Essa ligação entre execução e direito material também se manifesta de outras formas. Por exemplo, embora seja corriqueiro falar-se da liquidez, certeza e exigibilidade como atributos do título executivo, é da obrigação que, na realidade, está-se a falar. Assim, a determinação ou determinabilidade do *quantum debeatur* não se refere ao ato pelo qual se formalizou a existência da obrigação, mas a ela própria (ou ao respectivo objeto). Ignorar essa circunstância leva, por exemplo, ao equívoco de se falar em liquidez de obrigações de fazer, que simplesmente não comportam esse tipo de mensuração. De forma análoga, a certeza não é atributo do título, mas da prestação. Assim, não há incidência de meios executivos sobre objeto incerto (por isso só existe execução para entrega de coisa certa) e nem seria possível que o devedor eventualmente se dispusesse a cumprir o mandado executivo (assim como o monitório) se não houvesse adequada delimitação do que deve ser satisfeito. De novo, confundir os conceitos leva ao erro de reputar que a certeza seria atributo a qualificar a existência do direito, quando, na realidade, pode haver um título sem que exista uma obrigação a cumprir – inclusive porque eventualmente já cumprida.

Mas, para além desses aspectos, a ligação entre tutela executiva e direito material pode ser qualificada como essencial na medida em que aquela primeira consiste na entrega do bem da vida devido ao credor. A execução é, por assim dizer, uma espécie de retorno ao plano material, de onde emergiu a controvérsia que se solucionou de forma adjudicada. Então, em termos práticos, apenas no momento em que proporcionada a tutela executiva é que a vontade do direito objetivo material se considera atendida. Antes disso, o que existiu não deixou de ser uma preparação para aquele momento crucial, em que se busca proporcionar um resultado concreto, verdadeiramente apto a superar a crise de adimplemento. E se a decisão jurisdicional, por limites naturais ou jurídicos, eventualmente não se cumprir, então a falta de efetividade não terá sido apenas do processo (ou da

[2] A adoção de medidas coercitivas e indutivas (CPC, art. 139, IV) também evidencia a relação mencionada no texto uma vez que o cerne da acirrada controvérsia travada a respeito do tema se dá também no campo do Direito material: busca-se saber se e em que medida a imposição de tais medidas não violaria direitos que não são objeto do debate judicial, em particular a liberdade de ir e vir, de exercer uma atividade econômica ou mesmo de desfrutar de certos bens ou posições de vantagem, no plano substancial.

jurisdição), mas de todo o ordenamento, cujos valores tutelados no plano material acabam por ser desprestigiados.

Um pouco de tudo isso está presente na técnica empregada na *alienação fiduciária em garantia* que, em última análise, é uma forma (consideravelmente) diferenciada de tutela do credor de quantia certa: ele não precisa contar com a regra de responsabilidade patrimonial pelo simples fato de que a lei lhe reconhece direito real – ainda que resolúvel – sobre o bem destinado a assegurar a respectiva satisfação. O devedor não é mais do que o possuidor direto do bem, com os encargos decorrentes da posse que assim exerce. E, mais importante que tudo, a tutela do credor não é proporcionada pelo Judiciário, mediante a atuação dos meios executivos; mas pelo próprio credor, autorizado que fica a "vender" a coisa a terceiros, desde que aplique o preço no pagamento de seu crédito – impossibilitado de ficar com a coisa alienada para si.

Sob o ângulo econômico, a redução dos custos de transação gera ganho relevante. Mesmo à míngua de adimplemento espontâneo, a controvérsia tende a ser resolvida sem a intervenção do Estado, isto é, sem todo o custo necessário para a alienação forçada do patrimônio do devedor – o que, em tese, é um ganho não apenas para o próprio credor, mas para todo o sistema de justiça. Não é à toa, portanto, que parte relevante da economia de mercado está assentada nesse tipo de mecanismo. Uma boa ilustração disso está na disciplina legal estabelecida para o credor fiduciário no âmbito da recuperação judicial (art. 49, § 3º da Lei 11.101/5), cuja posição não fica submetida ao regime ditado para o soerguimento da empresa – com a ressalva de vedação à venda ou retirada do estabelecimento do devedor de bens de capital essenciais a sua atividade empresarial.

Mas, redução de custos e eficiência nem sempre é sinônimo de justiça ou de pacificação social. Da mesma forma que dificuldades opostas à satisfação do credor tendem a encarecer o custo do crédito, eventual desconsideração da posição do devedor pode levar a assimetrias nocivas segundo a própria lógica do mercado. Assim, as vantagens postas a serviço do credor precisam de alguma forma ser ponderadas de tal sorte que, sem estimular o inadimplemento, o mecanismo empregado não acabe por se transformar em fonte de abuso; o que, paradoxalmente, trairia a função do instituto de superar conflitos. E um antídoto para eventuais distorções está no correto emprego do devido processo legal como forma de permitir o controle estatal sobre a autotutela estabelecida em favor dos credores fiduciários.

É disso, portanto, que despretensiosamente se trata no presente trabalho.

1. EXCUSSÃO DO BEM OBJETO DA ALIENAÇÃO FIDUCIÁRIA: DEVIDO PROCESSO LEGAL E CONTROLE JURISDICIONAL

O fato de o credor ser titular de direito real sobre o objeto da alienação fiduciária não afasta a circunstância de que a (obrigatória) venda ou excussão do bem é, em última análise, uma forma de expropriação do patrimônio do devedor. É certo que essa última se dá de forma complexa e diferida no tempo: primeiramente se opera a transferência da titularidade do bem para o credor e, diante do inadimplemento, consuma-se a venda e o emprego do produto para satisfação do crédito. Mas, é de alienação forçada que se está a tratar: o credor não é – e nem pode ser – satisfeito pela entrega da coisa, que, portanto, não é a prestação a ele devida. O credor faz jus a uma quantia, que é obtida a partir do patrimônio disponível do devedor, que é alienado contra a vontade desse último. E, embora não se trate de uma expropriação judicial, apenas impropriamente se poderia falar de típica compra e venda. Não há o elemento *consenso* e, a bem da verdade, a vontade tanto do devedor quanto do credor são irrelevantes: aquele não pode se opor à excussão e o outro só por ela pode ser satisfeito. Mesmo o *preço* não é livremente fixado pelo "vendedor", na medida em que, como se apontará, há limites a observar na preservação do patrimônio do devedor.

Portanto, a circunstância de "a venda da coisa ter natureza jurídica de excussão, interessando não somente ao alienante e ao adquirente, mas também ao devedor fiduciário, que terá direito a eventual saldo credor ou ficará responsável por eventual saldo devedor a ser apurado. É por isso que, segundo o entendimento do STJ, 'deverá o devedor ser previamente comunicado das condições da alienação, para que possa exercer a defesa de seus interesses' e acompanhar a venda, verificando sua correção e, se for o caso, ofertando valor superior (...)"[3]. Por outras palavras, "ainda que se considere ser a execução extrajudicial um assunto privado (...), isto não significa que não deva ser observado o devido processo legal"[4]. Isso porque "as garantias da defesa e do contraditório estão à base da regularidade do processo – e da justiça das decisões que, mesmo fora do âmbito propriamente estatal, possam de alguma forma impor gravames ou repercussão

[3] Cf. Francisco Eduardo Loureiro, **Código Civil comentado: doutrina e jurisprudência**, art. 1.364, Cezar Peluso coord., 12ª ed., Barueri, Manole, 2018, p. 1356.

[4] Cf. Eduardo Henrique de Oliveira Yoshikawa, **Execução extrajudicial e devido processo legal**, Coleção Atlas de Processo Civil, Carlos Alberto Carmona coord., São Paulo, Atlas, 2010, p. 111.

relevante na esfera jurídica e patrimonial das pessoas, destinatários dos atos de poder"[5]. Por isso é correto afirmar que "a execução extrajudicial não se consubstancia sem a presença do processo, mas se perfectibiliza mediante instrumento desjudicializado igualmente revestido de direitos e garantias fundamentais"[6]. Então, se o devido processo legal limita o exercício da atividade estatal, no âmbito das execuções que o Judiciário preside, supor que a excussão realizada pelo ente privado pudesse estar fora desses parâmetros seria, por consequência, concluir que o particular teria maior poder do que o próprio Estado.

Assim, a exigência de *ciência necessária* e de *reação possível* – que decorre da lei especial e é enfatizada pela doutrina – também é amplamente reconhecida pela jurisprudência[7], cuja atualidade não se coloca em dúvida dado que assentada em principiologia norteadora das relações contratuais e da excussão de patrimônio do devedor. Afinal de contas, como bem já se disse nesse contexto, "primeiro se concede ao réu o benefício de devido processo legal e depois se lhe tomam os bens ou a liberdade"[8]. Por isso é que, nas execuções extrajudiciais, "Não é a existência de um procedimento que legitima a privação dos bens ou da liberdade, mas o respeito a determinados valores, protegidos pela Constituição e identificados com a cláusula do devido processo legal"[9].

[5] Cf. Ada Pellegrini Grinover, **Princípios processuais fora do processo**, Doutrinas Essenciais de Processo Civil, vol. 1, p. 323/351, out./2011, p. 6 da versão da RT *online*.

[6] Cf. Joel Dias Figueira Júnior, **Execução simplificada e a desjudicialização do processo civil**, in Execução civil e temas afins: estudos em homenagem ao Professor Araken de Assis, Arruda Alvim, Eduardo Arruda Alvim, Gilberto Gomes Bruschi, Mara Larsen Chechi e Mônica Bonetti Couto coord., São Paulo, Revista dos Tribunais, 2014, p. 593.

[7] Cf. STJ, AgRg no Ag 1340937/RS, Rel. Min. Raul Araújo, Quarta Turma, j. 17/4/2012; AgRg no AREsp 714178/MS, Rel. Min. Moura Ribeiro, Terceira Turma, j. 7/6/2016; AgRg no AREsp 564262/PR, Rel. Min. Ricardo Villas Bôas Cueva, Terceira Turma, j. 26/4/2016; AgRg no AREsp 656161/MG, Rel. Min. Luis Felipe Salomão, Quarta Turma, j. 9/6/2015; AgRg no Ag 1315109/RS, Rel. Min. Raul Araújo, Quarta Turma, j. 1/3/2011; AgRg no REsp 1182004/RS, Rel. Min. Sidnei Beneti, Terceira Turma, j. 20/4/2010; AgRg no Ag 1323805/MG, Rel. Min. Vasco Della Giustina, Terceira Turma, j. 17/2/2011; dentre diversos outros.

[8] Cf. José Ignácio Botelho de Mesquita, **As novas tendências do direito processual: uma contribuição para o seu reexame**, in Teses, estudos e pareceres de processo civil, vol. I, São Paulo, Revista dos Tribunais, 2005, p. 291/292.

[9] Cf. Eduardo Henrique de Oliveira Yoshikawa, **Execução extrajudicial e devido processo legal**, Coleção Atlas de Processo Civil, Carlos Alberto Carmona coord., São Paulo, Atlas, 2010, p. 112.

Para ilustrar, relembre-se que a doutrina – ao tratar especificamente do tema da alienação fiduciária – censura o fato de "a previsão legal deixar o vendedor em situação muito frágil perante o credor que, de forma excessiva ou abusiva, pode vender o bem sem maiores cuidados, inclusive sem o cuidado de avaliá-lo para verificar se o preço vendido foi justo ou vil. Em tempos de boa-fé objetiva, tomando-se por base o Código Civil de 2002 que tem como princípios basilares a eticidade e a socialidade, a execução do bem dado em garantia sem a prévia avaliação fere todos os princípios básicos do Direito Privado". Daí, então, sustentar-se, à luz do referido diploma, interpretação que permita "garantir o mínimo de segurança ao devedor, (...) por meio da avaliação do bem a ser vendido pelo credor (...); evitando-se, portanto, que a mora do devedor gere enriquecimento sem causa, vedada pelos arts. 884 a 886 do Código em vigor"[10].

E mesmo que se considere a possibilidade de o credor simplesmente vender o objeto da garantia, isso não afasta a exigência de prévia e útil informação ao devedor, com efetiva possibilidade de reação. Se a lei civil impede que o credor fique com a coisa para si (o que corresponderia a um ilícito pacto comissório) e impõe que eventual saldo reverta para o devedor, parece claro que esse último tem o direito de fiscalizar todo o processo (em sentido amplo).

Conforme já tivemos oportunidade de destacar, o inciso LIV do art. 5º da CF daquele mesmo dispositivo constitucional, ao prever que "ninguém será privado da liberdade ou de seus bens sem o devido processo legal", "não estabelece que essa última garantia seja exclusiva dos processos judiciais. É amplamente reconhecida a aplicação dos direitos inerentes ao devido processo legal aos processos administrativos, arbitrais, e até mesmo às relações privadas". Daí admitirmos que atos de execução possam ser presididos por agente privado, que pode ser um árbitro ou um tabelião, "investido dos poderes executivos a serem praticados sob o controle da autoridade jurisdicional competente"[11].

[10] Cf. Flávio Tartuce e José Fernando Simão, **Direito civil**, vol. IV, 1ª ed., São Paulo, Método, 2008, p. 514.

[11] Cf. Flávio Luiz Yarshell e Viviane Siqueira Rodrigues, **Desjudicialização da execução civil: uma solução útil e factível entre nós?**, in Reflexões sobre a desjudicialização da execução civil, Elias Marques de Medeiros Neto e Flávia Pereira Ribeiro coord., Curitiba, Juruá, 2020, p. 308. No mesmo sentido: Cf. Eduardo Henrique de Oliveira Yoshikawa, **Execução extrajudicial e devido processo legal**, Coleção Atlas de Processo Civil, Carlos Alberto Carmona coord., São Paulo, Atlas, 2010, p. 109/110.

Corolário lógico disso tudo é a *possibilidade de controle jurisdicional* – ainda que posterior – dos atos praticados pelo credor investido de poder na esfera extrajudicial; até porque o fato de a excussão de bens ser conduzida pelo próprio credor exige redobrada cautela. A circunstância de que a execução extrajudicial, como reconhece a doutrina e já foi aqui destacado, é uma forma de *autotutela* na medida em que se reconhece ao credor poderes suficientes para impor ao devedor a solução da crise de adimplemento de que se queixa apenas confirma essa conclusão. Assim, sendo o contrato um negócio jurídico bilateral, "soa simplesmente absurdo falar que 'na implementação da consolidação da propriedade e do leilão, o direito que está em foco é o do credor'", agindo-se "como se o devedor não existisse". Portanto, é judiciosa a advertência segundo a qual aí reside "uma consequência de tratar-se de autotutela: o devedor não é tratado como parte, mas como objeto da execução"[12].

Como é sabido, nos casos em que o ordenamento admite a autotutela, será sempre lícito àquele que a ela estiver submetido socorrer-se da jurisdição (estatal ou arbitral), para controle – repressivo ou até preventivo – da legalidade dos atos ou dos efeitos jurídicos a ele impostos pelo adversário[13]. É o que se passa nos casos das execuções extrajudiciais, cuja legalidade pode e deve ser sindicada pelo Poder Judiciário.

2. DESDOBRAMENTOS DA OBSERVÂNCIA DO DEVIDO PROCESSO LEGAL E DO CONTRADITÓRIO: PRÉVIO CONHECIMENTO DOS ELEMENTOS E CONDIÇÕES DA VENDA/EXCUSSÃO. SUBSIDIARIEDADE DA TUTELA REPARATÓRIA

No contexto descrito no tópico precedente, é razoável esperar que o devedor tenha prévio conhecimento dos elementos que integram ou que gravitam em torno do ato de excussão.

Primeiro, é fundamental que seja conhecida *a pessoa envolvida na venda*, para que sejam conhecidas as relações jurídicas e econômicas eventualmente mantidas entre vendedor e comprador, de sorte a impedir qualquer tipo de expediente que, por caminhos oblíquos, acabasse por frustrar a

[12] Cf. Eduardo Henrique de Oliveira Yoshikawa, **Execução extrajudicial e devido processo legal**, Coleção Atlas de Processo Civil, Carlos Alberto Carmona coord., São Paulo, Atlas, 2010, p. 38, nota de rodapé n. 26.

[13] Cf. nosso **Curso de Direito Processual Civil**, vol. I, São Paulo, Marcial Pons, 2014, p. 19.

vedação legal ao pacto comissório – o que pode guardar relação com a fixação do preço. Para ilustrar, no âmbito da excussão de garantia hipotecária no modelo estadunidense (que guarda analogia proveitosa para o aspecto ora tratado) – se reconhece que a inadequação de preço – especialmente quando combinada com outras circunstâncias que revelem injustiça, fraude, mal gerenciamento de venda ou colusão entre partes – pode ser objetada pelo devedor na medida em que imponha prejuízo ao devedor[14]. São judiciosos fundamentos que bem se aplicam à alienação fiduciária brasileira, com especial ênfase à notificação prévia do devedor, como ocorre, por exemplo, no Estado de Nova Iorque em decorrência do art. 14, seção 1401 do *New York State Real Property Actions and Proceedings Law* (NYS RPALPL).

E nem parece possível argumentar com a possibilidade de o devedor renunciar ao direito de ser comunicado e de fiscalizar o processo de excussão do patrimônio alienado fiduciariamente. É que, conforme tem proclamado a doutrina, convenções processuais não podem suplantar o núcleo essencial do devido processo legal, de tal sorte que qualquer disposição em contrário deve ser tida como ilícita. O contraditório – que encerra informação necessária e reação possível – integra essa garantia e ela não poderia ser superada por interpretação que a suprimisse em detrimento de apenas uma das partes contratantes.

Como já tivemos oportunidade de ponderar, "Outro limite ao objeto do negócio processual está na sua adequação ao devido processo legal. Conquanto o CPC 2015 não tenha feito essa ressalva de forma expressa, ela decorre do que está inscrito nos incisos LIV e LV [do art. 5º] da CF"[15]; donde ser "inviável limitar o contraditório apenas para um dos litigantes"[16]. Tal posição reflete a recente e abalizada doutrina que se formou em torno desse tema, bem ilustrada pela ponderação segundo a qual "nos acordos processuais, também se deve buscar a preservação de um núcleo elemen-

[14] Cf. Larry D. Dingus, **Mortgages: redemption after foreclosure sale in Missouri**, Missouri Law Review, vol. 25, n. 3, jun./1960, p. 265.

[15] Cf. Flávio Luiz Yarshell, **Convenção das partes em matéria processual: rumo a uma nova era?**, in Negócios processuais, Antonio do Passo Cabral e Pedro Henrique Nogueira coord., Salvador, JusPodivm, 2015, p. 70.

[16] Cf. Flávio Luiz Yarshell, **Convenção das partes em matéria processual: rumo a uma nova era?**, in Negócios processuais, Antonio do Passo Cabral e Pedro Henrique Nogueira coord., Salvador, JusPodivm, 2015, p. 70.

tar de garantias. Assim como a simples invocação de direitos fundamentais processuais não pode reduzir a autonomia privada a nada – porque a liberdade também é um direito constitucional – de outro lado o procedimento convencional deve respeitar a ideia de *garantias mínimas* do devido processo"[17].

Daí se registrar ser "essencial, ainda, o controle sobre o conteúdo da convenção no que tange ao equilíbrio das partes, à proporcionalidade, à razoabilidade e à executoriedade inerentes à mesma, garantindo-se, assim, a aplicação e o atendimento do devido processo legal em sua potencialidade máxima, mesmo nas questões disponíveis"[18]. Portanto, qualquer convenção processual deve ser entendida nos limites do devido processo legal. Qualquer outra interpretação não deve ser aceita.

Nada disso é infirmado pela circunstância de que a lei autoriza que a venda se faça independentemente de hasta pública ou avaliação. Pelo contrário, é justamente porque a lei dispensa tais controles que a informação e o poder de reação do devedor devem ser assegurados. Se não há publicidade, a informação ao devedor – sobre objeto, condições e pessoas envolvidas na excussão – é a única forma de permitir controle sobre os atos do credor, por parte do devedor e até por terceiros. E se não há prévia e formal avaliação, nem por isso o devedor perde o poder de opor fundados argumentos àquele valor pelo qual se pretende fazer a excussão ou venda. Pode não haver avaliação, mas nem por isso o valor da excussão/venda deixa de ser relevante, quando menos porque o resultado interfere diretamente na esfera jurídica e econômica do devedor.

Assim, por maiores que possam ser as prerrogativas do credor garantido por alienação fiduciária, não há como recusar a ideia de que, embora privada, a atividade realizada é tipicamente de excussão e, portanto, vigora o postulado segundo o qual, preservada a satisfação do credor, é de se assegurar ao devedor que o sacrifício de seu patrimônio não vá além do que é necessário para aquele propósito. Por isso, embora não haja avaliação ou hasta pública, a expropriação há que buscar a maximização do preço de venda, repudiando-se alienação por *preço vil*, prática vedada pelo art. 891

[17] Cf. Antonio do Passo Cabral, **Convenções processuais**, Salvador, JusPodivm, 2016, p. 337.

[18] Cf. Trícia Navarro Xavier Cabral, **Reflexos das convenções em matéria processual nos atos judiciais**, in Negócios processuais, Antonio do Passo Cabral e Pedro Henrique Nogueira coord., Salvador, JusPodivm, 2015, p. 230.

do CPC, cuja *ratio* é aqui invocável; sob pena de se violar a regra de menor onerosidade inscrita no art. 805 do mesmo diploma, invocável porque, repita-se, está-se diante da excussão de uma garantia[19].

Como bem já se ponderou, "A questão da venda a terceiros faz aflorar a problemática do preço justo de venda, que sempre pode ser discutido pelo interessado. Como a venda não necessita ser judicial, não se impondo também o leilão, tal pode dar margem a abusos"[20]. Atento a esse relevante aspecto, já se observou que "Deve haver extrema cautela com a adjudicação no caso de propriedade fiduciária, pois o bem não é avaliado judicialmente. Assim, somente a adjudicação por valor de mercado do bem é que se admite, para evitar o enriquecimento sem causa do credor e o desmedido sacrifício do devedor"[21]. Aliás, na doutrina, há mesmo quem chegue a preconizar a "valoração do bem através de árbitro nomeado pelas partes, ou mediante uma avaliação judicial, o que levará a evitar possível alienação por preço vil, ou fraude na fixação do preço". Assim, "Na tentativa de evitar qualquer problema relativo ao real preço da coisa, é aconselhável que se apresentem elementos relativos à cotação do preço, caso não se consiga ou não se oportunize uma avaliação convincente"[22]. Mas, partindo-se da regra que dispensa avaliação, dela nem por isso se pode extrair que o credor se exima de buscar a venda pelo melhor preço.

Por isso é que, "Embora persista a responsabilidade do garante, exige-se a prévia ciência para acompanhamento da venda da coisa dada em garantia, para efeito de controle do preço e, por consequência, do saldo devedor"[23]. Daí, então, dizer-se em doutrina que "Não exige a lei prévia avaliação do bem por perito ou oficial de justiça, mas a venda, obrigatoriamente, será por valor de mercado da coisa, levando em conta natureza e estado de conservação (*RSTJ* 151/280)"[24]. Essa, aliás, é a tônica quando se trata de alienação forçada do bem dado em garantia, tal como ocorre na

[19] Cf. Cândido Rangel Dinamarco, **Alienação fiduciária de bens imóveis**, in Fundamentos do processo civil moderno, 3ª ed., São Paulo, Malheiros, 2000, p. 1273/1274.

[20] Cf. Sílvio de Salvo Venosa, **Direito civil**, vol. IV, 17ª ed., São Paulo, Atlas, 2017, p. 378/379.

[21] Cf. Francisco Eduardo Loureiro, **Código civil comentado: doutrina e jurisprudência**, art. 1.367, Cezar Peluso coord., 12ª ed., Barueri, Manole, 2018, p. 1361.

[22] Cf. Arnaldo Rizzardo, **Contratos**, 15ª ed., Rio de Janeiro, Forense, p. 1548.

[23] Cf. Francisco Eduardo Loureiro, **Código Civil comentado: doutrina e jurisprudência**, art. 1.366, Cezar Peluso coord., 12ª ed., Barueri, Manole, 2018, p. 1359.

[24] Cf. Francisco Eduardo Loureiro, **Código Civil comentado: doutrina e jurisprudência**, art. 1.364, Cezar Peluso coord., 12ª ed., Barueri, Manole, 2018, p. 1356.

hipoteca, conforme se reconhece inclusive nos sistemas de Common Law[25]: em ambiente de boa-fé, espera-se que o credor adote "medidas razoáveis para obter um preço justo para a propriedade"[26] (tradução livre).

Então, assumida a premissa de que o controle do preço é efetivamente possível, é lícito concluir que "Pode o devedor, em ação própria, discutir a validade ou o valor apurado nessa venda"[27]. Dessa forma, ele "Poderá questionar, também, o preço da alienação extrajudicial caso o considere vil e não tenha anuído a respeito", sendo que "Tal interpretação se impõe, pois do contrário o credor exercerá um poder inteiramente discricionário"[28].

A eventual inadequação do preço pode e deve ensejar resposta consubstanciada, sempre que possível, em tutela *específica*, cuja primazia é expressamente reconhecida pela lei (artigos 497, 499 e 536 do CPC), com aplauso da doutrina[29]; isto é, aquela que permita a volta ao estado anterior, tanto mais nos casos em que a transferência não tenha se operado definitivamente. Sobre isso, preservada convicção diversa, não colhe o argumento de que a venda abaixo do valor de mercado desafiaria mera tutela reparatória[30]. É que, se há o dever jurídico, ele pode ser tutelado de forma sancionadora, mas também de modo preventivo. Desse modo, se é inegável que "A venda extrajudicial por valor inferior ao de mercado, porém, gera responsabilidade civil do credor, por vigorar o princípio de a execução dever ser feita do modo menos oneroso ao devedor"[31], então, a tutela específica – sendo possível e buscada pela parte – deve prevalecer.

25 Cf. Garrard Glenn, **Chattel mortgage as a statutory security**, Virginia Law Review, vol. 25, n. 3, jan./1939, p. 331.

26 Cf. Joan Squelch, **Mortgagees' power of sale and the duty to sell at market value**, The Finance Industry, vol. 11, 2009, p. 52.

27 Cf. Sílvio de Salvo Venosa, **Direito civil**, vol. IV, 17ª ed., São Paulo, Atlas, 2017, p. 383.

28 Cf. Paulo Nader, **Curso de direito civil**, vol. IV, 7ª ed., Rio de Janeiro, Forense, 2016, p. 358.

29 Cf. Eduardo Talamini, **Tutelas relativas aos deveres de fazer e de não fazer: e sua extensão aos deveres de entrega de coisa (CPC, arts. 461 e 461-A, CDC, art. 84)**, 2ª ed., São Paulo, Revista dos Tribunais, 2003, p. 35; **Poder geral de adoção de medidas coercitivas e sub-rogatórias nas diferentes espécies de execução**, Revista de Processo, vol. 284, p. 138/184, out./2018, p. 3 da versão da RT *online*.

30 Cf. Caio Mário da Silva Pereira, **Instituições de direito civil**, vol. IV, 25ª ed., Rio de Janeiro, Forense, 2017, p. 391.

31 Cf. Francisco Eduardo Loureiro, **Código Civil comentado: doutrina e jurisprudência**, art. 1.364, Cezar Peluso coord., 12ª ed., Barueri, Manole, 2018, p. 1356.

3. POSSIBILIDADE DE O DEVEDOR RESGATAR O BEM

Além disso tudo, há outros desdobramentos que evidenciam o prejuízo decorrente da falta de informação sobre os elementos e condições da excussão do bem. Para tanto, tome-se como certo que, no contexto específico da alienação fiduciária em garantia, deve ser reconhecida a possibilidade de o devedor eventualmente pretender que o patrimônio a ser excutido permaneça com ele próprio, mediante a contrapartida do pagamento do preço.

A propósito, não se desconhece a tese segundo a qual, embora o art. 890 do CPC vigente (que, grosso modo, corresponde à regra do art. 690-A do diploma anterior[32]) não inclua o devedor no rol das pessoas a quem é vedado licitar e arrematar, a impossibilidade seria lógica, vez que não seria possível ao devedor fazer negócio consigo mesmo. Mas, não parece correto excluir a possibilidade de o devedor eventualmente pretender que o patrimônio (a ser excutido) permaneça com ele próprio, mediante a contrapartida do pagamento do preço (considerados, para tanto, o valor de avaliação e as propostas apresentadas por interessados).

A propósito, sob a égide do CPC/73, já se sustentara em doutrina que "O próprio devedor pode licitar e arrematar, desde que não esteja privado da livre administração de seus bens, pois a lei não o excluiu. Assim, o fato de não poder ele remir, a teor do art. 787, não o impossibilita de arrematar, pois a praça ou leilão é público"[33]. E, de fato, há consistentes argumentos em prol da tese assim enunciada.

Primeiro, no contexto específico da alienação fiduciária, não se pode dizer – não ao menos com exatidão – que o devedor não poderia arrematar o bem porque ele já lhe pertenceria. É que, na disciplina legal do referido instituto, o devedor transfere ao credor a propriedade da coisa (Código Civil, art. 1.361). Ainda que esse direito seja "resolúvel", fato é que, diante do inadimplemento, essa posição se consolida e fica o credor (proprietário) obrigado a "vender, judicial ou extrajudicialmente, a coisa a terceiros, a aplicar o preço no pagamento de seu crédito e das despesas de cobrança, e a entregar o saldo, se houver, ao devedor" (art. 1.364). Portanto, desde logo não se poderia descredenciar o devedor para arrematação pelo argumento de que não poderia adquirir o que já seria seu.

[32] Além da disposição contida no art. 497 do Código Civil.

[33] Cf. Sergio Sahione Fadel, **Código de Processo Civil comentado**, tomo IV, Rio de Janeiro, José Konfino, 1974, p. 63.

Segundo, não parece exato dizer que o impedimento acima aventado decorreria da impossibilidade de o devedor fazer negócio consigo próprio. Não é disso que se trata: na execução, quando se atua a sanção secundária, a atividade estatal opera mediante sub-rogação e, portanto, é irrelevante a vontade do devedor. Daí porque não há sentido em se falar em *negócio*, menos ainda consigo próprio. O que se busca é alienação forçada do patrimônio e, portanto, a questão não pode ser colocada como se de compra e venda se tratasse já que, havendo sub-rogação, não há o elemento *consenso*. Embora a lei civil fale em "venda" da coisa, conforme se procurou demonstrar anteriormente, essa "venda" é, na realidade, uma forma de *alienação forçada* porque não exige o consenso do devedor que, nesse caso particular, sequer poderia ser considerado como "vendedor" e se destina a satisfazer o credor, nos limites de seu crédito.

Terceiro, é preciso considerar que a regra constante do direito positivo é a de que qualquer pessoa pode licitar, bastando que esteja na livre administração de seus bens, conforme regra do já mencionado art. 890; e, portanto, que a vedação é *excepcional* e como tal deve ser interpretada. Assim, embora as hipóteses ali previstas não sejam exatamente homogêneas, o que entre elas há em comum – sua *ratio* – está na circunstância de que, pela posição que ocupam, tais sujeitos têm real, potencial ou até presumido interesse próprio, que conflita com o interesse do devedor (de, na medida do possível, ter sua esfera patrimonial atingida apenas no limite estrito da satisfação do credor). Conforme judiciosa lição, "são impedidos de participar dos leilões os sujeitos de direito que por conta de seu status jurídico podem receber alguma vantagem indevida com a realização do leilão. O que fez o legislador foi não atribuir legitimidade aos licitantes que podem entrar em conflito de interesses com o executado"[34]. Isso, parece razoavelmente claro, tem em mira a tutela do devedor; e seria paradoxal que uma disposição protetiva do executado pudesse ser invocada em seu desfavor.

Quando muito, algumas das figuras constantes do art. 890 do CPC podem também ter em mira a preservação da probidade dos agentes públicos que atuam no processo, tal como verte dos incisos III e IV e V. É o

[34] Cf. Paulo Henrique do Santos Lucon, **Breves comentários ao novo Código de Processo Civil**, art. 890, Teresa Arruda Alvim Wambier, Fredie Didier Jr., Eduardo Talamini e Bruno Dantas coord., São Paulo, Revista dos Tribunais, 2015, p. 2000.

que sugere a autorizada doutrina[35]. Mas, mesmo nesses casos, nada justifica extrair do dispositivo uma limitação ao possível campo de atuação *do devedor* que busca preservar seu patrimônio; o que é rigorosamente lícito e compatível com a atividade executiva, desde que isso obviamente não seja impeditivo da satisfação do credor, tal como, para ilustrar, prescreve o art. 805 do vigente diploma processual. Aliás, a busca da preservação do patrimônio pelo devedor, quando entrega bem em garantia ao credor, é igualmente reconhecida nos casos de hipoteca, prática reconhecida também na experiência estadunidense[36]. Nesse sentido, para ilustrar, mencione-se o capítulo 443 dos *Missouri Revised Statutes* (MO Rev Stat § 443.410) que prevê a possibilidade de resgate do bem, dentro de um certo período.

Ademais, já que a lei expressamente usou a palavra "exceção", parece difícil escapar à regra de hermenêutica segundo a qual exceções exigem interpretação estrita, como é a lição da doutrina[37]. Aliás, também em doutrina se destaca – conquanto o faça sobretudo no campo dos contratos – que, na dúvida, a interpretação há que ser a mais favorável para o devedor[38]. Daí se afirmar que "A interpretação não deve agravar a situação do devedor, impondo-se uma interpretação restritiva das cláusulas que criam obrigações, pois, na dúvida, a cláusula deve ser entendida no sentido que for menos oneroso para o devedor"[39]; o que, de certa forma, está expresso na regra processual constante do art. 805 do CPC vigente[40].

Quarto, para além da prerrogativa que se dá ao devedor de remir a execução (CPC, art. 826), a lei abre a possibilidade de o executado remir – aqui no sentido de resgatar – o próprio patrimônio e, como foi dito acima, mantê-lo em sua própria titularidade. Aliás, há expressa previsão de que

[35] Cf. Nelson Nery Junior e Rosa Maria de Andrade Nery, **Código de Processo Civil comentado**, art. 890, 16ª ed., São Paulo, Revista dos Tribunais, 2016, p. 1896.

[36] Cf. Robert Krakovil, **Mortgage law today**, The John Marshall Law Review, vol. 13, 1980, p. 259.

[37] Cf. Carlos Maximiliano, **Hermenêutica e aplicação do direito**, 10ª ed., Rio de Janeiro, Forense, 1988, p. 204/205.

[38] Cf. Clóvis Bevilaqua, **Direito das obrigações**, edição histórica, Rio de Janeiro, Editora Rio, 1977, p. 187.

[39] Cf. Arnoldo Wald, **Direito das obrigações e teoria geral dos contratos**, 18ª ed., São Paulo, Saraiva, 2009, p. 246.

[40] Quando muito, talvez se pudesse sustentar que o rol poderia ser alargado para a tutela do executado ou para preservação da probidade no processo. Mas alargar o rol em detrimento do devedor, que já está sujeito aos atos executivos, decididamente não parece ser correto.

isso ocorra quando determinado patrimônio foi afetado para garantia da dívida: segundo a regra do art. 877, § 3º do CPC, "No caso de penhora de bem hipotecado, o executado poderá remi-lo até a assinatura do auto de adjudicação, oferecendo preço igual ao da avaliação, se não tiver havido licitantes, ou ao do maior lance oferecido"; o que é repetido no art. 902, *caput*, do mesmo Diploma, ao estatuir que "No caso de leilão de bem hipotecado, o executado poderá remi-lo até a assinatura do auto de arrematação, oferecendo preço igual ao do maior lance oferecido". Assim, mesmo diante da revogação art. 1.482 do Código Civil (pelo próprio CPC/2015), subsiste a possibilidade de o devedor evitar a perda do bem nessas hipóteses.

Aí, obviamente não se está a fazer negócio consigo mesmo. O que se passa é que o Legislador, na premissa de que a satisfação do credor não será prejudicada, tutela a posição do devedor. E é relevante observar que assim ocorre particularmente em situação na qual o patrimônio a ser excutido foi objeto de garantia; o que, aliás, ocorre nos casos de alienação fiduciária. Portanto, ainda que por analogia, é lícito concluir que o devedor pode perfeitamente pretender impedir a excussão a terceiros, atuando para que o patrimônio permaneça em sua titularidade.

Nem parece ser óbice o eventual argumento de que a exclusão do devedor (dentre os potenciais licitantes) se justificaria porque a preservação do patrimônio em suas mãos pressuporia a quitação do débito; o que seria coisa diferente de pagamento do preço do acervo penhorado – preço esse formado ao ensejo da excussão, fruto da avaliação e, naturalmente, das ofertas feitas por interessados na aquisição do patrimônio.

Não há dúvida de que são inconfundíveis os conceitos de remir a execução – o que se dá mediante o pagamento do débito – e o de resgatar o patrimônio penhorado – o que se dá mediante o pagamento do preço de avaliação ou do maior lance ocorrido, sendo faculdade inclusive ao alcance de terceiros (art. 876, § 5º, combinado com art. 889, de que se fala mais adiante). Assim, não se poderia mesmo afirmar que, ao pagar o preço de avaliação ou outro formado a partir das ofertas feitas ao ensejo da licitação, o devedor estaria simplesmente liberado, caso haja débito remanescente. Por outras palavras, havendo saldo devedor, a execução deveria prosseguir sobre outros bens do devedor sujeitos à regra de responsabilidade patrimonial, até quitação integral da dívida; até porque, no específico caso da alienação fiduciária, há regra expressa a respeito (art. 1.366 do Código Civil).

Sem embargo disso, e anotando que a possível objeção apenas confirma o que já foi dito (isto é, que o devedor pode sim tentar impedir que o patrimônio saia de sua titularidade), há que se considerar o seguinte: se o pagamento do preço é suficiente e adequado a extinguir a obrigação, então a distinção entre remir a execução e remir o patrimônio fica prejudicada porque deixa de ser relevante. E, ainda, se o proprietário do bem dado em garantia não é propriamente o devedor – mas o responsável por ter oferecido aquele bem para assegurar o cumprimento da obrigação – a possibilidade de remição do patrimônio objeto da alienação fiduciária é ainda mais evidente porque eventual saldo deverá ser buscado em face do devedor; e, assim, a remição do bem equivale, para fins práticos, à liberação da responsabilidade do cedente, o que igualmente se deve viabilizar.

Finalmente, a conclusão sobre ser possível ao devedor participar da licitação leva a outra, no sentido de que, diante de lance ou oferta feita por terceira pessoa, é lícito reconhecer ao devedor a oportunidade de igualar o valor proposto para a arrematação, para disputar a aquisição do bem.

Como já foi visto, a lei processual foi clara ao permitir que, em se tratando de bem dado em garantia hipotecária, o devedor pode resgatá-lo, desde que ofereça o valor de avaliação ou o do maior lance (art. 877, § 3º e art. 902, *caput*). E isso pode ocorrer ainda que consumadas tenham sido a adjudicação ou a arrematação, desde que isso se dê antes da lavratura do auto. É certo que a lei previu a hipótese de garantia hipotecária, mas a *ratio* da norma – tanto mais num sistema que permite que terceiros próximos ao devedor resgatem o patrimônio – parece autorizar a analogia em prol do devedor, de sorte a que a norma seja então aplicada em outros casos nos quais a dívida, na origem, fosse garantida pelo patrimônio de cuja excussão se cogita.

A extensão da norma não colide com a tese segundo a qual o rol das pessoas excluídas de licitar não poderia ser ampliado. É que, no caso da restrição a quem possa arrematar, a limitação prejudica o devedor: quer porque o impede de tentar preservar o patrimônio em sua esfera jurídica; quer porque, reduzido o número de licitantes, afeta-se negativamente o resultado da licitação. Já no caso da possibilidade de o devedor resgatar o bem antes de consumada a adjudicação ou a arrematação, a norma é protetiva do devedor, sem que disso resulte propriamente prejuízo ao credor. Portanto, justifica-se a preconizada extensão.

Mas, há ainda outro argumento: quando a lei processual permitiu, no art. 876, § 5º, o resgate, *por terceiros*, do patrimônio que o credor pretendera adjudicar, ela imediatamente previu a possibilidade de haver mais de um pretendente e, portanto, que tivesse lugar uma licitação (§ 6º). Ora, se nessas circunstâncias a lei permitiu que terceiros instaurem disputa com o credor, parece incontestável que o devedor possa se dispor a igualar a melhor oferta e disputar o bem com pretendente à arrematação. A execução – judicial ou extrajudicial – não é pena imposta ao devedor, mas instrumento a serviço da satisfação do credor. E dar ao devedor a prerrogativa acima em nada conflita com tal escopo.

Sumulando: o devedor, de forma geral e em particular na alienação fiduciária, pode pretender que o patrimônio a ser alienado não o seja e que, mediante o pagamento do preço, ele remanesça com o acervo; ou, até de forma mais rigorosa, que ele o recupere, já que, na disciplina da alienação fiduciária, a transferência da propriedade ao credor já se operara. E, por coerência, pode o devedor, com esse mesmo objetivo, pretender igualar o preço ofertado por terceiro e disputar o bem, na premissa de que isso não prejudicará a satisfação do credor.

CONCLUSÕES

De todo o exposto, é possível sumular e reafirmar que, tendo a venda do bem na alienação fiduciária natureza de típica excussão (alienação forçada de patrimônio para satisfação do credor), é imprescindível a observância do devido processo legal e do contraditório, sob pena de se aceitar que um ato privado poderia ter maior autoridade do que um ato estatal, sabido que esse último está inegavelmente limitado por referidos postulados. Pelas mesmas razões, o ato de excussão do bem alienado fiduciariamente – típica e excepcional forma de autotutela – está sujeito a controle jurisdicional, por iniciativa do devedor ou eventualmente de terceiros legitimados, inclusive para que se privilegia a tutela específica, em detrimento da aplicação das regras da responsabilidade civil em eventual tutela subsidiária e reparatória do devedor pelos danos que possa vir a sofrer.

A observância do devido processo legal e do contraditório impõe que o devedor seja prévia, eficiente e tempestivamente cientificado dos termos e condições da pretendida excussão, para que possa promover a defesa de seus interesses; o que pode se dar sob a forma de impugnação do preço ou da pretensão de que o bem permanece sob titularidade do devedor.

20

PARSONS, REALE E AS ESTRUTURAS SOCIAIS – O CONCEITO DE ATIVIDADE GERADORA DE RISCO NA CLÁUSULA GERAL DE RESPONSABILIDADE OBJETIVA DO CÓDIGO CIVIL

Francisco Paulo De Crescenzo Marino

INTRODUÇÃO

A teoria da responsabilidade objetiva[1] surgiu na Alemanha[2] e na França, no final do século XIX. Seu fundamento histórico principal foi a Revolução Industrial, que trouxe a mecanização da indústria e da agricultura, a descoberta e o manuseio de novas fontes de energia e de novos materiais, o desenvolvimento vertiginoso dos transportes e das comunicações e a utilização de produtos químicos industriais, dentre outros fatores que propiciaram a massificação da produção.

Com o progresso técnico, a qualidade de vida das pessoas deteriorou-se sobremaneira, a ponto de o historiador Edward Burns afirmar que as condições de vida dos empregados das fábricas inglesas do começo do século XIX eram tão "pavorosas" que o seu nível de vida fosse "talvez inferior ao dos escravos nas plantações americanas".[3]

[1] O tema é caro à Professora Teresa Ancona Lopez. Dentre outros escritos, remete-se à exposição dos principais tópicos da teoria da responsabilidade objetiva, contida em *Principais linhas da responsabilidade civil no direito brasileiro contemporâneo, in* Revista da Faculdade de Direito da USP, v. 101, jan/dez 2006, p. 111-152.

[2] A exposição das principais correntes alemãs pode ser encontrada em G. Marton, *Les fondements de la responsabilité civile. Révision de la doctrine essai d'un systèm unitaire.* Paris: Librairie du Recueil Sirey, 1983, p. 173 e ss. Na literatura nacional, vide José de Aguiar Dias, *Da responsabilidade civil.* Vol. I, 6 ed., Rio de Janeiro: Forense, 1979, p. 53 e ss.

[3] *História da civilização ocidental.* Vol. 2, Porto Alegre: Globo, 1968, p. 692.

Nesse contexto, os acidentes (principalmente os de trabalho) previsivelmente multiplicaram-se, tornando extremamente difícil, quiçá impossível, a prova da culpa do agente. Surgiram então, em primeiro lugar, paliativos como a presunção de culpa ou a inversão do ônus da prova. Por fim, doutrinadores alemães e franceses passam a sustentar que se deve prescindir da culpa, objetivando a responsabilidade civil. Os fundamentos apontados para esse movimento são a socialidade (distribuição dos riscos pela sociedade), a solidariedade (proteção dos mais fracos), a paz pública e o bem comum (o interesse do indivíduo é o interesse da sociedade), assim como a equidade (alocação dos riscos a quem tem melhores condições de prevenção e de controle).

Seguindo essa tendência, de resto irreversível, o Código Civil de 2002 consagrou, no parágrafo único do art. 927, cláusula geral de responsabilidade civil objetiva, fundada na teoria do risco. A sua consagração foi o resultado de um processo de evolução legislativa que durou 90 anos. Com efeito, antes mesmo da entrada em vigor do Código Civil de 1916, mais precisamente em 7 de dezembro de 1912, era promulgado o Decreto n. 2681, regulando a responsabilidade das entidades que exploram estradas de ferro. Nele se dispôs que as estradas de ferro são responsáveis pela perda total ou parcial, furto ou avaria das mercadorias que receberem para transportar, assim como pelos desastres ocorridos em suas linhas e dos quais resulte morte, ferimento ou lesão corporal aos viajantes. Nessas hipóteses, o Decreto prevê que "será sempre presumida a culpa" (arts. 1º e 17) e traz rol taxativo das excludentes de responsabilidade.

O próprio Código de 1916 consagrou, em paralelo à cláusula geral de responsabilidade civil subjetiva contida no art. 159, algumas hipóteses de responsabilidade civil objetiva, sobretudo nos arts. 1.527 (responsabilidade pelo fato do animal), 1.528 (responsabilidade por danos decorrentes de ruína de edifício ou de construção) e 1.529 (responsabilidade por queda ou arremesso de coisa em edifício). Com o passar do tempo, diversas leis extravagantes foram consagrando novos casos de responsabilidade civil objetiva, tais como a responsabilidade dos mineradores (art. 47, inciso VIII do Decreto-Lei n. 227/67), o seguro social referente a acidentes de veículos (DPVAT – Lei n. 6.194/74, alterada pela Lei n. 8.441/92), a responsabilidade por dano nuclear (Lei n. 6.453/77), a responsabilidade por danos causados ao meio-ambiente (Lei n. 6.938/81), a responsabilidade por acidentes causados por aeronaves (Lei n. 7.565/86), a responsabilidade civil do Estado (Constituição da República, art. 37, §6º), a responsabilidade pelo fato e pelo vício de produtos e de serviços prevista no Código de Proteção e Defesa do Consumidor e a responsabilidade do empregador por acidentes de trabalho (atualmente disciplinada na Lei n. 8.213/91 e no art. 7º, inciso XXVIII da Constituição da República).

Passados quase vinte anos da promulgação do Código Civil, quer-nos parecer que o debate sobre a noção de risco encampada no parágrafo único do art. 927 ainda pode se beneficiar de um estudo mais aprofundado das fontes que serviram de base para a construção da norma por parte de Miguel Reale.

1. O SISTEMA DE DUPLA IMPUTAÇÃO DO CÓDIGO CIVIL

Os quatro pressupostos da responsabilidade civil subjetiva – ato ou fato ilícito, culpa *lato sensu*, dano e nexo causal – podem ser assim esquematizados:

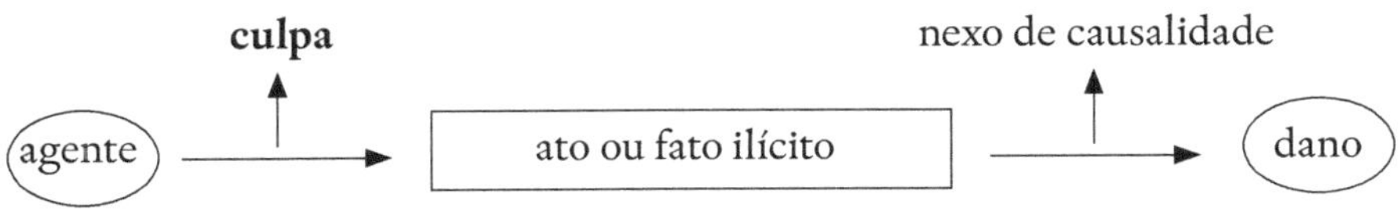

Por sua vez, na responsabilidade objetiva fundada no risco tem-se o seguinte:

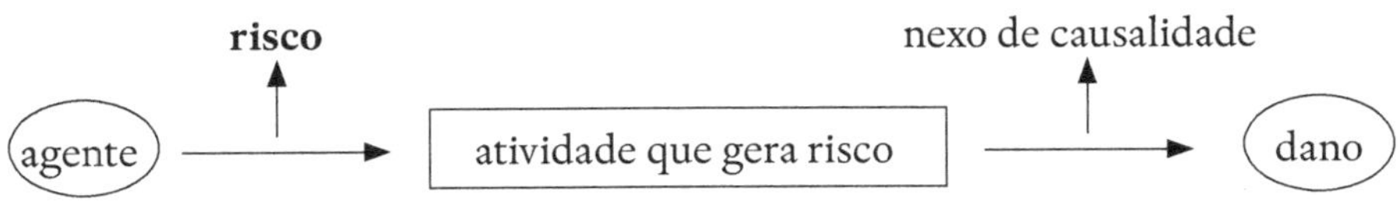

Culpa e risco assumem, pois, funções análogas nos dois sistemas: eles são os critérios que permitem *imputar* o ato ou a atividade, conforme o caso, ao agente. Em expressão mais direta, culpa e risco desempenham o papel de *nexos de imputação*. Daí ser possível afirmar que o Código Civil de 2002 erigiu um sistema de "dupla imputação" da responsabilidade civil, fundado tanto na culpa como no risco.

É o que basta, aliás, para concluir que a responsabilidade objetiva não é excepcional ou secundária, mas sim *paralela* à subjetiva. Sendo os parágrafos idealmente reservados aos aspectos complementares e às exceções à norma enunciada no *caput*[4], percebe-se claramente que a cláusula geral de responsabilidade objetiva deveria ter constado de artigo autônomo e não do parágrafo único do art. 927.[5] A responsabilidade objetiva fundada no risco tem imensa aplicação, a ponto de se ter observado, pouco após a sua promulgação, que o seu campo de incidência era até mesmo maior do que a da responsabilidade subjetiva.[6]

2. ATIVIDADE E RISCO, DUAS NOÇÕES ESSENCIAIS AO PARÁGRAFO ÚNICO DO ART. 927 DO CÓDIGO CIVIL

O conceito de atividade ainda é pouco trabalhado pela doutrina civilista. Os comercialistas desenvolveram-no mais, conquanto sob o prisma mais restrito da atividade empresarial. Tullio Ascarelli define atividade como "série de atos coordenáveis entre si, em relação a uma finalidade comum"[7].

Dentre os vários elementos da disciplina da atividade mencionados pelo autor, destacam-se: a pluralidade de atos; a apreciação autônoma da atividade em relação aos atos que a compõem; a finalidade comum que dirige e coordena os atos; o fato de a atividade, ao contrário do ato, ser dirigida *ad incertam personam* (ao mercado ou à coletividade, por exemplo), sem possuir destinatário específico; e a dimensão temporal da atividade, que necessariamente se prolonga no tempo.[8]

A atividade que importa, para fins do regime da responsabilidade objetiva do Código Civil, é a que, sendo "normalmente desenvolvida pelo autor do dano", "implicar, por sua natureza, risco para os direitos de outrem." Termo polissêmico em Direito, risco pode ser definido como a possibilidade (e, portanto, a incerteza) de ocorrência do dano, sobretudo o risco conhecido, também chamado de *perigo*.[9] A atividade que, por sua natureza, gera risco, é a atividade "perigosa", a implicar a possibilidade de lesar direitos ou interesses de terceiros. Mas, afinal, quais são as atividades peri-

[4] Cf. o art. 11, inciso III, alínea "c" da Lei Complementar n. 95/98.

[5] Essa a justa crítica de Carlos Alberto Menezes Direito e Sérgio Cavalieri Filho, *Comentários ao novo código civil*. Vol. XIII, (coord.) Sálvio de Figueiredo Teixeira, São Paulo: Forense, 2004, p. 144.

[6] Sérgio Cavalieri Filho, *Programa de responsabilidade civil*. 3 ed., São Paulo: Malheiros, 2002, p. 170.

[7] *Corso di diritto commerciale*. 3 ed., Milano: Giuffrè, 1962, p. 147.

[8] *Corso di diritto commerciale*, cit., pp. 147 e ss.

[9] Teresa Ancona Lopez, *Responsabilidade civil na sociedade de risco*, Revista da Faculdade de Direito da USP, v. 105, jan/dez 2010, p. 1225.

gosas? Para responder essa pergunta, essencial à compreensão da responsabilidade objetiva fundada no risco, diversas teorias foram formuladas.[10]

A mais radical é a teoria do *risco integral*. De acordo com ela, há obrigação de indenizar mesmo quando inexiste nexo causal, isto é, nas hipóteses de caso fortuito e de força maior, fato exclusivo da vítima e de terceiro. Bastaria, para configurar a referida responsabilidade, o dano e a atividade perigosa. Já a teoria do *risco criado* exige, como pressupostos para a responsabilização do agente, a existência de uma atividade perigosa e o nexo causal. Qualquer atividade perigosa está apta a, em tese, ensejar a obrigação de indenizar, independentemente do fato de ser econômica, profissional ou empresarial, bem como de gerar benefício ao autor do dano. Não há necessidade, igualmente, de que a atividade em questão seja anormal, no sentido de excepcionalmente perigosa (tais como atividades nucleares ou radioativas).[11]

Refira-se, por fim, a ideia de *risco proveito*. De acordo com essa teoria, só há obrigação de indenizar quando o agente colhe os proveitos da atividade perigosa (*ubi emolumentum, ibi onus*). Critica-se tal teoria, no entanto, pela dificuldade de se conceituar o proveito[12], bem como por impor o ônus de provar que a atividade gera proveitos ao seu titular, o que parece contrário às necessidades que presidiram a objetivação da responsabilidade.

Parece assistir razão a Caio Mário, quando este assevera ter o Código Civil adotado a teoria do *risco criado*.[13] De fato, se houvesse a intenção de restringir a atividade geradora de risco àquelas econômicas ou empresariais, semelhante restrição deveria ter sido expressamente incluída. Na ausência dela, ao intérprete não é dado circunscrever indevidamente a cláusula geral do art. 927, parágrafo único, postulando novo requisito, a saber, que a atividade seja profissional, empresarial ou dela o agente do dano retire algum proveito.

[10] Para a exposição delas, remete-se a Caio Mário da Silva Pereira, *Responsabilidade civil*. 12 ed., Rio de Janeiro: Forense, 2018, p. 367 ss. e Cláudio Luiz Bueno de Godoy, *Responsabilidade civil pelo risco da atividade: uma cláusula geral no Código Civil de 2002*. São Paulo: Saraiva, 2009, p. 61 ss.

[11] Caio Mário da Silva Pereira, *Responsabilidade civil*, op. cit., p. 375.

[12] Caio Mário da Silva Pereira, *Responsabilidade civil*, op. cit., p. 370 e 371.

[13] Caio Mário da Silva Pereira, *Responsabilidade civil*, op. cit., p. 373.

3. TALCOTT PARSONS, MIGUEL REALE E A IMPORTÂNCIA DAS ESTRUTURAS SOCIAIS

A noção de atividade perigosa pode ser iluminada por importantes reflexões de Miguel Reale. Em sua obra sobre o projeto de Código Civil, ao referir a cláusula geral de responsabilidade objetiva como exemplo de uma das diretrizes da codificação, a da *socialidade*, Reale invoca a falha dos civilistas em definir a responsabilidade objetiva, afirmando preferir examinar o problema "sob o aspecto de sua estrutura social". E arremata:

> "Se aquele que atua na vida jurídica desencadeia uma estrutura social que, por sua própria natureza, é capaz de pôr em risco os interesses e os direitos alheios, a sua responsabilidade passa a ser objetiva e não mais apenas subjetiva."[14]

Surge, assim, a necessidade de conceituar *estrutura social* e determinar sua relação com a questão da responsabilidade objetiva. No ensaio VII d'*O direito como experiência*, Reale aborda o conceito de estrutura na sociologia, no plano filosófico e no científico-positivo.[15] Adota, então, a definição do sociólogo norte-americano Talcott Parsons.[16] Parsons, por sua vez,[17] toma como ponto de partida a classificação metodológica do filósofo e sociólogo polonês Florian Znaniecki, para quem a sociologia trabalha essencialmente com quatro tipos de dados: (i) ações sociais; (ii) relações sociais; (iii) personalidade social; e (iv) grupos sociais.

Como aponta o autor em *The Method of Sociology*, as "ações sociais" que formam a base da ciência sociológica são ações objetivadas pelas pessoas e dirigidas a provocar reações humanas definidas, diversas, pois, de ações tendentes a resultados outros (*v.g.*, técnicos, econômicos, religiosos, artísticos e literários).[18] O estudo das relações sociais, por sua vez, tem por

[14] *O projeto de Código Civil: situação atual e problemas fundamentais*. São Paulo: Saraiva, 1986, p. 10. O ponto foi retomado por Judith Martins-Costa e Gérson Luiz Carlos Branco (*Diretrizes teóricas do novo Código Civil brasileiro*. São Paulo: Saraiva, 2002, p. 74 a 76, 128 e 129).

[15] Para os diversos sentidos do termo "estrutura" em diferentes ramos científicos, remete-se a Georges Gurvitch, "As 'estruturas' em sociologia", *in* R. Bastide (coord.), *Usos e sentidos do termo estrutura*. São Paulo: Editora Herder e Editora da Universidade de São Paulo, 1971, p. 109 e ss.

[16] *O direito como experiência*. 2 ed., São Paulo: Saraiva, 1999, p. 153.

[17] Talcott Parsons, *The structure of social action. A study in social theory with special reference to a group of recent european writers*. New York: The Free Press, 1949, p. 30.

[18] Florian Znaniecki, *The method of sociology*. New York: Rinehart & Company, 1934, p. 107.

objeto as normas morais que regulam as ações sociais.[19] O terceiro campo da pesquisa sociológica, na classificação proposta por Znaniecki, lida com "o aspecto social da personalidade humana, tal como determinado tanto pelo meio social como por sua própria atividade."[20] A teoria dos grupos sociais[21], por derradeiro, tem por objeto os milhares de sistemas culturais que as pessoas criam e mantêm, desde os pequenos grupos familiares formados por poucos indivíduos até o grupo dos habitantes de uma cidade, aí incluídas as classes trabalhadoras, as sociedades secretas e as multidões, enquanto grupos temporários e pouco estruturados.[22]

Parsons observa, então, que o regime das unidades componentes dos sistemas de ação social subdivide-se em (a) "definição e classificação das unidades elementares" e (b) "determinação das relações relevantes das unidades dentro do sistema." O segundo aspecto é o que ele denomina *estrutura* ou "anatomia" dos referidos sistemas. A estrutura social pode, assim, ser descrita em vários níveis, conforme as relações mútuas entre as ações sociais, as relações sociais, a personalidade social e os grupos sociais dentro do sistema.[23]

Para o autor, os elementos estruturais da ação social compreendem meios, fins, condições e normas. A ação – aduz Parsons – "deve sempre ser pensada como envolvendo um estado de tensão entre duas ordens de elementos, a normativa e a condicional. Como um processo, a ação é, de fato, o processo de alteração dos elementos condicionais em direção à conformidade com normas."[24] Em outra obra, Parsons enfatiza os padrões institucionais ou normativos da estrutura social, os quais, em uma dada sociedade, definem o que são tidos como "modos de ação ou de relação social apropriados, legitimados ou esperados."[25]

A partir de tais premissas, pode-se compreender o conceito de estrutura social referido por Miguel Reale: "um conjunto de relações [sociais] cristalizadas em modelos relativamente estáveis" ou "sistema de relações-

[19] *The method of sociology*, op. cit., p. 111.
[20] *The method of sociology*, op. cit., p. 117.
[21] Um estudo dos grupos sociais pode ser encontrado em Georg Simmel, *Sociología: estudios sobre las formas de socialización*. México: Fondo de Cultura Económica, 2014.
[22] *The method of sociology*, op. cit., p. 121 ss.
[23] Talcott Parsons, *The structure of social action*, op. cit., p. 39.
[24] Talcott Parsons, *The structure of social action*, op. cit., p. 732.
[25] Talcott Parsons, *Essays in sociological theory*. Glencoe: The Free Press, 1954, p. 53.

-modelos entre agentes capazes de desempenhar papéis uns em relação aos outros".[26] A estrutura social seria o *conjunto ou o sistema de relações ou comportamentos sociais passíveis de recondução a um modelo relativamente estável.* A ideia de conjunto ou sistema traz implícita a pluralidade de elementos. Tais elementos devem estar em relação recíproca, havendo certa estabilidade ou permanência. A referência remete à função que cada elemento desempenha no conjunto ou na estrutura. Normalmente, estrutura opõe-se a função. Na estrutura social, há correlação ou "interdependência funcional" dos elementos, o que dá origem a uma "unidade irredutível a qualquer deles ou à soma deles".[27] O papel da função, para Parsons, é justamente "fornecer o critério e a importância dos fatores dinâmicos e dos processos, no interior do sistema". Fala-se, pois, em "esquema em movimento" ou esquema dinâmico.[28]

A estrutura social é histórica. O conceito de estrutura só possui sentido real na medida em que se relaciona com a história e se põe com uma de suas formas concretas de expressão[29]. Para Reale, a formação de estruturas sociais, ou a ordenação da vida social consoante esquemas plurivalentes dotados de objetividade de sentido, corresponde à própria natureza da consciência humana, que é ordenadora (predispõe a ordem, o "dar sentido" às coisas). E também é axiológica, sendo o conceito de estrutura inseparável de sua compreensão valorativa[30].

4. ESTRUTURAS SOCIAIS GERADORAS DE RISCO E A RESPONSABILIDADE OBJETIVA

Como se vê, as estruturas sociais são instituições fundamentais da sociedade. Mas como raciocinar em termos de estrutura social (geradora de risco), no âmbito da responsabilidade pelo risco da atividade? Reale exemplifica com a relação de trabalho. A estrutura social da relação de trabalho e da operação de trabalho são de tal forma que pouco importa indagar se o operário teve culpa. A responsabilidade objetiva resulta da "estrutura do trabalho mecânico, da relação mecânica do trabalho".[31] Em outras palavras,

[26] *O direito como experiência.* 2 ed., São Paulo: Saraiva, 1999, p. 153.

[27] *O direito como experiência*, cit., p. 152.

[28] *O direito como experiência*, cit., p. 152.

[29] *O direito como experiência*, cit., p. 148.

[30] *O direito como experiência*, cit., p. 157.

[31] *O projeto de Código Civil: situação atual e problemas fundamentais*, cit., pp. 10 e 11.

a estrutura social da relação de trabalho implica o risco de dano por parte do empregador, principalmente devido ao elemento maquinismo ou automação.

Deve-se contextualizar a atividade (no caso, a prestação de trabalho) em uma estrutura socioeconômica correspondente e analisar os seus elementos (atores, meios empregados na prestação do trabalho, valores determinantes, fins, normas etc.), do ponto de vista histórico atual. Ao passo em que o conceito de atividade é um mero conceito "fático", a consideração da estrutura social inaugura outras perspectivas, permitindo levar em consideração os valores subjacentes à atividade social, os modelos negociais ou costumeiros historicamente determinados, bem como as circunstâncias concretas, ainda que típicas, advindas do confronto entre atividade e valor modelo. Tem-se, assim, uma visão pluridimensional.

Em última análise, trata-se de ver se o perigo de dano é elemento integrante da estrutura social em tela. Para tanto, o intérprete deve valer-se das próprias valorações sociais.

Outra possível vantagem do manejo do conceito de estrutura social geradora de risco está em filtrar, para fins de incidência do art. 927, parágrafo único do Código Civil, os comportamentos sociais estruturados ("atividades") daqueles que não ostentam tal qualidade. O estudo da aplicabilidade da cláusula geral de responsabilidade civil objetiva aos danos advindos de acidentes automobilísticos causados por particulares pode servir de exemplo. Estaria a atividade de condução de veículos automotores enquadrada dentre as atividades que implicam, por sua natureza, risco para os direitos de outrem? A despeito do inegável risco à vida e à integridade física dos pedestres e de outros motoristas, advindo naturalmente da condução de automóveis, parte da doutrina procurou afastar os acidentes de trânsito do campo de incidência do art. 927, parágrafo único do Código Civil. Nesse sentido:

> "A responsabilidade prevista no dispositivo em exame é de tal abrangência que, se interpretado literalmente, todos os que exercem alguma atividade de risco passarão a responder objetivamente, até mesmo quando estivermos dirigindo o nosso veículo particular e formos envolvidos em um acidente. [...] não há como afastar a ideia, já consagrada pela lei e pela doutrina, de que *atividade* indica serviço, ou seja, atuação reiterada, habitual, organizada profissional ou empresarialmente para realizar fins econômicos. O elemento histórico reforça essa exegese. Na década de 1970, quando foi elaborado o projeto do novo Código Civil, o legislador tinha os olhos voltados para inúmeras ativida-

des em que, embora exploradas empresarialmente, com grandes riscos para a sociedade, a responsabilidade dos exploradores era subjetiva. Os serviços já ocupavam, àquele tempo, vastíssimo campo de atuação na sociedade (transportes, luz, gás, telefone, seguros, bancos, financeiras, cartões de crédito, saúde etc.), desempenhavam importantíssima função econômica e jurídica, afetando a vida de mais de uma centena de milhões de pessoas, mas os riscos dessa exploração corriam por conta dos usuários. Assim, parece-nos lógico concluir que o objetivo do legislador foi o de estabelecer uma cláusula geral de responsabilidade objetiva que abrangesse toda essa vasta área dos serviços, mormente se tivermos em conta que o projeto do novo Código Civil foi elaborado muito antes do Código de Defesa do Consumidor que, posteriormente, tratou da matéria no seu artigo 14, no que concerne às relações de consumo."[32]

Como se vê, os autores afastam a responsabilidade objetiva do particular causador de acidente de trânsito inserindo, na cláusula geral do art. 927, parágrafo único do Código Civil, elementos dele não constantes – proveito econômico, atividade profissional ou empresarial –, o que leva a subverter a teoria do risco criado, a nosso ver acolhida pela legislação. Outra, contudo, é a posição de Caio Mário de Silva Pereira:

> "A doutrina da guarda, como fundamento da condenação em perdas e danos, invocada com enorme frequência, parece encaminhar as soluções para subordinação à doutrina do *risco criado*. E, na verdade, é esta teoria, já perfilhada no Projeto de Código de Obrigações de 1965 e também no Código Civil de 2002 que transmuda o fundamento da responsabilidade automobilística. [...] A teoria do *risco criado* importa em ampliação do conceito do *risco proveito*. Aumenta os encargos do agente; é, porém, mais equitativa para a vítima, que não tem de provar que o dano resultou de uma vantagem ou de um benefício obtido pelo causador do dano. Deve este assumir as conseqüências de sua atividade. O exemplo do automobilista é esclarecedor: na doutrina do risco proveito a vítima somente teria direito ao ressarcimento de o agente obtivesse proveito, enquanto que na do risco criado a indenização é devida mesmo no caso de o automobilista estar passeando por prazer."[33]

[32] Carlos Alberto Menezes Direito e Sérgio Cavalieri Filho, *Comentários ao novo código civil*, op. cit., p. 145 a 150.

[33] *Responsabilidade civil*, op. cit., p. 298 e 374.

Caio Mário não é voz isolada nesse ponto. Dentre outros, Aguiar Dias já observava que a "circulação dos automóveis criou um risco social próprio, a que é preciso atender, estabelecendo a responsabilidade na base dos princípios objetivos, consagrando-se, como corretivo das demasias que provavelmente acarretaria, a responsabilidade limitada e o seguro obrigatório, a exemplo do que se faz já em grande número de países."[34] A prevalecer a responsabilidade objetiva nessa seara, poder-se-ia afirmar que: (i) os casos de risco do condutor (*v.g.*, mal estar súbito) e de risco do veículo (*v.g.*, estouro de um pneu ou falha no freio) configuram riscos próprios da atividade, não excluindo a responsabilidade do condutor; e (ii) riscos do pedestre, riscos de terceiros ou de coisas (*v.g.*, animal na pista ou colisão de outro condutor) e riscos de força maior (fatos naturais sem relação com o agente ou com a atividade) quebram o nexo causal, qualificando-se como excludentes da responsabilidade civil objetiva.

O que se tem, assim, é a teoria da causalidade adequada, em sua versão mais restritiva, pela qual o dano deve ser resultado do risco próprio, adequado, típico da atividade, para que haja obrigação de indenizar[35]. Retomando a noção de que se partiu, parece possível questionar se a condução de veículo automotor por particular configura uma *estrutura social* geradora de risco. Em sentido semelhante, tem-se procurado desqualificar a condução de automóveis como atividade, enquadrando-a como mero ato, eis que ausente "uma sequência coordenada de atos, ou organizados para alcance de uma dada finalidade, de um escopo, de um objetivo único juridicamente considerado".[36] Em sentido análogo, Teresa Ancona Lopez observa:

> "Portanto, a atividade é autônoma, não se confunde com os atos isolados que a compõem e também permanece estranha à causa desses atos. Como

[34] *Da responsabilidade civil*. Vol. II, 8 ed., Rio de Janeiro: Forense, 1987, p. 31, 32 e 52 a 54. Outros autores contemporâneos seguiram a mesma linha, tais como Carlos Roberto Gonçalves, a afirmar expressamente que se considera atividade perigosa "o uso de veículos para cômodo do proprietário" (*Comentários ao Código Civil*. Tomo XI, São Paulo: Saraiva, 2003, p. 414) e Antônio Elias de Queiroga (*Responsabilidade civil e o novo Código Civil*. 2 ed. Rio de Janeiro: Renovar, 2003, p. 189 e ss.).

[35] Sobre as duas vertentes (ampla e restrita) da causalidade adequada na doutrina moderna, bem como a sobre a superioridade da segunda nas hipóteses de responsabilidade objetiva, vide as observações de Antunes Varela, *Das obrigações em geral*. Vol. I, 10 ed., Coimbra: Almedina, 2000, pp. 893 e ss.

[36] Cláudio Luiz Bueno de Godoy, *Responsabilidade civil pelo risco da atividade: uma cláusula geral no Código Civil de 2002*, op. cit., p. 57.

exemplo, temos o ato do motorista (dirigir) da empresa de ônibus que não se confunde com a atividade de transporte de pessoas e coisas. Em suma, a atividade tem na sua essência uma séria de atos coordenados em razão de um fim profissional e econômico, o que obrigatoriamente tem de ser feito com habitualidade, e não esporadicamente.

Do que falamos, podemos tirar uma primeira conclusão, qual seja, a expressão 'atividade normalmente desenvolvida' que aparece no parágrafo único do art. 927 refere-se, na maioria dos casos, à atividade empresarial e, excepcionalmente, a série de atos que a pessoa física pratica com habitualidade pondo em risco a segurança alheia. Não podemos colocar no mesmo conceito uma atividade individual e isolada, como a de dirigir automóveis. Nesse caso, serão os atos do motorista, e a sua conduta diligente ou não, que estarão em julgamento."[37]

Quer-nos parecer que o acento no elemento organização, ou coordenação de meios voltados a um escopo comum[38], aproxima a noção de "atividade" da de estrutura social. Com efeito, a atividade, a despeito de não se tornar necessariamente profissional, empresarial, econômica ou lucrativa, torna-se *socialmente estruturada*, na medida em que pressupõe condições e congrega meios em direção a certos fins, consoante certas normas.

A nosso ver, a prevalecer o entendimento acima esposado, pelo qual a doutrina mais moderna parece propender, o centro de gravidade da responsabilidade objetiva desloca-se da noção de risco para a de estrutura social ou atividade estruturada. Justifica-se, assim, o aprofundamento da noção de estrutura social geradora de risco, bem como o estudo de sua aplicação a casos típicos de responsabilidade objetiva.

CONCLUSÕES

Dentre os pressupostos da responsabilidade objetiva contidos no parágrafo único do art. 927 do Código Civil, avultam as noções de atividade normalmente desenvolvida e a de risco aos direitos de outrem. Ao passo que a noção de risco foi objeto de diversas formulações teóricas, concentradas atualmente na fórmula do *risco criado*, ao conceito de atividade a doutrina não parece ter devotado a mesma atenção.

[37] *Principais linhas da responsabilidade civil no direito brasileiro contemporâneo, in* Revista da Faculdade de Direito da USP, v. 101, jan/dez 2006, p. 124.

[38] Semelhantemente, Giselda Hironaka, *Responsabilidade pressuposta*. Belo Horizonte: Del Rey, 2005, p. 300.

Parece-nos que o estudo da noção de estrutura social geradora de risco, que inspirou Miguel Reale na formulação do aludido dispositivo do Código Civil, permitirá aprimorar o entendimento das *atividades estruturadas* que se reconduzem à cláusula geral da responsabilidade objetiva.

REFERÊNCIAS

ASCARELLI, Tullio. *Corso di diritto commerciale.* 3 ed. Milano: Giuffrè, 1962.

BURNS, Edward. *História da civilização ocidental.* Vol. 2. Porto Alegre: Globo, 1968.

CAVALIERI FILHO, Sérgio. *Programa de responsabilidade civil.* 3 ed. São Paulo: Malheiros,2002.

DIAS, José de Aguiar. *Da responsabilidade civil.* 6 ed. Rio de Janeiro: Forense, 1979.

DIREITO, Carlos Alberto Menezes e CAVALIERI FILHO, Sérgio. *Comentários ao Novo Código Civil* (coord.) Sálvio de Figueiredo Teixeira. Vol. XIII (arts. 927 a 965). São Paulo: Forense, 2004.

GODOY, Cláudio Luiz Bueno de. *Responsabilidade civil pelo risco da atividade: uma cláusula geral no Código Civil de 2002.* São Paulo: Saraiva, 2009.

GONÇALVES, Carlos Roberto. *Comentários ao Código Civil,* volume XI (arts. 927 a 965), (coord.) Antonio Junqueira de Azevedo, São Paulo: Saraiva, 2003.

GURVITCH, Georges. "As 'estruturas' em sociologia", *in Usos e sentidos do termo estrutura,* (coord.) R. Bastide, São Paulo: Editora Herder e Editora da Universidade de São Paulo, 1971.

HIRONAKA, Giselda Maria Fernandes Novaes. *Responsabilidade pressuposta.* Belo Horizonte: Del Rey, 2005.

LOPEZ, Teresa Ancona. *Principais linhas da responsabilidade civil no direito brasileiro contemporâneo, in* Revista da Faculdade de Direito da USP, v. 101, jan/dez 2006, p. 111-152.

LOPEZ, Teresa Ancona. *Responsabilidade civil na sociedade de risco,* Revista da Faculdade de Direito da USP, v. 105, jan/dez 2010, p. 1223-1234.

MARTINS-COSTA, Judith e BRANCO, Gerson Luiz Carlos. *Diretrizes teóricas do novo Código Civil brasileiro.* São Paulo: Saraiva, 2002.

MARTON, G. *Les fondements de la responsabilité civile.* Paris: Librairie du Recueil Sirey, 1938.

PARSONS, Talcott. *Essays in sociological theory.* Glencoe: The Free Press, 1954.

PARSONS, Talcott. *The structure of social action. A study in social theory with special reference to a group of recent european writers.* New York: The Free Press, 1949.

PEREIRA, Caio Mário da Silva. *Responsabilidade civil.* 12 ed. Rio de Janeiro: Forense, 2018.

QUEIROGA, Antônio Elias de. *Responsabilidade civil e o novo Código Civil.* 2 ed. Rio de Janeiro: Renovar, 2003.

REALE, Miguel. *O direito como experiência.* 2 ed. São Paulo: Saraiva, 1999.

REALE, Miguel. *O projeto de Código Civil: situação atual e problemas fundamentais.* São Paulo: Saraiva, 1986.

SIMMEL, Georg. *Sociología: estudios sobre las formas de socialización.* México: Fondo de Cultura Económica, 2014.

VARELA, João de Matos Antunes. *Das obrigações em geral.* 10 ed., Coimbra: Almedina, 2000.

ZNANIECKI, Florian. *The method of sociology.* New York: Rinehart & Company, 1934.

21
"AGRO É POP": A QUESTÃO DA RECUPERAÇÃO JUDICIAL DO PRODUTOR RURAL INDIVIDUAL E SEUS EFEITOS SOBRE AS OBRIGAÇÕES DO DEVEDOR

Francisco Satiro

INTRODUÇÃO

Desde antes do julgamento do Recurso Especial 1.800.032/MT[1] – que, não sem polêmica[2], confirmou a possibilidade de produtor rural individual requerer recuperação judicial a partir de sua inscrição no Registro Público de Empresas Mercantis como empresário individual – a questão já insuflava calorosos debates. O assunto ganhou as manchetes e a atenção dos advogados e juristas[3]. Afinal, o § 2º do art. 48 da Lei 11.101/2005 (LRF)

[1] (STJ – REsp: 1800032 MT 2019/0050498-5, Relator: Ministro MARCO BUZZI, Data de Julgamento: 05/11/2019, T4 – QUARTA TURMA, Data de Publicação: DJe 10/02/2020)

[2] *O voto do ministro Luis Felipe Salomão acabou provocando um debate acalorado com o ministro Marco Buzzi. O relator disse que o Grupo JPupin procurava "malabarismo interpretativo" e que o STJ não podia praticar o que chamou de "ativismo judicial". "Não se pode permitir ao grande devedor que se valha dos dois mundos. Os benefícios da pessoa física para atrair o crédito e mais adiante utilizar-se da proteção da pessoa jurídica", afirmou. Luis Felipe Salomão não gostou do que ouviu e revidou. "Malabarismo a quem? Por qual ângulo? Eu não fiz malabarismo. Aqui tem uma posição que defende exclusivamente bancos e tradings e outra que defende o direito subjetivo conquistado pela lei para se obter a recuperação, que é um benefício que faz preservar empregos e o sistema da agricultura", disse.* (Valor Econômico, 06.11.2019, disponível em https://valor.globo.com/legislacao/noticia/2019/11/06/produtor-rural-pode-incluir-todas-as-dividas-em-recuperacao-judicial.ghtml)

[3] "STJ fixa importante precedente acerca da recuperação judicial de produtor rural", Migalhes, 05/11/2019 acessível em https://www.migalhas.com.br/quentes/314583/stj-fixa-importante-precedente-acerca-da-recuperacao-judicial-de-produtor-rural; Vieira Martins, Luiz Fernando; e Furtado Coêlho, Marcus Vinicius. A recuperação judicial do produtor rural – Uma análise no âmbito do direito comparado e o novo precedente fixado pelo STJ, in Justiça

incluído pela Lei 12.873/2013 que expressamente autoriza a "sociedade" empresária rural que tenha seu contrato social arquivado na Junta comercial a comprovar a regularidade de sua atividade mediante apresentação de documentos fiscais anteriores ao registro, não faz menção ao empresário individual. Nem é óbvia a interpretação que autoriza a hipótese.

De um lado, instituições financeiras, *tradings*, fornecedores de insumos e cooperativas se opõem a tal possibilidade, especialmente com argumentos consequencialistas: certamente o sistema de crédito rural seria abalado com a possibilidade de devedores individuais submeterem seus débitos a planos de recuperação judicial que no mais das vezes representam significativos deságios[4]. Além disso, sob o ponto de vista estritamente legal, haveria quebra do princípio da boa fé (art. 422 do Código Civil) uma vez que, na contratação, os credores não imaginavam tal possibilidade e, portanto, não puderam precificá-la.

Do outro lado, os produtores rurais individuais defendem que sua atividade econômica caracteriza efetivamente uma "empresa" no sentido técnico da palavra. E que como tal fazem jus à estrutura que a recuperação judicial oferece não apenas no interesse do empresário, mas de todos aqueles que direta ou indiretamente encontram-se envolvidos com tal atividade, como os trabalhadores, os fornecedores, a comunidade, e, como não poderia deixar de ser, dos credores (o art. 47 da LRF faz expressa referência a "*interesses dos credores*" quando lista os objetivos da RJ). Em reforço a seu argumento vem o fato de que os valores geralmente discutidos em recuperações judiciais são significativos, na casa das dezenas e milhões de reais, o que significa que os credores tinham plena condição de antecipar que uma atividade de tal vulto sempre justificaria a incidência de regras de reorganização.

A questão que se coloca então é definir (i) se o produtor rural pessoa natural que se inscreva no Registro Público de Empresas Mercantis pode imediatamente requerer sua recuperação judicial, computando nos dois anos de regularidade da atividade previstos no caput do art. 48 o período anterior à inscrição; e (ii) se, em permitindo-se a recuperação judicial, todos os créditos estariam a ela submetidos, ou se haveria alguma restrição.

& Cidadania, acessível em https://www.editorajc.com.br/a-recuperacao-judicial-do-produtor-rural-uma-analise-no-ambito-do-direito-comparado-e-o-novo-precedente-fixado-pelo-stj/

[4] Muitos produtores estão enriquecendo de maneira ilícita graças à recuperação judicial, diz Blairo Maggi, Valor Econômico, 03.08.2020, disponível em https://valor.globo.com/agronegocios/noticia/2020/08/03/muitos-produtores-esto-enriquecendo-de-maneira-ilcita-graas-recuperao-judicial-diz-blairo-maggi.ghtml

1. A LÓGICA DA RECUPERAÇÃO JUDICIAL E O PRODUTOR RURAL PESSOA NATURAL RECENTEMENTE INSCRITO

Antes da entrada em vigor da Lei 11.101/2005 (LRF) vigia o Decreto Lei 7.661/1945 que trazia um duplo regime para o comerciante em crise: a falência como modalidade de liquidação e a concordata, que podia ser preventiva ou suspensiva. A concordata era um benefício incondicional para o comerciante regular. O Decreto Lei 7.661/45 oferecia a ele a prerrogativa de redução da dívida quirografária ou seu reescalonamento em condições padronizadas e sem a necessidade de qualquer contrapartida; bastava que comprovasse satisfazer alguns requisitos objetivos – que a jurisprudência foi relativizando com o passar do tempo, até praticamente não serem relevantes.

O resultado é que um comerciante em dificuldades, independentemente de sua condição econômico financeira, tinha "poder" sobre seu estoque de dívidas quirografárias sem contrapartidas e quando julgasse conveniente. Não surpreende que a concordata fosse então chamada pela doutrina e jurisprudência de "favor legal" – expressão que bem descreve o que afinal se tinha tornado. Como efeitos dessa vantagem padronizada e incondicional, a concordata permitia a sobrevida a comerciantes absolutamente inviáveis e não oferecia alternativas para os devedores viáveis que precisassem de uma reorganização mais complexa e efetiva. Não contava com a participação de credores nem exigia qualquer compromisso por parte do devedor. Era, efetivamente uma "benesse" disponível a comerciantes devedores que pretendessem proteger-se de possíveis pedidos de falência – recorde-se que no regime anterior os credores titulares de garantia real não podiam requerer a falência sem antes renunciá-la ou demonstrar cabalmente sua insuficiência; logo, o risco de requerimento de falência concentrava-se especialmente nas mãos dos quirografários. Esse regime vigorou por 60 anos e chegou a ser aplicado aos empresários em substituição aos comerciantes a partir da entrada em vigor da Lei 10.406/2002 – Código Civil.

No final dos anos 90, o trabalho de compilação das boas práticas de tratamento de créditos em situação de crise pelo Banco Mundial[5/6] consagrou

[5] Ver *Principles for Effective Insolvency and Creditor/Debtor Regimes*, versão original de 2001, e versão atual publicada em 2016, disponível em http://www.worldbank.org/en/topic/financialsector/brief/the-world-bank-principles-for-effective-insolvency-and-creditor-rights

[6] No mesmo sentido, os trabalhos da UNCITRAL que levaram à elaboração e publicação, no final de 2004, do Guia Legislativo de Lei de Insolvência (https://www.uncitral.org/pdf/english/texts/insolven/05-80722_Ebook.pdf)

globalmente a noção de que uma empresa pode ter valor maior em atividade do que liquidada, situação na qual interessaria a credores, devedores e a terceiros a ela ligados (trabalhadores, fornecedores, comunidade, etc.) acordar as condições de continuidade que garantissem sua preservação com a maximização do seu valor. Duas conclusões dos grupos de trabalho acima merecem destaque: (i) a necessidade de se criar mecanismos alternativos à liquidação para que se possibilitasse a preservação do sobrevalor da empresa em atividade (*going concern*), no interesse de todos aqueles com ela envolvidos (não só do devedor); e (ii) a conclusão de que as soluções de mercado seriam sempre mais eficientes do que as impostas, quer pela Administração, quer pelo Judiciário, pelo que deveriam ser estimuladas as negociações entre devedor e credores como meio de superação da crise empresarial. A vetusta concordata não atendia a nenhum dos dois.

Nesse cenário, e com vistas a esses novos valores, que foi promulgada em 2005 a LRF[7] e com ela surgiu o instituto da recuperação judicial. Voltada para a preservação da empresa (não do empresário) a recuperação judicial assumiu, junto com a extrajudicial, o papel de instrumento de implementação de um ambiente viável de negociação entre devedor e credores. Para que isso fosse possível, sustentou-se em três fatores essenciais: (i) a suspensão da possibilidade de exercício individual de direitos por parte dos credores, de forma a impedir comportamentos oportunistas que viessem a prejudicar o interesse coletivo; (ii) o alinhamento dos credores em classes de interesses aproximados com a determinação de que a o grupo passaria a decidir por maioria o destino de todos os créditos; e (iii) a estabilidade das decisões tomadas, com a impossibilidade de revogação ou declaração de ineficácia em caso de posterior falência[8]. Previu ainda, como forma de

[7] *"A Nova Lei de Falências busca evitar o quadro geral observado no regime anterior, em que a ausência de um ambiente de negociação entre credores e devedor e processos falimentares extremamente morosos levavam à deterioração dos ativos tangíveis e intangíveis da empresa. Esse princípio geral de equilíbrio entre os objetivos do devedor e dos credores na busca da preservação da função social da empresa permeou a construção os dois institutos que compõem o novo arcabouço falimentar [recuperação judicial e extrajudicial]."* Para uma descrição detalhada da reorganização e preservação de valor como pilar da recuperação judicial, em oposição ao regime engessado e injusto da concordata ver LISBOA et al – A racionalidade econômica da nova lei de falências de recuperação de empresas in – PAIVA, LFV – Direito Falimentar e a nova Lei de Falências e Recuperação de Empresas, Quartier Latin, 2005.

[8] O financiamento do devedor em processo de reorganização – também conhecido como *debtor in possession* (DIP) *financing* – seria o quarto pilar de sustentação do processo, mas o art. 67 da LRE falhou miseravelmente nesse sentido.

estabelecer um equilíbrio de forças entre devedor e credores, que somente ao devedor caberia propor a solução, mas que sua aprovação dependeria exclusivamente dos credores.

Note-se que, novamente, nenhum desses critérios se coaduna com os pressupostos da concordata. Com a entrada em vigor da LRF, já não se pode mais falar em recuperação judicial como "benefício" do devedor. Afinal, todos os mecanismos acima são estabelecidos tendo-se por pressuposto o fato de que atividades empresárias são capazes de naturalmente gerar valor acima da soma dos valores individuais dos seus bens liquidados (para o devedor, para os credores e para os terceiros que com ela interagem), e que a preservação da empresa viável é medida que favorece não o devedor, mas a economia de um país como um todo.

Recuperação judicial, portanto, diferentemente da concordata, não é um benefício incondicional que se oferece ao devedor que (eventualmente) cumpre certos requisitos objetivos, sujeitando credores sem que se lhe exigida qualquer contrapartida, mas a disponibilização de ferramentas de estímulo à negociação para que devedor e credores viabilizem a preservação da mais valia da empresa em atividade, e assim se possa assegurar "*...a manutenção da fonte produtora, do emprego dos trabalhadores e dos interesses dos credores, promovendo, assim, a preservação da empresa, sua função social e o estímulo à atividade econômica.*"[9]

Faço questão de enfatizar esses aspectos porque sigo ouvindo vozes se levantando contra a "concessão do benefício da recuperação judicial" a este ou aquele agente econômico – inclusive produtores rurais individuais – como se ainda fosse possível tratar um mecanismo tão complexo e sofisticado como se se tratasse de um "favor legal" ao devedor, sem qualquer importância no meio social[10]. Nada mais equivocado.

[9] LRF, art. 47

[10] Cf na jurisprudência: "*...acaso processado conjuntamente o plano, o* ***favor legal consistente no instituto da recuperação*** *poderá contra si próprio voltar-se, causando prejuízos às partes envolvidas no processo*"(TJ-RS – AI: 70077404200 RS, Relator: Thais Coutinho de Oliveira, Data de Julgamento: 09/05/2019, Sexta Câmara Cível, Data de Publicação: Diário da Justiça do dia 13/05/2019); "*...**Recuperação Judicial** – Suspensão das execuções movidas contra **a beneficiária do favor legal** – Avalistas, fiadores e garantes de modo geral não ficam sujeitos aos efeitos da recuperação, prosseguindo, contra eles, as execuções respectivas.* (Apelação nº 7.321.941-9, 21ª Câmara de Direito Privado, Rel. Silveira Paulilo, j. 13.5.2009) e na Doutrina: "*Por viabilidade econômica entenda-se a chance que a empresa tem de se recuperar, ou seja, ela deverá apresentar condições mínimas para ser saneada e assim poder obter **o favor legal da recuperação judicial**.*" (Teixeira, Tarcísio. A

A LRF reserva a possibilidade de aplicação do instituto da recuperação judicial, extrajudicial e da falência aos empresários. É o que se depreende da simples leitura do art. 1º [11]. Mas a recuperação judicial e a extrajudicial exigem mais. A legitimidade para seu uso exige a inscrição no Registro Público de Empresas Mercantis, como se pode extrair do fato de a "*certidão de regularidade do devedor no Registro Público de Empresas*" ser documento obrigatoriamente juntado com a inicial, conforme artigo 51, V da LRF. Com base neste único dispositivo seria possível concluir que basta ter condições de apresentar a certidão de regularidade, mesmo que decorrente de uma inscrição realizada no dia do pedido, para que um empresário pudesse requerer a recuperação judicial. A exigência, no entanto, deve ser lida em conjunto com o previsto no art. 48[12], que impõe requisitos adicionais, em especial, que o empresário "*...exerça regularmente suas atividades há mais de 2 (dois) anos....*". O exercício regular das atividades por pelo menos 2 anos é, portanto, o segundo requisito subjetivo da legitimidade ativa para a recuperação judicial.

Como não é incomum que o produtor rural exerça sua atividade sem inscrição no registro do comércio, passou-se a notar casos em que se realizou a inscrição às vésperas do pedido de recuperação judicial, de forma a satisfazer o requisito objetivo do art. 51, V. Mas com isso fica impossível comprovar os dois anos de regularidade da atividade por meio da certidão da inscrição, apesar de esse ser o meio que muito doutrinadores, principalmente nos primeiros anos de vigência da LRE, consideravam o meio próprio de satisfazer o requisito do caput do art. 48.[13]. A questão que se

recuperação judicial de empresas. In *Revista de Direito da Universidade de São Paulo*, vol.106/107, jan/dez 2011/2012, p. 197)

[11] "*Art. 1º Esta Lei disciplina a recuperação judicial, a recuperação extrajudicial e a falência do empresário e da sociedade empresária, doravante referidos simplesmente como devedor.*"

[12] "*Art. 48. Poderá requerer recuperação judicial o devedor que, no momento do pedido, **exerça regularmente suas atividades há mais de 2 (dois) anos** e que atenda aos seguintes requisitos, cumulativamente*"

[13] "*Só poderá desfrutar da recuperação judicial o agente econômico personalizado, quer dizer, devidamente inscrito no registro oficial competente, há mais de 2 (dois) anos. A prova do exercício regular da atividade econômica há mais de 2 (dois) anos deve ser feita por meio de certidão da Junta Comercial do Estado onde se situa a empresa.*" (FAZZIO JUNIOR, Waldo. Lei De Falência E Recuperação De Empresas: Revista E Ampliada – Lei N 11 101 De 9 De Fevereiro De 2005, Atlas, 2015, p. 147).
No mesmo sentido: PACHECO. José da Silva. Processo de Recuperação Judicial, Extrajudicial e Falência, Gen/Forense, 2013, p. 147; CAMPINHO, Sérgio. Falência E Recuperação De Empresa.

põe então é: pode o empresário rural individual, apesar de não expressamente referido no §2º do art. 48, demonstrar sua empresarialidade pela inscrição na Junta Comercial local – ainda que recente – e o decurso de 2 anos de atividade regular pelos documentos compatíveis com a atividade anterior ao registro?

A pergunta excede o alcance da LRE razão pela qual sua resposta deve ser buscada no estatuto que regula a atividade empresarial atualmente: Lei 10.406/2002, Código Civil (CC). No seu artigo 966, o CC traz um conceito de empresário baseado em constatação de situação de fato: é empresário quem exerce profissionalmente atividade econômica organizada para produção ou circulação de bens ou serviços. À exceção das expressas ressalvas de lei (arts. 966, §único, art. 982, §único e art. 971 – que será explorado à frente – todos do CC) basta o exercício da atividade conforme previsto no *caput* do art. 966 para que o agente seja imediatamente considerado empresário. O art. 967 do CC, por sua vez, prevê a obrigatoriedade da inscrição no registro público de empresas mercantis **antes** do início da atividade, o que leva à conclusão de que, de modo geral, aquele que exerce atividade empresária sem inscrição, ainda que seja empresário, o faz irregularmente. Explica-se, portanto, a razão de que, numa primeira interpretação, parecesse óbvio que para que um empresário possa requerer recuperação judicial satisfazendo o requisito do art. 48, *caput*, deveria estar inscrito no registro do comércio por pelo menos 2 anos.

Ocorre que os empresários rurais possuem regime próprio, excepcionado no mesmo CC: *"Art. 971. O empresário, cuja atividade rural constitua sua principal profissão,* ***pode****, observadas as formalidades de que tratam o art. 968 e seus parágrafos,* ***requerer inscrição*** *no Registro Público de Empresas Mercantis da respectiva sede, caso em que, depois de inscrito, ficará equiparado, para todos os efeitos, ao empresário sujeito a registro."*. Não parece haver dúvidas de que, sob o ponto de vista fático, produtores rurais são empresários nos termos do art.966. Essa é uma constatação reforçada pelas primeiras palavras da redação do art. 971 (*"O* ***empresário****, cuja atividade rural constitua sua principal profissão"*). O art. 971, entretanto, cria um regime excepcional de tratamento para o empresário rural ao "facultar" sua inscrição no registro do comércio. Diferentemente dos empresários em geral, o empresário rural não se

Renovar, 2012, p. 133; SZTAJN, Raquel. Comentário ao art. 48, in SOUZA JUNIOR, FS e PITOMBO, ASM. Comentários à Lei de Recuperação de empresas e falências. RT, 2007, p.225.

submete à obrigatoriedade do registro prévio do art. 967. Se é a ausência de registro prévio que caracteriza a irregularidade da atividade do empresário nos termos do art. 967, é inevitável a conclusão de que, por conta da exceção prevista no art. 971, mesmo sem inscrição no registro do comércio a atividade do empresário rural não poderá ser tida como irregular.

Pelo art. 966, portanto, não é o registro que faz de alguém, empresário, mas o fato de exercer atividade empresária. Antes da inscrição – e, portanto, da declaração pública do seu estado – o agente que exerce profissionalmente atividade econômica organizada para a produção ou circulação de bens ou serviços já é empresário, mas por conta da obrigatoriedade do art. 967, exerce irregularmente a empresa. Ocorre que o art. 967 não se aplica ao produtor rural por conta do comando do art. 971. Logo, sua atividade é empresária e regular independentemente de qualquer registro, tenha ele efeito declaratório ou constitutivo. No caso dos empresários rurais a inscrição simplesmente atrai a incidência do regime jurídico especial de empresário. A grande diferença de tratamento entre os empresários rurais e os demais é aqueles (rurais) serão regulares mesmo sem inscrição prévia, mas a eles não se aplicará o regime jurídico dos empresários antes de optarem pela registro[14]; enquanto estes (os empresários ordinários), serão considerados irregulares antes da inscrição mas se submeterão ao regime jurídico da empresa – sendo-lhes restritas, no entanto, as prerrogativas do empresário regular (como a eficácia probatória dos livros, o pedido de falência de outro empresário e a recuperação judicial).

Dois fatores reforçam esse entendimento. Inicialmente, a Lei 4.504/64 – "Estatuto da Terra" em seu artigo 4º [15], inciso VI faz expressa referência à

[14] Note-se que a prerrogativa de se submeter ao regime comercial/empresarial não nasce com o Código Civil de 2002. Paula Forgioni explica que "*O Decreto-lei 2.627/1940, que disciplinava as sociedades anônimas, tomou em consideração essa realidade de agricultores com variado porte. Seu art. 2.o dispunha ser a companhia sempre mercantil, regendo-se pelas leis e usos do comercio, qualquer que fosse o seu objeto. Dessa forma, facultou-se ao fazendeiro a opção pelo regime comercial, bastando-lhe organizar seu empreendi- mento sob a forma de sociedade anônima. Por um lado, gozaria dos privilégios reservados aos comerciantes mas, por outro, deveria arcar com os deveres da legislação mercantil. O que antes era privilégio dos comerciantes, a partir de 1940 passa a constituir vantagem dos grandes agricultores, que poderiam decidir (i.e., não lhes era imposto) pelo regramento especial dos mercadores*". FORGIONI. P. A. *A Evolução Do Direito Comercial Brasileiro: da mercancia ao mercado*. RT, 2019, pp 86 e 87.

[15] *"Art. 4º Para os efeitos desta Lei, definem-se: (...) VI – "**Empresa Rural**" é o empreendimento de pessoa física ou jurídica, pública ou privada, que explore econômica e racionalmente imóvel rural, dentro de condição de rendimento econômico ...Vetado... da região em que se situe e que explore área mínima*

empresa rural e oferece suporte para a regularidade da atividade. Tratando-se de lei anterior ao Código Civil, é significativo que já aponte, na década de 60, que a atividade rural é em essência, empresária. A empresarialidade da atividade rural é, portanto, excepcional já há quase 70 anos, o que confirma a preocupação do legislador de reconhecê-la como empresária, mas excepcionar seu regime no Código Civil. O mesmo se dá quanto à legislação fiscal que, ao lado de oferecer tratamento tributário diferenciado ao produtor rural individual[16] – em reconhecimento às particularidades dos riscos inerentes à atividade, como vinculação ao clima e à flutuação dos preços com base na produção anual inclusive no exterior – exige inscrição no Cadastro Nacional de Pessoas Jurídicas (CNPJ)[17] e *"...conservação e guarda do Livro Caixa e dos documentos fiscais..."*[18] . Como se vê, são exigências similares às impostas aos empresários em geral, o que afasta definitivamente qualquer suposição de caráter clandestino ou irregular da atividade rural empresária sem inscrição no registro do comércio.

O elemento definitivo de integração do disposto nos artigos 966, 967 e 971 vem expresso no art. 970: *"A lei assegurará tratamento* ***favorecido, diferenciado e simplificado ao empresário rural*** *e ao pequeno empresário, quanto à inscrição e aos efeitos daí decorrentes."*. Mesmo que se possa alegar que se trata de dispositivo programático – o que é verdade – o artigo 970 deixa claro que a chave de interpretação do regime excepcional do empresário rural é seu tratamento favorecido. Assim como o faz o Estatuto da Terra e a legislação fiscal, o art. 970 reconhece a situação de especial vulnerabilidade do produtor rural e sua importância na geração de riquezas para o país ao definir objetivamente que seu tratamento será sempre favorecido.

Dai porque parece contraditório pretender interpretar dispositivos criados para proporcionar um regime mais "favorecido, diferenciado e simplificado" como fundamento para impedir o acesso à recuperação judicial.

É neste ponto que volto ao conteúdo do caput do art. 48 apara avaliar o pressuposto de que o devedor, *"...no momento do pedido,* ***exerça regular-***

agricultável do imóvel segundo padrões fixados, pública e previamente, pelo Poder Executivo. Para esse fim, equiparam-se às áreas cultivadas, as pastagens, as matas naturais e artificiais e as áreas ocupadas com benfeitorias;"

[16] Lei nº 9.250/1995: *"Art. 19. O resultado positivo obtido na exploração da atividade rural pela pessoa física poderá ser compensado com prejuízos apurados em anos-calendário anterior."*

[17] Decreto nº 9580/2018.

[18] Lei nº 9.250/1995, art. 19, § único.

***mente suas atividades** há mais de 2 (dois) anos*" no caso do produtor rural individual. Recordo, com Manoel Justino Bezerra Filho[19], que a redação do art.48 tem inspiração no art. 158 do antigo Decreto Lei 7.661/1945, que estabelecia dentre os pressupostos para a concessão da concordata, que o devedor deveria "*... **exercer regularmente o comércio** há mais de dois anos;*"[20]. Mas com ele não se confunde.

No regime anterior, o pressuposto era a comprovação de "exercício regular **do comércio**", enquanto na LRF é o "exercício **regular das atividades**". Há uma clara mudança nos valores protegidos. Enquanto antes era o período de registro que importava, atualmente a preocupação é disponibilizar a ferramenta da recuperação judicial ao empresário que tenha demonstrado certa estabilidade da atividade que exerce, de modo a permitir a criação da mais valia que justifica a incidência do regime excepcional de reorganização[21]. De toda forma, qualquer que seja a interpretação que se dê ao conteúdo do caput do art. 48, ele não pode servir para afastar a possibilidade de um produtor rural devidamente inscrito no registro do comércio pedir recuperação judicial seja porque (i) como visto, não há dúvidas de que o exercício da atividade rural antes da inscrição constitui empresa (art. 966) e não pode ser considerado irregular (art. 971); (ii) qualquer outra interpretação que se dê utilizará em seu prejuízo os dispositivos criados para sua proteção, o que afronta diretamente o disposto no art. 970; ou ainda (iii) tal entendimento pressupõe uma visão da recuperação judicial como "favor legal", como se fosse um benefício pessoal e exclusivo do devedor, o que voltarei a explorar mais à frente.

De se notar que a LRF é posterior ao Código Civil, pelo que seu conteúdo já terá levado em consideração o disposto no art. 970. Reforça essa

[19] A Recuperação Judicial do Empresário Rural. Valor Econômico, 29.03.2019, disponível em https://www.valor.com.br/legislacao/6187653/recuperacao-judicial-do-empresario-rural.

[20] Decreto Lei 7661/45. Art. 158. Não ocorrendo os impedimentos enumerados no art. 140, cumpre ao devedor satisfazer as seguintes condições: I – exercer regularmente o comércio há mais de dois anos;

[21] "*O prazo de dois anos seria imposto como requisito para demonstrar a aptidão do empresário para o exercício da atividade, pois os resultados de determinada atividade não são imediatos e somente começam a aparecer após algum tempo. Referido período, longe de apenas afastar a irregularidade, assegura que a recuperanda tenha atividade empresarial já estabilizada em seu meio social e que tenha assegurado tempo suficiente para o empresário ter reunido o conhecimento imprescindível para o seu desenvolvimento.* SACRAMONE, Marcelo B. Comentários à lei de recuperação de empresas e falência / Marcelo Barbosa Sacramone. – São Paulo: Saraiva Educação, 2018.

percepção o fato de que, ao listar os meios disponibilizados ao devedor para solução de sua crise por meio de recuperação judicial, a LRF em seu art. 50, inciso XII, faz expressa referência aos *"contratos de crédito rural"* [22] explicitando a preocupação em disponibilizar os mecanismos de reorganização aos exercentes de atividade rural.

Não surpreende que na III Jornada de Direito Comercial promovida pelo Conselho da Justiça Federal (CJF) em Brasília, em 6 e 7 de junho de 2019, tenha sido aprovado o enunciado 97 que trata especificamente desse assunto, em conformidade com o que foi aqui explorado ate agora: *"ENUNCIADO 97 – O produtor rural, pessoa natural ou jurídica, na ocasião do pedido de recuperação judicial, não precisa estar inscrito há mais de dois anos no Registro Público de Empresas Mercantis, bastando a demonstração de exercício de atividade rural por esse período e a comprovação da inscrição anterior ao pedido".*

Logo, uma vez inscrito no Registro do Comércio, ao empresário individual competirá a comprovação dos dois anos de atividade regular (exercida anteriormente ao registro) por qualquer dos meios de prova admitidos em direito. O parágrafo segundo do art. 48 oferece uma alternativa ao permitir ao produtor rural pessoa jurídica que demonstre o decurso dos dois anos a partir da documentação fiscal (atualmente, escrituração contábil fiscal). O mesmo pode ser feito pelo produtor rural individual. No período em que exerceu sua atividade, terá mantido livros, registros, emitido notas, contratado a compra de insumos, etc. Poderá aproveitar-se de qualquer deles – ou de alguma combinação – para sustentar sua afirmação de que exerce regularmente a atividade por mais de 2 anos.

Diante da clareza dos elementos que levam à conclusão da empresarialidade da atividade rural e sua regularidade mesmo antes da inscrição, retomo minhas primeiras observações para refletir que talvez, por trás da reticência de aplicação do regime da recuperação judicial ao produtor rural esteja um certo resquício de interpretação baseada nos valores da concordata. Quer me parecer que os argumentos contrários partem do pressuposto – equivocado e ultrapassado a meu sentir – de que a recuperação judicial representa um "prêmio" ao empresário que tiver superado a barreira dos dois anos de inscrição. Seria um novo "favor legal", submetido à mesma lógica da concordata, para o qual o decurso do tempo de ins-

[22] *XII – equalização de encargos financeiros relativos a débitos de qualquer natureza, tendo como termo inicial a data da distribuição do pedido de recuperação judicial, aplicando-se* ***inclusive aos contratos de crédito rural****, sem prejuízo do disposto em legislação específica;*

crição faria surgir o direito – quase potestativo – do empresário de impor um "calote" a seus credores.

Mas a recuperação judicial está calcada em outros princípios e valores. A reorganização via recuperação judicial não se dá em "benefício" do devedor, mas da empresa, de seus credores e dos terceiros envolvidos. É o país que ganha com a preservação de riqueza representada pelo sobrevalor da empresa viável em atividade e pela manutenção de empregos e de relações negociais.

1.1. TODOS OS CRÉDITOS DO PRODUTOR RURAL INDIVIDUAL, AINDA QUE RECENTEMENTE INSCRITO, SUBMETEM-SE À RECUPERAÇÃO JUDICIAL

Antes ou depois da inscrição, o produtor rural pessoa natural é um empresário individual. O registro simplesmente atrai para o produtor rural o regime jurídico próprio, como mencionado. Mas não cria uma nova personalidade jurídica, nem possibilita segregação patrimonial. Da inscrição da pessoa natural para exercício da empresa não surge um novo sujeito de direito (como ocorre com o regular arquivamento do contrato social constitutivo, que efetivamente cria uma nova pessoa de direito, conforme art.45 do Código Civil). O empresário individual exerce pessoalmente a empresa. Seu nome passa então a compor a "firma", a designação por meio da qual o empresário se fará apresentar, nos termos do art. 1156 do Código Civil: ***"O empresário opera sob firma constituída por seu nome,*** *completo ou abreviado, aditando-lhe, se quiser, designação mais precisa da sua pessoa ou do gênero de atividade".*

Logo, a "firma individual" – que é o próprio nome do empresário – não representa pessoa jurídica nem tampouco sujeito de direito[23]. Um empre-

[23] *A expressão "firma individual" tem sido utilizada como sinônimo de "empresário individual". Essa identificação parece-me aceitável, já que todo empresário individual possui uma assinatura peculiar que o identifica ã testa de seus negócios. No entanto, a partir dessa equiparação, houve quem passasse a dizer que a firma individual é uma pessoa jurídica. Isso não é verdade, porque, na concepção do ordenamento jurídico pátrio, pessoa jurídica é um ente que se comporta perante o direito como se fosse uma pessoa natural; daí se lhe reconhecer ou se lhe atribuir personalidade. Parece-me oportuno insistir nisso, que já destaquei noutros escritos (e reproduzo o que está no Manual de direito comercial, n. 81, p. 174-175), pois a confusão continua grassando entre os estudiosos afeitos a outros ramos do direito.* ***O empresário individual é uma só pessoa tanto em família como à frente de seus negócios.*** *Quem age é ele e não um ente por ele, sujeito de direitos ou obrigações diversas. Aliás, o Código Civil, nos arts. 41 a 44 de modo taxativo, enumera as pessoas juridicas, neles não figurando qualquer referência à firma individual. Há, inclusive,*

sário individual inscrito não se confunde com "sócio", assim como a firma individual (que é seu nome, sua designação profissional) não se pode confundir com "sociedade", com "pessoa jurídica", ou mesmo com "empresa" (no sentido subjetivo em que é comumente utilizado). Antes e depois da inscrição, é o patrimônio único, como atributo da personalidade jurídica do empresário individual, que continua a centralizar os bens e relações jurídicas[24] referentes tanto à atividade empresária como a todos os outros aspectos de sua vida civil[25].

um cuidado especial em separar as sociedades personificadas das não personificadas no Livro II da sua Parte Especial, para enfatizar o caráter atributivo da personalidade abraçado pelo legislador brasileiro." (GONÇALVES NETO, Alfredo de Assis. *Direito de Empresa*. RT, 2007, p.614)
"A exploração de atividade econômica por uma pessoa física é possível. Normalmente, a atividade será de modesta dimensão, com pouquíssimos ou nenhum empregado, faturamento diminuto, pequena importância para a economia local. ***Se não for informal — traço, aliás, comum na hipótese —, o empresário pessoa física terá registro na Junta Comercial e nos cadastros de contribuintes como firma individual. Note- se que esta é apenas uma espécie de nome empresarial e não representa nenhum mecanismo de personalização ou separação patrimonial.*** *O empresário individual, ao providenciar os registros obrigatórios por lei,* ***não está constituindo um novo sujeito de direito,*** *com autonomia jurídica, mas simplesmente regularizando a exploração de atividade econômica. (...) É necessário, contudo, ressaltar que* ***a firma individual não é sujeito de direito, mas categoria de nome empresarial.*** *O sujeito — isto é, o credor, devedor, contratante, demandante, demandado, falido etc. — será sempre a pessoa física do empresário individual, identificado pela firma que levou a registro.* ***É erro técnico grosseiro dizer, por exemplo, que foi decretada a falência da firma individual ou propor ação judicial contra a firma individual e pretender distinguir bens da firma.*** *Como não se trata de sujeito de direito, mas simples categoria registrária, a firma não contrata, não pode falir, demandar ou ser demandada, titularizar domínio ou posse sobre coisas, nem exercer qualquer atributo próprio das pessoas ou dos entes despersonalizados."* (grifei). COELHO. Fábio U. *Comentários à Lei de Falências e de recuperação de empresas*. Saraiva, 2013, pp.463-463

[24] *Empresário individual.* ***Patrimônio da pessoa física que se confunde com o da firma individual.*** *Desnecessidade de desconsideração da personalidade jurídica que no caso inexiste. Constrição que pode atingir o patrimônio da pessoa. Decisão mantida. Recurso improvido.* (TJ-SP – AI: 21105807320178260000 SP 2110580-73.2017.8.26.0000, Relator: Ruy Coppola, Data de Julgamento: 06/07/2017, 32ª Câmara de Direito Privado, Data de Publicação: 07/07/2017)

[25] ***As pessoas jurídicas de direito privado são só aquelas enumeradas no art. 44 do Cód. Civil, entre as quais não se encontra o empresário individual. O Direito pátrio não admite sociedades unipessoais; no mínimo a sociedade precisa ter dois sócios. Assim sendo, há apenas uma personalidade: a do titular.*** *Para fins de tributação é que a lei faz distinção entre o empresário individual e sua empresa, o que nada tem a ver com personalidade jurídica. (...)* ***O patrimônio de sua empresa se confunde com o dele próprio****, pelo que é alcançável pela penhora em execução da qual seja ele executado.*(TJSP – AI: 20788472620168260000 SP 2078847-26.2016.8.26.0000, Relator: Silveira Paulilo, Data de Julgamento: 24/05/2016, 21ª Câmara de Direito Privado, Data de Publicação: 24/05/2016); *AGRAVO DE INSTRUMENTO. LEGITIMIDADE ATIVA.*

É claro que essa confusão decorrente da inexistência de segregação entre bens, direitos, obrigações e responsabilidades do titular como empresário individual e como cidadão é antiquada e ineficiente. Justamente por isso que o exercício da atividade como empresário individual é geralmente atribuído a pequenos empreendimentos. A sofisticação do empreendimento tende a demandar alguma segregação patrimonial que possibilite a implementação de regras de organização e governança, por mais precárias que sejam. É preciso investigar as razões pelas quais, por vezes, isso não ocorre no mundo do agro. Porque é isso que gera a perplexidade inicial de uma posição menos refletida. Não surpreende que um ambulante responda com seu patrimônio pelos custos dos produtos que revende, pelas despesas de farmácia de seus filhos e pelo aluguel da casa em que mora. Mas algo soa estranho quando se afirma que um empresário rural individual que movimenta milhões de reais por ano responde com seu patrimônio tanto pelas dívidas com insumos usados na sua propriedade e com tributos decorrentes das suas vendas, como pelos alimentos devidos à sua ex-esposa e pelas despesas da sua casa de praia.

O fato é que não há dúvidas de que todo empresário individual, inscrito ou não, regular ou irregular, que movimente parcos recursos ou verdadeiras fortunas, responde pessoalmente, com todos seus bens e direitos, por todas as suas dívidas, tenham elas sido contraídas no curso regular de sua atividade ou não, antes ou depois da inscrição. E como empresário que é, nos termos do art. 1º da LRF, em caso de insolvência (caracterizada pela impontualidade, execução frustrada ou prática de atos falimentares – art. 94), estará sujeito à decretação de sua falência.

A falência é concurso universal de credores. Isso significa em caso de falência do empresário individual, TODOS os seus débitos – mesmo os não referentes à atividade empresária e os anteriores ao registro – serão verifi-

EMPRESA INDIVIDUAL. PESSOA FÍSICA. ***O patrimônio da firma individual confunde-se com o patrimônio particular da pessoa física do seu titular.***" (TJRS. RAI Nº 70057598245, Décima Segunda Câmara Cível, Relator: Mário Crespo Brum, Julgado em 02.12.20); ***"EMPRESA INDIVIDUAL E PESSOA FÍSICA – PATRIMÔNIO COMUM – INEXISTÊNCIA DE PERSONALIDADES JURÍDICAS DISTINTAS*** *– DEFESA DE DIREITOS – LEGITIMIDADE CONJUNTA – SENTENÇA REFORMADA – APELO PROVIDO.* ***A pessoa física detém legitimidade para defesa dos direitos de empresa individual de que é titular, pois possui o mesmo patrimônio.****' (TJPR – 15ª C.Cível – AI – 891642-5 – Foro Central da Comarca da Região Metropolitana de Curitiba – Rel.: Luiz Carlos Gabardo – Unânime – - J. 04.07.2012)"* (TJPR. RAC nº 1286005-8, – 7ª Câmara Cível. Rel.: Luiz Antônio Barry. J. em: 10.03.2015).

cados, ordenados e pagos na medida das forças da massa[26]. Coerentemente, conforme arts. 22, III, *f* e 108 da LRF, na falência devem ser arrecadados TODOS os bens penhoráveis do falido, que passarão a compor a massa falida objetiva[27], submetendo-se à administração do(a) administrador(a) judicial. A ele/ela competirá liquidar os bens da massa (vendê-los) e com o valor obtido pagar os credores de acordo com as preferências estabelecidas em lei. Logo, a falência é por essência excludente de qualquer outra modalidade de liquidação ou concurso.

A recuperação judicial é uma alternativa à falência. Não se pode pensar em recuperação judicial sem ter por referência a falência. Não há "improcedência" do pedido de recuperação judicial: salvo na hipótese improvável de uma Assembleia Geral de Credores que aprove uma desistência por parte do devedor, uma vez deferido seu processamento, ou bem o plano é aprovado pelos credores e homologado, ou a falência do devedor deve ser decretada. A possibilidade de decretação da falência do devedor "está na mesa para ser avaliada" pelos credores desde o primeiro momento do procedimento da recuperação judicial. Tanto é que, à exceção dos créditos

[26] "*Agravo de Instrumento. Pedido de falência.* ***Empresário individual que é a própria pessoa física. Confusão patrimonial. Titular da empresa que responde com todos os seus bens pelas dívidas contraídas em nome da empresa.*** *Falecimento. Legitimidade do espólio ou, na falta de inventário, dos herdeiros. Ilegitimidade passiva de pessoa jurídica que não tem qualquer relação obrigacional com a autora. Recurso improvido.*" (TJ-SP – AI: 2276277820128260000 SP 0227627-78.2012.8.26.0000, Relator: Maia da Cunha, Data de Julgamento: 13/11/2012, 1ª Câmara Reservada de Direito Empresarial, Data de Publicação: 15/11/2012)

"***O empresário individual é a própria pessoa física que exerce atividade empresarial (art. 966 do Código Civil), não assumindo personalidade jurídica autônoma. Diante desta confusão, inexiste distinção de patrimônios, devendo a pessoa física responder com todos os seus bens, envolvidos ou não na atividade econômica, pelas dívidas contraídas em nome da empresa.*** *Ressalte-se que o fato de o empresário individual ter registro na Junta Comercial e nos cadastros de contribuintes "não representa ...nenhum mecanismo de personalização ou separação patrimonial.*"(TJ-SP – AG: 2276277820128260000 SP 0227627-78.2012.8.26.0000, Relator: Maia da Cunha, Data de Julgamento: 13/11/2012, 1ª Câmara Reservada de Direito Empresarial, Data de Publicação: 15/11/2012)

[27] "*Pela arrecadação, o administrador judicial toma posse dos bens do falido. A arrecadação dos bens permite a formação da chamada Massa Falida objetiva, conjunto de bens do falido e que serão destinados à liquidação para a satisfação dos credores.*" (SACRAMONE. Marcelo. Comentários à Lei de Recuperação de Empresas e Falência. Saraiva, 2018); "*... a falência pode ser considerada uma grande execução, na qual se pretende arrecadar todos os bens do devedor para pagar todos os credores.*" (BEZERRA FILHO, Manoel Justino. Nova Lei de Recuperação Judicial e Falências Comentada. RT, 2013, p.92)

fiscais, os pesos dos créditos na aprovação do plano e no acesso aos bens do devedor baliza-se por sua classificação na falência[28].

De acordo com o art. 49 da LRF "*...**todos** os créditos existentes na data do pedido, ainda que não vencidos*" estão sujeitos à recuperação judicial. As únicas exceções são dispostas pela própria LRF: credores proprietários, créditos ilíquidos, créditos fiscais, etc. Todos os créditos contra o devedor, sujeitos ou não, são expressamente referidos pela lei porque em caso de falência, como procedimento concursal universal, TODOS terão tratamento específico. Não há restrição quanto à submissão à recuperação judicial de créditos constituídos no exercício da atividade empresária. Assim como nada impede que se peça a decretação de falência do devedor com base em dívida não empresarial[29]. A LRF, coerentemente, não distingue créditos por sua finalidade.

Também não procede o argumento de que créditos anteriores à inscrição não estariam sujeitos. Todos os créditos estão sujeitos ao concurso na falência mesmo se o devedor empresário nunca efetivar qualquer inscrição para regularização de sua atividade empresarial. E, como visto, não há como manter-se uma assimetria entre créditos submetidos à recuperação judicial e à falência porque são procedimentos que se relacionam, ao ponto da análise dos desdobramentos da eventual falência do devedor ser decisiva na manifestação de aprovação ou não de plano por credor. Nesse mesmo sentido também foi a conclusão dos juristas reunidos na III Jornada de Direito Comercial promovida pelo Conselho da Justiça Federal (CJF), que aprovaram quase que por unanimidade o enunciado 96: *"A recuperação judicial do empresário rural, pessoa natural ou jurídica, sujeita todos os créditos existentes na data do pedido, inclusive os anteriores à data da inscrição no Registro Público de Empresas Mercantis."*.

[28] No direito norte-americano essa correlação vem explicitada na imposição do *APR – absolute priority rule*, que impede, mesmo na reorganização, que um credor seja satisfeito em melhores condições do que outro que teria prioridade na falência. (BAIRD, D. G., & JACKSON, T. H. (1988). Bargaining after the fall and the contours of the absolute priority rule. *The University of Chicago Law Review*, 738-789); SCHWARTZ, A. (1994). The Absolute Priority Rule and the Firm's Investment Policy. *Wash. ULQ*, *72*, 1213.

[29] "*...a legitimidade* [para o pedido de falência do empresário ou da sociedade empresária] *toca aos credores empresários, aos credores civis, aos residentes no país ou no exterior.*" (TOMAZETTE, Marlon. *Falência e recuperação de empresas – Coleção Curso de direito empresarial* – v. 3 –Saraiva Educação, 2020)

Por fim, também descarto o argumento de que o registro do empresário rural individual com o imediato ajuizamento de pedido de recuperação judicial violaria o princípio da boa fé (art. 422 do Código Civil). Primeiramente, não creio que a recuperação judicial possa ser vista como a oportunidade oferecida pelo sistema jurídico para que o devedor imponha um "calote" em seus credores. A alegação de que se soubesse da possibilidade de recuperação judicial o credor teria precificado de modo diverso o contrato celebrado parece-me pouco científica. Apesar do regime de falência no Brasil não primar pela eficiência[30] não há qualquer fundamento para imaginar-se que a alternativa para não empresários (o vetusto procedimento de insolvência civil) seja melhor, sob qualquer aspecto. Diante da situação de crise e iminente insolvência do produtor rural, a falência ainda parece oferecer a melhor solução, e a recuperação judicial é uma alternativa a ser aprovada pelos credores se e quando entenderem ser mais vantajosa. Refuto, como já fiz outras vezes, que, se aplicada corretamente, a LRF, em especial a recuperação judicial, possa impor aos credores "sacrifícios" aos quais eles já não estivessem submetidos antes, pela penúria financeira do devedor. A insolvência tem como pressuposto a insuficiência dos recursos do devedor para sanar todos os seus débitos. Como situação de fato, existe independentemente do reconhecimento judicial. Logo, se o devedor estiver insolvente por conta da sua crise econômico/financeira, o credor já não terá a expectativa de recebimento de seu crédito da forma como contratado, razão pela qual o reconhecimento desse fato num plano de recuperação judicial que pressuponha deságio ou desconto não implica em sacrifício, mas na consolidação de uma situação pré-existente.

Por outro lado, se o agente econômico não empresário, depois da contratação, decidisse submeter-se ao regime empresarial adotando a estrutura de sociedade anônima, por exemplo, e depois de dois anos, em vista de dificuldades, optasse pelo pedido de recuperação judicial, dificilmente o argumento seria levantado, ainda que a situação seja, em essência, a mesma. E trata-se de circunstância que, como visto, é expressamente prevista pelo menos desde a década de 40 do século passado, sem que nunca se tenha sequer considerado a hipótese de que uma tal decisão violaria a boa-fé dos contratantes.

[30] Como confirma o Banco Mundial no estudo anual *Doing Business* (https://www.doingbusiness.org/).

CONCLUSÕES

Pelo regime peculiar que lhes atribui o Código Civil, os empresários rurais exercem regularmente atividade empresária mesmo sem inscrição porque a eles, por força do art. 971, não se aplica a previsão de obrigatoriedade de prévio registro prevista no art. 967. Só que enquanto não estiverem inscritos, não se submeterão ao regime ordinário dos empresários, e nesse sentido, nos termos da Lei 11.101/2005, não estarão sujeitos à falência nem poderão requer recuperação judicial. Uma vez inscritos, imediatamente legitimam-se para o pedido de recuperação judicial, mas deverão comprovar que já vinham exercendo a atividade rural – regularmente, ainda que fora do regime empresarial – por pelo menos 2 anos, a fim de satisfazer o requisito objetivo do art. 48 da LRF. Para tanto poderão usar os meios de prova em direito admitidos. Nessa situação, é irrelevante se sua inscrição tem caráter constitutivo ou declaratório porque o que deve ser comprovada é a regularidade da atividade, mesmo que não empresária, nos termos do caput do art. 48 da LRF. A interpretação restritiva do *caput* do art. 48 da LRF é (i) contrária ao comando do art. 970 do Código Civil; e (ii) toma a recuperação judicial – que tem por objetivo preservar valor com a preservação da empresa viável, da sua função social e dos interesses de todos aqueles ligados à atividade empresária – como se ainda fosse um "favor legal".

Assegurada a legitimidade do produtor rural individual para requerimento da recuperação judicial, mesmo que imediatamente após a inscrição, cabe notar que todos os créditos contra ele, sejam decorrentes da atividade empresária ou não, sejam anteriores ou posteriores ao registro, sejam de grande ou pequena monta, estão sujeitos a concurso na sua eventual falência, e submetidos à recuperação judicial nos termos do art. 49 da LRE. A inscrição não cria nova personalidade jurídica, nem patrimônio separado, de tal forma que, como qualquer empresário individual, todos os seus bens, direitos, obrigações e responsabilidades vinculam-se à pessoa natural do empresário individual. Nas sábias palavras de Alfredo de Assis Gonçalves Neto, "*o empresário individual é uma só pessoa, tanto em família como à frente dos seus negócios*". A "firma individual" como referida pelo Código Civil no art., 1.156, é designação do empresário, e não pode ser confundida com pessoa jurídica ou sujeito de direito.

Não obstante as conclusões acima, a situação envolvendo o produtor rural individual convida a uma reflexão mais profunda. O receio dos credores de verem-se submetidos ao procedimento é um importante sinalizador de que não se enxergam com clareza na recuperação judicial de hoje os fundamentos que levaram à consagração do instituto em todo mundo. Talvez seja hora de refletir se a banalização da consolidação substancial, a tendência a possibilitar a desconstituição de garantias reais e fidejussórias, a insuficiência de investigação, perseguição e punição de comportamentos fraudulentos e, muitas vezes, caracterizadores de crimes no âmbito das recuperações judiciais, a burocracia que inviabiliza soluções melhores na falência, e tantos outros aspectos que poderiam ser aqui listados, não estariam nos afastando de um ambiente mais seguro e eficiente em matéria de tratamento de empresas em crise. Por outro lado, uma tamanha mobilização, como se tem visto, das corporações para evitar submeter-se à recuperação judicial oferece indícios de que talvez a peculiar situação de atividades empresariais rurais de grande vulto concentradas nas mãos de pessoas naturais, sem maiores preocupações com escrituração, transparência e governança não seja tão excepcional assim – apesar de inequivocamente na contramão das tendências em exploração econômica. E nesse caso, é preciso investigar as razões de uma tal distorção – que certamente não decorrem nem da legislação empresarial nem, mais especificamente, do regime de tratamento da insolvência.

22
TELEMEDICINA: RESPONSABILIDADE QUE SE ASSUME À DISTÂNCIA

Gilberto Bergstein

INTRODUÇÃO

A evolução da relação médico paciente sempre esteve bastante ligada ao desenvolvimento da tecnologia, que foi responsável por modificar a forma como a Medicina é compreendida e praticada ao longo dos anos. Os avanços, entretanto, implicam em questões ético-jurídicas nunca imaginadas que, por consequência lógica dos danos eventualmente causados, sempre resultarão em reflexos importantes no sistema da responsabilidade civil.

1. TELEMEDICINA: A TECNOLOGIA COMO TERCEIRO COMPONENTE DA RELAÇÃO

A telemedicina[1], definida ao longo dos anos de diversas formas[2], consiste na "prestação de serviços de saúde por meio de tecnologias da informação e da comunicação, em que o profissional de saúde e o paciente não estão

[1] Existem diversas outras terminologias, como, telessaúde, *telehealth*, *eHealth*, e-Saúde, *MHealth*, *eCare*, *Telecare*, *Mobile Health* etc. Não há consenso a respeito inclusive sobre seus significados, que foram se modificando ao longo do tempo para abranger outras áreas da saúde e os diversos tipos de tecnologia.

[2] Vide 51 definições para Telemedicina no Anexo I de: Garcia, Lara Rocha; Valente, Silvio Eduardo. *Telemedicina, Telessaúde e e-saúde: conceitos, desafios e oportunidades.* In: Scalquette, Ana Cláudia S.; Scalquette, Rodrigo Arnoni. (Coord.); Bergstein, Gilberto; Silva, Anna Paula Soares da. (Org.). Biotecnologia, biodireito e saúde: novas fronteiras da ciência jurídica. Vol. 2. 1. ed. Indaiatuba: Foco, 2019.

presentes fisicamente no mesmo local"[3] objetivando, assim, intervenções, diagnósticos e tratamentos à distância.

Nesse contexto, desde meados do século XX se faz uso de tecnologias e, posteriormente da informática, destinadas às atividades sanitárias a fim de promover a prevenção de doenças e sua cura entre pessoas distantes fisicamente, e que teve início com a utilização do telefone e do telégrafo[4]. Além disso, o que atualmente se entende por telemedicina vem sendo estudado desde década de 60[5], havendo disposições a respeito em diplomas internacionais desde a década de 90[6].

É assente que o marco fundamental na história da Telemedicina foi a Declaração de Tel Aviv (1999), alicerce para a criação de outros importantes documentos que lhe seguiram[7]. O diploma, atual mesmo decorridos 20 anos, já dispôs acerca das responsabilidades médicas, normas éticas e tratou, ainda, de algumas modalidades, como a teleassistência (assistência à paciente geograficamente isolado); a teleconsulta (consulta entre médico e paciente realizada por telecomunicação); o telemonitoramento); e a teleinterconsulta (interação entre médicos, com um deles à distância).

Ainda, com a evolução da tecnologia, foram reconhecidas outras modalidades de prática da Medicina à distância, como a teleconferência, teletriagem, telerradiologia, telepatologia, telediagnóstico, teleorientação, telecirurgia, teleatendimento, teleconsultoria, teleintervenção, dentre outras. Além disso, a tecnologia foi capaz de trazer para a prática médica diversos recursos facilitadores, como o prontuário eletrônico, os sistemas

[3] PEREIRA, Alexandre Libório Dias. *Telemedicina e Farmácia Online: Aspetos Jurídicos da Ehealth.* Disponível em: [https://portal.oa.pt/upl/%7B79eff4f2-f05c-497e-9737-ca05830cc360%7D.pdf]. Acesso em: 20 de jul. 2020.

[4] SCHAEFER, Fernanda; GODIM, Glenda Gonçalves. *Telemedicina e Lei Geral de Proteção de Dados Pessoais.* In: ROSENVALD, Nelson; MENEZES, Joyceane Bezerra de; DADALTO, Luciana (Coord.). Responsabilidade civil e Medicina. 9. ed. Indaiatuba: Foco, 2020, p. 188-189.

[5] WEN, Chao Lung. *Telemedicina e Telessaúde: Inovação e Sustentabilidade. As experiências da disciplina de Telemedicina (DTM) da Faculdade de Medicina da Universidade de São Paulo.* Disponível em: [http://www.telessaude.uerj.br/resource/goldbook/pdf/5.pdf]. Acesso em: 19 de jul. de 2020.

[6] GARCIA, Lara Rocha; VALENTE, Silvio Eduardo. *Op. Cit.*, p. 149.

[7] No âmbito internacional citamos as Resoluções WHA 58.28 (2005 – sobre telessaúde), 66.24 (2013 – sobre e-Saúde, padronização e interoperabilidade) e 71.7 (2018 – sobre saúde Digital) aprovadas pela OMS, além disso, outros diplomas como a Declaração de Nova Delhi (2009) e a Declaração de Moscou (2015).

de suporte à decisão do paciente, os softwares de gestão e acompanhamento, os serviços de prescrição eletrônica e recursos de estudo, como bibliografia e educação continuada para médicos[8].

Nesse aspecto, além da utilização de tecnologias como Big Data, Blockchain e Inteligência Artificial, é interessante abordar a *Mhealth*, modalidade da telemedicina que tem como pressuposto os *mobiles* voltados à saúde, que se utilizam de recursos como gravação de voz e vídeo, GPS, Internet, Bluetooth, Wireless e NFC (*near field communication*). Os dispositivos, denominados *wearable technologies* são incorporados ao vestuário do utilizador, implantados no corpo ou usados como acessórios[9], como é o caso dos já muito popularizados *smartwatches*.

Com efeito, para muito além da troca de informações instantânea, verifica-se a necessidade da utilização da telemedicina, que proporciona inúmeras vantagens, como o amplo acesso à saúde, a assistência imediata de pacientes hipervulneráveis, bem como a prevenção de doenças e a promoção da educação da sociedade como um todo[10].

2. BRASIL: DESENVOLVIMENTO, NORMAS JURÍDICAS E O ESTADO DA ARTE

O debate sobre a Telemedicina no Brasil não é recente, sabe-se que já em 1997 o Conselho Federal de Medicina (CFM), por meio do Parecer nº 31/97, reconheceu a possibilidade do que na época foi chamado de assessoria técnica, caracterizada pela situação na qual o médico exerce a Medicina por meio de plantão telefônico em casos de urgência ou emergência ocorridas em embarcações ou plataformas. Além disso, neste mesmo ano a Faculdade de Medicina da USP criava a primeira disciplina de Telemedicina do Brasil[11] e alguns anos depois, em 2002, surgia o Conselho Brasileiro

[8] GARCIA, Lara Rocha; VALENTE, Silvio Eduardo. *Op. Cit.*, p. 153-154.

[9] FERNANDES, Daniel de Senna. *MHealth e Smart Contracts: uma relação possível à luz do regulamento geral sobre proteção de dados?* In: Saúde, Novas Tecnologias e Responsabilidade Nos 30 anos do Centro de Direito Biomédico. Cadernos da Lex Medicinae, n. 4, vol. II, Coimbra, 2019, p. 145-146.

[10] GUERRA, Alexandre. *Responsabilidade civil e telemedicina*. In: ROSENVALD, Nelson; MENEZES, Joyceane Bezerra de; DADALTO, Luciana (Coord.). Responsabilidade civil e Medicina. 9. ed. Indaiatuba: Foco, 2020, p. 146.

[11] WEN, Chao Lung. *Telemedicina e Telessaúde: Inovação e Sustentabilidade. As experiências da disciplina de Telemedicina (DTM) da Faculdade de Medicina da Universidade de São Paulo.* Disponível em: [http://www.telessaude.uerj.br/resource/goldbook/pdf/5.pdf]. Acesso em: 19 de jul. de 2020.

de Telemedicina e Telessaúde, com a finalidade de promover o desenvolvimento do tema no Brasil.

Nesse interim, por meio das Resoluções CFM nºs 1638/02 e 1639/02, atualmente revogadas pela Resolução CFM nº 1821/07, o CFM reconheceu a possibilidade e regulamentou a implementação do prontuário eletrônico e, ato contínuo, com a Resolução nº 1643/02, posteriormente revogada e reestabelecida, conforme abordado adiante, reconheceu a possibilidade da prestação de serviços por meio da telemedicina.Destaca-se, nesse sentido, que a Resolução sobre a Telemedicina sempre foi vista pelos profissionais médicos como insuficiente, haja vista que os sete artigos que a compõem não possuíam o condão de abranger toda a amplitude do tema.

A evolução da matéria no Brasil, embora pouco discutida judicialmente, chegou até o Superior Tribunal de Justiça que, no julgamento do HC nº 82.742/MG, reconheceu que a prática da telemedicina era atípica. Interessante destacar que na análise da conduta, a Relatora entendeu que, embora para leigos pareça essencial que o médico esteja no hospital fisicamente, não é possível fechar os olhos para as disposições que disciplinam a atuação médica, como a Resolução CFM nº 1643/02 e a Declaração de Tel Aviv, que permitem ao médico orientar à distância outros médicos que, *in loco*, implementam o tratamento. Posteriormente, a prática da Telerradiologia foi regulada pela Resolução CFM nº 1890/09, atualmente revogada pela Resolução nº 2107/14, essa última muito mais ampla, especialmente quanto à responsabilidade do profissional e, além disso, determinando a proibição dessa prática em procedimentos intervencionistas e exames ultrassonográficos.

Por outro lado, sempre houve bastante discussão e até mesmo receio sobre a efetiva implantação da telemedicina, reveladas em diversas manifestações do CFM[12] que, apenas em 2018, publicou a Resolução CFM nº

[12] Cite-se como exemplos: (i) o art. 1º da Resolução CFM nº 1958/10, que inclui no conceito de consulta médica o exame físico; (ii) o art. 3º, j, da Resolução CFM nº 1974/11, que veda a consultoria em substituição à consulta médica presencial; (iii) o parecer CFM nº 14/2017 que reconheceu a possibilidade da utilização do *WhatsApp* ou outras plataformas similares, vedando expressamente que essa forma de atendimento substituísse consultas presenciais; e (iv) a Resolução CFM nº 2217/18, que aprovou o novo Código de Ética Médica e manteve a disposição do artigo 37, que veda ao médico consultar, diagnosticar ou prescrever tratamentos e/ou procedimentos sem exame direto do paciente, especialmente por meios de comunicação em massa, ressalvados os casos de urgência ou emergência.

2227/18[13], que definiria e disciplinaria a telemedicina. Contudo, em virtude do alto número de impugnações, em apenas um mês após sua publicação, a resolução foi revogada até que um novo texto fosse discutido e elaborado, reestabelecendo-se, por meio da Resolução CFM nº 2228/19, o disposto na Resolução 1643, de 2002, o que, não impediu, após alguns meses, o reconhecimento da prática de Telepatologia, por meio da Resolução CFM nº 2264/19.

Pouco depois, no início de 2020, foi declarada pela OMS a pandemia do novo coronavírus, sendo também reconhecido, estado de calamidade pelo governo brasileiro. A crise mundial de saúde instalada e a necessidade de distanciamento social, em razão da alta taxa de transmissibilidade da doença, trouxe necessidades nunca antes imaginadas e deixou clara a evidente necessidade da utilização da telemedicina.

Dessa forma, por meio do Oficio CFM nº 1756/20 o Conselho Federal de Medicina informou ao Ministério da Saúde que, em caráter de excepcionalidade, reconhecia a eticidade da utilização da telemedicina, para além do disposto na Resolução CFM nº 1643, incluindo-se, nesse sentido: a teleorientação[14], o telemonitoramento e a teleinterconsulta. Em razão disso, o Ministério da Saúde, por meio da Portaria nº 467/20, regulou a prática, em caráter excepcional e temporário, contemplando, segundo o disposto no art. 2º, o atendimento pré-clínico, o suporte assistencial, a consulta, o diagnóstico e monitoramento no âmbito do SUS e da saúde suplementar e privada[15].

Imediatamente, foi apresentado o Projeto de Lei nº 696/20 que, após um mês de discussão no Congresso Nacional, transformou-se na Lei Ordinária nº 13.989/20. Destaque-se que a mencionada lei autoriza o uso da telemedicina apenas enquanto durar a crise (art. 2º) e que, o artigo 6º, que previa a competência do CFM para regulamentar o tema, sofreu veto

[13] Mesmo assim, é possível verificar que, logo no início do texto, há a disposição de que a relação presencial não deve ser substituída, inclusive exigindo-se a existência de prévio estabelecimento de uma relação presencial no caso de teleconsulta. Destarte, o texto que substituiu a Resolução de 2002, disciplinou, ao longo dos 23 artigos, as modalidades, o sigilo e a importância do tratamento adequado de dados e informações, bem como a evidente necessidade do consentimento do paciente, especialmente quanto às limitações.

[14] Orientação e encaminhamento de pacientes à distância.

[15] A respeito da saúde suplementar, com base no entendimento das Notas Técnicas nºs 3 e 6, a ANS (Agência Nacional de Saúde Suplementar) determinou que os atendimentos médicos realizados por meio de telemedicina e telessaúde são de cobertura obrigatória pelos planos de saúde.

presidencial, considerando o entendimento que a telemedicina deverá ser regulada em lei, nos termos do art. 5º, incisos II e XIII, da Constituição.

3. RESPONSABILIDADE CIVIL E TELEMEDICINA: INFORMAÇÃO, PROTEÇÃO DE DADOS E TECNOLOGIA

Conforme demonstrado, a prática da telemedicina tornou-se primordial aos dias atuais, haja vista as diversas ferramentas com potencial ilimitado em termos de soluções em saúde. Contudo, para além da preocupação sobre a obediência aos princípios éticos e preservação da responsabilidade mútua, mesmo com a ingerência tecnológica na relação delicada e complexa que é a do médico e seu paciente[16], a tecnologia trouxe problemas e questões ético-jurídicas bastante complexas que a cada dia se transformam.

A título de exemplo, saliente-se estudo sobre a aplicação de novas tecnologias na reprodução humana artificial[17], no qual se levanta questões sobre a eticidade e os limites das novas tecnologias, que todos os dias surpreendem com úteros artificiais, *cyborgs*, xenotransplantação (uso de animais como doadores de válvulas para emprego em corações humanos), melhorias genéticas, design de bebês e o aprimoramento humano. Para melhor apresentar os eventuais problemas causados, sem qualquer intuito de encerrar o tema, tendo em vista as mais variadas formas de possíveis danos causados pela prática da telemedicina, classificaremos as eventuais falhas em *falhas de prestação e falhas de proteção*[18] que, conforme se verificará, poderão inclusive ocorrer concomitantemente.

3.1. FALHAS DE PROTEÇÃO

As falhas de proteção dizem respeito "à violação aos deveres de sigilo, transparência, informação, com desrespeito à autonomia do paciente, ao direito de consentir e de modo amplo à proteção de dados pessoais"[19].

[16] GUERRA, Alexandre. *Op. Cit.*, p. 151.

[17] Ver: GOZZO, Débora. *Novas tecnologias e a responsabilidade na reprodução humana artificial.* In: Saúde, Novas Tecnologias e Responsabilidade Nos 30 anos do Centro de Direito Biomédico. Cadernos da Lex Medicinae, n. 4, vol. II, Coimbra, 2019, p. 145-146.

[18] SCHULMAN, Gabriel. *Tecnologias de telemedicina, responsabilidade civil e dados sensíveis. O princípio ativo da proteção de dados pessoais do paciente e os efeitos colaterais do coronavírus.* In: MONTEIRO FILHO, Carlos Edson do Rêgo; NELSON, Rosenvald; DENSA, Roberta (Coord.). Coronavírus e responsabilidade civil: impactos contratuais e extracontratuais. Indaiatuba: Foco, 2020. p. 338.

[19] Idem.

Com efeito, a infração ao dever de informação causa dano, um dano de natureza moral decorrente da infração das garantias de informação e seu posterior consentimento. Esse dano deve ser indenizável *de per se* por causar violação a bem especialmente protegido pelo Direito: a autonomia do paciente (sua autodeterminação informativa) como corolário da dignidade da pessoa humana e do rol dos direitos da personalidade (saúde, vida e liberdade). É relevante salientar que não é apenas a quantidade, mas a qualidade da informação que possibilitará ao paciente apreender os dados sensíveis relativos à sua saúde, como alternativas de tratamentos, riscos e benefícios envolvidos e, a partir daí, tomar as decisões que correspondem à sua real e verdadeira vontade.

Nesse sentido, partindo-se do pressuposto que o dever de informar possui limites (sob pena de tornar o exercício do ofício impraticável), visto que a prática da Medicina possui diversos fatores que nem sempre são objeto do processo informativo, deve-se proteger apenas as expectativas legítimas e razoáveis, observando-se as peculiaridades de cada caso. Destarte, vejam-se os possíveis danos à saúde do paciente causados pela atuação médica: danos que decorrem de uma má-prestação técnica (erro médico); danos em decorrência de intercorrências médicas (complicações) ou lesões iatrogênicas, que são inerentes aos procedimentos e tratamentos, cujas ocorrências são previsíveis, mas não podem ser evitadas; e idiossincrasias do próprio paciente, caracterizadas por uma predisposição do organismo que reage de maneira particular em cada caso[20].

Assim, entende-se que quanto ao erro médico, haverá responsabilidade, desde que comprovada a culpa do profissional. Entretanto, quanto aos riscos inerentes e não evitáveis (intercorrências, idiossincrasias e lesões iatrogênicas), se devidamente informados, não implicarão em sua responsabilização[21]. Sendo a Medicina atividade de risco, independente de uma atuação médica ausente de negligência, imprudência ou imperícia[22], resta

[20] BERGSTEIN, Gilberto. *A informação na relação médico-paciente.* São Paulo: Saraiva, 2013, p. 247-249.

[21] BERGSTEIN, Gilberto. *A informação na relação médico-paciente.* São Paulo: Saraiva, 2013, p. 247-249.

[22] FERREIRA, Ana Elisabete; PEREIRA, André Dias. *Uma ética para a medicina pós-humana: propostas ético-jurídicas para a mediação das relações entre humanos e robôs na saúde.* In: ROSENVALD, Nelson; MENEZES, Joyceane Bezerra de; DADALTO, Luciana (Coord.). Responsabilidade civil e Medicina. 9. ed. Indaiatuba: Foco, 2020. p. 13.

clara a necessidade de ampliar o dever de informar quando o fator tecnológico está presente.

Exemplificativamente, no caso cirurgia robótica (telecirurgia), o paciente deverá ter ciência de tratamentos alternativos, assim como os benefícios esperados e os possíveis riscos e efeitos especificamente associados à utilização da tecnologia, como a possibilidade de interrupção inesperada ou interferências por falhas tecnológicas ou pela própria limitação do robô, além de eventos adversos, como o acesso ilícito por terceiros[23]. Também integra o dever de informação do produtor de equipamentos tanto para médicos, quanto para a consumidores, advertir sobre os riscos de sua utilização indevida e possíveis efeitos adversos, em especial para sua utilização segura[24].

Verifica-se, assim, que com a informação adequada, há uma transferência de responsabilidade, proporcionando ao paciente a oportunidade de decidir se será submetido ou não aos riscos, consagrando-se assim os princípios da autonomia e autodeterminação. Sabe-se também que a medicina, quando bem exercida, sempre deve ter como fundamento o consentimento materializado pelo correto cumprimento do dever de informação e esclarecimento, não se podendo negligenciar o fortalecimento do diálogo franco e aberto, já enfraquecido nas relações interpessoais. Assim, o médico deve propiciar o compartilhamento de informações relevantes que possam embasar a decisão do paciente, sem deixar que a tecnologia torne esse processo uma via rápida de ultrapassem do consentimento verdadeiramente informado, que vai muito além de mera assinatura num formulário estandardizado (consentimento em sentido estrito)[25].

Destarte, haja vista não haver qualquer validade no mero consentimento formal, verifica-se que apenas quando o processo de comunicação é desenvolvido de maneira completa e satisfatória, se instrumentaliza no Termo de Consentimento Livre e Esclarecido (TCLE). A prática tem demonstrado que o TCLE na telemedicina deve abranger diversas especi-

[23] Idem, p. 179.

[24] Raposo, Vera Lúcia. *A responsabilidade do produtor por danos causados por dispositivos médicos*. Revista do Instituto do Direito Brasileiro da Faculdade de Direito da Universidade de Lisboa (RIDB), ano 2, n. 5, 2013. Ebook.

[25] Azevedo, Filipa Moreira. *O consentimento informado silenciado na esfera da telemedicina*. In: Saúde, Novas Tecnologias e Responsabilidade Nos 30 anos do Centro de Direito Biomédico. Cadernos da Lex Medicinae, n. 4, vol. II, Coimbra, 2019, p. 260-261.

ficações[26], exemplificativamente, a Resolução do CFM que dispõe sobre a Telerradiologia, exige consentimento específico informado, livre e esclarecido do paciente para a transmissão de suas imagens e dados.

Por outro lado, verifica-se que com o advento da tecnologia há um "alargamento" do sigilo médico, que além de englobar médico e paciente também se materializa em aparelhos tecnológicos, que – quando tem seu uso eleito pelo profissional e seu paciente – o profissional terá que se responsabilizar pela proteção do sigilo e dos dados neles incluídos/depositados. Não se pode esquecer, além disso, que as informações são de fácil acesso, pesquisa e manipulação, sendo entregues à sistemas de comunicação que, podem estar vulneráveis a ataques, especialmente por empresas de Big Data, que poderiam usar os dados com a finalidade de lucro[27].

Desde o Juramento de Hipócrates verifica-se a absoluta necessidade do sigilo médico que, no Brasil, continua elencado em diversos artigos do Código de Ética Médica, (artigos 73 e seguintes), que veda ao médico revelar informações de seus pacientes, prezando sempre pela máxima do sigilo profissional. Para além da questão ética, o tratamento de dados pessoais deverá observar sempre os princípios norteadores dessas relações, como o da boa-fé objetiva e a finalidade do tratamento, prezando por propósitos específicos, explícitos e informados ao titular[28].

Assim, quanto à lei aplicável, sabemos que mesmo que a Lei Geral de Proteção de Dados (LGPD – Lei nº 13.709/18) ainda não esteja em vigor, fundamenta-se tal proteção na própria Constituição Federal (art. 5º, X), no Código Civil (art. 21) e no Marco Civil da Internet (Lei nº 12.965/14)[29]. Além de disposições sobre confidencialidade na própria Declaração de Tel Aviv e nas Resoluções do Conselho Federal de Medicina.

[26] Dados do paciente e do médico, inclusive com o número do CRM do médico responsável pelo atendimento; dados clínicos necessários para a boa condução do caso, sendo preenchido em cada contato com o paciente; data, hora, tecnologia da informação e comunicação utilizada para o atendimento, bem como ID, se houver; riscos e benefícios da utilização da tecnologia/modalidade de telemedicina escolhida, entre outros.

[27] FERREIRA, Ana Elisabete; PEREIRA, André Dias. *Op. Cit.*, p. 17.

[28] EHRHARDT JÚNIOR, Marcos; SILVA, Gabriela Buarque Pereira. *Breves Notas sobre a privacidade e proteção de dados pessoais durante a pandemia da covid-19: momento de refletirmos sobre a função preventiva da responsabilidade civil.* In: MONTEIRO FILHO, Carlos Edson do Rêgo; NELSON, Rosenvald; DENSA, Roberta (Coord.). Coronavírus e responsabilidade civil: impactos contratuais e extracontratuais. Indaiatuba: Foco, 2020. p. 304-305.

[29] EHRHARDT JÚNIOR, Marcos; SILVA, Gabriela Buarque Pereira. *Op. Cit.*, p. 304-305.

Nos estados Unidos há regulamentação legal desde 1996 (HIPAA – *Health Insurance Portability and Accountability Act)*, que cria padrões de suficiência de criptografia e acesso, visando a proteção efetiva de dados do paciente. Já na Comunidade Europeia, em um exemplo da dificuldade de regulação, sabe-se que após a promulgação da lei relativa à proteção de dados pessoais (RGPD), fez-se necessária a criação de um Código de Conduta relativo à privacidade nos *mHealth apps*. Assim, a Comissão Europeia abordou, entre outras questões, a necessidade do consentimento, a limitação e a proteção da utilização de dados, bem como medidas de segurança, em razão da possibilidade de violação e/ou a utilização destes dados para fins secundários e, mesmo assim, com tal amplitude de proteção, até hoje o Código sofre críticas e alterações por não abordar adequadamente os aspectos de segurança relacionado às novas tecnologias[30].

Todavia, ainda que se tenha um sistema capaz de garantir a indenização pelo vazamento de dados, o tema é indubitavelmente controverso. O regime de responsabilidade civil, nesse aspecto, não está ainda consolidado e/ou possui regras claras, aplicando-se diversas normas, como a LGPD, o CDC e o CC, com disposições confrontantes entre si[31], como é o caso da discussão da possibilidade de aplicação da teoria do risco às empresas que se dedicam à telemedicina e, por consequência, todas as demais empresas que desenvolvem *softwares* de proteção, guarda e manipulação de dados[32], em que pese a discussão sobre a responsabilidade subjetiva nas disposições da LGPD[33]. Além disso, note-se que a Resolução CFM nº 1821/07 exige que os prontuários em formato eletrônico, permaneçam arquivados indefinidamente, o que implicaria em uma responsabilidade quanto ao sigilo por tempo indeterminado por parte de médicos e hospitais, além de não levar em conta os custos de tal operação.

3.2. FALHAS DE PRESTAÇÃO

Já no que diz respeito às falhas de prestação, caracterizam-se elas pelas "situações tais como equívocos em relação ao diagnóstico, a realização

[30] Fernandes, Daniel de Senna. *Op. Cit.*, p. 145-146.

[31] Faleiros Junior, José Luiz de Moura; Nogaroli, Rafaella. *Telemedicina e proteção de dados: reflexões sobre a pandemia da COVID-19 e os impactos jurídicos da tecnologia aplicada à saúde.* In: Notas introdutórias sobre a repercussão da Covid-19 no direito brasileiro. São Paulo: Thomson Reuters Brasil, 2020. Ebook.

[32] Guerra, Alexandre. *Op. Cit.*, p. 155.

[33] Ehrhardt Júnior, Marcos; Silva, Gabriela Buarque Pereira. *Op. Cit.*, p. 310.

dos procedimentos clínicos, em exemplos como a falha de lateralidade ou utilização incorreta da técnica"[34]. É notório que o problema fundamental da prática médica à distância é que o médico, fundamenta muitas de suas decisões em características específicas do processo clínico que acabam "diluídas" com a tecnologia, como o exame físico, a palpação, a auscultação, a observação, o olhar, o tato e diversas técnicas milenares baseadas na interação direta com o paciente e que vêm sendo praticadas ao longo do tempo[35]. Assim, inclusive por conta do art. 4º da Lei 13.989/20, o médico deverá informar ao paciente todas as limitações que a tecnologia impõe para evitar eventual erro de diagnóstico, é também necessário que o paciente esteja ciente que seu próprio dever de informar restará acentuado, em razão das limitações impostas pela distância.

Frise-se que, em que pese haver uma obrigação acentuada de informação por parte do paciente, tal fato não desobriga o médico de questionar sobre as variáveis que entenda capazes de interferir no tratamento, já que é ele conhecedor de situações que possam vir a modificar a conduta adotada em cada caso[36]. Além disso, a ausência de contato direto poderá implicar na necessidade de mais exames, que poderão acarretar o "surgimento de efeitos colaterais indesejáveis em exames sem interesse clínico, os efeitos secundários (psicológicos e físicos) da realização de múltiplos exames e o aumento da maleficência e perda da autonomia"[37].

Ademais, no que respeita ao diagnóstico, é interessante destacar os sistemas de Inteligência Artificial, especificamente aqueles que oferecem suporte à decisão clínica, auxiliando no correto tratamento do paciente e fazendo com que o diagnóstico e a tomada de decisão médica sejam rápidos e adequados[38]. Saliente-se que tais sistemas, possuem uma necessidade primordial de inclusão de dados de qualidade, visto que são estes que ditarão

[34] SCHULMAN, Gabriel. *Op. Cit.*, p. 338.

[35] GARCIA, Rocha Lara; VALENTE, Silvio Eduardo. *Op. Cit.* p. 146.

[36] TOMÉ, Patrícia Rizzo. *O consentimento informado e a responsabilidade civil decorrente.* In: Saúde, Novas Tecnologias e Responsabilidade Nos 30 anos do Centro de Direito Biomédico. Cadernos da Lex Medicinae, n. 4, vol. I, Coimbra, 2019, p. 412.

[37] FERREIRA, Ana Elisabete; PEREIRA, André Dias. *Op. Cit.*, p. 16.

[38] SILVA, Rodrigo da Guia; NOGAROLLI, Rafaella. *Utilização da inteligência artificial na análise diagnóstica da covid-19: benefícios, riscos e repercussões sobre a responsabilidade civil do médico.* In: MONTEIRO FILHO, Carlos Edson do Rêgo; NELSON, Rosenvald; DENSA, Roberta (Coord.). Coronavírus e responsabilidade civil: impactos contratuais e extracontratuais. Indaiatuba: Foco, 2020. p. 295-297.

a forma de desempenho do programa, agilizando o suporte, o processo e a análise[39]. Importa ressaltar que a ética aplicada à programação de robôs deve ter como base a premissa de que a IA irá efetuar aquilo para o que foi programada sem riscos ou receio de danos, desde que respeitadas suas limitações perceptivas, cognitivas e de atuação, com obediência às normas éticas, jurídicas e de privacidade[40].

Os erros advindos de falhas, no entanto, poderão ter origem em erro de diagnóstico do profissional, ao tomar ou não como base os achados da IA, sendo apurada, nesse caso, eventual culpa ou, nos casos em que inteligências artificiais já estão sendo utilizadas de forma autônoma para tratar pacientes, restaria verificar a eventual responsabilidade do fornecedor e até do fabricante, sendo essa apenas a ponta do iceberg nesta matéria. Por outro lado, cabem também algumas considerações quanto à telecirurgia que, na mesma esteira dos dispositivos médicos, implicam na possibilidade de responsabilização do fabricante, do fornecedor, do médico utilizador (ao assumir riscos e não utilizar o produto da forma correta) e até mesmo do órgão autorizador[41].

Nesse aspecto, verifica-se que a discussão no campo da cirurgia robótica é bastante ampla, já que de um lado o robô tornaria o risco da cirurgia muito menor, tanto quanto à precisão, possibilidade de infecção, tempo de cirurgia, cicatrizes etc.[42] A realidade virtual já é utilizada para diagnósticos pré-operatórios, orientando as escolhas e planejamento do cirurgião antes do ato ser realizado. Órgãos são construídos em imagens 3D, que podem, inclusive, ser utilizadas durante o ato (fazendo uso da chamada "realidade aumentada", revelando informações funcionais invisíveis apenas a partir do ponto de vista da incisão e aumentando – em muito – a precisão cirúrgica).[43]

[39] SILVA, Rodrigo da Guia; NOGAROLLI, Rafaella. *Op. Cit.*, p. 295-297.

[40] FERREIRA, Ana Elisabete; PEREIRA, André Dias. *Op. Cit.*, p. 15.

[41] Idem.

[42] KFOURI NETO, Miguel; NOGAROLI, Rafaella. *Responsabilidade civil pelo inadimplemento do dever de informação na cirurgia robótica e telecirurgia: uma abordagem de direito comparado (Estados Unidos, União Europeia e Brasil)*. In: ROSENVALD, Nelson; MENEZES, Joyceane Bezerra de; DADALTO, Luciana (Coord.). Responsabilidade civil e Medicina. 9. ed. Indaiatuba: Foco, 2020. p. 161.

[43] MARESCAUX, Jacques; RUBINO, Francesco; SOLER, Luc. *Computer-Assisted remote surgery*. In: KUMAR, Sajeesh; MARESCAUX, Jacques. Telesurgery. Londres: Springer, 2008, p.10.

A telecirurgia (cirurgião e paciente em localidades diferentes) traz diversas vantagens como a superação, por exemplo, de eventual tremor da mão do cirurgião. Tal se dá a partir da utilização de softwares que controlam os sistemas robóticos. A supressão do tremor aumenta a precisão do ato, o que pode evitar danos a estruturas saudáveis vizinhas ao campo cirúrgico em claro benefício para o paciente. Viabiliza, também, um maior nível de conforto para o cirurgião que pode, dessa forma, trabalhar por período mais extenso, se o ato assim o demandar.

Um ponto de atenção – dada a precisão requerida em tais atos – deve ser a latência (*delay*) entre o movimento da mão do cirurgião e o ato praticado pelo robô. Isso faz com que esta modalidade cirúrgica dependa de boa estrutura de telecomunicações. Nominalmente, boa velocidade de transmissão de imagens e linhas dedicadas de transmissão de dados (o que já vem sendo viável desde 2001). Assim, as limitações para esta modalidade estariam nos custos de implantação de redes de fibra ótica, bem como os custos das operações remotas, assim como dos sistemas robóticos em si.

Sob o ponto de vista da Responsabilidade Civil, esta deve ser ampliada para abarcar em sua cadeia a o produtor do sistema robótico, o desenvolvedor do software utilizado (por falhas a eles imputáveis). Outra questão é se o cirurgião pode ser responsabilizado por um *delay* de transmissão ou falha no próprio equipamento (entendo que não). Ponto pacífico é que deve ser obtido consentimento específico, com a autorização e concordância do paciente para a realização desta modalidade cirúrgica. Além disso, deve-se ainda considerar a possibilidade do médico que, se não devidamente treinado, poderá perder o controle em razão da insuficiência de conhecimento técnico ou despreparo, respondendo, nesse caso, por imperícia[44].

CONCLUSÕES

A Telemedicina apresenta diversas vantagens para os sistemas de saúde como um todo, dentre outras a redução de custos de hospitalização, melhoria do acesso ao sistema por pessoas que vivem em áreas remotas (inclusive a especialistas em grandes centros), maior equidade na prestação dos serviços e a descentralização na prestação destes, especialmente em países com dimensões continentais, nas quais o serviço não é prestado de maneira uniforme. No que concerne ao profissional da Medicina – na teleconsulta

[44] Kfouri Neto, Miguel; Nogaroli, Rafaella. Op. Cit., p. 165-166.

– não deve ser ele obrigado a emitir uma opinião caso não possua informações relevantes e suficientes para tanto. Contudo, uma vez que haja sua manifestação, será pessoalmente responsabilizado por seus atos. Possivelmente, poderá haver um aumento no volume de pedidos de exames complementares para fazer frente à ausência do exame clínico presencial.

Ainda nesta seara, ganha especial importância a manutenção do sigilo dos dados do paciente, haja vista estarem sendo transmitidos à distância e também em relação a outros colaboradores não médicos envolvidos neste processo de transmissão de dados, que fica então para eles estendido, sempre no melhor interesse do paciente. Transparência, boa-fé, lealdade, segurança e sigilo dos dados (com o uso de criptografia, por exemplo) continuam a ser pilares inafastáveis para o melhor exercício da medicina e da telemedicina, tendo por base a autodeterminação e liberdade do paciente.

23
A CONSTRUÇÃO DA TERCEIRIZAÇÃO À BRASILEIRA[1]

Gilda Figueiredo Ferraz de Andrade

À PROFESSORA TERESA, COM TODA A ADMIRAÇÃO, RESPEITO E CARINHO

Escrever sobre e em homenagem à Professora Doutora Teresa Ancona Lopez é falar sobre unanimidade. Tive a honra e o privilégio de ser sua aluna na Faculdade de Direito do Largo de São Francisco, onde, muito jovem, era Assistente do saudoso Professor Doutor Silvio Rodrigues, na cadeira de Direito Civil.

Sua simpatia, dedicação e carisma contagiaram seus pupilos. Desde então, Professora Teresa passou a ser "a amiga dos alunos", a Mestra sempre carinhosa e competente, a jovem Professora que a todos contagiava (e contagia) com sua energia, dedicação e inteligência. Na Faculdade, assisti com muito entusiasmo à defesa de sua tese de doutorado sobre o então polêmico tema: "O dano estético à pessoa: sua reparação civil", obra na qual, de forma inédita e quase que pioneira na área, abordou, desenvolveu e analisou com maestria e sob a orientação do Mestre Silvio Rodrigues, o difícil tema da aparência externa de cada uma das dimensões da personalidade humana e, *ipso facto*, a necessidade de se fundamentar a reparação do dano estético na esfera do Direito Civil.

Professora Teresa faz jus à homenagem que ora lhe é prestada por meio da presente obra, promovida por mais um de seus muitos ex-discípulos, admiradores e amigos, Professor Dr. José Fernando Simão.

[1] Originalmente publicado aos 17/05/2017- Fonte: ESA – OAB/SP – Atualizado 07/07/2020.

A CONSTRUÇÃO DA TERCEIRIZAÇÃO À BRASILEIRA

A aprovação da regulamentação da terceirização das atividades-fim e do trabalho temporário nas empresas na Câmara dos Deputados e consequente sanção presidencial (Lei nº13.429/2017), deixou em aberto outras salvaguardas aos trabalhadores que foram posteriormente contempladas na reforma trabalhista, a Lei nº 13.467 de 13 de julho de 2017. Ao Judiciário coube, desde então, dirimir as dúvidas, que surgiram na aplicação da nova lei, sobretudo quanto à possibilidade de terceirização da chamada atividade-fim empresarial, até então vedado no sistema justrabalhista, conforme pacificado na Súmula nº 331 do C. TST- Tribunal Superior do Trabalho.

E nesse sentido, recentemente o STF- Supremo Tribunal Federal declarou a constitucionalidade desta Lei, pacificando as controvérsias acerca da terceirização também da atividade-fim empresarial. Conforme a decisão, "a flexibilização das normas trabalhistas trata de um fenômeno global, de forma que seria 'temerário' isolar o Brasil deste movimento produtivo". O trabalho formal sempre teve um alto custo no Brasil, de acordo com diferentes fontes. Segundo o Centro de Microeconomia Aplicada da Fundação Getúlio Vargas, o valor dos encargos sociais e trabalhistas pode chegar a 2,83 vezes o salário de carteira, para um vínculo trabalhista de um ano. Já o professor José Pastore, da Faculdade de Economia da USP, calcula que o trabalhador custe ao empregador 102% sobre o salário.

No Brasil, dos 45 milhões de trabalhadores com carteira assinada, 12 milhões já são terceirizados. Portanto, a terceirização já é uma realidade que precisava de um marco regulatório para ter seus limites devidamente definidos, estabelecendo o nível de responsabilidades de contratantes e contratadas.

Este novo diploma veio a alterar a redação da Lei nº 6.019/1974 para autorizar a terceirização da atividade-fim empresarial e, como regra de transição, estabelecer, uma quarentena de dezoito meses entre a demissão e recontratação de um terceirizado pela mesma empresa. Veio ainda a impor a obrigatoriedade de garantir o mesmo atendimento médico e ambulatorial aos terceirizados e funcionários da empresa contratante.

Desde a década de 80, a terceirização ganhou impulso em decorrência das mudanças nas estruturas organizacionais das empresas, do aumento da competitividade e do incremento da tecnologia. Era imperioso que as companhias se modernizassem, ganhassem mais eficiência e fossem mais lucrativas. Nesse sentido, passaram para outras empresas os serviços que entendiam ser acessórios, como limpeza, alimentação vigilância etc., as chamadas atividades-meio.

Ora, no Brasil, o setor financeiro e o setor bancário foram dois setores que mais empregaram a terceirização a partir de sua reestruturação na década de 90, em uma infinidade de serviços, tais como *call center*, manutenção de terminais de autoatendimento, venda de cartões de crédito, consórcios, *internet banking*, isto sem falar nas atividades desenvolvidas pelos correspondentes bancários.

O instituto da terceirização vinha sendo aplicado no Brasil somente para a atividade-meio e regido pela Súmula nº 331 do Tribunal Superior do Trabalho (TST). Entretanto, o novo entendimento tornou inconstitucional referida Súmula, não se podendo falar mais da distinção conceitual entre a atividade-fim, esta compreendia como sendo aquela que consta do objetivo principal da empresa, seu objeto social ou seu *core-business*, já que, embora tenha sido questionada a nova Lei da terceirização ao indicar cabível de irrestrita, tanto para atividade-meio quanto para atividade-fim, no setor privado e na esfera pública, veio a ser declarada constitucional pelo Supremo Tribunal Federal.

De se compreender que esta nova legislação, considerada constitucional autoriza dois tipos de terceirização de serviços: 1ª – Terceirização do trabalho temporário; 2ª – Terceirização em geral. Não se pretende discutir neste espaço as especificidades de cada modalidade, mas apenas pontuar, diante da relevância da questão, a nova forma de relação de trabalho que foi ampliada por tal legislação, que, mesmo diante de tantas controvérsias, em sua questão central, foi declarada constitucional pelo Supremo Tribunal Federal, por isso que a parte da Súmula n. 331 do TST que indica a ilegalidade da terceirização da atividade-fim não poderá mais prevalecer.

Tal decisão foi proferida no julgamento das ADIs 5.735, 5.695, 5.687, 5.686 e 5.685. No entanto, engana-se quem pensa que a partir da nova lei, as empresas contratantes ficam desimpedidas de fiscalizar para saber se os encargos sociais e trabalhista estão sendo saudados. A terceirização, como alguns querem alardear, também não deve incrementar a "pejotização", que acontece quando a empresa sugere e orienta que o trabalhador crie uma "pessoa jurídica" para prestar serviços, eximindo-se dessa forma do pagamento do pagamento de impostos. Na verdade, contribuirá para separar o joio do trigo e fortalecer os serviços resultantes de verdadeira parceria comercial entre empresas.

A nova lei da terceirização propõe um novo formato para as relações trabalhistas no Brasil, às quais empresários, trabalhadores e Justiça do Trabalho terão de atuar para construir juntos um caminho que se aplica à realidade brasileira, no qual poderemos prever muitas discussões iniciais sobre direitos e deveres, mas que resultará na modernização do processo produtivo nacional, com ganhos para todos.

24
ESPÉCIES DE RESPONSABILIDADE CIVIL E O PAPEL DO SUPREMO TRIBUNAL FEDERAL: A RESPONSABILIDADE DO EMPREGADOR EM ACIDENTES DE TRABALHO

GILMAR FERREIRA MENDES

INTRODUÇÃO

A responsabilidade civil, enquanto uma parte relevante do nosso sistema jurídico, convive com uma multiplicidade de modalidades. A sua forma mais clássica – prevista para a generalidade das relações privadas – desenvolve-se ao lado de formas especiais, como as relacionadas às relações de consumo ou de trabalho, bem como as afetas a danos ao meio ambiente ou causados pelo Estado.

Nesse emaranhado de possibilidades, é interessante notar que os mesmos conceitos que embasam a responsabilidade civil – a exemplo da noção de dolo, culpa, nexo de causalidade e dano, por exemplo – servem para demandas tão distintas e submetidas a regramentos e princípios de diferentes ramos do Direito, como o do consumidor, o do trabalho, o ambiental ou o administrativo. Em cada um desses ramos, a responsabilidade civil ganha especificidades, seja por imperativo da distribuição equitativa dos custos da prestação da atividade do Estado, como no Direito Administrativo, seja em razão da hipossuficiência de uma das partes, a exemplo do Direito do Consumidor.

Na jurisprudência do Supremo Tribunal Federal, o tema já foi debatido sob diversos enfoques, sempre atento às nuances de cada ramo do Direito, mas também ao tratamento constitucional que por vezes é estabelecido na Carta Magna. Nesse sentido, a Corte, nos mais diversos casos a ela submetidos, tem primado por definir importantes balizas para a interpretação da responsabilidade civil no ordenamento pátrio. Tal é o caso da responsabilidade civil em casos de acidentes de trabalho, cujo tratamento possui raízes no art. 7º, XXVIII, da Constituição, mas que vinha, na jurisprudência pátria, sofrendo influência das normas de Direito Civil, especialmente no que tange a casos de atividades de risco.

No presente artigo, será abordada essa controvérsia, que foi discutida no âmbito do Supremo Tribunal Federal no RE 828.040. A primeira parte do texto faz uma breve análise das formas e elementos da responsabilidade civil. Na parte seguinte, o artigo aborda o tratamento legal e constitucional dado à responsabilidade dos empregadores em casos de acidente de trabalho, destacando a tese firmada pelo Supremo Tribunal Federal. A título de conclusão, o texto aborda, por fim, a importância do papel do STF na análise das espécies de responsabilidade civil existentes no Direito Pátrio, bem como a problemática que se estabelecerá a partir da decisão analisada.

1. ESPÉCIES E ELEMENTOS DA RESPONSABILIDADE CIVIL

A responsabilidade subjetiva é aquela aplicada como regra pelo art. 186 do Código Civil, a qual depende do elemento subjetivo (culpa *lato sensu*) para fundamentar o dever de reparar. Assim, a prova da culpa, em sentido amplo (dolo ou culpa), configura pressuposto necessário para indenizar o dano, motivo pelo qual só seria responsável pela reparação do dano aquele cuja conduta se provasse culpável.

Inexistindo culpa em sentido estrito ou dolo, não há falar em dever de indenizar, haja vista ser incumbência da vítima comprovar o ato ilícito, a culpa da pessoa (natural ou jurídica) que se busca responsabilizar, o dano e o nexo causal entre eles. De outro norte, a responsabilidade subjetiva com presunção de culpa, também denominada de objetiva imprópria, é aquela na qual a culpa lato sensu é presumida pela lei, invertendo-se o ônus da prova, ou seja, cabe ao demandado provar que não agiu culposamente (dolo ou culpa).

Nesse ínterim, cabe ao autor da ação, apenas, provar a conduta (comissiva ou omissiva), o dano resultante da conduta do requerido e o nexo de causalidade entre ambos, detendo, por força de lei uma presunção *juris tantum* de culpa. Por outro lado, a responsabilidade objetiva surge quando a lei impõe, a certas pessoas, em determinadas relações jurídicas, a reparação de dano ocasionado mesmo que tenha agido sem culpa (em sentido amplo) para a produção do evento danoso.

Sendo uma responsabilização proveniente de cunho legal, desnecessária a aferição de culpa, cumprindo o dever de reparar, exclusivamente, com a comprovação do dano, do ato ilícito e do nexo de causalidade. Observando-se as terminologias adotadas pelas teorias puras, conclui-se que, enquanto a subjetiva pura permeia-se pela imprescindibilidade do elemento subjetivo (culpa em sentido amplo), além dos demais elementos, a objetiva pura funda-se no elemento objetivo, qual seja, a mera existência do dano, do ato ilícito e do nexo de causalidade, para que sobrevenha o dever de reparar.

Por conseguinte, em uma demanda judicial incumbe ao requerente, tão somente, provar a existência do dano, do ato ilícito e do nexo de causalidade entre estes, para que se configure todos os requisitos da responsabilidade civil, pouco importando ter ou não o agente demandado agido culposamente, pois, ainda que este prove que não tenha agido imbuído de culpa *lato sensu*, responde pelos danos causados a outrem, exceto nas causas excludentes (rompimento do nexo causal), tais como a culpa exclusiva da vítima, caso fortuito ou força maior (estes dois últimos – fatos extraordinários à relação jurídica entre o empregado e empregador).

São as hipóteses excludentes de responsabilidade que diferenciam a objetiva pura da objetiva por risco integral (também denominada risco exacerbado), já que nesta subsiste o dever reparatório, ainda que estejam presentes o caso fortuito ou a força maior; enquanto naquela rompe-se o liame causal. Em outras palavras, ainda que ocorram situações configuradoras de caso fortuito ou força maior, a responsabilidade ressarcitória persiste na objetiva por risco exacerbado (integral), só se eximindo, caso prove que a culpa foi exclusiva da vítima, ao passo que ocorrendo atos/fatos naturais extraordinários (caso fortuito e força maior), bem ainda a culpa exclusiva da vítima, na objetiva pura, exclui-se a responsabilização pelo dano.

Explica-se esta teoria pelo alto risco de determinadas atividades, sendo aplicada, excepcionalmente, em virtude de expressa disposição legal. É o caso da responsabilidade por atividades nucleares prevista no art. 21, XXIII, "d", da Carta Magna, na qual os responsáveis pela guarda do material radioativo deverão indenizar todos os danos ocorridos, ainda que se prove caso fortuito ou força maior.

Assim, havendo relação de causalidade entre a ação e o dano, é prescindível a existência ou comprovação de culpa, pouco importando ter ou não esta concorrido para o evento danoso, pois, ainda que o requerido prove que não agiu culposamente, responde pelos danos causados a outrem. Na seara Constitucional, quando o Poder Constituinte quis determinar a incidência de determinada espécie de responsabilidade, assim o fez expressamente, como no exemplo dos danos nucleares:

> Art. 21. Compete à União:
>
> (...)
>
> XXIII – explorar os serviços e instalações nucleares de qualquer natureza e exercer monopólio estatal sobre a pesquisa, a lavra, o enriquecimento e reprocessamento, a industrialização e o comércio de minérios nucleares e seus derivados, atendidos os seguintes princípios e condições:
>
> (...)
>
> d) a responsabilidade civil por danos nucleares independe da existência de culpa

Todas as vezes que a Constituição Federal quis determinar a incidência da responsabilidade subjetiva, ela foi expressa em referenciar o "dolo" ou a "culpa", assim como quis em relação à responsabilidade objetiva, tal como constante no art. 21, XXIII, "d". Nesse sentido, destacam-se clássicas correntes doutrinárias que fundamentam a inexigibilidade de dolo ou culpa para caracterização da responsabilidade civil quando configurada justificativa racional que ampare o dever de reparação na modalidade objetiva.

É o que ocorre, por exemplo, no âmbito da chamada Teoria do Risco Administrativo, adotada nos casos de responsabilidade objetiva do Estado pela prática de atos de agentes de pessoas jurídicas de direito público e as de direito privado prestadoras de serviços públicos (art. 37, § 6º, da CF/88). Embora o texto constitucional não expressamente consagre a responsabilidade objetiva de tais agentes, a doutrina e a jurisprudência se consolidaram no sentido de que a exigência de dolo ou culpa aplica-se apenas em eventual regresso contra o responsável. (art. 37, § 6º, da CF/88, parte final). Ademais, a própria jurisprudência do Supremo Tribunal Federal também já afirmou que as discussões sobre a responsabilidade civil se resumem ao expressamente previsto na Constituição, sendo possível a assunção de novos riscos à administração por meio de lei ordinária:

> a disposição contida no art. 37, § 6º, da CF não esgota a matéria relacionada à responsabilidade civil imputável à administração; pois, em situações especiais de grave risco para a população ou de relevante interesse público,

> pode o Estado ampliar a respectiva responsabilidade, por danos decorrentes de sua ação ou omissão, para além das balizas do supramencionado dispositivo constitucional, inclusive por lei ordinária, dividindo os ônus decorrentes dessa extensão com toda a sociedade (ADI 4.976, rel. min. Ricardo Lewandowski, j. 7-5-2014, P, DJE de 30-10-2014)

Assim, resumidamente, os elementos da responsabilidade civil objetiva são três: dano, ato lícito ou ilícito e nexo de causalidade entre ambos. Por outro lado, em se tratando de responsabilidade subjetiva, além dos três acima citados, acresce-se o elemento subjetivo: deve haver a comprovação de dolo ou culpa (negligência, imperícia ou imprudência, mais notadamente nas subespécies de culpa *in vigilando* ou in *eligendo*). Há também as hipóteses de responsabilidade civil com culpa presumida, na qual há inversão do ônus exoneratório do responsável que deverá comprovar a ausência de sua culpa ou dolo. Assim como a responsabilidade objetiva exacerbada, com risco integral, na qual ainda que se prove a existência de caso fortuito ou força maior, persiste o dever de indenizar.

2. RESPONSABILIDADE CIVIL DO EMPREGADOR EM CASO DE ATIVIDADE DE RISCO

A discussão que seu deu no âmbito do Supremo Tribunal Federal tratou da possibilidade de responsabilização objetiva dos empregadores por acidentes de trabalho, cuja disciplina encontra-se expressamente prevista no inciso XXVIII do art. 7º da Constituição Federal:

> "Art. 7º. São direitos dos trabalhadores urbanos e rurais, além de outros que visem à melhoria de sua condição social:
>
> (...)
>
> XXVIII – seguro contra acidentes de trabalho, a cargo do empregador, sem excluir a indenização a que este está obrigado, quando incorrer em dolo ou culpa"

O debate fundamental situava-se diante da utilização, pela jurisprudência, do art. 927 do Código Civil nas relações trabalhistas, o qual define a possibilidade de responsabilização objetiva nos casos definidos em lei ou quando o dano decorrer de riscos das atividades normalmente desenvolvidas pelo autor do dano:

> Art. 927 Aquele que, por ato ilícito (arts. 186 e 187), causar dano a outrem, fica obrigado a repará-lo.
>
> (...)
>
> Parágrafo único. Haverá obrigação de reparar o dano, independentemente de culpa, nos casos especificados em lei ou quando a atividade normalmente desenvolvida pelo autor do dano implicar, por sua própria natureza, risco para os direitos de outrem

Nesse sentido, a questão que se colocava era sobre o próprio alcance dos dispositivos constitucionais, isso é, se a forma de responsabilização definida na Constituição (subjetiva) deve ser entendido como uma proteção mínima passível de ser ampliada por outras normas e pela jurisprudência, ou se, ao contrário, uma eventual ampliação acabaria por violar a Carta Magna. Antes da apreciação do RE 828.040, o referido dispositivo não havia ainda sido objeto de apreciação específica pelo Supremo Tribunal Federal, o qual já havia, em precedente anterior, afirmado a ausência de repercussão geral da matéria no RE 828.075-RG (Redator p/ acórdão Min. Roberto Barroso, DJe 23.2.2017).

Nas oportunidades anteriores em que o Supremo Tribunal Federal enfrentou a temática, superando a discussão infraconstitucional ou a ausência de repercussão geral, acabou decidindo a matéria pelo panorama fático-probatório que teria evidenciada a presença do elemento "ato culposo" do empregador, apenas assentado que estaria de acordo com o comando constitucional:

> AGRAVO REGIMENTAL NO RECURSO EXTRAORDINÁRIO COM AGRAVO. TRABALHISTA. INDENIZAÇÃO. ACIDENTE DE TRABALHO. INTERPRETAÇÃO DE MATÉRIA INFRACONSTITUCIONAL. ANÁLISE DO CONJUNTO FÁTICO-PROBATÓRIO CARREADO AOS AUTOS. SÚMULA 279 DESTA CORTE. (...) INDENIZAÇÃO. DANO MORAL. ACIDENTE DE TRABALHO. INCAPACIDADE LABORAL. NEXO DE CAUSALIDADE. RESPONSABILIDADE DO EMPREGADOR. Constata-se que o Tribunal Regional, com suporte no laudo pericial e na prova oral produzida, asseverou ser inegável que o acidente ocorreu durante a prestação de serviço, sendo fato incontroverso que o dano causado decorreu do desempenho de suas atividades e diante da inobservância das normas de segurança do trabalho. Assim, conquanto o juízo de origem tenha concluído pela configuração da responsabilidade objetiva da reclamada, pautando sua decisão diante

da configuração do nexo de causalidade e a incapacidade laboral, provocada pelo acidente de trabalho – que resultou em sequelas físicas e neurológicas de caráter permanente, ficando o autor paraplégico, entendeu o Tribunal a quo pela responsabilidade da empresa, que assume o risco de seus negócios, sendo devido o pagamento da indenização respectiva. Portanto, dentro do contexto em que proferida a decisão recorrida, não se pode cogitar de violação direta e literal do art. 7º, XXVIII, da Carta Magna. Nesse diapasão, também não se vislumbra a demonstração de divergência jurisprudencial válida e específica (art.896, 'a', da CLT e Súmula 337 do TST), ou ofensa à literalidade dos dispositivos de lei indicados, a teor da Súmula 221, II, desta Corte. Ademais, para se concluir de forma diversa, ou reconhecer a veracidade das alegações produzidas no recurso de revista necessário seria o reexame do conjunto fáticoprobatório. Assim, eventual reexame da controvérsia encontraria o óbice da Súmula nº 126 desta Corte Superior. Não conhecido. (...) 5. Agravo regimental a que se nega provimento. (ARE 657338 AgR, Rel. Min. Luiz Fux, Primeira Turma, DJe 29.3.2012)

O Min. Luiz Fux (voto-vencido), relator originário do RE 828.075, ao manifestar-se pela existência de repercussão geral naquele caso, explanou a temática que acabou sendo enfrentada no RE 828.040, nos seguintes termos:

Nesse contexto, em que pese a previsão do artigo 7º, XXVIII, da Constituição Federal, no sentido de se responsabilizar subjetivamente o empregador na ação de reparação de danos decorrentes de acidente de trabalho, questiona-se a possibilidade de aplicação da teoria do risco, acarretando a responsabilidade objetiva do empregador, nas atividades econômicas que geram risco a terceiros e, em especial, nos serviços públicos, sujeitos à teoria do risco administrativo, por força de norma constitucional específica. O presente recurso extraordinário veicula, portanto, matéria constitucional de inegável repercussão geral sob a ótica jurídica, ultrapassando os interesses subjetivos da lide, mormente diante da existência de lei impondo a responsabilidade objetiva como consectário do risco inerente a qualquer atividade econômica (artigo 927, parágrafo único, do Código Civil), sendo imperiosa a definição do seu alcance ante as disposições contidas nos artigos 7º, XXVIII, e 37, § 6º, da Constituição Federal. Ademais, também sob a ótica econômica se pode constatar a repercussão geral da questão ora examinada, ante o relevante impacto da decisão a ser tomada por esta Corte na relação capital-

-trabalho, com possíveis reflexos em serviços públicos que atendem a toda a população brasileira

Não obstante a essa análise anterior, o tema acabou por ter sua repercussão geral reconhecida no RE 828.040, no qual se definiu a seguinte tese:

> O artigo 927, parágrafo único, do Código Civil é compatível com o artigo 7º, XXVIII, da Constituição Federal, sendo constitucional a responsabilização objetiva do empregador por danos decorrentes de acidentes de trabalho, nos casos especificados em lei, ou quando a atividade normalmente desenvolvida, por sua natureza, apresentar exposição habitual a risco especial, com potencialidade lesiva e implicar ao trabalhador ônus maior do que aos demais membros da coletividade

A decisão, tomada nos termos do voto do relator, min. Alexandre de Moraes, entendeu que, muito embora a responsabilidade subjetiva seja a regra no direito brasileiro, a legislação poderia excepcionar situações nas quais seria possível atrair a responsabilidade independentemente de comprovação de dolo ou culpa. Assim, entendeu-se que o art. 7º, XXVIII, da Constituição, não seria uma limitação para a aplicação do art. 927, parágrafo único do Código Civil. Como um patamar mínimo definido constitucionalmente, seria possível assegurar aos trabalhadores, nessas situações excepcionais, uma proteção maior, garantida pela responsabilidade objetiva.

Na oportunidade, no entanto, destaquei, em divergência a parte do voto do relator, o seguinte entendimento: a regra geral, prevista no inciso XXVIII do art. 7º, é a responsabilidade subjetiva pura; nos casos de desenvolvimento de atividade de risco, a responsabilidade do empregador poderia ser considerada subjetiva com presunção de culpa; apenas nos casos em que haja lei (em sentido formal e material) considerando determinada atividade como de risco, é que se aplica a disposição normativa do parágrafo único do art. 927 do CC, admitindo-se a responsabilidade objetiva do empregador (atualmente previsto no art. 193 da CLT).

Conforme defendi na oportunidade, a exegese constitucional não permite qualquer interpretação que possibilite à legislação infraconstitucional ou à jurisprudência incrementar a espécie de responsabilidade a qual está submetido o empregador, diante do vocábulo "quando incorrer em dolo ou culpa". É óbvio que todo aquele que se presta a exercer atividade de risco assume as consequências legais daí decorrentes, todavia estas não podem ultrapassar do limite previsto constitucionalmente e do conteúdo materialmente previsto no ordenamento jurídico.

Nessa situação, a Constituição Federal é clara no sentido de que, em caso de acidente de trabalho, além do seguro (a cargo da empresa), também há o direito de o trabalhador receber indenização em caso de comprovada o dolo ou a culpa do empregador. Tem-se unicamente como margem de conformação da jurisprudência e da doutrina avaliar situações nas quais haverá a incidência da responsabilidade civil pura ou com presunção de culpa (também denominada pela doutrina "culpa presumida" ou objetiva imprópria). Neste caso, diante do risco ínsito à atividade, há uma presunção de culpa ou dolo do empregador, recaindo a este o ônus comprovar que não agiu com dolo ou culpa.

A única exceção possível ocorre quando existir lei (formal e material) que reconhece determinadas atividades de alto risco, sendo aplicada, excepcionalmente, em virtude de expressa disposição legal, a responsabilidade objetiva, mediante aplicação supletiva do art. 927, parágrafo único, do Código Civil. Essa seria, por exemplo, a situação do art. 193 da CLT:

> "Art. 193. São consideradas atividades ou operações perigosas, na forma da regulamentação aprovada pelo Ministério do Trabalho e Emprego, aquelas que, por sua natureza ou métodos de trabalho, impliquem risco acentuado em virtude de exposição permanente do trabalhador a:
>
> I – inflamáveis, explosivos ou energia elétrica;
>
> II – roubos ou outras espécies de violência física nas atividades profissionais de segurança pessoal ou patrimonial".

Vê-se, pois, a CLT considera haver risco em virtude de exposição permanente do trabalhador a inflamáveis, explosivos, energia elétrica, ou risco à incolumidade física nas atividades de segurança pessoal ou patrimonial. Essa são as únicas situações em que o art. 927, parágrafo único, do Código Civil pode ser aplicado: quando a lei (formal e material) considerar a atividade como sujeita a risco. Não existindo previsão legal, ainda que a jurisprudência a considere como atividade de risco, a responsabilidade somente pode ser subjetiva, ainda com presunção de culpa. Entretanto, prevaleceu a posição do Supremo Tribunal Federal no sentido de se dispensar a previsão específica de lei das atividades de risco, de modo que, na atual interpretação da Corte, caberá a cada juiz, em uma análise específica do caso apreciar a situação concreta e definir a possibilidade de responsabilização do empregador de forma objetiva.

CONCLUSÕES

Como visto acima, os debates sobre a responsabilidade civil são ricos e ganham, em cada ramo do direito no qual se manifesta, nuances específicas. Tais especificidades, no entanto, não impedem o intercambio entre as áreas, que possibilita a doutrina e a jurisprudência realizar um diálogo relevante para o seu aperfeiçoamento.

No seu papel de intérprete da Constituição, o Supremo Tribunal Federal desenvolve um importante papel em definir as balizas mínimas em tais debates, o que deve ser feito de forma atenta ao tipo de responsabilidade sobre a qual se está em debate. No caso analisado, até mesmo pela previsão constitucional expressa, o que não é a regra, foi fundamental a delimitação do conteúdo do preceito em debate.

Vale destacar que, embora o STF tenha aberto aos juízes a possibilidade de se definir, em cada caso, a existência ou não de atividade de risco, certo é que caberá à jurisprudência definir e aprimorar as balizas para esta análise. Afinal, o abuso em tal interpretação pode gerar uma grande insegurança jurídica e levar a situações questionáveis, como algumas citadas durante a análise do caso. É evidente, nesse sentido, que o entendimento do Supremo Tribunal Federal, mesmo não adotando a mesma linha de análise por mim defendida, exige do intérprete uma avaliação criteriosa, sempre ponderando a responsabilidade objetiva como uma exceção.

25
REVISITANDO O TEMA DO ENSINO DA RESPONSABILIDADE CIVIL NA GRADUAÇÃO EM DIREITO

GISELDA MARIA FERNANDES NOVAES HIRONAKA

INTRODUÇÃO: PALAVRAS INICIAIS SOBRE O ENSINO DA RESPONSABILIDADE CIVIL

A responsabilidade civil é uma das áreas mais desafiadoras do ensino do direito civil. Apesar de convencionada como um título autônomo do Código Civil, a disciplina se comunica com os vários outros ramos do direito e, mesmo no direito civil, constitui um ponto de encontro entre o direito das obrigações e as demais áreas da parte especial do Código.

Pensar o ensino da responsabilidade civil, na graduação, significa pensar o que entendemos ser a finalidade do ensino do próprio direito civil em todas as áreas, pois diante da responsabilidade civil não se pode ficar indiferente. É preciso atribuir-lhe um valor específico dentro do sistema do direito civil, e esse valor que lhe atribuirmos será um indicativo do que pensamos ser importante dentro do próprio direito civil, bem como será um indicativo de qual tipo de estudante queremos ver graduado em direito.

Pode parecer estranho, numa visão tradicional, dar ênfase ao estudo da responsabilidade civil ou, ainda, atribuir-lhe esta importância de fator relacional entre as distintas áreas do direito civil ou mesmo do próprio direito, porque o currículo tradicional da graduação praticamente relegava a disciplina a um plano secundário. Só em meados dos anos 2000 esta possibilidade começou a ser pensada e implementada em alguns cursos jurídicos no Brasil.

O ensino da responsabilidade civil, porém, apesar da difusão do instituto dentre os diversos ramos do direito e de sua importância notável ao direito civil, ainda não tomou, na generalidade dos cursos, a importância que esperávamos que adquiriria ao longo dos anos, quando, em 2008, escrevemos a primeira versão do texto ora revisitado. Impende, assim, repetir algumas das perguntas que formulamos naquele primeiro artigo e que serão reapresentadas e rediscutidas nos tópicos que seguem.

1. QUAL O SIGNIFICADO DO ENSINO DA RESPONSABILIDADE CIVIL NA GRADUAÇÃO?

Uma visão talvez, excessivamente, patrimonialista da responsabilidade civil como fonte de indenização, acalentada por profissionais e preconcebidas por acadêmicos de direito, pode ter sido a fonte para o incremento das publicações a respeito da matéria que se viu ao longo das últimas duas décadas.

Esse viés indenizante da responsabilidade civil, contudo, em que pese plausível, pois a indenização é parte importante do estudo da responsabilidade e da inexecução das obrigações, não pode eclipsar, primeiro, o fato de que a indenização é apenas uma dentre várias consequências possíveis; depois, o fato de que, ainda que seja uma finalidade do instituto, convive com outras que, eventualmente, podem ser até mais importantes, como o interesse de se formar uma sociedade mais segura e mais precavida[1].

Nesse sentido, o ensino do nosso instituto não pode prescindir de uma análise sólida acerca dos fundamentos do direito das obrigações, partindo, desavisadamente, da ideia de que a responsabilidade civil é simples técnica para se demandar por prejuízos apreciáveis economicamente ou para defender-se deles.

A própria ideia de indenização recomenda que, antes de apreciarmos as repercussões econômicas de um dano, saibamos identificar o bem jurídico afetado e consideremos seu valor intrínseco, uma vez que o valor abstrato da indenização não se confunde com o valor da própria coisa[2].

Daí uma primeira lacuna, nos manuais e tratados de responsabilidade civil, que, ao especificarem a ação ilícita danosa, deixam de analisar a figura

[1] Noronha, Fernando. *Direito das obrigações*. 4. ed. São Paulo: Saraiva, 2013. p. 459-464.

[2] Silva, Ovídio Araújo Baptista da. *Jurisdição e execução na tradição romano-canônica*. 2. ed. São Paulo: RT, 1997; Marinoni, Luiz Guilherme. *Tutela contra o ilícito*: inibitória e de remoção. Art. 497, parágrafo único, CPC/2015. São Paulo: RT, 2015.

do bem jurídico para o direito civil. O resultado parece ser a continuação de um ciclo vicioso que serve ao motor da *indústria da indenização*: ao se ignorar o bem jurídico, passando-se da análise da conduta para a investigação do nexo de causalidade, preocupa-se mais com ensinar a como viabilizar uma ação indenizatória do que propriamente com formas de se evitar o dano[3].

2. COMO ESTRUTURAR SEU CONTEÚDO PROGRAMÁTICO?

A estrutura programática dos manuais de responsabilidade civil deve estar mais aberta a conteúdos de maior reflexão e investigação ética em torno da própria questão da responsabilidade. Esse pode ser o primeiro passo para se desfazer a equivocada confusão entre dano e indenização.

A defesa dessa ideia não significa, em nenhuma medida, o abandono da dogmática jurídica em favor de um casuísmo valorativo. A perspectiva que defendemos é bem o oposto. Sustenta-se uma análise mais crítica do substrato social e do fenômeno jurígeno, justamente para que a teoria da responsabilidade civil possa ser fortalecida com o aporte de novas reflexões e com a mitigação de inverdades que, de tão repetidas, têm sido tomadas por fatos inquestionáveis. Tem-se, assim, não um abandono, mas um enriquecimento da dogmática jurídica. Nesse sentido, existem duas perspectivas que podem ser adotadas para o estudo e o ensino da responsabilidade civil: uma perspectiva indenizatória e uma perspectiva reflexiva. Pela primeira, busca-se conhecer as modalidades de dano para se aferir a viabilidade de sua indenização. Já a segunda, infelizmente pouco frequente na manualística e mesmo nos tratados sobre responsabilidade civil, corresponde a um esforço de pensar o sentido da responsabilidade e não de torná-la um pretexto para se chegar ao pedido da indenização.

Ambas as perspectivas, cotejadas, implicam mais uma relação de complementaridade do que de oposição. Não se nega, contudo, que é apenas a experimentação prática que confirmará a veracidade de nossa prognose. O ambiente da graduação parece ser o laboratório mais privilegiado para a descoberta do que é possível fazer em termos de conhecimento cientí-

[3] Fenômeno convizinho foi notado, no direito processual civil, por Kazuo Watanabe, quando confrontou a "cultura da sentença" e a "cultura da pacificação" (WATANABE, Kazuo. Cultura da sentença e cultura da pacificação. *In:* YARSHELL, Flávio Juiz; MORAES, Maurício Zanoide de (coord.). *Estudos em homenagem à professora Ada Pellegrini Grinover.* São Paulo: DPJ, 2005).

fico ou acadêmico do direito, ainda que, na prática, o que se verifica é um maior temor à inovação e um maior apego a esquemas fixos de ensino[4].

3. O QUE É O ENSINO REFLEXIVO DA RESPONSABILIDADE CIVIL NA GRADUAÇÃO?

Pensar o ensino da responsabilidade civil exige ponderar o que é a responsabilidade civil e qual o seu papel dentro do direito. Dentre os princípios gerais legados pelo direito romano[5], há um que diz *alterum non laedere*, também escrito como *neminem laedere*, que significa uma ordem para "não causar dano a ninguém". Essa máxima perpassa todos os ramos do direito e é o fundamento sobre o qual se levanta o edifício da responsabilidade civil. Nossa disciplina não pode dele prescindir, na medida em que ele expressa a lógica do direito civil que é o respeito à esfera jurídica de cada qual. Tal princípio, entretanto, não pode ser superdimensionado, como o faz a já referida "indústria da indenização"[6]. O caminho, assim, parecer ser o enfrentamento dos excessos decorrentes de um discurso falacioso, que, ao invés de raciocinar segundo o esquema silogístico[7], no sentido de

[4] Essa constatação não é recente. Ainda que propugnando por esquemas diversos do que aqui defendemos, San Tiago Dantas criticava o marasmo das universidades e seu alheamento aos problemas reais, dizendo que "[s]ua tendência institucional, em toda parte, tem sido para fazer dos conhecimentos, que transmitem, um corpo estanque, desligando-se das bases existenciais que animam e vivificam esses conhecimentos, e que os unem ao destino histórico da própria sociedade. Daí necessitarmos hoje, em todo o Ocidente, de uma revisão da universidade, para a recuperação plena de seu papel colaborador dos novos instrumentos de cultura, que a vida social reclama" (DANTAS, Francisco Clementino de San Tiago. A educação jurídica e a crise brasileira. *Cadernos FGV Direito Rio – Educação e Direito*, Rio de Janeiro, v. 3, 2009. Disponível em: https://bibliotecadigital.fgv.br/dspace/bitstream/handle/10438/10400/Caderno s%20 FGV%20Direito%20Rio%20-%20Vol.%203.pdf?sequence=1&isAllowed=y. Acesso em: 2 jul. 2020. p. 14).

[5] D.1.1.10.1 – "Iustitia est constans et perpetua voluntas ius suum cuique tribuendi. Iuris praecepta sunt haec: honeste vivere, alterum non laedere, suum cuique tribuere".

[6] Eloquente, nesse sentido, a obra de Deliyannis (DELIYANNIS, J. *La notion d'acte illicite*: considéré en sa qualité d'élément de la faute délictuelle. Paris: Librairie Générale de Droit e de Jurisprudence, 1952), na qual o autor trata de um legítimo "poder de lesar", quando o ato em si lesivo opera-se fora da esfera de "domínio garantido" de terceiro.

[7] ENGISCH, Karl. *Introdução ao pensamento jurídico*. Tradução de J. Baptista Machado. 11. ed. Lisboa: Calouste Gulbenkian, 2014. Tratando, sinteticamente, da questão, Carlos Maximiliano anota em rodapé de página que "[a] forma completa e clássica de exprimir o raciocínio dedutivo é constituída pelo *Silogismo*. Compõe-se este de três proposições: a primeira, presumivelmente incontestável, ou geralmente aceita, chama-se – *Maior*; a intermediária,

procurar por uma premissa maior que sirva de regra geral da qual se possa, confrontando-a com a premissa menor, alcançar a conclusão, começa com a conclusão de que "cabe indenização" para depois buscar-se as premissas.

A responsabilidade civil não precisa e nem deve se abrir para a deterioração argumentativa. Pelo contrário, deve-se garantir a consistência e a limpidez de seus princípios, mesmo em um ambiente de inevitáveis mudanças, a fim de se afastar a usurpação da razão e de se construir uma responsabilidade civil compatível com a democracia.

O caminho para que isso ocorra não é outro senão o da dogmática séria e permeável às demandas sociais. E isso será alcançado com uma mudança de perspectiva acerca do próprio fenômeno da responsabilidade. O que muitas vezes se verifica nos tratados sobre a matéria é um acúmulo de julgados, apontando para as novas modalidades de dano e as correspondentes tendências de indenização. Essa postura não está de todo errada, mas faz perdurar um viés incompleto da responsabilidade, que deve dialogar diretamente com a sociedade e com os demais ramos do direito. Em outras palavras, o estudo isolado da responsabilidade, com o conhecimento dos casos concretos de dano e de indenização, é importante na formação do acadêmico de direito, mas sua compreensão restará prejudicada se este perder de vista a necessidade de consistência do tema e o modo de bem se realizar a sua abordagem.

Por "consistência" entenda-se o necessário debate que o ensino da responsabilidade civil deve travar com as outras áreas do direito. Podemos exemplificar o quanto aqui apontado com a "responsabilidade civil nas relações de família". Um estudante de direito que, ao consultar seu manual de responsabilidade civil, depara-se com abundantes menções a julgados, mas tímida abordagem dogmática, não poderá dimensionar adequadamente a estrutura desta, nem muito menos sua repercussão sobre os vínculos familiares, o que demanda articular o emprego do instituto com categorias de direito de família. O resultado é, muitas vezes, uma artificial e inconsistente percepção da responsabilidade civil em si. Em suma, como em outra ocasião tivemos oportunidade de escrever:

apelidada – *Menor*, mostra que a primeira encerra a terceira; conduz a inteligência, imbuída da verdade de uma proposição, a aceitar outra, a última, aquela que se pretende atingir ou demonstrar – a *Conclusão*" (MAXIMILIANO, Carlos. *Hermenêutica e aplicação do direito*. 20. ed. Rio de Janeiro: Forense, 2013. p. 101).

"Os textos utilizados como guia para o estudo da responsabilidade civil, como uma parte singular do Direito Civil, devem não apenas ser competentes na apresentação da teoria geral da responsabilidade, mas devem, principalmente, apresentar ao acadêmico as pontes existentes entre a responsabilidade civil e outras áreas, sem permitir que o leitor seja ludibriado por acoplagens artificiais"[8].

4. QUAL O PAPEL DA RESPONSABILIDADE CIVIL COMO PARTE DO DIREITO (CIVIL)?

Uma das preocupações da perspectiva reflexiva do ensino da responsabilidade civil é que o graduando em direito tenha sedimentados os fundamentos e elementos que compõem a teoria geral da responsabilidade. É lamentável que, desde o primeiro contato com a disciplina, o aluno a encare como mera "técnica" indenizatória, desprezando seu contato com outras áreas do direito e mesmo com outras ciências humanas.

É o estudo aprofundado da teoria geral da responsabilidade civil que evidencia o importante papel da disciplina dentro do direito civil. O efetivo desenvolvimento da teoria geral da matéria permitiria não só fortalecer sua importância dogmática e seu papel na estrutura jus privatista como munir os estudantes para uma reflexão racional dos seus fundamentos e para uma aplicação prática de suas soluções sem cair, necessariamente, na falácia da "indústria da indenização".

O que se vê, contudo, são manuais sem a devida abertura à reflexão e pretensos tratados, preocupados mais em apontar estratégias indenizatórias do que propriamente em oferecer uma contribuição para a autocrítica da teoria geral da responsabilidade. O resultado, inevitavelmente, são leitores, acadêmicos ou profissionais, insensíveis ao direito como ciência histórica e inaptos a refletirem sobre os efeitos perversos da lógica indenizatória sobre as relações jurídicas. O estudo sério dos fundamentos da responsabilidade em si permite, por um lado, vencer a apatia que o mero exercício técnico impinge ao jurista e que tantas vezes foi criticada por autores de orientação marxista[9], e, por outro, oportuniza o próprio desenvolvimento da disciplina.

[8] HIRONAKA, Giselda Maria Fernandes Novaes; ANDRADE, Fernando Dias. Ensino da responsabilidade civil na graduação em direito. *Revista da Faculdade de Direito, Universidade de São Paulo*, v. 103, p. 127-162, 1 jan. 2008. p. 145.

[9] "Na redução do pensamento a uma aparelhagem matemática está implícita a ratificação do mundo como sua própria medida. O que aparece como triunfo da racionalidade objetiva,

Durante muito tempo a responsabilidade civil foi relegada a plano secundário dentro da estrutura dos cursos de direito, inobstante sempre fosse uma das áreas que mais relações apresentam com outras. A importância que ela vem assumindo não pode representar, na prática pedagógica, um desdém para com essa interdisciplinaridade que lhe é marca registrada. É função do professor e mesmo de autores de livros jurídicos construir, nos alunos, esse raciocínio dialógico, que pode cativá-los a um juízo cada vez mais solidificado e a desenvolver competências intelectuais cada vez mais sofisticadas.

A interdisciplinaridade é uma atitude, e a responsabilidade civil é um campo privilegiado para sua atuação. Por conter um dos princípios fundamentais do direito, como é o *neminem laedere*, está praticamente presente em todos os momentos, mesmo que em potencial, favorecendo amplas associações com outras áreas. Sob esse ponto de vista, tal categoria merece ser apresentada ao aluno como um instrumento sempre disponível para o estudo do direito civil e mesmo do direito como um todo. Ademais, haja vista o papel que ela desempenha, não seria demasiada ousadia nossa repetir que a responsabilidade civil pode ser "a parte singular superior por excelência no sistema pedagógico do Direito Civil, desde que cumpra aquela tarefa intelectual de bem desenvolver, de forma consistente, a sua teoria geral"[10].

5. QUAL A RELEVÂNCIA DE TUDO O QUE FOI DITO PARA O ENSINO DO DIREITO CIVIL NA GRADUAÇÃO?

Chegados a esse ponto, impende perscrutar as razões de a responsabilidade ser disciplina tão importante para o ensino do direito civil, o que depara com a discussão sobre o ensino universitário no país. Considerando tudo o que foi ponderado até aqui, cabe ainda arrematar dizendo que o ensino da responsabilidade civil deve expressar um "ideal de excelência universi-

a submissão de todo ente ao formalismo lógico, tem por preço a subordinação obediente da razão ao imediatamente dado. [...] O factual tem a última palavra, o conhecimento restringe-se à sua repetição, o pensamento transforma-se na mera tautologia. Quanto mais a maquinaria do pensamento subjuga o que existe, tanto mais cegamente ela se contenta com essa reprodução" (ADORNO, Theodor W.; HORKHEIMER, Max. *Dialética do esclarecimento*. Rio de Janeiro: Zahar, 1985. p. 38).

[10] HIRONAKA, Giselda Maria Fernandes Novaes; ANDRADE, Fernando Dias. Ensino da responsabilidade civil na graduação em direito, cit., p. 152.

tária", valorizando o ensino acadêmico científico e resistindo à banalização do pensamento jurídico. É despiciendo repetir que a ênfase descuidada na perspectiva indenizatória compromete esse ideal.

O ensino da responsabilidade civil na graduação é uma preciosa oportunidade para se fortalecer a noção de cidadania, de civilidade e a dimensão do outro no direito, atentando-se para a prevenção e a precaução dos danos, temas tão caros à professora Teresa Ancona Lopez e que, desenvolvidos em tese acadêmica, renderam-lhe a titularidade no Departamento de Direito Civil da Faculdade de Direito do Largo São Francisco[11]. Evidentemente, um enfoque universitário mestiçado com aquele típico de cursos preparatórios para concursos públicos não conseguirá nem atingir o ideal de "excelência universitária", nem desenvolver o raciocínio crítico-reflexivo nos alunos. A universidade sai perdendo, a dogmática sai perdendo, o mercado sai perdendo.

Essa análise, em que pese centrada no ensino da responsabilidade civil, vale para todas as outras áreas do direito civil. Poder-se-ia, inclusive, dizer que, tal como em relação à responsabilidade, o próprio ensino do direito civil também poderia se manifestar sob duas perspectivas ou paradigmas: o paradigma de espetáculo e o paradigma de discussão. O paradigma de espetáculo é aquele em que as aulas de direito civil funcionam como um entretenimento da plateia de estudantes, cuja atenção deve ser reconquistada a cada minuto pelo professor-apresentador. O alunado-espectador, por seu turno, se converte em um simples consumidor, que exige a prestação de um determinado produto pelo qual paga.

Já o paradigma da discussão é aquele segundo o qual as aulas de direito civil devem se conduzir de forma a propiciar a livre discussão e a livre circulação de ideias entre o professor-mediador e os alunos. Nesse modelo democrático do relacionamento entre professor e alunos, o alunado não é mais mero espectador, mas partícipe social, detentor de um *direito de isegoria*, ou seja, de igual direito de falar[12].

[11] LOPEZ, Teresa Ancona. *Princípio da precaução e evolução da responsabilidade civil*. São Paulo: Quartier Latin, 2010.

[12] A propósito, têm-se difundido, no meio jurídico, estudos que analisam, justamente, o emprego de metodologias ativas. *Vide*, por exemplo, KLAFKE, Guilherme Forma; FEFERBAUM, Marina. *Metodologias ativas em direito*: guia prático para o ensino jurídico participativo e inovador. São Paulo: Atlas, 2020.

O direito civil, se souber valorizar e empregar o paradigma da discussão, alcançará novas oportunidades de desenvolvimento e de evolução intelectual, formando juristas conscientes do valor do próprio direito civil.

CONCLUSÕES

É preciso dar um salto no ensino da responsabilidade civil. Ainda falta "debate jurídico", presos que estamos em um modelo de ensino tradicional, cuja tendência é conduzir o pensamento para uma construção argumentativa com finalidade pragmática. É como se o pensamento jurídico devesse se ater a uma simples apresentação de soluções imediatas, o que perturba a consistência de um pensamento com pretensões de racional.

Tal debate, uma vez franqueado, cooperará para a construção de uma teoria geral da responsabilidade que expresse e represente nossas próprias demandas, enquanto sociedade ímpar e pluralista.

O ambiente da graduação é o melhor lugar para se cultivar essa prática dialógica, talvez porque será o único ambiente acadêmico que o futuro profissional do direito frequentará e, uma vez no mercado, dificilmente, conseguirá desenvolver leituras críticas do seu objeto de trabalho. É oportuno notar que, em geral, os graduandos respondem muito bem a essa ideia de um estudo crítico do direito, que lhes oportunize superar uma abordagem tecnocrata do curso.

O ensino da responsabilidade civil, portanto, deve ser, já na graduação, um ambiente privilegiado para o aprimoramento da nossa consciência acerca dos direitos que titularizamos e dos deveres de preservação desses mesmos direitos. O resultado será o surgimento de uma nova geração de juristas muito mais humanistas, reflexivos, criativos, que saibam o valor da palavra "cidadania" e sejam críticos do seu papel enquanto operadores do direito.

REFERÊNCIAS

ADORNO, Theodor W.; HORKHEIMER, Max. *Dialética do esclarecimento.* Rio de Janeiro: Zahar, 1985.

DANTAS, Francisco Clementino de San Tiago. A educação jurídica e a crise brasileira. *Cadernos FGV Direito Rio – Educação e Direito,* Rio de Janeiro, v. 3, 2009. Disponível em: https://bibliotecadigital.fgv.br/dspace/bitstream/handle/10438/10400/Cadernos%20FGV%20Direito%20Rio%20-%20Vol.%203.pdf?sequence=1&isAllowed=y. Acesso em: 2 jul. 2020.

DELIYANNIS, J. *La notion d'acte illicite*: consideré en sa qualité d'élément de la faute délictuelle. Paris: Librairie Générale de Droit e de Jurisprudence, 1952.

ENGISCH, Karl. *Introdução ao pensamento jurídico*. Tradução de J. Baptista Machado. 11. ed. Lisboa: Calouste Gulbenkian, 2014.

HIRONAKA, Giselda Maria Fernandes Novaes; ANDRADE, Fernando Dias. Ensino da responsabilidade civil na graduação em direito. *Revista da Faculdade de Direito, Universidade de São Paulo*, v. 103, p. 127-162, 1 jan. 2008.

KLAFKE, Guilherme Forma; FEFERBAUM, Marina. *Metodologias ativas em direito*: guia prático para o ensino jurídico participativo e inovador. São Paulo: Atlas, 2020.

LOPEZ, Teresa Ancona. *Princípio da precaução e evolução da responsabilidade civil*. São Paulo: Quartier Latin, 2010.

MARINONI, Luiz Guilherme. *Tutela contra o ilícito*: inibitória e de remoção. Art. 497, parágrafo único, CPC/2015. São Paulo: RT, 2015.

MAXIMILIANO, Carlos. *Hermenêutica e aplicação do direito*. 20. ed. Rio de Janeiro: Forense, 2013.

NORONHA, Fernando. *Direito das obrigações*. 4. ed. São Paulo: Saraiva, 2013.

SILVA, Ovídio Araújo Baptista da. *Jurisdição e execução na tradição romano-canônica*. 2. ed. São Paulo: RT, 1997.

WATANABE, Kazuo. Cultura da sentença e cultura da pacificação. *In:* YARSHELL, Flávio Juiz; MORAES, Maurício Zanoide de (coord.). *Estudos em homenagem à professora Ada Pellegrini Grinover*. São Paulo: DPJ, 2005.

26
A RESPONSABILIDADE CIVIL DO ESTADO POR CRIME PRATICADO POR FUGITIVO NA JURISPRUDÊNCIA DO SUPREMO TRIBUNAL FEDERAL (STF): ANÁLISE DO PROBLEMA DA CAUSALIDADE

GUILHERME HENRIQUE LIMA REINIG

INTRODUÇÃO

Em 1992, o Supremo Tribunal Federal (STF) julgou o Recurso Extraordinário n. 136.764[1], que versava sobre a responsabilidade civil do Estado por crime praticado por fugitivo do sistema penitenciário. O acórdão rejeitou a pretensão indenizatória da vítima, decidindo inexistir, no caso, nexo causal entre a fuga do prisioneiro e o dano por ela sofrido. A questão voltou a ser enfrentada pelo STF em outros arestos e a sua atualidade foi renovada, em 2011, com o reconhecimento da sua repercussão geral nos autos do Recurso Extraordinário n. 608.880, ainda não julgado.[2]

Trata-se de uma das principais casuísticas do direito brasileiro relacionadas ao problema da causalidade, um dos temas de predileção da Professora Teresa Ancona Lopez, justamente homenageada nesta obra coletiva. A jurista dedicou-se ao assunto em sua tese de livre-docência,[3] contribuindo para o avanço da doutrina nessa seara. Além disso, os seus ensinamentos sobre o nexo de causalidade foram decisivos para a pesquisa que realizei, sob a sua orientação, acerca da teoria do escopo (de proteção) da

[1] STF, 1ª T., RE 130.764, j. em 12/05/1992. O julgado foi objeto de ação rescisória, julgada improcedente pelo STF em 2005 (STF, Plenário, AR 1.376, j. em 09/11/2005).

[2] STF, Repercussão Geral no Recurso Extraordinário n. 608.880, j. em 03/02/2011.

[3] LOPEZ, Teresa Ancona. *Nexo causal e produtos potencialmente nocivos:* a experiência brasileira do tabaco. São Paulo: Quartier Latin, 2008.

norma.[4] Essas são as razões que explicam a escolha do tema do presente artigo.

Segundo o acórdão que julgou o Recurso Extraordinário n. 130.764, o art. 1.060 do Código Civil de 1916, correspondente ao art. 403 do vigente Código Civil, seria informado pela teoria do dano direto e imediato, a qual, ainda de acordo com o citado julgado, "só admite o nexo de causalidade quando o dano é efeito necessário de uma causa, o que abarca o dano direto e imediato sempre, e, por vezes, o dano indireto e remoto, quando, para a produção deste, não haja concausa sucessiva". Embora não se concorde com a referida fundamentação teórica,[5] ela não será o objeto de análise do presente artigo, que se concentrará nos critérios concretos utilizados pelo STF para decidir se o Estado deve ou não ser responsabilizado por crime praticado por fugitivo do sistema prisional. Nesse contexto, primeiramente será realizada uma síntese da evolução dos julgados sobre referida casuística (item 1), para, em seguida, se analisarem os critérios acolhidos pela corte para solucioná-la (item 2).

1. OS JULGADOS DO STF SOBRE A RESPONSABILIDADE CIVIL DO ESTADO POR CRIME PRATICADO POR FUGITIVO

O caso julgado pelo STF no Recurso Extraordinário n. 130.764 dizia respeito a um assalto realizado por uma quadrilha da qual um dos integrantes era foragido do sistema prisional. Para o STF, o dano não foi efeito necessário da omissão estatal, pois resultou de concausas, como a formação de quadrilha e o assalto ocorrido cerca de vinte meses após a evasão. Da decisão é possível extrair dois fatores para a solução da casuística: (i) a prática do crime em coautoria ou não; e (ii) a proximidade ou a distância temporal do crime em relação à fuga.

[4] Cf. Reinig, Guilherme Henrique Lima. *O problema da causalidade na responsabilidade civil – a teoria do escopo de proteção da norma (*Schtuzzwecktheorie*) e a sua aplicabilidade no direito civil brasileiro.* 293 p. Tese (doutorado) – Faculdade de Direito, Universidade de São Paulo, São Paulo, 2015; ____________________. O escopo de proteção da norma como critério limitativo da responsabilidade civil por ato ilícito: algumas contribuições ao direito civil brasileiro a partir do direito civil alemão. *Revista de Direito Civil Contemporâneo*, São Paulo, v. 14, ano 5, p. 237-309, jan.-mar. 2018.

[5] Cf. Reinig, Guilherme Henrique Lima. A teoria do dano direto e imediato no Direito Civil brasileiro: análise crítica da doutrina e comentários à jurisprudência do STF sobre a responsabilidade civil do Estado por crime praticado por fugitivo. *Revista de Direito Civil Contemporâneo*, v. 12, ano 4, jul.-set. 2017.

Outras decisões do STF adotaram a mesma linha argumentativa, excluindo a responsabilidade se o crime foi praticado em coautoria ou em instante muito posterior à evasão. No Recurso Extraordinário n. 172.025, julgado em 1996, o STF reiterou a importância do critério temporal, afastando a responsabilidade civil do Estado por latrocínio "tempos depois da fuga".[6] No Recurso Extraordinário n. 369.820, decidido em 2003, a corte reafirmou a sua jurisprudência, afastando a responsabilidade por latrocínio cometido por fugitivo meses depois da fuga e em coautoria com outros três criminosos. Apesar de se tratar de condenado com longa ficha criminal, decidiu-se que faltou "vínculo de imediatidade" entre a fuga e a morte.[7]

O Recurso Extraordinário n. 136.247,[8] julgado em 2000, embora reafirmando a diretriz do Recurso Extraordinário n. 130.764, afastou a sua aplicação ao caso. Tratava-se de um apenado que, "ao ludibriar a escolta, não cuidou de escapar para longe, mas sim, de se vingar".[9] O fugitivo cometeu dois homicídios de pessoas supostamente envolvidas em seu infortúnio e planejava mais outros dois atos de vingança. Não constam do acórdão as datas da fuga e dos crimes, mas há a indicação de que estes foram praticados em cidade distinta daquela em que se localizava o estabelecimento prisional. Para o STF, "a imediação temporal entre a fuga e os homicídios não foi ocasional, mas resultou de predisposição do evadido". Nesses termos, o tribunal indica o propósito de vingança como um possível critério de imputação da responsabilidade.

Em 2006, o STF, por maioria, voltou a responsabilizar o Estado no Recurso Extraordinário n. 409.203.[10] O criminoso cumpria pena no regime aberto, mas à noite não retornou ao estabelecimento prisional, quando, então, invadiu a casa das vítimas, exigindo-lhes dinheiro. Não atendido em sua exigência, passou a ameaçá-las, terminando por estuprar uma adolescente de 12 anos de idade. Após consignar que o apenado se encontrava "em situação de fuga", o voto vencedor entendeu que o nexo de causalidade era "patente":

[6] STF, 1ª T., RE 172.025, j. em 08/10/1996.

[7] STF, 2ª T., RE 369.802, j. em 04/11/2003.

[8] STF, 1ª T., RE 136.247, j. em 20/06/2000.

[9] A descrição não é do STF, mas de voto do acórdão recorrido, conforme transcrição no relatório do acórdão que julgou o Recurso Extraordinário.

[10] STF, 2ª T., RE 409.203, j. em 07/03/2006.

> Se a lei de execução penal houvesse sido aplicada com um mínimo de rigor, o condenado dificilmente teria continuado a cumprir a pena nas mesmas condições que originalmente lhe foram impostas. Por via de consequência, não teria tido a oportunidade de evadir-se pela oitava vez e cometer o bárbaro crime que cometeu, num horário em que deveria estar recolhido ao presídio.

A decisão também demonstra acentuada cautela quanto à diferenciação das circunstâncias desse litígio em relação à jurisprudência iniciada com o Recurso Extraordinário n. 130.764. De acordo com o voto vencedor, "na maioria dos casos em que é afastada a responsabilidade estatal, há sempre um elemento sutil a descaracterizar a causalidade direta". Nesse sentido, registrou-se que o crime analisado no Recurso Extraordinário n. 409.203 foi praticado no mesmo dia da fuga e que não houve a participação de outro criminoso. O acórdão também asseverou que o apenado se encontrava "em situação de fuga", circunstância que, em princípio, seria suficiente para justificar a responsabilização. Por isso, não fica claro se a reiteração de evasões, sem a devida regressão de regime prisional, foi ou não determinante para a responsabilização.

De forma semelhante, no Agravo Regimental no Recurso Extraordinário n. 573.595, julgado em 2008, o STF decidiu responsabilizar o Estado por latrocínio cometido por fugitivo após terceira fuga, citando o Recurso Extraordinário n. 409.203 como precedente.[11] Dessa vez, não houve crime praticado "em situação de fuga", mas o acórdão registrou duas circunstâncias que justificariam a responsabilização: a inércia das autoridades policiais e o curto espaço de tempo (25 dias) entre a evasão e o crime. Novamente, não fica clara a relevância da reiteração de evasões para a responsabilização. Ocorre que, no mesmo ano, o STF não responsabilizou o Estado no julgamento do Agravo Regimental no Recurso Extraordinário n. 395.942, afirmando, na linha dos julgados anteriores, que "a alegação da falta do serviço – *faute du service*, dos franceses – não dispensa o requisito da aferição do nexo de causalidade da omissão atribuída ao poder público e o dano causado".[12] Essa última orientação foi repetida no acórdão que

[11] STF, 2ª. T., Ag.Reg. no RE n. 575.595, j. em 24/06/2008.

[12] STF, 2ª. T., Ag.Reg. no RE n. 395.942, j. em 16/12/2008. Também em 2008, o STF decidiu o Plenário do STF decidiu o Ag.Reg. na Suspensão de Tutela Antecipada n. 223, j. em 14/08/2008. O caso envolvia uma vítima de crime praticado por fugitivo, mas, além de se tratar de decisão em suspensão de execução de decisão antecipatória de tutela em agravo

decidiu o Agravo Regimental no Recurso Extraordinário n. 463.531, julgado em 2009.[13]

A ausência de suficiente descrição das circunstâncias concretas, nos dois arestos de 2008 e no acórdão de 2009, dificulta a compreensão da oscilação da jurisprudência do STF. Além disso, em 2010, no Agravo Regimental no Recurso Extraordinário n. 607.771,[14] o STF voltou a decidir favoravelmente à vítima, responsabilizando o Estado. Citando o acórdão que julgou o Agravo Regimental no Recurso Extraordinário n. 573.595, o STF entendeu que "a negligência estatal no cumprimento do dever de guarda e vigilância dos presos sob sua custódia, a inércia do Poder Público no seu dever de empreender esforços para a recaptura do foragido são suficientes para caracterizar o nexo de causalidade". Essa foi a última decisão da corte, antes do reconhecimento da repercussão geral do tema, em 2011, nos autos do Recurso Extraordinário n. 608.880, ainda não julgado.

2. ANÁLISE DOS CRITÉRIOS DE IMPUTAÇÃO ACOLHIDOS PELA JURISPRUDÊNCIA DO STF

A análise dos critérios identificados nos referidos julgados requer, primeiramente, que se esclareça um importante pressuposto da jurisprudência do STF sobre a responsabilidade civil do Estado por crime praticado por fugitivo (item 2.1.). Em seguida, devem ser analisadas aquelas circunstâncias mencionadas no julgamento do Recurso Extraordinário n. 136.176 e repetidas em outros acórdãos: a prática do crime, pelo fugitivo, em coautoria com pessoa não foragida (item 2.2.) e o lapso temporal entre a fuga e o crime (item 2.3.). Esse último critério também pode ser relacionado à proximidade espacial do crime com o estabelecimento prisional, consistindo, ambos, em aspectos do contexto da fuga ou da "situação de fuga", que, compreendido em seu sentido teleológico, abrange o critério do motivo de vingança (item 2.4.). Por fim, impende verificar se a reiteração de fugas, circunstância que indica um acentuado descaso do Poder Público com o seu dever de custódia e vigilância, deve concorrer para a responsabilização civil do Estado (item 2.5.).

de instrumento, a discussão se concentrou no direito constitucional à saúde (art. 196), não se tratando, precisamente, de caso de imputação, ao Estado, de dever de indenizar em consequência de crime praticado por fugitivo.

13 STF, 2ª T., Ag.Reg. no RE 463.531, j. em 29/09/2009.

14 STF, 2ª T., AgRg no RE 607.771, j. em 20/04/2010.

2.1. *CONDITIO SINE QUA NON*

A existência de diversos critérios para solucionar a questão indica que, para a imputação da responsabilidade civil do Estado por crime praticado por fugitivo, não basta a omissão estatal ser *conditio sine qua non* do prejuízo sofrido pela vítima.

O acórdão do Agravo Regimental no Recurso Extraordinário n. 573.595 poderia sugerir o contrário ao consignar, em sua ementa, que "a negligência estatal no cumprimento do dever de guarda e vigilância dos presos sob sua custódia, a inércia do Poder Público no seu dever de empreender esforços para a recaptura do foragido são suficientes para caracterizar o nexo de causalidade". Entretanto, a fundamentação do referido aresto limitou-se à transcrição do decidido no Agravo Regimental no Recurso Extraordinário n. 573.595, cujo acordão faz referência a circunstâncias particulares que justificariam a responsabilização, como o curto espaço de tempo entre a evasão e o crime.

Portanto, para a jurisprudência do STF, a aplicação da fórmula da *conditio sine qua non* não é suficiente para a responsabilização civil do Estado por crime praticado por fugitivo. A casuística analisada caracteriza-se pela particularidade de as consequências lesivas a serem imputadas ao Estado terem sido provocadas por uma decisão livre e autônoma de terceiro, o que exige critérios valorativos que legitimem a atribuição dos prejuízos à esfera jurídica do Estado.

2.2. COAUTORIA COM CRIMINOSO NÃO FORAGIDO

Nesse contexto, para o STF, a coautoria com criminoso não foragido 'interromperia' o nexo causal entre a omissão do Estado e o dano sofrido pela vítima. No julgado de 1992, mencionou-se a formação de quadrilha, correspondente à atual associação criminosa. Entretanto, algumas decisões posteriores citam a noção mais genérica de coautoria.

De qualquer forma, esse critério não deve ser aceito. O julgamento da pretensão indenizatória em face do Estado deve partir dos pressupostos estabelecidos pelo Direito Penal, evitando-se, assim, incoerências sistemáticas. Nesse sentido, para que haja responsabilização, basta que o resultado lesivo seja penalmente imputável ao fugitivo, independentemente da configuração de coautoria ou de associação criminosa.

A título ilustrativo, frequentemente, no caso de latrocínio, a morte da vítima não é diretamente provocada por disparo de todos os autores do crime. Mesmo assim, a jurisprudência penal das cortes superiores imputa o resultado àquele que não realizou o disparo. Para o STF, é desnecessário saber qual dos coautores desferiu o tiro. O coautor que participa de roubo armado responde pelo latrocínio, ainda que o disparo tenha sido efetuado só pelo comparsa.[15] Na mesma linha, entende o STJ que "o prévio ajuste de vontades para a prática do delito praticado impõe, a princípio, a responsabilização de todos por eventual morte da vítima, haja vista ser tal resultado desdobramento ordinário da conduta criminosa em que todos contribuem para prática do evento típico".[16] Ora, não faria sentido ser mais rigoroso na esfera cível do que na penal. Mesmo que se afirme que o referido entendimento jurisprudencial não diz respeito à responsabilidade do Estado, mas à penal do próprio agente, é inegável que se atribui a este a autoria do crime, e isso deve refletir na esfera cível em se tratando de fugitivo.

Poder-se-ia indagar se o outro criminoso teria praticado o mesmo crime mesmo sem a participação do foragido. No entanto, a solução do litígio dependeria de conjecturas, sendo certo, entretanto, ter havido crime imputável penalmente ao foragido, segundo a jurisprudência do STF e do STJ. Essas dificuldades reforçam a insegurança do critério da coautoria ou da formação de quadrilha para a solução de casos envolvendo a responsabilidade civil do Estado por crime praticado por fugitivo. Em princípio, basta seguir os critérios do Direito Penal: se o crime for penalmente imputável ao foragido, ocorrendo ou não coautoria ou associação criminosa, não se deve afastar a responsabilidade com o incorreto argumento de uma suposta 'interrupção' do nexo causal por uma concausa superveniente.[17]

2.3. O LAPSO TEMPORAL ENTRE A FUGA E O CRIME E A PROXIMIDADE DO CRIME EM RELAÇÃO AO ESTABELECIMENTO PRISIONAL

Quanto ao critério temporal, o STF decide, reiteradamente, que o crime praticado em momento muito posterior à fuga 'interrompe' o nexo de cau-

[15] STF, 1ª T., HC 74861, j. em 25.03.1997, DJ 27.06.1997 p. 30230. No mesmo sentido cf. STF, 1ª T., RHC 133575, j. em 21.02.2017, DJe-101 de 15.05.2017.

[16] STJ, 5ª T., AgRg no AREsp 1190438/DF, j. em 14.08.2018, DJe 24.08.2018. Sobre o tema na doutrina cf., dentre outros, CAPEZ, Fernando. *Curso de direito penal: parte especial – arts. 121 a 212*, 17 ed. São Paulo: Saraiva, 2017, p. 486-487.

[17] Também criticando o critério da coautoria, embora com outros argumentos, cf. FARIAS, Cristiano Chaves de; ROSENVALD, Nelson; BRAGA NETTO, Felipe Peixoto. *Curso de direito civil: responsabilidade civil*, 6 ed. Salvador: JusPodivm, 2019, p. 425-426.

salidade. Na jurisprudência de outros tribunais, existem, também, decisões que se socorrem do critério temporal para justificar a solução oposta. Afirma-se que a demora do Estado em recapturar o fugitivo demonstra a inércia do Estado, reforçando-se a necessidade de responsabilização, argumento que se relaciona com o critério, abaixo analisado, da gravidade da violação do dever.[18] A possibilidade de o aspecto temporal atuar em dupla mão, favorável ou contrariamente à responsabilização civil do Estado, indica uma falha no recorte. O critério também é prejudicado pela ausência de diretrizes para se determinar quando o crime deve ser considerado como praticado em instante muito posterior à fuga.

Essa crítica também pode ser dirigida ao critério espacial, que, embora não utilizado pelo STF, é indicado em alguns julgados de outras cortes[19] e defendido por parte da doutrina. Afirma-se que os crimes praticados por fugitivos nas imediações do estabelecimento prisional devem ser imputados ao Estado.[20] A diretriz parece coerente, pois haveria uma elevação da probabilidade de crimes nas regiões próximas aos presídios. Entretanto, ela pode sugerir a impossibilidade de responsabilização por crimes praticados em local muito distante do estabelecimento prisional. Imagine-se que, na ausência de qualquer controle do Estado, o criminoso saia com frequência do estabelecimento prisional para praticar crimes. Certa vez ele furta uma motocicleta nas imediações da prisão, para, com ela, chegar a outro bairro, onde praticará outros crimes. Seria incoerente e injusto responsabilizar o Estado apenas pelo primeiro delito, pois o relevante não é a localização do crime, mas a concretização de um risco específico. É em vista desse aspecto que se deverá decidir se há responsabilidade civil do Estado.

2.4. CONTEXTO DA FUGA ("SITUAÇÃO DE FUGA") E MOTIVO DE VINGANÇA

É preferível evitar o caminho indireto do critério espacial e do temporal, valendo-se diretamente de valorações relacionadas ao risco. Nesse sentido, o critério do contexto da fuga ou, conforme expressão utilizada pelo

[18] TJMG, 3ª Câmara Cível, Ap. Civ. 1.0024.02.807880-6/001, j. em 04/12/2003; TJMG, 2ª Câmara Cível, Ap. Civ./Reex Necessário 1.0672.07.262889-0/001, j. em 03/08/2010.

[19] TJMG, 1ª Câmara Cível, Ap. Civ. 1.0596.08.051627-8/001, j. em 08/10/2013.

[20] Cf., por todos, MELLO, Celso Antônio Bandeira de. *Curso de direito administrativo*. 29 ed. São Paulo: Malheiros, 2012, p. 1035.

STF, do crime praticado "em situação de fuga", é mais próximo das razões materiais para a decisão de imputação ou não da responsabilidade civil.

Em princípio, somente deve haver responsabilização do Estado por aqueles crimes praticados em razão da fuga, pouco importando se individualmente ou em coautoria, não se tratando, todavia, de determinar se o crime foi praticado durante a fuga ou nas proximidades do estabelecimento prisional, mas sim de definir um vínculo teleológico entre o crime e o descumprimento da regra relativa ao regime prisional. Para ser imputado ao Estado, o dano provocado por fugitivo deve ser: (i) meio para a realização da fuga ou para a sua garantia; ou (ii) o fim da própria fuga.

Quanto ao primeiro aspecto, responde o Estado caso o foragido furte um veículo para utilizá-lo na fuga ou assassine um transeunte para disfarçar-se com suas roupas ou mesmo para conseguir dinheiro para as despesas relativas à fuga. Também haverá responsabilização se o fugitivo sequestrar a vítima para assegurar-se contra a perseguição ou a recaptura, assim como em outras hipóteses semelhantes. Entretanto, o Estado não deve responder se o foragido cometer crime em uma briga de bar, ainda que imediatamente após a evasão e nas proximidades do estabelecimento prisional. Diversamente, mesmo que o crime não tenha sido praticado durante a fuga, deve-se responsabilizar o Estado se o delito visa a intimidar a vítima para que esta não entre em contato com a autoridade policial, garantindo-se, assim, a indevida liberdade. Com mais razão, haverá responsabilidade se o crime for uma represália a qualquer iniciativa de recaptura.

Quanto à hipótese de o dano provocado por fugitivo ser o fim da própria fuga, há, com alguma frequência, condenados que se evadem para se vingarem de alguma pessoa que eles considerem responsável por sua prisão, como ocorreu no caso analisado pelo STF no Recurso Extraordinário n. 136.247. O motivo de vingança foi expressamente considerado pela corte para responsabilizar o Estado, apesar da distância temporal e espacial do crime em relação, respectivamente, à fuga e ao estabelecimento prisional. Para o STF, "a imediação temporal entre a fuga e os homicídios não foi ocasional, mas resultou de predisposição do evadido". Também como hipótese de o dano provocado por fugitivo ser o fim da própria fuga, poder-se-ia cogitar do prisioneiro que, aproveitando-se do descaso da administração penitenciária ou até mesmo da complacência de seus agentes, sai habitualmente do estabelecimento para a ele voluntariamente retornar após cometer os delitos planejados. Seu objetivo não seria a fuga em si, mas a continuidade de sua prática delitiva. Os crimes são, portanto, o fim da evasão.

2.5. REITERAÇÃO DE FUGAS

Nesse cenário, impende, por fim, analisar a última circunstância vislumbrada nos julgados do STF: a reiteração de fugas (RE n. 409.203 e Ag.Reg. no RE n. 573.595). Como já ressalvado, ainda não é evidente se a reiteração de fugas justificaria, por si, a responsabilização civil do Estado por crime praticado por foragido, o que deverá ser esclarecido no julgamento do Recurso Extraordinário n. 608.880. A referida circunstância indica uma séria negligência do Estado, que, por mais de uma vez, permite a evasão de um determinado criminoso.

No entanto, no direito da responsabilidade civil, a gravidade da culpa não deve se refletir nos critérios de imputação da responsabilidade relacionados ao problema da causalidade. Em princípio, o alcance da responsabilidade não se mede pela maior ou pela menor reprovabilidade do fato imputável ao agente lesivo. Além disso, aplicado à responsabilidade civil do Estado por crime praticado por fugitivo, o critério da gravidade da culpa, ou, mais especificamente, o da reiteração de fugas, ensejaria um dilema: negar indenização à vítima ao argumento de que, no seu caso, a fuga não decorreu de uma acentuada negligência da Administração Pública, ou de que se trataria da primeira fuga do criminoso. Por fim, haveria um problema de incoerência sistemática caso se entenda que a responsabilidade civil do Estado por crime praticado por fugitivo é de natureza objetiva, informada, pois, pelo critério do risco administrativo. Com efeito, a responsabilização, nessa hipótese, não dependeria da constatação da culpa da Administração Pública.

Os julgados do STF mencionam a reiteração de fugas, mas não indicam se tratar de um critério relevante para a responsabilização. Espera-se que o julgamento da repercussão geral esclareça esse aspecto. Eventual fundamentação da responsabilidade não deve decorrer da gravidade da falha da Administração Pública, mas de outros critérios, como a periculosidade específica do foragido e a direta relação desta com o crime praticado após a fuga.[21]

[21] Sobre o tema cf., outrossim, REINIG, Guilherme Henrique Lima. Responsabilidade civil do Estado por crime praticado por fugitivo (parte 1). *Conjur*, 2017. Disponível em: https://

CONCLUSÕES

A jurisprudência do STF sobre a responsabilidade civil do Estado por crimes praticados por fugitivos especificou alguns critérios de imputação a partir das circunstâncias concretas enfrentadas em seus julgados. Essa evolução encontra-se em progressivo aprimoramento e espera-se que o julgamento do Recurso Extraordinário n. 608.880 venha a contribuir com esse processo construtivo.

Nesse contexto, um dos principais aspectos da jurisprudência do STF sobre o tema diz respeito à distância temporal entre a fuga e o crime praticado pelo fugitivo. Desde o julgamento do Recurso Extraordinário n. 136.764, em 1992, trata-se de um dos principais critérios aplicados pelos acórdãos do STF, sendo que alguns deles mencionam também a ideia de "situação de fuga". Os crimes praticados em instante próximo à fuga ou, em outras palavras, os crimes praticados "em situação de fuga", ensejariam a responsabilidade civil do Estado, enquanto os delitos cometidos em momento muito posterior ou fora da referida situação de fuga não a justificariam. É nesse cenário que a relação teleológica entre o crime e a fuga, metaforizada no critério do "contexto da fuga" ou da "situação de fuga", refina o aspecto temporal da jurisprudência do STF, na medida em que o relaciona diretamente com ponderações relativas ao risco: o Estado deve ser civilmente responsabilizado se o crime praticado por fugitivo for meio para a realização ou para a garantia da fuga ou se o crime for o fim da evasão, independentemente da proximidade temporal ou espacial do delito, respectivamente, com a fuga ou com o estabelecimento prisional.

O critério do contexto da fuga não esgota os possíveis juízos de responsabilização civil do Estado. Cogite-se, *e.g.*, de uma específica periculosidade

www.conjur.com.br/2017-jun-26/direito-civil-atual-responsabilidade-civil-estado-crime-praticado-fugitivo-parte; Responsabilidade civil do Estado por crime praticado por fugitivo (parte 2). *Conjur*, 2017. Disponível em: https://www.conjur.com.br/2017-jul-03/direito-civil-atual-responsabilidade-estado-crime-praticado-fugitivo-parte. Flávio Tartuce, em cuidadosa e bem fundamentada análise do tema da responsabilidade civil do Estado por crime praticado por fugitivo, expressa "sérias dúvidas" sobre a conclusão final dos textos publicados no Conjur (Tartuce, Flavio. *Manual de responsabilidade civil*. São Paulo: Método, 2018, p. 946 e ss.). Todavia, a divergência é mais aparente do que real. Assim como no presente artigo, não se defendeu, nas referidas colunas, a impossibilidade de responsabilização civil do Estado. Sustentou-se ser necessária a concretização de critérios específicos de imputação, como o do contexto da fuga, rejeitando-se, por outro lado, o critério da reiteração de fugas e a suficiência da teoria da equivalência das condições.

do fugitivo, como exemplo, a fuga de indivíduo que foi reiteradas vezes condenado pelo crime de estupro de vulnerável. Poder-se-ia afirmar, com fundamento na teoria da causalidade adequada, que o novo crime é consequência adequada da omissão do Estado, na medida em que a fuga de um criminoso com histórico de crimes sexuais contra vulneráveis eleva a probabilidade de novos crimes da mesma espécie; ou, com fundamento na teoria do escopo de proteção da norma, que a prática de novo crime contra a dignidade sexual seria a concretização de um risco específico diretamente relacionado com o escopo de proteção da norma jurídica violada pelo Estado.

Nesse caso, a teoria do escopo da norma viabilizaria uma maior concretização do critério de imputação. Embora já fosse possível inferi-lo da teoria da causalidade adequada, a teoria do escopo da norma contribui para um refinamento do juízo. Enquanto é razoável responsabilizar o Estado por crimes de estupro de vulnerável praticado por foragido com histórico de crimes dessa natureza, é duvidoso que a mesma solução se justifique em se tratando de crimes de natureza patrimonial.[22] O critério do risco sofre, por assim dizer, influências valorativas do aspecto material (bem jurídico) do escopo protetivo.[23] A fuga de um criminoso com histórico de delitos contra a vida ou contra a dignidade sexual eleva riscos socialmente mais graves do que os resultantes da evasão de condenados por crimes patrimoniais. Por isso, o escopo protetivo de um dever de diligência e de vigilância específico para tais criminosos justificaria a responsabilização na hipótese.

Por outro lado, critérios como o da coautoria e o da reiteração de fugas, embora mencionados em alguns julgados do STF, deveriam ser definitivamente descartados pela corte, a qual, paulatinamente, segue delimitando e selecionando os juízos que viabilizarão uma jurisprudência coesa e coerente no tema da responsabilidade civil do Estado por crime praticado por fugitivo. De modo geral, uma diretriz para essa difícil tarefa consiste em procurar definir as espécies de risco imputadas ao Estado e também a relação desse critério com a natureza do bem jurídico violado.

[22] Para uma proposta semelhante, mas a partir de outra perspectiva, cf. BRAGA NETO, Felipe. *Os novos rumos da responsabilidade civil: o Estado e a violência urbana*. Salvador: Juspodivm, 2019, p. 277 e ss.

[23] Sobre a teoria cf. referências citadas na nt. 4 *supra*. Em apertada síntese, a teoria do escopo (de proteção) da norma propõe que se investigue: (i) se a pessoa lesada encontra-se protegida pelo escopo da norma violada; (ii) se o bem jurídico violado é protegido pela norma jurídica violada; e (iii) se a norma jurídica violada objetiva à proteção contra o risco concretizado.

27
LEI APLICÁVEL À RESPONSABILIDADE CIVIL: QUAL ESPAÇO PARA A *LEX LOCI DELICTI COMISSI*?

Gustavo Ferraz de Campos Monaco

NOTA PRÉVIA

Não fui aluno de Teresa Ancona Lopez, mas a conheci nos corredores do Prédio Histórico do Largo São Francisco. Sua simpatia com todos e a alegria com que age em todos os momentos são, para mim, sua marca pessoal. Beleza de alma. Quis o destino que o Departamento de Direito Internacional e Comparado a indicasse, já Professora Titular de Direito Civil, para a banca do Concurso de Ingresso ao qual me inscrevi e no qual fui indicado para prover uma das duas vagas que estavam em disputa. Depois disso, quando prestei os concursos de Livre-docência e de Professor Titular, contei sua presença segura no doutoral do Salão Nobre.

A homenagem, centrada na temática que a preocupou como pesquisadora – a responsabilidade civil (dano estético[1], produtos potencialmente nocivos e a indústria do tabaco[2], princípio da precaução e responsabilidade ambiental[3], temas de suas teses) – torna-se a chance de desenvolver as ideias que tenho manifestado em aula sobre a lei aplicável à responsabilidade civil a partir de uma pergunta que me parece crucial: qual o espaço que, nos danos transfronteiriços, ainda resta para a conexão clássica (*lex*

[1] Lopez, Teresa Ancona. *O dano estético*. 3. ed. São Paulo: RT, 2004.

[2] Lopez, Teresa Ancona. *Nexo causal e produtos potencialmente nocivos: a experiência brasileira do tabaco*. São Paulo: Quartier Latin, 2008.

[3] Lopez, Teresa Ancona. *Princípio da precaução e evolução da responsabilidade civil*. São Paulo: Quartier Latin, 2010.

loci delicti comissi) e que nos foi legada pelos estatutários[4]? É esse, portanto, o *leitmotiv* do presente estudo.

INTRODUÇÃO

A Lei de Introdução às Normas do Direito brasileiro (LINDB) utiliza o conceito-quadro[5] obrigações de modo genérico, não apartando as obrigações contratuais das não contratuais, para determinar o elemento de conexão que auxiliará o deslinde do conflito de leis no espaço. Uma das vantagens que os conceitos-quadro desempenham no jogo típico do direito dos conflitos é justamente a desempenhada por sua capacidade de expansão[6], o que permite abarcar novas realidades, dilatando seu alcance.

Na outra parte da norma de conflitos, o legislador brasileiro indica como elemento de conexão a lei do local em que as obrigações se constituem. Elementos de conexão são, para mim, continentes sem conteúdo – dados *a priori* –,que dependem da situação concreta e de sua relevância jurídica (possibilidade de se amoldar ao conceito jurídico elástico da norma de conflito)[7], donde se verifica que casos idênticos em sua conformação jurídica se subsumam a leis materiais diferentes, a depender do critério geográfico relevante.

No caso das obrigações, esse critério geográfico relevante recaiu, segundo a escolha do legislador brasileiro dos conflitos, tanto sobre a lei do local da contratação (*lex loci contractus*)[8] para as obrigações contratuais entre presentes[9], como sobre a lei do local do cometimento do ilícito

[4] Dolinger, Jacob. *Direito Internacional Privado. Contratos e obrigações no direito internacional privado.* Rio de Janeiro: Renovar, 2007, p. 352.

[5] "O conceito que na Regra de Conflitos designa a matéria, questão jurídica ou sector normativo relativamente ao qual é decisivo o elemento de conexão por essa mesma regra escolhido chama-se *conceito-quadro*" Baptista Machado, João. *Lições de Direito Internacional Privado.* 3. ed. (reimp.). Coimbra: Almedina, 2006, p. 58.

[6] Como referido por Moura Vicente, Dário. *Da responsabilidade pré-contratual em Direito Internacional Privado.* Coimbra: Almedina, 2001, p. 101.

[7] Como já afirmara em Monaco, Gustavo Ferraz de Campos. *Conflitos de leis no espaço e lacunas (inter)sistêmicas.* São Paulo: Quartier Latin, 2019, p. 59, nota 92.

[8] No entanto, essas regras se referem sempre ao conteúdo da obrigação, nunca à sua forma, pois esta, em que pese o silêncio da LINDB, encontra-se afeta ao princípio *locus regit actum/contractum*, de longa tradição no Direito Internacional Privado.

[9] No que tange às obrigações contratuais entre ausentes, a lei aplicável é a do domicílio do proponente, consoante determina o § 1º do art. 9º da LINDB. Deve-se notar que não se trata, aqui, necessariamente, de contratação havida entre ausentes no tempo, mas, sim, no espaço,

(*lex loci delicti comissi*) para as obrigações ensejadoras da responsabilidade civil aquiliana.

O presente artigo pretende discutir a lei aplicável à responsabilidade civil aquiliana e, para tanto, procurará qualificar a situação jurídica em tela (1) analisando os conceitos usuais de ato ilícito, dano e nexo de causalidade (2)[10]. Em seguida, discutirá o elemento de conexão (local da constituição) indicado pelo legislador brasileiro (3), abordando as razões históricas para sua consideração doutrinária e as circunstâncias que, possivelmente, determinam a necessidade de seu repensar. Considerada a adequada qualificação da situação fática, procurará dar resposta à dúvida lançada no título do estudo, a saber: qual o espaço que ainda resta para a consideração da *lex loci delicti comissi*? Por fim, sugerirá o abandono dessa expressão e adoção de uma mais abrangente e que se mostre capaz de fazer frente à realidade contemporânea. Nesta, torna-se imperioso abarcar tanto a responsabilidade objetiva, decorrente do risco, como a responsabilidade que se conforma pela prática de ilícitos que ensejam danos transfronteiriços, como são a responsabilidade por atos praticados por meio da rede mundial de computadores[11] e parcela significativa das situações de responsabilidade por danos ambientais.

1. QUALIFICAÇÃO DA OBRIGAÇÃO DE REPARAR O DANO EM SITUAÇÕES JURÍDICAS PLURILOCALIZADAS

Em que pese o *caput* do art. 9º mencionar que as obrigações serão qualificadas e regidas pela lei do local em que se constituíram, tenho defendido que a ideia mesma de obrigação de que o intérprete deverá partir defluirá

sendo esse o critério relevante. Com efeito, dois indivíduos que negociem por sistema de comunicação à distância estão presentes no tempo, porém ausentes no espaço. E se a distância indicar estarem cada qual sob o resguardo de uma soberania distinta, a lei aplicável dependerá, nos termos da regra mencionada, de se identificar quem foi o autor da proposta afinal aceita. E será a lei do local da residência deste último, aquela que regerá o contrato.

[10] Veja-se a afirmação de DOLINGER, Jacob. *Direito Internacional Privado. Contratos e obrigações no direito internacional privado.* Rio de Janeiro: Renovar, 2007, p. 530, que parece assimilar o ato ilícito e o dano para fins de configuração da responsabilidade civil: "Basicamente, continua imperando no continente, e no Brasil, a clássica regra *lex loci delicti comissi*, que manda aplicar a lei do pais em que praticado o ato ilícito, ou em que ocorreu o dano". A impressão não passa de aparência, como o autor deixa claro mais adiante, à p. 539.

[11] A respeito, veja-se, LOPEZ, Teresa Ancona. Responsabilidade civil na sociedade do risco. *Revista da Faculdade de Direito da Universidade de São Paulo.* São Paulo, v. 105, p. 1223-1234, 2010.

exclusivamente da *lex fori*, ou seja, dos critérios vigentes no sistema jurídico provocado a determinar a medida da responsabilidade pela prática de um ato ilícito. À *lex causae* (lei aplicável para o deslinde da questão, ou seja, a lei do local da constituição da obrigação) restariam duas importantes missões: a de classificar aquela obrigação[12] e a de lhe determinar as consequências. Nesse sentido, conceituar-se-ia segundo os critérios da *lex fori* e classificar-se-ia segundo os critérios vigentes na *lex causae*.

Imagine-se, assim, um boliviano domiciliado na cidade brasileira de Sapezal, MS, proprietário de um veículo automotor registrado no Departamento de trânsito do Mato Grosso do Sul e que, tendo-se deslocado alguns quilômetros do ponto de seu domicílio, se encontre em território boliviano. Por imperícia sua, abalroa o veículo automotor de um paraguaio domiciliado na Bolívia, veículo esse que está registrado perante as autoridades bolivianas. O condutor não assume sua responsabilidade e retorna ao Brasil. A vítima paraguaia, então, valendo-se do permissivo estampado no art. 21, inc. I, do Código de Processo Civil brasileiro, propõe a ação cabível perante o Judiciário brasileiro.

Nesse caso, o juiz qualificará a situação da vida com base nos conceitos da lei brasileira, vigente no foro, para afirmar tratar-se de hipótese de obrigação decorrente de responsabilidade civil aquiliana. Enquadrará a questão no conceito-quadro do art. 9º da LINDB e ao se deparar com o comando de que proceda à qualificação segundo os critérios da lei do local em que constituída a obrigação, indagará da lei boliviana quais os tipos classificatórios daquele ordenamento acerca da responsabilidade civil para, então, decidir se a questão se enquadraria como de responsabilidade subjetiva ou objetiva, por exemplo. Será com base nos critérios dessa lei que averiguará, *v.g.*, a exigência ou não do elemento culpa para a configuração da responsabilidade, consequentemente. Além disso, os aspectos substanciais da responsabilidade seriam auferidos, afinal, consoante os critérios da lei do local em que se constituiu a obrigação.

A escolha de um exemplo em que a conduta que desencadeia o dano, o próprio dano e o nexo de causalidade entre ação ou omissão e consequência danosa ocorreram no mesmo espaço geográfico foi claramente

[12] Sobre qualificação, entendido como o ato de conceituar e classificar, veja-se todo o primeiro capítulo de Monaco, Gustavo Ferraz de Campos. *Conflitos de leis no espaço e lacunas (inter) sistêmicas*. São Paulo: Quartier Latin, 2019, com especial destaque, para o que vai no texto, às p. 77-83.

intencional[13]. Nesse exemplo, não há quaisquer dúvidas de que a configuração da obrigação de reparação do dano sofrido pela vítima tenha nascido em um e somente um único território.

Não obstante, convém indagar – e essa indagação está no cerne da questão que o artigo pretende responder – onde, de fato, se constitui a obrigação decorrente da responsabilidade civil? Se conduta (o cometimento do ilícito) e dano ocorrerem em Estados soberanos diversos, onde se estabelece o nexo de causalidade? Qual desses elementos é, assim, aquele que deve ser considerado como o principal para a configuração da obrigação? Por outras palavras: onde a obrigação se constitui? No local em que praticada a ação ou omissão? No local em que percebido e sofrido o dano? E qual o papel do nexo de causalidade nesse contexto de danos experimentados num Estado soberano, porém decorrentes de condutas comissivas ou omissivas praticadas em outro ordenamento?

Tais perguntas colocam em evidência a possibilidade, ao menos teórica, de que as leis dos Estados A e B mostrem-se contraditórias quanto ao elemento considerado relevante para a constituição da obrigação. Imagine-se, assim, que o Estado B indique como essencial para a configuração da obrigação a conduta (comissiva ou omissiva) do agente, ao passo que o ordenamento de A dê preponderância ao elemento dano suportado pela vítima. A diferença ora evidenciada dá relevância ainda mais acentuada à diferença entre conceituar e classificar e terá reflexos na definição do *locus* em que constituída a obrigação.

Com efeito, ponha-se agora a seguinte situação. Um nacional do Estado A, utilizando-se de uma rede web e de um computador que lhe foram disponibilizados em território desse mesmo Estado, acessa rede social hospedada em provedor *internet* situado no estado norte-americano da Califórnia e pratica (ato comissivo) suposta ofensa contra a honra de um nacional do Estado B, domiciliado no território desse mesmo Estado. Em razão das circunstâncias, o cidadão de B é demitido da empresa em que trabalha e tem diversos contratos de uma empresa de consultoria de que é proprietário rompidos unilateralmente pelos clientes. Apesar de suportar o prejuízo

[13] Para uma análise da evolução histórica da ideia de nexo de causalidade que, nos primórdios, quando da promulgação da *lex aquilia* exigia que o dano fosse causado *corpore*, por meio do contato físico entre a coisa danificada e o causador do ato lesivo, veja-se LEMOS, Patrícia Faga Iglecias. *Resíduos sólidos e responsabilidade civil pós-consumo*. São Paulo: RT, 2011, p. 139 e seguintes.

advindo das decisões de seus clientes e de seu empregador, a "vítima" não é capaz de vincular as decisões por eles tomadas à publicação levada a cabo pelo cidadão de A na rede social "californiana". Passado algum tempo, descobre a conduta do cidadão de A e consegue provas junto aos antigos clientes e ao antigo empregador do nexo de causalidade entre suas decisões (que se constituem na causa imediata de seu dano patrimonial) e a publicação levada a efeito no exterior e que lhe atingiram reflexamente o patrimônio. Acreditando que o conteúdo da publicação na rede social mencionada é mentiroso, decide entrar com uma ação judicial contra o autor da publicação, imputando-lhe a responsabilidade pelo dano suportado[14]. Imagine-se, por fim, que tanto o Estado A como o Estado B tenham sua regra de conflitos vazada nos mesmos termos que o art. 9º da LINDB.

Se a ação vier a ser proposta no Estado A (domicilio do réu, consoante a regra do art. 21, I, do CPC brasileiro, ao qual aqui se recorre para fins eminentemente didáticos), cabe ao juiz do foro usar os critérios de seu próprio direito civil (de A) para conceituar a situação como obrigacional, recorrendo, assim, à lei do local em que constituída a obrigação para classificar tal obrigação (direito de B, local em que suportado o dano). Por outro lado, se a ação fosse proposta no Estado B (local de ressarcimento potencial – cumprimento da obrigação –, consoante a regra do art. 21, II, do CPC brasileiro, ao qual aqui se recorre para fins eminentemente didáticos), também caberia ao juiz do foro usar os critérios de seu próprio direito civil para conceituar a situação como obrigacional (mas, agora, o recurso seria ao direito de B), recorrendo, assim, à lei do local em que constituída a obrigação para classificar tal obrigação (direito de A, local da conduta do agente).

Para além do potencial conflito de qualificações aqui enunciado[15], creio que o aspecto sobre o qual se deva dar principal destaque é a constatação de

[14] Imagine-se, por outro lado, que uma publicação como essa gerasse danos morais a mais do que uma pessoa. A questão poderia colocar dúvidas de legitimidade processual como as que são tratadas no interessante artigo de Bonício [*rectius*: Bonizzi], Marcelo José de Magalhães. Breves considerações sobre legitimidade para pleitear indenização por danos morais. In: Zufelato, Camilo; Yarshell, Flávio Luiz (org.). *40 anos da teoria geral do processo no Brasil: passado, presente, futuro*. São Paulo: Malheiros, 2013, p. 537-555.

[15] A respeito, veja-se o primeiro capítulo de Monaco, Gustavo Ferraz de Campos. *Conflitos de leis no espaço e lacunas (inter)sistêmicas*. São Paulo: Quartier Latin, 2019, além da bibliografia ali citada.

que a obrigação só poderá ser tida como constituída quando efetivamente atender aos critérios exigidos pela *lex fori*. Com efeito, no que concerne ao direito internacional privado brasileiro, é essencial que se configure a obrigação pela conjugação dos elementos exigidos pelo direito brasileiro, ainda que, ao depois, havendo remissão a uma lei estrangeira para a regência material da questão (classificação e regência substancial), seja preciso proceder a uma requalificação da questão.

2. OBRIGAÇÃO DE REPARAR O DANO SEGUNDO OS CRITÉRIOS DO DIREITO CIVIL BRASILEIRO

Segundo Teresa Ancona Lopez, embora reconhecendo existirem "correntes doutrinárias que propugnam por uma responsabilidade civil preventiva, ou seja, sem dano, no caso da [simples] possibilidade de danos graves e irreversíveis", "não existe responsabilidade civil, ou seja, obrigação de indenizar, sem dano"[16]. Como se refere Patrícia Faga Iglecias Lemos, para a configuração do dano, "exige-se invasão injusta da esfera jurídica do lesado"[17]. Por certo, a injusta invasão mencionada decorre de uma ação ou omissão humana que pode ser dolosa, culposa ou simplesmente uma conduta que assume os riscos da produção do evento danoso, sobretudo em situações nas quais o perigo é inerente à atividade explorada. Nesse sentido, a ideia de responsabilidade baseada no risco traz ínsita a ideia de uma responsabilidade fundada na solidariedade[18], porquanto vise proteger bens jurídicos difusos.

Teresa Ancona Lopez alerta para a possibilidade de configuração do dano sem que se possa estabelecer a obrigação de repará-lo, porquanto não exista entre a conduta e o dano mencionado o necessário nexo causal ou sempre que este tenha se rompido em virtude de uma causa exonera-

[16] LOPEZ, Teresa Ancona. *Nexo causal e produtos potencialmente nocivos: a experiência brasileira do tabaco*. São Paulo: Quartier Latin, 2008, p. 22 e nota 12, na mesma página. Veja-se, ainda, AGUIRRE, José Ricardo Brandão. *Responsabilidade por informações, conselhos ou recomendações nas relações entre particulares*. Tese de Doutorado. Orientação: Teresa Ancona Lopez. Programa de Pós-Graduação da Faculdade de Direito da USP, 2010, p. 31. Disponível em https://www.teses.usp.br/teses/disponiveis/2/2131/tde-02082011-115409/publico/Tese_de_Doutorado_Joao_Ricardo_Brandao_Aguirre_Versao_Integr.pdf. Último acesso em 30 de junho de 2020.

[17] LEMOS, Patrícia Faga Iglecias. *Direito ambiental: responsabilidade civil e proteção ao meio ambiente*. 2. ed. São Paulo: RT, 2008, p. 109

[18] LOPEZ, Teresa Ancona. *Nexo causal e produtos potencialmente nocivos: a experiência brasileira do tabaco*. São Paulo: Quartier Latin, 2008, p. 39.

tiva prevista em lei (fortuito, força maior, culpa da vítima ou de terceiro)[19]. Como consequência, afirma:

> É, portanto, o nexo causal o principal requisito para que nasça o dever de reparar, principalmente na responsabilidade informada pelas teorias objetivas. (...). Etimologicamente, nexo vem do latim *nexus*, que por sua vez vem de *necto, ere*, que significa ligar, vincular, unir. Nexo é, portanto, ligação ou vínculo. Obviamente, causal vem de causa, aqui significando origem de um determinado efeito. (...). Portanto, nexo causal em responsabilidade civil é o liame obrigatório entre o fato (causa) e o dano (efeito)[20].

Poder-se-ia pensar que nas situações em que a conduta se dá no território do Estado A e o dano se configura no território de outro Estado, B, o nexo de causalidade seria essencialmente transfronteiriço, como decorrência desse aspecto de ligação (liame) frisado pela etimologia da expressão. Por outras palavras, poder-se-ia pensar que o nexo de causalidade teria vinculação necessária com ambos os ordenamentos vigentes nos Estados interessados, o que não pode, todavia, prevalecer.

O pressuposto do nexo de causalidade em termos de responsabilidade civil é menos fático que jurídico, como ressaltado por Patrícia Faga Iglecias Lemos[21]. Vale dizer, vincula-se mais à violação da norma que visava resguardar o interesse juridicamente tutelado que propriamente aos fatos que levaram ao estabelecimento mesmo dessa lesão. Como adverte Dário Moura Vicente,

> A questão fundamental que as normas da responsabilidade civil procuram resolver consiste em determinar, dentre os múltiplos eventos danosos gerados na vida social, aqueles em que ao lesado é permitido repercutir sobre outrem o dano por si sofrido[22].

[19] LOPEZ, Teresa Ancona. Principais linhas da responsabilidade civil no direito brasileiro contemporâneo. *Revista da Faculdade de Direito da Universidade de São Paulo*. São Paulo, v. 101, p. 111-152, 2006, p. 120.

[20] LOPEZ, Teresa Ancona. *Nexo causal e produtos potencialmente nocivos: a experiência brasileira do tabaco*. São Paulo: Quartier Latin, 2008, p. 22, 36-38.

[21] LEMOS, Patrícia Faga Iglecias. *Meio ambiente e responsabilidade civil do proprietário: análise do nexo causal*. São Paulo: RT, 2008, p. 144, 148-150.

[22] MOURA VICENTE, Dário. *Da responsabilidade pré-contratual em Direito Internacional Privado*. Coimbra: Almedina, 2001, p. 187.

É, assim, na multiplicidade de eventos danosos que podem ocorrer em sociedade que as normas jurídicas vão emprestando dignidade protetiva e selecionando quais os danos que merecem proteção. E é para protegê-los que condutas são consideradas ilícitas ou perigosas (dotadas de risco) por essas mesmas normas. Consequentemente, o nexo de causalidade não deve ser buscado no fato ou decorrer do fato, mas deve, isso sim, decorrer da norma, ser nela buscado.

E não se deve estranhar tal realidade, pois, como pondera Elsa Dias Oliveira, em um contexto ligeiramente diverso (mas que interessará para a continuidade de minhas considerações), "a lesão *per se*, sendo embora um facto juridicamente relevante, em geral, não determina a obrigação de indemnizar, pois esta depende da verificação de um dano"[23].

Assim, em espécie de conclusão parcial que permita avançar, diria que embora se reconheça ao nexo de causalidade um aspecto relevantíssimo para a configuração da responsabilidade e, subsequentemente, para a conceituação da situação lesiva como uma obrigação a ser regida pela lei do local de sua constituição, sua natureza normativa coloca em xeque a definição de uma *lex causalitatis*, por si mesma, como uma conexão adequada.

E isso porque, como pode facilmente perceber-se, não é impossível que uma das leis em causa considere passível de tutela jurídica um certo bem, protegendo-o do dano decorrente da lesão provocada pela conduta do agente, ao passo que a outra das leis presente não lhe conceda essa mesma proteção[24]. Ora, nesse caso, faltaria o nexo causal se o considerarmos essencialmente normativo e, não, fático.

Como pondera Baptista Machado, em termos de responsabilidade civil extracontratual "o processo causal desencadeado pela conduta (acção ou omissão) do lesante" pode bem atingir o bem jurídico tutelado em outro local. E é justamente nesse local – "aquele lugar em que esse bem sofreu a « agressão »"[25] – que se deve considerar constituída a obrigação de reparar o dano.

[23] DIAS OLIVEIRA, Elsa. *Da Responsabilidade Extracontratual por Violação de Direitos de Personalidade em Direito Internacional Privado*. Coimbra: Almedina, 2011, p. 443.

[24] BAPTISTA MACHADO, João. *Lições de Direito Internacional Privado*. 3. ed. (reimp.). Coimbra: Almedina, 2006, p. 370.

[25] BAPTISTA MACHADO, João. *Lições de Direito Internacional Privado*. 3. ed. (reimp.). Coimbra: Almedina, 2006, p. 372.

3. A CONEXÃO EM MATÉRIA DE RESPONSABILIDADE CIVIL: RAZÕES HISTÓRICAS E NECESSIDADE DE REVISITAÇÃO DO CRITÉRIO DA *LEX LOCI DELICTI COMISSI* À LUZ DA CORRETA QUALIFICAÇÃO DA OBRIGAÇÃO DE REPARAR O DANO

Do que acima ficou descrito, a remissão que a Lei de Introdução às Normas do Direito Brasileiro faz ao local em que se constituir a obrigação para fins de responsabilidade civil deve ser a lei do local em que foi suportado o dano e não a lei do local em que cometido o ilícito.

A referência à *lex loci delicti comissi*, com sua clara vinculação ao local do cometimento do delito (ilícito), assim, reporta-se a uma circunstância histórica, possivelmente calcada na exigência derivada da *lex aquilia*, que estabelecia que o dano deveria ser causado por um efetivo contato físico havido entre seu autor (agente) e a coisa danificada. Ainda que se tenha, posteriormente, evoluído para o abandono da necessidade do contato físico entre o corpo do autor e o objeto danificado, admitindo-se que o dano fosse causado pela intermediação de um instrumento ou um animal, estes eram tidos como verdadeira extensão do agente[26].

Em cenários como estes, conduta, dano e nexo causal eram verificados no mesmo espaço e a verdade é que a referência à *lex loci delicti comissi* ou à *lex loci damni* restava praticamente indiferente, muito embora sempre tenham sido ventilados exemplos didáticos de tiros disparados de um lado de uma fronteira e que atingiam corpos prostrados no território do Estado lindeiro. Aqui, certamente, tem-se a percepção do dano num Estado e o cometimento da conduta em outro, mas o recurso à clássica expressão se manteve.

No entanto, as circunstâncias tecnológicas atuais comprovam que uma conduta pode ser adotada – de modo comissivo ou omissivo – em um território e desencadear efeitos em outro ou outros territórios, acarretando duas ordens de preocupações adicionais: de um lado, a possibilidade de que os efeitos atribuíveis (causados) à conduta do agente sejam desencadeados em diversos ordenamentos jurídicos distintos e, de outro, a dúvida que está no cerne do presente texto: ser a *lex loci delicti comissi* uma conexão equivocada.

O equívoco ou não da *lex loci delicti comissi* é mais teórico que prático, dada a escolha do conceito-quadro amplo e genérico das obrigações, o que

[26] Lemos, Patrícia Faga Iglecias. *Resíduos sólidos e responsabilidade civil pós-consumo*. São Paulo: RT, 2011, p. 139-140.

engloba tanto os contratos como a responsabilidade civil e as obrigações *ex lege*, submetendo-os todos a uma mesma conexão: a do local da constituição da obrigação. Obrigação essa que se constitui, como visto, à luz do direito vigente no espaço em que experimentado o dano ou dos espaços em que experimentados os múltiplos danos.

Não se torna, por isso, necessário discutir as razões que se colocam a favor ou contra a tese da incidência da lei do lugar da conduta ou em favor ou contra da lei do lugar do resultado, como o faz Baptista Machado[27]. No direito brasileiro, chega-se à mesma conclusão que o internacionalista português, mas por meio da qualificação, com recurso ao direito material para fins de conceituação, com a intenção necessária de preencher o conceito-quadro da regra conflitual.

Problema um pouco mais complexo é o que diz respeito à possibilidade de que a mesma conduta ilícita ou decorrente do risco da atividade desencadeie danos suportados em mais de um ordenamento jurídico, donde se coloca a questão de saber se deva haver um tratamento da totalidade dos danos suportados ou se se deve proceder a uma espécie de *dépeçage* dessa relação. O tema, entretanto, é bastante complexo e demanda um estudo aprofundado, impossível de se realizar nos limites dessa singela homenagem[28].

CONCLUSÕES

O legislador do art. 9º da LINDB foi sábio ao estabelecer que a lei aplicável à responsabilidade civil deva ser a do local da constituição da obrigação. Nesse sentido, o conceito-quadro amplo e elástico utilizado pelo legislador leva à questão que procurei enfrentar no item 2, *supra*, ou seja, a de saber onde, de fato, constitui-se a obrigação de reparar o dano.

A conclusão a que cheguei foi favorável ao local em que experimentado o dano, já que se reconheceu um aspecto normativo ao nexo de causalidade. Fosse ele fático e, talvez, tivesse pendido para a *lex causalitatis*. Mas foi favorável ao local do dano porque, "de fato", só pode haver causa-

[27] "A obrigação de indemnizar apenas surge com a lesão, com a produção do dano" Baptista Machado, João. *Lições de Direito Internacional Privado*. 3. ed. (reimp.). Coimbra: Almedina, 2006, p. 369.

[28] Veja-se, no âmbito europeu, Gonçalves, Anabela Susana de Sousa. O caso Bolagsupplysningen e o lugar da ocorrência do facto danoso online na violação transfronteiriça de direitos de personalidade. *Direito na Lusofonia. Direitos e novas tecnologias*. Minho, Portugal: Escola de Direito da Universidade do Minho, 2018, p. 15-24.

lidade entre uma coisa e outra. Não há responsabilidade civil sem ambas. Conduta e dano são os elementos da causalidade. Só há relação de causa e efeito entre dois elementos distintos.

A submissão da obrigação de reparar o dano à lei do local em que experimentado o dano, assim, exige o abandono da *lex loci delicti comissi* e a referência a uma (ou mais) *lex loci damni*.

REFERÊNCIAS

AGUIRRE, José Ricardo Brandão. *Responsabilidade por informações, conselhos ou recomendações nas relações entre particulares*. Tese de Doutorado. Orientação: Teresa Ancona Lopez. Programa de Pós-Graduação da Faculdade de Direito da USP, 2010. Disponível em https://www.teses.usp.br/teses/disponiveis/2/2131/tde-02082011-115409/publico/Tese_de_Doutorado_Joao_Ricardo_Brandao_Aguirre_Versao_Integr.pdf. Último acesso em 30.jun.2020.

BAPTISTA MACHADO, João. *Lições de Direito Internacional Privado*. 3. ed. (reimp.). Coimbra: Almedina, 2006.

BONÍCIO [*rectius*: BONIZZI], Marcelo José de Magalhães. Breves considerações sobre legitimidade para pleitear indenização por danos morais. In: ZUFELATO, Camilo; YARSHELL, Flávio Luiz (org.). *40 anos da teoria geral do processo no Brasil: passado, presente, futuro*. São Paulo: Malheiros, 2013, p. 537-555.

DIAS OLIVEIRA, Elsa. *Da Responsabilidade Extracontratual por Violação de Direitos de Personalidade em Direito Internacional Privado*. Coimbra: Almedina, 2011.

DOLINGER, Jacob. *Direito Internacional Privado. Contratos e obrigações no direito internacional privado*. Rio de Janeiro: Renovar, 2007.

GONÇALVES, Anabela Susana de Sousa. O caso Bolagsupplysningen e o lugar da ocorrência do facto danoso online na violação transfronteiriça de direitos de personalidade. *Direito na Lusofonia. Direitos e novas tecnologias*. Minho, Portugal: Escola de Direito da Universidade do Minho, 2018.

LEMOS, Patrícia Faga Iglecias. *Direito ambiental: responsabilidade civil e proteção ao meio ambiente*. 2. ed. São Paulo: RT, 2008.

LEMOS, Patrícia Faga Iglecias. *Meio ambiente e responsabilidade civil do proprietário: análise do nexo causal*. São Paulo: RT, 2008.

LEMOS, Patrícia Faga Iglecias. *Resíduos sólidos e responsabilidade civil pós-consumo*. São Paulo: RT, 2011.

LOPEZ, Teresa Ancona. *Nexo causal e produtos potencialmente nocivos: a experiência brasileira do tabaco*. São Paulo: Quartier Latin, 2008.

LOPEZ, Teresa Ancona. *O dano estético*. 3. ed. São Paulo: RT, 2004.

LOPEZ, Teresa Ancona. Principais linhas da responsabilidade civil no direito brasileiro contemporâneo. *Revista da Faculdade de Direito da Universidade de São Paulo*. São Paulo, v. 101, p. 111-152, 2006.

LOPEZ, Teresa Ancona. *Princípio da precaução e evolução da responsabilidade civil*. São Paulo: Quartier Latin, 2010.

LOPEZ, Teresa Ancona. Responsabilidade civil na sociedade do risco. *Revista da Faculdade de Direito da Universidade de São Paulo*. São Paulo, v. 105, p. 1223-1234, 2010.

MONACO, Gustavo Ferraz de Campos. *Conflitos de leis no espaço e lacunas (inter)sistêmicas*. São Paulo: Quartier Latin, 2019.

MOURA VICENTE, Dário. *Da responsabilidade pré-contratual em Direito Internacional Privado*. Coimbra: Almedina, 2001.

28
ACESSO UNIVERSAL À SAÚDE PÚBLICA E OS USUÁRIOS DE PLANO DE SAÚDE

HELENO TAVEIRA TORRES

1. DIREITO À SAÚDE COMO DEVER DO ESTADO NA CONCRETIZAÇÃO DO ESTADO DEMOCRÁTICO DE DIREITO

Como se sabe, o Sistema único de Saúde – SUS tem a finalidade de efetivar o direito *universal* à saúde, com acesso em condição de *igualdade*. O caráter *universal*, além de definir o alcance da política pública permanente, representa a impossibilidade de o direito ser suprimido, total ou parcialmente, ou criar diferenciação entre os beneficiários. A Constituição Federal de 1988 trouxe significativa mudança no padrão de proteção social ao expandir seu alcance para o fortalecimento dos princípios de terceira geração que concorrem para a proteção da *dignidade da pessoa humana*. Nesse contexto, o direito à saúde recebeu tratamento constitucional privilegiado, protegido por distintas *normas de garantia*, como as dos artigos 6º, 194, 196 e seguintes, ao lado de outros direitos igualmente importantes.

O Estado assume, finalmente, um compromisso com a realização da justiça social, especialmente na área da saúde, desde o Preâmbulo, e ampara-se no plexo de valores e objetivos fundamentais da área social (artigo 3º e 6º, CF), a concretizar rigoroso tratamento jurídico aos direitos sociais, como os da saúde, educação, alimentação, moradia e outros. O Constituinte de 1988, ao instituir um *Estado Democrático de Direito*, dotou o texto constitucional de normas com medidas cogentes para assegurar a efetividade do *direito* à saúde, tanto no financiamento quanto na prestação do serviço à população. Superava-se, assim, o modelo de regras programáticas de baixa eficácia, a regular direitos sociais, como a saúde, sem os meios suficientes. Daí o artigo 196 da CF declarar a saúde como um dever do Estado e um direito *universal* e *igualitário* para o acesso pelo cidadão.

Entretanto, o Supremo Tribunal Federal – STF, ao declarar a constitucionalidade do artigo 32 da Lei nº 9.656/98,[1] como resultado, manteve uma exação desproporcional que decorre da repercussão do custo do ressarcimento sobre o preço do plano de saúde, transferido aos usuários unicamente pelo fato de estes utilizarem-se dos serviços do SUS, e para o qual contribuem, em condição de igualdade, como dever constitucional (artigo 198). E, agora, com a pandemia do COVID-19, viu-se claramente o uso intensivo de leitos de hospitais públicos por muitos pacientes com planos de saúde. Um custo majorado que será repartido com todos os demais titulares dos mesmos planos de saúde, por repercussão da exação. Seja como for, é preciso entender esta relação entre sistema público e financiamento privado cumulativo. Prescrevem os arts. 196 e 197 da Constituição:

> *Artigo 196. A saúde é direito de todos e dever do Estado, garantido mediante políticas sociais e econômicas que visem à redução do risco de doença e de outros agravos e ao acesso universal e igualitário às ações e serviços para sua promoção, proteção e recuperação.*

[1] *"ADMINISTRATIVO. RESSARCIMENTO SUS. OPERADORAS DE PLANOS DE SAÚDE. ART. 32 DA LEI 9.656/98. ART. 199 DA CONSTTUIÇÃO FEDERAL. CONSTITUCIONALIDADE. IMPUGNAÇÃO. CONTRADITÓRIO E AMPLA DEFESA ASSEGURADOS. PRINCÍPIO DA IRRETROATIVIDADE. FATOS JURÍGENOS POSTERIORES À VIGÊNCIA DA LEI FEDERAL. 1. O Estado, sem se desincumbir de seu ônus constitucional, possibilitou que empresas privadas, sob sua regulamentação, fiscalização e controle (ANS), prestassem a assistência à saúde de forma paralela, no intuito de compartilhar os custos e os riscos a fim de otimizar o mandamento constitucional. 2. A cobrança disciplinada no art. 32 da Lei 9.656/98 ostenta natureza jurídica indenizatória ex lege (receita originária), sendo inaplicáveis as disposições constitucionais concernentes às limitações estatais ao poder de tributar, entre elas a necessidade de edição de lei complementar. 3. Observada a cobertura contratual entre os cidadãos-usuários e as operadoras de planos de saúde, além dos limites mínimo (praticado pelo SUS) e máximo (valores de mercado pagos pelas operadoras de planos de saúde), tal ressarcimento é compatível com a permissão constitucional contida no art. 199 da Carta Maior. 4. A possibilidade de as operadoras de planos de saúde ofertarem impugnação (e recurso, atualmente), em prazo razoável e antes da cobrança administrativa e da inscrição em dívida ativa, sendo-lhes permitido suscitar matérias administrativas ou técnicas de defesa, cumpre o mandamento constitucional do inciso LV do art. 5º da Constituição Federal. 5. O ressarcimento previsto na norma do art. 32 da Lei 9.656/98 é aplicável aos procedimentos médicos, hospitalares ou ambulatoriais custeados pelo SUS posteriores a 4.6.1998, desde que assegurado o exercício do contraditório e da ampla defesa, no âmbito administrativo, em todos os interstícios amparados por sucessivas reedições de medidas provisórias."* (BRASIL. Supremo Tribunal Federal – STF. RE nº 597064, Relator Ministro Gilmar Mendes, Tribunal Pleno, j. 07/02/2018, DJe 16/05/2018).

Artigo 197. São de relevância pública as ações e serviços de saúde, cabendo ao Poder Público dispor, nos termos da lei, sobre sua regulamentação, fiscalização e controle, devendo sua execução ser feita diretamente ou através de terceiros e, também, por pessoa física ou jurídica de direito privado.

Como se verifica, ao mesmo tempo que o texto constitucional consagra o *dever* do Estado de prestação do serviço de saúde, como instrumento de sua efetividade, prescreve o *direito* do indivíduo ao *acesso universal e igualitário às ações e serviços*, como medida de aplicação do princípio de *dignidade da pessoa humana*. E este, por sua vez, afirmado no artigo 1º da Constituição como "fundamento" do Estado Democrático de Direito, ao lado de outros princípios sobranceiros, como os da cidadania e da soberania, deve sempre ser efetivado nas suas máximas possibilidades.

A dignidade da pessoa humana, ao justificar a proteção ao mínimo existencial, enquanto direito objetivo, confere efeitos de *direito subjetivo fundamental* a todos aqueles que comprovem a situação de impedimento para sujeitar-se às intervenções estatais, como aquelas de ordem tributária, para que possam recorrer aos meios institucionais e processuais[2] necessários para o atendimento à sua condição. Como direito objetivo, garantido constitucionalmente, na forma de direito fundamental, ampara-lhe o *princípio de proibição do retrocesso*,[3] assim como os valores inerentes à igualdade material (*pessoalidade, não discriminação, proibição de privilégios* e *generalidade*). São vedados o retrocesso (garantia material) ou a supressão por emenda constitucional (garantia formal).

Sempre há dúvida sobre o que deve ser considerado como "mínimo", para os fins da efetividade da garantia constitucional, enquanto expressão do princípio de dignidade da pessoa humana. O certo é que esta regra quedar-se-á sempre à disposição do legislador, que terá, entretanto, o dever de formular leis coerentes com as repercussões reveladoras da reserva do mínimo vital, em coextensão ao princípio da dignidade da pessoa humana.

[2] MENDES, Gilmar Ferreira. A proteção da dignidade da pessoa humana no contexto do processo judicial. In: MIRANDA, Jorge; SILVA, Marco Antonio Marques da (Coord.). *Tratado luso-brasileiro da dignidade humana*. São Paulo: Quartier Latin, p. 127-141.

[3] Sarlet, Ingo Wolfgang. *A eficácia dos direitos fundamentais*. 22ª. ed. Porto Alegre: Livraria do Advogado, 2001. p. 170 e ss.; cf. ainda: Sarlet, Ingo Wolfgang. Direitos fundamentais sociais e proibição de retrocesso: algumas notas sobre o desafio da sobrevivência dos direitos sociais num contexto de crise. *Revista Brasileira de Direito Constitucional*, São Paulo, nº 4, p. 241-271, jul.-dez. 2004.

O modelo empregado ao direito à saúde é perfilado dentro de panorama político e jurídico de *universalização* e *igualdade* de acesso às *ações e serviços de saúde*.[4] São típicas normas de garantias, que existem para assegurar o direito à saúde, como "direito público subjetivo" de todos. O mínimo de eficácia do princípio de *Estado Democrático de Direito*. Assim, o direito à saúde assume as notas qualificantes de "direito fundamental", com proteção até mesmo pelas cláusulas de eternidade, ou pétreas, do artigo 60, § 4º, IV da CF.

A demarcação da saúde pública como *direito* fundamental gera sobretudo *deveres* fundamentais ao Estado, os quais podem ser sintetizados no *dever* de realização de todos os meios para conferir efetividade àquele *direito*. Este binômio coincide no conteúdo do artigo 196 da Constituição. Exatamente em virtude de seu caráter de direito fundamental, o texto constitucional do artigo 196 assegura o acesso aos serviços de saúde a todos. E, por conseguinte, veda qualquer forma de restrição ou de redução de acesso, com ou sem discriminação. Decorre daquele princípio de "*direito* ao *acesso universal e igualitário às ações e serviços de saúde*", ao que a Lei não pode criar embaraços ou formas que venham a inibir, direta ou indiretamente, o livre direito de acessibilidade aos serviços de saúde, prestados de modo universal e igualitário.

Não fez o Constituinte qualquer segregação entre os beneficiários do direito à saúde. Optou por um regime de cobertura integral, projetado a partir da concepção de que *todo e qualquer* indivíduo possui direito à saúde, base do próprio direito à vida. A norma do artigo 196, pois, é claríssima ao prescrever a universalidade do serviço de saúde. E quando se fala em *todo* somente uma interpretação é cabível: aquela que não exclui ninguém e não confere tratamento diferenciado entre aqueles que abarca.

Para além de sua essência axiológica, o artigo 196 da CF é norma cogente à atuação estatal, cujo reflexo é a inexistência de espaço para escolha quanto à implementação ou não de ações e serviços de saúde. Ao Estado só há a opção de executá-los, e nos moldes ditados pelo texto constitucional.[5]

[4] FLEURY, Sonia. Políticas sociais e democratização do poder local. *In*: VERGARA, Sylvia Constant; CORRÊA, Vera Lucia de Almeida (Org.). *Propostas para uma gestão pública municipal efetiva*. Rio de Janeiro: FGV, 2003, p. 100-101.

[5] Sobre o tema, confira-se: TOJAL, Sebastião Botto de Barros. A Constituição dirigente e o direito regulatório do Estado Social: o direito sanitário. In: BRASIL. Ministério da Saúde. Secretaria de Gestão do Trabalho e da Educação na Saúde. *Direito sanitário e saúde pública*. Brasília: Ministério da Saúde, 2003, p. 21-37

Como nos diz Sueli Gandolfi Dallari[6], a saúde transcende o *status* de direito social e se afirma como direito vital de que possui cada cidadão. E é justamente este atributo que lhe confere eficácia prática. Vejamos a lição da mencionada autora:

> *A simples afirmação da saúde como um dos direitos sociais constantes do Artigo 6º da Carta de 1988 poderia, entretanto, guardar o caráter de norma de eficácia contida, experiência tradicional do direito constitucional brasileiro, como parece continua tendo a afirmação do direito ao lazer, contida no mesmo Artigo 6º. O forte envolvimento popular e, particularmente, a proposta técnica de um sistema de saúde elaborada pelos sanitaristas, pode explicar porque, contrariando a tradição, desde a promulgação da Constituição, o direito à saúde vem sendo eficaz. Com efeito, diferentemente dos demais direitos sociais ali afirmados, apenas o direito à saúde tem sua garantia claramente vinculada às políticas sociais e econômicas, as diretrizes do sistema expressamente formuladas, envolvendo a participação da comunidade, e suas atribuições enumeradas no próprio texto constitucional (CF, arts. 196, 198 e 200).*

Em conclusão, a partir da Constituição de 1988, o Estado assumiu um compromisso de justiça social, para execução de políticas econômicas e sociais que propiciem concretude à saúde, sob a perspectiva de uma ordem social democratizante, que assegura a todo indivíduo direitos fundamentais básicos.[7]

Destarte, a submissão do Estado a uma ordem constitucional garantidora de direitos fundamentais é base do conceito de Estado Democrático de Direito, enquanto instrumento de concretização dos seus valores e fundamentos. Sendo função precípua do Estado a realização do bem-estar do cidadão em setores tidos como prioritários e fundamentais, incumbe-lhe,

[6] DALLARI, Sueli Gandolfi. A construção do direito à saúde no Brasil. *Revista de Direito Sanitário*. São Paulo, v. 9, n. 3, nov. 2008/ fev. 2009, p. 9-34.

[7] Cf. SILVA, José Afonso da. *Comentário contextual à Constituição*. São Paulo: Malheiros, 2005, p. 767-768. SARLET, Ingo Wolfgang. Comentário ao artigo 196. In: CANOTILHO, J.J. Gomes et. al. *Comentários à constituição do Brasil*. São Paulo: Saraiva, 2013, p. 1931. O plexo de relações jurídicas envolvendo o direito saúde desmembra-se tanto em direito negativo, relativo à defesa do direito indivíduo, consistente na prerrogativa de exigir que o Estado ou terceiro se abstenha de qualquer ato que prejudique sua saúde *(i)*; quanto em direito positivo, relativo aos deveres de proteção da saúde pessoal e pública, bem como à obtenção de prestações materiais em geral *(ii)*. Mas também se verifica como garantia à tutela do mínimo existencial, que ultrapassa a mera sobrevivência física para alcançar um estágio de condição digna e vida de certa qualidade *(iii)*.

para alcançar esse fim, também intervir nas relações intersubjetivas,[8] como garantia de uma convivência social harmoniosa, nos termos do quanto autoriza a própria Constituição. Mais do que a positivação, nossa Constituição afirma a força vinculante dos direitos fundamentais por normas de garantia, aplicação imediata e proteção contra restrições ao direito à saúde. E o principal instrumento é o *direito* do indivíduo ao *acesso universal e igualitário às ações e serviços* de saúde.

1.1. O DIREITO FUNDAMENTAL DE ISONOMIA DO ACESSO À SAÚDE E SUAS GARANTIAS CONSTITUCIONAIS COMO PROIBIÇÃO DE MEDIDAS REGRESSIVAS PELO LEGISLADOR

É defeso ao Estado brasileiro recusar efetividade aos valores da ordem social, cujo artigo 193 da CF declara seus fundamentos sem espaço para mitigações, a saber: "*a ordem social tem como base o primado do trabalho, e como objetivo o bem-estar e a justiça sociais*". Esta não é uma frase vazia de significado ou que possa ser reduzida a efeitos secundários. Ela orienta todo o sistema. Trata-se de regra fundante de toda a ordem social, sobre a qual alicerçam-se todos os demais conteúdos. Seu conteúdo recebe do texto constitucional todos os instrumentos para máxima aplicabilidade. Dentre outros, a universalização e a igualdade de acesso.

Por isso, o artigo 194 da CF especifica que a "seguridade social compreende um conjunto integrado de ações de iniciativa dos Poderes Públicos e da sociedade, destinadas a assegurar os direitos relativos à *saúde*, à previdência e à assistência social". E, no parágrafo único, explicita como dever do Poder Público, nos termos da lei, organizar a seguridade social, com base nos seguintes objetivos, dentre outros: I – *universalidade* da cobertura e do atendimento; e II – *uniformidade* e *equivalência* dos benefícios e serviços às populações urbanas e rurais.

Numa síntese, nenhuma lei pode criar embaraço, onerar ou discriminar ao acesso *universal* e *igualitário* aos serviços de saúde, sob pena de flagrante inconstitucionalidade. Neste direito, não há espaço para sopesamentos ou ponderações. Para a saúde não basta a "equivalência" do acesso. O Consti-

[8] Diz Gustav Zagrebelsky: "*En el concepto de 'Estado social de derecho' se expresa esta doble caracterización de la regulación constitucional de lo 'económico': constitucionalización de los derechos de propiedad y libre iniciativa (derechos-voluntad) y valoración por el Estado de exigencias de justicia, sea como protección de derechos de justicia, sea como afirmación inmediata de necesidades objetivas de alcance general*". ZAGREBELSKY, Gustav. *El derecho dúctil.* Valladolid: Trotta, 1999, p. 102.

tuinte, não satisfeito com os conteúdos axiológicos da *uniformidade* e *equivalência* dos benefícios e serviços, do artigo 194, inciso II, reforçou o *direito à saúde* com o princípio da "*igualdade*" como medida adicional, e não complementar ou secundária. Integra o *núcleo essencial* do princípio, portanto.

Por dever de coerência, a interpretação constitucional, ao combinar os textos do artigo 3º, que consagra como *objetivos fundamentais* da República Federativa do Brasil: "III – erradicar a pobreza e a marginalização e *reduzir as desigualdades sociais* e regionais;" e "IV – promover o bem de todos, sem preconceitos de origem, raça, sexo, cor, idade e *quaisquer outras formas de discriminação.*" E aquele do artigo 5º, segundo o qual "todos são iguais perante a lei, sem distinção de qualquer natureza, garantindo-se aos brasileiros e aos estrangeiros residentes no País a inviolabilidade do direito à vida e (...) à *igualdade* (...)", jamais se poderia afirmar que a *igualdade* no acesso à saúde não seria parte destes objetivos fundamentais ou espécie de "direito fundamental".

Deveras, o acesso igualitário aos serviços de saúde converte-se em típico direito fundamental, insista-se, pela "isonomia" reclamada no artigo 196 da CF. Mesmo para aqueles que – em obtusa visão – colham a saúde como "mero" *direito social*, a pretexto de não lhe reconhecer o *status* de direito fundamental – expediente retórico que alguns se utilizam para afastar a saúde daqueles direitos submetidos a cláusula pétrea no artigo 60, § 4º, IV da CF – não resta alternativa senão admitir a eficácia do princípio da isonomia e seu corolário, que é o da não-discriminação. Ou seja, a isonomia do direito de acesso aos serviços de saúde é um típico direito fundamental.[9] A fundamentalidade do direito à saúde não está apenas na sua elevação à condição de norma constitucional, mas também por integrar o núcleo essencial do direito à igualdade e do princípio fundamental da dignidade da pessoa humana, bases do nosso constitucionalismo.

O Estado e seus órgãos não se devem comportar como se os direitos fundamentais fossem simples *concessões estatais*, a olvidar-se que, na atuali-

[9] "*O sentido de fundamentalidade do direito à saúde – que representa, no contexto de evolução história dos direitos básicos da pessoa humana, uma das expressões mais relevantes das liberdades reais ou concretas – impõe ao Poder Público um dever de prestação positiva que somente se terá cumprido, pelas instâncias governamentais, quando estas adotarem providências destinadas a promover, em plenitude, a satisfação efetiva da determinação ordenada pelo texto constitucional.*" (BRASIL. Supremo Tribunal Federal – STF. RE nº 271286 AgR/RS. Relator Ministro Celso de Mello, Segunda Turma, j. 12/09/2000, DJ 24/11/2000).

dade, constituem a fundamentação de todas as relações jurídicas. O reconhecimento dos *direitos subjetivos fundamentais* integra a tutela dos cidadãos nas relações com a Administração Pública, em uma evidência de garantia do equilíbrio, alheada de qualquer posição de prevalência dos interesses do Estado sobre os indivíduos.[10]

2. O DIREITO AO ACESSO IGUALITÁRIO À SAÚDE COMO DIREITO SUBJETIVO FUNDAMENTAL (EQUIVALENTE DE DIREITO PÚBLICO SUBJETIVO) – OS LIMITES DO LEGISLADOR NA PROTEÇÃO DO DIREITO FUNDAMENTAL À SAÚDE

Em qualquer ato do procedimento administrativo, o titular de *direitos subjetivos fundamentais* pode fazer valer sua pretensão de concretização de direitos e liberdades.[11] Esta é uma garantia de segurança jurídica dos princípios que não se pode negar ao jurisdicionado. É sempre importante lembrar que esses direitos e liberdades possuem uma dimensão positiva (eficácia asseguradora), mas também uma dimensão negativa (eficácia de bloqueio), de típico *direito de defesa* do indivíduo oposto a qualquer ato estatal contrário à concretização dos direitos, ao que se emprega a teoria dos *direitos subjetivos fundamentais.*

Como decorrência, é inadmissível qualquer aplicação de política sanitária excludente. A coerência das leis de ordenação do sistema único de saúde não autoriza mitigar aquilo que é definido de forma objetiva pelo texto constitucional, ao designar o serviço público de saúde como "*universal e igualitário*" (artigo 196, CF). E as dificuldades de efetivação do direito

[10] Veja: FOULQUIER, Norbert. *Les droits publics subjectifs des administrés: émergence d'un concept en droit administratif français du XIXième au XXème siècle.* Paris: Dalloz, 2003; DUARTE, Clarice Seixas. O direito público subjetivo: história de um debate. In: BENEVIDES, Maria Victoria de Mesquita; BERCOVICI, Gilberto; MELO, Claudineu de (Org.). *Direitos humanos, democracia e república*: Homenagem a Fábio Konder Comparato. São Paulo: Quartier Latin, 2009, p. 229-268.

[11] Nesse particular, atenta Vasco Manuel Pascoal: "*O reconhecimento da titularidade de direitos subjectivos perante as autoridades públicas, enquanto projecção jurídica da dignidade da pessoa humana, constitui um princípio essencial do Estado de Direito, cuja consagração determina importantes consequências práticas no domínio do Direito Administrativo, designadamente no que respeita ao procedimento e ao processo contencioso. Assim, a titularidade de direitos subjectivos deve ter como consequência a atribuição ao particular da possibilidade de actuação no procedimento para defesa preventiva dos seus direitos perante a Administração*" (SILVA, Vasco Manuel Pascoal Dias Pereira da. *Em busca do acto administrativo perdido.* Coimbra: Almedina, 2003. p. 213). Sobre a aplicação da noção de direito público subjetivo na atualidade do direito administrativo alemão e português, recomendamos especialmente a leitura das páginas 212-297;

à saúde tampouco autorizam retirar de alguma parcela da sociedade referido direito subjetivo fundamental.

A jurisprudência do STF impede que sejam adotados procedimentos que ofendam o caráter igualitário e universal do serviço público de saúde. Como afirmou o Ministro Celso de Mello, no Recurso Extraordinário nº 393.175 AgR/RS, o Estado deve cumprir com o seu dever político-constitucional insculpido no artigo 196, da CF, pois é um imperativo de solidariedade baseado na inviolabilidade e inalienabilidade do direito à vida e à saúde.[12] Prosseguiu ao afirmar que a generalidade do direito à saúde e o seu caráter programático têm por destinatários todos os entes políticos da organização federativa, logo, há para o Poder Público "*a gravíssima obrigação de tornar efetivas as prestações de saúde em favor das pessoas e das comunidades*".

E vale lembrar ainda o Ministro Celso de Mello, ao observar que:

> O *sentido de fundamentalidade do direito à saúde – que representa, no contexto da evolução história dos direitos básicos da pessoa humana, uma das expressões mais relevantes das liberdades reais ou concretas – impõe ao Poder Público um dever de prestação positiva que somente se terá por cumprido, pelas instâncias governamentais, quando estas adotarem providências destinadas a promover, em plenitude, a satisfação efetiva da determinação ordenada pelo texto constitucional.*[13]

A alocação da saúde na estrutura tripartite da seguridade social, juntamente com a previdência e a assistência social, é um modelo de fundamental relevo para o desempenho das atividades da ordem social, cuja organização não pode ser uma "promessa inconsequente", como bem destacou o STF. No seio da Constituição, portanto, vê-se amparada a garantia de "*acesso universal e igualitário*" ao serviço de saúde. "Universal" é aquilo que se aplica à totalidade. Dessa forma, a totalidade é um conjunto só e, consequentemente, não admite distinção, como bem decidiu o STF, no RE nº 581.488/RS. E tudo isso para permitir a igualdade de acesso, o que exige igualdade de financiamento. Logo, quem usa o sistema de seguridade social, ao mesmo tempo, o financia, de forma direta ou indireta, segundo os mecanismos existentes no artigo 195, da CF.

[12] PINTO, Élida Graziane. *Financiamento dos direitos à saúde e à educação: uma perspectiva constitucional*. Belo Horizonte: Fórum, 2015, p. 85-86.

[13] BRASIL. Supremo Tribunal Federal – STF. RE nº 393.175 AgR/RS. Relator Ministro Celso De Mello, Segunda Turma, j. 12/12/2006, DJe 02/02/2007.

2.1. O MODELO AUTÔNOMO DE FINANCIAMENTO DA UNIVERSALIDADE DA SAÚDE E A REPERCUSSÃO ECONÔMICA DO RESSARCIMENTO AO SUS PELOS PLANOS PRIVADOS DE SAÚDE - AGRAVAMENTO DOS SEUS USUÁRIOS

Todo o direito fundamental à igualdade de acesso à saúde encontra uma ampla rede de financiamento, ao qual todos são chamados a contribuir, com contribuições incidentes sobre o lucro e o faturamento. O parágrafo único do artigo 194, quanto ao financiamento, dispõe caber ao Poder Público organizar a seguridade social, com base nos objetivos de "V – *equidade* na forma de *participação no custeio*; e VI – *diversidade* da *base de financiamento*." Assim, em franca coerência com os fundamentos de isonomia e universalização, porquanto o financiamento demanda participação de todos.

A universalidade do serviço público de saúde não está atrelada somente à fundamentalidade deste direito, todavia. É preciso ter bem frisado que toda a sociedade participa do custeio do sistema público de saúde (§1º, do artigo 198, da CF) e, se todos contribuem, a todos igualmente é assegurado o direito de gozar do sistema. A participação no *custeio* rompe com o modelo tradicional de prestação e benefício, característico do setor privado, e, mediante intervenção estatal, se constitui em contribuição equitativa.

Nesse modelo de financiamento, nos termos dos §§ 1º e 2º, do artigo 198, da CF, abaixo transcritos, o sistema único de saúde será financiado com recursos do orçamento da seguridade social, da União, dos Estados, do Distrito Federal e dos Municípios, além de outras fontes e da aplicação em seu favor de percentuais mínimos calculados sobre a receita dos entes federados, conforme entabulado na Constituição. Com a Emenda Constitucional nº 29/2000, consagrou-se a destinação de receita mínima a ser aplicada em ações e serviços públicos de saúde, calculada com base em percentual do produto de arrecadação dos respectivos tributos (artigo 198, §2º, CF), mediante a distribuição equilibrada no federalismo cooperativo brasileiro como base de toda a seguridade social.

Importa destacar que o financiamento é feito pela totalidade da sociedade. É por esta razão que qualquer indivíduo tem direito a utilizar este serviço, *sem distinção*, porque assim foi erigida a nossa política de seguridade. A Constituição Federal, portanto, assume como direito público subjetivo à saúde o acesso universal e igualitário às ações e serviços para a sua promoção, proteção e recuperação (art. 196). As fontes de receita (arts. 195 e 198, § 1º) são atribuídas no limite das necessidades para atender às ações e serviços públicos de saúde (arts. 167, IV e 198, §§ 2º e 3º da CF). A exigência de máxima eficácia do direito à saúde é amplamente reconhecida pelo Supremo Tribunal Federal:

> "CUSTEIO, PELO ESTADO, DE SERVIÇOS HOSPITALARES PRESTADOS POR INSTITUIÇÕES PRIVADAS EM BENEFÍCIO DE PACIENTES DO SUS ATENDIDOS PELO SAMU NOS CASOS DE URGÊNCIA E DE INEXISTÊNCIA DE LEITOS NA REDE PÚBLICA. DEVER ESTATAL DE ASSISTÊNCIA À SAÚDE E DE PROTEÇÃO À VIDA RESULTANTE DE NORMA CONSTITUCIONAL. (...).
>
> Considerada a indiscutível primazia constitucional reconhecida à assistência à saúde, que a ineficiência administrativa, o descaso governamental com direitos básicos do cidadão, a incapacidade de gerir os recursos públicos, a incompetência na adequada implementação da programação orçamentária em tema de saúde pública, a falta de visão política na justa percepção, pelo administrador, do enorme significado social de que se reveste a saúde dos cidadãos, a inoperância funcional dos gestores públicos na concretização das imposições constitucionais estabelecidas em favor das pessoas carentes *não podem nem devem representar obstáculos à execução, pelo Poder Público, notadamente pelo Estado, das normas inscritas nos arts. 196 e 197 da Constituição da República, que traduzem e impõem, ao próprio Estado, um inafastável dever de cumprimento obrigacional, sob pena de a ilegitimidade dessa inaceitável omissão governamental importar em grave vulneração a direitos fundamentais da cidadania e que são, no contexto que ora se examina, o direito à saúde e o direito à vida.* (...)"[14] (grifos nossos)

Por isso, no que tange ao titular do direito à saúde pública, não cabe buscar ou forjar distinções, como afirmou o STF no julgamento do RE nº 581.448-RS. Neste sentir é que o revestimento jurídico conferido ao SUS revela-se como um todo harmônico de normas com respaldo na cidadania e democracia.

A concretização do direito à saúde, enquanto direito fundamental, pauta-se, de um lado, pela implementação de políticas governamentais que promovam a universalidade e igualdade de acesso; e, de outro, pela proibição de ações que contrariem as bases desta igualdade, tanto de direito de acesso, quanto de custeio. E agir em detrimento dessas garantias, necessa-

[14] BRASIL. Supremo Tribunal Federal – STF. ARE nº 727864/PR, Relator Ministro Celso de Mello, Segunda Turma, j. 04/11/2004, DJe 13/11/2014.

riamente, compromete os princípios de vedação ao retrocesso e de proibição de excesso. Sob a égide da *proibição de retrocesso*, princípios e garantias não podem ser revogados ou derrogados, inclusive os princípios de direitos fundamentais incorporados ao catálogo dos positivados, quando: decorrentes do *regime e dos princípios adotados pela Constituição (i)*; ou do *regime e princípios contemplados nos tratados internacionais* dos quais o Brasil seja parte (artigo 5º, §§ 2º e 3º, da CF) *(ii)*.

A garantia de *proibição de retrocesso* deriva do princípio-garantia de segurança jurídica[15], incorporada ao ordenamento jurídico no artigo 5º, §§ 1º e 2º, da CF, e que se aplica não só a todo o conteúdo designado no artigo 60, § 4º, mas também aos princípios designados na Constituição e que tenham com aquele uma relação de identidade. Não seria aceitável que a Constituição, fundante de um Estado Democrático de Direito, admitisse a eficácia imediata dos direitos e liberdades fundamentais, exigisse uma concretização com máxima possibilidade dos seus princípios, garantisse como inconstitucional qualquer omissão legislativa aos direitos nela contemplados (artigo 103 da CF) e autorizasse a intervenção federal sobre Estado pelo descumprimento de princípios fundamentais (artigo 34, VII, da CF) e, ainda assim, não garantisse uma efetiva *proibição de retrocesso*.

A proibição de retrocesso protege a garantia de confiança legítima quanto à permanência dos princípios de direitos e liberdades fundamentais, sem afetações ao respectivo conteúdo essencial de cada um destes, mas também contra qualquer *retrocesso* – esse, entendido como redução, supressão ou modificação gravosa a direitos.

3. VEDAÇÃO AO TRATAMENTO DISCRIMINATÓRIO – O DEVER DE PRESTAR SAÚDE UNIVERSAL

Com ou sem plano de saúde privado, a Constituição outorga competências para os Entes políticos e impõe seu exercício como um *dever de realização*, para o qual não há faculdade ou discricionariedade. Há imposição pelo texto constitucional para que realizem. Todos devem ter os mesmos direitos neste âmbito material de acesso.

Para dar execução ao dever estatal das ações e serviços de saúde, foi concebido o Sistema Único de Saúde – SUS (artigo 200, da CF), que, em

[15] Entre nós, o estudo mais completo: SARLET, Ingo Wolfgang. *A eficácia dos direitos fundamentais*. 10. ed. Porto Alegre: Livraria do Advogado, 2009, p. 433-457.

si mesmo, é uma garantia institucional fundamental. Isto implica a condição do SUS como limite material, não apenas às reformas do texto constitucional (artigo 60, § 4º da CF), mas à própria hermenêutica das normas do ordenamento voltada à promoção da saúde pública, a coibir qualquer medida de caráter excessivo, desproporcional, ou que resulte em retrocesso, por proibição do sistema.

Diante disso, as precitadas competências outorgadas aos níveis federados, previstas no artigo 23, inciso II, artigo 24, XII, e artigo 30, inciso II, todos da CF, devem, necessariamente, ser interpretadas e exercidas em conformidade com os artigos 196 e 198, da CF, no atendimento da universalidade e integralidade do serviço público de saúde. Por esta razão, o atendimento no sistema do SUS é conferido a todos e de forma igual, independentemente de ser ou não usuário de plano privado de assistência médica, ou de utilizar ou não do serviço público de saúde.

A utilização do serviço público pelo contratante de plano de saúde não pode ser um motivo *adicional de agravamento do preço devido ao plano privado*, em virtude da *translação* do valor do ressarcimento geral do plano de saúde ao SUS. Quisesse o Constituinte dar tratamento diferenciado entre titulares de planos privados e não titulares, tê-lo-ia feito expressamente, ao excluir a condição de "igualdade". Entretanto, prescreveu a *igualdade* de acesso como direito subjetivo fundamental, o que tem inequívocas consequências materiais concretas.

3.1. O DIREITO DOS SEGURADOS DE PLANOS PRIVADOS DE SAÚDE AO ACESSO AO SUS SEM REPERCUSSÕES FINANCEIRAS ADICIONAIS – BALIZAS CONSTITUCIONAIS PARA A "RESERVA DO POSSÍVEL" E A PROIBIÇÃO DE EXCESSO

O sistema brasileiro de prestação de serviço público de saúde é público e privado. Neste sistema, a Constituição e a LOS disciplinam ambas as redes pública e privada. Conforme prevê o seu artigo 1º, a LOS "*regula, em todo o território nacional, as ações e serviços de saúde, executados isolada ou conjuntamente, em caráter permanente ou eventual, por pessoas naturais ou jurídicas de direito Público ou privado.*" Ademais, pela norma constitucional (artigo 198), o SUS é informado pelos *princípios da unidade, descentralização, regionalização e hierarquização, integralidade e participação da comunidade.*

Após ter sido constitucionalizado, o SUS ganhou efetividade com a LOS e com a Lei nº 8.142, de 28.12.1990 ("Lei nº 8.142/90"), editadas após a entrada em vigor da Constituição de 1988. O federalismo brasileiro se reproduz no SUS. Por isso, a LOS sistematizou a organização e atribuições do sistema e definiu-o como "*O conjunto de ações e serviços de saúde, prestados por órgãos e instituições públicas federais, estaduais e municipais, da Administração direta e indireta e das fundações mantidas pelo Poder Público, constitui o Sistema Único de Saúde (SUS).*" (artigo 4º). A Lei 8.142/90, por sua vez, além de disciplinar a participação social no SUS, estabeleceu critérios de repasses financeiros para os Estados e Municípios.

Para alguns, a insuficiência de recursos impõe-se como limite fático à efetivação do direito à saúde pelo Estado. A real disponibilidade de meios públicos para cumprir o dever de realização social, porém, deve ser encarada pela escassez, sem que isso seja suficiente para afastar a isonomia e a condição de universalidade do serviço de saúde pública previstas no artigo 196, da CF. As condições econômicas, financeiras e sociais do usuário não autorizam o esvaziamento ou a mitigação do direito fundamental.

Neste particular, a implementação da saúde encontra, no paradigma da "*reserva do possível*"[16], baseada no princípio da razoabilidade, um importante instrumento, mas insuficiente para delimitar as medidas de atendimento. A Constituição não faz nenhuma redução ao direito à saúde, ainda que, na realidade, o *estado de coisas* evidencie carências que, progressivamente, a sociedade deverá superar.[17] O equacionamento de prestações materiais não se confunde com desigualdade de direitos. A saúde pública não admite distinção entre sujeitos, e, por isso, o SUS é garantido a todos, com igualdade de acesso. O SUS é um sistema garantido por financiamento público, vocacionado à efetivação de sua integralidade e universalidade.

[16] Sobre o tema, confira-se: SCAFF, Fernando Facury. Reserva do possível, mínimo existencial e direitos humanos. *Interesse Público*, v. 7, n. 32, Porto Alegre, Notadez, jul./ago., p. 213-226. FERRARI, Regina Maria Macedo Nery. Reserva do possível, direitos fundamentais sociais e a supremacia do interesse público. In: BACELLAR FILHO, Romeu Felipe (Coord.); HACHEM, Daniel Wunder (Coord.). *Direito administrativo e interesse público: estudos em homenagem ao Professor Celso Antônio Bandeira de Melo*. Belo Horizonte: Fórum, 2010. p. 267-305. GARCIA, Maria. Reserva do possível: os ardis da linguagem e o direito à educação. *Revista de Direito Educacional*, v. 6, n. 3, São Paulo, Revista dos Tribunais, Jul./Dez. 2012, p. 99. TUDISCO, Flavio. Direito, política e orçamento: enfrentamento de dogmas contingentes. In: CONTI, Jose Mauricio; SCAFF, Fernando Facury. *Orçamentos públicos e direito financeiro*. São Paulo: Revista dos Tribunais, 2011, p. 1135.

[17] SARLET, Ingo Wolfgang. *A eficácia dos direitos fundamentais*. 2. ed. Porto Alegre: Livraria do Advogado, 2001, p. 288-289.

Ao SUS também é reservado parte do orçamento da Seguridade Social, e esta, como prescreve o artigo 195 da Constituição *"será financiada por toda a sociedade, de forma direta e indireta"*. Do que se retira que *todos* contribuem para o custeio da rede pública de saúde. Ora, se todos custeiam o sistema público de saúde, a consequência é sobremodo óbvia: *todos*, sem exceção, têm direito de usufruir dos seus serviços.

A situação grave da saúde é motivada pelo sub-financiamento estatal, não pela utilização do SUS pelos beneficiários de planos privados de saúde. O problema mais sério do SUS é o reduzido investimento em saúde pelo Estado, cujo nível está muito abaixo dos patamares internacionais, inclusive de países da América Latina. O baixo investimento público em saúde tem inúmeras e graves consequências. Uma delas é a precariedade do sistema público. Por essa razão, parte da sociedade contrata planos de saúde já que, mesmo participando do seu financiamento com o recolhimento dos tributos, o SUS não garante a prestação do serviço de saúde necessário. Esta contratação de planos de saúde, assegura ao seu titular igualdade de condição como beneficiário do SUS, em regime de gratuidade, mormente depois que o STF admitiu a translação do "ressarcimento" dos custos dos planos de saúde privados.

CONCLUSÕES

A Constituição estabeleceu um significativo marco jurídico de proteção à igualdade de acesso à saúde pública e à universalidade de atendimento, que foi o Artigo 196, ao dispor que: *"A saúde é direito de todos e dever do Estado, garantido mediante políticas sociais e econômicas que visem à redução do risco de doença e de outros agravos e ao acesso universal e igualitário às ações e serviços para sua promoção, proteção e recuperação"*. Esta não é uma norma programática. Tem-se aqui um dever constitucional, dirigido aos poderes do Estado, para que estes promovam e defendam a saúde pública, estimulem a universalidade e igualdade de atendimento, elimine-se qualquer medida discriminatória e garantam sua continuidade mediante um corpo de leis eficiente e dirigido a esse fim de valor constitucional.

Por isso, o artigo 194 da CF especifica que a "seguridade social compreende um conjunto integrado de ações de iniciativa dos Poderes Públicos e da sociedade, destinadas a assegurar os direitos relativos à *saúde*, à previdência e à assistência social". E, no parágrafo único, explicita como dever do Poder Público, nos termos da lei, organizar a seguridade social, com base nos seguintes objetivos, dentre outros: I – *universalidade* da cobertura e do atendimento; e II – *uniformidade* e *equivalência* dos benefícios e serviços às populações urbanas e rurais. São estes vetores axiológicos que informam também a saúde, para a qual a Constituição, no artigo 196, confere direitos de *acesso universal e igualitário às ações e serviços.*

Exatamente em virtude de seu caráter de direito fundamental, o texto constitucional do artigo 196 assegura o acesso aos serviços de saúde a todos, sem distinção de qualquer natureza. E, por conseguinte, veda qualquer forma de restrição ou de redução de acesso, com ou sem discriminação. Decorre daquele princípio de "*direito* ao *acesso universal e igualitário às ações e serviços de saúde*", ao que a Lei não pode criar embaraços ou formas que venham a inibir, direta ou indiretamente, o direito de acessibilidade aos serviços de saúde, prestados de modo universal e igualitário.

Deveras, o acesso igualitário aos serviços de saúde converte-se em típico direito fundamental, insista-se, pela "isonomia" reclamada no artigo 196 da CF. Mesmo para aqueles que – em obtusa visão – colham a saúde como "mero" *direito social*, a pretexto de não lhe reconhecer o *status* de direito fundamental – expediente retórico que alguns se utilizam para afastar a saúde daqueles direitos submetidos a cláusula pétrea do artigo 60, § 4º, IV da CF – não resta alternativa senão admitir a eficácia do princípio da isonomia e seu corolário, que é o da não discriminação. Ou seja, a isonomia do direito de acesso aos serviços de saúde é um típico direito fundamental.

A universalidade do serviço público de saúde não está atrelada somente à fundamentalidade deste direito, todavia. É preciso ter bem frisado que toda a sociedade participa do custeio do sistema público de saúde (§1º do artigo 198, CF) e, se todos contribuem, a todos igualmente é assegurado o direito de gozar do sistema. Não se extrai do ordenamento qualquer conteúdo a afastar o beneficiário de plano privado de assistência médica da universalidade ou da igualdade de acesso imposta pela Constituição; ou qualquer diferença de classe que possa "suspender" o seu direito subjetivo fundamental à gratuidade do serviço de saúde. Qualquer diferenciação na prestação do serviço público de saúde mostrar-se-ia contrária ao espírito constitucional e ao preceito de não discriminação (artigo 3º, IV, e 5º, XLI, CF).

29
MULHER E RESPONSABILIDADE PENAL

Ivette Senise Ferreira

Evidentemente a mulher como membro da sociedade, integrada nos grupos que a formam, participa, como sujeito de direitos, dos mesmos deveres e obrigações de todos os indivíduos, impostos pela lei ou pelas normas éticas vigentes na comunidade numa determinada época. Nesse sentido, submete-se ao Direito penal, como às demais normas dos outros ramos jurídicos, e aos princípios da igualdade que a Constituição Federal, no seu artigo 5º determina que seja *"sem distinção de qualquer natureza"*, e que no seu inciso I reforça com o ditame *"homens e mulheres são iguais em direitos e obrigações"*.

É certo, porém, que os direitos fundamentais podem ser relativizados de acordo com certas especificidades dos sujeitos a que se referem, e isso fica bem patente no exame da proteção legal concedido ao sexo feminino em alguns dispositivos da nossa legislação, particularmente na festejada Lei nº 11.340, de 7 de agosto de 2006, conhecida como "Lei Maria da Penha", que ao ser amplamente debatida e analisada foi até mesmo tachada de inconstitucional pelo seu evidente favoritismo. Na órbita do Direito penal, diferentemente do que ocorre na órbita do Direito civil, nota-se igualmente um reforço da preocupação protetiva ao dito "sexo frágil", contrariando a regra da igualdade na titularidade ativa dos ilícitos penais, levando em conta certas particularidades biológicas e sociais evidentes na elaboração de certos tipos penais e nas regras gerais de aplicação da lei.

Isso podemos verificar, já no Código penal de 1940, na instituição de uma modalidade de homicídio, no art. 123, com a denominação de

infanticídio, para beneficiar, com pena muitíssimo mais branda (detenção de 2 a 6 anos, ao invés da reclusão de 6 a 20 anos prevista para o homicídio simples, ou de 12 a 30 anos para o qualificado), o fato de *"matar, sob a influência do estado puerperal, o próprio filho, durante o parto ou logo após"*. E, diga-se de passagem, que a influência do estado puerperal como fator criminógeno é contestada por muitos, considerando-se como determinante desse ato desumano uma série de fatores de outra natureza. Por outro lado, promove a lei uma agravação da pena, no delito de lesões corporais graves ou gravíssimas, do art. 129, na ocorrência do resultado de interrupção da gravidez por aceleração de parto ou aborto. E concede maior rigor a inúmeras situações delitivas em que a mulher é vítima exclusiva ou preferencial, elencados nos "Crimes contra a família", que abrange os crimes contra o casamento, contra o estado de filiação e contra a assistência familiar ao cônjuge e aos filhos, além evidentemente dos dispositivos penais relativos ao **aborto** praticado por terceiro, em que alegadamente se protege a vida ou a saúde da mulher, além da do feto.

Esparsos na lei penal estão, porém, alguns tipos que se referem especificamente à mulher como sujeito ativo, com menor rigor quanto à sua responsabilidade, como são, além do citado **infanticídio,** o de **exposição ou abandono de recém-nascido**, para ocultar desonra própria, do art. 134, púnico com detenção de 6 meses a 2 anos, o **auto-aborto**, do art.124, com pena de detenção de 1 a 3 anos, bastante mitigada em comparação com as demais hipóteses elencadas, e o delito de **parto suposto, supressão ou alteração de direito inerente ao estado civil de recém-nascido**, que consiste em "dar parto alheio como próprio, registrar como seu o filho de outrem, ocultar recém-nascido ou substitui-lo, suprimindo ou alterando direito inerente ao estado civil." A pena é de reclusão de 2 a 6 anos, mas com interessante particularidade: a possibilidade de substancial diminuição (de detenção de 1 a 2 anos), ou de perdão judicial , podendo o juiz deixar de aplicar a pena , na hipótese do seu parágrafo único *"se o crime é praticado por motivo de reconhecida nobreza"*.

Devemos ressaltar que, num esforço para o restabelecimento da igualdade legal preconizada constitucionalmente, a Lei nº 12.015/2009, ao alterar o Capítulo dos "Crimes contra os costumes" previsto no Código penal de 1940, quase que inteiramente dirigido á proteção da mulher no plano sexual, em boa hora alterou, além da sua designação, para "Crimes contra a dignidade sexual", igualmente a qualidade da vítima, para abranger toda pessoa humana, seja homem ou mulher, adotando para a vítima a expressão "alguém".

Observamos também que, entre as regras gerais de aplicação previstas na Parte Geral do Código penal, existem algumas referências à condição feminina no elenco das agravantes (delito praticado contra cônjuge ou mulher grávida, no art. 61), e a determinação, no art. 37, de que as mulheres cumpram pena em estabelecimento próprio, **observando-se os direitos e deveres inerentes à sua condição pessoal.** E referências específicas a essa condição serão feitas também na Lei de Execução Penal, a Lei nº.7.210/1984.

A Lei nº 11.340/2006, que objetivou coibir a violência doméstica, acrescentou uma alínea ao art. 61 do Código penal, incluindo entre as agravantes genéricas ter o agente cometido o crime "*com abuso de autoridade ou prevalecendo-se de relações domésticas, de coabitação ou de hospitalidade, ou com violência contra a mulher na forma da lei específica.*" Anteriormente, um outro acréscimo havia sido efetuado pela Lei nº10.741/2003, que incluira nesse dispositivo como agravante ter sido ele cometido "*contra criança, maior de sessenta anos, enfermo ou mulher grávida.*"

Vemos assim que a condição pessoal da mulher e o seu papel social, determinado por fatores históricos e culturais determinaram a prevalência de uma vitimologia que privilegia a mulher mais como sujeito passivo do que como sujeito ativo dos delitos previstos na legislação penal.

Com relação, porém, à sua responsabilidade pela autoria dos delitos cometidos e uma relativa complacência na punição estabelecida, algumas considerações podem ser feitas para a determinação da existência de uma **criminalidade feminina,** embora os estudos a esse respeito sejam escassos, impossibilitando conclusões definitivas pela raridade ou imprecisão das pesquisas efetuadas, ou pela dificuldade de atribuir-lhes confiabilidade, pela grande ocorrência de "cifras negras" que tornam esses dados duvidosos (como ocorre nos delitos de aborto), tentando visualizar as causas da discrepância entre a criminalidade masculina e a feminina, e a sua respectiva responsabilização penal.

O escasso interesse pela criminalidade feminina é demonstrado pela exiguidade dos estudos e pesquisas nesse campo, em comparação com o número existente sobre os temas da criminalidade masculina, e pela negligência dos estudiosos que geralmente evitam ou ignoram o assunto. Considerada de menor relevância até o passado recente, hoje a questão está a merecer maiores reflexões , não somente pelo seu aumento quantitativo, mas sobretudo nos aspectos qualitativos, devido à participação delituosa da mulher em ações de maior gravidade e ao seu envolvimento com a criminalidade organizada e até mesmo, em alguns países, com o terrorismo que assola o mundo moderno. Aos poucos a situação vai mudando numa evidência do apelo feito, também nessa área, à igualdade já alcançada no plano social, embora com certas limitações advindas de suas particularidades pessoais e sociais.

Como a grande maioria dos delitos é realizada por concurso de pessoas, o qual assume diversas modalidades, desde o acordo de vontades, passando pela instigação, pelo auxílio e pela cooperação material, a participação feminina muitas vezes não se revela plenamente por assumir ela as tarefas secundárias, ou posição subalterna ou de menor proeminência na ação conjunta. Esse concurso delituoso não aparente muitas vezes nem aparece nos registros policiais e judiciários, distorcendo as estatísticas e prejudicando a análise da questão. Porém, a participação da mulher pode ser juridicamente relevante, e mesmo conclusiva da ação conjunta intentada, quando as suas características pessoais e os seus padrões sociais e morais igualarem-se aos dos criminosos do sexo oposto.

De qualquer forma pode-se observar que a criminalidade feminina apresenta certas especificidades, atribuídas às diferenças biológicas entre os dois sexos, aos seus atributos de personalidade e de criação, que permitem destacar algumas diferenças visíveis ou imaginadas.

Pollak, um criminólogo americano que estudou o problema em meados do século passado, ressaltava que em virtude disso as mulheres seriam inclinadas a cometer de preferência delitos que, por sua natureza, são dificilmente descobertos, denunciados ou julgados, como por exemplo o furto em grandes lojas, o aborto, o falso testemunho, o favorecimento, etc. Isso talvez fosse verdade no passado recente, mas hoje vemos a mulher envolvida em ações mais graves, como sequestros, assaltos e tráfico de drogas, além dos delitos de corrupção, sendo recrutada, no plano internacional, para atos terroristas, até mesmo como mulheres-bomba.

Por outro lado, alguns autores apontam a existência de uma discriminação ente os dois sexos no plano da repressão policial e judiciária, pela posição mais tolerante ou francamente defensiva do público e das autoridades com relação à responsabilidade das mulheres delinquentes, atribuindo-se a elas uma categoria privilegiada, especialmente se for de bom nível social, ou se o delito for de menor gravidade, sendo elas contempladas com maior número de absolvições ou benefícios penais diversos, alguns estatuídos na própria lei, talvez pela falsa percepção de que a criminalidade feminina não é tão perigosa ou importante quanto a masculina. O fato inconteste é que ela é significativamente menor.

Não havendo dados suficientes para aquilatar-se a efetiva dimensão da criminalidade feminina e determinar-se as suas causas, sendo certo que ela não atinge a amplitude da criminalidade masculina, acabam surgindo várias hipóteses explicativas para tal fato, tendo sido aceitas as que apontam para a diferente estrutura físico-psíquica em ambos os sexos e para o diferente papel social que lhes é reservado.

Quanto à estrutura física do chamado "sexo frágil", que muitos apontam como causa da reduzida participação feminina na delinquência, parece certo que essa consideração se deve referir somente à criminalidade violenta, embora a possibilidade do recurso às armas em nossos dias possa compensar plenamente a reduzida capacidade física da mulher, à qual no passado se atribuía a preferência pelo envenenamento nos casos de homicídio.

Na Criminologia clássica entendia-se que na mulher a eventual tendência à criminalidade bem como os seus impulsos criminógenos seriam contrastados e obstados por seus inatos sentimentos de piedade e maternidade, que se opõem visceralmente à violência tradicional do guerreiro. Somente quando não funcionassem esses fatores inibidores poderia ela cometer delitos particularmente graves e cruéis.

Igualmente pertence à Criminologia clássica a teoria de que seria a **prostituição** um substitutivo da criminalidade para a mulher, identificando-se aí o caráter do **delinquente profissional refratário ao trabalho**, concepção que hoje parece arbitrária e não demonstrada, fruto de uma generalização e de uma confusão entre categoria moral e categoria jurídica identificadas numa única reprovação. Evidentemente mudaram os tempos e evoluiu a criminologia. A outra hipótese aventada, a da diferente posição social da mulher, era justificada no passado pela menor participação das mulheres nas atividades externas, encontrando ela menos ocasiões para delinquir. Nesse sentido, estatísticas antigas já demonstravam que a criminalidade feminina era mais elevada onde a mulher fosse socialmente mais emancipada.

De fato, Sutherland e Cressay , dois famosos criminólogos americanos do século passado, observaram que ,a taxa da criminalidade feminina tendia a se aproximar mais daquela da criminalidade masculina nos países onde às mulheres se reconhecia a liberdade e a igualdade com os homens, como nos Estados Unidos da América e na Europa ocidental, enquanto se distanciavam, as duas nos países em que as mulheres estavam em situação de dependência, como no Japão e na Argélia, por exemplo. E, no interior de cada país, a variação da proporção da criminalidade entre os dois sexos corresponderia às variações da respectiva posição social no meio de desenvolvimento. O que teria mudado com o progresso e o fenômeno da globalização no mundo atual?

Esse entendimento, porém, não deixou de ser contestado por outros estudiosos, como Giuseppe Di Gennaro, que assegura que o papel da mulher na sociedade não mudou de forma a consistir no motivo da grande diferença entre a criminalidade masculina e a feminina, devendo-se rejeitar o erro de confundir a posição social com o papel exercido. Afirma ele não haver dúvida que a posição social da mulher mudou profundamente e que em relação ao uso da própria liberdade, à atividade profissional e à vida de relação no gênero, conquistou ela uma posição igual, ou quase, à do homem. Não obstante, considera que o papel exercido pela mulher não sofreu mutações significativas em nossa cultura. Isso por que entende ele por "papel" a função específica da mulher no âmbito familiar ou, de qualquer maneira, nas considerações perante o outro sexo.

Do homem ainda se espera a agressividade e a afirmação pessoal, projetada para o exterior, obrigado a resolver no plano da sua ação na sociedade os problemas de competitividade com os outros indivíduos e com o grupo. Diversamente, a mulher assume (ou assumia?) uma posição de passividade em relação ao mundo exterior, sem abdicar da graça e da feminilidade, às quais ela deveria renunciar para tornar-se delinquente. Daí, segundo ele, a ainda existente função da mulher como elemento de coesão e de estabilização da vida social, embora já se faça sentir a ocorrência, em algumas áreas, de uma transmutação desses papéis tradicionais, com as transformações do mundo moderno, que levaria a uma possível revisão desses conceitos.

Para precisar um entendimento mais correto dessa questão seria necessário efetuar-se uma avaliação com base em pesquisas, infelizmente inexistentes no Brasil. Alguns levantamentos esparsos em Relatórios oficiais trazem, todavia, certas informações interessantes que, embora como mera amostragem, podem servir para formar convicções nesse tópico. Assim, dados importantes foram obtidos, por exemplo, no Censo Criminológico realizado há tempos pela Secretaria de Justiça de Minas Gerais na Penitenciária Feminina daquele estado, que podem ainda ser válidos, revelando que no universo pesquisado:

a) a delinquência feminina atinge o seu ponto máximo mais tarde do que a masculina (de 26 a 40 anos);
b) anteriormente com menor participação nos delitos de força, de violência ou perigo, hoje a presença da mulher aparece em outras espécies de crimes, com predominância nos crimes contra a vida (homicídio e lesões corporais), contra o patrimônio (inclusive latrocínio) e no tráfico de drogas, já surgindo também como autoras ou coautoras de fraudes financeiras, delitos de corrupção e participação em bandos ou quadrilhas;
c) para um grande número de mulheres falta a escolaridade completa, alegando elas para a paralização dos estudos: a necessidade de contribuir para a renda familiar, o envolvimento com a criminalidade, dificuldades de aprendizagem e o intuito de casar ou amasiar, a maternidade precoce. Note-se que os homens alegam quase as mesmas razões, mas acrescentam o envolvimento com álcool ou drogas, a participação em grupos de rua, a falta de acesso à escola ou ao trabalho ou então mera opção pessoal.
d) além do baixo nível de escolaridade, outros fatores presentes são: a carência material e afetiva, a deficiente formação moral, o envolvimento episódico com a criminalidade, a expulsão de casa, a maternidade precoce, a dependência de drogas, a prostituição e certas situações vivenciais negativas que facilitam o caminho de seu comportamento antissocial, evidenciado pelo elevado índice de alegados "problemas de relacionamento familiar", em maior número do que o verificado na população criminosa masculina. Também não são de menor importância a fragilidade econômica e social, mesmo quando beneficiada por um emprego, e a desatenção e negligência da família em compensar a influência negativa do meio ambiente em que vivem, principalmente se este for agressivo e violento.

De qualquer forma, é opinião assente na Criminologia que o universo da criminalidade é bastante complexo e que outros fatores sociais e culturais condicionam o indivíduo ao desrespeito às regras, à desvalorização do homem e, consequentemente, ao crime. Mas o comportamento do indivíduo, homem ou mulher, é inegavelmente vinculado às suas experiências de vida, inclusive às da infância, quase sempre proporcionadas pela família em que vive, fatos esses que determinarão o seu comportamento conforme as situações que deverá enfrentar e aos papéis que desempenhará, influindo no seu desenvolvimento psicossocial, o que vale tanto para a criminalidade masculina quanto para a feminina.

Outra área que carece de mais estudos, no plano da Criminologia, é a da Vitimologia, onde se procura estabelecer o conceito de vítima, suas diversas tipologias, pesquisar a vitimização e sua relação com os agressores, estudar os processos de vitimização e os direitos das vítimas, para auxiliar no estabelecimento de uma Política Criminal que seja adequada ao tratamento da matéria. Entre os vários conceitos de **vítima** apresentados pelos estudiosos sobressai aquele mais amplo que designa como vítima a pessoa que sofre danos físicos, mentais ou econômicos, ou que perde os seus direitos fundamentais seja por violações comuns, seja por atos criminosos, nem sempre correspondendo ao de sujeito passivo do crime, que constitui o seu objeto jurídico. Nas diversas tipologias de vítimas apresentadas, a mulher sempre figura como tal, ao lado de outras categorias, como as crianças, os jovens, os idosos, os deficientes mentais, os imigrantes, os negros e outras minorias.

Algumas classificações ressaltam a importância da interação vítima-criminoso na gênese do delito, inclusive procurando determinar, em polos opostos, a vítima inteiramente inocente e a vítima culpável, com algumas variações intermediárias. Nas tipologias mais modernas costuma-se diferenciar entre vítimas individuais, coletivas, familiares e sociais, sendo que na categoria de vítimas familiares destacam-se as crianças maltratadas e exploradas economicamente, as mulheres agredidas e as vítimas de delito no âmbito conjugal ou familiar, com destaque para o estupro, incesto, pedofilia e outros abusos de natureza sexual ou de violência doméstica.

É fato, porém, que dentre todas as categorias apontadas a mulher ocupa posição proeminente como vítima da criminalidade, nas suas várias manifestações, o que se explica pelas suas características físicas e psicológicas, bem como pelo fato de que, pela sua condição na estrutura social e familiar, as mulheres ficam mais expostas a determinadas espécies de violência, seja no âmbito externo, seja no âmbito familiar.

Por isso, embora avultem no Código penal os tipos em que a mulher aparece como vítima exclusiva ou preferencial (embora em outros possa também dividir o espaço com indivíduos do sexo masculino, mesmo em atentados de natureza sexual), houve a premência de instituir-se uma legislação mais protetiva, que resultou na aclamada "Lei Maria da Penha", a Lei nº 11.340/2006, que intensificou a responsabilidade penal e social dos autores da violência contra a mulher.

A violência exercida contra a mulher assumiu assim maior importância nos tempos atuais pela sua intensidade e frequência dos atos que, normalmente praticados no âmbito interno da família, a chamada violência doméstica, cuja vítima preferencial é a mulher, mãe, filha ou cônjuge, teima em persistir como característica de uma sociedade patriarcal que ainda resiste às mudanças promovidas pela evolução dos costumes e pelas transformações sofridas nas relações familiares.

O modelo está enraizado nos hábitos e costumes sociais, contrariando a legislação surgida sob o influxo das Convenções internacionais, dos movimentos feministas reivindicatórios, e da maior conscientização da sociedade sobre o *status* da mulher, seus direitos fundamentais e o princípio da dignidade humana, além da igualdade garantida constitucionalmente. Todavia, em que pese a justificada necessidade de uma legislação mais protetora da mulher enquanto vítima, entendemos que, tanto em relação ao seu papel de vítima como de autora dos delitos, devem ser-lhe agregadas medidas educativas complementares que promovam a mudança das mentalidades dos homens e mulheres sobre o seu verdadeiro papel na sociedade, objetivando-se a revalorização da figura feminina como principal responsável pela transmissão de valores e da cultura na comunidade, base da coesão familiar que pode auxiliar na prevenção da criminalidade geral e da feminina em particular.

Sendo a mulher a maior responsável pela formação mais adequada dos integrantes dos grupos familiares, pode ela melhor atuar na prevenção dos atos criminosos e desvios de conduta. O que acontecerá apenas quando se puder privilegiar a **educação** no combate aos fatores criminógenos que levam a pessoa humana, homens ou mulheres, a delinquir, garantindo-lhes maiores oportunidades e possibilidades de enfrentar as desigualdades sociais e as deficiências na aplicação das leis.

30

FAKE NEWS: A NARRATIVA CRIADA PARA ENCOBRIR O FRACASSO DOS GOVERNOS DE ESQUERDA

Janaina Conceição Paschoal

Homenagear a Professora Teresa Ancona Lopez constitui grande alegria. Tive a honra de ser sua aluna, por toda a Graduação (1992-1996). Irreverente, a homenageada conseguia transmitir com leveza conteúdos densos. Não é fácil ser Professora no Largo São Francisco. Não foi fácil para mim, imagino para Professora Teresa e tantas outras precursoras.

Mesmo como graduanda, eu observava que as docentes no Largo São Francisco não eram tão consideradas como os docentes. Em torno delas, sempre havia uma narrativa. Chegou à Professora, por ser filha de Tício; chegou à Professora, por ser irmã de Caio; chegou à Professora, por ser esposa de Mévio. Inconformada com esse estado de coisas, sempre fiz questão de destacar as qualidades das poucas mulheres que nos ensinavam tão bem, ou até melhor que muitos homens.

Mas nossa homenageada não se curvava. Não se curvava aos padrões, às amarras e às vicissitudes da própria vida. Suas aulas são inesquecíveis, ela jamais temeu falar de si.

Sempre foi muito instrutivo constatar que uma mulher de verdade poderia galgar os difíceis degraus da vida acadêmica. Lembro com especial admiração o período que imagino ter sido o mais difícil em sua vida, a perda do filho. Sim, nossa homenageada passou por esse desafio e, ainda assim, conseguiu seguir enfrentando a vida de forma positiva, servindo de exemplo para as muitas meninas e meninos que, mais que instruiu, educou.

Teresa honra a presença feminina na Academia, como tantas outras queridas Professoras, prova que as muitas narrativas criadas para diminuir nossas conquistas são apenas mostras da incapacidade de reconhecer o sucesso alheio. Mas Profissionais como Teresa Ancona Lopez não têm tempo para acusar ninguém de *Fake News*, nem para vitimizar. O vitimismo é um fenômeno recente, em grande parte responsável pela degradação intelectual, cultural e social que nos assola.

Homenagear uma Professora do Departamento de Direito Civil, em regra, haveria de ser mediante um texto afeto à área de concentração da homenageada, ou, pelo menos, à seara a que se dedica quem homenageia.

Amarras! Não podemos nos ater a elas. Falar da falácia das *Fake News*, hoje, é uma necessidade, mormente em livro homenagem dedicado a pessoa que nunca temeu a verdade! Vejamos: durante muitos anos, a ideologia esquerdista dominou os formadores de opinião. O fenômeno não é exclusivamente nacional. Esquerdistas e simpatizantes são maioria nas redações dos jornais, nas fileiras culturais, nas Universidades. Muito superior à direita, a esquerda, no lugar de lutar apenas pelos muitos espaços políticos, tomou o cuidado de ocupar praticamente todos os espaços intelectuais, tornando-se forte e influente também para o futuro, uma vez que as Universidades formam os professores, que moldam crianças e adolescentes, além de profissionais de todas as carreiras, inclusive as jurídicas.

A dominação esquerdista das alas formadoras de opinião não era intensamente sentida pelo grande público, apenas por aqueles que, nas redações, nos palcos e, sobretudo nas Universidades, ousavam levantar alguma ideia dissonante. A maioria esquerdista sempre se revelou esmagadora. A população só começou a perceber os efeitos deletérios dessa dominação, quando a esquerda chegou ao poder com um discurso moralizador e, de forma condizente com os governos e movimentos de esquerda havidos no mundo, praticou atos de corrupção e desvios de dinheiro público como nunca fora visto.

Acompanhando o famoso processo do Mensalão, a Lava Jato e o Impeachment, a população foi capaz de compreender que o discurso moralizador foi apenas subterfúgio para chegar ao poder e ter acesso aos elevados recursos públicos, passíveis de serem desviados, com o fim de manter esse mesmo poder a qualquer preço. Nesse afã, estabeleceram-se parcerias com ditaduras de esquerda igualmente corruptas. A esquerda no poder político controladora dos formadores de opinião, não por imposição ditatorial, mas por convicção, transformou-se em um perigo real de venezuelização.

A liberdade de comunicação e manifestação trazida pelas redes sociais foi essencial para fazer frente a essa situação. Na esteira do processo de depuração interna, depuração essa permitida pelo Processo de Impeachment e pela Operação Lava Jato, a direita foi alçada ao poder. Por caminhos diferentes, a direita chegou ao poder em outros países do mundo. Intrigantemente, uma esquerda incrédula, incapaz de reconhecer a própria culpa, lançou mão de uma novel entidade de conceitos indefinidos para tentar fazer crer que essa direita se elegeu com base em mentiras.

Sim, tal qual ocorreu nos Estados Unidos, onde o assim chamado establishment segue sem acreditar que Trump foi eleito pelo que ele é e por ser como ele é, e não por ter criado qualquer tipo de narrativa; também no Brasil, criou-se o factoide de que Bolsonaro foi eleito com fulcro em uma rede organizada de difamações e mentiras. A esquerda brasileira é tão pouco criativa, que sequer consegue criar uma tese original para encobrir o próprio fracasso. Sim, apesar de viver lutando contra o americanismo, precisou importar a estratégia da esquerda americana.

Já durante a campanha eleitoral, houve ilações de que a campanha de Jair Bolsonaro teria distribuído *Fake News*, sem, entretanto, em qualquer momento, mostrar-se o corpo de delito. De fato, estranhamente, apesar das matérias jornalísticas e dos muitos discursos no sentido de que disparos em massa teriam sido feitos, distribuindo-se material contrário ao opositor, a bem da verdade, nenhum dos posts, memes e textos, supostamente disparados, foi disponibilizado.

Interessante destacar que aqueles que acusaram Bolsonaro e bolsonaristas de criar narrativas também criaram uma forte narrativa, imediatamente abraçada pela intelectualidade e por formadores de opinião em geral, na medida em que, como dito, constituem-se em grupos dominados pela esquerda. Ocorre que, até em razão do aparelhamento político e cultural, a tal narrativa criada pela esquerda ganhou institucionalidade e, rapidamente, uma CPMI (Comissão Parlamentar Mista de Inquérito), criada para apurar graves crimes praticados em ambiente virtual, sobretudo aqueles perpetrados contra crianças, foi distorcida para "apurar" uma pretensa rede de *Fake News* de um suposto Gabinete do Ódio.

Muito embora as CPIs e CPMIs também sejam instrumentos jurídicos de apuração, sabe-se que, em regra, prevalece a vertente política. Nesse contexto, os desvios ocorridos na CPMI não se revelariam tão graves. No entanto, para além dos desvios nos trabalhos da CMPI, constatou-se também um desvio no escopo de inquérito instaurado de ofício no próprio Supremo Tribunal Federal. Em 2019, por determinação do presidente da Suprema Corte brasileira, instaurou-se inquérito para apurar pretensas ofensas ao Supremo Tribunal Federal e seus Ministros. O Inquérito foi circundado de uma série de ilegalidades, seja por não ter objeto definido, seja por ter sido distribuído a um Ministro previamente escolhido e, por conseguinte, à revelia do procedimento natural de distribuição, seja por tramitar de maneira absolutamente sigilosa, sendo sigilosos também os nomes de todos os envolvidos, como advogados e investigados.

Como se não bastasse todo esse contexto, em seu nascedouro, no âmbito do fatídico inquérito, determinou-se a recolha de uma revista de grande circulação, bem como a investigação de auditores da Receita Federal e, segundo noticiado, até mesmo de Procuradores da República. Consta que os auditores e os Procuradores teriam investigado movimentações suspeitas dos próprios Ministros e a Revista censurada publicou que o presidente da Corte teria sido mencionado por um delator, em petição apresentada no bojo da Operação Lava Jato.

Naquele momento, as críticas lastreadas em equívocos constitucionais, penais e processuais penais já eram abundantes; entretanto, como se dera com a CPMI, também o misterioso inquérito do STF foi moldado para "apurar" as *Fake News* publicadas pelo tal Gabinete do Ódio Bolsonarista, sendo certo que já se anunciou que provas poderão ser compartilhadas com o TSE (Tribunal Superior Eleitoral), perante o qual tramitam ações objetivando cassar a chapa Bolsonaro/Mourão. Nota-se que as narrativas que visam explicar (ou justificar) o próprio insucesso já não seria mais suficiente para a esquerda brasileira. Da narrativa, partiram para a ação, procurando criar a ficção de que a eleição fora uma fraude e, diante da ausência de crime de responsabilidade passível de alicerçar um pedido de impeachment, passaram a buscar confeccionar provas visando à cassação da chapa.

A mesma esquerda que, ainda hoje, diz que o Impeachment de Dilma Rousseff foi golpe, já apresentou vários pedidos de impeachment e lançou uma série de manifestos objetivando tirar a direita do poder e, como essas estratégias não parecem estar surtindo efeito, uniu-se para tentar cassar uma chapa, mesmo sabendo que, no passado recente, o reconhecido excesso de provas dos crimes eleitorais da chapa Dilma/Temer não foi suficiente para a justa cassação. A abordagem nesta apresentada pode parecer político-ideológica, mas é eminentemente jurídica, pois as mesmas ações perpetradas pela esquerda durante todo o exercício do poder, ações essas consideradas lícitas e absolutamente inerentes à própria Política, passaram a ser consideradas criminosas, única e tão somente, por serem praticadas pela direita.

A esquerda viveu (e vive) de narrativas, de vitimização, de adjetivar e perseguir seus poucos e corajosos críticos. Agora, vitimizando uma vez mais, tenta tornar criminosos os atos que sempre praticou. Nesse debate em torno das *Fake News*, o que sempre me preocupou foi saber quem, afinal, definirá o que é verdade e o que é fake. Todo escândalo de corrupção, quando primeiramente vem à luz, é imediatamente alardeado como sendo *Fake News*. A mesma dinâmica ocorre relativamente aos relatos que implicam assédio moral, assédio sexual e até mesmo violência sexual.

Por óbvio, não se pretende que um discurso acusatório, seja qual for a natureza, imediatamente seja recebido como verdade. Por outro lado, tomá-lo, imediatamente, como mentira, como vem ocorrendo, pode favorecer a impunidade e também pode inviabilizar o saudável exercício da crítica. Foi por se incomodar, salvo melhor juízo, excessivamente, com as críticas feitas por meio das redes sociais, que o Supremo Tribunal Federal rapidamente adaptou o Inquérito inquisitorial instaurado para calar funcionários públicos e a Imprensa convencional. O misterioso procedimento findou virando o inquérito das *Fake News* e, estranhamente, além de conteúdos, perfis foram retirados das plataformas digitais, primeiramente, no território nacional e, como os investigados seguiram se manifestando no exterior, na sequência, no mundo todo.

A ordem para retirar perfis do ar internacionalmente foi questionada pela diretoria das Plataformas, a alegação foi de desproporcionalidade e de descumprimento da legislação dos países em que a ordem objetivava alcançar. Os questionamentos foram ignorados e os dirigentes das empresas no Brasil foram ameaçados com consequências criminais, em caso de descumprimento. Diante dessa ameaça, as empresas retrocederam e cumpriram a "pena de morte virtual" aplicada a pessoas que ousaram criticar o Supremo Tribunal Federal. Para que sejamos justos, imperioso consignar que ao menos uma dessas pessoas realmente gravou um vídeo que poderia ser considerado ameaçador a um dos Ministros, mas as demais não ultrapassaram os limites das críticas ácidas e da criação de narrativas. Narrativas tão mirabolantes como aquelas elaboradas pela esquerda, à época do julgamento do Mensalão. Nada obstante, o exercício da liberdade de manifestação, naquela oportunidade, fora plenamente tolerado, agora, até mesmo publicações inocentes como a #STFVergonhaNacional fora tomada como crime contra a segurança nacional. Retrocesso! Sob o ponto de vista das liberdades, o Brasil vive um retrocesso e, por mais estranho que seja, o retrocesso se deve ao Poder Judiciário e não ao Poder Executivo.

Fez-se referência à existência de uma ameaça, pelo menos, para deixar claro que os Ministros ameaçados, individualmente, até poderiam representar para que atos específicos fossem investigados pelas autoridades competentes, na esfera adequada, a depender das prerrogativas de cada um dos investigados. O que não é aceitável é que se reúna um conjunto de falas, postagens e vídeos, de reprovabilidade diversa, para pretender convencer a sociedade de que o Supremo Tribunal Federal está sob ataque e, com isso, suspender perfis em plataformas digitais e até prender pessoas, autoras de crimes de menor potencial ofensivo, que jamais, pela legislação vigente no Brasil, ensejariam prisão, sequer depois de definitiva condenação.

A situação fica ainda mais assustadora, quando se constata que muitas dessas medidas vêm sendo determinadas isoladamente por um Ministro que se apresenta como vítima tanto da ameaça antes mencionada, como das ofensas em redes sociais. Ora, de há muito, o sistema processual penal brasileiro é acusatório, não admitindo a dinâmica inquisitorial. Mesmo para aqueles que alegam que a dinâmica acusatória seria apenas para a ação e não para a fase de investigação, ficaria difícil sustentar que um Delegado, tendo sido vítima de um crime, poderia ele próprio conduzir o inquérito policial. No Brasil de hoje, lições simples de Direito vêm sendo completamente subvertidas.

Não é despiciendo consignar que o mesmo Supremo Tribunal Federal, que por meio de um de seus Ministros aplica pena de morte virtual a pessoas que o incomodam; em audiência pública presidida por outro Ministro, debate os limites dos MLAT (Acordos de Assistência Legal Mútua). Com efeito, no início de 2020, no âmbito da Ação Direta de Constitucionalidade n. 51, o Ministro Gilmar Mendes promoveu audiência pública, com a oitiva de vários especialistas, a fim de avaliar a efetividade dos acordos de assistência legal mútua, para compartilhamento de material publicado em plataformas digitais, tendo sido debatida a (im)possibilidade de um magistrado, no Brasil, intimar um executivo a entregar material disponibilizado no exterior, sob pena de prisão.

Ora, se o Supremo Tribunal Federal está debatendo até mesmo ordem que objetiva a obtenção de material efetivamente criminoso, que dirá ordem para suspender, no exterior, o perfil de pessoas que, na pior das hipóteses, teriam cometido crime contra a honra e um crime de ameaça um vídeo!? Acerca da tal ameaça, vale asseverar que ela teria sido a de "infernizar" a vida do Ministro.

Por todos os ângulos pelos quais se analise a situação, resta evidente que, juridicamente, revela-se insustentável. A liberdade de expressão não é um valor absoluto. É verdade! Mas excepcioná-la haveria de ser decorrência de um contexto de especial gravidade, talvez aqueles em que o manifestante incita a prática de um crime, ou faz apologia a um crime.

Em textos anteriores, fiz questão de sustentar que a defesa das piores teses e das piores ideias haveria de ser tolerada, não como um verdadeiro direito, mas como um consectário da manutenção da Democracia. O livre trânsito de ideias, tão caro a Stuart Mill, em seu clássico *On Liberty* está ameaçado no Brasil! E essa ameaça passa a ser mais perigosa e real, quando se verifica que os costumeiros defensores da liberdade de expressão e manifestação, a bem da verdade, somente defendiam essas liberdades para aqueles que concordavam.

Como pode o mesmo Supremo Tribunal Federal, que julgou lícita a marcha da maconha, entender ilícito criticar a Corte, ou, nos casos mais graves, alardear que o fechamento da Corte seria algo positivo para o país? A tolerância para com a expressão e a manifestação só existe de verdade, quando está presente frente a situações que parecem insuportáveis.

Os efeitos na sociedade já são sentidos, ninguém mais ousa falar em impeachment de Ministros do Supremo Tribunal Federal. Teme-se que algum dos membros da Corte tome a frase, ou postagem, como um crime contra a segurança nacional! Este artigo, há alguns anos, pareceria caricato, pois bem se sabe que, nas aulas de Direito Penal, muito se questiona a própria recepção da lei de segurança nacional pela Constituição Federal. Há alguns anos, aliás, ninguém imaginaria o próprio Supremo Tribunal Federal instaurando inquéritos de ofício para calar detratores, por piores que fossem. Imaginava-se tal comportamento de algum ditador que viesse a ocupar o Poder Executivo, fosse esquerdista, ou direitista, mas não no Poder Judiciário!

Neste ponto, faz-se um parêntese, para reverenciar a inteligência do saudoso Dr. Hélio Bicudo. Pouco antes de falecer, ele alertou para os perigos de uma ditadura do Poder Judiciário. Na oportunidade, sua frase foi interpretada como uma intervenção do Judiciário nas competências do Legislativo. Antes fosse! Visionário que era, já estava antecipando as estranhezas testemunhadas no presente. Mas os horrores jurídicos não se limitam ao até este momento narrado, ao lado do fatídico inquérito sigiloso, que passou a ser conhecido com inquérito das *Fake News*, fora instaurado um inquérito para apurar manifestações pretensamente antidemocráticas.

Gostaria de entender o que exatamente seria uma manifestação antidemocrática. Se pacífica, toda manifestação é democrática, ainda que a pauta não seja. Ao garantir o direito à manifestação, a Constituição Federal e os Tratados internacionais não trazem uma vírgula, garantindo essa liberdade "desde que a pauta seja democrática". E assim deve ser, pois os critérios definidores de Democracia variam muito. Os regimes mais ditatoriais da história fizeram questão (ainda fazem) de trazer em sua própria nomenclatura alguma forma de referência à Democracia.

Pedir a legalização da venda da maconha, ou a possibilidade de realizar aborto pelo Sistema Único de Saúde, pode ser algo muito democrático para uns e, ao mesmo tempo, cruel para outros. Do mesmo modo, erguer cartazes pedindo o fechamento do Congresso Nacional, do Supremo Tribunal Federal e a volta da Monarquia pode se revelar absolutamente legítimo para uns e terrivelmente antidemocrático para outros. Para que não haja dúvidas, nenhuma das pautas listadas no parágrafo anterior tem meu apoio. Nenhuma! Mas manifestações pacíficas defendendo todas essas pautas são manifestações democráticas, pois a própria Constituição Federal garante esse direito.

Apesar dessa garantia, pessoas passaram a ser investigadas por participar de manifestações em que alguns participantes levantaram cartazes pedindo o fechamento do Congresso Nacional e do Supremo Tribunal Federal como se fossem criminosos de destacável "periculosidade", sem que os defensores da Democracia de sempre se dignassem a questionar as autoritárias ações. Coincidentemente, Parlamentares mais identificados com o movimento designado como bolsonarismo passaram a ser investigados por ações sempre praticadas por Parlamentares apoiadores do petismo. Empresas contratadas para gerenciar as redes sociais desses Parlamentares também passaram a ser investigadas como fomentadores de atos antidemocráticos e, igualmente, empresários, em alguma medida, associados ao bolsonarismo começaram a ser perseguidos como financiadores de uma suposta rede antidemocrática! Tudo muito coerente com regimes ditatoriais, não importa se de direita, ou esquerda. Assusta, entretanto, o silêncio dos dois lados. Os libertários que tanto gritaram em defesa do direito do Jornal Charlie Hebdo fazer suas charges passaram a defender penas duras a criadores de memes e hashtags incômodas, grosseiras e até injustas, mas, ainda assim, memes e hashtags. E memes não passam de charges.

Em meio a esse imbróglio que desrespeita as mais básicas leis e garantias, em meio à guerra de narrativas entre esquerda e direita e entre direita moderada e direita radical, eis que surge uma disputa sangrenta por mercado. Seja nos textos, seja nos debates, em suma, em todas as intervenções referentes a *Fake News*, um dos argumentos mais ouvido é o de que os veículos de Imprensa profissional são passíveis de serem responsabilizados e, até por isso, fazem verificações que os veículos noticiosos das redes sociais não fazem, sendo muitos deles de difícil identificação.

Essa linha de argumentação, com todo respeito, é um tanto quanto romântica, pois bem se sabe que mesmo os veículos convencionais de Imprensa têm suas preferências ideológicas e, não raras vezes, fazem chamadas sensacionalistas, que pouco representam o conteúdo da matéria, devendo-se lembrar que, diferentemente do que ocorre com as redes sociais, o que é publicado por esses canais é recepcionado com maior confiança pelo público em geral.

Ao lado da possibilidade de responsabilização, argumenta-se que os vários sites e blogs noticiosos têm interesse econômico e se vendem aos poderosos de plantão, o que não ocorreria com a Imprensa tradicional. Ora, esse fundamento se revela ainda mais questionável, pois todos sabem, muito embora poucos reconheçam, que as mais diversas esferas de poder gastam injustificáveis milhões com publicidade institucional, a qual, em regra, tem pouco ou nenhum retorno à população. Isso sem contar os veículos diretamente controlados por políticos e familiares.

Com efeito, quem ouve os debates em torno das *Fake News* fica com a sensação de que a Imprensa tradicional seria exemplo de inquestionável pureza. No entanto, para quem conhece a realidade, impossível deixar de pensar que boa parte dessa luta tenha a ver com reserva de mercado, pois, na medida em que surgem sites, blogs, canais, enfim, outras modalidades de mídia, apta a recepcionar os milhões (quiçá bilhões) em dinheiro público, menos recursos sobram para a mídia convencional.

Por se tratar de seara em que ocorre verdadeira prostituição, na condição de Deputada Estadual, esta ex-aluna da Professora Teresa Ancona, apresentou o projeto de Lei 07/2020, proibindo o uso de dinheiro público em publicidade, salvo em peças efetivamente educacionais e informativas. Conferir íntegra em: https://www.al.sp.gov.br/propositura/?id=1000316261

Aliás, na Assembleia Legislativa do Estado de São Paulo, também foi instalada Comissão Parlamentar de Inquérito das *Fake News*. Nesta, para além do difícil conceito de *Fake News*, enfrentar-se-ão temas conexos como a monetização de vídeos, os pedidos de depósitos bancários formulados em blogs e sites, os disparos em massas por whatsapp, a elaboração de perfis falsos, bem como a contratação de empresas e assessores para gerenciar sites de Parlamentares, com convocação para atos apoiados por eles. Pelos primeiros encontros da Comissão, foi possível sentir que, tal qual ocorre em Brasília, idênticos comportamentos são conceituados como lícitos ou ilícitos, a depender dos agentes envolvidos. Se as empresas contratadas por Parlamentares convocam para atos identificados com a esquerda, o comportamento é tomado como lícito e até muito positivo; já, quando as empresas publicam sobre atos mais relacionados à direita, fala-se em financiamento de atos antidemocráticos com dinheiro público. Idêntica dinâmica se estabelece com a criação dos perfis falsos, existem os perfis falsos "do bem" e os perfis falsos "do mal".

Tal realidade evidencia como é frágil nossa Democracia e como as liberdades de expressão e de manifestação ainda não são um verdadeiro valor no Brasil. Ao fim e ao cabo, conceitua-se como *Fake News* tudo aquilo que desagrada. Esse atraso fica bastante claro na distância que há entre a fala e as ações das autoridades brasileiras e os textos da Organização dos Estados Americanos (OEA), consubstanciados na Declaração Conjunta sobre Liberdade de Expressão e Notícias Falsas ('*Fake News*'), Desinformação e Propaganda, bem como na Declaração Conjunta do Vigésimo Aniversário: Desafios para a Liberdade de Expressão na Próxima Década, além da Declaração Conjunta sobre Liberdade de Expressão e Eleições na Era Digital[1].

Para que não haja mal entendidos, imperioso consignar que, por óbvio, não se pode compactuar com a dolosa publicação de informações falsas, por quem quer que seja, nos veículos que forem. Desse modo, revela-se até tar-

[1] Disponíveis em: http://www.oas.org/pt/cidh/expressao/showarticle.asp?artID=1146&lID=4

dio o debate em torno da necessária ética nas publicações em geral, sejam feitas em veículos convencionais de Imprensa, ou nessas novas modalidades de mídia. Mas o afã de realizar esse necessário debate ético não pode justificar o risco ora vivenciado. O risco que se vislumbra é o de instituir censores da verdade, trate-se de censores públicos, ou de censores privados. E, diante da polarização estabelecida na nação e, como já asseverado, da prevalência do esquerdismo entre os formadores de opinião, teme-se também que haja (como já está ocorrendo) um direcionamento na "definição" do que seja verdadeiro e do que seja falso.

Para se ter uma ideia de como o encaminhamento do debate no país está distorcido, basta notar que, seja na CPMI em Brasília, seja na CPI em São Paulo, muito se fala em divulgação de *Fake News* nas eleições de 2018, com o intuito de favorecer o candidato da direita, atual Presidente da República. Porém, em publicação internacional referente à matéria, uma pesquisadora, ao exemplificar *Fake News* com impacto nas eleições, deu como exemplo justamente uma situação em que fora vítima (e não beneficiário) Jair Bolsonaro.

De fato, no trecho abaixo, Claire Wardle recorda o áudio em que alguém se passa por Jair Bolsonaro, confessando que a facada de que foi vítima teria sido um teatro. Confira-se:

"As well as text, vídeos and images, we increasingly need to be aware of the power of áudio to deceive. In the run to the Brazilian presidential election in October 2018. Jair Bolsonaro was stabbed during a campaign event. He spent the next 17 days in hospital. During that time, a áudio message emerged that purported to be Bolsonaro, where he cursed at the nurses and stated 'that teather is over', which led to conspiracies that his stabbing had been deliberately staged to increase sympathy and therefore support for the candidate. Forensic audio specialists were able to analyse the recording and to confirm that the voice was not Bolsonaro..."[2].

Nota-se que mentiras internacionalmente reconhecidas parecem não incomodar os formadores de opinião no Brasil, justamente por infirmarem sua narrativa. Isso sem contar o silêncio diante das injustiças perpetradas por aqueles que, hoje, se apresentam como vítimas de "*Fake News*". De fato,

[2] WARDLE, Claire. *Understanding Information Disorder*, October. 2019. p. 42, disponível em: https://firstdraftnews.org/wp-content/uploads/2019/10/Information_Disorder_Digital_AW.pdf?x76701.

o Partido dos Trabalhadores acusa a direita de chegar ao poder com fulcro em "*Fake News*" e os formadores de opinião abraçam tal tese de forma entusiasmada. Nenhum desses formadores de opinião, entretanto, lembra-se de como o próprio Partido dos Trabalhadores destruiu a candidatura da ex-Ministra Marina Silva, aterrorizando a população com a ilação de que, uma vez eleita, a então candidata acabaria com todos os programas sociais, retirando, literalmente, alimentos do prato dos cidadãos.

Em algum momento da vida, todos são vítimas de mentiras, de narrativas e de mal entendidos. Seja no âmbito cível, seja no penal, os instrumentos disponíveis são suficientes a fazer frente a essa situação. Além dos instrumentos que já há, certo é que o livre trânsito de ideias se revela o meio mais eficaz para chegar o mais perto possível da verdade. No que concerne à segurança nas redes sociais, talvez seja interessante, para além dos instrumentos já existentes, criar outros que possibilitem, por exemplo, retirar de circulação, de forma imediata, todo e qualquer material que possa colocar crianças, adolescentes e outras pessoas vulneráveis em risco, como são aqueles joguinhos que podem levar os participantes a colocarem fim à própria vida. Com exceção desses casos, o melhor remédio para as muitas mentiras e narrativas que há, infelizmente há, é a liberdade de expressão e de manifestação.

Apesar de, no Auto da Lusitânia, Gil Vicente já ter escrito que Todo Mundo mente e Ninguém diz a verdade, sabe-se que a evolução da própria humanidade passa por elevar, cada vez mais, a verdade como valor. Assim deve ser! Fosse esse o intuito real da celeuma instalada em torno das *Fake News*, cumpriria apoiar, sem qualquer alarde. Ocorre que a observação cuidadosa mostra que o intuito não é o de buscar a verdade, mas o de impor uma verdade. Nesse cenário, melhor defender a liberdade, como sempre ensinou a querida Professora Teresa.

Aliás, lembro com clareza uma de suas aulas. À época, havia um seriado, em que um juiz saía às ruas e ele próprio investigava, instruía o processo e julgava de maneira implacável! Professora Teresa criticava o seriado, asseverando que era bonito na TV, mas apavorante na vida real, pois um magistrado não poderia pretender fazer as vezes de todas as partes. Passados mais de vinte anos, vemos, na vida real, o mesmo filme. Como são valiosos os ensinamentos da minha sempre Professora! A ela, todo carinho e gratidão.

31
A QUEBRA DA PROMESSA DE CASAMENTO: ENTRE O EXERCÍCIO REGULAR DE UM DIREITO RECONHECIDO E O ABUSO DE DIREITO

João Ricardo Brandão Aguirre

INTRODUÇÃO

Em meu doutoramento, concluído no já distante ano de 2010, tive a felicidade de ser orientado pela Professora Teresa Ancona Lopez, ocasião em que os inúmeros contatos com a diligente e dedicada orientadora vicejaram uma amizade que me é muito cara, pautada pelo imenso respeito e admiração por essa figura carismática, gentil e, sobretudo, humana, dotada de profundo conhecimento jurídico e atenta às vicissitudes características de nossa existência.

E nesta justa homenagem à personalidade tão importante para a evolução das ciências jurídicas de nosso país, que possui papel tão significativo para o desenvolvimento de minha carreira acadêmica e, também, responsável por lições que carrego ao longo da vida e levam à funda reflexão acerca das relações humanas, optei por escrever o presente artigo unindo dois pontos que me remetem à professora Teresa: a tese defendida em meu doutoramento e o seu zeloso olhar para a natureza das relações humanas e sua volubilidade.

De fato, defendo a tese de que nosso ordenamento tutela o ethos da confiança, enquanto valor jurídico fundamental, cujo significado consiste em resgatar as disposições morais das relações humanas, estimulando o comportamento ético e probo, a lealdade de tratamento e o respeito à esfera jurídica de outrem. O reconhecimento da existência de uma responsabilidade pela confiança pauta-se pela assunção de que o princípio da boa-fé objetiva se permeia por todas as relações intersubjetivas, estabelecendo um padrão de conduta ético que, violado, gera responsabilidade.

Neste contexto, o padrão de conduta pautado pela ética, probidade e lealdade também se estende ao âmbito da família, base da sociedade e merecedora da especial proteção do Estado, posto que locus diferenciado das relações afetivas, a permitir o desenvolvimento da personalidade de seus integrantes e a promoção de sua dignidade. Contudo, o recurso à confiança e à boa-fé objetiva não deve ser realizado de forma generalizante e sem nenhum critério, completamente afastado de nosso sistema jurídico, que possui como valor fundamental a liberdade, a tornar imperiosa a tutela da autonomia privada, resguardando-se o imprescindível espaço de autodeterminação.

Sob essas premissas, é que se pretende discutir a questão atinente à responsabilidade pela quebra da promessa de casamento, atentando-se para a preciosa lição, extraída de inúmeras conversas travadas com a querida professora Teresa: o fato de que as relações humanas são tracejadas por idas e vindas, erros e acertos, vicissitudes e transformações, e ao Direito não cabe descurar desse mister e nem ignorar características tão marcantes do trato social.

1. A VOLATILIDADE DAS RELAÇÕES AFETIVAS E O DIREITO DE MUDAR DE OPINIÃO

As relações interpessoais desenvolvidas no campo dos afetos carregam a imponderabilidade dos sentimentos humanos e, por essa razão, são marcadas por patente instabilidade, precisamente traduzida pela "liquidez dos amores" de que tão bem tratou o Zygmunt Bauman ao ressalvar a ambiguidade dos relacionamentos em tempos de individualismo extremado:

> *Em nosso mundo de furiosa "individualização", os relacionamentos são bênçãos ambíguas. Oscilam entre o sonho e o pesadelo, e não há como determinar quando um se transforma no outro. Na maior parte do tempo, esses dois avatares coabitam – embora em diferentes níveis de consciência. No líquido cenário da vida moderna, os relacionamentos talvez sejam os representantes mais comuns, agudos, perturbadores e profundamente sentidos da ambivalência.*[1]

[1] Bauman, Zygmunt. Amor líquido: Sobre a fragilidade dos laços humanos. Trad.: Carlos Alberto de Medeiros. Editora Zahar, Edição do Kindle, posição 29.

Essa destacada ambivalência faz com que escolhas consumadas pela inabalável certeza dos apaixonados, sejam, posteriormente, corroídas pelos indefectíveis efeitos da rotina e do tempo, a reiterar a beleza e a agudez do verso final do Soneto de Fidelidade: "Que não seja imortal, posto que é chama; Mas que seja infinito enquanto dure". Em tempos de amores líquidos, o lapso temporal capaz de abalar a convicção dos apaixonados de outrora talvez seja muito mais exíguo do que aquele imaginado por Vinícius de Morais, a fazer com que a eternidade do amor prometido não resista ao próximo alvorecer.

Neste cenário de ambiguidades, a liberdade se apresenta como o maior dos paradoxos, eis que, munidos de ampla autonomia para escolherem as formas e diretrizes de seus relacionamentos, os indivíduos sentem-se acossados pelas angústias trazidas por decisões carregadas do peso da perenidade e pelo temor de que as próprias escolhas os façam perder outras oportunidades ou os levem à reponsabilidades que não pretendem assumir, como demonstra Bauman:

> *O principal herói deste livro é o relacionamento humano. Seus personagens centrais são homens e mulheres, nossos contemporâneos, desesperados por terem sido abandonados aos seus próprios sentidos e sentimentos facilmente descartáveis, ansiando pela segurança do convívio e pela mão amiga com que possam contar num momento de aflição, desesperados por "relacionar-se". E no entanto desconfiados da condição de "estar ligado", em particular de estar ligado "permanentemente", para não dizer eternamente, pois temem que tal condição possa trazer encargos e tensões que eles não se consideram aptos nem dispostos a suportar, e que podem limitar severamente a liberdade de que necessitam para – sim, seu palpite está certo – relacionar-se...*[2]

Por conseguinte, distintos relacionamentos vertem nessa ambivalente conjuntura, físicos, virtuais, duradouros ou fugazes, os quais, em diversos momentos, acabam por desaguar no Judiciário, na esperança, ilusão ou cupidez de que a decisão judicial resolva todos os problemas criados no campo dos afetos. E quando o sensório se encontra com o jurídico exsurge a imperiosa necessidade de se considerar as singularidades dos relacionamentos afetivos, zelando-se para que as suas soluções não sejam pautadas pelas mesmas normas que regulam as demais relações jurídicas e nem pelos mesmos juízos morais que as norteiam. Carrear para o Direito

[2] BAUMAN, Zygmunt. Op. cit. Posição 29.

de Família as mesmas regras do Direito das Obrigações, sem atentar para as suas particularidades, é tratar a natureza humana pelo crivo dos negócios e da pecúnia, no danoso afastar do paradigma existencialista de nosso ordenamento.

Neste contexto é que se propõe a análise da responsabilidade pela quebra da promessa de casamento, não por um viés eminentemente patrimonial, que desconsidera a natureza humana e ignora a volubilidade das relações afetivas para tudo traduzir em indenizações, em reprovável monetarização do afeto, mas por uma perspectiva que abrigue a compreensão das imprecisões da alma e das oscilações e dilemas característicos da seara do sentir.

Os sentimentos humanos não consistem em "certo comportamento exigível pelo titular de um direito subjetivo", na clássica definição de obrigação ministrada por Orlando Gomes[3], o que leva à forçosa conclusão de que as regras características da responsabilidade civil contratual, previstas nos arts. 389 e seguintes do Código Civil, são inaplicáveis às hipóteses de ruptura da promessa de casamento. Pensamento contrário conduziria a soluções inusitadas, como, v.g., obrigar um nubente hesitante a se casar sob pena de fixação da "multa fixada periodicamente para compelir o réu ao cumprimento específico da obrigação", a célebre astreinte, de que trata o art. 500 do Código de Processo Civil.

Inexiste a obrigação de contrair matrimônio em nosso ordenamento, o que seria descabido contrassenso em um sistema que admite o divórcio sem prévios requisitos, como o nosso, pós Emenda Constitucional 66 de 2010. De fato, obrigar alguém às núpcias para evitar a imposição de qualquer sanção, seria levar esse indivíduo ao altar para pedir a dissolução do vínculo conjugal no momento seguinte à celebração do matrimônio. Ou além de ser obrigado a se casar ainda teria de cumprir um "período de carência"?

O autor pede escusas por esse desatino, utilizado apenas para evidenciar o despropósito de se sustentar a existência de vínculo obrigacional na promessa de casamento. O mesmo argumento vale para quem sustente a ocorrência de dano moral in re ipsa em decorrência da ruptura do noivado, posto desconsiderar a natureza das relações afetivas e não conceder aos nubentes o medular direito de mudar de opinião e optar por não levar

[3] GOMES, Orlando. *Obrigações*. atualizador Edvaldo Brito. – 19. ed. – Rio de Janeiro: Forense, 2019, p.6.

adiante decisão acerca de projeto de vida que se propõe duradouro e, no mais das vezes, perene. Ora, se no próprio direito contratual admite-se o direito de recesso na fase da puntuação, garantindo-se a retirada das negociações a qualquer tempo, desde que efetivada de forma leal, qual motivo obrigaria um nubente a manter, a todo custo, a promessa de casamento, especialmente por se tratar do âmbito do Direito de Família, em que imperam os sentimentos e a ambiguidade de que tratamos anteriormente?

Decerto, não se pode olvidar de princípio norteador das relações familiares consistente na liberdade para desenvolver projetos pessoais, ensejando o melhor desenvolvimento da personalidade do ser humano. Ao Estado cabe a preservação dos valores que fundamentam a família, a fim de se assegurar sua proteção e assistência, sem que isso signifique interferir na liberdade individual de seus integrantes. A aplicação das normas de Responsabilidade Civil ao Direito de Família deve estar pautada sob essas premissas fundamentais, especialmente no que se refere ao tema da quebra da promessa de casamento, o qual instiga a perquirir sobre a caracterização do evento danoso, os limites da autonomia privada no direito de família e os efeitos do tempo nas relações afetivas, além da prova da ilicitude do ato praticado pelo noivo resignante, posto tratar-se de inequívoca hipótese de responsabilidade extracontratual, regida pelas normas dos artigos 186, 187, 188, 927 e seguintes do Código Civil.

No momento em que duas pessoas fazem juras de uma vida a dois, estão exercendo a plenitude da liberdade de construção de um projeto existencial, conforme garantido pela ordem constitucional. A eles deve ser reservado, todavia, o direito de mudarem de opinião até o momento da celebração do casamento, desistindo do compromisso pelas mais diversas razões, até mesmo a singela falta de convicção acerca de decisão tão relevante para a vida de ambos. A ruptura do noivado, assim como a opção por finalizar outros relacionamentos amorosos, sejam os mais duradouros ou o mais fugaz, constitui, por conseguinte, exercício regular de um direito reconhecido, isento de ilicitude, na exata dicção do art. 188, inciso II de nosso Código Civil.

Contudo, é possível que a forma com que o rompimento seja levado a efeito venha a violar aquela conduta ética e leal imposta a todos os sujeitos de nosso ordenamento, atentando contra a função de controle da boa-fé objetiva e caracterizando o abuso de direito, tipificado pela norma do art. 187 de nosso diploma civil. Nestes casos, haverá ilícito indenizável, mas, somente se restar comprovado o exercício abusivo de posições jurídicas, o que constitui a exceção e não a regra da ruptura de relacionamentos amorosos.

De fato, na sociedade atual, em que impera a cultura dos cancelamentos, os julgamentos são sumários e realizados no palco implacável das redes sociais, em que pessoas abrem mão de sua privacidade em troca de ostentarem a vida feliz, nem sempre traduzida pela realidade. Nessa verdadeira selva de "pessoas do bem" reinam alguns princípios e ideais, incensados, especialmente, por autointituladas celebridades, influenciadores digitais e pseudo-formadores-de-opinião. Se alguém age em desconformidade com os dogmas da cultura "do bem", é logo lançado à fogueira do cancelamento e da reprovação, sendo bastante comuns os linchamentos virtuais.

Em ambiente como esse, a ruptura de um noivado é motivo para a execução sumária do "nubente desertor" e a exigência de farta indenização para reparar a inescusável ofensa decorrente do exercício da liberdade de optar por não seguir um relacionamento amoroso. Por óbvio que ao Direito não há espaço para o radicalismo extremado e nem para lides pautadas pela emulação. O respeito ao sistema jurídico é essencial para que se promova o ideal de construção de uma ordem jurídica justa e solidária, objetivo fundamental de nosso Estado Democrático de Direito. E higidez sistemática das regras de responsabilidade civil extracontratual exigem a comprovação do ato ilícito e do evento danoso para que surja o dever de indenizar.

2. A ILICITUDE DECORRENTE DO ABUSO DE DIREITO NA QUEBRA DA PROMESSA DE CASAMENTO

Ao reconhecer a categoria do abuso de direito, a ordem jurídica acaba por estatuir os limites para o exercício dos direitos subjetivos e da autonomia privada no tráfego jurídico, consubstanciados pela boa-fé, pelos bons costumes e pelos fins sociais e econômicos do ordenamento.

Para José de Oliveira Ascensão é possível enunciar o princípio de que o exercício do direito encontra seu limite quando ficar caracterizada "uma grave desproporção entre o benefício recebido e o prejuízo imposto a outrem"[4]. Mafalda Miranda Barbosa, por sua vez, ressalta que o abuso de direito "configura-se como uma contradição entre os dois polos que entre-

[4] Ascenção, José de Oliveira. Direito civil: Teoria geral. Relações e situações jurídicas. Coimbra: Coimbra Ed., 2002. v. 3, p. 288.

tecem o direito subjetivo", pois a sua estrutura formal, reconhecida pelo ordenamento jurídico, e o fundamento normativo integrante desse mesmo direito, e que lhe confere materialidade, devem estar em conformidade, caso contrário ocorrerá o anunciado abuso.[5]

Cabe ressaltar, contudo, que a função corretiva da boa-fé que se refere diretamente ao abuso de direito não se restringe à limitação aos direitos subjetivos nem, exclusivamente, ao campo dos atos ilícitos, disseminando-se por todo o ordenamento, posto que a norma insculpida no art. 187 do Código Civil é aplicável em toda a ordem jurídica e não apenas aos atos ilícitos, consistindo em limitação ao exercício dos direitos.

Nesse sentido, ensina Teresa Ancona Lopez que a consideração dessa autonomia torna possível que o exercício abusivo do direito constitua cláusula geral para todos os casos em que o exercício do direito não possa ser admitido pelo sistema jurídico, não apenas no que se refere aos direitos subjetivos, mas também às outras prerrogativas deles desvinculadas.[6]

O que se visa é o controle do exercício de um direito formalmente existente, na medida em que se configure em manifestação da liberdade pessoal, o que leva a considerar que o exercício de uma mera liberdade, não conformada com o direito subjetivo, possa ser considerado abusivo[7]. Esse também é o entendimento de Jorge Manuel Coutinho de Abreu ao afirmar que o vocábulo direito, neste caso, deve ser entendido em sentido mais amplo, envolvendo todas as prerrogativas jurídicas subjetivas, os poderes, as faculdades e as liberdades, pois a razão do sancionamento para o comportamento considerado abusivo vale tanto para os direitos como para as outras prerrogativas privadas.[8]

Na verdade, essa autonomia decorre da adstrição do abuso de direito à boa-fé objetiva e à confiança, assim como sua estreita vinculação à base valorativa de nosso ordenamento. Por conseguinte, o exercício inadmissível de posições jurídicas caracteriza-se de acordo com critérios objetivos

[5] Barbosa, Mafalda Miranda. *Liberdade vs. responsabilidade.* A precaução como fundamento da imputação delitual? Coimbra: Almedina, 2006, p. 310.

[6] Ancona Lopez, Teresa. Exercício abusivo do direito e suas limitações. In: Nery, Rosa Maria de Andrade; Donnini, Rogério (Coord.). Responsabilidade civil: estudos em homenagem ao Professor Rui Geraldo Camargo Viana. São Paulo: RT, 2009, p. 540.

[7] Barbosa, Mafalda Miranda. Op.cit., pp. 320-321.

[8] Coutinho de Abreu, Jorge Manuel. *Do abuso de direito.* Ensaio de um critério em direito civil e nas deliberações sociais, Coimbra: Almedina, 2006, p. 67-68.

estabelecidos em razão da ordem de valores de nosso sistema, fundado na socialidade e na ética, princípios fundamentais do Código Civil de 2002.

Dessa forma, para que se consubstancie o abuso de direito não é necessária a comprovação da intenção do agente em exceder manifestamente os limites impostos pela boa-fé, pelos bons costumes ou pelos fins sociais e econômicos de nosso ordenamento. Sequer se exige sua ciência acerca desses limites, posto que sua conduta deva estar pautada pela ética, lealdade e honestidade, constituindo-se o exercício inadmissível de uma posição jurídica na hipótese de afronta a esses valores, o que caracteriza a sua antijuridicidade.[9]

Assim, a responsabilidade pela ruptura do noivado estará configurada quando o nubente resignante violar o padrão ético de conduta imposto pela boa-fé objetiva, exercendo a liberdade encerrar o relacionamento de forma inadmissível, contrária à lealdade de tratamento e ao respeito à esfera jurídica de outrem.

Importa salientar, todavia, que a noção de dano decorrente dessa ruptura não pode resultar da genérica assunção do sofrimento por parte do outro nubente, eis que esse é um efeito inevitável do rompimento qualquer relacionamento afetivo. De fato, do fim de um casamento à ruptura de um noivado; do término de uma união estável à ausência de um novo contato após um encontro furtivo; é fato que as relações amorosas geram expectativas munidas de sentimentos que, quando frustradas, desaguam em sofrimento e dor.

Impor o dever de indenizar em razão do estado de espírito posterior ao fim do relacionamento significaria o intento de se compensar uma frustração amorosa com pecúnia. Neste sentido, Maria Celina Bodin de Moraes adverte para a impropriedade de se definir o dano moral por meio da noção do sentimento humano, como dor, vergonha, desgosto, "em geral, qualquer sensação dolorosa experimentada pela pessoa", confundindo-se o dano com a sua (eventual) consequência. E vaticina: "o que o ordenamento jurídico pode (e deve) fazer é concretizar, ou densificar, a cláusula de proteção humana, não admitindo que violações à igualdade, à integri-

[9] "O abuso é objetivo e não subjetivo. O ato é ilegítimo desde que desconforme a padrões objetivos de comportamento, não se exigindo a consciência do agente de prosseguir um exercício contra o direito. Isso não significa que, havendo intenção contrária ao direito, esta não deva ser também relevante" (Ascensão, José de Oliveira. Op. cit., p. 277).

dade psicofísica, à liberdade e à solidariedade (social e familiar) permaneçam irressarcidas".[10]

Neste sentir, a solução para a questão atinente à reparação do dano decorrente da quebra da promessa de casamento passa, necessariamente, pela correta noção do conceito de dano moral, para afastar-se do terreno movediço e sentimental pavimentado pela ideia de dor, sofrimento e humilhação, aproximando-se de critérios objetivos que permitam a sua apuração de forma técnica e mais consentânea com a base axiológica de nosso sistema.

É na cláusula geral de tutela da dignidade humana que se deve buscar o fundamento jurídico para a correta formulação do conceito de dano moral, que consiste na lesão aos atributos essenciais e inerentes à pessoa. Caso o exercício do direito de terminar o noivado seja realizado de forma abusiva, resultando em atentado à dignidade do outro nubente, violando direitos da personalidade, haverá o dever de indenizar decorrente do exercício inadmissível de uma posição jurídica.

CONCLUSÕES

A ambiguidade das relações afetivas envolve uma conjunção de fatores capazes de desencadear o fim de um relacionamento, razão pela qual impõe-se o respeito à liberdade conferida a qualquer dos nubentes de encerrar o noivado, quebrando a promessa de casamento.

Essa autonomia significa um dos postulados das relações afetivas, eis que a todos se deve resguardar a liberdade de decidir pelos rumos de seu projeto existencial, o que passa, necessariamente, pela opção de prolongamento da relação ou de escolha pelo seu fim. Contudo, o direito de terminar o relacionamento afetivo, e, especificamente, de romper a promessa de casamento, deve ser efetivado de forma consentânea com os ditames da boa-fé objetiva e sob a égide da ordem de valores expressa pela Constituição Federal de 1988, a qual possui como diretrizes fundamentais a tutela prioritária da pessoa, de sua dignidade e a concretização do solidarismo social.

Neste contexto, o exercício abusivo do direito de romper a promessa de casamento, levado a efeito de forma contrária à lealdade e ao respeito à esfera jurídica de outrem, deve ser coibido e, quando realizado, acarre-

[10] BODIN DE MORAES, Maria Celina. *Danos à pessoa humana: uma leitura civil-constitucional dos danos*. Rio de Janeiro: Renovar. 2003, p.131.

tará a responsabilização do noivo resignante pelos danos causados ao outro nubente. O dano moral decorrente do rompimento do noivado, todavia, não deve ser entendido apenas como a dor e o sofrimento daquele que pretendia manter o projeto matrimonial, eis que esses são efeitos inevitáveis das rupturas afetivas. Impõe-se a análise aprofundada do caso concreto a fim de se apurar a efetiva ocorrência de violação aos direitos da personalidade do noivo enjeitado.

Lamentavelmente, o término de um noivado acarreta angústia e desgosto àquele que desejava o seu prosseguimento e a formalização das núpcias. No entanto, esse sentimento, por si só, não caracteriza o dano indenizável e nem constitui obstáculo capaz de impedir exercício da liberdade daquele que pretende encerrar o projeto de vida em comum.

REFERÊNCIAS

ANCONA LOPEZ, Teresa. Exercício abusivo do direito e suas limitações. In: NERY, Rosa Maria de Andrade; DONNINI, Rogério (Coord.). Responsabilidade civil: estudos em homenagem ao Professor Rui Geraldo Camargo Viana. São Paulo: RT, 2009.

ASCENÇÃO, José de Oliveira. Direito civil: Teoria geral. Relações e situações jurídicas. Coimbra: Coimbra Ed., 2002. v. 3.

BAUMAN, Zygmunt. Amor líquido: Sobre a fragilidade dos laços humanos. Trad.: Carlos Alberto de Medeiros. Editora Zahar, Edição do Kindle.

BARBOSA, Mafalda Miranda. Liberdade vs. responsabilidade. A precaução como fundamento da imputação delitual? Coimbra: Almedina, 2006.

BODIN DE MORAES, Maria Celina. *Danos à pessoa humana: uma leitura civil-constitucional dos danos*. Rio de Janeiro: Renovar. 2003.

COUTINHO DE ABREU, Jorge Manuel. Do abuso de direito. Ensaio de um critério em direito civil e nas deliberações sociais, Coimbra: Almedina, 2006

GOMES, Orlando. *Obrigações*. atualizador Edvaldo Brito. – 19. ed. – Rio de Janeiro: Forense, 2019.

32
RESPONSABILIDADE CIVIL DA PESSOA COM DEFICIÊNCIA: O ESTATUTO DO RETROCESSO EM TERMOS CIVIS

JOSÉ FERNANDO SIMÃO

INTRODUÇÃO

O Brasil é o país em que se produz leis pelos motivos mais curiosos. No passado, por exemplo, a lei Teresoca foi pedida por Assis Chateaubriand ao Presidente Getúlio Vargas para que ele, como pai, pudesse ter a guarda de sua filha ilegítima, pois Teresa fora fruto de uma relação do Dr. Assis com a Cora Acuña. O Decreto Lei nº 4.737, de 24.09.42 permitiu, então, o reconhecimento, seguido ao desquite, de filhos havidos fora do matrimônio.

O Estatuto da Pessoa com Deficiência, lei 13.146/2015 (EPD) nasce por força de o Brasil ser signatário da Convenção de Nova Iorque (Convenção Internacional sobre os Direitos das Pessoas com Deficiência), aprovada pelo Congresso Nacional pelo Decreto Legislativo 186 de 9 de julho de 2008 e que foi promulgada no Brasil por meio do Decreto 6.949/2009.

Lei cheia de boas intenções, mas catastrófica em termos de direito civil, nasce da prepotência e despreparo de um Congresso que erra por faltar um diálogo com as Faculdades de Direito do país. O EPD agrada aos que são engajados, aos que são tidos por "mães corujas". Isso porque na fábula, cansada a coruja de ter seus filhos comidos pela águia, faz com essa um acordo: "você não comerá mais meus filhos". A águia concorda e pergunta: "como vou saber quais são seus filhos para distingui-los de outras corujas? A coruja responde: "são os mais lindos da floresta". A águia, um dia, encontra pequenas corujas muito, mas muito feias e as come. Eram exatamente os filhos da mãe coruja. Para as mães, os filhos sempre são lindos, mesmo sendo efetivamente horrorosos.

Não deixo de reconhecer, e o faço com alegria, que em termos de políticas públicas, de regras de combate ao preconceito, o Estatuto merece todos meus elogios. Contudo, a crítica dura se dirige ao retrocesso em termos civis. O EPD é ruim, péssimo em termos de direito civil às pessoas com deficiência, mas parece bonito aos ativistas ou engajados que apoiaram um projeto que prejudica as pessoas com deficiência. Como se errou, as corujinhas eram mesmo feias, em desespero teórico se senta "salvar" o "Estatuto do Retrocesso em termos civis".

É por isso que, 23 anos após a defesa de minha tese de Doutoramento, na Faculdade de Direito da USP – Largo São Francisco, sob a firme e competente orientação da Professora Teresa Ancona Lopez, resolvi reler o tema da Responsabilidade Civil do Incapaz, obra publicada pela Editora Atlas em 2008, agora pelo filtro do Estatuto do Retrocesso. Para tanto construo os alicerces com base na pesquisa sólida e profunda da tese e depois evoluo para a releitura do tema em claro prejuízo à pessoa com deficiência.

1. AS INCAPACIDADES. QUESTÃO DE DISCERNIMENTO

1.1. PERSONALIDADE E CAPACIDADE. A CAPACIDADE DE FATO. ESTABELECENDO CONCEITOS

De início, ressalta-se que capacidade não se confunde com personalidade[1]. A personalidade é uma qualidade: a qualidade de ser pessoa que o direito limita-se a constatar e respeitar, não podendo ser ignorada ou recusada, por ser um dado extrajurídico que se impõe ao direito[2]. Nesse sentido, surge a interessante questão: é da suscetibilidade de ser titular de direitos e obrigações que se é pessoa ou sendo pessoa é que se é suscetível a ser titular de direitos e obrigações?

Partindo-se da primeira premissa (corrente tradicional), de que a personalidade é um fator intrajurídico, pode-se dar a justificação para a possibilidade de o direito atribuir *ex lege* direitos e obrigações a um ente fictício, como as pessoas jurídicas e os entes despersonalizados.

Caso se parta da segunda premissa (corrente moderna), de que a personalidade é um dado extrajurídico, concluir-se-á que a personalidade das pessoas humanas não é algo que possa ser recusado pelo direito, é algo

[1] "Art. 2º. A personalidade civil da pessoa começa do nascimento com vida; mas a lei põe a salvo, desde a concepção, os direitos do nascituro."

[2] Vasconcelos, Pedro Pais de. *Teoria geral do direito civil*. 2. ed. Lisboa: Almedina, 2003. p. 34.

que fica fora do poder de conformação social do legislador.[3] A segunda corrente é a mais adequada, apesar de ter a desvantagem de dificultar o enquadramento jurídico da personalidade coletiva ao quebrar a unidade que abrange tanto as pessoas individuais quanto as pessoas jurídicas. A personalidade seria a soma de caracteres corpóreos ou incorpóreos da pessoa natural ou jurídica. Então, a função do legislador não seria a de definir personalidade, mas, sim, de protegê-la[4].

Em consequência da personalidade, como qualidade de ser pessoa, surge a possibilidade de se contrair obrigações e ter direitos[5]. Esta é a capacidade de gozo ou de direito, que será qualidade da pessoa natural ou jurídica como decorrência direta da personalidade. Sem personalidade, é impossível falar em capacidade[6]. A capacidade, em sentido genérico, é a aptidão para possuir ou exercer direitos. A teoria da incapacidade é, em seu fundamento, essencialmente individualista, ainda que ela tenda a assumir um interesse social de proteção dos fracos. Ela está fundamentada, com efeito, sobre a existência e sobre o estado moral ou social da pessoa. Como tal, ela é de ordem pública, mas em face das necessidades sociais, principalmente da necessidade de segurança para terceiros, ela tende a estender-se ou a retrair-se em seus efeitos, conforme o caso; essa é a lógica que se extrai da necessidade da vida em sociedade[7];

A capacidade de fato diz respeito, portanto, à possibilidade de o sujeito exercer pessoalmente os atos da vida civil. A teoria das incapacidades tem por objetivo a proteção de certas pessoas, as quais, em razão de qualidades

[3] Vasconcelos, Pedro Pais. *Teoria geral do direito civil,* p. 36.

[4] Os direitos da personalidade são o núcleo dos direitos fundamentais, por isso são protegidos constitucionalmente e também pelo Código Civil. Nos dizeres de Canotilho, "um dos temas mais nobres da dogmática jurídica diz respeito às imbricações complexas da irradiação dos direitos fundamentais constitucionalmente protegidos (*Drittwirkung*) e do dever de proteção de direitos fundamentais por parte do poder público em relação a terceiros (*Schutzpflicht*) na ordem jurídico-privada dos contratos." Canotilho, José Joaquim Gomes. *Estudos sobre direitos fundamentais.* Coimbra: Universidade de Coimbra, 2004. p. 192.

[5] Vasconcelos, Pedro Pais. *Teoria geral do direito civil,* p. 34.

[6] "Art. 1º. Toda pessoa é capaz de direitos e deveres na ordem civil."

[7] Demogue, René. *Traité dês obligations em général.* Paris: Librarie Arthur Rousseau, 1923. p. 375. É justamente essa lógica da ressocialização do incapaz que promove uma revisão crítica sobre a sua irresponsabilidade e como consequência sua maior responsabilização. Por isso, justifica-se a adoção de um sistema de seguros. A questão da capacidade é desenvolvida no próximo item.

e características pessoais, não têm, ou têm, de maneira limitada, o discernimento para a prática de atos da vida civil.

Então, levando-se em conta essas qualidades, a lei prevê expressamente dois tipos de incapacidade: a absoluta e a relativa. A diferença entre elas está no grau de discernimento da pessoa natural e nas suas consequências. Tratando-se de incapacidade absoluta, entende o ordenamento que o sujeito não tem qualquer discernimento, por isso sua vontade é desprezada. Como a vontade do absolutamente incapaz é irrelevante, a lei determina que ele seja representado, ou seja, efetivamente substituído pelo representante. Caso o absolutamente incapaz pratique um negócio jurídico sem a devida representação, a sanção do ordenamento será a nulidade absoluta do negócio (CC, art. 166, I). A matéria é considerada de ordem pública, razão pela qual o ordenamento reage de maneira violenta, tornando nulo o negócio.

Tratando-se de incapacidade relativa, a pessoa tem certo discernimento, porém não completo. Por conseguinte, a lei determina a simples assistência[8] do incapaz, que participa do negócio com o auxílio de seu representante. A matéria não interessa à ordem pública, mas apenas ao incapaz e, portanto, o negócio praticado sem assistência é meramente anulável (CC, art. 178, III). Nos casos de incapacidade relativa, o incapaz participa do negócio obrigatoriamente ao lado de seu representante. O critério em que funda a diferença entre a incapacidade relativa e a absoluta é o grau de discernimento da pessoa natural.

1.2. OS ABSOLUTAMENTE INCAPAZES – ART. 3º DO CC

Historicamente, eram considerados absolutamente incapazes os menores de 16 anos, os que, por enfermidade ou deficiência mental, não tiverem o necessário discernimento para a prática desses atos e os que, mesmo por causa transitória, não puderem exprimir sua vontade.

a) MENORES DE 16 ANOS

Em relação aos menores de 16 anos[9], já era opção do legislador considerá-los absolutamente incapazes quando da vigência do Código Civil de 1916, e nada foi alterado com o atual diploma. Entende o legislador que, antes

[8] Assistência, no sentido de auxílio, tem origem no verbo assistir na acepção de transitivo direto, do que deriva a noção de Assistência Judiciária Gratuita.

[9] CC/16, art. 5º, I. "Art. 5o São absolutamente incapazes de exercer pessoalmente os atos da vida civil: I – os menores de dezesseis anos; [...]"

dos 16 anos, o menor não tem experiência ou conhecimento suficiente para distinguir o que é bom do que é ruim para si, sendo a sua vontade irrelevante na prática dos atos da vida civil. A asserção não contém verdade absoluta, pois a lei admite que sua vontade (em princípio desprezada) seja considerada no tocante a determinadas matérias. Mesmo com advento do EPD, prosseguem os menores de 16 anos sendo absolutamente incapazes.

b) PESSOAS SEM DISCERNIMENTO PARA OS ATOS DA VIDA CIVIL EM RAZÃO DE ENFERMIDADE OU DEFICIÊNCIA

Essa categoria de pessoa absolutamente incapaz foi suprimida pelo EPD. Historicamente, a alteração das faculdades mentais é uma das principais causas de incapacidade, que é a privação da razão, total ou parcialmente, não sendo o indivíduo capaz de fazer emanar uma vontade consciente que comporte um valor jurídico. Os atos jurídicos não emanarão de um cérebro lúcido, apto a distinguir sua significação. Há a prática de certos atos ilícitos pelos quais eles mesmos não podem ser responsabilizados, pois realizam esses atos inconscientemente e não lhes são dados valor. Em certo sentido, os incapazes sequer seriam os autores desses atos, no sentido filosófico e jurídico da palavra[10]. Quando a pessoa sofre de demência por ser portadora do mal de Alzheimer ou de esclerose avançada, ou seja, a doença apresenta seus sintomas, é que a incapacidade pode ser verificada. Sobre o tema, interessante notar a pluralidade e o tamanho de problemas. Algumas ponderações sobre a matéria ajudarão a esclarecê-lo.

O termo "demência" descreve um grupo de sintomas que são causados por mudanças nas funções cerebrais. Os sintomas de demência podem incluir: perguntas sobre um mesmo item várias vezes; perder-se em locais familiares; tornar-se incapaz de seguir orientações; ficar desorientado em relação ao tempo, pessoas e lugares; e negligenciar a segurança pessoal, a higiene e a nutrição. Pessoas com demência perdem suas habilidades em diferentes níveis. Trata-se de disfunção orgânica mental caracterizada pela perda geral de habilidades intelectuais, envolvendo prejuízo de memória, juízo e raciocínio abstrato, assim como mudanças na personalidade[11].

[10] JOSSERAND, Louis. *Cours de droit civil*. 3. ed. Paris: Librarie du Recueil Sirey, 1940. p. 306-307.
[11] US DEPARTMENT OF HEALTH AND HUMAN SERVICES. Alzheimer's Disease Educational & Referral Center – Online UK's Medical Dictionary. Disponível em: <http://cancerweb.ncl.ac.uk/omd/>. Acesso em: 28 ago. 2006.

Conforme se verifica, são doenças degenerativas que retiram completamente o discernimento da pessoa. Geralmente, associam-se a estas enfermidades a idade avançada ou a senilidade da pessoa natural, mas podem decorrer de doenças que não têm qualquer relação com a idade do paciente, tal como o tumor e a anemia. Cabe, entretanto, esclarecer que o simples fato de a pessoa ser idosa não lhe retirava a capacidade plena. A perda de discernimento decorre das doenças e não da idade em si.

Se ao invés de uma doença (adquirida durante a vida) a pessoa natural já nasce com uma deficiência – por exemplo, as decorrentes de distúrbios infantis –, a lei a considerava absolutamente incapaz. Por que o EPD suprimiu essas pessoas com enfermidade ou deficiência do rol dos absolutamente incapazes? Por entender que havia preconceito de fundo na norma. Por entender que a norma era discriminatória. O frágil argumento cede à realidade fática. Um senhor ou uma senhora com Alzheimer em estágio avançado podem ser faticamente considerados capazes para a prática de atos pessoais da vida civil? Comprar, vender, doar, celebrar contratos em geral? E um jovem que tenha autismo em grau máximo e fique completamente preso ao próprio mundo? Pode ele faticamente celebrar os atos da vida civil? Respondo às indagações no item 2 do presente artigo.

1.3. OS RELATIVAMENTE INCAPAZES – ART. 4º DO CC

Atualmente são relativamente incapazes: os menores entre 16 e 18 anos; os ébrios habituais e os viciados em tóxico; os que, mesmo por causa transitória ou permanente, não puderem exprimir sua vontade e os pródigos.

a) ÉBRIOS HABITUAIS E VICIADOS EM TÓXICO

Os ébrios são os alcoolizados. No âmbito semântico ébrio é aquele que se embriaga com frequência, sendo propenso à bebida, e que está com a mente ou sentidos perturbados, estonteado, tonto[12]. A lei exige como requisito para incapacidade que a pessoa consuma bebida alcoólica constantemente, ou seja, tenha naquela atitude um hábito. A pessoa deve beber com frequência, tornando a ingestão da substância parte de sua vida.

Igual efeito prevê a lei para os viciados em tóxico. Em sentido genérico, o álcool ou drogas são considerados substâncias entorpecentes que

[12] Houaiss, Antonio. *Dicionário Houaiss*. Rio de Janeiro: Objetiva, 2001. p. 1.095.

retiram do usuário a normal capacidade de discernimento. O viciado em tóxico repete o uso diuturnamente, e essa repetição gera-lhe um constante estado de ausência de discernimento. Note-se que na redação original do Código Civil, havia a menção ao discernimento reduzido como razão de ser da incapacidade. Não bastava o vício do álcool ou das drogas. Com relação a essa categoria, vamos comparar a redação original do Código Civil e a atual redação após a reforma trazida pelo EPD:

Redação original do Código Civil	Redação atual.
Art. 4º, II – os ébrios habituais, os viciados em tóxicos, e os que, por deficiência mental, tenham o discernimento reduzido	Art. 4º, II – os ébrios habituais, os viciados em tóxicos.

O "Estatuto do Retrocesso em termos civis" retirou a deficiência metal do dispositivo e, por falta de compreensão sistêmica, retirou também o "discernimento reduzido" que se aplicava, não só às pessoas com deficiência, como ainda aos ébrios e toxicômanos. Isso significa que, a partir do Estatuto, basta o vício para que haja a incapacidade? Por óbvio que não. O discernimento prossegue como sendo a pedra de toque para fins de incapacidade de ébrios e toxicômanos.

b) OS QUE, MESMO POR CAUSA TRANSITÓRIA OU PERMANENTE, NÃO PUDEREM EXPRIMIR SUA VONTADE

Na redação original do Código Civil, essa hipótese era de incapacidade absoluta e da redação não constava a palavra permanente. Assim vejamos:

Redação original do Código Civil	Redação atual.
Absolutamente incapazes – Art. 3º, III – os que, mesmo por causa transitória, não puderem exprimir sua vontade	**Relativamente incapazes** – Art. 4º, III – aqueles que, por causa transitória ou permanente, não puderem exprimir sua vontade

E por que a hipótese era de incapacidade absoluta e não relativa? Porque tais pessoas, não podendo exprimir sua vontade, precisão ser representadas por alguém. Não basta terem um assistente legal. Essas pessoas têm uma impossibilidade física de externar sua vontade. Agora, pelo texto do Código Civil, serão assistidas o que gera inutilidade da prestação jurisdicional. A doutrina, aquela "que não enxerga a feiura de seus filhos", resolve corrigir a situação dizendo que a pessoa, nessa situação, será relativamente incapaz, mas representada em nítida distorção ao sistema.

c) OS PRÓDIGOS

Por fim, considera a lei relativamente incapazes os pródigos. Nos dizeres de Clóvis Beviláqua, são aqueles que desordenadamente gastam e destroem sua fazenda[13]. A prodigalidade deve ser analisada diante de um binômio: o patrimônio da pessoa natural e o volume de gastos por ela despendido. Para ser considerada pródiga, a pessoa deve realizar gastos imoderados de acordo com seu padrão de vida, não apenas considerando o número absoluto de seus gastos.

São pessoas que dilapidam a sua própria fortuna e gastam seu capital sem necessidade e sem utilidade, podendo ser, tradicionalmente, objeto de medidas destinadas à sua própria proteção e à proteção de sua família contra este mal funesto[14]. Classicamente, são pródigos aqueles viciados em jogos de azar, como baralho ou caça-níquel. Historicamente, tem-se o exemplo daqueles viciados em bingo. Atualmente, há os viciados em apostas *on line*.

A interdição do pródigo apenas o considerará inabilitado para a prática dos atos de administração e alienação patrimonial, não para os demais atos da vida civil. Assim, não pode o pródigo, sem a assistência do seu curador, alienar bens móveis ou imóveis (vender, doar, permutar), nem mesmo receber quantias e dar quitação, bem como realizar empréstimos ou dar bens em garantia, nos termos do artigo 1.782 do Código Civil. Trata-se de *cura rei* e não de *cura persona*. É por isso que tem o pródigo plena capacidade para casar, bem como para adoção. A ideia é da proteção do próprio pródigo e não apenas de sua família, como ocorria sob a vigência do velho Código Civil. Isso porque, de acordo com o diploma revogado, apenas poderiam propor a interdição o cônjuge, o descendente ou o ascendente[15]. No novo sistema, a interdição pode ser proposta pelos pais, tutores, cônjuge ou qualquer parente, inclusive pelo Ministério Público, como forma de proteção do pródigo.

[13] Beviláqua, Clóvis. Código Civil dos Estados Unidos do Brasil, v. 1. Rio de Janeiro: Rio,1980. p. 154.

[14] Josserand, Louis. *Cours de droit civil*, 1940, p. 339.

[15] Essa era a redação do artigo 460 do CC/16: "O pródigo só incorrerá em interdição, havendo cônjuge, ou tendo ascendentes ou descendentes legítimos, que a promovam".

É importante frisar que a incapacidade do pródigo não terá consequências diretas no tocante à indenização decorrente de atos ilícitos por ele praticados. Quanto à responsabilidade extracontratual, o pródigo é considerado capaz e responderá pessoalmente pelos danos causados a terceiros. O curador do pródigo não terá o dever de indenizar, inexistindo, assim, subsidiariedade (CC, art. 928).

2. CRÍTICAS AO "ESTATUTO DO RETROCESSO EM TERMOS CIVIS"

Há pessoas que por fatores físicos são incapazes de manifestar sua vontade, mas passam a ser capazes por força da nova lei. A solução do Estatuto do Retrocesso foi abandonar a ligação umbilical entre capacidade e discernimento. Pretende, o Estatuto, que pessoas sem nenhum discernimento sejam relativamente incapazes (os que não podem exprimir sua vontade) e que pessoas com pleno discernimento, mas algum vício (álcool ou drogas) sejam relativamente incapazes.

Assim indago: qual o efeito prático da mudança proposta pelo Estatuto do Retrocesso? Esse descompasso entre a realidade e a lei será catastrófico. Com a vigência do Estatuto, tais pessoas ficam abandonadas à própria sorte, pois não podem exprimir sua vontade e não poderão ser representadas, pois são capazes por ficção legal. Como praticarão os atos da vida civil se não conseguem fazê-lo pessoalmente? A situação imposta pelo Estatuto às pessoas que necessitam de proteção é dramática. Trouxe, nesse aspecto, o Estatuto alguma vantagem aos que tenham deficiência? A mim, parece que nenhuma. As desvantagens do Estatuto do Retrocesso se avolumam e são graves aos que precisam de proteção legal.

2.1. PRESCRIÇÃO E DECADÊNCIA

Sendo a pessoa com deficiência, o enfermo ou excepcional, pessoa plenamente capaz, terá outra desvantagem em termos jurídicos: a prescrição e a decadência correrão contra ele. Atualmente, por força dos arts. 198, I e 208 do CC, a prescrição e a decadência não correm contra os absolutamente incapazes. Isso significa que quando o absolutamente incapaz é credor não terá a desvantagem de ver suas pretensões prescritas. Assim, se um menor com 10 anos de idade é credor de aluguel, a prescrição fica impedida de correr até que ele complete 16 anos. O tempo decorrido não prejudica o absolutamente incapaz, mas apenas o favorece. Assim, se o mesmo menor for devedor, o prazo prescricional transcorre normalmente, pois isso o beneficia.

Como, com o Estatuto, a pessoa com deficiência é capaz, a prescrição correrá contra ela, prejudicando-a, portanto. Trouxe, nesse aspecto, o Estatuto alguma vantagem à pessoa que é capaz, mesmo tendo deficiência? A mim, parece que nenhuma.

2.2. A PROTEÇÃO DECORRENTE DAS INVALIDADES DEIXA DE EXISTIR

Sendo a pessoa com deficiência pessoa plenamente capaz, poderá celebrar negócios jurídicos sem qualquer restrição, pois não se aplicam as invalidades previstas nos artigos 166, I e 171, I do CC. Isso significa que, se no sistema tradicional, alguém com deficiência leve, mas com déficit cognitivo, e considerado relativamente incapaz por sentença, assinasse um contrato que lhe é desvantajoso (curso por correspondência de inglês ofertado na porta do metrô) esse contrato é anulável, pois não foi o incapaz assistido.

Com a regra do "Estatuto do Retrocesso" esse contrato passa a ser, em tese, válido, pois celebrado por pessoa capaz. Para sua anulação, necessária será a prova dos vícios do consentimento (erro ou dolo) o que por exigirá prova de maior complexidade e as dificuldades desta ação são enormes. Trouxe, nesse aspecto, o Estatuto alguma vantagem à pessoa com deficiência? A mim, parece que nenhuma, pois deixou uma parcela da população que não tem discernimento ou que tem, mas é reduzido, à mercê de pessoas sem escrúpulos e com maior dificuldade para invalidar negócios jurídicos.

2.3. QUITAÇÃO VÁLIDA E EFICAZ

Sendo a pessoa com deficiência plenamente capaz, terá outra desvantagem em termos jurídicos: a quitação por ele dada é válida e eficaz, afastando-se a incidência do art. 310 do CC. Imaginemos uma pessoa, novamente, com deficiência leve e, pelo sistema tradicional, relativamente incapaz que não tenha noção de dinheiro e valores. Sendo credora, se ela der quitação, pelo sistema do "Estatuto do Retrocesso em termos civis", esta libera o devedor. Imaginemos que tal pessoa, então, recebendo certa quantia em dinheiro, e por não ter noção exata de dinheiro, entregue a quantia a um desconhecido. Pela regra tradicional do Código Civil, protetiva da pessoa com deficiência, o devedor pagou mal e pagará novamente. Com a concepção do Estatuto do Retrocesso, o credor é que suportará a perda do dinheiro. Trouxe, nesse aspecto, o Estatuto alguma vantagem aos deficientes? A mim, parece que nenhuma.

2.4. IMPOSSIBILIDADE DE ACEITAR DOAÇÃO POR DISPENSA DE ACEITAÇÃO

Sendo a pessoa com deficiência pessoa plenamente capaz, tem outra desvantagem em termos jurídicos: para receber doação terá de exprimir sua vontade, o que, no sistema tradicional do Código Civil, não é necessário em sendo absolutamente incapaz (art. 543 do CC). Imaginemos um tio que quer doar bens imóveis a um sobrinho com deficiência profunda para que a renda de tais bens garantam uma vida digna ao sobrinho. Pela regra tradicional do Código Civil, a doação se aperfeiçoava sem que o sobrinho precise manifestar sua vontade (há uma presunção da vontade). Com o Estatuto, essa pessoa, plenamente capaz, precisa aceitar a doação. Como ela manifestará sua vontade se não consegue fazê-lo? É a situação de um jovem com paralisia cerebral, por exemplo. Trouxe, nesse aspecto, o Estatuto alguma vantagem à pessoa com deficiência? A mim, parece que nenhuma. A última das situações trazida pelo Estatuto diz respeito à responsabilidade civil e a aplicação do artigo 928 do Código Civil.

3. LEITURA DO ARTIGO 928: COMO ERA E COMO FICOU COM O ESTATUTO

O artigo 928 do Código Civil não tem artigo correspondente no Código Civil de 2002. É artigo inovador e emblemático:

> "Art. 928. O incapaz responde pelos prejuízos que causar, se as pessoas por ele responsáveis não tiverem obrigação de fazê-lo ou não dispuserem de meios suficientes.
>
> Parágrafo único. A indenização prevista neste artigo, que deverá ser eqüitativa, não terá lugar se privar do necessário o incapaz ou as pessoas que dele dependem".

O Brasil rompe com o sistema pelo qual o ato do incapaz não lhe gerava responsabilidade civil, para um sistema de responsabilidade subsidiária e mitigada. A previsão de uma responsabilidade subsidiária mensurada por padrões de equidade tem a sua *ratio* (justificativa para um tratamento autônomo) de uma norma reparadora (no Código Civil português, o artigo 489;

no Código Civil brasileiro, o artigo 928) e de natureza especial, tratando-se de um remédio (uma espécie de segunda garantia) destinado aos lesados, e a comprimir, assim, a esfera da *causam sentit dominus*. E julgando-se que o legislador pretendeu encontrar uma solução equilibrada, os autores que exigem a prática de um ilícito e a comprovação de uma "culpa abstrata" não deixarão, no fundo, de questionar o princípio-regra da subsidiariedade e o apelo à equidade, o que, aliás, revelará o desejo de se normalizar o regime indenizatório resultante dos atos danosos dos inimputáveis[16].

São requisitos para que haja a responsabilidade direta do incapaz: 1) que haja um fato ilícito; 2) que esse fato tenha causado dano a outrem; 3) que o fato tenha sido praticado em condições de ser considerado culposo, reprovável, se nas mesmas condições tivesse sido praticado por pessoa imputável; 4) que haja entre o fato e o dano o necessário nexo de causalidade; 5) que a reparação do dano não possa ser obtida do representante legal; 6) que a equidade justifique a responsabilidade total ou parcial do incapaz em face das circunstâncias concretas do caso[17].

Na realidade, há dois momentos distintos para a fixação da responsabilidade civil do incapaz. No primeiro momento, interroga-se se o incapaz deve ou não indenizar a vítima do ilícito. Em caso afirmativo, verifica-se qual é o valor da indenização a ser fixado. A resposta à primeira pergunta é a seguinte: para a verificação de se há ou não o dever de indenizar por parte do incapaz, por ficção jurídica, este é considerado capaz e imputável e, assim, verifica-se o ato ilícito praticado como se tivesse sido feito por pessoa adulta em pleno gozo de suas funções e com o discernimento perfeito. Trata-se de ficção evidente, pois não se imagina que um menor com 10 anos de idade tenha igual discernimento que uma pessoa capaz, com mais de 50 anos de vida.

Reconhece a doutrina que o fundamento da responsabilidade do amental deve estar nos princípios de garantia e assistência social, que sacrifica o direito pela humanidade e o restabelecimento do equilíbrio social violado pelo dano e deve ser o denominador comum de todos os sistemas de responsabilidade civil, estabelecendo-se como norma fundamental que

[16] PROENÇA, José Carlos Brandão. *A Conduta do Lesado Como Pressuposto e Critério de Impugnação do Dano Extracontratual*. Coimbra: Almedina, 2008. p. 534.

[17] VARELA, João de Matos Antunes. *Das obrigações em geral*. 10ª ed. v. 1. Coimbra: Almedina, 2008. p. 566.

a composição ou a restauração econômica se faça, sempre que possível, à custa do ofensor[18].

Assim, em relação ao inimputável, a culpa se avalia à luz da conduta que teria tido uma pessoa normal, imputável. Tratar-se-ia de culpa técnica e não real[19]. Superada a primeira questão e sendo certo que o incapaz responderá pela indenização, cabe analisar o *quantum* e a sua fixação. Nesse segundo momento, determinando-se o dever de indenizar direto e próprio do incapaz, responde este de acordo com a equidade, ou seja, a indenização deve levar em conta sua necessidade de alimentos e a necessidade das pessoas que dele dependam[20].

A aplicação da equidade nas hipóteses de indenização por pessoa incapaz tem bases constitucionais, fundamenta-se no princípio da dignidade da pessoa humana (CF, art. 1º, III), conforme já esclarecido em capítulo anterior. A equidade serve não só para adaptação ou aplicação da norma jurídica ao caso concreto, mas também para integração do caso omisso.[21] Essa adaptação faz-se necessária no caso de pagamento de indenização por incapaz. Rompe-se com um sistema de irresponsabilidade, cuja base era o artigo 1.382 do Código francês de 1804, para passar a um sistema de responsabilidade por equidade, e não de responsabilidade plena[22].

Assim, se surgir o dever de indenizar para o próprio incapaz, deve o juiz, no momento de fixação do *quantum debeatur*, seguir a orientação do artigo 928, parágrafo único: o valor não pode privar o incapaz ou as pessoas que dele dependam do necessário. Isso não é novidade em termos de direito estrangeiro. Já o Código Civil português de 1867 determinava que, no cálculo da indenização a ser fixada contra pessoa incapaz, deveria ser

[18] Cavalieri Filho, Sérgio; Menezes Direito, Carlos Alberto. *Comentários ao novo Código Civil*. 3ªed. Vol. XII. São Paulo: Gen Jurídico, 2011. p. 161.

[19] Proença, José Carlos Brandão. A Conduta do Lesado Como Pressuposto e Critério de Impugnação do Dano Extracontratual. Coimbra: Almedina, 2008. p. 531.

[20] CC, art. 928, parágrafo único: "A indenização prevista neste artigo, que deverá ser equitativa, não terá lugar se privar do necessário o incapaz ou as pessoas que dele dependem".

[21] Carvalho Filho, Milton Paulo de. *Indenização por equidade no novo Código Civil*. 2ªed. São Paulo: Atlas. 2003. p. 27.

[22] Mesmo muito antes da promulgação do Código Civil, quando na fase do anteprojeto, Álvaro Villaça Azevedo já elogiava o parágrafo único do artigo 928, por eleger a regra da equidade como parâmetro de fixação da indenização devida ao incapaz (Azevedo, Álvaro Villaça. Responsabilidade civil I. In: França, Limongi (Coord). *Enciclopédia Saraiva de Direito*. São Paulo: Saraiva, 1986. v. 65, p. 345).

observada a questão dos alimentos de que este necessita para sobreviver e que ele deve a terceiros que dele dependam (art. 2.378). É importante frisar a noção de equidade como forma de correção da lei, não com o significado de que há um erro a ser corrigido, mas, sim, com a noção de que a lei revela-se muito rígida no caso concreto e, assim, poderia o juiz abrandar o rigor, corrigindo os resultados efetivos de sua aplicação.

Essa regra insculpida no artigo 928 é justa e reflete a proteção que merecem os incapazes. Primeiro respondem os pais ou responsáveis (tutor ou curador) e apenas subsidiariamente responde o incapaz com seus próprios bens. Ainda, a mensuração do *quantum* devido pelo incapaz segue os ditames da equidade. Tratando-se de equidade referente ao incapaz, caberá ao magistrado verificar a condição financeira deste e se há pessoas que dele dependam. Deve-se verificar um estado econômico[23]. Com base nas provas produzidas, decide o juiz de maneira justificada. Há uma sequência a ser seguida:

(i) A decisão inicia-se com a fixação do valor efetivo do prejuízo sofrido pela vítima, ou seja, segue-se a regra do artigo 944 do Código Civil pelo qual a indenização se mede pela extensão do dano.

(ii) Faz-se uma análise do impacto econômico para o incapaz e pessoas que dele dependam e, então, conclui-se:

  (ii.1) O valor fixado não priva o incapaz, nem pessoas que dele dependam do necessário e, portanto, o incapaz pagará a indenização integral (nos termos do *caput* do artigo 944). Esta é a regra.

  (ii.2) O valor é elevado e privará o incapaz ou as pessoas que dele dependam do necessário. Aplica-se a equidade, motivando-se a decisão, e, então, a indenização não será integral, mas, sim, reduzida de acordo com o caso concreto. Nesse caso, indica o juiz que o valor da condenação está adequado ao preceito do parágrafo único do artigo 928, atendendo ao preceito constitucional da dignidade da pessoa humana do incapaz.

O que acontecia com as pessoas com deficiência que, por conta da falta de discernimento, eram consideradas relativa ou absolutamente incapazes

[23] KARAM, Munir. *O processo de codificação do direito civil: inovações da parte geral e do livro das obrigações*. v. 757. São Paulo: *Revista dos Tribunais*, 1988. p. 27.

nos termos dos arts. 3º e 4º do Código Civil? Essas pessoas contavam com o sistema protetivo acima exposto. Era de grande vantagem responder subsidiariamente e de maneira mais branda em razão da equidade. Com o "Estatuto do Retrocesso em termos civis" a situação da pessoa com deficiência mudou e mudou para pior, muito pior. A estrutura do Estatuto é gerar à pessoa com deficiência, se e quando necessário, uma curatela puramente patrimonial e não pessoal. Isso decorre das leituras dos artigos 6º e 82 do EPD. Vamos cotejar os dispositivos.

Direitos pessoais	Art. 6º A deficiência não afeta a plena capacidade civil da pessoa, inclusive para: I – casar-se e constituir união estável; II – exercer direitos sexuais e reprodutivos; III – exercer o direito de decidir sobre o número de filhos e de ter acesso a informações adequadas sobre reprodução e planejamento familiar; IV – conservar sua fertilidade, sendo vedada a esterilização compulsória; V – exercer o direito à família e à convivência familiar e comunitária; e VI – exercer o direito à guarda, à tutela, à curatela e à adoção, como adotante ou adotando, em igualdade de oportunidades com as demais pessoas
Direitos pessoais	Art. 84. A pessoa com deficiência tem assegurado o direito ao exercício de sua capacidade legal em igualdade de condições com as demais pessoas.
Direitos patrimoniais	Art. 85. A curatela afetará tão somente os atos relacionados aos direitos de natureza patrimonial e negocial. § 1º A definição da curatela não alcança o direito ao próprio corpo, à sexualidade, ao matrimônio, à privacidade, à educação, à saúde, ao trabalho e ao voto.

Assim, da comparação de normas do Estatuto do Retrocesso em termos civis se percebe que a curatela, se existir, será de cunho puramente pessoal e não afetará os direitos pessoais da pessoa com deficiência. E mais, a curatela cuidará apenas das relações negociais: celebração de contratos, dar quitação, renúncia a direitos patrimoniais. É uma curatela do patrimônio (*cura rei*) e não da pessoa com deficiência (*cura persona*). A responsabilidade do curador não existe para fins de ato ilícito extracontratual. Assim, nessa hipótese, a pessoa com deficiência, sendo capaz como o é, responderá com seus próprios bens pelos danos que causar, não havendo a incidência, portanto, da regra do art. 928.

E mais. A indenização se medirá pela extensão do dano nos termos do art. 944 do Código Civil. Não haverá a incidência da equidade para reduzir seu montante. Em suma, sendo a pessoa com deficiência capaz, e mesmo sob curatela exclusivamente patrimonial, passará a responder com seus próprios bens pelos danos que causar a terceiros, afastando-se a responsabilidade subsidiária criada atualmente pelo art. 928 do CC. Pela sistemática do Código Civil, quem responde precipuamente pelos danos causados pelos incapazes são seus representantes legais (pais, tutores e curadores). Imaginemos uma pessoa que, por problemas psicológicos, tem perda ou séria redução de discernimento e, tendo acessos de fúria, gera graves danos a terceiros. Tal pessoa, na sistemática tradicional, sendo interditada por força da doença será cuidada por seu curador. Se causar danos, o patrimônio do curador responderia, pois o incapaz só responde subsidiariamente. Com o Estatuto, a responsabilidade passa a ser exclusiva da pessoa com deficiência que causou o dano.

CONCLUSÕES

Eça de Queiroz em suas "Cartas de Inglaterra" afirma que "eu não reclamo que o país escreva livros ou que faça arte: contentar-me-ia que lesse os livros que já estão escritos e que se interessasse pelas artes que já estão criadas". É por ter lido aquilo que eu gostaria de ter escrito que termino a presente reflexão, não com minhas próprias ideias, mas com as linhas de Mauricio Bunazar[24] e que endosso *in totum*:

> A autonomia privada, contudo e, talvez, infelizmente, não é daquelas categorias que, uma vez consagradas pela evolução histórico-axiológica[25], podem ser atribuídas indistintamente a todos os cidadãos de um Estado, ao contrário, ela pressupõe a existência de um conjunto de características de base orgâ-

[24] Bunazar, Mauricio. A INVALIDADE DO NEGÓCIO JURÍDICO. Tese de doutorado (Doutrorado em Direito) – FDUSP, São Paulo, SP, 2016. p. 265.

[25] Reale, Miguel. *Direito natural/ direito positivo*. São Paulo: Saraiva, 2012, p. 16.

nica, o qual é condição de possibilidade para que um processo deliberativo possa ser qualificado como minimamente racional. Assim, e por paradoxal que pareça, proclamar a autonomia privada de quem não disponha minimamente dessa condição de possibilidade, dispensando, pois, a estrutura de seu significado, implica, ideologicamente, negar o valor da autonomia e disso decorre uma consequência tão óbvia quanto inevitável: a pretexto de se negar a distinção entre pessoas autônomas e pessoas não autônomas, acaba-se por negar a necessidade de proteção destas face àquelas. A autonomia privada é uma categoria do pensamento jurídico e, como tal, é natural que sofra alterações conceituais pelo *Zeitgeist*, porém, sob pena de sua desnaturação, seu núcleo significativo e sua natureza jurídica hão de ser preservadas. Quanto ao seu núcleo significativo, *grosso modo*, ele é composto pelas condições de possibilidade, tanto orgânicas, quanto materiais, de deliberação e escolha; quanto à sua natureza jurídica, é a de fonte do direito privado.

33
RESPONSABILIDADE PELA SUCUMBÊNCIA NO INCIDENTE DE DESCONSIDERAÇÃO DA PERSONALIDADE JURÍDICA

José Rogério Cruz e Tucci

Honrado pela oportunidade de participar desse *Liber Amicorum* em merecida homenagem à eminente Professora Teresa Ancona Lopes, dedico algumas linhas ao tema da responsabilidade, que sempre exornou os estudos da querida homenageada.

1. DIMENSÃO DOS HONORÁRIOS ADVOCATÍCIOS

Além de muitas novidades introduzidas pelo vigente Código de Processo Civil (Lei 13.105/2015), foram modificados os critérios norteadores da fixação dos honorários advocatícios de sucumbência. Houve, de fato, inúmeras alterações sobre essa importante temática, desde a condenação da Fazenda Pública em honorários mais condizentes com o exercício profissional até a denominada sucumbência recursal.

A matéria encontra-se agora pontualmente disciplinada, em particular, nos arts. 85 a 90 do aludido diploma processual. Ademais, prestigiando, em vários aspectos, o posicionamento que já prevalecia na jurisprudência, o § 1º do art. 85 estabelece, de forma exemplificativa, que são devidos honorários: a) na reconvenção; b) no cumprimento de sentença, provisório ou definitivo; c) na execução, resistida ou não; e d) nos recursos.

Como regra de regência, o § 2º do art. 85 dispõe que os honorários deverão ser fixados no percentual entre 10% e 20% da condenação, do proveito econômico ou, na impossibilidade de estimar-se o *quantum debeatur*, sobre o valor atualizado da causa. E isso tudo, independentemente da natureza da decisão, se de extinção do processo sem julgamento do mérito, de procedência ou de improcedência do pedido (§ 6º). Na hipótese de perda superveniente de interesse de agir (perda de objeto), a parte que deu causa ao processo deverá também arcar com o pagamento dos honorários. Não há que se confundir os *i*) honorários contratuais, que são aqueles acertados entre advogado e cliente, com base na autonomia privada, com os *ii*) honorários de sucumbência, aqueles que decorrem da condenação da parte vencida (sucumbente) a pagar honorários diretamente ao advogado da parte vencedora, em um processo judicial.

Vale dizer, a relação entre advogado e cliente gera, no mais das vezes, honorários contratuais, convencionados na esfera da autonomia privada das partes da relação de confiança[1]; enquanto, no âmbito do processo judicial, emerge outra remuneração, atinente aos honorários de sucumbência. Ambas as espécies de honorários, convencionais (ou fixados por arbitramento) e de sucumbência são cumulativos e pertencem ao advogado (art. 23 da Lei n. 8.906/94), como forma de remunerá-lo pelo seu serviço indispensável à administração da Justiça.

2. PRINCÍPIOS DA SUCUMBÊNCIA E DA CAUSALIDADE

O Código de Processo Civil, seguindo a tradição da legislação processual revogada, adotou, no *caput* do art. 85, o denominado princípio da sucumbência, ao dispor que: "*A sentença condenará o vencido a pagar honorários ao advogado do vencedor*". Justifica-se a imposição de tal obrigação, de natureza estritamente processual, como já proclamava Chiovenda[2], no fato objetivo da derrota.

Esta premissa, outrossim, decorre, no mais das vezes, da incidência do princípio da causalidade, entendendo-se que os honorários advocatícios devem ser suportados pelo litigante que, por ato comissivo ou omissivo, ensejou (deu causa) o ajuizamento da demanda. Assim, resolve-se essa equação sem grande esforço: se o autor venceu, o réu deve ser condenado na sucumbência (despesas processuais + verba honorária); se o autor perdeu, fica ele então obrigado a pagar as despesas e honorários do advogado do réu vencedor.

[1] Como asseveram Nancy Andrighi, Sidnei Beneti e Vera Andrighi, "a prestação de serviço é um contrato bilateral, porque gera direitos e obrigações para ambas as partes, e, via de regra, oneroso, pois, geralmente, dá origem a benefícios ou vantagens para um e outro contratante" (*Comentários ao novo Código Civil*, v. 9, Rio de Janeiro, Forense, 2008, p. 222).

[2] *La condanna nelle spese giudiziali*, 2ª ed., Roma, F. Italiano, 1935, *passim*.

Todavia, nem sempre esse fenômeno se verifica de forma simétrica. Há situações excepcionais, nas quais essa regra se inverte, como se verifica, por exemplo, na ausência superveniente do interesse de agir, implicativa da extinção do processo, por perda do objeto, sem exame do mérito. Nessa hipótese, a teor do § 11 do art. 85 do diploma processual, "*os honorários serão devidos por quem deu causa ao processo*". É dizer: se o réu pagou o quanto lhe era cobrado na via jurisdicional, a despeito da extinção anômala do processo, as verbas sucumbenciais serão carreadas ao demandado.

Desse modo, resulta bem claro que os chamados princípios da sucumbência e da causalidade devem ser aplicados, à luz do caso concreto, de forma lógica e coordenada. Observo, no entanto, que, de fato, dada a constelação de hipóteses emergentes da praxe forense, algumas delas propiciam maior dificuldade no concernente à distribuição dos ônus da sucumbência.

3. SUCUMBÊNCIA NO INCIDENTE DE DESCONSIDERAÇÃO DA PERSONALIDADE JURÍDICA

Como ocorre praticamente em quase todas as situações em que é provocada a instauração de incidente na marcha normal do processo, vem ele dirimido por um ato decisório. Tendo havido resistência e dado margem à cognição judicial sobre o direito e eventualmente sobre as provas produzidas, viabiliza-se a condenação em honorários advocatícios, a ser imposta à parte que perdeu, seja quando houver o acolhimento da pretensão deduzida, seja na hipótese de o incidente ser rejeitado.[3]

Trilhando esse exato raciocínio, ao examinar o cabimento de honorários de sucumbência no incidente de desconsideração da personalidade jurídica, precedente atual da 27ª Câmara de Direito Privado do Tribunal de Justiça de São Paulo, no julgamento do Agravo de Instrumento n. 2120697-89.2018.8.26.0000, sob da relatoria do desembargador Campos Petroni, assentou que:

> "... Cumpre salientar que este incidente tem a natureza de ação, vez que a sua instauração deve ser comunicada ao distribuidor para as anotações cabíveis, nos moldes do art. 134, § 1º, do Código de Processo Civil, tendo em vista que todos os sócios serão réus, e deverão ser citados para, querendo, apresentar defesa.

[3] Cf., por exemplo, Bruno Vasconcelos Carrilho Lopes, *Honorários advocatícios no processo civil*, São Paulo, Saraiva, 2008, p. 257-259; Renato Beneduzzi, *Comentários ao Código de Processo Civil*, v. 2, São Paulo, Ed. RT, 2016, p. 128.

Ao contrário do alegado pela agravante, embora o incidente de desconsideração da personalidade jurídica não esteja elencado no rol do art. 85, § 1º, do Código de Processo Civil, **não lhe retira a exigibilidade dos honorários do patrono que atua no incidente, posto que são devidos com fundamento no *caput* deste artigo, o qual impõe essa condenação ao vencido, tanto na ação principal como também nas ações incidentais, tais como: denunciação da lide, chamamento ao processo, incidente de desconsideração da personalidade jurídica, etc.**

Ademais, em razão do princípio da causalidade, justifica-se o arbitramento de honorários sucumbenciais, eis que, citada, a Agravada teve que contratar causídico para defendê-la no incidente, cabendo a demandante arcar com os ônus dos seus pedidos" (destaques não constam do original).

Não é preciso esclarecer que esse posicionamento não oferece absolutamente nada de excepcional, uma vez que se cinge a aplicar a regra geral extraída do supra denominado princípio da sucumbência.

4. ATUAL ORIENTAÇÃO DO SUPERIOR TRIBUNAL DE JUSTIÇA

Ressalte-se, no entanto, que, mais recentemente, a 3ª Turma do Superior Tribunal de Justiça, por ocasião do julgamento do Recurso Especial n. 1.845.536-SC, foi instada a examinar essa mesma questão, atinente ao cabimento de condenação em honorários advocatícios, no âmbito do incidente de desconsideração da personalidade jurídica, instaurado com fundamento no art. 133 e seguintes do Código de Processo Civil.

Importa registrar que, embora o recurso especial tenha sido provido por unanimidade, a turma julgadora divergiu quanto ao fundamento que alicerçou o respectivo acórdão. Tratava-se de situação na qual o tribunal de original impusera ao exequente condenação em honorários advocatícios, ao rejeitar o pedido de desconsideração. A parte vencida interpôs então recurso especial pugnando pelo descabimento de tal condenação, uma vez que o referido incidente: a) fora extinto por decisão interlocutória, não havendo previsão no art. 85, § 1º, para imposição de sucumbência; e, ainda, b) por que a sociedade demandada é que teria dado causa à instauração do incidente, visto que extinta de forma irregular.

Assim, infere-se que a ministra Nancy Andrighi, então relatora, houve por bem prover o recurso especial, admitindo o argumento de que, realmente, pelo princípio da causalidade, a empresa requerida é que dera causa ao apontado incidente, textual:

> "(...) Nos termos da jurisprudência do Superior Tribunal de Justiça, o princípio da sucumbência deve ser articulado com o princípio da causalidade, o qual, cumprindo a função de justiça distributiva, orienta que não é justo que aquele para quem o processo foi necessário tenha que arcar com o correspondente encargo econômico. Na hipótese concreta, embora tenha logrado êxito pela improcedência do pedido de desconsideração da personalidade jurídica, foi a recorrida quem deu causa à sua instauração, pois, conforme se infere dos autos, a circunstância que motivou o pedido do presente incidente foi o irregular encerramento da pessoa jurídica da qual era sócia, resultado de sua desídia em promover o competente registro, que seria providência que poderia, em tese, evitar a indesejada tentativa de levantamento do véu da separação patrimonial".

Abrindo divergência, o ministro Marco Aurélio Bellizze, secundado pelos demais integrantes da referida 3ª Turma, destacou que, na causa em julgamento, a pretensão de condenação em honorários é "juridicamente impossível", lastreando-se na seguinte motivação:

> "(...) No caso concreto, concluiu a relatora que seria 'teratológico, absurdo, aberrante impor ao credor que sequer tem atendido seu crédito mais uma penalidade em decorrência do exercício de seu direito de persegui-lo', acrescentando que o encerramento irregular da personalidade jurídica é resultado da desídia dos sócios, os quais, assim, deram causa ao pedido incidental de desconsideração. Com as mais respeitosas vênias da relatora Min. Nancy Andrighi e de seu laborioso voto, apesar de acompanhá-lo na conclusão, divirjo de seus fundamentos. De fato, a jurisprudência desta Corte Superior, por reiteradas vezes, harmoniza os princípios da sucumbência e da causalidade, a fim de distribuir, com justiça, os ônus sucumbenciais, especialmente no que toca aos honorários advocatícios. Contudo, na hipótese dos autos, é dispensável a perquirição da causalidade e da sucumbência, porquanto a decisão de extinção de incidente não está presente no rol do art. 85, *caput* e § 1º, do CPC/2015. Nos termos do novo regramento emprestado aos honorários advocatícios pelo atual Código de Processo Civil, verifica-se que, em regra, a condenação nos ônus de sucumbência é atrelada às decisões que tenham natureza jurídica de sentença. Excepcionalmente, estende-se essa condena-

ção àquelas decisões previstas de forma expressa no § 1º do referido dispositivo legal, *in verbis*: 'São devidos honorários advocatícios na reconvenção, no cumprimento de sentença, provisório ou definitivo, na execução, resistida ou não, e nos recursos interpostos, cumulativamente'. No caso concreto, está-se diante de uma decisão que indeferiu o pedido incidente de desconsideração da personalidade jurídica, à qual o legislador atribuiu de forma expressa a natureza de decisão interlocutória, nos termos do art. 136 do CPC/2015 (sem destaque no original): '*Concluída a instrução, se necessária, o incidente será resolvido por* ***decisão interlocutória***'. Desse modo, afastada, de forma expressa, a natureza sentencial e não ressalvada a possibilidade de condenação em honorários advocatícios, essa pretensão revela-se juridicamente impossível. Outrossim, ainda que a título de *obiter dictum* também não é razoável se atribuir ao sócio a responsabilidade pela promoção de incidentes de desconsideração de personalidade jurídica. Esse incidente é medida excepcional reservado apenas às hipóteses em que haja desvio de finalidade ou confusão patrimonial (art. 50 do CC/2002). Desse modo, a movimentação da máquina judiciária para promover o incidente manifestamente incabível, porque fundado exclusivamente em argumento reiteradamente rechaçado por esta Corte Superior e não previsto nas hipóteses legais autorizadoras, não deveria ser imputada à causa do sócio. Aliás, o legislador também foi taxativo em impor ao requerente a demonstração dos requisitos legais para o cabimento do incidente... No entanto, da forma como proposto pelo voto da relatora, pode-se concluir que o sócio, ainda que não seja alcançado pela desconsideração, em casos de dissolução irregular, será sempre o 'causador' do incidente. Ademais, no caso dos autos, a sócia recorrida era menor de idade à época da constituição da dívida e sócia minoritária, figurando no quadro societário com apenas 1% das cotas sociais. Desse modo, não parece automática a imputação da causa do incidente ao sócio que se pretende trazer para o processo em curso. Por todos esses fundamentos, rogando, mais uma vez, as mais respeitosas vênias à relatora Min. Nancy Andrighi, dou provimento ao recurso especial, para restabelecer a decisão de primeiro grau (e-STJ, fls. 123-130), reconhecendo o não cabimento dos honorários advocatícios em decisões interlocutórias que resolvem incidente de desconsideração de personalidade jurídica...".

Com esse entendimento, a 3ª Turma do Superior Tribunal de Justiça reformou decisão de segundo grau, a qual, com base no princípio da causalidade, *ex vi* do disposto no aludido art. 85, § 1º, havia imposto ao autor do pedido de desconsideração jurídica o pagamento de honorários da parte vencedora, pois esta teve que contratar advogado e apresentar defesa. A despeito da habitual profundidade do exame da questão vertente no mencionado acórdão, permito-me aduzir que o fundamento fulcral do voto exarado pela ministra Nancy Andrighi é o de que seria injusto ao credor (vencido no incidente) ter de suportar o pagamento das verbas sucumbenciais. Não obstante, deixou ela de considerar que o sócio requerido teve que constituir advogado para se defender e acabou sagrando-se vencedor. É fato que o credor não deu causa à execução, mas certamente foi ele o exclusivo causador da instauração do incidente de desconsideração da personalidade jurídica.

Cumpre enfatizar, por outro lado, que o primordial fundamento do voto vendedor do ministro Marco Aurélio Bellizze é o de que, como explicitamente asseverado, incidente processual resolvido por ato decisório de natureza interlocutória, não comporta condenação em honorários advocatícios. Lembro, no entanto, que a orientação pretoriana do Superior Tribunal de Justiça, no sentido de que não cabem honorários em incidentes, foi construída sob a égide da revogada legislação processual, porquanto o velho art. 20, § 1º, ao contemplar os incidentes e os recursos, referia-se apenas a "despesas".

O Código de Processo Civil em vigou, todavia, não reproduziu regra análoga. A rigor, há vários incidentes nos quais o próprio Superior Tribunal de Justiça considera possível a condenação em honorários de sucumbência, notadamente no âmbito da impugnação ao cumprimento de sentença. Além disso, a tese de que incidente julgado por decisão interlocutória não comporta condenação em honorários sucumbenciais, deixa de considerar que: (*i*) o termo "sentença" no art. 85, *caput*, é empregado em acepção genérica, como sinônimo de decisão, devendo ser interpretado de forma extensiva, pois, do contrário, honorários não poderiam ser fixados em acórdão; e (*ii*) há hipóteses nas quais o próprio diploma processual prevê a imposição de honorários por decisão interlocutória, como, por exemplo, aquela que exclui um litisconsorte do polo passivo por ilegitimidade *ad causam* (art. 338, parágrafo único – STJ, 3ª Turma, Agravo Interno no Agravo em Recurso Especial n. 1.321.196-SP, rel. min. Ricardo Villas Bôas Cueva); a que reconhece a inexistência de pagamento do título judicial (art. 523, § 1º – STJ, 3ª Turma, Recurso Especial n. 1.701.824-RJ, rel. min. Nancy Andrighi); a que julga habilitação de crédito (STJ, 3ª Turma, Agravo Interno no Agravo em Recurso Especial n. 1.492.727-MT, rel. min. Paulo de Tarso Sanseverino).

Como bem frisado por Luiz Henrique Volpe Camargo, "em alguns casos específicos, o juiz deve fixar honorários advocatícios em decisão interlocutória, logo, a expressão 'sentença', contida no *caput* do art. 85, não pode ser interpretada em sua literalidade, pois compreende tanto o pronunciamento judicial 'por meio do qual o juiz, com fundamento nos arts. 485 e 487, põe fim ao processo ou a alguma de suas fases' (art. 203, § 1º, do CPC/2015), quanto as decisões que, embora não coloquem fim ao processo ou a alguma de suas fases, se amparem em qualquer das hipóteses do art. 485 ou 487 (art. 356). Tanto é assim que o § 1º do art. 90, ao menos em relação a algumas das diversas hipóteses de decisões parciais fundadas em hipóteses do art. 485 ou 487, estabelece expressamente que '*sendo parcial* a desistência, a renúncia ou o reconhecimento, a responsabilidade pelas despesas e pelos honorários será proporcional à parcela reconhecida, à qual se renunciou ou da qual se desistiu'...".[4] Aduza-se que, em todas estas situações, o julgamento dos respectivos incidentes não implica extinção do processo principal!

CONCLUSÕES

Longe de tecer qualquer reparo ao aresto aqui examinado, a minha intenção, a um só tempo, é a de suscitar o debate sobre importante problema jurídico, bem como reafirmar que, no campo fértil do direito, determinadas questões oferecem múltiplas vertentes hermenêuticas, que constituem opções válidas para fundamentar os pronunciamentos judiciais.

REFERÊNCIAS

Andrighi, Nancy, Beneti, Sidnei e Andrighi, Vera. *Comentários ao novo Código Civil,* coord. Sálvio de Figueiredo Teixeira, v. 9, Rio de Janeiro, Forense, 2008.

Beneduzzi, Renato. *Comentários ao Código de Processo Civil,* coord. Luiz Guilherme Marinoni *et alii,* v. 2, São Paulo, Ed. RT, 2016.

Camargo, Luiz Henrique Volpe. *Breves comentários ao novo Código de Processo Civil,* coord. Teresa Arruda Alvim *et alii,* São Paulo, Ed. RT, 2015.

Chiovenda, Giuseppe. *La condanna nelle spese giudiziali,* 2ª ed., Roma, F. Italiano, 1935.

Lopes, Bruno Vasconcelos Carrilho. *Honorários advocatícios no processo civil,* São Paulo, Saraiva, 2008.

[4] Luiz Henrique Volpe Camargo, *Breves comentários ao novo Código de Processo Civil,* São Paulo, Ed. RT, 2015, p. 305.

34
A REVISÃO CONTRATUAL POR ONEROSIDADE EXCESSIVA

Lucia Ancona Lopez de Magalhães Dias
Gabriel Nogueira Dias

INTRODUÇÃO

É com enorme alegria que aceitamos o convite para fazer parte do *Liber Amicorum* à querida Teresa Ancona Lopez. Celebrar sua contribuição ao Direito e a uma legião de estudantes, para além de justo tributo à catedrática, simboliza um grito de amor pela velha e boa academia. Em tempos de "*Tuíto ergo sum*"[1], em que espiar, ser notado e palpitar parecem impregnados ao nosso maneirismo, espelha Teresa – na vida intelectual como no trato diário – paciência, simplicidade, gentileza e fundura de conhecimento digna dos grandes professores do Direito Privado Brasileiro. Suas reflexões rechaçam o *fake* e o fulgaz. Sua *sapientiae* didática e acalentada *phronesis* figuram como convite ao *honeste vivere* e válido *cogitare*; lanterna de popa e esperança, pois, a todos nós em tempos estranhos. Professora – *vivat, crescat, floreat!*

E para essa obra, em tempos de pandemia, não poderia haver tema mais atual do que a revisão contratual por onerosidade excessiva, em razão de fatos imprevisíveis, extraordinários e supervenientes à relação contratual de longa duração.

Com efeito, em breve digressão, o Código Civil de 2002 trouxe importantes inovações à teoria geral dos contratos, notadamente, através da

[1] Humberto Eco. *Pape Satàn aleppe: crônicas de uma sociedade líquida*, Ed. Record, Rio de Janeiro, 2017, pg. 35.

introdução de três novos princípios no seu arcabouço normativo, assim chamados de *princípios sociais*, a saber: princípio da função social do contrato; princípio da boa-fé objetiva e princípio do equilíbrio econômico do contrato[2].

Os dois primeiros encontram-se expressamente previstos nos artigos 421 e 422 do Código Civil, ao passo que o princípio do equilíbrio contratual decorre da aplicação de diversos artigos esparsos pelo Código Civil, como, por exemplo, os dispositivos que tratam da lesão (art.157), do pagamento (art. 317), da resolução por onerosidade excessiva (art. 478 a 490), da empreitada (art. 620 e 625), do seguro (art.770, parte final), além de dispositivos de outras leis, como é o caso do Código de Defesa do Consumidor, da Lei de Licitações, Lei de Locações, dentre outros.

O presente artigo versa sobre a hipótese de rompimento do princípio do equilíbrio econômico contratual na fase de *execução* do contrato, em virtude da superveniência de fatos extraordinários e imprevisíveis que fulminam a sua originária relação de equivalência (desequilíbrio funcional). Vale dizer, a alteração dos fatos no momento da execução do contrato que causa onerosidade para uma das partes, possibilita o pedido de revisão ou resolução contratual pela parte prejudicada (art. 317, 478/490, CC e art. 6º, inciso V, CDC) como medida de abrandamento da regra geral de intangibilidade dos efeitos contratuais (*pacta sunt servanda*)[3].

O estudo se divide em seis partes. Em primeiro lugar, apresenta-se a origem histórica da revisão contratual a partir do exame da cláusula "*rebus sic santibus*" (item 2). Em um segundo momento, são analisados e expostos os requisitos positivos e negativos necessários à aplicação da figura da onerosidade excessiva no Direito Brasileiro (item 3), bem como a sua recepção no Código de Defesa do Consumidor (item 4). Em seguida, o

[2] Para aprofundamento dos novos princípios contratuais, v. Teresa Ancona Lopez. *Princípios Contratuais*, in Contratos empresariais: Fundamentos e Princípios dos Contratos Empresariais, coordenação Wanderley Fernandes, São Paulo: Saraiva, 2007, Série GVlaw, p.3-74.

[3] Importante distinguir a onerosidade excessiva superveniente, objeto deste estudo, da figura da lesão (art.157). Nesta última, o desequilíbrio entre prestação e contraprestação se verifica no momento da *formação* do contrato, e não ao tempo de sua *execução*, e tem por efeito a anulabilidade do negócio jurídico. Também não se confunde a onerosidade excessiva superveniente com a *frustração da finalidade do contrato*, na qual a alteração das circunstâncias em momento posterior à sua celebração, embora resulte na quebra da base objetiva do negócio jurídico, não leva propriamente a um desequilíbrio econômico, mas a própria ausência de finalidade econômica e social no cumprimento do contrato.

artigo aborda, ainda que sucintamente, a aplicabilidade do artigo 317 do CC (item 5) para encerrar com a discussão do tema da revisão *versus* resolução judicial dos contratos, considerando, neste particular, a importância da revisão à luz dos princípios da boa-fé e da conservação dos negócios jurídicos (item 6).

1. A CLÁUSULA "*REBUS SIC STANTIBUS*": ORIGEM HISTÓRICA DA REVISÃO CONTRATUAL E SUAS TEORIAS

Em breve digressão cronológica, podemos dizer que a primeira construção doutrinária atinente à revisão contratual remonta à chamada cláusula *rebus sic stantibus*, desenvolvida, especialmente, pelos glosadores e pós-glosadores durante a alta Idade Média. A partir do *Decretum* do monje Graciano, glosado pelos canonistas, a noção de que as promessas e os juramentos restavam submetidos à estabilidade das condições existentes quando do seu pronunciamento tornou-se cada vez mais presente dando causa a uma série de situações concretas, nas quais o descumprimento de uma promessa ou juramento não seria um ilícito, tendo em vista alterações fáticas ocorridas *a posteriori*.[4]

Transportando para o direito privado as considerações éticas e morais vigentes à época, os juristas pós-glosadores também se preocuparam com o tema da revisão contratual e introduziram na doutrina medieval a teoria da cláusula *rebus sic stantibus*, valendo destacar o jurista Bartolo de Saxoferrato (1314-1357) como o grande responsável pelo seu desenvolvimento doutrinário.

Em breve síntese, a cláusula *rebus sic stantibus* seria uma cláusula implícita a todo contrato de longa duração e que condicionaria o seu cumprimento à permanência do estado de fato à época da formação do vínculo entre as partes. Assim, se esse estado se alterasse, o contratante prejudicado poderia se ver desvinculado de sua obrigação, cunhando-se a então famosa expressão *contractus qui habent tractum sucessivium et dependentiam de futuro rebus sic stantibus intelleguntur*.[5]

[4] Para aprofundamento sobre este período histórico da cláusula *rebus sic stantibus*, v. Arnoldo Medeiros da Fonseca, *Caso Fortuito e Teoria da Imprevisão*, 3ª Ed., Ed. Forense, RJ, 1958, p. 17 e ss.; Renato José de Moraes, *Cláusula rebus sic stantibus no direito brasileiro*, dissertação de mestrado, USP, 1999, São Paulo, p. 47.

[5] A teoria da cláusula *rebus sic stantibus* sofreu críticas. Dentre elas destaca-se a sua aparente *contraditio in terminis* no sentido de que, sendo uma cláusula querida pelas partes, deveria

A teoria da cláusula *rebus sic stantibus* caiu em declínio no período compreendido entre a segunda metade do século XVIII e o século XIX, isto é, durante o período histórico em que afloram as codificações[6], que, por sua vez, não a consagraram, mas ao contrário, consolidam o dogma da autonomia de vontade como valor supremo a ser respeitado. Em especial, destaca-se o Código Civil de Napoleão, de 1804, que em seu artigo 1.134 trouxe expressamente a regra de que o contrato faz lei entre as partes (*pacta sunt servanda*).

A cláusula *rebus sic stantibus* recobrou seu prestígio após a I Guerra Mundial, notadamente na França, Alemanha e Itália, haja vista a notória crise econômica que assolou a Europa durante o pós-guerra, adquirindo, porém, novos contornos teóricos. *Na França*, desenvolveu-se a *teoria da imprevisão*, segundo a qual para que seja possível o pedido de revisão contratual exige-se, além da alteração profunda da situação de fato, que esta alteração seja imprevisível pelas partes contratantes quando do firmamento do vínculo. Assim sendo, onerosidades que podiam razoavelmente ser previstas não justificam a resolução ou revisão contratual.

A teoria da imprevisão recebeu notoriedade no âmbito do direito administrativo, tendo sido a solução adotada para reequilibrar os contratos de concessão de serviço público atingidos em sua execução por fatos extraordinários e imprevisíveis.[7] No campo do direito privado francês, a doutrina e a jurisprudência civil continuavam, todavia, a negar-lhe aplicação. A aplicação da teoria da imprevisão para as relações privadas apenas recebeu maior aceitabilidade pela Corte de Cassação por meio das intervenções legislativas surgidas em épocas de crise, a exemplo da publicação da Lei

constar expressamente do contrato, de modo que a sua admissão implícita representaria uma "mera suposição" ou "perigosa ficção" (v. Darcy Bessone de Oliveira Andrade, *Aspectos da Evolução da Teoria dos Contratos*, Saraiva, 1949, p. 142 e ss.). A segunda objeção teórica apontada consistia no fato de que a cláusula, ao alterar o programa contratual, supunha que a partes tiveram a previsão dos fatos supervenientes modificadores das circunstâncias, quando o problema era justamente a superveniência de fatos não previstos por elas.

6 V. por todos, Franz Wieacker, *Historia del Derechi privado de la edad moderna*, Ed. Comares, Granada, 2002.

7 O *leading case* na matéria surgiu com a decisão proferida em 30 de março de 1916 pelo Conselho de Estado francês em favor de concessionária de gás na cidade de Bourdeaux (V. Judith Martins-Costa. *A teoria da imprevisão e a incidência dos planos econômicos governamentais na relação contratual*, RT nº 670, agosto 1991, p. 43).

Faillot, de 21 de maio de 1918, que buscou amenizar os efeitos da I Guerra Mundial na economia interna dos contratos.[8]

Na Alemanha, a cláusula *rebus sic stantibus* teve seu prestígio restaurado em 1850 pelo jurista Windscheid, através da chamada teoria da *pressuposição*. Segundo Windscheid, quem manifesta a sua vontade sob uma pressuposição quer que o efeito jurídico desejado somente exista se persistir um certo estado de coisas, isto é, caso venha a ocorrer a pressuposição. As partes encontram-se tão convencidas da ocorrência de determinada situação fática que não surge para elas estipular tal situação no contrato. A teoria, portanto, terá aplicabilidade quando não verificada no mundo fático a pressuposição, na qual acreditaram as partes contratantes para a realização do negócio jurídico.[9]

Em 1921, a teoria da pressuposição foi revigorada por Paul Oertmann, que desenvolveu a teoria da *base do negócio jurídico* assim definida como a representação mental de uma das partes no momento da conclusão do negócio jurídico, conhecida em sua totalidade e não rechaçada pela outra parte, ou, a comum representação das partes sobre a existência de certas circunstâncias e a partir das quais se fundamentou a vontade negocial.[10] Assim como Windscheid, também Oertmann apresentava a sua teoria da

[8] Trata-se de lei que possibilitou que, durante o conflito e até três meses depois de cessadas as hostilidades, os contratos comerciais celebrados antes de 1º de agosto de 1914, cujo cumprimento dependesse do futuro, poderiam ser resolvidos se, em virtude do estado de guerra, a execução das obrigações por parte de qualquer contratante lhe causasse prejuízos cujo montante excedesse de muito a previsão que pudesse ser feita, razoavelmente, ao tempo da sua celebração. Apesar de vigência restrita, a Lei *Faillot* marcou uma etapa importante de aplicação da teoria da imprevisão para o âmbito do Direito privado. A este respeito v. Darcy Bessone, ob. cit., p.148 e, ainda, Orlando Gomes, *Contratos* 17ª ed., Rio de Janeiro: Forense,1996, p. 37. Para uma análise de Direito comparado, v. Paolo Gallo, in *Digesto delle Discipline Privatische: Sezione Civile*, Tomo VII, Torino, 1998, UTET, p. 246 e ss.

[9] Embora a teoria da pressuposição não tenha sido incorporada pelo BGB (1900), em 1903, verificaram-se os chamados "*coronation cases*", consistentes no cortejo que haveria para a coroação do Rei da Inglaterra, Eduardo III. Diversas pessoas celebraram contratos de locação de sacadas e cadeiras para acompanhar o cortejo que acabou não se realizando por motivos de saúde do rei. A condição não desenvolvida, isto é, a pressuposição, era exatamente "a passagem do cortejo", que embora não estivesse escrita no contrato era a situação de fato a partir da qual as partes celebraram o negócio, possibilitando-se, por conseguinte, a resolução dos contratos celebrados sob tal condição.

[10] V. Karl Larenz, *Base Del Negocio Jurídico y cumplimento de los contratos*, tradução de Carlos Fernández Rodríguez, edição ao cuidado de José Luis Monereo Pérez, Granada, Editorial Comares, S.L., 2002, p.5

base do negócio jurídico a partir de uma perspectiva subjetiva, mais precisamente, à luz de uma investigação da vontade das partes no momento da celebração do negócio.

Posteriormente, foi então que Karl Larenz, retomou a teoria da base do negócio atribuindo à mesma um sentido objetivo, assim entendido como o conjunto de circunstâncias e estado geral das coisas, cuja existência ou subsistência é objetivamente necessária para que o contrato, segundo o significado das intenções de ambos os contratantes, possa subsistir como regulamentação dotada de sentido. Segundo esta teoria, haverá a quebra da base objetiva do negócio, possibilitando-se o pedido de revisão ou resolução judicial, quando, em razão de fato superveniente à sua celebração, ocorrer a frustração da finalidade essencial do contrato ou a destruição da sua relação de equivalência econômica. [11]

Na *Itália*, por sua vez, desenvolveu-se a *teoria da onerosidade excessiva* que, a exemplo do direito francês, também se filiou à imprevisibilidade do fato superveniente para dar ensejo ao pedido de resolução ou revisão contratual. Referida teoria foi positivada apenas no *Codice Civile* de 1942 e serviu de modelo para o nosso Código Civil de 2002.

Feita esta digressão histórica a partir das codificações europeias resta indagar sobre a evolução do tema no Brasil. Neste particular, ponto de partida lógico é o Código Civil de 1916 que, assim como os diplomas privados vigentes na Europa, não trouxe qualquer preocupação com a matéria de revisão contratual, pois, afinal, conforme bem observou Cáio Mário, os problemas surgidos posteriormente à primeira grande guerra não foram sentidos rapidamente no Brasil. Inobstante a ausência de regulamentação expressa pelo CC de 1916[12], a partir dos anos 50, em razão das crises eco-

[11] V. Karl Larenz, *idem*, p. 211.

[12] Em que pese a omissão do CC/16 quanto à matéria, vale notar que diversas leis esparsas, já na década de 30, traziam norma de conteúdo revisionista, como o Decreto-Lei nº 24.150/1934 ("lei de luvas") que em seu artigo 31 regulamentava a revisão do valor do aluguel nas locações comerciais, caso o mesmo sofresse variação superior a 20% da estimativa realizada. Posteriormente referido Decreto foi revogado pela conhecida Lei de Locações (8.245/1991), que igualmente manteve a possibilidade de revisão contratual do valor do aluguel (art.19). No âmbito do direito administrativo, verificamos na jurisprudência os primeiros casos de aplicação da teoria da imprevisão, para revisão dos contratos de empreitada em obras públicas, vítimas de desequilíbrio econômico provocado pela inflação. Mais tarde, com o advento do Decreto-Lei nº 2.300/86, a revisão dos contratos administrativos tornou-se regra cogente, determinando-se a sua revisão sempre que, em razão de fatos supervenientes, se verificasse

nômicas que assolaram o país, surgiram vários pedidos de revisão contratual com fundamento na teoria da imprevisão para o fim de reequilibrar os contratos de execução continuada atingidos pela inflação e pela introdução de novos planos econômicos pelo Estado[13].

Em 1999, com a desvalorização cambial do real frente ao dólar, ocorrida naquele ano, a matéria recebeu nova tônica no Brasil, uma vez que houve forte impacto naqueles contratos de arrendamento mercantil, cujo sistema de reajuste baseava-se em moeda estrangeira, especialmente o dólar americano.[14]

impacto na equação econômica inicial (art.55, nº II, *d*). A Lei de Licitações (8.666/93) não reproduziu integralmente o texto do mencionado Decreto nº 2.300, mas previu hipótese de restabelecimento do equilíbrio econômico financeiro do contrato, em seu artigo 65, § 6º. Por fim, vale notar que o Código de Defesa do Consumidor (Lei 8.078/90) em seu artigo 6º, inciso V, estabeleceu como direito básico do consumidor a revisão contratual sempre que em razão de fatos supervenientes o contrato se torne excessivamente oneroso. Neste contexto, importante também lembrar que o próprio CC de 1916 já continha dispositivos que acenavam para revisionismo contratual consoante se verificava dos artigos 401, 928, 954, 1190, 1205 e 1399.

[13] Aqui, vale ressaltar que a jurisprudência de nossos tribunais não se revelou pacífica quanto à aplicação da teoria da imprevisão nestes casos, verificando-se tanto decisões que reconheceram que as alterações decorrentes do quadro econômico-financeiro do país consistiam em um fenômeno extraordinário e imprevisível às partes no momento da celebração do negócio, como decisões que negaram o pedido de revisão por entender ser fato previsível pelos contratantes: *"Os males provenientes do quadro econômico-financeiro do País não se mostram como fenômeno novo e imprevisível apto a romper o equilíbrio entre as partes contratantes"* (TJSP, Ap.80-235-1, ac. de 18.02.87, in RT 619/87). De forma contrária: "*...tem-se como acertada a decisão judicial fustigada pelo recurso interposto, notadamente no admitir e proclamar a utilização da cláusula rebus sic stantibus no caso em debate, até porque autora, como a grande massa de brasileiros simples e de boa-fé, acreditou que a inflação estava vencida e que o "congelamento" instituído pelos economistas de plantão do governo federal tinha chegado para ficar, no Brasil de 1986*" (RT 705/193).

[14] Nestes casos, o STJ aplicou o artigo 6º, V, CDC e determinou a revisão contratual, distribuindo entre as partes contratantes os prejuízos decorrentes da inesperada e superveniente alteração cambial. "*CIVIL. ARRENDAMENTO MERCANTIL. CONTRATO COM CLÁUSULA DE REAJUSTE PELA VARIAÇÃO CAMBIAL. VALIDADE. ELEVAÇÃO ACENTUADA DA COTAÇÃO DA MOEDA NORTE-AMERICANA. FATO NOVO. ONEROSIDADE EXCESSIVA AO CONSUMIDOR. REPARTIÇÃO DOS ÔNUS. LEI N. 8.880/94, ART. 6º. CDC, ART.6º, V. I. Não é nula cláusula de contrato de arrendamento mercantil que prevê reajuste das prestações com base na variação da cotação de moeda estrangeira, eis que expressamente autorizada em norma legal específica (art. 6º da Lei n. 8.880/94). II. Admissível, contudo, a incidência da Lei n. 8.078/90, nos termos do art. 6º, V, quando verificada, em razão de fato superveniente ao pacto celebrado, consubstanciado, no caso, por aumento repentino e substancialmente elevado do dólar, situação de onerosidade excessiva para o consumidor que tomou o financiamento. III. Índice de reajuste repartido, a partir de 19.01.99 inclusive,*

O Código Civil de 2002, por seu turno, positivou para as relações civis a matéria atinente à alteração das circunstâncias, incorporando em seu texto a figura da onerosidade excessiva, tal como prevista no Código Civil italiano. Por apresentar conteúdo mais voluntarístico, afastou-se, nesta medida, do vigente Código de Defesa do Consumidor, cuja matéria se encontra fundamentada na quebra da base objetiva do negócio, a exemplo do modelo alemão, dispensando, por conseguinte, o caráter de imprevisibilidade do fato superveniente modificador das circunstâncias.

Em 2020, o tema retorna com toda força, haja vista o notório COVID-19 e o estado de pandemia global, que impacta de forma drástica e superveniente – sem qualquer possibilidade de previsão – não só pessoas e vidas, mas, por conseguinte, as relações contratuais, de modo que os artigos 317 e 478 do CC voltam a ganhar dimensão e discussão nos Tribunais. Vale notar, porém, que a jurisprudência hodierna tem oscilado bastante quanto à aplicabilidade da teoria da onerosidade excessiva, ora concedendo a revisão[15], ora negando-a por entender não restar configurada a desproporção

equitativamente, pela metade, entre as partes contratantes, mantida a higidez legal da cláusula, decotado, tão somente, o excesso que tornava insuportável ao devedor o adimplemento da obrigação, evitando-se, de outro lado, a total transferência dos ônus ao credor, igualmente prejudicado pelo fato econômico ocorrido e também alheio à sua vontade. IV. Recurso especial conhecido e parcialmente provido". (STJ, REsp 473.140/SP, Rel. Min. Carlos Alberto Menezes Direito, Rel. do acórdão Aldir Passarinho Junior, j. em 12.02.2003). Ainda: REsp 401.021/ES, Rel. Min. Cesar Asfor Rocha, j. 17.12.2002; AgRg no Resp 374.351, Rel. Min. Nancy Andrighi, j. em 30.04.2002; Resp 376.877/RS, Rel. Min. Nancy Andrighi, j. em 06.05.2002).

[15] Concedendo a revisão, sobretudo em contratos na modalidade "take or pay": "AGRAVO DE INSTRUMENTO. TUTELA DE URGÊNCIA. FORNECIMENTO DE ENERGIA ELÉTRICA. DEMANDA CONTRATADA. DECISÃO QUE, DIANTE DA PANDEMIA DE COVID-19, DETERMINOU QUE A RÉ SE ABSTIVESSE DE PRATICAR QUALQUER ATO DE COBRANÇA DO DÉBITO NÃO PAGO. INSURGÊNCIA DA CONCESSIONÁRIA. EPIDEMIA QUE, EM COGNIÇÃO SUMÁRIA, JUSTIFICA A EXCEPCIONAL REVISÃO DO CONTRATO FIRMADO PELAS PARTES, ATENDIDOS OS REQUISITOS DOS ARTIGOS 317 E 478 DO CÓDIGO CIVIL, SUSTENTADA, AINDA, POR DISPOSIÇÃO CONTRATUAL. PRESENÇA DA PROBABILIDADE DO DIREITO INVOCADO E DO PERICULUM IN MORA. AUTORIZAÇÃO DE COBRANÇA DA DEMANDA EFETIVAMENTE UTILIZADA. DECISÃO MITIGADA. – RECURSO PARCIALMENTE PROVIDO (TJSP; AI nº 2125303-92.2020.8.26.0000, Rel. Edgard Rosa, j. 16.07.2020). No mesmo sentido: "Agravo de instrumento – Ação de obrigação de fazer – Pedido de tutela de urgência – Indeferimento – Pretensão de redução da demanda de energia para o mínimo de 30 kW, e a readequação da tarifa de energia elétrica correspondente a esse montante enquanto durar a pandemia de COVID-19 – Artigo 300 do CPC – Pressupostos para concessão de tutela

da prestação para uma das partes, atingindo os efeitos do COVID-19 de forma drástica os dois polos da relação, especialmente em casos de relação paritária nos quais o CDC se mostra inaplicável[16]. Se é verdade que espiamos o mundo ainda pelo buraco da porta, não há dúvidas de que os efeitos e desdobramentos da pandemia ao mundo jurídico já se fazem sentir.

2. A ONEROSIDADE EXCESSIVA NO CÓDIGO CIVIL BRASILEIRO

A onerosidade excessiva resulta de uma alteração superveniente do originário equilíbrio econômico entre prestação e contraprestação. Logo, a sua aplicabilidade incorpora, por assim dizer, uma "via de mão dupla", pois alcança tanto a hipótese em que a prestação se torna excessivamente onerosa para o devedor, como a situação em que a contraprestação se mostra irrisória para o credor.[17]

A onerosidade excessiva aparece no Código Civil brasileiro, sistematicamente, na parte da *Extinção dos Contratos*, mais precisamente nos artigos 478 a 480 da seção VI (*Seção VI – Da resolução por onerosidade excessiva*), assim prescrevendo o seu Art.478: "*Nos contratos de* ***execução continuada ou diferida****, se a prestação de uma das partes se tornar* ***excessivamente onerosa, com extrema vantagem para a outra****, em virtude de* ***acontecimentos extraordinários*** *e* ***imprevisíveis****, poderá o devedor pedir a resolução do contrato*".

de urgência verificados – Necessidade de readequação temporária das condições contratadas a fim de preservar seu equilíbrio, e a continuidade futura da atividade empresarial do recorrente – Ausência de risco de irreversibilidade – Medida concedida – Decisão reformada – Recurso provido" (TJSP, AI nº 2097994-96.2020.8.26.0000, Rel. Des. Irineu Fava, j. 09.07.2020).

[16] Negando-se a revisão em razão do COVID-19 "*AGRAVO DE INSTRUMENTO – Ação de reintegração de posse – Acordo homologado judicialmente – Pedido dos devedores para a suspensão das parcelas do acordo, sob o fundamento de que tiveram a renda comprometida em virtude da pandemia causada pelo COVID19 – Relação paritária – Hipótese que não comporta revisão do contrato – Ausência de onerosidade excessiva – Decisão mantida – Recurso desprovido*" (TJSP; Agravo de Instrumento 2078010-29.2020.8.26.0000; Rel. Marco Fábio Morsello, j. 13.07.2020). No mesmo sentido: TJSP, Agravo de Instrumento n. 2098294-58.2020.8.26.0000, rel. Des. Paulo Ayrosa, j. 04/06/2020, segundo o qual restou consignada a *ausência de demonstração inequívoca de atual impossibilidade financeira.*

[17] Neste sentido, v. Guido Alpa e Giovanni Lúdica, *Codice Civile con commento essenziale di giurisprudenza*, Kluwer Ipsoa, p.402: *"L'eccessiva onerositá deriva de una sopravvenuta variazione dell'originario equlibrio economico fra prestazione e contraprestazione (C.4023/1989); pertanto la previsione dellárt.1467 c.c. abbraccia anche l'ipotesi dello svilimento della contraprestazione (C.5905/1980)"*. Ainda, *v. Angelo de Martini, "L'Eccessiva Onerositá Nell'Esecuzione dei Contratti, Milano, Giuffrè, 1950, p.23.* No Brasil: Ruy Rosado de Aguiar, in *Extinção dos contratos por incumprimento do devedor*, Rio de Janeiro: Aide Editora, 2004, p.156.

Note-se que, historicamente, a disposição do artigo 478 do CC é decorrência direta do artigo 1.467, alínea [1] do Código Civil italiano[18] e, como tal, apresenta como *genus proximum* à norma italiana o fato de ambos estarem fundamentados na teoria da imprevisão. A *differentia specifica* entre as duas normas está no requisito de "*extrema vantagem*" para a outra parte, que não vem prevista no referido art. 1.467 do *Codice Civile*, mas somente no ordenamento pátrio. Feitas estas considerações histórico-sistemáticas, vale destacar que três são os requisitos ***positivos*** exigidos para fundamentar o pedido de resolução ou revisão contratual em virtude de fatos supervenientes que alteram a economia interna do contrato: (*i*) contratos de execução continuada e de trato sucessivo ou de execução diferida; (*ii*) fatos extraordinários e imprevisíveis e; (*iii*) quebra do sinalagma com onerosidade excessiva para uma parte e extrema vantagem para a outra. No que concerne a este último requisito, adiantamos nosso entendimento de ser exigível, em regra, apenas a *excessiva onerosidade* da parte lesada e não a extrema vantagem para o outro contratante.

Ao lado destes requisitos positivos, a doutrina e a jurisprudência acrescentam ainda mais três requisitos ***negativos*** a serem igualmente examinados a seguir, a saber: (*iv*) ausência de adimplemento da prestação pela parte que invoca a onerosidade excessiva; (*v*) ausência de mora da parte lesada no momento do pedido de revisão ou resolução e; (*vi*) ausência de impedimento do pedido de revisão ou resolução pelo fato da onerosidade estar coberta pelos riscos inerentes ao contrato (a chamada "álea normal do contrato"). Passemos à análise de cada um desses requisitos.

2.1. REQUISITOS POSITIVOS PARA A REVISÃO OU RESOLUÇÃO JUDICIAL DO CONTRATO POR ONEROSIDADE EXCESSIVA

2.1.1. CONTRATOS PASSÍVEIS DE REVISÃO OU RESOLUÇÃO JUDICIAL

Passíveis de revisão ou resolução judicial são os contratos de execução continuada ou diferida. Isto é, contratos que apresentam um *lapso temporal*

[18] "***1467 – Contrato con prestazioni corrisppettive*** – *[1] Nei contratti a esecuzione continuata o periodica ovvero a esecuzione diferita, se la prestazione di una delle parti è divenuta eccessivamente onerosa per il verificarsi di avvenimenti straordinari e imprevedibili, la parte che deve tale prestazione può domandare la risoluzione del contratto, con gli effetti stabiliti dall'articolo 1458. [2] La risoluzione non può essere domandata se la sopravvenuta onerositá rientra nell'alea normale dei contratto. [3] La parte contro la quale è domandata la risoluzione può evitarla offerendo di modificare equamente le condizioni dei contrato*".

entre a sua formação e o seu cumprimento e, como tal, podem estar sujeitos à superveniência de eventos modificadores da relação de comutatividade inicialmente estabelecida.

Logo, não se sujeitam à revisão os contratos de execução instantânea, cujo cumprimento se exaure imediatamente após a sua conclusão, como ocorre, por exemplo, com os contratos de compra e venda à vista, ainda que as partes tenham estipulado uma data posterior para o ato de registro da venda, eis que o registro apenas reproduz o contrato particular preexistente, com o objetivo de satisfazer a exigência da publicidade.[19]

Os contratos de *execução continuada* e de *trato sucessivo* (também chamados pela doutrina italiana de *contratos de duração*) são aqueles que necessariamente perduram no tempo, sujeitando as duas partes, ou uma delas, ao cumprimento de prestações contínuas ou repetidas periodicamente, por tempo determinado ou indeterminado. Vale dizer, são contratos em que o fator "tempo" é querido pelos contratantes, fazendo parte da própria causa final do contrato.[20] É o que se verifica, por exemplo, no contrato de trabalho, de sociedade, de locação em relação ao pagamento de aluguéis, de fornecimento de mercadorias, etc.

Os contratos de *execução diferida*, por sua vez, caracterizam-se por apresentar uma única execução, só que protraída para um momento futuro.[21] São contratos nos quais uma das partes tem interesse em que a satisfação de suas necessidades ocorra em determinado momento. O fator "tempo" funciona como um *termo* assinalado à execução da prestação, marcando uma distância entre o ato da celebração do contrato e seu adimplemento (e.g., contrato de compra e venda com pagamento futuro ou, ainda, o con-

[19] Este é o exemplo trazido pela jurisprudência italiana, in Alpa, Guido e Iudica, Giovanni, *Codice Civile con commento essenziale di giurisprudenza*, Ob. cit, p.402. No mesmo sentido, no Brasil, verifica-se a seguinte jurisprudência: "*Rebus sic stantibus – Pagamento total prévio. 1. A Cláusula rebus sic stantibus tem sido admitida como implícita somente em contratos com pagamentos periódicos e sucessivos de ambas as partes ao longo de prazo dilatado, se ocorreu alteração profunda e inteiramente imprevisível das circunstâncias existentes ao tempo da celebração do negócio. 2. Não há margem de apelo à teoria da imprevisão, feito em 1964, para reajuste de preço fixado em 1963 como pagamento total e prévio*". (RE nº71.443/RJ, STF, 1ª Turma, Rel. Min. Aliomar Baleeiro, j.15.06.1973, RTJ 68/95).

[20] Neste sentido, v. Orlando Gomes, *Contratos*, 17ª ed., Forense, 1996, p. 80; Antonio Junqueira de Azevedo, *Natureza Jurídica do contrato de consórcio. Classificação dos atos jurídicos quanto ao número de partes e quanto aos efeitos. Os contratos relacionais. Alteração das Circunstâncias e onerosidade excessiva. Resolução parcial do contrato. Função social do contrato*", RTDC, vol. 21, jan/mar 2005, p. p. 253/254.

[21] Orlando Gomes, *Contratos*, 17ª ed., Forense, 1996, p. 80.

trato de empreitada). Pois bem, é exatamente durante este lapso temporal entre a conclusão do negócio e a sua execução – verificado nos contratos de *execução continuada* ou *diferida* – que pode surgir o problema da onerosidade excessiva prevista nos artigos 478 a 480 do Código Civil. No que concerne à delimitação deste *lapso temporal* para a aplicação da figura da onerosidade excessiva, o que importa considerar para o acolhimento do pedido de revisão ou resolução judicial não é exatamente a sua extensão – se curto ou longo – mas sim, *in concreto,* a gravidade da onerosidade sobrevinda à prestação naquele tempo e que torna insuportável o seu cumprimento pela parte contratante.[22]

Ainda no que tange à análise dos contratos sujeitos à revisão ou resolução judicial, observe-se que a figura da onerosidade excessiva se aplica tanto aos *contratos bilaterais,* isto é, com prestações correspectivas (art. 478), como aos *contratos unilaterais,* cujos efeitos geram obrigações a somente uma das partes, consoante expressa disposição do artigo 480 do CC.[23]

2.1.2. FATOS EXTRAORDINÁRIOS E IMPREVISÍVEIS

Filiando-se a teoria da imprevisão, o artigo 478 do CC exige que os acontecimentos supervenientes, que alteram a originária relação de equivalência entre as partes, sejam *extraordinários e imprevisíveis.*

Extraordinário é o fato externo ao contrato e não imputável à conduta da parte que invoca a onerosidade excessiva. É o fato anormal que produz um sobressalto no curso habitual das coisas.[24] Por seu turno, define-se

[22] Sobre a matéria, Renato José de Moraes, analisando a jurisprudência de nossos tribunais, observa que *"a própria ideia de prazo longo ou curto não pode ser entendida em seu aspecto puramente físico, de dias ou meses; ela difere de contrato para contrato. Portanto, mesmo notando-se uma tendência a não se admitir a imprevisão em contratos considerados relativamente curtos, fica claro que, na maioria dos casos, mais do que o tempo em sentido objetivo, é a gravidade do desequilíbrio que se deu naquele tempo concreto o que se leva a admitir ou não a revisão contratual pela via judicial"* (Moraes, José Renato. *Cláusula rebus sic stantibus no direito brasileiro,* dissertação de mestrado, USP, 1999, p.160).

[23] A respeito da matéria, questão pouco enfrentada é aquela acerca da aplicação do art. 480 do CC aos contratos unilaterais ***onerosos*** ou se este mesmo dispositivo legal também se estenderia aos unilaterais ***gratuitos***. Sobre tal temática, v. Dias, Lucia Ancona Lopez de Magalhães. *Onerosidade Excessiva e Revisão Contratual no direito privado brasileiro,* in Contratos empresariais: Fundamentos e Princípios dos Contratos Empresariais, coordenação Wanderley Fernandes, São Paulo: Saraiva, 2007, Série GVlaw, p.342-346.

[24] Cf. define Mario Júlio de Almeida Costa, *"a alteração anormal caracteriza-se pela excepcionalidade: é a anômala, a que escapa à regra, a que produz um sobressalto, um acidente, no curso ordinário ou série natural dos acontecimentos"* (*Direito das Obrigações*, 6ª ed., Almedina, Coimbra, 1994, p. 278).

como *imprevisível* todo aquele acontecimento incogitável pelas partes no momento da celebração do negócio, vez que, se dele tivessem condições de prever, não teriam celebrado o negócio ou o teriam celebrado de forma diversa.

Nos termos destas definições, o fato será imprevisível sempre que as partes não possuírem condições de prever as alterações supervenientes, por maior diligência que tenham tido.[25] A aferição desta possibilidade de previsão há de ser feita à luz do homem médio, a quem será avaliado o juízo que razoavelmente poderia e deveria se esperar no momento da contratação. Nesse passo, também se pode definir o fato imprevisível como aquele *não poderia ser legitimamente* esperado pelos contratantes[26], de acordo com a sua justa expectativa, no momento da celebração do negócio.

[25] Neste sentido, v. Silvo de Salvo Venosa, *Direito Civil, Teoria Geral das Obrigações e Teoria Geral dos Contratos*, Vol. II, 6ª edição, Atlas, 2006, p. 464. Na jurisprudência, negando a existência de fato imprevisível e extraordinário, cf. STJ, REsp 1.045.951/MA: "RECURSO ESPECIAL. AÇÃO DE REVISÃO CONTRATUAL. CONTRATO DE ADESÃO. GRUPO DE CONSÓRCIO PARA AQUISIÇÃO DE VEÍCULO. DEFEITOS NO PRODUTO ADQUIRIDO PELO CONSORCIADO. TEORIA DA IMPREVISÃO. NÃO OCORRÊNCIA DE EVENTO IMPREVISÍVEL E EXTRAORDINÁRIO. PEDIDO DE PRORROGAÇÃO DO PRAZO PARA PAGAMENTO DAS PARCELAS VENCIDAS E VINCENDAS. IMPOSSIBILIDADE. DIVERGÊNCIA JURISPRUDENCIAL NÃO DEMONSTRADA. AUSÊNCIA DE COTEJO ANALÍTICO. RECURSO PARCIALMENTE PROVIDO. 1. (...) 2. A jurisprudência desta Corte é pacífica em que a Teoria da Imprevisão como justificativa para a revisão judicial de contratos somente será aplicada quando ficar demonstrada a ocorrência, após o início da vigência do contrato, de evento imprevisível e extraordinário que diga respeito à contratação considerada e que onere excessivamente uma das partes contratantes. 3. A ocorrência de problemas mecânicos no veículo, dois anos após adquirido pelo consorciado, não se insere no conceito de acontecimento extraordinário e imprevisível, capaz de tornar a prestação relativa ao contrato de consórcio excessivamente onerosa para uma das partes e acarretar vantagem extrema à outra. Tal evento prende-se a riscos da atividade econômica da promovente que não podem ser transferidos à sociedade empresária administradora de consórcio, que atua apenas na gestão dos negócios do grupo formado (...)". (STJ, REsp 1.045.951/MA, Rel. Min. Raul Araújo, 4ª T, j.9.03.2017). E, ainda: STJ, REsp 783.404/GO, Rel. Min. Nancy Andrighi, j. 28.6.2007, ao mencionar que "*chuvas e pragas – motivos alegados pelo recorrido para sustentar a ocorrência de acontecimento extraordinário – são circunstâncias previstas na agricultura, que o produtor deve levar em consideração quanto contrata a venda para entrega futura a preço certo*".

[26] Judith Martins-Costa define o fato imprevisível como aquele que "*não poderia ser legitimamente esperado pelos contratantes, concretamente considerados (v.g., avaliando-se a qualidade das partes, a sua característica profissional, a natureza do negócio, as circunstâncias específicas do caso e o que a experiência indica ser habitual) de acordo com a justa expectativa no momento da conclusão do ajuste, a ser objetivamente avaliada segundo os cânones fundamentais dos artigos 112 e 113 do Código*

Ainda sobre a noção de imprevisibilidade, cumpre observar que a orientação do Superior Tribunal de Justiça sobre a matéria tem sinalizado no sentido de incorporar dentro dessa noção também as *conseqüências* imprevisíveis resultantes do fato gerador do desequilíbrio, ainda que este fato, *a priori*, pudesse ser previsível pelas partes contratantes.[27] Assim, em princípio, admite-se o pedido de revisão ou resolução judicial quando verificadas *conseqüências* imprevisíveis de fatos previsíveis.[28]

2.1.3. ONEROSIDADE EXCESSIVA E EXTREMA VANTAGEM

O artigo 478 do Código Civil exige ainda que os fatos supervenientes à formação do contrato tornem excessivamente onerosa a prestação de uma das partes. Não se trata, pois, de qualquer onerosidade: é preciso que ela se mostre expressiva e não esteja acobertada pelos riscos normais do

Civil" (Martins-Costa, Judith. *Comentários ao Novo Código Civil*, Vol. V, Tomo I , Forense, RJ, 2005, p. 309).

[27] O Superior Tribunal de Justiça, analisando os termos imprevisibilidade e extraordinariedade previstos no artigo 478 do Código Civil, editou o Enunciado n.175 da III Jornada de Direito Civil, segundo o qual "*a menção à imprevisibilidade e à extraordinariedade, insertas no artigo 478 do Código Civil, deve ser interpretada não somente em relação ao fato que gere o desequilíbrio, mas também em relação às consequências que ele produz*". Na doutrina, também encontramos o mesmo entendimento em Luis Renato Ferreira da Silva: "*De outro lado, pode-se optar pela seguinte solução: embora o evento seja em si mesmo previsível, suas consequências são inestimáveis ou inavaliáveis. Assim, amplia-se o leque de acontecimentos que se enquadrariam na noção de imprevisibilidade. É este o raciocínio que tem permitido, em países de inflação contínua, alterarem-se contratos com a aplicação da teoria da imprevisão, e adotar como fato imprevisível os índices inflacionários. É que a existência continua de taxas de inflação acaba por "normalizar"a desvalorização monetária, o que não impede que o quantum da desvalorização em um determinado período acabe por tornar-se inesperado e não previsto*" (Silva, Luiz Renato Ferreira da. *Revisão dos Contratos: do código civil ao código do consumidor*, Forense, RJ, 2001,p.111). No direito comparado: Guido Alpa, *Corso do Diritto Contrattuale*, Padova, CEDAM, 2006, p.156/157: "*l'imprevedibilità non riguarda solo il verificarsi del fenômeno, può riferirsi anche alle sue quantità e dimensione*".

[28] "*O vetusto Código e a cinquentenária Lei de Luvas hão de ser interpretados face ao novo momento da Nação, infelizmente mergulhada em feroz inflação, ainda imprevisível em seus aterradores índices em fins de 1979, época de elaboração do contrato de locação*" (RT 620/204). No mesmo sentido: "*A inflação, por certo, era e atualmente voltou a ser previsível quanto à sua ocorrência, a ponto de se fazer inserir em qualquer preço futuro, talvez com exagero ditado pela ganância, uma previsão de desvalorização monetária (...). Entretanto, isso não significa, em absoluto, que os próprios índices sejam razoavelmente previsíveis se as condições reinantes em determinado momento permitam supor a permanência constante de uma determinada taxa de desvalorização nos meses futuros, não é de excluir-se, a priori e de modo absoluto, a imprevisão quanto aos índices*" (RT 630/181).

negócio.[29] A lei nada dispõe sobre o *quantum do agravamento*, mas é certo que a simples dificuldade no cumprimento da prestação não pode levar à resolução do contrato. A figura da onerosidade excessiva é medida excepcional de intervenção do judiciário na autonomia privada e não pode ser invocada para resguardar riscos ou dificuldades inerentes ao cumprimento da prestação.

Neste ponto, de importância essencial a distinção entre onerosidade excessiva e impossibilidade do cumprimento da prestação. A prestação excessivamente onerosa não se torna impossível, mas, face ao pesado ônus que sobre ela recai, o seu cumprimento demandaria um sacrifício patrimonial não consentido pela parte no momento da celebração do negócio. Seria mesmo contrário à boa-fé e à função econômico-social do contrato exigir da parte onerada tamanho sacrifício.

Note-se que os efeitos também são diversos: na impossibilidade absoluta, como ocorre no caso fortuito ou força maior, o devedor é liberado da prestação, se por eles não assumiu os riscos; enquanto que na onerosidade excessiva o cumprimento da prestação permanece vinculante. A liberação do devedor apenas opera pelo acordo entre as partes ou a partir de decisão judicial. A apreciação da onerosidade deve ser feita de forma *objetiva*, vale dizer, a onerosidade é sempre do contrato e não da parte contratante, sendo irrelevante para esta análise a condição *subjetiva* na qual se encontra a parte. Assim, a prestação deve ser onerosa por si mesma, para uma categoria de pessoas que se encontrem na mesma situação da parte que invoca a revisão ou a resolução.[30] Em regra, o eventual colapso pessoal ou jurídico de uma das partes contratantes deve ser tratado como risco nas atividades negociais ("álea normal do contrato").

Neste contexto, os tribunais, em regra, têm afastado pedidos de revisão judicial quando a excessiva onerosidade alegada se apresenta relacionada a fato superveniente afeto à condição subjetiva da parte contratante do que propriamente à prestação objetivamente considerada. [31] Ainda para a ava-

[29] Veja, por exemplo, STJ, REsp 783.404/GO, Rel. Min. Nancy Andrighi, j. 28.6.2007.

[30] Neste mesmo sentido: Angelo de Martini, *L'Eccessiva Onerosita Nell'Esecuzione dei Contratti*, Giuffré, Milano,1950, p.23. Entre nós: Luís Renato Ferreira da Silva, *Revisão dos Contratos: Do Código Civil ao Código do Consumidor*, 2001, Forense, p.112; Otavio Luiz Rodrigues Junior, *Revisão Judicial dos Contratos*, Atlas, São Paulo, 2002, p.113-115; Orlando Gomes, *Contratos*, cit, p.179.

[31] Assim, negando pedidos de revisão em vista da onerosidade subjetiva, cf.: STJ, AgInt no Resp 1.514.093/CE, Rel. Min., Marco Buzzi, 4ª T, j. 25.10.2016, no qual se objetiva a revisão

liação da *onerosidade da prestação*, embora deva a mesma ser expressiva, não se exige, todavia, que ela conduza a parte lesada a uma situação de ruína econômica, caso o contrato se mantenha inalterado. Assim, ainda que não haja ameaça de colapso patrimonial, pode a exigência do cumprimento da prestação nas mesmas condições ser contrária à boa-fé.[32]

O artigo 478 também traz o requisito da *extrema vantagem* para a outra parte que não sofre o prejuízo com as circunstâncias supervenientes. Trata-se de inovação da legislação brasileira, verdadeira "jabuticaba" não encontrada nem no artigo 1.467 do *Codice Civile* (como visto, inspiração primária do dispositivo brasileiro), tampouco em outras legislações estrangeiras.[33]

Com efeito, a inclusão deste novo requisito, que também não se apresenta na evolução jurisprudencial da teoria da imprevisão, se levado ao extremo, pode vir a "engessar" a efetiva aplicação da figura da onerosidade excessiva, dado o rigor necessário à configuração da *factie specie,* que além de requerer a imprevisibilidade do evento, impõe a demonstração da vantagem auferida pela outra parte, demonstração essa quiçá impossível de ser feita com precisão pela parte em desvantagem.

Ademais, não raras vezes estaremos diante de situações concretas nas quais será fácil identificar a onerosidade e o desequilíbrio para uma parte sem que de tal fato corresponda a extrema vantagem para a outra. Basta pensarmos na guerra ou, atualmente, na pandemia do COVID-19, cuja superveniência -d'um modo ou d'outro – atingiu a todos, sem evidente vantagem desproporcional à outra parte, embora em determinadas situações a prestação tenha se revelado (mais) excessivamente onerosa a outra parte[34]. Cite-se, ainda, um eventual contrato de fornecimento de produ-

de contrato de financiamento por alegada diminuição da renda familiar; TJSP, Ap. 1010825-14.2016.8.26.0361, Rel. Des. Hélio Nogueira, 22ª Câmara, j. 16.02.2017. Nesses casos, o pedido de revisão tem sido negado, uma vez que as partes não demonstram o desequilíbrio contratual, revelando, em verdade, que o fato superveniente está ligado à situação subjetivas das partes, qual seja, o congelamento do salário, perda da renda familiar, desemprego, etc.

[32] Assim, v. Mario Júlio de Almeida Costa, *Direito das Obrigações,* 6ª ed., Almedina, Coimbra, p. 278.

[33] Sobre a matéria, foram consultadas as legislações alemã, argentina, peruana, portuguesa, as regras do Unidroit, os Princípios do Direito Contratual Europeu e o Uniform Commercial Code (UCC) do direito americano não se exaurindo, evidentemente, o direito comparado.

[34] Assim, por exemplo, entendeu o Judiciário em contratos de fornecimento de energia elétrica na modalidade "take or pay" anteriormente citadas no item 2 deste artigo, determinado a revisão dos contratos para que a parte contratante pague apenas o volume "efetivamente utilizado"

tos, cuja prestação ou mesmo seu modo de execução se torne excessivamente oneroso para apenas uma das partes (fornecedor) em virtude da imprevisível e extraordinária indisponibilidade de insumos no mercado sem, contudo, que de tal fato resulte qualquer vantagem para a outra parte, adquirente de tais produtos.[35]

Assim, a partir do conceito de onerosidade – que se nota sempre que o efeito do fato pesar demais sobre uma parte contratante, pouco importando que disso decorra ou não vantagem para a outra – [36], entendemos que a *extrema vantagem* há de ser compreendida como um elemento possível, porém, acidental da alteração das circunstâncias.[37] De toda sorte, não pode ser visto como um pressuposto impeditivo do pedido de revisão ou resolução contratual, sendo certo que este entendimento encontra-se em perfeita harmonia com os princípios da boa-fé objetiva e da função social do contrato, positivados em nosso Código Civil e aplicáveis à toda relação contratual[38].

Analisando especificamente parte relevante das decisões do COVID-19 – verifica-se que, com exceção ao tema dos contratos de fornecimento de energia elétrica na modalidade "take or pay", os quais foram em grande medida revisados – não houve, por exemplo, consenso quanto à aplicação da teoria da onerosidade excessiva aos *contratos de locação não residenciais.* Com efeito, ora os Tribunais concederam a revisão da prestação tendo em vista o fechamento dos shoppings e, assim, das atividades (faturamento) das lojas locatárias, agravada ainda pelo fato de não exercerem atividade

de energia elétrica face a crise do COVID-19 e a alteração das atividades econômicas. V., ainda, nesse mesmo sentido, para além das já citadas: TJSP, AI nº2143931-32.2020.8.26.0000, Rel. Ana Lourdes Coutinho a Silva da Fonseca, j. 8.7.2020 e TJSP, AI nº 2140631-62.2020.8.26.0000, Rel. Tavares de Almeida, j. 8.7.2020).

35 Neste mesmo sentido: Antonio Celso Fonseca Pugliese, *Teoria da Imprevisão e o Novo Código Civil,* RT 830, dezembro de 2004, p.14.

36 Neste sentido: Ruy Rosado de Aguiar, *Extinção dos contratos por incumprimento do devedor...* cit, p.152.

37 Neste sentido, também admitindo a extrema vantagem como elemento acidental da alteração das circunstâncias, v. Otavio Luiz Rodrigues Junior, *Revisão Judicial dos Contratos,* Atlas, São Paulo, 2002, p.125.

38 O essencial para a caracterização da onerosidade excessiva é *"a posição periclitante em que se projeta uma das partes no negócio, sendo irrelevante que haja benefício para a outra. Desse modo, não se deve configurar a onerosidade excessiva com base em um contraponto de vantagem"* (Venosa, Silvo de Salvo, *Direito Civil, Teoria Geral das Obrigações e Teoria Geral dos Contratos,* ob. cit., p. 467).

essencial, o que tornaria adequado a aplicação de uma redução no valor aluguel como forma de reequilibrar o contrato.[39] Ora, porém, negaram a revisão por entender que o fato superveniente atingiu ambas as partes não sendo equilibrado revê-lo para favorecer o locatário em detrimento do locador, que igualmente teria tido suas atividades prejudicadas em consequência da pandemia.[40] Observa-se, ainda, que em pedidos de dispensa de pagamento dos aluguéis por certo período ("moratória"), o judiciário também oscilou: ora se posicionou no sentido de não haver fundamento

[39] "LOCAÇÃO DE IMÓVEIS – AÇÃO REVISONAL – (...) Considerando-se as peculiaridades do caso, em especial o inegável impacto econômico direto na atividade comercial exercida pela locatária, em decorrência da pandemia e de seus meios de enfrentamento da emergência de saúde pública, é de se admitir a excepcional intervenção judicial no contrato para reequilíbrio da obrigação, em aplicação, por analogia, à teoria da imprevisão prevista no artigo 317 do Código Civil, sendo razoavel conceder a tutela antecipada para o fim de reduzir em 50% o valor do aluguel, com base no último aluguel pago ao locador, a vigorar desde o vencido em abril/2020 até que seja levantada a proibição à abertura daquele ponto comercial" (TJSP, AI nº 2088297-51.2020.8.26.0000, Rel. Paulo Ayrosa, j. 4.6.2020). Pelo deferimento, em favor da locatária, da prorrogação do vencimento das parcelas ainda não pagas pelo prazo de 90 (noventa) dias, em vista do fato superveniente do COVID-19, cf. TJSP, A.I nº 2089303-93.2020.8.26.0000, Rel. Adilson de Araújo, j. 27.5.2020); Pelo deferimento da redução do aluguel em 30%: "Agravo de instrumento – Locação – Ação Revisional de contrato de locação – Covid-19 – isolamento social – locatária que desenvolve no imóvel comércio de materiais para festa – atividade que se encontra suspensa – situação que caracteriza motivo de força maior, que impede que o contrato continue vigorando nos exatos termos em que foi firmado – redução do valor do aluguel em 30% – decisão mantida" (TJSP, AI nº 2092435-61.2020.8.26.0000, Rel. Jayme Queiroz Lopes, j. 18.5.2020). Ainda, pelo deferimento da redução de 50% do ajustado até a reabertura do estabelecimento comercial, cf. TJSP, AI nº 2093690-54.2020.8.26.0000, Rel. Adilson Araujo, 3.6.2020).

[40] Assim: TJSP, AI nº 2110911-50.2020.8.26.0000, Rel. Carlos Dias Motta, j. 5.6.2020: "AGRAVO DE INSTRUMENTO. Locação. Tutela Provisória. R. decisão agravada que indeferiu a redução proporcional do aluguel. Pandemia do vírus Covid-19. Medidas administrativas que afetam todos os agentes econômicos e membros da sociedade. Inexistência de relação de consumo ou hipossuficientes. Precedentes deste E. Tribunal de Justiça. Decisão mantida. Agravo de instrumento desprovido". No mesmo sentido, negando-se a revisão (redução de aluguéis), TJSP AI nº 2068208-07.2020.8.26.0000, Rel. Gomes Varjão, j. 22.4.2020; TJSP, AI nº 2070513-61.2020.8.26.0000, Rel. Antonio Nascimento, j. 28.4.2020 " Se por um lado o locatário sofrerá os efeitos d paralisação dos seus negócios, o mesmo se pode dizer do outro polo da relação contratual, não se podendo mensurar, ao menos nesse momento, a necessidade de modificação das bases contratuais. Importante ressaltar que, a princípio, a locadora não pode ser compelida a arcar sozinha com o ônus da locação, ou mesmo receber seu crédito de forma parcelada (...). Por ora, apenas eventual composição amigável entre as partes poderia prever a possibilidade de moratória, parcelamento ou redução da obrigação".

legal para tal hipótese[41], ora concedeu a isenção quanto ao pagamento pelo período correspondente ao tempo de fechamento do estabelecimento comercial, com fundamento nos artigos 317 e 470 do CC (ressalvada apenas a obrigatoriedade de pagamento de encargos condominiais, IPTU e energia elétrica)[42] [43].

[41] Cf. consignado pelo TJSP, é razoável a parte postular a readequação do "valor da prestação" (art. 317, CC), mas não simplesmente suspender o cumprimento da obrigação. "Mais ainda, a lei nem autoriza o juiz instituir a moratória a pedido do devedor. Realmente, a dispensa de cumprimento da obrigação só pode ocorrer por ato negocial, portanto com a aquiescência do credor, ou por força de especial disposição legal. Aliás, moratória quanto a alugueis até fora proposta no Projeto de Lei nº 1.179/2020, que dispõe sobre o Regime Jurídico Emergencial e Transitório das relações jurídicas de Direito Privado (RJET) no período de pandemia do coronavírus (Covid-19), mas foi retirada justamente por não ser conveniente, nem compatível com o sistema jurídico" (TJSP, AI nº 2080646-65.2020.8.26.0000, Rel. Arantes Theodoro, j. 6.5.2020). Reconhece-se, porém, a adequação do pedido de revisão do valor da prestação. No mesmo sentido, pelo descabimento de moratória, cf. TJSP A.I nº 2063701-03.2020.8.26.0000, Rel. Arantes Theodoro, j. 6.4.2020.

[42] Nestes termos, confira-se: "AGRAVO DE INSTRUMENTO – TUTELA CAUTELAR ANTECEDENTE – LOCAÇÃO DE LOJA EM SHOPPING CENTER – Decisão agravada que concedeu à locatária a isenção temporária dos alugueis e demais encargos locatícios, enquanto perdurar a interdição do shopping center determinada pelo Governo Estadual – Plausibilidade da alegação de onerosidade excessiva – Presença dos elementos autorizadores a que alude o artigo 300 do Código de Processo Civil – Teoria da imprevisão – Fato público e notório que o mundo e, especificamente, o país, passam por uma pandemia decorrente do novo coronavírus (COVID-19), tendo sido tomadas várias medidas governamentais a fim de garantir o isolamento social e evitar a propagação do vírus, entre elas o fechamento de inúmeros estabelecimentos comerciais considerados "serviços não essenciais" – Agravada que vem suportando os efeitos financeiros da impossibilidade de exercer, plenamente, sua atividade econômica – Plausibilidade da isenção temporária, até a reabertura do estabelecimento, dos valores devidos a título de aluguel e fundo de promoção, excetuando-se os encargos condominiais, posto que independentes do faturamento da autora, bem como voltados ao próprio custeio do empreendimento – Decisão parcialmente reformada – RECURSO PROVIDO EM PARTE" (TJSP, AI 2118168-29.2020.8.26.0000, Rel. Luis Fernando Nishi, j. 15.7.2020). De teor similar: TJSP, AI 2104141-41.2020.8.26.0000, Rel. Kioitisi Chicuta, j. 25.6.2020; TJSP, AI 2097570-54.2020.8.26.0000, Rerl. Arantes Theodoro, j. 20.5.2020.

[43] Em relação ao tema, digno de nota o esforço do Poder Legislativo Brasileiro, que, em analogia à histórica iniciativa do deputado francês Auguste Gabriel Failliot (1ª Guerra Mundial), desenhou uma lei transitória para, se não resolver, bem encaminhar questões jurídicas centrais no âmbito do Direito Privado (PL 1.179/2020). Infelizmente, artigos centrais do projeto de lei aprovado (Lei 14.010/2020) receberam veto presidencial, obstando uma maior pacificação da jurisprudência e das relações entre particulares, por exemplo, no âmbito da locação. Sobre o Projeto, v. em especial, Otavio Luiz Rodrigues Junior, *A célebre lei do deputado*

Por fim, vale lembrar que os diferentes ordenamentos jurídicos do mundo ocidental têm se apresentado no propósito de estimular a *cooperação entre as partes* para o adimplemento do contrato, que é a verdadeira *ratio iuris* do instituto, verificando-se, por exemplo, nos Princípios Contratuais da Comunidade Europeia disposição no sentido de que a parte que se nega a renegociar o contrato ou que rompe a negociação de forma desleal e contrária à boa-fé, poderá ser condenada ao pagamento de indenização pelos danos sofridos pela outra em virtude de tal conduta.[44]

2.2. REQUISITOS NEGATIVOS PARA REVISÃO OU RESOLUÇÃO JUDICIAL DOS CONTRATOS POR ONEROSIDADE EXCESSIVA

Afora os requisitos positivos previstos no art. 478 do CC, a doutrina, jurisprudência e algumas legislações estrangeiras acabam por escorar o entendimento de que mais três ***requisitos negativos*** devem ainda ser vistos como imprescindíveis para fundamentar o pedido de revisão ou resolução judicial em razão da alteração das circunstâncias.

2.2.1. AUSÊNCIA DE ADIMPLEMENTO DA PRESTAÇÃO

É preciso que a parte que invoca a revisão ou resolução judicial ainda não tenha executado a prestação, na hipótese de ter se tornado excessivamente onerosa para o devedor, ou, não a tenha recebido, caso seja o credor a parte prejudicada em virtude do aviltamento da prestação. O importante é que a prestação tornada mais onerosa ou aviltante ainda não tenha sido executada pelo devedor ou recebida pelo credor, porque se já realizada pressupõe-se a suportabilidade do sacrifício. Aqui, note-se que o pedido de resolução ou revisão judicial da parte prejudicada terá cabimento ainda que a outra parte contratante, por ocasião da superveniência da alteração das circunstâncias, já tenha executado a sua prestação ou a tenha executado parcialmente.

Failliot e a teoria da imprevisão, in: https://www.conjur.com.br/2020-abr-02/direito-comparado-celebre-lei-deputado-failliot-teoria-imprevisao.

44 *"Art. 6:111: Mutamento delle circostanze. (...) (3) Se le parti non riescono a raggiungere un accordo in un tempo ragionevole, il giudice può: (a) sciogliere il contratto a far data da un termine e alle condizioni che il giudice stesso stabilirà o; (b) modificare il contratto in modo da distribuire tra le parti in maniera giusta ed equa le perdite e i vantaggi derivanti dal mutamento di circostanze. Nell'un caso e nell'altro il giudice può condannare al risarcimento dei danni per la perdita cagionata dal rifiuto di una parte di intavolare trattative o dalla rottura di esse in maniera contraria alla buona fede e alla correttezza"*.

O disposto no artigo 478 do CC não deve abranger, pois, apenas as situações em que as obrigações ainda dependam de adimplemento, mas também a situação em que, embora uma das obrigações já tenha sido cumprida, a outra, ainda por adimplir, se revela mais gravosa no momento de sua execução em relação à obrigação que já foi cumprida, verificando-se o turbamento do equilíbrio contratual originário. É a situação, por exemplo, do contrato de compra e venda com imediata entrega da coisa pelo vendedor, mas com pagamento diferido para um momento futuro. Nesta hipótese, a superveniência de excessiva onerosidade não recairá sobre a coisa já transferida ao patrimônio do comprador, mas sobre a própria prestação ainda por adimplir, qual seja, o preço a ser pago, gerando um desequilíbrio na economia interna do contrato inicialmente estabelecida.[45]

O contratante prejudicado, portanto, deverá ingressar em juízo no curso da produção dos efeitos do contrato (ainda que uma das prestações já tenha sido cumprida – total ou parcialmente), uma vez que se já estiver plenamente executado não terá mais cabimento qualquer intervenção.[46] Neste particular, a jurisprudência de nossos tribunais tem reiteradamente negado pedidos de revisão judicial de contratos já plenamente executados por colidir com a segurança jurídica das relações negociais.[47]

2.2.2. AUSÊNCIA DE MORA DA PARTE LESADA

Exige-se também como condição negativa ao pedido de resolução ou revisão judicial a *ausência de mora* da parte lesada no momento da alteração das circunstâncias.

No direito comparado, o Código Civil português traz norma expressa quanto a esta condição negativa, dispondo em seu artigo 438 que *"a parte*

[45] Neste sentido é o entendimento da doutrina italiana, cf. Ângelo de Martini, ob. cit., p.25.

[46] Assim, Caio Mário da Silva Pereira, *Instituições de Direito Civil*, vol III, Contratos, 11º ed., Forense, 2003, p.166.

[47] "Ação revisional de cláusulas contratuais e compensação de valores pagos à maior. Contratos findos. Revisão. Impossibilidade. Extinção do processo sem julgamento de mérito. Revisar contrato quitado é colidir contra a segurança das relações negociais. Sentença modificada. Preliminar acolhida. Apelo provido" (apelação cível nº. 70009395898, 9ª Câmara Cível, TJRS, Rel. Ana Lúcia Carvalho Pinto Vieira, j.31.05.2006); "Ação ordinária de revisão de contrato e repetição do indébito. Contrato quitado. Inadmissibilidade de revisão. Ao contrato quitado não se admite a revisão, sob pena de impor total insegurança aos negócios jurídicos, com evidente afronta ao art. 5º, XXXVI, da CF. Recurso desprovido" (Apelação Cível Nº 70004275723, 15ª Câmara Cível, TJRS, Rel. Ricardo Raupp Ruschel, j.19.3.03)".

lesada não goza do direito de resolução ou modificação do contrato, se estava em ***mora no momento em que a alteração das circunstâncias se verificou****"*. Semelhante disposição verificamos no art. 1.198, *in fine*, do Código Civil argentino: *"no procederá la resolución, si el perjudicado hubiese obrado con culpa o* ***estuviese en mora****"*.

Quanto a esta condição negativa, importante distinguir duas situações. Na primeira delas, a parte prejudicada já se encontrava em mora no momento em que sobreveio a alteração das circunstâncias. Neste caso, não poderá invocar em seu favor a figura da onerosidade excessiva, incorrendo na regra geral do artigo 399 do CC que determina que a parte morosa responde pelos riscos advindos ao contrato durante a mora. No mesmo sentido é a disposição do artigo 400 do CC que impõe ao credor moroso o risco de receber a coisa *"pela estimação mais favorável ao devedor, se o seu valor oscilar entre o dia estabelecido para o pagamento e o da sua efetivação"*. De fato, o pedido de revisão ou resolução contratual quando a parte já se encontra em mora seria contrário à boa-fé objetiva, que proíbe o *venire contra factum proprium.*[48]

Na segunda hipótese, a parte não se encontra em mora por ocasião da superveniência do evento que tornou a sua prestação agravada, mas decide interromper o cumprimento da prestação em curso ou abster-se de cumprir a prestação ainda não executada, sob o argumento da superveniência da excessiva onerosidade. Pergunta-se: pode a parte prejudicada abster-se de cumprir a prestação em razão da superveniência de excessiva onerosidade sem que de tal fato configure-se o seu inadimplemento culposo? O Código Civil brasileiro não traz disposição específica sobre o assunto.[49] No que concerne às regras gerais do direito das obrigações quanto ao problema da mora sabemos, contudo, que *"o inadimplemento de obrigação positiva e líquida, no seu termo, constitui de pleno direito em mora o devedor. Não havendo*

[48] Neste sentido: Antonio Junqueira de Azevedo, *Relatório Brasileiro sobre Revisão Contratual* elaborado para a fundação Henri Capitant, maio de 2005, São Paulo, p.21.

[49] No direito comparado, encontramos disposição sobre a matéria nos princípios do Unidroit, em seu artigo 6.2.3 (2), segundo o qual o pedido de renegociação do contrato pela parte prejudicada não autoriza por si mesmo a suspensão do seu cumprimento. No original: *"**ARTICLE 6.2.3** (Effects of hardship) (1) In case of hardship the disadvantaged party is entitled to request renegotiations. The request shall be made without undue delay and shall indicate the grounds on which it is based. (2)* ***The request for renegotiation does not in itself entitle the disadvantaged party to withhold performance****. (3) (...)"*.

termo, a mora se constitui mediante interpelação judicial ou extrajudicial" (art. 397 e seu parágrafo único).

Destarte, parece-nos que, diante das normas gerais do direito das obrigações, aplicáveis de forma complementar ao instituto da onerosidade excessiva, a parte prejudicada não pode eximir-se do cumprimento da prestação tornada mais gravosa pelo evento superveniente e dar por extinto o contrato, sob pena de responder pelos efeitos da mora (arts. 397 e 399, CC). Mais do que isso, é preciso que ela notifique imediatamente a outra parte contratante sobre a sua dificuldade no cumprimento da prestação, a fim de renegociar os termos do contrato à luz da alteração das circunstâncias ou, em não sendo possível um novo ajuste, que ingresse com ação judicial de revisão ou resolução do contrato para obter a declaração da excessiva onerosidade da prestação.

Nesse passo, parece-nos também que a notificação extrajudicial do contrato pela parte prejudicada informando a outra sobre a suspensão do cumprimento da prestação em razão da onerosidade superveniente é medida que impede a caracterização da mora, já que não seria razoável considerar que a parte que, de boa-fé, diligenciou para evitar a sua inexecução culposa fosse também punida pelos seus efeitos.[50] Observe-se, contudo, que caso se verifique a negativa do credor em renegociar o contrato, ou não havendo concordância entre as partes quanto aos novos ajustes, é imprescindível que a parte prejudicada promova imediatamente a respectiva ação judicial para que assim não reste configurada a sua mora no cumprimento da obrigação.

A onerosidade excessiva, portanto, não é uma norma auto-aplicável; a sua constatação depende necessariamente de declaração judicial, inclusive para se verificar a existência do nexo de causalidade entre a alegada onerosidade e acontecimento extraordinário.[51] Desta forma, enquanto não

[50] Neste particular, aplicável à situação o disposto no artigo 396 do CC, que determina que "*não havendo fato ou omissão imputável ao devedor não incorre este em mora*". Na doutrina, considerando que a suspensão do cumprimento da prestação em razão da superveniente onerosidade excessiva não impede o pedido de revisão/resolução judicial, v. Mário Júlio de Almeida Costa: *"se o cumprimento foi retardado mercê da impossibilidade temporária da prestação, inimputável ao devedor, já ele pode prevalecer-se do direito de resolução ou modificação do contrato, nos termos gerais. A lei refere-se ao momento em que se produz a alteração das circunstâncias. Logo, se esta alteração antecede à mora, <não é o simples facto de o devedor ter incorrido em mora que o impede de pedir a resolução ou modificação do contrato>"* (ob. cit, p.281).

[51] Neste sentido: Orlando Gomes, *Contratos*, ob. cit, p.180: *"O fato de se tornar a prestação excessivamente onerosa, nas circunstâncias exigidas, não autoriza o devedor a declarar extinto o*

houver o deferimento de pedido liminar ou a decretação da sentença liberatória/revisional, é prudente que a parte permaneça cumprindo a sua prestação pelo *quantum* ou *modo de execução* que entende ser devido, consignando a sua boa-fé na relação contratual.[52]-[53]

2.2.3. AUSÊNCIA DE IMPEDIMENTO PELOS RISCOS INERENTES AO CONTRATO ("ÁLEA CONTRATUAL")

A terceira condição negativa para o cabimento do pedido de revisão ou resolução judicial por onerosidade excessiva se consubstancia na constatação de que a alegada dificuldade no cumprimento da prestação não esteja coberta pelos riscos próprios do contrato. Esta é, por exemplo, a previsão do art. 1.647, alínea 2ª, do Código Civil italiano que determina que *"a resolução do contrato não pode ser demandada se a onerosidade superveniente estiver contida dentro da álea normal do contrato"*.[54] A mesma exigência se nota no art.437º, n.1, do Código Civil Português.[55]

contrato. A onerosidade excessiva não dissolve o contrato de pleno direito. Necessária é a decretação judicial, ocorrendo, por conseguinte, mediante sentença judicial. Explica-se a exigência. Não pode ficar ao arbítrio do interessado na resolução a extinção de suas obrigações, sob o fundamento de que se tornou extremamente difícil cumpri-las. Se lhe fora concedido esse poder, far-se-ia tabula rasa do princípio da força obrigatória dos contratos. A intervenção judicial é imprescindível. É o juiz quem decide se há onerosidade excessiva. Cabe-lhe verificar, outrossim, a existência do nexo de causalidade entre esta e o acontecimento extraordinário e imprevisível. O pronunciamento judicial constitui, pois, imposição dos próprios requisitos que caracterizam, no caso, a causa de dissolução". Neste sentido também: Otávio Luiz Rodrigues Junior, *Revisão Judicial...*, ob. cit., p.108-109.

[52] Neste sentido também: Silvio de Salva Venosa, *Direito Civil, Teoria Geral das Obrigações e Teoria Geral dos Contratos,* Vol. II, 6ª ed., Atlas, 2006, p. 465: *"a cessação do pagamento, porém, somente pode ocorrer com o ajuizamento da ação e a autorização judicial. Na pendência da lide, ainda em homenagem ao princípio da boa-fé, deve o autor depositar o que entende devido"*.

[53] Na jurisprudência: *"Contrato – Teoria da Imprevisão – Oneração excessiva da prestação contratual derivada de inesperada e imprevisível alteração da situação de fato contemporânea à celebração – Circunstância que não o dissolve de pleno direito ou autoriza o prejudicado a alterar unilateralmente seu conteúdo – Imprescindibilidade de intervenção judicial para apuração dos requisitos indispensáveis à aplicação da teoria revisionista – Recusa ilegítima do contratante em receber o valor contratualmente ajustado – Consignação em pagamento procedente"*(RT 643/90 – TJSP)

[54] *"[2] La risoluzione non può essere domandata se la sopravvenuta onerositá rientra nell'alea normale dei contratto."*

[55] 437º, n.1: *"se as circunstâncias em que as partes fundaram a decisão de contratar tiverem sofrido uma alteração normal, tem a parte lesada direito à resolução do contrato, ou à modificação dele segundo juízos de equidade, desde que a exigência das obrigações por ela assumidas afecte gravemente os princípios da boa-fé e não esteja coberta pelos riscos próprios do contrato"*.

Com efeito, todo contrato apresenta uma *álea normal* que corresponde ao risco previsto no contrato, e que o contratante deve suportar, ou, se nele não previsto explicitamente, de ocorrência presumida em face da peculiaridade da prestação ou do contrato[56]. São, por assim dizer, as oscilações naturais do contrato – nele previstas ou dele decorrentes – e que devem ser suportadas pela parte prejudicada.

Assim sendo, *"é preciso que o desequilíbrio determinado entre prestação e contraprestação supere a medida que corresponde às normais oscilações de mercado dos valores trocados; se permanece dentro delas, não há razão para libertar de seus compromissos a parte que sofre um agravamento econômico que podia muito bem ter previsto e prevenido".*[57] O pedido de revisão ou resolução judicial somente terá cabimento se o mesmo não estiver impedido pelos riscos próprios a cada tipo contratual ("álea") e previamente assumidos pelas partes[58]. Em verdade, tal restrição decorre naturalmente também do princípio da boa-fé objetiva inerente a todas as relações contratuais, uma vez que seria injusto frustrar as legítimas expectativas despertadas em cada parte contratante[59].

3. A ONEROSIDADE EXCESSIVA NO CÓDIGO DE DEFESA DO CONSUMIDOR

A tutela da onerosidade excessiva nas relações de consumo encontra-se prevista no artigo 6º, V, segundo o qual são direitos básicos do consumidor: *"a revisão de cláusulas que em razão de fatos supervenientes as tornem excessiva-*

[56] Neste sentido: Nelson Nery Junior, Código Brasileiro de Defesa do Consumidor, 8ª ed., Forense, 2005, p.591.

[57] Enzo Roppo, *O contrato*, tradução de Ana Coimbra e M. Januário C. Gomes, Almedina, Coimbra, 1998, p. 262.

[58] Negando a revisão sob esse fundamento "alea própria do negócio": STJ, REsp 744.446/DF, Rel. Min. Humberto Martins, j. 17.4.2008; STJ, AgReg no Resp 884.066/GO, Rel. Min. Humberto Gomes de Barros, j. 6.12.2007: "AGRAVO REGIMENTAL. COMPRA E VENDA. SOJA. PREÇO FIXO. ENTREGA FUTURA. ONEROSIDADE EXCESSIVA. BOA-FÉ OBJETIVA. – Nos contratos agrícolas de venda para entrega futura, o risco é inerente ao negócio. Nele não se cogita a imprevisão (REsp 783.520/Humberto)". Cf., ainda, TJSP, Ap. 0105673-27.2010.8.26.0100, Rel. Des. Francisco Loureiro, j. 24.11.2011 sobre ação de rescisão e revisão de contrato de "swap", negada a existência de onerosidade excessiva em vista da natureza desse negócio no mercado financeiro.

[59] Sobre a revisão contratual e os contratos aleatórios, confira-se Dias, Lucia Ancona Lopez de Magalhães. *Onerosidade Excessiva e Revisão Contratual no direito privado brasileiro*, in Contratos empresariais: Fundamentos e Princípios dos Contratos Empresariais, coordenação Wanderley Fernandes, São Paulo: Saraiva, 2007, Série GVlaw, p.370-374.

mente onerosas". De pronto, verifica-se que a norma consumerista se apresenta com conteúdo mais abrangente do aquele propugnado pelo Código Civil Brasileiro, pois exige apenas a verificação do desequilíbrio econômico do contrato em virtude da superveniente onerosidade excessiva, i.e. independentemente da imprevisibilidade do evento causador da alteração pela partes contratantes. Também não se faz qualquer referência à extrema vantagem da outra parte que não é prejudicada pelo evento superveniente.

Através dessa escolha, aproximou-se o Código de Defesa do Consumidor da teoria da base do negócio, na medida em que privilegiou a alteração do equilíbrio econômico contratual provocada pelos fatos supervenientes e a sua adaptação à nova realidade, em detrimento da busca da vontade das partes no momento da celebração do contrato, bem como de sua peculiar aptidão para prever o acontecimento modificador das circunstâncias.

A onerosidade deve ser avaliada *objetivamente*, i.e., a prestação deve ser excessivamente onerosa para todo e qualquer contratante que se encontre naquela. Em regra, a onerosidade *subjetiva*, isto é, a situação pessoal do contratante não deve ser levada em consideração na revisão contratual para evitar insegurança jurídica nas relações negociais. Embora o CDC não exija a imprevisibilidade do evento causador da onerosidade excessiva, é preciso que a revisão não esteja impedida pela assunção dos riscos no contrato. O agravamento superveniente não pode estar coberto pela *álea normal* do contrato, tal como observado no estudo do art. 478 do CC/2002. Esta condição negativa vem prevista de forma indireta no art.51, §1º, III do CDC que determina que para consideração da onerosidade excessiva o juiz deverá levar em conta *"a natureza e o conteúdo do contrato, o interesse das partes e outras circunstâncias peculiares ao caso"*.[60]

A parte prejudicada também não deve suspender a execução da prestação em andamento sob o argumento da onerosidade excessiva superveniente. Como já mencionado, a onerosidade excessiva não é uma norma auto-aplicável, mas depende de declaração judicial expressa. A suspensão do cumprimento da prestação pela parte prejudicada sem qualquer aviso à outra parte contratante ou sem o ajuizamento da respectiva ação de revisão contratual configura o inadimplemento culposo.

Finalmente, importante notar que embora o artigo 6º, V do CDC apenas trate de *revisão* contratual, as partes também poderão requerer a sua

[60] Assim: Nelson Nery Junior. *Código Brasileiro de Defesa do Consumidor comentado pelos autores do anteprojeto*, 4ª edição, rev. e atual, Revista dos Tribunais, São Paulo, 2006, p.591.

resolução do instrumento contratual justamente naquelas hipóteses em que a revisão da excessiva onerosidade e dos esforços de integração não restarem suficientes para garantir a manutenção do contrato. Esta é a interpretação sistemática do CDC, consoante se lê de seu artigo 54 § 2º, que determina que *"a nulidade de uma cláusula contratual abusiva não invalida o contrato, exceto quando de sua ausência, apesar dos esforços de integração, decorrer ônus excessivo a qualquer das partes"*.

Neste particular, ressalte-se que eventual pedido de resolução contratual por parte do fornecedor deve ser analisado com muita restrição pelo Poder Judiciário, tendo em vista a característica de vulnerabilidade do consumidor e, em regra, a sua necessidade na manutenção do contrato, notadamente na hipótese de se tratar de bem ou serviço essencial.

4. O ARTIGO 317 DO CÓDIGO CIVIL BRASILEIRO

Cumpre ainda chamar a atenção para o artigo 317 do Código Civil de 2002, sem correspondente no CC/1916, cujo conteúdo, por excelência, também apresenta matéria de revisão contratual, revelando-se autêntica norma de positivação do princípio do equilíbrio econômico contratual.

O referido dispositivo, previsto no Código Civil no seu capítulo *"Do pagamento"*, trata especificamente da revisão judicial de *prestação pecuniária* que se tornou desproporcional no momento de sua execução, tornado à parte prejudicada possível a correção ou adequação da prestação pelo juiz de modo a assegurar o seu efetivo valor.[61] Veja que a revisão proposta no artigo 317 do Código Civil circunscreve-se à manutenção do *valor econômico* da prestação no momento de sua execução analisada em confronto com o seu valor no momento da celebração do negócio (e não em relação à contraprestação).[62] Não deveria se confundir, em verdade, com a hipótese já examinada do art. 478 CC, de aplicação mais abrangente – embora também possa versar sobre prestação pecuniária – e que visa recompor *a equivalência entre as prestações* (prestação e contraprestação) ou o seu *modo de execução*, tornado para uma das partes excessivamente oneroso. O artigo

[61] *"Art.317. Quando, por motivos imprevisíveis, sobrevier desproporção manifesta entre o valor da prestação devida e do montante de sua execução, poderá o juiz corrigi-lo, a pedido da parte, de modo que assegure, quanto possível, o valor real da prestação"*.

[62] Segundo Otavio Luiz Rodrigues Junior, o artigo 317 estabelece *"uma autêntica cláusula tácita de correção do valor de prestações contratuais ou de escala móvel, na hipótese de silêncio do contrato a esse respeito"* (*Revisão Judicial dos Contratos*, ob. cit, p.159).

317 tem por objetivo central apenas *"equilibrar o custo da prestação no momento da celebração do contrato e o mesmo custo na sua execução"*[63], muito embora seja comum a citação aos dois artigos (317 e 478) em pedidos de revisão com fundamento na teoria da imprevisão ou da onerosidade excessiva.

Trata-se, portanto, de revisão contratual apenas de *prestação pecuniária* tornada manifestamente desproporcional no confronto com o seu valor no momento da execução, sendo tal interpretação decorrente da própria estrutura normativa na qual está inserido o dispositivo, cuja disposição subseqüente se refere à proibição de pagamento feito em moeda estrangeira ou em ouro (art. 318, CC)[64]. Em contratos locação não residencial, especialmente de Shoppings Centers, muitos dos acórdãos citados no item precedente e que autorizaram a revisão dos aluguéis, foram fundamentados nesse dispositivo legal.

4.1. RESOLUÇÃO OU REVISÃO CONTRATUAL?

O artigo 478 do Código Civil brasileiro apenas previu a possibilidade de pedido de resolução judicial do contrato pela parte onerada, facultando-lhe, em princípio, a revisão do contrato somente na hipótese em que o demandado evita a resolução oferecendo-se a modificar equitativamente as condições do negócio jurídico (art. 479). Exceções à esta sistemática encontram-se, de um lado, no caso dos contratos unilaterais (art. 480)[65] e, de outro lado, na hipótese do artigo 317, quando houver manifesta desproporção no valor pecuniário da prestação no momento da sua execução em relação ao seu valor originário. Em ambas as hipóteses, a lei previu expressamente o pedido de modificação (i.e. revisão) contratual pela parte prejudicada.

Especificamente em relação às disposições normativas trazidas nos artigos 478 e 479 do Código Civil, cumpre trazer à reflexão duas questões de relevante importância prática, quais sejam:

[63] Neste sentido, é a lição de Antonio Junqueira de Azevedo, *Relatório Brasileiro sobre Revisão Contratual,* ob. cit., p.24.

[64] Para maiores detalhes quanto ao estudo do art. 317 e seus requisitos de aplicabilidade, cf. Dias, Lucia Ancona Lopez de Magalhães Dias, *Onerosidade Excessiva e Revisão Contratual no direito privado brasileiro,* in Contratos empresariais: Fundamentos e Princípios dos Contratos Empresariais, ob. cit., p. 367 e ss.

[65] *"Art.479. A resolução poderá ser evitada, oferecendo-se o réu a modificar equitativamente as condições do contrato". Art.480. Se no contrato as obrigações couberem a apenas uma das partes, poderá ela pleitear que a sua prestação seja reduzida, ou alterado o modo de executá-la, a fim de evitar a onerosidade excessiva".*

a) Considerando uma determinada proposta do Réu para evitar a resolução do contrato, pode o juiz *rejeitá-la* e *definir* as condições necessárias à revisão do negócio jurídico para o restabelecimento do seu equilíbrio?
b) Considerando que o artigo 478 do CC apenas previu a *resolução* contratual como conseqüência da onerosidade excessiva, havendo um pedido expresso da parte prejudicada, pode o juiz proceder a *revisão* do contrato?

Como se sabe, *a priori*, nos termos do artigo 479 do CC, havendo uma ação com vistas à *resolução* contratual, o réu poderá intentar a *revisão* oferecendo a modificação eqüitativa das condições do contrato, mediante a apresentação de novos parâmetros ao juiz. Realizada a oferta pelo réu, o juiz deverá decidir sobre a existência ou não de excessiva onerosidade superveniente e, em seguida, examinar a proposta formulada. Se reconhecida a pertinência da proposta, o juiz *deverá* proceder a revisão contratual, evitando-se a resolução do contrato, tudo em homenagem aos princípios da boa-fé objetiva e da conservação dos negócios jurídicos, recepcionados com ênfase pelo Código Civil de 2002.[66]

O problema surge (questão "a") quando o juiz não considera a oferta do réu como suficiente para restabelecer o equilíbrio contratual. Neste caso, resta saber se o magistrado poderá integrar a proposta do réu e impor-lhe novas condições contratuais. Trata-se de questão jurídica sensível, na medida em que envolve uma intervenção na autonomia de vontade das partes, pois, quanto ao réu, significaria uma modificação ou integração da proposta e, quanto ao autor, significaria ir além de sua pretensão inicial, qual seja o pedido de resolução.

No Brasil, avizinha-se tendência na direção de uma maior liberdade ao poder integrativo do magistrado. Com efeito, consoante observa Antonio Junqueira de Azevedo *"o juiz, no Brasil, se sente com liberdade para integrar a*

[66] Neste sentido é a orientação do STJ em seu Enunciado n. 176 da III Jornada de Direito Civil: *"Art.478. Em atenção ao princípio da conservação dos negócios jurídicos, o art.478 do Código Civil de 2002 deverá conduzir, sempre que possível, a revisão judicial dos contratos e não à resolução contratual"*. No mesmo sentido, na doutrina: Azevedo, Antonio Junqueira de. *Relatório Brasileiro sobre Revisão Contratual*, ob. cit., p. 32; Martins-Costa, Judith. *A revisão dos contratos no Código Civil brasileiro*, Revista Roma e América – Diritto Romano Comune, v. 16, Roma, Mucchi Editore, 2003, p.166-167.

oferta realizada, proferindo sentença integrativa da relação jurídica litigiosa".[67] Nesse sentido, o autor menciona, inclusive, as decisões exaradas pelo STJ em pedidos de revisão de contratos de *leasing* alterados em virtude da inesperada "maxidesvalorização" do real frente ao dólar em 1999. Nestes julgados, como se sabe, o STJ repartiu igualmente os prejuízos da desvalorização do real, realizando uma distribuição eqüitativa dos riscos e vantagens do contrato entre as partes.[68]

De fato, parece-nos que o entendimento de que o juiz tem poder revisional para rejeitar ou modificar a proposta do réu – integrando as novas condições, caso a proposta não se mostre idônea para eliminar a excessiva onerosidade –recepciona os anseios por uma maior eficácia do instituto, nos casos de manifesto desequilíbrio contratual.[69]

[67] Azevedo, Antonio Junqueira de. *Relatório sobre Revisão Contratual...cit*, p.32. Contra este posicionamento encontramos Flavio Luiz Yarshell: *"é ônus do réu a alegação de quais são as novas condições que pretende imprimir ao contrato, para que este não seja resolvido.Seu pedido deve ser certo e determinado, aplicando-se a regra do art. 286 do Código de Processo Civil, quanto ao menos por analogia. Isso é importante porque se o juiz entender que as condições constantes do pedido contraposto feito pelo réu não conduzem à situação equitativa de que fala o art. 479 do Código Civil, então compete-lhe simplesmente rejeitar o pedido. Não lhe cabe, sob pena de ofensa aos arts. 2º, 128 e 460 do Código de Processo Civil julgar em bases diversas porque, nesse caso, estaria, a um só tempo, desbordando dos termos do pedido do autor e réu"* (Yarshell, Flávio Luiz. *Resolução do Contrato por Onerosidade Excessiva: uma nova ação dúplice?* Estudos em Homenagem à Professora Ada Pellegrini Grinover, DJP, São Paulo, 2005, p. 574).

[68] Neste sentido, confira supra decisões transcritas em rodapé e ainda: *"Leasing. Variação cambial. Fato superveniente. Onerosidade excessiva. Distribuição dos efeitos. A brusca alteração da política cambial do governo, elevando o valor das prestações mensais dos contratos de longa duração, como o leasing, constitui fato superveniente que deve ser ponderando pelo juiz para modificar o contrato e repartir entre os contratantes os efeitos do fato novo. Com isso, nem se mantém a cláusula da variação cambial na sua inteireza, porque seria muito gravoso ao arrendatário, nem se a substitui por outro índice interno de correção, porque oneraria demasiadamente o arrendador que obteve recurso externo, mas se permite a atualização pela variação cambial, cuja diferença é cobrável do arrendatário por metade. Não examinados os temas relacionados com a prova de aplicação de recursos oriundos do exterior e com a eventual operação de hedge"* (STJ, REsp 401.021/ES, Rel. Min. Cesar Asfor Rocha, j. 17.12.2002).

[69] Adotando posicionamento quanto a um poder revisional mais amplo do juiz, encontramos Antonio Celso Fonseca Pugliese, para quem *"a falta de clareza do art. 479 do NCC não deverá, assim, representar óbice à atuação do juiz para tutela dos interesses da parte que não quer ver extinto o seu contrato. Também com fundamento nos princípios da preservação dos contratos e da boa-fé objetiva (que obriga as partes a atuarem de forma a preservar a relação jurídica, inclusive, para fins de reajuste das obrigações assumidas), o juiz poderá rejeitar a proposta de alteração do contrato formulada pela parte demandada, apontando as modificações que efetivamente restabeleçam o equilíbrio contratual"* (in, *Teoria da Imprevisão e o Novo Código Civil*, RT 830, dez/2004, p.21). Da mesma forma, é a doutrina de

Isto, porém, ao que nos parece, não significa dizer que o juiz tem uma liberdade ilimitada para impor às partes toda e qualquer condição contratual. Um clássico "intervencionismo" nas relações contratuais firmadas entre particulares não está recepcionado no CC/2002 e apresentar-se-ia, ademais, em confronto às normas constitucionais previstas no artigo 170 e ss. da Constituição Federal. A função integrativa exercida pelo juiz deve ocorrer com vistas a buscar a melhor solução para o caso *vis à vis* os princípios sociais do equilíbrio econômico do contrato e da boa-fé objetiva, mas também levando em conta o liame contratual que inicialmente deu causa à própria existência do negócio jurídico, assim como à luz da *natureza* do pacto *sub examine*. O instituto da onerosidade excessiva não foi recepcionado no CC/2002 para derrogar a autonomia de vontade, mas para, em situações especiais, calibrar os negócios jurídicos, com vistas a manter os parâmetros de equidade estabelecidos pelas próprias partes no momento da celebração do contrato. Essa tônica aflorou em algumas situações examinadas no âmbito da pandemia (COVID-19), nos quais se apontou que, a despeito da imprevisibilidade da pandemia, não teria sido demonstrada a situação, no caso concreto, que tornava a prestação excessivamente onerosa para uma das partes a ponto de justificar a intervenção na autonomia de vontade.[70]

A segunda questão de fundamental importância (questão "b"), também relacionada ao poder revisional do juiz, está em saber se a parte prejudicada pela onerosidade excessiva superveniente poderá solicitar a *revisão*

Nelson Nery Junior e Rosa Maria de Andrade Nery em comentários ao artigo 479 do Código Civil: "*Caso o réu não concorde em modificar equitativamente as condições do contrato e sendo do interesse da parte onerada a manutenção do contrato, o juiz pode, ex officio, corrigir as distorções e modificar a cláusula contratual, fazendo a revisão judicial do contrato. O fundamento para esse agir do juiz é a incidência de das cláusulas gerais da função social do contrato (CC 421) e da boa-fé objetiva (CC 422), bem como a natureza jurídica de normas de ordem pública, de que se revestem referidas cláusulas (CC 2035 pár. ún.)*", (in *Código Civil Comentado*, 4ª ed., Revista dos Tribunais, São Paulo, 2006, p.448).

[70] TJSP, AI 2131775-12.2020.8.26.0000, Rel. Silvia Rocha, j. 30.6.2020: "Obrigação da fazer – Cumprimento de sentença – Pretensão de reforma da decisão que indeferiu o pedido de suspensão de acordo ou o seu parcelamento, até ulterior estabilização econômica – Art. 317 do Código Civil c.c. art. 478 do mesmo diploma, autoriza por motivos imprevisíveis a readequação das prestações – Caso, porém, em que não foi demonstrada a alegada impossibilidade financeira, não bastando mera alegação – Agravo não provido". Ainda: TJSP, AI 2078010-29.2020.8.26.0000; Rel. Marco Fábio Morsello, j. 13.07.20220, ainda, TJSP, AI nº 2098294-58.2020.8.26.0000, rel. Des. Paulo Ayrosa, j. 04/06/2020, segundo o qual restou consignada a *ausência de demonstração inequívoca de atual impossibilidade financeira*.

judicial do contrato, com prestações correspectivas, em detrimento de sua *resolução*, embora tal pedido não esteja expresso no artigo 478 do CC.

Inobstante a omissão do dispositivo legal acerca da possibilidade de revisão, entendemos não haver razão para excluir da parte lesada tal direito, notadamente em face da nova dogmática contratual recepcionada no CC/2002. Isto porque, havendo expresso interesse da parte prejudicada na manutenção do contrato e, *verificando o juiz ser o caso de readequação do ajuste*, o magistrado *deverá* proceder a revisão contratual em respeito aos princípios da boa-fé objetiva e do equilíbrio contratual.

Neste particular, cumpre lembrar que a boa-fé objetiva é norma perene de conduta e que, por conseguinte, obriga as partes contratantes ao dever de colaboração para o melhor aperfeiçoamento do contrato não só durante a sua celebração, mas também no momento de sua execução (art. 422 do CC). O pedido de revisão pela parte onerada revela, em verdade, lealdade contratual já que mostra que a parte pretende honrar as suas obrigações, preferindo atender ao que é justo e equilibrado, ao invés de simplesmente livrar-se da obrigação que pactuou.[71]

O pedido de revisão judicial pela parte prejudicada justifica-se, ainda, pela interpretação extensiva do artigo 478, que legitima o juiz a adotar o remédio da revisão contratual – como de resto já o fazia na vigência do CC/1916 –, uma vez que se trata de solução menos gravosa (*minus*) em relação ao remédio extremo da resolução do contrato. Trata-se de medida que melhor atende à finalidade da figura da onerosidade excessiva que é exatamente o retorno ao equilíbrio contratual.

Por fim, a revisão de contratos com prestações correspectivas (art. 478) encontra igualmente respaldo no fato de que o Código Civil, em diversos

[71] Neste mesmo sentido, admitindo o pedido de revisão contratual pela parte lesada, v. Silvio de Salva Venosa, *Direito Civil, Teoria Geral*...cit., p.465: "O pedido poderá ser tanto de liberação do devedor da obrigação como de redução do montante da prestação. Note que a revisão judicial não deve limitar-se exclusivamente à resolver a obrigação. Pode, com muita utilidade, colocar o contrato em seus bons e atuais limites de cumprimento, sem rescindi-lo. Se a prestação se tornou excessiva, nada impede que o julgador a coloque no limite aceitável, de acordo com as circunstâncias (TJSP – AC 50.836-4, 23-2-99, Rel. Des. Franciulli Netto). Se o devedor, porém, pede exclusivamente a extinção da obrigação, não poderá o juiz decidir fora do pedido. Conveniente que, ao ser proposta a ação, seja dada margem, quando possível, ao magistrado de reduzir o valor da prestação. Denota boa-fé o contratante que quer pagar o justo, diferentemente daquele que simplesmente deseja livrar-se da obrigação. A questão, todavia, é de exame do caso concreto".

outros dispositivos, traz implícito um *princípio geral de conservação dos negócios jurídicos*[72], com base no qual o juiz se encontra legitimado, senão verdadeiramente obrigado, a fazer tudo o que for possível à manutenção do instrumento contratual de interesse das partes, ainda que com modificações necessárias para reconduzi-lo à equidade.

Assim, pode-se afirmar, com segurança, que apesar da omissão legislativa acerca da possibilidade do pedido de revisão contratual na hipótese do artigo 478 CC, este caminho não se encontra de forma alguma excluído de nosso ordenamento, abrindo-se à parte prejudicada a faculdade de deduzir em juízo tanto pedido de revisão quanto de resolução contratual, desde que preenchidos os pressupostos da figura da onerosidade excessiva, sendo recomendável que estes pedidos se façam sucessivamente. De fato, não seria razoável que a parte lesada, e que tem interesse na manutenção do negócio, ficasse ao exclusivo arbítrio do outro contratante para obter a sua readequação e evitar a onerosidade excessiva.

[72] O princípio da conservação dos negócios jurídicos pode ser inferido, por exemplo, dos artigos 157, § 2º, 317, 620, 625, II, 770 todos do CC, além do seu artigo 184 que dispõe sobre a nulidade parcial do negócio jurídico – fenômeno examinado na celebração do negócio, mas que inspira igualmente a possibilidade de resolução parcial do contrato quando analisado na sua fase de execução. Aqui, cumpre observar que o princípio da conservação dos negócios jurídicos decorre ainda uma *cláusula geral de revisão contratual*, sempre que por motivos extraordinários e imprevisíveis, sobrevier uma dificuldade no cumprimento da obrigação. Esta revisão, no entanto, não é aleatória; depende da análise de cada caso concreto, mas deve se nortear fundamentalmente pela mencionada busca ao retorno do equilíbrio econômico entre as prestações, tal qual verificado no momento da celebração do negócio.

35
DIREITO, INTELIGÊNCIA ARTIFICIAL E DEVERES: REFLEXÕES E IMPACTOS

Luiz Edson Fachin
Roberta Zumblick Martins da Silva

INTRODUÇÃO

A rotina se tomou de algoritmos, códigos que agora formulam fluxogramas comportamentais. Essas expressões são as vias que geram os *feeds* de notícias, as buscas na internet, as sugestões e influências do *marketing* digital. Assim, a ágora presente, por meio do uso de equipamentos eletrônicos, abriu um universo de contato (habitualmente irreflexivo) com algoritmos.

A observação acima é apenas pontual e de percepção mais direta. No entanto, o uso de algoritmos é muito mais intenso, complexo, profundo e impactante na rotina humana, indo desde a previsão do tempo até a seleção de currículos para uma vaga de emprego, organização de pautas de discussão social e influências políticas.

Numa sociedade que se almeja aberta, plural e inclusiva, as condições materiais e concretas denunciam ausência de democracia social e econômica, nada obstante a imprescindível democracia política no Estado de Direito democrático com modelar resiliência no Brasil desde 1988. O *direito a ter direitos* também corresponde ao acesso às ferramentas advindas da *revolução tecnológica*. A liberdade há de ser substancial e igualitária. Daí porque o tema se faz dialogar com os direitos e deveres das relações intersubjetivas da ordem jurídica privada, arrostados, no espaço da normatividade jurídica, por esse fenômeno da *inteligência artificial*.

O ramo tecnológico da Inteligência Artificial (IA) apresentou grande expansão na última década (especialmente nos últimos anos) e passou a ser aplicado em diversas áreas do conhecimento. Algoritmos de IA são utilizados no crescimento de áreas diversas da computação: do auxílio ao diagnóstico médico por imagem, da definição de produtos às estratégias de marketing, e cada vez mais em contextos jurídicos.

O Direito, apreendido como ordenamento normativo em seu aspecto regulador da vida em sociedade, dialoga com o desenvolvimento da IA em diversas maneiras interrogantes: como esta será regulada? Como continuar a ser a responsabilidade civil se os danos foram gerados por uma IA? Quais os limites éticos para o desenvolvimento e aplicação de IA? É a partir do sentido dessas e de outras interrogações que aspiramos, a quatro mãos, expor ideias preliminares sobre o tema e refletir sobre o atual estado da arte nessa seara.

O virtuoso projeto *Victor* em parceria da UnB e o STF também se apresentou como motivador de diálogos entre os coautores. E de saída aqui se reconhece a contribuição ímpar trazida pelo pensamento de FABINO HARTMANN PEIXOTO nesse campo.

1. DESENVOLVIMENTO TECNOLÓGICO E ELEVAÇÃO HUMANA

As terminologias, as técnicas utilizadas, as expectativas e os temores envolvendo a inteligência artificial não são nem um pouco novos, entretanto há, nos últimos anos, um valor especial voltado para a área. O fenômeno pode ser atribuído, dentre outras, a duas causas: a primeira é o aumento exponencial da capacidade de processamento dos computadores nos últimos anos e o acesso a dados para o treinamento de máquinas; a segunda é que isto possibilitou avanços significativos em *machine learning*, um ramo muito importante da Inteligência Artificial. Essas enormes evoluções implicaram sucessos em uma variedade de domínios de aplicação: indo do diagnóstico de doenças a veículos autônomos – indicando o potencial de horizontes quer extraordinários, quer assombrosos da Inteligência Artificial.

A leitura que temos não dá ares de consenso a um conceito fechado para a expressão *Inteligência Artificial*. Costuma-se ponderar que IA é um significante *guarda-chuva*, que abriga técnicas e áreas distintas. Para fins de compreensão, ressalta-se o conceito de Miles Brundage (2018), que define IA como um *corpo de pesquisa e engenharia com o objetivo de usar a tecnologia digital para criar sistemas aptos a desempenhar atividades para as quais se costuma exigir inteligência, ao ser realizada por um indivíduo.* Esse campo do conhecimento evoluiu muito rapidamente nos últimos anos, após décadas de letargo. (Hartmann Peixoto, Zumblick M. S., 2019, p.)

Peter Bentley (2018), cientista da computação da University College London, preocupa-se em diferenciar didaticamente a IA autêntica da pré-concepção de IA associada aos filmes de ficção científica[1]. Segundo o autor, a IA do mundo real salva vidas, ajuda na implementação de mecanismos de segurança (como o freio automático em carros), otimiza processos, prevê falhas, melhora a eficiência e reduz desperdícios ao meio ambiente.

Ainda assim, por mais que se dissocie da visão fictícia da IA e se lide com a IA da realidade, o desenvolvimento tecnológico acelerado e seu potencial de reprodução automatizada do comportamento humano, com aplicação e impacto na vida das pessoas, pode apresentar riscos em sua aplicação:

> "Há riscos já muito definidos para a aplicação da IA no direito, amplamente citados na literatura. Estão em jogo a privacidade de dados, a concretização de direitos, o combate à discriminação, o reforço democrático, a afirmação da cidadania, a paridade de "armas" em um processo judicial e, pelas próprias características multifuncionais da IA, poderá haver manifestações em todas as especializações jurídicas, por exemplo, desde o direito do trabalho ao eleitoral, do empresarial ao processual penal, do internacional ao contratual. Há muitos outros riscos que ainda não estão tão transparentes como esses" (Hartmann Peixoto, 2020, p. 32).

A percepção desses riscos e a aproximação da tecnologia de características consideradas essencialmente humanas traz nova importância a discussões éticas e filosóficas, antes mais comuns aos círculos acadêmicos. Fabiano Hartmann Peixoto – Professor coordenador do projeto *Victor* em parceria da UnB e o STF – observa a mudança ocorrida em espaços multilaterais tradicionalmente ligados à economia, em que o debate ético das tecnologias tomou intensidade. O impacto da ampliação no campo das inovações gera pressão pelos custos dos riscos das questões éticas, e o investimento eticamente sustentável ganhou maior relevância.

[1] O autor explica três leis da inteligência artificial que rebatem os mitos frequentemente associados a esta. Trabalha-se com estes conceitos no livro "Inteligência artificial e direito" para o qual coautora deste artigo também colabora: Hartmann Peixoto, Fabiano; Zumblick Martins S, Roberta. *Inteligência Artificial e Direito.* 1. ed. v. 1. Curitiba: Alteridade Editora, 2019.

Todo o desenvolvimento tecnológico de uma sociedade democrática, sob uma ordem constitucional valorativa, só faz sentido quando ocorre para a promoção dos direitos fundamentais e sociais. O desenvolvimento tecnológico não pode estar dissociado do desenvolvimento humano. Nesse sentido, colhe-se de tese de doutoramento que o direito humano ao desenvolvimento é entrevisto como instrumental teórico possível de superação do discurso parcial da universalização dos direitos humanos, porque propicia a emancipação com a expansão das liberdades substanciais, por meio de condições efetivas de materialidade (Melina Girardi Fachin, 2013, p.13). O direito ao desenvolvimento recontextualizado a partir de uma abordagem de direitos humanos é emancipador: universalizando-se condições materiais mínimas de vida digna, propicia-se o empoderamento político e material dos sujeitos e conferes-lhes empoderamento para que tenham voz ativa no processo de significação dos seus destinos. (2013, p.13)

Tem-se dessa forma o desafio de incorporar a tecnologia a uma dimensão de integralidade de direitos e deveres, a qual, como criação humana que é, sirva aos seus propósitos de promoção de dignidade da pessoa humana e de instrumento de preservação e recuperação ambiental. – em uma visão antropocêntrica de responsabilização globalizada.

2. SUSCITAÇÃO INTERPRETATIVA DO SISTEMA JURÍDICO: INTERROGAÇÕES

Na perspectiva jurídico-normativa, há que sempre se perguntar: o que acontece quando as funções deontológicas não se perfectibilizam? Quando a tecnologia – por ser criação humana e sujeita às suas vicissitudes – gera dano injusto a alguém? Ou ao meio ambiente? No campo da inteligência artificial, por sua característica de execução de tarefas – antes só possíveis com o uso de inteligência humana –, a discussão toma grandes proporções.

Há quem defenda a necessidade de novo ramo do direito destinado a questões de IA e robótica. Gustavo Tepedino e Rodrigo da Guia Silva (2019, p.71) alertam para o risco que isso importe em um tratamento assistemático da matéria. Os fundamentos para a tutela das vítimas de danos injustos não devem ser buscados em novos e esparsos diplomas normativos, mas sim – e sempre – no ordenamento jurídico em sua unidade e complexidade. A disciplina ordinária da responsabilidade civil – tanto em relações paritárias quanto em relações de consumo –, embasada na tábua axiológica constitucional, serve de fundamento suficiente para o equacionamento dos problemas referentes aos danos causados por sistemas autônomos. Advirta-se, por oportuno: o tratamento sistemático ora propugnado deve levar em consideração o ordenamento jurídico em sua unidade e complexidade, sem se cair na armadilha da enunciação de um (mais um chamado micro) sistema próprio de valores de uma certa *lex* robótica.

Os referidos autores apontam que a busca por novos diplomas legais, sob a alegação de lacunas no ordenamento, ocorre muitas vezes de forma irrefletida – o que pode levar ao comprometimento da própria efetividade da tutela prometida às vítimas de danos injustos, como se o sistema vigente não calhasse a dar conta das suas necessidades. Melhor alternativa às novas soluções e novos diplomas legais reside no esforço de releitura dos institutos já conhecidos pela civilística.

Assim, mesmo que surja questão relacionada a IA ou à robótica que não corresponda de forma imediata ao alcance tradicional de certas previsões normativas, caberá ao intérprete verificar o seu sentido com fundamento nos valores que compõem o ordenamento jurídico, no intuito de encontrar a solução para os novos problemas. Acertada a afirmação dos autores (Tepedino e Silva, 2019, p. 71) de que, no mais das vezes – ressalvadas, por certo, as hipóteses em que a inovação legislativa se afigurar indispensável –, poderá o intérprete concluir que, ao ineditismo das questões suscitadas pelas novas tecnologias, não há de corresponder necessariamente o ineditismo das soluções jurídicas.

Além da integridade da disciplina e tutela dos direitos de dano, tal posição reconhece a diferença do tempo legislativo e da imposição dos fatos. Querer estabelecer diretrizes inéditas de reparação de possíveis efeitos danosos da tecnologia representa dois riscos concretos: o já mencionado de integridade e o da formulação de uma legislação natimorta – a qual, por sua especificidade, não resistiria ao tempo de mudanças do mundo tecnológico. Ainda a respeito da integridade do ordenamento, chama-se atenção necessária para a cautela dos operadores do direito na interpretação da nova lei de liberdade econômica. Fabiano Hartmann Peixoto (2020, p.135) atenta para uma tendência legislativa de redução do papel interventivo-regulador do Estado no cenário de desenvolvimento tecnológico e de preocupação de proteção ao risco do empreendedor na delimitação da personalidade jurídica. "A construção legislativa basicamente é feita sobre o contexto da percepção desse risco, sem dar um contorno mais complexo ao ambiente tecnológico inovador, notadamente pluricontextual".

Dentre os enunciados, ressalta o art. 1º, § 2º, da Lei n. 13.874/2019[2][2], por representar um dispositivo relevante, que estabelece como regra geral um peso abstrato maior à liberdade econômica e a categorias privadas, no seu espectro de atividade econômica, em face da ordenação pública; numa palavra, em dissonância dos valores do ordenamento como um todo.

Quanto à preocupação daquilo que o diploma – e de que eventual tendência – pode significar para o ambiente de inovação, sustenta:

> "O grande problema é que a discussão sobre a necessária proteção individual, do empreendedor privado e sua posição de sufocamento pela burocracia naquele cenário era orientada por uma visão principiológica programática. Não se pode desprezar toda construção jurídica, inclusive do papel jurisprudencial atual, na compreensão do Direito. Com o destaque à autonomia privada ou à proteção ao risco do empreendedor na concretização das linhas hermenêuticas não se pode subtrair construções realizadas a partir do constitucionalismo democrático sob pena de se retornar à ideia não normativa dos princípios e – fundamentalmente, não se concretizar os direitos previstos para a ordem econômica e financeira. O inusitado corre o risco de não ser vanguardista. A desburocratização positiva pode confundir-se com a desregulação e agravamento de desigualdades; o inovador pode ser o antídoto do empreendimento (Hartmann Peixoto, 2020, p.150)".

Alerta, assim, em consonância ao que sustentam Gustavo Tepedino e Rodrigo da Guia Silva, para o risco de tal diploma ser usado como um incentivo a aceleração da inovação que não se sustente, pois carece de coerência com os alicerces axiológicos do ordenamento. A respeito da incidência de princípios fundamentais nas relações particulares, escreveu-se anteriormente:

> "Os princípios fundamentais começam a ser escritos sob outro tempo: a liberdade individual relê autonomia com igualdade substancial; o reconhecimento da pessoa e direitos de personalidade recebe o influxo dos direitos fundamentais e forte reação do sujeito em face do Estado; à liberdade contratual começa a corresponder uma renovada comutatividade, com amplos

[2] § 2º Interpretam-se em favor da liberdade econômica, da boa-fé e do respeito aos contratos, aos investimentos e à propriedade todas as normas de ordenação pública sobre atividades econômicas privadas.

espaços de limites, inclusive pela nova significação da *bona fides*; responsabilidade civil principia por se vestir de direito à reparação de danos, com foco na vítima e não mais apenas no nexo causal; propriedade e posse se distanciam sem ruptura; a formação do núcleo familiar desaprende os nós com os quais se atava a liberdade de autodeterminação da pessoa; a legitimidade da herança e direito de testar recebem tímidos prenúncios de vitalidade; e a concessão de personalidade jurídica aos entes coletivos se abre, progressivamente, para novas formações complexas que arrostam o nominalismo personificador" (FACHIN, 2015, p.38).

O desenvolvimento de pesquisas em tecnologia e inovação representam um grande potencial; trata-se de uma área estratégica não somente sob o ponto de vista econômico – e, se a este reduzida, não há como se sustentar. Toda inovação representa riscos – seja na área de IA ou em qualquer outra; mas a tecnologia, em especial, por além dos possíveis riscos ter potencial de enormes benefícios, deve ser construída com as necessárias cautelas éticas e filosóficas, em prol do desenvolvimento humano e social.

3. MARCOS NA PRECAUÇÃO DE DANOS E MITIGAÇÃO DE RISCOS

A constatação dos potenciais e riscos associados ao desenvolvimento da Inteligência Artificial e a preocupação em inovar de forma segura fazem parte dos debates políticos, jurídicos e econômicos dos países que estão na vanguarda do desenvolvimento de Inteligência artificial. Esta tornou-se uma preocupação mundial – tal qual a preocupação com o aquecimento global e dano ambiental. Não é pouco.

Na visão de integralidade, vale dizer, do dever antropocêntrico de cuidado com a *casa comum*, danos ambientais e potenciais prejuízos tecnológicos apresentam riscos conhecidos e desconhecidos. Para os riscos conhecidos, seja em sede ambiental ou tecnológica, a recomendação para a atividade econômica ou estatal será a mesma: prevenção.

O princípio da precaução é que se manifesta de forma muito distinta nas duas esferas: na ambiental, basta a abstenção para que se alcance a finalidade da proteção ambiental, até que haja dados mais seguros para a retomada ou cessação completa da atividade tida inicialmente por nociva; na tecnologia, todavia, a abstenção pode impedir o risco – mas impede também a inovação. Nesse sentido, avalia-se a possibilidade de balizas éticas sólidas para a ação na precaução de danos e mitigação de riscos. Estas balizas interessam, portanto, a todos: sociedade civil, governos, academia e empreendedores – e conferem deveres a todos, conforme seu grau de envolvimento e ingerência está sua responsabilização.

Fabiano Hartmann Peixoto (2020) versa e registra particularidades dos esforços de convergência ética de alguns atores internacionais, para propor um ensaio de uma arquitetura ética – com foco para o desenvolvimento de IA e Direito –, bem como para aplicações para outras áreas do conhecimento. Para ressaltar que balizas éticas e responsabilidade não são antinomias para o desenvolvimento de atividade econômica, apontam-se os princípios estabelecidos por 42 países em reunião em 2019 da organização para a cooperação e desenvolvimento econômico, que tinha como objetivo a promoção de IA inovadora e confiável, que respeite os direitos humanos e os valores democráticos:

1) A IA deve beneficiar as pessoas e o planeta, impulsionando o crescimento inclusivo e sustentável e o bem-estar.
2) Os sistemas de IA devem ser projetados de maneira a respeitar o estado de direito, valores democráticos e a diversidade, e devem incluir salvaguardas apropriadas (por exemplo, possibilitando a intervenção humana, quando necessária, para garantir uma sociedade leal e justa)
3) Deve haver transparência e divulgação responsável em torno de sistemas de IA para garantir que as pessoas entendam os resultados baseados em IA e, eventualmente, possam questioná-los.
4) Os sistemas de IA devem funcionar de maneira robusta, segura e protegida ao longo de todo seu ciclo de vida. Os riscos em potencial devem ser avaliados e gerenciados continuamente.
5) As organizações ou indivíduos que desenvolvem, implantam ou operam sistemas de IA devem ser responsabilizados. (HARTMANN PEIXOTO, p.45)

No ensaio proposto pelo autor, são tratados os desafios do plano ético, normativo e social para o desenvolvimento de IA estratégica, robusta, sólida e valiosa em dimensões variadas. Dispõe de propostas de diretrizes e parâmetros para diferentes riscos e níveis de impacto de aplicação. Para a reflexão aqui proposta, ressaltam-se alguns pontos colocados pelo autor como fundamentais para uma arquitetura ética de desenvolvimento e aplicação da IA:

a) Em uma IA ética, o desenvolvimento e uso de sistemas de IA envolvem a Academia, Indústria e Governo em ações para reforçar os aspectos de inclusão e diversidade, em contexto não exclusivo negocial, mas também humanitário e social.
b) Uma IA ética impacta e deve se relacionar indissocialmente aos planos normativo e social, influenciando-os e percebendo-os, isto é, deve ser fundamento axiológico para o processo de normatização (que inclusive deve ser aberto o suficiente para receber as demandas concretas da visão ética ao longo do processo contínuo de inovação); bem como deve ser socialmente relevante em termos de benefícios, proteção e segurança social. O desafio é o bem-estar do homem como integrante da sociedade responsável.
c) Uma IA ética atribui responsabilidade pela aplicação de princípios, propósitos e parâmetros ao longo de toda cadeia estratificada de desenvolvimento e uso de um sistema de IA.
d) Não há que se falar em robustez, solidez, confiança e competitividade sem se levar em conta a dimensão ética e a capacidade de impacto da IA no Direito.

Não há sentido no desenvolvimento de criação humana, num mundo globalizado, senão para servir à promoção e universalização de seus direitos fundamentais; as balizas e as preocupações éticas dos diversos agentes e setores devem servir de cautela na implantação e aplicação destas novas tecnologias, para o bem-estar e desenvolvimento da sociedade. Não se pretende nesse breve texto exaurir essas elementares complexidades (que são inúmeras) de um tema filosoficamente vasto e abrangente. Com esse esforço, pretendeu-se colaborar com as reflexões a respeito dos impactos da tecnologia – especialmente da Inteligência Artificial – nas estruturas e relações de Direito.

CONCLUSÕES

Na relação do Direito com essas novas tecnologias, especialmente a Inteligência Artificial, percebe-se a possibilidade de três posturas: (i) a negacionista, ou *demonização absoluta*, com o condão de proibir, reprimir e até mesmo criminalizar as aplicações de IA; (ii) a redentora, ou *divinização profana*, dada a carga de vantagem econômica e posicionamento monetizável da IA, colocando-a como a solução de todos os problemas que enfrenta a humanidade; e (iii) a parcimoniosa, ou do comedimento, situada nas tensões ineliimináveis de algum equilíbrio entre ousadia e precaução, em que se compreende o imperativo factual do desenvolvimento da tecnologia e suas características policontextuais, norteando as condutas para minimizar e enfrentar os riscos que ela possa apresentar.

O cauteloso pondera IA, direito e deveres com reserva e avanços, faz congruência entre conhecimentos e experiência, entre tradição e modernidade, e põe o Direito para trafegar em busca da temperança que é intimorata nos desenvolvimentos e nas revoluções tecnológicas, não descurando de que a humanidade é atributo que constitui a poupança de um futuro habitável. Colocar a tecnologia a serviço da vida é um desafio para todos.

REFERÊNCIAS

Brundage, Miles et al. *Scaling Up Humanity: The Case for Conditional Optimism about Artificial Intelligence.* In: EPRS. European Parliamentary Research Service. Should we fear artificial intelligence? EP. 2018. Disponível em: <http://www.europarl.europa.eu/RegData/etudes/IDAN/2018/614547/EPRS_IDA(201 8)614547_EN.pdf>. Acesso em: 11 mar. 2019.

Fachin, Luiz Edson, Direito Civil: sentidos, transformações e fim. Ed. Renovar, Rio de Janeiro, 2015.

Girardi Fachin, Melina. Direito humano ao Desenvolvimento: Universalização, Ressignificação e Emancipação. PUC-SP, São Paulo, 2013.

Hartmann Peixoto, Fabiano; Zumblick Martins S, Roberta. *Inteligência Artificial e Direito.* 1. ed. v. 1. Curitiba: Alteridade Editora, 2019.

Hartmann Peixoto, Fabiano. Inteligência Artificial e Direito: Convergência Ética e Estratégica. 1. ed. v. 5. Curitiba: Alteridade Editora, 2020.

Russell, Stuart. *The Future of Artificial Intelligence.* University of Berkeley. 2016. Disponível em: <http://people.eecs.berkeley.edu/~russell/temp/q- and-a.html>. Acesso em: 7 ago. 2018.

Russell, Stuart; Norvig, Peter. *Inteligência Artificial.* 8. Tiragem. Tradução de Regina Celia Simille de Macedo. Elsevier, 2013.

Tepedino, Gustavo. Silva, Rodrigo da Guia. *Desafios da Inteligência Artificial em matéria de Responsabilidade Civil.* Revista Brasileira de Direito Civil – RBDCivil | Belo Horizonte, v. 21, p. 61-86, jul. /set. 2019.

36
RESPONSABILIDADE CIVIL DOS PROVEDORES DE INTERNET

Manuella Santos de Castro

Honrada pela oportunidade de participar desse *Liber Amicorum* em merecida homenagem à Professora Teresa Ancona Lopes, dedico algumas linhas ao estudo da responsabilidade civil dos provedores de Internet. A escolha do tema deste artigo teve como norte a trajetória da homenageada, na medida em que há décadas ela se dedica ao estudo dessa matéria que tantos desafios vêm impondo aos estudiosos do Direito[1].

INTRODUÇÃO

A crescente evolução tecnológica forneceu a base para o surgimento de uma nova sociedade, a "sociedade da informação". Estamos vivendo a revolução do computador, da Internet e dos meios de comunicação. Esse cenário tem sido chamado de "era digital", que é a sociedade marcada pela pelo avanço das tecnologias da informação e da computação digital.

Uma das novidades da era digital é a colocação dos *bits* como protagonistas. Tendo em vista que a informação é o principal alvo dos *bits*, José de Oliveira Ascensão observa que hoje a comunicação de imagens, sons e ideias é mais fácil e mais rápida do que em qualquer outra altura da his-

[1] O presente artigo é uma adaptação de trabalho apresentado como requisito parcial para obtenção de aprovação na disciplina "*O Código Civil brasileiro: avanços e retrocessos*", cursada em 2018 durante os estudos de Doutoramento na Faculdade de Direito da USP, em que tive a oportunidade de ser aluna da homenageada.

tória, permitindo às empresas organizarem seus serviços e sua estratégia de comunicação como nunca antes imaginado[2].

Yuval Noah Harari menciona que hoje em dia os principais ativos econômicos consistem em conhecimento técnico e institucional, e não em campos de trigo, minas de ouro ou até mesmo campos de petróleo, e não se pode conquistar conhecimento por meio da guerra[3]. Ou seja, estamos tratando de ativos intangíveis, e o principal ativo dos dias atuais é a informação. Isso caracteriza, como informa Cíntia Rosa Pereira de Lima, a "economia informacional", em que a informação é um valor em si mesma, e não um meio para criar bens e prestar serviços[4].

Isso pode ser facilmente verificado quando paramos para avaliar a mudança de paradigmas valorativos que estamos presenciando. Um dos principais ativos de uma empresa nos dias de hoje é sua reputação social, que é um ativo intangível. Por essa razão notícias negativas como uso de trabalho escravo e desrespeito ao meio ambiente, que rapidamente se espalham por meio das redes sociais, interferem na decisão de compra do consumidor.

Conforme assinala Nicholas Negroponte, assim como uma força da natureza, a era digital não pode ser detida ou negada. Contudo, toda tecnologia ou dádiva da ciência possui seu lado obscuro, e a vida digital não constitui exceção[5]. Veremos casos de abuso de propriedade intelectual, invasão de privacidade, vandalismo digital, dentre outras situações. Apesar disso, nunca tivemos tanto acesso a informações, notícias e facilidade de meios de comunicação. Nunca na história da humanidade as distâncias foram tão curtas. Em um clique podemos conversar com pessoas que provavelmente não falaríamos outrora em razão dos custos elevados de ligações telefônicas.

A esse respeito é bem elucidativa a lição de Teresa Ancona Lopez. Segundo ela, em nenhuma das "idades" da sociedade, a transformação dos fatos sociais se deu tão rápida e intensamente como nessa era de glo-

[2] ASCENSÃO, José de Oliveira. As auto-estradas da informação e a sociedade da informação. In: **Sociedade da informação**: estudos jurídicos. Coimbra: Almedina, 1999, p. 7.

[3] HARARI, Yuval Noah. **21 lições para o século 21.** Trad. Paulo Geiger. São Paulo: Companhia das Letras, 2018, p. 193.

[4] LIMA, Cíntia Rosa Pereira de. **Autoridade nacional de proteção de dados e a efetividade da Lei Geral de Proteção de Dados**. São Paulo: Almedina, 2020, p. 33.

[5] NEGROPONTE, Nicholas. **A vida digital**. Trad. Sérgio Tellaroli. São Paulo: Companhia das Letras, 1995, p. 212.

balização. Destaca ainda que o Direito, a mais importante ciência social, vem tentando acompanhar essa "corrida maluca", sempre alguns passos atrás, para organizar a missão que lhe foi confiada pela sociedade, qual seja, organizá-la de forma segura e justa. A chamada "sociedade de risco", fenômeno social recente, nascida no Segundo Pós-Guerra com o desenvolvimento amplo e acelerado das pesquisas tecnológicas e científicas, vem criar também a era do medo e da incerteza. O risco e o perigo estão em todas as partes, em especial na Internet[6].

Em razão desse cenário entendemos oportuno tratar da responsabilidade civil dos provedores por danos causados por terceiros. Essa matéria foi positivada com a aprovação da Lei n. 12.965, de 23 de abril de 2014, o Marco Civil da Internet. Antes da publicação desta lei o STJ – Superior Tribunal de Justiça havia julgado esse tema algumas vezes, e já havia consolidado um entendimento em dois sentidos:

a) Em se tratando de conteúdos ofensivos, os provedores responderiam logo que, devidamente cientificados, não os retirassem do ar.
b) Quanto ao armazenamento de dados de navegação, o entendimento era no sentido de que os provedores deveriam manter em suas bases de dados somente os dados úteis a que a vítima postulasse a tutela de seus direitos no mínimo pelo prazo para o exercício da pretensão respectiva. Ou seja, ficou assentada a orientação de que os provedores deveriam preservar os dados dos usuários por pelo menos três anos, prazo comum da ação de reparação civil da ilícitos extracontratuais, conforme prevê o art. 206, parágrafo § 3º, inciso V do Código Civil[7].

A fim de elucidar o entendimento jurisprudencial acerca da responsabilidade civil dos provedores, sintetizamos a seguir dois julgados icônicos que são reiteradamente citados em estudos sobre o tema, e que permitem depreender o caminho percorrido até o atual posicionamento quanto à matéria.

[6] Lopes, Teresa Ancona. **Princípio da precaução e aplicação da responsabilidade civil**. São Paulo: Quartier Latin, 2010, p. 15.

[7] Godoy, Claudio Luiz Bueno de. Uma análise crítica da responsabilidade civil dos provedores da Lei n. 12.965/14 (Marco Civil da Internet). In: De Lucca, Newton; Simão Filho, Adalberto; Lima, Cíntia Rosa Pereira de (Coords.). **Direito e Internet III – Tomo II**: Marco Civil da Internet (Lei n. 12.965/2014). São Paulo: Quartier Latin, 2015, p. 309.

1. ANÁLISE DO RECURSO ESPECIAL Nº 1.193.764 – SP

O primeiro caso é um recurso especial[8] julgado em dezembro de 2010 contra acórdão proferido pelo Tribunal de Justiça de São Paulo. Trata-se de uma ação de obrigação de fazer cumulada com indenização por danos morais, ajuizada pela recorrente em desfavor do Google Brasil, sob a alegação de ter sido alvo de ofensas no antigo site "Orkut", mantido pelo Google. Houve a concessão de tutela antecipada, para o fim de determinar a "exclusão de todo o material ofensivo que relacione o nome da autora". A sentença julgou parcialmente procedentes os pedidos iniciais, apenas para tornar definitivos os efeitos da tutela, no entanto sem a condenação do Google ao pagamento de indenização por danos morais. O Tribunal de Justiça de São Paulo negou provimento ao apelo da recorrente, assim ementado:

> Obrigação de fazer – Provedor de hospedagem "Orkut" – Não se equipara o provedor a editor ou diretor de jornal ou de revista por notícias divulgadas em "home page" de usuários apenas abrigados em seu sistema – Ausência de qualquer ilicitude na conduta da apelada e inexistência do necessário nexo de implicação entre os danos morais apontados e a ação da demanda – Recurso improvido.

Em síntese, cinge-se a lide a determinar se provedor de rede social de relacionamento via Internet é responsável pelo conteúdo das informações veiculadas no respectivo site. Diante disso, é preciso determinar inicialmente a natureza jurídica dos provedores de serviços de Internet, em especial do Google, somente assim será possível definir os limites de sua responsabilidade e a existência de relação de consumo.

Os provedores de serviços de Internet são aqueles que fornecem serviços ligados ao funcionamento dessa rede mundial de computadores, ou por meio dela. Trata-se de gênero que comporta as seguintes espécies:

a) provedores de *backbone*: detêm estrutura de rede capaz de processar grandes volumes de informação. São os responsáveis pela conectividade da Internet, oferecendo sua infraestrutura a terceiros, que repassam aos usuários finais acesso à rede;
b) provedores de acesso: adquirem a infraestrutura dos provedores *backbone* e revendem aos usuários finais, possibilitando a esses conexão com a Internet;

[8] Recurso Especial nº 1.193.764 – SP.

c) provedores de hospedagem: armazenam dados de terceiros, conferindo-lhes acesso remoto;
d) provedores de informação: produzem as informações divulgadas na Internet;
e) provedores de conteúdo: disponibilizam na rede as informações criadas ou desenvolvidas pelos provedores de informação.

Como destacado no julgado, é frequente que provedores ofereçam mais de uma modalidade de serviço de Internet; daí a confusão entre essas diversas modalidades. Entretanto, a diferença conceitual subsiste e é indispensável à correta imputação da responsabilidade inerente a cada serviço prestado.Na hipótese específica do Orkut, comunidade virtual na qual foram veiculadas as informações tidas por ofensivas, verifica-se que o Google atua como provedor de conteúdo, pois o site disponibiliza informações, opiniões e comentários de seus usuários. Estes usuários criam páginas pessoais (perfis), por meio das quais se relacionam com outros usuários e integram grupos (comunidades), igualmente criados por usuários, nos quais se realizam debates e troca de informações sobre interesses comuns.

Cabia verificar, naquele momento, se o serviço oferecido pelo provedor configurava relação de consumo. Vale notar, por oportuno, que o fato de o serviço prestado pelo provedor ser gratuito não desvirtua a relação de consumo, pois o termo "mediante remuneração" contido no art. 3º, § 2º, do Código de Defesa do Consumidor deve ser interpretado de forma ampla, de modo a incluir o ganho indireto do fornecedor. Na lição de Cláudia Lima Marques, "a expressão remuneração permite incluir todos aqueles contratos em que for possível identificar, no sinalagma escondido (contraprestação escondida), uma remuneração indireta do serviço"[9].

No caso do Google, é clara a existência do chamado *cross marketing*, consistente numa ação promocional entre produtos ou serviços em que um deles, embora não rentável em si, proporciona ganhos decorrentes da venda de outro. Embora gratuita, a antiga rede social Orkut exigia que o usuário realizasse um cadastro e concordasse com as condições de prestação do serviço, gerando um banco de dados com infinitas aplicações comerciais.

[9] MARQUES, Claudia Lima. **Comentários ao Código de Defesa do Consumidor**: arts. 1º ao 74. São Paulo: Revista dos Tribunais, p. 94.

Retomando os ensinamentos de Cláudia Lima Marques, a autora anota que "estas atividades dos fornecedores visam lucro, são parte de seu marketing e de seu preço total, pois são remunerados na manutenção do negócio principal". Daí conclui-se que, "no mercado de consumo, em quase todos os casos, há remuneração do fornecedor, direta ou indireta, como um exemplo do enriquecimento dos fornecedores pelos serviços ditos gratuitos pode comprovar"[10].

Entendeu-se, portanto, que há relação de consumo nos serviços de Internet, ainda que prestados gratuitamente. Superado esse aspecto, os ministros passaram a tratar da extensão da responsabilidade civil do provedor, no caso, o Google. Prezou-se naquela ocasião pelo entendimento segundo o qual a responsabilidade do Google deve ficar restrita à natureza da atividade por ele desenvolvida naquele site, ou seja, à típica provedoria de conteúdo, disponibilizando na rede as informações encaminhadas por seus usuários.

Nesse aspecto, o serviço do Google deve garantir o sigilo, a segurança e a inviolabilidade dos dados cadastrais de seus usuários, bem como o funcionamento e a manutenção das páginas na Internet que contenham as contas individuais e as comunidades desses usuários.

No que tange à fiscalização do conteúdo das informações postadas por cada usuário, não se trata de atividade intrínseca ao serviço prestado, de modo que não se pode reputar defeituoso, nos termos do art. 14 do Código de Defesa do Consumidor, o site que não examina e filtra o material nele inserido.

Conforme anota Rui Stocco, quando o provedor de Internet age "como mero fornecedor de meios físicos, que serve apenas de intermediário, repassando mensagens e imagens transmitidas por outras pessoas e, portanto, não as produziu nem sobre elas exerceu fiscalização ou juízo de valor, não pode ser responsabilizado por eventuais excessos e ofensas à moral, à intimidade e à honra de outros"[11].

Tampouco se pode falar em risco da atividade como meio transverso para a responsabilização do provedor por danos decorrentes do conteúdo

[10] MARQUES, Claudia Lima. **Comentários ao Código de Defesa do Consumidor**: arts. 1º ao 74. São Paulo: Revista dos Tribunais, p. 95.

[11] STOCCO, Rui. **Tratado de responsabilidade civil**. 6. ed. São Paulo: Revista dos Tribunais, 2004, p. 901.

de mensagens inseridas em seu site por usuários. Há de se ter cautela na interpretação do art. 927, parágrafo único, do Código Civil. A esse respeito Roger Silva Aguiar observa que o princípio geral firmado no art. 927, parágrafo único, do Código Civil inicia-se com a conjunção "quando", denotando que o legislador acolheu o entendimento de que nem toda atividade humana importa em perigo para terceiros com o caráter que lhe foi dado na terceira parte do parágrafo[12].

Com base nesse entendimento, a I Jornada de Direito Civil aprovou o Enunciado 38, que aponta interessante critério para definição dos riscos que dariam margem à responsabilidade objetiva, afirmando que esta fica configurada "quando a atividade normalmente desenvolvida pelo autor do dano causar a pessoa determinada um ônus maior do que aos demais membros da coletividade".

Transpondo a regra para o universo virtual, não se pode considerar o dano moral um risco inerente à atividade dos provedores de conteúdo. A esse respeito, Érica Brandini Barbagalo anota que as atividades desenvolvidas pelos provedores de serviços na Internet não são "de risco por sua própria natureza, não implicam riscos para direitos de terceiros maior que os riscos de qualquer atividade comercial"[13].

Cabe mencionar que eventual controle prévio do conteúdo das informações se equipararia à quebra do sigilo da correspondência e das comunicações, vedada pelo art. 5º, XII, da Constituição Federal. Além disso, a verificação antecipada, pelo provedor, do conteúdo de todas as informações inseridas na *web* eliminaria – ou pelo menos alijaria – um dos maiores atrativos da Internet, que é a transmissão de dados em tempo real.

Carlos Affonso Pereira de Souza vê "meios tecnológicos para revisar todas as páginas de um provedor", mas ressalva que esse procedimento causaria "uma descomunal perda na eficiência do serviço prestado, quando não vier a impossibilitar a própria disponibilização do serviço"[14]. No mesmo sentido

[12] Aguiar, Roger Silva. **Responsabilidade civil objetiva**: do risco à solidariedade. São Paulo: Atlas, 2007, p. 50.

[13] Barbagalo, Érica Brandini. Aspectos da responsabilidade civil dos provedores de serviços da Internet. In: Lemos, Ronaldo Lemos; Waisberg, Ivo. **Conflitos sobre nomes de domínio**. São Paulo: Revista dos Tribunais, 2003, p. 361.

[14] Souza, Carlos Affonso Pereira de. A responsabilidade civil dos provedores pelos atos de seus usuários na Internet. In: Blum, Renato Opice. **Manual de direito eletrônico e Internet**. São Paulo: Aduaneiras, 2006, p. 651.

opina Paulo Nader, que considera inviável impor essa conduta aos provedores, "pois tornaria extremamente complexa a organização de meios para a obtenção dos resultados exigidos, além de criar pequenos órgãos de censura"[15].

Em outras palavras, exigir dos provedores de conteúdo o monitoramento das informações que veiculam traria enorme retrocesso ao mundo virtual, a ponto de inviabilizar serviços que hoje estão amplamente difundidos no cotidiano de milhares de pessoas. A medida, portanto, teria impacto social e tecnológico extremamente negativo.

Mas, mesmo que, *ad argumentandum*, fosse possível vigiar a conduta dos usuários sem descaracterizar o serviço prestado pelo provedor, haveria de se transpor outro problema, de repercussões ainda maiores, consistente na definição dos critérios que autorizariam o veto ou o descarte de determinada informação. Ante à subjetividade que cerca o dano moral, seria impossível delimitar parâmetros de que pudessem se valer os provedores para definir se uma mensagem ou imagem é potencialmente ofensiva. Por outro lado, seria temerário delegar o juízo de discricionariedade sobre o conteúdo dessas informações aos provedores. Por todos esses motivos, entenderam os julgadores que não haveria como obrigar o Google a realizar a prévia fiscalização do conteúdo das informações que circulavam no Orkut.

Entretanto, também não é razoável deixar a sociedade desamparada frente à prática, cada vez mais corriqueira, de se utilizar comunidades virtuais como artifício para a consecução de atividades ilegais. Antonio Lindberg Montenegro observa que "a liberdade de comunicação que se defende em favor da Internet não deve servir de passaporte para excluir a ilicitude penal ou civil que se pratique nas mensagens por ela transmitidas"[16].

Trata-se de questão global, de repercussão internacional, que tem ocupado legisladores de todo o mundo, sendo possível identificar, no direito comparado, a tendência de isentar os provedores de serviço da responsabilidade pelo monitoramento do conteúdo das informações veiculadas em seus sites. Os Estados Unidos, por exemplo, alteraram seu *Telecomunications Act*, por intermédio do *Communications Decency Act*, com uma disposição (47 U.S.C. § 230) que isenta provedores de serviços na Internet pela inclusão, em seu site, de informações encaminhadas por terceiros.

[15] NADER, Paulo. **Curso de direito civil**. 3. ed. Rio de Janeiro: Forense, 2010, v. III, p. 385.

[16] MONTENEGRO, Antonio Lindberg. **A Internet em suas relações contratuais e extracontratuais**. Rio de Janeiro: Lumen Juris, 2003, p. 174.

De forma semelhante, a Comunidade Europeia editou a Diretiva 2000/31, cujo art. 15, intitulado "ausência de obrigação geral de vigilância", exime os provedores da responsabilidade de monitorar e controlar o conteúdo das informações de terceiros que venham a transmitir ou armazenar.

Contudo, essas normas não livram indiscriminadamente os provedores de responsabilidade pelo tráfego de informações em seus sites. Há, como contrapartida, o dever de, uma vez ciente da existência de mensagem de conteúdo ofensivo, retirá-la imediatamente do ar, sob pena, aí sim, de responsabilização.

Realmente esse parece ser o caminho mais coerente. Se, por um lado, há notória impossibilidade prática de controle, pelo provedor de conteúdo, de toda a informação que transita em seu site; por outro, deve ele, ciente da existência de publicação de texto ilícito, removê-lo sem delongas. Patrícia Peck comunga dessa ideia e apresenta exemplo que se amolda perfeitamente à hipótese dos autos. Segundo ela. seria tarefa hercúlea e humanamente impossível que o Google monitorasse todos os vídeos postados em seu site YouTube de maneira prévia. Contudo, ao ser comunicado, seja por uma autoridade, seja por um usuário, de que determinado vídeo ou texto possui conteúdo eventualmente ofensivo ou ilícito, deve o Google agir de forma enérgica, retirando-o imediatamente do ar, sob pena de, daí sim, responder de forma solidária juntamente com o seu autor ante a omissão praticada[17].

Depreende-se, portanto, que não se pode considerar de risco a atividade desenvolvida pelos provedores de conteúdo, tampouco se pode ter por defeituosa a ausência de fiscalização prévia das informações inseridas por terceiros no site, inexistindo justificativa para a sua responsabilização objetiva pela veiculação de mensagens de teor ofensivo.

Por outro lado, ainda que, como visto, se possa exigir dos provedores um controle posterior, vinculado à sua efetiva ciência quanto à existência de mensagens de conteúdo ilícito, a medida se mostra insuficiente à garantia dos consumidores usuários da rede mundial de computadores, que continuam sem ter contra quem agir: não podem responsabilizar o provedor e não sabem quem foi o autor direto da ofensa. Cabe frisar que a liberdade de manifestação do pensamento, assegurada pelo art. 5º, inciso IV, da Constituição Federal não é irrestrita, sendo "vedado o anonimato".

[17] PECK, Patricia. **Direito digital**. 4. ed. São Paulo: Saraiva, 2010, p. 401.

Em outras palavras, qualquer um pode se expressar livremente, desde que se identifique.

Dessa forma, ao oferecer um serviço por meio do qual se possibilita que os usuários externem livremente sua opinião, deve o provedor ter o cuidado de propiciar meios para que se possa identificar cada um desses usuários, coibindo o anonimato e atribuindo a cada manifestação uma autoria certa e determinada. A esse respeito afirma Marcel Leonardi que o provedor deve exigir do usuário, conforme a natureza do serviço prestado, os números de IP atribuídos e utilizados pelo usuário, os números de telefone utilizados para estabelecer conexão, o endereço físico de instalação dos equipamentos utilizados para conexões de alta velocidade e demais informações que se fizerem necessárias para prevenir o anonimato do usuário[18].

Portanto, sob a ótica da diligência média que se espera do provedor, deve este adotar as providências que, conforme as circunstâncias específicas de cada caso, estiverem ao seu alcance para a individualização dos usuários do site, sob pena de responsabilização subjetiva por culpa *in omittendo*. Com efeito, o provedor que, movido pela ânsia de facilitar o cadastro e aumentar exponencialmente o número de usuários, ou por qualquer outro motivo, opta por não exercer um mínimo de controle daqueles que se filiam ao seu site, assume o risco dessa desídia, respondendo subsidiariamente pelos danos causados a terceiros. Antonio Jeová Santos esclarece que a não identificação, pelo provedor, das pessoas que hospeda em seu site não o exime de responsabilidade direta pois, ao não exigir a identificação de seus usuários, assume o ônus e a culpa pelo atuar indiscreto, criminoso ou ofensivo à honra e intimidade acaso cometido[19].

Ressaltam os Ministros que não estão a propor uma burocratização desmedida da Internet. O crescimento e a popularidade da rede devem-se, em grande medida, justamente à sua informalidade e à possibilidade dos usuários a acessarem sem identificação. Essa liberdade tornou-se um grande atrativo, especialmente nos sites de relacionamento, em que pessoas desenvolvem "personalidades virtuais", absolutamente distintas de suas próprias, assumindo uma nova identidade, por meio da qual se apresentam e interagem com terceiros.

[18] LEONARDI, Marcel. **Responsabilidade civil dos provedores de serviços de Internet**. São Paulo: Juarez de Oliveira, 2005, p. 82.

[19] SANTOS, Antonio Jeová. **Dano moral na Internet**. São Paulo: Método, 2001, p. 143.

Criou-se um "mundo paralelo", em que tudo é intangível e no qual há enorme dificuldade em se distinguir a realidade da fantasia. Outrossim, não se pode ignorar a importância e os reflexos econômicos da Internet. O dinamismo e o alcance da rede a transformou num ambiente extremamente propício ao comércio. Porém, ainda que concretizados de forma virtual, esses negócios exigem segurança jurídica. E, nesse universo, a identificação das pessoas se torna fundamental.

Quanto mais a *web* se difunde, maior o desafio de se encontrar um limite para o anonimato dos seus usuários, um equilíbrio entre o virtual e o material, de modo a proporcionar segurança para as inúmeras relações que se estabelecem via Internet, mas sem tolher a informalidade que lhe é peculiar. Nesse aspecto, por mais que se queira garantir a liberdade daqueles que navegam na Internet, reconhecendo-se essa condição como indispensável à própria existência e desenvolvimento da rede, não podemos transformá-la numa "terra de ninguém" em que, sob o pretexto de não aniquilar as suas virtudes, se acabe por tolerar sua utilização para a prática dos mais variados abusos.

A Internet é sem dúvida uma ferramenta consolidada em âmbito mundial, que se incorporou no cotidiano de todos nós, mas cuja continuidade depende da criação de mecanismos capazes de reprimir sua utilização para fins perniciosos, sob pena dos malefícios da rede suplantarem suas vantagens, colocando em xeque o seu futuro. Diante disso, ainda que muitos busquem na *web* o anonimato, este não pode ser pleno e irrestrito. A existência de meios que possibilitem a identificação de cada usuário se coloca como um ônus social, a ser suportado por todos nós objetivando preservar a integridade e o destino da própria rede.

Isso não significa colocar em risco a privacidade dos usuários. Também não significa que se deva exigir um processo de cadastramento imune a falhas. A mente criminosa é sagaz e invariavelmente encontra meios de burlar até mesmo os mais modernos sistemas de segurança. O que se espera dos provedores é a implementação de cuidados mínimos, consentâneos com seu porte financeiro e seu *know-how* tecnológico – a ser avaliado casuisticamente, de sorte a proporcionar aos seus usuários um ambiente de navegação saudável e razoavelmente seguro.

Em suma, assim decidiram os Ministros quanto aos provedores de conteúdo: a) não respondem objetivamente pela inserção no site, por terceiros, de informações ilegais; b) não podem ser obrigados a exercer um controle prévio do conteúdo das informações postadas no site por seus usuários; c) devem, assim que tiverem conhecimento inequívoco da existência de dados ilegais no site, removê-los imediatamente, sob pena de responderem pelos danos respectivos; d) devem manter um sistema minimamente eficaz de identificação de seus usuários, cuja efetividade será avaliada caso a caso.

Ainda que não ideais, certamente incapazes de conter por completo a utilização da rede para fins nocivos, a solução ora proposta se afigura como a que melhor equaciona os direitos e deveres dos diversos *players* do mundo virtual. As adversidades indissociáveis da tutela das inovações criadas pela era digital dão origem a situações cuja solução pode causar certa perplexidade. Há de se ter em mente, no entanto, que a Internet é reflexo da sociedade e de seus constantes avanços. Se, ainda hoje, não conseguimos tutelar com total equidade direitos seculares e consagrados, seria tolice contar com resultados mais eficientes nos conflitos relativos à rede mundial de computadores.

Em conclusão, a Terceira Turma, por unanimidade, negou provimento ao recurso especial, acompanhando o voto da Relatora, Ministra Nancy Andrighi. Para finalizar, transcrevemos a seguir parte do voto do Ministro Massami Uyeda:

> "Realmente, pela leitura, o voto de V. Exa. é realmente um guia muito seguro para que possamos, também, entender esse mecanismo. E esse direito que têm os provedores, de serem elementos de comunicação, também não pode responsabilizá-los pelo excesso e abuso de seus usuários. V. Exa. muito bem ressaltou, aqui, que os mecanismos de segurança devem ser observados pelo provedor. E isso foi feito, aqui, neste caso".

2. ANÁLISE DO RECURSO ESPECIAL Nº 1.323.754 – RJ

O segundo caso é um recurso especial[20] julgado em junho de 2012 contra acórdão proferido pelo Tribunal de Justiça do Rio de Janeiro (Resp. n. 1.323.754). Trata-se de ação de indenização por danos morais, ajuizada em desfavor da recorrente, sob a alegação de ter sido alvo de ofensas em página na Internet da antiga rede social Orkut, mantida pelo Google. A sentença julgou parcialmente procedentes os pedidos iniciais, para condenar o Google ao pagamento de indenização por danos morais arbitrada em R$ 20.000,00 (vinte mil reais) consignando que "tendo tomado conhe-

[20] Recurso Especial nº 1.323.754-RJ.

cimento do ilícito e tendo, por mais de dois meses se mantido inerte (...), agiu de forma desidiosa e, portanto, culposa, o que enseja seu dever de reparar os danos suportados". O Tribunal de Justiça do Rio de Janeiro deu parcial provimento ao apelo do Google, apenas para reduzir a indenização por danos morais, fixando-a em R$10.000,00 (dez mil reais).

Cinge-se a lide a determinar o prazo razoável para que provedor de rede social de relacionamento via Internet exclua do respectivo site página considerada ofensiva. Na hipótese específica dos autos, extrai-se do panorama fático delineado pelas instâncias ordinárias que, após ter sido notificada, via ferramenta denominada "denúncia de abusos", por ela própria disponibilizada aos usuários do Orkut, acerca da existência de um perfil falso que vinha denegrindo a imagem da recorrida, o Google levou mais de dois meses para excluir a respectiva página do site.

Diante disso, o Tribunal de Justiça do Rio de Janeiro concluiu que a conduta do Google foi negligente, reconhecendo "a ocorrência de inércia no atendimento da reclamação", e ressaltando que a "obrigação de retirada destes sítios de seu sistema, quando regularmente instada a este fim, e em tempo razoável, é que fundamenta sua condenação, porquanto não se mostra aceitável, tampouco razoável, que esta conduta seja exercida mais de dois meses depois de notificada pela autora.

O Google não refuta os fatos, mas entende que não agiu como omissão, pois "o lapso temporal entre o recebimento da notificação e a remoção do perfil mostra-se razoável". Justifica-se ponderando que "recebe diariamente milhares de ordens judiciais e ordens de autoridades policiais, além de cartas, e-mails, notificações de pessoas físicas e jurídicas de todo o redor do mundo, já que seus serviços são de alcance mundial e irrestrito".

Aduz, ainda, que cada ordem/pedido é analisado individualmente, "de maneira que alguma prioridade é naturalmente concedida a determinações judiciais ou a casos que, *per si*, demonstrem uma gravidade maior". Assevera também que "opera seus servidores a partir de incontáveis computadores, lotados em diferentes lugares do planeta, de extrema complexidade, abarrotados de dados e informações dos mais diversos tipos e origens", concluindo que "algum lapso temporal é necessário ao rastreamento e eventual remoção de qualquer conteúdo".

A Terceira Turma do Superior Tribunal de Justiça já havia consolidado o entendimento segundo o qual: "ao ser comunicado de que determinado texto ou imagem possui conteúdo ilícito, deve o provedor agir de forma enérgica, retirando o material do ar imediatamente, sob pena de responder solidariamente com o autor direto do dano, em virtude da omissão praticada".

Naquela ocasião, porém, assim como nos demais julgados desta Turma sobre a matéria, até por não compor o objeto das lides, deixou de ser objetivamente definido qual seria o prazo razoável para que páginas de conteúdo ofensivo fossem retiradas do ar. Também no âmbito da Quarta Turma não havia um precedente específico quanto ao prazo.

No entanto, no julgamento do Recurso Especial n. 1.175.675/RS, de relatoria do Ministro Luis Felipe Salomão, cuja discussão central foi a obrigação da vítima de indicar de forma precisa as páginas (URL's) em que foram veiculadas as mensagens ofensivas – o voto condutor considera "factível de cumprimento e legítima a decisão de primeiro grau que determinou ao Google a retirada de toda e qualquer menção difamatória do nome do autor dentro do prazo máximo de 48 horas". O julgado não entra no mérito do prazo para retirada de páginas ofensivas, mas o termo fixado pelo TJ/RS serve de parâmetro e as ponderações do Ministro Luis Felipe Salomão evidenciam a propensão de se exigir que a providência seja adotada em caráter de urgência.

Com efeito, a velocidade com que os dados circulam no meio virtual torna indispensável que medidas tendentes a coibir informações depreciativas e aviltantes sejam adotadas de forma célere. Até porque, diante da inexigibilidade – reconhecida pelo próprio STJ – de o provedor de conteúdo exercer prévio controle e fiscalização do que é postado em seu site, torna-se impossível evitar a difusão de mensagens vexaminosas, que fatalmente cairão no domínio público da *web*.

Essa condição, porém, gera como contrapartida a necessidade dessas mensagens serem sumariamente excluídas, de sorte a potencialmente reduzir a disseminação do insulto, minimizando os nefastos efeitos inerentes a informações dessa natureza. Parece-nos ser esse o caminho mais coerente. Conforme ressalvado em outro julgado, também de relatoria da Ministra Nancy Andrighi (Recurso Especial n. 1.186.616/MG) tendo por objeto situação análoga à dos autos, "se, por um lado, há notória impossibilidade prática de controle, pelo provedor de conteúdo, de toda a informação que transita em seu site; por outro lado, deve ele, ciente da existência de publicação de texto ilícito, removê-lo sem delongas".

Em que pesem as peculiaridades que cercam a controvérsia, entende a relatora ser razoável que, uma vez notificado de que determinado texto ou imagem possui conteúdo ilícito, o provedor retire o material do ar no prazo de 24 (vinte e quatro) horas, sob pena de responder solidariamente com o autor direto do dano, em virtude da omissão praticada. Não se ignora a ressalva feita pelo Google, quanto ao enorme volume de pedidos e determinações de remoção de páginas que recebe diariamente, mas essa circunstância apenas confirma a necessidade de uma resposta rápida e eficiente. Note-se, por oportuno, que não se está a obrigar o provedor a analisar em tempo real o teor de cada denúncia recebida, mas que, ciente da reclamação, promova em 24 horas a suspensão preventiva das respectivas páginas, até que tenha tempo hábil para apreciar a veracidade das alegações e, confirmando-as, exclua definitivamente o perfil ou, tendo-as por infundadas, restabeleça o seu livre acesso.

Embora esse procedimento possa eventualmente violar direitos daqueles usuários cujas páginas venham a ser indevidamente suprimidas, ainda que em caráter temporário, essa violação deve ser confrontada com os danos advindos da divulgação de informações injuriosas, sendo certo que, sopesados os prejuízos envolvidos, o fiel da balança pende indiscutivelmente para o lado da proteção da dignidade da pessoa humana, que, nunca é demais lembrar, não pode ser afastada porque estamos diante de violação de direito por meio virtual. Ao contrário, em nosso entender a dignidade deve sempre ser o vetor, pois, como ensina Newton De Lucca, a dignidade da pessoa humana, muito mais ainda do que um princípio, erige-se à condição de um verdadeiro metaprincípio. Isso significa que, em caso de possível colisão de princípios constitucionais, não há a possibilidade de algum deles prevalecer sobre ele[21].

Ademais, o deferimento da análise do teor das denúncias não significa que o provedor poderá postergá-la por tempo indeterminado, deixando sem satisfação o usuário cujo perfil venha a ser provisoriamente suspenso. Cabe ao provedor, o mais breve possível, dar uma solução final para o caso, confirmando a remoção definitiva da página de conteúdo ofensivo ou, ausente indício de ilegalidade, recolocando-a no ar, adotando, nessa última hipótese, as providências legais cabíveis contra os que abusarem da prerrogativa de denunciar.

No que tange à viabilidade técnica de se proceder à exclusão em tempo tão exíguo, consta da sentença que o próprio Google informa aos usuá-

[21] De Lucca, Newton. **Direito do Consumidor**: teoria geral da relação de consumo. 2. ed. São Paulo: Quartier Latin, 2008, p. 9.

rios que, feita a reclamação por intermédio da ferramenta "denúncia de abusos" e concluindo-se que "o conteúdo denunciado viola as leis vigentes no mundo real ou infringe as políticas do Orkut, poderemos removê-lo imediatamente e reportar as informações às autoridades competentes".

Dessa forma, constata-se que a própria empresa admite deter meios para efetuar a exclusão imediata da página, sendo certo que, afastada a necessidade de, num primeiro momento, exercer qualquer juízo de valor sobre a procedência da denúncia, não subsistem as ressalvas quanto à análise individual de cada reclamação. Acrescente-se que, no particular, o Google levou mais de dois meses para remover o perfil falso e ofensivo, período indiscutivelmente longo.

Por fim, trazemos a seguir alguns trechos do voto do Ministro Ricardo Villas Boas Cuêva. Segundo ele, estamos vivendo uma mudança de paradigma jurídico semelhante àquela que se verificou quando houve a primeira Revolução Industrial e a criação da responsabilidade objetiva como nova regra que até então não se vislumbrava. O importante a fixar aqui é que o mundo virtual, ao contrário do que se argumenta frequentemente, não tem regras distintas do mundo real; na verdade, tem um impacto muito grande no mundo real, tem uma velocidade inédita, e essa velocidade da disseminação das informações precisa ser levada em conta no processo decisório do Direito.

Prossegue dizendo que a Ministra Nancy Andrighi fez uma construção engenhosa, que é fixar um prazo para a suspensão preventiva, independentemente de qualquer juízo de valor que se possa ou deva fazer sobre a ofensa divulgada na rede mundial de computadores. Essa suspensão preventiva, no prazo de 24 horas, é factível. A própria empresa reconhece que ela pode ser feita em 24 horas.

Por outro lado, a questão da gratuidade também, como bem lembrado pelo Ministro Sidnei Beneti, não pode nos comover porque o modelo de negócio adotado pela empresa é exatamente o da gratuidade. O modelo de negócios desenvolvido por essas empresas é fornecer gratuitamente alguns serviços, cobrar pela publicidade, gerar um negócio novo, cuja viabilidade econômico-financeira não deriva da cobrança dos usuários. Ou seja, esse é um elemento que também não pode ser considerado. Em conclusão, a Terceira Turma, por unanimidade, negou provimento ao recurso especial, acompanhando o voto da Relatora, Ministra Nancy Andrighi.

3. TRATAMENTO DADO AO TEMA PELO MARCO CIVIL DA INTERNET

A Lei n. 12.965/2014, Marco Civil da Internet, é norteada por três princípios: neutralidade da rede, privacidade dos usuários e liberdade de expressão. Determina o Marco Civil da Internet que o uso da internet no Brasil tem como fundamento o respeito à liberdade de expressão, bem como: o reconhecimento da escala mundial da rede; os direitos humanos, o desenvolvimento da personalidade e o exercício da cidadania em meios digitais; a pluralidade e a diversidade; a abertura e a colaboração; a livre iniciativa, a livre concorrência e a defesa do consumidor; e a finalidade social da rede.

Como mencionamos na análise do Recurso Especial n. 1.193.764 – SP, há diversos tipos de provedores. O Marco Civil da Internet, no entanto, se refere apenas a dois tipos: o provedor de conexão e o provedor de aplicação.

O provedor de conexão é aquele que dá acesso à Internet. Exemplos: operadoras como Tim, Claro e Vivo. Segundo o art. 18 do Marco Civil da Internet, o provedor de conexão à Internet não será responsabilizado civilmente por danos decorrentes de conteúdo gerado por terceiros. Além disso, na provisão de conexão, onerosa ou gratuita, é vedado guardar os registros de acesso a aplicações de internet.

O provedor de aplicação, por sua vez, consiste em uma funcionalidade que pode ser acessada por meio de um terminal conectado à Internet. O exemplo mais lembrado é das redes sociais, como o Facebook e o YouTube. O art. 15 do Marco Civil da Internet assim regulamenta:

> Art. 15. O provedor de aplicações de internet constituído na forma de pessoa jurídica e que exerça essa atividade de forma organizada, profissionalmente e com fins econômicos deverá manter os respectivos registros de acesso a aplicações de internet, sob sigilo, em ambiente controlado e de segurança, pelo prazo de 6 (seis) meses, nos termos do regulamento.
>
> § 1º Ordem judicial poderá obrigar, por tempo certo, os provedores de aplicações de internet que não estão sujeitos ao disposto no caput a guardarem registros de acesso a aplicações de internet, desde que se trate de registros relativos a fatos específico sem período determinado.
>
> § 2º A autoridade policial ou administrativa ou o Ministério Público poderão requerer cautelarmente a qualquer provedor de aplicações de internet que os registros de acesso a aplicações de internet sejam guardados, inclusive por prazo superior ao previsto no caput, observado o disposto nos §§ 3º e 4º do art. 13.

> § 3º Em qualquer hipótese, a disponibilização ao requerente dos registros de que trata este artigo deverá ser precedida de autorização judicial, conforme disposto na Seção IV deste Capítulo.
>
> § 4º Na aplicação de sanções pelo descumprimento ao disposto neste artigo, serão considerados a natureza e a gravidade da infração, os danos dela resultantes, eventual vantagem auferida pelo infrator, as circunstâncias agravantes, os antecedentes do infrator e a reincidência.

Ou seja, diferentemente do provedor de conexão, o provedor de aplicação deverá manter os registros de acesso a aplicações de internet, sob sigilo, em ambiente controlado e de segurança, pelo prazo de seis meses, nos termos do regulamento do Marco, o Decreto n. 8.771/2016. Quanto à responsabilidade civil por danos decorrentes de conteúdo gerado por terceiros, assim determina o art. 19 da lei:

> Art. 19. Com o intuito de assegurar a liberdade de expressão e impedir a censura, o provedor de aplicações de internet somente poderá ser responsabilizado civilmente por danos decorrentes de conteúdo gerado por terceiros se, após ordem judicial específica, não tomar as providências para, no âmbito e nos limites técnicos do seu serviço e dentro do prazo assinalado, tornar indisponível o conteúdo apontado como infringente, ressalvadas as disposições legais em contrário.

Podemos dizer que, antes do Marco Civil da Internet vigorava o sistema do *notice and take down* e agora vigora o sistema do *judicial notice take and dow*. Explicamos: antes do Marco Civil da Internet bastava que a pessoa que se sentisse lesada enviasse uma notificação extrajudicial para o provedor retirar o conteúdo do ar. Após a entrada em vigor da lei essa comunicação precisa se dar por meio de uma sentença judicial específica. O art. 19, §1º informa no que consiste a ordem judicial específica:

> Art. 19 (...) § 1º A ordem judicial de que trata o caput deverá conter, sob pena de nulidade, identificação clara e específica do conteúdo apontado como infringente, que permita a localização inequívoca do material.

A responsabilidade civil do provedor de aplicação pelo conteúdo gerado e compartilhado por seus usuários é objeto de dois temas reconhecidos como de repercussão geral pelo STF – Supremo Tribunal Federal. O primeiro é o Tema 533, que tratou da responsabilidade civil de provedor antes da entrada em vigor do Marco Civil da Internet. Decorre do julgamento do RE 1.057.259, de relatoria do Ministro Luix Fux:

> Tema 533 – Dever de empresa hospedeira de sítio na internet fiscalizar o conteúdo publicado e de retirá-lo do ar quando considerado ofensivo, sem intervenção do Judiciário.

O segundo é o Tema 987, que até o momento da entrega desse artigo ainda estava pendente de decisão. Decorre do julgamento do RE 1.037.396, de relatoria do Ministro Dias Toffoli. Interposto pelo *Facebook*, o recurso trouxe questionamentos sobre a necessidade de prévia e específica ordem judicial de exclusão de conteúdo aos provedores de aplicações. Ou seja, discute-se a constitucionalidade do art. 19 do Marco Civil da Internet. O Supremo Tribunal Federal reconheceu a repercussão geral e, a partir daí, definiu o Tema 987:

> Tema 987 – Discussão sobre a constitucionalidade do art. 19 da Lei n. 12.965/2014 (Marco Civil da Internet) que determina a necessidade de prévia e específica ordem judicial de exclusão de conteúdo para a responsabilização civil de provedor de internet, *websites* e gestores de aplicativos de redes sociais por danos decorrentes de atos ilícitos praticados por terceiros.

Por fim, os arts. 21 e 31 da lei trazem duas exceções, para as quais ainda se aplica o sistema do *notice and take down*, ou seja, não requer uma sentença judicial. Respectivamente são os seguintes casos: vazamento de cenas de nudez sem autorização de seus participantes e violação de direitos de autor. Vejamos as duas situações.

O vazamento de cenas de nudez está previsto no art. 21 da lei:

> Art. 21. O provedor de aplicações de internet que disponibilize conteúdo gerado por terceiros será responsabilizado subsidiariamente pela violação da intimidade decorrente da divulgação, sem autorização de seus participantes, de imagens, de vídeos ou de outros materiais contendo cenas de nudez ou de atos sexuais de caráter privado quando, após o recebimento de notificação pelo participante ou seu representante legal, deixar de promover, de forma diligente, no âmbito e nos limites técnicos do seu serviço, a indisponibilização desse conteúdo.

> Parágrafo único. A notificação prevista no caput deverá conter, sob pena de nulidade, elementos que permitam a identificação específica do material apontado como violador da intimidade do participante e a verificação da legitimidade para apresentação do pedido.

A violação de direitos de autor, por sua vez, está prevista no art. 31 da lei:

> Art. 31. Até a entrada em vigor da lei específica prevista no § 2º do art. 19, a responsabilidade do provedor de aplicações de internet por danos decorrentes de conteúdo gerado por terceiros, quando se tratar de infração a direitos de autor ou a direitos conexos, continuará a ser disciplinada pela legislação autoral vigente aplicável na data da entrada em vigor desta Lei.

Como o dispositivo faz referência à lei específica, a fim de facilitar o entendimento transcrevemos a seguir o art. 104 da Lei n. 9.610/1998:

> Art. 104. Quem vender, expuser a venda, ocultar, adquirir, distribuir, tiver em depósito ou utilizar obra ou fonograma reproduzidos com fraude, com a finalidade de vender, obter ganho, vantagem, proveito, lucro direto ou indireto, para si ou para outrem, será solidariamente responsável com o contrafator, nos termos dos artigos precedentes, respondendo como contrafatores o importador e o distribuidor em caso de reprodução no exterior.

Concluindo, nota-se que o legislador determinou que a responsabilidade civil do provedor, em caso de inércia após a notificação e em caso de vazamento de cenas de nudez será subsidiária, ao passo que em caso de violação de direito autoral será solidária.

CONCLUSÕES

Em se tratando de responsabilidade civil dos provedores, podemos concluir que antes do Marco Civil da Internet a jurisprudência do STJ havia se consolidado no sentido de haver relação de consumo e também no sentido de que o provedor, após a notificação do usuário, deveria agir no prazo de 24 horas.

Com a entrada em vigor do Marco Civil da Internet, o entendimento passou a ser no sentido de que o provedor de conexão não será responsabilizado por conteúdo gerado por terceiros, e que o provedor de aplicação somente será disponibilizado se, após ordem judicial específica, não remover o conteúdo. Isso significa que o provedor de aplicação só incorre em responsabilidade subsidiária se, após a ciência da ordem judicial, se mantiver inerte.

Além disso, o Marco Civil da Internet trouxe duas exceções, em que ainda vigora o sistema do *notice and take down:* vazamento de cenas de nudez e violação de direito de autor.

Por fim, o Tema 987, acerca da inconstitucionalidade do art. 19 do Marco Civil da Internet, encontra-se em debate no Supremo Tribunal Federal.

REFERÊNCIAS

AGUIAR, Roger Silva. **Responsabilidade civil objetiva**: do risco à solidariedade. São Paulo: Atlas, 2007.

ASCENSÃO, José de Oliveira. As auto-estradas da informação e a sociedade da informação. In: **Sociedade da informação**: estudos jurídicos. Coimbra: Almedina, 1999.

BARBAGALO, Érica Brandini. Aspectos da responsabilidade civil dos provedores de serviços da Internet. In: LEMOS, Ronaldo Lemos; WAISBERG, Ivo. **Conflitos sobre nomes de domínio**. São Paulo: Revista dos Tribunais, 2003.

DE LUCCA, Newton. **Direito do Consumidor**: teoria geral da relação de consumo. 2. ed. São Paulo: Quartier Latin, 2008.

GODOY, Claudio Luiz Bueno de. Uma análise crítica da responsabilidade civil dos provedores da Lei n. 12.965/14 (Marco Civil da Internet). In: DE LUCCA, Newton; SIMÃO FILHO, Adalberto; LIMA, Cíntia Rosa Pereira de (Coords.). **Direito e Internet III – Tomo II**: Marco Civil da Internet (Lei n. 12.965/2014). São Paulo: Quartier Latin, 2015.

HARARI, Yuval Noah. **21 lições para o século 21.** Trad. Paulo Geiger. São Paulo: Companhia das Letras, 2018.

LEONARDI, Marcel. **Responsabilidade civil dos provedores de serviços de Internet**. São Paulo: Juarez de Oliveira, 2005.

LIMA, Cíntia Rosa Pereira de. **Autoridade nacional de proteção de dados e a efetividade da Lei Geral de Proteção de Dados**. São Paulo: Almedina, 2020.

LOPES, Teresa Ancona. **Princípio da precaução e aplicação da responsabilidade civil**. São Paulo: Quartier Latin, 2010.

MARQUES, Claudia Lima. **Comentários ao Código de Defesa do Consumidor:** arts. 1º ao 74. São Paulo: Revista dos Tribunais.

MONTENEGRO, Antonio Lindberg. **A Internet em suas relações contratuais e extracontratuais**. Rio de Janeiro: Lumen Juris, 2003.

NADER, Paulo. **Curso de direito civil**. 3. ed. Rio de Janeiro: Forense, 2010, v. III.

NEGROPONTE, Nicholas. **A vida digital**. Trad. Sérgio Tellaroli. São Paulo: Companhia das Letras, 1995.

PECK, Patricia. Direito digital. 4. ed. São Paulo: Saraiva, 2010.

SANTOS, Antonio Jeová. **Dano moral na Internet**. São Paulo: Método, 2001.

SOUZA, Carlos Affonso Pereira de. A responsabilidade civil dos provedores pelos atos de seus usuários na Internet. In: BLUM, Renato Opice. **Manual de direito eletrônico e Internet**. São Paulo: Aduaneiras, 2006.

STOCCO, Rui. **Tratado de responsabilidade civil**. 6. ed. São Paulo: Revista dos Tribunais, 2004.

37
A RESPONSABILIDADE CIVIL DO FABRICANTE-CONSTRUTOR DA AERONAVE E O *FORUM SHOPPING* – NOVOS DESAFIOS E CONSIDERAÇÕES PROPOSITIVAS

Marco Fábio Morsello

INTRODUÇÃO

Diante da evolução tecnológica inconcussa do setor aeronáutico, não há como descurar o papel relevante desempenhado pelo fabricante-construtor da aeronave e, fundamentalmente, tendo em vista a segmentação de serviços altamente especializados, a existência de vários fabricantes de componentes determinados, realidade que se espraia como fenômeno da globalização.

Constata-se, ademais, com fulcro na responsabilidade ilimitada do produtor, em caráter dissonante com os diplomas legais uniformes, tuteladores do transportador aéreo, verdadeira busca do fato do fornecedor-produtor por vítimas de acidentes, com o escopo de obtenção de indenização ampla, em efetivo *forum shopping*.[1]

[1] Nesse sentido, ressaltando a preponderância do princípio da reparação integral do produtor, vide Viney, Geneviève; Jourdain, Patrice. Traité de droit civil: les conditions de la responsabilité (dir. Jacques Ghestin). 2. ed. Paris: LGDJ, 1996, v. 2, p. 780. No que concerne à busca do fato do construtor-fabricante da aeronave, com base na ilimitação prévia do *quantum* indenizável, vide: Schubert, Andreas. *Die Produkthaftpflicht im internationalen Luftverkehr und deren Versicherung*. Frankfurt am Main: Peter Lang Verlag, 1997, p. 1-3; Frietsch, Edwing. Die Produkthaftungs – Richtlinie der Europäischen Gemeinschaft und der Luftverkehr. *Zeitschrift für Luft- und Weltraumrecht (ZLW)*, Köln, nº 36, p. 170-186, 1987; Morsello, Marco Fábio, A responsabilidade civil do fabricante-construtor da aeronave, do fabricante de componentes

Tecidas referidas considerações, cumpre efetuar comentários quanto à responsabilidade do fabricante-construtor, bem como do fabricante de componentes da aeronave e suas repercussões na responsabilidade civil no transporte aéreo.

1. O FABRICANTE-CONSTRUTOR DA AERONAVE E A RESPONSABILIDADE EXTRACONTRATUAL OBJETIVA PERANTE TERCEIROS. A *PRODUCT LIABILITY* E A *STRICT LIABILITY* NO SISTEMA DA *COMMON LAW*. A SUPERAÇÃO DA DENOMINADA *PRIVITY OF CONTRACT* E A INFLUÊNCIA NO SISTEMA ROMANO-GERMÂNICO. O PRINCÍPIO DA PREVENÇÃO

Por proêmio, depreende-se que, na realidade cotidiana, por meio de efetiva inserção do produto em circulação, pode-se aferir eventual defeito da aeronave, ensejador do dano, notando-se, a partir disso, discrepâncias nas searas da imputação e do limite indenizável do fabricante-construtor em relação ao transportador e operador da aeronave.[2]

Com efeito, emergem fontes distintas, na medida em que, em um mesmo dano-evento, poderão surgir a responsabilidade do transportador, a do operador e a do fabricante-construtor. Enquanto os dois primeiros se submetem, via de regra, às normas unificadoras de Direito Interno ou Internacional, tal não ocorre com o último, que, sob nossa ótica, denota responsabilidade extracontratual objetiva, sem patamar-limite prévio, perante o passageiro e vítimas do evento[3].

De fato, a teoria do risco do empreendimento alicerça a responsabilidade do fabricante-construtor da aeronave, uma vez que a atividade empreendedora constitui o pressuposto para a produção e inserção no comércio do produto defeituoso. Por via de consequência, podemos divisar a insuficiência

daquela e a responsabilidade civil no transporte aéreo. *Revista Brasileira de Direito Aeronáutico e Espacial* (RBDA), Rio de Janeiro, n. 90, p. 4-11, março de 2007.

[2] Nesse sentido, Baccelli, Guido Rinaldi. *La responsabilità extracontrattuale del costruttore di aeromobile*. Padova: Cedam, 1987, p. 1.

[3] Nesse aspecto, discordamos do entendimento esposado por Videla Escalada, que fulcra a responsabilidade do construtor da aeronave na teoria da culpa (Videla Escalada, Federico N. *Manual de derecho aeronáutico*. 2. ed. atual. Buenos Aires: Zavalia, 1996, p. 650-651). No mesmo sentido: Guido Rinaldi Baccelli, *op. cit.*, p. 2-10; e BUSTI, Silvio. Contratto di trasporto aereo. In: Cicu, Antonio; Messineo, Francesco (dir. – continuado por Luigi Mengoni). *Trattato di diritto civile e commerciale*. Milano: Giuffré, 2001. v. XXVI. t. 3, p. 534-535.

do critério da culpa como pressuposto da responsabilidade daquele, inclusive no plano econômico e social.[4]

Ademais, o risco proveniente da atividade é suscetível de previsão antecipada, com a viabilidade de consecução de seguro pelo fabricante-construtor, ainda que, indiretamente, se possa objetar o repasse de referido custo no preço final, junto aos consumidores.[5] Cumpre esclarecer, outrossim, que a responsabilidade objetiva do produtor, com espeque na teoria

[4] Nesse sentido: BACCELLI, Guido Rinaldi, op. cit., p. 10-11; SANTOS BRIZ, Jaime. *La responsabilidad civil*: derecho sustantivo y derecho procesal. 7. ed. Madrid: Montecorvo, 1993, t. 2, p. 752-753 e 769-771; BAUDOUIN, Jean Louis; DESLAURIERS, Patrice. *La responsabilité civile*. 5. ed. Québec (Canada): Yvon Blais, 1998, p. 789-821; SILVA, João Calvão da. *Responsabilidade civil do produtor*. Coimbra: Almedina, 1999, p. 3-25 e 387-447; VINEY, Geneviève; JOURDAIN, Patrice, op. cit., v. 2, p. 758-805; ALPA, Guido. *Il diritto dei consumatori*. Roma-Bari: Laterza, 1999, p. 361-365, bem como *in Trattato di diritto civile*: la responsabilità civile. Milano: Giuffrè, 1999. v. 4, p. 858-862; MARINS, James. Responsabilidade da empresa pelo fato do produto (Os acidentes de consumo no Código de Proteção e Defesa do Consumidor). São Paulo: Revista dos Tribunais, Instituto Brasileiro de Política e Direito do Consumidor, Biblioteca de Direito do Consumidor, 1993, v. 5, p. 88-97; ALVIM, Eduardo Arruda. A responsabilidade civil pelo fato do produto no Código de Defesa do Consumidor. *Revista de Direito do Consumidor*, São Paulo, nº 15, p. 132-150, jul./set. 1995; MORSELLO, Marco Fábio. A responsabilidade civil do fabricante-construtor da aeronave, cit, p. 4-11; JAVUREK, Giselle. *Responsabilidad del constructor de aeronaves*. Alada en Córdoba, XXXV Jornadas de Derecho Aeronáutico y Espacial (ALADA), p. 159-172, Córdoba, Universidad Blas Pascal, 2012; KOSENINA, Alexander Uros. Aviation Product Liability: Could Air Carriers Face their 'Life and Limb' being placed in Peril for the Exclusivity of the Montreal Convention?, *Air and Space Law, Alphen aan den Rijn*, v. 38, n. 3, p. 249-268, 2013; GUERRERO LEBRÓN, María Jesús. La responsabilidad del fabricante de aeronaves y sus componentes. *Revista Latinoamericana de Derecho Aeronáutico y Espacial (RLADA), n.* 21, outubro de 2014, p. 1-27, Buenos Aires, ALADA, 2014.

[5] No que concerne à importância do seguro por parte do fabricante-construtor de aeronaves, para cobertura de sinistros e danos derivados de ações judiciais propostas, com gênese em defeito do produto, vide: SCHUBERT, Andreas, op. cit., p. 143-156; OLIVEIRA, Carlos Américo Barbosa de. Responsabilidade civil do fabricante. *Revista Brasileira de Direito Aeroespacial (RBDA)*, Rio de Janeiro, nº 36, p. 87-91, jan/dez 1978; PIMENTEL, Francisco J. C.; PRAIS, Marcelo M. C. Responsabilidade civil do produto e a indústria aeronáutica: o controle de qualidade. *Revista Brasileira de Direito Aeroespacial (RBDA)*, Rio de Janeiro, nº 41, p. 24-28, jan. /jul. 1984; MOTA, Octanny Silveira da. Responsabilidade civil do construtor aeronáutico. In: Jornadas Iberoamericanas de Direito Aeronáutico, Espacial e da Aviação Comercial, 11 set. 1979, São José dos Campos. p. 453- 483. No que tange à apreciação crítica quanto ao aumento dos prêmios dos contratos de seguro por parte dos fabricantes, vide TARRY, Scott E.; TRUITT, Lawrence J. Rhetoric and reality: tort reform and the uncertain future of general aviation. *Journal of Air Law and Commerce*, Dallas, v. 61, p. 163-201, 1995.

do risco do empreendimento (*product liability*), é fruto de elaboração doutrinária norte-americana.

Destaca-se, a partir disto, a superação, para os fins de imputação da responsabilidade por produto, dos parâmetros contratuais tradicionais, no âmbito da simples relação vendedor-adquirente (*privity of contract*), considerando a insuficiência respectiva, para fins de garantir proteção ao consumidor, quando este último não for o adquirente direto do produto. Enseja-se, pois, a responsabilidade do produtor na colocação em circulação do produto defeituoso, que possa originar perigo para uma gama indeterminada de terceiros e, portanto, ser suscetível de enquadramento na responsabilidade extracontratual objetiva. Supera-se, destarte, o elemento psicológico como pressuposto da obrigação ressarcitória.[6]

Sob o impulso da elaboração doutrinária, a jurisprudência dos Estados Unidos da América procedeu à imputação da responsabilidade do produtor não só independentemente de qualquer vínculo contratual entre produtor e vítima, como também independentemente de culpa, com gênese nos preceitos da *strict liability*, na matéria dos *torts*, como reflexo da proteção à pessoa e seus bens, danificados, com base no exercício de uma atividade empresarial produtiva de lucro.[7]

Em virtude da nova concepção da responsabilidade do produtor, estribada em responsabilidade extracontratual objetiva, sem prévio patamar-limite, na seara do dano, houve necessidade de racionalização da própria

[6] Nesse sentido: Baccelli, Guido Rinaldi, op. cit., p. 14; Alpa, Guido, *Il diritto dei consumatori*, p. 361-365; Kosenina, Alexander Uros, op. cit.; Guerrero Lebrón, María Jesús, op. cit, p. 2-3.

[7] Nesse sentido: Baccelli, Guido Rinaldi, op. cit., p. 14; Diederiks-Verschoor, Isabella Henrietta Philepina. *An introduction to air law*. 6. ed. Dordrecht: Kluwer, 1997, op. cit., p. 109-115; Tapia Salinas, Luis. *Curso de derecho aeronáutico*. Barcelona: Bosch, 1980, p. 583-584; Silva, João Calvão da. *Responsabilidade civil do produtor*. Coimbra: Almedina, 1999, p. 439-444; De Juglart, Michel. *Traité de droit aérien*. 2. ed. atual. por Emmanuel du Pontavice, Jacqueline Dutheil de la Rochère e Georgette M. Miller. Paris: LGDJ, 1989, t. 1, p. 735-745; Mota, Octanny Silveira da, op. cit., p. 458-475; Bartsch, Ronald I. C. *Aviation law in Australia*. Sydney: The Law Book Company Information Services, 1996, p. 233-234; Unmack, Tim. *Civil aviation*: standards and liabilities. London/Hong Kong: LLP, 1999, p. 367-379; Alpa, Guido, *Il diritto dei consumatori*, p. 363, bem como em *La responsabilità civile*, p. 841-843, indicando, nesta última, os *stare decisis Mc.Pherson v. Buick Motor Co*, 217 N.Y. 382, 111 N.E. 1050 (1916), com ementa do juiz Cardozo, *Henningnsen v. Bloomfield Motors Co.*, 217 N.J. 358, 161 A 21 69, 75 A.L.R., 2d, 1 (1960) e *Greenman v. Yuba Power Products Co*, 59, Cal. 2d 57,377 P2d 827,27 Cal. Rptr 696, 1963; Kosenina, Alexander Uros, op. cit, p. 251-256.

atividade, com o escopo de reduzir o risco de colocação em circulação de produtos defeituosos.[8] Sob nossa ótica, referida racionalização coaduna-se com o princípio da prevenção que norteia a responsabilidade civil moderna.[9]

2. EXCLUDENTES DA RESPONSABILIDADE. A PERICULOSIDADE INTRÍNSECA DA AERONAVE E DE SEUS MATERIAIS. A OBRIGAÇÃO DE PROTEÇÃO E O DEVER DE SEGURANÇA

No que concerne às eximentes do dever de indenizar, com fulcro na responsabilidade extracontratual objetiva do produtor-fornecedor, Guido Rinaldi Baccelli sustenta, com acuidade, que, tendo em vista a realidade fática vigente de uso impróprio da aeronave, em atentados à segurança do equipamento, impõe-se ao produtor levar em conta referida circunstância cotidiana, com fundamento no princípio da prevenção.[10]

Cumpre observar, por outro lado, que tal assertiva não implica adoção da teoria do risco integral, na medida em que, como é cediço, poderão emergir circunstâncias insuperáveis e objetivamente imprevisíveis para o construtor, mesmo diante da adoção de medidas preventivas[11].

[8] Nesse sentido, Baccelli, Guido Rinaldi, op. cit., p. 15. Dando ênfase ao controle de qualidade, vide o escólio de Pimentel, Francisco J. C.; Prais, Marcelo M. C., op. cit., p. 24-28.

[9] Nesse sentido, Mannin, Colm. Quelques évolutions actuelles dans le domaine de la responsabilité relative aux accidents aériens: perspectives du constructeur aéronautique. In: Colloque Les accidents aéronautiques et spatiaux: investigations, responsabilité, réparation des dommages; Réunion Aérienne et la Réunion Spatiale, Paris, 17-18 maio 1994, p. 1-8. Destacando referida tendência e a preponderância do princípio da prevenção e autonomização do dever de segurança, no que concerne à responsabilidade pelo fato do produto, vide: Calais-Auloy, Jean; Steinmetz, Frank. *Droit de la consommation.* 4. ed. Paris: Dalloz, 1996, p. 236-254; Schwenk, Walter; Niester, Werner; Stukenberg, Dieter. *Handbuch des Luftverkehrsrechts.* 2. ed. rev. e ampl. Berlin: Carl Heymanns Verlag, 1996, p. 735-737; Morsello, Marco Fábio. A Sociedade de Risco e a Responsabilidade Civil do Fabricante-Construtor da Aeronave e de seus Componentes. *Sociedade de Risco e Direito Privado* (Teresa Ancona Lopez, Patrícia Faga Iglecias Lemos e Otavio Luiz Rodriguez Junior-Coord), p. 77-92, São Paulo, Ed. Atlas, 2013; Lopez, Teresa Ancona. Princípio da precaução e evolução da responsabilidade civil. Tese (concurso de Professor Titular) – Faculdade de Direito, Universidade de São Paulo, São Paulo, 2008. p. 10-15; Dal Pizzol, Ricardo. *Responsabilidade civil*: funções punitiva e preventiva. Indaiatuba: Foco, 2020. p. 283-290.

[10] Op. cit., p. 110-120.

[11] Foi o que ocorreu, *e.g.*, com o sequestro de aeronave no evento de 11 de setembro de 2001, com lançamento do equipamento contra edificação, tornando insuperável e irresistível a explosão. No entanto, com fulcro no princípio da prevenção, a blindagem da cabine do comandante, elidindo o acesso de terroristas no local, tendo em vista a ocorrência de eventos pretéritos, afigurar-se-á exigível ao fabricante-construtor de novas aeronaves.

Com efeito, na seara aeronáutica, como ressalta Rinaldi Baccelli, emergem, *e.g.*, como excludentes do fato do produtor-fornecedor, a desordem civil, com destruição sucessiva da aeronave e a posse arbitrária e insuperável desta por parte de sequestradores.[12]

Cabe ressaltar, porém, que as falhas de fiscalização aeroportuária não excluem os pressupostos da responsabilidade do construtor. O mesmo se diga quanto à expedição de Certificado de Registro de Aeronavegabilidade pela autoridade competente, que, sob nossa ótica, nas hipóteses de não fiscalização adequada, poderá dar gênese, outrossim, à responsabilidade pelo dano-evento junto a terceiros, naturalmente em caráter extracontratual.[13] Assim, no que concerne às excludentes do dever de indenizar, segue-se a regra geral ínsita à responsabilidade objetiva, na medida em que não se trata de adoção da teoria do risco integral. Deveras, o fato da vítima, o fato de terceiro, bem como o caso fortuito e força maior, aqui entendidos como força maior extrínseca, elidirão o dever de indenizar. Cumpre asseverar, outrossim, que a não-inserção do produto em circulação não propiciará o dever de indenizar.[14]

Ulterior questão polêmica refere-se ao risco de desenvolvimento de produto cujos efeitos se desconhecem previamente, na medida em que parte da doutrina propende pela existência de eximente do dever de indenizar, visto que não haveria inserção factível no rol taxativo dos defeitos de criação, produção ou informação. Malgrado referido entendimento, sob nossa ótica, tendo em vista a teoria do risco do empreendimento, em cotejo com o dever de proteção e segurança ao usuário do transporte, discordamos da premissa que sustenta a exclusão do dever de indenizar, por não-inserção dentre os defeitos juridicamente relevantes.

Com efeito, não se trata de obstar o desenvolvimento da ciência, mas de impor, primordialmente, em setor sob evolução tecnológica constante, a tomada de medidas acautelatórias por meio de exaustivos ensaios concretos, factíveis no setor aeroespacial, em obediência aos princípios da prevenção e precaução, ínsitos à responsabilidade civil moderna. Entendimento contrário teria o condão de transferir os riscos do desenvolvimento

[12] Op. cit., p. 161.

[13] Destacando o caráter extracontratual da responsabilidade da autoridade pública competente, para atribuição do registro e idoneidade do equipamento, vide Busti, Silvio, op. cit., p. 535, nota 299.

[14] Nesse sentido, vide Marins, James, op. cit., p. 161, nota 30.

às vítimas, como ressaltam Baudouin e Deslauriers.[15] Não se observa, ademais, em nenhum momento, qualquer iniciativa para tal desiderato por parte do legislador pátrio.[16]

Destarte, considerando a periculosidade intrínseca da aeronave e de seus materiais, como bem elucida Andreas Schubert, a prevenção escudada em testes sucessivos dos produtos componentes, isolada e conjuntamente com aquela, impõem, outrossim, modernamente, na fase de projeto, existência de espaço ou área na cabine de passageiros mais resistente a impactos na fuselagem ou incêndios, elidindo, *e.g.*, emissão de gases tóxicos asfixiantes para a cabine.

Trata-se dos princípios conhecidos no jargão técnico como *fail-safe* e *crashworthiness*, definidos, portanto, como a aptidão da estrutura da aeronave de manter espaço mais seguro aos ocupantes, possibilitando-lhes sobrevivência, na hipótese de acidente. Conclui-se, pois, que a ausência de *crashworthiness* coaduna-se com concepção de projeto de aeronave, apta a agravar os danos na hipótese de acidentes.[17]

Sem prejuízo de referidas considerações, cumpre ressaltar que, no que concerne ao produtor-construtor, em caso de defeito da aeronave serão aplicados os critérios gerais de responsabilidade derivada de produto defeituoso, pondo em evidência, outrossim, que, na referida hipótese, a obrigação ressarcitória tem esteio em um *standard*, obedecendo aos preceitos

[15] Op. cit., p. 819.

[16] Nesse sentido: Benjamin, Antonio Herman de Vasconcellos *et al*. *Comentários ao Código de Proteção ao Consumidor*. São Paulo: Saraiva, 1991, p. 67-69; Denari, Zelmo *et al*. *Código de Defesa do Consumidor comentado pelos autores do anteprojeto*. 7. ed. Rio de Janeiro: Forense Universitária, 2001, p. 165-167; Eduardo Arruda Alvim, op. cit., p. 147; Morsello, Marco Fábio, A responsabilidade civil do fabricante-construtor da aeronave, p. 4-11. No que concerne à importância dos ensaios, cada vez mais fidedignos no setor aeroespacial, em consonância com o princípio da prevenção, vide Mannin, Colm, op. cit., p. 7-8.

[17] Schubert, Andreas. *Die Produkthaftpflicht im internationalen Luftverkehr und deren Versicherung*. Frankfurt am Main: Peter Lang Verlag, 1997, p. 34-35, exemplificando a ocorrência, em 1965, de acidente aéreo com um Boeing 727, na cidade de Salt Lake City, no qual, embora a maioria dos passageiros não apresentasse lesões decorrentes do acidente, faleceram em virtude da emissão de gases venenosos para o interior da cabine de passageiros, vulnerando, pois, a *crashworthiness*. No mesmo diapasão, Diederiks-Verschoor, Isabella Henrietta Philepina, op. cit., p. 115-117. Cumpre asseverar que referida teoria se aplica também ao fabricante de veículos automotores, como assevera Black, Henry Campbell; Nolan, Joseph; Nolan, Jacqueline; Connoly, M. J.; Hicks, Stephen C. *Black's law dictionary*. 6. ed. St. Paul (Minn.): West Publishing, 1990, p. 366.

da responsabilidade extracontratual objetiva, na medida em que o desvio do referido padrão qualitativo ensejará a reparação.

3. A INEXISTÊNCIA DE PATAMAR-LIMITE INDENIZÁVEL. APRECIAÇÃO CRÍTICA AOS DITAMES DO CÓDIGO BRASILEIRO DE AERONÁUTICA NA REFERIDA SEARA. A PROCURA PELO FORUM SHOPPING, EM FACE DO PRODUTOR, TENDO EM VISTA A LIMITAÇÃO DA REPARAÇÃO DO DANO EM FACE DO TRANSPORTADOR

Caracterizada a responsabilidade extracontratual objetiva, sem patamar-limite prévio quanto ao montante indenizável, o que robusteceu, inclusive, o princípio da prevenção, cumpre apreciar, na seara do ordenamento jurídico pátrio, a norma insculpida no art. 280, I, do Código Brasileiro de Aeronáutica.

Deveras, referido dispositivo legal dispõe quanto à limitação do *quantum* indenizável, imposto ao construtor de produto aeronáutico brasileiro, por defeito do produto, nos mesmos moldes do transportador aéreo doméstico. Emerge, nesse aspecto, antinomia manifesta com os ditames da Lei nº 8.078/90, cujo microssistema prepondera diante de normas incompatíveis com o Código em análise[18].

Vislumbramos, outrossim, que a menção exclusiva ao construtor nacional, se aceita, procederia a tratamento discriminatório em relação ao fabricante-construtor estrangeiro, gerando, *e.g.*, situações paradoxais nas quais, em um mesmo dano-evento, tendo em vista a segmentação da produção no setor aeronáutico, poderia emergir responsabilidade solidária de vários

[18] Nesse sentido: NERY JUNIOR, Nelson; NERY, Rosa Maria de Andrade. Código Civil comentado. 8. ed. São Paulo: Revista dos Tribunais, 2012. p. 828, asseverando que: "O CDC no que tange aos direitos do consumidor, por exemplo, é lei principiológica, o que significa que leis especiais que tratam especificamente do transporte rodoviário, ferroviário (D. 2681/12), aéreo (CBA) etc., que estabeleçam o regime jurídico de responsabilidade subjetiva do transportador, não têm eficácia porque contrariam o princípio do CDC de que o regime da responsabilidade civil – para o consumidor ressarcir-se dos prejuízos que sofreu ou obter indenização por dano moral – é o da responsabilidade objetiva pelo risco da atividade (CDC 6º, VI)"; MARQUES, Claudia Lima. Contratos no Código de Defesa do Consumidor: o novo regime das relações contratuais. 6. ed. São Paulo: Revista dos Tribunais, 2011. p. 903-907; CAVALIERI FILHO, Sérgio. Programa de direito do consumidor. São Paulo: Atlas, 2008. p. 174-175; MORSELLO, Marco Fábio. Responsabilidade civil no transporte aéreo. São Paulo: Atlas, 2006, p. 433-434.

fornecedores. Tal fato propiciaria ao construtor nacional manto injustificável de limitação do patamar indenizável, de modo análogo ao transportador, ao passo que o fabricante estrangeiro de determinado componente responderia integralmente pelo dano.

Entendemos, assim, que a limitação prévia do dano, na seara da responsabilidade extracontratual objetiva, não se sustenta[19], tendo, *in casu*, ademais, nítido escopo de proteção à indústria nacional, em detrimento das vítimas do dano-evento.

A par da insubsistência adrede referida, vislumbra-se que a aceitação de referido dispositivo legal fomentaria, sobremaneira, o *forum shopping* em relação ao fabricante estrangeiro. Com efeito, observa-se não só constante preocupação das vítimas com a responsabilidade do fabricante-construtor, fulcradas na inexistência de patamar prévio indenizável, como também com a busca de *forum shopping*, máxime nos Estados Unidos da América. No *quantum* indenizável há inclusão no pedido, com frequente condenação do fornecedor, nos denominados *punitive damages*, superadores do escopo meramente compensatório do dano, que vige em outros ordenamentos que também não limitam previamente o dano.[20]

Nesse contexto, sobretudo nos últimos anos, observa-se reação de diversas Cortes nos Estados Unidos da América, aplicando a regra do *forum non conveniens*, à míngua de elementos aptos a nortear a competência correlata.[21]

[19] Divergimos do entendimento esposado por José da Silva Pacheco, que sustenta a aplicação do mencionado dispositivo legal (cf. *Código Brasileiro de Aeronáutica comentado*. 2. ed. Rio de Janeiro: Forense, 1998, p. 474).

[20] Nesse sentido, SCHUBERT, Andreas, op. cit., p. 134-136; MORSELLO, Marco Fábio, A responsabilidade civil do fabricante-construtor da aeronave, p. 4-11.

[21] Cf. bem elucida Moritz Rudzio, no Relatório da European Air Law Association, cujo seminário foi realizado em Munique, em 14 de setembro de 2015, e publicado na Revista ZLW, n. 1/2016: "*Recent litigation suggests that establishing Specific Jurisdiction is becoming more difficult for the plaintiffs. Furthermore, the doctrine of Forum non Conveniens (FNC) might present a significant barrier in aircraft accident cases. FNC permits the court to dismiss a case based on the existence of a more convenient forum for litigating the dispute, Reference was again made to the Milan-Linate litigation (King.v. Cessna Aircraft Co.) and further examples where US jurisdiction was denied and cases were dismissed based on Forum Non Conveniens*" (cf. Tagungsberichte. Brief Report on the European Air Law Association's 10th Munich Liability Seminar held on 14 September 2015, Zeitschrift für Luft- und Weltraumrecht (ZLW), Köln, n. 1, março de 2016, p. 87-88). No mesmo diapasão, Don G. Rushing e Ellen Nudelman Adler, dando conta de julgamentos em que as cortes dos Estados Unidos da América se declararam incompetentes para a apreciação de diversos conflitos de interesses, abarcando o trágico acidente ocorrido em nosso país, em 29 de setembro de 2006,

CONCLUSÕES

A responsabilidade do fabricante-construtor da aeronave ou de peças desta perante o usuário do transporte é extracontratual objetiva, sem patamar-limite indenizável, tendo como fundamento a teoria do risco do empreendimento. E, mesmo sob a ótica do novo Código Civil, subsiste enquadramento no mencionado regime, porquanto exercida atividade de risco, à qual se somam a periculosidade intrínseca da aeronave e a de seus materiais.

O art. 280, I, do Código Brasileiro de Aeronáutica é inaplicável, eis que fixa privilégio injustificável ao construtor de produto aeronáutico nacional, em detrimento das vítimas do evento e da obrigação de proteção constitucionalizada. Tal entendimento vulneraria, ademais, obrigação solidária com congêneres estrangeiros, tendo em vista a ampla segmentação do ramo.

Mencionada segmentação poderá caracterizar, em um mesmo dano-evento, responsabilidade solidária do produtor-fabricante da aeronave, do fabricante de materiais, do responsável pela montagem (*assembler*) e do importador. Reputa-se, portanto, que a não-fixação de patamar-limite indenizável robustece o princípio da prevenção, destacando-se a *crashworthiness*, no ramo da construção aeronáutica.

A não fixação de patamar-limite indenizável, por outro lado, tem o condão de mitigar, sobremaneira, o *forum shopping* em relação ao fabricante estrangeiro, fenômeno vislumbrado máxime nos Estados Unidos da América. Dessa forma, o risco de desenvolvimento do produto inserido no mercado, conjuntamente com a teoria do risco do empreendimento e a obrigação de proteção, não eximem o produtor-fabricante do dever de indenizar as vítimas do dano-evento, ressalvadas as excludentes ínsitas à responsabilidade objetiva.

REFERÊNCIAS

ADLER, Ellen Nudelman; RUSHING, Don G. Some inconvenient truths about forum non conveniens law in international aviation disasters. *Journal of Air Law and Commerce*, Dallas, v. 74, p. 403-433, 2009.

no vôo GOL 1907, ocasião em que uma aeronave Boeing 737-800 foi abalroada por um jato Embraer Legacy 600, operado pela companhia ExcelAire (cf. Some inconvenient truths about forum non conveniens law in international aviation disasters. *Journal of Air Law and Commerce*, Dallas, v. 74, p. 403-433, 2009); Giselle Javurek, op. cit., p. 162-163.

ALPA, Guido. *Il diritto dei consumatori.* Roma-Bari: Laterza, 1999.

______. *Trattato di diritto civile*: la responsabilità civile. Milano: Giuffrè, 1999. v. 4.

ALVIM, Eduardo Arruda. A responsabilidade civil pelo fato do produto no Código de Defesa do Consumidor. *Revista de Direito do Consumidor,* São Paulo, nº 15, p. 132-150, jul./set. 1995.

BACCELLI, Guido Rinaldi. *La responsabilità extracontrattuale del costruttore di aeromobile.* Padova: Cedam, 1987.

BARTSCH, Ronald I. C. *Aviation law in Australia.* Sydney: The Law Book Company Information Services, 1996.

BAUDOUIN, Jean Louis; DESLAURIERS, Patrice. *La responsabilité civile.* 5. ed. Québec (Canada): Yvon Blais, 1998.

BENJAMIN, Antonio Herman de Vasconcellos *et a*l. *Comentários ao Código de Proteção ao Consumidor.* São Paulo: Saraiva, 1991.

BLACK, Henry Campbell; NOLAN, Joseph; NOLAN, Jacqueline; CONNOLY, M. J.; HICKS, Stephen C. *Black's law dictionary.* 6. ed. St. Paul (Minn.): West Publishing, 1990.

BUSTI, Silvio. Contratto di trasporto aereo. In: CICU, Antonio; MESSINEO, Francesco (dir. – continuado por Luigi Mengoni). *Trattato di diritto civile e commerciale.* Milano: Giuffré, 2001. v. XXVI. t. 3.

CALAIS-AULOY, Jean; STEINMETZ, Frank. *Droit de la consommation.* 4. ed. Paris: Dalloz, 1996.

CAVALIERI FILHO, Sérgio. *Programa de direito do consumidor.* São Paulo: Atlas, 2008.

DAL PIZZOL, Ricardo. Responsabilidade civil: funções punitiva e preventiva. Indaiatuba: Foco, 2020. p. 283-290.

DE JUGLART, Michel. *Traité de droit aérien.* 2. ed. atual. por Emmanuel du Pontavice, Jacqueline Dutheil de la Rochère e Georgette M. Miller. Paris: LGDJ, 1989. t. 1 e 2.

DENARI, Zelmo *et al. Código de Defesa do Consumidor comentado pelos autores do anteprojeto.* 7. ed. Rio de Janeiro: Forense Universitária, 2001.

DIEDERIKS-VERSCHOOR, Isabella Henrietta Philepina. *An introduction to air law.* 6. ed. Dordrecht: Kluwer, 1997. v. 1 e 2.

FRIETSCH, Edwing. Die Produkthaftungs – Richtlinie der Europäischen Gemeinschaft und der Luftverkehr. *Zeitschrift für Luft- und Weltraumrecht (ZLW),* Köln, nº 36, p. 170-186, 1987.

GUERRERO LEBRÓN, María Jesús. La responsabilidad del fabricante de aeronaves y sus componentes. *Revista Latinoamericana de Derecho Aeronáutico y Espacial (RLADA), n.* 21, outubro de 2014, p. 1-27, Buenos Aires, ALADA, 2014.

JAVUREK, Giselle. *Responsabilidad del constructor de aeronaves.* Alada en Córdoba, XXXV Jornadas de Derecho Aeronáutico y Espacial (ALADA), p. 159-172, Córdoba, Universidad Blas Pascal, 2012.

JOURDAIN, Patrice. *Traité de droit civil:* les conditions de la responsabilité (dir. Jacques Ghestin). 2. ed. Paris: LGDJ, 1996. v. 2.

KOSENINA, Alexander Uros. Aviation Product Liability: Could Air Carriers Face their 'Life and Limb' being placed in Peril for the Exclusivity of the Montreal Convention?, *Air and Space Law, Alphen aan den Rijn,* v. 38, n. 3, p. 249-268, 2013.

LOPEZ, Teresa Ancona. Princípio da precaução e evolução da responsabilidade civil. Tese (concurso de Professor Titular) – Faculdade de Direito, Universidade de São Paulo, São Paulo, 2008.

MANNIN, Colm. Quelques évolutions actuelles dans le domaine de la responsabilité relative aux accidents aériens: perspectives du constructeur aéronautique. In: COLLOQUE LES ACCIDENTS AÉRONAUTIQUES ET SPATIAUX: INVESTIGATIONS, RESPONSABILITÉ, RÉPARATION DES DOMMAGES; RÉUNION AÉRIENNE ET LA RÉUNION SPATIALE, Paris, 17-18 maio 1994.

MARINS, James. *Responsabilidade da empresa pelo fato do produto (Os acidentes de consumo no Código de Proteção e Defesa do Consumidor).* São Paulo: Revista dos Tribunais, Instituto Brasileiro de Política e Direito do Consumidor, Biblioteca de Direito do Consumidor, 1993, v. 5, p. 88-97.

MARQUES, Cláudia Lima. *Contratos no Código de Defesa do Consumidor*: o novo regime das relações contratuais. 6. ed. São Paulo: Ed. Revista dos Tribunais, 2011.

MORSELLO, Marco Fábio. A responsabilidade civil do fabricante-construtor da aeronave, do fabricante de componentes daquela e a responsabilidade civil no transporte aéreo. *Revista Brasileira de Direito Aeronáutico e Espacial* (RBDA), Rio de Janeiro, n. 90, p. 4-11, março de 2007.

_______. *Responsabilidade civil no transporte aéreo.* São Paulo: Atlas, 2006.

_______. A Sociedade de Risco e a Responsabilidade Civil do Fabricante-Construtor da Aeronave e de seus Componentes. *Sociedade de Risco e Direito Privado* (Teresa Ancona Lopez, Patrícia Faga Iglecias Lemos e Otavio Luiz Rodriguez Junior-Coord), p. 77-92, São Paulo, Ed. Atlas, 2013.

MOTA, Octanny Silveira da. Responsabilidade civil do construtor aeronáutico. In: Jornadas Iberoamericanas de Direito Aeronáutico, Espacial e da Aviação Comercial, 11 set. 1979, São José dos Campos. p. 453- 483.

NERY JUNIOR, Nelson; NERY, Rosa Maria de Andrade. *Código Civil comentado.* 8. ed. São Paulo: Revista dos Tribunais, 2012.

OLIVEIRA, Carlos Américo Barbosa de. Responsabilidade civil do fabricante. *Revista Brasileira de Direito Aeroespacial (RBDA),* Rio de Janeiro, nº 36, p. 87-91, jan/dez 1978.

PACHECO, José da Silva. *Código Brasileiro de Aeronáutica comentado.* 2. ed. Rio de Janeiro: Forense, 1998.

PIMENTEL, Francisco J. C.; PRAIS, Marcelo M. C. Responsabilidade civil do produto e a indústria aeronáutica: o controle de qualidade. *Revista Brasileira de Direito Aeroespacial (RBDA),* Rio de Janeiro, nº 41, p. 24-28, jan. /jul. 1984.

RUDZIO, Moritz. Tagungsberichte. Brief Report on the European Air Law Association´s 10th Munich Liability Seminar held on 14 September 2015, *Zeitschrift für Luft- und Weltraumrecht (ZLW),* Köln, p. 85-88, n. 1, março de 2016.

SANTOS BRIZ, Jaime. *La responsabilidad civil*: derecho sustantivo y derecho procesal. 7. ed. Madrid: Montecorvo, 1993. t. 1 e 2.

SCHUBERT, Andreas. *Die Produkthaftpflicht im internationalen Luftverkehr und deren Versicherung.* Frankfurt am Main: Peter Lang Verlag, 1997.

SCHWENK, Walter; NIESTER, Werner; STUKENBERG, Dieter. *Handbuch des Luftverkehrsrechts.* 2. ed. rev. e ampl. Berlin: Carl Heymanns Verlag, 1996.

SILVA, João Calvão da. *Responsabilidade civil do produtor*. Coimbra: Almedina, 1999.

TAPIA SALINAS, Luis. *Curso de derecho aeronáutico*. Barcelona: Bosch, 1980.

TARRY, Scott E.; TRUITT, Lawrence J. Rhetoric and reality: tort reform and the uncertain future of general aviation. *Journal of Air Law and Commerce,* Dallas, v. 61, p. 163-201, 1995.

UNMACK, Tim. *Civil aviation*: standards and liabilities. London/Hong Kong: LLP, 1999.

VIDELA ESCALADA, Federico N. *Manual de derecho aeronáutico*. 2. ed. atual. Buenos Aires: Zavalia, 1996.

38
RESPONSABILIDADE PARENTAL E DEVER DE EDUCAR NA EXPERIÊNCIA ITALIANA[1]

Maria Cristina De Cicco

INTRODUÇÃO

É inegável que a evolução da família iniciada com a Constituição de 1947, mas progressivamente efetivada somente a partir dos anos sessenta do século passado, comportou um deslocamento do eixo central da família da conjugal idade à filiação. Tanto é verdade que os deveres dos genitores em relação aos filhos, embasados no art. 30 Const. e no art. 147 c.c, derivam, atualmente, do mero fato da procriação[2], independentemente do *status filiationis*, protegendo-os apenas por serem filhos.

A norma do Código Civil, inspirada no art. 2 Const., que tutela os direitos individuais da pessoa seja como indivíduo, seja como membro de uma formação social, prevê o dever dos genitores de prover ao sustento, à instrução, à educação e à assistência moral[3] dos filhos, respeitando suas incli-

[1] O presente trabalho retoma, em optica diversa, o texto *Responsabilidade genitorial e violência: o dever constitucional de educar*. In Marco Antonio Marques da Silva (org.), *Sociedade, educação e violência*, São Paulo: Quartier Latin, 2020, no prelo.

[2] Na doutrina da época da riforma do Direito de Família de 1975, tal fato foi identificado como "responsabilidade de procriação". V., por todos, Bessone, Mario. In Bessone, Mario, Montuschi, Luigi, Vincenzi Amato, Diana, Cassese, Sabino e Mura, Alberto. *Rapporti etico-sociali (art. 29-34)*. In *Commentario della Costituzione* a cura di Giuseppe Branca, Bologna-Roma: Zanichelli-Foro italiano, 1976, p. 93.

[3] O dever de assistência moral em relação aos filhos, já previsto na lei sobre Adoção (Lei n. 184, de 4.5.1983 e sucessivas modificações), foi introduzido pelo D. Lgs.28.12.2013, n. 154. Aos deveres dos genitores correspondem os direitos dos filhos previstos no novo art. 315-*bis* c.c., incluído pela lei n. 219 de 10.12.2012, entrada em vigor em 1°.1.2013.

nações, capacidades e aspirações. Vê-se, portanto que a relação entre pais e filhos, principalmente se menores de idade, encontra seu fundamento na responsabilidade e na solidariedade familiar. A inclusão do dever de assistência moral, entendido como um apoio necessário para o crescimento são e equilibrado, certamente fortaleceu a visão da família, agora mais do que antes, entendida em sentido funcionalmente unitário.

1. O DEVER DE EDUCAR

Em relação aos deveres previstos no art. 147, a doutrina ocupou-se principalmente do dever de sustento e de instrução, enquanto as referências ao dever de educar não são muito frequentes, contrariamente à jurisprudência, chamada a ocupar-se do tema em inúmeras oportunidades. Trata-se na realidade de um conceito complexo porque intimamente ligado à evolução social, como demonstra o teor do texto do artigo 147 antes e depois da reforma do direito de família. Atualmente, como já referido, o desempenho da função educacional é centrado na pessoa dos filhos e de suas inclinações, capacidades e aspirações, contudo, a exclusão da conformidade aos princípios da moral previsto no previgente art. 147 c.c. não significa que os genitores não devam recorrer aos valores éticos que governam uma vida correta[4], segundo orientação constante da jurisprudência .

Em tema de responsabilidade parental e dever de educar, assume relevância a conscientização de que os valores subjacentes à Constituição só podem ser totalmente implementados quando o princípio da democracia for respeitado em primeiro lugar nos lugares em que vivemos e realizamos nossas atividades, família, trabalho *in primis*. Princípio da democracia significa acima de tudo respeito por si e pelos outros, lembrando sempre que em qualquer sociedade que pretenda ser democrática existem dois binômios inseparáveis: direito e dever – liberdade e responsabilidade e que ambos não existem separadamente[5].

Para caracterizar uma sociedade como democrática, todavia, é necessário também o equilíbrio entre deveres e direitos[6]. A bem pensar, a pró-

[4] Cf. Finocchiaro, Alfio e Mario. *Diritto di famiglia. Commento sistematico della legge 19 maggio 1975, n. 151. Legislazione-Dottrina-Giurisprudenza*, II, Art. 90-240, Milano: Giuffré, 1984

[5] Assim, De Cicco, Maria Cristina. *Responsabilidade genitorial e violência: o dever constitucional de educar*, cit.

[6] O tema foi objeto de um Congresso que se realizou na Universidade de Camerino, Itália, em novembro de 2019, com o título *I doveri nell'era dei diritti fra etica e mercato*, cujas palestras foram reunidas em livro de próxima publicação em edição bilíngue italiano e português.

pria dignidade, vista não como uma supernorma, mas como a confluência dos princípios de liberdade, da igualdade e da solidariedade[7], configura-se como um complexo de direitos e de deveres. Toda pessoa tem uma dignidade, ou melhor, a pessoa é ela mesma dignidade[8].

Para a consolidação da democracia, são necessários, antes de tudo, educação e instrução, que devem, sim, ser garantidas pelo Estado, mas que não podem prescindir do lugar primeiro onde nasce a conscientização da democracia como valor ético: a família. Educação vista para além da (mera) instrução e focada na cidadania, no respeito para consigo mesmo e para com os outros e na formação de uma consciência social, em seus aspectos afetivos e relacionais.

Família necessariamente democrática, onde não há direito sem responsabilidade, nem autoridade sem democracia[9] e cujos interesses não mais se colocam em um plano superior, mas se identificam com aqueles solidários de seus componentes. Em um ordenamento fundado no princípio da dignidade humana, que privilegia o valor da pessoa, qualquer formação social e, portanto, também a família, torna-se valor constitucionalmente garantido se responder à função do livre desenvolvimento da personalidade. O resultado é uma concepção transformada da família, onde a garantia dos direitos individuais, o respeito à personalidade de seus membros, tornam-se objetivos preeminentes do legislador, que vê cada vez menos a família como fundamento da ordem social e cada vez mais como o local onde as pessoas, juntas, criam uma experiência de vida insubstituível. Na família democrática[10], para usar a expressão de Giddens, o respeito por si

[7] Sobre a relação de essencialidade entre solidariedade e democracia, v. RODOTÀ, Stefano. Solidarietà. Un'utopia necessaria. Bari: Laterza, 2014.

[8] Cf. RODOTÀ, Stefano. *La dignità della persona*, p, 5 s., disponível online, que esclarece como a escolha de abrir a Carta dos Direitos Fundamentais da União Europeia com a declaração de inviolabilidade da dignidade humana representasse a consciência amadurecida de que agora a pessoa não poderia jamais ser separada da sua dignità. Sobre a confluência dos princípios de liberdade, integridade psico-física, igualdade e solidariedade na configuração mesma da dignidade da pessoa humana, v. BODIN DE MORAES, Maria Celina. *Danos à Pessoa Humana. Uma Leitura Civil-Constitucional dos Danos Morais*, Rio de Janeiro: Renovar, 2003, 81 ss., esp. p. 86 ss.

[9] Referência obrigatória a GIDDENS, Anthony. *La terza via. Manifesto per la rifondazione della socialdemocrazia*, Milano:Il Saggiatore, 1999, p. 93 ss., a quem se deve a difusão da locução «família democrática».

[10] Sobre a democratização da família a literatura é interminável. V., entre muitos, PERLINGIERI, Pietro. *Famiglia e diritti fondamentali della persona* (1986). In *La persona e i suoi diritti. Problemi del*

e pelos outros adquire um valor central, como fundamento da dignidade de cada um de seus membros. Nesse sentido, pode-se dizer que o princípio da democracia, na medida em que traz em si os conceitos de "igualdade, respeito mútuo, autonomia, proteção contra a violência e integração social"[11], constitua o conteúdo mesmo do dever de educar.

As crianças e os adolescentes, hoje, são o centro da atenção e da proteção do ordenamento. A partir da Convenção ONU sobre os direitos das crianças, o melhor interesse da criança tornou-se um princípio fundamental do ordenamento, de modo que tudo é funcionalizado ao respeito desse princípio. Isso representou uma grande conquista que concretizou a concepção do menor de idade como sujeito de direito e não mais como objeto de proteção por parte do Estado. Como evidenciamos anteriormente, todavia, não existe direito sem dever e nem liberdade sem responsabilidade. As crianças e os adolescentes, hoje, gozam de muitos direitos, dos quais têm conhecimento e exigem respeito, mas, frequentemente, esquecem que ao lado desses direitos são previstos também deveres.

As relações familiares são, hoje, fundadas na responsabilidade e na solidariedade familiar[12]. Por conseguinte, a educação passou a exercer uma função emancipatória[13], como consequência da modificação na própria forma de exercício da responsabilidade genitorial, hoje concebida como um poder-dever posto no interesse exclusivo do filho e com a finalidade de satisfazer não as suas vontades, mas, sim, suas necessidades e o desenvolvimento de sua autonomia[14]. Deste modo, o dever de educar dos genitores

diritto civile, Napoli: ESI, 2005, p. 367 ss.; GIDDENS, Anthony. *Cogliere l'occasione. Le sfide di un mondo che cambia*, Roma: Carocci editore, 2000 (trad. italiana da *The Third Way and its Critics*, Polity Press in association with Blackwell Publishers Ltd., 2000) ; BODIN DE MORAES, Maria Celina. *A Família Democrática,* in Rodrigo da Cunha Pereira. Família e Dignidade humana. In V Congresso Brasileiro de Direito de Família. Belo Horizonte: IBDFam, 2006, p. 613 ss.; ROSSI, Stefano. *Lungo il percorso di costituzionalizzazione della persona. Riflessioni sull'opera di Stefano Rodotà*. In *BioLaw Journal – Rivista di BioDiritto, n. 1/2018*, p. 164.

[11] Assim, BODIN DE MORAES, Maria Celina. *A nova família, de novo. Estruturas e função das famílias contemporâneas*. In *Pensar* – Revista de Ciências Jurídicas, 2013, p. 609.

[12] V., por todos, VILELA MULTEDO, Renata. *Liberdade e Família: limites para a intervenção do Estado nas relações conjugais e parentais*, Rio de Janeiro: Editora Processo, 2017.

[13] PERLINGIERI, Pietro. Perfis do Direito Civil. Introdução ao Direito Civil Constitucional, trad. de Maria Cristina De Cicco, Rio de Janeiro: Renovar, 1997, p. 258 s.

[14] PERLINGIERI, Pietro. *Perfis*, cit., p. 259, para quem o interesse do filho identifica-se também com a obtenção de uma autonomia pessoal e de juízo.

implica o direito do filho de ser guiado, do ponto de vista físico, psicológico, cultural e espiritual, em sua trajetória de formação, assim como de receber os ensinamentos necessários para a plena inserção na sociedade.

A função socioeducativa, assim, pode ser resumida na responsabilidade do núcleo familiar de transmitir um sistema de valores, formas de agir e condutas corretas para incentivar a inserção dos filhos na sociedade.

2. A ORIENTAÇÃO JURISPRUDENCIAL SOBRE O TEMA

A crescente atenção do ordenamento às exigências individuais levou à extensão do instituto da responsabilidade civil às violações dos deveres parentais. Em particular, o não cumprimento por parte dos genitores dos deveres previstos no art. 147 c.c. causa aos filhos um dano aos valores fundamentais da pessoa, garantidos pela Constituição.

A Corte de Cassação italiana em diversas ocasiões[15] reafirmou o dever de educação que incumbe aos genitores, estabelecendo que os critérios segundo os quais a responsabilidade pelos atos ilícitos cometidos por filhos menores devem ser atribuídos aos pais (art. 2048 c.c.) consistem tanto no poder-dever de exercer uma supervisão sobre o comportamento dos próprios filhos, quanto, e acima de tudo, no dever de fornecer uma formação adequada, educando os filhos a respeitar as regras da convivência civil, nas relações com os outros e na realização de atividades extra-familiares. A responsabilidade dos genitores prevista no art. 2048 c.c. é, portanto, conexa aos deveres inderrogáveis *ex* art. 147 c.c. A Corte Suprema continua especificando que o poder-dever de educação prescinde da coabitação continuada dos filhos. Por conseguinte não se pode considerar excluída a responsabilidade dos pais pelo simples fato do afastamento temporário do menor da casa da família, se o ilícito por ele cometido consistir no não cumprimento das regras de conduta em vigor no contexto social, de um modo tal que demonstre objetivas deficiências da atividade educacional[16].

Em outra hipótese, o Tribunal de Roma foi chamado a decidir sobre o caso de uma adolescente de dezesseis anos que, ao atravessar a faixa de pedestres com sinal vermelho, foi atropelada por uma motocicleta, causando danos ao motociclista e ao veículo. No processo o motorista e o proprietário da moto pedem indenização contra a menor, os pais como

[15] Cass. civ., Seção. I, n. 5063, de 24.5.1994; Cass. civ., Seção III, n. 7459 de 11.8.1997.

[16] Cass. Civ., Seção III, n. 7050, de 14.5.2008.

titulares da responsabilidade genitorial sobre a mesma e por conta própria, nos termos do art. 2048 c.c. De acordo com esta última disposição, o pai e a mãe são responsáveis pelos danos causados pelo ato ilícito do filho menor e só ficam isentos de responsabilidade se provar que não puderam impedir o fato. O Tribunal, a partir da reconstrução dos fatos, considera que a culpa do acidente é atribuível exclusivamente ao pedestre e condena a adolescente, solidariamente com os pais, tidos como responsáveis nos termos do art. 2048 c.c., a ressarcir os danos.

A decisão, reformada em segundo grau, foi confirmada pela *Corte di Cassazione*[17] em relação à responsabilidade dos genitores, com a argumentação de que os deveres inderrogáveis previstos no art. 147 c.c. impõem um trabalho educacional constante, destinado a corrigir comportamentos incorretos. Por conseguinte, a fim de evitar essa responsabilidade, os genitores devem demonstrar terem dado ao filho educação suficiente para uma vida de relacionamento correta em relação ao seu ambiente, hábitos e personalidade, ainda que, na realidade, se trate de uma *probatio diabolica*. No entendimento da *Corte*, na prática, mesmo que pela idade do menor e pelas experiências realizadas o dever de supervisionar possa ser abstratamente reduzido, o dever educacional nunca pode diminuir[18], já que hoje antecipa-se cada vez mais o momento em que os menores se afastam da supervisão direta dos pais, tornando o ensino da retidão na vida de relacionamento ainda mais importante.

Recentemente, a *Corte d'Appello* de Catanzaro[19] rejeitou uma apelação de dois genitores condenados a indenizar a vítima de violência sexual do filho "por ele não ser educado". Na espécie, o filho atingira a maioridade durante o processo. A culpa da violência sexual perpetrada por alguns menores contra outra menor é dos pais. Eles serão, portanto, obrigados a indenizar os danos reconhecidos à vítima da violência sexual, se a má edu-

[17] Cass. Civ., seção III, n. 3964 de 19.2.2014.

[18] Cass. Civ., seção , 22.4.2009, n. 9556.

[19] App. Catanzaro, II seção Civ., n. 63, de 17.1.20. O Tribunal, ao rejeitar as queixas dos pais, ressalta que o juiz de primeira instância, evocando a jurisprudência da Suprema Corte, esclareceu que a responsabilidade dos pais pelo fato ilícito dos menores, nos termos do art. 2048 c.c., pode concorrer com aquela dos próprios menores fundada no art. 2043 c.c., desde que capazes de entender e querer, [...] devendo-se consideradar, por um lado, a legitimidade passiva (dos dois jovens responsáveis pela violência), já maiores de idade no momento do início do processo, por outro lado a dos pais, em nome próprio, nos termos do art. 2048, e não como pais exercendo a autoridade sobre o menor.

cação dos filhos e o comportamento violento e prevaricador deles emergirem das perícias realizadas seja no momento dos fatos seja posteriormente. No caso em análise ficou comprovado, contrariamente a quanto afirmado pelos genitores, que o episódio de violência perpetrado pelo filho não podia ser considerado como um fato isolado, mas sim, o resultado do caráter violento e prevaricador do filho, "que por sua vez é o fruto de uma educação não adequada".

3. CONSEQUÊNCIAS DA VIOLAÇÃO DO DEVER DE EDUCAR

O respeito à dignidade e à personalidade, em sua totalidade, de cada membro da unidade familiar assume as conotações de um direito inviolável, cuja lesão por outro membro da família, bem como por terceiros, constitui o pressuposto lógico da responsabilidade civil[20], pois, obviamente, não se pode considerar que os direitos definidos como invioláveis recebam proteção diferente, segundo seus titulares insiram-se ou não no contexto familiar.

A violação do dever de educação, como por exemplo, não fixar limites aos filhos, não orientá-los devidamente e, como genitores, recusar-se a assumir as próprias responsabilidades frente a eles, configura, além de uma hipótese de responsabilidade civil[21], uma violência psicológica em relação ao filho que pode acarretar consequências graves à sua personalidade e levar a uma visão distorcida da realidade. Um exemplo pode ser individualizado no bulismo[22], um fenômeno de perturbadora

[20] Assim pronunciou-se a *Corte di Cassazione* italiana, n. 9801 de 10.5.2005. In *Familia e diritto*, 2005, p. 365 ss., que reafirmou a configuração da violação dos deveres genitoriais como hipótese de responsabilidade civil por dano endofamiliar. Violação que gera um dano de natureza extrapatrimonial, na medida em que lesa direitos fundamentais do filho voltados à tutela do interesse essencial da pessoa em receber o sustento e a orientação necessários à sua formação: Cass., 25.2.2015, n. 3810. In *Giurisprudenza italiana*, 2015, p. 2589 ss.

[21] Cf. Cass. Civ., seção III, n. 5668, de 18.4.2001 e n. 2657 de 21.2.2003, para quem, do ponto de vista da responsabilidade civil, os pais do menor de idade, assim como os professores, podem ser condenados a ressarcir a vítima por culpa (*culpa in educando* dos pais; *culpa in vigilando* dos professores). A isenção de responsabilidade segue à demonstração (particularmente difícil para os pais, vinculada por seus deveres educacionais) de que eles não poderiam, de forma alguma, ter impedido o fato. Se o fato ocorreu longe da presença dos genitores, tal demonstração não é suficiente para eximir os pais da responsabilidade, devendo provar também que o filho recebeu uma educação saudável e que foi realizada uma supervisão apropriada à idade (Cass., n. 3977, de 9.6.1983).

[22] Na Itália não é prevista uma lei *ad hoc* de contraste ao bulismo, mas os debates na sociedade são muito acirrados, tanto que levaram à apresentação de um projeto de lei focado na educação,

atualidade[23], expressão de uma sociedade em que os valores do abuso e da vontade dos mais fortes sobre os mais fracos são dominantes, na qual os modelos vencedores são aqueles da arrogância e do desrespeito um pelo outro. O bulismo pode ocorrer mesmo no seio da família, principalmente entre irmãos, porém, se o abuso se der em sentido vertical, caracterizaria a figura do assédio moral, que pressupõe sempre uma relação assimétrica entre o ofensor e a vítima. A família exerce um papel fundamental na prevenção desse fenômeno por ser a primeira e mais importante formação social onde o indivíduo recebe os fundamentos emocionais da socialização e desenvolve a própria personalidade. Desse modo, torna-se indispensável ensinar de forma concreta que, para uma existência civil dentro da sociedade, em pleno respeito à liberdade de todos, é necessário respeitar as regras[24] cuja transgressão comporta consequências e determina a aplicação das sanções previstas em lei.

O cyberbulismo[25], mais pernicioso do que o bulismo, é o ataque repetido à vítima, realizado por meio de ferramentas tecnológicas, principalmente as redes sociais, onde os sujeitos mais vulneráveis são virtualmente dire-

prevenção, recuperação do ofensor e proteção das vítimas, mas com própositos também repressivos, quando necessário, que foi aprovado pela Câmara dos Deputados em janeiro de 2020 e agora está sendo examinado pelo Senado. Nesse meio tempo, ao contraste ao fenômeno socorre a jurisprudência. V., por todas, Cass. pen., Seção V, n. 28623 de 8 de junho de 2017. Para a Corte de Cassação, atos de bulismo – como agressão ou assédio repetidos, por uma única pessoa ou grupo de pessoas, em detrimento de uma ou mais vítimas, capazes de nelas causar sentimentos de ansiedade, medo de isolamento ou marginalização, através de atos ou comportamentos vexatórios, pressão ou violência física ou psicológica, ameaças, chantagem, ofensa ou escárnio por razões de condições pessoais da vítima – integram o crime de "atos de perseguição" (stalking) previsto no art. 612 *bis* c.p.

[23] Ancona Lopez, Teresa. *Dano existencial*. In Revista de Direito Privado vol. 57, Jan – Mar/2014, p. 287 ss., onde, em clara análise do dano existencial, identifica no bulismo um típico exemplo dessa tipologia de dano "gerado pela prática dolosa de terror ou aberta discriminação pelos "valentões" (bulls) em ambiente escolar", que pode ser "causa de traumas irreversíveis na vida adulta de suas vítimas", com "potencialidade de projeção na vida futura".

[24] Em geral, sobre a relação entre regras e pessoas, necessária para reforçar o senso de cidadania, v. Colombo, Gherardo. *Sulle regole*, Milano: Feltrinelli, 7ª ed., 2017, que esclarece que os cidadãos precisam entender por qual razão as regras existem. "Se eles não entendem, tendem a fugir das regras, quando as consideram difíceis, e a violá-las, quando não respondem à sua vontade" (p. 8).

[25] L. n. 71 de 29 de maio de 2017, , Disposições para a proteção de menores de idade de prevenção e contraste do fenômeno do cyberbulismo, entrada em vigor em 18 de outubro de 2017.

cionados e afetados publicamente. É por esse motivo que na era da internet e na presença de novas formas de comunicação e compartilhamento, o papel da família e da escola torna-se ainda mais crucial. É importante reafirmar constantemente os princípios do viver em sociedade, como privacidade e dignidade da pessoa, que devem estar sempre no centro da formação de todos os cidadãos.

Os genitores são responsáveis pelos atos ilícitos cometidos por seus filhos, seja em razão do dever constitucional de educação, seja em virtude de quanto disposto nos artigos 147 e 2048 c.c. A responsabilidade se estende também, e diria, hoje, principalmente, aos ilícitos cometidos pelos filhos menores de idade no uso dos social network. A jurisprudência é concorde em afirmar que os genitores que permitem, mas mesmo que assim não o façam, o acesso do próprio filho à internet, são responsáveis pela conduta do filho, na medida em que são conscientes dos perigos ínsitos na navegação em rede. É a orientação seguida nas decisões dos Tribunais de Teramo em 2012[26] e de Sulmona em 2018[27].

[26] Trib. Teramo, n. 18, de 16 de janeiro de 2012, sobre o caso de uma adolescente que no Facebook criou um grupo chamado «Para todos aqueles que odeiam L.C.», no qual foram publicadas algumas frases injuriosas, tanto por parte da adolescente A.C., que formou o grupo, quanto por parte de outros adolescentes pertencentes ao mesmo grupo. A difusão das frases teve origem em uma relação tensa entre as duas adolescentes L.C. e A.C., provavelmente devido a uma rivalidade amorosa. A situação se degenerou em uma rixa verbal. No caso em espécie, o juiz, apesar de afirmar que de um ponto de vista abstrato havia sido cometido um ilícito civil, não determinou alguma condenação ressarcitória, nem por danos patrimoniais, por falta de prova, nem por danos não patrimoniais, em razão do fato, determinante, de que a conduta em questão tinha sido o resultado de uma provocação consistente na publicação por parte da requerente de uma frase ofensiva. A decisão se assinala porque, apesar de não ter determinado consequências aos atores do caso, afirmou princípios extremamente rigorosos em relação ao fato, à responsabilidade dos genitores e ao ônus da prova

[27] Trib. Sulmona, seção civil, n. 103, de 9 de abril de 2018. In *Danno e responsabilità*, 2018, fasc. 6, p. 763 ss.. O juiz esclareceu que a atividade dos jovens agressores deveria ser considerada ilícita e carregada de capacidade ofensiva, independentemente do fato de a mesma vítima ter «enviado fotos em favor de alguns colegas a pedido dos mesmos, por sua iniciativa espontânea, por vaidade ou por outro motivo». Quando não autorizado, de fato, o envio a terceiros (ou pior, a publicação em uma rede social) de uma foto representando a imagem nua de uma pessoa (principalmente se for menor de idade) afeta uma pluralidade de interesses pertencentes à esfera da pessoa e portanto protegido pelo art. 2 da Constituição, incluindo o direito à privacidade, reputação, honra, imagem, inviolabilidade da correspondência. Desse modo, afirmou, é certamente indenizável, nos termos do art. 2059 c.c., o consequente dano não patrimonial. Dano que deve ser apreciado em termos de efetividade e em relação àquele

O caso de Sulmona, em especial, é interessante por ter identificado exatamente o papel exercido por cada um dos protagonistas, vítima, ofensores, genitores e por conseguinte ter decidido com base no princípio de proporcionalidade. Para se compreender melhor a orientação seguida pelo juiz faz-se oportuno resumir o caso. No verão de 2013 uma adolescente enviou a um amigo maior de idade, a seu pedido, uma foto íntima com a promessa de que não seria divulgada. Posteriormente, enviou espontaneamente a mesma e outras fotos, sempre íntimas e de nudez, a outros adolescentes de sua escola, imaginando que não haveria divulgação das mesmas, coisa que não aconteceu. Em outubro a adolescente começou a perceber, na própria escola, que outros colegas haviam recebido a foto e que por sua vez, a divulgaram a outros. A situação foi se alastrando e a notícia acabou sendo dada pela imprensa local, o que agravou as consequências psicológicas à adolescente. No Natal, outra adolescente criou um perfil falso da adolescente no facebook e publicou a sua foto nua. A partir daí a situação ficou insustentável, o que levou os genitores da menina a denunciar o ocorrido e pleitear ressarcimento por danos patrimoniais próprios (não comprovados) e danos não patrimoniais, próprios e da filha.

O juiz colocou em evidência a carência educacional dos então menores de idade, que demonstraram não ter o senso crítico necessário, uma capacidade adequada de discernimento e orientação consciente de suas próprias escolhas, no respeito e na proteção dos outros. Capacidades que, ao contrário, eles já deveriam ter, levando em conta a idade. Tanto é assim, evidenciou-se, que alguns colegas que receberam a foto não a divulgaram. Por conseguinte, na quantificação dos danos foi levada em consideração a participação efetiva de cada ofensor, graduando-se a gravidade dos atos, do menos grave – a divulgação da foto – ao mais grave – a criação do perfil

causado pela conduta individual praticada pelos menores, aos quais, no entanto, não pode ser atribuído o maior prejuízo que já ocorreu independentemente da ativação deles. Isso porque quando os ofensores iniciaram a enviar as fotos e sucessivamente quando foi criado o perfil falso no Facebook, a vítima já sofria pelas consequências do envio espontâneo das fotos. A ação dos ofensores somente agravou os danos que ela já vinha sofrendo e, portanto, responderam somente por esse agravamento, consequência direta do comportamento de cada um. Esse passo da sentença é muito interessante e importante porque deixa claro que também a vítima, nesse caso específico contribuiu com o próprio comportamento a dar início à veiculação das fotos, da qual, sucessivamente perdeu completamente o controle. E assim o fez sem inferir sobre a adolescente, ao contrário, mas para que ela também se conscientizasse da importância de um uso responsável da internet.

falso com anexa publicação da foto da vítima. Em aplicação do princípio de proporcionalidade, para cada envio foi liquidado em via equitativa o pagamento de 2.000 euros à vítima, enquanto que para a criação do perfil falso foi liquidado em via equitativa a soma de 35.000 euros à vítima e 10.000 euros para cada um dos seus genitores, justificando com o fato de que a publicação da foto nua de sua filha prejudicou concretamente a reputação deles: de fato, segundo o juiz, «a escolha imprudente de postar a imagem» da adolescente «em uma rede social amplamente utilizada determinou enorme destaque na imprensa local e no meio ambiente da vida e do trabalho do casal, de modo a afetar também a reputação e a honra dos pais, sujeitos e expostos às críticas sociais da comunidade à qual pertencem.

Mas não são somente os filhos a manter comportamentos pouco responsáveis no mundo digital. Infelizmente, em várias ocasiões são os próprios genitores a colocarem em risco a privacidade dos filhos nas redes sociais[28], contrariando assim seu dever de educá-los ao uso responsável de internet. De fato, existem aqueles que defendem a privacidade da família a todo custo e aqueles que não conseguem resistir à tentação de compartilhar as fotos de seus filhos na própria vitrine social retratados em várias situações, dando os primeiros passos, quando participam de uma festa ou em outros momentos importantes e. por vezes, embaraçosos de suas vidas. Mas publicar fotos de menores de idade nas Redes sociais, além de ser uma atividade perigosa e desaconselhável devido aos riscos associados

[28] Já na vigência do Código sobre a Privacy de 2003, a Autoridade Garante para a proteção dos dados pessoais, com disposição de 23 de fevereiro de 2017 (web doc. 6163649) sancionou a violação do direito à privacidade de um menor cuja mãe postou em seu perfil do Facebook duas sentenças relacionadas à cessação dos efeitos civis do seu casamento, que também continham informações sobre a intimidade da vida familiar da filha. As sentenças permitiam identificar da filha no círculo de pessoas que compartilhavam as informações disponibilizadas pela mãe e continham detalhes delicados relacionados à experiência da criança., de modo que o Garante afirmou ser apropriado "interpretar o código à luz da evolução e difusão tecnológica das redes sociais, estruturadas para permitir a comunicação sistemática com extrema facilidade". Constatado que o perfil, apesar de estar "fechado" e, portanto, acessível a um número limitado de amigos, era facilmente modificável, de "fechado" para "aberto" a qualquer momento pelo titular, além da possibilidade de qualquer "amigo" admitido no perfil compartilhar o post em sua própria página, tornando-o, consequentemente, visível a um número indefinido de usuários, o Garante afirmou que a divulgação das medidas jurisdicionais em questão era incompatível com a proibição estabelecida nos artigos 50 e 52 do Código sobre a Privacy e, consequentemente, ordenou a remoção das sentenças acima mencionadas do perfil da mãe, no Facebook.

ao uso inadequado de imagens, pode acarretar responsabilidade e o consequente ressarcimento dos danos causados aos filhos. Um problema preocupante que no presente trabalho, para não abusar do espaço que me foi concedido, será somente acenado[29], invocando à propósito, as sentenças dos Tribunais de Mantova[30] e Roma[31].

[29] Lembrando todavia que a solução do problema independe do fato do genitor ter publicado diretamente a foto do filho ou somente não ter se oposto à publicação da foto por parte do novo partner, sem o consentimento do pai, como no caso decidido pelo Tribunal de Veneza em 2018, que reconhceu a soma de 25.000 euros ao pai, como dano não patrimonial. O juiz argumentou do fato que a publicação da imagem de criança/adolescente em social network, considerados os perigos que essa atividade comporta, ou seja, lesão ao direito à privacidade, à intimidade, riscos conexos à pedopornografia e ao cyberbullying, deve ser considerada como ato que excede os atos de «ordinária administração» e, portanto, requer que a autorização seja concedida por ambos os genitores (art. 330 c.c.).

[30] Trib. Mantova, 20 de setembro de 2017, segundo o qual, não podem ser publicadas nas redes sociais, fotos dos filhos menores de idade sem o consentimento do outro genitor. O caso diz respeito a dois genitores separados. O pai havia contestado comportamentos da mãe, tidos como deseducativos, e a publicação assídua de fotos dos filhos de três anos e meio e de um ano e meio nas redes sociais, sem o seu consentimento e apesar da sua oposição. Segundo o juiz, houve violação do art. 10 c.c., do Código sobre a privacy de 2003 (precedente à entrada em vigor do Reg.EU 679/2016) e da Convenção de New York sobre os direitos das crianças de 1989. A publicação de fotos, especialmente se sistemática, é potencialmente prejudicial pois viola a privacidade de menores e alimenta a dark web que, como é sabido, permite às pessoas armazenarem fotos de crianças. Um fator importante no caso em questão diz respeito ao acordo que os genitores concluíram em abril de 2017 (acordo sobre a *baby web reputation*), durante o procedimento de separação, e recepcionado pelo Tribunal, com a cláusula que «a mãe e o pai se comprometem a não publicar qualquer foto dos filhos nas redes sociais e a eliminar todas as que foram por eles publicadas». Por esses motivos foi ordenado à mãe de eliminar as fotos por ela publicadas e de se abster de inserir novas fotos..

[31] Trib. Roma, seção civil I, Ord., 23 de dezembro de 2017. O caso se desenvolve no contexto de um divórcio caracterizado por uma forte conflitualidade entre os genitores (que perderam a responsabilidade genitorial sobre o filho) e entre o filho adolescente de 16 anos e os pais, principalmente com a mãe, que publica regularmente nos social network imagens e informações pessoais e detalhadas do filho, contra a sua vontade. O adolescente, cansado de ver a sua vida exposta e em virtude dos problemas que, em razão do comportamento da mãe, enfrenta na escola, requer ao juiz, através de seu tutor, autorização para poder prosseguir seus estudos nos Estados Unidos. O juiz dispõe, para a proteção do adolescente e para evitar a disseminação de informações também no novo contexto social frequentado por ele, a cessação imediata da disseminação pela mãe nas redes sociais de imagens, notícias e detalhes relacionados a dados pessoais e ao processo judicial referente ao filho. Além disso, para impedir que conteúdos semelhantes sejam divulgados por terceiros, o tutor deve estar autorizado a intimar terceiros a não divulgar essas informações, e deve ser previsto que o tutor solicite que terceiros removam esse conteúdo e que requeira aos gestores dos provedores

CONCLUSÕES

A identificação do fundamento da responsabilidade civil no princípio da solidariedade contribuiu a deslocar o foco da atenção do ofensor à vítima[32] e a expandir a noção de dano injusto[33]. Paralelamente a tal fato, verificou-se a evolução do direito de família que, na Itália, a partir dos anos '60 passa a valorizar a personalidade e a dignidade de todos os membros da família. Ambos os fatos contribuíram a derrubar o mito da intangibilidade da família por parte de terceiros, abrindo a estrada para a previsão de indenização pelos ilícitos cometidos por e contra os seus membros.

No novo modelo familiar, a relação genitores-filhos passa a centrar-se na responsabilidade e na solidariedade. Desse modo, o conteúdo dos deveres dos genitores, ancorados nos arts. 30 Const. e 147 c.c. também evoluem para abarcar o princípio da democracia. Por conseguinte, o poder-dever de educar apresenta-se como uma técnica de nível constitucional para proteger a pessoa menor de idade funcionalizada ao desenvolvimento, à realização da sua personalidade e à sua total integração social.

Nesse condão, a educação, no sentido explicitado no texto, pode ser vista como uma ferramenta importante na luta contra a violência de gênero, a discriminação, o preconceito, porque a violência que caracteriza a sociedade atual é, na realidade, o reflexo da violência que se sofre, assiste e pratica dentro de casa. A transmissão de um sistema de valores éticos certamente contribuirá para a construção de novos modelos culturais centrados no respeito de si e dos outros.

REFERÊNCIAS

ANCONA LOPEZ, Teresa. *Dano existencial.* In Revista de Direito Privado vol. 57, Jan – Mar/2014, p. 287 ss.

BESSONE, Mario, in BESSONE, Mario, MONTUSCHI, Luigi, VINCENZI AMATO, Diana, CASSESE, Sabino e MURA, Alberto. *Rapporti etico-sociali (art. 29-34).* In *Commentario della Costituzione* a cura di Giuseppe Branca, Zanichelli-Foro italiano, 1976

de busca para desindexar as informações relacionadas ao menor. O juiz dispõe também que seja impedido à mãe de disseminar nos social networks e nas mídias, imagens, informações e qualquer outro dado relativo ao filho. Do mesmo modo a mãe é intimada a remover entre uma data estabelecida, as imagens, informações e os dados pessoais do fiho por ela inseridos, sob pena de pagamento de multa.

[32] Na jurisprudência assentou-se o princípio pelo qual "é injusto o dano que o ordenamento não pode tolerar que seja suportado pela vítima". V., por todas, Cass., Sez. Un., 22.7.1999, n. 500.

[33] V., por todos, RODOTÀ, Stefano. *Il problema della responsabilità civile,* Milano: Giuffré, 1964, *passim.*

BODIN DE MORAES, Maria Celina. *Danos à Pessoa Humana. Uma Leitura Civil-Constitucional dos Danos Morais*, Rio de Janeiro: Renovar, 2003

______.. *A Família Democrática*. In Rodrigo da Cunha Pereira. Família e Dignidade humana. In V Congresso Brasileiro de Direito de Família. Belo Horizonte: IBDFam, 2006, p. 613 ss.

______, *A nova família, de novo. Estruturas e função das famílias contemporâneas*. In *Pensar* – Revista de Ciências Jurídicas, 2013, p. 587 ss.

COLOMBO, Gherardo. *Sulle regole*, Milano: Feltrinelli, 7ª ed., 2017

De CICCO, Maria Cristina. *Responsabilidade genitorial e violência: o dever constitucional de educar*. In Marco Antonio Marques da Silva (org.), *Sociedade, educação e violência*, São Paulo: Quartier Latin, 2020, no prelo

FINOCCHIARO, Alfio e Mario. *Diritto di famiglia. Commento sistematico della legge 19 maggio 1975, n. 151. Legislazione-Dottrina-Giurisprudenza*, II, Art. 90-240, Milano: Giuffré, 1984

GIDDENS, Anthony. *Cogliere l'occasione. Le sfide di un mondo che cambia*, Roma: Carocci editore, 2000 (trad. italiana da *The Third Way and its Critics*, Polity Press in association with Blackwell Publishers Ltd., 2000)

______. *La terza via. Manifesto per la rifondazione della socialdemocrazia*, Milano: Il Saggiatore, 1999, p. 93 ss.

PERLINGIERI, Pietro. Perfis do Direito Civil. Introdução ao Direito Civil Constitucional, trad. de Maria Cristina De Cicco, Rio de Janeiro: Renovar, 1997.

______. *Famiglia e diritti fondamentali della persona* (1986). In *La persona e i suoi diritti. Problemi del diritto civile*, Napoli: ESI, 2005, p. 367 ss.

RODOTÀ, Stefano. *Il problema della responsabilità civile*, Milano: Giuffré, 1964

______Solidarietà. Un'utopia necessaria. Bari: Laterza, 2014

______. *La dignità della persona*, p, 5 s.. In https://www.unipd.it/scuolacostituzionale/documenti/2011/La%20dignita%20della%20persona%20-%20Rodota.pdf

ROSSI, Stefano. *Lungo il percorso di costituzionalizzazione della persona. Riflessioni sull'opera di Stefano Rodotà*. In *BioLaw Journal – Rivista di BioDiritto, n. 1/2018*, p. 164

VILELA MULTEDO, Renata. *Liberdade e Família: limites para a intervenção do Estado nas relações conjugais e parentais*, Rio de Janeiro: Editora Processo, 2017.

39
REINTERPRETAÇÃO DAS FUNÇÕES DA RESPONSABILIDADE CIVIL NA REPARAÇÃO DO DANO MORAL

MARIA HELENA DINIZ

1. NOTA DA AUTORA

Esta breve reflexão epistemológico – jurídica tem por escopo reinterpretar as funções da responsabilidade civil, mediante análise de certos parâmetros para que haja não só reparação civil ressarcitória punitiva do dano moral como também prevenção dessa ofensa, isto porque o mundo hodierno, ante os avanços tecnológicos tem gerado nas atividades humanas muitos riscos à integridade do homem. Urge restabelecer o equilíbrio violado pelo dano moral, fonte geradora da responsabilidade civil, procurando soluções satisfatórias para o ressarcimento dos prejuízos conducentes à justa aferição do *quantum debeatur*, ante a dificuldade da restitutio in integrum, que objetiva a reconstrução da situação existente antes do dano ocorrido. Diante do cenário da atualidade será preciso que a indenização pecuniária seja atrelada aos princípios do respeito da dignidade humana, da proporcionalidade, da razoabilidade e da solidariedade social para que haja uma conscientização da prevenção da ocorrência do dano ou da diminuição de sua extensão, fazendo com que o direito realize, efetivamente, sua função social.

2. DANO MORAL E A PROBLEMÁTICA DE SUA INDENIZAÇÃO

O dano moral vem a ser a lesão de interesses não patrimoniais da pessoa, provocada pelo fato lesivos. Qualquer lesão de alguém sofra no objeto de seu direito repercute, necessariamente, em seu interesse; por isso quando se distingue o dano patrimonial do moral, o critério da distinção não poderá ater-se à natureza ou índole do direito subjetivo atingido, mas no interesse que é pressuposto desse direito, ou ao efeito da lesão jurídica, isto é, ao caráter de sua repercussão sobre o lesado, pois somente desse modo se poderia falar em dano moral, oriundo de uma ofensa a um bem material, ou em dano patrimonial indireto, que decorre de evento que lesa direito da personalidade, como p. ex. direito à vida, à saúde, provocando também um prejuízo material, como incapacidade para o trabalho, despesas com tratamento. Logo, nada obsta a coexistência de ambos os interesses como pressupostos de um mesmo direito, portanto o dano poderá lesar interesse patrimonial ou extrapatrimonial. Deveras, o caráter patrimonial ou moral do dano não advém da natureza do direito subjetivo danificado, mas dos efeitos da lesão jurídica, pois do prejuízo causado a um bem jurídico econômico pode resultar perda de ordem moral, e da ofensa de um bem jurídico extrapatrimonial pode originar dano material. Realmente, poderá até mesmo suceder que da violação de determinado direito resultem, ao mesmo tempo, lesões de natureza moral e patrimonial. Eis porque o dano moral suscita o problema de sua identificação, uma vez que, em regra, se entrelaça a um prejuízo material, decorrente do mesmo evento lesivo[1]. O dano moral, é, na verdade lesão ao direito da personalidade. Deveras "o dano moral indenizável não pressupõe necessariamente a verificação de sentimentos humanos desagradáveis como dor ou sofrimento" (Enunciado n. 445 da V Jornada de Direito civil).

O dano moral, ensina-nos Zannoni, não é a dor, a angústia, o desgosto, aflição espiritual, a humilhação, o complexo que sofre a vítima do evento danoso, pois estes estados de espírito constituem o conteúdo, ou melhor, a consequência do dano e são variáveis em cada caso, pois cada pessoa sente a seu modo. O direito não repara qualquer padecimento, dor ou aflição, mas aqueles que forem decorrentes de privação de um bem jurídico sobre o qual a vítima teria interesse reconhecido juridicamente p. ex. se vemos alguém atropelar outrem, não estamos legitimados para reclamar indenização, mesmo quando este fato nos provoque grande dor. Mas, se houver relação de parentesco próximo entre nós e a vítima, seremos lesados indi-

[1] ZANNONI, *El daño en la responsabilidad civil*, Buenos Aires, Ed. Astrea, 1982, p. 232 e 233; ORGAZ, El daño resarcible, Buenos Aires, 1952, p. 201, SANTOS BRIZ, *Derecho de daños*, Madrid, 1963, p. 122; DINIZ, M.H, *Curso de direito civil brasileiro*, SPaulo, Saraiva, 2020, vol. 7, p. 110.

retos. Logo os lesados indiretos e a vítima poderão reclamar a reparação pecuniária em razão de dano moral, embora não pecam um preço para a dor que sentem ou sentiram, mas tão somente, que se lhes outorgue um meio de atenuar, em parte, as consequências da lesão jurídica por eles sofridas[2].

Grande é a polêmica sobre a possibilidade de se ressarcir menoscabo de interesses extrapatrimoniais, e várias são as objeções à sua reparação, tais como[3]:

a) *efemeridade de dano moral*, mas a doutrina tem entendido que o fato desse prejuízo não ter efeito permanente não impede sua ressarcibilidade pois a reparação variará conforme sua maior ou menor duração. Haverá prejuízo sempre que ocorrer uma lesão de modo que sua reparação será mais ampla ou menos ampla, de acordo com a circunstâncias;

b) *escândalo a discussão, em juízo, sobre sentimentos íntimos de afeição e decoro*, todavia, essa objeção é insustentável, visto que juízes e tribunais têm a função de acolher as queixas das partes e dirimir as contendas. Além disso, para questões delicadas e graves há sempre o recurso das instruções em segredo de justiça, e os fatos escabrosos são vistos sob um prisma profissional e técnico;

c) *incerteza, nos danos morais de um verdadeiro direito violado e de um dano real*, porem a causa do prejuízo é uma só, pouco importando que bem violado seja, material ou não. O dano moral não é a abstrata lesão do direito, mas de interesses não patrimoniais da pessoa provocada pelo fato lesivo, constituindo-se no efeito não patrimonial da lesão jurídica. O dano moral decorre de uma violação do direito extrapatrimonial, mas o fato dos efeitos do direito violado serem imateriais não implica a inexistência da violação e do direito lesado;

d) *dificuldade de descobrir-se a existência do dano*, porem tal prova não é impossível ou difícil, visto que se se tratar de pessoas ligadas à vítima

[2] Zannoni, op. cit., p. 234 e 254; Diniz, M.H, op. cit. p. 110-111.

[3] Pires de Lima, Zulmira, Responsabilidade civil por danos morais, *RF*, 83:216 e 412; Melo da Silva, W. *Dano moral e sua reparação*, Rio de Janeiro, Forense, 1966, p. 215 a 338; Melo, Nehemias, *Dano moral – problemática do cabimento à fixação do quantum*, SPaulo, Juarez de Oliveira – 2004; Santiago, Mariana, A lacuna axiológica no âmbito da quantificação da indenização derivado da responsabilidade civil no direito civil brasileiro e sua integração pelo princípio da igualdade; *RT*, 997:309-31; Diniz, M.H. *Curso*, cit. p. 114 a 120.

por vínculo de parentesco ou de amizade, haveria presunção *juris tantum* da existência de dano moral.

e) *impossibilidade de uma rigorosa avaliação pecuniária do dano moral*, mas o lesado pode pleitear uma indenização em razão de dano extrapatrimonial, sem pedir um preço para sua dor, mas um lenitivo que atenue, em parte, as consequências do prejuízo sofrido, melhorando seu futuro, superando o "*deficit*" acarretado pelo dano. O dinheiro não aparece como uma real correspondência equivalente, qualitativa ou quantivamente, aos bens perdidos pelo lesado. Não há quantia capaz de corresponder, por ex. ao abalo emocional provocado pelo impacto de uma injuria, ao sofrimento provocado aos pais pela morte de filho etc.

f) *indeterminação do número de lesados*, pois a lesão atingiria não só a vítima, mas também seus parentes, amigos, noivo, namorado, cônjuge, companheiro. Todavia, isso não oferece dificuldade, pois o juiz, em cada caso concreto, poderá verificar quem são as pessoas cuja dor merece ser reparada, em uma vez que há pessoas que têm ódio de certos parentes, rogando-lhes toda sorte de desgraças;

g) *imoralidade da compensação da dor com o dinheiro*, pois Orozimbo Nonato (RF, 138:456) pontifica que, em certos casos, a reparação melindraria o senso moral médio, como na hipótese do marido traído por sua esposa vir a reclamar do amante desta a indenização pela dor por ele experimentada e derivada da traição de sua consorte. Todavia, como será o magistrado, quem concederá ou não a reparação pecuniária do dano moral, examinando cada caso concreto, nenhuma imoralidade haverá nessa compensação. A reparação pecuniária de um dano moral imposta ao culpado representa uma sanção justa para o causador do dano moral;

h) *perigo de inevitabilidade da interferência do arbítrio judicial conferindo ao magistrado poder ilimitado na apreciação dos danos morais, ao avaliar o montante compensador do prejuízo.* Realmente, na reparação do dano moral o juiz deverá apelar para o que lhe parecer equitativo ou justo, mas ele agirá sempre com um prudente arbitro, ouvindo as razões da parte, verificando os elementos probatórios, fixando moderadamente uma indenização. Portanto, ao fixar o *quantum* indenizatório, o magistrado não procederá a seu bel-prazer, mas com responsabilidade, decidindo com fundamento, por arbitramento ou por liquidação pelo procedimento comum (CPC, arts. 509, I e II, 509, §4º, 510 e 511);

i) *enriquecimento sem causa,* pois o credor teria, com a reparação do dano moral, um aumento patrimonial, sem que antes tivesse tido nenhum desembolso. Ora a reparação pecuniária do dano moral não pretende refazer o patrimônio, visto que este, em certos casos, não sofreu nenhuma diminuição, mas dar ao lesado uma compensação, que lhe é devida, pelo que sofreu, amenizando as agruras oriundas do dano não patrimonial;

j) *impossibilidade jurídica de se admitir tal reparação.* Tal objeção não tem nenhum fundamento, pois os bens morais também são jurídicos, logo sua violação deverá ser reparada. Se a ordem jurídica sanciona o dever moral de não prejudicar ninguém, como poderia ela ficar indiferente ao ato que lese a alma, se defende a integridade corporal, intelectual e física.

Ante a inconsistência dessas objecções admitimos a ressarcibilidade do dano moral, mesmo quando não houver repercussão econômica. Várias normas agasalham a reparabilidade do dano moral (CPC, arts. 17; 509, I e 510, CC, arts. 949, 950, 953 a 954; Lei n. 9.610/1998, arts. 22, 24, 26 e § único, 102 a 110) e é de competência jurisdicional o estabelecimento do modo como o lesante deverá reparar o dano, baseando-se em critérios subjetivos (posição social ou política do ofendido, intensidade do ânimo de ofender; culpa ou dolo) ou objetivos (situação econômica do ofensor, risco criado, gravidade e repercussão da ofensa).

Na avaliação do dano moral o órgão judicante deverá atuar equitativamente com ponderação, buscando todo elemento possível para encontrar em caso *sub judice* o valor que lhe for mais adequando.

3. IMPORTÂNCIA DO DANO EXISTENCIAL E DA PERDA DA CHANCE NO RESSARCIMENTO DO DANO MORAL

Havendo lesão à direito da personalidade pode haver necessidade de reparação do dano existencial, se houver frustação a algum projeto de vida ou reprogramação de atividades cotidianas. Dano existencial é qualquer agressão aos direitos fundamentais e aos direitos da personalidade que cause modificação nas atividades exercidas pela vítima ou frustre seus projetos, gerando perda do sentido da vida, por provocar alteração em suas relações familiares, sociais, culturais, afetivas etc. É todo acontecimento que incide, de modo negativo, total ou parcialmente, sobre os afazeres da pessoa, podendo repercutir, temporária ou permanente, sobre sua existência, levando-a a modificar sua rotina[4].

A situação existencial humana – o conjunto de relações nas quais o homem se encontra no mundo com as coisas e outras pessoas[5] e o direito ao mínimo existencial – direito ao necessário à existência digna[6] dialogam com necessidades materiais e com aspirações transcendentais, pois a pessoa precisa projetar-se para fora de si para encontrar seu próprio significado, satisfazendo suas necessidades básicas para que possa desenvolver-se de modo saudável[7]. Daí o direito de livremente, moldar sua vida e seu destino e de escolher os meios para atingir sua realização pessoal. Se a pessoa for injustamente impedida de desenvolver uma atividade que lhe dava prazer e realização pessoal, ter-se-á dano existencial indenizável, visto, que deu azo à renúncia involuntária de atividade cotidiana. Por tal razão, o dano existencial é uma espécie do gênero dano moral, uma vez que tolhe a vítima da liberdade da escolha feita sobre seu destino, coibindo o pleno desenvolvimento de sua personalidade, alterando perniciosamente seu ritmo de vida e, consequentemente, afetando sua integridade física e psíquica. A indenização por dano moral e existencial é cumulável, pois um dano à integridade psíquica ou psicológica poderá alterar projeto de vida. Dano moral envolve o sentir e o dano existencial o deixar de fazer algo, sendo indenizável porque ninguém tem o direito de mudar a vida das pessoas, tirando-lhes as expectativas e a paz espiritual.

Mosset Iturraspe esclarece que a vida de relação seja no lar ou nos variados grupos sociais conduz a atividades multiformes que enriquecem a personalidade logo, se houve ofensa não será necessária que o prejuízo tenha repercussão econômica para o lesado, para que haja responsabilidade civil do lesante. São, exemplificativamente; danos existenciais: acidentes que

[4] Soares, Flaviano, *Responsabilidade civil por dano existencial,* Porto Alegre, Livraria do Advogado, 2009, p. 44.

[5] Maman, Jeanette, *Fenomenologia existencial do direito.* SPaulo, Quartier Latin, 2003, p. 82 e 83.

[6] Alexy, R. Grundrechte als subjektive Rechteund als objektive Normen, *Der Staat,* 28 (1):49-68, 1990.

[7] Frota e Bião, A dimensão existencial da pessoa humana, o dano existencial e o dano ao projeto de vida: reflexões à luz do direito comparado: *Revista Síntese – Direito Civil e Direito Processual Civil* n. 80, p. 57 a 83.

provoquem tartamudez, incapacidade laborativa ou recreativa; *bullying* no ambiente escolar; ato de imperícia médica que acarrete impossibilidade de praticar esporte; abandono material de filho menor que perde chance de estudar; uso de agulha em exame laboratorial que contamine paciente pelo vírus da AIDS; prisão arbitrária ou realizada por erro judiciário; assédio sexual etc.

O dano existencial abarca a perda da chance oriunda de lesão extrapatrimonial, por ser conducente não só a um eventual benefício perdido, como também à perda de oportunidade ou de expectativa em que seria obtido em benefício, caso não houvesse o corte abrupto em decorrência de ato ilícito. E isso irá requerer o emprego do tirocino equitativo do magistrado, distinguindo a possibilidade da probabilidade e fazendo uma avaliação das perspectivas favoráveis ou não à situação do lesado, para atingir a proporção da reparação e deliberar seu *quantum*. Consequentemente, a indenização não seria o ganho que deixou de ter, mas na verdade a frustração da perda de oportunidade de alcançar uma vantagem futura. A perda da chance é um dano real indenizável se se puder calcular o grau de probabilidade de sua concretização ou da cessação do prejuízo. Se assim é, o dano deverá ser apreciado em juízo, segundo o maior ou menor grau de probabilidade de converter-se em certeza. A perda de uma oportunidade é um dano cuja avaliação é difícil, por não ser possível a condução da vítima ao *statu o ante*, pois não mais terá a chance perdida. O lesado deve ser indenizado pelo equivalente daquela oportunidade; logo o prejuízo terá um valor que variara conforme a maior ou a menor probabilidade de a chance perdida se concretizar. Como exemplo de perda da chance poder-se-á apontar: o ato culposo de um advogado que não apresenta, sem motivo justificável recurso cabível, retirando de seu constituinte a oportunidade de ver sua pretensão examinada em instância superior, que poderia dar-lhe ganho de causa.

Pelo Enunciado n. 444 da V Jornada de Direito Civil: "A responsabilidade civil pela perda da chance não se limita à categoria de danos extrapatrimoniais, pois conforme às circunstâncias de caso converte, a chance perdida pode apresentar também a natureza jurídica de dano patrimonial. A chance deve ser séria e real, não ficando adstrita a percentuais apriorísticos". Na verdade, em regra, a perda da chance de auferir benefício ou evitar evento desfavorável constitui dano moral em razão da oportunidade perdida, abrangendo o dano existencial, por ser uma lesão à existência e à dignidade da pessoa, decorrente da violação de direitos da personalidade que provoca modificação nas atividades cotidianas por ela exercidas, por ter havido uma privação em, sua liberdade ou em seu direito de fazer ou deixar de fazer o que lhe aprouver ou de concretizar metas. Por isso as normas, que regem indenização por dano moral poderão ser aplicadas na ressarcibilidade do dano existencial (CF, art. 1º, III, 5º, V e X, CC, arts. 12,186, 927, 948, súmula 37 do STJ; sumula 491 do STF)[8].

Pela Constituição Federal há obrigatoriedade de tutela à pessoa humana, pois consagra os direitos fundamentais e os da personalidade, para que tenha uma existência digna e protegida de qualquer ofensa. A existência é o "modo de ser homem no mundo" e a dignidade é "o núcleo da existência humana"[9]. Todos têm direito à vida digna e à concretização de oportunidades, logo o dano existencial e a chance perdida deverão ser considerados na quantificação do dano moral, aplicando-se, sempre que possível, os *punitive damagens.*

4. POSSIBILIDADE DE APLICAÇÃO DOS "*PUNITIVE DAMAGES*" NOS CASOS DE DANO MORAL E O PAPEL DOS CRITÉRIOS DA PONDERAÇÃO

Os "*punitive damages*", em país de "common law", consistem na retribuição monetária, desconectada do montante principal compensatório, que se impõe como não só punição ao ofensor por sua conduta dolosa ou culposa, seja em virtude de malícia, fraude, ultraje ou de severa falta de cuidado ou indiferença em relação aos direitos alheios, mas também como prevenção e dissuasão para que não venha a repeti-la, assim como para que os demais membros da comunidade não venham a praticá-la[10]. A indenização punitiva por dano moral advinda dos USA, poderá coibir abusos praticados e solucionar de forma favorável litígios que envolvam lesão a direito

[8] Araújo, V. Donato. A perda de uma chance, *Direito Civil – direito patrimonial e direito existencial* (coord. Tartuce e Castilho) V. Paulo, método, 2006, p. 439 – 70; Noronha, Fernando, *Direito das obrigações*, SPaulo, Saraiva, 2003, v.1, p. 665; Santos, Jeová, *Dano moral indenizável*, SP, RT, 2003, p. 107-8; Diniz, M.H. *Curso de Direito civil brasileiro*, v. 7, p. 87 a 90.

[9] Almeida Neto, Amaro A. de Dano existencial – a tutela da dignidade pessoa humana, *Revista Síntese – Direito civil a processual civil*, 80:15.

[10] Cunha, Wladmir X. M. F. *Danos extrapatrimoniais e função punitiva*, tese de doutorado – USP, 2012, p. 94, 100, 116, 167 a 170; Viegas e Guedes, Aplicação dos *punitive damages* nas relações consumeristas, *Revista Síntese – Direito Civil e Processual Civil*, n. 101:69 a 103.

da personalidade. O dano punitivo é uma pena adicional à indenização compensatória por dano extrapatrimonial, que objetiva, além da punição do lesante, prevenir a prática ilícito futuro.

Os "punitive damages" têm as seguintes funções: a) *preventiva*, visando a conscientização do ofensor e da sociedade da gravidade de determinados comportamentos, desestimulando a prática de novos ilícitos e promovendo uma maior respeito aos direitos da personalidade, o bem estar social e o cumprimento das normas; b) *punitiva*, por constituírem uma sanção, que condena a pagamentos de uma certa quantia pecuniária; c) *dissuasória*, por fazerem com que o lesante tome conhecimento de que sua grave conduta é indesejável jurídica e socialmente; d) *educativa*, por fazer com que o ofensor sofra um processo pedagógico e desista de repetir a conduta reprovável, constituindo uma exceção aplicada em casos de grave e grosseira negligência nas relações jurídicas contratuais ou sociais, indicando quais: os comportamento rechaçados pela sociedade[11] por serem contrários ao interesse social, dando certeza de que o comportamento lesivo será reprimido judicialmente[12].

Com base nessas funções, o órgão judicante poderá adicionar um *plus* como advertência a todos de que a sociedade não acata o ilícito e o reprime. Tal *plus* condenatório iria para entidades filantrópicas. Diferente dos EUA, onde vige o *exemplary damages*, pelo qual a vítima é quem recebe aquele *plus* outorgado a título de condenação penal.

A reparação do dano moral não tem apenas a natureza penal, visto que envolve uma satisfação à vítima, representando uma compensação: ante a impossibilidade de se estabelecer perfeita equivalência entre o dano e o ressarcimento. A reparação pecuniária do dano moral é um misto de pena e satisfação compensatória. Não se pode negar sua função: a) *penal*, constituindo uma sanção imposta ao ofensor, visando a diminuição de seu patrimônio, pela indenização paga ao ofendido, visto que o bem jurídico da pessoa – integridade física, moral e intelectual – não poderá ser violado

[11] Owen, David G. A punitive damages in products licibility litigation, *Michigan Law Review*. Vol. 74; A punitive damages overview: functions, problems and reform, 39, VIII, Ver. 363 (1994); TJMG, Ap. Cível n. 10.440, 12.00/099-4/001 – 15ª Câmara Cível, 17/5/2013.

[12] Andrade, André G. C. *Dano moral e indenização punitiva*. Rio de Janeiro, Forense 2006, p. 261-277; Melo, Diego, L. M. do. Ainda sobre a função punitiva da reparação dos danos morais e a destinação da parte da indenização para entidades de fins sociais, art. 883, parágrafo único do CC de 2002, *Revista de Direito Privado*, SPaulo, v.6, n. 79:56-70.

impunimente, subtraindo-se o seu ofensor às consequências de seu ato por não serem reparáveis; e b) *satisfatória* ou compensatória, pois como o dano moral constitui sem menoscabo a interesses jurídicos extrapatrimoniais, provocando sentimentos que não têm preço, a reparação pecuniária visa proporcionar ao prejudicado uma satisfação que atenue a ofensa causada. Não se trata de uma indenização de sua dor, da perda de sua tranquilidade ou prazer de viver, mas de uma compensação pelo dano e pela injustiça que sofreu suscetível de proporcionar uma vantagem ao ofendido, pois ele poderá com a soma de dinheiro recebida, procurar atender às satisfações materiais ou ideais que repute convenientes, atenuando, assim, em parte, seu sofrimento.

Fácil é denotar que o dinheiro não terá, na reparação do dano, uma função de equivalência própria do ressarcimento do dano patrimonial, mas um caráter, concomitantemente, satisfatório para a vítima e punitivo para o lesante, sob uma perspectiva funcional. A reparação do dano moral cumpre, portanto, uma função de justiça corretiva ou sinalagmática, por conjugar, de uma só vez, a natureza satisfatória da indenização do dano moral para o lesado, tendo em vista o bem jurídico danificado, sua posição social, a repercussão do agravo em sua vida privada e social e a natureza penal da reparação para o causador do dano, atendendo a sua situação econômica, a sua intenção de lesar (dolo ou culpa), a sua imputabilidade etc.[13]

Em regra, para se admitir a possibilidade de indenização punitiva em caso de lesão extrapatrimonial seria necessária a existência de previsão legislativa específica indicativa de restrições para limitar a discricionaridade judicial e evitar punição indiscriminada. Os argumentos pelos quais os danos punitivos não devem ser aplicados no Brasil são: possibilidade de indenização que constitua fonte de lucro, insegurança jurídica oriunda de imprevisibilidade das condenações; inibição da mercantilização de relações sociais; proibição de enriquecimento sem causa[14].

[13] Diniz, M. H. *Curso de direito civil brasileiro*, São Paulo, Saraiva, vol. 7, 2017 p. 127-132; Larenz, *Derecho de obligaciones*, Revista de Derecho Privado, t.2, 1959, p. 642-643; Morello, Augusto M. Caráter ressarcitório e punitorio del daño moral. En prol de una posición funcional, *JA*, *27*:342 e s; Zannoni, *El daño en la responsabilidad civil. Buenos Aires*, Astrea, 1982, p. 265.

[14] Biazzi, Daniella P. de. *Os fundamentos da indenização punitiva e sua aplicabilidade no direito brasileiro*. Dissertação de mestrado PUCSP, 2014, p. 160; Moraes, Mª Celina B. de. *Danos à pessoa humana: uma leitura civil – constucional dos danos morais*, Rio de Janeiro, Renovar, 2003, p. 33.

Por tal razão será mister que haja uma limitação da indenização em cada caso concreto, tendo por parâmetro a razoabilidade e a proporcionalidade, competindo ao órgão judicante os limites dos *punitive damages*, por meio de arbitramento. A violação de direito de personalidade (CC, art. 12), por si só, justificaria a incidência dos danos punitivos desde que seja considerada pelo órgão judicante, suficiente para atender os princípios da prevenção e da punição.

A admissibilidade de aplicação dos *punitive damages* no Brasil, deve ter por parâmetro a ideia de que não são instrumentos de punir por punir, mas de correção social das condutas privados e de reequilíbrio mediante prevenção de novas condutas lesivas e aos direitos da personalidade[15].

Segundo Raquel Grellet Pereira Bernardi[16], a Constituição Federal possui princípios e fundamentos suficientes para a adoção da função punitiva, entre eles, a dignidade humana, especialmente ofendida pela lesão aos direitos da personalidade. Aduz a autora que, "para a proteção e promoção do princípio da dignidade humana e dos direitos da personalidade, impõe-se o emprego não apenas ferramental previsto pelas normas infraconstitucionais, mas de todos os meios hábeis ou necessárias para o alcance desse desiderato". A ideia de se dar caráter de pena à indenização por dano moral justificar-se-á para proteger os direitos da personalidade e a dignidade da pessoa em casos especiais, em que não há outros instrumentos que atenda a esse objetivo.

Os *punitive damages* justificam-se também, não só pelo princípio da eticidade ou da boa-fé objetiva, que norteia o CC de 2002, abrangendo a participação dos valores éticos, no ordenamento jurídico, como também pelo princípio da socialidade, ante a função social do direito, que concilia as exigências da coletividade com os interesses particulares[17]. Além disso, uma analise a *contrario sensu* do art. 944, § único do CC, que permite a redução equitativa da indenização, levaria à conclusão, por meio de interpretação extensiva, que, em caso de negligência grave, dolo, fraude ou malicia, o órgão judicante poderia aumentar a pena, apesar de o CC ter repelido a ideia da indenização punitiva, aplicando art. 5º da LINDB, ante o comportamento particularmente reprovável[18].

[15] Cunha, op. cit. p. 179.

[16] Bernardi, *Danos punitivos: eficácia isonômica do direito fundamental de reparação integral dos danos.* Tese de doutorado PUCSP, 2012, P. 191-193

[17] Reale, Miguel, *História de novo Código Civil*, SPaulo, RT, 2005, p. 37 e 38.

[18] Carvalho Filho, Milton P. *Indenização por equidade no novo Código civil*, SPaulo, Atlas, 2003.

Urge não olvidar, ainda que pela CF/88, art. 5º, V há previsão legal do dever de ressarcir dano extrapatrimonial, que é oriundo de uma violação a direitos de personalidade, independentemente do sofrimento causado ao titular. É preciso desestimular o ofensor e a sociedade para a prática de atos semelhantes, daí a importância dos *punitive damages*, por fazer com que a responsabilidade civil, tenha além da função reparadora e compensatória, a punitiva, mas, para tanto se deverá empregar a técnica da ponderação na estipulação do *quantum debeatur* para não ferir o princípio do *non bis idem*, ante a impossibilidade do restabelecimento do *status quo ante*. A compensação pecuniária, a ser imposta por lesão a direito da personalidade, bem mais precioso do ser humano, ser rigorosa, tendo-se como balizas três princípios: o da razoabilidade o da proporcionalidade e o do respeito a dignidade humana, atendendo-se o bem comum e o fim social, cumprindo-se a função social do direito. Importante, para a quantificação do dano moral, é a ponderação da compensação.

Quando da aplicação do direito a um fato concreto, é preciso, portanto, correlacionar as normas entre si, bem como o subsistema de valores e de fatos a ele correspondente, não devendo o órgão judicante ter um critério puramente normativo; deve sim dar lugar a uma compreensão dos sistemas normativos em relação a fatos e aos valores que os informam.

Na verdade, o magistrado se vê na dificuldade de decidir certas hipóteses, por não encontrar nas normas descritas no sistema normativo, os instrumentos indispensáveis para solucioná-los [19]. O que interessa saber não é se essas condutas estão proibidas ou permitidas por um certo sistema normativo, mas sim saber se elas podem ser solucionadas pelos demais subsistemas. Ante a necessidade de adaptar a finalidade da norma às exigências sociais, o magistrado aplicará o art. 5º da LINDB, visto que não deverá ficar alheio às necessidades da vida, porque o fim de uma norma não deve ser a imobilização da vida, e sim, manter contato íntimo com ela, segui-la em sua evolução e a ela adaptar-se. O sentindo normativo requer a captação dos fins para os quais se elaborou a norma, exigindo a concepção do direito como um sistema, o apelo às regras da técnica lógica aplicáveis para séries definidas de casos, e a presença de certos princípios atinentes àquelas séries de casos, como meios técnicos de ponderação, como o da boa-fé, o da eficiência da justiça, o da razoabilidade, o da proporcionali-

[19] Ráo, Vicente, *O direito e a vida do direito*, São Paulo, Max Limonad, 1952, p. 89.

dade, o do respeito aos direitos da personalidade e da dignidade humana, e o da igualdade perante a lei etc.[20]

5. DIGNIDADE DA PESSOA HUMANA E SOLIDARIEDADE SOCIAL COMO PARADIGMAS DA QUANTIFICAÇÃO DO DANO MORAL

A omissão da lei quanto ao estabelecimento do justo montante indenizatório do dano moral faz com que se busque todo elemento possível para encontrar no caso *sub judice* o valor que lhe for mais adequado, tornando a tarefa judicante bastante árdua e complexa.

Pelo art. 292, V do CPC o valor da causa deverá ser certo em relação à compensação de dano e as custas serão recolhidas tendo por base tal valor. Mas, na verdade competira ao órgão judicante estipular equitativamente, o *quantum* indenizatório do dano moral, tendo por suporte os elementos de ponderação que mencionamos acima, gravidade da lesão, circunstâncias fáticas, condição psíquicas dos envolvidos, grau de culpabilidade do lesante etc., sem olvidar do critério do justum e da função social do direito. Isto é assim porque o valor do dano moral apresentado pelo demandante na petição inicial é estimativo, de sorte que caberá ao julgador fixar o montante, que poderá ser superior ou inferior ao do advogado (STJ Súmula n. 326)[21].

Como chegar a uma reparação justa do dano moral? Como apurar o *quantum* indenizatório, se o padrão moral varia de pessoa para pessoa e se tanto o próprio nível social, econômico, cultural e intelectual como o meio em que vivem os interessados repercutem no seu comportamento? Se a reparação de dano moral não tem correspondência pecuniária, ante a impossibilidade material de equivalência de valores como poderá ser absolutamente precisa?

[20] Ferraz Junior, Tércio S. *Função social da dogmática jurídica*, SPaulo, RT, 1978, p. 152-154; Engisch, Karl *Introdução ao pensamento jurídico*, Lisboa, Calouste Gulbenkian, 1964, p. 108-109 e 115-210; Larenz, Derecho de obligaciones, Revista de Derecho Privado, t.2, 1959, p. 262-270; Maximiliano, Carlos, *Hermenêutica e Aplicação do direito*, Rio de Janeiro, Freitas Bastos, 1965, p. 163-168. Diniz, M.H. *Compêndio de Introdução à Ciência do direito*, SP Saraiva, 2014, p. 460-461; *Punitive damages do common law* nas indenizações por dano extrapatrimonial, causado a consumidor uma possibilidade jurídica no direito brasileiro, *Revista de direito, globalização e responsabilidade nas relações de consumo*, v.4, n.1 (2018) p. 78-110.

[21] Consulte: Nishiýama, Adolfo M. e Toledo, Roberta Cristina P. Dano moral estudo constitucional e novo elemento de ponderação, *RT*, 997:53 a 78.

Um dos grandes desafios da ciência jurídica é o da determinação dos critérios de quantificação do dano moral, que sirvam de parâmetros para o órgão judicante na fixação do *quantum debeatur.*

Ante a dificuldade de estimação pecuniária do dano moral e a disparidade de julgados para alguns autores o mais sensato seria que adotasse o sistema da previa fixação de teto máximo no arbitramento previsto no art. 51 da Lei n. 5250/67, tida pelo STF como não recepcionada pelo CF – ADPF n. 120/2009. Mesmo que a Lei de imprensa tarife a indenização fixando pisos máximos para pagamento de certas infrações, não traz segurança e certeza das reparações do dano moral, pois, por ser norma especial, não se aplica ao direito comum, nem tem o poder de afastar a incidência do princípio geral do Código Civil, aberto à ampla reparação do dano moral. Por ex. se ficar evidenciado o dolo não há que se falar em indenização tarifada ou limitação na reparação do dano moral prevista nos arts. 51 e 52 da Lei da Imprensa que só poderá ser aplicada por analogia, havendo ato culposo agente. Fácil é perceber que essa lei poderá servir do parâmetro, balizando o raciocínio judicial, mas não deverá ser utilizado em todos os casos deixando a vítima sem o adequado ressarcimento. Pelo STJ, Súmula n. 281, "a indenização por dano moral não está sujeita à tarifação prevista na Lei de Imprensa" e pelo CJF, Enunciado n. 550 (aprovado na VI Jornada de Direito Civil): "a quantificação da reparação por danos extrapatrimoniais não deve estar sujeita a tabelamento ou a valores fixos".

Tarifar não seria a solução ideal para encontrar o justo equilíbrio na indenização do dano moral: dever-se-ia, ensina Zavala de Gonzalez[22] considerar a teoria da regulação normativa do "quantum" indenizatório, que indicasse critérios objetivos ou bases que levem a uma reparação equitativa, uma vez que não se fixam pisos máximos ou mínimos, deixando-se uma margem de avaliação judicial, tendo por base o caso concreto *sub judice*, que possibilite transpor os reguladores indicados estabelecidos em lei.

Parece-nos que deverá haver uma moderação na quantificação do montante indenizatório do dano moral, sem falar na necessidade de previsão legal contendo critérios objetivos a serem seguidos pelo órgão judicante no arbitramento. Na liquidação judicial o magistrado tem, ante a fluidez e a subjetividade do sofrimento, o dever de apurar com seu prudente arbí-

[22] Zavala de Gonzales, Matilde, *Responsabilidad civil y penal en los delitos contra el honor*, JÁ, I, p. 760, n. VIII, e, 1980.

trio, os critérios a serem seguidos e o *quantum debeatur*, tendo por *standard* o homem médio na sociedade e os princípios da razoabilidade, da proporcionalidade, da sòciabilidade, da equidade e do respeito à dignidade humana, ao examinar a gravidade do fato e a dimensão do dano moral ocorrido e ao ponderar os elementos probatórios.

O art. 5º da LINDB e as normas do CF (arts. 1º, III, 5º V e X) possibilitarão que órgão judicante procure a adequação do direito à sua finalidade social, atendendo às valorações vigentes na sociedade, aplicando, se necessário, os *punitive damages*, no arbitramento, na fixação do *quantum* indenizatório.

Assim sendo, a ordem jurídica vem recebendo inclusões de instituições próprias do país de *common law*, como os *punitive damages* por ato do Poder judiciário que, sendo uma operação axiológica integrativa, possui índole política-jurídica. A função jurisdicional é ativa, contendo uma dimensão nitidamente criadora tendo por escopo reavaliar a axiologia que informa a ordem jurídico-positiva. Se assim é, propomos as seguintes regras a serem seguidas pelo órgão judicante no arbitramento para atingir o critério do *justum* e a homogeneidade pecuniária na avaliação do dano moral:

a) evitar indenização simbólica e enriquecimento sem justa causa, ilícito ou injusto da vítima. A indenização não poderá ser ínfima, nem ter valor superior ao dano, nem deverá subordinar-se à situação de pecuária do lesado; nem poderá conceder a vítima rica uma indenização inferior ao prejuízo sofrido, alegando que sua fortuna permitiria suportar o excedente do menoscabo;
b) não aceitar tarifação, porque esta requer despersonalização e desumanização e evitar porcentagem do dano patrimonial;
c) diferenciar o montante indenizatório segundo o grau de culpabilidade do lesante, do lesado ou do terceiro, a gravidade, a extensão e a natureza da lesão;
d) verificar a repercussão publica provocada pelo fato lesivo e as circunstâncias fáticas. Deveras, pelo Enunciado n. 454 o Conselho da Justiça Federal (aprovado na V Jornada de Direito Civil: "Embora o reconhecimento dos danos morais se dê, em numerosos casos independentemente de prova (*in re ipsa*), para a sua adequada quantificação, deve o juiz investigar, sempre que entender necessário, as circunstâncias do caso contrato, inclusive por intermédio da produção de depoimento pessoal e da prova testemunhal em audiência;"

e) atentar à relevância do dano moral causado a direito da personalidade do lesado e às peculiaridades do caso e ao caráter antissocial da conduta lesiva;
f) averiguar não só os benefícios obtidos pelo lesante com o Ilícito, mas também a sua atitude ulterior e situação econômica;
g) apurar a extensão do dano, ou seja, o real valor do prejuízo sofrido pela vítima e do lucro cessante, fazendo uso do juízo da probabilidade para averiguar se houve perda da chance ou de oportunidade, ou frustação de uma expectativa. Indeniza-se a chance e não o ganho perdido. A perda da chance deve ser avaliada pelo magistrado segundo o maior ou menor grau de probabilidade de sua existência (p. ex. se um grande pugilista ficar incapacitado, por ato culposo de alguém, deverá ser indenizado pela probabilidade das vitórias que deixará de obter);
h) averiguar dano à vida de relação, ou seja, dano existencial que provoque modificação nas atividades recreativas, artísticas, culturais etc. da vítima que possa influenciar seu relacionamento social ou profissional;
i) levar em conta o contexto econômico do país;
j) verificar não só o nível cultural e a intensidade do dolo ou o grau do de culpa do lesante em caso de responsabilidade civil subjetiva, e, se houver excessiva desproporção entre a gravidade de culpa e o dano, poder-se-á reduzir, de modo equitativo, a indenização (CC, art. 944, § único), como também as posses econômicas do ofensor para que não haja descumprimento da reparação, nem se lhe imponha pena tão elevada que possa arruiná-lo;
k) basear-se em prova firme e convincente do dano;
l) analisar a pessoa do lesado, considerando os efeitos psicológicos causados pelo dano, a intensidade de seu sofrimento, seus princípios religiosos, sua posição social ou política, sua condição profissional e seu grau de cultura e educação. Pelo Enunciado n. 588 (aprovado na VII Jornada de Direito Civil): "O patrimônio do ofendido não pode funcionar como parâmetro preponderante para o arbitramento de compensação por dano extrapatrimonial;
m) procurar a harmonização das reparações em casos semelhantes;
n) aplicar o critério do *justum* e o da solidariedade social ante as circunstâncias particulares do caso *sub judice* (LINDB, art. 5º); bus-

cando sempre, com cautela e prudência objetiva, a equidade e o respeito à dignidade humana e, ainda, procurando demonstrar à sociedade que a conduta lesiva é condenável devendo, por isso, o lesante sofrer a pena;

o) levar em conta para aplicação dos *punitives damages*, além, da pessoa do ofensor: o modo como agiu ao ferir direito de outrem; consciência do risco; grau de reprovabilidade de sua conduta; condições sócio-econômicas, para que sinta o peso do *quantum* indenizatório; as condições pessoais da vítima (vulnerabilidade, estando física, psíquica e social); grau de exteriorização do dano; tempo de exposição a esse dano; reiteração de condutas semelhantes; eventual condenação com função punitiva, em outros danos: analise de punições em caso similares etc.[23]

Na quantificação do dano moral, o arbitramento deverá ser feito com bom-senso e moderação, baseado em três parâmetros: *compensatório* para a vítima, proporcionando-lhe alegria, compensando a agressão sofrida; *punitivo e dissuasório* para o causador do dano, demonstrando que sua conduta é reprovada juridicamente, evitando que reincida no ilícito; e *exemplar e pedagógico* para a sociedade, dando certeza que a conduta lesiva será reprimida judicialmente.

Se o órgão judicante ao estabelecer a sanção à lesão de direitos da personalidade pretender, além da compensação do dano sofrido pela vítima, desestimular o lesante e a sociedade à prática do ato ilícito poderá haver desequilíbrio entre a condenação do ofensor e a condição patrimonial preexistente da vítima. Para solucionar isso os juristas têm encontrado saída na destinação das verbas indenizatórias a fundo beneficente, de entidades assistenciais ou do Estado atendendo à solidariedade social, a justiça distributiva e o respeito à dignidade humana[24]. É preciso que tal fundo seja formado pelos valores oriundos de danos punitivos aplicados aqueles que, tendo lesado dolosamente outrem, possuem capacidade econômica. A vítima seria indenizada integralmente e uma parcela do patrimônio do autor destinar-se-ia ao pagamento dos danos punitivos, cujo o valor seria revertido à reparação de danos experimentados por vítimas lesados por alguém economicamente impossibilitado de pagar indenização.

[23] CUNHA, W.X.M.F. *Danos*, cit. p. 188 e 189.

[24] BIAZZI, op. cit. p. 146-149.

A aplicação do dano punitivo é, portanto, possível mediante ativismo judicial ao aplicar o art. 5º da LINDB, os princípios da dignidade humana, da igualdade, da proporcionalidade e da

razoabilidade, procurando suprir as deficiências ou omissões da lei, atualizando o entendimento da norma, atendendo aos reclamos da necessidade do momento do julgamento, fazendo com que, assim, o direito cumpra sua função[25].

Será preciso ressaltar que na quantificação do dano moral todos os princípios norteadores do critério da ponderação estão intimamente ligados ao do respeito e proteção à dignidade da pessoa humana (CF, art. 1º, III), princípio ético-jurídico de que o ser humano deve ser tratado como um fim e nunca como um meio. Somente dessa forma poder-se-ia tutelar plena e juridicamente os direitos da personalidade e efetivar a função social do ordenamento jurídico. Esse é o desafio que juristas e magistrados deverão enfrentar, com êxito, no século XXI, para que haja justo ressarcimento de dano moral, fazendo valer o direito do lesado, mas, apesar da condenação do ofensor à reparação dos danos, não se pode deixar que paire do ar uma impunidade, que não coíba a reiteração da prática ilegal. Por tal razão, seria preciso que houvesse, além da indenização do dano, uma sanção punitiva para que ofensor perca a motivação para cometer ilícito similar, arraigando na sociedade a ideia de não reincidência do dano, diminuindo as demandas relativas às ofensas aos direitos da personalidade.

CONCLUSÕES

À guisa de conclusão poder-se-ia dizer que, apesar de o ordenamento jurídico brasileiro não, prever os *punitive damages*, há necessidade para atender o princípio de dignidade humana de uma punição mais severa, para desestimular o ofensor a novas agressões, apesar de haver a possiblidade de enriquecimento sem causa (CC, art. 884), de aplicação de pena sem previa cominação legal (CF, art. XXXIX) e de arbitramento de indenização superior à extensão do dano.

Importante será a aplicação pelo judiciário dos *punitive damages* do sistema do *common law*, impondo indenizações suscetíveis de reparar o dano moral, que abranger o dano existencial e a perda da chance, compensando

[25] Diniz, M. H. *Curso de direito civil brasileiro*, SPaulo, Saraiva. vol. 7, p. 120 a 131; *Punitive damages*, cit. p. 99 a 104.

o prejuízo sofrido pelo lesado, de punir o ofensor e de impedir novas práticas ilícitas, quebrando a sensação de impunidade. Assim, ante o indício de que sanção imposta ao lesante que causou dano extrapatrimonial da vítima, não está protegendo seu direito, por não coibir a reiteração de ato lesivo similar, justificada está a apuração de indenização punitiva pelo judiciário ante o disposto na CF, art. 1º, III, 5º, V e X, no CC, art. 186, no CDC, art. 6º, VI, VII e na LINDB arts. 4º e 5º e por ser meio eficaz para impedir constante desrespeito aos direitos da personalidade[26].

Dever-se-á admitir os *punitive damages* no direito brasileiro diante da insuficiência da teoria compensatória como critério para a configuração da responsabilidade civil, por ser um instrumento de controle dos comportamentos privados nas relações jurídicas, tutelando a pessoa e sua personalidade, de uma vez que a reparação integral do dano é um direito fundamental, daí a vinculação imediata do órgão judicante para que haja eficácia desse direito e a amplitude de sua discricionariedade em sua concretização[27].

O instituto dos *punitive damages* seria, portanto, uma forma de reparação do dano moral e de prevenção para que haja diminuição de sua incidência, protegendo os direitos de personalidade. A compensação, prevenção e punição podem ser consideradas como funções da responsabilidade civil por dano moral. É preciso não olvidar que, na aplicação dos danos punitivos, nada obsta a que se insira a ponderação na fixação da reparação do dano moral, tendo sempre por suporte o respeito à dignidade humana e a solidariedade social. Não há porque preconizar a substituição de aplicação dos *punitive damages* pela fixação do quantum indenizatório estruturado na função social, ante a dificuldade da quantificação do dano moral, se possível é a coexistência dos danos punitivos com os demais critérios da ponderação balizados nos princípios da proporcionalidade, razoabilidade, dignidade humana, sociabilidade e igualdade. O Poder Judiciário, diante de omissão legislativa, ao exercer sua função sociopolítica, mediante interpretação extensiva e recursos de integração, pode dar origem ao ativismo judicial, que propõe maior flexibilidade na aplicação da norma para atin-

[26] VIEGAS e GUEDES, Aplicação dos *punitive damages* nas relações consumeristas, *Revista Síntese – Direito Civil e Direito Processual Civil*, 101:69-103; DINIZ, M. H., *Punitive damages*, cit. p. 104 a 107.

[27] CANARIS, Claus – Wilhelm, *Direitos fundamentais e direito privado*, Coimbra, Almedina, 2009, p. 28 e 55 e 91.

gir a certas finalidades consentâneas à consciência jurídica geral, fazendo uso de sua discricionariedade, que não é aleatória nem desmesurada por ficar limitada às peculiaridades de cada caso, às normas jurídicos especiais, como os arts. 4º e 5º da LINDB, e à CF. Assim o direito cumprira sua função social, contribuindo com o interesse público não só desestimulando reincidência de atos atentatórios à direito da personalidade, em busca de uma sociedade mais fraterna, mas também conduzindo à observância do respeito à dignidade humana nas relações intersubjetivas.

A justa quantificação do dano moral, mediante uso correto de critérios da ponderação, tendo como balizas a LINDB e a CF, que abarque, quando for necessário o dano existencial, a perda de uma chance e o dano punitivo, é a consagração de tutela do respeito da dignidade humana e a inserção do homem centro das atenções do mundo jurídico, possibilitando que o direito cumpra sua função social[28].

REFERÊNCIAS

ALEXY, R. Grundrechte als subjecktive Rechte and als objektive Normen, *Der Staat*, 28(1): 49-68 (1990).

ALMEIDA NETO, Amaro – Dano existencial – a tutela da dignidade da pessoa humana, *Revista Síntese – Direito Civil e Processual Civil*, 80:15 e 5.

ANDRADE A. G. C. *Dano moral e indenização punitiva*, Rio, Forense, 2006.

ARAÚJO, V. Donato. A perda de uma chance, *Direito civil – direito patrimonial e direito existencial* (coord. Tartuce e Castilho), SPaulo, Método, 2006, p. 439-70.

BERNARDI, *Danos punitivos: eficácia isonômica do direito fundamental de reparação integral dos danos*, tese de doutorado PUCSP, 2012.

BIAZZI, Danielle. *Os fundamentos da indenização punitiva: sua aplicabilidade no direito brasileiro*, dissertação de mestrado, PUCSP, 2014.

CANARIS, Claus – Wilhem, *Direitos fundamentais e direito privado*, Coimbra, Almedina, 2009.

CARVALHO FILHO, Milton P. *Indenização por equidade no novo Código Civil*, SPaulo, Atlas, 2013.

CUNHA, Wladmir, *Danos extrapatrimoniais e função punitiva*, tese de doutorado USP – 2012.

DINIZ, M.H. *Curso de direito civil brasileiro*, SP Saraiva, 2020, vol. 7

– *Compêndio de introdução à ciência do direito*, SP Saraiva 2014

– "*Punitive damages*" do "*common law*" nas indenizações por dano extrapatrimonial causado a consumidor: uma possibilidade jurídica no direito brasileiro, *Revista do direito, globalização responsabilidade* nas relações de consumo, vol. 4, n. 1 (2018).

– Proteção jurídica da existencialidade, *Revista Eletrônica, Direito e sociedade*, v. 8, n. 2, maio-agosto, 2020, p. 181 a 191.

[28] DINIZ, M.H. Proteção jurídica da existencial idade, *Revista Eletrônica Direito e Sociedade*, v. 8, n. 2, maio-agosto 2020, p. 181 a 191.

Engisch, *Introdução ao pensamento jurídico*, Lisboa, 1964.

Ferraz Jr, Tercio, *Função social da dogmática jurídica* SP, RT, 1978.

Frota e Bião, A dimensão existencial da pessoa humana o dano existencial e o dano projeto de vida: reflexões à luz do direito comparado – *Revista Síntese – Direito Civil e direito processual civil*, n. 80, p. 57 a 83.

Larenz, *Derecho de obligaciones*, Revista de derecho Privado, t. 2, 1959.

Maman, Jeanette, *Fenomenologia existencial do direito*, SPaulo, Quartier Latin, 2003.

Maximiliano, Carlos, *Hermenêutica e aplicação do direito*, Rio, 1965.

Melo, Diego L. M. do Ainda sobre a função punitiva da reparação dos danos morais e a destinação de parte da indenização para entidades de fins sociais, *Revista de Direito Privado*, SPaulo, v. 6, b. 79 e 56 – 70.

Melo, Nehemias, *Dano moral – problemática do cabimento à fixação do quantum*, SPaulo, Juarez de Oliveira, 2004.

Melo da Silva, W. *Dano moral e sua reparação*, Rio de Janeiro, Forense, 1966.

Moraes, M. Celina B. de. *Danos à pessoa humana: uma leitura civil – constitucional dos danos morais*, Rio, Renovar, 2003.

Morello, A Caráter ressarcitório e punitorio del dano moral, En pro de una posición funcional, *JA*, *27*:342 e s.

Nishiyama e Toledo. Dano moral estudo constitucional e novo elemento de ponderação, *RT*, *997*:53 a 78.

Noronha, Fernando. *Direito das obrigações*, SPaulo, Saraiva, 2003, v.1.

Ráo, Vicente, *O direito e a vida do direito*, SPaulo, Max Limonad, 1952.

Orgaz, *El daño resarcible*, Buenos Aires, 1952.

Owen, David. A punitive damages in products liability litigation, *Michigan Law Review*, vol. 74

– A *punitive damages* o verview: functions, problems and reform, 39, VIII, Rev. 363 (1994).

Pires de Lima, Zulmira, Responsabilidade civil por danos morais, *RF*, *83*:216 e 412.

Reale, Miguel, *História do novo Código Civil*, SPaulo, RT, 2005.

Santiago, Mariana R. A lacuna axiológica no âmbito da quantificação da indenização derivada da responsabilidade civil no direito civil brasileiro e sua integração pelo princípio da igualdade, *RT*, *997*:309-21.

Santos Briz, *Derecho de daños*, Madrid, 1963.

Santos, Jeová, *Dano moral indenizável*, S. Paulo, RT, 2003.

Soares, Flaviano. *Responsabilidade civil por dano existencial*, Porto Alegre, Livraria do Advogado, 2009.

Viegas e Guedes, Aplicação dos "punitives damages" nas relações consumeristas, *Revista Síntese Direito Civil a Direito Processual Civil*, n. *101*:699 a 103.

Zavala de Gonzalez, Matilde, Responsabilidad civil y penal en los delitos contra el honor, *JA*, I, p. 760, n. VIII, e (1980).

40
RESPONSABILIDADE CIVIL POR VIOLAÇÃO DO DIREITO FUNDAMENTAL À BUSCA DA FELICIDADE: REFLEXÕES SOBRE UM NOVO DANO

Mário Luiz Delgado

INTRODUÇÃO

Recebi com muita honra o convite para participar desta obra em justa homenagem à Professora Teresa Ancona Lopez, que aprendi a estimar e admirar desde o final dos anos 90, quando trabalhava na Câmara Federal na assessoria à relatoria geral do projeto de lei que deu origem ao atual Código Civil Brasileiro. Naquela época iniciamos nosso convívio acadêmico e fraternal.

E o tema por mim escolhido, que correlaciona felicidade e novos danos, pretende render um tributo especial a dois aspectos da vida pessoal e profissional da homenageada: a sua *joie de vivre*, imanente e contagiante que se irradia por todos os que tem, ou tiveram, o prazer de sua convivência, dentro e fora da sala de aula. E o seu pioneirismo nos estudos da responsabilidade civil, especialmente no que toca à autonomia do dano estético, tema de que se ocupou no livro "O Dano Estético: Responsabilidade Civil", publicado em 1980. Sua contribuição foi fundamental para que o dano estético, como modalidade de prejuízo extrapatrimonial, adquirisse, no direito brasileiro, autonomia em relação ao dano moral puro.

E é no afã de homenageá-la que me proponho a refletir, agora, sobre a possível autonomia de um novo dano, diverso do dano moral, e decorrente da violação ao direito fundamental à busca da felicidade. A evolução da responsabilidade civil na sociedade contemporânea é marcada pelo desafio de assegurar a reparação de novas modalidades de danos sem conteúdo econômico e que antes estavam abrangidos na denominação genérica de "dano moral". Como fez Teresa Ancona Lopez outrora, em relação ao dano estético, discute-se hoje a existência autônoma de diferentes modalidades de danos extra extrapatrimoniais e a possibilidade de cumulação com o dano puramente moral, como única forma de se alcançar o pleno ressarcimento em favor das vítimas.

Esse pode ser o caso do dano pela violação do direito à busca da felicidade ou, simplesmente, dano pela quebra do "projeto de felicidade". Seria um novo dano extrapatrimonial? Há quem considere a busca da felicidade um direito natural, independente de inserção no ordenamento jurídico positivo, e que impedir uma pessoa de ser feliz violaria a Moral e o Direito. Não seguirei esse caminho, pois entendo que a positivação já ocorreu, de forma implícita. Existe, na Constituição de 1988, um princípio constitucional implícito de busca da felicidade, que confere faculdades jurídicas aos sujeitos, com esteio nas quais se poderá falar, também, em um direito subjetivo fundamental à busca da felicidade.

A partir do momento em que se admitiu a força normativa do princípio da busca da felicidade, como fez o Supremo Tribunal Federal em julgamento paradigmático – RE nº 898.060, existindo, inclusive, quem proponha a alteração do texto constitucional para explicitação desse direito fundamental (PEC nº 19/2010), não seria delírio imaginar hipóteses lesivas decorrentes da violação do direito, a justificar a incidência do arcabouço da responsabilidade civil e o seu tratamento como dano autônomo, diverso do dano moral ou do dano existencial, inclusive nas manifestações de "dano ao projeto de vida" e de "dano à vida de relação". Nessa primeira modalidade de dano existencial, o lesado tem frustradas as suas expectativas em relação ao futuro, principalmente no campo profissional, como a perda dos dedos das mãos de um pianista ou de um cirurgião, ou a perda das pernas de um jogador de futebol. Na segunda, o ofendido perde a possibilidade de manter as suas atividades cotidianas e de reinserir-se nas relações sociais, como é o caso, por exemplo, da vítima de abuso sexual que não consegue mais se relacionar sexualmente com ninguém.

No dano pela quebra do projeto de busca da felicidade, a vítima se vê impedida (ou restringida) de concretizar escolhas pessoais que poderiam conduzir ao estado emotivo de bem-estar a que chamamos de felicidade. Os pressupostos tradicionais da responsabilidade civil se encontram nucleados nos arts. 186 e 927, *caput*, do Código Civil Brasileiro, a impor que todo aquele que "violar direito" e "causar dano" assuma a obrigação de reparar. Logo, quando se reconhece um "direito à busca da felicidade", forçoso anuir que o seu descumprimento ou violação, ainda que na órbita das relações privadas, interfere na ordem jurídica e, sempre que causar dano ou prejuízo, caracteriza ato ilícito, obrigando à reparação.

Onde houver a violação de um direito e um dano decorrente dessa violação, patrimonial ou extrapatrimonial, quer seja um direito fundamental ou não, quer a violação seja perpetrada pelo ente público ou pelo privado, tem que haver reparação ou compensação, salvo presente alguma excludente do dever de indenizar. A felicidade, em si, não é um direito, mas um estado de espírito. Não se pode transferir a ninguém o ônus de alcançá-lo ou a responsabilidade pela sua frustração. Mas a todos assiste um direito à busca desse estado emotivo. A Constituição nos assegura o direito de buscar a felicidade e ninguém pode obstar essa busca, sob pena de cometer ato ilícito.

1. A FELICIDADE COMO VALOR JURÍDICO (E NÃO COMO UM DIREITO SUBJETIVO)

De início, convém especificar e restringir o sentido da palavra "felicidade", para os fins propugnados neste trabalho. A busca da felicidade remonta às origens da civilização, com raízes nas mais diversas tradições culturais e religiosas. Na opinião de Heródoto e dos seus contemporâneos da Antiguidade Clássica, a felicidade não seria um sentimento, nem um estado subjetivo, mas "a caracterização de uma vida inteira que só pode ser avaliada na morte"[1]. O iluminismo alterou essa ideia antiga, concebendo a felicidade como algo que todos os seres humanos poderiam aspirar nesta vida[2].

Não se pode definir a felicidade, como não se podem definir sentimentos, mas tão somente senti-los[3]. O que chamamos de felicidade, do ponto de vista individual, guarda direta relação com a sensação de bem-estar que experimentamos em decorrência de diversos componentes da nossa vida cotidiana, desde a percepção ou cognição que temos do sucesso ou da realização profissional até o sentimento de satisfação afetiva no âmbito

[1] MCMAHON, Darrin M. *Uma História da Felicidade*. Portugal: Edições 70, 2009, p. 25.

[2] Cf. MCMAHON, Darrin M. Op. cit., p. 30.

[3] O que seria a felicidade? O balanço do prazer e da dor? O prazer contínuo? A euforia sem fim? O benefício puramente material? (Cf. MCMAHON, Darrin M. Op. cit., p. 31)

dos diversos arranjos familiares[4]. No nível psicológico, complementa Yuval Harari, "a felicidade depende mais de expectativas do que de condições objetivas (...)Nosso contentamento resulta de a realidade corresponder a nossas expectativas"[5]. É um ideal, um anseio humano natural e um objetivo a ser por todos buscado[6]. Segundo McMachon,

> "(...) a democracia ateniense foi a causa do surgimento da felicidade como um novo e aparentemente realizável desígnio humano, foi apesar de tudo em Atenas, na Atenas democrática, que indivíduos propuseram pela primeira vez esse grande e sedutor objetivo, ousando sonhar que poderiam procurar – e alcançar – a felicidade sozinhos"[7].

Vale dizer, sem a interferência das divindades[8]. Para o Direito, a felicidade, além de sentimento, é igualmente um valor jurídico, ou seja, um valor com força normativa, porque veiculado por meio de um princípio constitucional (o da busca da felicidade), como veremos no tópico seguinte. Em outras palavras, e de forma muito sintética: "felicidade" é o valor, enquanto a "busca da felicidade" é o princípio normativo.

Um valor não tem uma dimensão ontológica própria e autônoma. A felicidade, a bondade, a beleza, a sabedoria, o sagrado, a liberdade, a justiça, a segurança, são valores, mais ou menos estimados (valorados) de acordo com os juízos de cada um, quando referidos a alguma coisa. Valem para alguém ou para algo. Mesmo não possuindo existência autônoma, os valores podem se tornar realidade quando realizados, suportados ou veiculados pelos objetos aos quais atribuem uma especial qualidade. Todos os objetos são portadores de valores. E é por intermédio deles que os valores adqui-

[4] Para a medicina, essa sensação de bem-estar é provocada por quatro substâncias químicas naturais do corpo humano, popularmente definidas como o "quarteto da felicidade": endorfina, serotonina, dopamina e oxitocina.

[5] Harari, Yuval Noah. *Homo Deus. Uma breve história do amanhã.*São Paulo: Companhia das Letras, 2016, p. 43.

[6] Aristóteles, no Livro I da Ética a Nicômaco, trata a felicidade como o bem supremo (o sumo bem) por todos desejado e buscado, o fim de toda atividade humana, o nosso *telos* natural – uma atividade da alma que exprime a virtude (Cf. Aristóteles. *Ética a Nicômaco.* São Paulo: EDIPRO, 2002).

[7] Op. cit., p. 39.

[8] Epicuro, segundo Harari, foi quem "explicou que o culto a deuses é um desperdício de tempo, que não há existência após a morte e que a felicidade é o único propósito da vida (...) O epicurismo tornou-se concepção- padrão" (Op. cit., p. 39).

rem dimensão existencial. Segundo Hessen existiria igualmente uma hierarquia entre os valores, os quais

> "(...) não só se distinguem uns dos outros, como se acham ainda entre si numa determinada relação de hierarquia. São, com efeito, da essência do valor não só a característica polaridade que os faz distinguir em positivos e negativos, de que já falamos, como ainda a sua distinção entre valores mais altos e valores mais baixos"[9].

Nesse contexto, a felicidade pode se situar no topo da hierarquia dos valores, pois derivada do valor mais fundamental da pessoa humana, que é a sua dignidade. A felicidade é um valor que compõe, integra e complementa a própria dignidade. Destaque-se, por fim, que não existe um direito subjetivo à felicidade, pois se assim o fosse, haveria um dever contraposto a todos os outros de proporcioná-la. Felicidade é apenas um estado emotivo que adquire valor para o Direito. Porém, não se pode negar a existência de um direito à busca desse estado de graça[10]. Saul Tourinho Leal lembra que Thomas Hobbes acreditava "na busca da felicidade como sendo a própria felicidade, uma marca dinâmica impressa sobre a essência. A felicidade, por si só, solitária, desacompanhada dessa busca incessante, não existiria"[11].

McMahon, com apoio em Locke, destaca o deslocamento do "ônus da busca para os ombros dos homens e das mulheres, aliviando os seus governos. Proporcionar espaço livre para que pudéssemos tentar alcançar os nossos objetivos era uma coisa, garantir esses objetivos era outra"[12]. O mesmo autor relata que

> "(...)quando um americano descontente se queixou de que seu país não lhe estava a proporcionar a felicidade – não cumprindo assim o prometido

[9] HESSEN, Johannes. *Filosofia dos valores*, Trad e prefácio de L. Cabral de Moncada. 2ª ed. corrigida. Coimbra: Armênio Amado, 1953, p.118.

[10] Hobbes rejeitou a ideia da felicidade com fim último. A felicidade desta vida não consiste no repouso de uma mente satisfeita., comentou: Pois não existe qualquer *Finis ultimus* [fim último] nem *Summum Bunum* [bem supremo] como os referidos nos livros dos antigos filósofos da moral. A felicidade era antes um progresso contínuo do desejo, de um objeto para outro, sendo a obtenção do primeiro apenas o caminho para o segundo. (Cf. MCMAHON, Darrin M. Op. cit., p. 193)

[11] LEAL, Saul Tourinho. *Direito à felicidade*. São Paulo: Almedina, 2017, p. 59.

[12] Op. cit., p. 196.

– Benjamin Franklin terá respondido – A Constituição só te dá o direito de buscar a felicidade. Tens de ser tu a apanhá-la"[13].

Saul Tourinho Leal ainda identifica a busca da felicidade com o próprio "direito à felicidade numa perspectiva liberal, qual seja, a imposição de inações por parte do Estado e do particular. Um direito que exige ausências de interferências infundadas aos planos racionais de consecução de preferências legítimas"[14]. Todas as pessoas são titulares do direito inalienável de buscar a sua felicidade e ninguém pode obstar essa busca, sob pena de cometer ato ilícito.

2. A BUSCA DA FELICIDADE COMO PRINCÍPIO NORMATIVO: *THE RIGHT TO PURSUIT OF HAPPINESS*

O direito de buscar a felicidade, concebido na origem como uma restrição ao poder do Estado, paulatinamente ganhou forma de princípio normativo. Nos Estados Unidos, a Declaração de Independência de 4 de julho de 1776 consagrou, como um direito inalienável, tão importante quanto o direito à vida ou à liberdade, o direito à busca da felicidade[15]. As Constituições de diversos estados federados americanos contém preceitos semelhantes[16] e a Suprema Corte estadunidense, em vários julgamentos, reconheceu a força normativa do princípio, dando origem a um direito constitucional à busca da felicidade[17].

Se a felicidade é um valor jurídico, o direito de persegui-la configura direito subjetivo fundamental de matriz principiológica, que integra e complementa o princípio da dignidade da pessoa humana, princípio matricial do constitucionalismo contemporâneo. A vinculação entre a busca da felicidade e a dignidade humana é tamanha e tão simbiótica, a ponto de se poder afirmar que a felicidade, ou melhor, a possibilidade de buscá-la ou de projetá-la, constitui o mínimo imprescindível para o ser humano desenvolver-se dignamente.

[13] Op. cit., p. 331.

[14] Op. cit., p. 300.

[15] Thomas Jefferson não responsabilizou o Estado pela felicidade de seus cidadãos. Ao contrário, buscou apenas limitar seu poder: "É meu direito ir em busca da felicidade do meu modo, e o Estado não deve intervir, mesmo que minhas escolhas sejam erradas"(Cf. HARARI, Yuval, op. cit., p.40).

[16] Cf. Virgínia, Massachusetts e Wisconsin.

[17] Cf. Meyer v. Nebraska, de 1923 (262 U.S. 390) e Loving v. Virginia, de 1967 (388 U.S. 1).

Buscar a felicidade é o direito de fazer as escolhas (em grande parte afetivas) que darão sentido à nossa existência. É o direito de projetar, no exercício de nossa liberdade e no âmbito de nossa personalidade, o estado pessoal e afetivo que pretendemos alcançar com a finalidade de dar sentido à vida. O projeto de felicidade é a liberdade pura, a autonomia de uma escolha diante das oportunidades apresentadas, visando à realização das vocações da pessoa humana (e da personalidade) em todas as suas possibilidades de manifestação (família, sexualidade, religião, saúde, etc), para atingir um estado interior de bem-estar.

Esse direito será violado sempre que uma intervenção externa, pública ou privada, frustrar ou prejudicar essas escolhas, privando a pessoa humana do poder de agir e de concretizar o seu projeto de realização pessoal e afetiva. E a violação, que implica a renúncia involuntária pelo lesado às suas escolhas, ocorre no bojo do desrespeito a outras manifestações da personalidade, como liberdade, imagem, integridade psíquica, opção sexual, direito ao próprio corpo, liberdade religiosa, entre tantos do catálogo, sempre em expansão, de direitos personalíssimos.

3. O RECONHECIMENTO DA FORÇA NORMATIVA DA BUSCA DA FELICIDADE PELO STF

O Supremo Tribunal Federal, no julgamento do RE nº 898.060, consolidou o entendimento, já assente naquela corte constitucional, que o

> "(...) direito à busca da felicidade, implícito ao art. 1º,III, da Constituição, ao tempo que eleva o indivíduo à centralidade do ordenamento jurídico-político, reconhece as suas capacidades de autodeterminação, autossuficiência e liberdade de escolha dos próprios objetivos, proibindo que o governo se imiscua nos meios eleitos pelos cidadãos para a persecução das vontades particulares".

O relator daquele julgado, cujo mérito envolvia questões relativas à parentalidade socioafetiva e à multiparentalidade[18], registra, em diversas passagens de seu voto, que o

[18] Parentalidade socioafetiva, à luz da doutrina e da jurisprudência brasileiras, é o vínculo de parentesco civil entre pessoas que não possuem laços biológicos, mas que convivem como se parentes fossem, em razão do forte vínculo afetivo que se formou entre eles. Já a multiparentalidade é a possibilidade de alguém ter mais de duas pessoas no seu assento de nascimento. Dois pais e uma mãe, duas mães e um pai ou mesmo dois pais e duas mães.

> "(...) direito à busca da felicidade funciona como um escudo do ser humano em face de tentativas do Estado de enquadrar a sua realidade familiar em modelos pré-concebidos pela lei. É o direito que deve se curvar às vontades e necessidades das pessoas, não o contrário, assim como um alfaiate, ao deparar-se com uma vestimenta em tamanho inadequado, faz ajustes na roupa, e não no cliente".

Convém destacar que a Corte Suprema havia se debruçado sobre o tema em outras ocasiões. O voto proferido pelo Ministro Celso de Mello no RE nº 477.554-AgR, de 26/08/2011, já consignara que o princípio constitucional da busca da felicidade

> "(...)decorre, por implicitude, do núcleo de que se irradia o postulado da dignidade da pessoa humana" assumindo "papel de extremo relevo no processo de afirmação, gozo e expansão dos direitos fundamentais, qualificando-se, em função de sua própria teleologia, como fator de neutralização de práticas ou de omissões lesivas cuja ocorrência possa comprometer, afetar ou, até mesmo, esterilizar direitos e franquias individuais".

4. RESPONSABILIDADE CIVIL PELA QUEBRA DO PROJETO DE FELICIDADE: PRESSUPOSTOS E CASUÍSTICA

Se todo aquele que "violar direito" e "causar dano" assume a obrigação de indenizar, é preciso analisar agora os pressupostos específicos da responsabilidade civil, sob a ótica da tutela do direito à busca da felicidade.

4.1. DA VIOLAÇÃO DO DIREITO

Em que consiste a violação do direito à busca da felicidade? Se não conseguimos nem conceituar, nem muito menos mensurar a felicidade, impende questionar a forma pela qual a sua busca será concretizada e assegurada e, lado oposto, em que medida e em que situações esse direito de busca pode ser violado? Para Hannah Arendt, a Declaração americana nos faz compreender a busca da felicidade

Sobre o tema, o STF fixou a seguinte tese: "A paternidade socioafetiva, declarada ou não em registro público, não impede o reconhecimento do vínculo de filiação concomitante baseado na origem biológica, com os efeitos jurídicos próprios" (RE n. 898.060). O STJ, por sua vez, já decidiu que o filho criado por pai socioafetivo, e que deste recebeu herança, também tem direito à herança do pai biológico (REsp n. 1.618.230).

> "(...) em seu duplo sentido: o bem-estar privado e o direito à felicidade pública, "anotando que o próprio Jefferson não tinha muita certeza a que tipo de felicidade se referia quando apresentou a busca dessa felicidade como um dos direitos inalienáveis do homem"[19].

Nas relações dos particulares com o Estado, penso que o direito à busca da felicidade é violado sempre que houver desrespeito à autonomia e à autodeterminação das pessoas, à sua autossuficiência e à liberdade de escolha dos próprios objetivos, não podendo o Poder Público, em qualquer de suas esferas, se imiscuir nos meios eleitos pelos cidadãos para a concretização de seus desejos ou projetos de vida. Esse, aliás, foi o principal fundamento utilizado pelo STF ao assegurar o casamento de pessoas de mesmo sexo[20]. Como bem observa Saul Tourinho Leal, "o direito de casar parece ser o que mais conta com invocações, no Brasil e no mundo, ao direito à busca da felicidade"[21].

Enquanto nas relações *interprivados*, ocorrerá a violação do direito sempre que a conduta lesiva privar (ou restringir) a pessoa humana do poder de agir e de concretizar o seu projeto de realização pessoal e afetiva, compelindo o lesado à renúncia de suas escolhas, mediante o desrespeito de outros direitos de personalidade. No Tribunal Superior do Trabalho, colhem-se diversas condenações por "dano moral" em razão de tratamento discriminatório e desrespeitoso conferido a empregado que era discriminado e desrespeitado em função de sua opção sexual. Nos tribunais estaduais, a orientação não é diferente, sendo frequentes as decisões que reconhecem o dano moral pela violação ao direito de opção sexual. Todavia, essas situações veiculam um dano de muito maior gravidade, para além da discriminação, por atingir o próprio projeto de busca da felicidade, demandando, por isso, a ampliação das formas de reparação, visando à proteção integral da personalidade da vítima.

[19] Apud LEAL, Saul Tourinho. Op. cit., p. 164.

[20] "**Direito à busca da felicidade**. Salto normativo da proibição do preconceito para a proclamação do direito à liberdade sexual. O concreto uso da sexualidade faz parte da autonomia da vontade das pessoas naturais. Empírico uso da sexualidade nos planos da intimidade e da privacidade constitucionalmente tuteladas. Autonomia da vontade. Cláusula pétrea". (ADI 4.277)

[21] Op. cit., p. 357.

Em vários casos, a pessoa prefere não assumir a sua opção sexual, exatamente por se sentir ameaçada, constrangida ou por receio de se submeter a tratamento discriminatório, hipótese em que fica muito clara a violação ao direito de busca da felicidade e o dano daí decorrente, a merecer consideração como dano autônomo, tendo em vista sua gravidade e consequências, que não podem ser ignoradas pelo Direito.

Com os mesmos argumentos, a violação da liberdade religiosa pode resultar em dano ao projeto de busca da felicidade. Qualquer conduta discriminatória em razão da religião pode implicar em restrição ao exercício desse direito fundamental, cerceando uma escolha de vida e comprometendo o projeto de busca da felicidade. Nas relações de consumo em geral, os vícios ou defeitos do produto, a depender de sua gravidade e das características do bem da vida adquirido, podem resultar em violação ao direito fundamental de busca da felicidade, uma vez que qualquer bem de consumo, especialmente aqueles que escapam aos limites restritos das chamadas necessidades básicas, são adquiridos para proporcionar satisfação e felicidade.

4.2. DANO AO PROJETO DE BUSCA DA FELICIDADE. UM NOVO DANO?

O dano consiste em uma lesão a um interesse juridicamente protegido, quer seja a destruição ou deterioração de uma coisa inanimada, quer seja a ofensa à integridade física ou moral de uma pessoa. Já aludi à ampliação do espectro dos danos reparáveis, conquista da pós-modernidade e à contribuição de Teresa Ancona Lopez ao reconhecimento, como dano autônomo, do dano estético que, não obstante origine dano moral, causando à vítima sentimentos de humilhação e tristeza, constitui uma lesão autônoma, passível de reparação por verba própria, cumulativamente com o dano moral.

Resta saber se o dano pela quebra de um projeto de busca da felicidade também caracteriza um "novo dano" ou apenas uma nova hipótese lesiva ou, ainda, uma simples variante do dano existencial qualificado como "dano ao projeto de vida". Entendo tratar-se, de um novo dano, que não se confunde com o "dano ao projeto de vida", que é bem mais amplo e ainda não encontra amparo, como dano autônomo, no ordenamento jurídico brasileiro. O projeto de busca da felicidade pode ser o mais importante, mas constitui apenas um dos projetos, entre a pluralidade de projetos elaborados pelo ser humano em sua existência cotidiana [22]. Para Carlos Fernández Sessarego, "proyectar la vida es decidir lo que se pretende ser y hacer en el transcurso existencial de la persona. Es libre, apunta Jaspers, 'sólo quien puede decidirse'. El proyecto es la expresión de la suprema decisión del ser libre"[23].

O reconhecimento de um novo dano pressupõe que um novo interesse jurídico passou a ser reconhecido como merecedor de tutela pelo Poder Judiciário na análise de lesões concretas. No caso da busca da felicidade, somente com o reconhecimento, no plano constitucional, da força normativa desse princípio e da fundamentalidade do direito por ele informado, é que o interesse passou a ser juridicamente protegido, passível de violação e de ensejar um dano reparável autônomo. Antes disso, a interferência indevida e obstativa do projeto de felicidade alheia não era adequadamente tutelada, perdendo-se na cláusula geral de dano moral, quando não confundida com "mero aborrecimento".

Com apoio na jurisprudência, podem-se divisar diversas hipóteses lesivas decorrentes da vulneração da dignidade humana e do corolário princípio da busca da felicidade que estariam mais adequadamente protegidas e tuteladas se destacadas do dano moral ou do dano existencial e tratadas como dano autônomo.

[22] Cf. SESSAREGO, Carlos Fernández. El daño ao proyecto de vida. Portal de Información y Opinión Legal – Revista Foro Jurídico – Faculdade de Derecho da Pontifícia Universidad Católica del Perú, Lima, n. 50, dez 1996. Disponível em: <http://dike.pucp.edu.pe/bibliotecadeautor_carlos_fernandez_cesareo/articulos/ba_fs_7.PDF >. Acesso em: 15 abril 2017).

[23] Para o autor, cabe distinguir "entre el 'proyecto de vida', en singular, y los 'proyectos de vida', en plural. Si bien el hombre en tanto ser libertad vive proyectándose es dable distinguir entre los múltiples proyectos que el ser humano diseña en su vida, al menos uno de entre ellos que tiene la característica de su fudamentalidad para la existencia, que es radical, que compromete todo su ser, que es aquel en el que se juega su destino y el que otorga sentido a su vida. Nos referimos, en este caso, al "proyecto de vida" que es, por lo demás, el que nos interesa y al cual venimos refiriéndonos en el presente trabajo. Obviamente, es posible que al lado de este único proyecto de vida pueda existir otro que también adquiere para el ser humano una especial trascendencia. Pero, el 'proyecto de vida' es siempre único, singular, aunque pueda tener alternativas". SESSAREGO, Carlos Fernández. Deslinde Conceptual entre "Daño a la Persona", "Daño al Proyecto de Vida" y "Dano Moral". Portal de Información y Opinión Legal – Revista Foro Jurídico – Faculdade de Derecho da Pontifícia Universidad Católica del Perú, Lima, Año 1, nº. 2, jul 2003. Disponível em: <http://dike.pucp.edu.pe/bibliotecadeautor_carlos_fernandez_cesareo/articulos/ba_fs_6.PDF >. Acesso em: 15 abril 2017.

Nas relações de conjugalidade, é possível identificar o dano em determinadas situações de rompimento do vínculo afetivo. Casamento ou união estável caracterizam-se pela comunhão de vida, são espaços imateriais em que duas pessoas se realizam pessoalmente e buscam a felicidade juntos, um em auxílio do outro. Assim, o abandono ao projeto comum por um deles, pode frustrar a busca da felicidade pelo outro e, se presentes os demais pressupostos da responsabilidade civil, dará ensejo à eventual obrigação de indenizar. O Superior Tribunal de Justiça (STJ), por exemplo, já reconheceu, com suporte, entre outros fundamentos, no princípio da busca da felicidade, como dano indenizável, o abalo emocional sofrido por um dos cônjuges em decorrência da infidelidade do outro.

Também pode haver dano pela quebra do projeto de felicidade nos casos de *Wrongful conception*[24], que é a concepção involuntária de um filho em decorrência de falha nos métodos contraceptivos. Ou seja, o casal decidiu não ter filhos, porém em virtude de uma falha do profissional de medicina reprodutiva na realização do procedimento de esterilização (laqueadura tubária, vasectomia, etc) ou de um vício do produto (pílula anticoncepcional ineficaz, preservativo que se rompe durante o ato sexual, etc) acabou concebendo um filho não desejado, ainda que posteriormente o concepto venha a nascer com vida e saudável. O dano não diz respeito ao estado de saúde da criança ou da mãe, nem à falha do produto ou do serviço, mas à submissão dos pais a um projeto parental que não desejaram e, mais do que isso, que se empenharam em evitar, o que pode comprometer, em última análise, a felicidade que buscaram realizar sozinhos, como casal.

Em muitas situações seria possível o reconhecimento de mais de um dano suscetível de reparação e, consequentemente, a fixação de parcelas indenizatórias autônomas para cada um deles. O princípio da reparação integral não se compadece com o acolhimento de uma só modalidade de dano sempre que um mesmo evento danoso provoca a ocorrência de mais de um prejuízo extrapatrimonial.

[24] Alguns autores preferem a expressão *wrongful pregnancy* ou *uncovenanted pregnany*, pois os eventuais danos a serem discutidos decorrem da gravidez desenvolvida e não da simples concepção, que poderia ocorrer, inclusive, em laboratório sem jamais evoluir para uma gravidez. Porém a locução *wrongful conception* é majoritariamente empregada, abrangendo tanto as situações de concepção, como de gravidez indesejadas.

CONCLUSÕES

No atual patamar evolutivo da responsabilidade civil não cabe mais restringir a categoria dos danos ao dano material e ao dano moral, não se podendo negar que existem outras espécies de danos, fora do modelo binário tradicional. Incluir no conceito de dano moral toda a gama de danos extrapatrimoniais, além de assistemático, possibilita essa precária discricionariedade que testemunhamos hoje nos tribunais brasileiros, no que tange à quantificação desses danos. Cada vez mais as indenizações por danos morais são reduzidas e deixam de cumprir a sua função compensatória.

Já manifestei em outros escritos minha posição a favor da mudança na classificação dos danos, não mais em materiais e morais, mas em patrimoniais e extrapatrimoniais, dois grandes gêneros que dariam origem a infinitas subclassificações, a depender das realidades da vida. A classificação dos danos extrapatrimoniais deve ser reconfigurada, não se aceitando que permaneça vinculada à terminologia do dano moral, justamente para viabilizar a tutela de novos danos, como se verificou com o dano estético.

Conforme demonstrei ao longo deste estudo, a obra da professora Teresa Ancona Lopez trouxe preciosa contribuição ao reconhecimento da autonomia do dano estético, em relação ao dano puramente moral. Também me posiciono ao lado daqueles que distinguem, entre as ofensas aos direitos da personalidade, os chamados danos existenciais que constituem atentados contra a autodeterminação da pessoa. O dano existencial constitui uma nova modalidade de dano que não se confunde com os danos morais em geral, na medida em que incide sobre o projeto de vida da pessoa, reduzindo-o a uma existência sem sentido. Trata-se de lesão que impõe à vítima um tolhimento às possibilidades de manutenção ou de melhoria de suas condições de vida. Ao tolher o exercício das potencialidades da vítima, a lesão perpetrada produz dano existencial suscetível de reparação.

O mesmo se diga em relação ao dano por violação ao direito fundamental à busca da felicidade, que merece tratamento como dano autônomo, diverso do dano moral ou do dano existencial, inclusive nas manifestações de "dano ao projeto de vida" e de "dano à vida de relação". O projeto de busca da felicidade pode ser o mais importante, mas constitui apenas um dos projetos, entre a pluralidade de projetos elaborados pelo ser humano em sua existência cotidiana. No dano pela quebra do projeto de busca da felicidade, a vítima se vê impedida (ou restringida) de concretizar escolhas pessoais que poderiam conduzir ao estado emotivo de bem-estar a que chamamos de felicidade.

REFERÊNCIAS

ARISTÓTELES. *Ética a Nicômaco*. São Paulo: EDIPRO, 2002.

CARDIN, Valéria Silva Galdino. *Dano moral no direito de família*. São Paulo: Saraiva, 2012.

FIGUEIRA Jr, Joel Dias. Responsabilidade civil nas relações de conjugalidade e de filiação – Abandono material e imaterial (Abandono afetivo) e dano moral. *Revista Nacional de Direito de Família e Sucessões. vol. 13* (jul/ago 2016).

HARARI, Yuval Noah. *Homo Deus. Uma breve história do amanhã*. São Paulo: Companhia das Letras, 2016.

HESSEN, Johannes. *Filosofia dos valores*. Trad e prefácio de L. Cabral de Moncada. 2ª ed. corrigida. Coimbra: Armênio Amado, 1953.

LEAL, Saul Tourinho. *Direito à felicidade*. São Paulo: Almedina, 2017.

MCMAHON, Darrin M. *Uma História da Felicidade*. Portugal: Edições 70, 2009.

SESSAREGO, Carlos Fernández. *El daño ao proyecto de vida*. Portal de Información y Opinión Legal – Revista Foro Jurídico – Faculdade de Derecho da Pontifícia Universidad Católica del Perú, Lima, n. 50, dez 1996. Disponível em: <http://dike.pucp.edu.pe/bibliotecadeautor_carlos_fernandez_cesareo/articulos/ba_fs_7.PDF >. Acesso em: 15 abril 2017.

_______; *Deslinde Conceptual entre "Daño a la Persona", "Daño al Proyecto de Vida" y "Dano Moral"*. Portal de Información y Opinión Legal – Revista Foro Jurídico – Faculdade de Derecho da Pontifícia Universidad Católica del Perú, Lima, Año 1, nº. 2, jul 2003. Disponível em: <http://dike.pucp.edu.pe/bibliotecadeautor_carlos_fernandez_cesareo/articulos/ba_fs_6.PDF >. Acesso em: 15 abril 2017.

41
TAXONOMIA DA SANÇÃO CIVIL: PARA UMA CARACTERIZAÇÃO DO OBJETO DA RESPONSABILIDADE CIVIL

Maurício Bunazar

INTRODUÇÃO

Este trabalho almeja responder a uma pergunta: qual o objetivo da responsabilidade civil? A pergunta é singela e a resposta aparentemente simples: a indenização. No entanto, esta resposta não mais pode ser dada sem justificativa, pois vários dos partícipes que formam o complexo sistema jurídico, seja como órgãos de *input* ou *output*[1], têm buscado ampliar aquele objetivo por meio da inclusão de uma função punitiva à responsabilidade civil.

O problema é que tal ampliação, muitas vezes, é feita sem considerações sistemáticas e, com raríssimas exceções, quase que numa inocente busca por uma "justiça" demagógica. O que visamos aqui, então, é apenas reforçar aquela resposta simples e, para tanto, buscaremos, sem pretensão de esgotamento, inventariar, dentro do ambiente normativo do Código Civil de 2002, as várias espécies de sanção, com o que, cremos, aclararemos o real objeto da responsabilidade civil.

[1] Sobre a complexidade do sistema jurídico e a interação entre seus elementos componentes, confira Antonio Junqueira de Azevedo, *O direito como sistema complexo e de 2º ordem; sua autonomia. Ato nulo e ato ilícito. Diferença de espírito entre responsabilidade civil e penal. Necessidade de prejuízo para haver direito á indenização na responsabilidade civil.* in. *Pareceres de Direito Privado.* São Paulo. Ed. Saraiva, 2004, p. 25 –37.

1. RESPONSABILIDADE JURÍDICA

A responsabilidade jurídica é o produto das normas jurídicas que tratam do dever imposto a alguém de responder (= arcar com as consequências normativamente impostas) pelos efeitos de atos próprios, atos de terceiro e fato de animais e coisas, normas estas que uma vez incidentes, conferem ao sujeito de direito o *status* de responsável, cuja antítese é o *status* de irresponsável. A responsabilização jurídica é a responsabilidade jurídica – potência – em movimento (ato), ou seja, é o resultado da deflagração do funcionamento da estrutura jurídica de imputação de consequências aos sujeitos.

Sob esse ponto de vista e tendo sempre claro que a divisão em campos, áreas ou ramos do direito atende precipuamente a anseios didáticos, a responsabilidade jurídica pode ser fundamento para responsabilização penal (= responsabilização jurídica com consequências preestabelecidas por normas qualificadas como de direito penal) e/ou administrativa (=responsabilização jurídica com consequências preestabelecidas por normas qualificadas como de direito administrativo) e/ou civil (responsabilização jurídica com consequências preestabelecidas por normas qualificadas como de direito civil). Cuidaremos, apenas, da responsabilidade e responsabilização jurídica civil.

2. RESPONSABILIDADE CIVIL: UMA ABORDAGEM EM SENTIDO AMPLO E EM SENTIDO ESTRITO

Se a responsabilidade jurídica é o produto das normas jurídicas que tratam do dever imposto a alguém de responder pelos efeitos de atos próprios, atos de terceiro e fato de animais e coisas, podemos dizer que a responsabilidade jurídica civil se especializa em razão de tais normas pertencerem ao ordenamento jurídico civil.

Chamaremos, então, de responsabilidade civil em sentido amplo à responsabilidade jurídica que decorra de normas pertencentes ao ordenamento jurídico de direito civil. Dentro deste universo, procederemos à taxonomia da sanção no Código Civil, para, ao final, ligarmos a responsabilidade civil em sentido estrito à sua sanção própria, qual seja a consistente na imposição do dever de indenizar o dano injusto.

3. TAXONOMIA DA SANÇÃO NO CÓDIGO CIVIL[2]

Buscaremos classificar, sob o critério exclusivo da forma de anatematização da situação jurídica insuportável, a sanção dentro do universo do Código Civil e, para tanto, valer-nos-emos da ideia geral de sanção e de exemplos de sanção retirados daquele universo. A sanção é classicamente entendida como a resposta que o ordenamento jurídico dá à sua violação[3].

Essa resposta impõe-se objetivamente, é dizer, independentemente de qualquer juízo de valor sobre a forma ou razão da violação do ordenamento jurídico[4]. Com efeito, o próprio sistema jurídico elenca quais as formas de sua violação e qual a resposta que dará em cada caso. O fato da violação em si é objetivo, porém a forma pela qual ocorreu pode ou não o ser.

Explicamos: o sistema jurídico predetermina quais situações jurídicas não tolera e as sanciona a seu modo. Essas situações jurídicas intoleráveis podem consistir numa conduta (ação – ato ou atividade-, ou omissão) e/ou num resultado. O sistema jurídico, em cada caso, descreverá abstratamente a situação jurídica intolerável- é dizer, dar-lhe-á os contornos (ou, em linguagem ponteana, descreverá seu suporte fático) – e a forma de, uma vez verificada no mundo fenomênico, anatematizá-la. Disso resulta que o suporte fático cuja concreção no mundo fenomênico ensejará a sanção poderá ser composto segundo um dos seguintes modelos:

(i) após a valoração negativa de uma conduta causadora de um resultado intolerável (dano injusto causado por conduta culposa ou dolosa);
(ii) após a valoração negativa de um resultado com abstração da valoração da conduta que o ensejou (dano injusto por atividade lícita, por exemplo, dever de indenizar o terceiro que sofra dano injusto quando do exercício de conduta encoberta pela excludente da ilicitude do estado de necessidade);

[2] A base para essa classificação é a obra de Pontes de Miranda, mais especificamente o Tomo 2, p. 193 e seguintes do seu Tratado de Direito Privado. No entanto, diferentemente do jurista, que parte do fato ilícito, partiremos da resposta do ordenamento jurídico à sua violação, pois não há correspondência necessária entre a ilicitude do fato e a sanção.

[3] Não ignoramos a existência da chamada sanção premial, mas dela não cuidaremos, pois nosso objetivo, neste estudo, é investigar respostas a situações indesejáveis, e não técnicas de estímulo a certos comportamentos. Para conhecimento da ideia de sanção premial, remetemos à obra de Norberto Bobbio *Da Estrutura à Função*. São Paulo: Manole, 2006.

[4] Aqui há que se ter cuidado para não confundir o consequente (imposição da sanção) com o antecedente (o que levou à imposição da sanção).

(iii) após apenas a valoração negativa da conduta com abstração de qualquer resultado (certos casos de abuso do direito, por exemplo, alguém constrói obra animado exclusivamente pelo fim impedir a incidência do sol sobre o prédio vizinho. É possível que seja condenado a desfazer a obra antes mesmo que haja um dia de sol, ou seja, antes que sua conduta produza o resultado).

Destarte, vejamos quais as sanções impostas pelo Código Civil. Podemos arrolar, repita-se, sem pretensão exaustiva, as seguintes sanções no Código Civil:

(i) Sanção consistente na invalidação de ato jurídico em sentido estrito ou negócio jurídico[5].
Exemplos: artigos 166 e 171.

(ii) Sanção consistente na perda de uma posição jurídica ativa (sanção caducificante[6]).
Exemplos: Parágrafo único do artigo 33 ("*se o ausente aparecer e ficar provado que a ausência foi voluntária e injustificada, perderá ele, em favor do sucessor, sua parte nos frutos e rendimentos*"); artigo 150 (dolo bilateral. Perde-se tanto a posição jurídica ativa de pleitear a anulação quanto a posição jurídica ativa de exigir indenização); artigo 446 ("*mas o adquirente deve denunciar o defeito ao alienante nos trinta dias seguintes ao seu descobrimento, sob pena de decadência*"); artigo 583 ("*Se, correndo risco o objeto do comodato juntamente com outros do comodatário, antepuser este a salvação dos seus abandonando o do comodante, responderá pelo dano ocorrido, ainda que se possa atribuir a caso fortuito, ou força maior*". No caso, haverá perda da posição jurídica ativa de alegar ocorrência de caso fortuito ou força maior); artigo 1.255 *a*

[5] José de Oliveira Ascensão constrói interessante raciocínio para negar que a invalidação é sanção. Confira *O Direito*. Ed. Almedina: 2005

[6] Pontes de Miranda fala em atos ilícitos caducificantes, ensinando que "os atos ilícitos *caducificantes* são aqueles atos culposos que, contrários a direito, têm como eficácia jurídica (= irradiação de consequências jurídicas) a caducidade. Os elementos contrariedade a direito e culpa é que os diferenciam das outras espécies de caducidade. Porque caducidade é *eficácia* (*Tratado de Direito Privado*, Tomo 2, p. 205). Veja-se que Pontes de Miranda inclui no suporte fático do ato ilícito com eficácia caducificante a culpa, quando há casos em que há ilícito caducificante (= ato ilícito com sanção caducificante) em que o elemento culpa é irrelevante e, se há, sobeja. Pense-se, por exemplo, na figura prevista no artigo 446 do Código Civil.

contrario (se agiu de má-fé, perde a posição jurídica ativa de exigir a indenização); artigo 1.638 (perda do poder familiar); artigo 1.814 (indignidade); artigo 1.992 (sonegados) etc.

(iii) Sanção consistente na imposição do dever de imputação patrimonial a título de pena (multa em sentido estrito).
Exemplos: artigos 939 e 940; parágrafo único do artigo. 1.258 ("*pagando em décuplo as perdas e danos, o construtor de má-fé)*"; parágrafo 2º do artigo 1.336; artigo 1.337.

(iv) Sanção consistente na imposição do dever de fazer ou não fazer algo sem que necessariamente tenha ocorrido ou antes que ocorra dano injusto.
Exemplos: artigo 12 ("*exigir que cesse a ameaça*"); artigo 20 ("*.poderão ser proibidas, sem prejuízo da indenização, ...ou se se destinarem a fins comerciais*". A proibição não exige dano algum no caso de ser propaganda comercial); artigo 1.277; artigo 1.280 (tanto não há dano que o artigo fala em caução pelo dano iminente); artigo 1.302; artigo 1308 ("*suscetíveis de produzir infiltrações ou interferências prejudiciais ao vizinho*". Note que não se exige a infiltração ou interferência prejudicial, basta a possibilidade de uma ou outra).

(v) Sanção consistente na imposição do dever de fazer algo a título de indenização.
Exemplos: artigos 186 e 187 combinados com o 927; e parágrafo único do 927; artigo 929; artigo 932. Todas as modalidades de sanções acima referidas encontram-se no campo daquilo que, para fins expositivos, resolvemos chamar de responsabilidade civil em sentido amplo. A responsabilidade civil em sentido estrito, no entanto, tem como única sanção a consistente no dever de indenizar (v).

4. RESPONSABILIDADE CIVIL EM SENTIDO ESTRITO

No campo da responsabilidade civil, a que chamamos responsabilidade civil em sentido estrito, existe uma norma implícita a partir da qual se estrutura todo o esquema de imputação do dever de indenizar. Essa norma pode ser descrita de modo lógico-formal da seguinte forma: se for causado dano injusto, haverá obrigação de indenizar.

A causação do dano injusto é o pressuposto; a obrigação de indenizar é a consequência. A partir dessa norma hipotética, podemos aclarar quais as questões próprias da responsabilidade civil em sentido estrito e, consequentemente, avaliar as possíveis soluções oferecidas pela doutrina e jurisprudência. Entendemos que, entre várias outras possíveis, são fundamentais à responsabilidade civil em sentido estrito as seguintes questões: (i) quais danos são injustos; (ii) quem causou o dano qualificado como injusto; (iii) quem deve indenizar; (iv) que é indenização (=o que enche a fórmula dogmática *indenização*, ou o que é necessário pra que se considere indene a situação jurídica que apresentava dano-prejuízo).

Todos esses problemas podem e devem ser resolvidos pelo sistema jurídico, desde que encarado em uma visão material, e não puramente formal. O problema (i) é puramente sistemático, pois é o sistema jurídico que, via de regra por exclusão, determinará quais são os danos justos. É dizer, em regra o sistema jurídico impõe a reparação dos danos-prejuízos sofridos, mas em algumas hipóteses determina que aquele que o sofreu o suporte. Pense-se, por exemplo, no dano-prejuízo estético sofrido por um criminoso ao ter sua prisão efetuada por um policial em estrito cumprimento do dever legal.

O problema (ii) em regra é resolvido com dados do mundo fenomênico, o que não significa que a solução não é sistemática, afinal é o sistema jurídico que predeterminará quais dados do mundo fenomênico devem ser considerados pelo intérprete. Pensemos na seguinte hipótese: uma pessoa natural conduz um cão bravio, que vem a morder um pedestre. No caso, a causação física do dano injusto foi levada a efeito por um não-sujeito de direto e a solução jurídica será sempre a atribuição da autoria da causação (em sentido jurídico) a um sujeito de direito, ou seja, com superação da realidade fenomênica.

Ademais, esse sujeito de direito a quem foi imputada a causação jurídica do dano não necessariamente será quem arcará com a indenização, por exemplo, se o cão estivesse sendo conduzido por um menor sob autoridade e companhia dos pais. O problema (iii) é também sistemático na medida em que o sistema jurídico é livre para eleger a quem imputará a responsabilidade pela reparação ou compensação dos danos-prejuízos injustos, não tendo de buscar identidade com a realidade fenomênica, embora possa fazê-lo e normalmente o faça. Pense-se, por exemplo, na pré-exclusão de alegação de fato exclusivo de terceiro positivada pelo artigo 734 do Código Civil. O problema (iv) é também sistemático, já que é o sistema jurídico que confere ao julgador as balizas (por exemplo, artigo 944, *caput* e parágrafo único do Código Civil) para determinar como o responsável anatematizará o dano-prejuízo injusto.

Tais balizas podem ser mais precisas, como ocorre no dano patrimonial ou mais tênues, no caso do dano moral. Porém, não se pode confundir uma baliza tênue com ausência de baliza. O que há no caso do dano moral ou do dano ambiental extrapatrimonial, por exemplo, é uma maior discricionariedade do juiz na apreciação da existência e extensão do dano, o que, consequentemente, repercutirá na forma e/ou montante da indenização. Notemos que o juiz deve se ater ao dano-prejuízo, vale dizer, primeiro verificará sua ocorrência, depois sua extensão (artigo 944 do Código Civil) e com base exclusivamente em critérios fornecidos pelo sistema jurídico (por exemplo, parágrafo único do artigo 944 do Código Civil e parágrafo único do artigo 928 do Código Civil) fixará a forma e/ou montante da indenização.

Com base no que expusemos, podemos descrever possíveis situações jurídicas com repercussão para o ordenamento jurídico civil, para, ao final, delimitarmos com precisão qual o campo de incidência da responsabilidade civil em sentido estrito. Assim é possível que haja:

I. Ato ilícito e consequência insuportável:
   Conduta culposa (ato ilícito) causadora de dano injusto (consequência insuportável); abuso do direito (ato insuportável) e causação de dano injusto a outrem (consequência insuportável).
II. Ato lícito e consequência suportável:
   (i) sem prejuízo para ninguém: Transporte de pessoas (ato lícito) com extinção do contrato pelo cumprimento (consequência suportável);
   (ii) com dano prejuízo – justo – para alguém: reação em legítima defesa (ato lícito) causadora de dano estético ao agressor (consequência suportável).
III. Ato lícito e consequência insuportável (dano-prejuízo injusto):
   Ato em exercício de estado de necessidade (ato lícito) com dano-prejuízo a patrimônio de terceiro (consequência insuportável).
   Atividade criadora de risco, porém estimulada pelo Estado inclusive com incentivos fiscais (ato lícito) com dano-prejuízo ambiental (consequência insuportável).
IV. Ato ilícito sem consequência:
   Conduta culposa sem causação de qualquer dano-prejuízo.

Partindo dessas hipóteses, podemos afirmar que só haverá responsabilidade civil em sentido estrito nas hipóteses I e III, pois só estas possuem o constante necessário (ainda que nem sempre suficiente) para deflagração da estrutura de responsabilização civil senso estrito: o dano injusto.

Como já demonstrou Antonio Junqueira de Azevedo[7], o sistema jurídico conta com mecanismos de "punição" civil que não se confundem com a indenização. A utilização da estrutura da responsabilização civil para fins punitivos acaba por desnaturar a responsabilidade civil, além de esbarrar em dois óbices, atualmente, instransponíveis. O primeiro desses óbices é o artigo 5º, XXXIX da Constituição Federal, que garante que nenhuma pena será imposta sem que haja previsão legal; o segundo, restrito à responsabilização objetiva, consiste na incompatibilidade entre punição e responsabilização independentemente de culpa e dolo.

É ilógico e imoral atribuir punição a alguém- seja lá qual for a natureza da pena- que não tenha agido com dolo ou culpa; é indispensável seja franqueado ao agente a oportunidade de, em contraditório, demonstrar a adequação de sua conduta ao direito positivo. Para que a estrutura da responsabilização civil possa coerentemente servir também para a punição do agente, é fundamental que haja lei que o autorize e, ainda, que o procedimento processual seja adaptado para, em casos de responsabilização objetiva, contemplar duas fases, sendo a primeira voltada à indenização e a segunda à punição; nessa segunda fase deve haver espaço para a verificação de culpa e dolo do agente.

[7] Antonio Junqueira de Azevedo, *Por uma nova categoria de dano na responsabilidade civil: o dano social.* in. *Novos Estudos* e *Pareceres de Direito Privado.* São Paulo. Ed. Saraiva, 2009, p. 377-384. Nesse artigo, Junqueira de Azevedo faz precisa crítica da função punitiva da responsabilidade civil, a qual reproduzimos em parte e subscrevemos integralmente.

42
A SOCIEDADE DA INFORMAÇÃO E OS NOVOS CONTORNOS DA RESPONSABILIDADE CIVIL DO ANUNCIANTE POR INADEQUAÇÃO DO VEÍCULO

Nelcina C. de O. Tropardi
Luiz de J. Tropardi Filho[1]

INTRODUÇÃO

É cada vez mais comum nos depararmos com notícias relacionadas a anunciantes que são cobrados, por seus consumidores, a se posicionarem acerca de inadequações em seus anúncios, seja por seu conteúdo ou, mais recentemente, pelo veículo utilizado. Nota-se que tais cobranças vão além da obrigação legal de fornecimento de informações acerca do produto ou serviço colocado à disposição do consumidor. Pede-se, de forma mais enérgica, um posicionamento sobre questões que ultrapassam a atividade produtiva. Nesse contexto, quais seriam os novos contornos da responsabilidade civil do anunciante com relação à sua atividade?

Em tempos de pandemia, ainda não está claro quais impactos esta discussão produzirá no mundo jurídico, na responsabilização dos anunciantes, mas o julgamento social está em curso e os prognósticos já estão colocados.

1. DO DIREITO À INFORMAÇÃO NA RELAÇÃO DE CONSUMO

Inicialmente, é importante analisar a responsabilidade do fornecedor e o direito à informação no âmbito da relação de consumo e, portanto, do Código de Defesa do Consumidor. Como sabemos, as relações de consumo são marcadas pela existência de um fragrante desequilíbrio entre

[1] Os autores são irmãos e ambos foram orientandos da Prof. Dra. Teresa Ancona Lopez.

consumidor e fornecedor, constatação esta evidente diante da vulnerabilidade do primeiro frente ao segundo, pois o consumidor, em princípio, não detém todas as informações a respeito dos produtos ou serviços colocados no mercado. O *princípio do reconhecimento da vulnerabilidade do consumidor* é de extrema relevância no campo da proteção do consumidor. É este princípio que indica como o Código deve ser interpretado e aplicado.[2] É o reconhecimento expresso por parte do Estado de que o consumidor é, sim, o elo mais frágil do mercado e, por esta razão, merecedor de tutela protetiva. E, quando se fala em informação, a referida tutela protetiva é ainda mais relevante, diante do flagrante excesso de informação que marca nossa atual realidade.

Consequência desse princípio, estabeleceu-se, no Código de Defesa do Consumidor, a responsabilidade objetiva do fornecedor[3], garantindo-se ao consumidor, dentre tantos outros direitos básicos, o acesso à informação como forma de assegurar o tráfego da informação do fornecedor ao consumidor. Diante disso, o legislador estabeleceu, no artigo 6º, incisos III e IV, do Código de Defesa do Consumidor, como direito básico do consumidor, "*a informação adequada e clara sobre os diferentes produtos e serviços, com especificação correta de quantidade, características, composição, qualidade e preço, bem como sobre os riscos que apresentem*" e "a *proteção contra a publicidade enganosa e abusiva, métodos comerciais coercitivos ou desleais, bem como contra práticas e cláusulas abusivas ou impostas no fornecimento de produtos e serviços*". Dessa forma, garantiu-se ao consumidor o acesso a informações claras e precisas para que

[2] Nesse sentido, Cláudia Lima Marques, Antônio Herman Benjamin e Bruno Miragem, quando afirmam que a vulnerabilidade não é "o fundamento das regras de proteção do sujeito mais fraco, é apenas a 'explicação' destas regras ou da atuação do legislador (Fiechter-Boulvard, *Rapport*, p. 328), é a técnica para as aplicar bem, é a noção instrumental que guia e ilumina a aplicação destas normas protetivas e reequilibradoras, à procura do fundamento da igualdade e da justiça equitativa" (*Comentários ao Código de Defesa do Consumidor. Arts. 1º a 74* – aspectos materiais, São Paulo: Ed. Revista dos Tribunais, 2004, p. 121).

[3] O artigo 12 do CDC estabelece que "o fabricante, o produtor, o construtor, nacional ou estrangeiro, e o importador respondem, **independentemente da existência de culpa**, pela reparação dos danos causados aos consumidores por defeitos decorrentes de projeto, fabricação, construção, montagem, fórmulas, manipulação, apresentação ou acondicionamento de seus produtos, **bem como por informações insuficientes ou inadequadas sobre sua utilização e riscos**". Da mesma forma, prescreve o artigo 14 do CDC que "O fornecedor de serviços responde, **independentemente da existência de culpa**, pela reparação dos danos causados aos consumidores por defeitos relativos à prestação dos serviços, **bem como por informações insuficientes ou inadequadas sobre sua fruição e riscos**" (grifamos).

exerça, de forma consciente, a decisão de compra de um produto ou contratação de um serviço. Nas palavras de Teresa Ancona Lopez, "na verdade, o dever de informação contém esses dois outros deveres, isto é, o dever de transparência, que é a informação do produto ou serviço com todos os elementos que a compõem, um dever positivo ("suumcuique tribuere") e o dever de veracidade, que é um dever negativo, ("alterum non laedere"), pois proíbe o fornecedor de veicular informações mentirosas, falsas ou enganosas, mas em ambos a boa-fé contratual é o comando da conduta"[4].

Entretanto, o Código do Consumidor vai além. No artigo 4°, inciso IV, elenca, como um dos princípios norteadores da Política Nacional das Relações de Consumo, *"a educação e informação de fornecedores e consumidores, quanto aos seus direitos e deveres, com vistas à melhoria do mercado de consumo"*. O inciso II do citado artigo 6º estabelece que é direito básico do consumidor *"a educação e divulgação sobre o consumo adequado dos produtos e serviços, asseguradas a liberdade de escolha e a igualdade nas contratações"*. Este direito determina, em breves palavras, a instrução do consumidor – e, portanto, uma transmissão adequada de informações – para que ele possa exercer sua liberdade de escolha e possa se colocar em posição de igualdade nas contratações. Busca-se, além disso, construir um mercado de consumo sofisticado, em que os consumidores detêm as informações e o conhecimento necessários para exercer de forma consciente as suas escolhas, impondo as suas preferências e direcionando a atividade produtiva às tendências e aos hábitos da comunidade em que o fornecedor está inserido.

Num primeiro momento, foi importante tutelar o direito do consumidor a informações precisas e verdadeiras sobre o produto ou serviço colocado à sua disposição, obrigando os fornecedores a transmitirem, de forma clara e com qualidade, as informações necessárias, seja por meio de uma peça publicitária, seja por meio das cláusulas de um contrato, seja por meio do rótulo ou manual de instrução de um produto, seja por meio da bula de um medicamento, alertando-se para todos os riscos e perigos relacionados a tais produtos ou serviços, e criando-se mecanismos de proteção do consumidor.

Ainda, criou-se um sistema de educação e orientação do consumidor. Diversos órgãos e associações desempenharam um papel determinante

[4] LOPEZ, Teresa Ancona. Nexo Causal e Produtos potencialmente Nocivos – a Experiência Brasileira do Tabaco. São Paulo: Quartier Latin, 2008, pg. 87

nesse sentido, ora disseminando informações e dados para nortear a opção de consumo, ora lutando para proteger o consumidor de abusos por parte do fornecedor. Esse processo fortaleceu e estruturou o fluxo de informações, de tal sorte que, atualmente, é senso comum a inadmissibilidade de ocultação ou manipulação de dados e informações necessárias sobre um produto ou serviço. Como resultado, temos um consumidor mais consciente, que busca proativamente a informação que deseja obter, opina, avalia, julga e, dessa forma, influencia a atuação do fornecedor. E essa transformação é uma decorrência direta do Direito do Consumidor, que confere mecanismos de proteção aos consumidores, com garantias importantes para o restabelecimento do equilíbrio nas relações consumeristas.

São os indivíduos que, ininterruptamente, determinam a cotação, o valor de uma empresa. Esta atribuição de valor se dá por diferentes vias: um comentário, recomendação, a decisão de compra, o desejo por trabalhar na companhia ou recomendá-la a bons profissionais, entre tantas outras manifestações que, somadas, geram um impacto significativo sobre qualquer negócio.

2. O IMPACTO DAS NOVAS MÍDIAS NA RELAÇÃO DE CONSUMO

Por outro lado, é importante salientar que foi alterada a forma de o fornecedor anunciar o seu produto ou serviço. Se antes havia predominância de veiculação de anúncios em jornais, revistas e televisão, agora o fornecedor passa a adotar outros veículos, em especial mídia digital, usando de redes sociais e websites para divulgação de seus produtos ou serviços, que deram vozes às opiniões dos consumidores, estabelecendo-se o diálogo na relação entre consumidores e fornecedores, permitindo uma interação muito mais rápida e direta com o consumidor.

Nesse cenário, o consumidor passou a exigir informações que ultrapassam questões relacionadas ao produto ou serviço. A decisão de consumo passa a considerar novos fatores, que incluem o posicionamento e a reputação do fornecedor. Não basta mais decidir o que se vai comprar; avalia-se, em conjunto, de quem se vai comprar. O fornecedor, então, deve ponderar sobre suas ações e escolhas. Um anúncio cujo conteúdo envolva questões sensíveis, como racismo, machismo ou orientação sexual, posicionamentos sobre assuntos relevantes, uma má escolha do veículo em que o anúncio será divulgado, dentre outros exemplos, podem trazer danos irreparáveis à reputação do fornecedor e, dessa forma, afetar de forma significativa a escolha do consumidor quanto a seus produtos ou serviços. Consumidor, hoje em dia, "compra" reputação, posicionamento.

Nesse sentido, verifica-se que os consumidores esperam que as empresas assumam posições claras quanto aos temas que aquecem os múltiplos debates em pauta na sociedade. Não há mais espaço para a zona de conforto na qual as empresas podiam zelar apenas pela qualidade dos produtos e serviços ofertados, suportados por robustas estratégias de mídia e comunicação. Os consumidores querem estabelecer relações holísticas, e não apenas consumeristas, com as empresas pelas quais sentem afinidade. São relações marcadas pela identificação de crenças, posicionamentos. Mais do que a qualidade dos produtos e serviços, a atenção dos consumidores está concentrada na postura, na atitude, no discurso, na conduta das empresas.

Consequentemente, não basta às empresas simplesmente adotar posicionamentos importantes para os consumidores sem que haja autenticidade nesta adesão. As grandes organizações passaram a ser cobradas por posicionamentos e ações genuínos em um contexto global em que se espera muito mais da iniciativa privada em relação aos problemas sociais. Estamos na era em que as empresas precisam colocar questões sociais em suas estratégias de negócios. Nesse contexto, a tutela do consumidor ganhou novos contornos na sociedade da informação. Faz-se necessário, no presente momento, proteger o consumidor de abusos que vão além das características técnicas do produto ou serviço. Torna-se essencial proteger o consumidor quanto à qualidade da informação a que ele está exposto. Em outras palavras: o fornecedor precisa munir o consumidor de informações verdadeiras, exatas e adequadas, não apenas no tocante aos produtos e serviço, mas com relação a todo o conteúdo que veicular, em relação ao seu posicionamento no mercado, na sociedade, assegurando que tais informações não violem o senso comum sobre temas diversos e sensíveis e que esteja alinhadas à atuação; discurso e atuação devem estar em conformidade.

Nesse diapasão, aplica-se o princípio da boa-fé objetiva, que é, como sabemos, princípio orientador das relações de consumo, sendo mencionado de forma expressa em duas oportunidades e, de forma implícita, em diversas outras passagens. Assim, há duas cláusulas gerais a respeito deste princípio, a saber: o art. 4º, III, que seria uma cláusula geral de conduta, conduta esta que deve ser adotada durante todo o desenrolar de uma relação de consumo, impondo aos participantes um comportamento correto, leal e honesto nas fases pré-contratual, de execução e pós-contratual; o art.

51, IV, que traduz a função interpretativa da boa-fé nos contratos, determinando a validade ou invalidade das cláusulas existentes.[5]

Como cláusula geral de conduta, a boa-fé comporta deveres acessórios, dentre os quais se destaca o dever de informar, que impõe ao fornecedor a obrigação de fornecer ao consumidor toda e qualquer informação a respeito dos produtos e serviços que insere no mercado. É cediço que, em decorrência do princípio da boa-fé, a informação a ser transferida ao consumidor, por qualquer meio, seja por meio do rótulo, bula ou manual de instrução de um produto, seja por meio de um contrato, seja por meio de uma peça publicitária[6], deve ser correta e verídica. Todavia, há que se ir além. O fornecedor deve se ater ao princípio da boa-fé em toda a comunicação feita com o consumidor, o que inclui postagens em redes sociais, concepção de campanhas, notas e comunicados ao mercado, escolha de veículos de divulgação, bem como de eventos ou artistas que irá patrocinar, dentre outas ações de publicidade de produtos, serviço ou institucional que vier a adotar.

O foco deste novo direito concentra-se na proteção da confiança[7] que irá desempenhar papel fundamental neste novo contexto social. Noutras palavras, em tempos caracterizados pela intensificação da complexidade das relações, a proteção da confiança se torna imprescindível; não é possível para o consumidor conhecer por completo o fornecedor e suas complexidades, de forma que resta ao primeiro apenas confiar na apresentação externa do segundo, seja por meio de uma marca[8], seja por meio da imagem da empresa, seja por meio de sua reputação no mercado.[9]

[5] MARQUES, Cláudia Lima. *Contratos no Código de Defesa do Consumidor*, 4ª ed. São Paulo: Editora Revista dos Tribunais, 2002, p. 180 e ss.

[6] É importante observar, aqui, que o dever de informar e publicidade não se confundem, apesar de ambas terem em comum a finalidade de transmitir dados e informar o consumidor. Nas palavras de Teresa Ancona Lopez, citando Calais-Auloy, leciona que "não se deve confundir informação com publicidade, porquanto esta não tem por finalidade informar, mas atrair os consumidores, mesmo a publicidade que não é enganosa é necessariamente tendenciosa" (op. cit., pg. 89)

[7] Segundo Ronaldo Porto Macedo Júnior, a confiança "pode ser entendida como a expectativa mútua de que, numa troca, nenhuma parte irá explorar a vulnerabilidade da outra. Neste sentido, a confiança envolve a ideia de não-exploração, não implicando, contudo, na ideia de corresponsabilidade pelos ônus e vantagens, essencial para a definição de solidariedade. A confiança constitui, pois, um dos elementos do conceito de solidariedade" (*Contratos relacionais e defesa do consumidor*. São Paulo: Max Limonad, 1998. p. 179).

[8] A respeito da importância da marca para o consumidor, Leslie de Chernatony explica que: "In the increasingly concentrated retailing environment, where manufacturers of branded

O princípio da proteção da confiança, instituído pelo diploma legal de proteção dos consumidores, abrange dois aspectos, quais sejam: (i) a proteção da confiança no vínculo contratual, de onde decorrem as normas que procuram assegurar o equilíbrio das obrigações e deveres das partes do contrato de consumo por meio da proibição das cláusulas abusivas e da adoção de uma interpretação favorável ao consumidor; (ii) a proteção da

groceries compete against retailers' own labels, marketers use many facets to differentiate their offering. In particular they rely upon branding to attract consumers (....). A review of the literature indicates that presence, or absence of brand names serves consumers as a very important informational cue. Jacob et al (1977) showed that when respondents could choose any information from a board displaying all the information normally present on the packaging for toothpastes, brand names were the most frequently selected cues" (Chernatony, Leslie de. *Facilitating consumer choice decisions*: the importance of branding cues. Disponível em: <https://dspace.lib.cranfield.ac.uk/retrieve/901/SWP1089.pdf>).
Segundo Richard A. Posner, a confiança depositada pelo consumidor nas marcas reveste-se de valor econômico para o fornecedor. Segundo este autor: "La inversión de un productor en su marca comercial es como un rehén: aumenta el costo, para el productor, de reducir subrepticiamente la calidad del producto o de tratar de engañar de otro modo a los consumidores, porque cuando los consumidores se enteran el productor puede haver perdido ya toda su inversión. (...). No obstante, el hecho de que dos bienes tengan la misma formula química no significa que tengan la misma calidad. Es possible que no se fabriquen con el mismo control de calidad. El fabricante que ha invertido fuertemente en una marca comercial tiene un incentive mayor para mantener la calidad; sabiendo esto, un consumidor racional podría estar dispuesto a pagar una cantidad adicional por la marca de ese fabricante" (Posner, Richard A. *El análisis económico del derecho*. Trad. Eduardo L. Suárez. México DF: Fondo de Cultura Económica, 1998. p. 352).

[9] Nesse sentido, Lorenzetti, Ricardo Luiz. La oferta como apariencia y la aceptación basada en la confianza. *Revista de Direito do Consumidor*, São Paulo, n. 35, p. 10-14, 2000. O autor, ao mencionar que a atual atividade empresarial se concentra na criação de marcas, assevera que: "Pero luego se comenzó a contemplarla como un elemento para distinguir un producto de outro (función distintiva), y más actualmente se la aprecia (Función representativa de la reputación de la empresa) como una representación condensada, que no se expresa discursivamente sino simbólicamente. El símbolo representa la imagen de la empresa, su reputación, la calidad de sus productos, su tradición, la participación en el mercado, la confianza ganada en los clientes, y por todo ello, es un bien de la empresa titular de la misma. La empresa, aún anônima y lejana, genera fiabilidad a través de su funcionamiento reiterado, de las marcas que lo representan simbolicamente, o del respaldo del Estado. En este contexto, es claro que los modelos de comportamiento racional y los standards de 'contratante medio', deben reformularse: la conducta del individuo se basa en la confianza y ésta se construye en base a la apariencia que crea el sistema experto" (p. 13 e 14). A respeito da importância da confiança no mundo atual, vide, também, Marques, Cláudia Lima. *Confiança no comércio eletrônico e a proteção do consumidor* (um estudo dos negócios jurídicos de consumo no comércio eletrônico). São Paulo: Ed. Revista dos Tribunais, 2004. p. 31 e ss.

confiança na prestação contratual, de onde decorrem as normas que procuram garantir ao consumidor a adequação do produto ou serviço adquirido, bem como evitar os riscos e prejuízos provocados por estes produtos e serviços.[10] É do princípio da confiança que emerge a importância da reputação na relação de consumo.

3. A REPUTAÇÃO E A RELAÇÃO DE CONSUMO

Nesse momento, é fundamental traçar algumas linhas sobre reputação. Atualmente, há diversas menções ao termo reputação. Mas, será que temos a real dimensão de sua importância dentro da relação de consumo. Será que a reputação trouxe novos aspectos à dinâmica empresarial e, consequentemente, ao relacionamento dos anunciantes com seus consumidores?

Diante do cenário atual, pode-se afirmar que há poucas funções em uma empresa tão dinâmicas e desafiadoras como gerir este ativo crucial e cujo valor muitas vezes é percebido apenas diante de grandes crises. A reputação, sem dúvida, integra o patrimônio de uma empresa de maneira central, operando como um alicerce em um ambiente em que o valor de qualquer instituição, produto ou serviço é, em grande parte, determinado pela qualidade da relação mantida com a sociedade e não o sentido inverso, como ocorria no passado, no qual a empresa se via à vontade para agir como bem entendesse, acreditando ser a única responsável pela construção de sua percepção positiva diante da sociedade. O poder está nas mãos dos consumidores.

E é precisamente por essa razão que a reputação passar a interferir na responsabilidade dos anunciantes na medida em que eleva os patamares de conduta exigidos pelos consumidores. É nesse diapasão que se coloca a discussão sobre anúncios em sites de *fake News* e se exige dos anunciantes um controle sobre os locais onde seus anúncios são veiculados.

A esse respeito, vale mencionar a atuação de organizações como o *Sleeping Giants*, que passou a denunciar empresas que anunciam em veículos envolvidos na disseminação de *fake News*, o que levou a uma maciça movimentação dos consumidores mais engajados no sentido de boicotarem tais empresas. Em resposta, as empresas passaram a se posicionar, excluindo qualquer tipo de investimento em mídia que alcançasse os referidos veículos.

[10] Marques, Cláudia Lima. *Contratos*, op. cit., p. 233.

Entretanto, há que se ponderar, nesse caso, a falta de controle das empresas quanto a escolha dos veículos. De fato, quando se trata de *marketing digital*, normalmente as empresas elaboram as peças publicitárias e contratam uma quantidade determinada de inserções, por meio de empresas ou agências que intermediam a relação entre o anunciante e o veículo. A escolha do veículo, nesse sentido, é randômica, de acordo com determinados critérios de visitações e direcionamento. Em outras palavras, não é dado ao anunciante a opção de escolher ou eliminar determinados veículos.

Consequência dessa falta de ingerência, vimos recentemente a união de grandes corporações contra grandes empresas de mídia digital, para que adotassem uma política mais eficiente contra veículos e perfis envolvidos na disseminação de *fake News*. De toda sorte, o fato é que, em muitos casos, as empresas se veem envolvidas em situações altamente prejudiciais para a sua reputação sem que tenham, efetivamente, contribuído para tal fato. Não estamos endereçando aqui as situações que envolvem empresas notoriamente envolvidas em esquemas de propagação de *Fake News*. Nesses casos, a responsabilidade dessas empresas é inafastável, do ponto de vista civil e criminal, aplicando-se, aqui, o instituto da responsabilidade subjetiva.

4. DA PROBLEMÁTICA DOS ANÚNCIOS VEICULADOS EM SITES QUE PROPAGAM *FAKE NEWS*

Mas como nos posicionarmos com relação à empresa que, sem escolha consciente, tem seus anúncios divulgados em mecanismos de propagação de *fake News*? Há dois aspectos a serem avaliados. O primeiro é a responsabilidade do anunciante por ter exposto os seus consumidores a informações falsas ou, minimamente, carentes de suporte técnico. É fato que, ao terem a sua publicidade vinculada a tais veículos, o anunciante direciona seus potenciais consumidores a tais informações. Adicionalmente, contribui, com recursos financeiros, à consolidação de prática altamente nociva, não só para o mercado de consumo, mas para a sociedade em geral. Não obstante, há que se questionar os danos e prejuízos a que tais anunciantes estão expostos na medida em que maculam a sua reputação ao se verem envolvidos nos mecanismos de propagação de *fake News*.

Com relação ao primeiro aspecto, mister se faz ponderar que o fornecedor, como um dos protagonistas da relação de consumo, tem obrigação de atuar proativamente no sentido de assegurar o respeito aos princípios norteadores da Política Nacional das Relações de Consumo. O cumprimento dessa obrigação envolve uma atuação preventiva do anunciante. Não basta deixar de adquirir espaços publicitários em tais veículos. É preciso adotar mecanismos estruturados para evitar que seus anúncios cheguem até seus veículos, ainda que de forma indireta. Aplica-se aqui o instituto americano do *willful blindness*, que é a falha intencional e consciente em adotar medidas razoáveis que possam impedir a ocorrência de um ilícito, resultando na responsabilização por falta de ação.

Endereça-se, aqui, não apenas o direito à informação, mas o direito difuso à informação verdadeira, não nociva. Trata-se, pois, de direito coletivo, que pertence a um número indeterminável de pessoas, sem se fixar a uma determinada pessoa ou grupo, alinhado ao interesse comum. Não basta, portanto, pensar na responsabilização civil de danos individuais. Há que se proteger a coletividade, pensar sob os aspectos morais e éticos, assegurar que todos tenham acesso a informações e que tais informações sejam verdadeiras[11], tenham comprovação técnica e não se prestem a atentar contra o bem estar e a saúde dos consumidores. Nesse sentido, ao financiar, por meio de seus anúncios, a atividade de veículos propagadores de *fake News*, o fornecedor contribui para a violação desse direito essencial à verdade.

Consequentemente, tal fato macula a própria atividade publicitária do fornecedor. Dado que, no sistema do Código de Defesa do Consumidor, a atividade publicitária deve ser executada com o devido senso de responsabilidade social, em respeito aos princípios da transparência e boa-fé nas relações de consumo, ao falhar na escolha do veículo[12], a atividade legítima

[11] L. G. Grandinetti Castanho de Carvalho, ao avaliar o direito à informação sob a ótica do jornalismo, assevera que "lembremos que a liberdade de informação pretendida pelo constituinte brasileiro vai além, da liberdade formal para uma liberdade material, que importa em uma verdadeira qualidade da notícia transmitida: *a qualidade da verdade*. Esta é a liberdade garantida, a que preta o serviço público de contribuir para a democracia, para a participação, para a igualdade, para a justiça, valores todos compatíveis com a verdade. Esta é que é a liberdade que deve ser perseguida". (CARVAHO, Luiz Gustavo Grandinetti Castanho de, Liberdade de informação e o direito difuso à informação verdadeira. 2ª Edição. Rio de Janeiro: Ed. Renovar, 2003, p. 98)

[12] A respeito do impacto da importância da escolha do veículo na análise do potencial lesivo da publicidade, Lucia Ancona Lopez de Magalhães Dias analisa um caso interessante, de uma conhecida marca de roupas que veiculou anúncio retratando mulheres em situações arriscadas em outdoors. Nas palavras da citada jurista, "a autoridade britânica entendeu que a publicidade

do fornecedor de promover seus produtos e serviços, passa a violar o princípio da boa-fé objetiva, bem como o dever geral de respeito aos bons costumes, ética e conformidade. Ocorre, pois, dano à coletividade, na medida em que a ação do anunciante representa lesão a interesse coletivo.

Adicionalmente, nota-se que o abalo reputacional, no atual contexto das relações de consumo, faz com que o consumidor deixe de consumir, causando, assim, prejuízos significativos à empresa. Resta avaliar se, nesse caso, caberia ao fornecedor o direito à reparação frente às empresas que distribuíram os anúncios aos veículos. Primeiramente, cumpre destacar que a relação entre o fornecedor e o provedor de conteúdo de terceiro pela internet é subjetiva, regulada pelo Código Civil Brasileiro e pelo Marco Civil da Internet (Lei nº 12.965/2014) e, portanto, está fora do que pretendemos endereçar neste artigo. Entretanto, de forma resumida, podemos afirmar que, nos termos do art. 2º do marco civil da internet, o uso da rede de internet no Brasil tem, como princípio fundamental, o respeito à liberdade de expressão, o que direciona a avaliação dos casos de responsabilização de provedores por conteúdos de terceiros. Nos termos do art. 19 da citada norma, o provedor de aplicações de internet somente poderá ser responsabilizado civilmente se, após ordem judicial específica, deixar de tomar as providências para tornar indisponível o conteúdo apontado como infringente. Fundamentados por essa disciplina, os provedores adotaram uma postura isenta, mantendo de forma indiscriminada em suas redes os veículos idôneos sérios e os disseminadores de *fake News*, o que resulta no risco de o fornecedor ver seu anúncio publicado em um veículo inidôneo.

CONCLUSÕES

Diante do exposto, podemos afirmar que a aplicação eficiente das normas de proteção ao consumo, associada às políticas de educação sobre consumo,

deveria ser sustada de outdoors do Reino Unido, uma vez que estes poderiam ser vistos por crianças, incentivando comportamentos arriscados e antissociais. A proibição, no entanto, não alcançou as revistas especializadas nas quais a publicidade foi exibida, uma vez que, segundo ainda pontuado pela autoridade britânica, tais veículos apresentavam conteúdo editorial compatível com a publicidade da Diesel, sendo dirigido a um púbico adulto específico, com acesso improvável pelas crianças" (DIAS, Lucia Ancona Lopez de Magalhães. Publicidade e Direito. 3ª ed. São Paulo: Editora Saraiva, 2018, p. 218). Fazendo um paralelo, ainda que inexista a questão da inadequação do público, a colocação de anúncios em veículos mal intencionados, cuja postura não se coaduna à do anunciante, torna o anúncio inadequado e macula, como um todo, a atividade publicitária do anunciante.

resultaram em um consumidor mais consciente e exigente, que influencia diretamente as atividades econômicas dos fornecedores. Adicionalmente, esse novo consumidor, munido de informações, avalia e considera, na sua decisão de compra, a postura e reputação do fornecedor. Consequentemente, os fornecedores passam a responder não só pelo cumprimento do dever de prestar informações corretas e suficientes sobre os seus produtos e serviços, mas também sobre as demais ações que permeiam a sua atividade publicitária, em particular nas mídias digitais, em que o fornecedor não detém o controle total sobre os veículos nos quais seus anúncios serão transmitidos. Dado o cenário atual de combate à propagação de *fake News*, a responsabilidade do fornecedor por sua atividade publicitária, em especial no que concerne ao financiamento de veículos propagadores de *fake News* por meio de compra de mídia e veiculação de anúncios, ganha novos contornos, notadamente na assunção de uma postura efetiva de proteção ao interesse coletivo e direito difuso de acesso a informações verdadeiras, na medida em que o anunciante assume o compromisso de adotar medidas estruturadas para impedir que seus anúncios sejam colocados em veículos propagadores de *fake News*.

43
REGIME DE COMUNHÃO PARCIAL DE BENS, PATRIMÔNIO RESERVADO (CC 1659, VI) E IMPUTAÇÃO DE RESPONSABILIDADE CIVIL AOS CÔNJUGES

NELSON NERY JUNIOR
ROSA MARIA BARRETO BORRIELLO DE ANDRADE NERY

1. REGIME DE BENS, SUA EFICÁCIA JURÍDICA E A INTERPRETAÇÃO JURISPRUDENCIAL DA LEI

O ponto específico que buscamos analisar neste artigo conecta-se com o *regime de comunhão parcial de bens do casamento*, principalmente, com sua eficácia jurídica e com a eventualidade de o casal, durante o curso da sociedade conjugal e da constância da vida familiar, vir a experimentar um comportamento próprio para a gerência de seus bens reservados, aspectos que criam, ou podem criar, repercussões de interesse específico para a disciplina da responsabilidade civil, bem como alterar entendimento jurisprudencial tranquilo do STJ e de outros tribunais do país, quanto à aplicação do CC 1.659 VI[1].

Seja por força do pacto antenupcial, seja por força do regime legal de bens, o casamento opera entre os cônjuges um vínculo específico (muito especial, é certo), também com natureza de negócio jurídico bilateral,

[1] **CC 1.659**: *Excluem-se da comunhão: I – os bens que cada cônjuge possuir ao casar, e os que lhe sobrevierem, na constância do casamento, por doação ou sucessão, e os sub-rogados em seu lugar; II – os bens adquiridos com valores exclusivamente pertencentes a um dos cônjuges em sub-rogação dos bens particulares; III – as obrigações anteriores ao casamento; IV – as obrigações provenientes de atos ilícitos, salvo reversão em proveito do casal; V – os bens de uso pessoal, os livros e instrumentos de profissão;* ***VI*** *– os proventos do trabalho pessoal de cada cônjuge; VII – as pensões, meios-soldos, montepios e outras rendas semelhantes.*

com força obrigatória, de caráter normativo privado, que alcança elementos do patrimônio dos cônjuges, com impacto na circulação de riquezas e na forma e intensidade com que os cônjuges devam suportar a responsabilidade civil que lhes venha a ser imputada, por terceiros, ou pelo outro do casal, principalmente por decorrência de demanda pessoal instaurada entre eles, para por fim à vida conjugal.

Na atualidade, desaparecido como está o aspecto antigo das relações familiares, pertinente às funções político-econômicas da família, *livre que ficou dos vínculos hierárquicos e aberta à valorização da esfera individual de seus componentes*[2], os negócios jurídicos entre os cônjuges – de que o pacto nupcial e o próprio casamento são espécies – trazem à pauta temas que já não são antagonistas, mas harmônicos, que dão lugar à discussão do valor de vínculos contratuais no espaço interior da família e, com isso, permitem que esses vínculos sejam analisados com os mesmos rigores teóricos com que se interpretam negócios jurídicos em geral.

Especificamente, para o caso deste estudo, trazemos à baila a questão de se saber ainda possível – diante de entendimento jurisprudencial *diverso* e *firme* no STJ –, aplicar-se o CC 1.659 VI aos casos concretos, de forma obediente à *pureza* de seu comando literal, sem o ajuste jurisprudencial que buscou resguardar a paridade dos cônjuges, principalmente da mulher, diante da limitação que a lei impunha à comunicabilidade de bens chegados ao patrimônio pessoal de cada cônjuge, por virtude de remuneração pelo trabalho. O histórico do entendimento que hoje prepondera no STJ, levou em consideração, em síntese, dois fatores da realidade sociológica da maioria dos casais brasileiros:

a) a realidade de que em muitos lares apenas o marido tinha proventos oriundos de seu trabalho, enquanto a mulher se reservava à atuação do trabalho doméstico, sem remuneração alguma;
b) a circunstância de, por igual jornada de trabalho, o trabalho da mulher costumar ser remunerado por valor menor que o do marido.

Todo o problema deste enfrentamento teórico, portanto, consiste no fato de que, ao analisar-se a incidência dos fatores que impactaram a interpretação jurisprudencial que justificou a leitura sistemática de um texto

[2] Vicenzo Roppo , Trattato di Diritto Privato, a cura di Giovanni Iudica e Paolo Zatti, – Il Contratto, 2ª., Milano: Ed., Giuffè Editore, 2011, Cap. 4, n. 6, p. 59.

de lei – especificamente, do texto normativo do CC 1.659 VI – , de maneira contrária à literalidade do que ele prescreve, verifica-se que alguns fatores, que se mostram evidentes na atualidade, podem desautorizar o entendimento consagrado, porque incidem na atualidade, em muitos casos, elementos novos capazes de autorizar leitura completamente diversa daquele adotado por jurisprudência nacional. Impõe-se verificar, caso a caso, especialmente "*no campo do direito patrimonial de família, a incidência da cláusula geral de boa-fé e do princípio da boa-fé objetiva, também chamado princípio da lealdade,* porque eles *operam extraordinárias transformações, também sentidas na experiência multiforme de vivências familiares, nos nossos dias.*"[3]

São muitos os comportamentos que podem impactar a interpretação de condutas reiteradas de cônjuges, favorecendo aspectos que justificam a leitura literal do CC 1659 VI: a) ter o casal adotado regime próprio de gerência de seus recursos pessoais, de modo a separar parte deles para movimentação com exclusividade, conforme acordo do casal aceito e assim executado no decorrer da vida comum; b) fixação precisa de quais são as obrigações comuns e os aportes igualitários de cada cônjuge, em conta corrente destinada a suportar os gastos da família; c) a existência de contas bancárias exclusivas, sem qualquer ingerência sobre as finanças particulares de um e outro; d) o estilo de vida de cada cônjuge, que demonstra claramente o "*modus vivendi*" da família e de eventuais diferenças entre os cônjuges, quanto à cadência e o volume de gastos pessoais.

Em suma, é importante, na atualidade, perquirir sobre se os cônjuges adotaram, durante o *iter* da vida conjugal, um sistema de preservação do direito de cada um gerir e dispor de parte de seus proventos, da maneira como bem lhes convenha, como escolha absolutamente consentânea com a legalidade do regime de bens adotado pelo casal e se isto opera repercussões jurídicas que devam ser analisadas.

2. COMPORTAMENTO LEAL E REITERADO DE MARIDO E MULHER DURANTE A CONSTÂNCIA DO CASAMENTO QUANTO À GESTÃO E DISPOSIÇÃO DE SEUS PROVENTOS OU SALÁRIOS

Conforme já tivemos oportunidade de nos manifestar, o estilo de vida adotado pelos cônjuges, durante a constância da vida conjugal, dá a pauta

[3] Nelson Nery Junior; Rosa Maria de Andrade Nery. *Instituições de Direito Civil – Volume IV: Família e Sucessões,* 2ª ed., São Paulo: Thomson Reuters/Revista dos Tribunais, 2019, p. 540.

da maneira como o casal organiza, com plena liberdade, a vida familiar de ambos os cônjuges, dos filhos, da família em seu conjunto harmônico, de acordo com as necessidades que se apresentam, durante o decorrer da vida comum. Muitas vezes, se mostram devidamente provadas condutas reiteradas e típicas do casal que dão a pauta das escolhas feitas por cada um, de maneira lícita e regular, e chegam a imprimir peculiaridades ao regime de bens adotado para o casamento, sem desmerecer sua natureza jurídica:

> *"Outra questão que impõe atenção do julgador, **com as cautelas devidas**, é a possibilidade de os cônjuges se afastarem, de fato, por comportamento reiterado de ambos, ou de um, com a tolerância do outro, das prescrições fixadas no pacto antenupcial, quanto ao regime de bens, 'alterando-o', sem o fazer oficialmente. Isto seria possível? Em nosso entender – desde que o regime de bens do casamento não seja o obrigatório e que os cônjuges não estejam experimentando a permanência da situação jurídica que gerou a obrigatoriedade da separação (CC 1641) – diante de prova inequívoca de que os cônjuges se afastaram, por acordo tácito ou expresso das regras do casamento, relativamente ao regime de bens adotado, pode o juiz dar ao casal, na eventualidade de disputa futura, solução baseada não no regime do casamento celebrado, mas em cláusulas gerais, nos limites do comportamento de ambas as partes e da confiança expectada no espírito do outro."*[4] (grifei)

Ao analisar-se, na atualidade, o *modus vivendi* de casais, quanto à maneira como gerenciam sua vida familiar e particular, verifica-se – muitas vezes – que as peculiaridades da conduta adotada como regra de suporte de despesas e de comando da economia doméstica se dá de maneira muito específica, sem que se possa encontrar um critério único que balize todas as nuances da experiência comum, com os mesmos resultados matemáticos que o regime de bens possa sugerir como regra.

Há momentos em que a atenção do julgador deve voltar-se para esses aspectos, que muitas vezes evidenciam-se de maneira absolutamente clara para a análise do intérprete. A possibilidade, no sistema atual do Código Civil, de o casal alterar regularmente o regime de bens do casamento, é demonstração evidente de que as condições de vida sócio-familiar da atualidade indicam a conveniência de o direito se adaptar à modernidade, dando oportunidade para que as pessoas – que convivem a experiência

[4] Nelson Nery Junior; Rosa Maria de Andrade Nery. *Instituições de Direito Civil – Volume IV: Família e Sucessões*, 2ª ed., São Paulo: Thomson Reuters/Revista dos Tribunais, 2019, p. 539-540.

institucional do casamento civil – possam atualizar o regime jurídico de suas vivências familiares.

Muitas vezes, a decisão de alteração do regime de bens deriva de formalidade específica, postulada em juízo, pela celebração de novo negócio jurídico nupcial. Outras vezes, e isto não é incomum (e é o mais difícil de analisar e de institucionalizar) ela é fruto de condutas reiteradas que *marcam* a experiência humana da vida conjugal, fruto da expectativa legítima que cada um dos cônjuges, em pleno exercício de sua capacidade civil, vislumbra e expecta do comportamento do outro. A conduta reiterada do casal, apontada para direção distinta daquela que inicialmente regeu a vontade dos nubentes, pode revelar a alteração de fato da economia do casal, que, entretanto, entre os cônjuges, tem força de regência, por incidência da cláusula legal de boa-fé. Não podem ser desconhecidas, ou descumpridas entre eles.

Como o contrato em geral, o casamento, nos limites de suas peculiaridades, cria deveres e obrigações que devem ser cumpridos, ao longo da constância da sociedade conjugal, não é fora de propósito que se dê atenção, em qualquer espécie de regime de bens adotado, para a maneira como se conduziu o casal, durante o curso da constância do casamento. Isto não escandaliza a doutrina estrangeira, que se debruça para analisar essa fenomenologia:

> *"Gli accordi dei coniugi relativi al regolamento dei loro rapporti patrimoniali possono essere mutati in ogni tempo: si possono mutare sia gli accordi atipici, che cioè sono stati conclusi al di fuori degli schemi tipici di cui abbiamo parlato, sia gli accordi tendenti alla costituzione di uno dei tipi or ora descritti come previsti dal sistema. Tali accordi, sia costitutivi di un regolamento, sia per la cessazione, possono essere stipulati in qualsiasi tempo, ma, secondo la regola generale, non possono essere opposti ai terzi quando non risultino annotati a margine dell'atto di matrimonio. Per la modificazione è richiesto il consenso di tutti coloro che li hanno formati o – se del caso – dei loro eredi: mentre non è piú necessaria (dopo la modifica dell'art. 162 apportata dalla legge n. 142 del 1981) l'autorizzazione del giudice."*[5]

[5] *"Os acordos dos cônjuges sobre a regulação de suas relações patrimoniais podem ser alterados a qualquer momento: podem ser modificados sejam os acordos atípicos, que são concluídos fora dos esquemas típicos de que havíamos falado, sejam os acordos tendentes à constituição de um dos tipos ora descritos como previstos pelo sistema. Tais acordos, sejam constitutivos de um regulamento, sejam pela cessação, podem ser estipulados em qualquer tempo, mas, segundo a regra geral, não podem ser opostos aos terceiros quando*

Para que a alteração de regime de bens do casal possa ser oponível perante terceiros, o sistema jurídico brasileiro impõe a necessidade de homologação judicial do acordo de vontade das partes, nesse sentido, bem como, na hipótese da existência de bens imóveis, a averbação própria no registro imobiliário respectivo. Isso não significa, no entanto, que a conduta das partes, dentro da unidade familiar, não permita que a alteração se dê de *fato*, obrigando os cônjuges a conduzirem-se de acordo com as peculiaridades do novo pacto, em observância aos princípios de boa-fé e lealdade, que regem todas as relações civis, inclusive - e principalmente - as familiares.

Nem significa também - e isto muito importante - que terceiros, credores de um dos cônjuges, por dívidas que não aproveitaram à família, queiram excutir o patrimônio do outro, alegando comunicabilidade de recursos que a jurisprudência entende existir, por interpretação pretoriana do CC 1659 VI, para corrigir eventual desigualdade existente entre os cônjuges. Nesse caso específico, não se impõe o cuidado que a doutrina ressalva deva ser tomado, de anotação à margem do casamento civil, porque a lei é clara em considerar estes bens como não comunicáveis, salvo evidentemente se desviados por fraude ou simulação, fato que demanda prova e inverte esse ônus em desfavor do credor não satisfeito.

3. FIDELIDADE DA JURISPRUDÊNCIA À CAUSA QUE GEROU A APLICAÇÃO DA CLÁUSULA GERAL DE BOA FÉ E QUE ALTEROU A INTERPRETAÇÃO LITERAL DO TEXTO LEGAL

A experiência de casais brasileiros, muitas vezes, demonstra que os recursos oriundos de proventos/salários/rendas/tenças/aposentadorias recebidos pelos cônjuges, cada um *per se*, em volume igual, passam a ter destinação específica de acordo com a vontade livre de ambos: servem, uma parte igual, oriunda dos recursos de cada um, para o provimento de despesas gerais da família e destina-se outra ao uso exclusivo de cada um.

Pois bem. Essa possibilidade, pode ensejar - conforme o gosto de cada um - gestão completamente diversa dos recursos que sobejam àqueles

não tiverem sido anotados à margem do assento do casamento no registro civil. Para a modificação é exigido o consenso de todos aqueles que deles tenham participado ou, se for o caso, de seus respectivos herdeiros, embora depois da modificação do art. 162, instituída pela Lei n. 142, de 1981, não seja mais necessária a autorização do juiz". Alberto Trabucchi. *Istituzioni di Diritto Civile*, 46ª ed, Padova: Casa Editrice Dott. Antonio Milani, 2013, p. 400. Tradução livre.

destinados às necessidades da família e dar oportunidade a que um do casal venha a experimentar recursos poupados e administrados de maneira completamente diferente do outro. Para se ter ideia da variedade de possibilidades da incidência de cláusulas gerais no direito de família, o STJ reconhece a possibilidade de partilha de bens em favor de quem não era alcançado pela mesma interpretação legal, em casos de regime de separação total de bens, privilegiando a conduta do cônjuge para a formação ou crescimento do patrimônio:

> "8. *Mesmo na separação total de bens é possível que sejam partilhados itens do patrimônio para cuja formação ou crescimento um dos cônjuges contribuiu, ainda que tais haveres estejam apenas no nome do outro cônjuge, o que visa também a evitar o enriquecimento sem causa.*"[6]

Mutatis mutandis, a prova inequívoca de que um dos cônjuges **não contribuiu** para a poupança levada a efeito pelo outro e, *podendo* (porque recebeu proventos ou rendas que lhe permitiriam igual reserva) preferiu dispor de seus *iguais* recursos para a satisfação de necessidades pessoais e exclusivas, distantes das da família, sem nada poupar, autoriza perfeitamente a aplicar o mesmo critério da decisão referida para essa outra hipótese, diante da conduta que se torna a realçar, de deliberada vontade dos cônjuges de separar a poupança e investimentos de cada um, com critérios de gestão e de disposição fixados ao talante do titular de cada específica conta bancária.

Nesses moldes, a eventualidade de se deparar o casal com o fim do casamento, esses recursos administrados de forma separada, permanecem estanques e reservados no patrimônio de cada titular, sem se comunicar e sem sofrer a interpretação moduladora que o STJ dá ao CC 1659 VI. Se a conduta do casal demonstra um comportamento absolutamente dissociado da ideia de comunhão de bens da constância do casamento – em relação a uma parte de seus proventos – e esse *fato é auferível a partir de prova documental robusta* – estamos diante de um fenômeno jurídico que desautoriza, ao menos parcialmente, a leitura jurisprudencial do CC 1659 VI. A interpretação jurisprudencial levada a efeito pelo STJ a respeito de valores percebidos pelo cônjuge (à guisa de salários, de verbas

[6] STJ, Decisão Monocrática, REsp 1699527-CE, rel. Min. Maria Isabel Gallotti, j. 15.10.2018, d.m., DJe 18.10.2018.

trabalhistas, FGTS *v.g.*) como integrantes do patrimônio do casal **não teria lugar nesse caso**.

Há que se admitir, indubitavelmente, o acerto do r. entendimento posto em evidência em numerosos acórdãos do STJ que apontam para o fato de que *"a interpretação harmônica do CC 1.659 VI e 1.660 V, permite concluir que, os valores obtidos por qualquer um dos cônjuges, a título de retribuição pelo trabalho que desenvolvem, integram o patrimônio do casal tão logo percebidos. Isto é, tratando-se de percepção de salário, este ingressa mensalmente no patrimônio comum, prestigiando-se, dessa forma, o esforço comum."*[7]

Mas a hipótese que ora aventamos, não tem parâmetro de comparação com os casos já julgados pelo STJ: supomos aqui um casal que deliberada e livremente, mercê de sua liberdade civil, condições sociais de compreensão e percepção de proventos ou outros recursos pessoais **em valores, tempo e causa iguais ou semelhantes**, decidem excluir uma parte de seus proventos do destino de servir à finalidade de atender aos fins da família e de participar da comunhão e, claramente, e decidem separar valores para o atendimento de interesses pessoais de cada cônjuge, com o conhecimento pleno e aceitação mútua de ambos. A questão a enfrentar, justamente, é a possibilidade de o casal adotar pra sua experiência própria um sistema que harmoniza o regime de bens de seu casamento com a interpretação mais pura do CC 1.659 VI: não aquela encontrada pela jurisprudência para coibir a opressão do cônjuge que comanda os recursos da família, em detrimento daquele que se dedica aos afazeres não remunerados do lar (**razão histórica e sociojurídica da vertente jurisprudencial que, acertadamente, se firmou no STJ**), mas aquela interpretação legal que decorre de viva expressão de lealdade contratual dos cônjuges, de obediência à pureza do comando do CC 1.659 VI, que não lhes coíbe a adoção de comportamento leal adotado para seu relacionamento conjugal, comportamento esse que criou justa expectativa de respeito às deliberações de cada cônjuge, a que o Magistrado deve se curvar, em obediência à lealdade que um cônjuge deve ao outro.

Situações como as aventadas neste estudo, obrigam a jurisprudência a reconhecer que o mesmo ineditismo da interpretação jurisprudencial que alterou a leitura doutrinária da interpretação sistemática do CC 1.659 VI, agora clama por vê-la subordinada a princípios de lealdade e boa-fé, a

[7] STJ, 4.ª T., AgRgREsp 1313857, rel. Min. Antonio Carlos Ferreira, j.3.10.17, v.u..

mesma lealdade e boa-fé que autorizou a jurisprudência a impedir a opressão do cônjuge sem proventos pelo outro e que agora milita em favor do respeito às justas expectativas de cada qual, diferentes e distantes que estão da causa que, na ocasião, justificou o cuidado dos Tribunais.

A aplicação da remansosa jurisprudência do STJ, para um caso como o aqui imaginado, desprestigia aquilo que a inspirou: proteger mulheres que abdicaram da vida profissional em favor da família. Se ambos os cônjuges são economicamente ativos, ambos com atividade profissional muito bem remunerada, eles passam a ser exemplo bem sucedido do direito evoluído, porque – mercê de sua luta profissional e familiar – não precisam da interpretação *contra legem* levada a efeito pelo STJ, para o fim de manter a equidade da relação conjugal que eles experimentam. A *causa* que motivou a aplicação da cláusula geral no entendimento sedimentado do STJ *não* se encontraria na experiência humana da vida desse casal. Ao contrário, a situação justificaria reconhecer que o casal experimentou na sua vida conjugal o quê se esperava atingir com a **redação originária** do CC 1659 VI.

4. A VIDA COMUM COMO UM PROCESSO DE CUMPRIMENTO DE DEVERES, DE OBRIGAÇÕES E DE PARCERIA

As novidades do direito contratual, na doutrina nacional e estrangeira, quanto à incidência de cláusulas gerais nos contatos firmados e quanto ao descumprimento de regras de lealdade e de deveres anexos de conduta impregnam também os pactos de direito de família, diante de sua indubitável natureza de negócios jurídicos bilaterais. Além disso, despertam constantemente a pergunta sobre como se devam processar as consequências desses episódios detectados pelas partes, que não se adequam precisamente à figura do descumprimento do *dever de prestação*, mas, ao mesmo tempo, investem a parte prejudicada do contrato com poderes de interpelar a outra para externar pretensão de conduta que, jurídica e licitamente entende poder exigir.

A noção de obrigação como totalidade está diretamente relacionada à noção de fim no contrato. *"O fim é a prestação que se visa obter através do contrato"*.[8] As realidades novas da trama da vida jurídica *esmaeceram o dogma da vontade*, como diz Clóvis do Couto e Silva. Não que a vontade tenha

[8] Clóvis Veríssimo do Couto de Silva. *A obrigação como processo*, São Paulo: Bushatsky, 1976, p. 50.

cedido importância para a *concepção objetiva da relação obrigacional*, mas admitiu-se, nessa equação lógica das causas das obrigações, um valor *novo e autônomo*,[9] também integrante de sistema mais amplo, que abarca todas as situações jurídicas de direito obrigacional. Esse *valor autônomo* é a *lealdade*, celebrada de maneira muito clara nos CC 421 e 422: a boa-fé independe, muitas vezes, da vontade do agente e não pode estar reduzida e limitada por ela.

> *"Nem só da vontade, portanto, nascem as obrigacões; ou seja, não apenas dos negócios (unilaterais e bilaterais), ou dos atos, nascem as obrigações. Elas podem nascer, também, dos fatos, moldados com potencialidade jurídica, como, por exemplo, decorre da boa-fé objetiva e da conduta socialmente típica, ou do risco. Quando a vontade é a força motriz da obrigação, a discussão em torno dos elementos da noção de obrigação segue uma cadência; quando a obrigação tem como origem um fato, a análise desses mesmos elementos segue outra lógica. Isso vai repercutir vivamente na correta compreensão das questões de imputação civil subjetiva e objetiva"*.[10]

Na essência do convívio de alguns casais, podem ser vistas claramente condutas socialmente típicas que não podem ser desprezadas pelo intérprete. Ao contrário: a regra que está a nortear os estudos e interpretações contratuais é o de que a relação obrigacional [e, por via de consequência, também a relação jurídica contratual] é *polarizada* pelo seu *fim* e pelo seu *cumprimento*.[11] Tem-se como *cânone fundamental do direito das obrigações* que as "*obrigações assumidas devem ser* ***fielmente*** *executadas*", exsurgindo, pois, ao credor o *direito de exigir* [direito à prestação, direito ao cumprimento, direito subjetivo, *poder de exigir*] que a obrigação se cumpra tal como se convencionou.[12] Clóvis do Couto e Silva identificava que a sequência de **deveres**

[9] Clóvis Veríssimo do Couto de Silva. *O princípio da boa-fé no direito brasileiro e português*, In: Marcello Caetano (coord.). *Estudos de direito civil brasileiro e português*: I Jornada Luso-Brasileira, p. 54.

[10] Nelson Nery Júnior e Rosa Maria de Andrade. *Instituições de Direito Civil*, v. II (*Obrigações*), São Paulo: Ed. Revista dos Tribunais/Thomson Reuters, 2015, p. 105.

[11] Clóvis Veríssimo do Couto de Silva. *A obrigação como processo*, Rio de Janeiro: FGV, 2007, p. 17: "*O adimplemento atrai e polariza a obrigação. É o seu fim*". No mesmo sentido, João Calvão da Silva. *Cumprimento e sanção pecuniária compulsória*, 4ª ed., Coimbra: Almedina, 2007, § 17, p. 70.

[12] Agostinho Neves de Arruda Alvim. *Da inexecução das obrigações e suas consequências*, 4ª ed., São Paulo: Saraiva, 1972, §§ 4º e 5º, p. 5. No mesmo sentido, João Calvão Silva. *Cumprimento e sanção pecuniária compulsória*, 4ª ed., Coimbra: Almedina, 2007, § 23, pp. 111/112.

de prestação e de conduta durante o *iter* obrigacional fazia com que se pudesse antever no cumprimento da obrigação um processo destinado à satisfação dos interesses em jogo.

Para o casal, evidentemente, vislumbra-se a necessidade de se cumprir de maneira perfeita o regime de bens do casamento, porém com as peculiaridades que a *conduta* que eles próprios imprimiram a um dos aspectos de sua **experiência pessoal de parceria**, que, no caso, dotaria cada um com o direito de exigir a *não partilha* de valores que um e outro sabia perfeitamente a quem pertencer, porque cada qual administrou sozinho os seus próprios recursos e, bem por isso, não admitem vê-los partilhados.

5. A PARTILHA COMO PRETENSÃO CONTRADITÓRIA AO TÉRMINO DO CASAMENTO

Não tem sentido, portanto, depois de longa experiência conjugal voltada para o cumprimento de parâmetros lealmente ajustados entre os cônjuges, voltar-se um deles em busca da eficácia de regime de casamento com os abrandamentos que a jurisprudência dá ao CC 1649 VI: nenhum dos cônjuges, a essa altura pode pretender buscar a eficácia do regime de bens em descompasso com a conduta adotada pelo casal durante a constância casamento.

Entretanto, e isto não pode ser desconsiderado, ambos os cônjuges, lícita e lealmente, fizeram expectar no espírito do outro a consequência da conduta que adotaram, que lhes permitiu liberdade de gestão e de disposição de seus proventos reconhecidos, em parte, como particulares pelo casal. Conduta diversa, de buscar um efeito jurídico que não deriva da que foi expectada pelo casal, mas de fria interpretação, fora de contexto do texto legal e em descompasso da causa jurisprudencial da adoção do entendimento pretoriano, faz com que se tenha oportunidade de ganhar duas vezes: a) com a possibilidade de ter gerido a parte de suas reservas, ao talante de seus interesses; b) com a possibilidade de compartir das reservas do outro, novamente, ao talante de seus interesses.

Com isso o cônjuge desleal volta-se para colher da interpretação da lei pelo STJ as vantagens que seria mote contrário da intenção do intérprete da lei. Desde a formação do vínculo entre as partes e na sequência de como vão surgindo os deveres de prestação, principais e acessórios – que impõem às partes um prestar de acordo com o que estabelece a lei ou o contrato (de acordo com o modo como as partes se comprometem a cumprir a prestação)

– passa a ser delineada no tempo uma sequência ordinatória de condutas que se põe a revelar o fio condutor que, necessariamente, tende a aportar num fim comum, de atendimento das pretensões de parte a parte.

Assim considerando, pode-se afirmar que o "processo obrigacional" – e durante a constância do casamento entre os cônjuges se estabelece o cumprimento prolongado de obrigações constantes e duradouras – pressupõe momentos distintos em sua marcha, assim considerados interesses que antecedem à celebração dos contratos, que a doutrina denomina de período pré-contratual e, ainda, atos que se realizam em tempo posterior ao do período negocial, que abarcam deveres que podem surgir até mesmo em fase pós-contratual (*pós-eficácia das obrigações*).

Se é certo que a boa-fé objetiva tem, como reconhecido pela doutrina, função criadora de deveres anexos de conduta e/ou acessórios à prestação principal, na verdade eles não incidem de forma ilimitada, tampouco deixam de ter, como dissemos, seu contraponto, dentro da lógica e da coerência dos poderes correspectivos de parte a parte, estabelecidos no contrato. Os *deveres de conduta* são espécie de *deveres de obrigação* e são diferentes dos *deveres de prestação*. Assim ensina Judith Martins-Costa:

> *"Antes de mais, conjuga-se o princípio da boa-fé com "princípio" de coerência contratual" (melhor dizendo: a diretriz da coerência), pois atenta contra a boa-fé uma conduta contratual deslealmente contraditória. Serve, também, para fundar a vedação ao abuso, em sentido próprio pois não será conforme à lealdade e à probidade o uso desmedido de poderes contratuais. Finalmente, alia-se o princípio da boa-fé com o "princípio" da utilidade contratual, regulando o exercíco do direito formativo extintivo de resolução lato sensu por inadimplemento ensejando as figuras do adimplemento substancial e do inadimplemento das obrigações contratuais, temas compoentes dessa Seção".*[13]

CONCLUSÕES

Portanto, se o casal adotou para a administração e proveito de seus recursos particulares, um sistema todo próprio de gestão, sem prejuízo da economia doméstica, mas sem parceria de resultados sobre as economias feitas com recursos provindos dos valores que *sobejavam* àqueles destinados ao provimento das despesas da família – como o sustento da casa e do lar, o gerenciamento da casa, o sustento e educação dos filhos, que correspon-

[13] Judith Martins-Costa. *A boa-fé no Direito Privado – critérios para sua aplicação*, 2.ª ed., São Paulo: Saraiva, 2018, pp. 670/671.

dem a despesas que demandam, mensalmente, o aporte de recursos em quantidade igual para ambos os cônjuges, em conta conjunta administrada para o fim específico da vida em comum e do lar – há que se indagar sobre oportunidade de ser aplicada à hipótese, a lei pura, sem a vertente jurisprudencial que molda a interpretação do CC 1659 VI.

Importante para a análise judicial de tal fenômeno é a existência de pacto nupcial, ou de adoção do regime legal de casamento, sem pacto algum, bem como o comportamento reiterado do casal dirigido para a gestão e a disposição de *parte* dos valores dos recursos oriundos dos proventos de cada um, com exclusividade. A prova dos autos, nesse particular, deverá demonstrar se ambos os cônjuges receberam recursos pessoais em valores iguais ou assemelhados e se, em comum acordo e desde sempre, ambos contribuíam – mensalmente, em conta conjunta destacada para o fim de suporte das despesas do lar e dos filhos – , com valores suficientes para cobrir tais obrigações familiares, bem assim a forma de administração dos recursos que a cada um sobejou, se havia prestação de contas entre eles, se havia conta conjunta, se havia saques destinados a despesas comuns.

Se verificado que o restante dos proventos de cada cônjuge era administrado e dispendido de maneira exclusiva por um e outra, *sem* prestação de contas, *sem* necessidade de outorga do outro, com ampla e absoluta liberdade e sem necessidade de atendimento de compromissos familiares ou de comunicação de recursos, entendemos que não se aplica a interpretação jurisprudencial do CC 1659 VI, mas a sua literalidade. E mais. A interpretação pretoriana do CC 1659 VI, volta-se para amenizar uma desarmonia que se aloja no interior da vida doméstica, mas a literalidade do CC 1659 VI, não autoriza a comunhão, mas a incomunicabilidade dos bens oriundos desses recursos.

Assim sendo, se o cônjuge que, podendo, não formou patrimônio por decorrência desses recursos administrados com exclusividade vier a ficar insolvente, seus credores não têm poder de excussão sobre aqueles recursos amealhados pelo outro cônjuge, poupador, a não ser que a dívida tenha favorecido a família, isto porque não é a favor deles que milita a jurisprudência do STJ.

Repita-se: a força jurídica dessa afirmação decorre do *fato*, da *conduta das partes* e como tal, hão de ser demonstrados. Decorrem de criação de livre e leal vontade dos cônjuges, que entre eles fixaram parâmetros claros para a economia doméstica de sua experiência como casal e deram conteúdo de *bens reservados* aos valores de suas economias pessoais, organizadas segundo critérios próprios de cada um, sendo certo que essa conduta não fere os compromissos conjugais, tampouco atenta contra o regime legal de bens: apenas sinaliza, por decorrência da vontade de pessoas livres e capazes e em exercício pleno de liberdade civil e capacidade de decidir, uma opção legítima, que deve ser juridicamente respeitada, e não desborda dos limites do regime de bens vigente para o casal, no caso, o regime de bens da comunhão parcial: ao contrário, vivifica de forma civil o texto literal da vontade do legislador do CC 1659 VI.

A consequência de tudo isso está em que, ao ensejo do término da sociedade conjugal, ou do desfazimento do casamento, pela separação, divórcio, ou morte de um dos cônjuges, esse bens, considerados reservados, de propriedade exclusiva de cada qual, não serão partilhados pelo outro, ou por seus herdeiros – ainda que amealhados durante a constância da vida conjugal de quem é casado pelo regime de comunhão parcial de bens –, bem assim, não se poderá imputar a esse patrimônio reservado – agora, nem ao menos durante a constância da vida conjugal – as consequências de responsabilidade civil do outro cônjuge, por decorrência de excussão patrimonial que lhe venha a ser endereçada, levada a efeito por interesse de credores seus, a respeito de dívidas particulares, que não são do interesse da família, salvo comprovada fraude ou simulação.

REFERÊNCIAS

Arruda Alvim, Agostinho Neves de. *Da inexecução das obrigações e suas consequências*, 4ª ed., São Paulo: Saraiva, 1972.

Calvão da Silva, João. *Cumprimento e sanção pecuniária compulsória*, 4ª ed., Coimbra: Almedina, 2007.

Couto e Silva, Clóvis Veríssimo do. *A obrigação como processo*, Rio de Janeiro: FGV, 2007, p. 17: "*O adimplemento atrai e polariza a obrigação. É o seu fim*".

---------. *O princípio da boa-fé no direito brasileiro e português*, In: Marcello Caetano (coord.). *Estudos de direito civil brasileiro e português*: I Jornada Luso-Brasileira.

Iudica, Giovanni e Zatti, Paolo. Trattato di Diritto Privato, a cura di Giovanni Iudica e Paolo Zatti, – Il Contratto, 2ª., Milano: Ed. Giuffè Editore, 2011.

Martins-Costa, Judith. *A boa-fé no Direito Privado – critérios para sua aplicação*, 2.ª ed., São Paulo: Saraiva, 2018.

Nery Junior, Nelson e Nery, Rosa Maria de Andrade. *Instituições de Direito Civil*, v. II (*Obrigações*), São Paulo: Ed. Revista dos Tribunais/Thomson Reuters, 2015.

---------. *Instituições de Direito Civil – Volume IV: Família e Sucessões*, 2ª ed., São Paulo: Thomson Reuters/Revista dos Tribunais, 2019.

Roppo, Vicenzo. Il Contratto, 2ª. *in* Trattato di Diritto Privato, a cura di Giovanni Iudica e Paolo Zatti, – Milano: Ed. Giuffè Editore, 2011.

Zatti, Paolo e Iudica, Giovanni. Trattato di Diritto Privato, a cura di Giovanni Iudica e Paolo Zatti, – Il Contratto, 2ª., Milano: Ed. Giuffè Editore, 2011.

Trabucchi, Alberto. *Istituzioni di Diritto Civile*, 46ª ed, Padova: Casa Editrice Dott. Antonio Milani, 2013.

44
PRESCRIÇÃO NA RESPONSABILIDADE CIVIL

Nestor Duarte

Prescrição é indissociável do curso temporal e, do tempo, ocupam-se a Filosofia, a Psicologia e, também, o Direito, em que desponta *"a necessária finitude das relações jurídicas como forma de pacificação dos conflitos"*[1], conquanto a influência do tempo se verifique, também na aquisição de direito, pela usucapião, por isso, as denominações prescrição extintiva e prescrição aquisitiva, esta última abandonada na legislação brasileira codificada, mas presente até a fase de elaborações dos projetos[2].

Não há consenso sobre o fundamento da prescrição, variando as opiniões, desde a simples necessidade de serem solvidas certas situações de fato; para outros, justificada por necessidade social, argumentando-se, ainda, se tratar de mera criação política, ou mesmo como de direito natural[3]. Sustentou Clóvis Beviláqua que a prescrição *"tolhe o impulso intempestivo do direito negligente, para permitir que se expandam as forças sociais, que lhe vierem ocupar o logar vago"*[4]. Já Câmara Leal enumerou os seguintes moti-

[1] Simão, José Fernando – Tempo e Direito Civil – prescrição e decadência – p. 14 (Tese apresentada à Faculdade de Direito da Universidade de São Paulo como requisito para obtenção de Título de Livre-docente).

[2] Projeto Coelho Rodrigues: art. 214 – "Considera-se prescrição a aquisição de uma coisa ou a remissão de uma obrigação, mediante a posse da mesma coisa ou a inação do credor, nas condições e durante o prazo estabelecido pela lei".

[3] Serpa Lopes, Miguel Maria de – Curso de Direito Civil – vol. I – p. 577 – 3ª edição – Rio de Janeiro-São Paulo: Livraria Freitas Bastos S/A, 1960.

[4] Beviláqua, Clóvis – Theoria Geral do Direito Civil – p. 372 – 6ª edição – Rio de Janeiro: Livraria Francisco Alves, 1953.

vos: *"1º) o da ação destruidora do tempo, mencionado por Coviello; 2º) o do castigo à negligência, indicado por Savigny; 3º) o da presunção de abandono ou renúncia, sugerido por M.I. Carvalho de Mendonça; 4º) o da presunção de extinção do direito, apontado por Colin & Capitant e já referido por Savigny; 5º) o da proteção ao devedor, evidenciado por Savigny e reproduzido por Vampré e Carvalho Santos; 6º) o da diminuição das demandas, referido por Savigny; 7º) o do interesse social, pela estabilidade das relações jurídicas, adotado pela maioria dos escritores, como Baudry & Tissier, Laurent, Planiol & Ripert, Colin & Capitant, Beltjens, Guillouard, Chironi & Abello, Colmo, Pugliese, Barassi, Ruggiero e muitos outros"*[5]

Pontua Rubens Limongi França que a prescrição é um direito que adquire o devedor, uma vez implementada, isto é, *"a faculdade adquirida pelo devedor de não ser cobrado no débito prescrito. É a isso que chamamos direito à prescrição"*[6]. Reinou, porém, o entendimento de que a matéria não era considerada de ordem pública[7], ao menos em se tratando de direitos patrimoniais, e, consequentemente, não havia falar-se em pronunciamento *"ex offcio"* da prescrição[8]. Esse óbice, todavia, desapareceu com a revogação, pela Lei 11.280, de 16/02/2006, do artigo 194 do Código Civil de 2002 que estabelecia: *"O juiz não pode suprir, de ofício, a alegação de prescrição, salvo se favorecer o absolutamente incapaz"*. Ao mesmo tempo, a lei revogadora modificou o §5º do artigo 219 do Código de Processo Civil então vigente, para dispor que *"o juiz pronunciará, de ofício, a prescrição"*. A mesma determinação foi encampada pelo Código de Processo Civil de 2015, com alguns ajustes, a respeito da prévia audiência das partes (artigos 332, § 1º, e 487, § ú), o que é útil para não aniquilar a possibilidade de o devedor renunciar à prescrição depois de consumada (artigo 191 do Código Civil). Assim, não há mais razão para subtrair a prescrição do pálio da ordem pública, acolhendo-se com largueza os fundamentos que a vinculam à pacificação social.

O decurso do tempo, elementar para a implementação da prescrição, também o é para a decadência, sendo a distinção, entre uma e outra, tarefa que, na vigência do Código Civil de 1916, torturou juristas, pois aquele ordenamento não continha disposição que separasse os prazos prescri-

[5] Câmara Leal, Antônio Luís da – Da Prescrição e da Decadência – p. 13- 3ª edição – Rio de Janeiro: Forense, 1978.

[6] Limongi França, Rubens – Manual de Direito Civil – vol. I – p. 360 – 4ª edição – São Paulo: Revista dos Tribunais, 1980.

[7] Serpa Lopes, Miguel Maria de – ob. cit. – p. 579.

[8] Limongi França, Rubens – ob. cit. p. 361.

cionais dos prazos decadenciais, diversamente do que se dá no Código vigente, à vista de regras como as dos artigos 178 e 207 a 211, que tratam de decadência, e artigos 205 e 206, que ditam prazos prescricionais. Naquela quadra, referiu Washington de Barros Monteiro que o Código não fazia distinção entre prescrição e decadência, ficando a diferenciação a cargo da doutrina[9]. De grande prestígio foi e ainda continua proveitoso, o critério baseado na classificação das ações, de Agnelo Amorim Filho, em que conclui serem apenas as ações condenatórias sujeitas à prescrição[10].

As pretensões fundadas na responsabilidade civil são condenatórias, tendo por objeto a condenação de quem praticou ato ilícito, ou seu responsável, ao pagamento de indenização, logo, sujeitas a prescrição, e o Código Civil de 2002 fixou-lhe o prazo de três anos, (artigo 206, § 3º, V), ao passo que, no Código anterior, vigorara o prazo geral trintenário, depois reduzido a vintenário. Por se tratar de inovação, sem correspondência no direito pretérito, ficaria excluída a regra de transição estabelecida no Código atual, contudo, a jurisprudência nem sempre foi fiel à perfeita identidade do objeto para solucionar questões de direito intertemporal[11], e, no caso, assim ocorreu, sem distinguir prazo geral de especial, para incidência do artigo 2028.

Acentua-se, entretanto, que esse prazo trienal é especial, uma vez que há um prazo geral no artigo 205: *"A prescrição ocorre em dez anos, quando a lei não lhe fixar prazo menor"*. Isso, evidentemente, não significa dizer que o prazo especial fica livre das disposições comuns sobre a prescrição e o curso do prazo prescricional.

A fixação do prazo prescricional, de fato, é tema de reserva legal, não sendo passível de alteração por acordo das partes (artigo 192 do Código Civil) e é variável segundo a natureza do direito ou circunstâncias que lhe

[9] Barros Monteiro, Washington – Curso de Direito Civil – vol. 1 – p. 299 – 4ª edição – São Paulo: Saraiva, 1964.

[10] Amorim Filho, Agnelo – Critério Científico para distinguir a Prescrição da Decadência e para Identificar as ações Imprescritíveis – RT 300/7). "1ª – Estão sujeitas a prescrição: todas as ações condenatórias e somente elas (art. 177 e 178 do Código Civil); 2ª – Estão sujeitas a decadência (indiretamente), isto é, em virtude da decadência do direito a que correspondem): as ações constitutivas que têm prazo especial de exercício fixado em lei; 3ª – São perpétuas (imprescritíveis): a) as ações constitutivas que não têm prazo especial de exercício fixado em lei; e b) todas as ações declaratórias".

[11] Limongi França, Rubens – A Irretroatividade das Leis e o Direito Adquirido – p. 216 – 5ª edição – São Paulo: Saraiva, 1998.

sejam conexas[12]. São mais longos os prazos normais, ou ordinários, e mais curtos os prazos excepcionais[13]. O prazo trienal estabelecido no artigo 206, § 3º, V, do Código Civil cede lugar, porém, em matérias regidas pelo Código de Defesa do Consumidor, que estipulou prazo único quinquenal para as ações reparatórias (artigo 27 do Código de Defesa do Consumidor), corretamente apartando-o dos prazos decadenciais tratados em seu artigo 26.

Também, o disposto no Código Civil não se forra do estabelecido no artigo 2º, § 2º, da Lei de Introdução às Normas do Direito Brasileiro: *"A lei nova, que estabeleça disposições gerais ou especiais a par das já existentes, não revoga nem modifica a lei anterior"*.

Assim, deve-se considerar, por exemplo, o Decreto 20910, de 06/01/1932, que regula a prescrição quinquenal das ações contra a Fazenda Pública e cuja hierarquia de lei ordinária decorre do artigo 1º de Decreto nº 19398, de 11/11/1930[14]. Além de estipular aquele Decreto prazo de um lustro, oferece caso peculiar de suspensão do prazo prescricional, enquanto o ente público demorar *"no estudo, no reconhecimento ou no pagamento da dívida, considerada líquida"* (artigo 4º) e limita que a prescrição poderá ser interrompida apenas uma vez (artigo 8º), regra incluída no Código Civil vigente (artigo 202), e, interrompida a prescrição, recomeça a correr pela metade (artigo 9º). Ainda dispôs que ele *"não altera as prescrições de menor prazo, constantes das leis e regulamentos, as quais ficam subordinadas às mesmas as regras"* (artigo 10). Os prazos distintos para as ações contra a Fazenda Pública foram objeto de leis desde o Império (Lei 243, de 30/11/1841 e D. 736, de 20/11/1841), como enumera Carpenter[15], e sempre menores, mantidos os demais prazos, ou maiores, de até quarenta anos (artigo 9º do D. 857, de 12/11/1851), no caso contrário, das ações da Fazenda Pública contra particulares. Para outro sentido enveredou a jurisprudência do Superior Tribunal de Justiça, em julgamento submetido à sistemática do artigo 543-C do Código de Processo Civil de 1973, fixando o prazo quinquenal *"nas ações indenizatórias*

[12] Espínola, Eduardo – Sistema de Direito Civil Brasileiro – vol. II – p. 325 – 4ª edição – Rio de Janeiro: Conquista, 1961.

[13] Domingues de Andrade, Manuel A.– Teoria Geral da Relação Jurídica – vol. II – p. 450 – Coimbra: Almedina, 1974.

[14] Art. 1º O Governo Provisório exercerá discricionariamente, em toda sua plenitude, as funções e atribuições, não só do Poder Executivo, como também do Poder Legislativo, até que, eleita a Assembléia Constituinte, estabeleça esta a reorganização constitucional do país;

[15] Carpenter, Luiz Frederico Sauerbronn – "in" Manual do Código Civil Brasileiro de Paulo de Lacerda – vol. IV – p. 551 – Rio de Janeiro: Jacintho Ribeiro dos Santos, editor, 1919.

contra a Fazenda Pública"[16]. Assim, o particular goza de um prazo mais longo, de 5 cinco anos, contra os entes públicos, enquanto é de três anos, se o litígio se der entre particulares, para a reparação civil.

Maior atenção se deve dar, contudo, ao alcance do artigo 206, § 3º, V, do Código Civil, no que tange às expressões reparação civil.

Entre os critérios para classificar as modalidades da responsabilidade civil, acha-se o que distingue responsabilidade extracontratual da responsabilidade contratual. Esta, segundo Aguiar Dias, "*pressupõe um contrato válido, concluído entre o responsável e a vítima. Decompondo esse conceito, obteremos três elementos: existência do contrato; a sua validade, envolvendo, naturalmente, a questão da responsabilidade no caso de contrato nulo; estipulação entre o responsável e a vítima*"[17]. Já a responsabilidade civil extracontratual ocorre "*se o dever jurídico violado não estiver previsto no contrato, mas sim na lei ou na ordem jurídica*"[18].

O Código Civil atual, como também o anterior, distinguiu "*responsabilidade contratual e extracontratual, regulando-as em seções marcadamente diferentes do seu texto*"[19]. Acesa contenda jurisprudencial se verificou acerca da aplicação do prazo trienal, ou apenas para a responsabilidade civil extracontratual, ou, também, para a contratual. Durante algum tempo, a solução no sentido da sua aplicação em ambos os casos prevaleceu, porém, a orientação se modificou, e com acerto, pois, enquanto a responsabilidade contratual finca-se no artigo 475, disposição atinente aos contratos, a extracontratual tem seu desenvolvimento próprio nos artigos 188 e 927 a 954. Assim, o disposto no artigo 206, § 3, V, do Código Civil, aplica-se só à responsabilidade civil extracontratual, ficando a prescrição, no caso de responsabilidade civil contratual, sujeita ao prazo decenal[20].

Em matéria de seguro, existe prazo especial de um ano (artigo 206, § 1º, II, "a" e "b"), para a pretensão do segurado contra o segurador, ou deste contra aquele. No caso de seguro de responsabilidade civil, para

[16] Recurso Especial nº 1.251.993 PR (2011/0100887-0) – rel. Min. Mauro Campbell Marques – 1ª seção – v.u. 12.12.2012.

[17] Aguiar Dias, José de – Da Responsabilidade Civil – vol. I – p. 132 – 10ª edição – Rio de Janeiro: Forense, 1995.

[18] Cavalieri Filho, Sérgio – Programa de Responsabilidade Civil – p. 31 – 11ª edição – São Paulo: Atlas, 2014.

[19] Aguiar Dias, José de – ob. cit. vol. I – p. 123.

[20] Embargos de Divergência no Recurso Especial (EResp) nº 1.281.594/SP – Relator para o acórdão Ministro Felix Fischer – Corte Especial – j. 15.5.2019.

o segurado o prazo conta-se *"da data em que é citado para responder a ação de indenização proposta pelo terceiro prejudicado, ou da data que a este indeniza, com a anuência do segurador"*. Nos demais seguros, o termo inicial é a data da ciência do fato gerador da pretensão. É preciso, pois, colocar também atenção nessas disposições, dado que a prescrição nelas tratada se refere a ações do segurado contra o segurador. Já a ação do beneficiário, como no caso de seguro de vida, com a morte do segurado, o prazo é o ordinário de dez (10) anos. Em se tratando de seguro de responsabilidade civil obrigatório há prazo especial, de três anos (artigo 206, § 3º, IX): é a hipótese do seguro obrigatório por acidente de veículos terrestres (DPVAT). Nesse caso, tanto quanto, expressamente, nas hipóteses de seguro laboral, incide também uma ressalva tocante ao termo inicial do prazo, reconhecida na jurisprudência consolidada do Superior Tribunal de Justiça, fixando--o na *"data em que o segurado teve ciência inequívoca da incapacidade laboral"* (Súmula 278).

Dessas mesmas circunstâncias, vai que, conquanto a mora, no caso de ato ilícito, deva ser considerada a partir de sua prática (artigo 398 do Código Civil), entendimento confortado pela Súmula 54 do Superior Tribunal de Justiça, em se tratando de responsabilidade civil extracontratual o prazo prescricional não tem o mesmo termo inicial, só começando a fluir, como afirmado, desde a ciência inequívoca do lesado[21].

Tal conclusão se estriba, também, no magistério de Câmara Leal: *"Não nos parece racional admitir-se que a prescrição comece a correr sem que o titular do direito violado tenha ciência da violação. Se a prescrição é um castigo à negligência do titular – cum contra desides homines, et sui juris contentores, odiosae exceptciones appositae sunt – não se compreende a prescrição sem a negligência, e a esta, certamente, não se dá quando a inércia do titular decorre de ignorância da violação"*[22].

[21] REsp nº 1.388.030-MG – Relator Ministro Paulo de Tarso – j. 11/06/2014 – 2ª Secção: RECURSO ESPECIAL REPRESENTATIVO DA CONTROVÉRSIA. CIVIL E PROCESSUAL CIVIL. SEGURO DPVAT. TERMO INICIAL DA PRESCRIÇÃO. CIÊNCIA INEQUÍVOCA DO CARÁTER PERMANENTE DA INVALIDEZ. NECESSIDADE DE LAUDO MÉDICO. 1. Para fins do art. 543-C do CPC: 1.1. O termo inicial do prazo prescricional, na ação de indenização, é a data em que o segurado teve ciência inequívoca do caráter permanente da invalidez. 1.2. Exceto nos casos de invalidez permanente notória, a ciência inequívoca do caráter permanente da invalidez depende de laudo médico, sendo relativa a presunção de ciência. 2. Caso concreto: Inocorrência de prescrição, não obstante a apresentação de laudo elaborado quatro anos após o acidente. 3. RECURSO ESPECIAL DESPROVIDO.

[22] Câmara Leal, Antônio Luís da – ob. cit. – p. 23.

Certo é que o Código Civil[23], em sua literalidade, não admitiria esse entendimento (artigo 189), entretanto, percebida a desconexão entre a letra de lei e a "*mens legislatoris*" devidamente comprovada, o intérprete deverá aplicar esta e não aquela[24]..

Encontra-se uma disposição, no Código Civil, a respeito do óbice ao curso da prescrição, intimamente ligada a questões da responsabilidade civil, que é a do artigo 200: "*Quando a ação se originar de fato que deva ser apurado no juízo criminal, não correrá a prescrição antes da respectiva sentença definitiva*". Verdade que a responsabilidade civil é independente da criminal, não se podendo, porém, "*questionar mais sobre a existência do fato, ou sobre quem seja o seu autor, quando estas questões se acharem decididas no juízo criminal*" (artigo 935 do Código Civil). Harmônico regramento vê-se no Código de Processo Penal (artigos 63 a 67) e a sentença penal condenatória torna certa a obrigação de indenizar (artigo 91, I, do Código de Processo Penal), constituindo título executivo judicial (artigo 515, VI, do Código de Processo Civil).

A dificuldade se acha em saber se em hipótese de absolvição do réu, de extinção da punibilidade, ou de arquivamento do inquérito policial, o prazo prescricional terá tido curso, ou até transcorrido e, também, quando se inicia o prazo de suspensão, ou se se trata de impedimento da fluição do prazo prescricional. A lei não diz que o prazo não corre apenas se a sentença vier a ser condenatória, mas dá, como causa de suspensão, que o fato seja suscetível de apuração no juízo criminal. Quanto ao termo inicial da suspensão não se deve entender a data do fato, pois o texto não se refere a fato que constitui crime, mas que deve ser apurado no juízo criminal, e a comprovação dessa circunstância só ocorre com o recebimento da denúncia ou da queixa, logo, a hipótese é de suspensão e não de óbice ao curso da prescrição. Por isso, a denúncia ou queixa deve ser recebida antes do implemento do prazo trienal, para que se possibilite a suspensão.

Por fim, relevante em matéria de responsabilidade civil, dados os múltiplos casos de lesões que impossibilitam totalmente a vítima de promover a ação indenizatória, é saber se esse fato impede ou suspende o prazo prescricional. Não é unânime a doutrina segundo a qual as causas que

[23] Art. 189. Violado o direito, nasce para o titular a pretensão, a qual se extingue, pela prescrição, nos prazos a que aludem os arts. 205 e 206 .

[24] Limongi França, Rubens – Hermenêutica Jurídica – p. 50 – 2ª edição – São Paulo: Saraiva, 1988.

suspendem o curso do prazo prescricional são taxativas, havendo quem sustente a sobrevivência da regra "*contra non valentem agere non currit praescriptio*", isto é, não corre contra quem estiver absolutamente impossibilitado de agir. A seu favor, conta-se Serpa Lopes[25], e pela taxatividade das causas suspensivas, Carpenter[26], sendo, entretanto, convincentes as razões por aquele deduzidas.

Como visto, a fixação pelo legislador do prazo trienal (artigo 206, § 3º, V, do Código Civil) não eliminou todas as dificuldades de sua aplicação, entre as quais as acima apontadas, além daquelas gerais, quanto às hipóteses de obstáculo, suspensão e, também, às de interrupção do prazo prescricional.

[25] Serpa Lopes, Miguel Maria de – ob. cit. – p. 606.

[26] Carpenter, Luiz Frederico Sauerbronn – ob.cit. – p. 239.

45
A LEI N. 13.709, DE 14 DE AGOSTO DE 2018: A DISCIPLINA NORMATIVA QUE FALTAVA[1]

Newton De Lucca
Renata Mota Maciel

PALAVRAS DE PÓRTICO

Homenagear a querida Professora Teresa Ancona Lopez, muito mais do que um ato simples de justiça, constitui uma grande satisfação. Sua contribuição para o Direito Civil, sem nenhuma dúvida, muito enriquece o direito brasileiro, em especial em matéria de responsabilidade civil, tema que tantos desafios impõem aos estudiosos do Direito. A escolha do tema deste artigo, portanto, não deixa de levar em conta a trajetória da homenageada, na medida em que, da mesma forma que o dano estético, sobre o qual a Professora Teresa tão profundamente se debruçou, a reparação civil em matéria de tutela da privacidade também é instigante e que requer o estudo cuidadoso, especialmente a partir da edição da chamada Lei Geral de Proteção de Dados Pessoais – LGPD. Não podemos deixar de agradecer a lembrança dos Coordenadores da Obra com o honroso convite para esta homenagem.

[1] Este artigo foi publicado, originalmente, na obra De Lucca, Newton; Simão Filho, Adalberto; Lima, Cíntia Rosa Pereira de; Maciel, Renata Mota (Coords.). *Direito & Internet IV:* Sistema de proteção de dados pessoais. São Paulo: Quartier Latin, 2019.

INTRODUÇÃO: A DISCUSSÃO SOBRE A EXPRESSÃO PROTEÇÃO DE DADOS E O ENQUADRAMENTO JURÍDICO DA MATÉRIA

A expressão *proteção de dados pessoais* – conquanto já totalmente consagrada no mundo jurídico – revela-se claramente inadequada, pois a proteção normativa de que se cuida deve recair, na verdade, sobre a pessoa titular dos dados e não, evidentemente, sobre estes.[2] Tal impropriedade terminológica já foi oportuna e pioneiramente assinalada por Danilo Doneda, uma de nossas vozes mais autorizadas na matéria, *in verbis*:[3]

> a disciplina de proteção de dados pessoais desenvolveu-se a partir da aplicação de determinadas concepções do direito à privacidade e da proteção da pessoa em face do desenvolvimento tecnológico. A própria expressão "proteção de dados" não reflete fielmente seu âmago, pois é resultado de um processo de desenvolvimento do qual participaram diversos interesses em jogo – não são os dados que são protegidos, porém a pessoa à qual tais dados se referem.

Não obstante tal aspecto, a epígrafe da LGPD, alude à *proteção de dados pessoais*,[4] assim como, no Velho Continente, o Parlamento Europeu e o Conselho da União Europeia editaram um *Regulamento Geral sobre a Proteção de Dados* – RGPD.[5] E, não tendo o presente artigo nenhuma preocupação de caráter filológico, será deixada inteiramente de lado tal discussão, pois a mesma parece destituída de maior relevância jurídica.

Igual sorte há de ter, também, a questão relativa ao enquadramento jurídico da matéria. A despeito dos múltiplos aspectos em que a mesma se desdobra,[6] parece de pouca utilidade prática o seu enfrentamento, pelo

[2] A Lei n. 13.709, de 14 de agosto de 2018, denominada "Lei Geral de Proteção de Dados Pessoais" será designada, ao longo deste artigo, pela sigla LGPD.

[3] Doneda, Danilo. Um código para a proteção de dados pessoais na Itália. *Revista Trimestral de Direito Civil,* Rio de Janeiro, ano 4, n. 16, p. 118, out./dez. 2003.

[4] Lê-se na epígrafe: "Dispõe sobre a proteção de dados pessoais e altera a Lei nº 12.965, de 23 de abril de 2014 (Marco Civil da Internet)"

[5] O texto reflete a vontade dos referidos órgãos de implementarem "um quadro de proteção de dados sólido e coerente, apoiado por uma aplicação rigorosa das regras, pois é importante gerar a confiança necessária ao desenvolvimento da economia digital no conjunto do mercado interno."

[6] A par da discussão que apenas se menciona no texto principal sobre serem tais direitos da personalidade oriundos de uma cláusula geral de proteção da tutela e promoção da pessoa humana ou, ao revés, se esses direitos da personalidade são constituídos por intermédio de suas diferentes espécies, existe, também, a questão de conceber-se a proteção de dados pessoais

menos no que se refere ao âmbito desta exposição. Aceitando-se a ideia de que a proteção de dados pessoais acha-se indissoluvelmente ligada ao princípio da dignidade da pessoa humana – e, como tal, inserida inquestionavelmente entre os direitos da personalidade, como vem sendo oportunamente assinalado por significativa parte da doutrina –, parecem de pouca serventia os *rios de tinta* que poderiam ser gastos sobre serem tais direitos da personalidade oriundos de uma cláusula geral de proteção da tutela e promoção da pessoa humana ou, na mesma linha de raciocínio, decorrentes de um sistema geral de tutela à pessoa humana, ou, numa outra vertente doutrinária, se esses direitos da personalidade são efetivamente constituídos por intermédio de suas diferentes espécies e não a partir de uma cláusula geral de proteção ou de um sistema geral da tutela e promoção da pessoa humana. Roxana Cardoso Borges,[7] a propósito, comenta que:

> Os efeitos práticos de adotar o direito geral de personalidade ou uma lista exemplificativa de direitos de personalidade são os mesmos, pois ambos têm como fundamento a dignidade da pessoa humana e nenhuma das duas Correntes restringe a proteção jurídica aos direitos expressos no direito positivo, o que é imprescindível para a adequada proteção de tais direitos numa sociedade em veloz mutação. Nesse sentido, Renan Lotufo percebeu que, "independente da denominação usada, seja direitos da personalidade, 29 seja direito geral da personalidade, pensando no caso brasileiro notamos que a redação deste artigo [art. 12 do Código Civil de 2002], que a preocupação do legislador com a tutela do(s) direito(s) da personalidade foi de forma preventiva, quer para cessar a lesão, quer para repará-la".

A parte significativa da doutrina, como atrás mencionado, que vincula a proteção de dados pessoais ao princípio da dignidade da pessoa humana, pode ser representada, de forma decisiva, pela autorizada voz de Stefano Rodotà, para quem: "A noção de dignidade deve estar presente sempre que

como um novo desdobramento do direito à privacidade ou como uma categoria autônoma, mesmo que decorrente dos direitos da personalidade. Ainda que filiados à segunda corrente de pensamento, por entenderem que a proteção de dados pessoais ultrapasse os lindes do direito à privacidade, com a consequente superação da dicotomia público/privado, os autores optaram por excluí-la da presente exposição.

[7] Cf. *Direitos da personalidade e autonomia privada*. 2ª edição. São Paulo: Saraiva, 2007, p. 29-30.

se necessita identificar o significado abrangente da proteção das informações pessoais e, neste contexto, da tutela da intimidade e da identidade."[8]

Cumpre esclarecer, desde logo, qual é o significado que se dá a esse princípio da dignidade da pessoa humana no contexto do presente trabalho. Antes ainda, talvez, para que se chegue a este, qual é o sentido e o alcance que se outorga à própria palavra *princípio*, num momento em que, na doutrina brasileira, a matéria longe está de ser pacífica.[9]

Ela não estará sendo utilizada necessariamente em oposição ao termo *regra*, como se os autores estivessem tomando partido na longa e interminável discussão sobre o sentido e o alcance dessa dicotomia normativa. Trata-se, é claro, de um conceito polissêmico, com pelo menos sete focos de significação, como foi muito bem demonstrado por Genaro Carrió,[10] não sendo prosperável, portanto, a tentativa de uma univocidade conceitual. Esclarece, a propósito, Virgílio Afonso da Silva[11]:

> Em vista disso, e em vista da própria plurivocidade do termo "princípio", não há como esperar que tal termo seja usado somente como contraposto a regra jurídica. Não há como querer, por exemplo, que expressões como

[8] Livre tradução do seguinte original italiano: "La nozione di dignità deve'essere tenuta presente tutte le volte che bisogna identificare il significato complessivo dela protezione dele informazioni personali e, in questo quadro, della tutela della riservatezza e dell'identità." (Persona, riservatezza, identità. Prime note sistematiche sulla protezione dei dati personali. *Rivista Critica del Diritto Privato*, anno XV, n.1, março 1997, p. 584).

[9] Para que se tenha uma ideia, ainda que pálida e canhestra, da dificuldade existente ao lidar-se com o conceito de *princípio*, basta lembrar a radical mudança de um dos nossos maiores teóricos no assunto, o professor Eros Roberto Grau, ex-ministro do Supremo Tribunal Federal, que, mesmo antes da 6ª edição de seu famoso *Ensaio e discurso sobre a interpretação/aplicação do direito*, quando essa obra passou a se chamar *Por que eu tenho medo dos Juízes*, já houvera antecipado sua nova posição sobre a matéria, exposta no artigo por ele escrito em obra coletiva, intitulado *Os Princípios são Regras* (*In:* De Lucca, Newton; Meyer-Pflug, Samantha Ribeiro; Neves, Mariana Barboza Baeta (Coord.). *Direito Constitucional Contemporâneo:* Homenagem ao Professor Michel Temer. São Paulo: Quartier Latin, 2012, p. 273-278). A peremptória afirmação, constante no próprio título do artigo – *Os Princípios são Regras* –, demonstrava, por si só, que o referido professor já não mais aceitava a distinção entre *princípio* e *regra*.

[10] Cf. *Notas sobre Derecho y lenguage*. 4ª edición. Buenos Aires: Abeledo-Perrot, 1990, p. 321.

[11] Cf. O proporcional e o razoável. *Revista dos Tribunais*, n. 798, 2002, p. 23-50. Para uma investigação adicional sobre a palavra, vide nosso *Marco Civil da Internet – Uma Visão Panorâmica dos Principais Aspectos Relativos às suas Disposições Preliminares, in* De Lucca, Newton; Simão Filho, Adalberto; Lima, Cíntia Rosa Pereira de (Coords.). *Direito & Internet III:* Marco Civil da Internet (Lei 12.965/2014). Tomo I. São Paulo: Quartier Latin, 2015, p. 23-78, especialmente no tópico *Breves Considerações sobre o Conceito de Princípio*, pp. 35 e ss.

"princípio da anterioridade" ou "princípio da legalidade" sejam abandonadas, pois, quando se trata de palavras de forte carga semântica, como é o caso do termo "princípio", qualquer tentativa de uniformidade terminológica está fadada ao insucesso.

Seja como for, independentemente das dificuldades mencionadas relativamente ao conceito polissêmico de *princípio*, de fortíssima carga semântica, como assinalado pelo retro referido professor, e sem embargo das possíveis controvérsias a respeito da expressão *dignidade da pessoa humana*, cuja densidade dogmática terá perdido seu verdadeiro sentido, em razão de sua desastrada invocação por parte da jurisprudência pátria, parece razoável concebê-la como um "imperativo ético existencial", no dizer expressivo do ministro Edson Luiz Fachin,[12] além de ser inquestionavelmente um dos fundamentos da nossa República, de conformidade com expressa disposição constitucional.[13] Pode-se dizer, em outras palavras, que ela deve propiciar a realização ontológica do homem em seu sentido mais profundo.[14]

Esse princípio da dignidade da pessoa humana, conquanto não tenha na Constituição da República de 1988 o mesmo destaque que existe, exemplificativamente, na Constituição germânica,[15] vem sendo reconhecido, em sede doutrinária, como valor supremo da nossa ordenação jurídica. Nas palavras de Gustavo Tepedino[16]:

> Com efeito, a escolha da dignidade da pessoa humana como fundamento da República, associada ao objetivo fundamental de erradicação da pobreza

[12] FACHIN, Edson Luiz; PIANOVSKI, Carlos Eduardo. A Dignidade da Pessoa Humana no Direito Contemporâneo. *Revista eletrônica do Curso de Direito da Opet.*, ano III, v.5, jan. 2012, p. 18-41.

[13] Cf. art.1º, inciso III, da Constituição Federal de 5 de outubro de 1988.

[14] Assim, BRUSCATO, Wilges. Há Espaço para a Dignidade Humana no Direito Empresarial? *In*: FORGIONI, Paula A.; DEL NERO, Patrícia Aurélia; DEZEM, Renata Mota Maciel; MEYER-PFLUG, Samantha Ribeiro (Coord.). *Direito Empresarial, Direito do Espaço Virtual e Outros Desafios do Direito:* Homenagem ao Professor Newton De Lucca. São Paulo: Quartier Latin, 2018, p. 544.

[15] Diz o art. 1º da Constituição alemã "(Proteção da dignidade do homem): (1) A dignidade do homem é intangível. Respeitá-la e protegê-la é obrigação de todo o poder público. (2) O Povo Alemão reconhece portanto os direitos invioláveis do homem como como fundamentos de qualquer comunidade humana, da paz e da justiça do mundo. (3) Os direitos fundamentais a seguir discriminados constituem direito diretamente aplicável para os poderes legislativo, executivo e judiciário."

[16] Cf. *Temas de Direito Civil.* 4ª edição. Rio de Janeiro: Renovar, 2008, p. 54.

e da marginalização, e de redução das desigualdades sociais, juntamente com a previsão do § 2º do art. 5º, no sentido da não exclusão de quaisquer direitos e garantias, mesmo que não expressos, desde que decorrentes dos princípios adotados pelo texto maior, configuram uma verdadeira *cláusula geral de tutela e promoção da pessoa humana*, tomada como valor máximo do ordenamento.

Também para o ministro Luís Roberto Barroso[17]

> o princípio da dignidade da pessoa humana identifica um espaço de *integridade moral* a ser assegurado a todas as pessoas por sua só existência no mundo. É um respeito à criação, independentemente da crença que se professe quanto à sua origem. A dignidade relaciona-se tanto com a liberdade e valores do espírito como com as condições materiais de subsistência. Não tem sido singelo, todavia, o esforço para permitir que o princípio transite de uma *dimensão ética* e abstrata para as motivações racionais e fundamentadas das decisões judiciais.

E, para um dos autores deste artigo, a dignidade da pessoa humana, muito mais ainda do que um princípio, erige-se à condição de um verdadeiro metaprincípio.[18] De outro lado, o tema da proteção de dados interpenetra-se com o direito à informação, indubitavelmente reconhecido como direito fundamental, desde a Declaração Universal dos Direitos Humanos,[19] conforme se pode ver no art. XIX desse texto.[20/21]

[17] Cf. *Interpretação e aplicação da Constituição.* 6ª edição. São Paulo: Saraiva, 2004, p. 381.

[18] Cf. De Lucca, Newton. *Direito do Consumidor*: Teoria Geral da Relação de Consumo. 2ª edição. São Paulo: Quartier Latin, 2008, p. 9. A afirmação feita no texto principal no sentido de que a dignidade da pessoa humana alça-se ao status de um meta-princípio está baseada na circunstância de que, na possível colisão de princípios constitucionais, inexiste a possibilidade de algum deles prevalecer sobre ele.

[19] Aprovada unanimemente pela Assembleia Geral das Nações Unidas em 10 de dezembro de 1948.

[20] "Toda pessoa tem direito à liberdade de opinião e de expressão; este direito inclui a liberdade de, sem interferência, ter opiniões e de procurar, receber e transferir informações e ideias por quaisquer meios e independentemente de fronteiras."

[21] Já em nosso meio, nessa mesma centúria passada, o Ministro Ruy Rosado de Aguiar Jr., em pioneiro voto a respeito da matéria, teve a profética visão de antecipar: "A inserção de dados pessoais do cidadão em bancos de informações tem se constituído em uma das preocupações do Estado moderno, onde o uso da informática e a possibilidade de controle unificado das diversas atividades da pessoa, nas múltiplas situações de vida, permitem o conhecimento de sua conduta pública e privada, até nos mínimos detalhes, podendo chegar à devassa de

Muito tempo antes, ainda no século XIX – ou, mais precisamente, no ano de 1890, quando já se impunha o reconhecimento do chamado *right to be let alone*, ou direito de ser deixado só, época na qual ainda surgiam grandes invenções, como a fotografia instantânea,[22] além de ocorrer o significativo desenvolvimento de notáveis empreendimentos jornalísticos –, os advogados Samuel Warren e Louis Brandeis, não desejosos de que fatos pessoais de suas vidas fossem divulgados pela mídia estadunidense, escreveram o clássico artigo *The right to privacy*, no qual constou a famosa frase, segundo a qual: "*what is whispered in the closet shall be proclaimed from the house tops*",[23] ou, "*o que é sussurrado no closet será proclamado, em voz alta,*

atos pessoais, invadindo área que deveria ficar restrita à sua intimidade; ao mesmo tempo, o cidadão objeto dessa indiscriminada colheita de informações, muitas vezes, sequer sabe da existência de tal atividade, ou não dispõe de eficazes meios para conhecer o seu resultado, retificá-lo ou cancelá-lo. E assim como o conjunto dessas informações pode ser usado para fins lícitos, públicos ou privados, na prevenção ou repressão de delitos, ou habilitando o particular a celebrar contratos com pleno conhecimento de causa, também pode servir, ao Estado ou ao particular, para alcançar fins contrários à moral ou ao Direito, como instrumento de perseguição política ou opressão econômica. A importância do tema cresce de ponto quando se observa o número imenso de atos da vida humana praticados através da mídia eletrônica ou registrados nos disquetes de computador. (...) A importância do tema cresce de pronto quando se observa o número imenso de atos da vida humana praticados através da mídia eletrônica ou registrados nos disquetes de computador. Nos países mais adiantados, algumas providências já foram adotadas. Na Alemanha, por exemplo, a questão está posta no nível das garantias fundamentais, com o direito de autodeterminação informacional (o cidadão tem o direito de saber quem sabe o que sobre ele), além da instituição de órgãos independentes, à semelhança do ombudsman, com poderes para fiscalizar o registro de dados informatizados, pelos órgãos públicos e privados, para garantia dos limites permitidos na legislação." Cf. BRASIL. Superior Tribunal de Justiça. 4.ª Turma, *REsp 22.337-8-RS*. Rel. Min. Ruy Rosado de Aguiar Jr, j. 13.02.1995.

[22] A popularização da fotografia ocorre a partir de 1888, com o lançamento da "câmera KODAK", base da ideia da "fotografia acessível a todos", criada por George Eastman, fundador da Eastman Kodak Company (cf. WIKIPEDIA. Disponível em https://pt.wikipedia.org/wiki/Kodak. Acesso em 9.9.2018).

[23] WARREN, Samuel D.; BRANDEIS, Louis D. The Right to Privacy. *Harvard Law Review*, V. IV, n. 05, Dec. 1890, Cambridge: Harvard University Press, p. 193-217, p. 195. Parece que tal ideia terá sido inspirada no Evangelho de São Lucas (Lc 12, 3): "Porquanto tudo o que em trevas dissestes, à luz será ouvido; e o que falastes ao ouvido no gabinete, sobre os telhados será apregoado." Ainda que de forma um tanto repetitiva, não se pode deixar de citar a reflexão apresentada pelos autores, de surpreendente atualidade, como se pode ver: "The intensity and complexity of life, attendant upon advancing civilization, have rendered necessary some retreat from the world, and man, under the refining influence of culture, has become more sensitive to publicity, so that solitude and privacy have become more essential to the individual;

do telhado"[24], podendo-se dizer que a proteção dos dados pessoais, ao contrário do que possa parecer à primeira vista, longe está de ser recente,[25] muito embora seja inegável ter sido a partir do advento da chamada *Socie-*

but modern enterprise and invention have, through invasions upon his privacy, subjected him to mental pain and distress, far greater than could be inflicted by mere bodily injury. Nor is the harm wrought by such invasions confined to the suffering of those who may be the subjects of journalistic or other enterprise. In this, as in other branches of commerce, the supply creates the demand. Each crop of unseemly gossip, thus harvested, becomes the seed of more, and, in direct proportion to its circulation, results in the lowering of social standards and of morality. Even gossip apparently harmless, when widely and persistently circulated, is potent for evil. It both belittles and perverts. It belittles by inverting the relative importance of things, thus dwarfing the thoughts and aspirations of a people. When personal gossip attains the dignity of print, and crowds the space available for matters of real interest to the community, what wonder that the ignorant and thoughtless mistake its relative importance. Easy of comprehension, appealing to that weak side of human nature which is never wholly cast down by the misfortunes and frailties of our neighbors, no one can be surprised that it usurps the place of interest in brains capable of other things. Triviality destroys at once robustness of thought and delicacy of feeling. No enthusiasm can flourish, no generous impulse can survive under its blighting influence." (Op. cit., p. 196).

[24] Op. cit., p. 193: "That the individual shall have full protection in person and in property is a principle as old as the common law; but it has been found necessary from time to time to define anew the exact nature and extent of such protection."

Eis algumas passagens destacando a importância do texto de Warren e Brandeis e como ele influenciou toda a evolução do direito à privacidade nos EUA: BRATMAN, Benjamin E. Brandeis and Warren's The Right to Privacy and the birth of the right to privacy. *Tennessee Law Review*, v. 69, Spring. 2002, Knoxville: Tennessee Law Review Association, p. 623-651, p. 623: "It has been called an 'unquestioned classic', the 'most influential law review article of all, 'one of the most brilliant excursions in the field of theoretical jurisprudence', an 'outstanding example of the influence of legal periodicals upon the American law', and 'a pearl of common-law reasoning' that 'single-handedly created a tort's. Roscoe Pound, Dean of Harvard Law School from 1916 to 1936, said that it did 'nothing less than add a chapter to our law'. Over 100 years after it was written, courts as divergent as the Supreme Court of Mississippi and the United States Court of Appeals for the Ninth Circuit have dubbed it as 'momentous' and 'brilliant'."

[25] Diz, a propósito, Leonardo Parentoni, referindo-se aos autores retro citados no texto principal: "Como afirmado num dos mais tradicionais escritos sobre o tema, do século XIX, as questões afetas à privacidade são tão antigas quanto a própria humanidade. A despeito disto, é preciso, de tempos em tempos, enfrentar novos desafios e repensar o alcance desse direito". Ou seja, há mais de um século os citados autores advertiram que as modificações sociais e o advento de novas tecnologias estavam expondo aspectos da vida privada, contra a vontade das pessoas, muitas vezes com o intuito comercial de lucro (O Direito ao Esquecimento (Right to Oblivion). *In*: De Lucca, Newton; Simão Filho, Adalberto; Lima, Cíntia Rosa Pereira de (Coords.). *Direito & Internet III:* Marco Civil da internet (Lei 12.965/2014). Tomo I. São Paulo: Quartier Latin, 2015, p.53).

dade da informação, Sociedade da Comunicação ou, ainda, *Sociedade do Conhecimento*, que a proteção normativa passou a despontar na linha de frente das preocupações.[26]

Com efeito, na sociedade contemporânea, os dados pessoais dos cidadãos passaram a ser uma espécie de bem jurídico relevante, de inegável expressão econômica, sendo um vetor importante no funcionamento na chamada economia da informação. Diz-nos Parentoni[27]:

[26] Tais expressões são utilizadas um tanto indiscriminadamente por muitos autores. Na verdade, porém, designam ideias distintas. Oliveira Ascensão, por exemplo, (A Sociedade da Informação. *In*: ASCENSÃO, José de Oliveira. *Direito da Sociedade da Informação*. Vol. I. Coimbra: Coimbra Editora, 1999, p.167) pondera que *Sociedade da Informação* não seria, propriamente, um conceito técnico, mais parecendo apenas um *slogan*, acrescentando que "Melhor se falaria até em sociedade da comunicação, uma vez que o que se pretende impulsionar é a comunicação, e só num sentido muito lato se pode qualificar toda a mensagem como informação." Já para Pierre Lévy, filósofo de origem libanesa, numa entrevista levada ao ar pelo Programa Roda Viva, da TV Cultura, no ano 2000, defendeu a existência de uma verdadeira Sociedade do Conhecimento, o que parece ter sido confirmado anos depois. Danilo Doneda, em recente estudo intitulado *Privacidade e Acesso à Informação* (*In*: FORGIONI, Paula A.; DEL NERO, Patrícia Aurélia; DEZEM, Renata Mota Maciel; MEYER-PFLUG, Samantha Ribeiro (Coord.). *Direito Empresarial, Direito do Espaço Virtual e Outros Desafios do Direito:* Homenagem ao Professor Newton De Lucca. São Paulo: Quartier Latin, 2018, p. 932, revela sua preferência por *Sociedade da Informação,* conforme se pode ler no seguinte trecho: "A informação costuma ser referida como a 'matéria-prima' das novas engrenagens econômicas e sociais desencadeadas na Sociedade da Informação." E, finalmente, para ficar apenas em mais um exemplo, Klaus Schwab (*A Quarta Revolução Industrial*. Tradução Daniel Moreira Miranda. São Paulo: Edipro, 2016, p. 15-16) opta pela palavra *revolução* para designar "quando as novas tecnologias e novas formas de perceber o mundo desencadeiam uma alteração profunda nas estruturas sociais e nos sistemas econômicos", identificando quatro revoluções industriais, assim descritas por ele: "A primeira revolução industrial ocorreu aproximadamente entre 1760 e 1840. Provocada pela construção de ferrovias e pela invenção da máquina a vapor, ela deu início à produção mecânica. A segunda revolução industrial, iniciada no final do século XIX, entrou no século XX e, pelo advento da eletricidade e da linha de montagem, possibilitou a produção em massa. A terceira revolução industrial começou na década de 1960. Ela costuma ser chamada de revolução digital ou do computador, pois foi impulsionada pelo desenvolvimento dos semicondutores, da computação em mainframe (década de 1960), da computação pessoal (década de 1970 e 1980) e da internet (década de 1990)." E conclui esse autor: "Ciente das várias definições e argumentos acadêmicos utilizados para descrever as três primeiras revoluções industriais, acredito que hoje estamos no início de uma quarta revolução industrial. Ela teve início na virada do século e baseia-se na revolução digital. É caracterizada por uma internet mais ubíqua e móvel, por sensores menores e mais poderosos que se tornaram mais baratos e pela inteligência artificial e aprendizagem automática (ou aprendizado de máquina)".

[27] Idem, *ibidem*.

> Se, por um lado, a preocupação com o tema não é nova; por outro, o desenvolvimento tecnológico das últimas décadas, principalmente com a invenção dos computadores pessoais e da internet, trouxe uma miríade de problemas e questionamentos referentes à privacidade, anteriormente inimagináveis. A internet relativizou distâncias, permitindo a comunicação praticamente instantânea entre partes opostas do mundo, com som e imagens de alta definição. E, juntamente com os benefícios, o progresso tecnológico trouxe também novos riscos.

Além da exclusão da questão terminológica e da relativa à discussão de serem os direitos da personalidade oriundos de uma cláusula geral de proteção da tutela e promoção da pessoa humana ou constituídos por intermédio de suas diferentes espécies, haveria, também, um outro interessante debate do qual passar-se-á *a latere*. Trata-se de conceber a proteção de dados pessoais como um novo desdobramento do direito à privacidade ou, ao revés, como uma categoria autônoma, ainda que decorrente dos direitos da personalidade. A despeito de haver muito maior relevância na discussão desse enquadramento, como já frisado na nota de rodapé nº 4, retro, ainda que filiados à segunda corrente de pensamento, por entenderem que a proteção de dados pessoais não se acha adstrita a um capítulo do direito à privacidade, com a consequente superação da dicotomia público/privado, os autores optaram por excluí-la, já que ela extrapolaria, necessariamente, os lindes da presente exposição...[28]

[28] São vários os autores que concebem a proteção de dados pessoais como decorrente dos direitos da personalidade. Danilo Doneda, por exemplo, ao tratar dos dados sensíveis, assevera: "... a tutela dos dados sensíveis não corresponde, como em outros casos, a uma espécie de extensão das prerrogativas típicas da privacidade aplicadas ao cenário do tratamento automatizado de dados pessoais. No caso dos dados sensíveis, mais do que a privacidade, estão em jogo outros aspectos da personalidade merecedores de tutela como a igualdade (consubstanciada na garantia de não discriminação por meio dos dados sensíveis) e a própria liberdade (presente na garantia de uma ampla liberdade de ação independente de constrições aplicadas por terceiros a partir de considerações com base em informações sensíveis), concluindo que: "A bem da verdade, a noção de que o controle sobre os próprios dados pessoais seja uma garantia da própria dignidade – sendo, decididamente, mais do que uma expansão ou atualização das antigas concepções sobre a privacidade – conta com um forte argumento a seu favor na observação da categoria dos dados sensíveis e das suas características estruturais" (Privacidade e Acesso à Informação. In: FORGIONI, Paula A.; DEL NERO, Patrícia Aurélia; DEZEM, Renata Mota Maciel; MEYER-PFLUG, Samantha Ribeiro (Coord.). *Direito Empresarial, Direito do Espaço Virtual e Outros Desafios do Direito:*

O presente artigo, como é natural, como proposto no sumário acima, longe de tomar partido nas numerosas questões em que a questão da proteção dos dados pessoais se desdobra, limitar-se-á a analisar, de forma singela, as possíveis lições para o Brasil da experiência já existente dos modelos europeu e estadunidense de proteção de dados, assim como realçar a importância da nova lei brasileira a respeito da matéria.

1. MODELOS EUROPEU E ESTADUNIDENSE DE PROTEÇÃO DE DADOS: POSSÍVEIS LIÇÕES PARA O BRASIL?[29]

A União Europeia, mesmo antes de ser oficialmente instituída, em 1993, com a celebração do Tratado de Maastricht,[30] já vinha influenciando fortemente as legislações do mundo e, entre elas, a do Brasil. Assim, a despeito de certa cacofonia do *direito comunitário europeu*,[31] conforme destacado por um autor,[32] o fato é que não terá sido diferente em matéria de proteção

Homenagem ao Professor Newton De Lucca. São Paulo: Quartier Latin, 2018, p. 935. Laura Schertel Mendes, igualmente (O direito fundamental à proteção dos dados pessoais. *Revista do Direito do Consumidor,* ano 20, v. 79, jul./set.2011, p. 75: "Tendo em vista tratar-se de direito à personalidade, já que os dados armazenados representam a pessoa na sociedade." E, para ficar apenas em mais um exemplo, Bruno Ricardo Bioni (*Proteção de dados pessoais:* a função e os limites do consentimento. Rio de Janeiro: Forense, 2019, p. 65) afirma categoricamente: "Isso acaba por justificar dogmaticamente a inserção dos dados pessoais na categoria dos direitos da personalidade, assegurando, por exemplo, que uma pessoa exija a retificação de seus dados pessoais para que a sua projeção seja precisa."

[29] O presente item acha-se calcado, em grande parte, na excelente tese de Livre Docência da professora Cíntia Rosa Pereira de Lima, apresentada à Faculdade de Direito de Ribeirão Preto da Universidade de São Paulo, em 2015, intitulada "A imprescindibilidade de uma entidade de garantia para a efetiva proteção de dados pessoais no cenário futuro do Brasil", ainda no prelo.

[30] Antes da UE, ocorrida após o referido Tratado, o bloco europeu era conhecido como Comunidade Europeia e, antes ainda, como Comunidade Econômica Europeia.

[31] Esta expressão terá sido utilizada, pela vez primeira, no Tratado da Comunidade Europeia do Carvão e do Aço (CECA), como sendo "um conjunto harmônico de normas jurídicas de caráter peculiar que, numa apresentação genérica, supõe a determinação de sua própria natureza e o estudo de suas fontes, tanto as que são especificamente suas, como as que toma, por assim dizer, do plano internacional clássico e que entram particularmente em sua esfera." Sobre o direito comunitário europeu, v. Maristela Basso, *Mercosul: Seus Efeitos Jurídicos, Econômicos e Políticos nos Estados-Membros.* Porto Alegre: Editora Livraria do Advogado, 1997, p. 21; João Mota de Campos, *Direito Comunitário.* Vols. I a IV. 8ª edição. Lisboa: Fundação Calouste Gulberquian, 1997; Étienne Cerexhe, *O Direito Europeu.* Vol. I. Lisboa: Ed. Notícias, 1979.

[32] Cf. Luís Antunes, *Pôr em Prática o RGPD – O que muda para nós? E para as organizações?,* Lisboa: 2018, FCA – Editora de Informática Lda., p. XII.

de dados pessoais, na qual a nossa LGPD, como se sabe, foi plasmada, em grande parte, à imagem e semelhança do RGPD da União Europeia.

A cacofonia, segundo o citado Luís Antunes, seria explicada não apenas pela existência de políticos e legisladores parlamentares, mas também por "filósofos, especialistas em geopolítica do risco, professores de ética, compositores de música clássica, gentes das artes visuais, economistas e econometristas"[33], além de "professores de leis que ministram cursos designados '*Questions of applied ethics after the digital turn*' e outros que ensinam ética e tecnologia."

Desde a década de 80 da centúria passada, que se desenvolveram os estudos mais significativos sobre a proteção de dados pessoais, destacando-se, sobretudo, os documentos formulados por organismos supranacionais como as "Guidelines on the protection of privacy and transborder flows of personal data", da OCDE, editadas em 1980 e, no ano seguinte, a celebração da Convenção sobre proteção de dados pessoais, denominada Convenção n. 108, de 28 de janeiro de 1981, que, em 2001, teve acrescidas ao seu texto regras sobre a circulação transfronteiriça de dados pessoais entre países membros da União Europeia e de países não participantes do bloco.

Em 24 de outubro de 1995, foi editada a Diretiva 95/46/CE, do Parlamento e do Conselho Europeu para disciplinar a proteção dos dados pessoais e, posteriormente, já em 2002, como sequência à Diretiva 95/46/CE – sem, contudo, revogá-la –, o Parlamento e o Conselho Europeu aprovaram a Diretiva 58, relativa ao tratamento dos dados pessoais e à proteção da privacidade no contexto das comunicações eletrônicas, sendo que, por tal motivo, ficou conhecida como "ePrivacy Directive". Essa Diretiva foi um reforço da Diretiva 95/46/CE, conforme constou expressamente no décimo dos seus considerandos.

Essa preocupação com os limites à coleta, ao armazenamento e à utilização dos dados pessoais no contexto das comunicações eletrônicas veio a cristalizar-se no chamado *princípio da finalidade*, expressamente acolhido tanto no âmbito do RGPD, quanto na nossa LGPD. No primeiro, lê-se no art. 5º, sobre os "Princípios Relativos ao Tratamento de Dados Pessoais", enquanto na nossa LGPD, na mesma linha do RGPD, dispôs o art. 6º sobre o tema. Alguns anos depois da retro citada *ePrivacy Directive*, precisamente

[33] Trata-se de indivíduos versados em econometria que, segundo os léxicos, vem a ser o método estatístico de análise de dados e problemas econômicos.

no dia 15 de Março de 2006, veio a lume nova Diretiva, desta feita a de nº 2006/24/CE, relativa à conservação de dados gerados ou tratados no contexto da oferta de serviços de comunicações eletrônicas publicamente disponíveis ou de redes públicas de comunicações, alterando a retro mencionada Diretiva 2002/58/CE.

Seguiu-se a Diretiva 2009/136/CE, que acrescentou à Diretiva 2002/58/CE regras sobre serviços universais de comunicação e as redes sociais, destacando-se a exigência de consentimento expresso do indivíduo para o armazenamento das informações e o direito de retirá-lo quando quiser. Além disso, a Diretiva 2009/136/EC regulamentou o uso de *cookies*, tanto que ficou conhecida como "Cookies Directive".

Não obstante os incessantes avanços da legislação europeia sobre a proteção de dados, a verdade é que, com o inexorável passar do tempo, de um lado, e a espantosa velocidade dos avanços tecnológicos, de outro, o fato é que a Diretiva 95/46/CE já não mais apresentava respostas adequadas às constantes inovações tecnológicas, a demandar a revisão da legislação europeia sobre proteção de dados pessoais, como bem ilustra o Parecer emitido pelo Supervisor Europeu para a Proteção de Dados, publicado no ano de 2011, a partir do Comunicado 2011/C 181/01, no qual apresentou uma abordagem global do tema na União Europeia, recomendando a adoção de novas normas, mais abrangentes e voltadas à padronização da proteção de dados pessoais.

Instauravam-se rodadas de importantes debates e negociações, que culminaram na edição do atual Regulamento (UE) 2016/679 do Parlamento Europeu e do Conselho, de 27 de abril de 2016, conhecido como Regulamento Geral sobre a Proteção de Dados – RGPD, na forma aportuguesada, ou "General Data Protection Regulation" – GDPR, na língua inglesa, tendo entrado em vigor no dia 25 de maio de 2018.[34] Pode-se dizer, numa síntese evidentemente grosseira, que o RGPD apresenta regras ainda mais abrangentes sobre a proteção de dados, com destaque para dispositivos que garantem a proteção aos usuários de internet e asseguram aos titulares maior controle sobre seus dados. Nessa esteira, são impostas obrigações aos órgãos nacionais de proteção de dados, assim como às instituições que atuam com o processamento de dados pessoais.

[34] O RGPD apresenta-se com 173 considerandos, que precedem os 11 capítulos e os 99 artigos que o compõem.

O modelo europeu, portanto, de inegável importância, adota solução regulatória, a partir de Diretivas, e agora o RGPD, que contém regramento básico sobre proteção de dados para os países do bloco. Em contrapartida, o modelo estadunidense[35] de proteção de dados optou pelo sistema de autorregulação pelo setor privado, de modo que não há lei específica relacionada ao tema, seja em âmbito federal ou estadual. Os Estados, por sua vez, preferem a regulação de proteção de dados de forma setorial, por exemplo, como a lei sobre dados sanitários - "Health Insurance Portability and Accountability Act - HIPAA" de 1996; lei sobre ensino - "Family Educational Rights and Privacy Act - FERPA" de 1974, entre outras.

Esse mesmo autor destaca, entre as principais leis norte-americanas que regulam a matéria, o FCRA (Fair Credit Reporting Act) - que estabeleceu obrigações de segredo e correção para dados financeiros de consumidores tratados por operadores de cadastros de crédito de consumo - e o Privacy Act (1974), a primeira lei estadunidense a reconhecer um *general right of privacy*, embora com eficácia limitada, aplicando-se somente aos dados armazenados nas agências federais acerca dos cidadãos. Mais tarde, como igualmente lembra o autor, em 1986, foi editado o Electronic Communications Privacy Act (EPCA), que estabelece sanções civis e penais para a interceptação de comunicações eletrônicas.

Em um contexto globalizado, não é difícil imaginar o descompasso entre dois modelos tão díspares no tratamento da proteção dados pessoais, enquanto o fluxo de informações e de dados entre os países da União Europeia e os Estados Unidos da América é constante. O significativo contraste entre o desenvolvimento legislativo em matéria de proteção de dados na Europa, em relação à situação vigente nos Estados Unidos da América, foi posto em realce por Miguel Asensio.[36] Sabe-se que, nos EUA, prevalece, em geral, uma ausência de intervenção legislativa sobre o tema, em face da autorregulação imperante, favorecendo o interesse dos fornecedores no sentido da livre transmissão de informações, em detrimento do direito à privacidade e suas implicações sociais.

[35] Parece um tanto exagerado, talvez, falar-se num "modelo" estadunidense a respeito da proteção de dados - não obstante o pioneirismo desse país no trato da matéria -, à míngua de um sistema orgânico e logicamente estruturado, como se verá a seguir, a ponto de considerar-se, efetivamente, um modelo, tal como existe na União Europeia. A palavra foi mantida, porém, apenas por mera facilidade didática da exposição e em respeito ao retro aludido pioneirismo.

[36] Miguel Asensio, Pedro Alberto de. *Derecho Privado de Internet*. 2. edición. Madrid: Civitas, 2001, p. 503.

Em razão disso, em novembro de 1998, o Departamento de Comércio dos Estados Unidos da América celebrou com a Comissão da União Europeia o acordo denominado "Safe Harbor", o qual impôs que empresas estadunidenses se adequassem a alguns princípios previstos nas regras do modelo europeu sobre proteção de dados pessoais. No entanto, referido modelo só foi reconhecido pela Comissão da União Europeia no ano de 2000, por meio da decisão 2000/520/CE e, ainda assim, sem que se apresentasse como uma solução efetivamente eficiente, como destacado por Cíntia Rosa Pereira de Lima.[37] Tal como já assinalado anteriormente pelos autores do presente texto,[38] a comparação entre os modelos europeu e estadunidense não permite afirmar a eficiência de um ou outro modelo, sem o risco de pretensiosa tentativa, sobretudo porque estruturas de regulação em sentido amplo dependem do histórico, da tradição e do nível de maturidade dos debates nos países envolvidos.

Nesse sentido, a solução para problemas como a necessidade ou não de uma autoridade garantidora de proteção de dados será apresentada de forma bastante diversa, a depender do modelo adotado, como se viu das experiências europeia e estadunidense. Sem nenhuma dúvida, ambos os modelos podem apresentar lições para o Brasil, na medida em que, no País, o tema foi regulado de forma específica apenas recentemente, com a edição da LGPD, não sem diversas críticas e debates, especialmente diante do veto presidencial à criação da chamada Autoridade Nacional de Proteção de Dados – ANPD.[39] Ainda que tenha se inspirado no modelo euro-

[37] Op. cit., p. 354-355.

[38] De Lucca, Newton; Dezem, Renata Mota Maciel. A proteção de dados pessoais no Brasil a partir da Lei n. 13.709/2018: avanço ou retrocesso? *In:* JORGE, André Guilherme Lemos; Adeodato, João Maurício; Dezem, Renata Mota Maciel Madeira (Coord.). *Direito empresarial: estruturas e regulação.* Volume 2. São Paulo: Uninove, 2018, p. 255-276.

[39] Assinale-se que o Poder Executivo editou, no dia 28/12/2018, a Medida Provisória 869/2018, que alterou a LGPD, de 14 de agosto de 2018, dispondo sobre a proteção de dados pessoais, criando a Autoridade Nacional de Proteção de Dados, e dando outras providências. Foi a última medida importante tomada pelo então presidente Michel Temer, que houvera estabelecido o veto, não por ser contrário à criação da referida Autoridade Nacional de Proteção de Dados, por ele tida como necessária, mas em razão de ser competência do Poder Executivo, e não do Legislativo, a criação de Órgão. As razões do veto presidencial relativas a esse ponto específico foram: "Os dispositivos incorrem em inconstitucionalidade do processo legislativo, por afronta ao artigo 61, § 1º, II, 'e', cumulado com o artigo 37, XIX da Constituição." Tais dispositivos estabelecem, de um lado, ser de competência privativa do Presidente da República a iniciativa de leis que disponham sobre "criação, estruturação e atribuições dos Ministérios e órgãos

peu, o modelo adotado pelo Brasil, a partir da LGPD, apresenta algumas diferenças, o que não parece novidade para aqueles que acompanharam a tramitação dos Projetos de Lei e os debates em torno do tema.[40]

2. A NECESSIDADE DE UMA NOVA DISCIPLINA NORMATIVA

A singela experiência de um dos signatários do presente artigo, haurida do exercício da advocacia, nas décadas de setenta, de oitenta e de parte da de noventa da centúria passada, parece suficiente para demonstrar a extrema necessidade de uma nova disciplina normativa para o País, como do seu aspecto inegavelmente serôdio.

Com efeito, não foram poucas as vezes em que grupos empresariais vinham ao meu escritório com o propósito de constituir uma sociedade comercial (naquele tempo assim chamada, pois tais fatos ocorreram antes da entrada em vigor do Código Civil de 2002), hoje sociedade empresária, com capital nacional e estrangeiro, recorrentemente designada de "joint-venture". Ocorria, então, que o grupo empresarial alienígena, a certa altura das conversações, indagava-me sobre o sistema de proteção de dados pessoais existente aqui no Brasil. Via-me eu, então, na contingência de explicar que não tínhamos ainda uma lei de proteção de dados, tal como ocorria na Europa, mas que possuíamos disposições constitucionais a respeito da proteção da intimidade, da privacidade etc. etc. Lamentavelmente, à míngua de uma lei de proteção de dados pessoais – anomia que persistiu até o advento da LGPD – o grupo empresarial do exterior, invariavelmente, acabava por desistir do negócio.

3. OS AVANÇOS E OS RETROCESSOS

Como já afirmado, em agosto de 2018, foi promulgada a LGPD, que dispõe sobre a proteção de dados pessoais e altera a Lei n. 12.965, de 23 de

da administração pública" (*artigo 61, § 1º, II, 'e'*) e, de outro, que "somente por lei específica poderão ser criadas "empresa pública, sociedade de economia mista, autarquia e fundação pública" (art. 37, XIX). Ainda que a cumulação referida nas razões do veto com esse art. 37, XIX, pudesse ser questionada, já que se tratava, no caso, de "lei específica", o fato é que a aplicação do art. 61, § 1º, II, alínea "e", é absolutamente incontroversa, não tendo o Congresso Nacional tentado derrubar o veto do Presidente da República.

[40] Nesse sentido, ver ZANATTA, Rafael A. F. A proteção de dados pessoais entre leis, códigos e programação: os limites do Marco Civil da Internet. *In*: DE LUCCA, Newton; SIMÃO FILHO, Adalberto; LIMA, Cíntia Rosa Pereira de (Coords.). *Direito & Internet III*. Tomo I. São Paulo: Quartier Latin, 2015, p. 447-470, p. 462; e LIMA, Cíntia Rosa Pereira de. Ob. cit., p. 400-401.

abril de 2014 (Marco Civil da Internet). O primeiro artigo da Lei, nos termos do que exige a Lei Complementar n. 95/1998,[41] indica o objeto da lei e o respectivo âmbito de aplicação, ou seja, dispõe sobre o tratamento de dados pessoais, inclusive nos meios digitais, por pessoa natural ou por pessoa jurídica de direito público ou privado, com o objetivo de proteger os direitos fundamentais de liberdade e de privacidade e o livre desenvolvimento da personalidade da pessoa natural.

Evidente que o conceito de dado pessoal deveria estar disposto em uma lei que se propõe a regular a proteção de dados pessoais, e foi o que ocorreu no inciso I do artigo 5º, ao declarar: "dado pessoal: informação relacionada a pessoa natural identificada ou identificável". É interessante notar que referido conceito sofreu severas abreviações ao longo do tempo em que tramitaram os projetos de lei sobre o tema. Assim, percebe-se no Anteprojeto de Lei sobre Proteção de Dados de 2011, em seu artigo 4º, I, o seguinte conceito: "dado pessoal: qualquer informação relativa a uma pessoa determinada ou identificável, direta ou indiretamente, incluindo todo endereço ou número de identificação de um terminal utilizado para conexão a uma rede de computadores".

No Anteprojeto de Lei sobre Proteção de Dados de 2015 – 1ª versão, o artigo 5, I, dispunha: "dado pessoal: dado relacionado à pessoa natural determinada ou determinável, inclusive a partir de números identificativos, dados locacionais ou identificadores eletrônicos". Já na segunda versão: "dado pessoal: dado relacionado à pessoa natural determinada ou determinável, inclusive números identificativos, dados locacionais ou identificadores eletrônicos, quando estes estiverem relacionados a uma pessoa". Já o Projeto de Lei do Senado n. 330, de 2013, apresentava o seguinte conceito inicialmente: "dado pessoal: toda informação, de qualquer natureza e independentemente do respectivo suporte, passível de ser armazenada, processada ou transmitida, relativa a pessoas identificadas ou identificáveis".

Com a emenda 31 – CCT/CMA, o conceito é alterado, nos seguintes termos: "dado pessoal: qualquer informação referente a pessoa natural identificável ou identificada". Referido texto acabou prevalecendo, ainda que com algumas poucas alterações de redação, no entanto, sem influenciar seu conteúdo.

[41] Lei Complementar que dispõe sobre a elaboração, a redação, a alteração e a consolidação das leis, conforme determina o parágrafo único do art. 59 da Constituição Federal, e estabelece normas para a consolidação dos atos normativos que menciona.

A propósito, a importância de um conceito claro para dados pessoais, e definido em lei, já era destacado por Marcel Leonardi, ainda ao tempo da entrada em vigor do Marco Civil da Internet, diante do silêncio daquela lei sobre o assunto.[42] A crítica que se faz ao conceito constante do artigo 5º da LGPD é a restrição à proteção de dados pessoais apenas de pessoa natural, quando sustentar a proteção de dados pessoais das pessoas jurídicas não se referiria à identidade fisiológica nem psíquica, a justificar a restrição. Como sustenta Cíntia Rosa Pereira de Lima:[43]

> As pessoas jurídicas também podem ser identificáveis por meios diretos, posto que possuem nome, e indiretos, como dados sociais, econômicos, culturais ou sociais, além de outros meios como números de identificação (*e.g.* CNPJ), o que permite um início de construção no sentido de proteger seus dados pessoais.

Acresce argumentar que, cada vez mais, a par da evidente distinção entre empresa e empresário, além da necessária separação patrimonial entre eles, a empresa vai se tornando titular de direitos e obrigações inteiramente autônomos, tal como vem acontecendo, exemplificativamente, em relação ao direito ambiental, no âmbito do qual o crime ambiental pode ser cometido pela própria pessoa jurídica, assim como da Lei Anticorrupção, existe a possibilidade de criminalização da pessoa jurídica corruptora.

É verdade que, no passado, sustentáramos que a utilização da expressão *ética empresarial* constituiria uma espécie de antropomorfismo, pois, rigorosamente falando, não seria próprio aludir-se à ética empresarial ou à ética da empresa, ou, ainda, à ética do mercado, já que somente os homens possuem consciência moral e não as instituições por eles constituídas. É certo, com efeito, que as exigências éticas decorrem dessa consciência moral própria e exclusiva do homem e não, evidentemente, de entidades dela destituídas. Mas, por outro lado, como acima frisado, a empresa vem se tornando progressivamente alvo de disciplinas normativas que a incluem como titular de direitos e obrigações cada vez mais específicos. Nunca será demais lembrar-se, a propósito, a existência da Súmula 227, do Superior

[42] Nesse sentido, ver LEONARDI, Marcel. Marco Civil da Internet e Proteção de Dados Pessoais. *In*: DE LUCCA, Newton; SIMÃO FILHO, Adalberto; LIMA, Cíntia Rosa Pereira de (Coords.). *Direito & Internet III:* Marco Civil da internet (Lei 12.965/2014). Tomo I. São Paulo: Quartier Latin, 2015, p. 517-537, p. 528.

[43] Op. cit., p. 107.

Tribunal de Justiça, no sentido de que "a pessoa jurídica pode sofrer dano moral", corroborando a linha de raciocínio exposta.

Vale repassar, ainda, alguns argumentos adicionais favoráveis à extensão da proteção dos dados à pessoa jurídica. Em primeiro lugar, a Lei de Proteção de Dados do Uruguai,[44] considerada uma das mais avançadas,[45] que estabelece, na alínea "d" do art. 4º, que dado pessoal é a "información de cualquier tipo referida a personas físicas o jurídicas determinadas o determinables."

Na Itália, antes da reforma promovida pelo Decreto Legislativo 201/2011, que acompanhou o que foi deliberado na Convenção de Estrasburgo nº 108, sobre Proteção de Dados Pessoais, a proteção normativa estabelecida pelo *Codice della Privacy* (Decreto Legislativo nº 196, de 30 de junho de 2003), era no sentido de estendê-la expressamente também às pessoas jurídicas. A alínea "b" do art. 4º do referido Código dispunha que dado pessoal era "qualquer informação relativa a pessoa física, pessoa jurídica, ente ou associação, identificada ou identificável, ainda que indiretamente, mediante referência a qualquer outra informação, aí compreendido um número de identificação pessoal."[46]

Não era necessário, na verdade, que a Itália diminuísse o seu nível de proteção de dados de sua legislação, pois o texto do Considerando nº 10, da própria Diretiva 95/46/CE, seguindo a técnica do direito comunitário europeu, estabelecia que ela estabelecia um nível mínimo de proteção, não impedindo aos Estados Membros, evidentemente, que fosse assegurado um nível superior de proteção.[47] Em termos doutrinários, há que se invocar a posição de Cíntia Rosa Pereira de Lima, na sua citada tese de Livre

[44] Ley de Protección de Datos Personales y Acción de "Habeas Data", nº 8.331, de 11 de agosto de 2008.

[45] Tanto assim que a União Europeia já considerou o Uruguai como um país que fornece proteção de dados equivalente à fornecida por ela.

[46] No original italiano: "qualunque informazione relativa a persona física, persona giuridica, ente od associazione, identificati o identificabili, anche indiretamente, mediante riferimento a qualsiasi altra informazione, ivi compreso um numero di identificazione personale."

[47] Veja-se, a propósito, o texto desse Considerando nº 10: "Considerando que o objetivo das legislações nacionais relativas ao tratamento de dados pessoais é assegurar o respeito dos direitos e liberdades fundamentais, nomeadamente do direito à vida privada, reconhecido não só no artigo 8º da Convenção europeia para a proteção dos direitos do Homem e das liberdades fundamentais como nos princípios gerais do direito comunitário; que, por este motivo, a aproximação das referidas legislações não deve fazer diminuir a proteção que

Docência, na qual, ainda antes do advento da LGPD, assim se pronunciou: "O anteprojeto de lei brasileiro sobre proteção de dados pessoais, a nosso ver, indevidamente, restringe a proteção de dados apenas às pessoas naturais (art. 5º, inc.I) supra."[48]

Seja como for, é fato incontroverso que o conceito apresentado no RGPD também restringe o conceito de dados pessoais às pessoas naturais, conforme definição constante do artigo 4º, "1". Cíntia Rosa Pereira de Lima, por sua vez, sugere o seguinte conceito para dados pessoais: "São quaisquer informações que digam respeito a uma pessoa determinada ou determinável e que se refiram particularmente a um número de identificação, ou outros elementos que revelem sua identidade física, fisiológica, psíquica, econômica, cultural ou social." [49]

Esse conceito, por certo, resolveria a crítica quanto à restrição da proteção às pessoas naturais, e que não se sustenta no cenário atual em que os meios tecnológicos são instrumentos para o desenvolvimento como um todo, incluídas nesta ideia não apenas as pessoas naturais, como também as jurídicas.

Em um balanço geral, no entanto, é possível destacar importantes avanços na edição da LGPD, cujos fundamentos, conforme seu artigo 2º, são o respeito à privacidade; a autodeterminação informativa; a liberdade de expressão, de informação, de comunicação e de opinião; a inviolabilidade da intimidade, da honra e da imagem; o desenvolvimento econômico e tecnológico e a inovação; a livre iniciativa, a livre concorrência e a defesa do consumidor; e os direitos humanos, o livre desenvolvimento da personalidade, a dignidade e o exercício da cidadania pelas pessoas naturais.

Laura Schertel Mendes sustenta que, ao longo do desenvolvimento do conceito de privacidade como proteção de dados pessoais, surgiu o consenso sobre o quadro básico de princípios que devem nortear a atividade de tratamento de dados. Segundo ela, tais princípios "têm como finalidade impor limitações ao tratamento de dados, bem como atribuir poder ao indivíduo para que esse possa controlar o fluxo de seus dados".[50]

asseguram, devendo, pelo contrário, ter por objetivo garantir um elevado nível de proteção na Comunidade;"

[48] Ob. cit., p.99.

[49] Op. cit., p. 107.

[50] MENDES, Laura Schertel. Segurança da informação, proteção de dados pessoais e confiança. *Revista de Direito do Consumidor*, ano 22, n. 90, nov./dez. 2013, São Paulo, p. 249.

A LGPD observa princípios básicos na proteção de dados e de registros pessoais, como aqueles destacados por Antonia Espíndola Longoni Klee e Guilherme Magalhães Martins, ou seja, o princípio da transparência ou da publicidade, o princípio da boa-fé ou da pertinência ou da finalidade (que se desdobra em quatro subprincípios: o da limitação da coleta e armazenamento de dados, o da limitação de conservação de dados, o da limitação do uso dos dados e o da limitação da comunicação de dados), o princípio da segurança, o princípio do livre acesso ou da participação e o princípio do consentimento.[51]

Assim, o princípio da transparência vem expresso no artigo 6º, VI e, da mesma forma, é exigida a transparência em todo processo de tratamento de dados, como se extrai do § 1º do artigo 9º ("na hipótese em que o consentimento é requerido, esse será considerado nulo caso as informações fornecidas ao titular tenham conteúdo enganoso ou abusivo ou não tenham sido apresentadas previamente com transparência, de forma clara e inequívoca"); § 2º do artigo 10 ("o controlador deverá adotar medidas para garantir a transparência do tratamento de dados baseado em seu legítimo interesse"); e artigo 40 ("a autoridade nacional poderá dispor sobre padrões de interoperabilidade para fins de portabilidade, livre acesso aos dados e segurança, assim como sobre o tempo de guarda dos registros, tendo em vista especialmente a necessidade e a transparência").

A publicidade, desdobramento do princípio da transparência, vem diretamente prevista no artigo 11, § 2º ("nos casos de aplicação do disposto nas alíneas "a" e "b" do inciso II do caput deste artigo pelos órgãos e pelas entidades públicas, será dada publicidade à referida dispensa de consentimento, nos termos do inciso I do caput do art. 23 desta Lei"); artigo 23, § 1º ("a autoridade nacional poderá dispor sobre as formas de publicidade das operações de tratamento"); artigo 27, II ("nos casos de uso compartilhado de dados, em que será dada publicidade nos termos do inciso I do caput do art. 23 desta Lei"); e artigo 33, VII ("quando a transferência for necessária para a execução de política pública ou atribuição legal do ser-

51. KLEE, Antonia Espíndola Longoni; MARTINS, Guilherme Magalhães. A Privacidade, a Proteção dos Dados e dos Registros Pessoais e a Liberdade de Expressão: Algumas Reflexões sobre o Marco Civil da Internet no Brasil (Lei nº 12.965/2014). *In*: DE LUCCA, Newton; SIMÃO FILHO, Adalberto; LIMA, Cíntia Rosa Pereira de (Coords.). *Direito & Internet III:* Marco Civil da internet (Lei 12.965/2014). Tomo I. São Paulo: Quartier Latin, 2015, p. 291-367, p. 316-326.

viço público, sendo dada publicidade nos termos do inciso I do caput do art. 23 desta Lei").

A boa-fé, ao seu turno, além de prevista como norte das atividades de tratamento de dados pessoais, conforme *caput* do artigo 6º, é também prevista no § 3º do artigo 7º ("o tratamento de dados pessoais cujo acesso é público deve considerar a finalidade, a boa-fé e o interesse público que justificaram sua disponibilização"), bem como constitui parâmetro e critério para aplicação de sanções administrativas, conforme artigo 52, § 1º, II.

A limitação da coleta e armazenamento, da conservação, do uso e da comunicação de dados, da mesma forma, vem expressamente prevista no chamado princípio da necessidade, disposto no artigo 6º, III, no sentido de que deve haver "limitação do tratamento ao mínimo necessário para a realização de suas finalidades, com abrangência dos dados pertinentes, proporcionais e não excessivos em relação às finalidades do tratamento de dados", destacando-se que, por "tratamento", entende-se toda operação realizada com dados pessoais, como as que se referem a coleta, produção, recepção, classificação, utilização, acesso, reprodução, transmissão, distribuição, processamento, arquivamento, armazenamento, eliminação, avaliação ou controle da informação, modificação, comunicação, transferência, difusão ou extração.

O princípio da segurança também consta do rol do artigo 6º, como "utilização de medidas técnicas e administrativas aptas a proteger os dados pessoais de acessos não autorizados e de situações acidentais ou ilícitas de destruição, perda, alteração, comunicação ou difusão". Além disso, o artigo 44 dispõe que "o tratamento de dados pessoais será irregular quando deixar de observar a legislação ou quando não fornecer a segurança que o titular dele pode esperar, consideradas as circunstâncias relevantes", ao passo que a partir do artigo 46 há regras sobre segurança e boas práticas.

Por princípio do livre acesso, dispõe o inciso IV do artigo 6º, "a garantia, aos titulares, de consulta facilitada e gratuita sobre a forma e a duração do tratamento, bem como sobre a integralidade de seus dados pessoais". Ademais, a participação e o livre acesso estão garantidos a partir do disposto no artigo 9º, no sentido de que o titular tem direito ao acesso facilitado às informações sobre o tratamento de seus dados, que deverão ser disponibilizadas de forma clara, adequada e ostensiva para o atendimento do princípio do livre acesso. O mesmo ocorre em relação à possibilidade de a autoridade nacional dispor sobre padrões de interoperabilidade para fins de portabilidade, livre acesso aos dados e segurança, assim como sobre o tempo de guarda dos registros, tendo em vista especialmente a necessidade e a transparência (artigo 40).

Finalmente, mas não menos importante, o princípio do consentimento constitui o norte da LGPD, a começar por sua conceituação no artigo 5º, como "manifestação livre, informada e inequívoca pela qual o titular concorda com o tratamento de seus dados pessoais para uma finalidade determinada", passando pela imprescindibilidade de consentimento pelo titular para o tratamento de dados pessoais, conforme artigo 7º, inciso I.

A forma do consentimento também não escapou ao legislador, com destaque para o artigo 8º que, entre outras regras, impõe que se refira a finalidades determinadas, ao passo que as autorizações genéricas para o tratamento de dados pessoais serão nulas (§ 4º). Entre os direitos do titular do dado pessoal, conforme artigo 18, por sua vez, consta a obtenção da eliminação dos dados pessoais tratados com o consentimento do titular, exceto nas hipóteses previstas no art. 16 da Lei (VI); de informação sobre a possibilidade de não fornecer consentimento e sobre as consequências da negativa (VIII); e de revogação do consentimento, nos termos do § 5º do art. 8º desta Lei (IX). Por esse quadro, ainda que em um estudo breve como o presente, é possível reconhecer os avanços da LGPD em matéria de proteção de dados.

CONCLUSÕES

O tempo encarregar-se-á de apontar as necessárias mudanças, sempre com vistas a melhor conformar os "danos colaterais da modernidade líquida", para utilizar as palavras do filósofo polonês Zygmunt Bauman, ao descrever os riscos da fusão entre espaços públicos e privados de maneira a arquitetar uma "sociedade confessional", com graves riscos à liberdade humana.[52]

Para tanto, é preciso superar a lamentável tendência encontrada no meio jurídico, bem apontada por Fábio Konder Comparato – e repetida à exaustão por um dos signatários –, no sentido de que "a tradição misoneísta dos nossos jurisconsultos que continua a condenar às trevas exteriores toda e qualquer manifestação jurídica que não se enquadre no seu

[52] BAUMAN, Zygmunt. *Danos colaterais; desigualdades sociais numa era global.* Tradução de Carlos Alberto Medeiros. Rio de Janeiro: Zahar, 2013, p.108.

sistema."[53] Infelizmente, parece que a circunstância assinalada pelo retro citado professor não apenas continua mais atual do que nunca, como terá legitimado a existência dos estudos que culminaram na edição da LGPD.

[53] Cf. O indispensável direito econômico. *Revista dos Tribunais*, vol. 353, São Paulo: Revista dos Tribunais, p. 14. Assinale-se, a propósito, que o recredenciamento da disciplina da pós-graduação na Faculdade de Direito da Universidade de São Paulo, intitulada direito do espaço virtual, que já houvera sido ministrada com êxito deveras invulgar, desde o ano 2000, só pôde ser aprovada, no âmbito do Departamento de Direito Comercial, alguns anos mais tarde, graças a um novo Parecer da lavra da Profª. Paula Forgioni, contrariando inteiramente posição anterior, que optava por lançar "às trevas exteriores" do esquecimento um enorme esforço que fora realizado até então...

46
A RESPONSABILIDADE PÓS-CONSUMO NO CONTEXTO DA PANDEMIA DA COVID-19: CONTRIBUIÇÕES PARA A GESTÃO DE RESÍDUOS SÓLIDOS

Patrícia Iglecias

INTRODUÇÃO

O Direito não é uma ciência estática e sua evolução tem sido marcada por grandes estudiosos que, à frente do seu tempo, puderam buscar soluções para os problemas da sociedade. É nesse contexto que se insere o presente artigo em homenagem à Professora Teresa Ancona Lopez, uma mente poderosa na interpretação criativa de correntes e teorias, sempre acrescentando sua sábia visão e procurando responder às questões concretas que se apresentam. Assim, o propósito do presente texto é mostrar a importância da tese da homenageada, desenvolvida por ocasião da obtenção da titularidade no Departamento de Direito Civil da Faculdade de Direito da Universidade de São Paulo, intitulada "Princípio da precaução e evolução da responsabilidade civil", no qual acendeu luzes sobre o papel da responsabilidade civil preventiva.

A pandemia da COVID-19 assola o mundo globalmente desde o início deste ano e já é classificada pelos estudiosos como um "desastre biológico", decorrente de zoonose. Tal se dá não em razão do evento em si, mas por conta das suas consequências nefastas sobre a humanidade, atingindo aspectos sociais e econômicos, com mortes que excedem o número de 500.000 vidas e mais de 10 milhões de pessoas contagiadas até agora.

Recentemente, a ONU publicou o Relatório 2020 dos Objetivos de Desenvolvimento Sustentável, agenda lançada em 2015, para ser cumprida entre os anos de 2020 e 2030, no qual são apresentadas as dificuldades que o mundo enfrentará para avançar nos 17 objetivos propostos justamente por conta da atual pandemia, ainda sem uma vacina, e com a possibilidade de novas ondas de contágio. A prioridade apresentada pelo relatório deve ser a contenção da taxa de mortalidade nos países, com foco no controle da propagação do vírus.

Entre as questões que se colocam no tocante ao tema ora analisado, cabe destacar o problema do equacionamento de políticas públicas que, preventivamente, vislumbrem a redução do contágio pela COVID-19, mas também atendam ao critério de sustentabilidade de forma ampla, protegendo o meio ambiente ecologicamente equilibrado, impulsionando o desenvolvimento econômico e promovendo a inclusão social.

A análise contemporânea das políticas públicas deve tomar em conta não somente seus aspectos racionais e procedimentais, mas também o embate em torno de ideias e interesses. É preciso, ainda, considerar o aspecto conflituoso e os limites que cercam as decisões que envolvem políticas públicas, bem como a cooperação entre governos, outras instituições e grupos sociais envolvidos.[1]

O fato é que as políticas públicas englobam a construção da consciência coletiva sobre a necessidade de enfrentar um problema e não estão limitadas às leis, abarcando os processos de implementação, execução fiscalização e avaliação. Além disso, as políticas públicas são instrumento de planejamento, racionalização e participação popular. De fato, o fim da ação governamental é informado por princípios constitucionais e normas, como a Política Nacional de Resíduos Sólidos, objeto de análise neste texto que, em termos de proteção ao meio ambiente, envolve prevenção de resíduos, destinação e disposição finais ambientalmente adequadas.

Diante dos objetivos apontados é fácil perceber que há várias questões relevantes nas fases que ora se apresentam e que envolvem a implementação, a execução, a fiscalização e a avaliação da política apontada. Entre elas está o descarte dos produtos pós-utilizados e dos resíduos decorrentes do consumo, como pudemos mencionar em outra oportunidade.[2] A ampliação das necessidades e a correspondente elevação do consumo geram o

[1] Ver Souza, Celina. Políticas Públicas: uma revisão da literatura. Sociologias, Porto Alegre, ano 8, n. 16, jul./dez. 2006, p. 20-45 e Arrow, Kenneth. Social choice and individual values. New Haven: Yale University Press, 1951.

[2] Para uma análise da evolução do consumo ver: Lemos, Patrícia Faga Iglecias. Resíduos sólidos e responsabilidade civil pós-consumo. São Paulo: Ed. RT, 3. Ed., 2014, p. 21 *et seq*.

efeito perverso do aumento dos resíduos, o que é facilmente percebido no meio urbano, repercutindo em vários aspectos sociais, especialmente na própria qualidade de vida do consumidor.

1. FUNÇÕES DA RESPONSABILIDADE CIVIL

1.1. FUNÇÃO COMPENSATÓRIA

A evolução histórica da responsabilidade civil, em especial após o advento da Revolução Industrial e a eclosão daquilo que Massimo Bianca chamou de "massificação dos danos",[3] é caracterizada pela preocupação crescente de reparação dos eventos lesivos, evitando-se que a vítima fique desamparada. A ideia se justifica diante da constatação de que devem ser erigidos mecanismos capazes de garantir a indenidade da pessoa humana, preservando-lhe uma existência digna e fazendo valer um dos princípios fundamentais da República (art. 1º, III, da Constituição Federal).[4]

A crescente preocupação com a vítima ensejou o abandono – ou ao menos a mitigação – de alguns dos pressupostos tradicionais da responsabilidade civil.[5] Nesse processo histórico, o primeiro movimento significativo, já tão examinado pelos estudiosos do direito civil, mas digno de menção pela importância na evolução da matéria, foi o reconhecimento da insuficiência da noção de culpa como fundamento da responsabilidade civil.

O advento do maquinismo e a dificuldade de prova da culpa nos acidentes de trabalho levaram à busca por saídas que abrandassem o rigor lógico do mecanismo de responsabilização, a começar pela inversão do ônus da prova. O movimento ganhou força com a doutrina de Saleilles, para quem a própria noção de culpa deveria ser alargada sob a justificativa de que o Código Civil teria empregado a expressão em dois sentidos, um dos quais se confundia com nexo causal. O passo foi importante, mas acabou por conservar a culpa como fundamento da responsabilidade civil. Foi Josserand quem efetivamente rompeu com o tratamento tradicional que a matéria recebia, reclamando pela efetiva substituição da culpa na teoria da res-

[3] BIANCA, Massimo. *Diritto civile*: la responsabilitá. Milano: Giuffré, 1994, v.5, p. 536 (tradução livre).

[4] GODOY, Claudio Luiz Bueno de. *Responsabilidade civil pelo risco da atividade*. São Paulo: Saraiva, 2009, p. 6.

[5] Na lição de Agostinho Alvim, seriam três os requisitos inarredáveis da responsabilidade civil: dano, culpa e nexo de causalidade (op. cit., p. 194).

ponsabilidade. Era a consagração de um ponto de vista objetivo, pelo qual aquele que cria um risco deve suportar eventuais consequências danosas.[6]

Um segundo passo nesse processo de sistemática expansão da tutela da pessoa da vítima foi a dispersão ou flexibilização do nexo de causalidade, conforme já tivemos oportunidade de apontar[7]. Superado o entrave da culpa, restaram aquelas situações fáticas em que a prova do nexo causal configurava barreira intransponível à configuração do dever de indenizar. Foi quando a jurisprudência, com apoio em teses doutrinárias, socorreu-se de novos mecanismos capazes de assegurar à vítima a reparação do dano sofrido.

É no direito ambiental que as novas teorias do nexo causal encontram campo mais fértil de aplicação. Isso porque, no mais das vezes, os danos ambientais, além de decorrerem de múltiplas causas, em atuação concorrente de inúmeros atores, podem se manifestar somente depois do transcurso de um longo período de tempo. Em muitos casos, aliás, a manifestação do dano se apresenta em locais distantes daqueles em que estão instaladas as atividades geradoras, caracterizando, em algumas ocasiões, os chamados *danos transfronteiriços*. Essas dificuldades levaram àquilo que José Afonso da Silva chama de atenuação na relevância do nexo de causalidade.[8]

Não se trata de simplesmente dispensar a prova do nexo de causalidade. Entretanto, como pudemos defender em trabalho anterior, no âmbito da responsabilidade civil ambiental, em hipóteses onde não se pode provar o nexo fático, há que se recorrer à teoria do escopo da norma jurídica violada ou do nexo jurídico. É, por exemplo, o que ocorre nos casos de aquisição de área contaminada e responsabilidade por passivo ambiental.

Toda essa movimentação, doutrinária e jurisprudencial, objetiva fazer valer aquela que continua a ser a função proeminente da responsabilidade civil: a reparação ou compensação dos danos. Daí a lição de Teresa Ancona Lopez, para quem, "com a evolução da responsabilidade civil e a colocação da vítima dos danos em seu centro, porquanto o importante é repará-la, custe o que custar, seja quem for seu ofensor, a responsabilidade civil hoje é, na verdade, o Direito de Danos".[9]

[6] GOMES, Orlando. *Obrigações*. 15. ed. Rio de Janeiro: Forense, 2002, p. 280.

[7] LEMOS, Patrícia Faga Iglecias. *Resíduos sólidos e responsabilidade civil pós-consumo*. 3. ed. São Paulo: Revista dos Tribunais, 2014, p. 142.

[8] SILVA, José Afonso da. *Direito ambiental constitucional*. São Paulo: Malheiros, 1994, p. 217.

[9] LOPEZ, Teresa Ancona. *Princípio da precaução e evolução da responsabilidade civil*. São Paulo: Quartier Latin, 2010, p. 76.

É fácil notar, a partir do quadro aqui delineado, que a responsabilidade civil sofreu, ao longo de sua evolução, um contínuo rompimento de suas barreiras clássicas.[10] Mas a essa tendência, firmada em nome de uma sistemática proteção da vítima, soma-se uma outra, de igual ou maior importância.

1.2. FUNÇÃO PREVENTIVA

O sistema da responsabilidade civil, fundado na ideia basilar de proibição de causar dano a outrem (*alterum non laedere*), passou a agregar, especialmente após o advento da sociedade de risco, uma nova função, de cunho antecipatório, calcada na prevenção (risco conhecido) e na precaução (risco hipotético) de danos. O direito da responsabilidade civil, que sempre se voltou para trás, ocupando-se de uma função reparatória dos danos pretéritos, passa a ter olhos para o futuro, na tentativa de se antecipar aos acontecimentos danosos, tantas vezes irreparáveis.[11]

Longe de representar uma mudança de enfoque, esse novo propósito da responsabilidade civil é um elemento a mais para compor o sistema da disciplina.[12] Nesse ponto, é importante mencionar que a propagação dos instrumentos assecuratórios, mais comuns nos países centrais e de grande valia para a realização da função reparatória acima tratada, jamais teria o condão de colocar em xeque esta segunda função da responsabilidade civil.

Nesse sentido, ensina Teresa Ancona Lopez, que a socialização dos riscos, com o desenvolvimento do seguro obrigatório e dos fundos de garantia, tem a grande vantagem de reparar a vítima do dano, mas o imenso inconveniente de desestimular a adoção de medidas para evitar o evento danoso. O foco deixa de ser a causa (dano) e passa a ser a consequên-

[10] SCHREIBER, Anderson. *Novos paradigmas da responsabilidade civil*. São Paulo: Atlas, 2007, p. 11. O autor fala em "erosão dos filtros tradicionais da reparação" (culpa e nexo causal), que até então funcionavam como "óbices capazes de promover a seleção das demandas de ressarcimento que deveriam merecer acolhida jurisdicional".

[11] A esse respeito, cf. LOPEZ, Teresa Ancona. *Princípio da precaução e evolução da responsabilidade civil*. São Paulo: Quartier Latin, 2010, p. 72-87.

[12] Segundo Maria Celina Bodin de Moraes, a recepção de novas funções no direito da responsabilidade civil levou alguns autores a alardear para um risco de alargamento excessivo da disciplina, advertindo-se para uma "crise de superabundância". Assim, o centro das discussões passa a ser "o próprio papel que a responsabilidade civil deve desempenhar no ordenamento jurídico" (A constitucionalização do direito civil e seus efeitos sobre a responsabilidade civil. *Direito, Estado e Sociedade*, n. 29, 2006).

cia (ressarcimento). Pago o seguro de responsabilidade civil, o potencial lesante pode se sentir desestimulado a atuar de modo a diminuir os riscos de eventos danosos.[13]

Com efeito, o mesmo princípio da solidariedade, que serviu de fundamento ao incremento do seguro de responsabilidade civil (analisada a partir do prisma ressarcitório), passa a atuar como alicerce da função preventiva da responsabilidade civil, cuja pedra angular é a proibição de causar dano a outrem (*alterum non laedere*).

No exercício dessa função preventiva, é possível mencionar, ainda com lastro na lição de Teresa Ancona Lopez, a figura da *deterrence* e os conhecidos *punitive damages*. A primeira é bastante propagada pelos estudiosos de *Law and Economics* e se traduz tanto em um fator econômico – disciplinado por meio de políticas públicas – capaz de fazer com que o agente avalie as vantagens e desvantagens de seu empreendimento (*specific deterrence*), quanto em um mecanismo de mercado controlador das empresas cuja atuação se apresente desejável ou indesejável para a sociedade (*general deterrence*). Os *punitive damages*, por sua vez, consagrados nos países da *Common Law* (onde sua aplicação tem contornos e requisitos bem definidos), atuam como verdadeira pena privada.[14]

A chamada indenização punitiva, embora aparentemente vedada pela redação do artigo 944 do Código Civil de 2002,[15] é nitidamente adotada pela jurisprudência brasileira em matéria de danos extrapatrimoniais, mesmo que sob rubrica diversa.[16] Na seara doutrinária, é importante mencionar a contribuição de Antonio Junqueira de Azevedo, que, sem ignorar

[13] LOPEZ, Teresa Ancona, *Princípio da precaução*... Op. cit., p. 53-54 e 62.

[14] Ibid., p. 81-86.

[15] Artigo 944. A indenização mede-se pela extensão do dano.

[16] Mencionem-se, apenas a título exemplificativo, trechos de duas decisões do Superior Tribunal de Justiça: "Na fixação do valor da condenação por dano moral, deve o julgador atender a certos critérios, tais como nível cultural do causador do dano; condição socioeconômica do ofensor e do ofendido; intensidade do dolo ou grau da culpa do autor da ofensa; efeitos do dano no psiquismo do ofendido e as repercussões do fato na comunidade em que vive a família. Ademais, *a reparação deve ter fim também pedagógico, de modo a desestimular a prática de outros ilícitos similares*, sem que sirva, entretanto, a condenação de contributo a enriquecimentos injustificáveis" (REsp 355.392, 3ª T., j. 26.03.2002, rel. Min. Nancy Andrighi, destaque nosso); "A indenização por dano moral objetiva compensar a dor moral sofrida pela vítima, *punir o ofensor e desestimular este e a sociedade a cometerem atos dessa natureza*" (REsp 332.589, 3ª T., j. 08.10.2001, rel. Min. Antônio de Pádua Ribeiro, destaque nosso).

o preceito normativo do artigo 944 do Código Civil, propõe uma nova categoria de dano na responsabilidade civil: o dano social. Segundo o autor, tratando-se de um ato suficientemente grave, lesivo a toda a sociedade, a ponto de rebaixar o seu nível de vida (o que é particularmente evidente quando se está diante de violação à segurança), ao lado da indenização por danos individuais, deve-se impor uma indenização pelos danos sociais. O dano social, antes de uma pena, é uma reposição a toda a sociedade, pois "visa restaurar o nível social de tranquilidade diminuída pelo ato ilícito".[17]

Há de se reconhecer, no entanto, que a função preventiva assume importância crucial quando se tem em consideração aquelas situações nas quais é totalmente impossível a reparação integral, a volta ao *statu quo ante*. São os casos de danos ao meio ambiente, à saúde, à integridade física, nos quais se encaixa perfeitamente a atual pandemia da COVID-19. Para essas situações, mais do que indenizações pesadas, faz-se necessária a utilização de instrumentos de prevenção *anteriores* ao dano. Segundo Teresa Ancona Lopez, "é necessário que se ponha em prática o princípio da prevenção como instrumento anterior ao dano, e não como consequência dele (função automática da indenização)", afinal "sempre será melhor não sofrer o dano do que receber dinheiro por um prejuízo permanente".[18] Ademais, a aplicação do princípio da prevenção como resultado automático da indenização poderia restar superada com a difusão do seguro de responsabilidade.[19]

Também é no direito ambiental que a função preventiva da responsabilidade civil, à luz da legislação brasileira em vigor, encontra os instrumentos mais eficazes de realização. A criação de espaços territoriais especialmente protegidos, a exigência de licenciamento para a realização de qualquer obra ou atividade capaz de causar impacto ao meio ambiente e, em especial, do estudo de impacto ambiental quando houver possibilidade de significativo abalo ao meio ambiente são apenas alguns dos diversos instrumentos que a legislação ambiental prevê em matéria de prevenção e precaução. Este último princípio, aliás, a ser adotado diante da incerteza científica de que

[17] AZEVEDO, Antonio Junqueira de. *Por uma nova categoria de dano na responsabilidade civil*: o dano social. *Novos Estudos e Pareceres de Direito Privado*, p. 380-382, São Paulo, Saraiva, 2009. O autor assevera ainda que a indenização pelos danos sociais deve ser conferida à própria vítima (e não a um fundo), uma vez que ela terá exercido um *munus* público, merecendo a recompensa por ter atuado em benefício de toda a sociedade (ibid., p. 383).

[18] LOPEZ, Teresa Ancona. *Princípio da precaução*... Op. cit., p. 48 e 79.

[19] Ibid., p. 80.

o dano poderá ocorrer, deve ser interpretado de modo a impor ao empreendedor o ônus de comprovar que sua atividade não ensejará os indesejáveis danos ao meio ambiente.[20]

Não há dúvida, porém, de que *a antecipação aos danos configura uma tendência inevitável* de todo o sistema de responsabilidade civil (não se restringindo à responsabilidade por danos ambientais). Para Teresa Ancona Lopez, a função preventiva, fundada na prudência e no princípio geral da segurança, deverá "servir de leme dentro da responsabilidade civil moderna".[21] A advertência é de grande valia para o tratamento a ser dado em relação às hipóteses decorrentes da responsabilidade pós-consumo na pandemia da COVID-19.

1.3. DANO PÓS-CONSUMO E PRINCÍPIO DA PREVENÇÃO

Já foi afirmado acima, com apoio na lição de Teresa Ancona Lopez, que, ao lado de sua clássica função reparadora ou compensatória, a responsabilidade civil assumiu, especialmente com o advento da sociedade de risco, uma função antecipatória. Sempre fundado no *alterum non laedere*, o direito da responsabilidade civil passou a se antecipar aos danos, no intuito de impedir a sua realização, quer mediante técnicas de precaução (riscos hipotéticos), quer mediante mecanismos de prevenção (riscos comprovados).

Em matéria de danos causados por resíduos gerados com o consumo, salvo algumas exceções, estar-se-á diante de riscos conhecidos, competindo aos atores responsáveis pela gestão desses riscos a adoção de medidas de *prevenção*. Especificamente no que se refere ao fornecedor, o art. 6º

[20] Lemos, Patrícia Faga Iglecias. Op. cit., p. 71. Veja-se o seguinte julgado do Superior Tribunal de Justiça: "Processual civil e ambiental – Ação civil pública – Dano ambiental – Adiantamento de honorários periciais pelo *Parquet* – Matéria prejudicada – Inversão do ônus da prova – Art. 6º, VIII, da Lei 8.078/90 c/c o art. 21 da Lei 7.347/85 – Princípio da precaução. 1. Fica prejudicado o recurso especial fundado na violação do art. 18 da Lei 7.347/85 (adiantamento de honorários periciais), em razão de o juízo de 1º grau ter tornado sem efeito a decisão que determinou a perícia. 2. O ônus probatório não se confunde com o dever de o Ministério Público arcar com os honorários periciais nas provas por ele requeridas, em ação civil pública. São questões distintas e juridicamente independentes. 3. *Justifica-se a inversão do ônus da prova, transferindo para o empreendedor da atividade potencialmente perigosa o ônus de demonstrar a segurança do empreendimento, a partir da interpretação do art. 6º, VIII, da Lei 8.078/90 c/c o art. 21 da Lei 7.347/85, conjugado ao princípio ambiental da precaução.* 4. Recurso especial parcialmente provido" (REsp 972.902/RS, 2ª T., j. 25.08.2009, rel. Min. Eliana Calmon, destaques nossos).

[21] Lopez, Teresa Ancona. *Princípio da precaução*... Op. cit., p. 80.

do CDC prevê, entre os direitos do consumidor, "a proteção da vida, saúde e segurança contra os riscos provocados por práticas no fornecimento de produtos e serviços considerados perigosos ou nocivos" (inc. I) e "a efetiva prevenção e reparação de danos patrimoniais e morais, individuais, coletivos e difusos" (inc. VI).

Assim, uma das mais importantes medidas de prevenção a danos pós-consumo é a informação disponibilizada pelo fornecedor aos consumidores, no sentido de orientá-los acerca do potencial poluente dos resíduos gerados após o consumo e de que forma deve ser feito o seu descarte. Nesse sentido, a Lei da Política Nacional de Resíduos Sólidos impõe ao fabricante, ao importador, ao distribuidor e ao comerciante de produtos o dever de "divulgar informações relativas às formas de evitar, reciclar e eliminar os resíduos sólidos associados a seus respectivos produtos" (art. 31, II). A informação, por razões óbvias, não deve ser limitada aos resíduos sólidos reversos (aqueles passíveis de tratamento e reaproveitamento), mas também aos chamados rejeitos (resíduos sem possibilidade de aproveitamento), que deverão ter uma disposição final ambientalmente adequada.

Além disso, as medidas de prevenção a cargo do fornecedor também se apresentam sob outras roupagens. A fim de que seus produtos não gerem resíduos poluentes acima dos padrões de normalidade legitimamente aceitos, o fornecedor deve adotar "tecnologias limpas", optando por matérias-primas e embalagens que produzam o menor grau de resíduos possível. Deve ainda idealizar o produto de maneira a possibilitar a reutilização dos resíduos.[22] Esses aspectos mostram-se cada vez mais relevantes em momentos como o que vivemos agora. Com a pandemia da COVID-19, as pessoas ficaram em quarentena e passaram a gerar ainda mais resíduos, que deverão ser destinados corretamente.

Ainda em matéria de prevenção, os fornecedores também poderão evitar danos pós-consumo mediante a coleta dos resíduos poluentes, atribuindo-lhes uma destinação final adequada. Nesse sentido, a Lei da Política

[22] Art. 31. Sem prejuízo das obrigações estabelecidas no plano de gerenciamento de resíduos sólidos e com vistas a fortalecer a responsabilidade compartilhada e seus objetivos, os fabricantes, importadores, distribuidores e comerciantes têm responsabilidade que abrange: I – investimento no desenvolvimento, na fabricação e na colocação no mercado de produtos: a) que sejam aptos, após o uso pelo consumidor, à reutilização, à reciclagem ou a outra forma de destinação ambientalmente adequada; b) cuja fabricação e uso gerem a menor quantidade de resíduos sólidos possível."

Nacional de Resíduos Sólidos impõe também o dever de "recolher os produtos e os resíduos remanescentes após o uso, assim como sua subsequente destinação final ambientalmente adequada, no caso de produtos objeto de sistema de logística reversa na forma do art. 33" (art. 31, III).

Durante a pandemia, os órgãos ambientais tiveram forte atuação no sentido de minimizar os riscos de contágio no âmbito da gestão de resíduos sólidos. Por exemplo, no estado de São Paulo, a CETESB – Companhia Ambiental do Estado de São Paulo, publicou a Decisão de Diretoria 35/2020/P[23], alterando a exigência de cumprimento de meta de reciclagem para os setores que firmaram termos de compromisso no estado e atuam por meio da estruturação e apoio a cooperativas de catadores.

Diante de estudos publicados, que não descartam a possibilidade de contágio da COVID-19 por meio da manipulação de materiais recicláveis que tenham sido utilizados por doentes[24], em 06 de abril de 2020, o órgão ambiental editou a referida alteração para o ano de 2020. Reconhecendo que não seria possível exigir o cumprimento da meta de reciclagem, pois isso significaria colocar em risco a vida dos catadores que, muitas vezes, não possuem equipamentos de proteção pessoal no manuseio dos resíduos.

Dessa forma, os relatórios anuais de 2020, para aqueles que atuam na estruturação e apoio a cooperativas, não precisarão atender à meta quantitativa estabelecida na Decisão de Diretoria 114/2019/P durante o estado de emergência, desde que cumpram as seguintes condições: a continuidade de investimento nas cooperativas, no mínimo, dos mesmos valores investidos em média nos últimos seis meses, em forma de remuneração aos catadores; outra forma de remuneração direta aos cooperados, ou assistência social que seja complementar às medidas de assistência social adotada pelos governos municipais, estadual ou federal.

Cuida-se, assim, de política pública que atende ao princípio da prevenção e, de forma efetiva, altera a exigência de reciclagem, passando a garantir uma remuneração para os catadores que não exercessem suas atividades durante a pandemia.

Ainda a respeito de prevenção, é importante notar que a PNRS exige a adoção de práticas para restrição em volume e peso das embalagens às

[23] https://cetesb.sp.gov.br/decisoes-de-diretoria/dd-035-2020-p-procedimento-para-analise-de-relatorios-de-2020-de-sistemas-de-logistica-reversa/acesso em 12.07.2020

[24] https://www.epa.gov/coronavirus/recycling-and-sustainable-management-food-during-coronavirus-covid-19-public-health acesso em 12.07.2020

dimensões necessárias para proteção do conteúdo e comercialização do produto, bem como que sejam projetadas de forma a propiciar a reutilização de maneira tecnicamente viável e compatível com as exigências aplicáveis ao produto que elas contêm (art. 32, § 1º, I e II), sob pena de responsabilidade, de todo aquele que "manufatura embalagens ou forneça materiais para a fabricação de embalagens" (art. 32, § 3º, I), bem como daquele que "coloca em circulação embalagens, materiais para a fabricação de embalagens ou produtos embalados, em qualquer fase da cadeia de comércio" (art. 32, § 3º, II).[25]

Trata-se de importante avanço que incrementa a ideia da responsabilidade preventiva da cadeia produtiva, como veremos a seguir.

2. RESPONSABILIDADE SEM DANO E DANO SEM RESPONSABILIDADE

Apresentadas algumas das tantas medidas preventivas a cargo do fornecedor para evitar a ocorrência de danos pós-consumo, cumpre analisar se, diante de seu descumprimento, poderia se cogitar de uma "responsabilidade preventiva". Teresa Ancona Lopez explica que, assim como nas searas penal e administrativa, também no sistema de responsabilidade civil é possível pensar em modelos sancionatórios em face daqueles que não gerenciam adequadamente os riscos conhecidos (prevenção) e os riscos hipotéticos (precaução).[26]

A autora aqui homenageada, de forma precursora, admite que uma mera ameaça de dano já possa justificar a propositura de uma ação de responsabilidade civil. Abre-se a possibilidade, em última análise, de uma responsabilidade sem dano, uma responsabilidade preventiva, ainda mais justificável quando se tratar de riscos inaceitáveis (riscos de danos graves e irreversíveis).[27] A responsabilidade do Estado, bem como dos gestores

[25] O art. 17 do Decreto 7.404/2010 prevê a extensão da logística reversa às embalagens por meio de acordos setoriais, regulamentos expedidos pelo Poder Público ou termos de compromisso.

[26] LOPEZ, Teresa Ancona. *Princípio da precaução*... Op. cit., p. 141.

[27] Neste contexto convém mencionar julgado de relatoria do Des. Torres de Carvalho, do TJSP, relativo à imposição de multa por infração administrativa que bem ilustra a necessidade da mais ampla proteção: "Anulatória – Multa ambiental – Caçapava – LE 997/76 – DE 8.468/76, arts. 2º, 3º, V, 51, 52 e 55 – Armazenamento inadequado de resíduos industriais. 1. Recurso administrativo. Depósito prévio. A garantia constitucional da ampla defesa afasta a exigência de depósito prévio como pressuposto da admissibilidade do recurso administrativo.

de risco no âmbito da PNRS, deve ser vista sob tal prisma no que se refere ao período da pandemia da COVID-19.

A aparente contradição no raciocínio é afastada quando se tem em consideração que responsabilidade e indenização são conceitos que não se confundem. A primeira se refere "às consequências danosas de nossos atos e pelas quais devemos responder [...]. Por outro lado, a forma ou modo pelo qual vai se efetivar essa garantia vai depender do instituto jurídico ou do tipo de responsabilidade a que ele está afeto. Geralmente, o modo é indenizatório e em dinheiro, mas isso não exclui a reparação *in natura*, quando as coisas voltam ao *status quo ante* (um vaso quebrado por outro exatamente igual), ou outro tipo de atos ressarcitórios, como o desagravo pela imprensa dos atos ilícitos contra a honra ou contra a imagem de alguém".[28]

Em matéria ambiental, a precaução e a prevenção justificam a implementação da responsabilidade civil em face de atividades potencialmente

RE 388.359-3-PE, Pleno, 28.03.2007. A modificação da jurisprudência não leva à anulação dos atos administrativos conformes à jurisprudência anterior. Possibilidade não utilizada de, à época, buscar a proteção judicial. Ampla defesa exercida com a propositura da ação. Questão ultrapassada. 2. Autuação. O auto de infração preenche os requisitos do art. 92 do DE 8.468/76 e não é nulo. 3. Poluição ambiental. Armazenamento de resíduos sólidos. Nos termos dos arts. 51 e 52 do DE 8.468/76, não é permitido depositar, dispor, descarregar, enterrar, infiltrar ou acumular no solo resíduos, em qualquer estado da matéria, desde que poluentes; e o solo só poderá ser utilizado como resíduo final de resíduos de qualquer natureza se na forma adequada, sendo vedada a simples descarga ou depósito em propriedade pública ou particular. Tais resíduos são poluentes *per se*, dada a natureza orgânica ou inorgânica (borra do dissolutor de sal), pois focos de alteração da biota. Sentença que extinguiu o processo sem análise do mérito (ilegitimidade passiva do DAEE). Recurso da autora desprovido em relação à CETESB" (ApCiv c/ Rev 965.069-5/0-00, Comarca de Caçapava, Câm. Esp. do Meio Ambiente, j. 17.12.2009). Este julgado debateu a questão do depósito inadequado de resíduos sólidos, sendo de fulcral relevância transcrever parte do voto do relator: "A admissão do fato em si e a decisão a que se chega dispensam a produção das provas requeridas pela autora, com base no art. 130 do CPC; *independentemente da efetiva contaminação das águas subterrâneas, a disposição inadequada de resíduos ofende o ambiente (que não se resume às águas subterrâneas)* e justifica a autuação administrativa. Tais resíduos são poluentes *per se*, dada a natureza orgânica ou inorgânica (borra do dissolutor de sal), pois focos de alteração da biota. A multa fica mantida" (destaque nosso).

[28] Lopez, Teresa Ancona. *Princípio da precaução*... Op. cit., p. 137. A autora, para exemplificar a responsabilidade civil preventiva, menciona decisão do Tribunal de Grasse, confirmada pela Corte de Apelação de Aix en Provence, que, combinando a aplicação do princípio da precaução com teorias do direito de vizinhança, determinou a retirada de antena de telefonia celular emissora de ondas eletromagnéticas supostamente perigosas à saúde da população vizinha (p. 143).

poluidoras, ainda que não haja um dano concreto, mas apenas um sinal de alta probabilidade de que ele ocorrerá. A ideia de responsabilidade sem dano, calcada na função preventiva desse ramo do direito civil, atua como um importante instrumento de investigação, de avaliação e principalmente de gestão dos riscos ambientais.[29] Voltemos ao exemplo da DD 35/2020/ CETESB: o estado não pode se omitir e deve agir rápido, como no citado caso, dando guarida em primeiro lugar à proteção dos catadores e cooperados, mesmo que em detrimento do cumprimento da meta de reciclagem para o ano de 2020. Cabe sempre uma ponderação entre os direitos protegidos quais devem ter prioridade.

A ampliação da noção de responsabilidade civil para incluir a prevenção e a precaução dos danos (ao lado de sua tradicional função compensatória) jamais teria o condão de desnaturar este ramo do direito civil, até porque encontra respaldo na própria ideia que lhe é fundamental: *alterum non laedere*. Assim, não causará espanto a constatação de que essa inevitável expansão do campo coberto pela responsabilidade civil permite cogitar até mesmo de um "dano de risco"; em outras palavras, pode ser caracterizada como dano a própria ameaça (risco) de um dano grave ou irreversível.[30]

No caso dos resíduos gerados após o consumo, a possibilidade de uma responsabilidade preventiva, que prescinda do dano imediatamente comprovado, assume ainda mais importância quando se levam em consideração as duas características bastante comuns nos danos pós-consumo: caracterização após o transcurso de um longo período de tempo e manifestação em locais distantes daqueles em que estão instaladas as atividades produtoras. Mas também é preciso cogitar do inverso, ou seja, daquela situação em que o fornecedor tenha adotado todas as medidas de prevenção que estavam ao seu alcance, tudo nos termos da legislação aplicável à atividade e, ainda assim, restaram caracterizados os chamados danos pós-consumo.

[29] CARVALHO, Délton Winter de. *Dano ambiental futuro:* a responsabilidade civil pelo risco ambiental. Rio de Janeiro: Forense Universitária, 2008, p. 152-153. Daí se vislumbrar uma "passagem de um direito de danos para um direito de risco" (op. cit., p. 127).

[30] LOPEZ, Teresa Ancona. *Princípio da precaução e evolução da responsabilidade civil*, p. 139. Aqui a autora menciona, entre outros exemplos, o de uma ação civil pública proposta em nome de toda uma população (e não apenas dos indivíduos já contaminados), em face de uma Municipalidade que, ciente do grave risco de alastramento da dengue, deixa de adotar medidas de precaução e prevenção.

Tratando-se de danos ao meio ambiente (e de regra o são no pós-consumo), será preciso considerar o princípio do limite de tolerabilidade. Isso porque qualquer atividade humana implica algum impacto ambiental, devendo-se apurar a tolerabilidade do meio, ou seja, se o meio tem condições de absorver esse impacto. Não se quer consagrar com essa análise o direito de poluir. Não existe direito a poluir, mas sim a possibilidade de se utilizarem os recursos ambientais até o limite de tolerabilidade, de modo a se firmar um razoável equilíbrio entre a intervenção humana e manutenção da qualidade ambiental.[31]

Dessa forma, os limites da responsabilidade da cadeia de consumo devem ser claros. Por exemplo, em relação aos resíduos sujeitos à logística reversa, os percentuais mínimos de recolhimento e valorização devem ser fixados de forma proporcional aos produtos colocados no mercado, com definição de metas progressivas, intermediárias e finais, no acordo setorial, regulamento ou termo de compromisso.[32]

CONCLUSÕES

Dos aspectos analisados, é fácil concluir que uma política pública de gestão de resíduos sólidos não pode ser vista isoladamente. Como adverte Junqueira de Azevedo, o direito é sistema de segunda ordem. Partindo do sistema social, deve atender os anseios da sociedade.[33] Portanto, em relação à implementação da lei mencionada, exige-se participação ativa da sociedade. Tanto isso é verdade que estão entre os instrumentos previstos: a coleta seletiva, os sistemas de logística reversa e outras ferramentas atinentes à implementação da responsabilidade compartilhada pelo ciclo de vida dos produtos, a educação ambiental. Ora, não há dúvida que tais instrumentos dependem da participação dos diversos gestores do risco: fabricantes e importadores, distribuidores e comerciantes, poder público e titular do serviço de coleta e, em especial, da participação da sociedade.

Os padrões sustentáveis de produção e de consumo são aqueles realizados de forma a atender as necessidades das gerações atuais, permitindo melhores condições de vida, sem comprometer a qualidade ambiental e

[31] LEMOS, Patrícia Faga Iglecias. Op. cit., p. 114-116. A noção de limites de tolerabilidade é utilizada ainda para o tratamento dos danos causados nas relações de vizinhança.

[32] Ver art. 18, § 2º, do Decreto 7.404/2010.

[33] AZEVEDO, Antonio Junqueira de. Estudos e pareceres de direito privado. São Paulo: Saraiva, 2004, p. 26-27.

o atendimento das necessidades das gerações futuras.[34] Há íntima relação com o disposto no art. 225 da Constituição Federal de 1988 quanto ao direito ao meio ambiente ecologicamente equilibrado para as presentes e futuras gerações, mediante a noção de equidade intergeracional.

Na fundamentação de um novo paradigma produtivo de uma economia sustentável, os bens e serviços ambientais devem ser considerados como um potencial produtivo que depende tanto dos limites físicos e da escassez de recursos como de estratégias sociais que possam administrar os potenciais ecológicos da natureza. O padrão de produção e consumo sustentáveis proposto pela Política Nacional de Resíduos Sólidos abrange todo o ciclo de vida do produto: desenvolvimento, obtenção de matérias-primas e insumos, processo produtivo, consumo, destinação e disposição finais ambientalmente adequadas.

Como se observa, todas as considerações até aqui apresentadas, desde a flexibilização do nexo causal e das novas funções da responsabilidade civil até a cogitação do binômio responsabilidade sem dano/dano sem responsabilidade, decorrem de uma profunda alteração no modo de pensar esse ramo do direito civil. É, em última análise, a consagração de uma nova abordagem, de cunho funcionalista, desapegada do formalismo que historicamente acompanhou o estudioso do direito. Tal abordagem é fundamental para dar encaminhamento a situações decorrentes da pandemia da COVID-19 e, dentro do contexto de uma sociedade de risco, será cada vez mais necessária.

[34] Art. 3º., XIII, da PNRS.

47
INCENTIVOS, DESINCENTIVOS E EXTENSÃO DO PRAZO DE PATENTES

PAULA A. FORGIONI

INTRODUÇÃO: A FORMATAÇÃO DE ESTRATÉGIAS EMPRESARIAIS POR INCENTIVOS E DESINCENTIVOS LEGAIS

Há muito se entende que os comerciantes agem de forma profissional[1], visando ao lucro[2]. O Direito pressupõe que a empresa procurará sempre o ganho e agirá com tal escopo[3]; se não luta pelo proveito econômico, não é empresa, mas associação beneficente ou outro ente sem fins lucrativos. Por serem profissionais, os agentes de mercado são racionais[4], desenhando estratégias de maneira a satisfazer seu autointeresse com avidez[5]. A conjunção

[1] Nesse sentido, dispõe o art. 966 do Código Civil: "Considera-se empresário quem exerce **profissionalmente** atividade econômica organizada para a produção ou a circulação de bens ou de serviços".

[2] O padrão jurídico estabelecido é a do comerciante ativo e probo, acostumado ao giro mercantil. Por todos, Cairu: "(...) os Commerciantes são, ou sempre se presumem, habeis, atilados, e perspicazes em seus negócios (...). Por tanto os que exercem a profissão de mercancia, não devem ser menos prudentes e circumspectos em seus tratos. (...)" (José da Silva Lisboa. *Principios de direito mercantil e leis de marinha*, 6ª ed., Rio de Janeiro: Typographia Academica, 1.874, v. II, p. 504).

[3] A unanimidade da doutrina jurídica acentua a característica da **busca do lucro** como inerente ao mercador/comerciante/empresa. Para a análise da bibliografia clássica, v. Paula A. Forgioni, *A evolução do direito comercial brasileiro*: Da mercancia ao mercado, 4ª ed., São Paulo: Revista dos Tribunais, 2.019, p. 29-73.

[4] Ainda que essa racionalidade seja limitada, pois as empresas encontram entraves à solução de problemas complexos.

[5] Em linguagem econômica, afirma-se que os agentes são oportunistas, ou seja, movidos por "self-interest seeking with guile" (cf. Oliver E. Williamson. Opportunism and its critics, *Managerial and decision economics*, 1.993, v. 14, p. 97).

desses três fatores (racionalidade + busca do autointeresse + escopo de lucro) faz com que a empresa, diante de vários possíveis caminhos, escolha aquele que acredita capaz de lhe trazer maiores benefícios[6]. Estratégias são formatadas para obter a maior vantagem econômica possível.

Em seus processos de tomada de decisão, o agente econômico responde a incentivos, ou seja, a estímulos para se conduzir de uma ou de outra forma. Para os fins deste artigo, interessam mais de perto os impulsos jurídicos (i.e., postos pelo Direito) que recaem sobre as empresas, capazes de produzir efeitos econômicos e, portanto, prescrever seu comportamento.

A implementação de políticas públicas passa por esse mecanismo: o Estado coloca regras para encorajar condutas socialmente desejáveis e desencorajar aquelas indesejáveis, conforme objetivos previamente definidos no campo político[7]. Como exemplo, pensemos em uma sociedade que deve optar entre ser pontual ou não no pagamento de seus impostos. Seu processo de tomada de decisão forçosamente ponderará que o inadimplemento da obrigação levará à imposição de multa. A chance de lhe ser impingida uma sanção constitui incentivo para a sociedade recolher seus tributos e desincentivo para sonegá-los. Se uma barragem se rompe e nada de muito grave acontece nem com a empresa, nem com seus administradores, arrefecem-se os incentivos para que, no futuro, conduta mais diligente venha a ser adotada. A sombra do futuro incide sobre o presente.

Assim como todas as leis, a LPI não é exceção e também tece um sistema de estímulos comportamentais para os agentes econômicos, muitos dos quais ligados a recompensas típicas do monopólio. Analisemos os aspectos desse arranjo institucional e econômico, desdobrados a partir da Constituição Federal.

1. OS INCENTIVOS E DESINCENTIVOS DA LPI

1.1. COMANDOS CONSTITUCIONAIS, INOVAÇÃO E SOBREPREÇO

A LPI tem por embasamento a política pública insculpida no art. 5º, inciso XXIX, da Constituição Federal. O texto constitucional deixa entrever a complexidade da equação: garante-se ao particular o privilégio temporá-

[6] Trata-se do que os economistas chamam de "maximização", ou seja, "(c)hoosing the best alternative that the constraints allow can be described (...) as maximizing" (Robert Cooter e Thomas Ulen. *Law & Economics*, 3ª ed., Boston: Addison-Wesley, 1.999, p. 11).

[7] Sobre as sanções jurídicas e os estímulos de comportamento, indispensável a leitura de Norberto Bobbio, *Teoria generale del diritto*, Torino: Giampichelli, 1.993, p. 128 e s.

rio típico da propriedade industrial (ou seja, a exclusividade de exploração ou exclusivos), mas essa prerrogativa não tem por escopo o seu interesse individual e sim "o interesse social e o desenvolvimento tecnológico e econômico do País". Por um lado, o sistema jurídico deve proteger a inovação, concedendo incentivos econômicos para os empreendedores. Por outro, a Constituição determina a consideração dos interesses da sociedade e dos consumidores.

Tradicionalmente, a propriedade intelectual é encarada como "ilha de proteção" do agente econômico contra a força concorrencial, na qual se assegura um monopólio de exploração. Os direitos de propriedade industrial corporificam privilégios e tendem a diminuir o grau de concorrência em determinado setor da economia, restringindo a livre-iniciativa e a livre-concorrência de forma a recompensar o criador por seu esforço de inovação e, desta feita, incentivar o desenvolvimento de produtos e tecnologias. A justificativa econômica para a exclusividade baseia-se na ideia de que o agente econômico tenderia a não realizar investimentos sem a perspectiva de aferição de lucros[8]. Partindo desse argumento e seguindo linha de pensamento esboçada desde o século XVI, muitos acabam indevidamente tomando os direitos de propriedade industrial como espécie de direito natural[9] e absoluto de seu titular: a pesquisa e a inovação devem ser recompensadas mediante a outorga de exclusividade de exploração capaz de atribuir lucros sedutores.

O problema – ao qual não se costuma dar o devido destaque – reside no fato de que a garantia do bom retorno econômico decorre da exclusividade e, portanto, da ausência de força concorrencial, normalmente responsável por pressionar a redução dos preços e o aumento da qualidade. O titular do exclusivo acaba conseguindo impor aos consumidores preços mais altos do que praticaria caso enfrentasse a competição. No campo

[8] Na explicação de Herbert Hovenkamp e outros: "In a private market economy, individuals will not invest sufficiently in invention or creation unless the expected return from doing so exceeds the cost of doing so" (*IP and Antitrust*: An analysis of antitrust principles applied to intellectual property law, New York: Aspen, 2.006, § 1.1). Para William Landes e Richard Posner: "The dynamic benefit of a property right is the incentive that possession of such a right imparts to invest in the creation or improvement of a resource in period 1 (for example, planting a crop), given that no one else can appropriate the resource in period 2 (harvest time)" (*The economic structure of intellectual property law*, Cambridge: Belknap Press, 2.003, p. 13).

[9] V. João da Gama Cerqueira. *Tratado da propriedade industrial*, 2ª ed., São Paulo: Revista dos Tribunais, 1.982, v. I, p. 157).

da propriedade industrial (mais do que em qualquer outro) a jocosa frase "não existe almoço grátis" faz-se verdadeira[10]. O incremento da remuneração do detentor do exclusivo provém dos bolsos dos consumidores. É preciso admitir que "a concorrência, ainda que lícita, prejudica os concorrentes, pois faz com que o empresário acabe por auferir lucros menores, força o cuidado com a qualidade do produto e gera a necessidade de investimentos para que o agente econômico possa manter-se no mercado, competindo"[11]. A concorrência, na célebre dicção de Jhering, é o "regulador espontâneo do egoísmo"[12], até mesmo porque, como observava Ascarelli, "obriga os produtores a procurarem, constantemente, a melhoria de seus produtos e a diminuição do preço de custo"[13]. Deixada no exercício de sua atividade sem pressões competitivas, a empresa tende a explorar a coletividade para obter o maior lucro possível. Todo cidadão brasileiro tem noção das penúrias a que está sujeito quando se depara com um monopólio. Porém, se ao adquirente for garantida a *opção de escolha* entre os bens oferecidos por vários agentes econômicos, eles serão forçados a *disputar* a oportunidade de troca, e aquele que *oferecer melhores condições* ganhará o contrato.

Ao mesmo tempo em que é *nociva* ao agente, a concorrência indica o caminho pelo qual ele poderá atrair novas oportunidades de negócios, aumentando a perspectiva de obtenção de proveito econômico; a fim de incrementar o volume de operações, a empresa deve desfrutar de *novas oportunidades de troca*. Para obtê-las, de duas uma: ou as subtrai de outros agentes ou as cria. Em ambas as hipóteses deverá *competir*, seja para sacá-la de seu concorrente, seja para impedir que outro se aproprie das novas oportunidades geradas. A disputa é essencial para o desenvolvimento das atividades empresariais e, apenas nessa medida, desejada pelo agente eco-

[10] A divulgação da expressão "there is no such thing as a free lunch" deve-se a Milton Friedman que, em 1.975, lançou um livro empregando essa frase como título. Apontam alguns pesquisadores que a frase não teria sido por ele cunhada, ao contrário do que normalmente se acredita (Fred Shapiro. Quote... Misquote, *The New York Times Magazine*, 21 de julho de 2.008. Disponível em: <https://www.nytimes. com/2008/07/21/magazine/27wwwl-guestsafire-t.html>, acesso em 12 de junho de 2.018).

[11] Paula A. Forgioni. *Os fundamentos do antitruste*, 10ª ed., São Paulo: Revista dos Tribunais, 2.018. p. 324-325.

[12] Rudolf von Jhering. *A evolução do direito*, Salvador: Progresso, 1.953, p. 140.

[13] Tullio Ascarelli. Os Contratos de cartel e os limites de sua legitimidade no direito brasileiro, in: *Ensaios e pareceres*, São Paulo: Saraiva, 1.952, p. 223.

nômico. A empresa não aprecia a concorrência; suporta-a porque esta é a forma admissível de conquistar mercado e de aumentar os lucros.

Mas porque protegem o agente da concorrência, os privilégios distorcem o funcionamento do mercado, aumentando os custos de transação e sujeitando os consumidores às agruras dos preços de monopólio. Além disso, a sociedade restará privada das inovações – algumas, como no caso dos remédios, indispensáveis à vida. Quando se trata de inovação, progresso e propriedade industrial, é pertinente a observação de Hovenkamp: "*patents and copyrights sometimes constitute formidable barriers to entry*"[14]. A proteção excessiva aos exclusivos pode retardar ou mesmo dizimar a inovação[15].

Em suma: de uma parte, a garantia à propriedade intelectual tende a estimular o desenvolvimento tecnológico, de outra é capaz de gerar situação propensa ao abuso, especialmente em ambientes nos quais a força concorrencial é arrefecida pela outorga da exclusividade. Tudo está em acertar o "tênue equilíbrio entre a justa recompensa do esforço intelectual humano (...) e o estímulo à evolução cultural e industrial do país"[16].

1.2. O COMPORTAMENTO DOS AGENTES ECONÔMICOS NO PERÍODO DO EXAME DO PEDIDO DE PATENTE PELO INPI

A LPI distingue claramente entre (i) o depósito do pedido de patente pelo requerente junto ao INPI e (ii) sua concessão pela autarquia[17]. O depósito do pedido de patente, disciplinado pela Seção I do Capítulo III da LPI, acontece tão logo apresentado o pedido, após exame formal preliminar[18]. Por sua vez, a concessão da patente ocorre quando, depois do "processo e exame" pelo INPI, o pedido é deferido e expede-se a respectiva carta-patente. De acordo com o art. 38, § 3º da LPI, reputa-se concedida a patente na data de publicação do ato respectivo.

[14] Herbert Hovenkamp. *The antitrust enterprise*: Principle and execution, Cambridge: Harvard University Press, 2.008, p. 14.

[15] Lea Shaver. *Access to knowledge in Brazil*: New research on intellectual property, innovation and development, Londres: Bloomsbury Academic, 2.010, p. 8. Disponível em: <https://papers.ssrn.com/sol3/papers.cfm?abstract_id=1729837>, acesso em 7 de junho de 2.018.

[16] Newton Silveira e Walter Godoy dos Santos Jr. Propriedade intelectual e liberdade, *Revista de Direito Mercantil, Industrial, Econômico e Financeiro*, São Paulo, 2.006, n. 142, p. 20.

[17] Sobre o procedimento administrativo relacionado às patentes, v. Denis Borges Barbosa, *Tratado da propriedade intelectual*, 2ª. ed., Rio de Janeiro: Lumen Iuris, 2.017, t. II, p. 1.422 e s.

[18] Dispõe o art. 20 da LPI que a data de depósito é a data de apresentação do pedido.

Quando a patente é outorgada, seu titular passa a deter o direito de exploração exclusiva daquela invenção. Novamente, a LPI é clara. Porém, no intervalo de tempo compreendido entre o depósito e a concessão da patente, terceiros podem arvorar-se na comercialização de produto ligado à possível patente ou à tecnologia que está em análise pelo INPI. Parece razoável que, enquanto a patente não for efetivamente concedida, a Lei não proíba terceiros de exercerem esse comércio[19]. Todavia, se o privilégio for ao final garantido, terceiros terão abocanhado lucros que deveriam pertencer ao inovador. A LPI resolve a situação estabelecendo que, em caso de "exploração indevida" do objeto da patente, "inclusive em relação à exploração ocorrida entre a data da publicação do pedido e a concessão da patente", assegura-se "ao titular da patente (...) o direito de obter indenização". Tome-se a situação de um produtor de remédios genéricos diante dos incentivos e desincentivos postos por esse quadro normativo. A empresa farmacêutica X depositou um pedido de patente. Se a empresa de genéricos Y produzir medicamento concorrente valendo-se da tecnologia ainda em análise pelo INPI e a patente for concedida ao final, Y deverá indenizar X, amargando perdas. A indenização quase que seguramente suplantará o valor de todos os lucros auferidos pela fabricante de genéricos. Assim, para o concorrente potencial, o risco envolvido na eventual entrada no mercado é bastante elevado. Quanto mais embasado e sólido for o pedido de patente em análise, maior será o risco assumido pela empresa que desafiar o depositante no mercado, porque quase certo será o seu dever de indenizar.

Viu-se acima que agentes econômicos tendem a ser racionais e a responder a incentivos. Embora, em teoria, o lançamento de um produto concorrente àquele que está em processo de análise seja possível pelo texto da LPI, ninguém se aventura no empreendimento. Os concorrentes potenciais não se arriscam, ainda mais quando querem concorrer com pedidos de patentes "fortes", cuja probabilidade de concessão é altíssima. O desincentivo à atuação de novos entrantes mostra-se capaz de neutralizar qualquer força concorrencial, impermeabilizando o mercado. *Não se deve ter qualquer receio em assumir que o quadro de incentivos e desincentivos posto pelo parágrafo único do art. 40 garante ao detentor da patente o monopólio de exploração desde o momento*

[19] Porque, em teoria, existe a possibilidade de a patente não ser concedida ao final do procedimento administrativo.

do depósito do pedido de patente que, atualmente, em muito ultrapassa vinte anos. Na prática, desde o momento do pedido, a empresa que pleiteia a patente acaba gozando de elevada proteção contra a concorrência, ou seja, de um privilégio jurídico e econômico[20]. Há, portanto, um monopólio de fato.

A conclusão é irrefutável: "o investimento em montar fábricas, efetuar treinamento de pessoal, tentar obter mercado, para depois se ter todo o proveito econômico, e mais ainda, canalizado para o titular que – eventualmente – vier a obter o privilégio, não compensa o risco. Ou seja, a patente efetivamente vale *como um instrumento de mercado* antes da sua concessão. O efeito econômico precede a plenitude do efeito jurídico"[21]. Mesmo que um concorrente potencial resolvesse atuar no mercado, a proteção oferecida pela LPI àquele que apresentou o pedido de patente faz-se incrivelmente forte: tão logo obtido o privilégio, recobrará qualquer prejuízo sofrido durante o tempo de análise pelo INPI.

As quantias auferidas por esses monopólios são astronômicas. Nas palavras do STJ, "(t)ratando-se de medicamentos, adiar a entrada em domínio público das invenções significa retardar o acesso ao mercado de genéricos, causando, como consequência, o prolongamento de preços mais altos, o que contribui para a oneração das políticas públicas de saúde e dificulta o acesso da população a tratamentos imprescindíveis". As drogas genéricas são, em regra, 35% mais baratas do que as de referência e os preços dos medicamentos caem, em média, 66% após o término da proteção patentária. É fato incontroverso que a extensão indevida de prazos de vigência de patentes impõe sensíveis custos adicionais para seus adquirentes e para a sociedade como um todo.

[20] Exatamente nessa linha manifestou-se o STJ: "O autor do invento possui tutela legal que lhe garante impedir o uso, por terceiros, do produto ou processo referente ao requerimento depositado, além de indenização por exploração indevida de seu objeto, a partir da data da publicação do pedido (e não apenas a partir do momento em que a patente é concedida). Dessa forma, apesar da expedição tardia da carta-patente pelo INPI, a invenção do recorrente não esteve, em absoluto, desprovida de amparo jurídico durante esse lapso temporal" (STJ, Terceira Turma, Recurso Especial nº 1.721.711/RJ, relatoria da Ministra Nancy Andrighi, julgado em 17 de abril de 2.018).

[21] Denis Barbosa. *Tratado da Propriedade Intelectual*, 2ª ed., Rio de Janeiro: Lumen Juris, 2.017, t. II, p. 1.512.

1.3. O PROBLEMA DO *BACKLOG* E OS PRAZOS DO ART. 40

No mundo ideal, os pedidos de patentes seriam analisados pelo INPI de forma ao mesmo tempo profunda e célere. Infelizmente, apesar do empenho dos servidores do INPI, não é isso que ocorre, até mesmo porque os recursos da Administração são exageradamente limitados. Existe o chamado *backlog*, isto é, o acúmulo de trabalho, uma "pilha de pedidos em espera", como se diz coloquialmente. O período que entremeia o depósito do pedido de patente e sua concessão é demasiadamente longo, não correspondendo a qualquer tempo econômico ou padrão de eficiência. É comum esse processo levar mais de dez anos[22]. O caput do art. 40 da LPI determina que "(a) patente de invenção vigorará pelo prazo de 20 (vinte) anos (...) contados da data de depósito". O seu parágrafo único complementa a disciplina: "O prazo de vigência não será inferior a 10 (dez) anos para a patente de invenção (...) a contar da data de concessão, ressalvada a hipótese de o INPI estar impedido de proceder ao exame de mérito do pedido, por pendência judicial comprovada ou por motivo de força maior".

Por força desse parágrafo único, considerando o *backlog* hoje existente, a proteção concedida às patentes ultrapassa em muito o prazo de vinte anos, sujeitando os consumidores a preços muito mais elevados do que os vigentes em um mercado competitivo. Ademais, esse tempo dependerá da duração do procedimento administrativo no INPI e, portanto, não é conhecido de antemão pelos agentes econômicos. Por isso, é incorreta a afirmativa frequentemente repetida pelos detentores de patentes, no sentido de que, na prática, a vigência de proteção conferida pela patente seria significativamente menor do que os 20 anos assegurados pelo caput do art. 40 da LPI. Não é! Na realidade dos fatos, o prazo de proteção está se mostrando bastante superior, como atesta publicamente o Diretor Executivo do INPI: "Hoje, mais de 65% das patentes concedidas são enquadradas na regra do parágrafo único do art. 40 da Lei n. 9.279, de 1.996"[23].

A situação fática e jurídica é tão grave que merece ser tratada com maiores detalhes.

[22] "O tempo médio de espera para o requerente de uma patente obter um ato decisório do INPI está em 10,23 anos. (...) Para fármacos, são mais de 13 anos" (Mauro Sodré Maia. Backlog de patentes, *Revista Facto*, Rio de Janeiro, 55ª ed., 2.018, p. 21).

[23] Mauro Sodré Maia, Backlog de patentes, *Revista Facto*, Rio de Janeiro, 55ª ed., 2.018, p. 21.

1.4. PRAZO DE GOZO DO PRIVILÉGIO VARIÁVEL – DESINCENTIVO A NOVOS INVESTIMENTOS

Por força do parágrafo único do art. 40, o período de exclusividade concedido ao detentor da patente *não é fixo* e dependerá do tempo tomado pelo procedimento administrativo junto ao INPI. Quanto maior o tempo dispendido na análise pelo órgão, maior a vantagem atribuída à empresa solicitante e maiores os prejuízos à sociedade e aos consumidores, pois mais longo será o período do monopólio. A sociedade fica privada do acesso à inovação e os adquirentes seguirão pagando mais pelos produtos, especialmente no caso de medicamentos. Um medicamento não é lançado do dia para a noite, ainda mais considerando a complexa regulação do setor. É necessária toda uma preparação para que isso ocorra, que inclui investimentos para viabilizar a futura produção.

O desconhecimento prévio do tempo de duração do privilégio gera um ambiente de incerteza no mercado, fazendo com que os potenciais concorrentes não realizem investimentos imediatos, mas aguardem a finalização da análise pelo INPI para, somente após, aviarem o empreendimento do fármaco. Repitamos à exaustão: agentes econômicos são racionais. Sem saber quando começará a faturar, por que uma empresa imobilizará capital, deixando recursos parados à espera do *gran finale* que não sabe quando ocorrerá? A incerteza sobre quando se poderá iniciar a comercialização do medicamento, trazida pelo parágrafo único do art. 40 da LPI, desestimula os investimentos e prejudica o bem-estar social.

1.5. INCENTIVOS PERVERSOS

Os efeitos produzidos pelo parágrafo único do art. 40 trazem *incentivo absolutamente perverso para o interesse público*: quanto mais a análise se alongar no INPI, mais vantagens terá a empresa que pleiteia a patente, pois maior será o prazo de seu monopólio. Vincou-se acima que, durante o processo no INPI, há um monopólio de fato, porque o requerente do privilégio já está protegido da competição; desta feita, um potencial concorrente não entrará no mercado ciente de que, no momento em que a patente for concedida, deverá pagar indenização, entregando os lucros auferidos nas mãos do rival. Considerando que o agente econômico racional busca seu autointeresse com avidez, é compreensível que empresas depositárias do pedido de patente, muitas vezes, tudo fazem para atrasar o andar do procedimento.

A junção da estratégia protelatória e da escassez de recursos da Administração Pública é deletéria para a sociedade, para os adquirentes e para o Estado. Conforme demonstrado pelos estudos mencionados, cada ano de exclusividade significa vultosa transferência de riqueza dos consumidores e do Estado para as empresas detentoras da patente agraciada.

2. A INCONSTITUCIONALIDADE DO PARÁGRAFO ÚNICO DO ART. 40 DA LPI

Esclarecidos os fatos e o sistema de incentivos/desincentivos da LPI, podemos analisar a questão central deste texto. É nítido o cenário de inconstitucionalidade que cerca o parágrafo único do art. 40 da LPI, por quatro principais motivos: (i) o primeiro deles é que o art. 5º, inciso XXIX, da Constituição Federal, exige que o privilégio da patente seja temporário e, por força do parágrafo único do art. 40, o prazo passa a ser indeterminado; (ii) o segundo é que o parágrafo único do art. 40 transfere para o particular a responsabilidade por um prejuízo causado pelo Estado; (iii) o terceiro é que a indevida extensão do privilégio da patente, promovida pelo parágrafo único do art. 40, viola os princípios da livre-concorrência e da livre-iniciativa, afastando-se dos requisitos necessários para a concessão de privilégios firmados pela Constituição Federal; e (iv) o quarto é que o parágrafo único do art. 40 avilta a tutela dos consumidores, exigida pela Constituição Federal.

2.1. VIOLAÇÃO DO ART. 5º, INCISO XXIX, DA CONSTITUIÇÃO FEDERAL

No caso brasileiro, ninguém ousaria negar que a proteção da propriedade intelectual visa ao desenvolvimento nacional, especialmente considerando os termos incisivos do art. 5º, XXIX, da Constituição Federal. Contudo, para que se dê a concreção desse preceito, a concessão de exclusivos deve ser um *instrumento pró-concorrencial*. Os direitos de propriedade intelectual não são protegidos pelo sistema jurídico para satisfazer os interesses do agente econômico, mas para fomentar as inovações e o desenvolvimento, permitindo que o titular desfrute de uma ferramenta de conquista de mercado, da qual seus competidores não dispõem. A proteção das criações ocorre para atribuir *incentivo competitivo* às empresas, e não para lhes agraciar com poder ilimitado. Se a humanidade já evoluiu para incorporar a função social ao exercício da propriedade de bens móveis e imóveis, não há razão para excepcionar os direitos de propriedade intelectual desse compromisso. Nesse prisma, tanto a livre-concorrência como a concessão de direitos de propriedade intelectual colocam-se como elementos de proteção da coletividade, de busca do bem-estar, coarctando a inclinação oportunista e egoísta do agente econômico.

Exatamente porque constituem "garantia de monopólios" e restringem a livre-iniciativa e a concorrência, os direitos de propriedade industrial devem ser encarados como *exceção* a essa que é uma das principais vigas da nossa ordem econômica. Nas palavras do Superior Tribunal de Justiça, a "proteção ordinária conferida ao titular de patentes consiste em privilégio que excepciona a regra geral de nosso ordenamento jurídico, cujo objetivo visa a assegurar a ampla concorrência e a livre-iniciativa"[24]. Em uma frase, posta por insignes professores da Faculdade de Direito da Universidade de Coimbra: "A regra é a liberdade, o exclusivo industrial ou comercial é a exceção"[25].

Assim, os exclusivos brotam e vivem nos quadrantes da nossa Constituição; não são fins em si mesmos, mas instrumentos que se prestam aos escopos maiores insculpidos no *caput* do art. 170 e nos arts. 1º, IV e 3º. Não é por outra razão que o art. 5º, inciso XXIX da Constituição Federal dispõe que "a lei assegurará (...) privilégio temporário para (...) proteção às criações industriais (...) tendo em vista o interesse social e o desenvolvimento tecnológico e econômico do País".

Dois são os requisitos que devem formatar a regulação e concessão da propriedade industrial no Brasil: o privilégio há de ser temporário e somente poderá ser concedido se conforme o interesse social e o nosso desenvolvimento tecnológico e econômico. No contexto constitucional, temporário não significa apenas "não eterno". Quer dizer marcado no tempo. Mais uma vez, a realidade dos fatos precisa ser levada em conta: não pode ser considerado temporário um privilégio econômico cujo término não é conhecido dos competidores e do mercado. "Sabe-se que vai

[24] STJ, Terceira Turma, Recurso Especial nº 1.721.711/RJ, relatoria da Ministra Nancy Andrighi, julgado em 17 de abril de 2.018, p. 11.

[25] António José Avelãs Nunes e outros. A inconstitucionalidade das patentes "pipeline" brasileiras (artigos 230º e 231º do Código da Propriedade Industrial de 1996), *Revista Eletrônica do IBPI*, Edição especial patentes pipeline, 2.009, p. 10. Disponível em: <https://ibpieuropa.org/book/revista-eletronica-do-ibpi-edicao-especial-patentes-pipeline>, acesso em 2 de junho de 2.018.

acabar, mas não se sabe quando", em termos concretos, traz os mesmos efeitos do privilégio não temporário, pois implica a inércia dos concorrentes (agentes econômicos racionais), em prejuízo da sociedade.

Para cumprir sua finalidade, o privilégio não pode ser *excessivo, desarrazoado*, a ponto de prejudicar a sociedade e o desenvolvimento. A proteção patentária concedida por prazo demasiadamente longo sacrifica o interesse social e, portanto, afronta a Constituição. Diverge-se quanto ao prazo de proteção que seria "adequado" em cada situação, em determinado País[26]. Há, contudo, um forte indicativo: o prazo de vinte anos, posto pelo próprio TRIPS. Se seu texto (art. 33) estabelece que o prazo das patentes é de vinte anos, pode-se considerar que os ordenamentos jurídicos de seus signatários assumem que, regra geral, períodos de proteção superiores a esse termo não trazem os benefícios esperados da concessão de exclusivos[27]. O art. 40 da nossa LPI segue exatamente esse prazo de privilégio. Porém, no caso concreto brasileiro, por força do *backlog* do INPI, a proteção concedida às patentes chega a se estender por mais de trinta anos. Forçoso constatar ser prejudicial ao bem-estar social, além de violar as diretrizes do próprio TRIPS. Uma proteção patentária que exceda em 50% o prazo original, implicando o dispêndio adicional de enormes quantias pela sociedade, a todo sentir não é favorável ao desenvolvimento do País.

2.2. VIOLAÇÃO DO ART. 37, § 6º, DA CONSTITUIÇÃO FEDERAL

A partir da Emenda Constitucional nº 45, de 2.004, com a introdução do inciso LXXVII no art. 5º, o cidadão passou a ter direito a um procedimento administrativo com "razoável duração", bem assim aos "meios que garantam a celeridade de sua tramitação". Por óbvio, a demora de mais de dez anos para a concessão de uma patente não é uma "duração razoá-

[26] Esse número decorre de uma *opção política*, que variará conforme o País e a época. O mais anedótico dos exemplos refere-se ao *copyright* do personagem Mickey, imagem a partir da qual o império Disney foi erigido. São inúmeras as modificações das leis estadunidenses de *copyrights* ao longo da história, para impedir que essa criação caia no domínio público (para a notícia do fato, v. How Mickey Mouse Keeps Changing Copyright Law, *Artrepreneur*, New York, 18 de outubro de 2.017. Disponível em: <https://mag.orangenius.com/how-mickey-mouse-keeps-changing-copyright-law/>, acesso em 7 de junho de 2.018).

[27] A autora deste artigo ressalva sua opinião de que mesmo o prazo de vinte anos estabelecido pelo TRIPS pode mostrar-se excessivo, considerando a atual velocidade do desenvolvimento tecnológico e o ritmo de produção de inovações.

vel", como vem sendo reiteradamente afirmado pela jurisprudência. Além disso, esse *backlog* vai de encontro ao princípio da eficiência que pauta a atuação da Administração, determinada pelo art. 37. A *demora excessiva* do procedimento no INPI é de responsabilidade da União, que com ela deve arcar, por força do art. 37, § 6º, da Constituição Federal. O fato é que o parágrafo único do art. 40 da LPI institui um mecanismo que transfere os prejuízos econômicos (danos) decorrentes da demora da análise do INPI do Estado para os adquirentes dos produtos. Marcou-se acima que, ainda mais no caso dos fármacos, as patentes protegem seus titulares da concorrência ao instituírem monopólio sobre determinada tecnologia. Se não há competição, elevam-se os preços.

Por conta do *backlog*, o prolongamento do prazo da patente faz com que o adquirente dos produtos pague por esse *plus*, por esse lucro anormal, bastante superior àquele que seria auferido em um mercado competitivo. Assim, o adquirente do produto assume o ônus pelo atraso do Estado na análise do pedido de patente, em franca violação do art. 37, § 6º, da Constituição Federal.

2.3. VIOLAÇÃO DOS PRINCÍPIOS DA LIVRE-INICIATIVA E DA LIVRE-CONCORRÊNCIA (ART. 1º E 170, *CAPUT* E INCISO IV DA CONSTITUIÇÃO FEDERAL)

O privilégio patentário concedido por prazo desconhecido, viabilizado pelo parágrafo único do art. 40, viola os princípios da livre-iniciativa e da livre-concorrência. A livre-iniciativa é um dos fundamentos da República e da ordem econômica (cf. art. 1º e 170, *caput*, da Constituição Federal). Ela vem tradicionalmente identificada com a "liberdade de comércio e de indústria", "liberdade econômica, ou liberdade de iniciativa econômica, cujo titular é a empresa"[28], e garante aos agentes econômicos *ingresso ao mercado, à arena de disputas*. A existência de adequado fluxo de trocas, de encontro entre oferta e demanda, depende da possibilidade de os indivíduos atuarem no mercado. O papel central do princípio da livre-iniciativa na economia capitalista é *garantir que os agentes econômicos tenham acesso ao mercado e possam nele permanecer, assegurando o acesso à contratação*. Está visceralmente atado à liberdade de iniciativa econômica e à *liberdade de empresa,*

[28] Eros Roberto Grau. *A ordem econômica na Constituição de 1988*: Interpretação e crítica, 14ª ed., São Paulo: Malheiros, 2.008, p. 203.

que, por sua vez, significa a liberdade de lançar-se à atividade, desenvolvê-la e abandoná-la *sponte propria*[29].

Um contraponto histórico faz-se útil para compreensão dessa relação entre liberdade de iniciativa e legalidade. Na Idade Média, o acesso ao mercado era minuciosamente regulado pelos estatutos das corporações de ofício, que impunham o monopólio da fabricação e da comercialização, regras de conduta e de polícia que neutralizavam a concorrência entre seus membros e, via de consequência, coibiam a possibilidade de captação da clientela alheia. Com a ascensão da burguesia, mostrou-se necessário ampliar os horizontes dos negócios e, assim, *aumentar as oportunidades econômicas*. Explica-se a série de leis francesas que ceifaram as amarras medievais. A liberdade de iniciativa corporifica o ideal de desaparecimento dos ligames das corporações medievais, abrindo espaço para o sistema de mercado que começava a se impor. Mas não apenas; historicamente, a busca pela liberdade de iniciativa significa também a *revolta contra os privilégios* tradicionalmente concedidos ou gozados pelo monarca. Liberdade de iniciativa evoca *o aumento do espaço de atuação privada em face dos favorecimentos concedidos a apenas alguns agentes*. Desde a sua origem, a livre-iniciativa está ligada à *liberdade de atuação e ao repúdio de privilégios*, da proteção de alguns, em detrimento de outros. Sem empreendedorismo não há desenvolvimento. Sem livre-iniciativa não há empreendedorismo.

Já o princípio da livre-concorrência desdobra-se a partir daquele da livre-iniciativa. Vem posto como um pilar da nossa ordem econômica constitucional, no art. 170. Nossa Constituição enxerga a concorrência como um fator de produção de *externalidades positivas*, capaz de colaborar para o funcionamento do sistema econômico, diminuindo preços e aumentando a qualidade do produto ou do serviço oferecido aos consumidores. Tem-se, aí, um dos mais fortes pilares da ordem econômica constitucional (art. 170, *caput* e inciso IV): para o bem da coletividade, os agentes econômicos devem disputar/concorrer. Mostrou-se que, no mais das vezes, a patente implica restrição da competição, pois ao seu titular é assegurado valioso monopólio. Por outro lado, o estímulo financeiro às patentes pode fomentar a inovação e trazer desenvolvimento. Uma patente outorgada por prazo excessivo, ainda mais no caso dos fármacos de alto custo, faz min-

[29] Natalino Irti, Diritto e mercato, in: AAVV, *Il dibattito sull'ordine giuridico del mercato*, Bari: Laterza, 1.999, xvii.

guar a competição, esteriliza a atividade de outras empresas que poderiam empreender no mercado, gerar lucros, riquezas e desenvolvimento e salvar vidas. Por força do parágrafo único do art. 40 da LPI, a patente pode alcançar prazo de proteção além de trinta anos. Não é de se espantar que seus detentores defendam essa extensão com unhas e dentes, pois cada ano adicional em que são presenteados pelo aniquilamento da competição significa milhões de reais em seus ganhos.

Novamente trazendo o parâmetro determinado pelo próprio acordo TRIPS e pelo *caput* do art. 40 da LPI, há de se reconhecer que trinta anos (50% a mais do que o prazo original) castram tanto a livre-concorrência quanto a livre-iniciativa, em prejuízo do desenvolvimento da nação.

2.4. VIOLAÇÃO DO ART. 170, INCISO V, DA CONSTITUIÇÃO FEDERAL (PROTEÇÃO AOS CONSUMIDORES)

Outro importante princípio que organiza nossa ordem econômica constitucional – e, consequentemente, todo o sistema jurídico – é o da proteção ao consumidor, posto pelo art. 170, inciso V, da Constituição Federal. A remuneração a maior do titular da patente é paga pelo comprador dos produtos protegidos, ou seja, pelos consumidores e pelo Estado. Queira-se admitir ou não, há um *sobrepreço* imposto pelo monopólio e o consumidor/Estado é obrigado a pagar por ele. Em linguagem econômica há uma *transferência de riqueza* do consumidor/Estado (sociedade) para os titulares das patentes. A extensão do prazo da proteção operada pelo parágrafo único do art. 40 da LPI sujeita o consumidor/Estado ao pagamento de preços muito superiores aos que aconteceriam se houvesse concorrência. Abriga os detentores das patentes da competição, mantendo os competidores fora do mercado por prazo que pode ultrapassar os trinta anos.

Não há como entender que essa proteção excessiva e exagerada, que impede a entrada no mercado de novos *players* muito além do período determinado pelo TRIPS, atenda ao ditame constitucional da proteção ao consumidor.

3. A IMPOSSIBILIDADE DE PRORROGAÇÃO DO PRAZO DA PATENTE EM VIRTUDE DO COMPORTAMENTO DE SEU FUTURO TITULAR

Vige, entre nós, diretriz jurídica no sentido de que a ninguém pode aproveitar a própria torpeza. *Nemo auditur propriam turpiditudinem allegans*, ensina o velho brocardo. Em nosso ordenamento, a regra deriva de dois importantes comandos: a vedação ao abuso de direito e a coibição de comportamentos eivados pela má-fé[30].

Como se sabe, muitas vezes, o prazo das patentes é estendido não apenas em decorrência do *backlog*, do acúmulo de trabalho no INPI, mas por atos protelatórios praticados pelo próprio requerente da patente. Isso não é de se estranhar. Como posto acima, o parágrafo único do art. 40 dá lugar a *incentivos perversos* que fomentam tal conduta. Quanto mais o agente demorar para cumprir formalidades e praticar atos necessários ao bom andamento do processo, mais dias gozará de proteção. Essa estratégia permite àquele que pleiteia a patente beneficiar-se da própria torpeza e, portanto, não pode ser amparada por nosso ordenamento jurídico. A todo sentir, tem-se no caso a incidência do artigo 187 do Código Civil, tornando essa conduta ilícita.

CONCLUSÕES

O parágrafo único do art. 40 da LPI é manifestamente inconstitucional, porquanto viola os seguintes dispositivos da nossa Carta Magna:

a) art. 5º, inciso XXIX, porque (i.1) produz efeitos em tudo diversos à proteção temporária e (i.2) não atende aos requisitos impostos para a concessão do privilégio, quais sejam, o interesse social e o desenvolvimento tecnológico e econômico do País;
b) art. 37, § 6º, porque transfere para o particular a responsabilidade por indenização que caberia ao Estado;
c) art. 1º e 170, *caput* e inciso IV, porque viola os princípios da livre-iniciativa e da livre-concorrência; e
d) art. 170, inciso V, porque prejudica os consumidores brasileiros.

De qualquer forma, seu prazo não poderia ser prorrogado se o atraso no processo de análise no INPI for causado pelo próprio titular da patente. O art. 187 do Código Civil veda o abuso de direito e, consequentemente, que o agente se aproveite da própria torpeza.

[30] Para as discussões em torno do tema, superadas pela consolidação da doutrina do abuso de direito, v. Georges Ripert, *A regra moral nas obrigações civís*, tradução da 2ª ed., São Paulo: Saraiva, 1.937, 188 e s. A evolução histórica da cláusula é traçada por Fritz Sturm, *Aperçu sur l'origine du brocard Nemo auditur propriam turpitudinem allegans*, Dijon: Faculté de droit et de Science politique de Dijon, 1.971.

48
RESPONSABILIDADE EXTRACONJUGAL DO VULNERÁVEL

Regis Fernandes de Oliveira

1. COLOCAÇÃO DO PROBLEMA

As normas jurídicas não são aplicáveis apenas aos *iguais*. Nem todos estão na mesma posição social, econômica e jurídica para que o direito não os distinga. Como a sociedade é desigual, cabe aos homens interpretar a situação de cada um para não cometer injustiça. Dizia Rousseau que há dois tipos de desigualdade: a física e a moral. A primeira advém da natureza. A segunda "é estabelecida, ou pelo menos autorizada, pelo consentimento dos homens" (Jean-Jacques Rousseau, "Discurso sobre a origem e os fundamentos da desigualdade entre os homens", ed. L. & M. Pocket, 2017, pág. 43).

Falar em isonomia como tratar igualmente os iguais e desigualmente os desiguais na medida em que se desigualam é frase pomposa, mas de pouco conteúdo. Quem são os iguais e os desiguais e em que medida se desigualam? Questões que ficam sem resposta. A matéria não pode ser tratada em tese. Nada se pode tratar sem saber que há um ser humano no mundo. Não falamos do homem *em tese*. Este não existe. Referimo-nos ao homem inserido em determinado contexto social. Como disse o grande poeta inglês John Donner nos anos 1660, "nenhum homem é uma ilha, sozinho em si mesmo; cada homem é parte do continente, parte do todo".

Delimitando a indagação: Sobre a responsabilidade de um ser humano contextualizado em determinada sociedade e em relação com ela. Essa pessoa pratica ações voluntárias e involuntárias. Tem, pois, sob seu comando a *decisão*. Sabidamente, não podemos decidir sobre coisas que são naturais. Não decidimos sobre o movimento da terra em relação ao sol, nem se ele irá ou não emitir luz refletida em nosso planeta. "Ninguém delibera sobre o que é eterno", disse Aristóteles ("Ética a Nicômaco", Livro III, n. 23, ed. Atlas, 2009, pág. 62). Não deliberamos sobre seca ou chuva. Confirma Aristóteles: "Nós deliberamos sobre aquelas coisas que nos dizem respeito e que e dependem de nós, a saber sobre as ações que podem ser praticadas por nós" (ob. Cit., pág. 62, n. 33).

Temos a possibilidade de decidir sobre nossas ações. O que ocorre é que somos seres sensíveis e, pois, temos desejos que se refletem em sentimentos positivos ou negativos. Ira e amor; coragem e medo; temperança e devassidão. Desejos que se chocam. Eles influenciam a tomada de decisão. Ninguém delibera sobre fenômenos naturais. Ocorre que há dois mundos, um empírico e outro o normativo. No primeiro, os fatos ocorrem; no segundo, disciplinam-se comportamentos. Não temos como fugir dos primeiros; temos que controlar os demais. Os seres humanos estão aí, cheios de desejos os mais primitivos e os mais sensatos. Em confronto. Logo, nossa análise incide sobre o ser em sociedade. Não o ser para si mesmo ou reflexivo. Mas, alguém que está aí (O "da-sein" de Heidegger ou "primeiro a existência; depois a essência" de Sartre). É o ser colocado no mundo. É o ser reificado, isto é, de carne e osso, na preciosa definição de Karl Marx.

2. IMPUTAÇÃO E RESPONSABILIDADE. O ART. 186 DO CÓDIGO CIVIL

Temos que analisar o problema da *imputação* para chegarmos ao da *responsabilidade*. O art. 186 dispõe: "Aquele que, por ação ou omissão voluntária, negligência ou imprudência, violar direito e causar dano a outrem, ainda que exclusivamente moral, comete ato ilícito".

Não nos deteremos em decompor o artigo, porque inúmeros autores já o fizeram. Vamos extrair dele o cerne. No mundo real, alguém causa um dano a outrem. Intersubjetividade e interação. Um e outro. Alguém sofre uma lesão. Qualquer que seja o dano. Há a ação ou omissão consciente e a ação ou omissão involuntária. O ato praticado deve ser contrário ao que dispõe a norma jurídica. Kelsen ao discorrer sobre o mundo normativo disse que a conduta oposta à prevista como devida enseja a sanção. Duas faces do comportamento: infração e sanção ("Teoria pura do direito", Coimbra, Arménio Amado, 1960, pág. 49).

No meio delas está a *imputação* que pressupõe a livre determinação da vontade que pressupõe a *liberdade* de compreensão do fato. Para sofrer uma imputação, o ser humano há de ser livre no deliberar. Não só sobre como o fato lhe chega, mas ter capacidade psíquica para isso. Não é só receber o *fenômeno*, mas entender com que *perfil* ele é compreendido. Não é o meramente empírico, mas também o subjetivo.

3. RESPONSABILIDADE SUBJETIVA E OBJETIVA

Há responsabilidade *com culpa ou subjetiva*, ou seja, quando se tem capacidade de entender o fenômeno e outra *sem culpa* ou objetiva. São *tipos diversos de responsabilidade.* A primeira compreende a compreensão do caráter infracional do comportamento e "é a pessoa que deve suportar a consequência de sua ação antijurídica, típica e punível" (Regis Fernandes de Oliveira, "Infrações e sanções administrativas", 3ª. ed., RT., 2012, pág. 50). A segunda prescinde da culpa; basta o dano e a conexão.

4. O PRIVADO DE DISCERNIMENTO. O DECRETO LEGISLATIVO N. 186/2008 E A LEI FEDERAL N. 13.146/2015

O problema que surge é daqueles privados de discernimento, seja por deficiência, ou seja, a "que tem impedimento de longo prazo de natureza física, mental, intelectual ou sensorial, o qual, em interação com uma ou mais barreiras, pode obstruir sua participação plena e efetiva na sociedade em igualdade de condições com as demais pessoas" (art. 2º da Lei n. 13.146, de 6/7/2015). A lei sobreveio em cumprimento ao Decreto Legislativo n. 186/2008 que incorporou ao texto constitucional, por força do disposto no parágrafo 3º do art. 5º da Constituição. Dispõe que "os tratados e convenções internacionais sobre direitos humanos que forem aprovados, em cada Casa do Congresso Nacional, em dois turnos, por três quintos dos votos dos respectivos membros, serão equivalentes às emendas constitucionais".

Logo, o Decreto Legislativo que incorporou o texto do tratado tem força de dispositivo constitucional. Em cumprimento ao texto sobreveio a lei ora em comento. De acordo com o Código Civil uma das causas de inimputabilidade é o *menor,* nos exatos termos do art. 5º, até os dezoito anos. Cessa a incapacidade nas hipóteses previstas no parágrafo único do mesmo artigo. Há a incapacidade absoluta dos menores de dezesseis anos; a relativa dos maiores de dezesseis e menores de dezoito. A responsabilidade é outra coisa, porque pode recair sobre pais, tutores, curadores ou responsáveis de forma geral.

5. O VULNERÁVEL SOCIAL. A SOCIEDADE EM NORBERT ELIAS. O SER DOMINADO

Há, ao lado do que dispõe o Código Civil e o que comenta a doutrina, uma hipótese que tem sido estudada à luz de outros ramos de conhecimento, mas que não tem sido enfrentada pela teoria jurídica. É daqueles privados de *discernimento* por força de inadaptabilidade social.

Dúvida não há que para a vida em sociedade é imprescindível que se criem mecanismos de controle dos comportamentos. O fundamento é importante, porque distingue as sociedades. Algumas logram a sedução e induzem condutas; outras buscam impor-se por códigos de comportamentos e terceiras abusam da violência. Mas, como diz Norbert Elias, "nenhuma sociedade pode sobreviver sem canalizar as pulsões e emoções do indivíduo, sem um controle muito específico de seu comportamento. Nenhum controle desse tipo é possível sem que as pessoas anteponham limitações uma às outras, e todas as limitações são convertidas, na pessoa a quem são impostas, em medo de um ou outro tipo" ("O processo civilizador", ed. Zahar, 1993, 2º vol., pág. 270). Tudo advém da imposição do *medo*. Medo do outro, medo do emprego, medo da agressão, medo do Estado (polícia), de imposições sociais, etc.

O coro da tragédia de Sófocles em "Antígona" diz que "há muitas maravilhas, mas nenhuma é tão maravilhosa quanto o homem". Só que a violência o muda. Seguindo seu raciocínio dialético, diz Marx que "a violência é a parteira de toda velha sociedade que está prenhe de uma nova" (Karl Marx, "A ideologia alemã", Martins Fontes, 1998, pág. 103). O que se exige, de outro lado, é o equilíbrio, que é a base da justiça (Friedrich Nietzsche, "Humano, demasiadamente humano", Aforismo 22). Entre o ser maravilhoso e a violência exige-se equilíbrio. Ocorre que o sistema de direito é sempre de dominação (Michel Foucault, "Em defesa da sociedade", Martins Fontes, 2005, pág. 32; Regis Fernandes de Oliveira, "Indagação sobre os limites da ação do Estado", ed. RT., 2015, págs. 234/235). Há sempre um grupo dominador que se impõe à sociedade dominada. Há uma classe que se impõe a outra. Quem se impõe busca ser exclusivo. Afasta os demais. Não cria identidade.

6. IDENTIDADE E PERTENCIMENTO

Há diversos sentimentos em uma sociedade. Há a grande *sociedade humana*, mas não é disso que cuidaremos. Dentro desta forma-se um número imenso e incontável de pequenas *comunidades.* Agrupam-se por diversos motivos. Em todas elas existem proximidades e distanciamentos. Amizade e discórdia. A democracia pressupõe o conflito. O dissenso para obter o consenso. Comunidades são inúmeras: associações, sindicatos, condomínios, sociedades secretas, clubes, grupo de alunos e, por fim, mas não a última, a família.

O que identifica cada uma é um sentimento de *pertencimento.* Como disse, é um *sentimento.* É achar-se ligado a outrem ou a alguém através de laços afetivos. Sentimento ou razão. Posso estar vinculado racionalmente a uma entidade de literatos, de filósofos ou a uma associação de juristas. Não há sentimento envolvido, mas eventualmente interesses culturais. Muitas vezes somos como Proteu ao mudar de forma e de convicção no momento que quisermos. Mas, a sociedade nos impele e nos empurra para nos agregarmos aos "nossos". Ficamos perdidos na busca da identidade e de pertencimento. Os iguais, no mais das vezes, aproximam-se. Os empresários criam entidades para que possam associar-se; os empregados fazem o mesmo; empresas de comunicação instituem associações para se filiarem; advogados vinculam-se a suas entidades de classe, o mesmo fazendo médicos, engenheiros, arquitetos, dentistas e todos os demais.

Como diz Zygmunt Baumann: "Em nossa época líquido-moderna, o mundo em nossa volta está repartido em fragmentos mal coordenados, enquanto as nossas existências individuais são fatiadas numa sucesso de episódios fragilmente conectados" ("Identidade", ed. Zahar, 2005, pág. 18). A fragmentação do mundo (imigrantes, apátridas) leva à perda da identidade e do sentimento de pertencimento. O mesmo autor assinala que "identidade, a palavra do dia e do jogo mais comum da cidade, deve a atenção que atrai as paixões que desperta ao fato de que é a *substituta da comunidade"* (Zygmunt Baumann, ""Comunidade – a busca por segurança no mundo atual", ed. Zahar, 2003, pág. 20).

Ocorre que, enquanto as sociedades estão pacificadas, a busca da aproximação com o "nosso" é absolutamente adequada e tal sentimento prevalece nelas. O rico convive com o rico. O pobre com o pobre. Determinadas classes ficam segregadas. Outras se misturam, mas sempre a aproximação é com os iguais. Há uma permanente busca pela identidade. Quando se é membro de uma sociedade, somos, coletivamente, responsáveis por suas atitudes. É o que se rotula de *responsabilidade coletiva,* que, no dizer de Hanna Arendt significa ser "responsável por algo que não fiz, e a razão para minha responsabilidade deve ser o fato de eu pertencer a um grupo (um coletivo), o que nenhum ato voluntário meu pode dissolver" ("Responsabilidade e julgamento", Cia. das Letras, 2010, pág. 216). Pertencendo a um grupo ou a uma sociedade, a responsabilidade me atinge. É que a autora chama de *dente da engrenagem* (fls. 91).

Podemos falar na culpa intergeracional. Mas, para os efeitos do que estamos tratando, o problema está localizado. É aqui, no Brasil, na sociedade brasileira, aqui e agora. Com tais dados é que podemos analisar a situação do vulnerável e esclarecer do que se trata.

7. O SER HUMANO VULNERÁVEL

Entramos a analisar o mundo dos vulneráveis. Quando estamos distantes de tal realidade, não a percebemos. É como a dor. Só a sentimos quando ela surge. Nas estruturas sociais há diversas classes. Durante toda a vida foi assim.

Como diz Amartya Sen "um número de pessoas em todo o mundo é vítima de várias formas de privação de liberdade" ("Desenvolvimento como liberdade", ed. Cia. das Letras, 2002, pág. 29). Acrescenta que "fomes coletivas continuam a ocorrer em determinadas regiões, negando a milhões a liberdade básica de sobreviver" (idem, ibidem). Prossegue o autor: "a pobreza deve ser vista como privação de capacidades básicas em vez de meramente como baixo nível de renda, que é o critério tradicional de identificação da pobreza" (ob. Cit., pág. 109). Sabidamente, o Brasil é um dos países de maior desequilíbrio social. Há uma elite que detém grande parte da fortuna, uma classe média e uma extrema pobreza estimada 13.500.000 (treze milhões e trezentos mil pessoas), segundo dados do IBGE (Síntese de Indicadores Sociais) é o que divulga a Agência IBGE no dia 13/05/2020. Ademais, 73% do país são pretos ou pardos. Um por cento (1%) da população mais rica (2.1 milhões) teve rendimento médio mensal de R$27.744 reais, enquanto os 50% mais pobres – cerca de 100 milhões – só ganharam R$820,00 reais por mês. Essa é a situação dramática por que passa o país.

De pouco vale invocar a opinião de juristas, porque não se debruçam sobre tal assunto. Sobre ele passam com os pés sob brasa. Ficam na análise exclusiva da norma, deixando os aspectos antropológicos, sociológicos e econômicos a cargo dos especialistas de cada área, sem atentar que o *fenômeno social* é um só. Assim, imaginemos, imaginemos apenas, uma situação de uma família negra que reside numa favela da periferia de São

Paulo. Em primeiro lugar, uma facção criminosa manterá a ordem no local. Por aí já se vê que *duas ordens jurídicas* se encontram vigentes. A oficial dos códigos e a real das *normas efetivas*. Boaventura de Sousa Santos em "Direito de Pasárgada" bem descreve a correlação dos dois mundos jurídicos: o da norma e o da realidade. Duas existências, duas vigências e duas efetividades. Ângulos da existência, da vigência e da eficácia do direito. A norma oficial existe, é vigente, mas não eficaz; a outra tem os três momentos.

A família imaginária tem três filhos. Todos vivem sob a tutela do PCC ou de outra facção. Habitam um barraco de madeira e lata. O homem (pode ser o pai ou não) faz o que pode para trazer algum alimento para casa. Vende alguma coisa, faz bicos, serve de *mula*. Sofre ao chegar em casa com quase nada. A mulher está desacorçoada. Os filhos olham-se. Olhares mudos. Mais uma noite que terão muito pouco que comer. E dormir? Sob panos recolhidos nas ruas. Um sobre o outro, porque o espaço é mínimo. A roupa: andrajos. Escola não tem. Tratamento médico é luxo. Dentário, pior ainda. Excrementos por toda parte. Se não têm água encanada e luz, como pensar em sanitários?

Não estou descrevendo campo de concentração, mas favelas e cortiços. Estou descrevendo a periferia de São Paulo. Asfalto não há. O fio de água que corre é aproveitado como privada. O córrego não está saneado e a água que corre está repleta de coliforme fecais, ratos e baratas. Os pernilongos fazem a sinfonia da noite. Vivendo no inferno? Coisa parecida. Os três filhos do casal se entreolham para saber como será não o futuro, mas o dia de amanhã. O que comerão? O tráfico de drogas vê tudo. Um dos filhos tem cerca de seis anos e, então, é seduzido para servir distribuir *trouxas*. Sofre *bullying*. É obrigado a levar drogas sob pena de seus pais ou irmãos serem seviciados. Ressalto: a criança come mal. Não ingere vitaminas. O cérebro está sendo prejudicado. O corpo é franzino porque não come. O cérebro não se desenvolve. Proteínas? Nem pensar. Aulas? Onde? É a esse vulnerável a que me refiro. Dramatizei a situação? Basta ir à periferia para constatar a ferocidade da situação social de tais farrapos humanos. Relatos estão no livro de Geovane Martins, "O sol na cabeça".

Todos falam em *solidariedade social* como se isso fosse panaceia para todos os males. Em verdade, os ricos não querem o mesmo que os pobres, diz Tony Judt ("Um tratado sobre os nossos actuais descontentamentos", ed. 70, Lisboa, 2010, pág. 161). Na sociedade absurdamente desigual, os pobres não podem obter tratamento médico, o que reduz a duração de suas vidas;

não conseguem educação de qualidade e, pois, não podem almejar bons empregos. A água, a limpeza, a pureza do ar, a dignidade na habitação, na alimentação. Nada possuem. Criamos bolhas de *apartheid*. Se continuarmos assim, perderemos a noção de fraternidade (Tony Judt, ob. Cit., pág. 176).

Vivemos em guetos de angústia. Erguemos muros para não enxergarmos. Blindamos nossos olhares para evitarmos a cegueira. Aí nasce o guri de Chico Buarque que "foi nascendo com cara de fome e eu não tinha nem nome para lhe dar". Começa a dar presentes para a mãe e no final ele "chega estampado, manchete, retrato com venda nos olhos, legenda e as iniciais" e a mãe supôs que ele estivesse rindo. Essa, com crueza é a realidade do vulnerável social. Bem anotou Karl Marx que os fatos e personagens aparecem primeiro como tragédia e a segunda como farsa ("O dezoito brumário de Napoleão Bonaparte"). Claro que ela fala de personagens importantes; falo de um deles.

8. A COMUNIDADE EM BAUMANN. O DEFICIENTE

Invocamos de novo Baumann pela força de suas análises. Diz que é da natureza dos direitos humanos que, "embora se destinem ao gozo *em separado* (significam, a final, o direito a ter a diferença reconhecida e a continuar diferente sem temor a reprimendas ou punição), tenham que ser obtidos através de uma luta *coletiva*, e só possam ser garantidos coletivamente" ("Comunidade", pág. 71).

O que ocorre, em verdade, é que o diferente pode continuar a ser diferente, mas tem que ter sua diferença reconhecida. O que se busca em uma sociedade justa "é a eliminação dos impedimentos à distribuição equitativa das oportunidades" (ob. Cit., pág. 73). Aí se coloca o problema do que se quer superar no rol das possíveis oportunidades. O que ocorre é que a sociedade oprime e não deixa alternativas para os *abandonados de todos os bens do Estado*. A busca da felicidade fica no sonho.

Os recursos estão nas mãos dos dominantes. A classe A e B é que logra eleição para cargos diretivos. Cuida, pois, de si própria. Para disfarçar a dominação deixam que se destinem algumas verbas para a periferia. Mas, apenas como farsa que depois se transforma em tragédia, parodiando e alterando o dizer de Marx. Como será que o guri que nasceu e vive em situação de absoluta segregação social e não se enquadra nas hipóteses legais de incapacidade previstas no art. 4º do Código Civil poderá ser responsabilizado pela prática de atos punidos pela lei civil? O art. 2º da Lei

n. 13.146, de 6 de julho de 2015 estabelece que: "Considera-se pessoa com deficiência aquela que tem impedimento de longo prazo de natureza física, mental, intelectual ou sensorial, o qual, em interação com uma ou mais barreiras, pode obstruir sua participação plena e efetiva na sociedade em igualdade de condições com as demais pessoas".

Aqui está o nosso *vulnerável*. Ele não subsiste no meio em que vive. Embora não tendo qualquer problema mental (supondo-se que tenha se alimentado de forma mais ou menos apropriada) vê-se logo no início de sua vida atraído e seduzido pelo tráfico. Onde a lei oficial não entra prevalece a do traficante. Ele dita as normas e as executa. Sem intermediários, sem processo. Julgamento imediato. O comando normativo é a ordem dada pelo chefe ou pelo imediato que a transmite. A lei estabelece que a pessoa com deficiência "tem direito à igualdade de oportunidades com as demais pessoas e não sofrerá nenhuma espécie de discriminação" (art. 4º. da Lei 13.146/2015). O parágrafo 1º estabelece o que se entende por discriminação toda ação ou omissão "que tenha o propósito ou o efeito de prejudicar, impedir ou anular o reconhecimento ou o exercício dos direitos e liberdades fundamentais". Em suma, temos o país ideal onde as liberdades e oportunidades são respeitadas e todos os direitos assegurados. Temos, no reverso, o país das desigualdades, falta de oportunidades e alijamento social. A tese vitimaria deve ser demonstrada por sintomas, por dados da realidade, pelo meio onde o vulnerável vive, por todas as circunstâncias que acompanharam sua infância e sua puberdade. Não é possível lê-la senão em um contexto. "Elle décrit un processus de structuration" (René Girard, "La route antique des hommes pervers", ed. Grasset, 1985, Paris, pág. 49). Neste livro, o autor descreve o sofrimento de Jó, de sua vitimização solitária e da perda de seus amigos e próximos. Dá bem para entender o que é ser isolado em uma sociedade.

No Direito Penal a insciência da compreensão do fato delituoso é fixado em 14 anos, presumindo-se a violência em atentados contra a intimidade do menor. No campo civil, o Código Civil brasileiro dispõe sobre o assunto no art. 4º, complementado pela lei n. 13.146/2015 que da pessoa deficiente, que disciplinou Tratado Internacional internalizado no direito brasileiro.

9. ANÁLISE DE "ÉDIPO REI" E "ANTÍGONA" DE SÓFOCLES. HÁ O DESTINO? O CONFLITO DIREITO POSITIVO E DIREITOS HUMANOS

Como resolver o problema à luz das normas jurídicas e da sociedade? O art. 1º. da Constituição Federal estabelece que a República Federativa do Brasil tem como fundamentos: "III – a dignidade da pessoa humana". O art. 3º coloca como um dos objetivos fundamentais: "construir uma sociedade livre, justa e solidária", além de buscar "erradicar a pobreza e a marginalização e reduzir as desigualdades sociais e regionais". Por fim, o art. 4º estabelece que, dentre os princípios de sustentação de nossa República está a "prevalência dos direitos humanos" (inciso II do art. 4º).

Em outro tópico, ao cuidar da assistência social, a Constituição dispõe que um dos objetivos é "o amparo às crianças e adolescentes carentes" (inciso II do art. 203). É esse o plexo de dispositivos que incide sobre o tema ora tratado. Sequer necessitaríamos de leis para garantir e assegurar ao vulnerável todas as garantias de forma a integrá-lo na sociedade.

O que ocorre, no entanto? Uma coisa é o mundo das normas; outra é o das realidades. Como uma interfere na outra? Estaria o vulnerável nas mesmas condições de Édipo ("Édipo-rei de Sófocles") ao estar submetido ao signo do destino? Na tragédia de Sófocles Édipo é filho de Laio e Jocasta, reis de Tebas. O rei Pélope, da Élida recebera Laio em seu território, mas este se envolvera com seu filho Crisipo, que se suicida. Pélope amaldiçoa Laio e sua descendência. Ciente da maldição, quando Édipo nasce, o rei o entrega a um pastor para que o mate. Com pena, o pastor entrega Laio sob os cuidados do rei Políbo, de Corinto. Édipo, sabedor da maldição de que mataria o pai, foge de Corinto. No caminho cruza com uma caravana onde está Laio e, após discussão, mata o rei, seu pai. Encaminha-se para Tebas onde decifra o enigma da Esfinge. A praga que atingira Tebas termina e, diante da notícia da morte de Laio, Édipo recebe a mão da rainha Jocasta.

Posteriormente, nova praga atinge Tebas e enquanto não se descobrisse quem era o assassino de Laio e sua morte, a praga não arrefeceria. Descobre-se o assassino: Édipo. As conjecturas que surgem do texto são as mais diversas. Inúmeros autores já se debruçaram sobre o tema. Édipo não tinha ciência do que se passava. Seu destino estava traçado por força da maldição de Pélope. Poderia ele ter alterado seu destino? O homem é dono de seu caminho ou este já vem traçado pelos deuses? Há o destino? Há o livre arbítrio e, pois o homem pode escapar do que foi destinado? Não só essas indagações são válidas na obra de Sófocles. Mas, outra discussão importante para o tema que estamos tratando se impõe (Sófocles, "Antígona"). Édipo deixara quatro filhos de seu amor incestuoso (Antígona, Polinice, Etéocles e Ismênia). Em guerra pelo governo de Tebas, Polinice e Etéocles digladiam entre si e ambos morrem. Assume o reinado Creonte, tio de ambos. Determina que Etéocles por estar defendendo a cidade teria enterro adequado, enquanto Policine por estar atacando-a seria deixado aos abutres. Antígona se revolta.

Surge aí outra sorte de confronto: a ordem legal de Creonte ou o princípio que advinha dos antepassados e dos deuses que era o enterro a todo mortal. O ordenamento positivo deve ser cumprido como meio de pacificação da sociedade. De outro lado, todos tinham direito a um enterro. Logo, houve um choque de realidades, a do direito positivo e a da realidade. Diz Castoriadis e diz que Creonte "défend la légalité – Il n'y a pas de cite sans lois" (Cornelius Castoriadis, "La cite e les lois – ce qui fait la Grèce, ed. Seuil, 2008, pág. 144). Mas, Antígona invoca a lei divina de enterrar os mortos. É o confronto entre o direito em vigor (édito de Creonte) e o "direito ideal (os princípios atemporais de Antígona)" (François Ost, "Contar a lei – as fontes do imaginário jurídico", ed. Unisinos, 2007, pág. 205). O direito ideal manipula conceitos universais que entram em confronto com o direito positivo. Aqui, todos são responsáveis e devem suportar os encargos e ônus decorrentes de seu comportamento. Pode dar margem à desobediência civil definida por John Rawls como: "um público, não violento, consciente e não obstante um ato político, contrário à lei, geralmente praticado com o objeto de provocar uma mudança na lei e nas políticas do governo" ("Uma teoria da Justiça", ed. Martins Fontes, 2002, pág. 404).

Vê-se, pois, que uma criança jogada no mundo não pode ter o mesmo tratamento de outras que são amparadas, primeiro no lar, segundo na escola e terceiro, na sociedade que lhe deu todo anteparo contra injustiças. Nosso guri pode ser objeto de tais indagações filosóficas e terrenas, ao mesmo tempo? Se não existe o destino, o menor pode alterar sua vida ou está fadado a ser um malfeitor na sociedade? Os religiosos falam na interferência divina na vida das pessoas. O menor vulnerável pelo fato de ter nascido em bairro carente está fadado a ser um fora da lei ou ele supera as dificuldades?

Enquanto isso não se resolve qual o tratamento jurídico que lhe deve ser dado? É um deficiente ou deve ser tratado como ser social e, pois, imputável? Jean-Pierre Vernant coloca o problema da seguinte forma: "Será que um homem é culpado porque cometeu uma falta ou então, se cometeu uma falta, será porque já era, de certa forma, *culpado de nascença?* Ou seja, a culpabilidade é o produto das decisões e dos atos dos indivíduos ou uma maldição que pesa sobre alguns de nós e talvez sobre todos, justificada do ponto de vista divino, mas absolutamente incompreensível do nosso? E quem faz com que, seja o que for que o homem faça, se escolheu tal coisa, será sempre culpado e, se escolheu outra, será culpado também: os deuses se divertem turvando os caminhos" ("Entre mito & política", ed. Edusp, 2002, pág. 366). Tirésias entendia que os deuses conduzem tudo.

Eis o trágico do mundo. Não podemos jamais separar o homem de seu contexto histórico. Se o guri nasceu onde nasceu pode ser perdoado? Pode ser eximido de toda culpa? Estamos falando de *atos civis*. Dos *atos criminais* responde em outra instância e por outros fundamentos. Aqui cuidamos de comportamentos que agridem o âmbito civil, a saber, problemas familiares, escolares, relacionamento com colegas e com os dominantes do pedaço, ou seja, o crime organizado. Mesmo se pratica ato de *mula*, ou seja, de encaminhamento de pacotes com drogas. Os usuários se tornam traficantes. O menino abandonado, sem escola, sem pais, sem orientação está totalmente inerme nas mãos dos bandidos.

A responsabilidade civil pode decorrer do comportamento *criminal*. Pode ser consequência dele. Em matéria civil o assento jurídico está no art. 186 do Código Civil, como já se mencionou. Por ali e decompondo o dispositivo vê-se que há: a) uma conduta culposa, b) um dano e c) o nexo causal. Reparo se faz à conduta culposa, uma vez que o dano pode resultar do mero comportamento (dano objetivo). A responsabilidade pode ser *contratual ou não*. Aqui se afasta a contratual, porque o vulnerável não firma contratos. Realiza-os como compra e venda de cigarros, doces, bebidas em lojas, eventualmente realiza empréstimos (pode fazê-lo junto ao tráfico). Mas, não é dessa responsabilidade que se cuida. É, portanto, *não contratual*.

O *dano* se caracteriza como diminuição ou eliminação efetiva de um bem patrimonial ou moral. O *nexo causal* há que estar presente no sentido de que a ação ou omissão do agente tenha causado o resultado. Pode ou não o dano resultar de um crime. O menor pode ter agredido verbalmente alguém ou ter-lhe imputado conduta criminosa. Pode também ter cometido assassínio, furto ou roubo. Pode ter apanhado uma bicicleta para uma volta tirando-a da esfera de disponibilidade do proprietário. Pode ter apanhado um patinete para divertir-se. As hipóteses são inúmeras. Em todos os casos, é imprescindível que se leve em conta a estrutura social em que vive, os problemas que teve em sua fase de crescimento, alimentação, falta de assistência médica e odontológica, vivência em lar desestruturado com pai bêbado e mãe prostituída, submissão ao tráfico, violência física sofrida por pais e amigos, eventualidade de ter sido estuprado, irmã violentada, inexistência de casa para tomar café da manhã, refeições e dormir. Sua vida é uma total ausência.

Como imputar a tal criança responsabilidade por seu comportamento, quando esta perdeu todo seu sentido de solidariedade e de convívio? É um pária. A sociedade assim o fez. Se a sociedade o seviciou desde o início de sua vida, como agora lhe apresentar a fatura de seu comportamento antissocial, agressivo e odioso? Outra coisa não conheceu na vida senão ter sido violentado. Pelos pais, amigos, sociedade, meios de repressão, escola. Todos lhe foram adversos. Como esperar sorriso e felicidade? Tudo lhe foi roubado, a vida lhe foi madrasta. Há um verdadeiro confronto, como se deixou claro, entre a norma positivada do direito e a realidade candente de um povo sofrido. Podemos definir nosso guri como uma pessoa deficiente, em face de sua formação (ou deformação) social, e enquadrá-lo na proteção do art. 2º da lei n. 13.146/2015. Quais seriam as consequências daí decorrentes na hipótese de o guri causar uma infração criminal com consequências civis ou simplesmente ocasionar um dano civil? Estaria sujeito a suportar os encargos de uma condenação criminal? Mas, se é um excluído, pode ser responsabilizado pelo seu comportamento doloso ou culposo? Mais que isso, está obrigado a reparar o dano se não tem a plena consciência de sua situação social.

Imaginemo-lo em um de seus "roles" em um *shopping Center.* Iludido pelas companhias, acompanha um grupo. Vê-se, então, envolvido em um *arrastão.* Nada apanha, porque ainda não tem a maldade dos demais maiores do grupo, mas, está junto e, pois, é coautor de um ato ilícito. Deslumbrado está com o colorido das lojas, com as roupas que o encantam, com a loja de brinquedos, com os tênis e sapatos que jamais viu, com a beleza das jovens que ali frequentam e com a praça de alimentação que nunca saboreou. Vê-se envolvido.

Apurados os fatos, deverá ele ser internado em um centro de ressocialização? Para que servem tais casas se entrará em contato com outros menores já aperfeiçoados nos crimes e infrações. Será que não se aprimorará ou, então, entrará em contato com especializados no crime? Descambará mais ainda? Observe-se que é um jovem ainda puro. Vê a vida por um ângulo cruel, mas ainda sabe respeitar os humanos, embora não tenha o polimento civilizatório.

10. O ART. 928 DO CÓDIGO CIVIL E O ART. 5º. DA LIDB. A REALIDADE SUPERA A NORMA JURÍDICA. A SÓCIO ANTROPOLOGIA JURÍDICA

O menor de que vimos tratando é *inimputável,* a saber, ele não tem capacidade de entender o caráter ilícito do ato que pratica. Não foi preparado para isso. Não tem instrução. Não tem escola. Não tem família. Vive no meio de criminosos. Seus parâmetros comportamentais são outros. Não convive com a *sociedade normal.* Como ser normal e se sujeitar às punições da *sociedade normal?* Daí inaplicável é o art. 928 do Código Civil ao estabelecer que "o incapaz responde pelos prejuízos que causar". Responde com quê? Nem o parágrafo único do mesmo artigo que dispõe que a indenização será equitativa, "não terá lugar se privar do necessário o incapaz". Ora, ela já está privado de tudo. Aplica-se o art. 5º da LIDB pois o juiz deverá atender "aos fins sociais" a que a lei se dirige. Nem é caso de Tomada de Decisão Apoiada prevista no art. 116 da lei n. 13.146/2015.

Os comentaristas em geral não tratam da hipótese aqui exposta, porque se limitam a analisar a norma jurídica em seus aspectos sintático e semântico. Em tal situação, a realidade supera a norma. Mesmo a lei de inclusão da pessoa deficiente trouxe alguma novidade, como bem ressaltou o jurista José Fernando Simão ("Estatuto da Pessoa com Deficiência causa perplexidade – Parte I" conforma artigo publicado no Boletim de Notícias CONJUR de 6 de agosto de 2015). Infelizmente não temos espaço para discutir a sócio antropologia do direito e, então, lançar novas luzes sobre o enfoque a ser dado no estudo da questão do *vulnerável.* O direito positivo não alcança a questão ou contém lacunas. Seu preenchimento (colmatação) poderia ser dado pela antropologia. Estudar o ser humano em sociedade, nos diferentes graus de conflito e de desigualdade. É inadmissível equiparar desiguais. Misturar dados da realidade com as paixões que movem os seres humanos seria chegarmos a resultados estonteantes. Desvendaríamos a fatuidade das normas aplicáveis a apenas parte da sociedade.

Constatada a fragilidade do ordenamento jurídico em abarcar inúmeras situações de fragilidade busca-se dar proteção aos vulneráveis (Benoît

Eyreaud e Pierre Vidal-Naquet, "La vulnéralité saisie par le droit", "Revue Justice Actualités, 2013, págs. 3-10) ao arrepio das leis ou buscando interpretação mais favorável. Como diz Norbert Rouland ("Nos confins do direito" – antropologia jurídica da modernidade", Martins Fontes, 2008) "Não existem minorias em si: elas só se definem estruturalmente. São grupos postos em situação minoritária pelas relações de força, e de direito, que os submetem a outros grupos no seio de uma sociedade global cujos interesses são assumidos por um Estado, que opera a discriminação seja por meio de estatutos jurídicos desiguais (políticas de *apartheid*), seja graças aos princípios de igualdade cívica (privando de direitos específicos coletividades e cuja situação social e econômica é particular, a igualdade cívica pode criar ou perpetuar desigualdades de fato" (pág. 300).

Em suma, o vulnerável descrito no corpo deste texto é *inimputável*, pois é incapaz de entender o caráter ilícito de seu comportamento no ambiente em que vive. É que não podemos ficar com o plano estático do ser; é imprescindível colocá-lo no fluxo da realidade. Apenas conhecendo *aquele ser* e penetrando em seu íntimo é que poderemos compreendê-lo em absoluto. E somente então é que podemos sobre ele fazer recair o ordenamento jurídico. É que ele está fora de sua incidência. Já foi sancionado em seu mundo; não pode sofrer outra punição. É apenar duas vezes a mesma situação através de dois ordenamentos normativos.

49
RESPONSABILIDADE POR LITIGÂNCIA DE MÁ-FÉ[1]

RODOLFO DE CAMARGO MANCUSO

1. DANO MATERIAL E DANO PROCESSUAL: CONCEITUAÇÃO E RESPECTIVAS CONSEQUÊNCIAS

O sentido de "prejuízo", subjacente ao evento danoso, remete ao binômio *responsabilidade-indenização* que, à sua vez, comporta mais de uma acepção, como se colhe da simples observação das ocorrências da vida em sociedade, tais as que se desenvolvem entre as pessoas, os bens e suas relações, assim no plano negocial como no ambiente extracontratual.

Por exemplo, o dano moral pode dar margem ao pleito indenizatório civil. Ao propósito, considerem-se estas súmulas do STJ: nº 37. São cumuláveis as indenizações por dano material e dano moral oriundos do mesmo fato.227. A pessoa jurídica pode sofrer dano moral. 387. É lícita a cumulação das indenizações de dano estético e dano moral. 388. A simples devolução indevida de cheque caracteriza dano moral. Em casos mais exacerbados, o dano moral pode extrapolar para a esfera penal, levando à incriminação por injúria, calúnia ou difamação

Ao propósito do sentido jurídico de *dano*, esclarece a ilustre Professora das Arcadas, homenageada nesta obra: "O dano, como consequência do ilícito civil ou do inadimplemento contratual, é elemento imprescindível na configuração da responsabilidade civil, sem o que esta não existe. No

[1] Esta é a minha modesta contribuição para a justa homenagem à minha ilustre colega de magistério, durante muitos anos, na Faculdade de Direito da Universidade de São Paulo.

campo civil, a responsabilidade é medida pela extensão do dano e não pelo grau de culpa, podendo mesmo a culpa levíssima gerar a obrigação de indenizar (*In Lege Aquilia et levissima culpa venit*). (...) Aliás, nem se pode falar em ilícito civil sem a existência de um prejuízo; é este elemento que dá conteúdo ao ato ilícito. (...) Etimologicamente, dano vem de *demere*, que significa tirar, apoucar, diminuir. Portanto, a ideia de dano surge das modificações do estado de bem-estar da pessoa, que vem em seguida à diminuição ou perda de qualquer dos seus bens originários ou derivados extrapatrimoniais ou patrimoniais. (...) Os prejuízos materiais e os morais se somam. Essa posição se vê definitivamente assentada a partir da Constituição Federal de 1988 e a consequente edição da Súmula 37 do STJ, que dispõe serem cumuláveis as indexações por dano material e moral oriundas do mesmo fato". [2]

O dano e o consequente prejuízo soem exsurgir no plano das relações negociais, quando, por exemplo, o inquilino deixa de pagar o aluguel, ou quando o título representativo do débito não é adimplido no vencimento, ou ainda, quando uma obrigação *ex lege*, decorrente de relação de parentesco não é cumprida, tal como se dá quando não é paga a pensão alimentícia. Igualmente, pode o dano defluir da responsabilidade não-contratual, como amiúde se verifica no caso de abalroamento de veículo.

Dispõe, ao propósito, o art. 927 do CCi: "Aquele que, por ato ilícito (arts. 186, 187), causar dano a outrem, fica obrigado a repará-lo. Parágrafo único. Haverá obrigação de reparar o dano, independente de culpa, nos casos especificados em lei, ou quando a atividade normalmente desenvolvida pelo autor do dano implicar, por sua natureza, risco para os direitos de outrem".

Cabe ao direito material – civil, comercial, administrativo, tributário – por intuitivas razões, identificar e tipificar as condutas conducentes à responsabilização por atos e ocorrências ao interno da vida em sociedade, podendo ser lembrado, a título ilustrativo, que no âmbito eleitoral o § 1º da Lei 4.737/65 dispõe que o "ofendido por calúnia, difamação ou injúria , sem prejuízo e independentemente da ação penal competente, poderá demandar, no Juízo Cível, a reparação do dano moral respondendo por este o ofensor e, solidariamente, o partido político deste, quando responsável

[2] Lopes, Teresa Ancona, *O Dano Estético – responsabilidade civil*, 3ª ed., São Paulo: Revista dos Tribunais, 2004, p. 22-25.

por ação ou omissão, e quem quer que favorecido pelo crime, haja de qualquer modo contribuído para ele. (parágrafo acrescido pela Lei 4.961/66).

No altiplano constitucional há referência a certos danos de projeção transcendente, estabelecendo-se a responsabilidade daí defluente (*v.g.*, o § 3º do art. 221 – "As condutas e atividades consideradas lesivas ao meio ambiente sujeitarão os infratores, pessoas físicas ou jurídicas, a sanções penais e administrativas"). Na legislação ordinária, encontram-se tipificações de danos e consequente dever de reparação, *v.g.* no Direito Administrativo: art. 7º da Lei 8.429/92 – "No caso de enriquecimento ilícito, perderá o agente público ou terceiro beneficiário os bens ou valores acrescidos ao seu patrimônio"; ou ainda, no Direito Tributário, art. 135 do CTN: "São pessoalmente responsáveis pelos créditos correspondentes a obrigações tributárias resultantes de atos praticados com excesso de poderes ou infração da lei, contrato social ou estatutos: (....) III – os diretores, gerentes ou representantes de pessoas jurídicas de direito privado". Saliente-se, ao propósito, a recepção, no Direito brasileiro, da chamada desconsideração da pessoa jurídica (*disregard of legal entity*), já antes prevista no art. 28 e parágrafos da Lei 8.078/90 (CDC) e no art. 50 do CCi, técnica de grande relevância nas controvérsias consumeristas e corporativas, que, uma vez judicializadas, poderão valer-se do incidente previsto nos arts. 133-137 do CPC, por modo que, acolhido o pedido, "a alienação ou a oneração de bens, havida em fraude execução, será ineficaz em relação ao requente" (art. 137).

É no âmbito do Código Civil (dito "a Constituição do homem comum") que a matéria atinente aos danos de direito material e respectivas consequências vêm sobremodo tipificadas e reguladas, com destaque para a responsabilidade dita aquiliana ou não contratual a que se reporta o art. 186: "Aquele que, por ação ou omissão voluntárias, negligência ou imprudência, violar direito e causar dano a outrem, ainda que exclusivamente moral, comete ato ilícito", dispositivo que se completa com o antes referido art. 927 desse Código.

Esses e outros tipos normativos de direito material, descritivos de danos de diversa natureza e prevendo respectivas consequências não teriam como se realizar no plano prático (tirante a hipótese de reconhecimento espontâneo de culpa e assunção da reponsabilidade pelo ressarcimento) se, em paralelo, o Direito Processual não viabilizasse o *modus operandi* para a exigibilidade judicial do afirmado direito recusado ou afrontado pela contra-parte (*Nihil aliud est actio, quam ius persequendi in iudicio quod sibi debetur*

– Celso, Digesto, XLIV, 7,51), conceito que evidencia o caráter instrumental desse ramo do Direito Objetivo, conforme vinha evidenciado no art. 75 do CCi de 1.916 e hoje se encontra no art. 189 do vigente Código: "Violado o direito, nasce para o titular a pretensão, a qual se extingue, pela prescrição, nos prazos a que aludem os arts. 205 e 206".

Esse contexto se conecta, de um lado, à garantia do acesso à Justiça (CF, art. 5º, XXXV, preceito repercutido no art. 3º, *caput* do CPC), e, de outro lado, à diretriz da indeclinabilidade da resposta jurisdicional, que passa pela resolução do mérito da controvérsia, se presentes as condições da ação e os pressupostos de existência e validade da relação processual (CPC, arts. 4º; 17; 487 e incisos; 490).

É nesses lindes que cumpre compreender o vero sentido do art. 4º do CPC, ao dispor que as partes "têm o direito de obter (...) a solução integral do mérito": apesar de o legislador não ter, *expressis verbis*, feito referência às "condições da ação", fato é que o direito de ação segue sendo (bastante) específico e condicionado, diversamente do que se passa com o direito de petição, este sim genérico e oponível a qualquer dos Poderes Públicos (CF, art. 5º, XXXIV, *a*). Bem por isso, à míngua do interesse de agir e da legitimidade *ad causam*, o Estado-juiz se desonera de pronunciar-se sobre o fundo da controvérsia, vindo o processo a ser extinto sem julgamento do mérito (CPC, art. 485, VI), podendo mesmo sê-lo *in limine*, nos casos indicados no art. 332 e incisos.

Nesse sentido, já escrevemos em outra sede: "(...) não há como negar que a grande maioria das lides judicializadas envolve um bem da vida, valor ou interesse previsto no direito material, não reconhecido espontaneamente pela contraparte ou obstaculizada por alguma intercorrência, assim colocando o prejudicado na contingência de se resignar com a situação de prejuízo ou intentar algum meio suasório, ou frustrado este, propor a ação judicial cabível. Assim se passa, inclusive, por conta da vedação da justiça de mão própria, tipificando o crime de exercício arbitrário das próprias razões – CP, art. 345". [3]

O sentido de dano-responsabilidade, do modo como vem tratado em várias passagens do direito material, distancia-se daquele versado no plano da ação judicial, conforme versado infra, no item subsequente, dentre outras razões porque a ação judicial é um direito *sui generis*, concebido

[3] MANCUSO, Rodolfo de Camargo, *Teoria Geral do Processo*, São Paulo: Gen Forense, 2.018, p. 58.

como um *direito subjetivo público* (exercido em face do Estado), *abstrato* (independente de ser ou não fundada a pretensão material), *autônomo* (constitui relação jurídica distinta daquela de direito material), hábil a instrumentar a submissão de uma dada controvérsia à apreciação jurisdicional.

Naturalmente, dado inexistirem direitos absolutos, o direito de ação (assim como o de defesa ou de reconvenção, manejáveis pelo polo passivo) devem ser exercidos sob certos parâmetros de razoabilidade e mesmo de boa-fé, seja com vistas a evitar sobrecarga financeira à parte assistida pelo bom direito (donde a condenação da parte vencida nas custas processuais e honorários do advogado – CPC, arts. 82 e 85, *caput*), seja de molde a coibir ou desestimular condutas maliciosas ou o manejo desvirtuado do processo(*v.g.*, a repressão à colusão entre as partes, aplicando-se penalidade por litigância de má-fé – CPC, art. 142), ou ainda com vistas a cortar certos excessos no exercício do direito de defesa (*v.g.*, a oposição de embargos do devedor de caráter meramente protelatório, tipificando conduta atentatória à dignidade da justiça, ou ainda o abuso no direito de recorrer, com a interposição de embargos declaratórios manifestamente protelatórios, condutas reprimidas pelo CPC: art. 918, III e § único; §§ 2º e 3º do art. 1.026, nessa ordem).

2. O DANO PROCESSUAL E SUAS CARACTERÍSTICAS

Enquanto o dano de direito material se origina de um fato (*v.g.*, o esbulho possessório) ou do descumprimento de uma obrigação legal ou contratual (*v.g.*, o inadimplemento), levando a uma dada sanção prevista no ordenamento ou mesmo no quanto antes estabelecido documentalmente, já a responsabilização das partes, no âmbito de uma relação processual, radica em outras bases, até por conta da *autonomia* do processo em face da relação de direito material que lhe é subjacente, acepção então dita abstratista, que acabou por superar, em boa medida, a teoria imanentista ou civilista, permitindo então reconhecer que uma dada ação venha exercitada escorreitamente, no bojo de um processo existente e válido, embora tenha por conteúdo uma pretensão juridicamente inconsistente, levando à rejeição do pleito em seu mérito.

Essa concepção *abstratista* do direito de ação permite que possa ser proposta e acolhida a chamada *ação declaratória pura*, ou seja, aquela em que o interesse de agir se limita ao reconhecimento de "existência ou inexistência ou do modo de ser de uma relação jurídica" ou ainda de "autenticidade ou falsidade de documento" (CPC, art. 19 e incisos), sem que, portanto, se pressuponha o histórico de uma crise de direito material propriamente dita.

Embora corriqueiramente se diga que uma *ação foi julgada improcedente*, a rigor caberia dizer que a pretensão de direito material, a delimitar a resposta jurisdicional (CPC, art. 490; art. 492, *caput*), é que fora considerada juridicamente inconsistente, levando à improcedência do pedido, o que pode dar-se até mesmo *initio litis*, se a pretensão se colocara em franco descompasso com algum dos padrões decisórios vinculativos listados no art. 332 do CPC, c/c art. 927 e incisos. Vale observar que, embora sob registro excepcional, pode dar-se que o conteúdo de uma ação radique em algum *topos* do próprio Direito Processual, como se dá com uma ação rescisória fundada em incompetência absoluta do órgão judicial prolator da decisão de mérito com trânsito em julgado – CPC, art. 966, II.

A Seção II do capítulo II do Livro III do CPC intitula-se "Da responsabilidade das Partes por Dano Processual), dispondo o art. 79 que "Responde por *perdas e danos* aquele que litigar de má-fé como autor, réu ou interveniente", assertiva que se conecta a outros dispositivos desse Código: Art. 5º. Aquele que de qualquer forma participa do processo deve comportar-se de acordo com a boa-fé; Art. 6º. Todos os sujeitos do processo devem cooperar entre si para que se obtenha, em tempo razoável, decisão de mérito justa e efetiva".

Observe-se que, enquanto o citado art. 79 do CPC se refere às partes do processo (originárias ou supervenientes), outros dispositivos do CPC sancionam condutas ilícitas ou inadequadas imputadas a outros atores da cena processual: o juiz (art. 143 e incisos), o perito (art. 158), o conciliador e o mediador (art. 173, incisos e parágrafos), o membro do Ministério Público (art. 181), o advogado público (art. 184), o defensor público (art. 187), cujos órgãos censórios e corregedorias serão comunicados acerca de eventual conduta reprovável ou temerária adotada pelo agente, o mesmo se passando com o advogado que atua sob mandato, cuja conduta processual é aferida pela OAB (Lei 8.906/94, art. 70 e parágrafos, c/c CF, art. 133), tudo em simetria com o disposto no § 6º do art. 77 do CPC.

Todas essas disposições reportam-se ao primado do processo enquanto *relação de direito público*, donde competir ao juiz "prevenir ou reprimir qualquer ato contrário à dignidade da justiça e indeferir postulações meramente protelatórias" (CPC, inciso IV do art. 139).

O dano de natureza processual apresenta-se multifacetado, radicando em diversas ocorrências, cabendo desde logo observar que a condenação nas despesas processuais e nos honorários advocatícios não tem por fundamento alguma conduta imprópria, inadequada ou abusiva da parte (como se dá quando o juiz, valendo-se do poder de polícia, "ordenar que se retirem da sala de audiência os que se comportarem inconvenientemente" – CPC, art. 360, II), mas em verdade aquela condenação funda-se, segundo a clássica concepção, no *fato objetivo da derrota*. Nesse sentido, dispõe o art. 85 do CPC: "A sentença condenará o vencido a pagar honorários ao advogado do vencedor", acrescendo o § 1º que tal condenação é também cabível "na reconvenção, no cumprimento de sentença, provisório ou definitivo, na execução resistida ou não, e nos recursos interpostos, cumulativamente". Observe-se que na instância recursal pode dar-se a majoração da honorária antes fixada no julgado recorrido, nos moldes do disposto no § 11 do art. 85 do CPC. Segundo a boa doutrina, evocando os trabalhos legislativos conducentes ao vigente CPC, "a intenção do legislador, ao criar a verba honorária em sede recursal, foi a de evitar recursos abusivos (mesmo havendo já a multa em razão da litigância de má-fé e pela interposição de embargos de declaração protelatórios)". [4]

Igualmente, descabe enquadrar-se na rubrica "danos de natureza processual e respectivas sanções" certas eventualidades ou mesmo riscos imanentes ao próprio evolver do trâmite processual, como pode dar-se, por exemplo, quando o advogado limita-se a interpor apenas recurso especial ao STJ, não o cumulando com recurso extraordinário ao STF, por entender ausente, no acórdão do tribunal *a quo*, alguma querela constitucional, embora tal opção engendre o risco de incidência da súmula nº 126 do STJ: "É inadmissível recurso especial, quando o acórdão recorrido assenta em fundamentos constitucional e infraconstitucional, qualquer deles suficiente, por si só, para mantê-lo, e a parte vencida não manifesta recurso extraordinário".

Impende ter presente que, diversamente do que se passa nos ramos do direito material (Civil, Comercial, Administrativo, Tributário), já o Processo, sendo um ramo instrumental, em verdade disponibiliza *faculdades* que: (*i*) bem aproveitadas, geram situações de vantagem (*v.g.*, a citação

[4] NERY JÚNIOR, Nelson; ANDRADE NERY, Rosa Maria, *Comentários ao Código de Processo Civil – novo CPC – Lei 13.105/2.015*, São Paulo: Thomson Reuters-Revista dos Tribunais, 2.015, nota 43 ao art. 85, p. 437.

escorreita, levando à interrupção da prescrição – CCi, art. 202, I; CPC, § 1º do art. 240 ou ainda a convincente produção de prova, pelo autor, suficiente a embasar o acolhimento da demanda), ou, (*ii*) mal aproveitadas ou transcorridas *in albis*, acarretam situações desfavoráveis ou de sujeição, como se dá com a ausência de contestação, levando à revelia e consequente presunção de veracidade dos fatos alegados pelo autor (CPC, art. 344), ou ainda, o que se passa com a não interposição do recurso cabível, levando à preclusão ou à formação de coisa julgada, conforme a espécie.

Bem por isso, impende não confundir as sanções de caráter *punitivo* (v.g., as que se fundam nas condutas listadas no art. 81 e parágrafos do CPC, c/c art. 77 e incisos) com as sanções de caráter *coercitivo*, tal como se dá com a multa que pode ser imposta visando a consecução da prestação específica da obrigação reconhecida no julgado (CPC, § 1º do art. 536).

3. CONDUTAS PROCESSUAIS POTENCIALMENTE GERADORAS DE DANOS PROCESSUAIS

À vista do exposto nos itens precedentes, pode-se dizer que a expressão "dano de natureza processual e respectivas sanções" deve ficar reservada para certas condutas praticadas pelas partes e/ou pelos demais atores da cena processual, quando inquinadas de propósitos reprováveis: malícia, má-fé, espírito de emulação; finalidade manifestamente protelatória; alteração da matéria de fato; falsidades documental ou ideológica, conforme se pode intuir deste rol ilustrativo:

(i) uso desvirtuado do processo, com vistas à prática de ato simulado ou para conseguir fim vedado por lei, podendo configurar a colusão entre as partes, levando à aplicação, de ofício, de penalidade por litigância de má-fé (CPC, art. 142), valendo lembrar que o integrante de processo judicial "deve comportar-se de acordo com a boa-fé" (CPC, art. 5º), sob a égide da chamada justiça coexistencial, praticada num ambiente de estrutura cooperatória;

(ii) responsabilização civil ou por via de regresso, do juiz, por perdas e danos, no caso da assunção das condutas descritas no art. 143, incisos e § único do CPC, c/c arts. 39 e 49, § único da LOM – LC 35/79;

(iii) exclusão do cadastro de conciliadores e mediadores de algum desses auxiliares da justiça que agir com culpa ou dolo no desempenho da função (CPC, art. 166 e §§, c/c art. 173, incisos e parágrafos);

(iv) responsabilização civil ou por via de regresso, do membro do Ministério Público, advogado privado ou público, ou defensor público que agir com dolo ou fraude (CPC, arts. 181, 184, 187, c/c § 6º do art. 77 e art. 70 e parágrafos do EOAB);
(v) indenização devida à contra-parte no caso de dano decorrente da efetivação da tutela de urgência, se presentes as circunstâncias referidas no art. 302 e incisos do CPC;
(vi) caracterização como litigância de má-fé das condutas tipificadas no art. 80 e incisos do CPC, levando à imposição de multa, nos moldes do previsto no art. 81 e parágrafos do CPC;
(vii) reversão em favor do réu da caução prestada quando do ajuizamento de ação rescisória, quando esta vem a ser julgada inadmissível ou improcedente, por unanimidade dos integrantes do órgão julgador (CPC, § único do art. 974);
(viii) pagamento de multa ao embargado, no caso de os embargos de declaração serem considerados manifestamente protelatórios (CPC, §§ 2º e 3º do art. 1.026);
(ix) pagamento de multa ao agravado, no caso de o agravo interno vir a ser declarado manifestamente inadmissível ou improcedente em votação unânime (CPC, § 4º do art. 1.021, c/c § 2º do art. 82);
(x) tipificação como conduta atentatória à dignidade da justiça a oposição de embargos do executado manifestamente protelatórios (CPC, art. 918, III e § único, c/c art. 80, VI);
(xi) prestação de informações inverídicas pelo perito, por dolo ou culpa, levando à responsabilização pelos prejuízos causados à parte e à inabilitação para atuar em outras perícias no prazo de dois a cinco anos, sem prejuízo de demais sanções (CPC, art. 158).
(xii) inovação ilegal no estado de fato do bem ou direito litigioso, tipificando ato atentatório à dignidade da justiça, levando à aplicação de multa, sem prejuízo de outras sanções, conforme estabelecido no § 2º do art. 77 do CPC. Saliente-se que tal conduta, ao tempo do CPC/73, ensejava a medida cautelar de *atentado* (arts. 879-881), ao passo que, nos termos do vigente CPC, "o juiz determinará o restabelecimento do estado anterior, podendo, ainda, proibir a parte de falar nos autos até a purgação do atentado, sem prejuízo da aplicação do § 2º" (cf. parágrafo 7º do art. 77).
(xiii) propositura temerária de ação civil pública, por associação, tipificando litigância de má-fé, engendrando a responsabilização

> solidária da entidade e de seus diretores, bem como a condenação no décuplo das custas, sem prejuízo da responsabilidade por perdas e danos (Lei 7.347/85, art. 17). Igual condenação no décuplo das custas vem prevista no caso de ajuizamento de ação popular manifestamente temerária (Lei 4.717/65, art. 13).

Como se nota desse rol ilustrativo das condutas processuais reprováveis (sob mais de um critério) e das respectivas sanções, o dano processual funda-se em ocorrências próprias de uma relação jurídica de natureza instrumental, distinta daquela de direito material, donde o zelo da ciência processual pela preservação de valores relevantes, tais a boa-fé, a proteção da confiança, a cooperação entre os atores, a composição justa dos conflitos, a credibilidade e a autoridade do Judiciário, tudo alinhado ao fato de ser o Direito Processual um ramo do Direito Público, com normas precipuamente cogentes e impositivas.

50
DANO MORAL: CRITÉRIOS FACILITADORES PARA O SEU ARBITRAMENTO

Rogério Donnini

INTRODUÇÃO

A tarefa de se arbitrar os danos morais tem sido cada vez mais dificultosa, pois numa sociedade extremamente desigual e complexa como a nossa, com diferenças regionais, econômicas e costumes tão acentuados, estabelecer patamares para cada violação a um direito da personalidade tornou-se algo muitas vezes distante da necessidade do caso concreto.

Demover a atividade lesiva pela fixação de quantias mais elevadas, a título de danos extrapatrimoniais, por si só, não traz o almejado equilíbrio entre lesão e reparação, embora, salvo exceções, os valores arbitrados nessas situações sejam baixos e não inibam a prática danosa. Faltam, na realidade, critérios balizadores que realmente facilitem o arbitramento dessas quantias.

1. SISTEMA BIFÁSICO ADOTADO PELO SUPERIOR TRIBUNAL DE JUSTIÇA (STJ)

O STJ, no intuito de possibilitar que casos similares que envolvam o arbitramento de danos morais tenham uma decisão análoga, vem estabelecendo, desde 2016[1], o denominado *sistema bifásico*, consistente, num primeiro

[1] STJ, REsp 1.473.393/SP, Rel. Ministro Luis Felipe Salomão, Quarta Turma, julgado em 04/10/2016, DJe 23/11/2016 (...) 8. O método bifásico, como parâmetro para a aferição da indenização por danos morais, atende às exigências de um arbitramento equitativo, pois,

momento, na análise dos precedentes do tribunal relativos ao caso versado, determinando uma soma básica, fixada normalmente para o mesmo grupo de situações e, numa segunda oportunidade, ao examinar o caso concreto, o exame de suas peculiaridades para alterar ou não o valor indenizatório inicial, obtendo-se, assim, a quantia definitiva. Para alcançar a importância final atinente aos danos morais, os magistrados observam o interesse jurídico lesado e, ato contínuo, o caso concreto, suas particularidades e circunstâncias, tais como a culpa do ofensor, o sofrimento da vítima e a situação socioeconômica do agente e do ofendido[2]. A intenção foi a de se evitar um critério exclusivamente subjetivo na estipulação do *quantum*, mas proporcional, além da observação do caráter preventivo e punitivo do dano moral, na busca de coerência e igualdade nas decisões[3], assim como no anseio de uma uniformização jurisprudencial.

Esse sistema aplica, inicialmente, o precedente judicial, nos moldes da *common law*, e, em seguida, procura adaptá-lo ao caso específico e suas especificidades, o que significa inegável avanço no que sucedia anteriormente, com verdadeiro tabelamento no arbitramento do dano moral, sem a adequada observância do caso concreto[4]. Todavia, resta saber se o montante inicial desse sistema, que é a base para o valor derradeiro da reparação, é o mais conveniente, razoável, justo. Indaga-se, portanto, se na soma constante do precedente foi atingida a sua finalidade reparatória ou compensatória, preventiva e punitiva, tendo em vista que, se o parâmetro se

além de minimizar eventuais arbitrariedades, evitando a adoção de critérios unicamente subjetivos pelo julgador, afasta a tarifação do dano, trazendo um ponto de equilíbrio pelo qual se consegue alcançar razoável correspondência entre o valor da indenização e o interesse jurídico lesado, bem como estabelecer montante que melhor corresponda às peculiaridades do caso. 9. Na primeira fase, o valor básico ou inicial da indenização é arbitrado tendo-se em conta o interesse jurídico lesado, em conformidade com os precedentes jurisprudenciais acerca da matéria (grupo de casos).10.Na segunda fase, ajusta-se o valor às peculiaridades do caso com base nas suas circunstâncias(gravidade do fato em si, culpabilidade do agente, culpa concorrente da vítima, condição econômica das partes), procedendo-se à fixação definitiva da indenização, por meio de arbitramento equitativo pelo juiz."

[2] Adoção do sistema bifásico em casos recentes: REsp 1872885, AREsp 1635269, AREsp 1627621, REsp 1851310, AREsp 1562931, AREsp 1510318, AREsp 968296, AREsp 932041.

[3] No REsp 1.152.541/RS, o Ministro Paulo de Tarso Sanseverino aduz que o método bifásico "assegura igualdade, porque casos semelhantes recebem decisões similares, e coerência, pois as decisões variam na medida em que os casos se diferenciam".

[4] Rogério Donnini, *Comentários ao Código Civil Brasileiro, Da Responsabilidade Civil*, vol. VIII, Coord. Arruda Alvim e Thereza Alvim, Rio de Janeiro: Gen/Forense, 2013, p. 450.

encontra equivocado, na segunda fase, ao que parece, poderá, mesmo com a alteração para mais ou para menos, não comportar uma justa indenização.

2. DANOS MORAIS E DANOS EXTRAPATRIMONIAIS: HÁ DIFERENÇA?

Nosso legislador, seja na Constituição Federal, seja no Código Civil, seguiu a nomenclatura adotada pelo *Code Napoléon*, isto é, *dommage moral*, diversamente do Código Civil alemão (*BGB – Bürgerliches Gesetzbuch*) e do Código Civil italiano (*Codice Civile*), que utilizam a expressão *dano não patrimonial* (*danno non patrimoniale*) ou dano extrapatrimonial. Na verdade, a legislação da Itália (art. 2059)[5], de 1942, aderiu à tedesca, de 1896, que passou a viger em 1900. Tradicionalmente, tanto em França como aqui, quando se fala em dano moral vem à mente a ideia de dor, sofrimento físico e espiritual, reunidos nas máximas *pecunia doloris* ou *pretium doloris*. Por outro lado, *dano não patrimonial* é entendido de maneira mais ampla, como cada consequência lesiva de valor inerente à pessoa, estabelecida de forma rigorosa[6].

Embora o *Codice Civile*, em seu art. 2059, restrinja o arbitramento dos danos não patrimoniais aos casos expressos em lei, a jurisprudência italiana, a partir de uma interpretação constitucional, dispensa esse limite legal. Sendo assim, não apenas prevê uma quantia pela ofensa ao dano moral subjetivo, mas também pela violação da saúde da vítima (dano biológico), bem como da ruptura de seu plano de vida (dano existencial)[7].

Na expressão por nós adotada (dano moral), há uma tendência de se englobar todos os danos extrapatrimoniais em uma única categoria de lesão, sem que haja uma análise mais pormenorizada de cada ofensa a um ou mais direitos da personalidade, o que, algumas vezes, leva a distorções no momento do arbitramento do dano moral.

Mesmo na aplicação do sistema bifásico, embora no segundo momento, após a fixação inicial do precedente, seja possível a adaptação ao caso concreto, pode o valor inicial estar em dissonância com a realidade, o que poderia, em tese, dificultar o arbitramento final, de acordo com as peculiaridades do caso.

[5] "Il danno non patrimoniale deve essere risarcito solo nei casi determinati dalla legge."

[6] Luca D'Apollo, *Danno ala vita e danno da morte*, Torino: G. Giappichelli Editore, 2016, p. 3.

[7] Andrea Torrente; Piero Schlessinger, *Manuale di Diritto Privato*, Milano: Giuffrè Editore, ventesima edizione, 2011, p. 899.

A terminologia *danos extrapatrimoniais* é mais precisa do que *danos morais*, embora a mera questão linguística, por si só, não altere a possibilidade de um arbitramento proporcional às ofensas suportadas pela vítima. Na primeira expressão a ideia é a de que para cada violação a um direito imaterial deve haver uma soma reparatória/compensatória, ou seja, uma transgressão menos grave leva a uma soma menor, enquanto uma mais grave, mediante critérios preestabelecidos, pode representar um valor indenizatório mais elevado. Entre nós, todavia, há maior dificuldade em se mensurar a extensão do dano, pois os danos morais normalmente estão vinculados a dor, sofrimento, quando, na realidade, esses sentimentos não estão necessariamente relacionados a essas consequências, uma vez que podem não se configurar, mas que existem a cada violação a um direito da personalidade.

Independentemente do *nomen iuris* (danos morais ou danos extrapatrimoniais), há uma possibilidade efetiva no estabelecimento de critérios balizadores, com subcategorias ou novas expressões, sem que seja necessária uma legislação específica nesse sentido. Nada obsta que para se chegar ao *quantum* final estabelecido, a título de danos morais ou extrapatrimoniais, sejam criadas etapas preestabelecidas para se atingir uma justa indenização.

3. DANOS MORAIS, DANOS ESTÉTICOS E DANOS PSICOLÓGICOS

A possibilidade de se instituir um outro dano imaterial, ou novel expressão linguística, não é nova na doutrina e jurisprudência brasileiras, uma vez que o dano estético (*ob deformitatem*) há muito pode ser cumulado com os danos morais, o que levou o Superior Tribunal de Justiça a sumular esse tema (Súmula 387)[8], ao abrigo das lições de Teresa Ancona Lopez[9]. Tem

[8] "É lícita a cumulação das indenizações de dano estético e dano moral".

[9] Os danos estéticos (*ob deformitatem*) são "a modificação duradoura ou permanente na aparência externa de uma pessoa, modificação esta que lhe acarreta um 'enfeamento' e lhe causa humilhações e desgostos, dando origem portanto a uma dor moral", consoante definição de Teresa Ancona Lopez (*O dano estético – Responsabilidade Civil*, 3ª edição, São Paulo: Revista dos Tribunais, 2004, p. 46). Maria Helena Diniz, *Curso de direito civil brasileiro – Responsabilidade Civil*, 26ª edição, São Paulo: Saraiva, 2012, p. 98, define dano estético da seguinte forma: "é toda alteração morfológica do indivíduo, que, além do aleijão, abrange as deformidades ou deformações, marcas e defeitos, ainda que mínimos, e que impliquem sob qualquer aspecto um afeiamento da vítima, consistindo numa simples lesão desgostante ou num permanente motivo de exposição ao ridículo ou de complexo de inferioridade, exercendo ou não influência sobre sua capacidade laborativa".

sido imperiosa essa separação de lesões para uma adequada e proporcional quantificação dos danos extrapatrimoniais e, como consectário, uma indenização equilibrada.

No próprio texto constitucional há um discrímen entre *dano moral* e *dano à imagem* (art. 5º, V e X)[10], ou seja, duas lesões imateriais, consideradas distintas, que podem e devem ser arbitradas com valores específicos e somados, se confirmadas ambas as ofensas, motivo pelo qual nada impede a criação de novas subcategorias, com a finalidade de facilitar a árdua tarefa de fixação da quantia reparatória devida a ser paga pelo lesante, na hipótese de violação aos direitos da personalidade, além de inibir, com uma justa indenização, futuros danos pela mesma prática (função punitiva)[11]. É curial que exista uma real reação à ofensa perpetrada, com uma reparação condizente, para que haja uma equivalência entre o mal suportado e a sua reparação[12].

Nosso sistema de Direito Civil, a exemplo do que se verifica na Constituição Federal, embora tenha optado pela expressão *danos morais*, não veda a inclusão de outras hipóteses de danos extrapatrimoniais, como, *v.g.*, os danos psicológicos, posto estes sejam arbitrados sem a autonomia necessária.

O arbitramento dos danos morais vem se tornando, a cada dia, mais árduo, diante da complexidade natural de se avaliar não apenas o preço da dor (*pretium doloris*), que pode não ocorrer, mas um dano à existência, ao projeto de vida do ofendido, bem assim as consequências de uma lesão física ou psicológica, temporária ou permanente.

A permissão na cumulação do dano moral com o dano estético, assim como julgados que o consideram autônomo, representou inegável evolução para se atingir uma reparação que, bem de ver, retrata com mais precisão a dura realidade de uma vítima nessas condições[13]. No entanto, não

[10] V. Oduvaldo Donnini e Rogério Ferraz Donnini, *Imprensa livre, dano moral, dano à imagem, e sua quantificação à luz do novo Código Civil*, São Paulo: Método, 2002, p. 61 e s.

[11] V. Rogério Donnini, *Fundamento legal da função punitiva na Responsabilidade Civil, in Risco, Dano e Responsabilidade Civil, coord. Rogério Donnini*, Salvador: Editora *jusPODIVM*, 2018, p. 15/32.

[12] Alfredo Minozzi, *Studio sul danno non patrimoniale (danno morale)*, 3ª edição, Milano: Società Editrice Libraria, 1917, p. 234.

[13] STJ – REsp 812.506/SP, 4ª Turma, Min. Rel. Raul Araújo, j. 19/04/2012, *DJe* 27/04/2012. 1. 'É lícita a cumulação das indenizações de dano estético e dano moral' (Súmula 387/STJ), ainda que derivados de um mesmo fato, mas desde que um e outro possam ser reconhecidos autonomamente, sendo, portanto, passíveis de identificação em separado. 2. Na hipótese

é o suficiente, visto que a criação de outras figuras ou subcategorias de danos extrapatrimoniais tornaria menos complexa essa incumbência, em consonância com o dever de "não lesar a outrem" (*alterum non laedere*)[14] e em respeito às várias vertentes de sofrimento que usualmente seguem a vítima, algumas vezes por toda a sua existência, sem que haja uma reparação proporcional à variada gama de desgostos, frustações, sensível piora da qualidade de vida, mudança de rumo indesejada, alteração da capacidade relacional, entre outras situações decorrentes da ofensa.

Em verdade, a autonomia de um tipo de dano extrapatrimonial propicia mais facilidade na fixação da quantia indenizatória, com a possibilidade de cumulação de verbas e, como consequência, um arbitramento equânime e compatível com a extensão e gravidade do dano.

A ideia de se tornar outras lesões extrapatrimoniais autônomas vem ao encontro da tutela da dignidade humana, amparada no texto constitucional, bem como na proteção aos direitos da personalidade (CC, arts. 11/21). Embora a adaptação ou simples cópia de institutos e conceitos desenvolvidos em outros países, especialmente aqueles da *civil law*[15], com realidades culturais, sociais, territoriais e econômicas diversas, esteja cada vez mais em dissonância com as nossas necessidades e aspirações, a doutrina e a jurisprudência italianas, a partir da década de 1970, instituíram critérios linguísticos para o arbitramento dos danos imateriais. Criou-se naquele País uma subdivisão, no que tange aos danos extrapatrimoniais, em virtude da especificidade ou gravidade de algumas lesões, cuja dificuldade na mensuração ou extensão do dano passou a ser menos dificultosa.

em exame, entende-se configurado também o dano estético da vítima, além do já arbitrado dano moral, na medida em que, em virtude de queda de trem da companhia recorrida, que trafegava de portas abertas, ficou ela acometida de 'tetraparesia espástica', a qual consiste em lesão medular incompleta, com perda parcial dos movimentos e atrofia dos membros superiores e inferiores. Portanto, entende-se caracterizada deformidade física em seus membros, capaz de ensejar também prejuízo de ordem estética. 3. Considera-se indenizável o dano estético, autonomamente à aflição de ordem psíquica, devendo a reparação ser fixada de forma proporcional e razoável. 4. Recurso especial provido".

[14] Rogério Donnini, *Responsabilidade civil pós-contratual*, São Paulo: Saraiva, 3ª edição, 2011, p. 41 e s.

[15] Direito codificado ou *civil law* é o sistema que tem suas origens no direito romano-germânico.

4. DANO MORAL SUBJETIVO, DANO BIOLÓGICO E DANO EXISTENCIAL COMO LESÕES EXTRAPATRIMONIAIS

Dano moral subjetivo, dano biológico (lesão à saúde) e *dano existencial* são lesões imateriais autônomas, utilizadas na Itália como síntese descritiva dos vários aspectos que pode assumir a categoria *dano não patrimonial*[16], entendido como uma categoria ampla, que abrange qualquer hipótese em que tenha sido ofendido um valor inerente à pessoa. Há quem sustente que as categorias no sistema italiano são as seguintes: dano patrimonial, dano biológico e dano moral subjetivo. Não seria, assim, uma nova categoria o dano existencial, mas uma construção da doutrina e jurisprudência[17], verdadeira expressão linguística, o que já vem sucedendo entre nós[18].

O *dano moral subjetivo* possui a acepção tradicional de dano moral, consistente na transgressão a um ou mais direitos da personalidade e, como consectário, provoca a perturbação do ânimo da vítima[19], que resulta, normalmente, em dor, sofrimento, aflição, vexame, em virtude do ato lesivo suportado. Esse estado de ânimo representa a consequência do dano, uma vez que esses sentimentos, como dissemos, não definem a lesão, que se evidencia a partir da violação a um ou mais direitos da personalidade.

Além do dano moral, há o denominado *dano biológico* ou *dano à saúde,* consistente na "*lesão temporária ou permanente da integridade fisiopsíquica da pessoa suscetível de avaliação médico-legal, que exerce uma incidência negativa nas atividades quotidianas sobre aspectos dinâmico-relacionais da vida do ofendido, independentemente de eventuais repercussões na sua capacidade de produção de renda*[20]. Essa lesão ocasiona, num primeiro momento, uma lesão material, consistente no pagamento das despesas de hospital, tratamento médico e psicológico, lucros cessantes etc., seguido por uma lesão imaterial, que abala a integridade fisiopsíquica do ofendido, alterando suas atividades diárias de maneira provisória ou permanente, interferindo, dessa forma,

[16] Corte di Cassazione italiana, sez. Um., 16 febbraio 2009, n. 3677 e Cass., senz. Um., 14 gennaio 2009, n. 557.

[17] Guido Alpa, *La responsabilità civile,* Parte Generale, Milano: UTET Giuridica, 2010, p. 696.

[18] V. Rogério Donnini, *Responsabilidade civil na pós-modernidade – Felicidade, Proteção, Enriquecimento com Causa e Tempo Perdido,* Porto Alegre: Sergio Antonio Fabris Editor, 2015, p. 97 e s. Flaviana Rampazzo Soares, *Responsabilidade civil por dano existencial,* Porto Alegre: Livraria do Advogado, 2009.

[19] V. Marcello Adriano Mazzola, *I nuovi danni,* Padova: Cedam, 2008, p. 52.

[20] Definição na Itália, constante do art. 139, n. 2, do Decreto Legislativo n. 209/2005.

em suas relações interpessoais. Assim, o dano à saúde ou biológico é proveniente da ofensa física e psíquica causada à vítima pelo agente, lesão essa que pode ser temporária ou permanente.

Considerar o dano à saúde uma lesão autônoma auxiliaria uma reparação proporcional ao tamanho da ofensa. Nossa legislação constitucional (art. 6º, *caput*) e infraconstitucional (CC, art. 949; CDC, art. 4º, *caput*, art. 6º, I e art. 8º, *caput*), entre outros dispositivos, já assegura o direito à saúde, e sua violação, mediante a prática de um ato lesivo, viabiliza a reparação da vítima por danos materiais e imateriais.

O *dano existencial*, por sua vez, é aquele de natureza não apenas emotiva ou interior, mas objetivamente verificável, que altera os hábitos e as estruturas relacionais do lesado, que o leva a um rumo de vida diverso daquele então existente ou almejado[21]. É, na realidade, o comprometimento da dimensão existencial da pessoa, que se vê compelida a um *modus vivendi* diferente, com menor qualidade, isto é, um caminho por certo período ou pelo resto da vida modificado, diante do dano suportado. São, assim, reflexos negativos decorrentes da lesão, com consequências que vão da incapacidade de realização de atividades costumeiras, tais como andar, passear, exercitar-se, sair de férias etc., ao sofrimento na prática de atos desagradáveis que antes inexistiam, tais como cirurgias, reabilitações, internações, entre outras[22].

Constata-se a incidência do dano existencial, por exemplo, em lesões que resultam em tetraplegia, paraplegia, ou ainda a transformação de vida dos genitores da vítima, que têm de cuidar de um filho em tempo integral, que, antes do evento danoso, era autossuficiente. Há, também, situação de dano existencial reconhecido nas relações de trabalho, como o não pagamento de férias ao trabalhador pelo período laboral de dez anos[23].

Essa lesão provoca no ofendido, de forma parcial ou total, a impossibilidade de prosseguir ou reedificar seu projeto de vida, um verdadeiro vazio existencial, e a dificuldade de recuperar suas relações interpessoais, que existiam antes do *eventus damni*, ou que passariam a existir se

[21] Essa noção de dano existencial advém de decisão da *Corte di Cassazione* italiana, *Sezione Unite* n. 6.572, de 24/03/2006.

[22] Aldo Carnevale; Generoso Scarano, ob. Cit, *Il danno alla persona – aspetti giuridici e medico legali*, Padova: CEDAM, 2010, p. 119.

[23] TST – RR 727-76.2011.5.24.0002, 1ª Turma, Rel. Min. Hugo Carlos Scheuermann, j. 19/06/2013.

ofensa alguma houvesse sucedido. Com esse dano, os desejos e anseios da vítima tornam-se frustrados, como consequência ato danoso, seja no plano familiar, sexual, profissional, afetivo, ou em qualquer outro plano de sua existência.

Deve, contudo, o dano existencial ser objeto de prova, haja vista que é imperiosa a demonstração da mudança de hábitos e relações com outras pessoas, vale dizer, a alteração de rumo na vida, com a piora de sua qualidade. Todavia, há situações de lesões de natureza grave que dispensam qualquer comprovação, por ser presumido (dano *in re ipsa*[24]), como, por exemplo, a mutilação, a prisão proveniente de erro judiciário, a perda de um familiar[25], entre outros casos.

No Brasil há julgados que acolhem a fixação de indenizações respaldadas na violação do projeto de vida de uma pessoa que sofre uma lesão que a impossibilita de continuar a praticar atos habituais de sua existência, tais como caminhar, vestir-se, banhar-se, ou mesmo em situações de prisões ilegais e tortura[26]. A gravidez indesejada (*wrongful conception*)[27] pelo uso de contraceptivo inócuo, também teve o reconhecimento de um

[24] Dano "da própria coisa", dano que se prova pela força dos próprios fatos.

[25] Supremo Tribunal de Justiça de Portugal – Processo 04B3527 – Número Convencional JSTJ000 – Rel. Lucas Coelho, Descritores: Acidente de Viação, Danos Morais, Indemnização e Equidade – Data do Acórdão: 03/06/2004. No julgado, decidiram os magistrados: "Como sabemos, a Relação fez justamente apelo, neste plano, à privação da assistência moral e afetiva paterna na formação e desenvolvimento da primeira infância. E cremos na verdade que se trata de um dano existencial de relevo na personalidade moral da criança" Disponível em: <http://www.dgsi.pt/jstj.nsf/0/22bbafa4ca2fadf080256ec20055bb19?OpenDocument>, acesso em 17/08/2013.

[26] TJSP – Apelação Cível 0011097-18.2006.8.26.0606, 11ª Câmara de Direito Privado, Rel. Des. Rômolo Russo, j. 13/06/2013, data de registro: 17/06/2013.
Em seu voto, o relator assim decidiu: "O dano existencial, como aquele aqui tratado, dilata-se como lesão perpétua, cuja sutileza e ardor só podem ser, em realidade, efetivamente apreciados pela pessoa lesada. O dano invisível que atinge a alma e perturba a paz interna do ser é renovado dia a dia, especialmente pela rotina dificultosa da prática dos atos mais banais da vida (banhar-se, vestir, calçar, sentar, caminhar etc." A hipótese lesiva, portanto, é de dano direto ao princípio constitucional da dignidade da pessoa humana (art. 1º, III, da CF), sobretudo porque a apontada lesão corporal trouxera um achatamento à dignidade...".
TJRS – Apelação Cível: AC 70058189457 RS. 9ª Câmara Cível. Rel. Eugenio Facchini Neto. J. 16/03/2014.

[27] V. Matheus Massaro Mabtum, *Wrongful Actions: um breve relato desde sua origem internacional até sua apreciação pelo Tribunal de Justiça de São Paulo, in Risco, Dano e Responsabilidade Civil, coord. Rogério Donnini,* Salvador: Editora *jus*PODIVM, 2018, p. 214/216.

dano existencial concedido à mãe cujo plano de vida foi alterado, caso esse conhecido como *pílulas de farinha*[28].

CONCLUSÕES

Não se faz necessária a alteração da nomenclatura *danos morais* para *danos extrapatrimoniais* para a inserção no nosso sistema de novas figuras ou subcategorias autônomas de danos imateriais que, em verdade, já se fazem presentes na doutrina e jurisprudência pátrias. A autonomia de uma lesão imaterial para a fixação de seu valor, de maneira individualizada, como sucede entre nós em relação aos danos à imagem e estético, propicia um inegável fator facilitador para se atingir uma soma indenizatória adequada.

O sistema bifásico adotado no STJ representa uma evolução no arbitramento dos danos morais. Todavia, embora os dois momentos (caso precedente e ulterior exame de suas particularidades) para se chegar ao arbitramento do valor indenizatório final podem estar distorcidos, dado que a soma inicial pode ter sido fixada sem o devido critério. Como consectário, na segunda fase (exame das peculiaridades do caso concreto) a baliza precedente pode, eventualmente, indicar um marco absolutamente distante da realidade, o que certamente levará a uma imprópria reparação.

Na hipótese de lesões de natureza grave, tais como mutilação de membros, paraplegia, tetraplegia, a perda de uma chance de trabalho, ou da capacidade de concorrer para tanto, dano à esfera sexual, dano à capacidade de produção de renda em abstrato, dano de vínculo parental[29], entre outros, com a proposta ora estabelecida, poder-se-ia reparar a vítima por dano moral subjetivo, dano biológico (lesão física, psíquica ou ambas), dano existencial e dano estético. Imaginemos um dano que causa tetraplegia na vítima. Apenas no que concerne aos danos não patrimoniais, a dor proveniente da violação a direitos da personalidade (integridades física e psíquica), daria ensejo à fixação de valor indenizatório por essa transgressão (dano moral subjetivo). Da mesma forma, sofreria a vítima um dano biológico ou à saúde, consistente no abalo físico e psíquico, o que levaria ao arbitramento de outra soma. Haveria, ainda, um dano existencial, com

[28] TJSP – Apelação Cível 9114254-23.2006.8.26.0000, 4ª Câmara de Direito Privado, Rel. Enio Zuliani j. 29/01/2009, data do Registro: 04/02/2009."

[29] No direito italiano é também denominado *danno edonistico*, consistente de um dano existencial pela morte de um parente: cônjuge, filho etc. V. Aldo Carnevale; Generoso Scarano, ob. cit., p. 78.

outro valor reparatório, haja vista que essa ofensa modificaria por completo o plano de existência do lesado.

Portanto, a fixação de três valores separadamente (dano moral subjetivo, dano existencial e dano biológico, ou ainda um quarto arbitramento, decorrente do dano estético) não resultaria em somas maiores, mas proporcionais à gravidade lesiva, o que evitaria a criação de situações em que danos menos lesivos alcançam cifras reparatórias que suplantam as de real severidade. Com isso se evitaria a ausência de critério justo na fixação de danos morais[30].

Por final, para a incidência do critério ora lançado não se torna necessária a mudança de terminologia ou processo legislativo. Basta que se considere a noção de danos morais como extrapatrimoniais e, assim, com clareza, se estabeleça o seguinte: a) violação a um ou mais direitos da personalidade (1º valor compensatório, correspondente ao dano moral subjetivo italiano); dano à saúde, seja ele físico ou psíquico (2º valor compensatório); e dano existencial (3º valor compensatório). A soma final, nessa situação, continuaria a ser designada *danos morais*.

Todavia, não são suficientes apenas critérios mais específicos para se determinar uma justa indenização, pois é condição indispensável para se atingir um valor conveniente da compensação dos danos imateriais uma indagação que deve ser realizada pelo julgador nesse tormentoso momento: "Estaria eu nessa situação (lesado) compensado (conformado) se percebesse essa quantia relativa aos danos extrapatrimoniais?".

Embora vários outros temas sejam cruciais nesse momento, tais como a situação econômica do agressor e do lesado, a extensão do dano e sua natureza, essa pergunta é essencial para se aquilatar se houve razoabilidade no arbitramento dessa quantia. Assim, a ideia é a de facilitar esse difícil momento, ao se propiciar mecanismos que atendam às necessidades da vítima ou seus familiares e não levem à ruína o agressor.

[30] Não há proporção, em se estabelecer a cifra indenizatória, a título de danos morais, de R$ 100.000,00 ao evento morte (TJSP – Apelação cível 1009627-28.2016.8.26.0009) e para revista íntima abusiva a importância de R$ 50.000,00 (TJSP – Apelação Cível 1006339-32.2019.8.26.0053). No STJ pode-se constatar situações sem um critério adequado, como, *v.g.*, na indenização por prisão ilegal (AgRg no REsp 1397288/AC – AGRAVO REGIMENTAL NO RECURSO ESPECIAL 2013/0259654-5), o valor de R$ 50.000,00; no dano que causa tetraplegia, a monta de R$ 300.000,00 (REsp 1749965/SP) e no evento morte R$ 200.000,00 (AREsp 1355500/MA).

REFERÊNCIAS

ALPA, Guido. *La responsabilità civile,* Parte Generale, Milano: UTET Giuridica, 2010.

CARNEVALE, Aldo; SCARANO, Generoso. *Il danno alla persona – aspetti giuridici e medico legali,* Padova: CEDAM, 2010

DINIZ, Maria Helena. *Curso de direito civil brasileiro – Responsabilidade Civil,* 26ª ed., São Paulo: Saraiva, 2012.

DONNINI, Oduvaldo; DONNINI, Rogério. *Imprensa livre, dano moral, dano à imagem, e sua quantificação à luz do novo Código Civil,* São Paulo: Método, 2002.

DONNINI, Rogério. *Responsabilidade civil na pós-modernidade – Felicidade, Proteção, Enriquecimento com Causa e Tempo Perdido,* Porto Alegre: Sergio Antonio Fabris Editor, 2015.

______________. *Comentários ao Código Civil Brasileiro, Da Responsabilidade Civil,* vol. VIII, Coord. Arruda Alvim e Thereza Alvim, Rio de Janeiro: Gen/Forense, 2013.

______________. *Responsabilidade civil pós-contratual,* São Paulo: Saraiva, 3ª edição, 2011

______________. *Fundamento legal da função punitiva na Responsabilidade Civil, in Risco, Dano e Responsabilidade Civil, coord. Rogério Donnini,* Salvador: Editora *jusPODIVM,* 2018.

D'APOLLO, Luca. *Danno ala vita e danno da morte,* Torino: G. Giappichelli Editore, 2016.

LOPEZ, Teresa Ancona. *O dano estético – responsabilidade civil,* 3ª edição, São Paulo: Revista dos Tribunais, 2004.

MABTUM, Matheus Massaro. *Wrongful Actions: um breve relato desde sua origem internacional até sua apreciação pelo Tribunal de Justiça de São Paulo, in Risco, Dano e Responsabilidade Civil, coord. Rogério Donnini,* Salvador: Editora *jus*PODIVM, 2018.

MAZZOLA, Marcello Adriano. *I nuovi danni,* Padova: Cedam, 2008.

MINOZZI, Alfredo. *Studio sul danno non patrimoniale (danno morale),* 3ª edição, Milano: Società Editrice Libraria, 1917.

SOARES, Flaviana Rampazzo. *Responsabilidade civil por dano existencial,* Porto Alegre: Livraria do Advogado, 2009.

TORRENTE, Andrea; SCHLESSINGER, Piero. *Manuale di Diritto Privato,* Milano: Giuffrè Editore, ventesima edizione, 2011.

51
A RESPONSABILIDADE CIVIL DE NOTÁRIOS E REGISTRADORES

Rui Geraldo Camargo Viana
Rui Gustavo Camargo Viana

INTRODUÇÃO

Vazados no art. 236 do texto constitucional de 1988, os mandamentos dirigidos pelo Constituinte à atividade das notas e registros foram, ao tempo de sua promulgação, portadores de auspiciosas mudanças à atividade.

Reafirmou-se o exercício privado das notas e dos registros, criando-se espécie *sui generis* de delegação estatal. Aproxima-se da concessão de serviço público sem com ela, contudo, confundir-se porque dirigida a pessoa física. Mais ainda, delegação que decorre de concurso público de provas e títulos e não de certames licitatórios como de regra nas demais concessões. Exigiu o constituinte, em benfazeja inovação, a aprovação em concurso como requisito para provimento na atividade. Por fim, em norma constitucional de eficácia limitada, indicou o legislador infraconstitucional como portador da regulamentação da responsabilidade civil de notários e registradores.

Trata-se de tema espinhoso. Notários e registradores ocupam uma posição dúplice. Tal qual o deus Jano, sua atividade é bifronte: uma face se volta ao fiel e escorreito cumprimento de um múnus público. O serviço, em si, é e remanesce público. A outro giro, seu exercício se sujeita às inclemências e desafios da gestão privada. Sobre essa sempiterna dualidade repousa, em delicado equilíbrio, a questão da responsabilidade civil de notários e registradores. A fé pública que recobre os atos de estilo de notas e registros é do Estado, malgrado exercida pelo delegatário. O proceder na lavratura de tais atos é do titular e de sua equipe. Por fim, o usuário é alheio a essa relação, buscando tão-somente a segurança jurídica das serventias extrajudiciais.

Assestar o pesado fardo da responsabilidade civil objetiva contra notários e registradores mostra-se, no mais das vezes, insustentável. Eximi-los de responsabilização seria, por seu turno, privilégio descabido em um regime republicano. Em movimento pendular, ora aproximando-se da responsabilidade objetiva, ora inclinando-se ao exame de culpa ou dolo, a temática objeto deste artigo reveste-se de complexidade, atualidade e denodada importância.

1. A RESPONSABILIDADE CIVIL DO ESTADO

Se é certo que, em tempos primevos, a atividade estatal caracterizava-se por sua irresponsabilidade, isto é, a impossibilidade de se imputar ao ente público a obrigação de reparação por danos decorrentes de sua atuação, o Estado Moderno exige que todos – indistintamente – submetam-se a algum grau de responsabilização. Celso Antonio Bandeira de Mello[1] preleciona, nesse sentido que:

> Um dos pilares do moderno Direito Constitucional é, exatamente, a sujeição de todas as pessoas, públicas ou privadas, ao quadro da ordem jurídica, de tal sorte que a lesão aos bens jurídicos de terceiros engendra para o autor do dano a obrigação de repará-lo.

Entre nós, a Constituição Federal de 1946[2] inaugurou o paradigma da responsabilização objetiva do Estado e o atual texto constitucional estendeu-o às pessoas jurídicas de direito privado prestadores de serviço público.

Prevalece, assim, em face de terceiros o paradigma da responsabilização objetiva do ente estatal e dos prestadores de serviços públicos, ainda

[1] MELLO, Celso Antonio Bandeira de. *Curso de direito administrativo*. 12. Ed. São Paulo: Malheiros, 2000, p. 838.

[2] Art. 194 da Constituição Federal de 1946: As pessoas jurídicas de direito público interno são civilmente responsáveis pelos danos que os seus funcionários, nessa qualidade, causem a terceiros.
Parágrafo único – Caber-lhes-á ação regressiva contra os funcionários causadores do dano, quando tiver havido culpa destes.

que pessoas jurídicas de direito privado. Cabe ressaltar a lição de Maria Sylvia Zanella de Pietro[3], para quem:

> Ao contrário do direito privado, em que a responsabilidade exige sempre um ato ilícito (contrário à lei), no direito administrativo ela pode decorrer de atos ou comportamentos que, embora lícitos, causem a pessoas determinadas ônus maior do que o imposto aos demais membros da coletividade.

2. O ARTIGO 22 LEI 8.935/1994

A norma constitucional de eficácia limitada estatuída pelo §1º do art. 236 da Constituição Federal exigiu a edição de lei a fim de regulamentar a atividade desempenhada por notários e registradores. Tal lei, com o intuito de densificar o texto constitucional foi promulgada em 1994. Trata-se da Lei dos Notários e Registradores (Lei 8.935/1994).

O aludido diploma legal, em seu art. 22, tratava do tema da responsabilidade civil com a seguinte redação original: Art. 22. Os notários e oficiais de registro responderão pelos danos que eles e seus prepostos causem a terceiros, na prática de atos próprios da serventia, assegurado aos primeiros, direito de regresso no caso de dolo ou culpa dos prepostos.

Esta redação guarda sibilina semelhança ao § 6º do art. 37 da Constituição Federal. Tal dispositivo é um cânone do direito público, impondo ao Estado e aos prestadores de serviços públicos a responsabilidade objetiva. Assim, muitos autores enxergaram no art. 22 da Lei 8.935/1994 a responsabilização objetiva de notários e registradores, à semelhança dos demais concessionários e permissionários de serviços públicos. Autores como Hely Lopes Meirelles[4], Antônio Joaquim de Couto Júnior[5] e Humberto Theodoro Jr.[6] comungavam desse entendimento, havendo por revogado o art. 28 da Lei de Registros Públicos[7], base normativa da matéria sob a égide da vetusta ordem constitucional de 67/69.

[3] Di Pietro, Maria Sylvia Zanella. *Direito administrativo.* 25 ed. São Paulo: Atlas, 2012, p. 697.

[4] Meirelles, Hely Lopes. *Direito administrativo brasileiro.* 19. Ed. São Paulo: Malheiros, 1994, p. 76.

[5] Couto Júnior, Antônio Joaquim de O. *A responsabilidade civil dos tabelionatos por danos morais decorrentes do protesto indevido.* Dinheiro, out. 1999.

[6] Theodoro Júnior, Humberto. *Alguns impactos da nova ordem constitucional sobre o direito civil.* Revista dos Tribunais, ano 79, v. 662, dez. 1990, p. 10.

[7] *In verbis*: Art. 28. Além dos casos expressamente consignados, os oficiais são civilmente responsáveis por todos os prejuízos que, pessoalmente, ou pelos prepostos ou substitutos

Em segunda corrente de pensamento, autores como José Renato Nalini[8] e Yussef Said Cahali[9] enxergaram na própria lei 8.935/1994 o marco inicial da responsabilidade objetiva de notários e registradores. Alegam que a Lei de Notários e Registradores e não o texto constitucional teriam inaugurado tal espécie de responsabilização e, portanto, para atos lavrados e praticados após sua entrada em vigor.

3. JURISPRUDÊNCIA DO SUPERIOR TRIBUNAL DE JUSTIÇA

Ainda sob a égide da redação original do diploma legal regente da atividade das serventias extrajudiciais, o Superior Tribunal de Justiça (STJ) apresentava jurisprudência dividida entre as teses antagônicas da responsabilização subjetiva e objetiva, malgrado houvesse uma preponderância e maior aceitação da **responsabilização objetiva**.

Tome-se, a título de exemplo de jurisprudência tendente à responsabilização objetiva a ementa do acórdão no AgRg no REsp 1.377.074/RJ, sob a relatoria do Ministro Benedito Gonçalves, julgado em 16/02/2016: "nos casos de danos resultantes de atividade estatal delegada pelo Poder Público, **há responsabilidade objetiva do notário, nos termos do art. 22 da Lei 8.935/1994, e apenas subsidiária do ente estatal.** Pode-se citar ainda os precedentes: AgRg no AREsp 474.524/PE, rel. Min. Herman Benjamin, Segunda Turma, DJe 18/06/2014; AgRg no AgRg no AREsp 273.876/SP, rel. Min. Humberto Martins, Segunda Turma, DJe 24/05/2013; REsp 1.163.652/PE, rel. Min. Herman Benjamin, Segunda Turma, DJe 01/07/2010."

Em entendimento diametralmente oposto, os seguintes precedentes demonstram a adoção da responsabilização subjetiva, adentrando-se a perquirição de dolo ou culpa por parte dos delegatários. Assim: REsp 489.511/SP (rel. Min. Eliana Calmon, DJ 04/10/2004) e do REsp 481.939/GO (rel. Min. Teori Zavascki, DJ 21/03/2005). Mister se faz salientar que, no que concerne aos tabeliães de protestos, descabe falar em responsabilização objetiva dado que o art. 38 da Lei 9.492/1997 exige, de modo expresso, a aferição de culpa ou dolo.

que indicarem, causarem, por culpa ou dolo, aos interessados no registro.
Parágrafo único. A responsabilidade civil independe da criminal pelos delitos que cometerem

[8] NALINI, José Renato; DIP, Ricardo. *Registro de imóveis e notas: responsabilidade civil e disciplinar.* São Paulo: Ed. RT, 1997, p. 88.

[9] CAHALI, Yussef Said. *Responsabilidade civil do Estado.* 2ª ed.rev., atual. e ampl. São Paulo: Malheiros, 1996, p. 348.

4. A NOVA REDAÇÃO DO ARTIGO 22 DA LEI 8.935/1994

A Lei 13.286/2016 promoveu alterações ao indigitado art. 22 da Lei dos Notários e Registradores cuja nova redação deixa-se ler da forma seguinte: "os notários e oficiais de registro são civilmente responsáveis por todos os prejuízos que causarem a terceiros, por culpa ou dolo, pessoalmente, pelos substitutos que designarem ou escreventes que autorizarem, assegurado o direito de regresso." Acrescentou-se, por derradeiro, a previsão de prazo prescricional de três anos para a pretensão de ressarcimento em decorrência de danos advindos da atividade extrajudicial.

Com a edição desta alteração normativa, em giro copernicano, o paradigma da responsabilidade objetiva de notários e registradores parece dar vez a um novo sistema de aferição de culpa ou dolo dos titulares de delegação. Afiguram-se, destarte, quatro teses distintas, defendidas e discutidas pela doutrina: (i) os delegatários poderiam ser responsabilizados de forma direta, demonstrado culpa e dolo, incumbindo ao Estado responsabilidade meramente subsidiária; (ii) delegatários e o Estado podem ser processados diretamente pelo usuário lesado; (iii) a ação seria movida apenas em face de notários e registradores, sendo estes os únicos responsáveis; (iv) apenas o Estado responderia em um primeiro momento e os notários e registradores deveriam responder se comprovada sua atuação dolosa ou culposa, na via de regresso, em sede própria.

Gize-se que todas as teses acima elencadas se estribam na responsabilização subjetiva dos titulares de serviços extrajudiciais. Ocorre que a temática da responsabilidade civil dos serviços de notas e registros não se esgota nem se resume à dicotomia responsabilidade objetiva/subjetiva. Há ainda a necessidade de se definir a relação entre o ente delegante (Estado) e delegatário. Tratar-se-ia de responsabilidade subsidiária, solidária ou exclusiva de um ou de outro?

5. O JULGAMENTO DO RE 842.846/SC

O Plenário do Supremo Tribunal Federal debruçou-se acerca da questão da responsabilidade de notários e registradores, quando do julgamento do Recurso Extraordinário 842.846 do Estado de Santa Catarina. Trata-se de recurso interposto pelo próprio Estado de Santa Catarina em face do Acórdão do Tribunal de Justiça local (TJ-SC), que entendeu o ente estadual como objetivamente responsável pela reparação de danos oriundos da atividade de notas e registros, nos moldes do §6º do art. 37 da Constituição Federal.

No caso em tela, tratava-se de um erro do registro civil das pessoas naturais que, ao emitir certidão de óbito errônea, ocasionou atraso no recebimento de valores previdenciários e, por corolário, pretensões ressarcitórias por parte do usuário lesado. Argumentava o Requerente que, dado o exercício privado da atividade notarial e registral, na pessoa do delegatário, este deveria ser o responsável por erros, inexatidões ou omissões na prática de seus atos, afastando-se qualquer responsabilidade do ente estadual acerca dos danos sobre terceiros.

Em 27/02/2019[10], o Supremo Tribunal Federal julgou o mencionado Recurso Extraordinário cuja repercussão geral já havia sido reconhecida em 2014[11], fixando a tese assim ementada para fins de repercussão geral: "O Estado responde objetivamente pelos atos dos tabeliães registradores oficiais que, no exercício de suas funções, causem danos a terceiros, assentado o dever de regresso contra o responsável, nos casos de dolo ou culpa, sob pena de improbidade administrativa."

Neste julgamento, os Ministros Luiz Fux e Alexandre de Moraes mantiveram o *decisum* da Corte catarinense, reafirmando a responsabilidade objetiva do Estado, garantindo-se-lhe direito de regresso nos casos de dolo ou culpa do delegatário. A seu turno, o Ministro Edson Fachin reconheceu a responsabilidade objetiva do Estado sem embargo de ressaltar e salientar seu caráter meramente subsidiário. O Ministro Luís Roberto Barroso entendeu como subjetiva tanto a responsabilidade do ente estatal quanto a do exercente da função delegada. Estriba-se o Ministro no argumento de que a responsabilidade civil do Estado sobre os serviços de notas e registros não pode prescindir da leitura conjunta do art. 37, §6º e do art. 236, ambos do texto constitucional.

Por fim, em voto dissidente o Ministro Marco Aurélio entendeu que os danos decorrentes dos serviços extrajudiciais devem ser suportados pelos delegatários, uma vez que a atividade é exercida em caráter privado. A responsabilidade do Estado seria subjetiva e advinda da falha no dever de supervisão e fiscalização dos serviços de notas e registros, cometida ao Poder Judiciário.

[10] **Plenário reafirma jurisprudência sobre responsabilidade civil do Estado pelas atividades de cartórios**. Supremo Tribunal Federal, 2019. Disponível em: <http://www.stf.jus.br/portal/cms/verNoticiaDetalhe.asp?idConteudo=404603&caixaBusca=N> Acesso em: 05.07.2020.

[11] Tema 777 do Supremo Tribunal Federal com repercussão geral reconhecida em 07.11.2014.

Em telegráfica síntese, pode-se afirmar que o aresto assenta que (i) a responsabilidade do Estado é direta e objetiva pelos danos causados a terceiros pelo delegatário e seus prepostos, nos termos do §6º do art. 37 da Constituição Federal; (ii) incumbe ao Estado, sob pena de improbidade administrativa, ajuizar ação de regresso contra o delegatário que, por dolo ou culpa, tenha ocasionado tais danos. Criou-se, assim, um "dever de regresso" por parte dos entes estatais (e, em geral estaduais, uma vez que cada Corregedoria tem o poder de fiscalização dos serviços de notas e registros de um dado Estado) contra os notários e registradores que, faltosamente, incorrerem em condutas lesivas e deletérias aos interesses e direitos dos usuários que acorrem a seus serviços.

CONCLUSÕES

A temática atinente à responsabilidade civil pelos danos causados a terceiros em decorrência dos serviços de notas e registros revela-se espinhosa. Sua evolução legislativa e jurisprudencial reveste-se de meandros e nuances que, paulatinamente, foram assentando uma construção que parece, por ora, adquirir foros de sistematicidade lógica.

A responsabilidade objetiva do Estado é um corolário do Estado Democrático de Direito e símbolo máximo de sua submissão ao império da lei.[12] Inovou o Constituinte ao estender sobre os prestadores de serviços públicos o manto de tal responsabilização. A posição *sui generis* da atividade notarial e registral, em salutar e econômico regime de prestação privada de serviços, tem como elemento central e fulcral a pessoalidade da delegação. O delegatário é pessoa física, natural, apondo a cada um de seus atos de estilo o signo de seu nome como marca de sua indelével responsabilização. Age em seu nome e somente em seu nome.

Assestar contra um particular, agindo em seu nome próprio, o pesado fardo da responsabilidade objetiva adentra as raias da violência. Benfazeja a alteração legislativa promovida à Lei 8.935/1994 e a recente decisão do Supremo Tribunal Federal. Por um lado, protege-se o usuário do serviço estatal que pode demandar o Estado prescindindo do exame de dolo ou

[12] Entre nós, um notável avanço. A Constituição do Império de 1824 declarava, por exemplo, em seu art. 99 que "A Pessoa do Imperador é inviolável, e Sagrada: Ele não está sujeito a responsabilidade alguma." A submissão do Estado à responsabilidade é a nota distintiva das civilizações livres.

culpa. De outro, o delegatário – pessoa natural – está protegido pelo crivo da responsabilidade subjetiva, a demandar a constatação de culpa em sentido lato, no caso concreto. Entre uma e outra esfera, criou-se uma "ponte", o dever de regresso dos entes estatais em face de delegatários faltos.

Parece haver, enfim, a estabilização de um entendimento que consagra, ao mesmo tempo, os valores da proteção ao usuário, do Estado e da justa, razoável e possível responsabilização de notários e registradores.

REFERÊNCIAS

CAHALI, Yussef Said. *Responsabilidade civil do Estado.* 2ª ed.rev., atual. e ampl. São Paulo: Malheiros, 1996.

COUTO JÚNIOR, Antônio Joaquim de O. *A responsabilidade civil dos tabelionatos por danos morais decorrentes do protesto indevido.* Dinheiro, out. 1999.

DI PIETRO, Maria Sylvia Zanella. *Direito administrativo.* 25 ed. São Paulo: Atlas, 2012.

MEIRELLES, Hely Lopes. *Direito administrativo brasileiro.* 19. Ed. São Paulo: Malheiros, 1994.

MELLO, Celso Antonio Bandeira de. *Curso de direito administrativo.* 12. Ed. São Paulo: Malheiros, 2000.

NALINI, José Renato; DIP, Ricardo. *Registro de imóveis e notas: responsabilidade civil e disciplinar.* São Paulo: Ed. RT, 1997.

Plenário reafirma jurisprudência sobre responsabilidade civil do Estado pelas atividades de cartórios. Supremo Tribunal Federal, 2019. Disponível em: <http://www.stf.jus.br/portal/cms/verNoticiaDetalhe.asp?idConteudo=404603&caixaBusca=> Acesso em: 05.07.2020.

THEODORO JÚNIOR, Humberto. *Alguns impactos da nova ordem constitucional sobre o direito civil.* Revista dos Tribunais, ano 79, v. 662, dez. 1990.

52
DA REDENÇÃO À RENDIÇÃO: A RESPONSABILIDADE CIVIL DAS ENTIDADES RELIGIOSAS

TIAGO PAVINATTO

INTRODUÇÃO

Os portões de Charenton, histórico manicômio francês onde o famoso Marquês de Sade era interno, fechavam-se para encarcerar Jacob Dupont em 14 de fevereiro de 1810. Ex-doutrinário, ex-deputado na Assembleia Legislativa e na Convenção, Dupont sofria de uma loucura que, ensinava Louis Sébastien Mercier à época, além de destrutiva, era a soma de todas as monstruosidades do espírito humano: Dupont era ateu. [1]

O rangido daqueles portões pôde ser ouvido por quase duzentos anos: até pouco tempo atrás, desacreditar que, numa pequenina partícula feita com farinha e água, estava o corpo de Cristo ainda era condenar-se não só ao fogo do inferno, mas também ao ostracismo. Afinal, na observação de Karl Popper, "esta civilização ainda não se recompôs por completo do choque do seu nascimento – a transição da sociedade tribal ou 'fechada',

[1] MURAT, Laure. *O homem que se achava Napoleão*: por uma história política da loucura. Trad. Paulo Neves. São Paulo: Três Estrelas, 2011, p. 129.
Já escorraçados por Platão de sua *República* conforme suas *Leis*, os ateus ainda não eram, dois mil anos depois, tolerados por Locke em sua paradigmática *Carta acerca da tolerância*, na qual sentencia: "Por último, os que negam a existência de Deus não devem ser de modo algum tolerados. As promessas, os pactos e os juramentos, que são os vínculos da sociedade humana, para um ateu não podem ter segurança ou santidade, pois a supressão de Deus, ainda que apenas em pensamento, dissolve tudo." (LOCKE, John. *Carta acerca da tolerância*. Trad. Anoar Aiex. São Paulo: Abril Cultural, 1973, p. 29-30)

com a sua submissão a forças mágicas, para a 'sociedade aberta', que liberta os poderes críticos do homem."[2]

Nesse contexto recente de absoluto temor reverencial, era inaceitável pensar que igrejas praticassem ilícitos; impensável uma religião de culto contrário aos bons costumes e à ordem pública[3]. Por tais razões, falar sobre a responsabilidade civil das entidades religiosas era verdadeira blasfêmia[4].

Contudo, os processos da **secularização** e da criação de um ***free marketplace of religions***, acompanhados dos fenômenos de **individualismos** e **nomadismo religiosos**, vêm promovendo a perda da autoridade das religiões em favor dos direitos dos particulares que as integram, o que se comprova no crescente número de litígios contra entidades religiosas, principalmente com o intuito de obter indenização por danos[5]. O estudo da responsabilidade civil das entidades religiosas, assim, é pauta que se impõe.

Neste artigo, que dedicamos a uma das mais eminentes doutrinadoras da responsabilidade civil, mulher sempre à frente do seu tempo, nossa maternal mentora e amiga, a Professora Teresa Ancona Lopez, trataremos, então, da responsabilidade civil das entidades religiosas, uma vez que, em decorrência da complexidade do direito de liberdade religiosa, o instituto deve ser aplicado de maneira não convencional, havendo situações em que o dano não deve ser ressarcido ou compensado, pois, mesmo em nossos dias, a responsabilidade extracontratual dessas entidades nem sempre deve ser admitida.

1. DAS ENTIDADES RELIGIOSAS: POR UM CONCEITO MODERNO DE *RELIGIÃO*

O **medo** é a mola mestra da religião; ele criou deuses no mundo, prelecionava Feuerbach[6] indo de encontro com Thomas Hobbes, para quem *religião*

[2] POPPER, Karl. *A sociedade aberta e seus inimigos – Primeiro Volume:* o sortilégio de Platão. 5. ed. Trad. Miguel Freitas da Costa. Lisboa: Edições 70, 2018, p. 11.

[3] SILVA, José Afonso da. *Curso de direito constitucional positivo*. 22. ed. São Paulo: Malheiros, 2003, p. 248.

[4] Neste momento, aliás, tramita em nosso Congresso Projeto de Lei que pretende resgatar o arcaico e canônico crime de blasfêmia em nosso Código Penal, inserindo-o no *caput* do seu artigo 208, que trata *dos crimes contra o sentimento religioso* (PL nº 1.276/2019).

[5] ARGIOLAS, Davide. *A responsabilidade civil extracontratual das entidades religiosas*. Tese (Doutorado em Direito) – Faculdade de Direito, Universidade de Coimbra, Coimbra, 2013, p. 90.

[6] FEUERBACH, Ludwig. *Preleções sobre a essência da religião*. Trad. José da Silva Brandão. Petrópolis: Vozes, 2009, p. 38-39.

é nome que se dá ao medo dos poderes invisíveis, inventados ou imaginados com base em histórias publicamente permitidas (se não permitidas, serão superstições)[7]. Essa concepção, porém, é muito mais antiga: Crítias, poeta e um dos trinta tiranos de Atenas – bem como tio de Platão –, já no Século V a.C., recitava que a crença nos deuses é mentirosa lenda inventada por algum homem astuto e aceita por homens envolvidos em laços de medo, enfeitiçados e assombrados com seus sortilégios[8].

Mas o medo é explicação incompleta e insuficiente, porque dele segue-se um sentimento oposto, o de **libertação do perigo**, da angústia e do próprio medo, um sentimento de arrebatamento, de alegria, de amor e gratidão, pois o deus que destrói é o mesmo que reaviva[9] e, em sendo assim, identifica-se o **sentimento da dependência** (do qual o medo é um dos aspectos), que, para Feuerbach, "é o único nome e conceito universalmente certo para designação e explicação do fundamento psicológico e subjetivo da religião"[10], sentimento que se confunde com outro, o de **finitude**, uma vez que, se o homem não tivesse consciência da própria morte, a eternidade anularia a religião[11].

O sentimento de dependência leva a constatar que o homem só adora a um deus por conta da sua benignidade ou para desviar dele as nocividades do mundo ou a terribilidade desse próprio deus, do que Feuerbach conclui que o motivo último e oculto da religião é o **egoísmo**[12], muito embora, em nosso sentir, deva ser relativizado quando tratamos do **proselitismo** (que pode traduzir, todavia, mero **solipsismo**).

Frente a tantos sentimentos, já na esteira do pensamento de Ronald Dworkin, incontornável seja a religião mais profunda que Deus: é uma visão de mundo distinta e abrangente a sustentar que um valor inerente e objetivo permeia tudo, que o universo e suas criaturas são impressionantes, que a vida humana tem propósito e, o universo, ordem, de modo que a crença em um deus é apenas uma possibilidade dessa visão mais profunda[13].

[7] HOBBES, Thomas. *Leviatã:* ou matéria, forma e poder de uma República eclesiástica civil. Trad. João Paulo Monteiro; Maria Beatriz Nizza da Silva; Cláudia Berliner; Eunice Ostrensky. São Paulo: Martins Fontes, 2014, p. 52.

[8] Apud POPPER, Karl. *A sociedade aberta e seus inimigos cit.*, p. 180.

[9] FEUERBACH, Ludwig. *Preleções sobre a essência da religião*, p. 43.

[10] Ibidem, p. 45.

[11] Ibidem, p. 46

[12] Ibidem, p. 95.

[13] DWORKIN, Ronald. *Religion without God.* Cambrige: Harvard University Press, 2013, p. 1.

Realmente, não é demais e talvez nem seja moderno remeter a religião aos domínios da consciência[14], uma vez que o grande objeto do estudo das religiões é, conforme Mircea Eliade, "compreender, e tornar compreensível aos outros, o comportamento do *homo religiosus* e seu universo mental."[15]

Superada a hegemonia das religiões monoteístas que "resolveram" as questões existenciais da concepção ao túmulo, afastando do homem o controle da própria consciência, é lógico falar tanto em *religião sem Deus* quanto em *Deus sem religião*. Afinal, preconiza Ulrich Beck, "o Deus de cada um e a vida de cada um são mistérios inconcebíveis"[16].

Considerando, ainda, o bíblico *in principio erat Verbum*[17], e que, atrás do *Verbum*, São Jerônimo escondeu o *Logos*, concluímos que apenas duas coisas são essenciais para que nasça uma religião: **a palavra e o sentimento**.

Dessarte, o grande acerto (provavelmente oriundo do acaso ou decorrente do descuido) de nossa Constituição em não definir religião. Qualquer conceito seria insuficiente e, portanto, injusto: por que razão considerar um estado jurídico privilegiado somente para revelações milenares? Tais revelações seriam mais reveladoras? Há verdades mais verdadeiras que outras verdades? O que é a verdade?

No mais, porque é impossível averiguar a sinceridade da experiência mística individual ou avaliar a qualidade das crenças, todas as teorias que reivindicam a verdade e o justo, que estabeleçam ordem e sentido na existência ou que apenas estejam em sua busca sacralizando o caminho, devem

[14] A conclusão não é de hoje. Locke, há mais de trezentos anos, ensinava que: "Mesmo se alguém quisesse, não poderia jamais crer por imposição de outrem. É a fé que dá força e eficácia à verdadeira religião que leva à salvação. Seja qual for a religião que a gente professa, seja qual for o culto exterior com o qual se está de acordo, se não acompanhados de profunda convicção de que uma é verdadeira e o outro agradável a Deus, em lugar de auxiliarem, constituem obstáculos à salvação." (LOCKE, John. *Carta acerca da tolerância*, p. 11)
E arremata: "Pode enriquecer-se através de um ofício que não lhe agrada, pode ser curado de uma doença por remédio nos quais não confia; mas não pode ser salvo mediante religião na qual não confia, ou por culto que não lhe agrada. É inútil para um descrente assumir as manifestações externas de moralidade; para agradar a Deus necessita de fé e sinceridade interior." (Ibidem, p. 20.)

[15] ELIADE, Mircea. *O sagrado e o profano*: a essência das religiões. 4. ed. Trad. Rogério Fernandes. São Paulo: WMF Martins Fontes, 2018, p. 133.

[16] BECK, Ulrich. *O Deus de cada um*. Trad. Celeste Aida Galeão; Johannes Augel. Rio de Janeiro: Tempo Brasileiro, 2016, p. 16.

[17] Jo 1,1.

ser reconhecidas como religião pelo direito[18] e, para que o conceito não se dissolva inteiramente em consciência, conforme o Tribunal Europeu dos Direitos Humanos (TEDH), "devem ter 'certo grau de cogência, seriedade, coesão e importância', não podendo ser reduzidas a meras 'opiniões ou profundos sentimentos'."[19]

Disso extraímos que, quando coletivas e compartilhadas as religiões, ou mesmo pela decisão de um único arauto, não existem óbices para que sejam formalizadas as pessoas jurídicas nas formas de associação ou organização religiosas[20], as quais chamaremos de entidades religiosas (inclusive aquelas informais, sem registro[21]).

Afinal, igual ao Menino Jesus de Caeiro encarnado em Pessoa, *por que razão que se perceba não haverão de ser elas mais verdadeiras que tudo quanto os filósofos pensam e tudo quanto as religiões ensinam?*[22]

2. DA LIBERDADE RELIGIOSA E DAS SUAS RESTRIÇÕES

A liberdade religiosa é um direito. Mesmo que fundamental[23], é um direito e, se pudéssemos definir o direito em uma só palavra, ela seria **limite**.

[18] O direito internacional, inclusive, não admite o conceito jurídico de *seita*. (Argiolas, Davide. *A responsabilidade civil extracontratual das entidades religiosas*, p. 83)

[19] Argiolas, Davide. *A responsabilidade civil extracontratual das entidades religiosas*, p. 198.

[20] E assim garante o Código Civil brasileiro no §1º de seu artigo 44: "São livres a criação, a organização, a estruturação interna e o funcionamento das organizações religiosas, sendo vedado ao poder público negar-lhes reconhecimento ou registro dos atos constitutivos e necessários ao seu funcionamento."

[21] Elas também se sujeitam ao instituto da responsabilidade civil, pois, observa Menezes Cordeiro, a elas "tudo é acessível, exceto a limitação da responsabilidade dos associados e o acesso ao quadro de vantagens administrativas, fiscais e económicas que o Direito pode conceder". (Cordeiro, António Manuel da Rocha e Menezes. *Tratado de direito civil*: parte geral; pessoas. 3 ed. Coimbra: Almedina, 2011. v. 4, p. 826)

[22] Pessoa, Fernando. *Poesia completa de Alberto Caieiro*. São Paulo: Companhia das Letras, 2005, p. 33.

[23] Norberto Bobbio ensina que, da finalidade visada pela busca do fundamento, nasce a ilusão do fundamento absoluto. Tal ilusão vai tomando corpo à medida que se acumulam e se elaboram razões e argumentos e está pronta quando se crê descobertos razão e argumento de tal forma irresistíveis que ninguém poderia recusar a eles sua própria adesão. A partir daí, para o iludido, o fundamento último não pode mais ser questionado e quem resistir a ele deve ser posto fora da comunidade das pessoas racionais. Assim é que muitos direitos, os mais diversos entre si e até mesmo os menos fundamentais, foram subordinados à generosa e complacente natureza do homem. (Bobbio, Norberto. *A era dos direitos*. Trad. Nelson Coutinho. Rio de Janeiro: Elsevier, 2004, p. 36)

A religião, portanto, só pode extrapolar os limites da reserva mental porque o direito assim estabeleceu. A experimentação social das liberdades se deve ao direito; ela, por ser parte do direito, é o próprio direito – mas não todo o direito.

Como no corpo humano, o direito da liberdade religiosa é uma célula que coabita o mesmo espaço com incontáveis outras células e, caso sua mitose se acelere e vá além dos limites estipulados para o conjunto, torna-se câncer e prostra todo o corpo. Tal como a mitose é fundamental para a célula, a liberdade é fundamental para o Estado Democrático de Direito. Contudo, tanto o corpo humano quanto o Estado, para que não padeçam e morram, devem combater o anormal aceleramento e manter dentro de certos limites, respectivamente, as mitoses e as liberdades.

Por tal razão, definir o direito fundamental da liberdade religiosa é tarefa sempre incompleta – até por ser inglória qualquer definição fechada de religião – e, dado não ser de nosso interesse ficar, como os cegos hindus, apalpando um elefante, interessa-nos dizer que a liberdade é, essencialmente e sempre, ilimitada. Não fosse, não seria liberdade.

Todavia, a expressão "direito de liberdade" não tem a mesma essência da palavra "liberdade". Se direito é limite, falar em "direito de liberdade" é dizer "permissão para tudo dentro dos limites", pois, quando a "permissão para tudo" cai nas graças do agente limitador, o legislador, é certo que, não tendo sido ela o *fiat lux* do ordenamento jurídico, já estejam estabelecidos limites, outros direitos dentro do Direito com os quais, tal qual a célula saudável, deverá conviver e se desenvolver em harmonia, cabendo lembrar, por fim, que esses limites identificados externamente podem ser alterados, no que muda, restringindo-se ou se expandindo, o espaço de "passeio" da liberdade positivada.

Logo, o direito da liberdade religiosa (o qual chamaremos, por economia de espaço, de "liberdade religiosa") é a possibilidade de fazer tudo o que quisermos em decorrência de nossa orientação religiosa dentro dos mutáveis limites (fatores exógenos) do Direito, o todo do qual faz parte e sob o qual se assenta[24].

[24] Mesmo que fundamental, existem outros direitos tão fundamentais quanto ele. Sem contar a peculiaridade do choque da liberdade religiosa de um com a liberdade religiosa de outro, uma vez que as entidades religiosas vivem numa espécie de "cativeiro babilônico" no atual Estado constitucional, testando os limites da aceitação do pluralismo. (ARGIOLAS, Davide. *A responsabilidade civil extracontratual das entidades religiosas*, p. 58)

Somente a dimensão interna, subjetiva, desse direito é algo absoluto e não suscetível de restrição[25], haja vista que a reserva mental, em qualquer caso, é a última e, até o momento e a depender do desenvolvimento das Neurociências, intransponível barreira de que dispõe o indivíduo, onde, como Álvaro de Campos, podemos sentir tudo de todas as maneiras, ter todas as opiniões, ser sinceros contradizendo-nos a cada minuto, desagradar a nós próprios pela plena liberdade de espírito, ir para a cama com todos os sentimentos, ser *souteneur* de todas as emoções e trocar olhares com todos os motivos de agir[26].

Observamos, por derradeiro, que, mesmo a liberdade natural, para que o sujeito continue a gozar dela é preciso, obviamente, que ele viva. Então, se o gozo da liberdade natural encontra os limites na Natureza, o direito da liberdade os encontra no Direito. Assim e sempre, **não pode haver liberdade que perdure sem responsabilidade**.

3. DA RESPONSABILIDADE CIVIL DAS ENTIDADES RELIGIOSAS

3.1. DA RESPONSABILIDADE CONTRATUAL DAS ENTIDADES RELIGIOSAS

As atividades não confessionais das entidades religiosas estarão sujeitas ao respectivo regime jurídico, não se cogitando limitações ou exclusões da responsabilidade civil no âmbito dos cumprimentos obrigacionais decorrentes de contratos.

Mas, se a responsabilidade contratual é igual para todos os sujeitos, o mesmo não pode ser dito da extracontratual (ou aquiliana), que exsurge do inadimplemento obrigacional normativo com intuito de fazer observar as normas que regram nossa conduta social, reprimir delitos civis, reduzir os riscos da vida em sociedade e proteger o direito alheio.

[25] MARTÍNEZ-TORRÓN, Javier. La (non) protezione dell'identitá religiosa dell'individuo nella giurisprudenza dela Corte di Strasburgod. In: MAZZOLA, Roberto (Org.). *Diritto e religione in Europa*: Rapporto sulla giurisprudenza dela Corte europea dei diritti dell'uomo in materia di libertà religiosa. Bologna: Il Mulino, 2012, p. 59.

[26] PESSOA, Fernando. Passagem das horas. In PESSOA, Fernando. *Poemas de Álvaro de Campos*. Disponível em: <http://www.dominiopublico.gov.br/download/texto/pe000010.pdf>. Acesso em: 10 nov. 2017.

3.2. DA RESPONSABILIDADE EXTRACONTRATUAL DAS ENTIDADES RELIGIOSAS

O direito privado, ensina Canaris, serve aos direitos fundamentais concretizando seus imperativos, intervindo ou garantindo no espaço de possíveis soluções indeterminadas jurídico-constitucionalmente[27].

O instituto da responsabilidade civil é uma das possíveis reações do ordenamento jurídico às ofensas causadas no exercício da liberdade religiosa, bem como às ofensas dirigidas contra este exercício. Contudo, deve-se adotar uma posição moderada, um ponto de equilíbrio entre a proteção da liberdade religiosa e a proteção das pessoas contra as formas abusivas do exercício daquele direito, pois nem todos os comportamentos potencialmente lesivos nem todos os danos que se ligam à liberdade religiosa serão ressarcíveis[28] sob pena de torná-la uma "Cinderela das liberdades"[29], continuamente destinada a baixar a cabeça aquando da ponderação com as suas "liberdades-irmãs"[30]. Assim, o fenômeno religioso esboça novas balizas ao direito civil, porque se manifesta de maneiras inéditas e sensíveis ao Estado[31].

Portanto, para que a responsabilização extracontratual das entidades religiosas não fira de morte o direito fundamental da liberdade religiosa e nem sirva de arma ideológica aos detratores das religiões, convém promover uma clara distinção entre as situações nas quais essa modulação não deve prosperar – ou seja, as hipóteses em que a liberdade religiosa deve prevalecer mesmo diante de um dano, afastando-se a responsabilização dessas entidades – e os casos de sua aplicação inequívoca.

A) O FILTRO DA TOLERÂNCIA

Na *Carta acerca da tolerância* de John Locke (1686), encontramos os subsídios de admissibilidade da responsabilidade extracontratual às entidades religiosas:

[27] CANARIS, Claus-Wilhelm. *Direitos fundamentais e direito privado*. Trad. Ingo Wolfgang Sarlet; Paulo Mota Pinto. Coimbra: Almedina, 2012, p. 28-30.

[28] FUCCILO, Antonio. *Giustizia e religione*. Torino: G. Giappichelli Editore, 2011. v. 1, p. 228.

[29] A partir da célebre expressão de Calamandrei, que se referia ao direito processual civil como "*la Cenerentola del diritto*".

[30] ARGIOLAS, Davide. *A responsabilidade civil extracontratual das entidades religiosas*, p. 133.

[31] MACRÌ, Gianfranco; PARISI, Marco; TOZZI, Valerio. *Diritto civile e religioni*. Bari: Laterza, 2013, p. 7.

***i.* A entidade religiosa sempre poderá ser responsabilizada** quando, em claro processo de imposição aos outros[32],

i.1. "atacar ou prejudicar de qualquer maneira a outrem nos seus bens civis porque professa outra religião ou forma de culto"[33];

i.2. intimidar seu rebanho;

i.3. valer-se de qualquer "violência e injúria"[34];

i.4. não se confinar aos limites da religião[35] e abarcar assuntos civis;

i.5. emitir opiniões especulativas a respeito de direitos de terceiros[36], pois "cuidar de sua própria salvação é exclusivo a cada pessoa"[37]; e

i.6. sua doutrina ou liturgia forem "incompatíveis com a sociedade humana e contrárias aos bons costumes que são necessários para a preservação da sociedade civil"[38], contrariando o ordenamento de modo a colocar em risco a paz social, porque se "tais coisas não são legais na privança do lar, ou na vida social, não o são igualmente no culto ou numa reunião religiosa"[39].

***ii.* A entidade religiosa não poderá ser responsabilizada,** sendo inadmissível e ilegítima qualquer modulação de sua liberdade, quando atua de modo pacífico[40], doutrinando sem agressão e exercendo proselitismo através da persuasão não impositiva; de modo que

***iii.* Não pode o Estado:**

iii.1. arrogar para si "o cuidado das almas (...), porque seu poder consiste totalmente em coerção" [41] e "todo o poder do governo civil diz respeito apenas aos bens civis dos homens"[42];

[32] LOCKE, John. *Carta acerca da tolerância*, p. 11.
[33] Ibidem, p. 15.
[34] Ibidem.
[35] Ibidem, p. 16.
[36] Ibidem, p. 26.
[37] Ibidem, p. 27.
[38] Ibidem, p. 28.
[39] Ibidem, p. 23.
[40] "a religião verdadeira e salvadora consiste na persuasão interior do espírito", de modo que "uma igreja é uma sociedade livre de homens, reunidos entre si por iniciativa própria". (Ibidem, p. 11-12)
[41] Ibidem, p. 11.
[42] Ibidem, p. 12.

iii.2. "prescrever artigos de fé, ou doutrinas, ou formas de cultuar Deus, pela lei civil" [43] ou através da prestação jurisdicional;

iii.3. proibir "no culto divino ou em lugares sagrados" tudo "o que é legal na vida ordinária"[44];

iii.4. intervir nas normas internas da entidade religiosa (*v.g.*, regras sobre funcionamento, ordenação e hierarquia de sacerdotes e acólitos ou ingresso e permanência de fiéis[45]);

iii.5. proibir opiniões meramente especulativas; e

iii.6. violentar, injuriar ou "prejudicar de qualquer maneira a outrem nos seus bens civis porque professa" qualquer religião ou forma de culto[46].

B) CASOS PARADIGMÁTICOS

***i.* As promessas milagrosas:** Algumas entidades religiosas prometem, mediante doações ou pagamento antecipado, prestações espirituais, curas e outros benefícios milagrosos. Tais práticas, inegável recrudescimento da velha venda de indulgências revista à luz do materialismo moderno – uma redenção *prêt-à-porter*, digamos –, facilmente verificadas em comunidades cristãs neopentecostais que pregam o chamado **Evangelho da Prosperidade** (*Prosperity Gospel* ou *Give-and-receive Theology*), tendem a criar expectativas de riqueza e saúde que, por vezes, levam os seus seguidores a demonstrações extremas de generosidade financeira[47]. Quando não atingem seus resultados, especialmente quando abandonam ou trocam a denominação religiosa, é comum pretenderem o ressarcimento dos valores doados ou gastos.

Em primorosa tese sobre o tema da responsabilidade extracontratual das entidades religiosas, Davide Argiolas defende, com razão, a inadequação dos tribunais para avaliar estas condutas. Afinal, ao Estado não cabe a decisão sobre a veracidade das crenças, tampouco as qualificar como

[43] Ibidem, p. 23.

[44] Ibidem, p. 27.

[45] "nenhuma igreja se acha obrigada, pelo dever de tolerância, a conservar em seu seio uma pessoa que, mesmo depois de admoestada, continua obstinadamente a transgredir as leis estabelecidas por essa sociedade". Contudo, haverá dever de indenizar ou compensar se a entidade religiosa excomungar ou banir alguém de seu corpo valendo-se de "termos insultuosos ou com tratamento grosseiro, que tragam qualquer dano à pessoa expulsa no físico ou nos bens". (Ibidem, p. 14)

[46] Ibidem, p. 15.

[47] ARGIOLAS, Davide. *A responsabilidade civil extracontratual das entidades religiosas*, p. 126.

supersticiosas ou absurdas, de maneira que, se o fizesse, restaria configurada a culpa da vítima, pois uma pessoa normal, com capacidade de entender e querer e com certo grau de diligência, não deveria acreditar nelas[48].

Não há que se falar, nestes casos, em responsabilidade civil da entidade religiosa.

***ii.* Abnegação e voto de pobreza:** A conclusão anterior também se aplica ao fiel que atende aos apelos religiosos e se livra dos seus bens materiais ou abandona a sua carreira. Caso se arrependa dessa decisão, ele não poderá exigir o ressarcimento do impacto patrimonial negativo a título de lucros cessantes ou emergentes[49] nem alegar perda de uma ou mais chances, salvo quando doar todos os bens sem reserva de parte ou renda suficiente para a própria subsistência, a chamada doação universal, pois é ato jurídico nulo por força do artigo 548 do Código Civil.

***iii.* Venda de objetos sagrados:** Há quem diga que as religiões que praticam a venda de objetos sagrados ou milagrosos não constituem verdadeiras comunidades de crentes. Afastados da *koinonia* cristã, consideram seus frequentadores clientes, pois somente buscam soluções mágicas para os problemas do cotidiano, permanecendo, quase sempre, em trânsito ou, até mesmo, mantendo uma identidade religiosa anterior[50]. Propõem, nestes casos, a aplicação do Código de Defesa do Consumidor[51].

A despeito desse entendimento, convém aplicarmos, contudo, o mesmo raciocínio das promessas milagrosas e, consequentemente, a conclusão de que não se deve falar em responsabilidade civil, salvo seja, por mais improvável que seja, apresentado contrato formal ou comprovada, por qualquer meio, cláusula ou promessa garantindo que o milagre é intrínseco à coisa vendida e não à fé do comprador – o que, além de levar a discussão para o

[48] Ibidem, p. 507-510.

[49] De fato, assevera Argiolas: "O Estado deve rejeitar uma atitude demasiado paternalista (...) não podendo conceder o direito de ressarcimento a todas as pessoas que fizeram más escolhas económico-financeiras resultantes da religião que decidam seguir. Desde que não tenha havido qualquer coação, ou o aproveitamento de uma situação de incapacidade mental". (Ibidem, p. 412-413)

[50] Mendonça, Antônio de Gouvêa. *Protestantes, pentecostais e ecumênicos*. São Bernardo do Campo: UMESP, 1997, p. 161.

[51] Silva, Ivan de Oliveira. *Relação de consumo religiosa*: a vulnerabilidade do fiel-consumidor e a sua tutela por meio do Código de Defesa do Consumidor. São Paulo: Atlas, 2012, p. 101.

campo da responsabilidade contratual, traria a reboque questão desfavorável ao comprador, a do objeto possível (talvez superada pela rigidez das regras da propaganda comercial).

***iv.* Doutrina desfavorável às mulheres:** É comum que entidades religiosas desprestigiem as mulheres em favor dos homens. Esse pensamento de natureza discriminatória para o direito moderno e cuja origem se perde na noite dos tempos modulou, até meio século atrás, o próprio ordenamento jurídico[52].

Mesmo diante do triunfo constitucional da igualdade dos sexos e dos tipos penais que condenam a discriminação, há quem defenda que as entidades religiosas, por serem privadas e frequentadas espontânea e voluntariamente por pessoas que se refletem numa determinada multividência e que podem, sempre que o desejarem, abandoná-las[53], não podem ser responsabilizadas por discurso discriminatório contra as mulheres.

Mas nem sempre é assim. Muitas vezes, na prática, é inútil falar em voluntariedade para refutar a discriminação confessional, sendo quimera quando a mulher – mesmo que, da boca pra fora, alegue que ser sua vontade[54] – for dependente econômica e socialmente do chefe da família e,

[52] No Brasil, a situação jurídica da mulher evoluiu a passos lentos e demorados, tendo o preceito de sua incapacidade, algo "velho e odioso" já para Vicente Ráo, repousado na ideia da *propter sexus infermitatem et forensium rerum ignorantiam* e no "presupposto de uma inferioridade physica e psychica e affirmando a *levitas animi* e a *fragilitas sexus*". (Ráo, Vicente. *Da capacidade civil da mulher casada*. São Paulo: Saraiva, 1922, p. 5)
São mudanças dessa natureza que refutam os doutrinadores que defendem a existência de limitações imanentes nos direitos fundamentais. Não há. Se o ordenamento não muda, o homem continua, a cada ameaça, a defender sua ação tradicional como um direito fundamental. As limitações de um direito fundamental são exógenas, externas a ele. Não triunfassem a igualdade e a ordem de não discriminação dentro do texto constitucional e nas letras do direito penal, mulheres, homossexuais, transexuais e, antes deles, afrodescendentes, continuariam na situação de cidadãos de segunda ou terceira categoria.
Disso também se extrai que, apesar do entendimento clássico segundo o qual não pode o Estado interferir nas doutrinas religiosas, a evolução do ordenamento jurídico, em certas matérias, sempre vai exigir modulações confessionais. Tais modulações serão legítimas quando, mesmo tolhendo ou revogando um direito de um homem, reflitam no ganho de um direito para a humanidade.

[53] Argiolas, Davide. *A responsabilidade civil extracontratual das entidades religiosas*, p. 145.

[54] O problema é ilustrado com clareza na festejada literatura distópica de Margaret Atwood ao falar da fictícia República de Gilead, um Estado totalitário, teocrático e fundamentalista cristão, surgido em território que compunha outrora os Estados Unidos da América e no qual

mais ainda, quando não tiver instrução e qualificação para buscar sustento fora do lar – o que se agrava se a ela foi negada a educação secular e se nunca trabalhou (realidade comum às mulheres muçulmanas e judias ultra ortodoxas).

Logo, o reconhecimento da responsabilidade extracontratual de entidade religiosa por discurso discriminatório dependerá das condições de vida da mulher. Ou seja, se maior, **capaz e independente**, eventual indenização somente será possível se o discurso religioso for violento, injurioso ou difundir agressão. Nas **situações de dependência, incapacidade ou desqualificação** da mulher, seria injusto deixar de responsabilizar a entidade religiosa.

***v.* Discursos acerca da sexualidade:** Os discursos que envolvem a sexualidade, desde os que pregam que o sexo só pode ser feito dentro do matrimônio e para fins de procriação até os que abordam as relações homossexuais e outros aspectos da sexualidade, nem sempre geram danos indenizáveis. Ou seja, nem sempre a crítica teológica aos grupos LGBTQIA+ pode ser confundida com incitação à violência[55] ou discurso homo e transfóbico[56]. Em assim sendo, necessário seja aplicado, na análise dos

as mulheres, agora propriedades governamentais às quais era proibido ler – restando-lhes o direito de rezar –, só tinham uma função, a de procriar: paradas duas de suas cidadãs pelo intérprete dos turistas japoneses "ocidentalizados", são por ele perguntadas se são felizes. Feito o silêncio, Offred, a protagonista, raciocina consigo mesma que "às vezes é igualmente perigoso não falar" e, sem outra opção de resposta, mente: "Sim, somos muito felizes". (Atwood, Margaret. *O conto da aia*. Trad. Ana Deiró. Rio de Janeiro: Rocco, 2017, p. 41)

55 Argiolas, Davide. *A responsabilidade civil extracontratual das entidades religiosas*, p. 439.

56 Em 2019, o Supremo Tribunal Federal (STF) reconheceu a aplicação subsidiária da Lei 7.716/1989, que trata do racismo, para os casos de homo e transfobia enquanto não promulgada lei que os criminalize especificamente. Festejada decisão, contudo, concluindo pela existência de mora do Congresso Nacional, andou mal. Bastaria reconhecer que homo e transfobia já são crimes em decorrência natural da mencionada Lei por obra do acórdão de 2003 desta própria Corte nos autos do *habeas corpus* nº 82.424/RS (caso Ellwanger). Na esteira dessa decisão, homilias e livros religiosos não mais poderiam aviltar a prática homossexual, pois, pelo conceito estendido de raça abraçado pelos Professores Celso Lafer e Miguel Reale Júnior em seus pareceres no bojo desse caso, a homo e a transfobia já seriam crimes de racismo, cujo único significado admitido em nossos dias, já que só existe uma raça, a humana, abarca cada um dos agrupamentos humanos reunidos em torno de um vínculo identitário comum, seja ele natural ou cultural. (Pavinatto, Tiago. *Viva o STF, abaixo o STF*. Disponível em: <https://estadodaarte.estadao.com.br/viva-o-stf-abaixo-o-stf/>. Acesso em: 30 mai. 2019)

discursos sobre este tema, **idêntico raciocínio utilizado nos discursos sobre a condição feminina** para checagem de admissão da responsabilidade extracontratual.

Ao falar de sexualidade, identidade e orientação sexual, o discurso religioso não pode intimidar e prejudicar o desenvolvimento psicossocial saudável dos envolvidos. Aversão, ostracismo e abnegações podem, aliás, implicar em dano extrapatrimonial mais grave, o **dano existencial**[57]. Ou seja, tal discurso pode não as aceitar como corretas e desejadas, mas nunca

[57] **DO DANO EXISTENCIAL**
Espécie de *tertium genus* no âmbito da responsabilidade civil, pois destacado do tronco do dano patrimonial e do dano moral por afetar uma realidade centrada no **fazer não remunerado** da vítima, o dano existencial, conforme o criador do conceito, Paolo Cendon, ultrapassa prejuízos à integridade psicofísica; ele conturba, quase que de forma definitiva, o cotidiano da pessoa. (Cendon, Paolo; Ziviz, Patrizia [a cura di]. *Il danno esistenziale:* Una nuova categoria della responsabilità civile. Milano: Giuffrè. 2000)
Teresa Ancona Lopez destaca que o dano em análise encontra correspondentes em outros países, a saber: França (*préjudice d'agrément*), Inglaterra (*loss of amenities of life*), Alemanha (com a reforma do BGB em 2002, foi acrescentado no §253 inciso que estabelece a indenização por dano ao corpo, à saúde, à liberdade e **autodeterminação sexual**), Peru (*daño al proyeto de vida*) e Argentina (o Decreto 191/2011, em seu artigo 1738, trata também de indenização por interferência em projeto de vida.). Na sequência, a Professora nos ensina que o dano existencial é "lesão que compromete as várias atividades através das quais a pessoa atua para plena realização na esfera individual. Seus efeitos comprometem as realizações do interesse da pessoa quotidianamente nas várias áreas de sua atuação, comprometendo sua qualidade de vida. Não se confunde com o dano à saúde ou à integridade psicofísica (dano-evento). Evidentemente que pode ter origem nesses, mas são seus efeitos mórbidos que conduzem ao dano existencial, sempre um dano-consequência. Assim, o dano-evento pode ser de diversas origens, materiais ou imateriais, contratuais ou extracontratuais. O importante para a caracterização do dano existencial é que tenha produzido um prejuízo ao bem-estar pessoal ou ao projeto de vida." (Lopez, Teresa Ancona. Dano existencial. *Revista de Direito Privado.* São Paulo: RT, 2014. v. 57, p. 292-293)
Rogério Donnini bem resume o dano em tela como aquele que causa "ruptura no projeto de vida", levando a vítima "a escolhas de vida diferentes, no que diz respeito à expressão e realização de sua personalidade"; "um caminho pelo resto da vida comprometido e alterado em razão da lesão suportada." (Donnini, Rogério. *Responsabilidade civil na pós-modernidade:* felicidade, proteção, enriquecimento com causa e tempo perdido. Porto Alegre: Sérgio Antônio Fabris Ed., 2015, p. 106-107)
Quanto à sua consideração jurídica, no Brasil, como tipo autônomo de dano, Teresa Ancona Lopez conclui que, "no caso de determinadas e graves ofensas à pessoa, o dano existencial configura melhor a proteção à dignidade do ser humano individual e socialmente. Podemos lembrar que o bullying, a **homofobia** e outras formas de discriminação da sexualidade alheia, o racismo, a invasão da intimidade etc., são típicos danos ao bem-estar e aos prazeres da vida,

pode satanizá-las, interessando adotar como ponto de equilíbrio o conceito neotestamentário de "falar a verdade com amor" (Carta aos Efésios 4,15)[58].

***vi.* Proselitismo:** Tentar convencer os outros a aderir as suas crenças (proselitismo) pode ser verdadeira razão de ser para algumas religiões, mas a forma pode ser inadequada. Assim, o **proselitismo** deve ser dicotomizado em: (*i*) **não abusivo**, ou seja, exercido de forma legítima, ponderando-se a liberdade da "fonte" de manifestar sua fé e a do "alvo" de ter ou manter sua religião; e (*ii*) **abusivo**, o exercício ilegítimo a depender de (*ii.a*) seus métodos, que podem ser coercitivos de diversas maneiras, (*ii.b*) seus alvos, em especial pessoas vulneráveis, e (*ii.c*) do local onde a ação ocorre[59] (*v.g.*, quando um militar de patente superior, supondo-se uma rígida hierarquia, quer doutrinar militares sob seu comando, claramente coagidos a, no mínimo, ouvir o prosélito[60]), hipótese na qual haverá responsabilidade extracontratual.

***vii.* Críticas a outras religiões:** Comete ato ilícito repreensível qualquer entidade religiosa que integrar em sua crítica a outras religiões qualquer evidência de incitamento à discriminação, ao ódio ou à violência[61] (a título de exemplo, o comportamento belicoso neopentecostal às religiões de matriz africana).

ou seja, atrapalham a realização humana em sua potencialidade, pois voltados para o futuro." (Ibidem, p. 300 – grifo nosso)
Por último, cabe trazer a conhecimento o Projeto de Lei da Câmara dos Deputados nº 699/2011, parado naquela casa legislativa há quase uma década, que, dentre outras previsões, visa alterar o artigo 11 do Código Civil para consagrar o *direito à opção sexual* como um direito inato. (cf. Donnini, Ibidem, p. 156)

[58] Argiolas, Davide. *A responsabilidade civil extracontratual das entidades religiosas*, p. 443. Na mensagem do Evangelho de 18 de julho de 2020, o Papa Francisco nos ensina: "Eis o estilo de Jesus, e também o estilo missionário dos discípulos de Cristo: anunciar o Evangelho com mansidão e firmeza, sem gritar, sem repreender ninguém, mas com mansidão e firmeza, sem arrogância nem imposição." (Disponível em: <https://twitter.com/vaticannews_pt/status/1284421415421317120?s=21>. Acesso em 18 jul. 2020)

[59] Cf. Guerreiro, Sara. *As fronteiras da tolerância:* liberdade religiosa e proselitismo na Convenção Europeia dos Direitos do Homem. Coimbra: Almedina, 2005, p. 213.

[60] Ibidem, p. 236.

[61] Nessa toada, a sura "5.60" do Corão, que condena judeus a se transformarem em porcos e macacos, deveria ser censurada?

***viii.* Hipóteses de necessária aplicação de qualquer responsabilidade civil:** Sempre deve ser reconhecida a responsabilidade civil, de qualquer natureza, das entidades religiosas quando houver:

***viii.1.* coação:** À coação moral corresponde a sanção de anulabilidade. Muito embora nosso Código Civil, em seu artigo 153, exclua dessa hipótese o "simples temor reverencial"[62], há que se considerar que, nos domínios da fé, tal temor nunca é "simples"[63];

***viii.2.* abuso do direito[64]:** Sem correspondência na vetusta codificação, o Código Civil em vigor dispõe sobre esse abuso em seu artigo 187.

[62] Menezes Cordeiro credita a exclusão do *temor reverencial* do campo da coação à astúcia dos canonistas, tendo em vista salvaguardar determinados casamentos. (Cordeiro, António Manuel da Rocha e Menezes. *Tratado de direito civil*: parte geral; negócio jurídico. 4 ed. Coimbra: Almedina, 2017. v. 2, p. 832-833)

[63] Na Itália, após as transmissões da televidente Vanna Marchi, incautos ligavam para o número indicado para comprar cosméticos mágicos, amuletos, números para loteria ou solicitar rituais de magia. Sem os resultados, os clientes que reclamavam recebiam a informação de estarem vitimados por inveja ou algum feitiço maligno e que somente "o Mago" poderia lhes resgatar a integridade espiritual. Quando a quadrilha se deparava com recusas de pagamento, surgiam as ameaças de morte dos filhos, destruição da família, doenças incuráveis entre outros males. A única mágica confirmada na história foi o acúmulo de sessenta e quatro milhões de liras (trinta e três milhões de euros) em cinco anos. Vanna Marchi foi detida em 2002 e condenada à prisão pela Corte de Cassação em 2009, tendo de ressarcir suas vítimas em cerca de dois milhões de euros. (Biondani, Paolo. Vanna Marchi Marchi, le testimonianze delle vittime. *Corriere dela sera.it.* Disponível em: <http://www.corriere.it/Primo_Piano/Cronache/2002/01_Gennaio/25/vanna.shtml>. Acesso em: 20 out. 2017)

[64] **DO "ABUSO DE PODER RELIGIOSO" NO DIREITO ELEITORAL**
O Ministro Luiz Edson Fachin, em sede de ação de cassação de mandato de uma vereadora no Tribunal Superior Eleitoral (TSE), trouxe à baila o tema do abuso de poder religioso, reflexo, em nosso sentir, de **situação híbrida do abuso do direito de liberdade religiosa e da coação moral** ocorrida quando as entidades confessionais usam e contam com a vantagem de toda a sua estrutura para promover candidato político (estrutura privilegiada pelo próprio Estado, imunizada de tributos que é): "A imposição de limites às atividades eclesiásticas representa uma medida necessária à proteção da liberdade de voto e da própria legitimidade do processo eleitoral, dada a ascendência incorporada pelos expoentes das igrejas em setores específicos da comunidade", disse o Ministro. (TSE discute punir abuso de poder religioso. *O Estado de S. Paulo*, São Paulo, 2 jul. 2020, p. A5)
Os delirantes "conservadores" não tardaram em classificar a hipótese como absurda. Em linhas gerias, as vozes contrárias ao reconhecimento desse abuso alegam que a lei eleitoral só menciona os abusos de poder econômico e político, bem como, se fosse o caso de admití-lo, deveríamos reconhecer abusos de poder sindical, universitário, escolar etc. – argumento vigarista, pois, dentro da questão mal resolvida de nosso Estado Laico, são as entidades religiosas que gozam de absurda imunidade tributária constitucional.

Porta para o bem-estar social, Teresa Ancona Lopez ensina que a teoria do abuso do direito tem "servido para rever o conceito de direito subjetivo"[65] e encontrou abrigo seguro na teoria da confiança como base das relações intersubjetivas[66]. Assim, o titular de qualquer direito que, ao exercê-lo, exceder manifestamente os limites impostos pelo seu fim econômico ou social, pela boa-fé ou pelos bons costumes, cometerá ato ilícito. Portanto, a liberdade religiosa sempre poderá ser restringida com base no instituto do abuso do direito. Tais restrições serão autorizadas sempre de modo proporcional e específico e destinadas a prevenir ou fazer cessar o abuso, bem como a impor sanções orientadas à reparação ou compensação dos efeitos danosos[67]; e

***viii.3.* dano a incapaz:** As entidades religiosas devem sempre responder pelos danos que causarem aos incapazes, quais sejam, os **menores**, os **portadores de transtornos mentais** (em conformidade com o Código de Processo Civil em vigor), os **pródigos** e aqueles em estado de **incapacidade natural**[68]. Nos dois primeiros casos, o dano certamente terá natureza extrapatrimonial e, nos casos de prodigalidade e incapacidade

Se, na Itália, os ministros religiosos podem ser condenados pelo crime de *abuso eleitoral* caso constranjam seus fiéis em favor de determinada lista ou candidato ou os induzam à abstenção – e a Itália não é nenhum modelo de país antirreligioso, muito pelo contrário –, no Brasil, esses tipos de interferência crescem a cada pleito. Sabe-se que os candidatos que utilizam, nas urnas, títulos de "missionário", "pastor" ou "bispo", além do custo extremamente reduzido de campanha (uma forma de abuso econômico), quando indicados por um líder de maior projeção, têm sua escolha ainda mais facilitada (uma forma de coação moral).

[65] Lopez, Teresa Ancona. Exercício do direito e suas limitações: abuso do direito. In: Nery, Rosa Maria de Andrade; Donnini, Rogério. *Responsabilidade civil*: estudos em homenagem ao Professor Rui Geraldo Camargo Viana. São Paulo: RT, 2009, p. 542.

[66] Ibidem, p. 551.

[67] Novais, Jorge Reis. *As restrições aos direitos fundamentais não expressamente autorizadas pela Constituição*. Coimbra: Coimbra Editora, 2003, p. 506-507.

[68] Se, no direito antigo, havia os *intervalos lúcidos* dos incapazes, é exato falar, no vigente, de verdadeiros *intervalos não lúcidos* dos capazes: a incapacidade natural. Apesar de não prevista expressamente, consideramos que ela foi positivada em nosso ordenamento através do inciso III do artigo 4º de nosso Código Civil, alterado que foi pelo Estatuto da Pessoa com Deficiência, ao aludir a "causa transitória" na privação da expressão da vontade. Essa incapacidade acidental, passageira e pontual corresponde a um estado momentâneo oriundo de causas como a embriaguez, o efeito de psicotrópicos, psicopatologias, delírios, estado de pânico ou trauma, e, ainda, hipnose, sonambulismo, cansaço extremo, acessos de ira e a euforia perante um acontecimento fasto. (Pavinatto, Tiago. *A condição do fanático religioso*. Rio de Janeiro: Lumen Juris, 2019, p. 143)

natural, quase sempre material, pois muito possivelmente oriundos de doações (anuláveis nestes casos).

ix. **Responsabilidade objetiva:** Falamos, neste ponto, da responsabilidade sem culpa, fundada no risco, na qual basta, para que se materialize, a ocorrência, objetivamente, de algum fato previsto na lei. As entidades religiosas responderão, assim, como qualquer empregador, por seus empregados e sacerdotes, ficando elas autorizadas, pelo direito de regresso, a se reembolsarem da soma indenizatória despendida. Da mesma forma, serão responsáveis pelos danos causados por animais, se não provada força maior ou culpa da vítima, eventualmente trazidos para seus rituais.

x. **Dever de precaução:** Tema desferido, há mais de uma década, pela Professora Teresa Ancona Lopez, o princípio da precaução, surgido no direito ambiental, vem, "muito rapidamente, se colocando em todos os ramos do direito, incluindo o direito civil", tendo sido "recepcionado pelo direito da responsabilidade civil no século XXI como a saída mais eficaz (...) para se evitar o dano grave e irresistível."[69] Ao lado de uma responsabilidade clássica, a reparadora, temos, hoje, uma responsabilidade preventiva[70] (mais recente modalidade de responsabilidade objetiva) aplicada também às entidades religiosas em decorrência dos danos a terceiros simplesmente por desrespeito às normas de segurança e cuidado[71], bem como por omissão quando a conduta potencialmente produtora de danos é rotineira e não são tomadas as providências de prevenção adequadas[72].

[69] Lopez, Teresa Ancona. *Princípio da precaução e evolução da responsabilidade civil.* São Paulo: Quartier Latin, 2010, p. 16-17.

[70] Ibidem, p. 17.

[71] Argiolas, Davide. *A responsabilidade civil extracontratual das entidades religiosas*, p. 24.

[72] Ibidem, p. 399.

No REsp 1.285.789, a 4ª Turma do Superior Tribunal de Justiça condenou, por unanimidade, a Igreja Universal do Reino de Deus a indenizar em R$ 8 mil uma idosa que relatou ter sido agredida durante "sessão do descarrego". Para o Relator, Ministro Raul Araújo, a responsabilidade subjetiva ficou comprovada diante da omissão dos membros da igreja em evitar o acidente. Mesmo sem a prova, porém, ele disse que a entidade responde de forma objetiva quando as práticas são rotineiras nos cultos. (STJ, 4ª Turma, REsp 1.285.789/GO, Rel. Min. Raul Araújo, j. 13 dez. 2016)

CONCLUSÕES

Vivemos, observa Rogério Donnini, "um *interregno*, momento de incertezas e de evidente transição, caracterizado pela ruptura de um modelo cultural, social e político". Essas transformações, é claro, alcançam a responsabilidade civil, que passa a orbitar especialmente em torno da proteção da pessoa[73] – e esse novo cerne, evidentemente, traz consequências para as entidades religiosas.

Tais consequências, responsabilidades antes não cogitadas, são facilmente verificadas, pois, das conclusões de cada um dos tópicos deste artigo, uma só grande lição se extrai: toda entidade religiosa terá responsabilidade civil extracontratual e deverá indenizar ou compensar os danos causados quando transverter a redenção em rendição.

[73] DONNINI, Rogério. *Responsabilidade civil na pós-modernidade*, p. 163-164.

53

O FENÔMENO DAS *FAKE NEWS*, A DEGRADAÇÃO DO DEBATE PÚBLICO E O PERIGOSO CAMINHO DA CENSURA PRIVADA

TOM ALEXANDRE BRANDÃO

INTRODUÇÃO

Este artigo é escrito no curso da maior pandemia dos últimos 100 anos. A vida como conhecemos – ou conhecíamos – foi bruscamente interrompida pela COVID-19. Tarefas que antes eram corriqueiras soam, neste momento, como utopia. Fomos todos atingidos em nossos direitos e liberdades mais elementares, impedidos de sair de casa, encontrar familiares e confraternizar com amigos. E, não bastassem as incertezas e aflições em relação à dimensão e gravidade da doença, as projeções econômicas e sociais são extremamente preocupantes.

Diante de um cenário tão adverso, era de se esperar uma comunhão de esforços para que pudéssemos encontrar soluções para a urgência sanitária e, não menos importante, equacionar – ou ao menos atenuar – os calamitosos efeitos que dela advirão. Mas, infelizmente, não é o que ocorre neste Brasil tão polarizado e vocacionado para o dissenso, ódio e radicalismo. É inacreditável observar que a nossa sociedade, instituições e governantes estejam, neste momento, debruçados sobre a tramitação e iminente aprovação de um projeto de lei que disciplina, dentre vários outros aspectos, a regulamentação das redes sociais.

A liberdade de expressão é um valor fundamental e, frise-se, demasiadamente frágil para que seja tratado de forma tão açodada, sem a reflexão, o cuidado e debate necessários. Não há como abordar, nestas singelas linhas, todos os pontos críticos da lei em gestação. Há inúmeras questões delicadas que envolvem intimidade, privacidade, anonimato, governança das redes, transparência etc. A pretensão é, apenas, chamar a atenção para a gravidade de medidas que possam implicar ou estimular a retirada de conteúdo e, muito pior, a derrubada de contas/perfis de usuários. São mecanismos que não devem ser considerados triviais, ainda que sob a justificativa do imperioso combate às famigeradas *fake news*.

Um alívio nessas semanas tão difíceis foi a oportunidade de contribuir para uma obra coletiva em homenagem à professora Teresa Ancona Lopez, sempre tão gentil e generosa, com profunda influência na minha formação acadêmica e, sobretudo, para o estudo da responsabilidade civil no direito privado contemporâneo. É o que me anima a escrever em tempos pandêmicos.

1. BREVES CONSIDERAÇÕES A RESPEITO DA INCONVENIÊNCIA DE SUPRESSÃO DE UMA IDEIA OU OPINIÃO

A enorme importância e o status preferencial que gozam liberdades comunicativas[1] podem ser justificados por diferentes razões. No plano individual, cuida-se de manifestação de direito da personalidade[2]: todo ser humano tem não apenas o direito, mas verdadeira necessidade de expressar seus pensamentos, suas crenças, opiniões e visões de mundo. O homem, com efeito, não se satisfaz apenas com a possibilidade de pensar e refletir. É somente com a exteriorização de sua expressão, pelas mais diversas formas de comunicação, que a personalidade se realiza por completo. A interação social, afinal, é uma característica que nos define como espécie.

Cuida-se de um feixe de liberdades que compreende não apenas o direito de informar, mas também os direitos de se informar e de ser informado[3]. O indivíduo, assim, pode buscar a informação que lhe aprouver,

[1] A expressão "liberdades comunicativas" é consagrada pela doutrina alemã; compreende todas as dimensões da liberdade de expressão, quais sejam, a liberdade de opinião, de discurso, de informação, de mídia, de comunicação e artística. Neste artigo os termos serão tratados de forma indistinta.

[2] Na perspectiva do direito civil, a liberdade de expressão pode ser enquadrada na categoria dos direitos da personalidade; adequa-se à clássica concepção de patrimônio mínimo e indispensável da pessoa humana. Nesse sentido, confira-se SCHREIBER, Anderson. *Direitos da personalidade*. 2ª ed. São Paulo: Atlas, 2013, p. 240/241.

[3] Os elementos constitutivos da liberdade de comunicação são bem explicados por Edilsom Farias (*Liberdade de expressão e comunicação: teoria e proteção constitucional*. São Paulo: Revista dos Tribunais, 2004, p.85).

da forma e pelos meios que bem entender. Para tanto, há que se garantir o livre acesso às mais diferentes expressões, condição imprescindível para o pleno desenvolvimento da personalidade. As discussões sobre a liberdade de expressão, não raro, trazem consigo uma áurea romantizada que evoca a luta do bem contra o mal. Não é para menos: trata-se, historicamente, da proteção daqueles que ousam denunciar e confrontar o autoritarismo, os excessos, os desmandos e a tirania; é o levante dos oprimidos contra o arbítrio do Estado[4].

São incontáveis os casos de governantes que perseguiram e, lamentavelmente, ainda perseguem aqueles que se arriscam a confrontar e expor as estruturas do poder. A guerra em defesa da liberdade de expressão nunca pode ser considerada como vencida; novas batalhas sempre serão necessárias, pois, enquanto existirem questionamentos aos dominantes, haverá tentativas de silenciar os críticos, a imprensa e a oposição.

Mas o tema não se esgota nisso. A irrestrita circulação de ideias, teses, posições e opiniões tem um valor social muito maior: a evolução do debate público. Essa noção não é nova e remonta a John Stuart Mill[5] que, em suas célebres reflexões sobre a liberdade, já sustentava que o silenciamento de uma opinião causa um roubo à humanidade e às gerações atuais e futuras. Isso porque *"se a opinião for correta, ficarão privados da oportunidade de trocar erro por verdade; se estiver errada, perdem uma impressão mais clara e viva da verdade, produzida pela sua confrontação com o erro – o que constitui um benefício igualmente grande"*.

É a inspiração da doutrina do livre mercado das ideias, com profunda influência no direito norte-americano[6] e na doutrina da liberdade de expressão em geral. Assevera, basicamente, que a verdade ou a aceitação de ideias decorre da competição de umas contra as outras e não da opinião de um censor ou de uma autoridade sobre elas. Do confronto entre diferentes posições, portanto, prevaleceria a melhor.

[4] Daí porque a liberdade de expressão usualmente é abordada como no âmbito do direito constitucional. Atualmente o enfoque do papel do Estado deve ser outro, muito mais amplo: não é mais censor e passa a ser garantidor e o fomentador de canais que ampliem a circulação da expressão.

[5] *Sobre a liberdade*. Rio de Janeiro: Nova Fronteira, 2011, p. 42/43.

[6] A doutrina foi desenvolvida a partir do voto dissidente do juiz Oliver Wendell Holmes no julgamento do caso "Abrams v. United States", em 1919. A célebre fundamentação sustentava que o melhor teste para a verdade é a força que a ideia tem de ser aceita numa competição de mercado.

Evidente que o mercado livre das ideias é apenas uma ficção que não deve ser interpretada literalmente[7]. Aliás, nem mesmo na seara econômica é possível acreditar em mercado com livre competição, isento de quaisquer fatores que a contaminem. É preciso reconhecer que não há um ambiente em que as ideias sejam francamente debatidas e não é mesmo possível afiançar que exista um processo racional em que a melhor verdade prevalecerá. Mas essa constatação não é suficiente para desmerecer a essência que sempre caracterizou a doutrina da liberdade de expressão: o ideal é que as posições possam ser conhecidas e confrontadas entre si[8]. A supressão de uma ideia ou opinião, por mais toscas ou absurdas que sejam, causa um prejuízo imenso ao debate público. E, nesse sentido, as raízes do livre mercado das ideias ainda se mantêm intactas.

Exemplos ajudam a desenvolver o raciocínio. Em 2005, Lawrence Summers, então reitor da Universidade de Harvard, participou de palestra em seminário que tratava do papel das mulheres na ciência. Na ocasião, o reitor discorria sobre quais seriam os motivos que explicariam a menor quantidade de mulheres nos cursos ligados às ciências exatas, oportunidade em que sugeriu que elas poderiam ter dificuldades de cumprir as mesmas horas de dedicação semanais realizadas pelos homens, em razão de obrigações familiares delas exigidas. Especulou, ainda, que poderiam existir diferenças inatas entre os sexos, ou seja, que os homens poderiam ser biologicamente mais capazes do que as mulheres nessas áreas do conhecimento humano.

A reação da opinião pública e da comunidade acadêmica foi imediata e estrondosa. Docentes acusaram o reitor de prejudicar a instituição que dirigia, pois suas ilações, além de estapafúrdias, acabariam por desestimu-

[7] Thomas W. Joo (The worst test of truth: the "marketplace of ideas" as faulty metaphor. *Tulane Law Review*. 89, Issue 2, 2014) rechaça a existência de um verdadeiro mercado das ideias. Cuida-se de uma metáfora que, portanto, não deveria ser assumida em sua forma literal. Não é a comparação entre dois contextos empíricos (discurso e mercado), mas uma visão abstrata em favor da desregulação desses dois cenários. Vale dizer, um argumento, não uma evidência.

[8] Jónatas E. M. Machado (*Liberdade de expressão: dimensões constitucionais da esfera pública no sistema social*. 3ª ed., Coimbra: Coimbra Editora, 2002, p. 261) assevera que a teoria do mercado livre das ideias, a despeito de suas imperfeições, "*traduz os valores fundamentais da descentralização da produção e difusão das ideias e da autonomia individual na adesão ou no abandono das mesmas, bem como da estruturação dos procedimentos comunicativos de acordo com o princípio da persuasão, nos termos do qual o Estado não pode suprimir um discurso com base no fato de que o mesmo tem capacidade para persuadir as pessoas*".

lar estudantes a prosseguirem seus estudos e professoras a lecionarem em Harvard. Apontaram estudos consistentes, segundo os quais a presença menor de mulheres em posições destacadas nas ciências seria explicada por diversos outros fatores, tais como estereótipos de gênero[9], desestímulo na escola, discriminação no acesso aos programas de universitários e concursos de ingresso, dentre outras questões estruturais.

Esse singelo episódio ajuda a perceber que o desconhecimento dessa opinião seria muito prejudicial à sociedade. É muito importante expor o que pensa um reitor de Harvard para que se perceba o quanto a sociedade em que vivemos é injusta, desigual e misógina, mesmo nos estratos mais sofisticados. Ajuda a refletir a extensão dos desafios que são impostos, desde tenra idade, às mulheres. Apenas com o devido questionamento é que ideias ruins podem ser vencidas[10].

O mesmo raciocínio pode ser estendido a diversas outras situações, tais como sistema de cotas para ingresso em concursos e universidades públicas, programas e políticas de imigração, direitos dos indígenas, LGBT etc. Os temas sensíveis existem e não devem ser ignorados. É preciso conhecer todos os pontos de vista, sem exceção. Os piores só serão efetivamente superados se forem trazidos à luz e devidamente refutados.

[9] Dario Cvencek, Andrew N. Meltzoff e Anthony G. Greenwald (Math–Gender Stereotypes in Elementary School Children. *Child Development*, Volume 82, Number 3, May/June 2011, p. 766/779) realizaram estudo em que constataram que as crianças estão sujeitas, desde muito cedo, a estereótipos culturais de que matemática é uma matéria adequada para os meninos. Os resultados da pesquisa sugerem que essas tradições influenciam a autoestima das meninas e contribui para afastá-las de outros campos do conhecimento como engenharia e ciências da computação.

[10] Numa outra perspectiva, é danoso para sociedade interditar o debate e a própria liberdade científica. O professor Steven Pinker (*Sex Ed: The Sciense of difference.* Disponível em <https://newrepublic.com/article/68044/sex-ed>. Acesso em 27 de junho de 2020) discorreu sobre a polêmica descrita em Harvard. Afirma que, em algum ponto da história dos movimentos feministas, a crença de que homens e mulheres são psicologicamente indistinguíveis tornou-se sagrada, por razões compreensíveis. As mulheres foram efetivamente prejudicadas sob justificativas equivocadas de diferenças essenciais. No entanto, qualquer pessoa que levante a questão de diferenças inatas entre os sexos é vista como alguém que "não está entendendo" a igualdade entre os sexos. Argumenta que esse tipo de mentalidade coloca em colisão uma causa louvável (feminismo) com os achados da ciência e a necessário espírito livre de pesquisa.

2. DAS DISTORÇÕES DO MERCADO DE TECNOLOGIA E A INEXISTÊNCIA DE UM AMBIENTE LIVRE DE CIRCULAÇÃO DE IDEIAS

O fluxo de informações ocorre de forma exponencial nas mais diversas plataformas digitais, tais como sites de internet, blogs, podcasts, fóruns de discussão e, sobretudo, nas redes sociais[11]. A propagação de fatos, opiniões, análises e matérias é praticamente instantânea e inunda a vida de qualquer cidadão minimamente conectado. Notícias que, no passado, eram elaboradas e divulgadas pelo jornalismo profissional agora são produzidas de imediato pelas mais variadas fontes e transmitidas/encaminhadas numa velocidade assombrosa.

Acreditava-se, talvez de forma até ingênua, que a ampliação do acesso à informação e, também, a facilitação da produção e distribuição de conteúdo contribuiria para a democratização do conhecimento, para a melhoria da qualidade debate público e, de igual forma, robusteceria a cidadania. Com efeito, temas que não eram tratados na mídia tradicional encontrariam espaço na arena virtual[12]. Vozes que não eram ouvidas poderiam expor seus respectivos pontos de vista e participar de forma mais ativa nas deci-

[11] Causa certa apreensão, em discussões sobre a liberdade no ambiente digital, a forma indistinta como são tratadas as redes sociais. As plataformas têm estrutura e configuração bastante distintas entre si, de modo que eventual regulamentação deve considerar essas diferenças. A liberdade de expressão no Twitter, por exemplo, é bastante diferente do que ocorre em fóruns de discussão no Facebook ou em grupos do Whatsapp, por exemplo. As esferas de privacidade, intimidade e exposição são completamente diferentes e devem ser sopesadas em situações que possam configurar colisão entre direitos fundamentais.

[12] A mídia tradicional está inserida no mercado e, como tal, é movida e influenciada por interesses econômicos. Isso significa que não há, necessariamente, espaço para a divulgação de notícias/matérias que não revertam em audiência. Ou, pior que isso, abordar assuntos que possam ser rejeitados pelo público e/ou anunciantes. Daniel C. Hallin (*The uncensored war – The Media and Vietnam*, Berkeley: University of California Press, 1989) trata das diversas abordagens da mídia e desenvolveu uma teoria que ficou conhecida como as "esferas de Hallin". A chamada esfera do consenso relaciona-se a temas em que há concordância generalizada do público, de modo que não é preciso qualquer tipo de aprofundamento ou debate. A esfera da controvérsia legítima é a província da objetividade: diversos lados são ouvidos e apresentam seus pontos de vista, de modo a oferecer ao destinatário (audiência) condições suficientes para a formação de sua opinião. Já a esfera do desvio compreende tópicos desconsiderados, extremos ou ridicularizados: são opiniões radicais, levianas e, até mesmo, perigosas. Esses assuntos, na medida em que se afastam da controvérsia legítima e passam para o terreno do desvio, tendem a se tornar invisíveis na mídia tradicional. Essa lógica foi, de certa forma, superada com a internet, em que todos os temas, por mais inusitados que sejam, podem

sões da sociedade. Em suma, as pessoas teriam melhores condições de se informar, construir suas próprias opiniões e exercer suas escolhas.

A realidade, contudo, mostrou-se muito mais complexa e perversa. É questionável, para dizer o mínimo, a premissa de que as plataformas digitais de comunicação constituam um ambiente franco de debates e livre de interferências e interesses.

As grandes companhias de tecnologia exercem um papel crucial na conjuntura da liberdade de expressão contemporânea. Timothy Garton Ash[13] bem observa que as chamadas *Big Techs* (empresa como Google, Apple, Facebook e Twitter), embora não disponham da autoridade legislativa formal dos Estados soberanos, têm mais capacidade de influir na liberdade de informação e de expressão do que a maioria dos países. Agem com independência em relação às leis e políticas dos Estados soberanos em que operam e suas escolhas resultam do desenvolvimento de novas tecnologias, da busca pelo lucro e, até mesmo, das preferências e peculiaridades dos seus líderes.

Os modelos de negócio dessas companhias não dependem, como nos veículos de mídia tradicional, da aquisição de produtos, serviços ou assinaturas pelos seus usuários, mas essencialmente da receita advinda de publicidade. O grande objetivo é prender a atenção do internauta, mantendo-o conectado pelo maior tempo possível. As novas tecnologias permitem o direcionamento de anúncios personalizados e, assim, muito mais eficientes e rentáveis. Para tanto, essas empresas acumulam uma quantidade gigantesca de dados pessoais dos usuários que não são usados para oprimi-los politicamente, mas para que sejam vendidos aos anunciantes como potenciais consumidores[14].

O tratamento desses dados é feito por complexos algoritmos, sem que exista qualquer clareza ou transparência[15], com a entrega, a cada um de nós, de conteúdos customizados, de acordo com nossos interesses e carac-

encontrar eco e sólida audiência. Vale mencionar, como ilustração, os abilolados defensores do terraplanismo e, muito mais perigoso, o movimento antivacina.

[13] *Liberdade de expressão: dez princípios para um mundo interligado*. Lisboa: Temas e debates, 2017, p. 64.

[14] Precisa a observação de Timothy Garton Ash: "*estes negócios de informação afirmam que todos os dados e resultados são anônimos, mas uma qualquer máquina algures, e, portanto, potencialmente, qualquer pessoa, sabe quem somos. Daí a desconcertante experiencia de, minutos após se procurar, adquirir em linha ou simplesmente enviar por correio eletrônico algo sobre, digamos, sandálias, comecem a aparecer anúncios de sandálias em todos as nossas telas*".

[15] A coleta e tratamento desses dados impacta diretamente a privacidade dos usuários e foi objeto da Lei Geral de Proteção de Dados (Lei nº 13.709/18) .

terísticas. Em outras palavras, inexiste um espaço livre para o debate, mas sim plataformas com orientações específicas que criam o "efeito bolha". Os usuários não são confrontados com ideias e opiniões que lhes desagrade, sempre na intenção de que permaneçam conectados e expostos aos anúncios que geram o lucro às companhias.

Nesse contexto, qualquer discussão sobre liberdade de expressão no meio digital deve partir de uma noção mais clara do ambiente de informações atual, com referência particular à curadoria algorítmica dos feeds de notícias e à criação de câmaras de eco[16].

Essas distorções, portanto, não podem ser desconsideradas em qualquer debate sério ou maduro que se pretenda sobre a liberdade e tráfego de informações e comunicações no ambiente digital. Tim Wu[17] bem observa que a doutrina da liberdade de expressão tem mais de um século e, talvez, não seja adequada para o enfrentamento dos problemas atuais. A metáfora de um mercado de ideias está desgastada para o enfrentamento do problema[18].

[16] Eli Pariser (*O Filtro invisível: o que a internet é escondendo de você*. Editora Zahar, Rio de Janeiro, 2012, p. 11) destaca que a personalização não se limita os anúncios, mas também aos *feeds* de notícias e fluxos de informações. O usuário acessa notícias segundo seus interesses e desejos pessoais, sem que tenha acesso a outras posições que poderiam confrontá-lo. Assim define a bolha de filtros: "*A nova geração de filtros on-line examina aquilo de que aparentemente gostamos – as coisas que fazemos, ou as coisas das quais as pessoas parecidas conosco gostam – e tenta fazer extrapolações. São mecanismos de previsão que criam e refinam constantemente uma teoria sobre quem somos e sobre o que vamos fazer ou desejar a seguir. Juntos, esses mecanismos criam um universo de informações exclusivo para cada um de nós – o que passei a chamar de bolha dos filtros – que altera fundamentalmente o modo como nos deparamos com ideias e informações*". Esse fenômeno não é alimentado apenas pelos algoritmos, mas pelos próprios usuários que buscam conteúdo de acordo com suas próprias inclinações. Ethan Zuckerman (Mistrust, efficacy and the new civics: Understanding the deep roots of the crisis of faith in journalism. *Knight Commission Workshop on Trust, Media and American Democracy*, Aspen Institute, 2017) salienta que as pessoas buscam mídia ideologicamente compatível com elas não só por preguiça intelectual, mas por senso de eficácia, isto é, para dialogar com quem se encontra alinhado com suas pautas, sem a necessidade de eternas discussões. De toda forma, ao acessar mídias sociais, o usuário não escolhe os pontos de vista e sequer conhece quem ou quais critérios são utilizados pela tecnologia que faz essas opções. Os algoritmos apresentam o conteúdo com base no que o usuário "curtiu" ou se interessou no passado, de modo que tende a reforçar os preconceitos existentes. É um trabalho combinado entre o usuário (que bloqueia o que não lhe interessa) e a plataforma sempre com vontade de manter o usuário conectado.

[17] "Is the First Amendment Obsolete?," Columbia Public Law Research Paper No. 14-573 (2018).

[18] É precisa a crítica de Cláudio Lombardi (The illusion of a marketplace of ideas and the right to truth. *American Affairs*, Volume III, Number I, Spring 2019, p. 198/209): "Os relatos tradicionais de um mercado de ideias enfatizam uma competição da qual a verdade surge como

3. A DESINFORMAÇÃO NÃO DEVE SER PROTEGIDA COMO LIBERDADE DE EXPRESSÃO

Não se fala em outra coisa: o fenômeno *fake news* é o assunto do momento. Integra qualquer debate público relevante no mundo contemporâneo e consiste em peça fundamental para a compreensão da ordem geopolítica mundial.

Não fossem suficientes as distorções que caracterizam o fluxo de informações no meio digital, como abordado no item anterior, tem-se que o problema é muito mais grave quando se constata a quantidade exorbitante de conteúdos falsos propositadamente difundidos na *internet*. É no cenário eleitoral[19] que as *fake news* parecem exercer o seu efeito mais dramático, com a manipulação da opinião pública para a obtenção de resultados nas urnas. O tema ganhou as atenções do mundo[20] por ocasião das eleições presidenciais norte-americanas de 2016 e, também, com o plebiscito que ficou conhecido como *Brexit*, eventos de extrema importância e que, muitos afirmam, foram decisivamente influenciados pela massiva divulgação de inverdades nas redes sociais.

Há imprecisão na terminologia empregada. Relatório produzido no âmbito da União Europeia[21] destacou que é preciso evitar a expressão *fake*

um tipo de produto: eles geralmente assumem que um ambiente diversificado de informações tem o poder de estabelecer 'a verdade' na sociedade. Em outras palavras, o mercado de ideias é pensado como uma instituição autorreguladora, que apenas precisa da presença de diversos assuntos de opinião para funcionar. Essa imagem enganosa há muito tempo atrapalha os esforços dos governos ocidentais para regular a disseminação de informações na internet. No ambiente atual, é necessário ir além do modelo de 'mercado de ideias' para que as forças econômicas e os princípios da democracia e do interesse público sejam reconciliados".

[19] A dimensão do problema não passou despercebida pelo TSE que, já em 2017, instituiu pela Portaria n. 949 o Conselho Consultivo sobre Internet e Eleições, com composição que contempla integrantes dos Poderes Executivo e Judiciário e da sociedade civil. A iniciativa busca o desenvolvimento de pesquisas e estudos sobre as regras eleitorais e a influência da internet nas eleições, com especial atenção ao risco das *fake news* e o uso de robôs na disseminação de notícias falsas.

[20] A ONU editou a Declaração sobre a Liberdade de Expressão e "Fake News", Desinformação e Propaganda em 3 de março de 2017 com diversas diretrizes e princípios aos Estados, atores do setor de mídia e da tecnologia.

[21] O relatório, intitulado *"A multi-dimensional approach to disinformation: Report of the independent High level Group on fake news and online disinformation"*, encontra-se disponível no site da Comissão Europeia (https://ec.europa.eu). Prescreve uma série de respostas para o enfrentamento da desinformação, tais como o aumento da transparência das notícias on-line, a

news, que seria inadequada para capturar a complexidade do problema da desinformação, já que envolve não apenas a divulgação dos conteúdos falsos, mas a fabricação de informação inverídica (ou misturada com fatos que aparentam ou podem ser reais) com uma finalidade espúria. Além disso, compreende estruturas complexas, tais como a utilização de contas automatizadas (robôs), criação de perfis e seguidores com interações artificiais, impulsionamento e respostas organizadas etc.

A UNESCO[22] organizou uma série de iniciativas para fortalecer a formação e a educação no jornalismo como forma de compartilhar boas práticas que ajudem a combater esse problema. Para tanto, propõe a utilização da expressão desinformação (*disinformation*) às situações em que a informação que é falsa e, além disso, tenha sido criada deliberadamente para prejudicar uma pessoa, instituição, grupo social ou país. Já informações enganosas (*misinformation*) seriam as informações falsas, mas que não foram produzidas ou divulgadas com a intenção de causar danos.

Vê-se, assim, aquilo que vulgarmente se denomina como *fake news* não se limita à constatação da falsidade do que é divulgado; é necessário, além disso, que essas manifestações inverídicas configurem uma iniciativa organizada destinada à manipulação do(s) destinatário(s) contra um alvo em específico. Diogo Rais[23] reconhece a polissemia da expressão e propõe uma aproximação com a noção jurídica de fraude, de modo que a definição adequada para *fake news* seria "*uma mensagem propositadamente mentirosa capaz de gerar dano efetivo ou potencial em busca de alguma vantagem*". A abordagem é correta, pois compreende, além da inverdade, a deliberada intenção de propagar uma mentira e o propósito de obtenção de uma vantagem.

É relevante frisar que uma informação propositadamente inverídica[24] não merece a proteção conferida à liberdade de expressão. A mentira deli-

capacitação de usuários e da mídia, bem assim a preservação da diversidade e sustentabilidade do ecossistema de comunicação.

[22] É uma parte do Programa Internacional para Desenvolvimento da Educação (IPDC) no âmbito da UNESCO que produziu um manual denominado "Jornalism, 'Fake News' & Disinformation" disponível em (https://en.unesco.org/sites/default/files/journalism_fake_news_disinformation_print_friendly_0.pdf.)

[23] Rais, Diogo. Fake news e eleições. In: Rais, Diogo (coord.). *Fake News: a conexão entre a desinformação e o direito*. São Paulo: Thomson Reuters Brasil, 2018, P. 107.

[24] Não se trata de um conceito abstrato e filosófico de verdade, mas do que se convencionou chamar de verdade subjetiva: um compromisso ético com a informação verossímil, resultado de um processo diligente, com busca por fontes fidedignas e oitiva de todos os interessados.

berada não é, nem deve ser tolerada[25]. Equivoca-se, pois, quem defende a desinformação como exercício do direito de expressão[26]. O ponto nevrálgico, contudo, é outro: a distinção entre uma opinião, uma informação enganosa e uma *fake news* é tarefa extremamente complexa que exige técnica, isenção, transparência e preparo. Esse controle não pode, a todo sentir, ser simplesmente delegado a companhias privadas.

4. A DESINFORMAÇÃO E A DETERIORAÇÃO DO DEBATE PÚBLICO

Os efeitos deletérios dessa onda desenfreada de desinformação não se restringem à divulgação de fatos inverídicos ou não comprovados. O que se verifica é uma total degradação da qualidade do debate público, justamente porque as pessoas não parecem mais preocupadas ou mesmo interessadas em confrontar ideias ou pontos de vista. Refutam tudo aquilo que lhes contraria com a desculpa de que são *fake news*[27]. A busca pela verdade, que sempre foi a bússola e principal fundamento da livre expressão, parece ter perdido a credibilidade.

Como bem observa Matthew D'Ancona[28], a mentira não é uma novidade do mundo atual e permeia as relações sociais e políticas desde que

[25] Vale mencionar o standard da *actual malice*, festejado no direito norte-americano e na interpretação da Primeira Emenda da Constituição estadunidense. É uma referência na doutrina da liberdade de expressão e tem origem no julgamento do caso New York Times Co. v. Sullivan (1964). Enuncia, basicamente, que ninguém será condenado a pagar indenização no âmbito da liberdade de imprensa, a menos que a vítima comprove que a declaração foi feita com *actual malice*, ou seja, com o conhecimento de que é falsa ou sem a preocupação de que seja verdadeira ou não. Essa orientação, inicialmente aplicada aos casos envolvendo agentes públicos, foi posteriormente expandida pela Suprema Corte para pessoas públicas. Há críticas pelo fato de que esse standard torna muito difícil que os atingidos possam recuperar suas reputações, pois a eles é atribuído o difícil ônus de demonstrar a *actual malice*. Seja como for, é uma demonstração de que a mentira deliberada não encontra guarida na liberdade de expressão.

[26] Guilherme Döring Cunha Pereira (*Liberdade e responsabilidade dos meios de comunicação*. São Paulo: Revista dos Tribunais, 2002, p. 90/91) explica que a mentira dissemina a injustiça na comunicação e destrói a confiança que é base de todas as relações interpessoais.

[27] O já mencionado relatório de especialistas da União Europeia ressalta que termo o fake news tem sido apropriado por políticos e seus seguidores para desacreditar qualquer cobertura de imprensa que considerem desagradáveis.

[28] *Pós-verdade: a nova guerra contra os fatos em tempos de fake news*. Barueri: Faro Editorial, 2018, p. 32/34. O autor sintetiza bem o problema da verdade: "*não é que a honestidade esteja morta: o que os psicólogos denominam 'viés da verdade' permanece um componente fundamental do caráter*

os tempos em que os homens se organizaram em tribos. O que há de novo não é a desonestidade dos donos do poder, mas a reação do público nesse debate. A indignação deu lugar à indiferença e, por fim, à conivência.

George Parker, em instigante ensaio sobre o clássico 1984, salienta que o cenário projetado por Orwell não se materializou. Hoje não enfrentamos a propaganda totalitária que unifica o controle sobre toda a informação até que a realidade seja aquilo que o Partido diga que ela é (*novilíngua*). Em suas palavras: "*o problema é o exagero de informações a partir de um exagero de fontes, com a resultante praga da fragmentação e divisão – não o excesso, mas o desaparecimento da autoridade, restando às pessoas comuns entender os fatos por si mesmas, à mercê de seus enganos e preconceitos*".

Nesse sentido, a efetiva e comprovada ocorrência de divulgação de notícias inverídicas têm um duplo efeito negativo. Além de efetivamente espalhar a mentira, influenciando decisivamente questões e escolhas cruciais de interesse público, a disseminação das *fake news* retira a credibilidade da discussão[29] e, pior, ainda serve como justificativa (ou desculpa) para evitar o debate.

5. A SUPRESSÃO DE CONTEÚDO NAS REDES, A TÉCNICA DO *NOTICE AND TAKEDOWN* E O RECEIO DE RETROCESSO ÀS BALIZAS DO MARCO CIVIL DA INTERNET

O extraordinário incremento no fluxo de comunicações propiciado pelas novas tecnologias trouxe imensos desafios ao sistema jurídico, dado o aumento exponencial de situações em que o exercício da liberdade de

humano. Contudo, agora é percebido como uma prioridade entre muitas, e não necessariamente a maior. Compartilhar seus sentimentos mais profundos, moldar seu drama de vida, falar com o coração: essas buscas estão cada vez mais em disputa aberta com os discutíveis valores tradicionais. (...) o risco é que uma proporção cada vez maior de julgamentos e decisões seja banida para o âmbito do sentimento, que a busca da verdade se torne um ramo da psicologia emocional, sem amarras ou fundações."

[29] É importante a noção de *post-truth*, consagrada pelo dicionário de Oxford como a expressão do ano de 2016 e reconhecida como um conceito fundamental para compreender e definir o nosso tempo. Não se confunde com a desinformação ou *fake news*. A pós-verdade evidencia uma situação ainda mais preocupante: o desinteresse da audiência pela realidade. As pessoas respondem mais a sentimentos e crenças do que a fatos objetivos. A opinião pública, assim, é moldada por teses, teorias e lendas claramente questionáveis e, desde que sejam alinhadas às suas expectativas ou ideologias, não mais se interessam em sequer cogitar a concretude da informação recebida. Há uma perturbadora diminuição da credibilidade dos canais tradicionais de comunicação e da própria imprensa profissional.

expressão colide com princípios de igual envergadura constitucional, tais como honra, imagem e privacidade.

Qualquer pessoa com acesso a um terminal de computador ou mesmo um simples *smartphone* pode afirmar determinado fato ou manifestar uma ideia, opinião, crítica com um alcance inimaginável. Não apenas isso: assistimos a situações de verdadeira guerrilha digital, com a utilização de sofisticados mecanismos de compartilhamento em massa de conteúdos falsos e ofensivos, contas automatizadas e robotizadas em redes sociais, de sorte que o ambiente on-line se tornou um território fértil para a prática de atos ilícitos.

Passou-se a questionar a extensão da responsabilidade dos provedores de aplicações de internet[30] pelo teor de mensagens veiculadas pelos usuários de suas plataformas. Os danos, como cediço, são evidentes. Reputações destruídas, ofensas de maior ou menor gravidade são produzidas num volume imensurável a todo momento, acrescido ao fenômeno da desinformação que contamina o debate público e ameaça a democracia.

Admitindo-se que a responsabilidade civil encontra como fundamento e propósito a reparação do dano injusto, importa perquirir qual é o papel das empresas de tecnologia que disponibilizam e exploram essas plataformas de comunicação, notadamente as redes sociais como Twitter, Orkut, Facebook e Instagram.

Numa primeira abordagem, foi necessário enfrentar a seguinte indagação: respondem essas companhias pelos danos causados pelo conteúdo produzido e divulgado pelos usuários das suas redes? O Superior Tribunal de Justiça firmou entendimento no sentido de que os provedores de conteúdo não têm o dever de fiscalização prévia do teor das mensagens postadas por aqueles que se utilizam dos seus serviços; desta forma, ainda que se reconhecesse a incidência do Código de Defesa do Consumidor à relação jurídica, a ausência dessa análise não configuraria serviço defeituoso[31] ou, tampouco, poderia caracterizar risco da atividade[32].

[30] O Marco Civil da Internet define como aplicações de internet o conjunto de funcionalidades que podem ser acessadas por meio de um terminal conectado à internet. As companhias que exploram as redes sociais enquadram-se, portanto, na definição de provedores de aplicação de internet. Não se confundem com os provedores de conexão, cuja atividade não se relaciona ao conteúdo, mas é habilitação de um terminal para envio e recebimento de pacotes de dados pela *internet*.

[31] AgRg no REsp nº 1.395.803/RJ.

[32] AgRg no REsp nº 1.402.104/RJ e REsp 1.308.830/RS.

Nesse contexto, conforme jurisprudência predominante do Superior Tribunal de Justiça àquela época, era preciso analisar, no caso concreto, a conduta do referido provedor após sua ciência sobre da existência de mensagem/conteúdo supostamente ofensivo. Em tais hipóteses, entendia-se que *"ao ser comunicado de que determinado texto ou imagem possui conteúdo ilícito, deve o provedor agir de forma enérgica, retirando o material do ar imediatamente, sob pena de responder solidariamente com o autor direto do dano, em virtude da omissão praticada"* (REsp nº 1.192.208 – MG).

É a técnica conhecida como *notice and takedown* que impõe ao lesado o ônus de notificar o provedor, dando-lhe ciência do alegado ilícito; a partir de então, surge a possibilidade de sua responsabilização caso não providencie a retirada do conteúdo ofensivo ou o faça sem a agilidade necessária. A manutenção desse conteúdo poderia, ademais, significar não apenas inércia (leia-se falha na prestação de serviço), como concordância com sua divulgação. Essa solução é festejada por muitos doutrinadores e foi, inclusive, adotada na Alemanha[33], numa ambiciosa legislação para enfrentar o complexo tema da regulamentação das redes sociais.

[33] Em 2017 foi promulgada a Lei de Aplicação da Lei nas Redes – NetzDG que estabelece com clareza qual o tratamento que deve ser dispensado pelos provedores de redes sociais às reclamações acerca de conteúdos ilícitos. Em síntese, a lei determina que é uma obrigação do provedor dispor de um procedimento contínuo, efetivo e transparente que permita a remoção de um conteúdo que seja manifesta e evidentemente ilícito dentro de 24 horas após o recebimento da notificação. Há previsão de que, em caso de dúvidas acerca da ilicitude do fato, seja garantido ao usuário oportunidade de defesa e posicionamento no âmbito da reclamação antes da tomada da decisão. Estabelece a obrigação, ainda, de preservação do conteúdo por um período de 10 semanas e, ademais, que o reclamante e o usuário sejam devidamente informados sobre o conteúdo da decisão fundamentada. Martin Eifert (A Lei Alemã para a melhoria da Aplicação da Lei nas Redes Sociais (NetzDG) e a Regulamentação da Plataforma. In: ABBOUD, Georges; NERY JR., Nelson e CAMPOS, Ricardo (org.). *Fake news e regulação*. São Paulo: Thomson Reuters Brasil, 2018, p. 65/67), considera que as críticas à NetzDG consistem numa reação exagerada e que a nova lei *"parte de uma responsabilidade subsistente e exige um procedimento que estipule o apagamento em prazo determinado e possa alcançar uma aptidão e eficiência de resultados preestabelecidos. Por meio dos seus regulamentos, a lei visa a um efetivo reconhecimento da responsabilidade por meio da organização, velocidade de reação e transparência que sejam adequadas. Portanto, ela prescreve um* compliance-regime *para as empresas em questão com a meta de eliminar efetivamente violações ao direito e específica para tanto um performance-standard"*. A NetzDG entrou em vigor em janeiro de 2018; ainda não há condições de analisar os seus efeitos. Heidi Tworek e Paddy Leerssen (*An Analysis of Germany's NetzDG Law*. Disponível em <https://www.ivir.nl/publicaties/download/NetzDG_Tworek_Leerssen_April_2019.pdf.>, acesso em 15 de maio de 2020) ressaltam que os relatórios periódicos exigidos pela lei

Em que pesem entendimentos em contrário, é forçoso reconhecer que essa orientação, até então adotada pelo Superior Tribunal de Justiça, significa, em realidade, a delegação de atividade típica e essencial do Estado a um ente privado que passaria a exercer a análise sobre a licitude de uma expressão e, ato contínuo, decidiria sobre a retirada, ou não, desse conteúdo da plataforma. Cuida-se, portanto, de expressa autorização para a censura privada.

E com um viés especialmente problemático: caso a empresa resolva que não há uma ofensa e, portanto, que o conteúdo deva ser mantido, passa a responder solidariamente pelo dano causado à vítima. A consequência, ao menos em tese, é trágica para a liberdade de expressão. As companhias não têm a expertise e estrutura para analisar cada reclamação com a profundidade necessária; muitos casos são complexos e exigem uma investigação aprofundada. Além disso, devem ser considerados os prazos exíguos e a possibilidade de imposição de pesadas multas, o que seria um incentivo a simplesmente atender a maioria das reclamações, independentemente dos seus reais méritos.

A Lei nº 12.965/14, conhecida como o Marco Civil da Internet, escolheu outro caminho. Estabelece, como regra, que o provedor de aplicações de internet não responde civilmente por danos decorrentes de conteúdo gerado por terceiros, exceto se, após ordem judicial específica, deixar de tomar as providências para tornar indisponível a manifestação lesiva. Em outras palavras, a lei intervenção judicial para análise da conveniência e necessidade da remoção, mantendo a lógica no *notice and takedown* apenas aos casos envolvendo divulgação de materiais de natureza sexual[34] ou na esfera dos direitos autorais.

servirão para ajudar a determinar se a lei está atingindo os seus objetivos, mas ainda é muito cedo para qualquer conclusão. Fatores como a forma pela qual as reclamações são feitas (o Facebook recebeu uma quantidade muito menor de reclamações, aparentemente porque o formulário foi colocado em lugar de difícil acesso, que exige múltiplos cliques do usuário). Ademais, os relatórios não seriam suficientes para retratar a liberdade de expressão, pois as plataformas priorizam os seus próprios parâmetros de checagem (*compliance*) e, apenas no caso seguinte, é que seriam enfrentados os mecanismos da NetzDG.

[34] Estabelece o artigo 21 do Marco Civil da Internet que "*o provedor de aplicações de internet que disponibilize conteúdo gerado por terceiros será responsabilizado subsidiariamente pela violação da intimidade decorrente da divulgação, sem autorização de seus participantes, de imagens, de vídeos ou de outros materiais contendo cenas de nudez ou de atos sexuais de caráter privado quando, após o recebimento de notificação pelo participante ou seu representante legal, deixar de promover, de forma diligente, no âmbito e nos limites técnicos do seu serviço, a indisponibilização desse conteúdo*".

Carlos Affonso Pereira de Souza[35] sustenta que o Marco Civil da Internet acomodou os interesses em jogo de maneira a prestigiar a liberdade de expressão, com a definição clara do papel do provedor. A regra geral, assim, viabiliza a prevenção e eliminação do dano, "*sem que isso seja alcançado através de juízos arbitrários ou de simples temor de futura responsabilização*".

Anderson Schreiber[36], por sua vez, considera o que artigo 19 do Marco Civil da Internet estabelece um tratamento extremamente restritivo ao condicionar a responsabilidade civil ao descumprimento de ordem judicial específica, criando uma verdadeira bolha de irresponsabilidade. Isso porque, argumenta, os usuários causadores dos danos quase sempre anônimos e "*cuja identidade e localização somente podem ser conhecidas, na maior parte dos casos, por aquelas mesmas sociedades empresárias que a lei exime de responsabilidade*".

A preocupação é correta, mas a solução mais adequada, a todo sentir, consistiria na criação de mecanismos que exijam a identificação dos usuários. Eventual regulamentação das redes sociais pode e deve exigir das plataformas a adoção de procedimentos que viabilizem a obtenção dos dados dos autores das postagens, malgrado os problemas de intimidade e privacidade envolvidos. O que não parece adequado, todavia, é estabelecer que essas empresas possam fazer, por si próprias, a análise da licitude dos conteúdos e decidam sobre a retirada das postagens[37].

[35] Responsabilidade civil dos provedores de acesso e de aplicações de internet: evolução jurisprudencial e os impactos da Lei n. 12.695/2014 (marco civil da internet). In: Leite, George Salomão; Lemos, Ronaldo. *Marco civil da internet: responsabilidade civil.* São Paulo: Atlas, 2014, p. 812.

[36] Marco civil da internet: avanço ou retrocesso? A responsabilidade civil por dano derivado do conteúdo gerado por terceiro. In: De Lucca, Newton; Simão Filho, Adalberto; Lima, Cíntia Rosa Pereira de (Coords.). *Direito & Internet III – Tomo II: Marco Civil da Internet (Lei nº 12.965/2014).* São Paulo: Quartier Latin, 2015. O artigo 19 do Marco Civil da Internet seria, assim, inconstitucional, por restrição à tutela de direitos fundamentais. O Supremo Tribunal Federal definirá a constitucionalidade do artigo 19 da Lei nº 12.965/14 objeto do RE 1.037.396 em que já houve o reconhecimento de repercussão geral (Tema 987).

[37] Um ponto muito relevante e que merece atenção diz respeito à autonomia das companhias que exploram redes sociais para remover conteúdos ou bloquear contas/perfis, sob a justificativa de violações aos termos de uso ou padrões da comunidade. Tais regulamentos são, invariavelmente, genéricos e dão margem a toda sorte de interpretações, ampliando sobremaneira os poderes censórios das empresas que os hospedam. É preciso, nesses casos, considerar que os usuários têm o direito de expressar livremente suas opiniões e não podem ficar sujeitos ao arbítrio de quem quer que seja. A isso se some o fato de que, não raro, esses bloqueios são feitos de foram pouco transparente, sem o devido contraditório.

Os casos em que o exercício das liberdades comunicativas colide com outros valores de igual envergadura constitucional são frequentemente complexos. Exigem a aplicação de técnicas sofisticadas de ponderação de princípios. A solução dessas antinomias deve observar uma série de critérios e etapas, tais como a verificação, no hipótese em concreto, da busca ou preocupação pela verdade (o que se convencionou chamar de verdade subjetiva), a tormentosa distinção entre uma afirmação de um fato e a expressão de uma opinião/crítica, a análise das condições pessoais dos envolvidos (pessoas públicas, personalidades e celebridades), das circunstâncias em que a manifestação foi emitida, o interesse público subjacente etc.

Há um enorme risco de que toda sorte de críticas e opiniões contundentes recebam o mesmo tratamento rigoroso que deve destinado à desinformação. Apenas a mentira proposital e orquestrada para o alcance de objetivos ilícitos merece a extrema medida da supressão. As outras formas de expressão, ainda que informações enganosas, não. Pondere-se, ainda, que muitos confundem humor[38] com *fake news*, o que pode gerar ainda mais distorções.

Não parece saudável que toda essa complexa moderação de conteúdo seja transferida às companhias de tecnologia que, receosas por futuras responsabilizações, podem optar por um excesso de restrição à circulação de informações em suas redes sociais. Além disso, as empresas têm sido pressionadas pelos governos, imprensa e sociedade organizada para que adotem medidas para melhorar a toxidade do ambiente em suas redes, seja quanto à circulação de desinformação e, também, ao discurso de ódio[39].

[38] As propriedades da comunicação humorística foram abordadas com profundidade na obra Brandão, Tom Alexandre. *Rir e Fazer Rir: uma abordagem jurídica dos limites do humor.* Editora Foco: Indaiatuba, 2018. O humor, em sua estrutura, é ambíguo. Falseia e distorce a realidade, inverte, exagera e explora as incongruências. Exige, portanto, uma abordagem muito específica que nem sempre é consentânea com a doutrina da liberdade de expressão que encontra seu maior fundamento na busca pela verdade. É preocupante que manifestações humorísticas como memes sejam confundidos com desinformação.

[39] A comunidade internacional e os agentes econômicos estão cada vez mais atentos aos deletérios efeitos da desinformação e da piora da qualidade do debate público nas plataformas digitais. Recentemente grandes anunciantes passaram a boicotar a rede social Facebook, sob o argumento de que a companhia não vem adotando as medidas necessárias para restringir a circulação de mensagens que configuram discurso de ódio. O movimento ficou conhecido como "*stop hate for profit*". A iniciativa é válida e, acredita-se, será muito mais eficaz do que regras de Estados soberanos ou mesmo de organismos multilaterais, pois atinge as companhias

Nesse contexto, algumas grandes companhias de tecnologia que passaram a interferir nos discursos, inclusive de pessoas públicas de destaque. O Presidente norte-americano Donald Trump, em 26 de maio de 2020, escreveu uma mensagem na rede social Twitter na qual dizia que as eleições por cédulas enviadas pelo correio consistiriam em fraude que comprometeriam a lisura do processo, com caixas violadas, cédulas adulteradas/roubadas etc. A mensagem foi sinalizada pelo Twitter com uma orientação aos usuários para que buscassem a informações sobre o sistema de votação que utiliza as cédulas pelo correio e, ainda, direcionando os usuários a uma página de checagem de fatos. Esse tipo solução, embora possa gerar distorções, não fere a liberdade de expressão. Ao contrário, os usuários ainda têm acesso ao conteúdo questionável e podem confrontá-lo com outras fontes.

Situação distinta é a supressão da comunicação e, muito mais grave, a remoção de contas/perfis, o que se justifica em hipóteses absolutamente excepcionais, pois, como insistentemente colocado, o ideal é que todas expressões estejam disponíveis.

CONCLUSÕES

A desinformação é uma realidade que contamina e intoxica o debate público. A divulgação orquestrada de inverdades com a finalidade de destruir instituições, ferir reputações, manipular a opinião pública e influenciar eleições causa enormes prejuízos à democracia. Essas práticas não encontram respaldo na extensa proteção que deve ser conferida ao exercício da liberdade de expressão.

O ambiente virtual não é um espaço idealizado em que ocorre a livre circulação de ideias, opiniões e notícias. Há uma série distorções estruturais que comprometem o fluxo saudável de informações. O enorme desafio, contudo, não se limita à contenção das mentiras. Assistimos a um processo de erosão do valor da verdade e um crescente desinteresse do público pelo contraditório, pela reflexão e pelo cotejo de diferentes pontos de vista.

no seu ponto mais vulnerável: a receita de publicidade. Além da desinformação, o discurso de ódio é um problema sério nas redes. Mas, sob o prisma jurídico, é bastante tormentoso definir o que é um discurso de ódio, discerni-lo de uma opinião e, também, determinar se deve ser suprimido do debate público. É perturbador pensar que essa análise seja feita por uma companhia, diretamente influenciada/pressionada por questões econômicas, o que pode redundar em restrições ilegítimas ou excessivas e, talvez, alinhadas com a pauta do politicamente correto.

O enfrentamento dessa grave conjuntura, contudo, não pode ser feito de maneira descuidada. Qualquer intervenção nas liberdades comunicativas exige enorme cautela. A responsabilização das empresas que dominam as redes sociais é tentadora: "é preciso acabar com a indústria das *fake news*", esbravejam muitos, com justificada indignação. Mas a solução, infelizmente, não é tão simples.

A transferência do controle e da moderação de conteúdo supostamente ilícito para entidades privadas é potencialmente desastrosa. Poderia, sim, diminuir a propagação de notícias inverídicas, reduzir a divulgação de fatos que não aconteceram e restringir o discurso de ódio. Mas, além disso, poderia inviabilizar o diálogo, a discussão livre e o debate público. Essas empresas não têm legitimidade[40] ou independência para essa missão. São, afinal, companhias que buscam o lucro.

A tarefa de discernir o que é uma manifestação regular no exercício da liberdade de expressão e uma inverdade não é fácil: exige técnica, preparo e, sobretudo, isenção. Há vastos territórios que configuram zonas cinzentas e que permitem diferentes interpretações. Não se desconhece as dificuldades que decorrem do formalismo, burocracia e prazos inerentes ao rito judicial. Há, também, sérios óbices que decorrem dos próprios limites da jurisdição num ambiente virtual que não observa fronteiras físicas.

Os Estados, sozinhos, não podem conseguirão superar essas distorções. Mas isso não pode significar a delegação da censura. É preciso que as instituições governamentais, organismos multilaterais, empresas e comunidade acadêmica aprofundem o diálogo acerca do papel e funcionamento

[40] A censura, em qualquer cenário e imposta por quem quer que seja, configura uma agressão. Basta observar as recentes manifestações do Supremo Tribunal Federal no âmbito do inquérito das "fake news" (nº 4.871), instalado com base em arcabouço normativo controverso e com escopo que é, para dizer mínimo, impreciso. Segundo consta, o inquérito tem como substrato um esquema estruturado de desinformação, com sofisticada forma de financiamento e alcance que compromete a democracia em nosso país. Como insistentemente reiterado neste artigo, o problema existe e é gravíssimo. Mas é extremamente aflitivo acompanhar a guinada do Supremo Tribunal Federal em matéria de liberdade de expressão. A mesma corte que definiu os contornos e a importância desse direito fundamental no histórico julgamento da ADPF nº 130 agora parece tolerar medidas extremadas como o cancelamento de contas de pessoas que existem. Indivíduos que podem, sim, estar envolvidos com práticas criminosas de desinformação. Mas que, a todo sentir, não podem ser previamente censurados. Desinformação não é protegida pela liberdade de expressão. Mas o cancelamento de perfis configura inaceitável censura.

das redes sociais em nossa sociedade, bem como sobre as disfunções que prejudicam o tráfego de informações e comunicações nas plataformas digitais; as alternativas devem ser construídas de maneira consensual e negociada. O foco deve ser, sempre, a ampliação – nunca a restrição – dos canais de comunicação e a melhoria das condições para um debate livre de quaisquer interferências. A tecnologia pode e deve ser utilizada para trazer à luz novos pontos de vista, para identificar incoerências e ajudar na desconstrução de inverdades. As companhias devem ser pressionadas a impedir que suas plataformas sirvam de base para estruturas ilegais de disseminação de desinformação que ameaçam a democracia. Mais do que isso, é preciso repensar os limites do anonimato nas redes, de modo que os responsáveis possam ser identificados e, eventualmente, chamados a responder pelos seus atos.

São demandas legítimas de uma sociedade desgastada pela desinformação. No entanto, a supressão de conteúdos e o cancelamento de contas autênticas não podem ser admitidos com naturalidade. Qualquer remoção do que se entende por *fake news* significa a restrição daquilo que poderia ser uma opinião ou um fato, ainda que indesejáveis, mas que de algum modo contribuem para o debate público. Todas as posições precisam ser expostas para que a sociedade bem informada possa compreender, debater e melhor se posicionar sobre os mais diversos temas. Essa moderação não deve ser delegada aos gigantes da tecnologia ou a algoritmos desconhecidos. Tudo deve sempre ser feito às claras, com contraditório e transparência. A melhor maneira de combater a desinformação é com mais e mais informação.

54
A CLÁUSULA DE LIMITAÇÃO DE RESPONSABILIDADE NO INADIMPLEMENTO DA OBRIGAÇÃO PRINCIPAL

WANDERLEY FERNANDES

INTRODUÇÃO

É com grande alegria que participo desta justa homenagem à nossa querida professora Teresa Ancona Lopez, de quem tive a honra de ser aluno na graduação e no programa de pós-graduação da Faculdade de Direito da Universidade de São Paulo. Mais ainda, recebi dela a orientação cuidadosa em meu doutorado. Professora Teresa é referência em tudo que escreveu e ensinou. Não se dedicou a escrever manuais de responsabilidade replicando doutrinas estabelecidas, mas foi pioneira ao tratar do dano estético no Brasil, obra inúmeras vezes citada na doutrina e pelos tribunais brasileiros. Maior felicidade, no entanto, é privar de sua amizade.

Pensando em temas possíveis para este trabalho, optei por retomar um aspecto de minha tese de doutorado, qual seja, a validade da cláusula de limitação de responsabilidade pelo descumprimento da obrigação principal dos contratos. Considerando sua frequência nos contratos de construção, será dentro desse contexto que pretendo reafirmar sua validade e relevância nesses negócios complexos.

Embora já tenha tratado do assunto anteriormente, parece-me ainda pertinente o debate, pois a controvérsia se mantém, como evidencia recente artigo do professor Arnoldo Wald, publicado pela Revista de Direito Civil Contemporâneo.[1] Nele, o autor reconhece a validade da cláusula no orde-

[1] *A Cláusula de limitação de responsabilidade no direito brasileiro.* RDCC N2, V4, Julho-Setembro de 2015, p. 131.

namento jurídico brasileiro em matéria de responsabilidade contratual e apresenta as tradicionais exceções quanto à sua aplicabilidade no ordenamento jurídico brasileiro. Interessa a este trabalho sua opinião a respeito do inadimplemento da obrigação principal. Assim se expressa o autor:

> "27. Além da já citada inexistência de violação a preceito de ordem pública, a cláusula de limitação de responsabilidade tem os seguintes fundamentos:
>
> *(I) bilateralidade do consentimento* – a declaração unilateral é considerada inteiramente inválida;
>
> *(II) igualdade de posição das partes* – vedada está, como dito, sua inclusão em relações de consumo;
>
> *(III) inexistência de exoneração do agente em caso de dolo ou culpa grave* – não se admite cláusula de exoneração de responsabilidade em matéria delitual;
>
> *(IV) ausência de isenção do contratante pelo pagamento de indenização relativa ao inadimplemento de obrigação principal* – a cláusula de não indenizar não pode ser estipulada para afastar ou transferir obrigações essenciais do contratante."[2]

Não se trata, aqui, de uma resposta ao texto, mas de uma análise e reflexão sobre o que ele nos suscita, o que será feito nos próximos tópicos.

1. CLÁUSULAS DE LIMITAÇÃO DO DEVER DE INDENIZAR

Antes do exame da questão de sua validade quanto ao inadimplemento da obrigação principal, vale notar que a cláusula de limitação da responsabilidade atua sobre os contornos da idenização devida em caso de inadimplemento contratual. De maneira alguma pode ser entendida como faculdade concedida ao devedor para o descumprimento da prestação. Do contrário, a convenção estaria limitando a própria obrigação e não a responsabilidade e sua decorrência que é o dever de indenizar os danos decorrentes do inadimplemento.

Antonio Pinto Monteiro deixa clara a distinção e o alcance da convenção ao observar que a cláusula não retira do credor o direito de exigir o cumprimento da prestação[3]. Sua inserção em um contrato não o torna

[2] Idem, p. 137.

[3] "A cláusula de exclusão não concede ao devedor, pois a faculdade de não cumprir, destinando-se apenas a afastar a sua responsabilidade. O credor mantém, por isso – e apesar da referida cláusula -, registre-se, o direito de exigir o cumprimento do contrato. A entender-se doutra forma, o devedor não teria excluído a sua resposabilidade, antes a obrigação, tratando-se,

mera obsequisidade ou o converte em *gentlement's agreement*. Também não a converte em obrigação natural, pois, diversamente das dívidas de jogo, o credor poderá cobrar a dívida[4]. Em outras palavras, em caso de inadimplemento, sendo possível, poderá o credor pleitear a execução específica da prestação objeto do contrato.

A cláusula, portanto, define tão somente um limite, *um plafond*, para o valor da indenização devida em caso de inadimplemento.

Embora seja expressão da autonomia da vontade e da liberdade de contratar[5], a convenção está sujeita a certos limites de ordem pública. Tradicionalmente, a doutrina aponta como exceções à validade: (a) contrariedade a normas de ordem pública; (b) danos que importem em lesão ou morte da pessoa humana; (c) inadimplementno praticado com dolo e culpa grave; e (d) inadimplemento da obrigação principal.[6]

Todas essas exceções foram anteriormente examinadas[7], motivo qual este texto concentrar-se-á na questão da obrigação principal.

2. RESPONSABILIDADE PELO RESSARCIMENTO DE DANOS DECORRENTES DO INADIMPLEMENTO DA OBRIGAÇÃO PRINCIPAL

Além dos autores acima citados que fazem referência à obrigação principal, Fábio Henrique Peres entende que "tais cláusulas seriam admissíveis apenas nas hipóteses em que visassem a limitar ou exonerar o dever de

como referimos, de realidades diversas (*Cláusulas limitativas e de exclusão de responsabilidade civil*. Coimbra: Almedina, 2011, p. 187).

4 Idem, p. 188 e 189.

5 DIAS, José de Aguiar. *Cláusula de não-indenizar*. Rio de Janeiro: Editora Forense, 1947, p. 33.

6 "São cláusulas ilícitas: a de transferência de obrigações essenciais do contratante, as que exonerem de responsabilidade pelo dolo ou culpa grave e, em geral, todas as que interessem à proteção à vida, da integridade física e da saúde do contratante". (DIAS, José de Aguiar. *Da responsabilidade civil*, v. II. Rio de Janeiro, Forense, 1994, p. 672). "São nulas as cláusulas de não indenizar que: a) exonere o agente em caso de dolo; b) vão diretamente contra norma cogente – às vezes, dita de ordem pública; c) isentem de indenização o contratante, em caso de inadimplemento da obrigação principal; e d) interessem diretamente à vida e integridade física das pessoas naturais". (AZEVEDO, Antonio Junqueira. *Cláusula cruzada de não indenizar (cross waiver liability), ou cláusula de não indenizar com eficácia para ambos os contratantes. Renúncia ao direito de indenização. Promessa de fato de terceiro. Estipulação em favor de terceiros*. In: *Estudos e pareceres de direito privado*. São Paulo: Saraiva, 2004, p. 201)

7 FERNANDES, Wanderley. *Cláusulas de exoneração e de limitação de responsabilidade*. São Paulo: Editora Saraiva e Direito GV, 2013.

reparar derivado do inadimplemento de obrigações acessórias, não centrais, do vínculo contratual"[8]. No mesmo sentido, embora um pouco ambíguo, Gustavo Cerqueira observa somente serão válidas as cláusulas que "digam respeito à tutela do interesse individual sobre ao qual as partes podem livremente dispor e a deveres decorrentes de obrigações naturais ou acessórias à obrigação principal".[9] Permito-me iniciar a análise deste tema, com trecho de trabalho doutrinário anterior:

> "As cláusulas de limitação de responsabilidade ou de exoneração de responsabilidade têm o propósito de dar previsibilidade no que tange à indenização dos danos, *exatamente*, em razão do inadimplemento da obrigação principal, desde que, como vimos, não se trate de danos causados por dolo ou culpa grave. Como, aliás, é o propósito das cláusulas penais compensatórias, sem recurso ao ressarcimento dos danos excedentes ao valor da penalidade. No Brasil, entretanto, tem sido comum acrescentar mais um requisito de admissibilidade das cláusulas: não restringir direitos relacionados à obrigação principal"[10].

Posteriormente à publicação de minha tese de doutorado, tenho utilizado em sala de aula, um exemplo que pode contribuir para o esclarecimento da matéria. O gráfico abaixo poderá facilitar a compreensão da hipótese.

[8] PERES, Fábio Henrique. *Cláusulas contratuais excludentes e limitativas do dever de indenizar*, p. 180.

[9] CERQUEIRA, Gustavo. *As garantias e a exclusão de responsabilidade*. In: *Direito contratual entre a liberdade e proteção dos interesses e outros artigos alemães-lusitanos*. Coimbra: Almedina, 2008, p. 132.

[10] FERNANDES, Wanderley. Op. cit., p. 254.

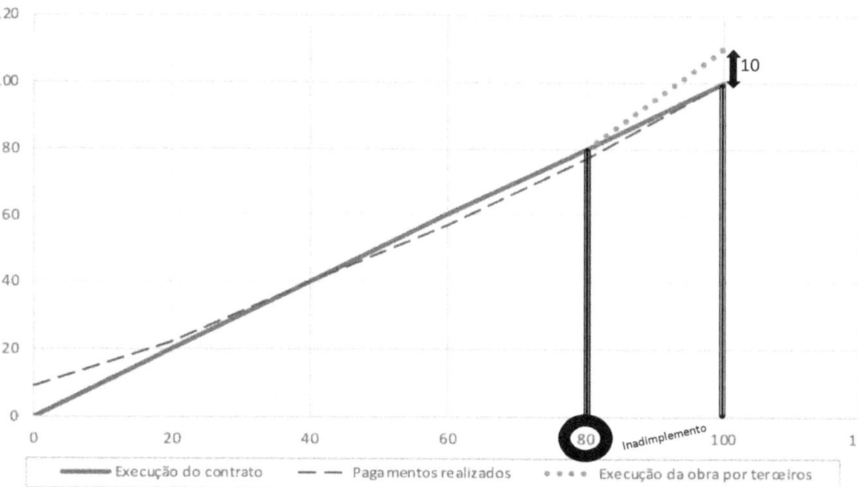

Fonte: Gráfico concebido pelo autor e executado pelo acadêmico Gustavo Alvoreda.
Legenda: (linha cheia) Execução do contrato (progresso físico); **(linha tracejada)** Pagamentos realizados; e **(linha pontilhada)** assunção da execução da obra por terceiros. A linha vertical indica progressão do preço pago e a horizontal a progressão da execução até conclusão de 100% da obra. Valores expressos em milhões.

O gráfico acima representa um contrato de construção com o preço original de R$100MM, cujo pagamento é feito quase que "pari passu" à execução do contrato, de tal forma que se aproxima de um fluxo de caixa relativamente neutro em que há equilíbrio entre o que entrega o empreiteiro e o que paga o dono da obra. Ao concluir 80% da obra, o empreiteiro interrompe a execução dos trabalhos, tendo o dono da obra que contratar terceiros para a sua conclusão. O desvio apontado pela linha azul-marinho representa o dano pela diferença paga ao novo contratado, que certamente não concluiria a obra pelos R$20MM restantes, dados os riscos de continuidade de uma obra iniciada pelo empreiteiro original.

Suponhamos que o terceiro aceite concluir a obra com um adicional de 50% do valor remanescente ainda não desembolsado pelo dono da obra, ou seja, concluiria a obra por R$30MM, elevando o investimento total do dono da obra a R$110MM.

Consideremos, então, que este contrato tenha uma cláusula que estipule o seguinte: em caso de inadimplemento da obrigação principal, qual seja a entrega da obra, responderá o empreiteiro até o limite correspondente a 50% do que lhe seria devido para a conclusão da obra no momento do inadimplemento. Na hipótese acima, tem-se que o valor correspondente a 50% do preço ainda não pago é de R$10MM (50% de R$20MM) e 10% do valor total do contrato. Ou seja, 10% do valor do contrato é suficiente a cobrir a indenização calculada pela diferença. Não há dúvida de que o inadimplemento, nesta hipótese, diz respeito à obrigação principal. Pergunta-se: há alguma norma de ordem pública que vede a empresários estipular tal condição? Dez por cento do valor do contrato é simulacro de indenização? O exemplo acima demonstra que não.

Dado tal exemplo, repetimos nosso entendimento já manifestado anteriormente[11], no sentido de que a convenção que admita a limitação do valor da indenização a determinado teto, ainda que diga respeito ao inadimplemento da obrigação principal, não poderá ser tomada, *per se*, como nula. Poderá ser o intérprete mais estrito na interpretação ou na apreciação da culpa grave, por exemplo, mas não vemos qualquer impedimento em nosso ordenamento a que se acolha a validade de tal convenção contratual. Autores mais recentes, como Vinicius Pereira, expressam igual entendimento:

> "Em nosso sentir, salvo nas hipóteses acima, a cláusula de não indenizar serve para atuar especialmente sobre as obrigações principais que, na prática, são aquelas cujo inadimplemento gera danos mais relevantes aos contratantes. Relegar o ajuste que exonera ou limita o dever de reparar o dano às obrigações acessórias, parece-nos, é retirar sua importância e restringir demasiadamente o direito de as partes regularem suas relações."[12]

Em trabalho ainda mais recente, de 2016, Luiz Octávio Villela de Viana Bandeira, segue pela mesma trilha:

> "Do ponto de vista normativo, não é possível vislumbrar que há uma vedação previamente estabelecida que proíba que cláusula de não indenizar verse sobre as obrigações principais do contrato. As perspectivas acima abordadas têm o grande mérito de ressaltar tal argumento. A circunstância de haver, no caso concreto, outros mecanismos jurídicos dispostos ao credor para garantir a eficácia do vínculo representa, afinal, um critério mais objetivo para se saber, interpretativamente, se a limitação que diz respeito às obrigações prin-

[11] *Cláusulas de exoneração e de limitação da responsabilidade*, p. 256.

[12] *Cláusula de não indenizar. Entre riscos e equilíbrio.* Rio de Janeiro: Lumen Juris, 2015, p. 59.

cipais terá como consequência ou não o aniquilamento do vínculo, caso em que não poderá ser considerada eficaz."[13]

Logo, não apenas é possível que a cláusula tenha eficácia no inadimplemento da obrigação principal, como tal inadimplemento deve comprometer a própria essência do contrato. Daí a relevância do conceito de *fundamental breach*, desenvolvido no âmbito da common law e recepcionado pelo direito brasileiro pelo artigo 25 da Convenção Internacional para Compra e Venda de Mercadorias (CISG). Não basta atrelar o inadimplemento à obrigação principal, é preciso que o inadimplemento seja de tal forma grave que comprometa totalmente a utilidade esperada do contrato pela parte inocente. A questão, portanto, não se coloca no plano da nulidade da cláusula, aprioristicamente, mas de seus efeitos sobre fatos concretamente considerados.

Nesse contexto, vale observar que a cláusula de limitação ou de exoneração de responsabilidade, na common law, era considerada nula quanto dirigida ao inadimplemento da obrigação. Tratava-se de um rule of law, podendo a cláusula ser afastada de plano. A jurisprudência, entretanto, passou a admitir sua validade, mesmo para o descumprimento da obrigação principal, devendo o juiz avaliar o caso concreto e interpretar a cláusula dentro do contexto contratual. Essa transformação entre uma "*rule of law*", em que uma cláusula poderia ser considerada nula "*prima facie*", para uma regra de interpretação ("*construction*"), pode ser encontrada em julgado citado por Richard Lawson (*UGS v. National Mortgage Bank of Greece*):

> "a rule of construction that normally an exception or exclusion clause or similar provision in a contract should be construed as not applying to a situation created by a fundamental breach of contract. This is not an independent rule of law imposed by the court on the parties willy-nilly in disregard of their contractual intention. On the contrary it is a rule of construction based on the intention of the contracting parties".[14]

O mesmo autor, em outro livro, comenta o caso Karsales (Harrow) v. Wallis e observa que:

[13] *As cláusulas de não indenizar no direito brasileiro*. São Paulo: Almedina Brasil, 2016, p. 169.

[14] Caso citado em *Exclusion clauses*, p. 59.

> "The house of Lords, however, attempted to reinterpret the doctrine of fundamental breach as one of the construction, so that it should be breaches tending to defeat the main purpose of the contract. It was accepted, though, that, as a matter of drafting, there was no reason why a properly drafted exclusion clause should not apply to some instances of a fundamental breach."

Assim entendido como critério de interpretação e não de imposição de nulidade, os tribunais da tradição da *common law* entendem que a cláusula não poderá servir de guarida para inadimplemento que atinja *"the root of the contract"*[15], como se o contrato não tivesse qualquer utilidade para o credor. Há um caso bastante curioso em que a expressão *"root of contract"* poderia ser aplicada literalmente. Transcrevo texto de minha tese de doutorado:

> "uma empresa vende sementes de determinado tipo de repolho (*winter white cabbage seeds*), fazendo constar no contrato que estava excluída a responsabilidade por danos consequentes, em especial, lucros cessantes. Tempos depois, ficou evidente que as sementes fornecidas eram de planta que não servia a qualquer propósito econômico, sendo imprópria para o consumo humano ou animal. A Corte, então, entendeu que, em se tratando de fornecimento de produto completamente diferente, não seria possível aplicar-se a cláusula de exclusão de responsabilidade. (...) Houvesse perda de produção por entrega de sementes de repolho, a cláusula poderia ter sido considerada, porém, entregue produto completamente diverso, teria de ser afastada, uma vez que esta não tivesse sido a hipótese contemplada pelas partes quando a condição foi negociada."[16]

Outro caso interessante pode ser encontrado no repositório de jurisprudência da Pace University[17] sobre a interpretação dos tribunais a res-

[15] "Whether there has been a breach of a fundamental condition of the agreement is a question of degree depending on the facts. Such a breach is different in weight and gravity from breaches of conditions which would come within the exemption. It may be [...] an accumulation of defects which, taken singly, might well have been within the exemption clause, but taken in masse constitute such a non-performance or repudiation or breach going to the root of the contract as disentitles the owners to take refuge behind an exception clause intended only to give protection to those breaches which are not inconsistent with and not destructive of the whole essence of the contract." (YATES, Robert. *Exclusion clauses in contracts*, p. 197.)

[16] *Cláusula de exoneração e de limitação de responsabilidade*, p. 257.

[17] Sítio eletrônico: http://iicl.law.pace.edu/cisg/cisg.

peito de "*fundamental breach*" no contexto de um contrato com cláusula de limitação de responsabilidade:

> "Este caso aborda principalmente a violação fundamental do contrato e a limitação de responsabilidade nos termos da CISG.
>
> As partes celebraram um contrato para a venda de moedas souvenir em várias parcelas. O vendedor entregou uma amostra. O contrato continha uma cláusula que limitava a responsabilidade do vendedor a uma determinada quantia e exigia que o comprador apresentasse qualquer reclamação por escrito dentro de quarenta dias após a chegada dos bens. O vendedor entregou as moedas. Mais tarde, os clientes do comprador reclamaram que as moedas não eram descritas nos certificados e duvidavam de sua autenticidade. O comprador solicitou ao tribunal arbitral que ordenasse ao vendedor retirar os bens não vendidos, ou seja, cerca de um quarto do volume total, para reembolsar o preço já pago e compensar as outras perdas do comprador.
>
> (....)
>
> O tribunal considerou que as moedas estavam de acordo com as amostras. O tribunal considerou que as mercadorias também deveriam estar em conformidade com a descrição e os certificados, embora o contrato não incluísse uma disposição específica. Por conseguinte, o vendedor violou o contrato, mas a violação não foi fundamental porque o comprador conseguiu vender três quartos das mercadorias, pelo que o vendedor não privou substancialmente o comprador do que tinha o direito de esperar no âmbito do contrato. Na falta de uma violação fundamental, o comprador não tinha o direito de devolver a mercadoria nos termos do artigo 46.º da CISG.
>
> O tribunal considerou que a cláusula de limitação de responsabilidade era uma estipulação voluntária das partes que não violava a lei aplicável e era razoável e válida.
>
> (...)
>
> Na falta de uma violação fundamental pelo vendedor, o tribunal rejeitou o pedido do comprador por reembolsar o preço e devolver a mercadoria ao vendedor. Em vez disso, de acordo com a cláusula de limitação da responsabilidade no contrato, o tribunal ordenou ao vendedor que pagasse indenização."[18]

[18] O texto é tradução livre o original em inglês e reproduz parcialmente o abstract do caso, elaborado por Boris Pupko: http://cisgw3.law.pace.edu/cisg/wais/db/cases2/000000c1.html#ctoc. O caso foi decidido pela China International Economic and Trade Arbitration Commission [CIETAC] (PRC).

No caso descrito, fica evidente que a cláusula de limitação somente seria afastada se a não conformidade retirasse completamente a utilidade do negócio. Não foi o que ocorreu, pois mesmo ausentes todas as características das especificações, o comprador retirou utilidade do contrato, ao comercializar três quartos das moedas. Retomando a citação que dá início a este texto, é ambígua a afirmação de Arnoldo Wald, vejamos o que diz o autor novamente:

> *(V) ausência de isenção do contratante pelo pagamento de indenização relativa ao inadimplemento de obrigação principal* – a cláusula de não indenizar não pode ser estipulada para afastar ou transferir obrigações essenciais do contratante."[19]

Embora o título mencione a obrigação principal, o texto que o explica informa que *"a cláusula de não indenizar não pode ser estipulada para afastar ou transferir obrigações essenciais ao contratante"*. Nada de novo, pois Jose de Aguiar Dias já dizia o mesmo ao enumera entre cláusulas ilícitas *"a de transferência de obrigações essenciais do contratante"*.

Dois aspectos merecem destaque nos textos de Arnoldo Wald e José Aguiar Dias. Ambos mencionam transferência de obrigações essenciais do contratante. Primeiramente, parece haver uma confusão entre limitação da responsabilidade e limitação do conteúdo do contrato, tema já explorado anteriormente[20]. Em segundo lugar, o que significa obrigações essenciais? Não seria o mesmo que dizer que a cláusula de limitação de responsabilidade não poderia ter eficácia sobre o inadimplemento da obrigação principal que pudesse comprometer a essência do contrato, ou, como no caso descrito acima, atingir *"the root of the contract"*?

Note-se que o no parágrafo anterior há referência à eficácia, enquanto que, até este ponto, o texte menciona a validade da cláusula. A terminologia não é aleatória e a questão é muito simples. A validade de uma cláusula é avaliada no momento de sua formação. Como negócio jurídico acessório a um contrato, poderá ser nula ou anulável. Por exemplo, considerado artigo 51 do Código de Defesa do Consumidor, será nula a cláusula de exoneração de responsabilidade em relações de consumo com consumidor pessoa física. Por outro lado, uma cláusula que estipule limitação de responsabilidade para o inadimplemento da obrigação principal será perfeitamente

[19] Op. cit, p. 137.

[20] FERNANDES, Wanderley. Op. cit. p. 120 e seguintes.

válida, porém não será eficaz para o inadimplemento que retire do contrato a sua essência ou que retirem da prestação toda sua utilidade para o credor. A cláusula, portanto, é perfeitamente válida em sua origem, não é nula. Será, entretanto, ineficaz sobre atos que caracterizem o inadimplemento da obrigação principal, retirando toda sua utilidade ao credor.

Não basta atrelar o inadimplemento à obrigação principal, é preciso que o inadimplemento seja de tal forma grave que comprometa totalmente a utilidade esperada do contrato pela parte inocente. A questão, portanto, não se coloca no plano da nulidade da cláusula, aprioristicamente, mas de seus efeitos sobre fatos concretamente considerados. Em suma, a ineficácia da cláusula somente poderá se verificar no caso concreto se o inadimplemento houver retirado toda a utilidade do contrato para o credor, retirando, como dizem os tribunais da *common law*, à raiz mesma do contrato.

CONCLUSÕES

Pode-se, portanto, concluir que, antes de uma regra estrita de nulidade de cláusulas que limitem o valor da indenização para os danos decorrentes do inadimplemento da obrigação principal, é preciso que o interprete, juiz ou árbitro, possa avaliar as condições concretas do caso para que a cláusula de limitação de responsabilidade seja prudentemente aplicada como critério de interpretação, talvez mais estrita para o inadiplemento da obrigação principal, mas jamais como fulminada de nulidade para gerar desequilíbrio na alocação de riscos desejada e pretendida pelas partes.

Como foi dito no início, é um privilégio poder honrar professora Teresa Ancona Lopez e espero que este texto, além de contribuir para o debate de um tema tão relevante, esteja à altura da homenageada.